Niedersächsische
Geschichte

Diese Publikation wurde angeregt und gefördert von der
STIFTUNG NIEDERSACHSEN

Niedersächsische Geschichte

herausgegeben von

Bernd Ulrich Hucker
Ernst Schubert
Bernd Weisbrod

WALLSTEIN VERLAG

Für die Mitarbeit bei Lektorat und Korrekturen dankt der Verlag
Kerstin Breitfeld, Kerstin Gonsior,
und besonders Marina Burwitz und Dirk Palm.

Inhalt

Niedersachsen vom Ende des Alten Reichs bis zum Ersten Weltkrieg

Niedersachsen im 20. Jahrhundert

Anhang

Vorwort

Auf einem von der Stiftung Niedersachsen am 24.2.1993 einberufenen Symposion niedersächsischer Historiker über den Stand der Landesgeschichte in Niedersachsen regte der Präsident der Stiftung, Dr. Ernst Albrecht, eine für den interessierten Laien geschriebene Geschichte des Landes Niedersachsen an. Diesem Vorschlag begegneten Skeptiker, zu deren Wortführern der Unterzeichner dieses Vorworts gehörte. Jedoch wogen die Argumente schwer, daß gegenüber allen wissenschaftlichen Risiken der Anspruch der Bürger des Landes auf geschichtliche Information den Vorrang haben müsse; denn eine zusammenfassende Darstellung der Geschichte des Landes lag bisher noch nicht vor. Auf zwei weiteren von der Stiftung organisierten Tagungen im Jahre 1994 wurde dann der Gedanke einer – wie es in den Arbeitsgesprächen immer hieß – »lesbaren Landesgeschichte« erwogen. Klar wurde dabei, daß es angesichts der Segmentierung und Spezialisierung innerhalb der Landesgeschichte den »interessierten Laien« gar nicht gibt, daß der Fachmann außerhalb seiner Spezialgebiete eben auch Laie ist. So wurde sehr schnell deutlich, daß eine lesbare Überblicksdarstellung auch eine wissenschaftliche, eine integrierende Aufgabe hat. Klar wurde weiterhin, daß Vereinfachung keine Trivialisierung bedeuten darf. Es durfte bei dem Auftrag, »lesbar« zu schreiben nicht vergessen werden, daß Geschichtsschreibung immer in der Verantwortung vor der Vergangenheit, in der Würdigung toter Menschen steht und deswegen nicht »leicht« lesbar sein kann.

Auf den genannten Tagungen wurden die Grundlinien des vorliegenden Buches in lebhaften Diskussionen erörtert und festgelegt. Immer wieder brach das grundsätzliche Problem auf, daß es eine Geschichte Niedersachsens streng genommen erst nach 1946 geben könne. Vor diesem Problem steht jede Geschichte eines Bundeslandes. Es gibt gar keine in ihren Grenzen auch nur einigermaßen festliegende Geschichtslandschaften, die über die Zeiten hinweg als historische Konstanten zu erfassen sind. Deswegen kann auch eine Geschichte Niedersachsens nicht nach dem Baukastenprinzip konzipiert werden, wonach die Geschichte dieses Raumes sich nur in den einzelnen Landschaften, vom Lande Hadeln bis hin zum Herzogtum Wolfenbüttel, konkretisiere. Bei dieser weit verbreiteten Auffassung wird selten die Gefahr des Anachronismus berücksichtigt; denn die viel beschworenen regionalen Identitäten sind – mit der Ausnahme Ostfrieslands – zumeist nur vom Spätmittelalter bis ins 18. Jahrhundert hinein faßbar oder gar eine Spätfolge der Neugliederung des nordwestdeutschen Raumes im napoleonischen Zeitalter. Insofern muß eine niedersächsische Geschichte Geschichtserfahrungen von Landschaften zusammenfassen, die erheblichen historischen Wandlungen ihrer räumlichen und politischen Gestalt unterlagen. Es bedeutet letztlich unverzichtbaren Pragmatismus, wenn wir das heutige Niedersachsen als Rahmen für die Darstellung historischer Entwicklungen durchaus unterschiedlicher Herkunft wählen. Dieser Pragmatismus hindert uns, das Modewort »Identitätsstiftung« als Ziel des vorliegenden Werkes anzugeben; wohl aber ist beabsichtigt, die Bürger unseres Landes über den Reichtum der niedersächsischen Geschichte zu informieren.

»Geschichtlicher Reichtum« ist gewiß ein vager Begriff, aber er sei hier provokant angesichts einer Vernachlässigung des niedersächsischen Raumes durch die deutsche Geschichtswissenschaft gesetzt. Vernachlässigung: Kurhannover gilt als reaktionärer Staat, Oldenburg als »Zaunkönigtum«, Ostfriesland als eine allenfalls am Rande zu notierende Absonderlichkeit in sozial- und verfassungsgeschichtlicher Hinsicht. Eine Übertreibung? Mühelos kann jeder Leser in den allgemeinen Darstellungen zur deutschen Geschichte über das Register den Wahrheitsgehalt der Aussage überprüfen, daß der niedersächsische Raum in der allgemeinen deutschen Geschichte so gut wie keine Berücksichtigung erfährt. Deshalb sei von einem Reichtum dieser Geschichte auch im Hinblick auf ein entstehendes Europa gesprochen, das nur in der Respektierung regionaler Traditionen denkbar ist.

Vielfach war in dem vorliegenden Buch der Reichtum der niedersächsischen Geschichte lediglich anzudeuten. Das wurde, viele Bedenken und grundsätzliche Skepsis herausfordernd, schon in den ersten Diskussionen um die Konzeption deutlich, denn es war von Anfang an klar, daß es dem »Handbuch« der Geschichte Niedersachsens, von dem bisher die Bände 1, 2/1 und 3/2 vorliegen und die fehlenden Bände im Entstehen begriffen sind, vorbehalten bleiben müsse, umfassend diesen Reichtum zu bergen; ein Werk hingegen, das sich an eine breitere Öffentlichkeit wendet, sei auf 600 Seiten zu beschränken und müsse deshalb mit dem Mut zur Lücke geschrieben werden. Nur: Leicht ist es, den Mut zur Lücke zu fordern, schwerer ist es, ihn als Autor zu verantworten.

Ein Konsens war in den Diskussionen schnell hergestellt: Die Geschichte der politischen Ereignisse und die Verfassungsgeschichte sollten zugunsten der Schilderung sozialer und wirtschaftlicher Prozesse in den Hintergrund treten. Erwogen wurde sogar, einen Themenkatalog festzulegen, der in allen Epochen abzuhandeln sei. Kein Teilnehmer dieser beiden Tagungen wird, nicht zuletzt wegen des von der Stiftung Niedersachsen geschaffenen Ambiente, die angeregten Diskussionen missen wollen. Alle Freude am Experiment – oder poetischer: alle Blütenträume – mußten sich den harten Bedingungen des historiographisch derzeit Möglichen unterordnen.

Klar wurde schon im Verlauf der Diskussionen auch, daß es kein überzeitliches, für alle Epochen gültiges Gliederungsprinzip geben könne. Die Vorstellung einer linear fortzuerzählenden Landesgeschichte war in der Vergangenheit nur um den Preis einer dynastisch orientierten Geschichte zu realisieren gewesen, in der die Lebensdaten der Herrscher eine scheinbar schlüssige Gliederung vorgaben. Ungetarnt sollten die Brüche bleiben, die sich schon von den Quellen her als historiographische Zwänge auftun: Das Früh- und Hochmittelalter, in dem aufgrund der Überlieferung die sogenannte politische Geschichte weitgehend das einzige Fenster bietet, durch welches auf das ansonsten weitgehend im Dunkel liegende Allgemeine geblickt werden kann, verlangt eine andere Darstellungsweise als die Zeiten des Spätmittelalters und der frühen Neuzeit, in der gerade die Politik mit ihren verwirrenden und nur selten auf Prinzipien festzulegenden dynastisch-genealogischen Orientierungen das Allgemeine verdunkelt statt erhellt. Das 19. Jahrhundert schließlich darf die Verfassungsgeschichte nicht mehr ausklammern, weil sie jetzt nicht mehr wie im *Ancien Régime* ein Juristenthema war, sondern heftig umstrittene allgemeine Probleme widerspiegelt. Und ebenso deutlich wurde auf den erwähnten Tagungen, daß Zeitgeschichte allein in der Form von thematisch klar umrissenen einzelnen »Sondierungen« behandelt werden könne. Dieser Aufgabe stellte sich unter Federführung von Bernd Weisbrod der »Arbeitskreis für die Geschichte des Landes Niedersachsen (nach 1945)«.

Mit der Entscheidung, die einzelnen Epochen unterschiedlich zu behandeln, hing logischerweise die Epochendefinition selbst zusammen. Durch den Verlauf der niedersächsischen Geschichte ergab sich eine Trennung von hohem und spätem Mittelalter aus der Entwicklung von einer königsnahen zur königsfernen Landschaft nach dem Sturz Heinrichs des Löwen – eine nicht nur vordergründig verfassungsgeschichtlich zu behandelnde Frage, sondern eine grundsätzliche Entwicklung, welche die Geschichte der Bistümer ebenso betrifft wie die der großen Städte. Letztere zum Beispiel legten, obwohl im ausgehenden 15. und im frühen 16. Jahrhundert zu den Reichstagen geladen, keinen Wert auf eine Reichsstandschaft. Hingegen verlaufen zwischen dem späten Mittelalter und der frühen Neuzeit in der niedersächsischen Geschichte keine scharfen Trennungslinien, die eine Epochentrennung rechtfertigen könnten. Deswegen sollten Spätmittelalter und frühe Neuzeit in einem Teil zusammengefaßt und die Kontinuitäten und Wandlungen innerhalb dieses Teiles berücksichtigt werden. Der Entwicklung vom späten 18. Jahrhundert bis zum Ersten Weltkrieg wurde ein eigener Teil eingeräumt, um die wirtschafts- und sozialgeschichtlichen Wandlungen, wie sie um die Mitte des 19. Jahrhunderts deutlich werden, ebenso wie die verfassungsgeschichtlichen Veränderungen in einem größeren zeitlichen Kontext erfassen zu können. Zu verantworten hatten die einzelnen Teile: Bernd Ulrich Hucker: »Früh- und Hochmittelalter«, Ernst Schubert: »Spätmittelalter und Frühe Neuzeit« und »Niedersachsen vom Ende des Alten Reichs bis zum Ersten Weltkrieg« sowie Bernd Weisbrod: »Niedersachsen im 20. Jahrhundert«.

Die unterschiedlichen Gestaltungsprinzipien der einzelnen Teile werden schon typographisch in der Zeittafel im Anhang sichtbar. Hier ist für die Zeit zwischen dem 13. und dem 18. Jahrhundert statt der vorher und nachher üblichen Stichworte eine etwas breitere Darstellungsweise gewählt worden; denn die aus diesem zweiten Teil fast vollständig verbannte Politik- und Verfassungsgeschichte verlangte eine ausführlichere Katalogisierung von Entscheidungsjahren als die früheren und späteren Epochen.

Trotz aller Vorüberlegungen schienen beim Entstehen des vorliegenden Buches die Skeptiker zeitweise Recht zu behalten; denn der Weg vom theoretisch postulierten Ziel zum praktisch Umsetzbaren war nicht zuletzt wegen der den Autoren vorgegebenen beschränkten Seitenzahlen komplizierter als gedacht; deswegen sei nicht weiter beklagt, daß mehrere Autoren ihre Mitarbeit einstellten, aber es verdient hervorgehoben zu werden, daß die Zeitgeschichtler sich an ihre Zusagen gebunden fühlten.

Nicht nur Bedenken und Skepsis begleiteten das Entstehen des vorliegenden Buches, sondern auch Zustimmung und tatkräftige Hilfe. So haben die Herausgeber für die großzügige Unterstützung privater und öffentlicher Leihgeber bei der Beschaffung des Bildmaterials zu danken.

Immerhin: es gab eine große Krise. Daß sie überwunden werden konnte, ist vor allem das Verdienst des Generalsekretärs der Stiftung Niedersachsen, Dr. Dominik von König. Hatte er schon die Irritationen, die in der Gelehrtenrepublik unvermeidlich ein Gemeinschaftswerk begleiten, souverän gemeistert, so bewies er jetzt, was Verständnis und Takt im Verein mit Beharrlichkeit und Festigkeit bewirken können. Ein großer Dank ist auch dem Wallstein-Verlag abzustatten, der mit sorgfältiger Lektorierung und der ihm eigenen Umsicht bei der Buchgestaltung die einer niedersächsischen Landesgeschichte würdige Form gab. Die Herausgeber hoffen, daß das vorliegende Buch im Urteil des Lesers die Mühen der Stiftung Niedersachsen und des Verlags rechtfertigt.

Die Autoren des vorliegenden Buches haben sich ihre Mitarbeit an einer lesbaren Geschichte des Landes nicht einfach gemacht. Die Kritiker ihrer Beiträge standen ihnen während des Schreibens deutlicher vor Augen als die künftigen Leser. Im Lande Wilhelm Raabes lag der Trost nahe, an jenen »einen Leser« zu denken, der die Bereitschaft und die Geduld aufwendet, die Mühen der Autoren durch seine Lektüre zu würdigen.

Im Namen der Herausgeber
Ernst Schubert

Früh- und Hochmittelalter

Sachsen, Franken und die christliche Mission

Bernd Ulrich Hucker

Eine historisch-territoriale Kontinuität von den »alten« Sachsen bis hin zum heutigen Land Niedersachsen gibt es nicht. Dessen nordwestlicher Teil zählte nicht einmal zum sächsischen Gebiet, denn an der Nordseeküste vom Reiderland im Westen bis zum Land Wursten im Elb-Weser-Winkel siedelten Friesen, also Angehörige eines benachbarten westgermanischen Volkes. Ostfriesland mit Rüstringen und Butjadingen hat auch später nicht zum Herzogtum Sachsen gehört. Mehr als siebenhundert Jahre waren die Länder bzw. Fürstentümer Lüneburg, Braunschweig, Oldenburg und Schaumburg die bestimmenden Kräfte. Oldenburg und Schaumburg entstanden aus den Territorien hochadliger Dynastenfamilien, der jeweils seit dem 12. Jahrhundert bezeugten Grafen von Oldenburg und von Schaumburg. Nur bis zu diesem Zeitpunkt, also bis zum 12. und 13. Jahrhundert, hat es Sachsen in einem gewissen Sinne auch als »staatlichen« Verband, nämlich als Herzogtum gegeben. Die Quellen sprechen vom *regnum* oder vom *ducatus Saxoniae*. Die sächsische Herzogswürde ging nach dem Sturze Heinrichs des Löwen (1180) zwar auf die Grafen von Anhalt über, also das Fürstenhaus der Askanier, doch zwang die immer stärker werdende Territorialisierung der Hochstifter und Grafschaften diese, sich mit Teilen der früheren Herrschaftsrechte des Welfen zu begnügen, an denen dann der Titel »Herzogtum Sachsen« haftete, bis er im Spätmittelalter durch Belehnung an die Mark Meißen geknüpft wurde, woraus »Obersachsen« im Gegensatz zu Niedersachsen wurde, also das heutige Sachsen. Daneben existierte *Saxonia*, *Sassen* als übergreifende Landschaftsbezeichnung für den niedersächsischen Raum fort.

Hat es ein einigendes historisches Bewußtsein der Bewohner zwischen Elbe und Ems gegeben, und vor allem, hat es dies durchgängig gegeben? Diese Frage ist für das frühe und hohe Mittelalter nicht ganz leicht zu beantworten, denn die Quellen fließen sehr spärlich. Aber einige Hinweise machen doch deutlich, daß einheitliche Sprache und einheitliche Rechtstradition das Stammesbewußtsein der Sachsen prägten und auch die Grenzen der seit dem Hochmittelalter entstandenen Territorialgrenzen überdauerten. Seit dem 13. Jahrhundert war die Rechtsaufzeichnung des »Sachsenspiegel« (*Speyghel der Sassen*) das Recht aller Territorien von der Ems und Ruhr bis weit in die neubesiedelten Gebiete östlich der Elbe hinein. Die mittelniederdeutsche Sprache trug die Schriftkultur bis in das gedruckte Wort: Bis etwa 1600 waren alle literarischen und amtlichen Druckwerke aus Lübeck, Hamburg, Braunschweig und Magdeburg nieder-

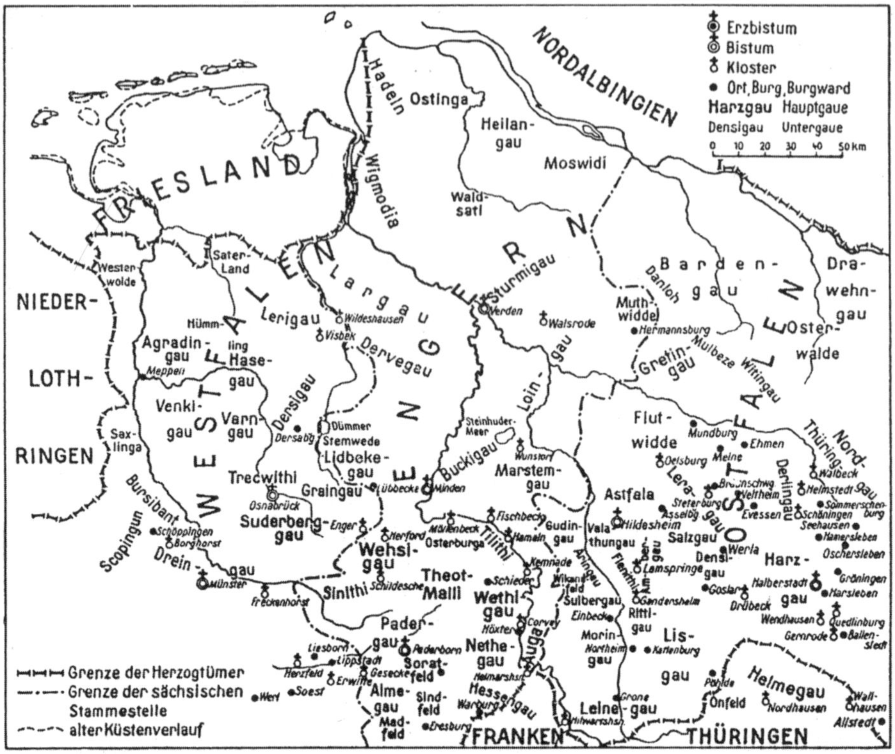

Gaue, Heerschaften und regiones *in Sachsen und im östlichen Friesland.*

deutsch. Die binnenländischen Hansestädte um Braunschweig und Magdeburg wurden von ihren Hansepartnern als »sächsische Städte« bezeichnet – als Eigenbenennung ist dieser »sächsische Städtebund« freilich nicht bezeugt. Bis in das 16. Jahrhundert hinein fühlten Fürsten und Bürger sich als »Sachsen«. Deutlich von den Sachsen geschieden behauptete sich bei den Friesen ein eigenes Stammesbewußtsein.

Spezifisch sächsisch ist auch die Geschichte des Sachsenrosses, das heute noch ausgesprochen populär ist und seit dem Spätmittelalter als das vermeintliche Wappenbild des Sachsenführers Widukind galt. Der friesische Stamm hatte ihm nichts Entsprechendes zur Seite zu stellen. Seit dem 14. Jahrhundert wurde ein Pferd in Sachsen von den Herzögen von Braunschweig-Lüneburg und sogar seit dem 13. Jahrhundert von den Grafen von Schwerin und den Vögten von Stade als Siegelbild verwendet.

Heute kommt es noch in der staatlichen Heraldik in den Landeswappen von Niedersachsen und von Nordrhein-Westfalen vor (hier den Landesteil Westfalen repräsentierend). Im vorigen Jahrhundert war das springende Pferd das

Siegel des Vogtes Gottfried von Stade mit dem gezäumten Roß. Gipsabdruck eines verlorenen Wachssiegels von einer undatierten Urkunde für die Bürger von Utrecht (ca. 1186/1201).

offizielle Wappen des Königreichs Hannover, des Herzogtums Braunschweig und der preußischen Provinz Westfalen. Nachdem Hannover durch Preußen okkupiert worden war, gelangte es auch in das große preußische Staatswappen, in dem seit der Annexion des Herzogtums Lauenburg (1865) auch schon dessen silberner Pferdekopf prangte. Für das Land Niedersachsen wurde das springende weiße Roß im roten Feld nach längerer Diskussion am 3. April 1951 vom Landtag als Landeswappen angenommen. Die Weichen dazu hatte der Ministerpräsident und frühere Hadelner Landrat Hinrich Wilhelm Kopf gestellt. Im übrigen existiert eine eigenes Landesgesetz über Wappen, Flaggen und Siegel vom 13. Oktober 1952.

Das Roß scheint bei den Sachsen als Symbol für die militärische Stärke des vereinten Stammes gegolten zu haben. Der angelsächsische König Alfred der Große soll es im Jahre 870 nach einer gewonnenen Schlacht in überlebensgroßer Gestalt in den Felsen (den *chalk hills* bei Ashdown) gehauen haben, doch haben archäologische Untersuchungen gezeigt, daß die Kalkzeichnung wohl schon aus keltischer Zeit stammt, was die Angelsachsen aber nicht gehindert haben muß, dem Felsbild einen neuen Sinn zu unterlegen. Auch sonst kommt das Pferd bei den Inselsachsen vor (vgl. die mythischen Stammesführer *Hengist* und *Horsa*), während die festländischen Sachsen es gern für die Namen zentraler Siedlungen verwendeten (zum Beispiel *Harsefeld*).

Die Geschichte des Pferdes als Wappenbild dagegen ist verglichen damit recht jung, zumal Wappen in Sachsen erst im 12. Jahrhundert aufkommen. Aber sie ist auch älter, als man bisher dachte. Der Landeshistoriker Georg Schnath und die Forschung vor ihm waren überzeugt, der älteste heraldische Nachweis des Sachsenrosses stamme von 1361 (Siegel Herzog Albrechts II. von Braunschweig-Grubenhagen). Erheblich älter ist ein Siegel des Vogtes Gottfried von Stade mit dem springenden Pferd. Der Vogt aus der Familie von Brobergen, die Zinnen im Wappen führte, siegelte zwischen 1186 und 1201 mit dem Pferd. Eine Version der Stammestradition der Sachsen, nach der diese, über See kommend, zuerst in Stade gelandet seien, bringt Botes »Cronecken der Sassen«.

Der nächste Siegelführer, der das Roß im Literalsinn »auf den Schild« hob, war Graf Helmold II. von Schwerin (1256-1296), der von 1270 an mit einem schreitenden Roß ohne Sattel und Zaun siegelte. Die Grafschaft Schwerin rechnete nach einer Urkunde Kaiser Ottos IV. von 1211 zu Sachsen. Da sowohl die Grafenfamilie als auch die Grafschaft als solche andere Wappen hatten, ist es auch hier wahrscheinlich, daß der Graf mit seinem neuen Wappenbild einen eigenen, für uns nicht mehr rekonstruierbaren Bezug zu Sachsen herstellen wollte. Ein möglicher Anlaß könnte gewesen sein, daß er eine Tochter des 1260 verstorbenen Herzogs Albrecht I. von Sachsen geheiratete hatte. Es ist aber auch an die Bückener Chronik von 1334/40 zu erinnern, die hervorhob, daß die Grafen von Schwerin es »verdienten, Herren des Landes Niedersachsen zu heißen« (*hadde woll gebohrt to wesende ein her der nedern Westpheling, der nedern Sachsen und ock der neddern Wende*). Damals geboten die Schweriner über die Grafschaften Tecklenburg, Schwerin und Altbruchhausen sowie die Herrschaft Boizenburg an der Elbe, hatten also weit über das Land verstreute Herrschaftsrechte inne. Und schließlich mag hier anklingen, daß Helmolds Vater Gunzelin III. um 1267 nach der Oberhoheit über die sächsische Oberschicht in Livland strebte.

Neben dem symbolträchtigen Wappenbild prägte das Wissen um die gemeinsame Herkunft das Bewußtsein der Sachsen im Mittelalter.

Die älteste Version der Herkunfts- oder Stammestradition wurde aufgezeichnet von dem Fuldaer Mönch Ruodolf, der 863/65 die Übertragung der Gebeine des heiligen Alexander (*Translatio sancti Alexandri*) von Rom nach Wildeshausen schilderte. Wie es dort heißt, »begann« Ruodolf, »auf die Bitten des Grafen Waltbert eingehend, seine Geschichte damit, wie die Sachsen vom Volke der Angeln ausgewandert seien, um sich Wohnsitze zu suchen«. Ruodolf selbst schrieb dann wie folgt (c. 1): »Das Volk der Sachsen, nach alter Überlieferung ausgewandert vom Volke der Angeln (*ab Anglis*), die Britannien bewohnen, setzte über den Ozean und landete aus eigener Neigung und von Not getrieben, sich Wohnsitze zu suchen, an den Küsten Germaniens, an einem Orte, der Haduloha heißt, zur selben Zeit, als der Frankenkönig *Thiotric* im Kampfe mit seinem Schwiegersohne Irminfrid, dem Herzoge von Thüringen,

Skandinavischer Schmuckbrakteat aus Gold.
Schatzfund von Sievern, Kreis Cuxhaven.

dieses Land grausam mit Feuer und Schwert verwüstete. Schon waren zwei Schlachten mit schwankendem Kriegsglück und ohne Entscheidung mit entsetzlichem Verlust an Leuten geliefert, da schickte Dietrich, in seiner Siegeshoffnung getäuscht, Gesandte zu den Sachsen, deren Herzog *Hadagoto* war«. Es folgt der Bericht vom Sieg über die Thüringer und von der Verteilung des Landes durch den Frankenkönig.

Hundert Jahre später schreibt der Mönch Widukind von Corvey zum selben Thema (I,2-6): »Die Meinungen über diese Sache sind verschieden; die einen glauben, die Sachsen stammten von den Dänen und Normannen, andere behaupten die Herkunft von griechischem Geschlecht. ... Als sicher wissen wir, daß die Sachsen in diese Gegenden zu Schiff gekommen und zuerst an einem Ort gelandet sind, der bis auf den heutigen Tag Hadeln genannt wird« und weiter: »Die Ureinwohner aber, die Thüringer gewesen sein sollen, empfanden ihre Ankunft als drückend und erhoben die Waffen gegen sie. Die Sachsen aber leisteten kräftig Widerstand und behaupteten den Hafen. Als sie nun lange gegeneinander gekämpft hatten und auf beiden Seiten viele gefallen waren, beschlossen beide Teile, über den Frieden zu unterhandeln, und einen Vertrag zu schließen. Und es wurde ein Vertrag auf folgende Bedingungen hin abgeschlossen: Die Sachsen sollten das Recht des Verkaufes und Kaufs haben, sollten aber von Mord und Raub abstehen. Und es bestand der Vertrag unverletzt viele Tage. Als aber den Sachsen das Geld ausgegangen war, so daß sie nichts mehr zu verkaufen oder zu kaufen hatten, merkten sie, daß der Vertrag für sie nutzlos wäre.« Hier wird der Charakter der Neuankömmlinge als Händler hervorgehoben. Im weiteren Verlauf kaufen die Sachsen zum Erstaunen der Thüringer einfache Erde, besäen damit aber ein großes Stück Land, um es dadurch gewaltsam in Besitz zu nehmen – eine auf Sachsen übertragene Version des bekannten Dido-Mythos.

Diese Überlieferungen würden für sich isoliert stehen, hätte nicht Karl Hauck die bildgeschmückten, talergroßen Goldgepräge aus dem Nordseeküstenraum als wichtige Zeugnisse eines skandinavischen Vordringens in den Elberaum im 5./6. Jahrhundert erschlossen.

Noch die späteren Bewohner Niederdeutschlands waren davon überzeugt, ihre Vorfahren seien über See aus Skandinavien eingewandert. Der Sachsenspiegel, und zwar die niederdeutsche Oldenburger Fassung von 1336, beschreibt das so: »Unsere Vorfahren, die ins Land kamen und die Thüringer vertrieben, stammten aus Alexanders Heer, mit dessen Hilfe er [nämlich Alexander der Große] ganz Asien unterwarf. Als Alexander gestorben war, durften sie sich nicht ausbreiten, so schifften sie sich in 300 Schiffen ein, die alle bis auf 54 untergingen. Davon landeten 18 in Preußen und besetzten das, zwölf zu Ruyan, 24 kamen in dieses Land. Da sie nicht genug waren, um den Acker zu bebauen, nachdem sie die thüringischen Herren geschlagen und vertrieben hatten, ließen sie die Bauern wohnen und setzten sie zu demselben Recht ein, das heute noch die Laten [die Halbfreien] haben – von ihnen stammen die Laten auch ab. Von den Laten, die ihrer Rechte durch Straftaten verlustig gingen, stammen die Tagelöhner ab« (*Unse vorderen, de her to lande quamen unde de Doringe overdreven, de hadden Allexanders her ghewesen, mit ir helpe bedwanc he al Asyam. Do Allexander starf, do ne dorsten se sic nicht to don in den lande dor des landes hat, unde schepeden altomale mit dren hundert kelen; de vordorven alle uppe vere unde viftich. Der quamen achteyne to Prutzen unde besatten dat; twelve to Ruyan; vere unde twintich quamen her to lande. Do er so vele nicht ne was, dat se den acker mochten werken, do se* [de] *dorincheschen herren sloghen unde vordreven, do leten se de bure sitten ungheslaghen unde bestadeden eme den acker to sodanen rechte, alse ene noch de laten hebbet; dar af quemen de Laten. Van den laten, de sic vorwrochten an eren rechte, sin comen de dachworchten*). Hier ist das Wissen von einer skandinavischen Abkunft schon von der gelehrten Herleitung vom Alexanderheer überlagert. Aber immerhin macht der Rechtsbuchautor ganz deutlich, daß die Abhängigkeit der meisten sächsischen Bauern geschichtlichen Ursprungs ist, nämlich auf der Gewaltherrschaft der Eindringlinge beruht. Diese überlagerten die eingesessene Bevölkerung, die hier Thüringer heißen, in Wahrheit aber die Nachkommen der Langobarden, Chauken, Cherusker und Angrivarier waren, und bildeten eine adlige Oberschicht, die *edelinge* des alten sächsischen Rechts.

Sächsischer Bandspangenhelm des 6./7. Jahrhunderts (Weserfund bei Bremen).

Weiter zurückreichende Zeugnisse über das Volk oder den Stamm der Sachsen (*Saxonum gens*) sind spärlich. Der ägyptische, in griechischer Sprache schreibende Astronom und Naturwissenschaftler Claudius Ptolemäus (um 100 bis um 160) verfaßte in Alexandria die *Geographike hyphegesis*, die 80.000 Orts- und Völkernamen enthält und unter anderem die Friesen, Sachsen und Langobarden nennt. Mitte des 5. Jahrhunderts verlassen die Sachsen ihre Siedlungen in Marsch (zum Beispiel Feddersen Wierde) und Geest (zum Beispiel Flögeln und Haselhörn). 534 ist in einem Brief des Merowingerkönigs Theudebert an Kaiser Justinian noch die Rede von den »sächsischen Jüten«. 555 erhoben sich die Sachsen gegen die Herrschaft der Merowinger. 561/75 besiegt der Frankenherzog Lupus in den östlichen Niederlanden ein Heer von Sachsen und Dänen. Zum Jahre 568 berichtet Paulus Diaconus, daß die Sachsen den Eroberungszug der Langobarden mit 20.000 Mann unterstützt hätten. Nicht datierbar, aber wohl etwa derselben Zeit angehörend, ist die Nachricht des Kosmographen von Ravenna, daß Ems, Pader, Lippe und Leine sächsische Flüsse seien. 632/33 verpflichten sich die Sachsen gegenüber den Franken zur Grenzwacht gegen die Slawen.

Trotz der Auswanderung nach Britannien nahm die sächsische Bevölkerung wieder zu, denn im 7. Jahrhundert besetzten die Sachsen das Hamaland zwischen Lippe und Jissel. Im späten 7. Jahrhundert erfolgte die Unterwerfung der

Boruktuarier zwischen Lippe und Ruhr, vor 718 der Hattuarier zwischen Ruhr und Lenne. 720/21 griffen die Sachsen die Siedlungen im Edertal an. Damit hatte der Stamm seine Ausdehnung erreicht, die er über Jahrhunderte beibehalten sollte.

Läßt sich damit die Ausweitung wenigstens andeutungsweise nachvollziehen, so ist die Frage, ob der Sachsenstamm durch Eroberung oder durch freiwilligen Zusammenschluß entstanden ist, nach wie vor umstritten. Denkbar ist am ehesten das Nach- und Nebeneinander gewaltsamer und friedlicher Ausbreitung. Ruodolf von Fulda notierte von den erobernden Sachsen: »... da aber viele von ihnen im Kampf gefallen waren, und sie ihrer geringen Anzahl wegen nicht das ganze Land besetzen konnten, so übergaben sie einen Teil davon, und zwar den größtenteils nach Osten belegenen, jeder nach Art seines Loses gegen eine Abgabe an Anbauern zur Besiedlung«. Landnahme und Unterwerfung widerspiegelt auch die ständische Gliederung in »Edle, Freie, Freigelassene und Sklaven« (Ruodolf), wobei die Freigelassenen, die *Laten* auf unfreien Stellen, den von Ruodolf erwähnten Anbauern entsprechen (der Chronist Nithard kennt die sächsischen Bezeichnungen: *edhilingi*, *frilingi*, *lazzi*). Außerdem wurde die Expansion der Sachsen durch den etwa gleichzeitigen Abzug der Langobarden aus ihren niederelbischen Siedlungsgebieten erleichtert.

Das »Leben des heiligen Lebuin« (von 840/64) berichtet über Versammlungen zu *Marklô*, dem Namen zufolge ein »Grenzwald« bzw. eine »Waldlichtung«. Darüber, daß diese Örtlichkeit nicht mit dem Kirchdorf Lohe (heute »Marklohe«) identisch ist, herrscht Einmütigkeit. Sie wird vielmehr im südlichen Engern, und zwar in der Nähe von Herford, und neuerdings ganz im Süden, nicht weit von Herstelle und Brakel, gesucht (Artur C. Förste). Hier in *Marklô* seien die Gewalthaber eines jeden Gaues (»Satrapen«) mit je zwölf Deputierten aus den Edlen, Freien und Laten ihrer Region einmal im Jahr zusammengekommen. Hier wurde über Krieg und Frieden beschlossen, hier empfing die Versammlung Gesandte der Friesen, Slawen und Normannen. Einen zentralen historischen Ort, der einen Ansatzpunkt für eine Stadtbildung hätte bilden können, gab es für Sachsen jedenfalls nicht. Die Stätte der Stammesversammlungen in vorfränkischer Zeit, *Marklô*, war weit davon entfernt, für Hauptstadtfunktionen angelegt zu sein. Auch an den hochmittelalterlichen Landtagsstätten (wie Artlenburg und Achim) ist es nicht zu nennenswerten Mittelpunktbildungen gekommen.

Nach den nur undeutlich erkennbaren Siedlungsräumen der germanischen Völkerschaften begegnen uns im späteren Niedersachsen erstmals in karolingischer Zeit Raumbezeichnungen, die volkssprachig als Heerschaften (*herescephe*, *heerscap*) und in der lateinischen Annalistik der Franken als *regiones* vorkommen. Das waren Mittelbezirke, die eine besondere Ebene zwischen den kleinräumigen Siedlungseinheiten und dem gesamten Stammesgebiet der Sachsen bildeten. Diese Binnengliederung ist gut erkennbar, da sich die Grenzbestimmung der späteren Bistümer an den vier sächsischen Heerschaften der

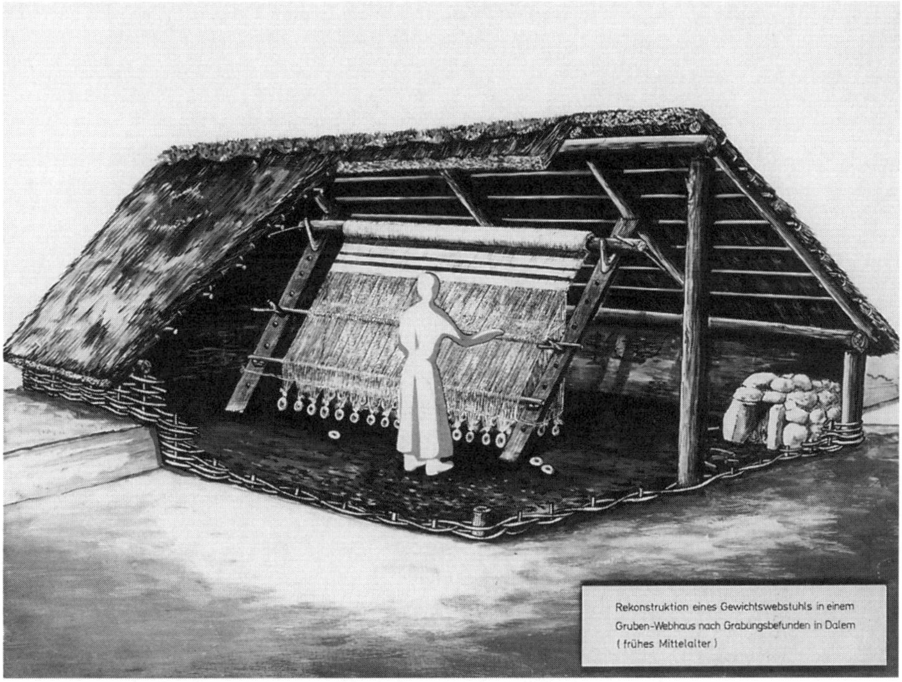

Sächsisches Webgrubenhaus des 7./8. Jahrhunderts in der Wüstung Dalem bei Flögeln (Kreis Cuxhaven).

Westfalen, Ostfalen, Engern sowie der Nordleute orientierte. Unklar bleibt lediglich, ob der lüneburgische *Bardenga* zu Engern oder Ostfalen gehört hat.

Die altgermanische Religion der Sachsen zeichnete sich durch einen allgegenwärtigen Baum- und Quellenkult sowie durch Menschen- und Tieropferungen aus. Die Sachsen feierten Totenmähler und Opferfeste, zumeist zu Ehren der Gottheiten *Thunaer* (Donar), *Woden* (Wotan) und *Saxnôt*. Der Fuldaer Mönch Ruodolf, der den Verhältnissen doch noch recht nahe war, berichtete von einer heiligen, welttragenden Säule, der *Irminsul*: »Quellen und belaubten Bäumen erwiesen sie Verehrung. Auch verehrten sie unter freiem Himmel einen Holzblock von ansehnlicher Größe, der senkrecht aufgerichtet war; in ihrer heimischen Sprache nannten sie ihn Irmensäule, was in der Gelehrtensprache Weltsäule heißt, gleich ob er das All trüge«.

Bei den christlichen Angelsachsen ist seit dem 7. Jahrhundert immer wieder die Forderung laut geworden, auch die festländischen Stammesbrüder, die »Altsachsen«, müßten zum neuen Glauben geführt werden. Auch der Papst wandte sich (wohl 722) an »das ganze Volk der Provinz der Altsachsen« (*Altsaxonum*) und forderte es auf, dem Heidentum zu entsagen. Ob die angelsächsische Festlandmission überhaupt bis in das Gebiet des heutigen Niedersachsen vorge-

Bau eines Klosters. Illustration aus der Vita Liudgeri.

drungen ist, ist eher zweifelhaft. Vorwiegend erfaßte sie den Westen Frieslands (wo Bonifatius 754 zusammen mit 31 Begleitern getötet wurde) und den westfälischen und südengrischen Teil Sachsens. Dorthin war um 770 vom Bistum Utrecht aus der Angelsachse Lebuin (*Liafwin*) gekommen – er weilte im Hause eines hochadligen Gastgebers namens Folcbert. Die zuvor in Irland wirkenden beiden angelsächsischen Priester Ewald, die nach ihrer Haarfarbe der »schwarze« und der »weiße Ewald« hießen, kamen um 691/92 auf Einladung einer Adelsfamilie in das westliche Münsterland, wo sie von Bauern erschlagen wurden. Die Tradition, der Ort ihres Märtyrertums sei bei Hoya an der Weser gewesen, entstand erst im Spätmittelalter. Vor allem in Friesland wirkten die Heiligen Willibrod und Liudger. Unmittelbar nach dem Tod des Bonifatius begann der Northumbrier Willehad in Friesland zu missionieren, wobei er sich vorwiegend der Erziehung adliger Kinder widmete. Diese Beispiele zeigen die Nähe des Adels zur Mission. Es muß davon ausgegangen werden, daß seine Mitglieder ohnehin Kontakte zur fränkisch-christlichen Kultur hatten.

Den kriegerischen Auseinandersetzungen der Sachsen mit dem Frankenreich unter den Hausmeiern und dann unter den Karolingerkönigen ging eine Phase intensiver Mission voraus. Schon 739 war Pippin gegen die Sachsen gezogen. Ob es damals zu Taufen gekommen ist, kann nicht mit völliger Sicherheit gesagt werden. 743 hatte Karlmann das Eindringen der Sachsen in Thüringen mit der Zerstörung der Hochseeburg bei Eisleben bestraft, und 748 drangen er und Pippin bis zur Oker vor. Abermals hätten sich Sachsen zur Taufe bereitgefunden, heißt es in den Reichsannalen. Diese Vorgänge beweisen, daß es bei dem Vordringen der Franken stets auch um die Ausbreitung des Christentums gegangen ist.

Die Gründe für den dreißigjährigen Sachsenkrieg Karls des Großen (772-804) sind nicht völlig geklärt; aus fränkischer Sicht stand die Missionsaufgabe im Vordergrund. Karls Biograph Einhard führt aus: »Kein Krieg, den das Volk der Franken unternahm, ist mit solcher Ausdauer, Erbitterung und Anstrengung geführt worden ...«. Ob wirklich die unruhige Grenze, die Einhard als Ursache der Auseinandersetzungen nennt, den Ausschlag gegeben hat, oder ob nicht eher der sächsische Adel starkes Interesse an der Eingliederung in das damals größte germanische Reich hatte? Sicherlich haben auch die Ressourcen des Landes, seine Häfen, Erzgruben und Salinen, zur Eroberung ermuntert.

Die Eroberungskriege lassen sich in drei Phasen gliedern:

Die erste Phase kam durch die Unterwerfung der Ostfalen und Engern 775 zu einem vorläufigen Abschluß: An der Oker unterwarf sich Hassio, Führer der Ostfalen, mit den Seinen; in der Region *Bucki* suchte und fand Bruno »mit den anderen Mächtigen« und seinen Engern den Frieden. Doch folgten schon im nächsten Jahre neue Erhebungen im Umkreis von Lippe, Eresburg und Syburg.

Die zweite Phase begann mit dem Reichstag von Paderborn 777, »einem missionsgeschichtlichen Ereignis ersten Ranges«. Widukind, »einer von den Vornehmen Westfalens«, wie die Reichsannalen es ausdrückten, setzte sich an die Spitze des Widerstandes. Er hatte 777 bei den Dänen Zuflucht gefunden, von wo aus er den Aufstand vorbereiten konnte.

In einer seiner Gesetzesbestimmungen (den Kapitularien) bestimmte Karl 782/85 drakonische Strafen für Kirchenschändung, Priestermord, Beraubung eines christlichen Adligen u.a. Außerdem setzte er das Mittel der Deportation ganzer Familien in innerfränkische Siedlungsgebiete ein. Einer der Hauptberater Karls, Alkuin, gehörte zu den Gegnern dieses Vorgehens. Ihm ist wohl zu verdanken, daß die Maßnahmen später zurückgenommen wurden.

Widukind jedoch schlug eine fränkische Abteilung unter dem Grafen Dietrich am Süntel – die Reaktion war das »Verdener« Blutgericht Karls des Großen im Jahre 782. Ob die hohe Zahl von 4.500 Exekutierten (die überlieferte Zahl lautet *IIII D*) wirklich zutreffend ist, konnte bis heute nicht mit abschließender Sicherheit geklärt werden. Bei der wissenschaftlichen Diskussion hat stets das Ausmaß der Hinrichtungen im Vordergrund gestanden, und die Frage nach der nicht genau lokalisierbaren Örtlichkeit ganz beiseite treten lassen. An der späteren NS-Gedenkstätte »Sachsenhain« ist sie gewiß nicht zu suchen.

783 und 784 verlor Widukind zwei Schlachten im Westfälischen und mußte sich 785 unterwerfen. Er ließ sich gemeinsam mit seinem Schwager Abbio in der Pfalz Attigny bei Reims taufen. Der Reichsannalist stellte damals lapidar fest: »Ganz Sachsen ist hierauf unterworfen worden«, doch handelte es sich strenggenommen nur um den Abschluß der zweiten Phase des Sachsenkrieges.

Die dritte Phase, in die auch die Gründung der sächsischen Bistümer Bremen, Paderborn, Münster, Osnabrück und Minden fällt, ist von Aufständen zwischen Elbe und Weser gekennzeichnet. Gerade aus diesem Raum wurden massenhaft Familien in das Reichsinnere deportiert. 803 kommt es zum Frieden von Salz, dem äußeren Abschluß des Sachsenkrieges, und noch im Jahre 804 fand ein Unterwerfungszug gegen die Nordalbingier statt.

Bei der neuen, der fränkischen Herrschaft über die Sachsen sind wir gewohnt, an die staatlichen und kirchlichen Neuerungen zu denken. Doch bedeutete die Eingliederung in das Reich der Karolinger für Sachsen den Anschluß an die Kultur Westeuropas. Die kulturelle Erneuerung der karolingischen Zeit wurde in Äußerungen der Zeitgenossen als *renovatio* und *restauratio*, Erneuerung und Wiederherstellung bewertet. Damit war nicht nur die Anknüpfung an antikes Bildungsgut verbunden, sondern auch die Erneuerung des Menschen in der Nachfolge Christi im Sinne der Lehre spätantiker Kirchenväter. Die wichtigste Errungenschaft war jedoch die Entwicklung der sogenannten »karolingischen Minuskel«. Diese Schrift entsprach dem älteren Streben »nach einer neuen, klaren, eindeutigen, mit wenigen Abkürzungen zu schreibenden und zugleich ästhetisch befriedigenden Schrift«. Seit Ende des 6. Jahrhunderts hatte die Schriftlichkeit überall stark abgenommen, so daß die Durchsetzung einer erneuerten Kulturtechnik von nicht zu unterschätzender Bedeutung war.

Darüber hinaus rief Karl aus ganz Europa Gelehrte an die Aachener Hofschule, darunter den Angelsachsen Alkuin († 804), der schon durch seine Herkunft stark an den sächsischen Verhältnissen interessiert war, weshalb er die harten Maßnahmen Karls gegen die Sachsen kritisierte. Schüler aus allen Reichsteilen wurden hier unterrichtet, und von hier aus wurden neue Schulen und Bibliotheken gegründet und die an ihr gepflegten *litterae* (im doppelten Sinne, als Gelehrsamkeit und als Beherrschung der Schreibkunst) verbreitet. Schaltstellen waren in Sachsen die neu enstehenden Bischofskirchen und die Klöster mit ihren Schulen. Da diejenigen Vertrauten bei Hofe, die sich bewährt hatten, fast laufbahnmäßig vom Kaiser in hohe Ämter (Abteien, Bistümer) überall im Lande eingesetzt wurden, verbreitete sich die Hofkultur. Neben den Zentren Aachen, Ingelheim und anderen bevorzugten Pfalzen entstanden an den Klöstern weitere kleine Brennpunkte der Gelehrsamkeit.

Karolingische Silberpfennige (Denare).

Neben dem Aufbau der Missionssprengel, Bistümer oder Gebietsabteien unter Karl war die Gründung des Mönchsklosters Corvey unter Ludwig dem Frommen so etwas wie eine Initialzündung. Schon 815 hatten westfränkische Benediktiner aus Corbie das Kloster Hethis im Solling gegründet, es dann 822 an seinen heutigen Platz an der Weser verlegt. Dieses Neu-Corbie (*Corbeia nova*) wurde von Ludwig dem Frommen privilegiert und vom sächsischen Adel reich beschenkt. Bereits unter seinen Äbten Adalhard († 826), Vetter, Gesandter und Berater Karls sowie dem früherem Corbier Abt, und Warin († 856), von bedeutendem Einfluß in Sachsen, entstammten der neuen Abtei die Missionserzbischöfe Ansgar und Rimbert.

Entstanden in Westfalen und Engern sehr rasch fünf Bistümer (Bremen, Münster, Minden, Paderborn und Osnabrück), so zögerte sich die Bistumsbildung in Ostfalen länger hinaus: hier war beabsichtigt, aus dem mainzischen Missionsbezirk Elze ein Bistum zu bilden, doch wurde es 815 in Anlehnung an Reims und St. Denis im nahen Hildesheim gegründet, wo der Hellweg die Innerste überschritt. Das Bistum erstreckte sich zwischen Harz, Oker, Leine und Aller. Erster Bischof war der westfränkische Kanoniker Gunthar. Ebenfalls relativ spät und dazu für uns schwer durchschaubar gestalteten sich die Verhältnisse nördlich der Aller, in der späteren Verdener Diözese. Wie sich Halberstadt an Reims und Corvey an Corbie anlehnte, so stützte sich hier die Mission auf das um 720/41 wohl von iroschottischen Mönchen gegründete

Amorbach im Odenwald. Bis 829 waren drei Amorbacher Äbte hier Missionsbischöfe: Spatto, Tancho und Harud († 829), wobei offenbleibt, ob sie ihren Sitz in Verden, an dem Handelsplatz Bardowick oder überhaupt an einem festen Ort hatten. Der erste gesicherte Verdener Bischof, Helmgaud, zugleich Abt von Amorbach, ist 831 bis 838 bezeugt. 849 übertrug König Ludwig II. der Deutsche der Bischofskirche Verden in der Region *Sturmi* königlichen Schutz und Immunität.

Der Raum zwischen der mittleren Ems und der Hunte wurde von zwei kleineren Missionsbezirken betreut, von Meppen und Visbek, die aber keine Zukunft als eigene Bistümer haben sollten. In Visbek wirkte der ab 796 bezeugte Abt Castus, ein Mitarbeiter des Heiligen Liudger. Sein sächsischer Name Gerbert und die Lage seiner Stiftungen deuten auf eine Zugehörigkeit zur Verwandtschaft Widukinds.

Neben den Missionsbezirken Meppen und Visbek entstand daran im Süden anschließend der von Osnabrück unter dem Friesen Wiho († 804/805). Man vermutet, daß diese Einteilung bereits um 780 erfolgte und die Überführung der Reliquien der Heiligen Crispinus und Crispinianus aus Soissons wenig später durch Karl veranlaßt wurde. 803 erhielt die Bischofskirche zu Osnabrück Immunitätsrechte verliehen.

Weitere westfälische Bistümer, die in den späteren niedersächsischen Raum hineinreichten, waren Münster und Minden. In dem Missionsbezirk zwischen Oberweser und Leine arbeitete vom Romanuskloster zu Hameln aus der Fuldaer Mönch Erkanbert, der noch unter Karl zum Bischof erhoben wurde. Doch wurde die Bischofskirche St. Petrus um 803/04 in Minden errichtet und Köln unterstellt. Zum Bischof von Münster wurde 805 der Westfriese Liudger geweiht, der hier 792/93 eine erste Kirche errichtet hatte, die mit dem 799 gegründeten Werden ein Doppelkloster unter Liudgers Rektorat bildete. Der in York ausgebildete Liudger hatte seit 787 die Mission in Friesland zwischen Ems und Lauwers betrieben, weshalb das neue Bistum auch diese – räumlich vom Münsterland getrennten Gebiete – erhielt. Das übrige Friesland blieb bei Utrecht, nur der östliche Teil Ostfrieslands wurde Bremen unterstellt. Die Bischöfe von Münster gehörten bis 849 sämtlich zur Familie Liudgers und leiteten bis 886 Halberstadt und die Abtei Werden in Personalunion. Mit Werden eng verbunden war auch die Missionszelle und dann Abtei Helmstedt, wohl 798 als Felicitaskloster von Liudger gegründet.

Die Mainzer Diözese Halberstadt ist erst 814 von Ludwig dem Frommen gegründet worden. Hier befand sich ein Missionsbezirk des Bischofs Hildegrim, der dessen Zentrum erst zu Beginn des Jahrhunderts von *Salingenstede*, dem heutigen Osterwieck, nach Halberstadt verlegte. Die Abtei Corvey bekam durch die Übertragung der Missionsbezirke Meppen und Visbek (834 und 855) ebenfalls den Charakter eines Missionsmittelpunktes.

Der Franke Ebo († 851), Kaiser Ludwig dem Frommen als Bibliothekar nahestehend und seit 816/17 Erzbischof von Reims, wurde 823 päpstlicher

Die Reste eines Weserschiffs – dendrochronologisch auf ungefähr 808 datiert – werden am Bremer Balgehafen geborgen.

Missionslegat in Hamburg und Dänemark. Ausgehend vom Missionsbefehl Jesu, »gehet hin und lehret alle Völker (*omnes gentes* in der Vulgata) und taufet sie ...« (Matth. 28,19), war das Übergreifen der Mission von Sachsen auf die nordischen Völker geradezu zwangsläufig. In Hamburg gab es schon seit 810/11 eine Taufkirche. Ludwig stattete den neuen Missionsstützpunkt 831 mit dieser Kirche und denen zu Meldorf, Schenefeld und Heiligenstedten aus: von hier aus sollten die Dänen, Schweden und Ostseeslawen missioniert werden. 826 war der Corveyer Scholaster Ansgar auf Vorschlag seines Abtes Warin mit der Mission in Skandinavien betraut und 831 zum Erzbischof geweiht worden, mußte aber schon 847 aus Hamburg fliehen. Da ihm die früher verliehene flämische Abtei Turholt 843 wieder entzogen worden war, ging er nach Bremen, wo es derzeit aufgrund einer Vakanz keinen Bischof gab. 848 wurde dieses Bistum von Köln abgetrennt und mit der Erzdiözese Hamburg vereint, so daß dessen Erzbischöfe künftig ihren Sitz in Bremen hatten und die nordische Mission seit Ansgar († 866) und Rimbert († 888) von dort aus ihren Weg nahm.

Das Bistum Bremen selbst geht auf den 787 in Worms zum Bischof geweihten Angelsachsen Willehad zurück, der seit 780 im östlichen Friesland und im Niederweserraum missioniert hatte. Er weihte kurz vor seinem Tode 789 seine

Kathedralkirche in dem Weserort auf den Namen des Heiligen Apostels Petrus. Sein Sprengel, der dem Erzbischof von Köln unterstand, umfaßte die *regio Wigmodia*, also das Land zwischen den Unterläufen von Elbe und Weser, sowie die östlich der Elbe und westlich der Weser anschließenden Gebiete mit dem östlichen Teil Ostfrieslands.

Im Norden behaupteten die Friesen trotz ihrer Eingliederung in das Frankenreich den Charakter einer eigenständigen Provinz. Da der größte Teil Frieslands Utrecht unterstellt war und der östliche Teil (das heutige Ostfriesland mit Rüstringen) zu den Diözesen Münster und Bremen gehörte, kam es nicht zur Ausbildung eines für das ganze Land zuständigen kirchlichen Zentrums.

Das Resultat der Kirchenorganisation Karls des Großen und Ludwigs des Frommen war also gegen Mitte des 9. Jahrhunderts, daß es Bischofssitze in Bremen, Hildesheim, Verden und Osnabrück gab und daß weite Teile des späteren Niedersachsens zu den auswärtigen Diözesen Münster, Minden, Mainz und Halberstadt gehörten. Die alten Missionsbezirke Hameln, Elze, Osterwieck, Visbek und Meppen waren verschwunden. Doch blühten eine Reihe von *monasteria* fort, die nicht ohne weiteres der Gattung Klöster (mit strengerer Regel) oder Stifter (mit freieren Lebensformen) zuzuordnen sind: Hameln, Helmstedt, Brunshausen, Meppen, Visbek und Ramelsloh. Die Abtei Corvey und das um 790 gegründete Damenstift Herford wirkten weit in unseren Raum hinein. Alle Bischofssitze und Klosterorte entwickelten sich – mit Ausnahme Visbeks und Brunshausens – zu urbanen Siedlungen und bildeten die erste Schicht der Städte unseres Landes.

Die Eingliederung des sächsischen Stammesgebietes in das Frankenreich brachte räumliche Neugliederungsmöglichkeiten mit sich, deren Ansatzpunkte außer den Bezirken hoher königlicher Beauftragter vor allem die Bistümer waren. Die Diözesen haben jahrhundertelang als kirchliche, rechtliche, ja selbst wirtschaftliche Einheiten gedient. Gewicht und Feingehalt des einzigen Münznominals im Mittelalter, des Pfennigs, unterschied sich lange Zeit nur nach den Kirchenprovinzen. Die Kaufleute und Wechsler auf den Märkten rechneten etwa mit dem Pfennig Osnabrücker Gewichts und Silbers, mit dem Pfund Bremer Gewichts und Silbers. Auch Maße und Gewichte, ausgehend vom karolingischen *pondus* in Mainz, besaßen ihre Normalmaße ebenfalls in den Metropolen Bremen, Münster, Osnabrück, Minden.

Mitte des 9. Jahrhunderts bezeugt der Heliand, ein Christusepos in 6.000 altsächsischen Stabreimversen, daß man vor den »Burgen« Lebensmittel für die tägliche Nahrung kaufte. Demnach waren Lebensmittelmärkte im Umkreis der Burgen offenbar etwas Selbstverständliches. Andererseits hebt die *Translatio Liborii* von 836 hervor, daß dem Lande die für den Sitz eines Bischofs vorgeschriebenen Städte fehlten. Aber längst hatte sich ein mächtiger Strom internationalen Fernhandels etabliert, der von den Eroberungen Karls des Großen nicht unterbrochen, sondern eher gefördert wurde, denn die Franken ersetzten zwar die zerstörte sächsische Herrschaftsordnung durch ein Netz von Graf-

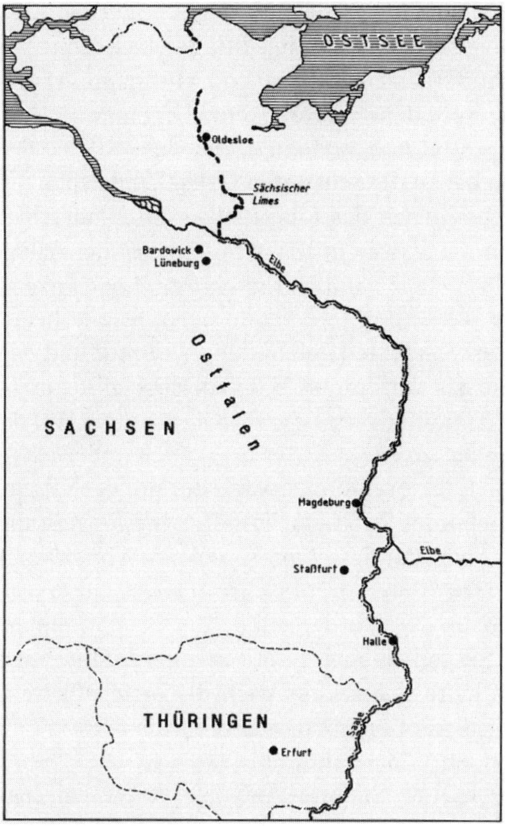

Die Grenzhandelsplätze Sachsens von 806: Bardowick, Oldesloe (Schezla) und Magdeburg.

schaften und Königsboten sowie eine völlig neuartige Kirchenorganisation, ließen aber die Wege und Übergänge des Fernhandels unberührt. Die Bestimmungen eines Gesetzes Karls des Großen von 805, des Diedenhofener Kapitulars, werfen ein Schlaglicht auf die Verhältnisse. Durch den derzeitigen Krieg mit den Slawen verursacht, kam es zu einem Waffenembargo, wozu folgende Grenzhandelsplätze gegenüber Slawen und Avaren aufgezählt werden: *Bardaenowic*, *Schezla* (im Elbgrenzbereich irgendwo im Norden von Magdeburg), *Magdoburg*, *Erpesfurt* (Erfurt), *Halazstat* (Hallstadt), *Foracheim* (Forchheim), *Breemberga* (Premberg an der Naab), *Ragenisburg* (Regensburg), *Lauriacum* (Lorch bei Enns an der Donau). Die Richtung der Aufzählung führt also von Bardowick durch *Saxonia* über Magdeburg und Erfurt bis an die Donau. »Einige der genannten Orte ... zählen später zu den bedeutendsten deutschen Städten des Mittelalters« (Walter Schlesinger). Die Weisungen gingen an die

Königsboten, von denen Madalgaud als der für *Schezla*, Erfurt und Hallstadt, Aito als der für Magdeburg zuständige königliche Beamte genannt werden.

Der zu Unrecht vergessene Albert von Hofmann (1867-1944) hat auf die verblüffende Korrespondenz dieser Grenzübergänge zu den Slawen, die über keine eigene Salzproduktion verfügten, mit dem Salzhandel aufmerksam gemacht. Tatsächlich haben die genannten Grenzhandelsplätze, bis auf Premberg und Regensburg, bei denen das Oberpfälzer Eisen ausschlaggebend gewesen sein dürfte, alle für die Slawen in Betracht kommenden Salzproduktionsplätze in ihrer Etappe: *Bardowick* nämlich Lüneburg, *Magdeburg* Staßfurt und Groß Salze (wenn nicht das entferntere Schöningen, Salzderhelden, Salzgitter und Salzdethfurt), *Erfurt* Salzungen und Soden, *Hallstadt* und *Forchheim* Hallstadt selbst (wenn nicht das entferntere Schwäbisch Hall), *Lorch* Reichenhall und Hallein. Die vom Kapitular vorausgesetzte Grenzlinie läßt die untere Saale mit Halle, das ohnehin jenseits des Flusses liegt, noch unberücksichtigt. Das rätselhafte *Schezla* kann deshalb sinnvollerweise nur mit der Salzquelle von Oldesloe (in der Chronik Helmolds *Thodeslo*, *Tadesla*, *Adeslo*) verknüpft werden, einem Grenzhandelsplatz, der vor dem *Limes Saxoniae Nordalbingiens* lag.

In Sachsen treten unter fränkischer Herrschaft zwei konkurrierende Hochadelsfamilien in den Vordergrund: die Nachkommen Widukinds und die Liudolfinger. Sie stehen auch politisch auf verschiedenen Seiten. Der ostfälische *dux* Brun hatte sich bereits nach der ersten Phase der Sachsenkriege Karls des Großen diesem ergeben, während der westfälische *dux* Widukind Seele des andauernden Widerstandes bis 785 war.

Die *Liudolfinger*, eines Stammes mit den Brunonen, hatten ihren Machtschwerpunkt im Harzraum und waren die Gründer des Damenstifts Gandersheim. Doch vermochten sie diese Positionen nur nach Süden, aber weder nach Westen noch nach Norden auszubauen. Vom äußersten Streubesitz im Nordwesten, in der Region *Lara*, trennten sie sich sogar, indem sie ihn in die Stiftung des Klosters Bassum (850) einbrachten. Bei ihnen ist der langsame Aufbau einer Herzogsstellung zu beobachten. Der erste Liudolf heißt noch Graf und Herzog, der zweite Liudolf ausschließlich *dux*. Brun, ebenfalls als Herzog bezeichnet, fiel 880 im Kampf gegen die Normannen, und sein Bruder Otto heiratete die Tochter des Ostfrankenkönigs Ludwigs des Jüngeren. Er war sogar mit dem Mainzer Erzbischof als Regent für König Ludwig das Kind tätig. Otto ist der Ahnherr der Ottonen, also der Kaiser aus liudolfingischem Hause.

Widukind und seine Familie hatten ihren Besitzschwerpunkt im Lerigau mit den Mittelpunkten Wildeshausen und Visbek, wo der Widukind-Verwandte Gerbert um 800 eine Gebietsabtei besaß und ein Kloster gestiftet hatte. Gegenüber den geistlichen Gründungen der Liudolfinger wollten sie nicht zurückstehen. So holte der Widukind-Enkel Waltbert 850/51 die Reliquien des Heiligen Alexander und gründete ein *monasterium* (das spätere Alexander-Stift zu Wildeshausen). Diese Stiftung hatte offenbar den Zweck, das Gebetsgedenken für die Familie sicherzustellen, nachdem Visbek 855 an Corvey übertragen worden war. Mit zwei kaiserlichen Schutzmandaten Lothars I. an den König von Italien und an die italienischen Reichsbeamten ausgestattet, erreichte Waltbert Rom, wo er Papst Leo ein weiteres Schreiben Lothars vorlegte, worin um Reliquien für Walberts Heimat gebeten wurde, damit »nicht dieses wilde Volk, verstrickt in den Schlingen des Irrtums, ganz und gar von der wahren Religion abfalle«. Der Papst überwies dem Kaiser durch Walbert nach Beratung mit den römischen Großen die Vollreliquie des Heiligen Alexander sowie Partikel von den Leichnamen der Mutter Maria und anderer Heiliger. Man hat darauf hingewiesen, daß die Wundertätigkeit des Heiligen Alexander gewissermaßen in Konkurrenz getreten sei zu der des Heiligen Willehad in Bremen. Doch dürfte es zunächst einmal um die Konkurrenz zu den Liudolfingern gegangen sein, deren Haupt Liudolf im Jahre 844 nach Rom gepilgert war und die Reliquien der Heiligen Innocentius und Anastasius erlangt hatte, die nach Brunshausen und später nach Gandersheim kamen. Bald entstand auch das Stift Bücken an der Weser, denn auch die Bremer Kirche wollte es dem Adel gleichtun. Diese Familie Widukinds (*stirps Widukindi*) ist mit der Hochadelsfamilie der Immedinger (9./11. Jahrhundert) identisch. Die letzten Repräsentanten dieses Geschlechts waren die Paderborner Bischöfe Meinwerk († 1036) und Immad († 1076). Es ist aber auch möglich, daß eine Nebenlinie der Widukinde mit Besitz östlich von Wildeshausen-Visbek in Gestalt einer kleineren Edelherrenfamilie fortexistiert hat: Leitname der Edelherren von Stumpenhusen war *Gerbert*, ihr erster gräflicher Vertreter hieß *Wedekind*.

Solche Kirchengründungen wie Wildeshausen, Bassum und Bücken gehören zu einer Phase, die als die »zweite Mission Sachsens« bezeichnet worden ist, und das nicht ohne Grund, denn das Pfarrnetz war überaus weitmaschig. So weiß die Überlieferung, daß die riesige bremische Region *Lara* damals nur drei Pfarrkirchen aufwies – die Zahl von zwei oder drei Urpfarren in einer größeren Siedlungseinheit dürfte zutreffend sein.

Woher bezogen die ersten Hochadelsfamilien Sachsens ihre Macht und ihren Reichtum, mit dem sie sich im Gebetsgedenken der von ihnen gestifteten Klöster verewigen konnten? Eine Quelle ihres Vermögens waren offenbar die Anteile an den Ressourcen des Landes, wozu an erster Stelle die Lüneburger Salzquelle zählt. Die Namen der 54 Siedehütten, auf deren hohes Alter schon die Lüneburger Forscher Ludwig Bückmann und Wilhelm Reinecke hingewiesen hatten, sind seit dem 13. Jahrhundert gut bezeugt und lebten bis zum Verschwinden der Häuschen im 19. Jahrhundert fort. Sie hießen unter anderem *Eminge, Tanquardinghe, Bernerdinge, Benninge, Ludolvinge* und verweisen mit den Possessiv-Suffixen *-inge* auf die Ansiedlung (bzw. hier den Betrieb, die Sülzhütte) einer bestimmten Person bzw. eines Familienverbandes. Schlüsse auf den Besitz bestimmter Familien sind möglich, denn »jede adlige Sippe hütete ihren eigenen kleinen Schatz exklusiver, nur ihr zustehender Namen, jedenfalls dem Anspruch nach« (Johannes Fried).

Besonders bekannte und für große sächsische Adelsfamilien signifikante Leitnamen erkennen wir auf den ersten Blick: *Liudolf*, *Ekbert*, *Udo* und andere mehr. Daß hier wirklich *Liudolfinger* (also das ottonische Kaiserhaus), *Ekbertiner* und *Udonen* gemeint sind, wird bestätigt durch einen Blick auf das sächsische Aufgebot gegen die Normannen im Jahre 880. Es lehrt uns, daß die hinter den Hüttennamen steckenden Personennamen der ersten Garnitur, also der Schicht der Grafen, angehören, während sie unter den königlichen Vasallen durchaus fehlen. Unter den *comites* erscheinen gleich dreimal *Bardo*, sodann *Liutolf*, *Folcwart* und *Liuthar*. Damit ist klargestellt, daß die Namen den überregionalen, großen sächsischen Adel und nicht den regionalen der lüneburgischen Provinzen *Bardengo* und *Loingo* repräsentieren. Auch die führenden Familien, die Widukinde, die Billunger und die Brunonen sind vertreten. Auf die Widukinde bzw. *Immedingorum gens* weist die Hütte *Eminge*. In *Thenequeninge*, *Tanquardinghe* steckt der Name des legendären Bruders des sächsischen *dux* Bruno I. († 880), *Tanquard*. Als reale Person ist er durch einen Nekrologeintrag sowie den Ortsnamen *Dankwarderode*, also »die Rodung des Dankward«, in Braunschweig bezeugt. Die »frühen Billunger«, die Ekbertiner, finden wir in der Hütte *Ecbertinge* wieder. Der Leitname der »jüngeren« Billunger war Bernhard, der in *Bernerdinge* bewahrt ist. Außerdem erkennen wir in der Hütte *Benninge* die Kurzform *Benno*. Der aus *Erderinge* abzuleitende sächsische Männername *Erdag* kommt im Umkreis der Ricdag-Sippe vor. Graf Ricdag war ein Getreuer Ludwigs des Frommen und Gründer des Klosters Lamspringe. Die Hütte *Huninge* gehörte im 12. und 13. Jahrhundert nachweisbar der Benediktinerabtei Rastede im (später oldenburgischen) Ammerland. Der Gründer dieses Klosters aber war 1076 der Graf *Huno*. *Beschehusen* könnte wie *Mectenhusen*, das ja ursprünglich *Mettinge* hieß, eine Fortentwicklung von *Bettinghusen* sein. Ein *comes Bitti* gehörte im 9. Jahrhundert dem Umkreis der Billunger an.

Wie sah es in der Landschaft aus? Die Ortsnamen spiegeln die topographischen Verhältnisse: *-hausen*, *-horst* usw. machen den Inselcharakter deutlich. 6.115 Ortsnamen weisen auf Laubwald, 790 nur auf Nadelholz. Tatsächlich dominierte der Mischwald. In den Talauen war Sumpf und Riet, dann kamen die mit Auewald bedeckten Hänge (Erlen, Ulmen, Dornengebüsch) und nun Straßen und Siedlungen und dann weite Unland, Öd- und Waldflächen. Die Wälder waren keine Forsten, sondern dicht bewachsener und unkontrolliert wuchernder Bewuchs. Im übrigen bedeckten Frühjahrsfluten, Gletscher und Seeflächen mit ihrem Vorland weite Strecken. Die großen und kleinen Flüsse nahmen breiten Raum ein, da sie ihren Lauf ständig änderten. Selbst kleinere Bäche dienten der Schiffahrt.

Blicken wir über die engere Region hinaus, dann ist festzustellen, daß die Bestandteile des späteren »Deutschland« bis weit in das 10. Jahrhundert kein Einheitsbewußtsein besaßen. Das Teilreich »Ostfrankien« bestand rechtlich aus mehreren *regna* ohne eigenen König: *Francia*, *Saxonia*, *Alemannia* und

Die Siedehütten der Lüneburger Saline mit einigen Hauszeichen. Kupferstich von Macrinus (1710).

Baioaria. Noch auf der Synode von Tribur 895 galten zwischen Sachsen und Bayern geschlossene Ehen als solche mit »Ausländern«.

Kommen wir zu den Kristallisationsbildungen »staatlicher« Regierung und Verwaltung. Schon 805 gab es obere Grenzbeamte für Ostfalen, dann war Wala, ein Enkel Karl Martells und Sohn einer sächsischen Edeldame, Stellvertreter des Kaisers in Sachsen, doch verlor er seine Stellung 814. In Westfalen wurde der Ekbertiner Cobbo als Herzog bezeichnet. Zwischen 832 und 840 gab es auch einen Markgrafen in Sachsen. Am deutlichsten ist der allmähliche Aufbau einer Herzogsstellung, wie oben erwähnt, bei den Liudolfingern zu beobachten.

Die Regierungszeit des kaiserlichen Sohnes Karls war für Sachsen von Überfällen der Normannen und Slawen sowie einem innenpolitischen Ereignis gekennzeichnet: Ludwig I. erlaubte den sächsischen Deportierten, in ihre Heimat zurückzukehren. Den Normanneneinfällen wurde erst Ende des Jahrhunderts durch die Schlacht bei Löwen ein Ende gesetzt. 840 war Ludwig der Fromme gestorben und hatte drei einander heftig bekämpfende Söhne hinterlassen: Ludwig II. der Deutsche besiegte seinen Konkurrenten, Kaiser Lothar, worauf dieser sich nach Verbündeten umsah. Da kam ihm eine spontane Erhebung zustatten. 841 brach in den südlichen Gegenden Niedersachsens der Aufstand der Stellinga aus. Es handelte sich um freie und halbfreie Bauern, die die alte sächsische »Freiheit« wiederherstellen, wahrscheinlich aber auch das Christentum beseitigen wollten. Der Name *Stel-*, *Stal-* ist immer noch nicht befriedigend geklärt. Begünstigt wurden die Aufständischen von Lothar I., der in ihnen eine Stütze gegen Ludwig II. und den mit diesem verbündeten sächsischen Adel erblickte und sogar so weit ging, ihnen die Wiederherstellung der alten Rechte zu versprechen. Lothar stellte jedem frei, ob er Christ bleiben oder wieder nach alter heidnischer Sitte verfahren wollte. Zunächst gewannen die *Stellinga* die Oberhand und vertrieben den Adel. Doch König Ludwig konnte den Aufstand 842 niederwerfen. Die darauffolgende Exekution erinnert an das »Blutbad« von Verden: 150 Rädelsführer wurden enthauptet, 14 gehängt und viele andere an den Gliedern verstümmelt. Dennoch erhoben sich die Bauern 843 ein weiteres Mal, konnten jetzt aber vom Adel ohne Hilfe des Königs besiegt werden.

Mit der endgültigen Niederwerfung der Bauern konnte die Schicht der Edelinge, also große, mittlere und kleine Adlige und Grundherren, zweifellos ihre Stellung nicht nur gegenüber den anderen Gesellschaftsschichten, sondern auch gegenüber dem König befestigen und ausbauen. Karl der Große hatte noch versucht, die freien Bauern stärker an das Königtum zu binden und vor Übergriffen des Adels zu schützen. Für dessen unfreie Hintersassen konnte er schon nichts mehr tun. Aber der Adel stand nicht geschlossen hinter dem Karolinger Ludwig II., der wiederum für die Autonomie der einzelnen Reichsteile stand, während die Partei Lothars für die Einheit des Reiches focht. So scheinen die Enkel Widukinds abermals gegen ihre Standesgenossen Partei genommen zu haben, denn es ist sicherlich kein Zufall, daß der Wittekind-Sohn Wikbert seinen Erben Walbert am Hofe Lothars, damals noch Teilkönig des mittleren Franken, erziehen ließ.

Nach den Aufständen der sogenannten *Stellinga* war die sächsische Kirche bestrebt, den Adel zu Klosterstiftungen zu veranlassen. Ihr lag es daran, die kirchliche Versorgung der Bevölkerung sicherzustellen. Wenn es gelang, den Adel dafür zu gewinnen, zu diesem Zwecke Stifter zu gründen, dann hauptsächlich deshalb, weil die großen Familien ihre Herrschaft sichern, ihren Toten einen festen Platz zuweisen und damit den »Kult am Ahnengrab« institutionalisieren und die schuldige Verpflichtung des Totengedenkens erfüllen wollten. »Jeder mittelalterliche Mensch hatte nämlich *debitores*, das heißt Personen, denen er das Gebetsgedenken schuldete, und er war sich dieser Verpflichtung bewußt« (Gerd Althoff). Daß die Pflege des Totengedenkens für die Gründer zur vornehmsten Aufgabe aller »vom König und seinen Getreuen zum Dienste

Gottes erbauten Frauenkonvente« gehörte, hat Otto I. in der Gründungsurkunde für Quedlinburg gewissermaßen öffentlich festgestellt (936). Zahlreiche trümmerhaft oder vollständig überlieferte Totenbücher legen von dieser Tätigkeit in den Damenstiftern, aber auch in allen anderen Klöstern und Hochstiftern, Zeugnis ab. In den Kirchen dieser Einrichtungen beanspruchten die Toten eine Grablege, wodurch die Stiftung zu einer fortdauernden Einrichtung des Familiengedächtnisses wurde. Um diese wichtige Stätte für die Familie »ewig« zu sichern, mußten die Ämter in den Händen der Nachkommen bleiben, was für diese auch herrschaftliche und wirtschaftliche Vorteile bot. Nur rechter Adel, die Zugehörigkeit zum Geschlecht der Gründerfamilie, legitimierte zur Wahrnehmung von Vogtei und geistlichen Vorsteherschaften. Auf ähnliche Weise verfuhren die fürstlichen Nachkommen Karls des Großen und Ottos des Großen bis ins Spätmittelalter bei Königskandidaturen und -wahlen – sie betrachteten ihren Kreis als erbberechtigt am Reich (Armin Wolf). Aber wie konnte sich das Wissen über die Berechtigten jahrhundertelang halten? Die Aufstellung der Vorfahren und Nachkommen König Heinrichs I. wird von der Kölner Königschronik mit der Aufforderung versehen: »Wenn du den Adel von ganz Sachsen, Italien und Deutschland, Gallien und Normandie ... erkennen willst, dann lies diese *forma* und behalte sie im Gedächtnis«. Solche Stammbäume werden allerorts angelegt worden sein.

Wann setzen die ersten geschichtlichen Aufzeichnungen in Sachsen selbst ein? Möglich war das erst nach dem Einzug der Schriftlichkeit, die wiederum abhing von der Existenz eines geschulten Personals, nämlich schreibkundiger Mönche und Stiftsherren, Klosterfrauen und Stiftsdamen. Die von Karl dem Großen in Sachsen eingerichteten Hochstifter verfügten von Anfang an über Schriftlichkeit. Es mußten Totenbücher und Güterverzeichnisse geführt und Urkunden und Briefe geschrieben werden. Die ältesten geschichtlichen Aufzeichnungen waren die Viten lokaler Heiliger und die Schilderungen vom Hergang der Reliquientranslationen – die Schriften Ruodolfs von Fulda und die Vita Lebuini Hucbalds wurden bereits erwähnt. Ferner setzten annalistische Eintragungen in die Totenbücher ein. Solche Jahresnotizen verselbständigten sich und wurden zu eigenen, meist in den Klöstern geführten Jahrbüchern (*Annalen*).

Kirchliche und weltliche Kunst

Urs Boeck

Im Gefolge von Missionierung und kirchlicher Institutionalisierung erwuchsen der Kunst bisher unbekannte Aufgaben. Handschriften mit den heiligen Schriften, die zum Gottesdienst erforderlichen liturgischen Bücher und theologische Werke wurden aus den christlichen Landschaften des fränkischen Reiches eingeführt. Und die ersten Erzeugnisse einer einheimischen klösterlichen Schreibstube in der 820 gegründeten *Corbeia Nova* (Corvey an der Weser) erweisen sich über ein Jahrhundert von einem später nach Prag gelangten Evangeliar aus Corbie an der Somme als der Mutterabtei beeinflußt. Eines der wenigen liturgischen Geräte dieser ersten Jahre ist der Meßkelch des Heiligen Ludger von 788, bis 1547 in Helmstedt, heute in Werden/Ruhr aufbewahrt. Seine strenge Formgebung mit Schriftbändern als sparsamem Dekor wirkt in jüngeren Hildesheimer, als Grabbeigabe erhaltenen Bischofskelchen deutlich nach. Ein kostbares Zeugnis von Reliquienverehrung ist das heute in Berlin befindliche Taschenreliquiar aus dem Schatz des Stiftes Enger. In der Ornamentik von gekonntem Reichtum, in der figürlichen Bildung unbeholfen archaisch, ist es im alemannischen Raum gefertigt, möglicherweise durch Karl den Großen 786 an Widukind geschenkt.

Die Kenntnis der ersten Sakralbauten im heutigen Niedersachsen verdanken wir – abgesehen von einigen knappen Beschreibungen aus der Feder von Geschichtsschreibern wie Adam von Bremen und Thietmar von Merseburg – der Spatenarbeit der Mittelalter-Archäologie. Gegenüber dem in der Bibliothek von St. Gallen überlieferten Idealplan eines karolingischen Klosters, wie er sich nach den Vorstellungen der Synoden von 815 und 816 darstellt, ist die Mühsal des Beginnes nur zu deutlich. Finden wir auf diesem Pergament von 77 x 112 cm akribisch Ordnung und Funktion eines um die Kirche gruppierten Klosters von mehr als vierzig Gebäuden für Kultus, Verwaltung, Bewirtschaftung und Aufnahme von Gästen als Schema niedergelegt, bietet sich den Ausgräbern ein wesentlich bescheideneres Bild. Wie schon die Quellen aussagen, begegnen wir in Holz errichteten Gebäuden selbst bei Sakralbauten hohen Ranges. Die Dome von Bremen, Hamburg und Verden sind uns so beschrieben, in letzterem Fall besitzen wir durch erschlossene Befunde auch Anschauung: ein Rechtecksaal mit rechteckig schließendem Altarhaus, durch Binnenstützen in Schiffe gegliedert. Stiftskirchen wie die von Bücken sind entsprechend zu denken. Pfarrkirchen folgen diesem Schema nur mit geringeren Abmessungen. Ein aufschlußreicher Beleg ist die von H. Drescher ergrabene Kirche von Tostedt:

Holz-Stab-Kirche Heidenhof bei Soltau aus dem 14. Jahrhundert.

als Konstruktion auf eingegrabenen Pfosten. Später erscheinen Pfosten auf Sockelsteinen und Schwellbalken auf Streifenfundament. Daß Kapellen in dieser Technik ausgeführt werden, nimmt nicht wunder. Ein Spätling, die dendrochronologisch auf rund 1308 datierte Heidenhofer Kapelle in Soltau, hat sich bis 1955 als südlichstes Beispiel einer Stabkirche erhalten. Daneben, insbesondere im Mittelgebirgsraum, wird von Anfang an auf Stein als Baumaterial zurückgegriffen. Ein bedeutendes Monument für die bereits gewonnene Sicherheit im Umgang mit der neueingeführten Technik ist Bischof Altfrieds 872 geweihter Hildesheimer Dom, dessen Grundrißdisposition und teilweise auch Mauerwerk in der heutigen Basilika sich erhalten haben. Reste von Stuckarbeiten belegen die qualitätvolle Durchbildung bis ins Detail. In Bremen wird die Kathedrale etwa gleichzeitig in Stein erneuert, hier und in Osnabrück sind ergrabene Mauerreste noch in die karolingische Zeit zu datieren. Als beispielhafte Grabungsergebnisse sind die zwei Kampagnen in der Klosterkirche Brunshausen, der liudolfingischen Vorläuferin des 852 gegründeten Stifts Gandersheim und die Untersuchungen an der bis in die 2. Hälfte des 9. Jahrhunderts zurückreichenden Pfarrkirche St. Ulrici in Braunschweig zu nennen. Dabei folgen längsrechteckige Säle mit rechteckigem Altarhaus dem Typus des Holzbaus, während halbrunde Apsiden in der Tradition des Mauerwerkbaus stehen.

Rekonstruktionsversuch der Königspfalz Werla im Modell.

Die Archäologie des Mittelalters hat unsere Vorstellung von den Residenzen der Herrscher, des hohen Klerus und des Adels bis zum Eintritt des Hohen Mittelalters entscheidend geprägt. Die Dreiheit von *curtis, palatium* und *castrum* bestimmt die frühen Königspfalzen. Grone, Göttingen-Grone, kennt neben dem Hof, aus dessen Kapelle die heutige Ortskirche hervorging, die Burg, deren Holz-Erde-Wall, durch eine Mauer ersetzt, Wohnbauten und einen Saal einschließt. Anders Pöhlde, das neben der Fliehburg den Hof als Pfalz nutzt; aus ihm wird Mitte des 10. Jahrhunderts als Stiftung der Kaiserin Mathilde ein Stift. Schließlich Werla, das in der Verbindung von Kernburg über der Oker mit den Aufgaben der Pfalz, in den Vorburgen des Wirtschaftshofs und einer Handwerkersiedlung ein drittes Modell bietet. Anschauung vermitteln auch die Bischofssitze der Zeit. Kennen wir aus Hamburg den Rundturm Erzbischof Bezelins (1035-1043), aus Osnabrück das Haus des Bischofs nördlich des Doms aufgrund archäologischen Spürsinns, so berichtet Adam von Bremen (Gesta II,68) von dem siebengeschossigen Torturm neben der Kathedrale. In Hildesheim besitzen wir die Ummauerung, die Bischof Bernward um den karolingischen Dom und die Bauten des Klerus legte, in späteren Erneuerungen tradiert. Sie war mit vorgelegten Rundtürmen verstärkt, die wir durch Ausgrabungen kennen.

Fragmentarisch stellt sich die jüngere Anlage der salischen Kaiser in Goslar dar. Hier ist der monumentale, 1051 geweihte Dom verloren. Erhalten ist das sogenannte Kaiserhaus zwischen Wohnbauten im Süden sowie der heute abgebrochenen Liebfrauenkirche im Norden; jünger ist die erhaltene Doppelkapelle St. Ulrich. Zweigeschossig und mehrfach überarbeitet, zeigt er im massiven Erdgeschoß nur sparsame Befensterung, als Arkaden zusammengefaßte

Evangeliar des Bischofs Bernward von Hildesheim: eine Messe wird zelebriert.

Fenster im Obergeschoß. Dieses ist zweischiffig angelegt; die Mitte mit dem Sitz des Herrschers ist als eigener Raum betont und tritt mit übergiebelter Front nach außen.

In der Goslarer Pfalz zeigt sich ein Anspruch, der nur wenig später in der Machtgebärde der – kurzlebigen – Burgen Kaiser Heinrichs IV. zutage tritt. Auch hier verdanken wir genaue Kenntnisse den Archäologen. Die weitläufige Anlage der Harzburg zeigt künftig wichtig werdende Elemente mit rundem Bergfried und Zwinger. Der Sachsenstein bei Walkenried besitzt ein Tor zwischen Sechseck-Türmen in einer Sperrmauer mit beherrschendem Rundturm. Dem entsprechen die Turmanlagen, die die Bischöfe Benno I. bzw. Benno II. von Osnabrück zur Sicherung der Iburg anlegten; auch hier ein Nebeneinander von Nutzungen, seitdem Benno II. um 1080 ein Benediktinerkloster innerhalb der Befestigung gründete. Einen gleichen technologischen Stand erreicht auch eine bescheidene Anlage wie die Hünenburg bei Rinteln-Todenmann, wo die Kernburg massiv als Mauerring mit angelehnter Randbebauung und einem schlanken Bergfried sich gegen die Vorburg sichert. Dies darf allerdings nicht darüber hinwegtäuschen, daß die Sitze des Adels wie zuvor so noch lange aus in Holz-Erde-Technik geschützten Wirtschaftshöfen bestehen, denen zunehmend Turmhügelburgen – *Motten* – zugeordnet werden. Dies ist beispielhaft ablesbar in Bissendorf-Holte, wo der Hof mit Turmhügel und Kapelle unterhalb einer wohl kurz nach Errichtung 1144 geschleiften Höhenburg mit Rundturm und Wohnbau besteht. Wie fließend die Funktionen sind, zeigt der Grabungsbefund von Kanstein, wo eine Fliehburg mit massivem Wohnbau hinter Wall und Graben um 900 bzw. 1000 n. Chr. eine Sondernutzung erfährt. Eine weitere Spielart, auch sie nur als Grabungsbefund nachgewiesen, ist die mit dem Ziel der Metallverhüttung im 10. Jahrhundert bestehende massive Anlage von Osterode-Düna, wohl als Vorläufer späterer Turmburgen einzustufen.

In den ersten Jahrzehnten um 1000 gewinnt in Niedersachsen ein eigenständiges Kunstzentrum Profil. Neben die metropolitanen Zentren im Westen, Köln, Mainz und Trier, stellt sich Hildesheim, verantwortet durch den später heiliggesprochenen Bischof Bernward. Seine Helfer sind nur zum Teil namentlich überliefert: so der vom Propst an St. Pantaleon in Köln zum Abt von St. Michael berufene Goderamnus als Experte der Architektur und des Metallgusses, so der Regensburger Guntbald als tragendes Mitglied des bischöflichen Skriptoriums. Mit dem spätestens 1010 einsetzenden Bau von St. Michael ist eine Hochleistung ottonischer Baukunst von originaler Struktur im Entstehen, indes der 1028 geweihte Dom in Verden zur rheinisch-maasländischen Schule zu rechnen ist, wie auch nach dem Brand von 1041 der Bremer Dom nach dem Vorbild der Kölner Kathedrale entsteht. Die in Teilen noch heute wahrnehmbare turmbewehrte Ummauerung der Hildesheimer Domburg, nach dem Regierungsantritt Bernwards 993 begonnen, überragt viele uns bekannte zeitgenössische Befestigungen; erst fünfzig Jahre später wird Bremen unter Erzbischof Bezelin ähnlich gesichert. Hier fließen die Verbindungen Bernwards zum Kaiserhof und die auf Reisen gewonnenen Kenntnisse Italiens und Frankreichs ein. Dies wird ebenso deutlich in den technisch und künstlerisch hochrangigen Bronzegüssen der Domtüren von 1015 – im Wettstreit mit dem Erztor Erzbischof Willigis' von Mainz – und der Säule mit dem Leben Christi als Spiegelung der stadtrömischen antiken Kaisersäulen. Hervorragende Silbergüsse – Kruzifixe, Leuchter und Abtskrümme – bezeugen die Leistungsfähigkeit der Goldschmiedewerkstatt. Die Handschriften, allen voran das »Kostbare Evangeliar« des Domschatzes, bewähren das Können des Skriptoriums. Das in Holz gearbeitete Ringelheimer Großkreuz tritt in Wettbewerb mit dem 30 Jahre älteren des Kölner Erzbischofs Gero. Bei Bernward verwischt sich – vergleichbar mit Erzbischof Ekbert von Trier – die Grenze zwischen Auftraggeber und Künstler zu originaler schöpferischer Leistung von höchstem gestalterischem und inhaltlichem Rang.

Reliquienkreuz der Gertrud († 1077), Witwe des Brunonen Liudolf, aus dem Reliquienschatz des Stifts St. Blasius zu Braunschweig. Kupferstich von 1783.

Hildesheim fußt in vielem auf den Leistungen des schon erwähnten Corvey. Die dortige, künstlerisch anspruchsvolle Schreibwerkstatt setzt westliche Anregungen um. Als Vorlagen werden Handschriften importiert, aber auch Aufträge nach außerhalb, etwa an die in der Buchmalerei führende Abtei Reichenau, gegeben. Auf der Grundlage dortiger und St. Galler Arbeiten läßt Bischof Sigebert von Minden zwischen 1022 und 1036 eine Gruppe von Handschriften herstellen, die sich in der Qualität gleichrangig neben Hildesheim stellen. Einer weiteren bedeutenden Werkstatt – Echternach – entstammt das Evangelistar, das als Stiftung für St. Stephani um 1050 nach Bremen gelangt und die örtliche Produktion deutlich beeinflußt; heute liegt es in Brüssel. Die Wertschätzung selbst älterer Codices beweist sich, wenn Kaiser Heinrich IV. um 1066 den von Dagulf aus der Hofschule Karls des Großen geschriebenen »Goldenen Psalter« an Erzbischof Adalbert von Bremen schenkt; er gelangte nach der Reformation nach Wien.

Die Schatzkunst ist in Gestalt von liturgischem Gerät und kostbarer Fassung von Reliquien ein wichtiger Teil der Kirchenausstattung, häufig Stiftungen verdankt und mitunter aus der Ferne bezogen. Nicht immer ist der Ort der Herstellung eindeutig festzumachen. Neben den Hildesheimer Werken, neben dem Kapitelkreuz des Osnabrücker Domschatzes sind vor allem die zwei ältesten Kreuzreliquiare und der Tragaltar des Braunschweiger Domschatzes – des späteren »Welfenschatzes« – bedeutende Zeugnisse der Goldschmiedekunst. Das erste Kreuz, von Gräfin Gertrud um 1038 veranlaßt, zeigt selbstbewußt das Brustbild der Stifterin in getriebener Arbeit unter dem Lamm Gottes im Zentrum. Der Tragaltar, wie die anderen Reliquiare 1932 nach Baltimore veräußert, setzt sich durch strenge architektonische Gliederung und betonte Statuarik von der Dramatik hildesheimischer Auffassung ab. Zwischen der Kunst der Goldschmiede und der Architektur vermitteln die raumgreifenden Radleuchter, deren zwei der Hildesheimer Dom als Stiftungen der Bischöfe Azelin und Hezilo aus der Zeit vor und nach 1050 besitzt. Mit der Funktion verschmilzt hier die Vision vom Himmlischen Jerusalem; Türme und Tore als Apostel, Propheten und Tugenden personifiziert, Gott als Quelle des Lichts ordnen sich zum theologischen Programm.

Die »Sachsenkaiser« (Ottonen)

Bernd Ulrich Hucker

Schon 911 war der Liudolfinger Otto, der zweite Sohn des Liudolf und der Oda, als Sprecher des Sachsenstammes bei der Wahl des Frankenherzogs Konrad zum ostfränkischen König aufgetreten. Wie sein Vater amtierte er als »Herzog« (*dux*) im östlichen Teil Sachsens. 912 starb Otto, der von den jüngeren Geschichtsschreibern gern als »der Erlauchte« bezeichnet wurde. Sein ältester Sohn Heinrich war um 876 geboren. Doch ist der Beiname *auceps* (Finkler, Vogeler, Vogelsteller) wohl nicht historisch. Heinrichs Wahl zu Fritzlar im Mai 919 wurde von der Sage verklärt, als ob der Herzog in bäurischer Kluft, vor einer Scheune sitzend, Leimruten nach Vögeln auslegend, aufgeschreckt worden sei. In Wahrheit war Heinrich bereits das Zentrum der Opposition gegen Konrad gewesen. 913 bis 915 kam es sogar zu einem erbitterten Krieg. Widukind von Corvey wußte später aus mündlicher Überlieferung zu berichten: Als König Konrad seinen Tod herannahen spürte, beauftragte er seinen Bruder, dem Herzog Heinrich die Insignien seiner Herrschaft zu überbringen. Diese legendäre »Übertragung« der Königsherrschaft durch den Franken Konrad auf Heinrich ist historisch ungesichert, die Überlieferung vielleicht nur zu dem Zwecke am Leben gehalten worden, um die dunklen Umstände der Machtergreifung des Liudolfingers zu verschleiern. Die Thronerhebung oder -usurpation Heinrichs ist also keine »späte Folge der Integration Sachsens in den christlich-fränkischen Reichsverband« (Heinrich Schmidt), sondern ein Ergebnis des Machtkampfes zwischen den großen Hochadelsfamilien, der auch mit einem beliebigen anderen Resultat hätte enden können.

Die fünf Könige bzw. Kaiser, die wenig mehr als hundert Jahre das Reich regierten, waren auch für die geschichtliche Entwicklung Sachsens so wichtig, daß ihre bedeutendsten Herrscherleistungen nicht übergangen werden können.

Als wichtigste Leistung Heinrichs I. ist die Behauptung des ostfränkischen Reiches gegen die Einfälle der Ungarn hervorzuheben. Jahr für Jahr fielen deren Reiterscharen zur Erntezeit ins Land. Einmal sind sie sogar bis nach Bremen gekommen. 926 war man noch machtlos gegen einen Überfall – Heinrich mußte sich hinter die Mauern von Werla zurückziehen und einen Waffenstillstand schließen. Diesen nutzte er jedoch für die Durchsetzung der sogenannten »Burgenbauordnung«. Nach Widukind von Corvey sah diese Regelung so aus: »Und zwar wählte er zuerst jeweils den neunten aus dem Kreise der *agrarii milites* aus und ließ ihn in Burgen wohnen, damit der Betreffende seinen acht *confamiliares* (= die anderen Klosterleute) Wohnungen baute sowie

Siegel König Heinrichs I. »des Vogelers«. Holzschnitt von 1896.

ein Drittel aller Feldfrüchte in Empfang nähme und aufbewahrte. Die anderen acht sollten jedoch säen und ernten sowie die Feldfrüchte für den neunten einsammeln und sie an ihren Plätzen bergen. Versammlungen sowie alle Tagsatzungen und Gastmähler waren nach seinem Willen in den Burgen abzuhalten, was im Falle der Not gegen die Feinde zu tun wäre. Außer den Burgen gab es nur geringe oder gar keine Bauwerke.« Jene *agrarii milites* waren nicht etwa »Bauernkrieger«, wie immer wieder behauptet worden ist, und schon gar nicht freie Bauern, sondern »Krieger, die auf dem flachen Lande wohnen« im Gegensatz zu *urbani*, also »Kriegern, die in der Stadt wohnen« (Matthias Springer). Die Burgen wurden in Anlehnung der Bischofskirchen, Stifter und Abteien mit deren Leuten besetzt, was auch von den *Miracula sancti Wigberti* bestätigt wird. Fraglich ist, ob noch vorhandene Befestigungsanlagen als solche »Heinrichsburgen« identifiziert werden dürfen.

Nachdem alle Vorbereitungen getroffen waren, kündigte Heinrich den Waffenstillstand 932. Als die Ungarn dann im Jahr darauf wie erwartet wiederkamen, besiegte ein Aufgebot der Sachsen und Thüringer sie bei Riade.

Heinrichs imperiale Politik ist stets auch mit dem Missionsgedanken verknüpft gewesen. Er selbst soll einen Obotritenfürsten zur Taufe veranlaßt haben. 934 nahm König Knuba von Schweden, der zugleich Herr der Handelssiedlung Haithabu war, das Christentum an, nachdem Heinrich bis hierher vorgedrungen war. Von Bremen aus missionierte Erzbischof Unni bei den

Kaiser Otto I., das Modell des Magdeburger Domes als frühromanischen Kirchenbau in den Händen haltend. Elfenbeinschnitzerei aus Mailand oder von der Insel Reichenau.

Dänen, von Verden aus Bischof Adalward: man weiß nicht wo, wahrscheinlich aber im nordelbischen Gebiet. Im Osten hatte König Heinrich Kriege gegen die verschiedensten slawischen Völker geführt und sie nominell unterworfen. Die deutsche Tributherrschaft erstreckte sich schließlich über das Gebiet der Böhmen, Heveller, Daleminzier, Obotriten, Wilzen und Redarier. Gegen die Slawen gründete er die Nord- und Ostmark.

Durch seine Heirat mit Mathilde, die aus Herford stammte und eine Nachfahrin Widukinds war, gewann Heinrich auch Einfluß im westlichen Sachsen. Mathilde gründete auf dem Felsen der Pfalz und Burg Quedlinburg ein Damenstift, in dessen Kirche sie auch ihr Grab fand, als sie 968 starb. Unter Heinrich I. begann das Königtum sich seines »Gottes-Gnadentums« zu besinnen. Heinrich machte die *amicitia* (Schwurfreundschaft) zur Grundlage der

Föderation von Stammesherzögen, die sich zunächst gegen das sächsische Königtum gesträubt hatten.

Otto I. wurde am 23. November 912, im Todesjahr seines Großvaters Otto des Erlauchten, als ältester Sohn aus der Ehe König Heinrichs mit Mathilde geboren. Bald wurde er von Heinrich zum Nachfolger ausersehen und auf dem Hoftag zu Erfurt 936 offiziell als solcher designiert. Mit dieser Entscheidung Heinrichs erfolgte ein Bruch mit der fränkischen, schon merowingischen Herrschaftspraxis, das Erbe unter die Söhne aufzuteilen. Es gab noch den jüngeren Sohn Heinrich und den ältesten Sohn des Königs, Ottos Halbbruder Thangmar aus der Ehe mit der Grafentochter Hatheburg. Für die Anrechte Heinrichs sprach, daß er geboren wurde, als sein Vater schon König war, was Otto für sich nicht ins Feld führen konnte. Hieraus resultierten innere Kämpfe und Aufstände, die erst 954 endeten. Im Alter von 18 Jahren heiratete Otto Edgith, eine Tochter des englischen Königs Eduard des Älteren, wodurch er eine Stellung erlangte, die ihn aus der übrigen Verwandtschaft weit heraushob.

Nach dem Tode seines Vaters wurde er schon am 7. August 936 von den Bischöfen, Herzögen und Grafen zu Aachen gewählt und anschließend vom Erzbischof von Mainz mit den Insignien ausgestattet, gesalbt, geweiht und auf den Thron Karls gesetzt. Der 24jährige hat mit der Wahl des Krönungsortes und dem Tragen fränkischer Tracht bewußt an die karolingisch-fränkischen Traditionen angeknüpft, obwohl sich in seiner Person die neue, sächsische Dynastie auf dem Thron festigte.

Doch zunächst verbanden sich Ottos Brüder in wechselnden Koalitionen mit gegnerischen Stammesherzögen und dem hohen Adel. Da Otto aller diese Aufstände schließlich Herr wurde, kam das Reichseinheitsprinzip hier wie auch sonst in Europa endgültig zur Geltung. Thangmar erhob sich erstmals 937 im Verbund mit dem Frankenherzog, fiel aber 938 auf der Eresburg. Doch gab Eberhard von Franken keine Ruhe, da er sich 939 mit Frankreich, dem Herzog Giselbert von Lothringen und Friedrich von Mainz gegen Otto verbündete. Dieser Aufstand wurde Otto sehr gefährlich. Doch fielen Eberhard und Giselbert in der Schlacht bei Andernach. Otto versuchte nun, die von der Königswürde ausgeschlossenen Familienmitglieder mit Herzogtümern auszustatten, um sie auf diese Weise zu Loyalität zu verpflichten. 953 empörte sich sein ältester Sohn aus erster Ehe, Liudolf, Herzog von Sachsen, gegen ihn. Damit war das neue Konzept gescheitert, und Otto stützte sich stärker auf die Kirche, indem er Äbten und Bischöfen in großem Umfang Reichsorte und -lehen sowie Regalien wie Münze, Markt und Zoll übertrug. Wichtig bei der Behauptung gegen Liudolf (der 957 starb) wurde die Unterstützung durch Ottos Bruder Bruno, den er zum Erzbischof von Köln erhoben hatte. Ihm übertrug Otto auf dem Höhepunkt des Kampfes außerdem das freigewordene Herzogtum Lotharingien.

Durch die Übergabe nutzbarer Hoheitsrechte sowie von Burgen und Ländereien verpflichtete er die Reichsbischöfe zu Diensten (zum *servitium regis*)

Kaiser Otto I. und Kaiserin Edgita.
Sandsteinfiguren aus dem 13. Jahrhundert im Magdeburger Dom.

und zur Königsnähe. Das wurde erleichtert durch die Sakralisierung des Königtums (Otto wurde erstmals gesalbt). Außerdem gelang dem König zunehmend der Zugriff auf die Besetzung der hohen Kirchenämter mit Männern, die der Geistlichkeit des Königshofes (»Hofkapelle«) entstammten, die unter ihm institutionalisiert und ausgebaut wurde. Dieses Vorgehen wird in der Literatur nicht ganz zu Recht als »Reichskirchensystem« bezeichnet, obwohl ihm kein fester Plan zugrunde lag, die Verleihung von Königsrechten schon unter den ostfränkischen Königen gebräuchlich war und die Maßnahmen Ottos mehr der Not gehorchten.

Die »Stammesherzogtümer« hat Otto nicht aufzulösen gesucht, wohl aber zwei Neuerungen eingeführt: die Pfalzgrafschaften und die Bindung der Bischöfe an die Reichsgewalt. Die Mark Schleswig gründete er 947, in den öst-

Otto-Adelheid-Pfennig.

lichen Marken jenseits der Elbe setzte er Hermann Billung und Gero ein. Hermann, den er 953 zum Prokurator für die Nordmark und 966 zum Prokurator für ganz Sachsen gemacht hatte, erscheint bald mit dem Titel »Herzog« (*dux*), obwohl die ottonischen Herrscher nach wie vor Inhaber der obersten Gewalt in Sachsen blieben. Auch behielten neben den Ottonen und Billungern die Brunonen, die Grafen von Northeim, von Stade und von Werl eine gleichberechtigte Stellung. Die Billunger standesmäßig »aufzubauen«, war durchaus im Sinne weiterreichender Pläne. Das zeigen vor allem die bisher kaum beachteten wirtschaftspolitischen Maßnahmen des Königtums in Sachsen: Die beiden wichtigsten Lagerstätten von Bodenschätzen waren der *Rammelsberg* bei Goslar und der *Lüneburger Kalkberg* mit der daneben liegenden Salzquelle. Wie neueste archäologische Untersuchungen ergeben haben, ist im Harz bereits seit dem 3. Jahrhundert Silbererz gewonnen worden. Im 8./9. Jahrhundert fand daneben eine Intensivierung des Goslarer Bergbaus statt, welcher ein weiterer Schub unter den Ottonen folgte, der auch historisch bezeugt ist. Daß auch die Lüneburger Salzgewinnung sehr früh einsetzte, wird durch die Parallele Soest nahegelegt, wo die Nutzung der Saline für das 6./7. Jahrhundert archäologisch nachgewiesen ist. Auch die Namen der zentralen Lüneburger Salinenhütten deuten auf eine Siedetätigkeit in frühester Zeit hin. Gleichzeitig mit der Intensivierung des Goslarer Bergbaus um 800 sind die Siedehütten offenbar als Lehen an eine Reihe sächsischer Hochadelsfamilien ausgegeben worden. Unter den späten Ottonen tritt eine dritte Schicht von Siedehütten hervor, die offenbar einer Reorganisation der Saline unter Herzog Bernhard I. von Sachsen (973-1011) ihren Ursprung verdanken. Die Hütte *Benninge* wies noch in früher Neuzeit Inschrift und Darstellung eines BENNO DUX auf. Dies kann nur der Billunger Bernhard I. (kurz *Benno*) gewesen sein. Sein gleichnamiger Sohn,

Sogenannter Sachsen- oder Wendenpfennig (aus Bardowick oder Magdeburg).

Herzog Bernhard II. (1011-1059), kommt nicht mehr unter dem Namen *Benno* vor. Bernhard I. war der Nachstifter der von seinem Vater gegründeten Abtei St. Michael auf dem der Saline benachbarten Kalkberge. Diesem datierbaren Besitzer und Namengeber entsprechen weitere Personen, nach denen die Siedehütten ihre Namen tragen, und die sämtlich für das 10. und das beginnende 11. Jahrhundert bezeugt sind.

Die mutmaßliche wirtschaftliche Intensivierung ist auch an den Königsdiplomen dieser Zeit abzulesen: Otto der Große übertrug dem neugegründeten Michaelskloster 956 den Salzzoll zu Lüneburg, desgleichen fünf Jahre später dem Magdeburger Moritzkloster die Burg Giebichenstein mit der Saline Halle. 973 bestätigte Otto II. dem Magdeburger Hochstift als Besitznachfolger des Moritzklosters diese *salina.*

Die zunehmende ökonomische Bedeutung des Harzes und des Lüneburger Kalkberges wirkte weit in das Land hinein: Auf dem Grund und Boden des altadligen Erbes der Liudolfinger entwickelten sich wichtige Königspfalzen wie Werla, Quedlinburg, Memleben, Allstedt, Wallhausen, Nordhausen, Pöhlde, Grona, Dahlum und Goslar, so daß Sachsen östlich und westlich des Harzes im 10. Jahrhundert zur Kernlandschaft des Reiches wurde. Wichtige Familienfeiern und Staatsakte des liudolfingischen Königshauses fanden hier statt: Heinrich I. feierte in Wallhausen seine Hochzeit (909), wo auch Otto I. geboren wird. Heinrich und Otto I. sterben in Memleben. Köngin Mathilde hält sich in Nordhausen und Pöhlde auf. In Allstedt verlebte Heinrich II. seinen letzten Palmsonntag. Auf Grona ist er 1024 gestorben. In Lüneburg nahmen die Billunger als Inhaber neuer königlicher Ämter ihren Sitz und schufen hier eine Art Nebenzentrum, in dessen Nähe Bardowick einen bedeutenden Aufschwung nahm und im Zusammenspiel von König und Verdener Bischof zu Uelzen das Kanonissenstift Marien und Johannes Baptist (Oldenstadt) entstand. Über das Münzregal zu Bardowick verfügte Otto I. schon 965. Die Numismatikerin Vera Jammer vermutete, daß die sogenannten *Wendenpfennige*, primitive Nachprägungen mit Trugschrift, in ihrer ersten Phase auch von Bardowick ausgegangen seien. Das wird in der Tat von der starken Verbreitung der frühen Wendenpfennige im nordöstlich angrenzenden slawischen Gebiet nahegelegt, also in einem Gebiet, wo später Münzen vorherrschten, die Bardowick sicher zugelegt werden können. Nach Bardowick gehören ferner die Silberpfennige der Billunger Bernhard I. und II., sofern sie nicht ausdrücklich Lüneburg als Münzstätte nennen.

Nachdem die Königin Edgith 946 verstorben war, heiratete der königliche Witwer nach fünf Jahren Adelheid, die Tochter des welfischen Burgunderkönigs Rudolf. Dieser hatte die Heilige Lanze (eine Christus- und Mauritiusreliquie) schon an Heinrich I. übergeben.

954 fielen die Ungarn erneut ins Reich ein, konnten sie doch vom Aufstand Liudolfs profitieren. Im Spätsommer kamen die Reiterscharen ein zweites Mal ins Land. Jetzt hatte Otto rechtzeitig ein Aufgebot aus allen Stämmen organisiert, wenn auch nur die Bayern, Franken und Alemannen rechtzeitig eintrafen. Doch konnte Otto sie am 10. August 955 auf dem Lechfeld südlich von Augsburg unter Voranführung der Heiligen Lanze besiegen. Da dies am Tage des Laurentius war, gelobte der König diesem Märtyrer die Gründung einer Bischofskirche (Merseburg). Das Heer rief ihn nach der Schlacht zum *imperator* aus. Die Zeitgenossen betrachteten den Sieg als endgültig und als Rettung für die europäische Christenheit. Er verhalf dem König zu deutlich größerem Ansehen. Diese Entwicklung fand in der römischen Kaiserkrönung am 2. Februar 962 einen sichtbaren Höhepunkt. Zwei weitere Italienzüge sicherten die dortige Herrschaft Ottos. Weihnachten 967 wurde sein Sohn Otto vom Papst zum Mitkaiser gekrönt, nachdem er im Mai 961 zu Aachen bereits zum deutschen König gewählt und gekrönt worden war.

Hatte Otto I. sich bereits in den ersten Jahrzehnten seines Königtums gegen die Slawen östlich der Elbe durchgesetzt und schon durchaus mit Missionsabsichten 937 zu Magdeburg ein Kloster zu Ehren des liudolfingischen Hausheiligen Mauritius gegründet und 955 die Stiftung eines Bistums zu Ehren des Heiligen Laurentius gelobt, so schritt er 962 zur Tat, indem mit dem Papst die Errichtung eines Metropolitanverbandes abgestimmt wurde. Sein *Roma nova* war Magdeburg, dessen Kloster er mehrfach auszeichnete. Die Gründung eines Erzbistums Magdeburg wurde auf der Synode zu Ravenna im Jahre 967 beschlossen. Magdeburg wurden außer Merseburg noch Havelberg, Brandenburg, Meißen und Zeitz (das später nach Naumburg verlegt wurde) unterstellt.

Der Bedeutung Magdeburgs für den Osten steht die Bremens für den skandinavischen Norden in nichts nach. Bei der skandinavischen Mission müssen wir deshalb kurz verweilen: Bei Adam von Bremen sind noch einmal Missionsreisen des Bremer Erzbischofs Unni (918-936) nach Schweden bezeugt. Unter dem christlichen Schwedenkönig Olaf Skötkonung (etwa 980-1021/22) wurden die Königreiche der Svear und der Götar geeint, doch mußte Olaf sich noch einmal vor der heidnischen Reaktion in Mittelschweden um die Kultstätte Alt-Uppsala nach Västergötland zurückziehen. Erst unter seinen Nachfolgern wurde die Kirchenorganisation stetig weiter ausgebaut. In Dänemark, von wo der Hauptschub der Normannenzüge ausging, hatte sich das Christentum am frühesten durchgesetzt. Denn der offizielle Übergang zum Christentum erfolgte durch König Harald Blauzahn (958 bis etwa 987) wohl nach 960. Er setzte den großen Jellingstein, dessen Inschrift zu entnehmen ist, daß Harald ganz Dänemark und Norwegen gewann und die Dänen zu Christen machte. Er starb nach Adam von Bremen zu *Jumne* (Jomsburg) und wurde in der von ihm erbauten Bischofskirche zu Roeskilde beigesetzt. Haralds Nachfolger war sein Sohn Svend Gabelbart, der die weitere Einführung des Christentums unterband, durch seinen Tod 1014 blieb diese Unterbrechung aber nur eine Episode. Vor 948 gab es bereits Bischofssitze in Ribe, Aarhus und Schleswig, die alle Bremen unterstellt waren. Unter König Svend Estridsen (1047-1076) waren es bereits acht Bistümer, die sich aber durch die Erhebung Lunds zum Erzbistum (1104) von der sächsischen Mutterkirche lösten. Das dritte nordische Königreich, Norwegen, nahm als letztes das Christentum an, und zwar unter Olaf dem Heiligen (1015-1030) und seinem Vorgänger Olaf Tryggvason (995-1000), doch sind frühere Missionseinflüsse von England und Bremen aus wahrscheinlich. Olaf der Heilige, dessen Sohn Magnus auch dänischer König wurde, begann seine Laufbahn als kriegsfahrender Wikinger und ließ sich vor 1015 in der Normandie taufen. Er stellte in seinem Land den Frieden her und baute die Kirchenorganisation aus.

Otto I. starb am 23. November 973 in Memleben und wurde im Magdeburger Dom beigesetzt. Die Nachfolge konnte jetzt problemlos an Otto II. übergehen. Dieser, erst 18 Jahre alt, hatte am 14. April 972 Theophanu, die Nichte des byzantinischen Kaisers, geheiratet. Die Nachfolge ließ sich wohl vor allem deshalb so problemlos durchsetzen, weil sich Ottos I. Machtstellung als unerschütterlich erwies und der jüngere Otto, wie erwähnt, bereits 961 von den Großen zum König gewählt und 967 vom Papst zum Mitkaiser gekrönt worden war. Wilhelm von Giesebrecht schilderte Otto II. so: »Obwohl klein von Gestalt, war er gewandt in den Waffen und ein tüchtiger Kriegsmann; seine hochgerötete Gesichtsfarbe, von der man ihn den Rothen nannte, verrieth Lebendigkeit und und frischen Muth; sein Sinn war großen Dingen zugewandt und jeder Kleinlichkeit fremd; überdies zeigte er sich rasch zur That, unerschrocken in Noth und Gefahr. Auch fiel es dem jungen Kaiser leicht, die Gemüther der Menschen zu gewinnen, denn er war offenen und heiteren Gemüths, freigebig, zur Versöhnung mit dem Widersacher geneigt, treu in Liebe und Freundschaft. Das Maß der Weisheit vermißte man nicht selten in seinen Handlungen; er schien zu rasch im Entschluß, zu willfährig gegen die, welche ihm zunächst zur Seite standen und sein Vertrauen genossen, meist jüngere

Männer. Leicht änderte er seine Absichten.« Ottos Unsicherheit führte dazu, daß er sich zuerst stark an seiner Mutter Adelheid und seinem älteren Vetter Heinrich von Bayern (»der Zänker«) ausrichtete.

Nach dem Tode des Herzogs Hermann Billung (973) erscheint dessen Sohn Bernhard I. (*Benno*) als Nachfolger in der sächsischen Herzogswürde, und es ist anzunehmen, daß sie ihm vom König verliehen wurde. Da sich die Billunger im Gegensatz zu den Herzögen in Bayern, Lothringen usw. kaum an Aufständen gegen das Königtum beteiligten, können sie ihr Amt über 150 Jahre von Generation zu Generation weitergeben, es also faktisch erblich werden lassen. Man hat immer wieder gemeint, das »Herzogtum« der Billunger sei nicht vollwertig gewesen, da es sich nicht über die Reichsbistümer und die Grafschaften anderer Familien erstreckt habe. Doch stellt Hans-Werner Goetz heraus, »daß die billungischen Herrschaftsrechte ... nicht die gesamte Stammesprovinz erfaßten«, besage noch nicht einen Mangel gegenüber der Stellung anderer Herzöge.

Im Norden sicherte Otto II. 974 die Reichsgrenze zum Danewerk bei Schleswig, nachdem ein Vorstoß des Dänenkönigs Harald Blauzahn im Verein mit Jarl Hakon von Norwegen zurückgedrängt werden konnte. Nachdem Otto 979 auch die Abhängigkeit des Gebietes jenseits der Elbe bis zur Oder wieder gesichert hatte, war ihm die Stabilisierung der Herrschaft seines Vaters im wesentlichen gelungen. Seine weitere Politik führte auch den Sohn nach Italien (Kaiserkrönung Weihnachten 967). Und dennoch ging Otto über den politischen Rahmen, den sein Vater gesetzt hatte, hinaus: Das hatte unter anderem geistige Grundlagen in einem erneuerten Verständnis vom Römischen Reich, sicher nicht unbeeinflußt von Theophanu. Hatte Otto der Große die Fragen der Bildung seinem erzbischöflichen Bruder Bruno von Köln überlassen, so kümmerten sich Otto und Theophanu intensiv darum. Otto nahm an den geistigen Auseinandersetzungen seiner Zeit hohen Anteil und zog berühmte Gelehrte an seinen Hof. In Ravenna inszenierte er 981 eine gelehrte Disputation zwischen Gerbert von Aurillac und Ohtric von Magdeburg über die Einteilung der Philosophie.

Der Königswahl von Ottos II. gleichnamigen Sohn stimmten die Fürsten im Mai 983 in Verona unter der Bedingung zu, daß der junge Otto nach seiner Aachener Krönung in Deutschland bleiben und vom Kölner Erzbischof erzogen werden sollte. Das sicherte den Fürsten eine Teilhabe am Reich und damit eine größere Machtstellung. Die Krönung in Aachen wurde durch die Erzbischöfe von Ravenna und Mainz vollzogen. Beide Akte – die Wahl auf italienischem Boden und die Krönung durch je einen italienischen und deutschen Prälaten brachten die Einheit der Reiche zum Ausdruck.

Dänen und Slawen erhoben sich im selben Jahr gegen die deutsche Herrschaft und vernichteten das gesamte Grenzsicherungssystem an Elbe und Saale. Brandenburg und Havelberg wurden von Lutizen eingenommen, Hamburg von den Obotriten geplündert. Magdeburg konnte sich mit Mühe halten, Nordalbingien wurde von Herzog Bernhard von Sachsen gesichert, der die

Heiratsurkunde der Theophanu von 972.

Slawen im August an der Tanger besiegte, so daß die Elbgrenze, wie auch die Marken Meißen und Lausitz im wesentlichen behauptet werden konnten. Diese schlechten Nachrichten erreichten Otto in Mittelitalien, ohne daß er eingreifen konnte. In der ihm eigenen Hast nahm der Kaiser Arznei im Übermaß, um die leichten Symptome einer Malaria rasch zu beseitigen. Doch verstärkte das Übermaß die Krankheit, so daß ein großer Blutverlust eintrat, schließlich Fieber, und nach wenigen Tagen keine Hoffnung mehr auf Erhalt seines Lebens bestand. Nun vollzog sich ein Ritus, der das »öffentliche« Sterben vieler mittelalterlicher Persönlichkeiten auszeichnete. Man bestellte sein Haus. Auch Otto II. traf in Anwesenheit des Papstes, mehrerer Bischöfe und Priester, der Kaiserin und vieler Getreuer seine letzten Verfügungen. Seinen Schatz teilte er auf, je ein Viertel ging an die Armen, seine Krieger, die Peterskirche zu Rom und an seine Mutter und seine Schwester Mathilde, die Äbtissin von Quedlinburg. Dann regelte er sein Verhältnis zu Gott und den Mitmenschen. Der sterbende Kaiser erhielt die Krankensalbung, bekannte seine Sünden und legte mit lauter Stimme das Glaubensbekenntnis in lateinischer Sprache ab. Nachdem Otto Absolution und Abendmahl erhalten hatte, starb er am 7. Dezember 983 in Rom.

Otto III., sein damals dreijähriger Sohn, folgte ihm, nachdem er schon im Mai zu Verona zum König gewählt worden war. Die Nachricht vom Tode Ottos II. traf in Aachen gerade ein, als Otto III. gekrönt worden war, und es stellte sich sofort die Frage nach der Regentschaft. Die Fürsten übergaben den dreijährigen König gemäß den Beschlüssen von Verona dem Erzbischof von Köln, zumal Mutter und Großmutter – die Kaiserwitwen Theophanu und Adelheid – erst aus Italien zurückkommen mußten. Diese Situation nutzte Heinrich der Zänker und verlangte und erhielt von den Fürsten die Auslieferung des Knaben. Doch überspannte Heinrich, der wie Otto II. ein Enkel Heinrichs des Vogelers war, den Bogen, indem er sich Ostern 984 von seinen Anhängern in Quedlinburg zum König ausrufen ließ und sich um den Preis der Abtretung Lothringens mit Frankreich verbündete. Adelheid und Theophanu konnten sich mit einem Teil der Fürsten unter Führung von Willigis von Mainz und dem Billunger Bernhard verbünden, so daß der Knabe Otto III. nach einigen Kämpfen schließlich wieder freigelassen wurde. Dennoch kam es zum Krieg, denn Heinrich erhielt Bayern nicht zurück. In einem Kompromiß vom Juni 985 setzte Theophanu – Adelheid war wieder nach Italien gegangen – ihre Herrschaft jedoch durch: der Zänker erhielt Bayern, dessen Herzog mit Kärnten entschädigt wurde. Otto von Kärnten, der Salier, bekam Reichsgut westlich des Rheins. Auf einem festlichen Reichstag zu Quedlinburg 986, zu dem auch Boleslav von Böhmen und Mieszko von Polen erschienen waren, konnten Mutter und Sohn ihre gefestigte Macht demonstrieren.

Je länger die Regentschaft Theophanus währte, um so stärker wurde die Macht der Herzöge, allen voran die des Billungers Bernhard I. von Sachsen († 1011). Trotz verschiedener Todesfälle in den übrigen Herzogshäusern gelang es der Kaiserin nicht, die Erblichkeit des Herzogsamtes zu verhindern.

Im September 995 erlangte Otto III. mit der Schwertleite die Volljährigkeit und übernahm auch sogleich die volle herrschaftliche Gewalt, die sich durch eine neue Idee von der Erneuerung des Kaiserreichs, die *renovatio imperii*, auszeichnete. Otto wollte nicht hinter Byzanz zurückstehen. Seine Erziehung hatten seine Mutter, Bernward von Hildesheim und Johannes Philagathos geleitet. Er erhielt eine hohe Bildung und suchte auch später immer wieder die bedeutendsten Gelehrten an sich zu binden: Dazu gehörten Leo von Vercelli, Gerbert von Reims, Adalbert von Prag – der spätere Preußenapostel – und sein italienischer Kanzler Heribert.

Im Norden und Osten führte Otto die Politik seiner Vorgänger fort und kämpfte 997 gegen die Elbslawen, ehe er Ende des Jahres zu seinem zweiten Romzug aufbrach. Zu seiner Stellvertreterin (*matricia*) erhob er seine Tante Mathilde, Äbtissin von Quedlinburg. In die imperiale Politik Ottos eingebettet

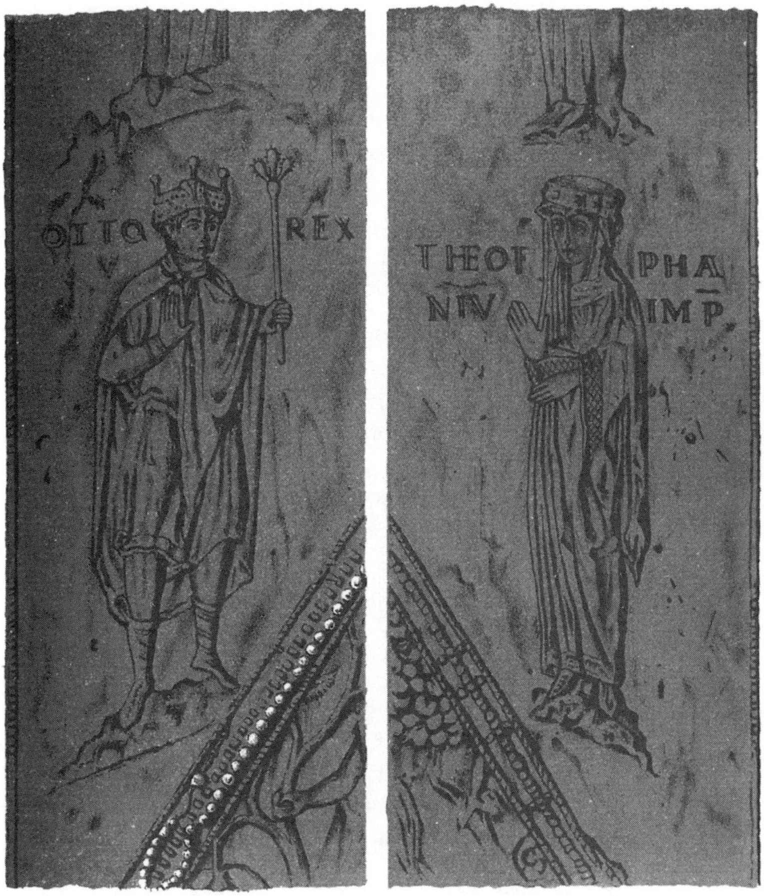

Kaiser Otto III. und Kaiserin Theophanu auf dem Deckel eines Evangeliars des Klosters Echternach (Luxemburg). Lithographie von 1880.

waren seine Missions- und Oberhoheitsbestrebungen in Mittelosteuropa, vor allem in Polen und Ungarn. Sie hatte schon mit der Entsendung des Bischofs Adalbert von Prag zur Mission nach Preußen begonnen. Dieser hatte aber inzwischen den Märtyrertod gefunden und Otto beabsichtigte eine Pilgerfahrt zu seinem Grab nach Gnesen, die endlich zu Jahresbeginn 1000 zustandekam. Als »Knecht Jesu« zog er mit prangendem Gefolge über Regensburg, Zeitz und Meißen zur polnischen Grenze. Dort wurde er von Herzog Boleslaw Chrobry festlich empfangen. Mit dem neueingerichteten Erzbistum Gnesen erhielt Polen eine eigene, für ein neues Königreich notwendige Hochkirche. Von den Fortschritten der Mission im Norden war bereits die Rede.

Nach seiner Polenreise begab sich der Kaiser sogleich nach Rom, wo 999 sein alter Gefährte Gerbert von Aurillac, Erzbischof von Ravenna, nach dem

Tode Gregors V. Papst geworden war. Er nannte sich Sylvester II., der wie der erste Oberhirte dieses Namens gleichsam einem Konstantin zur Seite stehen wollte, und so setzte sich das Kaiser-Papst-Bündnis unter deutlichem Vorrang des Kaisers fort. Er hatte gerade einen Aufstand in Tivoli niedergeschlagen, als sich im Januar 1001 der Stadtadel von Rom gegen ihn erhob.

Am 23. oder 24. Januar des Jahres 1002 ist Otto III. auf der Burg Paterno nach kurzer Malariaerkrankung verstorben und seinem Wunsche gemäß in Aachen beigesetzt worden. Es war ihm in dem Jahr zuvor nicht gelungen, die wachsende Unzufriedenheit der deutschen und italienischen Großen mit seiner jeweiligen Politik im Osten und in Italien zu zerstreuen. Als letzter Kaiser aus dem liudolfingisch-ottonischen Hause folgte ihm Heinrich II., unter dem sich der Schwerpunkt des Reiches trotz der Hildesheimer Erziehung des neuen Kaisers deutlich nach Franken verlagerte. Heinrich war am 6. Mai 973 als ältester Sohn Heinrichs des Zänkers und seiner Frau Gisela von Burgund, einer Welfin, geboren worden. 995 wurde er als Nachfolger seines Vaters Herzog von Bayern. Danach, aber noch vor 1000, heiratete er Kunigunde von Luxemburg. Heinrich, der sich als erster *rex Theutonicorum* nannte, war bestrebt, fürstliche Machtkonzentrationen aufzulösen, während er sich weiterhin auf die Bischöfe und das Papstum stützte. So zogen sich fortwährende Kriege durch seine Regierungszeit. Am 14. Februar 1014 wurde das Kaiserpaar in Rom gekrönt. Der letzte Liudolfinger verlangte eine strengere Beachtung monastischer und kanonischer Regeln, so des Zölibats und der Eheverbote unter Verwandten. Die Nähe zum Mönch- und Papsttum, die Umgebung von bischöflichen Beratern und seine vermeintliche eheliche Unberührtheit trugen ihm bald – bis in den hohen skandinavischen Norden – den Ruf der Heiligkeit ein. Dazu kam die Stiftung eines Bistums, worin er es seinem Vorgänger Otto I. gleichtun wollte. Unter nicht wenigen Schwierigkeiten wurde aus dem Heiratsgut der Kunigunde 1007 das Hochstift Bamberg im ostfränkischen Raum neugebildet und unmittelbar dem Papst unterstellt. Heinrich starb am 13. Juli 1024 während eines Aufenthaltes in der Pfalz Grone (heute ein Stadtteil von Göttingen) und fand – wie später auch Kunigunde – sein Grab in Bamberg. 1146 wurde er und 1200 Kunigunde heiliggesprochen.

Werfen wir zum Schluß einen Blick auf die Schriftkultur, so tritt das Stift Gandersheim deutlich hervor. Hier erlebte die lateinische Literatur um die Mitte des 10. Jahrhunderts einen Höhepunkt. Die Stiftsdame Roswitha (sie selbst schrieb sich *Hrotsvith*) wurde von der Äbtissin Gerberga II. (949-1001), einer Nichte Ottos I., erzogen. Dem liudolfingischen Hause und ihrem Stift zu Ehren verfaßte sie die gereimten »Taten Ottos des Ersten« (bis 965) und »Die Anfänge des Gandersheimer Klosters«. Beide Geschichtsdichtungen widmete sie Gerberga. Ihre sechs Lesedramen wie auch Roswithas Verslegenden von Heiligen dienten den Stiftsdamen als Tischlektüre. Über die Person der ersten bekannten deutschen Dichterin ist fast nichts bekannt. Ihr Todesdatum wird gewöhnlich mit »um 975« angegeben.

Frühformen der Städte

Bernd Ulrich Hucker

Man wird gut daran tun, mit Walter Schlesinger für die Ottonenzeit nur von »Vorstufen des Städtewesens« zu sprechen. »Von dem Bestehen einer Stadtgemeinde im Rechtssinne als Eidgenossenschaft aller Stadtbürger ... wird man vollends in salischer Zeit nicht sprechen können«, dennoch dürften – wie Schlesinger unterstreicht – die meisten norddeutschen Kaufmannssiedlungen sich damals schon deutlich aus dem ländlichen Umfeld abgehoben haben und können somit als frühstädtische Siedlungen gelten.

Wir haben damit einen Punkt angerührt, der ganz entscheidend werden sollte für die Wahl der Örtlichkeiten, wie sie dann real entstanden. »Bevölkerungswachstum, Landesausbau und Siedlungsverdichtung hatten ein erhöhtes Verkehrsaufkommen zur Folge, das in vielen Landschaften ... ein neues Wegenetz ins Leben rief. Die alten Fernwege, die gerne den Kämmen und Firsten der Mittelgebirge gefolgt waren, ... konnten aufgegeben werden, seit die Talauen gerodet und entwässert und neue Flußübergänge zugänglich gemacht wurden« (Hermann Aubin). Bevorzugte Stätten, um die Lücken zwischen den Bischofs- und Abteistädten auszufüllen, waren die Schnittpunkte von Land- und Wasserwegen und überhaupt von Fernstraßen. Daß Flußübergänge durch die Gunst bzw. Ungunst, das heißt Unpassierbarkeit der Stelle, fixiert sind, muß nicht weiter begründet werden. Hier entstanden im niederdeutschen Raum besondere Kaianlagen. Als *Huden* wurden im 12. bis 16. Jahrhundert im nordniederdeutschen Sprachbereich hölzerne Kaianlagen (meist mit einem Gebäude) bezeichnet, die am Treff- oder Kreuzpunkt eines Landfrachtweges mit einem Flußlauf lagen, der mindestens von da ab talwärts schiffbar war, und zur Verladung von Wirtschaftsgütern dienten. Häufig waren mit der Hude Fähren oder Brücken verbunden (Artur C. Förste). *Huden* sind in manchen Orts- und Flurbezeichnungen noch erkennbar (zum Beispiel *Buxtedude*, *Hodenberg*).

Salzrouten und Flußpassagen sind aber nur die allereinfachsten Konstanten des Handelsbetriebes. Der arabische Reisende Ibn Kordadbeh bezeugt für die Mitte des 9. Jahrhunderts, daß auf der ganzen Strecke des Landes von den Franken bis nach China jüdische Händler hin- und herreisten und Moschus, Aloe, Kampfer, Pfeffer und Zimt in den Okzident, Pelzwerk, Säbel und Sklaven in den Orient brachten. Bezeichnend für die Dürftigkeit der Quellen ist es, daß diese Tatsache in den Orten Sachsens kaum Niederschlag findet, nur 1073 ist einmal für Goslar erwähnt, daß »Kaufleute fremder Völker« (*mercatores exterarum gentium*) ihre »gewohnten Waren« brächten. Als Besucher Magdeburgs sind Syrer und Juden nachgewiesen. Aber es wäre ein Irrtum, erblickte man in diesen zufälligen Quellennotizen das Abbild einer ebenso dürftigen Wirklichkeit. Alfons Dopsch hat eindringliche Plausiblitätserwägungen angestellt, aus denen sich ergibt, daß ein bloß sporadischer Fernhandel zu keiner Zeit hätte lebensfähig sein können. Die Grundherren und Amtsträger, vor allem die des Hochadels, waren auf Macht und Ansehen, Gold und Schmuck aus, den »Statussymbolen« unter den Luxuswaren.

Salz und Holz, für deren Transport sich in unserem Raum die in so erfreulicher Weise nicht nur in nördliche, sondern auch in West-Ost-Richtung führenden schiffbaren Flüsse eigneten, waren nur die Massengüter. Im Gepäck des Fernhändlers zu Lande hingegen befanden sich die begehrten Luxuswaren der Zeit: »Mastixharz vom Mittelmeer, Elfenbein und brauner Zucker. Sie brachten Ingwer aus Damaskus und violetten Kamelottstoff von Zypern mit, in kleinen Fässern Korinthen und Edelsteine wie immer: Rubine, Türkise, Diamanten und Staubperlen, die zerrieben als Arznei, aber auch als Aphrodisiaka Verwendung fanden. Auch führten die Fernkaufleute Seidenstoffe mit sich, Appretur zum Färben, weißes Zuckerwerk und gute Baumwolle. Felle von Astrachanlämmern aus Messina, Schwefel aus Sizilien, Porzellan aus Mallorca, Rosenwasser aus den persischen Gärten, Glocken, Meßbücher, Noten und Glasbecher in verschiedenen Farben. Es gab Indigo aus Bagdad, Galläpfel – für Tinte und Arznei zugleich – Krapp und Karmesanfarbstoff. Alaun aus Phoika war für die Gerberei unentbehrlich geworden. Der rote Safran, von dem ein Pfund aus über 200.000 Knollen hergestellt ist, dient nicht nur zum Backen, sondern auch als Färbemittel und schmerzstillende Arznei« (D. Dunnett). Dazu kamen erstmals in größeren Mengen Wein und Bier. Schließlich bildeten Sklaven, zumeist aus dem Osten, im 10. und 11. Jahrhundert eine nachgerade selbstverständliche »Handelsware«.

Die Entwicklung der lokalen Verhältnisse wird insbesondere durch Bestimmungen der jetzt häufiger werdenden Königsdiplome über Markt, Münze und Zoll definiert. Die Verleihungen wirtschaftlich nutzbarer Königsrechte (Regalien) entsprachen dem Konzept der Ottonen, der hohen Geistlichkeit, die sich als ihre verläßlichste Stütze erwiesen hatte, wesentliche Herrschaftsrechte zu übertragen. Damit wurde die wirtschaftliche Leistungskraft der Hochkirchen zum Zwecke der Dienste, die sie dem Reich zu erbringen hatten, gesichert. Wenn unter Otto dem Großen mehr noch als zu Zeiten der karolingischen Herrscher Königsrechte sowie königliche Besitztümer wie Königshöfe, Grafschaften und Forsten den Besitzer wechselten, dann stand dahinter außerdem die politische Entscheidung, Not und Mangel der sich zum überwiegenden Teil aus Landbau ernährenden Bevölkerung mit Hilfe der Kirche zu beheben. »Der tödliche Kreislauf von Schlechtwetterperioden, Mißernten, Seuchen und Hungersnöten« beherrschte im 10. Jahrhundert das Bild (Enno Bünz), und nur das Netz der großen und kleinen Reichskirchen und -abteien, der zahllosen neuentstandenen Klöster und Stifter konnte langfristig in der Lage sein, das Land wirtschaftlich zu erneuern.

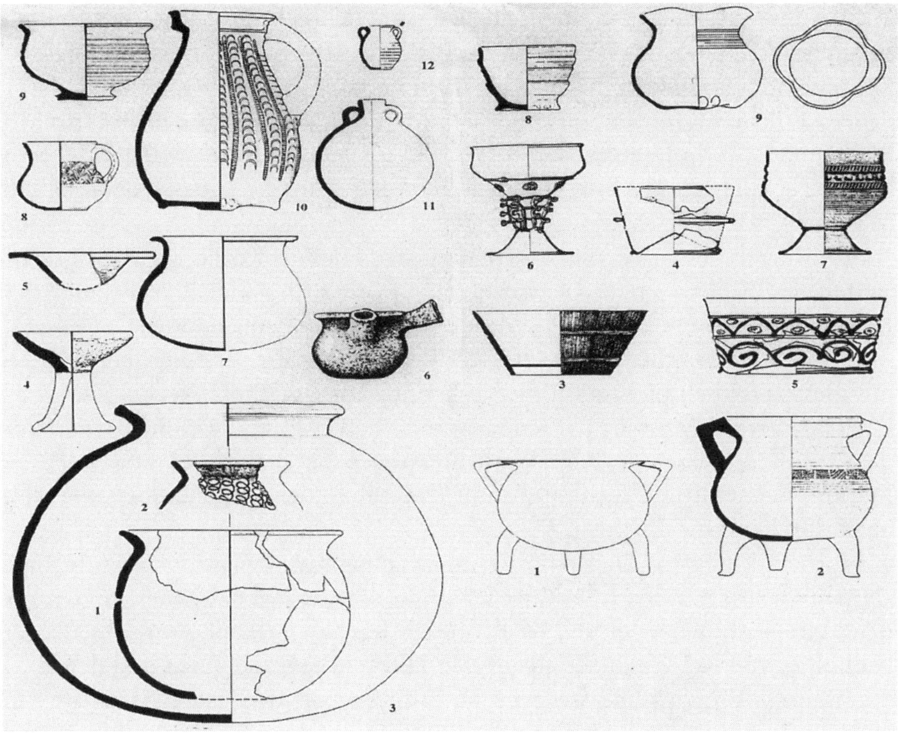

Städtisches Vorrats-, Küchen- und Tischgeschirr aus Ton, Glas, Holz und Bronze des 11. bis 13. Jahrhunderts, überwiegend Braunschweiger Fundgut. An den Gebrauchsformen ist die ab ausgehendem 12. Jahrhundert schnell zunehmende formal differenzierende Gestaltung wie die funktionelle Spezialisierung der Gefäße deutlich ablesbar, wie sie allgemein für die städtische Lebensform auch hinsichtlich der Handwerksberufe und der Raumfunktionen im Hausbau charakteristisch ist. Eine frühe Form herausgehobener Repräsentation der Kaufleute und Ratsherren kann unter anderem am Gebrauch von importiertem Trinkgeschirr nachgewiesen werden (Hartmut Rötting).

Fast sämtliche Regalienverleihungen sind an geistliche Institutionen ergangen. »Namentlich die Klöster waren auf schriftliche Sicherheit bedacht« (Walter Stein) – vieles dürfte dennoch verloren sein. Auch weltliche Fürsten waren Empfänger von Markt-, Zoll- und Münzverleihungen, legten aber auf eine schriftliche Fixierung keinen Wert. Ferner scheinen die Kaufleute darauf geachtet zu haben, daß der König ihre Rechte verbriefe und verbürge. Das Diplom Ottos II. für die Magdeburger Kaufleute von 975 ist das älteste Kaufmannsprivileg.

Eins aber zeigen die Marktprivilegien ganz deutlich: Kaufleute schaffen im Verein mit den lokalen Gewalten, also Bischof, Abt oder Graf, neue Verkehrs- und Handelseinrichtungen, und die Zentralgewalt, der König, gewährt dafür den rechtlichen Rahmen. Zuweilen erfahren wir etwas von den praktischen Maßnahmen, so in Radolfzell, wo 1100 ein Rechteck von 160 mal 110 Metern abgesteckt und mit Wall und Graben versehen wurde, um einen dauerhaften Marktplatz zu schaffen.

Schlesinger beschrieb die Entstehung der Stadtgemeinde als Zusammentreffen des Willens dreier Instanzen: des Königs, des Marktherren und des Kaufleuteverbandes, wobei dem Markt und insbesondere der Marktimmunität »eine höchst wesentliche Rolle zukommt«, und arbeitete erstmals heraus, daß mit dieser Dreiheit meist auch die Verleihung des Immunitätsrechts (*mercatorium ius*) verbunden war. Diese Marktimmunität war ein fest umrissener, aus dem Geltungsbereich der Grafschaft herausgelöster Bereich. Häufig wuchsen Märkte und städtische Siedlungen um und neben den Burgen, doch war dies nicht durchweg der Fall.

Norbert Kamp hat die Privilegierungsmaßnahmen der ottonischen Könige als »ein spezifisch sächsisches Entwicklungsprogramm« bezeichnet, mit dem es den Herrschern gelungen sei, »die von den Karolingern übernommene Regalienhoheit von Münze und Zoll auf den Markt ... auszudehnen und damit ... die künftige Entwicklung steuernd zu ordnen« und den Osten Sachsens den anderen Regionen ihres Reiches wirtschaftlich anzupassen. Leider wissen wir noch viel zu wenig darüber, wie der explosive Aufschwung der bisherigen Randprovinz im einzelnen funktioniert hat.

Deutlich tritt die Neuerung beim Münzwesen hervor. Das Münzregal, »öffentliche Münze« (*moneta publica*) genannt, weil es nicht nur dem fiskalischen Interesse, sondern auch der öffentlichen Aufgabe der Geldversorgung diente, wurde nicht viel weniger häufig an die unteren Gewalten übertragen. Noch um 900 befanden sich in Sachsen nur wenige Münzstätten. Natürlich ist eine Münze als solche kein unverzichtbares Instrument der Stadtwerdung, ebensowenig wie das die Einrichtung eines Zolles ist. Wohl aber kann die flächendeckende Sicherstellung des Geldverkehrs einer Landschaft die allerbesten Rahmenbedingungen für das Aufblühen von Städten verleihen. Adel und Bischöfe haben sich in ihrem Rahmen an dieser öffentlichen Aufgabe beteiligt, indem sie Silberpfennige ausgaben.

Einen Begriff von der Struktur des Marktnetzes, das sich über das Land spannte, und damit einen weiteren Fingerzeig auf die ordnende Beeinflussung der erwarteten wirtschaftlichen Dynamik gibt das Königsdiplom Ottos III. von 994, worin neben Quedlinburg noch sechs Märkte im Harzvorland als »rechtmäßig errichtet« (*legaliter constructa*) zugelassen werden. Die Grenze ist mit den Flußläufen von Saale, Unstrut, Helme, Oker und Bode sowie dem Großen Bruch (*palus, que ex Oschereslevo tendit usque Hornaburhc*) ziemlich exakt beschrieben. Von den rechtmäßigen Märkten werden Eisleben, Wallhausen, Rottleberode, Harzgerode, Halberstadt und Seligenstadt (Osterwieck) genannt. Schlesinger wies darauf hin, daß die ebenfalls privilegierten Marktorte Merseburg, Nordhausen und Memleben nicht einmal erwähnt werden. Außerdem hat es sich bei den Orten durchweg um Reichsbesitz gehandelt. Es ist aber sehr wahrscheinlich, daß auch der hohe Adel Märkte unterhielt. So kann man sich beispielsweise nur schwer vorstellen, daß der Pfalzgraf von Sachsen sich zwar für seinen Besitz Sulza in Thüringen ein Marktprivileg beschaffte, aber in seinem engeren Herrschaftsgebiet im Hassegau, zum Beispiel in Goseck oder Bottendorf, keine Märkte betrieben haben sollte. Auch wurde bisher übersehen, daß es in diesem Bezirk mindestens noch einen urkundlich bezeugten »privaten« Markt gegeben hat, nämlich den vor der Ekkehardiner-Burg Jena. Dessen Kaufleute wurden 1033 mit Zustimmung der Grafen Hermann und Ekkehard vom Naumburger Bischof an seinem neuen Bischofssitz angesiedelt.

Wir haben also, wie Walter Stein errechnet hat, ein Gebiet von 130 bis 140 Quadratmeilen vor uns. Der Zuschnitt dieses Marktbezirkes mit der *metropolis* Quedlinburg an der Spitze ist nicht willkürlich, denn es läßt sich ihm ein zweites Gebiet der gleichen Größe an die Seite stellen. 965 erteilte Otto I. dem Magdeburger Moritzkloster nämlich den (Markt-)Zoll zwischen Ohre und Bode bis zur *via Friderici*, also den östlichen Teil des Thüringaus. Eine Rücknotiz des 11. Jahrhunderts verdeutlicht, daß es Magdeburg gelungen war, diesen Bezirk bis zur oberen Aller auszudehnen, denn sie lautet auf den »ganzen« (*toto*) Thüringau. Rechnen wir die Besetzung eines Raumes mit Märkten hoch, wie den zwischen Oker, Unstrut und Elbe, dann werden hier etwa 20 Fernmärkte existiert haben – also alle zehn Kilometer stießen Reisende auf einen Marktort, der ihnen zugleich Stationen zum Wechseln von Pferden und Kleidung, zur Erholung, zum Schutz und damit ein höchst attraktives Betätigungsfeld bot.

1042 wird dem Quedlinburger Kaufmannsrecht das von Magdeburg und Goslar an die Seite gestellt, so daß man wohl auch Goslar als die *metropolis* eines westlich anschließenden Marktbezirks zwischen Harz und Aller mit Braunschweig und Wolfenbüttel ansehen kann. Und vielleicht sind sodann Hildesheim, Verden/Bardowick und Bremen Zentren weiterer solcher Bezirke gewesen. All diese Städte waren im Zeitalter der regionalen Pfennigmünze zugleich Mittelpunkt einer Währung. Man rechnete und wog etwa nach »Pfund Hildesheimer Silbers« oder Bremer und Braunschweiger »Mark« – Einheiten, die es nur als Zählgrößen und erst später als Barren gab. Schließlich wurden hier die Normalmaße verwahrt. Für den Raum zwischen Elbe und Weser etwa galten die genormten Längen- und Hohlmaße, die noch heute in Bremen im »öffentlichen Raum« erhalten sind (Domtaufe, Rolands Knie).

Solche von der Zentralgewalt gewünschten Marktbezirke setzten eine entscheidende geschichtliche Triebkraft frei, nämlich das auf alle künftigen Siedlungen übertragbare Kaufmanns- und Marktrecht. Es füllte die räumlich fixierten Bezirke, die Marktimmunitäten, erst mit vorwärts drängendem Leben; es

Hildesheim zur Zeit Bischof Bernwards.
Modell der Domburg, eine der Keimzellen der späteren Stadt.

gewährte den Marktsiedlern Freizügigkeit unter königlichem Schutz. Damit sind wir auf eine der Wurzeln späterer städtischer Freiheit gestoßen.

Zweifellos einer der wichtigsten präurbanen Plätze in Sachsen war Braunschweig – mit seinen Stiftsgründungen in der Burg (vor 1036), St. Cyriakus (vor 1039) und St. Aegidien (1115). Die siedlungs- und flurgeschichtlichen Analysen von Wolfgang Meibeyer haben gezeigt, daß es »unter« der Brunonenburg zwei Dörfer gegeben hat: *Dankwarderode* westlich der Oker und *Brunswik* (vielleicht ein umbenanntes *Brunesrode*) östlich des Flusses. Zu dem Dorf im Osten – später nur noch als topographische Bezeichnung *Herrendorf* erhalten – tritt in der zweiten Hälfte des 10. Jahrhunderts eine Kaufmannssiedlung mit Straßenmarkt, deren Aufblühen 1031 zur Gründung der Magnikirche Anlaß gab. Einzelheiten über das Dorf Dankwarderode, wo gegen die Jahrtausendwende auch einer Niederungsburg entstand, erbrachten die von 1976 bis 1991 unter der Leitung von Hartmut Rötting durchgeführten archäologisch-interdisziplinären Stadtkernuntersuchungen. Danach war der Bereich um den Kohlmarkt vom 9., der an der Turnierstraße vom 11. Jahrhundert an besiedelt. Hier stand die archäologisch und urkundlich nachgewiesene Jakobskapelle mit einem Saalbau »kurz nach 1065« und einem Neubau des 12. Jahrhunderts. Die freigelegten Hausformen wiesen mehrere teilunterkellerte, sich tendenziell vergrößernde Doppelhäuser (aus Holz und Stein), mithin die Urform des giebelständigen Bürgerhauses samt Kemenate, auf. So konnte Rötting

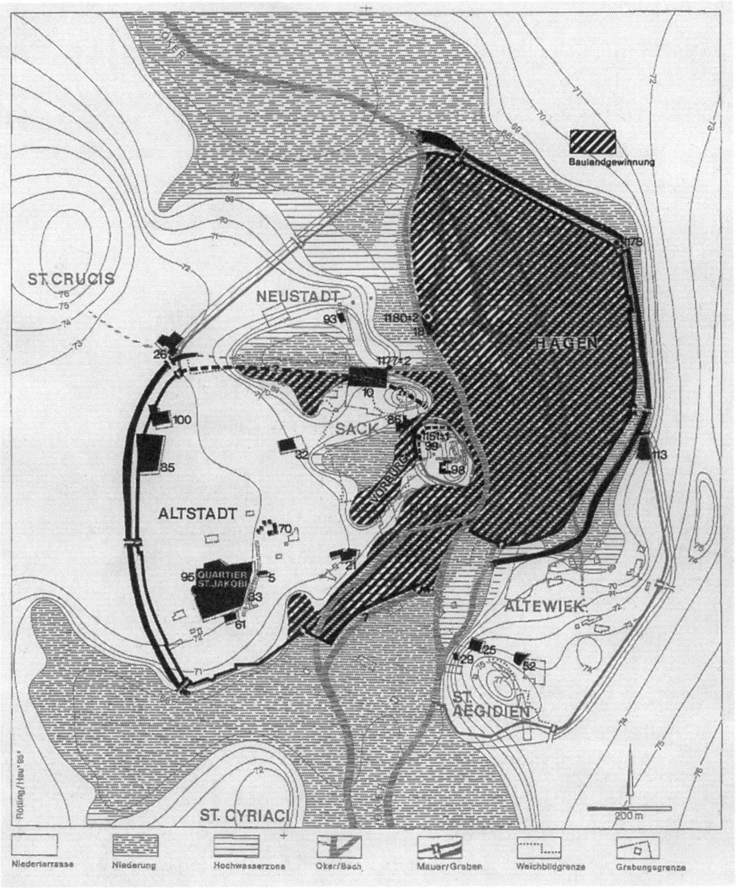

Topographisches Stadtstadium III mit der frühwelfischen Doppelstadt Bruneswich (Altstadt mit Hagen) unter Herzog Heinrich dem Löwen nach Landgewinnungsmaßnahmen in der Okeraue in der zweiten Hälfte des 12. Jahrhunderts (Befestigung um 1178 bereits abgeschlossen). – Die mitteleuropäisch älteste, fünfteilige Gruppenstadt Braunschweig, entstanden auf einem Quadratkilometer Siedlungsfläche, war bereits kurz nach 1200 unter Kaiser Otto IV. mit einem ergänzendem Gesamtbering von Mauer und Wassergraben umgeben worden. Die archäologischen Siedlungsquellen und deren dendrochronologische Datierung ab 1065 belegen, daß unter den brunonischen Grafen Ekbert I. und Ekbert II. im Raum südlich des späteren Altstadtmarktes – nach agrarischer Ansiedlung im 9. Jahrhundert und einer Burgsiedlung wohl mit Marktortstatus im Raum Kohlmarkt ab spätem 10. Jahrhundert – die geregelte frühstädtische Besiedlung von BRV.NESIVVIC einsetzt (Hartmut Rötting).

formulieren, daß dieses Siedlungsgebiet, also die Altstadt, »bis in die späte Neuzeit hinein ein Quartier der altstädtischen Oberschicht« blieb. Nicht geklärt ist, warum der Name Dankwarderode für die spätere Stadt verschwand und der Name des jenseits der Oker liegenden Dorfes auf diese Seite wechselte.

Noch sind die späteren Städte schon rein äußerlich bloß weitgestreckte, lokkere Siedlungsgebilde, die sich um einzelne Baukerne wie Burgen, Stifte oder Klöster gruppieren. Das auf archäologisch-naturwissenschaftlicher Grundlage erarbeitete Stadtmodell von Hildesheim um 1022 vermittelt einen anschaulichen Eindruck davon, hier mit der Keimzelle »Domburg« – ähnlich, wenn auch kleiner, haben wir uns Brunonenburg und Stift Dankwarderode vorzustellen.

Über Lüneburg und seine Saline ist bereits gesprochen worden, und so gehen wir zu einem weiteren künftigen Zentrum der Welfenlande, nach Celle über. Bei der Betrachtung der Frühgeschichte des städtischen Vorläufers von Celle ist dessen Namengebung bisher viel zu wenig beachtet worden. Ortsnamen auf der Grundlage des lateinischen *cella*, eigentlich »Kammer«, dann »Kloster«, sind über ganz Deutschland verbreitet. Sie reichen bis in das 8. Jahrhundert, doch kommt es schon seit der Mitte des 12. Jahrhunderts nicht mehr zu Neubildungen. Wenn auch hier eine *cella* namensgebend gewesen ist, dann dürfen wir ein Kloster voraussetzen. Freilich ist es in den Quellen nicht zu fassen und topographisch allenfalls in dem Teil der Stadtwüstung, der *Hilliges Ende* heißt. Unbeachtet blieb auch, daß Altencelle unter dem Pfalzgrafen Heinrich offenbar Residenzfunktionen erfüllte. Als Goslar 1206 durch Otto IV. erobert wurde, emigrierten dessen Bürger nach Celle. Des Pfalzgrafen Heinrich Witwe Agnes nannte sich später *ducissa de Tsellis*. Die Verhältnisse in Mundburg dagegen, wo Bischof und Herzog Münzen ausbrachten, und Wienhausen, dessen Markt urkundlich bezeugt ist, liegen im Dunkeln.

Neben den Burgsiedlungen hat es bedeutende Märkte gegeben, aus denen sich niemals eine Stadt entwickeln konnte. Artlenburg (*Ertheneburg*) mit seiner Messe unter den schattigen Laubbäumen des Höhenufers der Elbe, dem *Glüsinger Markt*, ist dafür ein Beispiel. Die äußere Urbanisierung war erst dann »abgeschlossen, wenn die Marktsiedler ihre Stadt mit einer eigenen Mauer umgaben, die die alte herrschaftliche Burg« entweder außerhalb ließ, oder als Bollwerk einbezog (Walter Schlesinger). Für andere Siedlungen bleibt es zweifelhaft, ob von einer wirklichen Stadtentwicklung gesprochen werden darf.

Deshalb liegt das als »Stadt« häufig überschätzte Bardowick solch einem präurbanen Stadium nicht mehr so fern. »Bardewik ist ... für die Phantasie des Deutschen so viel als die Ruinen Latiums«, sagte 1826 der Reiseschriftsteller Carl Julius Weber. Die meisten Quellen fließen aber erst in der Zeit der Zerstörung Ende des 12. Jahrhunderts oder der Zeit danach. Für unseren Zeitraum, das 9./10. Jahrhundert, ist gerade bekannt, daß in Bardowick ein Zoll erhoben und Münzen geprägt wurden. Freilich war der Platz durch die nahe Lüneburger Saline, den günstigen Flußübergang mitsamt einer mittelalterlichen Kaian-

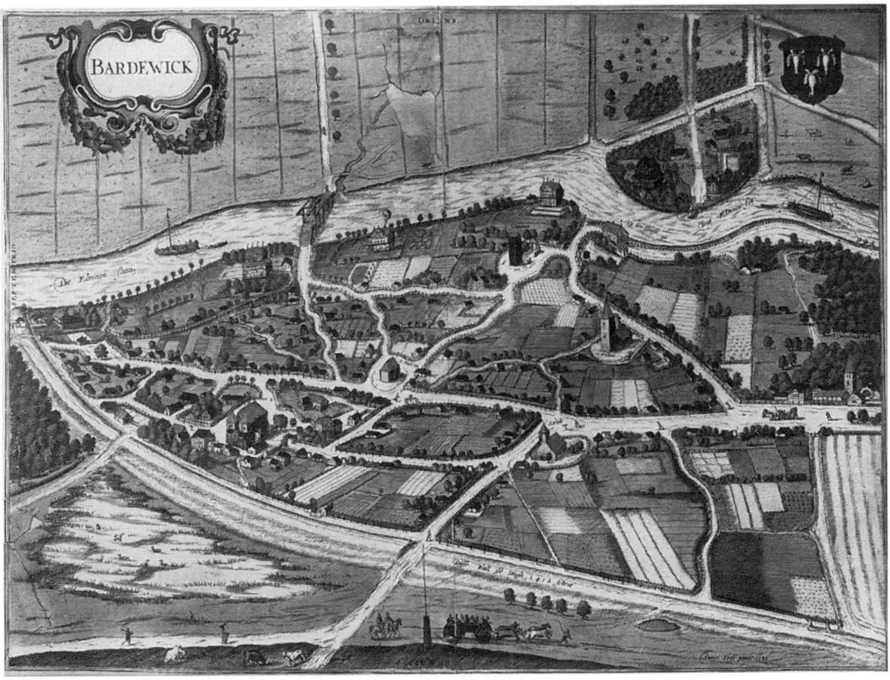

Bardowick aus der Vogelschau. Holzschnitt von Daniel Frese (1585/88).

lage, der *Hude*, von vornherein begünstigt. Die Ilmenaufurt hieß *Holstenförth*, galt also als Einfallstor nach Holstein. Das Kloster Helmstedt bezog von hier Heringe, und auch an Corvey wurde Fisch geliefert. Ein Reichszoll wird 965 erwähnt, 975 erhalten die Magdeburger Zollfreiheit im ganzen Reich, mit Ausnahme von Mainz, Köln, Tiel und Bardowick. Unsicher ist, ob es die im Hochmittelalter nachweisbaren Kirchen und Kapellen damals schon gegeben hat.

Völlig andersartige Handelszentren hat der Küstenraum hervorgebracht. Für manche Langwurt Ostfrieslands ergaben archäologische Untersuchungen Handelssiedlungen. Aus solch einem Langwurtendorf des 8./9. Jahrhunderts ist durch eine Norderweiterung vom Anfang des 10. bis zum Ende des 12. Jahrhunderts die städtische Siedlung Emden entstanden, die 1224 als Zollstätte bezeugt ist. In Lehe, einem friesischen Kolonistendorf des 11./12. Jahrhunderts am Wesernebenfluß Geeste, befand sich ein Flußhafen mit Marktkreuz, Wallfahrtskapelle und Fähre. Die älteste Verfassung des Kirchspieldorfes war die einer friesischen Landesgemeinde, doch galt der Ort später als »Flecken«.

Die vielschichtigen sozialen Prozesse, die *innere Urbanisierung* genannt werden können, setzten sich weit bis in das 13. Jahrhundert fort und kamen erst zum Abschluß, als die nominelle Leibabhängigkeit der stadtsässigen Ministerialität verschwand.

Kirchenreform, Königsburgen und der »neue Adel«, die Ministerialen

Bernd Ulrich Hucker

Wer sollte Nachfolger des 1024 verstorbenen Kaisers werden? Der letzte Liudolfinger, Heinrichs II. Bruder Brun von Augsburg, kam als Geistlicher dafür nicht in Frage, und so konzentrierten sich die Bemühungen bald auf die Widonen-Lambertiner, die später »Salier« genannte Familie aus dem Worms- und Speyergau. Gewählt wurde schließlich der Graf Konrad aus dieser Familie. Unter ihm und seinem Sohn und Nachfolger Heinrich III. geriet das alte Kernland des Reiches zunehmend in den Strudel allgemeiner Konflikte. Offen war, ob sich das neue, salische Kaiserhaus, nachdem es auch Grundbesitz und Grafschaften der Liudolfinger übernommen hatte, als führende Kraft Sachsens behaupten würde.

Goslar wurde von Heinrich III. zu seiner Lieblingspfalz ausersehen. Hier gründete er ein Pfalzstift, das er den Heiligen seines Geburtstages, den Ärzten Simon und Judas weihte. Gegen die Herzogsgewalt förderte er die Bischöfe, vor allem Erzbischof Adalbert von Hamburg-Bremen. Und schon bald sollte die Königsland- und Ministerialenpolitik, die von den Saliern in verschiedenen Regionen, vor allem im südlichen Sachsen und im Harz, betrieben wurde, eine starke fürstliche Opposition hervorrufen. Ein Königsbesuch auf dem Königshof in Lesum 1047 wirft ein grelles Licht auf die neuen Verhältnisse. Der Bericht Adams von Bremen zeigt, daß sich neben die herzogliche Gewalt in Sachsen ein zweites Machtzentrum, nämlich das der Metropole Bremen, geschoben hatte. Hier war 1043 ein Pfalzgraf von Goseck, Adalbert, zum neuen Erzbischof gewählt worden. Kaiser Heinrich III. nun wurde auf dem Wege nach Lesum von Graf Thietmar, dem Bruder des Herzogs Bernhard II. Billung (1013-1059), überfallen, nahm aber keinen Schaden. Die Billunger, die unter den Ottonen die Hauptlast des Kampfes gegen die Slawen getragen hatten, waren unter der neuen Dynastie auf die Oppositionsbank gedrängt worden. Heinrich III. starb am 5. Oktober 1056 in Bodfeld am Harz (bei Wernigerode-Elbingerode); hier, eine Tagesreise zwischen den Pfalzen Werla und Goslar, befand sich seit den Tagen Heinrichs I. ein Jagdhof, und hier weilte der Kaiser mit dem Papst Viktor zur Jagd, als ihn ein »hitziges Fieber« ergriff. Eine ungewöhnlich hohe Zahl von Würdenträgern, darunter der Papst, umgaben den sterbenden Kaiser. Der verzieh all seinen Feinden, erließ eine allgemeine Amnestie und gab die konfiszierten Güter teils selbst, teils durch die Kaiserin zurück. Dann ließ er von den Anwesenden seinen sechsjährigen Sohn Heinrich

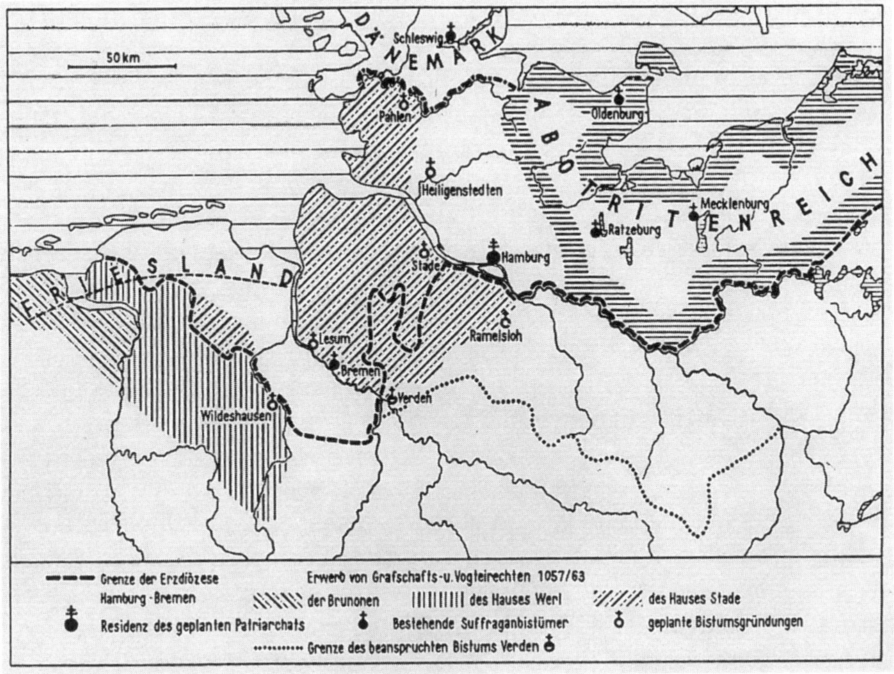

Grafschaftspolitik und Patriarchatsplan des Erzbischofs Adalbert von Bremen.

als König anerkennen und empfahl seine Frau als Regentin dem Schutz des Papstes. Schließlich beichtete er den hohen Geistlichen seine Sünden, erhielt Absolution und Abendmahl und starb.

Seinen Machtschwerpunkt im Harz suchte auch Heinrich IV., sobald er aus der Vormundschaft entwachsen war. 1050 in Goslar geboren, wurde der Knabe im April 1062 am Rhein vor der Pfalz Kaiserswerth von Anno von Köln mit Hilfe Ekberts von Braunschweig und Ottos von Northeim entführt. Durch diesen aufsehenerregenden Gewaltakt wurden die Erzbischöfe Anno von Köln und Adalbert von Bremen Vormünder Heinrichs IV., und zwar mit der Maßgabe, daß stets der die Reichsgeschäfte führen solle, in dessen Sprengel sich der junge König aufhielt. Noch bevor Heinrich IV. 1065 volljährig wurde, hatte Adalbert von Hamburg-Bremen die führende Stelle in der Regentschaft erhalten, von der seine Kirche nicht wenig profitierte. So übertrug der König die Abtei Corvey an Bremen und stattete es mit allen Grafen- und Forstrechten samt Regalien und Königsbann in Westfalen, Engern und im friesischen Emsgau aus, wie sie die Billunger und Stader innehatten. Da diese Grafen nunmehr Lehnsleute des Erzbischofs wurden, war er auf die Ebene eines Herzogs im nördlichen Engern und im östlichen Friesland gerückt, der Bereich seiner

Lehnsoberhoheit war »eine einzige Erscheinung unter den deutschen Fürstentümern« (Georg Dehio). Sie könnte Grundlage für eine beanspruchte Herzogsstellung in diesem Raum sein, ähnlich wie es die Erzbischöfe von Köln in Westfalen und die Bischöfe von Würzburg in Franken taten. Doch der einzige Hinweis darauf ist die erheblich spätere Einsetzung der Grafen von Oldenburg zu *ductores Frisiae*.

Zwar kam es 1066 zum Sturz Erzbischof Adalberts, aber schon vorher hatte Heinrich »auf dessen Zureden« begonnen, seine liudolfingische Erbschaft in Sachsen auf neue Weise zu sichern, indem er begann, »an wüsten Orten hohe und von Natur feste Berge aufzusuchen, und auf diesen so feste Burgen zu bauen, daß sie dem Reiche zu großem Schutz und Schmuck gereicht haben würden, wenn er sie an passenden Orten errichtet hätte. Die erste und die größte dieser Burgen nannte er die Harzburg (*Hartesburg*) und befestigte sie von außen so gewaltig mit einer starken Mauer, mit Türmen und festen Toren, ... baute auch darin ein so stattliches Münster, zierte dieses mit so reichem Schatze und versammelte hier aus allen Gegenden eine so zahlreiche und so ansehnliche Geistlichkeit, daß mancher Bischofssitz mit seiner ganzen Einrichtung kaum dagegen aufkam« (Bruno c. 16). Damals hat der König also den gesamten Reichsforst- und Bergbaubezirk des Harzes mit einem Kranz von Burgen sichern lassen, zu denen unter anderem Sachsenstein, Heimburg, Hasenburg, Lauenburg und Schildberg gehörten. Dieser Burgenbau sollte den systematischen Rückerwerb von Gütern unterstützen und war nicht zuletzt als »Gegensystem angesichts der überall im Reich aufgeschossenen Dynastenburgen« zu verstehen (Heinrich Spier). Der Burgenbau oblag dem Goslarer Propst Benno, dem späteren Bischof von Osnabrück, dessen planende Hand auch die Anlage der Harzburg verrät, die offenbar zusammen mit dem benachbarten Goslar eine Art »Großpfalz« (Adolf Gauert), eine Doppelanlage mit je zwei Königshallen und Stiftern bilden sollte.

Daß hier an eine dauerhafte Residenz gedacht war, haben auch die sächsischen Gegner des Saliers erkannt. Sie forderten 1073 von Heinrich IV., »daß er Sachsen, wo er schon von seinem Knabenalter an gesessen und in träger Ruhe fast ganz hingewelkt sei, auch einmal verlassen und andere Teile des Reiches besuchen solle«. Ferner verlangten sie die Niederlegung seiner Burgenneubauten in Sachsen (Lambert von Hersfeld). Sicher standen die königlichen Festen nicht auf »allen Bergen und Höhen Sachsens«, wie die Opposition behauptete. Daß sich Heinrichs Territorialpolitik nicht allein auf den Harz beschränkte, zeigt das Beispiel Lüneburgs. 1071 reiste der König zu einem Treffen mit dem Dänenkönig Svend Estridsen nach Bardowick, »da doch keine Kunde davon vorhanden ist, daß jemals vor ihm ein König in diese Gegenden gekommen wäre« (Bruno c. 20), und schloß ein Militärbündnis, das sich auch gegen oppositionelle Sachsen richtete. Auf dem Rückweg sah er die beherrschende Lage der Burg auf dem Lüneburger Kalkberg. Später, wohl 1073, legte er eine Besatzung von 70 meist schwäbischen Edelfreien dorthin, wie die Sachsen ver-

Thron in der Goslarer Domvorhalle.
Bronzelehne aus dem 11., Steinsitz aus dem 13. Jahrhundert
(Drache und Löwe deuten auf Otto IV., der Goslar 1206 eroberte).

muteten, um hier seine Herrschaft aufzurichten, denn Magnus, der Sohn des verstorbenen Herzogs Ordulf, befand sich in seiner Gefangenschaft. Indessen begann Ordulfs Bruder, Graf Hermann, den Kalkberg einzuschließen. Dessen Besatzung mußte sich ergeben und wurde vom König, wenn auch widerwillig, im August 1073 gegen Magnus ausgetauscht. Seitdem wurde es in Sachsen sprichwörtlich, »daß man für siebzig Schwaben einen Sachsen kaufe« (Bruno c. 21).

Aber es ging nicht nur um die Burgen, sondern auch um anderes, nämlich um Ämter und Personal. Das Königtum suchte einen neuen Stab aufzubauen. Einfache Kapläne und Diener nichtadliger Abkunft wurden Bischöfe und Äbte, Räte und Vögte. Neben diesem sozialen Wechsel ist auch eine systematische Bevorzugung Stammesfremder zu beobachten. Bekannte Beispiele sind der von 1068 bis 1088 in Osnabrück amtierende Bischof Benno II., ein Schwabe, und der 1072 eingesetzte Bremer Erzbischof Liemar, ein Bayer. Bei Liemar wird die Herkunft aus unteren Volksschichten dadurch klar, daß er fast seine ganze Verwandtschaft in den Norden in die bischöfliche Dienstmannschaft zog. Die Übersiedlung einer ganzen Sippe muß für diese ein sozialer Aufstieg gewesen sein. Liemars Bruder wurde Vogt von Bremen, die übrigen Verwandten fanden als Lokatoren in der Marschenkolonisation Verwendung und begründeten dort neue landsässige Ministerialenfamilien. Ferner ist an die 70 schwäbischen Vasallen zu erinnern, die der König in Lüneburg eingesetzt hatte. Was er damit bezweckte, wurde deutlich, als er Magnus Billung zwingen wollte, ihm Erbe und Ämter abzutreten.

Eine Verschärfung der Lage trat durch den Prozeß gegen Otto von Northeim ein. Dieser war von einem gewissen Egino des Hochverrats beschuldigt worden – da Otto, der damals zugleich Herzog von Bayern war, der Vorladung vor Gericht nach Goslar nicht folgte, wurde er dort am 2. August 1070 friedlos gelegt. Die Ächtung schloß den Verlust der Reichslehen und des Erbbesitzes ein. Mit Bayern wurde noch im selben Jahre Ottos eigener Schwiegersohn, Welf IV., belehnt, der sich gleichzeitig von seiner Frau, der Northeimerin Ethelinde, scheiden ließ. An dem Aufstand Ottos von Northeim nahmen nur wenige Große Sachsens teil, so beteiligte sich der billungische Herzogssohn Magnus daran, geriet aber in die Gefangenschaft des Königs. Schon Mitte 1071 mußte Otto sich unterwerfen und erhielt nach erfolgter Aussöhnung sein Erbgut, nicht aber die Herzogswürde, zurück. Magnus blieb weiter gefangen.

Zu einer größeren Verschwörung kam es im Sommer 1073. An der Spitze der Sachsen standen Otto von Northeim, Hermann Billung und die Bischöfe von Magdeburg, Hildesheim und Halberstadt. Als die Anführer dem König ihre Beschwerden vorbringen wollten, wies er sie schroff zurück. Bald darauf kam es zu einer großen Volksversammlung von »Vornehmen und Geringen« zu Hoetensleben. Von einem Hügel herab hielt Otto von Northeim eine flammende Rede, in der er geschickt an das Freiheitsgefühl der Sachsen appellierte und die drohende Knechtschaft durch den königlichen Burgenbau ausmalte. Auf diese Weise und aufgrund zahlreicher weiterer Beschwerden brachte er weite Teile des Sachsenstammes hinter sich. Diese Rede und andere Einzelheiten des nun ausbrechenden »Sachsenkrieges« hat der Merseburger Kleriker Bruno in seinem *Bellum Saxonicum* aus der Sicht der Königsgegner geschildert. Heinrich IV. wurde darauf in der Harzburg eingeschlossen und konnte nur mit Mühe entkommen. Da sich inzwischen auch süddeutsche Fürsten der Opposition anschlossen, lenkte er ein und schloß am 2. Februar 1074 zu Gerstungen Frieden mit Otto von Northeim, indem er eine Amnestie verkündete und in die Niederlegung der neuerbauten Burgen einwilligte. Nun machte sich die Verbitterung der bäuerlichen Anwohner Luft. Sie schritten zur Zerstörung nicht nur der Befestigungen, sondern auch der Grablege im Burgstift der Harzburg und plünderten die Gräber der Verwandten des Königs. Obwohl sich die sächsischen Fürsten davon distanzierten, schlug die Stimmung um, und Heinrich IV. konnte wieder mit der Unterstützung der übrigen Fürsten rechnen. Er forderte die aufständischen Sachsen auf, sich zu unterwerfen, und sammelte im Juni 1075 bei Hersfeld ein Heer, dessen Größe und Bewaffnung das Staunen der Zeitgenossen erregte. Mit der Schlacht von Homburg an der Unstrut (9. Juni 1075) fand der sächsische Krieg seinen Abschluß: Heinrich IV. siegte, und die Fürsten lieferten sich an ihn aus. Bei Spier traten sie ohne Waffen, gesenkten Hauptes und barfuß vor den König. Er führte alle in die Gefangenschaft und ließ die bereits niedergelegten Burgen wieder aufbauen. Auf dem Goslarer Hoftag zu Weihnachten beauftragte er Otto von Northeim mit der königlichen Stellvertretung in Sachsen und versuchte ihn so auf seine Seite zu ziehen. Doch einen durchgreifenden Frieden herzustellen hatte Heinrich IV. versäumt, so daß die sächsischen Fürsten auch in den folgenden Auseinandersetzungen zur Opposition zählten. Heinrichs Versuch, sich im und um den Harz eine zentrale Königsherrschaft mit Residenz aufzubauen, war damit gescheitert.

Zum Kampf zwischen Königtum und sächsischem Hochadel trat 1075 ein weiterer, der sich mit ihm auf vielfache Weise verschränkte, nämlich der Kampf um die Reform der Kirche bzw. die Auseinandersetzung zwischen Kaiser und Papst, bekannter unter dem Namen »Investiturstreit«. Die Reichsbischöfe, der junge König selbst und seine Umgebung ministerialischer Berater scheinen sowohl die unerschütterliche Radikalität des derzeitigen Papstes als auch die Macht der Reformbewegung der Kirche, die für die »Freiheit« der Kirche kämpfte, unterschätzt zu haben. So ging Heinrich IV. – und ebenso sein enger Vertrauter, der bremische Erzbischof Liemar – zwar gegen Simonie (Ämterverkauf) vor. Doch verhinderten die unter seinen kaiserlichen Vorgängern gewachsenen Strukturen der Reichskirche eine grundlegende Änderung. Ein Erzbischof oder Bischof war nicht nur Oberhirte eines Sprengels, er war als Verwalter königlichen Gutes und königlicher Rechte, der Regalien, zugleich Amtsträger des Königtums. Auch in Sachsen setzte er die materiellen Mittel seiner Kirche für die königliche Politik ein, um so mehr, als nicht wenige Bischöfe der königlichen Kapelle entstammten und ihre Erhebung der Tatsache verdankten, daß sie sich bei Hofe bewährt hatten. Der durch die kirchliche Reformbewegung popularisierte Kampf gegen Simonie und das päpstliche Investiturverbot bekamen im Grunde ein und dasselbe Ziel: Sie bedrohten die Reichskirche als einen »königsnahen Personen- und Herrschaftsverband« (Johanek). Dessen Königsnähe realisierte sich unabhängig von Begegnungen mit dem König und wurde durch strukturelle Faktoren bewirkt. So gehörte dem König die persönliche Habe eines Bischofs und Abts (Spolienrecht). Zum Beispiel wurde der Nachlaß Erzbischof Adalberts – Ornat, Reliquien und Bücher – 1072 von Heinrich IV. dem königlichen Schatz einverleibt.

Auch topographisch und baulich hatte die Bindung der Reichskirche an das Königtum ihren Niederschlag gefunden: In zahlreichen Bischofs- und Abteikirchen ist eine Königsempore, zumeist im Westwerk zwischen den Türmen eingebaut, in manchen ist sogar der Thronsitz überlieferungsmäßig oder bauarchäologisch noch auszumachen.

Zur offenen Auseinandersetzung mit dem Papst kam es, als Heinrich IV. seinen Kaplan Thedald zum Erzbischof von Mailand einsetzte und Gregor VII. dem widersprach. Dabei handelte es sich für die beiden Seiten um folgendes Problem: Gerade der deutsche König konnte infolge der Zunahme der weltlichen Amts- und Besitzgewalt der Bischöfe und Äbte als seine Lehnsträger nicht auf Vorrechte bei deren Einsetzung verzichten, die seit Heinrich III. außer mit dem Stab auch mit dem Ring erfolgte. Die Kirchenhoheit des Königs, der sich aufgrund seiner Salbung überdies in einer sakralen Position fühlte, wurde zum Teil aus dem frühen Eigenkirchenrecht des Adels abgeleitet. Für die Vorkämpfer der kirchlichen »Freiheit«, der *libertas ecclesie*, freilich war auch der künftige Kaiser nicht mehr als ein Laie, die Einsetzung (Investitur), die er vornahm, eine Laieninvestitur. Wie wir gesehen hatten, war eine solche Laieninvestitur vor dem Hintergrund eines verschärften Simonieverständnisses folgerichtig ebenfalls Simonie.

Die Sachsen unterstützten wie der Papst die beiden Gegenkönige Rudolf von Rheinfelden († 1080) und Hermann von Salm († 1088). Hermann war 1081 auf sächsischem Boden, in Goslar, vom Mainzer Erzbischof gesalbt worden. Zwar waren die Oppositionsführer Otto von Northeim und Markgraf Ekbert von Meißen 1083 bzw. 1090 gestorben, doch erwuchs den Saliern in Lothar, dem Sohn des bei Homburg gefallenen Süpplingenburger Grafen Gebhard, ein neuer Gegner. Mit ihm sollte später sogar das Kaisertum wieder nach Sachsen zurückkehren.

Der Landesausbau seit dem späten 11. Jahrhunderts griff tief in die Siedlungs- und Verkehrsstruktur ein. Es »wandelt sich das Bild, der Wald wird zurückgedrängt und von Straßen und Forsten durchdrungen. Zahlreicher werden die Dörfer, vergrößern sich, Einzelhöfe dringen überall vor, erweitern sich zu Relaisstationen oder Weilern. Welch eindrucksvolles Bild rückt uns da vor Augen! Städte entstehen, an strategischen Plätzen erheben sich Burgen und endlich setzen sich frühe industrielle Betriebe fest« (Hermann Aubin). Außerdem gingen mit diesem Prozeß gesellschaftliche Veränderungen einher. Die herausragendste Erscheinung war der Aufbau von Dienstmannschaften vor allem durch die Reichskirche, aber auch durch König und Fürsten, wie es schon unter Heinrich III. und IV. deutlich geworden war. All diese Gewalten benötigten Männer, die den Landesausbau und die Mühlwerke überwachten, die Zölle erhoben, die Burgen besetzten sowie bei Hofe und in der Verwaltung für vielerlei Aufgaben zur Verfügung standen. Im Notfall mußte die gesamte Mannschaft außerdem gerüstet sein, um für das militärische Aufgebot ihres Herrn bereitzustehen. Die neuen Funktionsträger, die in den Zeugenlisten der Urkunden als *ministerialis*, *servus* (Diener, Knecht) oder *miles* (Ritter) auftreten, erhielten im Unterschied zu den freien Vasallen, die Inhaber »echter« Lehen waren, besondere »Dienstlehen«. Das konnten – bei Hofe und in der Stadt – Einkünfte sein. Doch auf dem Lande bestanden sie aus einer bäuerlichen Doppelhufe, die es dem ritterlichen Ministerialen erlaubte, sich für den Kampf zu trainieren und Verwaltungs- oder Gerichtsfunktionen für einen größeren Bezirk auszuüben. In den wasserreichen Niederungen beim Lehnshof entstanden vielfach schlicht befestigte Wohntürme auf Hügeln. Ein solcher Turmhügel (sogenannte *Motte*), der denen von Elmendorf gehörte, wurde in Dreibergen am Zwischenahner Meer ergraben.

Am Beispiel des Erzstifts Bremen läßt sich der zügige Aufbau einer solchen Ministerialität gut beobachten. Adam von Bremen berichtet, daß Erzbischof Adalbert »viele Niedrigstehende« in sein Gefolge aufgenommen habe und daß

Turmhügelburg des 11./12. Jahrhunderts. Modell der Doppelburg der Edelherren von Elmendorf am Zwischenahner Meer.

er »alle angesehenen und bedeutenden Männer Sachsens und anderer Länder dadurch zu *milites*« annahm, »daß er vielen gab, was er gerade hatte, anderen versprach, was er gerade nicht hatte« (III,36). Außerdem bezeugt er, daß der Erzbischof stets »mit einer stattlichen Menge Bewaffneter« umherzog und daß er »damals« auch Burgen (*castella*) errichten ließ (III,37). Zahlreiche Mannen standen bereit, um typische Ministerialendienste zu verrichten: etwa Gäste zu bewirten (*ex officio*) oder Wache (*custodia*) vor dem Gemach Adalberts zu halten (III,39).

Hans Georg Trüper hat unlängst den Treueid entdeckt, den beide Gruppen, die Vasallen und unfreien Ministerialen, vor ihrem Erzbischof ablegen und auf ein Evangelistar und auf die Reliquien der Heiligen schwören mußten. Der Text dieses Eides aus der Zeit um 1050 lautet: »Von dieser Stunde an werde ich, ..., treu und gehorsam sein in allem dir, ..., Erzbischof der heiligen Bremer Kirche und deinen Nachfolgern als Inhabern dieses Sitzes. Deinen Auftrag, welchen auch immer du mir mündlich oder durch deinen echten Brief übermitteln wirst, werde ich ohne Arglist ausführen. Zu jedem Termin und jedem Ort, den du mir angeben wirst, werde ich kommen; es sei denn, daß ich, durch Krankheit meines Körpers oder irgendeine andere schwerwiegende Notlage abgehalten, nicht kommen kann. Dies alles werde ich in rechter Treue ohne jede Arglist zu deinen und deiner Nachfolger Zeiten, solange sie leben, einhalten nach meinem Wissen und Können. Dazu möge mir Gott helfen, und diese heiligen vier Evangelien und vier Evangelisten und dieser Schutz der Heiligen!« Sowohl der Eintrag als solcher als auch die Erwähnung brieflicher Aufträge beweisen, daß schon in den Anfängen für die neue »Berufsgruppe« ein besonderes Geschäftsschriftgut entstanden war. Die schriftlichen Befehle mußten außerdem gelesen werden können, was zwar nicht zwingend auf die Beherrschung der Kulturtechniken durch sämtliche Ministerialen, aber doch durch einige von ihnen, vor allem Zöllner, Vögte, Münzerhausgenossen usw., deutet.

Gegen 1060 war die Herausbildung der neuen Ministerialität der Bremer Kirche (*familia ecclesiae*) soweit fortgeschritten, daß sie nunmehr als Gruppe ihre Stimme erhebt: Als Adalbert einen Ministerialen wegen Aufsässigkeit verhaften ließ, drangen die übrigen Dienstmannen in sein Schlafgemach und erzwangen, wie der Chronist Adam von Bremen berichtet, die Freilassung ihres Genossen unter Gewaltandrohung (III,56). Die Ministerialität formierte sich unter Führung der Vögte und der obersten Hofamtsträger (Truchseß, Kämmerer, Marschall, Mundschenk) zu einer solchen Macht, daß die Fürsten im 13. Jahrhundert Verträge nur mit ihrer Zustimmung abschließen konnten. Selbst Heinrich der Löwe hatte mehrfach mit Rebellionen seiner führenden Ministerialen (etwa der Vögte von Braunschweig) zu tun, ohne daß er sie aus ihren Ämtern zu entfernen vermochte.

Auf dem Lande und in der Stadt knüpften die zwar persönlich unfreien, aber mächtig gewordenen Ministerialen Familienbande mit Angehörigen anderer Stände. Auf dem Lande mit edelfreien Familien (von denen manche um Vogtei- oder anderer Ämter willen selbst in die Ministerialität eintraten), in der Stadt mit Fernkaufleuten. Auf die Dauer führte das zwar zu einer stärkeren Trennung von land- und stadtsässiger Ministerialität, ermöglichte aber beiden einen sozialen Aufstieg. Auf dem Lande bildeten sie den »neuen« Niederadel der fürstlichen Territorien, und in der Stadt hatten sie teil an dem politischen Aufstieg der führenden, patrizischen Schichten des Städtebürgertums.

Hochadel, Kreuzzüge und Friesen

Bernd Ulrich Hucker

Im 12. Jahrhundert starben mehrere vornehme Hochadelsfamilien aus: die Billunger, die Brunonen, die Stader Udonen, die Pfalzgrafen von Sommerschenburg, die Grafen von Northeim, Winzenburg, Katlenburg, Reinhausen, Lucca (aus Loccum) und andere. Sie alle waren Inhaber königlicher Grafschaften und vielfach (als Herzöge oder Pfalzgrafen, als Markgrafen von Friesland oder der Ostmark) Reichsfürsten. Gleichzeitig formieren sich jüngere Familien um Herrschaftsmittelpunkte, von denen man jetzt oft zum ersten Male vernimmt. Das Kennzeichen dieser neugräflichen Familien ist, daß sie nur noch Lehns- oder Untergrafen des Herzogs oder der Bischöfe sind. Trotz dieses minderen Ranges haben fast alle bei der Gründung kleinerer Städte und beim Landesausbau eine große Rolle in der Geschichte der einzelnen Regionen gespielt; fast alle haben eigene Münzstätten betrieben.

Ehe wir diese Lehnsgrafen im einzelnen vorstellen, ist die Ausnahme zu nennen, die im späteren Niederstift Münster beheimateten Grafen von Calvelage. Sie hatten wichtige Reichslehen inne und werden erstmals vom Sächsischen Annalisten zum Jahre 1105 erwähnt: »Die dritte Tochter« – nämlich des Grafen Friedrich von Arnsberg – »war die Frau des Hermann *de Calvela*, die Otto und Heinrich, Grafen von Ravensberg, gebar«. Später nannten sie sich nach Ravensberg (bei Bielefeld), zuweilen auch nach Vechta. Schon Justus Möser wies auf den Hof *Kalvelage* (östlich von Dinklage) hin, der ravensbergisches Lehen sei, doch muß auch das Dorf *Calveslage* nicht weit von Vechta, wo die Grafen nicht viel später eine bedeutende Burg besaßen, in Betracht gezogen werden, denn hier war schon in karolingischer Zeit eine Sammelstelle für Abgaben an das Kloster Werden. Die in diesem Raum mit den Calvelagern konkurrierenden Grafen von Tecklenburg gelten als Erben der Grafen von Zütphen und von Geldern. Ihre schon 1150 erwähnte Burg im Teutoburger Wald machte den südlichsten Punkt ausgedehnter emsländischer und hasegauischer Herrschaftsrechte aus.

Die Oldenburger Egilmaringe haben möglicherweise als billungische Vizegrafen im Ammerland begonnen. Ihr Vorläufer war ein Edelherr oder Graf Huno, der 1059 die Benediktinerabtei Rastede gegründet hatte. Egilmar I. ist schon 1091 bezeugt. Die Grafen von Versfleth und die von Bruchhausen – wohlgemerkt die älteren, die jüngeren sind ein Zweig der Grafen von Oldenburg-Wildeshausen – waren Edelherren, die der Erzbischof von Bremen mit Kirchlehen in den Kolonisationsgebieten beiderseits der Weser ausstattete.

Während die 1196 belehnten (älteren) Grafen von Bruchhausen vermutlich schon auf eigene Faust von der benachbarten Geest in die Brüche der Eiter, einem Nebenfluß der Weser, hinabgestiegen sind und sich dort neuangesiedelt haben, handelte es sich bei Versfleth um eine Neugründung, zu der die Erzbischöfe einen jüngeren Sohn eines Edelherren von Stumpenhusen in die Wesermarsch holten. Nach den Forschungen von Maas und Trüper hat die Grafenburg auf einem Weserwerder vor der Lesummündung gelegen. Die Edelherren von Stumpenhusen, die seit 1181 als Grafen auftreten, stammten aus dem Kirchdorf Wietzen nordwestlich von Nienburg. Der letzte Graf von Stumpenhusen kommt bis 1207 bzw. 1210 vor, sein geistlich gewordener Bruder, der Bremer Dompropst Burchard, starb 1230/31. In der herrschaftlichen Nachfolge der Versflether, die kurz vor 1200 ausgestorben sein müssen, standen die Grafen von Stotel. Auch sie waren ursprünglich Edelherren. 1229 erscheint Gerbert von Stotel erstmals als Graf und nannte sich häufig auch nach einer heute untergegangen Burg *Stoltenbroke* im Osterstadischen. Schon 1350 ist diese erzbischöflich-bremische Lehnsgrafenfamilie ausgestorben. Wie die Bremer Kirche hatte auch die von Hildesheim ihre Lehnsgrafen: Die mit den Grafen von Assel stammesverwandten Grafen von Poppenburg kommen erstmals 1142 vor, von ihnen spalteten sich die Grafen von Spiegelberg 1217 ab. Viele der neugräflichen Herrschaften setzten sich nicht nur aus herzoglichen, sondern auch aus bischöflichen Lehen zusammen. So war die Grafenburg Wölpe Lehen der Mindener Kirche. Die Grafschaft Lüchow galt als Lehen der Verdener Bischöfe.

Die Einsetzung von Lehnsgrafen war zuweilen mit einem Ortswechsel der Familien verbunden. Seit kurzem wissen wir, daß dies bei den Grafen von Regenstein der Fall war, die aus Wietzen kamen und sich unter Lothar von Süpplingenburg im Ostharz ansiedelten. An der gleichen Stelle und wohl ebenfalls durch Kaiser Lothar dorthin versetzt, finden wir die Grafen von Wernigerode. Sie mögen schon ihrer Herkunft nach Nachbarn und Standesgenossen der Regensteiner gewesen sein, denn 1216/17 stifteten sie auf ihrem Erbe, dem *locus Heiligbergh*, eine Prämonstratenserabtei, die den alten Namen beibehielt. Die »Harzgrafen« von Scharzfeld, Lauterberg, Ilfeld-Honstein und Wöltingerode-Wohldenberg sind ebenfalls von Lothar eingesetzt worden. Die Wohldenberger nannten sich im 13. Jahrhundert gern »von Harzburg«. Aber nicht nur im und am Harz hat der Süpplingenburger die Grafschaften neu geordnet, sondern auch im Marstemgau bei Hannover, wo er die Grafen von Hallermund und die von Roden einsetzte. Die Hallermunder – Stadtgründer von Springe – hatten die Grafen von Lucca beerbt und auf deren Besitz die Abteien Loccum und Schinna gegründet. Die Grafen von Roden dürften aus der Gegend von Hessisch Oldendorf stammen, wo sie später noch als Vögte von Möllenbeck fungierten. Im Marstemgau begründeten sie mit den Burgen Wunstorf, Lauenrode und Limmer zugleich besondere Linien. Auch von den Grafen von Wölpe wird angenommen, daß erst Lothar sie im *Grinderga* ein-

Schloß Bentheim mit seinem Bergfried,
der in den Grundmauern aus dem 12. Jahrhundert stammt.

gesetzt habe (Ruth Hildebrandt). Ihre Burg lag nicht weit von der bedeutenden Straße nach Süden, die westlich der Mittelweser verlief. Auch die Wölper legten am westlichen Rande des Grinderwaldes Hagenhufendörfer an (Rodewald, Nienhagen) und gründeten ein Zisterzienserinnenkloster in Mariensee (1213/14) und eine Stadt (Neustadt am Rübenberge).

Ganz im Westen verdanken die Grafen von Bentheim Lothar III. ihre Existenz, weil dieser einen Grafen von Salm-Rieneck hier einsetzte. 1154/65 gelangte die neue Herrschaft an eine jüngere Linie der Grafen von Holland, die sich aus der Lehnshoheit der Bischöfe von Utrecht befreien konnte. Die Grafen von Schaumburg hatten über Jahrhunderte zwei Herrschaftskomplexe inne: den um ihre Stammburg bei Rinteln und den nördlich der Elbe. 1110 belehnte Lothar III. den Grafen Adolf I. mit Holstein und Stormarn, nachdem der bil-

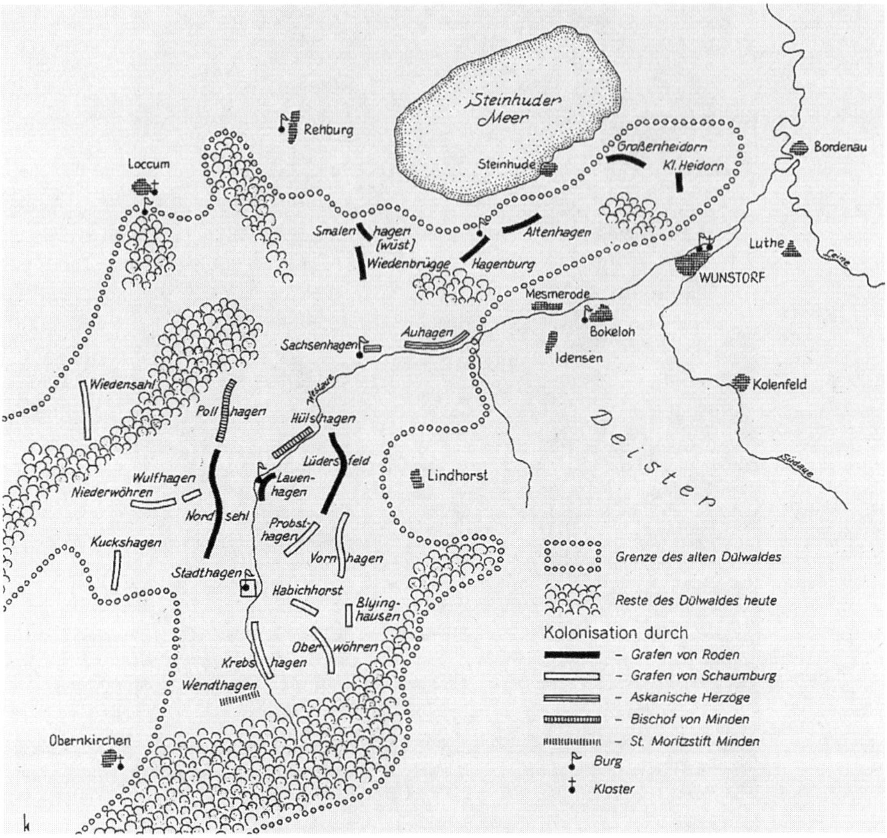

Unland wird erschlossen – Hagenhufendörfer des 12. Jahrhunderts zwischen Steinhuder Meer und Bückebergen.

lungische Vizegraf Gottfried von Hamburg gestorben war. Seit dem 12. Jahrhundert kolonisierten die Schaumburger den Dülwald zwischen Bückeburg und Steinhuder Meer. Die wichtigste dort entstandene Hagenhufensiedlung war *Greven Alves Hagen*, das spätere Stadthagen. Im anschließenden Mittelwesergebiet erhob Lothar möglicherweise sogar Angehörige des Ministerialenstandes zu Grafen: die von Everstein, deren Sollingburg 1110/20 erstmals bezeugt ist und die im Solling, an Mittelweser, Diemel und Twiste planmäßigen Landesausbau betrieben. Sie waren auch die Stadtgründer von Holzminden.

Die Grafen von Dassel erscheinen erstmals 1113 – wohl als Vasallen der Grafen von Northeim – und nehmen die Untervogtei des Klosters Corvey wahr. Rainald II. steigt sogar zum Erzbischof von Köln und Hofkanzler Friedrich Barbarossas auf. Die mächtigen Grafen von Schwalenberg, als Hochvögte des Bistums Paderborn von Lothar III. eingesetzt, sind seit 1101 faßbar. 1194 spaltete sich die Linie Pyrmont, 1219 die Linie Waldeck und 1243 die Linie Sternberg ab.

Die Grafeneinsetzungen Lothars wurden von seinem Enkel Heinrich dem Löwen fortgesetzt. Ihm verdanken die Edelherren von Hagen aus dem Lüneburgischen die Einsetzung als Präfekten, dann Grafen von Schwerin. Diese bauten ihre Herrschaft in Mecklenburg zu einer landgrafenähnlichen Stellung aus und spielten auch noch im Bereich ihres alten Erbes zwischen Elbe, Weser und Aller eine nicht unerheblich Rolle. So gründeten sie die Stadt Uelzen. Im Süden schloß an ihren Herrschaftsbereich das sogenannte Hannoversche Wendland an, wo Heinrich der Löwe die Grafen von Dannenberg (erstmals 1158 erwähnt) und von Lüchow (1144) einsetzte. Die Grafen von Lüchow hießen zuvor von Warpke und hatten wohl als billungische Vize- oder Lehnsgrafen begonnen. Eine Sonderstellung nahm der Graf Reinold von Artlenburg ein. Er wurde von Heinrich zugleich mit Aufgaben als Präfekt in Lübeck und als Graf von Dithmarschen betraut. Außerdem gründete er ganz im Norden Rendsburg (*Reinoldesburg*). Doch gelang es ihm nicht, eine eigene Dynastie zu gründen.

Aus dem Rahmen fällt die Entstehung der Grafschaft Hoya, die weder aus einer Lehnsgrafschaft Heinrichs des Löwen noch aus der einer Kirche entstanden ist. Erst 1202 tauchen die Grafen von Hoya unvermittelt im Mittelweserraum auf. Der Spitzenahn war gewissermaßen ein *newcomer*, Bückener und Verdener Chroniken zufolge hatte er als erstes eine Burg bei Rosebruch im Verdener Kirchspiel Visselhövede errichtet und dort die *Krumme Grafschaft* von den Grafen von Stumpenhusen erworben. Das Frappierende ist, daß sich die Burg im Stift Verden exakt lokalisieren läßt. Enno Heyken gelang der Fund einer archivalisch überlieferten Prozeßkarte, die den Hügel der alten Turmburg (*Motte*) bei Rosebruch noch sehr deutlich zeigt. Jüngere Nachrichten widerspiegeln eine abgebrochene Territorialentwicklung, denn zur *Krummen Grafschaft* gehörten nicht nur Liegenschaften und eine Burg, sondern auch Vasallen und Gerichtsrechte. Mehrere Chroniken bezeichnen die ersten Hoyaer Grafen als Landfremde, aus Friesland stammende. Nach der Bückener Chronik hat ein »Friese« Stumpenhusen und die Krumme Grafschaft mit Gold erworben, das er *Sunte Hoben* gestohlen habe. Dabei handelt es sich um eine im Jadebusen untergegangene Johanniterkommende, nicht weit vom ebenfalls verschwundenen *Jadele*, wo der Rasteder Chronik zufolge einst »Grafen, Ritter und Mächtige (*potentates*) Frieslands« ansässig waren und Egilmar I. von Oldenburg (1108-1142) und seine Frau Eilika (von Werl-Rietberg) ihr Grab hatten. Die Stellung des gräflichen Adels in Rüstringen wurde im 12. Jahrhundert durch heftige Fehden bedroht, so daß der Hochadel weichen mußte. Die Hoyaer konnten sich nach dem Tode Heinrichs des Löwen in gewalttätigen Auseinandersetzungen mit den Welfenanhängern in dieser Gegend, den Grafen von Roden und den Vögten des Stifts Bücken, den Edelherren von Hodenberg, welche sie vertrieben, durchsetzen. Den Hodenbergern ist es nach ihrer Vertreibung von der Weser an ihrem neuen Sitz Hudemühlen an der Aller nicht gelungen, in den Grafenstand aufzusteigen, so daß sie schon bald mit dem landständischen Niederadel Lüneburgs verschmolzen. Überhaupt konnten nur ganz wenige Edelherrenfamilien die territoriale Autonomie behaupten. Dazu gehörten die von Homburg, die sich bei Holzminden eine stabile Herrschaft über drei Städte, sechs Burgen und bald 100 Dörfer aufbauen konnten. Die von Diepholz schufen sich als Vasallen der Grafen von Ravensberg und der Mindener Kirche eine Herrschaft im Niederungsgebiet südlich und nördlich des Dümmer-Hunte-Passes. Als Grablege statteten sie das Kollegiatstift Mariendrebber aus. Die von Plesse konnten inmitten welfischer Übermacht ihre kleine Herrschaft behaupten. Einen Sonderfall stellten die von Bederkesa dar, Inhaber der Herrschaft gleichen Namens. Sie waren zwar seit ihrer Ersterwähnung (1158) Dienstmannen und Amtsträger (Kämmerer, Vögte) des Bremer Erzbischofs, leiteten aber ihre territorialen Rechte sicherlich aus ihrer Zeit als edelfreie Dynasten her. Sie beteiligten sich von Süden her an der Kolonisation des Landes Hadeln, vor allem im Sietland. Das gilt auch für die erst spät bezeugten Herren Lappe von Ritzebüttel (ursprünglich wohl von Duhnen). Andere, um 1200 noch bedeutende Herrschaften, wie die der Edelherren von Meinersen, von Boldensele und von Depenau (die Erben der Vizedomini von Wassel), verschwanden früh. Die Edelherren von Elmendorf wurden durch ihre mächtigen und rücksichtslosen Blutsverwandten in männlicher Linie, die Oldenburger Grafen, aus dem Ammerland verdrängt und gingen im Niederadel des Niederstifts Münster auf. Durch ihren plötzlichen Abzug blieb die Motte am Zwischenahner Meer liegen, wie sie war, und bildete deshalb ein dankbares Grabungsobjekt.

All die genannten mittleren und kleinen Herren besaßen zwar feste Sitze, aber Burgen wie Plesse, Harzburg, Iburg oder das um 1200 neu entstandene Hoya waren das in der Regel nicht. Die Adelsburg jener Zeit hat man sich als eine Motte, einen Turmhügel einfachster Art, vorzustellen, wie er auch von den Ministerialen als Sitz bevorzugt wurde. Im Süden Niedersachsens bauten sich die Adelsherren in ihren Dörfern steinerne Kemenaten (zum Beispiel Bornum bei Braunschweig).

Die Kreuzzüge haben Lebenshaltung und Kultur des Adels stark beeinflußt. Eine der sichtbarsten Neuerungen war neben der Zunahme geldwirtschaftlicher Prinzipien die Mode, persönliche Wappen zu führen. Die Enstehung besonderer, auf den Waffen (deshalb *wâpen*) getragener Bilder seit dem 12. Jahrhundert war zugleich Ausdruck einer Neuformierung des europäischen Adels. Diese Entwicklung wurde durch die Notwendigkeit, Truppenteile und Einzelpersonen – besonders auf den Kreuzzügen – besser unterscheiden zu können, sowie durch waffentechnische Veränderungen begünstigt. Die Beliebtheit der Wappen erfaßte auch den nordwestdeutschen Raum, doch sind für den sächsischen Adel erst relativ spät – meist erst nach 1200 – Wappenbilder bezeugt. Der Schutzschild und die Pferdedecken trugen in der Regel dasselbe Bild, während die Schmuckstücke auf dem Helm (die »Helmzier«) auch davon abweichende Figuren darstellen konnten. So bestand die Helmzier der Grafen von Honstein aus einem riesigen Hirschgeweih, während ihr Schild ein Schachbrettmuster zeigte. Der Helm der Grafen von Oldenburg war mit Fähnchen besteckt, auf denen sich das rot-goldene Oldenburger Balkenwappen wiederholte. Am beliebtesten waren Löwen und Adler – diese deuteten auf ein Reichsamt oder -lehen. Aber auch redende Wappen sind häufig: Die Verdener Ministerialenfamilie Behr führte einen Bären, die von Münchhausen einen Mönch im Schilde. Die frühesten Wappendarstellungen, etwa des welfischen Löwen, des schaumburgischen Nesselblattes und des Stolberger Hirschen, finden sich auf Siegeln. Hingegen erscheint das traditionelle Sachsenroß erst seit der Mitte des 14. Jahrhunderts im Wappen der Welfen, während es schon seit dem 13. Jahrhundert von den Grafen von Schwerin, den Vögten von Stade und der Schweriner Ministerialenfamilie Grote geführt wurde. Bald kommen auch schon ganze Ensembles von Wappendarstellungen vor: So erscheinen die Wappen Pfalzgraf Heinrichs, der Grafen von Tecklenburg unter anderem auf der anläßlich der Aachener Krönung Ottos IV. 1198 angefertigten Wappenrolle; auf dem Quedlinburger Kästchen desselben Herrschers sind die bunten Schilde einer ganzen Reihe ostsächsischer Grafen und Herren abgebildet. Und ein Wienhäuser Teppich bildet nicht nur die Tristansage, sondern auch einen reichen Wappenfries ab, an dem die Besucher des Klosters und Auftraggeber von Textilarbeiten die Schilde der Herzöge von Braunschweig, Lüneburg und Sachsen sowie der Grafen von Oldenburg-Bruchhausen, Wohldenberg und Schwerin bewundern konnten.

Eines der ältesten niedersächsischen Adelssiegel neben zwei frühen Schildsiegeln der Grafen von Regenstein und von Hallermund ist noch erhalten. Es wurde von den Grafen Heinrich I. und Heinrich II. von Hoya geführt. Es zeigt das Bärenklauenwappen und die Legende +SIGILLVM HENRICI DE STVMPENHVS. Daß es sich bei den Bärenklauen tatsächlich um das Stumpenhuser Familienwappen gehandelt hat, ergibt sich aus seinem Charakter als sogenanntes redendes Wappen (mittelhochdeutsch *stumpe* = »abgeschnittenes Glied«). Die Form des Siegels gehört in die Zeit von 1180 bis 1210. Es könnte also durchaus schon um 1180 oder 1190 für Heinrich von Stumpenhusen angefertigt worden sein.

Das literarische Leben der sogenannten mittelhochdeutschen Klassik hat die Höfe Norddeutschlands nur sporadisch erfaßt. Kein Zeugnis kündet von dem Aufenthalt eines Minnesängers an einem der vielen Bischofs- oder Grafenhöfe; kein Buch nennt das Gönnertum eines sächsischen Fürsten. Die Ausnahme bildete der Braunschweiger Hof Heinrichs des Löwen und seiner Söhne. Am Braunschweiger Hof wurde in der volkssprachigen Literatur das Mittelhochdeutsche gepflegt; Niederdeutsch wurde erst im Spätmittelalter literaturfähig.

Aus den verschiedensten Gründen ökonomischer, ständischer und sozialer Art verschwand die große Masse der edelfreien Familien Sachsens im 12. und 13. Jahrhundert. Viele werden wie die Bederkesaer ihren Stand zugunsten der

Höfische Kleidung eines Grafen mit Kopfschmuck (Schapel) im 13. Jahrhundert. Stifterfigur des Grafen Walo in der Klosterkirche zu Walsrode.

Einnahme wichtiger Ämter am Fürstenhof gewechselt haben – ein Umstand, der konkurrierenden gräflichen Territorialmächten sehr entgegenkommen mußte. Andere gingen in dem Desaster zugrunde, in das der Zweite und auch der Dritte Kreuzzug mündeten. Außerdem gab es den Fall, daß edelfreie Familien ihre Heimat verließen und im Osten ihre Stellung zu verbessern suchten. Hier ist Burchard von Oldenburg-Wildeshausen zu nennen, der Vasallengraf des livländischen Bischofs wurde, 1226/27 aber wieder in die Heimat zurückkehrte. Die Edelherren von Depenau wanderten nach Ostpreußen ab.

Anders als in Sachsen hat sich in Friesland (außer beim Bischof von Utrecht und beim Grafen von Holland) keine Ministerialität herausbilden können. Das lag zum einen am Fehlen größerer Grundherrschaften, zum anderen daran, daß – wieder Holland ausgenommen – sich keine Grafengewalt im Lande

Friesische Bauern entrichten der Münsterschen Kirche ihre Abgaben. Fresko von etwa 1250 im Dom zu Münster. Holzschnitt von 1896.

behaupten konnte. Ludwig der Fromme hatte den Landeseinwohnern 814 das angestammte »väterliche« Erbrecht (*Ius paternae hereditatis*) verliehen, das ihnen Karl der Große wegen »Treulosigkeit« genommen hatte. Die Erbfreiheit der friesischen Bauern war eine der Wurzeln der ausgeprägten antiherrschaftlichen Gesinnung, die sich durch das ganze Mittelalter hielt. Die vorhandene Schicht von Edlen erlangte keine feudale Sonderstellung. Die breite Masse der freien Bauern trug die genossenschaftlichen Aufgaben wie Landesverteidigung, Deichbau, Entwässerung und Gerichtswesen. Außerdem profitierten die Bauern besonders vom 8. bis 10. Jahrhundert vom Fernhandel, vor allem mit friesischem Tuch, hochwertigen gefärbten Geweben.

»Das ist auch Landrecht ... Nach außen sollen wir Friesen unser Land verteidigen mit drei Werkzeugen, mit dem Spaten, mit der Bahre und mit der Forke. Auch sollen wir unser Land verteidigen mit dem Schwert und Speer und dem braunen Schild wider den hohen Helm und den roten Schild und die ungerechte Herrschaft«, heißt es in den 17 Rechtssatzungen (Küren) der Friesen. Diese Bestimmung richtete sich gegen die auswärtigen Gewalten, die, wie die Billunger, Brunonen, die Grafen von Werl, von Calvelage, von Stade und von Oldenburg, Grafenrechte in Friesland innehatten und durchzusetzen versuchten.

Wir greifen als Beispiel für viele gescheiterte Unterwerfungsversuche des sächsischen Hochadels den Feldzug Heinrichs des Fetten von Northeim (1101) heraus. Er bezeichnet einen Höhepunkt, denn Kaiser Heinrich IV. hatte sämtliche friesischen Grafschaften zusammengefaßt und aus ihnen eine Markgrafschaft gebildet, die er Heinrich verlieh. Dessen Vater Otto war 1070 die bayrische Herzogswürde abgesprochen worden. Das neue friesische Reichslehen, mit dem die Grafen von Northeim wieder in den Reichsfürstenstand erhoben werden sollten, mußte freilich erst erobert werden. Der Friesenzug des frischgebackenen Markgrafen fand im Frühling des Jahres 1101 statt. Auch seine Frau, die brunonische Erbin Gertrud von Braunschweig, war mit dabei und »ist kaum entronnen« (Sächsischer Annalist). Sie war es, die den Leichnam ihres gefallenen Mannes rettete und dadurch dessen Beisetzung in der Klosterkirche Bursfelde ermöglichte. Dort ist ein prächtiger spätmittelalterlicher Sarkophag – geschmückt mit dem fingierten Sachsenroß-Wappen Heinrichs – noch heute zu sehen. Der Chronist Ekkehard von Aura weiß zu berichten, daß der Markgraf, »von gemeinen Friesen, denen das Joch seiner Herrschaft drückend war«, verfolgt, in Richtung Meer floh und dann »von Schiffern verwundet und zugleich ertränkt« worden sei. Albert Krantz teilt aus sonst nicht bekannter Überlieferung mit, daß die Reitertruppen Heinrichs »in Norden in Friesland« im Sumpf untergegangen seien, was der Landesnatur durchaus entspricht. Doch gilt die Schlacht bei Norden als ungesichert, erst durch den glücklichen Fund einer Liste von 25 adligen Personen und einigen Geistlichen, einer offensichtlichen Gefallenenliste zum Jahre 1101, ist das Ereignis wieder in das Licht der Geschichte gerückt. Auch eine alte Rechtseinrichtung, die *Theelacht* in Norden, ist wohl als »eine Art dauernd praktischen Monuments« auf die Schlacht anzusehen (J. Fr. de Vries und Th. Focken, allerdings bezogen auf einen legendären Kampf der Karolingerzeit).

Später hat auch Heinrich der Löwe vergeblich versucht, die von den Billungern ererbten Grafenrechte im östlichen Friesland wahrzunehmen. Die Zurückweisung der äußeren Eingriffe erleichterte im 12. Jahrhundert die Herausbildung autonomer Landesgemeinden, die ähnlich strukturiert waren wie die bürgerlichen Kommunen. Die von Richtern und *consules* geführten friesischen »Länder« waren so stark, daß sich selbständige Städte und ein den sächsischen Edelfreien vergleichbarer Adel nicht herausbilden konnten.

Auf den Kreuzzügen dagegen sah man friesische Bauern und sächsische Herren Seite an Seite kämpfen. Als vorwiegend westeuropäische Kreuzfahrer 1099 Jerusalem erobert und in Palästina und Syrien die »fränkischen« Kreuzfahrerstaaten gegründet hatten, griff die Kreuzzugs- und Pilgerbewegung nach Jerusalem auch auf unseren Raum über. Am *Ersten Kreuzzug* hatten bereits viele Friesen sowie ein bisher noch nicht identifizierter sächsischer Graf (*comes de Saxonia*) teilgenommen. Diese Nachricht ist nicht zufällig: Außer Friesen und sächsischen Adligen haben sich vor allem vornehme Bürger vom Kreuzzugsgedanken begeistern lassen. In manchen Familien war der Kreuzzugsgedanke besonders mächtig, so stellten die Grafen von Hallermund mehrere Kreuzfahrer, ebenso ihre Verwandten, die Grafen von Oldenburg. Hier zeichnete sich insbesondere das Haus Oldenburg-Wildeshausen aus. Graf Heinrich III. von Wildeshausen nannte seine Vogteifeste vor dem Damenstift Bassum nach dem Jerusalemer *Mons gaudii* »Freudenbarch«. Sein Bruder, der Hildesheimer Domherr Wilbrand, war an einer Rekognoszierungsreise im Auftrage Ottos IV. beteiligt und schrieb über seine Erlebnisse in Palästina, Syrien, Armenien und Cypern einen Reisebericht.

1145, vor dem *Zweiten Kreuzzug*, erklärten die norddeutschen Fürsten, lieber unter dem Kreuz gegen die Slawen kämpfen zu wollen. Um diese Stimmung zu nutzen, rief der Zisterzienserabt Bernhard von Clairvaux auch sogleich zu einem Kreuzzug gegen die »Feinde Christi« im Osten auf. Dieser sog. *Wendenkreuzzug* fand unter der Führung des Erzbischofs Adalbero von

Bremen, Heinrichs des Löwen und Albrechts des Bären statt. Am 1. August 1147 setzte das Heer, angeblich 100.000 Mann stark, über die Elbe und zog gegen Malchow, ein Teil sogar bis Stettin. Der politische Nutzen erschien schon den Zeitgenossen zweifelhaft: Die Ministerialen Heinrichs des Löwen und Albrechts des Bären äußerten freimütig Kritik am Widersinn, Land und Leute mit Krieg zu überziehen, die ihren Fürsten sonst Einnahmen brächten.

Erfolgreicher waren die seefahrenden Kreuzfahrer aus Norddeutschland, aus England und Friesland, die entlang der Atlantikküste auf die Levante zusteuerten. 164 Koggen mit 13.000 Gewappneten, die strengen Ordnungen unterworfen waren, steuerten zuerst die Wallfahrtsstätte Santiago di Compostella an und fuhren dann am 28. Juni 1147 vor der Bucht von Lissabon auf. Am 24. Oktober eroberten die Kreuzfahrer diese 200.000 Einwohner große Stadt von den Mohammedanern, wodurch sie unter die Herrschaft des Königs Alfonso I. von Portugal kam. Bei diesen Kämpfen fiel der Anführer der friesischen Kreuzfahrer, Poptet Ulvinga. Am 1. Februar 1148 stach die Armada wieder in See und erreichte wenig später Palästina.

Später haben die Kaiser Friedrich I., Heinrich VI., Otto IV. und Friedrich II. die »Befreiung« Jerusalems als eine ihrer vordringlichsten Aufgabe empfunden.

Am *Dritten Kreuzzug* von 1189 nahmen im Gefolge Friedrich Barbarossas die Grafen von Schaumburg, Oldenburg, Bentheim, Hallermund und Wöltingerode teil. Von dem kaiserlichen Heere erreichten nur 1.000 Mann Akkon, und Graf Christian von Oldenburg, der alle Schrecknisse überstanden hatte, wurde auf dem Rückweg, schon in der Heimat angekommen, auf Anstiften seines Bruder ermordet. Über Sizilien hatten unter anderem die Grafen von Wildeshausen, Poppenburg und Blankenburg Zuzug geleistet. Größere Bedeutung erlangte die diesen Kreuzzug begleitende See-Expedition sächsischer und friesischer Kreuzzugsteilnehmer und vor allem solventer Bürger aus Lübeck und Bremen. Die See-Expedition ging exakt am allgemein festgesetzten Termin, am Georgstag 1189 (23. April), mit elf Schiffen im Nordseehafen Blexen ab. »Die Bremer und das Schiffsheer traten den Weg über das Meer an« (*Bremenses et navalis exercitus per mare se moverunt*), bemerkt Abt Albert von Stade in seiner Chronik und gibt damit zugleich an, wen er als entscheidende landsmannschaftliche Kraft in dem Schiffsheer ansah.

Das Landheer war weder so pünktlich noch so erfolgreich. Es setzte sich schließlich nach achtzehntägiger Verspätung am 11. Mai von Regensburg aus schwerfällig in Bewegung – an das Desaster, in dem es endete, braucht nicht erinnert zu werden. Der gemeinsame Termin, der Tag des Kreuzfahrerheiligen Georg, beweist zusätzlich, daß die Bremer und Lübecker keineswegs in Dissonanz oder gar im Widerspruch zu den Plänen des Kaisers handelten. Auch er mußte den Nutzen einer Flotte (*navalis exercitus*) erkennen, sei es, daß er sie gegen Byzanz einzusetzen gedachte, sei es auch nur, daß es um die Verwendbarkeit des Schiffsholzes für schweres Kriegsgerät ging. Überhaupt »waren denn auch, wo die Städter auftraten, Pionierarbeiten, Schanzenbau, Unterminierungen und Errichtung von Belagerungsmaschinen möglich«, so daß ihr planmäßiges und kenntnisreiches Auftreten »zu den ständigen Erfolgen der Städter überall da, wo sie eingesetzt wurden, beigetragen hat« (Friedrich Kurth).

Die Bremer und Lübecker wurden vom portugiesischen König für eine Expedition gegen die Mauren gewonnen, als sie Anfang Juli zusammen mit 24 weiteren Kreuzfahrerschiffen aus England und Flandern in der Mündung des Tejo zusammentrafen. Am 3. September nahmen sie die Stadt Silves ein, sodann auch Albufeira. Am 27. September plünderten sie Cádiz, passierten am 29. September die Meerenge von Gibraltar und erreichten am 17. Oktober Marseille. Wann sie in Akkon anlangten, wissen wir nicht, da unser Gewährsmann, der geistliche (vielleicht Stader) Autor einer *Narratio itineris navalis ad Terram sanctam* seinen tagebuchartigen Bericht in Marseille abbrach.

Was dann weiter in Akkon geschah, berichtet die »Erzählung über die Anfänge des Ordens der Deutschen« (*Narratio de primordiis ordinis Theutonici*), ein bald nach 1244 niedergeschriebener knapper Gründungsbericht des Deutschen Ordens: Männer aus Bremen und Lübeck hätten im Jahre 1190, während der Belagerung von Akkon, auf dem Kirchhof von St. Nikolai aus dem Segel einer Kogge ein Zeltspital zur Pflege der Kranken errichtet. Bevor sie dann nach der Ankunft des Herzogs Friedrich von Schwaben in ihre Heimat zurückgekehrt seien, hätten sie das Spital auf Anregung des Herzogs und anderer Edler des Heeres samt Spenden und Zubehör an Konrad, Kaplan, und Burchard, Kämmerer des Herzogs, übertragen. Diese beiden entsagten der Welt und nannten die Einrichtung in Erwartung der Rückeroberung der Heiligen Stadt »St. Marien Hospital der Deutschen zu Jerusalem«. Damals seien sie ohne Besitz oder Ländereien gewesen. Herzog Friedrich erbat bei Heinrich VI. brieflich, daß dieser die päpstliche Bestätigung erwirken möge. Unterdessen verpflichteten sich einige Männer als Professen, das heißt, sie legten Gelübde ab. Dann kauften sie nach der Eroberung Akkons einen Garten vor dem Nikolaustore innerhalb der Stadtmauern, wo Kirche und Hospital errichtet wurden. Zu dieser Zeit hatte ein Kleriker die Leitung des Hauses. In der Kirche sei Herzog Friedrich seinem Wunsche gemäß begraben worden.

Die Hauptpersonen waren *quidam viri de civitatibus Brema et Lubeck*, auch als *cives Bremenses et Lubecenses* bezeichnet. Ministerialen, *burgenses* und *cives* sind in den Königsstädten der Zeit synonyme Begriffe. Es gibt also keine soziale Trennung zwischen den Ministerialen und jenen Bürgern, die zählen, den reichen Fernkaufleuten. Das bedeutet also, daß mindestens unter den Bremern sowohl Ministerialen als auch Personen »bürgerlicher« Gewerbe gewesen sein dürften. Doch auch Ministerialen waren zunehmend als Handeltreibende tätig. Dieses Bild widerspiegeln auch die aus Bremen überlieferten Kreuzfahrernamen. Dort sind Kreuzfahrer ministerialer Herkunft breit vertreten (*von Verden*, *von Bücken*, *von Haren*, *von Weyhe*), die durchaus als

Fernkaufleute Gewinn gemacht haben können, da jeder jährlich über mindestens 200 Bremer Silbermark verfügt haben soll. Aus Lübeck gibt der Zuname *von dem Wessele* einen Hinweis auf ein sehr liquides Gewerbe, den Wechsel, also das Bankwesen des Mittelalters.

Heinrich VI. wollte das gescheiterte Vorhaben seines Vaters zum Erfolg führen und rüstete in Sizilien ein bedeutendes Heer aus, das 1197 unter Führung seines Hofkanzlers, des Hildesheimer Bischofs Konrad, aufbrach. Teilnehmer waren außer den Bischöfen Gardolf von Halberstadt und Rudolf von Verden Graf Adolf III. von Schaumburg sowie die Grafen von Lauterberg-Scharzfeld und Wildeshausen und andere. Bei der Belagerung von Torun taten sich Goslarer Bergleute hervor, indem sie den Felsen der Festung unterminierten.

Auch der Kreuzzug Heinrichs VI. wurde von einer Schiffsexpedition begleitet. Die Flotte bestand aus 44 Koggen, die von einem nicht genannten norddeutschen Hafen abgelegt und sich unterwegs in die portugiesische *Reconquista* eingemischt hatten. Aber es ist weniger dieses Zwischenspiel – mit Hilfe der Armada eroberte König Sancho von Portugal die almohadische Stadt Silves – als das Zustandekommen des maritimen Zweiges, der weit über die Kreuzzugsgeschichte hinaus Interesse beanspruchen kann. Es wird uns nämlich berichtet, daß die *Saxones* der vom Kaiser vorgeschriebenen Kreuzzugsroute über die Alpen widersprochen hätten. Wenn man dann weiter erfährt, daß der älteste Sohn Heinrichs des Löwen, Pfalzgraf Heinrich, und Erzbischof Hartwig von Bremen, ein ehemaliger Notar des Sachsenherzogs, zu den Teilnehmern des Schiffszuges gehörten, dann wird die Verknüpfung dieser Sonderexpedition mit der politischen Situation in Norddeutschland klar. War es wegen der Zustimmung Heinrichs VI. zur Nachfolge des jungen Welfen in der Pfalz auch vorläufig zu einem Frieden gekommen, die staufisch-welfischen Interessengegensätze blieben bestehen.

Zur selben Zeit setzten mit jährlicher Regelmäßigkeit die Kreuzzüge niederdeutscher, besonders bremischer und westfälischer Kleriker und Ministerialen nach Livland ein.

Der Welfe Otto IV. hatte im Anschluß an seine Kaiserkrönung zu Rom (5. Oktober 1209) in der Stille das Kreuz genommen. Damals muß der Romgedanke übermächtig vor seine Seele getreten sein, der Gedanke von dem heiligen römischen Reich in der Nachfolge der weltbeherrschenden Cäsaren, die von Gott eingesetzt waren, die Christenheit zu beschirmen und die Heiden zu bekehren. Wie Otto in seiner Lebensrückschau selbst bezeugte, nahm er aus Dank für die neugewonnene Würde und sicherlich auch unter dem Eindruck der feierlichen Stunde das Kreuz. Noch in Deutschland hatte er auf dem Hoftag zu Würzburg feierlich die Stiftung eines Zisterzienserklosters versprochen, hatten doch die dort versammelten Zisterzienseräbte ihn zum Kreuzzug aufgefordert – beides als Sühneleistung dafür, daß die geplante Ehe mit Beatrix von Staufen wegen zu naher Verwandtschaft nach Kirchenrecht unzulässig war. Der vom Kaiser nunmehr vorbereitete Kreuzzug erscheint als folgerichtige

Konsequenz nicht nur seiner gesamten imperialen Politik, sondern auch eines eschatologisch gefärbten Weltkaiser-Gedankens. Damals wurden Schalen mit dem Bild des Kaisers hergestellt, deren Inschrift verkündete: »Jerusalem, eine Vision des Friedens«! Von den Vorbereitungen berichtet uns der erwähnte Reisebericht Wilbrands von Oldenburg genaueres. Daß es zu dem Unternehmen nicht mehr kam, hat Otto IV. auf dem Sterbelager diabolischen Einflüssen zugeschrieben.

Am Kreuzzug von Ottos Nachfolger Friedrich II. haben aus Niedersachsen – soweit bekannt ist – nur noch Graf Heinrich von Stolberg und Vogt Gottfried von Stade sowie namentlich nicht genannte Kreuzfahrer aus Stedingen teilgenommen.

Weder beim *Vierten Kreuzzug*, der zur Eroberung von Konstantinopel führte, noch beim *Fünften* und *Sechsten Kreuzzug* waren Ritter aus dem späteren Niedersachsen dabei. Nur ein friesisches Aufgebot begab sich auf 50 Koggen 1270 zunächst nach Tunis, dann nach Akkon. Und ebenfalls ein großes friesisches Kreuzzugsheer, das 1247 für den Fünften Kreuzzug Ludwigs des Heiligen aufgeboten worden war, wurde vom Papst umgelenkt und griff in die Kämpfe gegen die Staufer ein. Zugunsten des päpstlichen Gegenkönigs Wilhelm von Holland nahmen die Friesen an der Belagerung der staufisch gesonnenen Stadt Aachen teil und zogen nach deren Eroberung und nach der Krönung Wilhelms im Herbst 1248 wieder heim. Mit dem Fall Akkons 1291 endete die Kreuzzugsbewegung nach Palästina.

Neben den Unternehmungen der Kaiser und Könige hat es zahlreiche Pilgerfahrten einzelner weltlicher und geistlicher Fürsten gegeben, unter denen der exzellent geplante und durchgeführte Zug Heinrichs des Löwen hervorsticht, über den an anderer Stelle zu sprechen sein wird.

Von Lothar III. von Süpplingenburg bis zu Heinrich dem Löwen

Bernd Ulrich Hucker

Als die Billunger 1106 mit Magnus im Mannesstamm ausstarben, brachten dessen Töchter Wulfhild und Eilika ihren Ehemännern den Anspruch auf das erledigte sächsische Herzogtum mit in die Ehe. »Die natürliche Folge war die politische Rivalität der beiden Schwäger« (Albert von Hofmann), nämlich Heinrichs des Schwarzen von Bayern, den Wulfhild, und des Askaniers Otto von Ballenstedt, den Eilika geheiratet hatte. Das wurde bereits Anfang 1112 deutlich, als Kaiser Heinrich V. Lothar von Süpplingenburg als Herzog absetzte und an seiner Stelle Otto von Askanien das Amt übertrug. Doch wurde Lothar bereits im Juni wieder eingesetzt.

Das Gleichgewicht zwischen den beiden von ihnen repräsentierten Familien, den Welfen und den Askaniern wurde dann dadurch gestört, daß Herzog Heinrichs gleichnamiger Sohn 1127 die einzige Tochter Lothars, des Kaisers und Herzogs, heiratete und dadurch nicht nur Inhaber des billungischen Teilerbes, sondern auch der geballten northeimischen, brunonischen und süpplingenburgischen Güter wurde. Doch verschob sich dieses Ungleichgewicht in dem Moment wieder zugunsten der Askanier, als Heinrich der Stolze starb und sein Rivale Albrecht der Bär, der Sohn Ottos von Ballenstedt, nur noch mit dem unmündigen Sohn des Welfen Heinrich, zu tun hatte.

Heinrich der Stolze war der Nutznießer der Thronerhebung Lothars III. von 1125, denn nicht nur rückte er zum wichtigsten Berater seines kaiserlichen Schwiegervaters auf, sondern gewann neben der Verwaltung des Herzogtums Sachsen (seit 1126), wo ihm seine billungische Mutter beachtlichen Erbbesitz im Lüneburgischen und Bremischen zugebracht hatte, auch die Anwartschaft auf das brunonisch-katlenburgische Erbe der Süpplingenburger. Wichtiger als all das war der Vorrang in der Nachfolge Lothars III., die nach menschlichem Ermessen nur ihm zufallen konnte. Doch der staatsstreichartig zur Königswürde gelangte Staufer Konrad III. ächtete Heinrich, weil er ihm die Reichsinsignien nicht aushändigen wollte, und entzog ihm, nachdem er die Beschränkung auf ein Herzogtum nicht akzeptieren wollte, die Herzogtümer Bayern und Sachsen. Was aus staufischer Sicht als Korrektur der Wahlausgangs von 1125 galt, war für den Schwiegersohn des verstorbenen Kaisers schreiendes Unrecht. Nimmt man die dunklen Andeutungen der Chronisten zusammen mit der verschlüsselten Aussage des welfisch-staufischen Epos Reinhart Fuchs, dann ist der 1139 erfolgte Tod Heinrichs des Stolzen darauf zurückzuführen, daß der in seinen politischen Hoffnungen Betrogene selbst Hand an sich gelegt hat.

Unter dem Süpplingenburger bahnte sich bereits der erdrückende Einfluß der herzoglichen Gewalt an, denn Lothar war seit seinen Jünglingsjahren Hochvogt der Bremer Kirche. Nach dem Tode Heinrichs des Stolzen (20. Oktober 1139) rückte Albrecht der Bär, den König Konrad III. im Jahr zuvor in die Herzogswürde eingesetzt hatte, zur Marktzeit nach Bremen ein, »wo er einen Tag halten wollte« (Annalista Saxo), um sich des Herzogtums zu bemächtigen. Doch konnte er in Bremen nur knapp der Gefangennahme durch seine Gegner entkommen, die sogar die Burg Anhalt eroberten und zerstörten. Albrecht verließ Sachsen und verzichtete 1141 auf seine Ansprüche.

Für lange Zeit wurde nun die Konkurrenz zwischen Welfen und Askaniern bestimmend für die Geschichte des Landes. So lange es nicht zum militärischen Konflikt kam, suchte jede der Parteien sich durch Expansion in den slawischen Raum zu stärken. Die Askanier bauten die Ostmark zu einem bedeutenden Reichsfürstentum aus, der Mark Brandenburg, wie sie seit 1157 hieß. Heinrich der Löwe übertrug den von ihm abhängigen Grafen von Holstein, Ratzeburg und Schwerin markgrafenähnliche Funktionen. Diese Grafschaften bildeten mit den drei »Wendenbistümern« Lübeck, Ratzeburg und Schwerin die Grundlage für den nordalbingisch-slawischen Herrschaftsbereich Heinichs.

Die Northeimer Grafen erlebten ihre bedeutendste Zeit unter Otto († 1083) und Heinrich dem Fetten († 1101). Otto war zeitweise Herzog von Bayern, Heinrich fiel, wie wir schon gehört hatten, als Markgraf von Friesland. Die Erbtochter Heinrichs war Richenza, die 1100 Lothar von Süpplingenburg geheiratet hatte. Heinrichs Sohn Siegfried, der sich nach der nordhessischen Feste Boyneburg nannte, konnte den reichsfürstlichen Stand seines Vaters und seines Großvaters nicht wiedererlangen. Als er 1144 starb, erwarb Graf Hermann von Winzenburg den größten Teil des Erbes der Northeimer Grafen durch Kauf und erlangte von Konrad III. deren Reichslehen. Im Januar 1152 wurde Hermann von einigen seiner Ministerialen zusammen mit seiner Frau Liutgard von Stade ermordet. Friedrich I. sprach das Winzenburg-Northeimer Erbe, auf das auch Albrecht der Bär Ansprüche erhob, schon im Oktober Heinrich dem Löwen zu.

Neben den drei Hochadelsfamilien der Welfen, Askanier und Northeimer spielten die Udonen (Grafen von Stade), die lange Zeit auch Markgrafen der Nordmark waren und reichen Besitz um Stade und an der mittleren Elbe hatten, noch eine große politische Rolle. Freilich war Markgraf Rudolf II. 1144 von Dithmarscher Bauern erschlagen worden, und seine Mutter Richardis sowie sein geistlich gewordener Bruder Hartwig und die noch junge Schwester Richardis mußten nun die Interessen des Hauses vertreten. Der Magdeburger Domherr Hartwig ist spätestens 1144 auch als Bremer Dompropst nachweisbar. Ihm gelang es, noch im Todesjahr seines Bruders von Konrad III. in das Erbe eingesetzt zu werden. Die Reichslehen und Grafenämter erhielt Pfalzgraf Friedrich von Sommerschenburg. Man fragt sich, warum Hartwig nicht den geistlichen Stand verlassen und – wie es in ähnlich gelagerten Fällen geschehen

Wachssiegel König Lothars III.

ist – geheiratet hat. Wahrscheinlich zog er es vor, seine ehrgeizigen Pläne zu verwirklichen, die sich auf ein Bischofsamt richteten. Tatsächlich gelang es ihm 1148, sich bei der zunächst strittigen Bremer Bischofswahl gegen den vom König favorisierten Abt Wibald von Corvey durchzusetzen. Die Bremer werden durch die Aussicht auf das Stader Erbe für Hartwig eingenommen worden sein. So war der neue Erzbischof bis zu seinem Tode 1167 zugleich Inhaber der Grafschaft Stade, wenn deren Besitzstücke ihm auch mit wechselndem Erfolg von Heinrich dem Löwen streitig gemacht wurden. Langfristig sollte es der Bremer Kirche dennoch gelingen, das Erbe der Udonen zu behaupten.

Um welchen Preis das geschah, zeigt die Geschichte einer Frauenfreundschaft: Am 29. Oktober 1152 war in der Abtei des uralten Damenstifts Bassum Hartwigs Schwester, die Äbtissin Richardis, gestorben. An das Sterbelager der 28jährigen waren ihr Bruder und viele andere geeilt, Kanonissen, Priester, Stiftsherren, Ministerialen. Sie legte die Beichte ab und empfing die Sterbesakramente. Sie bereute ihren Fortgang und den Kummer, den sie ihrer Meisterin, Hildegard von Bingen, bereitet hatte. Sie war nicht vor allzu langer Zeit vom Konvent zu Bassum gewählt worden, hatte sich aber gerade aufgrund der vom Papst erwirkten Genehmigung zur Rückkehr in das Kloster Rupertsberg entschlossen. Richardis von Stade war zuvor die engste Mitarbeiterin Hildegards. Diese erinnerte sich später: »Als ich das Buch Scivias schrieb, war meine engste Vertraute eine adlige Dame, Tochter der genannten Markgräfin, die mir in voller Liebe zugetan war, so wie Paulus dem Timotheus. Sie hatte sich mir in allem durch liebende Freundschaft verbunden und litt in meinen Leiden mit mir, bis ich das Buch vollendet hatte. Aber später wandte sie sich wegen ihrer edlen Herkunft einer höheren Stellung zu: Sie wollte Vorsteherin eines vornehmen Klosters genannt werden. Dies erstrebte sie nicht im Sinne Gottes, sondern im Sinne weltlicher Ehrsucht. Nachdem sie sich von mir getrennt hatte, verstarb sie bald darauf als Äbtissin in einer von hier weit entfernten Gegend«. Hinter diesen knappen Worten verbirgt sich das dramatische Ende einer engen Freundschaft und zugleich das soziale Spannungsverhältnis, in das Hildegard geraten war: Indem sie »adlig« gegen unfrei, zugleich ministerial und bürgerlich abgrenzte, unterlag sie einer Fehleinschätzung der gesellschaftlichen Realitäten. Inzwischen war die Kluft zwischen dem fürstlichen Adel und der breiten Schicht der kleinen Edelfreien viel tiefer geworden als die zwischen diesen und der Ministerialität.

Hildegard hatte eben ihr Buch »Wisse die Wege« (*Liber Scivias*) beendet, als Richardis auf Betreiben ihres Bruders Hartwig die Wahl zur Äbtissin von Bassum annahm. Eine Gesandtschaft von Geistlichen erschien beim Mainzer Erzbischof, um Richardis nach Sachsen zu bringen. Die Wahl kam nicht von ungefähr: Zum einen lag sie wegen der Abstammung der Stader Grafentochter als Nachfahrin der Stiftsgründer nahe, zum anderen war es für Hartwig wichtig, im Kampf gegen seinen Hauptwidersacher, Heinrich den Löwen, jede wichtige Position zu besetzen. Doch auch die junge Nonne selbst war ja der hohen Ehre nicht abgeneigt, wie Hildegard bezeugte. Hildegard hatte in einer Vision erkannt, daß alles gegen den Willen Gottes sei, der Richardis weder erwählt noch eingesetzt habe. Sie beschuldigte deren Verwandte der Simonie, des Ämterkaufs; unterstellte also, die Wahlstimmen seien gekauft. Daß sie damit nicht einmal so falsch lag, geht aus Hartwigs eigenem Bekunden, er habe Richardis die Würde verschafft, hervor.

Nun verweigerte Hildegard die für die Übernahme des Amtes notwendige Zustimmung. Richardis wäre wohl für immer in Rupertsberg geblieben, wenn sich die Bassumer nicht zu einem Gewaltakt entschlossen hätten. Mit Billigung des Mainzer Oberhirten beauftragten sie jemanden – Hildegard nennt ihn einen »entsetzlichen Menschen« –, die Nonne kurzerhand zu entführen. Nachdem Richardis nach Bassum übergesiedelt war, versuchte Hildegard, durch eine ausgedehnte Korrespondenz die Rückkehr ihrer Mitarbeiterin zu bewirken. Als alles nichts half, wandte sie sich an Papst Eugen III. Der beschied sie jedoch, daß die Schwester in Bassum ihre Regel genau beachten solle. Nur wenn dies unmöglich sein sollte, habe sie unter Hildegards Aufsicht zurückzukehren.

Die unglückliche Richardis von Stade war in gewisser Weise die zweite Dichterin nach Hrotsvith von Gandersheim, denn sie war ab 1141 an der Niederschrift des *Liber Scivias* beteiligt. Sie, »ein adliges Mädchen von guten

Sitten«, schrieb zusammen mit einem Mönch nieder, was Hildegard in Visionen geschaut hatte. Es gab nur Entwürfe auf Wachstafeln. Zum Schluß wurden von allen gemeinsam Korrekturen vorgenommen. Hildegard selbst gab auch das Aussehen der beigefügten Miniaturen vor. Über das Schicksal ihrer Schülerin hatte Hildegard schon vor ihrem Tode eine Vision: Eingereiht in die hochheilige Ständeordnung, habe es von Richardis geheißen »O Jungfräulichkeit, du stehst im königlichen Brautgemach«. Diese Gemeinschaft der Heiligen wird im Buch auch illustriert: Priester, gottgeweihte Jungfrauen und christliche Laien versammeln sich um die Braut Christi, die Kirche. Die tiefe Kluft, die durch die aktuelle Politik und die fürstliche Herkunft der Schülerin aufgerissen worden war, erscheint versöhnt, Richardis eingereiht in den ideellen Ordo der Visionärin.

Ähnlich wie die Habsburger vor König Rudolf waren auch die Grafen von Süpplingenburg nicht so unbedeutend, wie man lange Zeit geglaubt hat. Ihre Burg westlich von Helmstedt, an der Schunter, einem Nebenfluß der Oker, besaß eine exponierte strategische Position, denn sie beherrschte nicht nur den West-Ost-Paß zwischen Elm und Dorm, sondern auch den Durchgang nach Norden zwischen Dorm und Lappwald. In der zweiten Hälfte des 11. Jahrhunderts stellte die Familie zwei hohe Geistliche, Richbert wurde Verdener († 1076), Thietmar Halberstädter Bischof († 1089). Lothar hatte sich im Jahre 1100 durch die Heirat mit Richenza von Northeim in den Besitz von brunonischen und northeimischen Erbgütern gesetzt. Die Bedeutung dieses Erbes, das sich unmittelbar an die Elm- und Lappwald-Pässe anschloß, wird auch dadurch deutlich, daß der Herzog jetzt an die Oker herabzog und in Braunschweig seinen Sitz aufschlug. 1116 beerbte Lothar ferner seine Großmutter, die Gräfin Gertrud von Haldensleben, im Jahr darauf gemeinsam mit seiner Frau deren Mutter Gertrud, die letzte Brunonin, die zugleich das Erbe der Grafen von Katlenburg auf ihn brachte. Daneben besaß er, wie erwähnt, die Hochvogtei im Erzstift Bremen und die Amtsnachfolge in den Grafschaften und Klostervogteien der 1106 ausgestorbenen Billunger. Deren Erbgut jedoch war über die beiden Erbtöchter an Herzog Heinrich den Schwarzen von Bayern und an den Grafen Otto von Askanien bzw., da dieser schon 1123 verstorben war, an dessen Sohn Albrecht den Bären gelangt.

Lothar III. ist »gerade auch in seiner Italien- und Kirchenpolitik zu den bedeutenden, auch im Westen Europas anerkannten Kaisergestalten« zu zählen (Wolfgang Petke). Seine Königserhebung war nicht in erster Linie ein Werk des Erzbischofs Adalbert von Mainz, dem Führer der kirchlichen Reformpartei und alten Bundesgenossen der sächsischen Fürstenopposition, denn Adalbert hatte sich wegen territorialer Gegensätze 1123 und 1124 mit Lothar zerstritten. Es ging vielmehr darum, das Wahlprinzip gegen das Erbprinzip zu behaupten. Für das Erbprinzip stand der Schwager des letzten Kaisers und Erbe der Salier, Friedrich von Staufen. Lothar war dem Mainzer und anderen Fürsten sicher genausowenig genehm wie Friedrich. Wählte man ihn, hatte man wenigstens das Wahlprinzip durchgesetzt. Außerdem verbürgte seine Person auch die künftige hohe Bedeutung der Königswahl, denn Lothar war schon 50 Jahre alt und hatte keinen männlichen Erben, würde mit großer Wahrscheinlichkeit auch keinen mehr haben. Eine wichtige Vorentscheidung war außerdem die Verlobung der einzigen Tochter Lothars, Gertrud, mit dem Sohn des Bayernherzogs. Dadurch wurde der Welfe Heinrich der Schwarze auf die Seite Lothars gezogen. Dessen Sohn, Heinrich der Stolze, rückte zum potentiellen Nachfolger Lothars auf, nachdem er von seinem Vater nicht nur die alten welfischen Hausbesitzungen in Oberschwaben und Bayern, sondern auch die Hälfte des billungischen Besitzes erben sollte – die Welfen betreten erstmals die Bühne der niedersächsischen Geschichte!

Da Herzog Welf V. der Dicke keine Söhne hatte, ging die bayrische Herzogswürde und das Erbgut in Oberschwaben 1120 an seinen Bruder Heinrich den Schwarzen (1120-1126) über. Hatte der feierliche Tag der Erhebung der Gebeine des Heiligen Konrad von Konstanz 1123 den Herzog noch einträchtig zusammen mit seinen beiden Schwiegersöhnen Bertold von Zähringen und Friedrich von Staufen gesehen, so resultierte aus der welfisch-sächsischen Wahlpolitik nach dem Tode des letzten Saliers ein dramatischer Konflikt. Da der Kandidatur Friedrichs von Staufen durch die Vereinbarungen der Boden entzogen wurde und er überdies der Reichsacht verfiel, sah Heinrich vor dem nun ausbrechenden Konflikt keinen anderen Ausweg, als sich in das Kloster Weingarten zurückzuziehen und das Erbe seinem gleichnamigen Sohn, dem Schwiegersohn des neuen Königs, zu überlassen.

Indessen wurde Lothar am 13. September 1125 im Aachener Münster feierlich zum deutschen König gekrönt. Im Mittelpunkt des Zeremoniells stand die Übergabe von Schwert und Zepter sowie die Bekleidung mit königlichem Pallium, Armillen und Ring. Dazu wird aus dem Krönungsordo gesprochen: »Du bist selber mein König und mein Gott – empfange den Ring der königlichen Würde ...«. Den damals erhaltenen Ring, der nie getragen wurde, hat Lothar sich mit ins Grab geben lassen, wo er bis heute erhalten blieb. Es ist ein Silberring mit elf Feldern, der auf je drei Feldern drei hebräische, griechische und lateinische Buchstaben aufweist, die in den drei Sprachen der Bibel (Altes und Neues Testament, Vulgata) drei Inschriften in Abkürzungen wiedergeben. Die hebräischen Buchstaben *Mem He Mem* ergeben *Melech HaMaschiach*, »König ist der Messias«; die griechischen Buchstaben markieren den Anfang und das Ende des Alphabets, *a* und *o*, Alpha und Omega, sie beziehen sich auf die Apokalypse des Johannes und symbolisieren die Weltherrschaft Christi. Das lateinische *DER* steht für DEUS ES/ET REX. Sogar die elfteilige Form hat zusammen mit dem zweimaligen *I+* auf dem 10. und 11. Feld ihre Bedeutung, die einen persönlich-biographischen Bezug aufweist. Die Zahl 11 bezeichnete den letzten Lebensabschnitt eines Menschen gemäß Matth. 20,1-16, wo die Arbeiter zu verschiedenen Stunden im Weinberg des Herrn angestellt werden. Der letzte kommt zur elften Stunde und erhält trotzdem denselben Lohn wie die anderen.

Dieser ewige Lohn für alle wird durch das *I+*, den einen Denar der Auslegung durch die Kirchenväter, dargestellt (Andrea Boockmann).

Herzogliche und königliche Politik verquicken sich auf Jahre: Was Lothar in Nordalbingien und in der Ostmark initiierte, war für die Entwicklung Sachsens ebenso wichtig wie für die deutsche Geschichte. Schon 1110/11 hatte er in Nordalbingien den Grafen Adolf I. von Schaumburg eingesetzt, 1123 Konrad von Wettin mit der Mark Meißen und später den Askanier Albrecht mit der Niederlausitz und der Nordmark belehnt. Außerdem unterstützte der Kaiser die Primatsbestrebungen des Bremer Erzbischofs Adalbero und die Mission Vizelins in den slawischen Gebieten nördlich der Elbe. Für die Salierzeit hat Peter Johanek herausgearbeitet, daß der Erzbischof von Hamburg-Bremen aufgrund seiner nordischen Legation »als der geborene Helfer des deutschen Herrschers in dessen nordischer Politik« gelten konnte, was die Königsnähe der damaligen Erzbischöfe festigte und worauf sich überhaupt die besondere Stellung des Erzbistums im Reich gründete. Als dann das ehemalige Suffraganbistum Lund 1103 zum Erzbistum erhoben wurde, war »im Grunde der Eckstein, der die politischen Kräfte von Königtum und Erzbischof miteinander verfugte, herausgebrochen«. Die skandinavische Aufgabe (*legatio*) des Erzbischofs blieb jedoch nicht die einzige Grundlage von dessen Königsnähe – denn alsbald nahm die Bremer Kirche neue Aufgaben im obotritischen Raum und gegen Ende des Jahrhunderts auch im Ostbaltikum in Angriff, die jenen »Eckstein« tragfähig erneuerten.

Erzbischof Adalbero versuchte mit Hilfe von Diplomatie und Fälschungen vergeblich, den Primat der Bremer Kirche in Skandinavien zu retten. Er tat dies auf dem Hintergrund der dänischen Politik Lothars III. Zwei Jahre nach dessen Tod, im April 1139, erhob der Erzbischof in Rom noch einmal vergeblich Einspruch gegen die Loslösung der skandinavischen Kirche. Damit war dieses Kapitel jedoch endgültig abgeschlossen – mit der Einsetzung des Obotriten-»Apostels« Vizelin 1122 war ein neues aufgeschlagen worden.

Worin bestand der Ertrag der Regierung Lothars III.? Bis 1125 gelang ihm ein so kräftiger Ausbau der herzoglichen Herrschaft in Sachsen, daß er sogar Grafen und Markgrafen selbständig einzusetzen vermochte. Als König hat er zwar »das Ansehen und die Integrationskraft des Königtums auf veränderter Basis wiederhergestellt«, doch blieb das Selbstverständnis seiner Herrschaft dennoch sehr traditionsgebunden und war dem Sakralkönigtum ottonisch-salischer Zeit immer noch verpflichtet (Johannes Laudage) – auf die Ergebnisse seiner Italien- und Kirchenpolitik näher einzugehen, ist hier nicht der Ort. Durch seine Verbindung mit der Northeimerin Richenza und der seiner Tochter mit den Welfen hat er überdies eine neue dynastische Machtkonzentration in Sachsen und Süddeutschland angebahnt. Zu Lothars Herrschaftsleistungen gehörte ferner eine Verfassungsneuerung, mit der er die Befugnisse der Herzöge einzuschränken suchte: 1130 setzte er Ludwig I. als »Landgrafen« (*comes provincialis*) von Thüringen ein und initiierte damit die Entstehung eines neuen

1

2

3

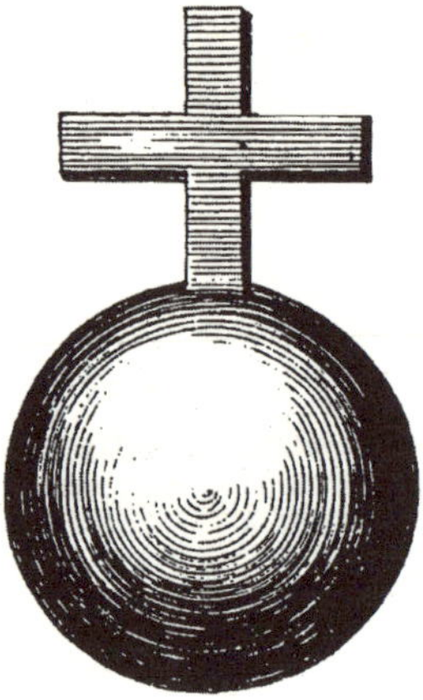

4

5

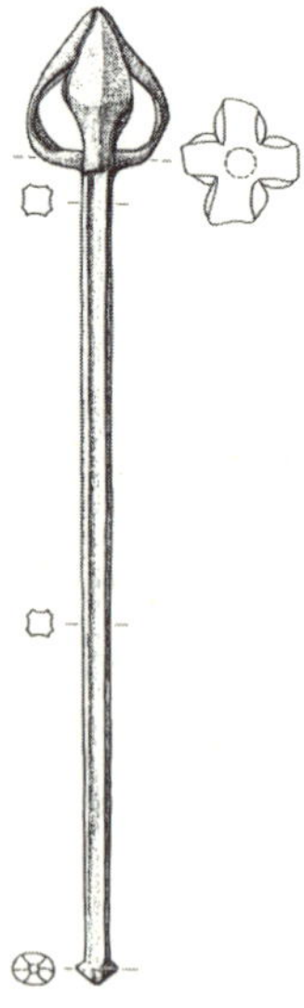

6

7 8

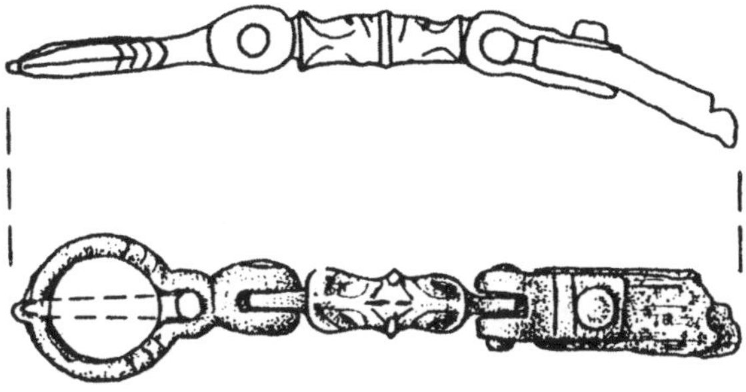

9

Ausgewählte Beigaben aus der Bestattung Kaiser Lothars III. († 1137) in der Benediktiner-Abteikirche St. Peter und Paul in Königslutter, Landkreis Helmstedt. Aus der 1620 geöffneten teilzerstörten Beisetzung überlieferten sich in Abbildungen aus dem 17./18. Jahrhundert Kelch (1), Patene (2) und Grabkrone (3). Die schlichte Nachbildung des Reichsapfels (4) aus Blei befindet sich heute im Herzog Anton Ulrich-Museum in Braunschweig. Im Rahmen der Untersuchungen und Dokumentationen zur Grablege im Jahre 1978 durch die Archäologische Denkmalpflege konnten als Grabinsignien noch die Bleikrone (5) der Kaiserin Richenza († 1141) sowie das Bleizepter Lothars (6) geborgen werden. An persönlichen Gegenständen fanden sich im Sarkophag unter den Resten der Bestattung des Kaisers ein goldener Thebalring (7) und ein elfeckiger Silberring (8) mit gravierten Inschriften neben einer vergoldeten Riemenschnalle (9) aus Bronze des rechten Sporns. Diese Grabbeigaben sind im Braunschweigischen Landesmuseum zu besichtigen (Hartmut Rötting).

reichsfürstlichen Amtes, das nicht mehr »auf der Herrschaft über Grundbesitz, sondern auf der reinen Hoheit über ein Land beruhte« (K.-H. Blaschke). Bald darauf entstanden auch Landgrafschaften im Elsaß und im Sundgau, die den Grafen von Habsburg übertragen wurden. Es ist ferner möglich, daß die Einführung einer neuen Münztechnik in den Grafschaften und Abteien am Harz, die Prägung von *Brakteaten*, anstelle der immer dünner werdenden doppelseitig geprägten Silberpfennige, auf seine Initiative zurückgeht. Solche einseitig geprägten Münzen fielen dünner und großflächiger aus und ließen dadurch reichhaltigere Münzbilder zu.

Lothar und Richenza wurden in Königslutter, dessen Klosterkirche er ab 1135 zur Grablege ausbauen ließ, beigesetzt. Bei der Beerdigung »befolgte man nicht nur die tradionelle Form der Kaiserbestattung, sondern würdigte auch Person und Lebenswerk des Verstorbenen«, wobei insbesondere auf seine späte Berufung (»zur 11. Stunde«) hingewiesen wurde (Andrea Boockmann). 1602 wurde der Sarkophag geöffnet. Man fand neben einer bleiernen Inschrifttafel folgende Grabbeigaben: ein Schwert, einen vergoldeten bleiernen Reichsapfel, Sporen, Mantel- und Stiefelreste, Kelch und Patene. Später wurden noch die Grabkrone der Kaiserin, ein Bleizepter und je ein Gold- und Silberring gefunden. Einem davon, ein Thebalring, schrieben die Zeitgenossen magische Wirkungen zu, der andere geht, wie erwähnt, auf die Königsweihe zurück. Die Inschrift auf der Tafel lautete: »Lothar, von Gottes Gnaden erhabener Kaiser der Römer, regierte zwölf Jahre, drei Monate und 12 Tage. Er starb aber an den zweiten Nonen des Dezembers als ein überaus getreuer, aufrichtiger, beständiger und friedensstiftender Mann, als unerschrockener Ritter, auf der Rückkehr aus Apulien, wo er die Sarazenen zugrundegerichtet und vertrieben hatte«. Die Inschrift stellt uns den Kaiser nicht nur als theokratischen Herrscher, als frommen Christen und Ritter dar (Johannes Laudage), sondern auch als Heidenkämpfer – ein Zug, der für die Staufer oder auch Lothars Urenkel Otto IV. signifikant sein sollte, vor dem Kreuzzug Konrads III. für einen Kaiser aber noch nicht selbstverständlich war.

Heinrich der Löwe wurde vermutlich 1130 oder kurz darauf geboren. Als er sieben Jahre alt war, starb sein kaiserlicher Großvater, mit neun war er Halbwaise und ganz auf seine Mutter Gertrud angewiesen, die zusammen mit ihrem Schwager, Herzog Welf VI., versuchte, das Welfenerbe zu behaupten. Im Mai 1142 hatte König Konrad III. ihn – wohl gemeinsam mit seiner Mutter – mit dem Herzogtum Sachsen belehnt, während der Babenberger Heinrich Jasomirgott in Österreich bestätigt wurde und Bayern erhielt. Eine Absprache dürfte die Heirat Gertruds mit dem neuen Bayernherzog mit umschlossen haben. Gertrud starb am 18. April 1143 infolge einer Frühgeburt in Bayern. Bis dahin hatte sie gemeinsam mit ihrem Sohn in Sachsen regiert, der nun auf sich selbst gestellt war, aber sich auf verläßliche Männer seines Hofes stützen konnte: die Kapläne Gerold und Balduin, den Vogt Ludolf von Braunschweig sowie die Grafen von Regenstein-Blankenburg und Wöltingerode. Dazu bildete er eine

Bleierne Schrifttafel neben dem Reichsapfel aus dem Grab Lothars III. († 1137) mit der Inschrift »Lothar, von Gottes Gnaden erhabener Kaiser der Römer, regierte 12 Jahre, 3 Monate und 12 Tage. Er starb aber an den zweiten Nonen des Dezembers als ein überaus getreuer, aufrichtiger, beständiger und friedensstiftender Mann, als unerschrockener Ritter, auf der Rückkehr aus Apulien, wo er die Sarazenen zugrundegerichtet und vertrieben hatte«.

neue Anhängerschaft, indem er 1143 Adolf III. von Schaumburg in Holstein und Heinrich von Bodwide als Grafen von Ratzeburg einsetzte (bald folgte die Gründung neuer Herrschaften in Dannenberg und Lindow).

Die Gefangennahme und Erpressung des Erzbischofs Adalbero von Bremen, mit der Heinrich der Löwe 1145 die Grafschaft Stade widerrechtlich zugesprochen bekam, zeigte schon bald seine rücksichtslose Energie. Es wird den Stauferkönig nicht überrascht haben, daß der junge Herzog 1147 die Belehnung mit Bayern einforderte.

1148/49 verheiratete sich der achtzehnjährige Herzog mit Clementia von Zähringen, nachdem er mit ihrem Vater, dem Herzog Konrad, am Wendenkreuzzug teilgenommen hatte. Nach fünfzehn Jahren betrieb Heinrich seine Scheidung. Als Begründung wurde zu nahe Verwandtschaft angegeben, doch dürfte das Ausbleiben eines männlichen Erben ausschlaggebend gewesen sein.

Am 15. Februar 1152 war König Konrad gestorben. Die bald darauf erfolgte Königserhebung von Konrads III. Neffen Friedrich von Schwaben war nur unter Übergehung des Königssohnes Friedrich möglich. Für diesen Coup brauchte Friedrich I. Helfer. Die wichtigsten waren die Herzöge Welf VI. und Heinrich der Löwe. Es sieht so aus, als ob den Welfen die Rückgabe Bayerns, zu der es 1156 auch kommen sollte, in Aussicht gestellt worden sei.

1156 hatte der junge Welfe eine unter den Reichsfürsten einzigartige Position erlangt, die wieder an die seines Vaters, Heinrichs des Stolzen, heranreichte. Trotz des Zugewinns Bayerns lag der Schwerpunkt seiner Politik in Sachsen und den nördlich und nordöstlich anschließenden slawischen Gebiete, die im Unterschied zu Bayern auch eine Verbreiterung der Machtbasis ermöglichten. Nach dem Tode des Obotritenkönigs Niklot (1160) gelang es Heinrich, dessen Söhne zu unterwerfen und Mecklenburg endgültig in seinen Herrschaftsbereich einzugliedern. In der alten Obotritenburg *Suarin* (Schwerin) setzte er seinen Vasallen Gunzelin von Hagen zum Präfekten ein und verlieh dem Ort Stadtrechte. Außerdem verlegte er den Bischofssitz von Mecklenburg hierher.

Die Machtmittel des Welfen bildeten die Hauptstütze der kaiserlichen Italienpolitik – er nahm an zwei Italienzügen Friedrichs I. teil, der auch die Heirat Heinrichs mit Mathilde von England aus außenpolitischem Kalkül betrieb. Freilich stieg Heinrich dadurch zum Schwiegersohn eines der mächtigsten Könige der Zeit auf: Heinrich II. Plantagenet, der durch seine Ehe mit Eleonore von Aquitanien, der »Königin der Troubadoure«, zur ererbten Normandie noch Aquitanien und Poitou hinzugewonnen hatte. Im Inneren konnte Heinrich der Löwe die Herzogsgewalt durch den Erwerb der Grafschaften Stade, Winzenburg, Assel und Boyneburg erheblich stärken.

Auf dem Goslarer Hoftag im Juni 1154 erhielt Heinrich vom Kaiser das Investiturrecht in den drei slawischen Bistümern Oldenburg, Ratzeburg und Mecklenburg. Damit erlangte er in diesem Raum eine königsgleiche Stellung. Er selbst hat sich in Urkunden selbstbewußt als Gründer der drei Bischofssitze bezeichnen lassen, die er zum Seelenheil seines kaiserlichen Großvaters Lothar III. ausgestattet habe (Urk. HdL 81f., 89).

Ob der Welfe nun mit Lübeck größeres vorhatte oder nicht; eine nachweisbare, bisher übersehene Residenz hatte er am Elbufer in Artlenburg (*Ertheneburg*) bezogen. Daß Heinrich hier, am Einfallstor in das Wendland, Landtage abhielt und Privilegien ausfertigte, ist bekannt. Doch die chronikalisch bezeugte Tatsache, daß seine Frau zu *Ertheneburg* längerfristig wohnte, wurde nicht hinreichend gewürdigt. 1179 ließ Heinrich den gefangenen Bischof Ulrich von Halberstadt nach Ertheneburg führen, wo »ihn die sehr fromme Herzogin Mathilde so lieb gewann, daß sie ihn … mit trefflichen Gewändern reichlich beschenkte und mit der größten Hingabe für all seine Bedürfnisse so sorgte, daß es ihm in seiner Lage an nichts zu fehlen schien« (Arnold II,15). Da der Bischof bis zu seiner Freilassung am 25. Dezember 1180 in *Ertheneburg* blieb, heißt das nichts anderes, als daß auch Mathilde ständig – oder doch längerfristig – dort anwesend gewesen sein muß. Auch fällt auf, daß Heinrich selbst in den

Heinrich der Löwe, Silberbrakteaten – Denkmünzen auf seine Heirat mit Mathilde von England?

siebziger Jahren Lüneburg bevorzugte. Drei Jahre hintereinander feierte er dort das Weihnachtsfest.

Artlenburg ist historisch einer der bemerkenswertesten Punkte an der Niederelbe. Auf dem gegenüberliegenden Hochufer befindet sich ein Ringwall, der gewöhnlich als *Ertheneburg* bezeichnet wird, aber auch am südlichen Ufer, mitten im Flecken, hat es einen Burgplatz gegeben. Albert von Hofmann hat Artlenburg als »militärischen Fußpunkt«, als »wirtschaftliche Verknüpfungsstelle zwischen Ost und West« bezeichnet. Von Artlenburg aus erfolgte die erste Öffnung des Landes Mecklenburg von Westen aus, von hier aus wurden die Bistümer Ratzeburg und Schwerin gegründet (1158 und 1170). Hier schlichtete der Herzog 1161 den Streit der frühhansischen Fernkaufleute mit den Gotländern. Hatte der frühhansische Kaufmann erst einmal auf Gotland Fuß gefaßt, konnte er auch seine Hände nach dem ostbaltischen Ufer und den Handelsrouten ins Innere Rußlands ausstrecken. Ohne den Artlenburg-Vertrag hätte es die Vormachtstellung der Hanse auf der Ostsee, den hansischen Dünahandel und die niederdeutsche »Expansion nach Übersee« nicht gegeben.

Mehr noch als Lübeck und Artlenburg hat der Herzog Braunschweig, die väterliche Residenz, weiter gefördert. Er rief niederländische Tuchmacher zur Gründung eines dritten »Weichbildes«, des Hagen herbei und errichtete etwa 1155 bis 1164/66 einen Pfalzbau auf dem alten Burgplatz *Dankwarderode* an der Oker. 1166 ließ er auf dem Platz vor dem Palatium auf einem hohen Sandsteinpostament einen bronzenen, nach Osten blickenden Löwen anbringen. Dessen Bedeutung erschließt sich aus einer wenig beachteten Inschrift auf einer zerstörten Sandsteinplatte: »Der dieses Think gemacht hat, daß ihm für Leib und Seele geholfen werde, hat hier beendet ohne Missetat (bzw. Unglück). Seiner Gnaden Hilfe der heilige Geist uns sende. Und wolle uns behüten durch seinen guten Namen« ([DER DIZ] THINK GEMACHET HAT DAZ IN ZOR SELE V[NDE LIBE RAT WERD]E HAT HIR ENDE SVNDER MISSEW[ENDE SINER GNADEN VOLLE IST DER] HEILIGE GEIST VNS SEN[DE VN WOLLE VNS BEHODEN DOR]CH SINEN NAMEN GODEN). Der Charakter des Löwen als Gerichtssymbol erlaubte die Spielerei mit der Doppelbedeutung des Wortes *missewende*, denn es kann sowohl Schandtat als auch Unglück bedeuten: Er ist ohne Unglück zu Ende gekommen und hat geendet, ohne ein Verbrecher zu werden. Der Bezeichnung für die Stätte des *Thinks* tritt hier der Charakter als Herrschaftszeichen an die Seite, Zeugnis der welfischen Abkunft und zugleich für den eigenen Namen.

Nach außen – die beiden Italienzüge Barbarossas, an denen Heinrich sich beteiligte, können wir außer acht lassen – erreichte Heinrich einen politisch-repräsentativen Höhepunkt durch seine Reise nach Jerusalem und Byzanz (1172/73). Auf den ersten Blick mag es scheinen, als habe er nur seinem Onkel Welf VI. nachgeeifert, der 1167 eine Jerusalemwallfahrt unternommen hatte. Doch gehorchte diese Wallfahrt keineswegs nur den Konventionen europäischer Fürstenwallfahrten und ist wohl eher als Kreuzzug einzustufen, auch wenn es im Heiligen Lande nicht zum Kampfeinsatz kam. Denn bei genauerem Hinsehen zeigt sich, daß Heinrich der Löwe einen vollständig bewaffneten Zug mit 500 Panzerreitern und 700 Fußknechten, also insgesamt 1.200 Mann unternahm. Daß er zum Kampf entschlossen war, meldet der Abt Robert de Monte in seiner Chronik von 1186. Es ist lohnend, diesen friedlichen Kreuzzug näher zu betrachten.

Obwohl einige Annalen den Aufbruch zum Jahre 1171 melden, bestätigen die herzoglichen Urkunden von 1172, daß Arnold von Lübeck, der ausführlichste Berichterstatter des Zuges, mit der Angabe dieses Jahres recht hat. 1171 werden die Zurüstungen stattgefunden haben. Zu den geistlichen Teilnehmern gehörten Erzbischof Balduin von Bremen, Bischof Konrad von Lübeck, dessen Nachfolger im Amt, der damalige Abt Heinrich von St. Aegidien in Braunschweig und Gewährsmann des Chronisten Arnold, und der Lüneburger Abt Bertold. Von den Laien werden hervorgehoben der Obotritenfürst Pribislav, die Grafen Gunzelin von Schwerin und Siegfried von Blankenburg sowie Truchseß Jordan von Blankenburg und der Marschall Heinrich. Schon im Januar brach man auf und erreichte Anfang Februar Regensburg, den alten Sammelpunkt der landfahrenden Kreuzzugsheere. In der bayrischen Metropole schlossen sich die Markgrafen Ottokar von Steiermark und Friedrich von Sulzbach, die beiden Pfalzgrafen von Wittelsbach und Siboto von Falkenstein an. In Klosterneuburg wurde der Zug, der, was die Zahl teilnehmender Fürsten betrifft, manchen anderem nicht viel nachstand, von des Welfen Stiefvater Heinrich Jasomirgott von Österreich festlich empfangen und nach Wien geleitet. Dort stieß Bischof Konrad von Worms zu ihnen, der als Gesandter des Kaisers nach Byzanz unterwegs war. Philippson hat wohl mit Recht vermutet, daß der Wormser als Beobachter des Staufers dem Unternehmen beigegeben

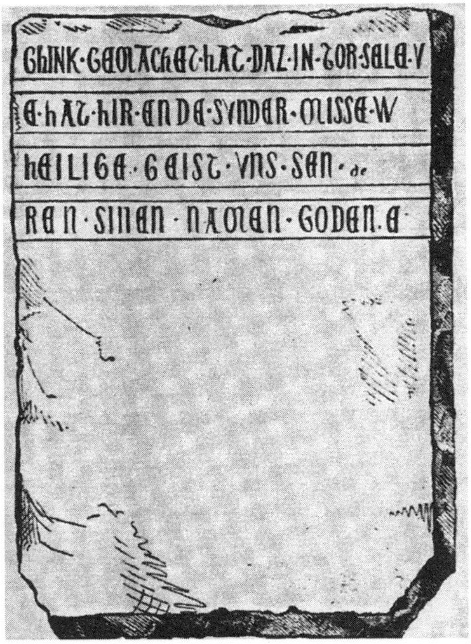

»Think«stein vom Braunschweiger Löwen (1166) mit mittelniederdeutscher Inschrift. Holzschnitt von 1866.

wurde. In Wien fuhr der Herzog zu Schiff die Donau abwärts, während das Heer weiter zu Land zog. Die Schiffsreise währte bis zur Grenze des byzantinischen Reiches. An den Stromschnellen bei Mohacs zerschellte das Schiff des Herzogs, doch konnten die Insassen gerettet werden. Durch den Bulgarenwald, über Nis, Adrianopel und Philippopel ging es dann zu Fuß und zu Pferde weiter. Im Wald mußte man die Wagen wegen der sumpfigen Wegeverhältnisse zurücklassen und alles auf Pferde und Maultiere umladen. So kam man ohne weitere Verluste am Karfreitag vor der oströmischen Hauptstadt an.

Kaiser Manuel, der zuvor kostbare Pferde, Waffen und Kleider vom Herzog erhalten hatte, empfing die Kreuzfahrer auf das Feierlichste. Das Hofzeremoniell galt einem königlichen Gast. Höhepunkt war eine theologische Disputation zwischen Geistlichen der Ostkirche einerseits und den Bischöfen von Lübeck und Worms sowie Abt Heinrich von Braunschweig andererseits. Zu guter Letzt erhielt man von der Kaiserin soviel Kleider und Pelze, daß alle Ritter damit neu eingekleidet werden konnten. Man brauchte nicht, wie geplant den Weg durch Anatolien fortzusetzen, sondern konnte den Seeweg direkt nach Akkon vorziehen, weil Manuel ein großes Schiff zur Verfügung stellte. Freilich blieben ein Teil des Gefolges und der Troß ganz in Byzanz zurück und warteten hier bis zur Rückkunft. Von Akkon wurden die Kreuzfahrer von Templern und Johannitern nach Jerusalem geleitet, wo sie von König Amalrich von Jerusalem feierlich empfangen wurden. Laut Robert de Monte soll Heinrich hier Vorschläge zu einem militärischen Unternehmen gemacht haben, die jedoch beim König und den Templern keine Zustimmung fanden. So betätigte er sich als Stifter: Die Grabeskirche bewidmete er mit Mosaiken, zwei silbergetriebenen Türen und drei Leuchtern. Den Templern und Johannitern übergab er Waffen, Geschenke und 1.000 Mark Silber. Auch nutzte er die Gelegenheit, um kostbare Reliquien – so das Heilige Blut – zu erwerben. Von Jerusalem aus besuchte er die üblichen Pilgerziele und schickte dann einen Teil seines Gefolges, darunter Bischof Konrad und Abt Bertold, die aber unterwegs starben, von Akkon aus nach Byzanz. Währenddessen ging er selbst unter Begleitung der Templer nach Antiochia und begab sich von dort aus auf dem Landweg nach Byzanz.

Da Heinrich vor dem Sarazenenfürsten Mleh gewarnt wurde, brach er die Geleitsverhandlungen mit diesem ab und nahm wieder Schiffe, um nach Tarsos zu gelangen. Von dort aus wieder zu Lande, erreichten sie nach mehreren Tagesmärschen die Residenz des Sultans Kilidj Arslan von Ikonium. Der Sultan empfing die Pilger festlich und übereignete dem Herzog zwei abgerichtete Leoparden, sechs Zelte, dreißig Pferde, sechs Kamele und kostbare Gewänder. Auch wurden christliche Gefangene freigelassen und jedem Ritter ein Roß geschenkt. Vergeblich waren Heinrichs Bemühungen, den Sarazenen von der Fleischwerdung Christi zu überzeugen. Weiter ging es durch die Wüste, in der König Konrads Heer einst seinen Untergang gefunden hatte, nach Nicäa und Byzanz, wo sein Gefolge wieder zu ihm stieß. In Magnopolis suchte er Kaiser Manuel auf. Daß er mit ihm politische Gespräche geführt hat, liegt nahe und wird auch durch das Erscheinen des Herzogs am Hofe Friedrichs I. unmittelbar nach der Rückkunft wahrscheinlich. Werner Ohnsorge vermutete, es sei um einen Bündnisvorschlag gegangen. Wenigstens brachte Heinrich anstelle der ihm vom oströmischen Kaiser angebotenen Schätze Reliquien mit. Da Heinrich auf große Geldsummen verzichtete, ist die Angabe der *Historia de duce Heinrici* aus dem 13. Jahrhundert plausibel, wonach die Hauptreliquie die des Heiligen Blutes gewesen sei. Davon habe der Herzog Heinrich etwas an Gunzelin von Schwerin und den Abt Heinrich von St. Ägidien ausgeteilt. Durch diesen sei der kostbare Tropfen an das Johanniskloster in Lübeck, also die Abtei des Berichterstatters Arnold, gelangt. Die Verehrung des Heiligen Blutes hatte bei den Welfen bereits Tradition; die Herzogin Judith brachte 1094 davon etwas nach Weingarten, wo eine Reiterprozession noch in früher Neuzeit das Andenken wachhielt. Heinrich der Löwe förderte diesen und andere christozentrische Kulte, so daß sie sich über den Ostseeraum ausbreiten konnten.

Für den Rückweg wählte Heinrich die gleiche Route wie für den Hinweg durch Serbien, Ungarn – wo ihn der neue König empfing – und Österreich. Im Dezember 1172 traf er wieder in Bayern ein, und noch zu Weihnachten sah er Barbarossa auf dem Hoftag zu Augsburg. Für die mitgebrachten Reliquien ließ er kostbare Behältnisse anfertigen und begründete damit an der Stiftskirche St. Blasius, dem heutigen Braunschweiger Dom, dessen Reliquienschatz, den später sogenannten *Welfenschatz*.

Die Schiffsunfälle während der Hinreise und die Schenkung der zwei Leoparden sowie überhaupt das Außergewöhnliche einer solchen Reise haben in der Volkssage ein reiches Gedenken hinterlassen. Es bildete sich die Sage von Herzog Heinrich und seinem treuen Löwen aus, die von spätmittelalterlichen Wandmalereien über das Volkslied bis hin zu billigen Jahrmarktsdrucken des vorigen Jahrhunderts ein reges Echo gefunden hat. Der Stoff verbreitete sich bis nach Island, Rußland und Böhmen. Die moderne Sagenforschung nimmt auch an, daß die Sagenentwicklung vom Braunschweiger Löwendenkmal und von den Schleifspuren am Braunschweiger Dom ihren Ausgang genommen hat und durch die mehrjährige Verbannung Heinrichs des Löwen gespeist worden sei. Natürlich verwendete die Sage dazu allbekannte Wanderstoffe, wie den vom »Heimkehrer« und den vom »dankbaren Tier«. Noch im 16. Jahrhundert haben sich weite Strecken der Löwensage auf einen welfischen Vasallen des 14. Jahrhunderts Thedel von Wallmoden übertragen, von dem dann ein eigenes »Volksbuch« existiert. Sehenswert ist auch der spätmittelalterliche Fresken-Zyklus zu der Sage in der Stiftsschule von St. Castor in Karden (Mosel).

Der Kreuzzug Heinrichs des Löwen von 1172/73 markierte wohl den Höhepunkt des äußeren Ansehens des Welfen. Doch bald danach begann Friedrich I. Barbarossa die Rücksichten fallenzulassen. 1173 verpfändete er italienischen Besitz Welfs VI. gegen dessen Willen. Überhaupt störte die »staatliche« Macht des Welfen in dem von Friedrich betriebenen lehnsrechtlichen Umbau des Reiches zunehmend. Seit 1176, so bezeugt es auch Arnold von Lübeck, sei der Kaiser dem Herzog übel gesonnen gewesen und habe »mit List« auf dessen Entmachtung hingearbeitet.

1176/77 war die Politik des Kaisers gegenüber den lombardischen Städten und dem Papst endgültig gescheitert. Anfang 1176 hatte Friedrich seinen Vetter Heinrich zu Chiavenna um Hilfe gebeten, die dieser verweigerte, wobei er durchaus plausible Gründe haben mochte. Dabei habe der Kaiser vor dem Herzog auf Knien gelegen, berichten mehrere Chronisten. Dieser Fußfall gehörte »zum Zeremoniell der »staatlichen« Ordnung«, die dabei vorgetragene Bitte konnte einem Kaiser nicht abgeschlagen werden (Stefan Weinfurter). Wenn Heinrich das dennoch tat, so konnte ihm das als Verachtung des Kaisers und des Reiches ausgelegt werden, wie es dann auch in der öffentlichen Meinung und durch Barbarossa selbst (in der Gelnhäuser Urkunde) geschehen ist. Eine weitere Folge der kaiserlichen Italienpolitik war, daß das Erbe Welfs VI. künftig zur Disposition stand. Nachdem dessen einziger Sohn und Erbe, der junge Herzog Welf VII., vor Rom an der Malaria gestorben war, blieb als nächster Erbe des söhnelosen Herzogs aus dem Mannesstamm der Welfen nur Heinrich der Löwe, der 1175/76 auch einen Vertrag mit seinem Onkel schloß. Die damals vorgesehene Geldsumme wurde von Barbarossa hinter Heinrichs

Rücken überboten, so daß es Weihnachten 1178 zum Verkauf der oberschwäbischen Welfengüter an den Kaiser kam. Die Gelegenheit, seinen Vetter in die Knie zu zwingen, bot sich Barbarossa auf einem ganz anderen Felde, dem prozessualen. Der Prozeß gegen Heinrich den Löwen (Januar 1179 bis November 1181), ausgelöst durch seine eigene Klage und die seiner Gegner, kam nicht überraschend und hatte seine Ursachen in den Konflikten mit den benachbarten Fürsten. Nehmen wir zum Beispiel Westfalen: Hier konnte Heinrich den vielen von Köln neuerworbenen Städten, Herrschaften, Burgen und Gerichtsbezirken nur seine Herzogsgewalt, die im wesentlichen in der Friedenswahrung bestand, gegenüberstellen. Den zunehmenden Zerfall des alten Herzogsamtes hatte der Herzog versucht zu steuern, indem er ihm neue Inhalte gab, es im lehnrechtlichen Sinne umdeutete und das Heimfallrecht beanspruchte, um auf diese Weise die Grafen seiner Oberhoheit zu unterwerfen. Stefan Weinfurter hat dieses Bemühen, das sich auch im übrigen Sachsen beobachten ließ, als »Mediatisierung« der Bischöfe und des Adels bezeichnet. So sorgte der Gegensatz zwischen der herzoglichen Gewalt und dem Territorialausbau, vor allem der Bischöfe, Fürsten und Grafen Sachsens, seit den sechziger Jahren für eine gespannte Lage. 1178 hatte Erzbischof Philipp deshalb mit einem Plünderungs- und Vernichtungszug begonnen, wogegen Heinrich der Löwe im November auf dem Hoftag zu Speyer vor dem Kaiser klagte. Gegen diese Klage setzten die Fürsten ihre Beschwerden wegen Verlust von Besitz. Der Kaiser ging zunächst nur den fürstlichen Klagen nach, wozu er einen Hoftag in Worms im Januar 1179 ansetzte. Der Herzog wurde vom Kaiser nach Landrecht vor Gericht geladen, erschien aber nicht, worauf er der Acht verfiel. Auch habe er, wie der Vorwurf lautete, von seinen Rechtsbrüchen nicht abgelassen, so daß er nun auch wegen Majestätsverbrechen dreimal nach Lehnsrecht geladen wurde. Da er auch jetzt nicht erschien, wurde er als Rechtsverweigerer verurteilt. Der feierliche Urteilsspruch erfolgte am 13. Januar 1180 auf dem Hoftag zu Würzburg: Seine Reichslehen und vor allem die Herzogtümer Bayern, Westfalen und Engern wurden dem Welfen wegen Nichterscheinen vor Gericht (*Kontumaz*), also Widersetzlichkeit, abgesprochen und der Verfügungsgewalt des Kaisers übergeben.

Am 13. April 1180, also noch vor Ablauf der Jahresfrist, die zur Oberacht führte, wurde in Gelnhausen ein kaiserliches Diplom zugunsten eines der Nutznießer des Lehnsverlustes Heinrichs, des Kölner Erzbischofs Philipp, ausgefertigt. Darin bestätigte Friedrich der Kölner Kirche die Übertragung des Herzogtums im Bereich der Bistümer Köln und Paderborn samt allen Grafschaften und Vogteien. Gleichzeitig erhielten – ohne urkundliche Fixierung – Bernhard von Askanien das Herzogtum, Landgraf Ludwig von Thüringen die Pfalzgrafschaft Sachsen. Doch beschränkte sich die Herzogswürde für den Askanier auf das östliche Sachsen, weshalb er in mehreren Urkunden dieser Zeit auch als »Herzog Engerns und Westfalens« (*dux Angarie et Westfalie*) bezeichnet wird.

Die 1178 von Heinrich dem Löwen erbaute Hornburg (Kreis Wolfenbüttel).

Am 25. Juli 1180 wurde die Reichsexekution eingeleitet. Erst im September, also nach dem Eintritt der Oberacht, wurde das Herzogtum Bayern an die Wittelsbacher gegeben, Österreich verlor die Steiermark, die zu einem eigenen Herzogtum wurde. Die schwäbischen Ronsberger wurden Markgrafen, die oberbayrischen Andechs-Meranier Herzöge.

Der Sturz Heinrichs des Löwen hatte nicht nur eine rechtliche, sondern auch eine für die Bevölkerung spürbare Seite. Das Land wurde mit Krieg überzogen. Der Propst Gerhard von Steterburg hat geschildert, was die Kriegszüge der Kaiserlichen für die Landbevölkerung und die Insassen der Klöster bedeutete: »Wir waren genötigt, die Gott geweihten Jungfrauen aus ihren Klöstern an sichere Orte fortzuschaffen, weil wir aus guter Quelle hörten, daß bei seinem [nämlich Philipps von Köln] Durchzug Klöster gewaltsam erbrochen und daß die heiligen Jungfrauen unkeusch behandelt worden seien. ... Wir sahen gerade das Beste geraubt, unsere Flecken angezündet, uns selbst der Plünderung ausgesetzt, die Pferde und das Zugvieh weggeschleppt und unsere Häuser ohne Bewohner gelassen. ... Zu dieser Zeit hatten wir weder für das gegenwärtige Jahr Korn, noch konnten wir irgendwie für das künftige sorgen, weil wir nicht säen konnten.«

Nach der Unterwerfung Heinrichs 1181 fand Ende des Jahres ein Hoftag zu Erfurt statt, wo der Verlust der Lehen definitiv bestätigt, aber der des Erbgutes aufgehoben wurde. Die widersprüchliche Berichterstattung über das Urteil läßt die Interessengegensätze zwischen dem Kaiser und den Fürsten erkennen. Vermutlich haben die Fürsten erzwungen, daß dem Welfen die Rückkehr in den Reichsfürstenstand verschlossen blieb und die von Barbarossa beabsichtigte unbefristete Verbannung in ein dreijähriges Exil umgewandelt. Der Kaiser hat die Wiedereinsetzung seines Vetters wohl offenhalten wollen und im Gegensatz zu den Fürsten dessen Rückkehr in den Kreis der Reichsfürsten auf der Grundlage auch eines anderen Reichslehens für wünschenswert gehalten (Odilo Engels). Aus dem Exil ist Heinrich der Löwe erst ein Vierteljahr später zurückgekehrt und hat außerdem schon nach zwei Jahren die Lösung aus der Verbannung angestrebt. Offensichtlich war ihm daran gelegen, die Verbannung – wie auch vom Kaiser beabsichtigt – als eine unbefristete darzustellen, um auf der Grundlage dieser Rechtsauffassung die Wiedereinsetzung als Herzog verlangen zu können, was jedoch am Widerstand der Fürsten scheiterte.

Im Frühjahr 1189 mußte Heinrich auf Verlangen des Kaisers, an dessen Kreuzzug er nicht teilnehmen wollte, sein zweites Exil antreten, aus dem er auf die Nachricht vom Tode seiner Frau Mathilde († 28. Juni) vorzeitig zurückkehrte. Nordalbingien und der Erzbischof von Bremen schlugen sich sofort auf seine Seite, und am 28. Oktober eroberte und zerstörte Heinrich Bardowick. Die älteste Lübecker Stadtchronik bemerkte dazu lapidar: *do de stad Bardewic was vorstoret, do beterde sik Luneborch.* Aufschwung und Stadtwerdung des Salinenortes sind in der Tat ohne die Vernichtung des vor seinen Toren liegenden Handelszentrums nicht zu denken. Arnold von Lübeck notierte: »die ziemlich reiche Stadt wurde zerstört, so daß die Krieger selbst die Kirchen und Friedhöfe nicht verschonten, sondern alles plünderten, und dann die Stadt einäscherten.«

Später glaubte man auch das Motiv des Vorgehens gegen die Stadt zu kennen. So schrieb Heinrich von Herford in seiner Chronik (1355): »Weil die Bürger ihm schändlicherweise ihre Ärsche hingehalten hatten, vergalt er es ihnen, indem er sie bis auf den Grund zerstörte«. In Wahrheit hat der Herzog dem Zerstörungsakt eher eine zeremonielle, »staats«-rechtliche Bedeutung beigelegt. Die Möglichkeit der Bestrafung von rebellischen Kommunen nach dem erneuerten römischen, dem Kaiserrecht, hatte sich vom 12. Jahrhundert an durchgesetzt, wobei die symbolische, teilweise oder auch vollständige Niederlegung der Stadtbefestigungen und der Verlust der Stadtrechte zu den festen Bestandteilen der Exekutionen gehörte. Bei der Zerstörung von Bardowick ist bisher zu wenig beachtet worden, daß Heinrich der Löwe für sich offensichtlich die vollen Majestätsrechte in Anspruch nahm. Das ist nicht nur Auswirkung seiner königgleichen Stellung, sondern auch eine Demonstration eigener Art gegen den Verlust seiner Reichslehen im Jahre 1180, den er niemals anerkannt hat.

Da Heinrich VI. sich für seinen Sizilienzug den Rücken freihalten mußte, schloß er auf dem Hoftag zu Fulda im Juli 1190 einen Frieden mit dem Welfen, der die Schleifung der Befestigungen von Braunschweig und Lauenburg und die Stellung zweier Söhne als Geiseln vorsah. Dem ältesten Sohn Heinrich gelang es nach seiner Flucht aus der Geiselhaft Ende 1193, die Stauferin Agnes heimlich zu heiraten. Agnes war die einzige Erbin des Barbarossabruders Konrad, Pfalzgraf bei Rhein. Sowohl Heinrich VI. als auch Heinrich der Löwe legten Protest gegen diese Heirat ein. Des jüngeren Heinrichs Schwiegereltern gaben jedoch nicht nach, so daß der Kaiser den künftigen Pfalzgrafen auf dem Hoftag zu Würzburg in Gnaden annahm und auch einem Treffen mit Heinrich dem Löwen in Saalfeld zustimmte. Auf dem Ritt dorthin verunglückte dieser, so daß die Begegnung im März in der Pfalz Tilleda stattfand. Dort söhnte man sich aus, und Heinrich VI. bestätigte die Welfen im Besitz ihres Erbgutes.

Am 1. April 1195 verschlechterte sich der Gesundheitszustand Heinrichs des Löwen rapide, vielleicht infolge eines Wundbrandes, der an dem beim Sturz zugezogenen Beinbruch auftrat und zu dem im Juli eine ruhrartige Erkrankung kam. Der Propst von Steterburg berichtet, daß der Herzog bald nach dem 24. Juli »die Gewalt der Krankheit in sich fühlte«, also den Tod nahen sah, so daß er Heinrich, seinen ältesten Sohn, und den Ratzeburger Bischof Philipp, seinen Beichtvater, zu sich rufen ließ. Dieser erteilte ihm nach erfolgter Beichte am 2. August die Absolution und salbte ihn. Am 6. August ist er gestorben. Beichte, Absolution und Salbung legen nahe, daß die letztwilligen Verfügungen in den Stunden unmittelbar davor getroffen wurden, zumal sein sich »aufrecht haltender Geist nicht den Leiden des Körpers erlag«. Ein auf den Monatsersten (wenn auch irrtümlich auf den September) ausgefertigtes Testament ist als stilisierter Text, inhaltlich gewiß verläßlich, in einer Formelsammlung überliefert: »Um zu verhüten, daß mein Erbe unter meinen Söhnen in ungleiche Teile zerstückelt wird, übergebe ich meinem ältesten Sohn Heinrich Braunschweig mit dem zugehörigen väterlichen Erbgut; Wilhelm soll Lüneburg und Lauenburg [Harz] mit den zugehörigen Gütern besitzen; Otto soll Haldensleben mit allem Zubehör besitzen. Meine Dienstleute sind gemäß ihren Diensten unter meinen drei Söhnen aufzuzeichnen. Dieses wurde im Jahre des Herrn 1197 [vielmehr 1195] am 1. September, während der Tag meines Todes schon herannaht, geschrieben. Damit man nicht an den Anordnungen meines letzten Willens zweifeln kann, befehle ich dieses Blatt mit dem Abdruck meines Siegels zu kennzeichnen.« An der Seite seiner 1189 verstorbenen Frau ist der Löwe in der Stiftskirche St. Blasius beigesetzt worden. Das Grab wird von einem Doppelsarkophag mit den Sandsteinskulpturen des Herzogspaares bedeckt, bei dem eine Entstehung schon zu Lebzeiten Heinrichs durchaus in Betracht zu ziehen ist.

Die Testamentsbestimmungen wurden umgesetzt, doch entstand insofern ein neue Lage, weil der bis dahin im angevinischen Reich versorgte Otto 1198 nach Deutschland übersiedelte. Ihm wurde Braunschweig überlassen, während Heinrich, der im Jahre 1195 die Pfalz geerbt hatte, Herr der westlichen Randbesitzungen mit Stade, Hannover und Celle wurde. Wilhelm verblieb Lüneburg. Die so aktualisierte Teilung wurde am 1. Mai 1202 vertraglich bestätigt.

Hochromanische Kunst

Urs Boeck

Die zweite Hälfte des 11. Jahrhunderts sah, auf der Erfahrung der frühromanischen Architektur fußend, eine reiche Entwicklung der Baukultur. Einige der herausragenden Unternehmungen sind namhaft zu machen: Am Beginn steht die 1050 geweihte, 1820 abgebrochene Stiftskirche der Pfalz Goslar. In ihrer Nachfolge sehen wir die erhaltene Stiftskirche in Gandersheim. Sie wird von der Schwester Kaiser Heinrichs IV. als Äbtissin Adelheid II. (1063-1094) erneuert. Auf älterem Grundriß errichtet, ist dem Langschiff das breitgelagerte Westwerk mit seiner Emporenanlage vorgestellt. Die schildartige Zweiturmfront besaß wie in Goslar eine doppelgeschossige Vorhalle. In Hildesheim wird unter Bischof Hezilo (1054-1079) der karolingische Dom nach Brand und Einsturz eines ersten Neubaus instand gesetzt. Osnabrück gewinnt mit dem bausachverständigen Bischof Benno II. (1067-1088) einen zuvor in Hildesheim und Goslar tätigen Oberhirten, auf dessen Initiative Teile der Turmfront in exzellentem Quaderwerk zurückgehen mögen. Auch in Bremen wird nach einem Brand 1089 der Dom durch Erzbischof Liemar (1072-1101) auf Vorarbeiten seines Vorgängers noch als flachgedeckte Basilika mit Querhaus und apsidenlosem Presbyterium begonnen; die Ausmaße wetteifern mit der Kölner Kathedrale.

Nach 1100 gewinnt die hochromanische Architektur gegenüber der stärker in die Kulturlandschaft eingebundenen der ottonischen und salischen Zeit eine erstaunliche Weltläufigkeit. Aber auch jetzt wird der regionale Ausgangspunkt immer wieder deutlich. Man vergleiche die von König Lothar auf seinem Sitz Süpplingenburg wohl um 1125 gestiftete Basilika mit Westturmschild, östlichem Querschiff und apsidal geschlossenem Altarhaus über der Krypta, mit zaghafter Blendengliederung auf kleinquadrigem und Bruchsteinmauerwerk, und seine als kaiserliche Grablege konzipierte, 1136 begonnene Benediktinerabteikirche von Königslutter! Nicht nur, daß das Altarhaus von Seitenschiffen mit Nebenapsiden begleitet ist und die Querhäuser ebenfalls Nebenapsiden zeigen. Die Steigerung der Massengruppierung bis hinauf zum Vierungsturm und die Raumvielfalt, verbunden mit einer raumdifferenzierenden Wölbung wenigstens in den Ostteilen, zeigen einen neuen Anspruch auf durchaus traditioneller Grundlage. Technisch entspricht der Wölbung im Inneren die Massivität der Mauer und das monumentale Großquaderwerk außen. Künstlerische Verfeinerung erkennen wir in einer Bauornamentik und -skulptur, die oberitalienisch bedingte Leistungen in eine Konzeption von höchstem bildhauerischen Niveau einschmilzt. Zu den unmittelbaren Vorläufern in sorg-

Klosterkirche von Königslutter. Ansicht von Osten.

fältiger Steinmetzarbeit gehört die eine byzantinische Raumidee umsetzende Pfalzkapelle St. Ulrich in Goslar. Gleichwertig neben Königslutter steht die Gedächtniskirche, die Bischof Bernhard von Hildesheim für den heiliggesprochenen Vorgänger Godehard ebenfalls 1136 begann. Auch hier werden fremdländische Elemente eingeschmolzen: Der Umgangschor mit Kranzkapellen, Querhaus und Vierungsturm folgt ganz nachdrücklich den Pilgerkirchen Frankreichs bzw. dem Presbyterium der Grabeskirche von Jerusalem. Er wird in der Ausführung wie in Königslutter wie selbstverständlich mit einer flachgedeckten Basilika verbunden, der eine zweigeschossige Westapsis in einer Doppelturmschildwand vorgelagert ist. Der auch hier deutliche Qualitätssprung spiegelt sich entsprechend in der strengen Ordensbaukunst der Zisterzienser: In der flachgedeckten Pfeilerbasilika von Mariental und der Säulenbasilika von Amelungsborn. Der kaiserliche Glanz der Bauornamentik ist seither aus der Baukunst östlich der Weser nicht mehr wegzudenken.

Die Grabkirche Bischof Sigwards von Minden (1120-1140) in Idensen, Wunstorf, ist wegen der engen Verbindung des Bauherrn zum Kaiser wohl als

Gepanzerter Heiliger (St. Mauritius) aus der Kirche zu Idensen von 1120/29.

Spiegelung der Hofkunst zu sehen. Der voll gewölbte Kreuzkirchenbau in sorgfältigem mittelgroßen Quaderwerk, in seinem delikaten Materialwechsel zwischen Säulen, Mauerwerk und Putz, ist Träger einer Ausmalung, die nach Programm und künstlerischem Rang das Anspruchsniveau der Bauskulptur von Königslutter erreicht. Ein hierarchisch aufgebautes Programm aus Heiligendarstellungen und biblischen Szenen geht von dem herrscherlichen Christus der Apsiswölbung aus. Die Einordnung in die Kulturlandschaft wird durch die heutige Vereinzelung dieses Gesamtkunstwerks erschwert. Selbst eher westlich beeinflußt, wirkt es bis nach Skandinavien weiter. Seinen unabhängigen und zugleich hohen Rang unterstreichen Anklänge an die Buchmalerei des 997 zur Reichsabtei erhobenen Weserklosters Helmarshausen. Dort bildet sich um 1100 ein Kunstzentrum, dessen Anfänge durch die Persönlichkeit des Mönches Roger von Helmarshausen geprägt werden. Von Stavelot über Köln an die Weser gekommen, trägt er maasländischen Einfluß nach Nie-

Die Braunschweiger Pfalz. Klappriß von 1567.

dersachsen. Mit seinem Namen urkundlich verknüpfte Goldschmiedearbeiten in Paderborn überliefern die Höhe seiner Kunst, während sein Lehrbuch der bildenden Künste – *Schedula diversarum artium* –, unter dem Pseudonym des Priesters Theophilus überliefert, für uns eine wichtige Quelle künstlerisch-technischen Wissens ist. Die Schreib- und Illuminationskunst des Klosters löst sich unter seinem Einfluß zögernd aus der sächsischen Tradition, um schließlich das ältere Corvey zu überstrahlen.

Der Kunsthistoriker Georg Swarzenski hat mit seiner Veröffentlichung »Aus dem Kunstkreis Heinrichs des Löwen« 1932 ein Thema aufgegriffen, das nachfolgende Forschung vertieft und schließlich 1995 in Braunschweig zu einer eindringlichen Überschau gestaltet hat. Im Unterschied zur Vorstellung einer Staufischen Kunst als der Kunst einer Epoche geht es hierbei ebenso um die Frage nach dem Bauherrn und dem Mäzen, ja um die Frage nach seiner Handschrift, wie zuvor schon im Falle der »Bernwardinischen Kunst«. Die Bauunternehmung, die am engsten mit dem Herzog verbunden ist, ist die Erneuerung der Braunschweiger Burg Dankwarderode. Dieser Komplex auf einer Okerinsel umfaßte innerhalb seiner Befestigung neben profanen Bauwerken auch den Vorläufer der heutigen Stiftskirche aus dem Anfang des 11. Jahrhunderts. Um den Anspruch des Herzogs, den er mit dem Neubau des Palas etwa ab 1155, der Errichtung der Löwensäule 1166 und dem Neubau der Stiftskirche ab 1173 erhob, richtig einzuschätzen, müssen wir einerseits die Kaiserpfalz im nahen Goslar, aber auch wenig jüngere Palasbauten wie die der Thüringer Landgrafen auf der Wartburg oder der Ministerialen von Hagen in Münzenberg gegenüberstellen. Symbolische Mitte ist das Rechtsmal des Löwen, das mit einer Großbronze auf steinerner Säule antike Tradition belebt. Der gespannte Tierleib ist, zugleich ein Höhepunkt romanischer Plastik, technisch zweifellos gewagt. Der Palas, heute ein Neubau des späten 19. Jahrhunderts, nach Grabungsergebnissen und Bauresten des Originals rekonstruiert, gehört in die Rezeptionsgeschichte mittelalterlicher Baukunst als Denkmal und Staatssymbol. Dennoch kann er, begleitet von Wohntrakt und künstlicher Kapellenruine, die einstige Absicht des Wettbewerbs anschaulich vermitteln. Die strenge und zugleich großzügige Haltung der mittelalterlichen Architektur ist mit dem Dom überliefert. Der in Teilen gotisch überformte Baukörper umschließt einen Raum, in dem das tonnengewölbte basilikale Langhaus über das Querhaus hinweg in dem über einer Krypta erhöhten Presbyterium ausläuft. Sparsamste Gliederung, unterstützt durch schlanke Kantensäulen, und zurückhaltende Ornamentik stehen im Gegensatz zu der Schmuckfreude, die in der Nachfolge von Königslutter vorherrscht. Sie kennzeichnen ebenso, übersetzt in den virtuos gehandhabten, erst um 1150 eingeführten Backsteinbau, die Großbauten der gleichzeitig von Heinrich dem Löwen initiierten Bischofskirchen von Lübeck und Ratzeburg. Sie prägen noch die um die Jahrhundertwende in Braunschweig entstehenden Pfarrkirchen.

Drückt sich in der eigentümlichen Handschrift der genannten Bauten eine Entscheidung zugunsten alternativer Stilhaltung aus, dürfen wir wohl auch für die durch den Herzog veranlaßte Ausstattung seiner Braunschweiger Stiftskirche bewußte Lenkung erwarten. Die Aufträge für den Siebenarmigen Leuchter, für den in Marmor und Bronze ausgeführten Marienaltar, für die in Teilen bewahrte Glasmalerei und den nicht erhaltenen kostbaren Bodenbelag, die Sorge um Vermehrung der Reliquien und ihre kostbare Fassung kennzeichnen sein Streben nach gediegener Prachtentfaltung. Politik und Religiosität verbinden sich in der von dem Bildhauer Imervard signierten Replik des *Volto Santo* im Dom des welfisch-toskanischen Lucca. Der scharfe Blick für Qualität beweist sich an der Arbeit des Kölners Eilbertus, dem im Welfenschatz überkommenen Tragaltar. Eindrücklich spricht hierfür das in Helmarshausen, dessen Vogt Heinrich seit 1152 war, von dem Mönch Heriman geschaffene Evangeliar. Wohl zum Dienst an dem 1188 geweihten Marienaltar bestimmt, ist es in seinen Widmungsbildern zugleich Äußerung politischen Anspruchs. Es ist dies nicht die einzige Handschrift, die in Helmarshausen für Heinrich entstand. Eine Reihe den Stil anderer Skriptorien, etwa den des Hildesheimer Ratmann-Sakramentars, variierender Miniaturen legt darüber hinaus eine eigene Braunschweiger Buchproduktion nahe. Schließlich vermeinen wir das von Heinrich geforderte Niveau künstlerischer Fertigkeit selbst in den Brakteaten zu erkennen, die seit rund 1150 von ihm und in der Folge von anderen Münzherren geprägt werden.

König Konrad III. mit Abt Wibald von Corvey und Stablo, seinem Berater. Elfenbein, Maasgebiet um 1150 (Frankfurt a. M., Liebighaus).

Hier wurde anhand von wenigen Beispielen auf die Kunstpolitik Heinrichs des Löwen eingegangen. Ihre Ergebnisse dürfen indes nur als Schwerpunkte in einem ungeheuer lebendigen Spektrum aller Bereiche der bildenden Künste gesehen werden. Am eindrücklichsten wird die Leistung dieser Jahrzehnte sicher durch die Großbauten der kirchlichen Korporationen, aber auch durch das Netz romanischer Dorfkirchen, die Niedersachsen überziehen, charakterisiert. Auf deren Überschau wollen wir uns beschränken. In Hildesheim werden in der zweiten Hälfte des 12. Jahrhunderts St. Godehard vollendet, St. Michael nach Brand wiederhergestellt, in Goslar der Dom gewölbt, die Pfarrkirchen als gewölbte Basiliken und Kloster Riechenberg in Nachfolge von Königslutter gestaltet, im zur Erzdiözese Mainz gehörigen Süden Niedersachsens die Klosterkirche von Bursfelde erweitert, die Stiftskirche von Fredelsloh ge-

Braunschweig-Altstadt. Quartier St. Jakobi – Turnierstraße südlich des Altstadtmarktes. Modell mit grundstücksgebundener Hauptbebauung, unter anderem Doppelhaus (um 1230).

schaffen. Im Bistum Minden stehen neben Sakralbauten, die die Tradition mit Neuerungen verbinden, so etwa in Obernkirchen und Fischbeck, vor allem aber in Wunstorf, andere, die mit dem Backsteinbau experimentieren wie die Archidiakonatskirche von Mandelsloh. Diese Technik wird kurz nach 1150 in der Diözese Verden beim Umbau des Domes, aber auch an der Pfarrkirche St. Johannis in deutlicher Anlehnung an norditalienische Vorläufer nutzbar gemacht. Der Bremer Erzbischof bedient sich ihrer an der 1197 geweihten Benediktinerinnenkirche von Osterholz, wobei hier mitteldeutsche Einflüsse vorherrschen. Kurz vor Ablauf des Jahrhunderts werden bei der Erneuerung des Osnabrücker Doms in Fassadengliederung und Wölbung Anregungen aufgegriffen, die im Nordwesten Frankreichs ihren Ursprung haben und nun in der westfälischen Architektur nachhaltige Wirkung entfalten.

Über die Anfänge der räumlichen Durchdringung des Siedlungsraumes verdanken wir wesentliche Aufschlüsse wie schon öfter der Archäologie. So erläutern die Grabungsergebnisse von Haithabu bei Schleswig in vielem das Erscheinungsbild des wichtigen Handelsplatzes Bardowick, wo der Handel mit den Slawen ein karolingisches Zentrum besaß. Noch als der Lüneburger

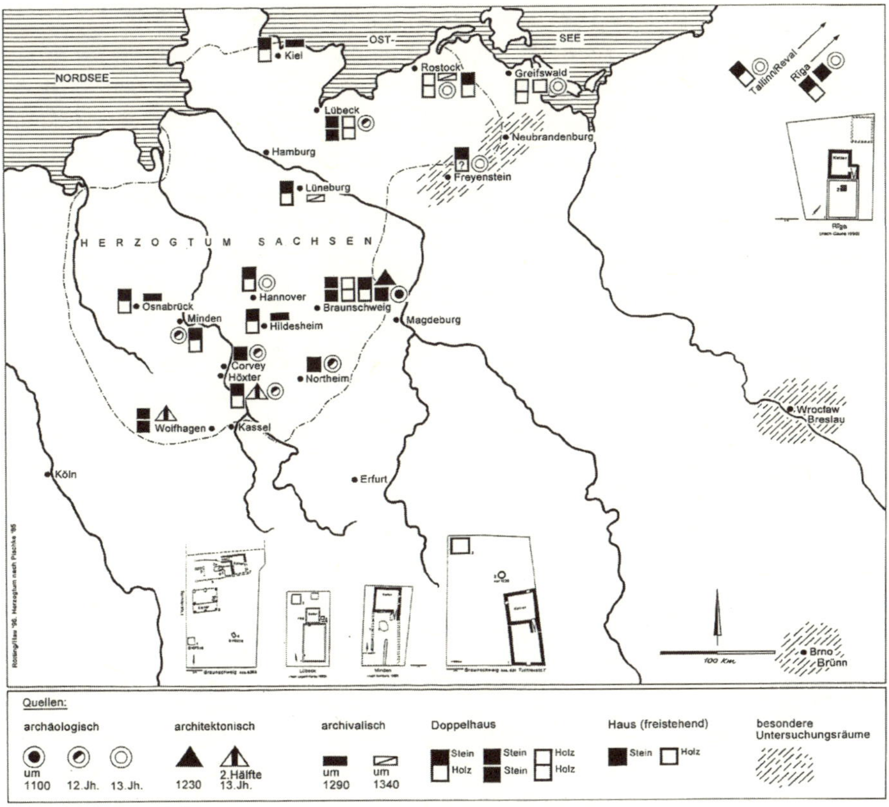

Verbreitung des zweiteiligen Kaufmannshauses (Doppelhaus) mit einem rückwärtigen Steinspeicher und einem straßenseitigem, hölzernen Vorderhaus nach der gegenwärtig verfügbaren archäologischen, architektonischen und archivalischen Überlieferung. In der brunonischen Frühstadt BRV.NESIVVIC (Braunschweig) ist der Zusammenschluß von Speicher und Wohnhaus bereits im ausgehenden 11. Jahrhundert nachzuweisen. Die wesentlichen Baumerkmale des Speichergebäudes beziehen sich auf eine flache Kellereintiefung, ein deshalb mindestens kniehoch erhöhtes Erdgeschoßniveau und auf die über einen Kellerhals an das Vorderhaus angehängte Hausfunktion. Sie sind auf sächsische Rechtsgewohnheit zurückzuführen, wie sie im »Sachsenspiegel« im frühen 13. Jahrhundert kodifiziert wurde. Die sogenannte Kemenate des 13. Jahrhunderts, ein mit Kamin heizbarer angehängter Wohnspeicherbau, erweist sich damit archäologisch und baugeschichtlich als eine eigenständige norddeutsche Entwicklung seit dem 11. Jahrhundert und nicht als eine Ableitung vom süddeutschen Wohnturm. Im Verlauf der deutschen Ostsiedlung fand das zweiteilige Kaufmannshaus wegen seiner räumlichen Ausbaumöglichkeit eine weite Verbreitung,unter anderem im 13. Jahrhundert auch bis nach Riga (Hartmut Rötting).

Stadtmaler Daniel Frese 1588 seine Topographie aufnahm, wurde das an die Ilmenau linksufrig grenzende Weichbild von einem Wall eingefaßt, innerhalb dessen sich einzelne Kirchplätze abzeichneten. In ottonischer Zeit griff ein Prinzip, das sich zum Beispiel in Hildesheim verdeutlichen läßt: Um die zentrale Kirche des Bistums gruppieren sich auf größere Distanz weitere geistliche Stätten, die eine großräumige geometrische Figur abstecken; in diesem Falle entsteht ein Kreuz mit ost-west-ausgerichteter Hauptachse (dieses Modell gilt vereinfacht auch in Bremen). Das Schema, das wir in der Zuordnung von Burg, Pfalz und Wirtschaftshof wirksam sahen, reguliert die Anbindung der an diese Zentren ansetzenden Händler- und Handwerkersiedlungen. So erscheint – wie Grabungen belegen – die entsprechende Siedlung westlich der Osnabrücker Domburg bei St. Marien. In Verden bestanden längs der Aller im Zentrum die Domfreiheit, im Süden die Wallanlage der Alten Burg zur Sicherung, im Norden der Markt um St. Johannis als Pfarre. In Goslar lagert nördlich der Pfalz eine längserschlossene Siedlung, im Kern Markt und Kirche, nach Westen und Osten je ein weiteres Kirchspiel. Der leiterartige Grundriß wird später nach Norden durch eine weitere Pfarre ausgedehnt.

Braunschweig zeigt in der Alten Wiek mit ihrer den Verkehrslinien folgenden Erschließung, mit dem Kohlmarkt vor der Burg in ebenfalls angepaßter Ausformung den Kontrast zu planmäßig angelegten Märkten und Straßennetzen in drei Variationen: bei St. Martini, St. Katharinen und St. Andreas. Hier setzen sich Gestaltungsprinzipien durch, die im 12. Jahrhundert als Leitersystem in Hannover, um 1180 in Hannoversch Münden als Raster, um 1250 in Uelzen als Straßenkreuz mit Straßenmarkt erscheinen. In Buxtehude verbinden 1275 Querstraßen den Hafen und die parallel geführte Marktstraße; das ganze Areal wird von einem unregelmäßigen Fünfeck umschrieben. Eine Sonderlösung bringt Emden, das sich einer Längswurt folgend im Raum entwikkelt hat. Diese tradierten Grundstrukturen beruhen, wie die Stadtarchäologie für Braunschweig belegt hat, auf dem großflächig aus Parzellen gebildeten Muster, das im Laufe des späteren Mittelalters durch stete Teilung schließlich zu der frühneuzeitlichen geschlossenen Bauweise mit ihren von Giebel-, später von Traufenhäusern bestandenen Straßenfluchten führt. Die romanische Stadt ist eher eine lockere Gruppierung aus gehöftartigen Elementen, in der die kirchlichen und weltlichen Zentren überragende Schwerpunkte bilden.

In Goslar ist diese Entwicklung heute noch an Bauten ablesbar, vereinzelte Steinwerke etwa in Braunschweig oder Osnabrück belegen die durchgängige Verbreitung eines charakteristischen Elements profaner städtischer Baukultur neben den ältesten steinernen Zeugen monumentaler Befestigungen und unscheinbar gewordenen Bauresten erster Rathäuser aus dem späten 13. und beginnenden 14. Jahrhundert.

Die Städte und ihre Bürger an den Hebeln der Macht

Bernd Ulrich Hucker

Im 13. Jahrhundert überspannte ein dichtes Netz städtischer Siedlungen ganz Sachsen. Es sind – mit Ausnahmen – die heutigen Metropolen und Kreisstädte. Die Stadtgründungen nach 1250 haben sich allenfalls zu sogenannten Minderstädten, also zu Flecken und Kleinstädten entwickelt. Immer noch war eine Stadtrechtsverleihung für einen Grafen oder Fürsten attraktiv, denn er baute sich auf diese Weise eine Großfestung auf, gewann waffenfähige Mannschaften hinzu, schuf sich eine neue Einnahmequelle und bot seiner Familie und seinem Hofstaat einen permanenten Markt, um deren wachsenden Luxusbedarf zu befriedigen. Vielfach konnte er an die Markt-, Zoll- und Münzrechtsverleihungen der Ottonen- und Salierzeit anknüpfen oder günstige verkehrsmäßige Voraussetzungen nutzen.

Die Städte hoben sich gegenüber dem Umland durch folgenden Merkmale ab: Befestigungen, Ratsverwaltung, Zunftverfassung, autonome Finanz-, Militär- und Gerichtsverfassung. Konstitutive Bestandteile waren die städtische Freiheit und regelmäßig abgehaltene Märkte oder Messen.

Lassen wir die wichtigsten städtischen Siedlungen Revue passieren. Von den Städten der Diözese Verden wurde *Bardowick* bereits mehrfach erwähnt. Seine autonome und ökonomische Stellung hatte durch seine Zerstörung 1189 einen Einschnitt erlebt. Heute künden die Überreste dreier Kirchen (von einstmals neun Kirchen und Kapellen) von der einstigen Bedeutung. Die Wallanlage umfaßt ein größeres Areal als das von Haithabu – vielleicht ein Hinweis auf die Ausdehnung der Handelssiedlung? Vielleicht war auch das Absinken zum bloßen Flecken nicht so abrupt, wie man gewöhnlich annimmt, denn 1223 hielt König Heinrich VII. hier noch einen Hoftag ab. Die Metropole *Verden* selbst, schon 782 als *locus Ferdi* erwähnt, wurde wohl zu Beginn des 9. Jahrhunderts Bischofssitz, der jedoch stark im Schatten der in unmittelbarer Nähe liegenden erzbischöflichen Metropole Bremen blieb. 985 erhielten die Bischöfe für den Ort Markt, Münze und Zoll. Unter Bischof Yso von Wölpe († 1231) kam die planmäßig angelegte Norderstadt hinzu, deren Konsulatsverfassung 1235 bezeugt ist. Das Süderende mit Dom und Kurien blieb lange ein offener Ort. Die Feste *Rotenburg* an der Wümme wurde bald nach etwa 1195 von Bischof Rudolf angelegt. An sie schloß sich bald eine kleine städtische Siedlung an, zumal die Bischöfe hier gern Hof hielten. *Lüneburg* mit seiner uralten Saline, der Herzogsburg auf dem Kalkberg und der Abtei St. Michael war schon mehrfach erwähnt worden. Der Burgflecken unterhalb des Kalkberges hat bereits im

10. Jahrhundert existiert. Im benachbarten *Modestorp* an der Ilmenau befand sich an der St. Johannis-Kirche ein Archidiakonatssitz. Nach der Zerstörung Bardowicks wurde eine Stadterweiterung um den *Neumarkt* angelegt. Oldenstadt-Uelzen ist im 12./13. Jahrhundert als Stadt im Besitz des Verdener Bischofs und des Schweriner Grafen bezeugt. 1266/69 gründeten die Bürger der Kloster-»stadt« an der Ilmenau die neue Stadt *Lewenwolde* unter der Herrschaft der Welfen. 1270 ist für sie Lüneburger Stadtrecht nachgewiesen.

In der Erzdiözese Bremen war *Stade* wichtig, das unterhalb der Grafenburg auf dem Spiegelberg an Hudebrücke und Hökerstraße an der Schwinge entstand. *Stethu*, *Stathu* (10. Jahrhundert) wurde 1017 Grafensitz. Daneben erhielt der Erzbischof 1038 Markt-, Münz- und Zollrechte für sein Areal um den Bischofshof. Stadtmauerbau und Stadtrechtsverleihung durch Heinrich den Löwen werden 1168/81 angesetzt. Die Privilegien wurden 1209 von Otto IV. erneuert. *Buxtehude* dürfte auch vor der eigentlichen Stadtgründung von 1273 ein zentraler Ort gewesen sein. Hier hielt sich Lothar III. 1135 auf, und die lokalen Edelherren brachten ihren Erbsitz 1197 in eine Klostergründung ein. *Bremen* selbst nahm als Bischofs-, dann Erzbischofssitz, Hafen- und Passageplatz einen bedeutenden Aufschwung. Die erste Regalienverleihung für den Ort wurde schon 888 durch den Heiligen Rimbert erlangt und 965 erneuert. Ein Fährplatz befand sich an der *Tiefer*, ein Flußhafen in dem Nebenflüßchen *Balge*, beide unterhalb der hohen Düne mit der Domburg. Im Hochmittelalter entstand ein neuer Weserkai (die *Schlachte*) und planmäßige Bürgersiedlung an Langen- und Obernstraße. *Oldenburg*, vielleicht schon das im friesischen Recht im 11./12. Jahrhundert genannte *Omeresburg*, entwickelte sich an den Flußübergängen von Haaren und Hunte. Siedlungsspuren weisen bis 800 zurück. Die hochmittelalterlichen Patrozinien der beiden Kirchen St. Nikolaus und St. Lamberti an den jeweiligen Enden der *Langenstraße* unterstreichen die Ausrichtung auf Westfalen und auf Fernkaufleute, doch erfolgte eine Stadtrechtsverleihung durch die Grafen erst 1345. Eine weitere gräfliche Stadt war *Hoya* an der Weser, das 1240 bereits als *civitas* und gleichzeitig als Münzstätte bezeugt ist. Der Stiftsflecken *Bücken* hatte schon 1286 einen Münzmeister und *cives* als Repräsentanten der Bürgerschaft. Gepräge haben dem Ort bisher nicht zugewiesen werden können.

Von den Besonderheiten des friesischen Raumes war schon die Rede. Im allgemeinen kann man sagen, daß die Verfassung der Landesgemeinden die Stadtrechtsentwicklung verhindert hat. Das gilt etwa für *Jever*, das *Givers uf dem sande* des Kudrunliedes, das erst 1536 zur Stadt erhoben wurde. Die Ausnahmen bildeten *Emden*, wo Hafen und Zoll 1224 bezeugt sind, und *Norden*, wo sich 1264 die Dominikaner niederließen und das 1255 als Stadt erwähnt wird.

Die Metropole der Diözese *Osnabrück* erhielt nach den üblichen ottonischen Regalienverleihungen 1171 vom Kaiser das *ius de non evocando*, das keine gerichtliche Berufungsinstanz von außen mehr zuließ. Schon früh Mitglied des Rheinischen, dann des Westfälischen Städtebundes behauptete die Stadt neben

Der Bischof als Stadtherr: Grabplatte des Verdener Bischofs Yso von Wölpe († 1231) in der Stiftskirche St. Andreas zu Verden. Yso hält in der Rechten das Modell der Stiftskirche des von ihm gegründeten Andreasstifts, in der Linken Zinnenmauer und Turm als kürzelhafte Darstellung der neu ummauerten Norderstadt Verden. Ziselierung auf Bronze (um 1230).

Münster, Paderborn und Minden eine führende Stellung in Westfalen. Die topographische Entwicklung läßt sich besonders gut am Stadtplan ablesen. Um die *Domfreiheit* (die alte Domburg) gruppierten sich mehrere Leischaften (*leischap* = Genossenschaft, Bauerschaft), unter anderem die der *Butenburg*. Im Süden der Domfreiheit und der vier Leischaften schloß sich die Neustadt an. Für die karolingerzeitliche Missionsstation *Meppen* wird der Abt von Corvey 945/46 mit Zoll, Münze und Markt begabt, doch datiert das Stadt- und Befestigungsrecht erst von 1360. *Vechta* entstand als typische Moorpaßanlage am Flußübergang des Mühlbaches neben der Burg der Grafen von Calvelage. Die Stadtrechtsverleihung wird für 1216/20 angenommen. Aus derselben Zeit dürfte eine königliche Marktrechtsverleihung stammen, da auch Zoll und Münze 1216/20 bzw. 1224 bezeugt sind. Der aus einem überregionalen Jahrmarkt hervorgegangene *Stoppelmarkt* ist bereits 1298 mit einem Geleitbrief bezeugt. Für das benachbarte *Wildeshausen* gab es 980 eine Regalienverleihung. Im Hochmittelalter sind Aachener Kaufleute, die das Geldsurrogat Pfeffer entrichten mußten, auf dem Markt bezeugt, für den der Graf sogar Geleitsbriefe bis nach Lübeck ausstellte. Beim Übergang an das Erzstift Bremen erhielt Wildeshausen 1270 bremisches Stadtrecht. Um das Stift dürfte sich aber schon weit früher eine präurbane Siedlung gebildet haben.

Etliche Städte der Diözese Minden liegen heute auf niedersächsischem Boden: Eine der ältesten ist *Wunstorf* mit seinem um 865 gegründeten Kanonissenstift. 1181 ist die *civitas* bezeugt, über die die Rodener Grafen Vögte im Auftrage der Äbtissin und des Mindener Bischofs waren. 1260 erfolgte eine Stadtrechtsverleihung. An der Weser scheinen Nienburg und Drakenburg aufeinander bezogen: Da *Nienburg* 1025 aber schon als Mindener Haupthof mit Martinskirche unter diesem Namen erwähnt ist, muß das urtümliche, nördlich anschließende wölpische *Drakenburg* noch älter sein. Drakenburgs städtische Rechte sind erst 1302 als bereits bestehend erwähnt. Das gräflich hoyasche Nienburg hatte zu Beginn des 13. Jahrhunderts Ratsherren und Stadtsiegel. *Neustadt am Rübenberge* war die »Neustadt des Grafen Bernhard« (*nova civitas comitis Bernhardi*), ist also eine Gründung des ab 1168 vorkommenden Bernhard I. von Wölpe. Die Grafen brachten hier bald nach 1200 Brakteaten aus und gründeten in der Nähe das Zisterzienserinnenkloster Mariensee. *Stadthagen* begann als der »Hagen Graf Adolfs« (*Greven Alves Hagen*), womit die Gründung durch Adolf IV. von Schaumburg-Holstein (1201-1239) angedeutet ist. Der Name paßt sich den rundum entstandenen Kolonisationsdörfern nach Hagenrecht an. Gleichzeitig wurden die schaumburgischen Wesersiedlungen *Rinteln* und Hessisch Oldendorf Städte. Rinteln war 1158 noch Dorf und wurde ebenfalls von Adolf IV. planmäßig ausgebaut. 1239 erhielt es Lippstädter Stadtrecht. *Hessisch Oldendorf* wurde in der ersten Hälfte des 13. Jahrhunderts planmäßig gegründet. Der wichtigste Flußübergang war jedoch bei *Hameln*, wo das *Hamelner Loch* eine natürliche Strombarriere bildete. Das St. Romanus- (später Bonifatius-)Stift geht in das 8. Jahrhundert zurück. Die alte *Hudestraße* weist auf eine Schiffslände. 1163/67 war der Königsbesitz Hameln (*villa publica*) in der Hand der Abtei Fulda und wird 1187/88 als *vicus Quernhamelne* (nach den Mühlen = niederdeutsch *quern*) bezeichnet. Vor 1206 als *civitas* bezeugt, ist der Ort Ende des 12. Jahrhunderts von den Stiftsvögten, den Grafen von Everstein zur Stadt ausgebaut worden. Fulda verkaufte ihn 1259 mit Vogtei, Zoll und Münze an Minden. Die Eversteiner gründeten 1197/1202 auch *Holzminden* und begabten es 1245 mit Stadtrecht.

Gehen wir in das Bistum Hildesheim: Das heutige *Celle* wurde erst 1292 von den Welfen gegründet, sein Vorgänger war Altencelle. Die heutige Landeshauptstadt *Hannover* ist der Entwicklung von Wunstorf vergleichbar. Auch hier teilten sich die Grafen von Roden die Stadtherrschaft mit den Welfen. Ein herzoglicher Freihof befand sich auf dem *Ballhof*. *Honovere* (»[Siedlung] am hohen Ufer [der Leine]«) mit der Marktkirche St. Georg ist 1150 und 1189 bereits als Stadt erwähnt – eine Stadtrechtsverleihung durch Heinrich den Löwen wird vermutet. *Hildesheim* weist eine vielzellige Stadtbildung auf. Um die Domburg (um 1000 befestigt; ottonische Marktrechtsverleihung) entstanden vier Immunitäten sowie zwischen Dom und St. Michael eine Marktsiedlung, deren Rathaus bereits 1217 bezeugt ist. 1196 wurde die *Dammstadt* vom Moritzstift mit flämischen Siedlern gegründet, und um 1220 die Neustadt durch den Dompropst. Die verschiedenen »Städte« fanden erst 1583 in einer Union zusammen. Eine ähnliche Gliederung wies *Braunschweig* mit seinen fünf Städten (Weichbildern) auf, die aber alle herzoglich waren: *Altewiek*, *Sack*, *Hagen*, *Altstadt*, *Neustadt*. Impulsgeber für die Gründung von Hagen und Neustadt war im 12./13. Jahrhundert eine ministerialisch-patrizische Oberschicht von Fernhändlern, Münzerhausgenossen und Goldschmieden der Altstadt. Diese Kreise dürften es auch gewesen sein, die den Übertritt auf die Seite des bei Bornhövede in Gefangenschaft geratenen Welfen Otto von Lüneburg betrieben haben und dafür die große Privilegierung für die Altstadt und den Hagen erhielten: Die *iura et libertates Indaginis* und das *Ottonianum*, die grundlegende Stadtrechtscodifizierung in 65 Bestimmungen samt Garantie der Zollfreiheit. Zugleich eines der frühesten Rechtszeugnisse in niederdeutscher Sprache. Das Braunschweiger Stadtrecht wurde nach Einbeck, Duderstadt, Königslutter, Wittingen und Celle exportiert und von Celle wiederum auf Walsrode, Soltau und Rethem übertragen. Der Bergbauort *Goslar* erhielt schon unter den Kaisern Heinrich II. und Heinrich III. ausgedehnte Siedlungsanlagen, so daß es 1131 schon als Stadt urkundlich bezeugt ist. Ein besonderes Recht der Kaufleute von Goslar wird 1042 erwähnt. 1219 wurde die Stadt von Friedrich II. privilegiert, sie bestand damals aus dem Bergdorf, Frankenberg und den Kirchspielen St. Jacob, St. Stephan und St. Thomas. In *Gandersheim*, das sich 1208 aus der Diözesanhoheit Hildesheims lösen konnte, entstand auf der Grundlage von Regalienverleihungen an die Äbtissin 877 und 990 eine Marktsiedlung *Wik* um die St. Georgskirche. Diese wurde um 1200 als »Kirche der wandernden Kaufleute von altersher« bezeichnet, verblieb aber im 13. Jahrhundert außerhalb der Stadtmauern, die sich um eine zweite städtische Siedlung (mit der Pfarrkirche St. Mauritius aus dem 10. Jahrhundert) legte.

Zur Diözese Halberstadt zählen eine ganze Reihe alter Städte, wie Gifhorn, Hornburg, Königslutter, Schöningen, Schöppenstedt und *Helmstedt*, wo schon in karolingischer Zeit von Werden aus das Ludgeri-Kloster gegründet wurde. Helmstedt kommt 952 noch als Dorf vor. 1199 wurde die Stadt zerstört. 1249 ist die Stadterweiterung *Neumarkt* (heute Neumark) auf welfischem Boden bezeugt. Der abteiliche Stadtherr verlor seine Rechte noch im 13. Jahrundert an die Welfen und den Rat.

In der Erzdiözese Mainz entstanden die fünf Städte Münden, Northeim, Einbeck, Duderstadt und *Göttingen*. Die heutige Universitätsstadt geht auf eine Marktsiedlung um St. Albani zurück, drei Kilometer von der Pfalz Grona entfernt. Sie erhielt schon Mitte des 12. Jahrhunderts eine archäologisch nachgewiesene Befestigung. 1201/08 sind *burgenses*, 1231 der Rat bezeugt. Das Stadtrecht wurde 1232 von dem Welfen Otto bestätigt und die Stadtmauer unter Einbeziehung der Siedlung um St. Nikolai um 1250 erneuert. *Münden* (früher »Hannoversch Münden«) war wohl als einzige niedersächsische Stadt eine Gründung der Landgrafen von Thüringen. Ursprünglich fuldaisch, befand sich an dem wichtigen Dreiflüsseübergang im 11. Jahrhundert eine Burg Ottos von Northeim. Die Stadt ist 1183 bezeugt. 1246 gelangte sie durch Tausch an Braunschweig. Den Grafen von *Northeim* verdankte der Hauptort der Grafschaft die Gründung des Chorherrenstift St. Blasius (um 1100), das aber nicht lange danach in eine Benediktinerabtei umgewandelt wurde. Hier entwickelte sich eine Marktsiedlung. Gleichwohl wird das Marktgericht erst 1237 erwähnt, die Verleihung des Göttinger Stadtrechts erfolgte 1252 durch die Welfen. In *Einbeck* wurde das Kollegiatstift St. Alexander um 1090 von den Grafen von Katlenburg gestiftet, das sich zum Mittelpunkt einer Heiligblutwallfahrt entwickelte. Die 1203 bezeugte Stadt an Eime, Ilme und Leine erhielt dann eine Neustadt, die 1264 erwähnt wird. Eine Stadtrechtsverleihung wird in der Zeit der Söhne Heinrichs des Löwen angenommen. In *Duderstadt* entstand am quedlinburgischen Stiftshof eine Ansiedlung der Hintersassen sowie im 12. Jahrhundert eine Marktsiedlung. Beide wurden unter dem Welfen Otto, der 1247 Stadtherr wurde, vereinigt. 1241 sind bereits *burgenses*, 1255 *consules*, also Ratsherren, erwähnt. Nicht weiterentwickelt hat sich trotz einer Markt-, Münz- und Zollverleihung von 965 *Gittelde*. Allerdings lassen die Mauritiuskirche am Westende und die Kirche St. Johannis der Täufer am Ostende der *Langenstraße* noch die Struktur einer hochmittelalterlichen präurbanen Siedlung erkennen, in der im 11. Jahrhundert Münzen ausgebracht und wo Eisenerze abgebaut wurden.

In den aufblühenden Städten entstanden nicht nur neue einflußreiche soziale Schichten, es bildeten sich auch große Vermögensansammlungen. Gerade in der am Fernhandel bzw. an Zoll, Markt und Münze des Stadtherrn beteiligten Oberschicht stadtsässiger Ministerialen kumulierte das Kapital. Häufig wurden Überschüsse für fromme Stiftungen verwendet, wie das Beispiel des reichen Bürgers Luder von Goslar zeigt, der seine Tochter Gertrud den Stiftsdamen von Steterburg zur Erziehung übergeben hatte. Als sie sich entschloß, selbst Stiftsdame zu werden, wendete Luder dem Stift erhebliche Mittel zu, insbesondere für den Neubau der 1174 geweihten Stiftskirche. Es sollte nicht bei solchen Investitionen bleiben, denn der zunehmende Bedarf der Fürsten an Barmitteln verwies sie mehr und mehr an die solventen Bürger ihrer und benachbarter Städte. Streckten diese das Geld vor, erhielten sie als Gegenleistung Handelsvorrechte und andere Privilegien, die sich aber gewöhnlich nicht auf Einzelpersonen, sondern auf die Kommunen zu gesamter Hand bezogen. So wurden bürgerliche Finanzkreise zur »Hochfinanz«, zur politischen Finanz.

Geldverleihgeschäfte sind für Braunschweig Ende des 12. Jahrhunderts nachzuweisen. Hier gab es auch eine Münzerhausgenossenschaft. Das waren Ministerialengemeinschaften, die das Münzwesen und den kaufmännisch betriebenen Geldwechsel ausübten sowie die Edelmetalle beschafften. Wie bei der übrigen stadtsässigen Ministerialität bestanden enge Verflechtungen mit dem frühen Patriziat in Bischofs- und Königsstädten. Bei den Goslarer Münzerhausgenossen dürfen wir ähnliche Aktivitäten wie in Braunschweig voraussetzen, die aber noch nicht näher untersucht sind.

Braunschweiger Silbermark, sogenannter »Gußkönig«, aus dem 13. Jahrhundert.

Politisch treten die Bürger zweier sächsischer Bischofsstädte gegen Ende des 12. Jahrhunderts besonders hervor, die von Bremen und Lübeck. Beide Städte sind seit der Mitte des Jahrhunderts dem Herrschaftsbereich Heinrichs des Löwen unterworfen gewesen. Beide Städte waren dann in den achtziger Jahren der Zentralgewalt nähergerückt. Lübeck wurde 1181 Stadt des Königs, und auch Bremen lehnte sich deutlich an das Reich an, wie die Vorgänge von 1187/88, als Erzbischof Hartwig II. der Stadt eine Bede auferlegen wollte, deutlich erweisen. Damals nämlich hatte Barbarossa in einem Brief an die Bremer das Vorgehen Hartwigs für rechtsunwirksam erklärt und die Bürger für künftige Fälle direkt an die Reichsgewalt verwiesen. Dieser Fall trat bald darauf unter Heinrich VI. ein, als die Bremer bei ihm Klage gegen Erzbischof Hartwig führten, worauf dieser seines Amtes enthoben wurde und daraufhin nach England ging. Die Verwaltung der Grafschaft Stade übertrug er dem Grafen Adolf von Holstein-Schaumburg. Die Einkünfte aus der Stadt wurden durch »einige von den Mächtigsten« erhoben. Unter denen dürfte vor allem der Vogt, damals Alard I. aus der bedeutenden Ministerialenfamilie von Bremen, mit der Erhebung der Einkünfte betraut gewesen sein, während Adolf von Holstein doch eher als politische Schutzmacht zu verstehen ist, die der Stadt die Anlehnung an das Königtum konkret ermöglichte. Daß es sich bei den Bremer Einkünften um Markt-, Zoll- und Münzeinnahmen handelte, die auch sogleich von der Reichsgewalt zur Kreuzzugsfinanzierung in Anspruch genommen wurden, wird in einem Brief Barbarossas an Heinrich VI. vom 16. November 1189 aus Philippopolis an der Grenze des byzantinischen Reiches deutlich. Darin forderte er bei seinem Sohn Einkünfte aus Bremen an. So haben sich die Bremer in doppelter Weise am Dritten Kreuzzug beteiligt, in eigener Person und mit Geldzahlungen.

Modell der Bremer Weserkogge aus dem 14. Jahrhundert.

Die in der Hauptsache von ihnen und den Lübeckern getragene Schiffsexpedition von 1189 steht in der frühhansischen Seefahrt singulär da, denn erstmals wurde das neue hansische Großschiff, die Kogge, für ein größeres und dazu gemeinschaftliches Unternehmen erprobt. Dieser Schiffstyp, ursprünglich ein flachbodiges friesisches Wattenschiff, war gerade erheblich vergrößert und um 1150 erstmals mit Heckrudern versehen worden (Manfred Rech). Noch um 1175 schlug ein Stapellauf in Schleswig fehl, weil die Helling nicht auf die neuen Ausmaße eingerichtet war. Die inzwischen wohl gut erprobte Verwendbarkeit des Großschiffs bildete eine grundlegende Voraussetzung auch für die Überwindung der beträchtlichen Distanz (rund 15.000 Kilometer). Die Formen der städtischen Selbstverwaltung wurden auf die Organisation des Schiffsheeres übertragen und schufen so die Voraussetzungen für die Wirksamkeit der späteren Seekriegsführung der Städte. Walther Vogel beschrieb den Handelskreis der Frühhansen im nordatlantischen Raum als vorwiegend west-ost-bezogen und von dem südatlantischen und gar mediterranen völlig verschieden. Das war also die Gelegenheit für den frühhansischen Kaufmann, moderne nautische Kenntnisse und Erfahrungen auf hoher See zu erproben, sein Blickfeld zu erweitern und überhaupt seine Kenntnisse zu vermehren. Egmont Zechlin wies auf eine Rückwirkung hin: Die See-Expeditionen seien ein

Panzerreiter des 13. Jahrhunderts.
Siegel des Marschalls des Deutschen Ordens in Livland.

bedeutender Schritt hin zur Umlandfahrt durch den Skagerrak gewesen. Mindestens die Route von Brügge bis Cádiz und San Lucar de Barremedar blieb von nun an Gemeingut der hansischen Seefahrt. Und ist es da Zufall, daß für die Zeit um 1200 erstmals die Luxusware Pfeffer am Bremer Balgehafen archäologisch nachgewiesen werden kann? Vielleicht waren sächsische Fernhändlerkreise deshalb darauf bedacht, den Gesichtskreis bis an die östliche Grenze des Mittelmeeres zu erweitern, um den Zugriff auf das begehrte Gewürz zu bekommen.

Kaum waren die Bremer und Lübecker Bürger 1190 mit ihren Koggen wieder heimgekehrt (ihre Ordensgründung wurde von kreuzfahrenden Reichsfürsten zu Akkon 1198 bestätigt), sehen wir den frühhansischen Kaufmann und die land- und stadtsässige Ministerialität aus dem Raum zwischen Elbe und Weser an einem ganz anderen Schauplatz: auf den neu einsetzenden Livlandkreuzzügen ab 1197. Nach knapp dreißig Jahren dieser mächtigen »Expansion nach Übersee« ist Altlivland erobert, sind Städte und Bistümer gegründet und ist auch dort ein ritterlicher Orden entstanden. Dieses Unternehmen, das man früher gern als »die Aufsegelung Livlands« bezeichnete, gehört zu den größten Leistungen der stadt- und landsässigen Ministerialität vorwiegend des Erzstifts Bremen und der von ihr durchdrungenen frühhansischen Kaufmannschaft. Im

Ostbaltikum lebten unter der lockeren Oberhoheit der russischen Fürsten von Pleskau-Novgorod und Polozk die finno-ugrischen Stämme der Liven, Letten, Lettgallen, Semgallen, Kuren und Esten. Die orthodoxe Kirche hatte keine größeren Anstrengungen unternommen, die Naturreligionen und dazu der Polygamie huldigenden ostbaltischen Völker zu missionieren. Dagegen war es seit dem Beginn des 12. Jahrhunderts zu einer großangelegten missionarischen Offensive von Mönchen und Klerikern aus den verschiedensten west- und nordeuropäischen Ländern gekommen. In dieses Gebiet hatte sich außerdem seit der Mitte des Jahrhunderts der Handelszug rheinischer, niedersächsischer und westfälischer Fernkaufleute erstreckt, die – gefördert von Heinrich dem Löwen – auf Gotland eine starke Handelsniederlassung gründen konnten und, dünaaufwärts der alten Wikingerroute folgend, bis nach Smolensk und Kiew Handel trieben. Auf dem Dnjepr eröffnete sich ihnen der Weg bis ins Schwarze Meer und nach Byzanz. Unter dem Eindruck dieser Perspektiven und vorwiegend dem Interesse dieser Fernhändler nun entsprang der Wunsch, Handelsrouten und -niederlassungen einen stärkeren Rückhalt durch eine christliche Mission und deren feste Stationen zu verleihen. Diese begann mit der in Bremen erfolgten Weihe des Augustinerchorherren Meinhard aus Segeberg zum Bischof der Liven 1186. Meinhards friedliche Mission war durchaus erfolgreich. Als dieser »Apostel der Liven« 1196 starb, besaß die kleine Christengemeinde der Liven bereits eine Bischofskirche in Üxküll an der Düna. Auch hatte Meinhard den Einheimischen gezeigt, wie sie sich in steinernen Burgen schützen konnten. Die entscheidendsten Weichenstellungen zur gewaltsamen Unterwerfung der ostbaltischen Volksstämme gingen von den beiden folgenden Missionsbischöfen für Livland aus, Bertold (1196-1198) und Albert (1199-1229). Sie stammten aus den bremischen Ministerialenfamilien von Lühe und von Bexhövede. Neben Bischof Albert, den Gründer Rigas, der fast dreißig Jahre lang die Geschicke des Landes bestimmte, traten weitere Bischöfe, die ihn teils unterstützten, teils aber auch mit ihm konkurrierten, wie die Bischöfe von Reval und Selonien, Theoderich von Treiden und Bernhard II. von Lippe. Theoderich von Treiden schuf der Mission sogar ein eigenes Machtinstrument, den Schwertbrüderorden, der bald zur zweiten großen Kraft im Lande anwuchs und später in den Deutschen Orden eingegliedert wurde.

Grundlage für die jährlichen, von Lübeck ausgehenden Kreuzzüge waren päpstliche Bullen, die den bewaffneten Livlandpilgern Vergebung ihrer Sünden gewährten und die Livlandfahrt schon bald mit der Pilgerfahrt nach Jerusalem gleichstellten. Der im Mittelalter wohl einzigartige Vorgang niederdeutscher Kolonisation im östlichen Baltikum ist allenfalls vergleichbar mit der Niederlassung der Westeuropäer (den sogenannten *Pullanen*) in den levantinischen Kreuzfahrerstaaten.

Ein anonymer Deutschordensbruder nannte in seiner deutschen Chronik, der sogenannten Livländischen Reimchronik vom Ende des 13. Jahrhunderts, als Motivation für die durch Kaufleute begonnene Erschließung Livlands deren Gewinnstreben (V. 127-131). Damit lieferte er den Schlüssel für das tiefere Verständnis einer großen mittelalterlichen Expansion, denn die Jagd nach Gewinn trieb den hochmittelalterlichen Kaufmann schon damals zu weltumspannenden Reisen. Die Handelsrouten des »Guten Gerhart« von Köln, wie der Dichter Rudolf von Ems sie um 1210 beschrieb, reichten schon von Samarkand über Marokko bis zu den Reußen, Liven und Preußen (Guoter Gerhart, Vers 1195f. und 1198f.). *Riuzen, ze Liflant und ze Priuzen* befinden sich für den Fernhändler Gerhart von Köln *uber mer* (V. 1195). Besonders das ostbaltische Altlivland war das *ubir se* der Niederdeutschen (Reimchronik, Vers 827, 903) – so sah es auch Heinrich der Lettenpriester, der aus dem Magdeburgischen stammende erste Chronist der für den Westen neu erschlossenen Länder (ChrLiv. XV,4).

Insbesondere das frühpatrizische Bürgertum aus Bremen, Stade, Hamburg und Lübeck hat starken Einfluß auf die Besiedlung der Städte und die Besetzung kirchlicher Stellen in Livland genommen. Die Verknüpfung bürgerlicher Führungsschichten in Bremen und Stade wird sogar im Stammbaum der Livlandfahrer und -Bischöfe Alberts von Stade an zwei Stellen sichtbar. Die Bischöfe Albert von Riga, Dietrich von Lübeck und Hartwig II. von Bremen hatten zahlreiche Verwandte in der Stadt Bremen. Der Beiname eines Abkömmlings der Stader Vögte, *Manegoldus Dives*, »der Reiche«, deutet auf die Zugehörigkeit zur Fernhändler- und Ministerialenoberschicht in der Stadt. Es ist also wahrscheinlich, daß zu der Bremen-Stader Ministerialensippe auch »Bürger« gehörten, die das Interesse ihrer Städte auf die Livlandexpansion lenkten.

In Livland spielten die Großvasallen der Hochstifte eine herausragende Rolle: »Und im selben Sommmer wurde ... die Stadt Riga erbaut. Zu dieser Zeit verband sich der Bischof mit den Edelherrn Daniel und Konrad von Meyendorff und belehnte sie mit den zwei Burgen Lennewarden und Üxküll«. Mit diesen Worten stellte der Chronist Heinrich zum Jahre 1201 die erstmalige Einsetzung von Vasallen unmittelbar neben die Stadtgründung Rigas (ChrLiv. V,1). Damit gewichtet er das Ereignis höher als die Einrichtung des Domkapitels, die Berufung des ersten Zisterzienserkonvents und die Gründung des Schwertbrüderordens. Tatsächlich haben die Kolonisatorenfamilien größten Einfluß gehabt, denn sie wurden anders als Pilger und Bauern auf Dauer ansässig. Sie begründeten riesige Grundherrschaften (gegen Ende des Mittelalters wurden 250 Güter gezählt), manche gründeten sogar kleine Städte. Deutsche Bauern hingegen fehlten, was wahrscheinlich beabsichtigt war. Sie wären nur bei Gewährung von Erleichterungen und Rechten herbeizulocken gewesen; einheimische Arbeitskräfte konnten ohne solche Begünstigungen in das System integriert werden. Des weiteren mangelte es den livländischen »Kreuzfahrerstaaten« an einer weltlichen Spitze. Ansätze zur Ausbildung einer Oberhoheit durch Hermann II. von Lippe und dem sächsischen (Titular-) Herzog Albrecht scheiterten. Hermann war ein berühmter niederdeutscher

Kriegsherr und Bruder des Bremer Erzbischofs Gerhard II. Sein und Gerhards geistlich gewordener Vater Bernhard, ein alter Gefolgsmann Heinrichs des Löwen, wirkte als Bischof von Semgallen und Städtegründer in Estland. Aber mit Hermanns Tod (gefallen 1229 gegen die Stedinger) und dem Herzog Albrechts (1260) fanden diese Oberhoheitsbestrebungen ihr Ende. Als Papst Innozenz IV. 1246 den Erwählten Albert von Riga zum Legaten und Erzbischof erhob und ihm die drei liv- und estländischen Diözesen unterstellte, endete die geistliche Aufsicht der sächsischen Mutterkirche. Mit der Anerkennung Rigas als Erzbistum durch Papst Alexander IV. 1255 war dieses Kapitel Metropolitanherrschaft imperialer Ausmaße abgeschlossen, die Zusammenarbeit der führenden niedersächsischen Metropolitankirche mit der Reichsgewalt beendet. Altlivland geriet in ganz neue Abhängigkeiten, seitdem sich die Reste des am 22. September 1236 bei Saule vernichtend geschlagenen Schwertbrüderordens in die Arme des ostpreußischen Deutschen Ordens gerettet hatten, der damit 1237 die Gebietsherrschaft über weite Teile des Landes übernahm und nur die estnischen Länder Harrien und Wierland an Dänemark abtreten mußte.

Die Söhne Heinrichs des Löwen

Bernd Ulrich Hucker

In der Geschichtsschreibung sind die vier Söhne Heinrichs des Löwen und seiner Frau, der englischen Königstochter Mathilde, gewöhnlich hinter ihrem Vater in den Hintergrund getreten – zu Unrecht, wie vor allem die Betrachtung der Herrscherleistung der zwei Brüder Heinrich und Otto zeigen wird – Lothar war schon früh verstorben und Wilhelm († 1213) stand eher im Schatten seiner beiden älteren Brüder.

Heinrich, der Erstgeborene des Herzogs, hat schon früh Aufsehen erregt, als er im Winter 1193/94 in aller Heimlichkeit Agnes von Staufen, die Erbtochter des Pfalzgrafen Konrad, heiratete. Kaiser Heinrich VI. stimmte der Heirat nach anfänglichem Widerstand schließlich zu. Dadurch und durch die Belehnung Heinrichs mit den Reichslehen Konrads nach dessen Tod 1195 kam es zu einem vorübergehenden Ausgleich zwischen Welfen und Staufern. 1197 war Pfalzgraf Heinrich einer der Führer des Kreuzzuges des Kaisers. Deshalb konnte er nicht rechtzeitig zur Stelle sein, als die antistaufische Partei nach dem Tode des Kaisers (28. September 1197) einen Thronkandidaten suchte. Er unterstützte seinen Bruder Otto nach dessen Wahl nur halbherzig und ist erst nach der allgemeinen Anerkennung von 1208 endgültig und dauerhaft auf seine Seite getreten. Schon der Hoftag zu Frankfurt, auf dem damals die Anerkennung durch die Fürsten Süddeutschlands stattfinden sollte, ist durch den Pfalzgrafen einberufen worden. Beim Königsumritt durch Deutschland ist er dem Bruder nicht von der Seite gewichen. Mehrfach reiste Heinrich in den folgenden Jahren als Führer königlicher Gesandtschaften an den anglonormannischen Hof. Er, der seinen kaiserlichen Bruder um neun Jahre überlebte, hat ganz wesentlich zur Gründung des Herzogtums Braunschweig-Lüneburg im Jahre 1235 beigetragen. Was sein Tod für das Welfenhaus bedeutete, wird deutlich, wenn man sich klar macht, daß den Welfen dadurch nicht nur die Rheinpfalz endgültig verlorenging, sondern daß von nun an auch eine Perspektive für eine eventuelle Nachfolge im Reich fehlte. Heute kündet nur noch der Ende des 12. Jahrhunderts errichtete Bau der nach der Kreuzfahrerfeste *Toron* bei Tyros in Syrien genannten Burg *Thurant* bei Alken an der Mosel von der ehemaligen Machtstellung des Pfalzgrafen aus dem Welfenhause.

Otto (* 1175 oder 1176) gehört zwar nicht zu den herausragenden Kaisern des Mittelalters, doch liegt seine Herrscherleistung darin, daß er, wenngleich erfolglos, versucht hat, das Schicksal des Reiches in neue Bahnen zu lenken. Der Zusammenbruch seiner Politik, den Otto nicht zu Unrecht der Politik des

Reitersiegel des Pfalzgrafen Heinrich, des ältesten Sohnes Heinrichs des Löwen.

französischen Königs und der Treulosigkeit der Reichsfürsten zuschrieb, machte den durch seine Politik erreichten welfisch-staufischen Ausgleich und den Aufbau einer über den Parteien in Italien stehenden Herrschaft zu Episoden. Von dauerhafter Bedeutung blieb der von seiner Familie und ihm initiierte Kulturimport aus Westeuropa: Er setzte sich über viele andere Kanäle fort und schuf Denkmäler von bleibendem Wert.

Als Heinrich der Löwe ins Exil gehen mußte, begab er sich mit seiner Familie zu seinem Schwiegervater, König Heinrich II. von England. Dort fand der 24jährige Prinz Richard soviel Gefallen an seinem kleinen Neffen Otto, daß er ihn zu sich nahm und ihm persönlich eine ritterliche Erziehung angedeihen ließ. Als König übernahm Richard dann die standesgemäße Ausstattung des Prinzen, indem er ihm zunächst die Grafschaft York, dann das festländische Poitou, mit dem die Würde eines Herzogs von Aquitanien verbunden war, übertrug. Wappenkundliche Untersuchungen haben zutage gebracht, daß der Welfe später das gleiche Wappen wie der König selbst tragen durfte. Der kinderlose Richard muß spätestens seit seiner deutschen Gefangenschaft erwogen haben, Otto zum Erben einzusetzen. Schien so die Bahn Ottos als künftiger englisch-normannischer König vorgezeichnet, so erschütterte bald »eine der schwersten Katastrophen, die Deutschland im Mittelalter getroffen haben« (Hans Martin Schaller), die politischen Verhältnisse in Europa: Heinrich VI. starb ganz unerwartet am 28. September 1197.

Sofort bemühte sich die antistaufische Partei (vor allem die Kölner) um einen eigenen Thronkandidaten. Die Nachricht von dem drohenden Thronstreit führte dazu, daß das Kreuzfahrerheer Heinrichs VI., das sich soeben anschickte, den Weg nach Jerusalem freizukämpfen, auseinanderbrach. In Köln lud man Richard von England »als vornehmes Glied des Reiches« zur Teilnahme an der Königswahl ein. Der aber brachte seinen welfischen Neffen ins Spiel, so daß schließlich Otto von Poitou zum König gewählt wurde. Er hatte zwar nur die Minderheit der Wähler hinter sich, konnte aber am rechten Ort, im Aachener Münster, und von dem dazu legitimierten Fürsten, Erzbischof Adolf von Köln, gekrönt werden. Da die staufischen Parteigänger und die Gegner eines welfischen Königtums ihrerseits, nun mit der Mehrheit der Wähler, Herzog Philipp von Schwaben zum König gewählt hatten, kam es zu einer zweiten Krönung, die in Mainz vollzogen wurde.

Warum setzte sich ein Erzbischof von Köln für Otto ein, wo doch dessen Ziel, das Herzogtum seines Vaters wiederzuerrichten, Köln nur schaden konnte? Auf die Spur führten bisher nicht beachtete Posten in den *Pipe rolls*, den Ausgaberegistern des englischen Königs. Dort erscheinen schon 1198 Rückzahlungen an drei Kölner Bürger, die in der Sache Ottos tätig geworden waren. Wenn wir außerdem erfahren, daß der hochverschuldete Kölner Erzbischof gleichzeitig die Stimmen anderer Fürsten mit hohen Geldsummen kaufte, dann ist die gesamte Wahlgeld-Transaktion nicht ohne die Mitwirkung liquider Kölner denkbar. Es war also die Kölner Hochfinanz, die dem Erzbischof eine ihr genehme Kandidatur aufzwang. Ein anglonormannischer Prinz mußte namhaften Fernhändler- und Finanzkreisen schon wegen der einträglichen wirtschaftlichen Beziehungen der Rheinmetropole nach England sehr willkommen sein. Einer dieser bürgerlichen Königsmacher war der Zöllner Gerhard Unmaze, das historische Vorbild des *Guoten Gerhart Rudolfs von Ems.*

Mit der Annahme der Wahl hatte Otto zweifellos die folgenschwerste Entscheidung seines Lebens getroffen. Noch in Aachen verlobte er sich mit Maria, der Erbtochter Heinrichs von Brabant, und wurde schon bald von diesem adoptiert und zum Erben eingesetzt, wodurch er die Anwartschaft auf eine eigene, ihm ja noch fehlende Hausmacht erlangte. Seinen Bruder Heinrich erhob er zum Herzog von Sachsen. Durchsetzen ließ sich dieser Anspruch freilich nicht, und auch durch seinen Übertritt zur staufischen Partei (1204) kam der Pfalzgraf seinem Ziel keinen Schritt näher, weil Philipp von Staufen sich als zu schwach erwies, gegebene Versprechen einzulösen. Weiter gelang es den Welfenbrüdern, daß die dänische Königstochter Helena sich mit Wilhelm verlobte. Mit Hilfe Dänemarks konnten die Welfen 1201 die Grafschaft Stade und die Vogtei- und Königsrechte im Erzstift Bremen in ihre Hand bringen, was wiederum die Ausstattung Ottos mit einem eigenen Fürstentum, dem welfischen Kernland um Braunschweig, ermöglichte. Bis 1208 blieb Ottos Handlungsspielraum recht begrenzt, und doch hat er seine unter König Richard erworbenen Erfahrungen klug umgesetzt, indem er seine Stadt Braunschweig, die ihm auch nach dem Abfall seines Bruders geblieben war, in den Rang einer »Königsstadt« (*urbs regalis*) zu heben suchte. Wahrscheinlich geht die Gründung der Braunschweiger Neustadt von etwa 1200 auf seine Initiative zurück. Die Ausweitung der Stadt um das fünfte Weichbild *Sack* wurde noch in der frühen Neuzeit dem Kaiser zugeschrieben. Die Abschließung des topographisch und befestigungsmäßig unregelmäßigen Stadtgeländes von Braunschweig unter Otto war eine entscheidende Leistung. Die Stadt erreichte ihre bis in die Neuzeit hinein bestehende Gestalt.

Politisch waren die letzten Jahre des Thronstreits von unaufhörlichem Niedergang des welfischen Königtums bestimmt. Zwar hatte Papst Innozenz III. sich 1201 für Otto IV. ausgesprochen (wofür dieser die päpstlichen Rekuperationen bestätigte), auch konnte der Welfe die Machtpositionen im Bremischen und 1206 Goslar durch Eroberung hinzugewinnen und zeitweise auch den Böhmenkönig auf seine Seite ziehen, aber der Abfall seines Bruders Heinrich, des Erzbischofs Adolf von Köln und schließlich auch Kölns selbst (1205), beschränkte seine Anhängerschaft auf Dänemark und Lüneburg. Vor dem endgültigen Zusammenbruch seines Königtums, im Frühjahr 1208, fiel Philipp von Staufen einem Attentat zum Opfer. Die Motive des Königsmörders Otto von Wittelsbach und seiner Hintermänner, der Andechs-Meranier, sind nicht völlig geklärt – Otto IV. selbst jedenfalls hatte mit dem Königsmord nichts zu tun und hat es verstanden, auf die politische Linie der staufischen Partei einzulenken und vor allem die Reichsministerialität auf seine Seite zu ziehen. Da er bereit war, sich mit der ältesten Tochter des Ermordeten, Beatrix, zu verloben und die unerhörte Mordtat zu ahnden, einigten sich alle politischen Kräfte so rasch auf seine allgemeine Anerkennung, daß eine französisch beeinflußte Fürstengruppe, deren Kandidat Heinrich von Brabant war, keine Chance hatte. Die Welfengegner im Herzogtum Sachsen traten zu Otto über, nachdem er ihnen verschiedene Zugeständnisse gemacht hatte. Hinsichtlich des Welfenerbes bedeutete das, daß auf die Erneuerung der Herzogswürde Pfalzgraf Heinrichs verzichtet, aber Wilhelm von Lüneburg Ende 1208 zum »Herzog« erhoben wurde.

Jetzt boten sich dem Welfen und seinem Haus einzigartige Möglichkeiten. Der Kaiser, der nicht nur von seinen Brüdern, dem Pfalzgrafen Heinrich und dem gebildeten Wilhelm von Lüneburg, sondern nunmehr auch von so hochkarätigen Hofbeamten wie Heinrich von Kalden und Konrad von Scharfenberg beraten wurde, hat an das vorgezeichnete imperiale Programm angeknüpft.

Die Verwicklung der Andechs-Meranier und ihres Hauptrepräsentanten Ekbert von Bamberg in den Königsmord war die Gelegenheit für Otto IV., sich in dem Bistum Kaiser Heinrichs II. festzusetzen und hier die ottonische Kaiserherrlichkeit architektonisch wieder aufleben zu lassen. Der in diesen Jahren begonnene Bamberger Domneubau ist die gotische Erneuerung des alten Heinrichsdomes und bewahrt deshalb die romanischen Formen. Der Welfe

Adler und Greif von der Goslarer Kaiserpfalz.
Bronzearbeiten des frühen 13. Jahrhunderts.

Braunschweiger Silberbrakteat Kaiser Ottos IV. mit dem Löwendenkmal – vielleicht 1209 als Denkmünze auf die Verlobung mit Beatrix von Staufen ausgegeben.

hat auch die Anbindung an den großen »Sachsenkaiser«, Otto I., gesucht. Das geschah einmal literarisch im *Guoten Gerhart* und zum anderen durch die Erneuerung des ottonischen Dombaues zu Magdeburg, den er durch finanzielle Zuwendungen initiierte. Mit der Frühphase des Magdeburger Dombaues eng verwandt ist das doppelgeschossige Oktogon der Pfalzkapelle St. Ulrich zu Goslar, in der Stadt also, der sich Otto IV. seit ihrer Eroberung in besonderem Maße zugewandt hat (vgl. Abb. S. 73 u. 139).

Die urkundliche Bestätigung der päpstlichen Rekuperationen von 1201 (*Neußer Eid*) wurde im März 1209 von Otto erneuert (*Speyerer Erklärung*). Damit gab er die alten Königsrechte aus dem Wormser Konkordat scheinbar ohne Not auf, doch lehren die Maßregeln in Italien und bei der Besetzung von Bistümern, daß Otto die weitreichenden Zusagen von vornherein nur auf dem Papier zu machen gedachte. Wenn die Ausfertigung des Speyerer Privilegs als ein Täuschungsmanöver beabsichtigt war, dann ist es »erfolgreich« gewesen: Trotz größter Bedenken seiner Umgebung krönte Innozenz Otto IV. in der Peterskirche zu Rom zum Kaiser (4. Oktober 1209).

Gewöhnlich wird angenommen, Ottos Herrschaft sei vor allem aufgrund der päpstlichen Exkommunikation (18. November 1210) infolge der Kriegsvorbereitungen gegen Friedrich von Sizilien zum Scheitern verurteilt gewesen. Doch war Innozenz III. eher Nutznießer als Betreiber der entscheidenden Entwicklungen. Der Papst sah sein höchstes politisches Ziel, die dauernde Trennung Siziliens vom Reich, anscheinend durch einen neuen staufischen König mehr gefährdet als durch Otto, mit dem er lange hoffte noch zu einer Einigung zu gelangen. Und so hat er lange gezögert, die vom französischen König geforderte Wahl Friedrichs zu unterstützen.

Obwohl Otto 1212 eilends nach Deutschland zurückgekehrt war, um dort zu retten, was noch zu retten war, gelang es seinen Gegnern, Friedrich II. als Gegenkönig zu installieren (Wahl April/Juni 1211). Innozenz III. stellte dem Thronstreitregister, dem berühmten Verzeichnis der Briefe und Dokumente der kurialen Reichspolitik von 1198 bis 1209, bald ein zweites, ähnliches Werk an die Seite. Dieses zweite Thronstreitregister, das mit dem päpstlichen Warnbrief vom Januar 1210 und der wuchtigen Antwort Ottos (der Brief *Quia sepe*) einsetzt, ist nur in Trümmern erhalten. Aber selbst die wenigen bekannten Stücke machen deutlich, daß der Kampf zwischen Kaisertum und Papsttum auf einem sehr hohen publizistischen Niveau geführt wurde. Die kaiserliche Kanzlei, eine Behörde, in der seit 1209 auch all diejenigen Notare und Schreiber tätig waren, die schon unter Philipp, ja unter Heinrich VI. gedient hatten, bot die Voraussetzung für die Wirksamkeit eines publizistischen Kampfes. Es war allein deshalb ein schwerer Verlust, daß gerade der Leiter der Kanzlei, der Speyrer Bischof Konrad von Scharfenberg, Otto verließ. Mit seinen öffentlichen Bekundungen über Ottos Pläne, das geistliche Gut zu säkularisieren und zu besteuern, hat er den hohen Klerus mit auf die Seite der Gegner gezogen. Hinsichtlich der Verfügbarkeit der Mittel war der Kaiser dem Papst Innozenz III. durchaus ebenbürtig. Der Einsatz bestimmter Personen zeigte die Möglichkeiten, die er besaß: Nicht nur die Spruchdichtung Walthers ist hier zu nennen, auch der englische Literat Henry von Avranches erwarb sich mit seinem lateinischen Dialog zwischen Kaiser, Papst und Rom im propagandistischen Kampf gegen den Papst seine ersten literarischen Verdienste.

Nach dem Tode der Kaiserin Beatrix (11. August 1212) ging auch die frühere staufische Reichsministerialität zum Staufer über. Dennoch blieb es bis zum Lateran-Konzil 1215 durchaus offen, ob es Otto IV. nicht doch noch glücken würde, den Papst zur Aufhebung des Kirchenbanns zu bewegen. Auf dem Konzil sah es kurz so aus, als könne der Kaiser mit seiner Appellation an Konzil und Kardinäle gegen die Exkommunikation etwas ausrichten. Doch umging der Papst eine Diskussion über die Appellation und ließ die Wahl Friedrichs bestätigen. Ein eigentlicher Absetzungsbeschluß wurde nicht herbeigeführt.

Wichtiger aber als die Schachzüge des Papstes war eine Schlacht, die in den Julitagen des Jahres 1214 bei Bouvines (Belgien) geschlagen wurde, denn ihr Ausgang entschied über die Vormachtstellung in West- und Zentraleuropa. Die Forschung bescheinigt Otto IV. eine durchaus überlegte Strategie bei dem schon lange geplanten Vorgehen gegen Frankreich (das er übrigens aufteilen und den Rest zum Vasallenland des Kaisers machen wollte). Doch das ungestüme Drängen einiger Berater auf seiten der englisch-deutschen Alliierten, der überraschende Widerstand der Franzosen und die Ungunst des Sonnenstandes führten zu einer blutigen Niederlage. Frankreich konnte England aus seinem Festlandbesitz weitgehend verdrängen. In Deutschland fand Friedrich II. kaum noch nennenswerten Widerstand. Ebenso mißlang die Rückeroberung der nordelbischen Gebiete. Es glückte Otto 1215 nur vorübergehend, Hamburg aus dänischer Hand zu befreien. Noch hielt er sich in Köln und Aachen, aber nach deren Fall (1215) blieb sein Einfluß auf die Lande Braunschweig und Lüneburg beschränkt. Nur Herzog Albrecht von Sachsen und Erzbischof Waldemar von Bremen sowie etliche Grafen hielten weiter bei ihm aus. Dagegen konnte sich Friedrich in Oberitalien und sogar im festländischen Teil des Königreichs Sizilien vor 1218 nicht durchsetzen.

Auf einem mächtigen Bergsporn an der nordöstlichen Ecke des Harzes erhob sich die Harzburg. Sie war salischer Gewahrsam, staufischer Festungsturm und kaiserliche Laube – erbaut zum Vergnügen und zum Kriegsführen. Außerdem wurde hier von einer hochadligen Burgmannschaft das Reichsvogteigeld als Lehen des Reiches kassiert. Als Otto IV. im Mai 1219 begann, sich über seine Krankheit, eine ruhrartige Infektion, zu beunruhigen, ließ er sich hierher bringen. Aber bald mußte er sehen, daß ihm vom Leben nichts mehr blieb, und so bestellte er in Gegenwart der Öffentlichkeit sein Haus. Die Vorgänge wurden von einem Zisterzienser aus seinem Umkreis in einer »Erzählung vom Tod des Kaisers Otto IV.« (*Narratio de morte Ottonis IV. imperatoris*) aufgezeichnet. Teile seines Hortes gingen an die Kaiserin Maria, der Reliquienschatz selbst an das Stift St. Blasius und die Braunschweiger Abtei St. Aegidien erhielt einen Königsmantel, der nicht zwingend mit dem noch in Braunschweig vorhandenen, aus Riddagshausen stammenden identisch ist.

Es zeugt von der staatsmännischen Einsicht Ottos, daß er die begrenzten Möglichkeiten seiner Erben (Pfalzgraf Heinrich und Otto, »das Kind«, der nach Wilhelms Tod 1213 dessen Herrschaft geerbt hatte) erkannt hatte und in seinen letzten Verfügungen anordnete, sich mit den umliegenden Hochstiften zu verständigen. Der Weg für Friedenschlüsse mit den Erzstiften Bremen und Magdeburg wurde freigegeben, der anwesende Hildesheimer Bischof sogleich entschädigt. Dem Pfalzgrafen als Universalerben war aufgegeben, die Reichsinsignien nur für Gegenleistungen an Friedrich II. auszuliefern. Am 19. Mai 1218 ist der einzige römische Kaiser aus dem Welfenhaus gestorben, beweint von seiner Witwe und vielen Ordensleuten, deren Förderer er gewesen war. Sein Grab fand Otto an der Seite seiner ersten Frau in der Stiftskirche St. Blasius zu Braunschweig. Zwar war es um 1212 zu Versuchen gekommen, in Scheverlingenburg nördlich von Braunschweig ein Kloster zu gründen, dessen Weihename St. Marien auf Zisterzienser deutet, doch hatte Otto die Dotation dieser Kirche 1218 testamentarisch auf das Braunschweiger St. Blasiusstift übertragen. Die Witwe Maria stiftete Otto IV. zum Gedenken die Zisterze *Locus imperatricis* (Helmond in Nordbrabant). Sie selbst wurde später in St. Pieter zu Löwen beigesetzt.

Auf wirtschafts- und geldpolitischem Gebiet ist hervorzuheben, daß Otto IV. es war, der den Walkenrieder Zisterziensern den Aufbau einer bedeutenden Montan-Grangie am Westharz ermöglichte und der erstmals eine fremde

Währung, den englischen Sterling, mit Erfolg in Westfalen und am Niederrhein einführte. Seine Bürgerfreundlichkeit kann an der Fülle von Städteprivilegien abgelesen werden. Hochkarätige Kölner, Braunschweiger und Mailänder Bürger gehörten zu seinem engsten Beraterkreis.

Daneben hat Otto die Politik seines Vaters gegenüber Braunschweig fortgesetzt, indem er die Stadt ausbaute. Mit ihrer Pfalz bildete sie den Hintergrund für das geistige Leben in seinem Umkreis. Hier hatte schon Heinrich der Löwe mit Hilfe seiner Hofamtsträger und Kleriker eine Kurie ausgebildet. Mit dem Begriff *Kurie* bezeichnet man den Hof, ja die Behörde des römischen Papstes. Doch kannte das Mittelalter neben der päpstlichen Kurie die königliche Kurie. Die allgemeine, wenn auch nur drei bis vier Jahre währende Bau-, Literatur- und Kunstblüte wurde vom Hof Ottos mitgetragen.

Wilbrand von Oldenburg und Walther von der Vogelweide sind nicht die einzigen Literaten gewesen, die für Otto IV. tätig wurden. Nicht nur das westeuropäisch geprägte Denken Ottos, auch die Zusammensetzung seines Hofes und die Existenz von Rittergesellschaften boten Gewähr für die Vermittlung von Literatur, aber auch Kulturtechniken aller Art. Es ist nicht einmal unwahrscheinlich, daß der Französisch und Deutsch sprechende, wenngleich des Lesens vermutlich unkundige Kaiser sich selbst in der Lieddichtung mit den Troubadours gemessen hat. Für eine dieser Gesellschaften wurde in Osterode eine eigene Kirche mit dem Ritterpatrozinium des Heiligen *Jacobus maior* gestiftet. Die Entstehung der Artusrunden bezeugt der florentinische Literat Boncompagno für diese Zeit: »Es entstehen in vielen Gegenden Italiens gewisse Gesellschaften von jungen Leuten (*societates iuvenum*), die sich Gesellschaft der Falken, der Löwen, von der Tafelrunde nennen, und so legt sich jede Gesellschaft ihren eigenen Namen bei«.

Daß über Ottos Hof der kulturelle Austausch zwischen dem romanischen Westen Europas und Deutschland erfolgte, dokumentieren die neuaufgefundene, anläßlich der Aachener Krönung 1198 angefertigte Wappenrolle seiner Anhänger sowie die Epen Eilharts von Oberge (verfaßt ab 1199) und Wolframs von Eschenbach. In Wolframs Parzival manifestiert sich eschatologisches Herrschaftsdenken in der Verknüpfung des angevinischen mit dem jerusalemitanischen Königshaus, die durch die zweite Heirat des Welfen mit Maria von Brabant (1214) Wirklichkeit geworden war, denn Maria galt von Vater- und Mutterseite als vornehmste Erbin Gottfrieds von Bouillon. Eine einstrophige Minneklage des romanisch beeinflußten Otto von Botenlauben, die formal in der Nähe von Walthers Spruchdichtung steht, dürfte um 1212/16 entstanden sein.

Durch seine politischen und militärischen Mißerfolge 1215 bis 1216 wurde der Kaiser keineswegs zur kulturellen Bedeutungslosigkeit verurteilt. An den Zisterzienserkirchen in Riddagshausen und Walkenried wurde mit Förderung Ottos weitergebaut, und noch 1214/15 widmete der englische Autor Gervasius von Tilbury, dessen Tätigkeit in der Kanzlei Ottos Hans Martin Schaller jetzt nachweisen konnte, seinem Herrn ein enzyklopädisches Werk, das »Buch von den Wundern der Welt«. Inhalt und Kartenbeilage dieses *Liber de mirabilibus mundi* wurden Grundlage für eine riesige, wohl ebenfalls für den Kaiser bestimmte und in Ebstorf angefertigte Weltkarte. Das Kloster Ebstorf war um 1217 von einem der Gefolgsleute Ottos, dem Grafen Heinrich von Schwerin, neugegründet worden. Die Karte wurde aber wahrscheinlich erst nach dem Tode Ottos fertiggestellt und hat deshalb Ebstorf nicht mehr verlassen. Ottos IV. Bauförderung erstreckte sich auf die Königspfalzen in Aachen und Frankfurt sowie auf die Feste Harzburg. Reliquienschreine wurden in Köln, Aachen, Goslar und vielleicht in Lüneburg gestiftet.

Vom Hof des Kaisers sprangen die Impulse auf andere Zentren in Niedersachsen über, in denen seine Verbündeten und Vasallen herrschten. So wird etwa das Mäzenatentum des Verdener Bischofs Yso von Wölpe sichtbar durch Kunstdenkmäler (die romanische St. Andreas-Kirche in Verden mit der dortigen Grabplatte Ysos), die Ausbringung von Silberbrakteaten und den von ihm geförderten Autoren Ludolf von Lüchow (Domherr in Verden, Verfasser der *Flores grammatice*, eines Gedichts in 10170 Hexametern über die lateinische Syntax).

Das Jahr 1180 brachte für die welfische Vormachtstellung in Sachsen sicherlich einen tiefen Einschnitt. Meist wird jedoch völlig übersehen, daß nach dem Tode Kaiser Ottos IV. weitaus einschneidendere Einbrüche in die Machtsphäre der Welfen und ihrer Anhänger erfolgten. Nicht die Auswirkungen des Gelnhauser Spruches, die von den Söhnen des Herzogs innerhalb der folgenden dreißig Jahre aufgefangen werden konnten, sondern erst die Zusammenbrüche von 1218/19 beseitigten die hegemoniale Stellung der Welfen in Sachsen. 1219 lieferte Pfalzgraf Heinrich die Reichsinsignien an Friedrich II. aus. Dafür wurde er zwar Stellvertreter des Königs zwischen Elbe und Weser, wahrscheinlich auch Titularherzog, aber gleichzeitig zogen viele lokale Machthaber aus der veränderten Lage Nutzen. Das wird besonders an einigen, teils zufällig überlieferten Details im Norden des welfischen Herrschaftsgebiet deutlich. An der Spitze dieser bemerkenswerten Ereigniskette steht eine an die List vom trojanischen Pferd erinnernde Aktion der bremischen Ministerialen, mit der sie 1218 die welfische Besatzung aus Vörde, der Hauptfeste des Erzstifts, vertrieben: »Ferner wird die Burg Vörde von den Ministerialen der Bremer Kirche gewonnen, und zwar in folgender Weise. Neben dieser Burg, an einem Orte, der Bokkel heißt, an dem Fluß Beverna wohnte ein sehr einfältiger Bauer, der anfing, Kranke mit einigen bäurisch ausgedachten Worten zu segnen. Und zuletzt strömten die Kranken wie Pilger von verschiedenen Seiten zusammen, und fast jeden Tag erhob sich in der Menge Gesang und großes Geschrei, als ob einige von ihren Krankheiten befreit wären, und viele glaubten ihm. Der Herzog Heinrich aber beschützte ihn, und sein Vogt Heinrich von Ochtenhusen, und sie hatten unermeßlichen Gewinn von den Opfergaben. Inzwischen kamen die Bremer Ministerialen auf Vörde zu, und als man sie fragte, wohin sie zögen, antworteten sie, daß sie aus entfernten Gegenden kämen, um die Schwellen des heiligen Otbert zu besuchen, dessen Bad, wenn man es trinke, den Kranken wunderbar zur Gesundheit verhilft. Sie steigen zur Burg Vörde hinan und werfen die Leute des Herzogs hinaus. Der Bauer Otbert flieht nach Stade und so kam er später nach Lübeck, von da nach Riga, wo er starb« (Albert von Stade). Gleichfalls mußte sich Pfalzgraf Heinrich aus Bremen und Verden zurückziehen. Daß die mächtigen Edelherren von Diepholz sich gezwungen sahen, ihr Erbgut am Rande zur Marsch des Landes Hadeln in eine Klosterstiftung (Midlum, später Altenwalde) einzubringen, ist ein Reflex darauf. Hier bestätigt sich: »Macht ein Geschlecht einen seiner alten Sitze zum Kloster, so geschieht dies entweder angesichts des sicheren Aussterbens oder angesichts besserer Verhältnisse, die den alten Sitz nun militärisch überflüssig erscheinen lassen« (Albert von Hofmann). Ähnlich dürfte es sich in Heiligenberg im Hoyaschen verhalten haben, wo die Grafen von Wernigerode eine Prämonstratenserabtei gründeten. Zu diesem Vorgang gesellte sich ein ganz ähnlicher, der sich in Oldenburg abspielte und zur Vertreibung des dortigen welfischen Vogtes, eines Edelherrn von Hodenberg, führte. Im Bistum Halberstadt wird Ottos IV. alter Hauptmann aus dem befestigten Schloßberg Quedlinburg vertrieben. Und auch der Erwerb der Herrschaft Westen (1219) und der Stiftsvogtei durch den Bischof von Verden war wohl eine Folge des eingetretenen Machtvakuums.

Einen Tiefpunkt erreichte die Stellung der Welfen nach dem Tode des Pfalzgrafen Heinrich (1227). Begehrlich richtete König Heinrich (VII.) seine Augen auf Braunschweig. Ihm kam zugute, daß Otto »das Kind« im Juli nicht nur eine militärische Niederlage an der Seite seines Onkels Waldemar von Dänemark erlitten hatte, sondern dabei auch selbst in Gefangenschaft geraten war. 1229 rückten seine Truppen in Braunschweig ein. Dennoch blieb ihm die Herrschaft verwehrt, weil sich die Braunschweiger Bürger, gewonnen durch Privilegien Ottos und König Waldemars, auf die Seite des jungen Welfenerben stellten. 1235 gelang auf dem Mainzer Hoftag der Ausgleich mit dem Königtum: Ein neues Reichsfürstentum, ein Herzogtum (*ducatum*), wurde durch Friedrich II. gegründet, das aus der *civitas Brunswich* und dem *castrum Luneburch* samt deren Zubehör bestand. Die Herzogserhebung Ottos von Lüneburg verwies die Welfen nunmehr endgültig auf den Platz einer mittleren Territorialmacht, die sich schon bald, nämlich 1267, durch eine Teilung in kleinere Territorien aufspaltete.

Mönche revolutionieren die Ökonomie – unruhige Zeiten für die Kunst

Bernd Ulrich Hucker / Urs Boeck

Der niedersächsische Raum blieb von der staunenswerten Expansion der sogenannten Reformorden, also der Mönchsorden von Citeaux und Premontré, nicht unberührt. Wie nach dem beträchtlichen Einfluß, den Bernhard von Clairvaux auf König Konrad III. und die Fürsten ausübte, nicht anders zu erwarten war, sind es ausschließlich die führenden Hochadelsfamilien, die die Mönche des Zisterzienserordens herbeiriefen: Zuerst holte Siegfried IV. von Northeim (von Boyneburg), der Enkel Herzog Ottos und Vetter der Kaiserin Richenza, sie nach Amelungsborn an der Weser (1129/35); dann siedelte Pfalzgraf Friedrich II. von Sommerschenburg Mönche in Marienthal am Lappwald an (hier erscheint erstmals einer der beliebten Weihenamen der Zisterzienser). Friedrich beteiligte sich auch an der Gründung von Michaelstein durch Beatrix von Winzenburg, einer Tochter Hermanns I. von Winzenburg, der als Landgraf von Thüringen und Markgraf von Meißen zu den Reichsfürsten gehörte. Nun konnten auch die Welfen nicht zurückstehen – Heinrich der Löwe engagierte sich zwar nicht persönlich, aber sein Dienstmann und engster Vertrauter, Vogt Balduin von Dahlum, rief Riddagshausen ins Leben. Diese Abtei vor den Toren Braunschweigs konnte schwerlich ohne Zustimmung des Herzogs entstehen. Die 1127/29 durch die Edeldame Adelheid, verheiratet mit Volkmar *de Thuringia*, gestiftete Abtei Walkenried scheint aus dem Rahmen zu fallen. Den Quellen ist nicht zu entnehmen, welcher Familie Adelheid entstammte. Name und Besitz deuten auf die (1125 ausgestorbenen) sächsischen Pfalzgrafen von Bottendorf (*Putelendorf*) oder die Landgrafen von Thüringen. Ist sie mit der gleichnamigen Tochter Ludwigs des Springers von Thüringen identisch, dann sind zugleich die reichen Schenkungen an Walkenried durch dessen jüngeren Sohn Udo, Bischof von Naumburg, erklärt.

Die Wege des zweiten »Reformordens«, der Prämonstratenser, verliefen anders. Gegründet von Norbert von Xanten, späterem Erzbischof von Magdeburg, erfolgte sein Eindringen in Sachsen und Friesland über den Klerus, weniger über den Hochadel. Die Ausnahme ist St. Georg zu Stade, das die Markgrafen von Stade 1132/37 gründeten. In Ostfriesland entstanden von Westen her Aland, Langen und Palmar. Der Heilige Norbert selbst entfernte aus Pöhlde, das seit 981 Eigenkloster seines Erzstifts war, die Benediktiner und führte Mönche seines Ordens ein (1129/30). Mit Prämonstratensern wurden auch die im 12. Jahrhundert neu aufgebauten Domkapitel von Riga, Ratzeburg und Havelberg besetzt.

Die dritte Tafel.

Die vierte Tafel.

Die Gründung des Zisterzienserklosters Medingen – die Ordensfrauen ziehen mehrfach um, ehe sie endgültig in Medingen bleiben. Kupferstiche von 1772 nach verlorenen Wandmalereien von 1449.

Der zweite Schub von Klostergründungen sowohl der Zisterzienser als auch der Prämonstratenser wurde von den Grafen- und Edelherrenfamilien gefördert. Die Grafen von Hallermund gründeten Loccum (1163), die von Oldenburg Hude (1202), die von Wernigerode die Prämonstratenserabtei Heiligenberg, die von Wölpe Mariensee, die von Diepholz Midlum, das 1282 nach Alten-, später nach Neuenwalde verlegt wurde.

Zu den Männerklöstern traten seit dem 13. Jahrhundert vermehrt Frauenkonvente, gegen deren Einrichtung das Generalkapitel der Zisterzienser sich vergeblich gestemmt hatte. Deshalb wurden nur drei von ihnen dem Orden offiziell inkorporiert. Dazu gehörte Lilienthal (Weihename nach einem Mariensymbol!), das von Erzbischof Gerhard II. zum Totengedenken für seinen Bruder Hermann von Lippe im Kolonisationsgebiet nordöstlich von Bremen gestiftet worden war. Der Lipper Edelherr fiel 1229 im Kampf gegen die Stedinger »für die Freiheit der Bremer Kirche«, wie Gerhard in einer der Gründungsurkunden hervorhob. Die übrigen Frauenklöster lebten nach den Ordensregeln, ohne inkorporiert zu sein. Die Grafen von Oldenburg-Wildeshausen stifteten Börstel, die von Ravensberg Bersenbrück und die Ministerialen von Haseldorf, ein Zweig der Stader Vogtsfamilie, Himmelpforten. Himmelpforten ist ein für Zisterzen typischer Weihename, der den alten Namen des Klosterortes – *Eulsete* – verdrängte.

Gleich zwei Zisterzen gründete Agnes von Meißen, die Witwe des Pfalzgrafen Heinrich: Wienhausen und Isenhagen. Wienhausen ist – wie viele Zisterzen – nicht am Ort ihrer ersten Niederlassung geblieben. Die aus älterer Quelle schöpfende frühneuzeitliche Klosterchronik schreibt: »Worauff sie allso bald durch Hülffe Gottes alle Dornhekken, Büsche und unnöthige Stauden ausroden und das Gebäude in Wienhausen aufführen laßen, nachdem sie [nämlich Agnes] vorher starke pfäle in die Allre eingerammet und von ander Materie ein fester Grund geleget worden, worzu das verlaßene Kloster zu Neuen Hagen [= Nienhagen] nicht geringen Vorschub gethan. Mitler weile aber das solch Kloster erbauet, welches in einem halben Jahr fertig worden, haben sich die Conventualin des Klosters auff der Vestung Zell [= Altencelle] aufgehalten.« Die Mobilität der ersten Mönche und Nonnen wird von den Fresken zur Gründungslegende von Medingen besonders eindrucksvoll vor Augen geführt.

Die Zisterzienser – nach ihrer Wollkutte auch graue Mönche genannt – unterlagen einer straffen Organisation. Oberstes Beschluß- und Aufsichtsorgan war das jährlich tagende Generalkapitel der Vateräbte. Regelmäßige Visitationen durch fremde Äbte schufen die Voraussetzung dafür, daß die Ordensregeln durchgesetzt, der Austausch von Informationen gewährleistet und ökonomisch-technische Errungenschaften weitergegeben werden konnten. Was der zisterziensischen Wirtschaftsweise ihre Sprengkraft verlieh, war der Arbeitsgedanke, in seiner ursprünglichen Grundidee die Forderung einer autarken Klosterwirtschaft, in der die Mönche von ihrer Hände Arbeit lebten. Der Arbeitsgedanke der Reformorden fand seine sichtbarste Ausprägung in

Bauerngehöft mit Flechtzaun, Haus, Ställen und Backofen. Illustration aus dem »Oldenburger Sachsenspiegel« von 1336.

der Eigenwirtschaft der Abteien. Nicht nur im Wirtschaftshof am Klosterort, sondern wo irgend möglich, auch an anderen Stellen mit Klosterbesitz, arbeiteten Konversen. Die Außenstellen wurden *Grangien* genannt. Konversen waren Laien, die zwar der Klostergemeinschaft angehörten, aber keine Gelübde, sondern nur ein einfaches Versprechen abgelegt hatten und zur Entlastung der eigentlichen Ordensgeistlichen praktische Arbeiten erledigten. Oft spezialisiert, übernahmen sie kaufmännische Geschäfte, pflegten die Außenbeziehungen und ersetzten überhaupt religiöse Übungen –, die bei den Ordensbrüdern im Vordergrund standen, durch einen höheren Anteil an Arbeitsleistung.

Klosterhöfe in den Städten ergänzten dieses Wirtschaftssystem. Dorthin setzten die Konversen nicht nur Agrarprodukte ab, sondern auch Erzeugnisse von Gewerbefleiß und – wie im Falle Walkenrieds – von Bergbautätigkeit. Die zisterziensische Eigenwirtschaft war wirtschaftsgeschichtlich gesehen eine Reaktion auf die zersplitternde Grundherrschaft mit ihrem Rentensystem.

Die Ordensregel gebot eine Ansiedlung in der Nähe von Sümpfen und Unland. Doch vielfach erfolgten die neuen Ordensniederlassungen auch nicht im Ödland, sondern mitten in besiedeltem Kulturland. Wie die Beispiele der Zisterzen Mariensee, Hude, Himmelpforten und Loccum zeigen, mußten etliche bäuerliche Siedlungen der klösterlichen Eigenwirtschaft weichen. Anstelle der alten Bauerndörfer entstanden Plansiedlungen klösterlicher Hintersassen, was nicht ohne die Verdrängung bäuerlicher Familien abgegangen sein kann. Durch dieses sogenannte Bauernlegen machten sich viele Zisterzienser bei der Landbevölkerung verhaßt. Im Falle der 1231 gegründeten Zisterze Bersenbrück haben verdrängte und nach Mecklenburg abgewanderte Bauern noch 1252 ihrem Unmut dadurch Luft gemacht, daß sie noch einmal in ihre Heimat zurückkamen und das Kloster niederbrannten. Die Brandspuren sind in der Klosterkirche noch zu sehen. Rädelsführer waren Bernhard »der Einäugige«, sein Sohn Johann von Bersenbrück »der Schmied« und dessen Söhne Robert, Werner und Gerhard, die der Fürst Borwin von Rostock schon vergeblich zum Einlenken zu bringen versucht hatte. Erst 1274 leisteten sie für die Brandstiftung Sühne und verzichteten auf ihre Ansprüche auf Besitz in Bersenbrück. Die über drei Generationen wach gebliebene Verbitterung war offenbar dadurch hervorgerufen, daß die Zisterze von dem Gründungsgut aus, dem gräflich ravensbergischen Oberhof, das gesamte Land im Dorf Bersenbrück rücksichtslos in ihren Besitz gebracht hatte.

Die sichtbarsten Veränderungen in der Kulturlandschaft waren außer wüstgefallenen Bauerndörfern die Fischteiche und die Wassermühlen der Reformabteien. Fisch war als Fastenspeise unentbehrlich, und die Wassermühlen stellten die Energiequellen für Getreideverarbeitung und Gewerbe dar. Es gab solche mit vertikalen und horizontalen Wasserrädern. Der vertikale Antrieb senkte sich in Mühlbach und Fluß aber – seltener – auch in die Flutwelle der Tiden, der horizontale setzte den Antrieb durch Menschen- und Tierkraft fort und konnte an allerkleinsten Gewässern eingesetzt werden. Er war ohne Dämme, Mühlteiche und Zuleitungen leichter herstellbar und sogar effektiver als das vertikale, das »normale« Wasserrad, wie wir es kennen. Obwohl das Domesdaybook für England 1086 5.624 *mills* bezeugt, setzte sich diese »Maschine« nach Osten erst langsam durch. Noch in den zwanziger Jahren des 13. Jahrhunderts ist in Aufzeichnungen der schlesischen Zisterzienserabtei Heinrichau bezeugt, daß eine Wassermühle dort etwas sehr Seltenes war.

Ein wichtiger Schritt war die Diversifizierung, also die Mechanisierung anderer Gewerbe mit Hilfe der Antriebsmaschine Wassermühle wohl im 12., vielleicht schon vereinzelt im 10. und 11. Jahrhundert. Das heißt, durch Nokken und Gnepfen (Wasserbehälterchen) konnte die Mehl mahlende Maschine als Produktionsanlage theoretisch für alle Bereiche umgebaut werden. 1135 und 1175 sind beim steiermärkischen Kloster Admont erstmals handwerklich genutzte Wassermühlen sicher bezeugt. Wir dürfen aber annehmen, daß die stampfende, glättende und hämmernde Mühle schon im 13. Jahrhundert überall in deutschen Landen zum Einsatz kam. Freilich war es das Stampfen von Flachs und Hanf, also eine ausschließlich landwirtschaftliche Tätigkeit. 1162 in der Lombardei und 1171 in Frankreich bezeugt sind erstmals Walkmühlen zur Textilherstellung – sie knüpfen an die in den städtischen Revieren aufgeblühte Leinen- und Wollverarbeitung an, während Eisenhämmer erst 1251 erwähnt werden.

Vielleicht ist die Übertragung der diversifizierten Nutzung von Wassermühlen aus der Landwirtschaft auf die Metallverarbeitung und den Bergbau und damit die Einführung einer eigentlichen, industriell genutzten Kraftmaschine der Verbindung zu verdanken, die Landwirtschaft und Montanwesen zunächst ausschließlich innerhalb der Ökonomie der Zisterzen eingegangen waren. Ein sehr gutes Beispiel dafür ist die Wirtschaftsform der Zisterzienserabtei Walkenried. Sie war im 12. Jahrhundert vom Adel gegründet worden, erweckte dann aber das Interesse Kaiser Ottos IV., der wohl auch zu den Förderern des Neubaus der Klosterkirche gehörte. Friedrich II. setzte die Politik des Reiches gegenüber Walkenried dann fort. Wichtig ist, daß ab 1215 Reichsministerialen am und im Harz im Namen und auf Rechnung der Abtei im großen Stil Gruben und erzreiches Gelände aufkauften. Die Walkenrieder Zisterzienser und ihre sachkundigen Laienbrüder errichteten bei Gittelde eine eigene Bergbau-Grangie – etwas bisher noch nie Dagewesenes – und nutzten ihre Stadthöfe von nun an zum Umschlag des Erzes nach außerhalb, vor allem in die damaligen Zentren. Die Bergmannssage vom »Mönch« im Berge hat diese Tätigkeit noch über die Zeit hinaus bewahrt, als die klösterlichen Bergwerke allerorten »abgesoffen« waren und die Klöster sich wegen ihrer Unkenntnis wasser- und pumptechnischer Neuerungen aus dem Bergbau zurückzogen.

Zu Zisterziensern und Prämonstratensern kam im zweiten und dritten Jahrzehnt des 13. Jahrhunderts ein weiterer Schub von Klostergründungen: Als Otto IV. im Getöse seiner schwerbewaffneten Panzerreiter auf seinem Romzug 1209 durch das herbstlich gefärbte Tal von Spoleto ritt, trat ihm vom Straßenrand ein Mann barfuß und im härenen Gewand in den Weg, der ihm mit einem prophetischen Wort vor Machtmißbrauch warnte. Niemand kannte den Namen dieses Mannes, aber man wußte, daß er zu einer Gruppe von »Armen Christi« aus Assisi gehörte. Bald sollte in ganz Europa von dem spoletanischen Tuchhändlersohn Franziskus Bernardone († 1226) ebenso die Rede sein wie von dem zweiten Prediger der Armut aus Spanien, Dominikus, dessen Orden sich im geistigen Kampf gegen die Ketzer hervortat.

Die Verbreitung dieser beiden neuen Mönchsorden, die wegen ihrer aufgrund des Armutsgelübdes anspruchslosen Lebensweise auch Bettelorden genannt werden, scheint in Niedersachsen durch Otto IV. vorbereitet, wenn nicht in bestimmten Städten auch unmittelbar befördert worden zu sein. In Braunschweig hat der Welfenkaiser den Franziskanern schon früh eine Stätte geboten, indem er eine seiner Ministerialenfamilien veranlaßte, sie zu beherbergen. So kam der Braunschweiger Minoritenkonvent in der steinernen Kemenate derer von Bortfelde unter, die heute noch einen Teil der Klosteranlage bildet. Auch nach Hildesheim, Goslar und Bremen sind die Franziskaner möglicherweise noch vor der allgemeinen Aussendung der Ordensbrüder nach Deutschland (1221) gekommen. Das Stader Minoritenkloster, dessen Grund und Boden von der Stader Vogtsfamilie gestiftet wurde, ist der Tradition nach schon vor dem Tode des Heiligen Franziskus entstanden. In diesen Konvent trat der Benediktinerabt Albert ein, nachdem die Reform seiner eigenen Abtei gescheitert war. Albert von Stade war nicht der einzige Adlige, der zum Bettelmönch wurde. Auch Angehörige gräflicher Familien traten im 13. Jahrhundert einem der Bettelorden bei.

Das strenge Armutsideal und die ersten schlichten Bauwerke der neuen Mönche verfehlten gerade in den Städten nicht ihre Wirkung. Schnell fanden sich Bürger selbst der höchsten Schichten bereit, den »Barfüßern« Grundstücke und Unterkünfte zur Verfügung zu stellen. Die neuen Klöster der Bettelmönche eröffneten breiten Schichten die Teilhabe am Gebetsgedenken für die Toten, das bisher dem Adel vorbehalten war.

Das 13. Jahrhundert ist für die bildenden Künste eine Zeit des Umbruchs. In der Architektur kreuzen sich vielfältige Tendenzen zwischen Romanik und Gotik. Sind die beiden monumentalen Zisterzen Walkenried ab 1206, Riddagshausen ab 1216 und das dem Orden nahestehende Kloster Neuwerk in Goslar – wie als prominentestes Beispiel der ab 1209 erneuerte Magdeburger Dom – eher der burgundischen Adaption gotischen Bauens verpflichtet, bekunden der Dom zu Osnabrück nicht weniger als die zisterziensischen Kirchen Marienfeld und Loccum westfranzösische Baugedanken. Sie beeinflussen in westfälischer Umsetzung die beiden Hallenkirchen von Liebfrauen in Bremen und Berne. Münsterländische Halle gebundenen Systems als Bautypus, rheinische Bauskulptur und inzwischen autochthone Backsteintechnik finden in der Stiftskirche von Bassum zusammen. Rheinisch-maasländisch geprägt sind die bedeutendsten Backsteinbauten Ostfrieslands, die fragmentierte Basilika von Marienhafe und die untergegangene zisterziensische Abteikirche von Ihlow. Mit dem von Erzbischof Gerhard II. erneuerten Dom zu Bremen ist die Gotik im rheinischen Idiom der Stiftskirchen von Limburg und St. Gereon in Köln interpretiert. Der neue Geist offenbart sich überdeutlich im Vergleich mit der traditionellen Basilika von Stift Wildeshausen. Ein weiterer Weg zur Hallenkirche auf westfälischer Grundlage deutet sich nach 1225 in Barsinghausen an; er wird an St. Johannis in Osnabrück noch nach 1256 weiterverfolgt. In der Jahrhundertmitte bringt die Langhaushalle des Mindener Domes den Einschnitt, den kurz zuvor Straßburg und Köln mit ihren Kathedralen wagen. Die inzwischen erreichte Internationalität des Stils beobachten wir an der Ruine

Die Klosterkirche der Zisterzienserabtei Loccum.

der Zisterze Hude, die englische Anregungen in vollendeter Backsteintechnik verarbeitet.

Die Skulptur nimmt eine ähnliche Entwicklung. Die klassischen Stuckarbeiten Hildesheims, Goslars und Halberstadts sind Spätlinge romanischer Kunst. Das für den Hildesheimer Dom bestimmte Taufbecken führt um 1225 technisch die alte Tradition des Bronzegusses fort. Das wohl vom Stifter *Wilbernus* (Wilbrand von Oldenburg-Wildeshausen) vorgegebene theologische Programm wird in eine Plastik von zeitgemäß gewandelter Handschrift umgesetzt. Das hochrangige Werk ist ebenso vereinzelt wie die in Stein gehauene Tumba für das Herzogspaar Heinrich den Löwen und Mathilde im Braunschweiger Dom. Die zeitliche Einordnung dieses ältesten erhaltenen Doppelgrabmals von höchster Qualität muß aus kunstgeschichtlicher Sicht von Chartreser und Straßburger Werken der Jahre vor 1230 und von seiner Rezeption in der mitteldeutschen Skulptur ausgehen. In Ostfriesland entstehen unter französischem, über die Niederlande oder Westfalen vermitteltem Einfluß in Marienhafe und Norden Skulpturenzyklen in architektonischem Zusammenhang, aber – als Sonderentwicklung – auch auf einer Serie von Taufsteinen. In Bremen haben sich als qualitätvolle Bestandteile der Domfassade eine Marienkrönung und die Gruppe Kluger und Törichter Jungfrauen überliefert, deren Entstehungszeit sich ebenso der Jahrhundertmitte annähert wie die einer mit dem Namen Arnt von Gröpelingen verbundenen Grabfigur des Bremer Focke-Museums. Hingewiesen werden muß schließlich auf die Gruppe monumentaler Kruzifixe, deren wichtigste die Stiftskirche von Bücken und der Osnabrücker Dom besitzen.

Die Malerei geht andere Wege. In der Buchillumination, deren thüringisch-sächsische Schule zuerst Arthur Haseloff ordnete, entwickelt sich als letzte Steigerung romanischer Tendenzen und unter dem Einfluß älterer byzantinischer Werke ein zeichnerischer Stil, der um schlanke Körper ein Spiel vielfach gebrochener Falten legt, indes die Komposition einprägsam ausgewogen bleibt. Das aus Kloster Neuwerk stammende Goslarer Evangeliar ist das charakteristische Werk. In seinen Umkreis gehört das sogenannte Wolfenbütteler Musterbuch, aber auch monumentale Werke der Wand- und Deckenmalerei: In St. Michael in Hildesheim erhält die Decke des Langhauses eine Darstellung der Wurzel Jesse, einzig erhaltenes Beispiel einer solchen Raumgestaltung der Zeit. Im Braunschweiger Dom überlieferte sich die Ausmalung von Altarhaus, Vierung und Südquerhaus. Hier wird ein umfangreiches Programm von Heiligenlegenden an den Wänden entwickelt, zeitgeschichtlich von besonderer Bedeutung sind die der Kreuzauffindung und des Heiligen Thomas von Canterbury. In den Gewölben des Altarhauses ist das Thema der Wurzel Jesse in einen Teppich von Medaillons und Rhomben eingewoben, in der Vierung das Himmlische Jerusalem über Mauerkranz und Ädikulen mit Szenen des Neuen Testaments zu einer überwältigenden Schau vereint, im Südquerhaus die Marienkrönung im Zentrum mit den 24 Ältesten umgeben. Die Werkstatt, deren Mitglied Johannes Gallicus inschriftlich benannt ist, hatte den nach unserer heutigen Kenntnis umfangreichsten Auftrag ihrer Zeit in Deutschland zu meistern; sie war ungefähr zwischen 1235 und 1250 tätig. Ein frühes Werk der Tafelmalerei, nun völlig der Gotik zuzurechnen, ist das Triumphkreuz der Zisterzienser von Loccum, spätestens vor der Kirchweihe 1277 geschaffen.

Länder entstehen und Städte verbünden sich

Bernd Ulrich Hucker

Der Zusammenbruch der welfischen Vormachtstellung über Sachsen fiel mit dem Rückzug der königlichen Zentralgewalt zusammen. Das allmähliche Zurückweichen der Reichsgewalt kann am besten an den Vorgängen von 1223/27 beobachtet werden, als die sächsischen Fürsten im Verein mit dem Städtebürgertum das Gebiet nördlich der Elbe dem Dänenkönig Waldemar II. dem Sieger entwanden. In Nordalbingien war der Erzbischof von Bremen geistlicher Oberhirte, doch hatte Waldemar das Land 1201 erobert, wobei es sein Verbündeter Otto IV. vermieden hatte, die Okkupation reichsrechtlich anzuerkennen. 1215 versuchte der Welfe vergeblich, die Gebiete gemeinsam mit Erzbischof Waldemar von Bremen und Adolf von Holstein zurückzuerobern. Zur selben Zeit verstand sich sein Gegenkönig Friedrich II. dazu, dem Dänenkönig die Reichsgebiete nördlich von Elbe und Elde urkundlich unter Zustimmung der Reichsfürsten abzutreten. Das Gebiet umfaßte die Bistümer Ratzeburg, Lübeck und Schwerin sowie die Grafschaften Holstein, Storman und Ratzeburg mit Lübeck und Dithmarschen, ferner das Land der Obotriten mit den Grafschaften Schwerin und Dannenberg. Die Grafen von Holstein und die von Schwerin besaßen ihre rückwärtige Basis an der Mittelweser bzw. im Lüneburger Land.

Friedrich II. war 1223 hoch erfreut, als er von der Gefangennahme des Dänenkönigs durch den Grafen Heinrich von Schwerin erfuhr und ermahnte von Sizilien aus die Reichsfürsten, in der Sache tätig zu werden und den Verhandlungsführer, den Bischof von Würzburg, zu unterstützen. Auch billigte er von vornherein alles, was dieser mit dem Grafen aushandeln würde, damit der König in die Hände des Reiches komme. Friedrich gedachte also wie sein Vater Heinrich VI. vorzugehen, als dieser sich 1193 den vom Herzog von Österreich gefangengenommenen Richard Löwenherz ausliefern ließ.

Heinrich von Schwerin, den Waldemar schon früher wegen einer Benachteiligung in einer Erbangelegenheit gegen sich eingenommen und ihn außerdem aus seinem Besitz vertrieben hatte, war im Frühjahr 1223 auf das kleine Eiland Fyö südlich von Fünen gekommen, um dort mit dem König und seinem Sohn über seine Unterwerfung zu verhandeln. Kurzerhand setzte er jetzt König und Kronprinz gefangen, versenkte die dänische Flotte und floh mit seiner Beute auf sein Schloß Lenzen an der Elbe, von wo aus er aber bald in die sichere Feste des Grafen Volrad von Dannenberg übersiedelte. Es ist ziemlich unwahrscheinlich, daß der Schweriner das alles nicht von langer Hand geplant haben sollte. Bald waren die Verhandlungen zwischen dem Schweriner und dem Reich – anstelle des Bischofs von Würzburg vertrat nun aber der Reichsverweser Engelbert von Köln das Kind Heinrich (VII.) – auf dem Reichstag in Nordhausen im September 1223 zum Abschluß gekommen. Dieser Vertrag sah die Auslieferung des Königs für 52.000 Silbermark sowie die Belehnung Heinrichs mit einer Reichsburg vor. Außerdem sollten die beiden Waldemare dem Grafen Urfehde schwören und auf das Land nördlich der Elbe verzichten. Doch verlief die Sache keineswegs so glatt, weil nämlich Waldemar dem Papst mitteilte, er habe im geheimen den Kreuzzug gelobt, an dem er 1225 mit seinen Rittern teilzunehmen gedenke. Durch diesen geschickten Schachzug war der Papst genötigt, sich zum Schutze des Kreuzfahrers einzuschalten. Er bedrohte den Grafen von Schwerin mit dem Kirchenbann. Den Gefangenen freilich half dies zunächst wenig, so daß sie sich zu Verhandlungen verstehen mußten, zumal es dem Deutschordensmeister Hermann von Salza gelungen war, Papst und Kaiser in dieser Frage zusammenzubringen. Dem Papst waren Kreuzzugshilfen in Aussicht gestellt worden. Der Ordensmeister, vom Kaiser als Gesandter bevollmächtigt, traf sich zusammen mit dem Schweriner am 4. Juli 1224 in Dannenberg mit dem Grafen Albrecht von Orlamünde und Holstein, dem dänischen Reichsstatthalter. Dort schloß man einen Vorvertrag, der vor allem Waldemars Anteil am künftigen Kreuzzug festlegte, aber auch den Verzicht auf Nordalbingien vorsah. Holstein sollte zusammen mit der Grafschaft Ratzeburg an Graf Albrecht fallen.

Das Lösegeld wurde auf 40.000 Mark Silber festgesetzt, deren erste Rate auf einem Treffen mit dem deutschen König am 8. September 1224 in Bardowick zu zahlen war. König Heinrich machte sich mit Engelbert von Köln Anfang September auf den Weg zur Elbe. Aufgrund verschiedener Aufenthalte mußte das Treffen auf den 29. September verschoben werden. Zu diesem Tag waren dann auch die Dänen unter Graf Albrecht mit »vielem Gelde« auf der anderen Seite der Elbe eingetroffen, während der König, der Reichsverweser und viele Fürsten und vor allem niedersächsische Grafen in Bardowick Hof hielten. Bald nach dem 9. Oktober verlegte man den Verhandlungsort nach Bleckede, weil hier das andere Flußufer besser zu erreichen war. Doch kam es aus unbekannten Gründen nicht zu einem Vertragsabschluß. Jetzt, nach dem Scheitern des Dannenberger Vertrages, war Heinrich von Schwerin rechtlich nicht mehr gebunden, was sich auch sogleich darin ausdrückte, daß er in Mecklenburg den Krieg eröffnete und die Dänen von dort vertrieb. Alsbald fiel man mit Hilfe des Erzbischofs Gerhard von Bremen und des Grafen Adolf von Schaumburg in Holstein ein, wo es im Januar 1225 bei Mölln zur Schlacht kam, bei der Graf Albrecht besiegt wurde und ebenfalls in Gefangenschaft geriet. Zur gleichen Zeit vertrieben die Lübecker ihre dänische Besatzung. Nun mußte Waldemar endgültig einlenken, und es kam bald (17. November 1225) zu einem neuen Vertrag, der dann auch umgesetzt wurde: Heinrich von Schwerin sollte 45.000 Mark und den Schatz der Königin erhalten. Außerdem verzichtete der König

Die Schlacht bei Bornhöved wird unter anderem dadurch entschieden, daß sächsische Ritter (links) den dänischen König Waldemar II. Sieger (rechts) verwunden. Miniatur aus der »Sächsischen Weltchronik«, Bremer Handschrift (um 1300).

auf das Land zwischen Elbe und Eider sowie auf Slawien mit Ausnahme Rügens. Auch den Kaufleuten aus Hamburg, Lübeck und »aus dem Reiche«, also doch wohl aus Sachsen, wurde Handelsfreiheit in Dänemark gewährt. So kam Waldemar zwar am 21. Dezember 1225 endgültig frei, ließ sich aber vom Papst vom Eid befreien, um dann im September 1226 in das Land einzufallen. Die Grafen Heinrich und Adolf offerierten daraufhin dem Herzog von Sachsen die eroberten Grafschaften als Lehen und gewannen so dessen Hilfe. Beim Kirchdorf Bornhöved kam es am 22. Juli 1227 zur Schlacht, aus der die sächsischen Fürsten unter Führung des Herzogs und Erzbischof Gerhards mit den Bürgern aus Lübeck, Hamburg und Bremen siegreich hervorgingen. Dieser Sieg bedeutete vor allem die Befreiung der Ostsee für den frühhansischen Handel und legte damit Grund für den Aufstieg der Hanse.

Dem Rückzug aus den nordalbingischen Verhandlungen von 1224 vergleichbar ist das vorsichtige Taktieren der Reichsgewalt in der Stedingerfrage: Noch im April 1230 hatte Friedrich II. den Stedinger Bauern ein Dankesschreiben wegen der Begünstigung des Deutschen Ordens geschickt. Dieser im Original erhaltene Brief sicherte der Landesgemeinde außerdem für die Zukunft die kaiserliche Gunst zu. Gleichwohl war es Erzbischof Gerhard II. gelungen, der Verketzerung der Stedinger auch den kaiserlichen Bann nachfolgen zu lassen. Die Versuche des jungen Königs Heinrich, die Wirkung durch die Landfriedensgesetze von Mainz und Frankfurt am Main (25. Juli 1233 und Februar 1234) zu entschärfen, wußte Gerhard auf dem Hoftag zu Frankfurt zu verhindern. Als 1233 und 1234 vom Bremer Erzbischof die Kreuzzüge gegen die Stedinger durchgeführt wurden, hat die Reichsgewalt nicht mehr eingegriffen.

Der letzte Stützpunkt, den das Reich fortan in Sachsen besaß, war Goslar und sein Reichsgutbezirk. Die ökonomische Verfügungsgewalt war aber dadurch eingeschränkt, daß den Welfen 1235 der Bergzehnt, die Berghoheit und das Berggericht übertragen worden war. Erst in der Zeit der Gegenkönige, wenn auch noch zu Lebzeiten Friedrichs II., rückte der Norden wieder in den Vordergrund. 1246 suchte die päpstliche Kurie die Entscheidung im Rücken ihres kaiserlichen Gegners durch die Errichtung eines Gegenkönigtums. Große Summen wurden durch verkleidete Bettelordensmönche nach Deutschland geschafft und in Lüttich deponiert. Im April 1246 schrieb Innozenz IV. an »die Erzbischöfe und die übrigen edlen Fürsten«, denen die Königswahl zustehe, den Landgrafen Heinrich Raspe, der dazu bereit sei, unverzüglich zum römischen König zu wählen, da das Reich zur Zeit verwaist sei. Sodann bevollmächtigte er seinen Legaten Philipp von Ferrara, gegen alle, die sich weigern würden, dem Neugewählten den Treueid zu schwören, mit kirchlichen und weltlichen Strafen vorzugehen. Dazu kam eine Flut von Ehe- und anderen Dispensen, die die kuriale Kanzlei auf Vorschlag des Legaten für übertrittswillige Grafen und Ritter und ihre Familien ausstellten. In unserer Region etwa intervenierten die Grafen von Ravensberg und von Oldenburg zu Gunsten des Grafen Gerbert von Stotel, der seit acht Jahren mit Salome von Oldenburg verheiratet war und auch schon Kinder mit ihr hatte. Nun stellte sich heraus, daß die Ehe wegen zu naher Verwandtschaft ungültig war. Innozenz IV. erteilte unter der Bedingung Dispens, daß der Graf mit seinen Rittern das Kreuz nähme. An einem Tage, am 5. Juli, sind allein sechzehn Urkunden für die Sache des Gegenkönigs ausgestellt worden. Nach dem unerwarteten Tod des Landgrafen Heinrich Raspe kam es zur Wahl des Grafen Wilhelm von Holland, der sich die erste Zeit kaum durchsetzen konnte. Erst 1252 erreichte dieser seine allgemeine Anerkennung im Reich – der Durchbruch erfolgte aufgrund der Heirat Wilhelms mit der Tochter Ottos von Braunschweig. Am 25. März 1252 fand in Braunschweig eine »Nachwahl« durch die ostsächsischen Reichsfürsten statt. Wilhelms alsbald beginnender Krieg gegen die Westfriesen und der des Adels zwischen Elbe und Weser gegen die Wurster Friesen ist neben den sicher ausschlaggebenden Territorialinteressen auch auf einem weiteren, verbindenden Hintergrund zu sehen, dem Kampf gegen das Strandrecht. Das Strandrecht war für die freien Landesgemeinden im Nordseeküstenraum mehr als nur ein gewinnbringendes Gewohnheistrecht. Es war eines der substantiellen Rechte sowohl ihrer Autonomie als auch ihrer Königsbindung. 1252 erschlugen Nordfriesen den dänischen König Abel, der soeben der Forderung der Städte, vor allem Lübecks, nach Aufhebung dieses Regals nachgekommen war. Da es

Wilhelm von Holland um eine Neuordnung der Machtverhältnisse zu Gunsten seiner neuen Verbündeten, der Städtebürger, ging, war er »von einem Beförderer der friesischen Freiheit zu ihrem schärfsten Gegner geworden« (Friedrich Bock).

Doch als der König im Januar 1256 mit einem großen Heere, das durch die Teilnahme des Bischofs von Speyer und einiger Grafen durchaus den Charakter eines Reichsaufgebotes besaß, das westliche Friesland betrat, gingen ihm bereits böse Gerüchte voraus. Der Chronist berichtet dann über die Friesen: »Sie stellten ihm also sowohl auf dem Meere, als im Schilf und auf dem Lande, das sehr sumpfig ist, nach, und als die Winterkälte strenger wurde ... folgten sie in leinenen Kleidern und leicht gerüstet seinen Spuren, bewaffnet mit Wurfspießen, die sie *Goveloken* nennen, und auf deren Gebrauch sie sich sehr gut verstehen, und mit dänischen Äxten und Lanzen. Sie kamen an einen Sumpf, und da Wilhelm ein großes, ganz mit Eisen bedecktes Schlachtroß ritt, er selbst aber mit Helm und Panzer gerüstet war, brach die mehr als einen halben Schuh dicke Eisrinde, das Pferd sank ein und blieb im Schlamm stecken. Während der erzürnte Reiter es nun mit seinen scharfen Sporen bis auf die Eingeweide bearbeitete, und das hitzige und edle Tier herauszukommen trachtete, und es doch nicht konnte, so sank es mit gebrochener Kraft immer tiefer und erdrückte, sich wälzend seinen Reiter zwischen den glatten und scharfen Schollen. Die Friesen drangen also auf ihn ein, und da niemand dem Bedrängten zu Hilfe kam, weil seine Begleiter, aus Furcht, ebenso einzusinken, alle entflohen waren, durchbohrten sie seinen durchnäßten und vor Kälte erstarrten Leib, obgleich er um Schonung bat, von allen Seiten unbarmherzig mit ihren Wurfspießen. Er hatte aber seinen Verfolgern eine unermessliche Summe (so schwer wie seine Rüstung) als Lösegeld geboten. Allein die Unmenschen hieben ihn schonungslos in Stücke« (Matthäus Paris in der *Chronica maior*, beendet 1259). Nach dem Tod Wilhelms verlagerte sich das Zentrum der Reichspolitik endgültig nach Oberdeutschland.

Die niedersächsischen Territorialherrschaften hatten sich inzwischen fest ausgebildet. Was um 1250 vorhanden war, hat mit mehr oder weniger festen Grenzen auch bis in die Neuzeit fortexistiert. Vom neubegründeten Herzogtum Braunschweig-Lüneburg war schon die Rede. Als weitere Beispiele sollen uns zwei Hochstifter dienen, Bremen und Verden.

1219 einigten sich Stiftsadel und -dienstmannen sowie das Domkapitel zu Bremen bei der Erzbischofswahl auf Gerhard, ein Mitglied der durch mehrfache Besetzung von Bischofsstühlen und bei der Eroberung des Baltikums hervorgetretenen Edelherrenfamilie von Lippe. Gerhards II. Regierung war die ersten fünfzehn Jahre dadurch bestimmt, Wege zu suchen, die politisch-militärische Kraft der freien Landesgemeinden – bekannt geworden unter der eher pauschalen Bezeichnung Stedinger – vor den Toren der Metropole einzudämmen, wenn nicht zu brechen. Sein Vorgänger Gerhard von Oldenburg hatte noch mit den Bauern paktiert (1217) und damit ihre Eigenstaatlichkeitsbestrebungen akzeptiert. Gerhard legte es von Anfang an darauf an, die potentiellen Gegner der Bauern zu einen, sie geistlichen Zwangsmitteln zu unterwerfen und schließlich politisch zu isolieren. 1233/34 gelang es ihm, die politische Autonomie der Stedinger zu beseitigen. Die endgültige Eingliederung der Grafschaft Stade und die Eroberung von Ottersberg brachte fast den gesamten Elb-Weser-Raum in die Hände des Erzstifts. Daß Gerhard II. sich in seinem Bereich als dem König gleichrangig fühlte, dokumentieren seine Repräsentativbauten: Der neu eingewölbte Dom, die Liebfrauenkirche am Markt, die Pfarrkirche St. Aegidien zu Berne, die als Monument des Triumphes über die »ketzerischen« Bauern gelten darf. In den Stiftern Wildeshausen und Bassum initiierten Gerhards Geschwister gleichfalls imposante frühgotische Hallenkirchen nach den Vorbildern in Lippstadt, Marienfeld und Münster.

Den Grund zum Aufbau eines festen Territoriums des Hochstifts Verden legten die beiden Bischöfe Rudolf I. (1188/89-1205) und Yso von Wölpe (1205-1231). Rudolf hatte starken Rückhalt am Kaiserhof, da er Kaiser Heinrichs VI. Protonotar und später noch enger Berater war. Er erbaute die Rotenburg an der Wümme, die spätere Residenz der Bischöfe. 1197 bestätigte er die Gründung eines Klosters durch die Edelherren von Buxtehude (das spätere *Altkloster*). Sein Nachfolger Yso war Domherr in Verden und wurde Propst des Kollegiatstiftes zu Bardowick, spätestens seit 1197 auch Dompropst. Wie seine Amtsvorgänger, die zum Teil wie Rudolf Angehörige der königlichen Kanzlei waren, hielt er sich im Thronstreit zur staufischen Seite, erhielt von König Philipp auch die Regalien, wurde aber durch seinen Bruder Bernhard II. von Wölpe sowie Wilhelm von Lüneburg bald zu Otto IV. gezogen. Nach 1218 erwarb er die Stiftsvogtei von den welfischen Untervögten. Diese Besitzrechte und der Kauf der Edelherrschaft Westen ermöglichten die Gründung von St. Andreas (1220), dem ersten (und einzigen) Kollegiatstift in Verden. Unter Yso nahm Verden Abschied aus der Reichspolitik. Vorrang erhielt der Territorialausbau des Stifts (Kolonisation im Alten Land). Die Stadtwerdung Verdens wurde durch den Bau einer Stadtmauer und die Aufnahme der Münzprägung beschleunigt. Sicherlich ist der Ausbau der Norderstadt eine Reaktion auf die erstarkende Stellung des Domkapitels, dessen Stadt, der Domstadt (sogenanntes *Süderende*), der Bischof offensichtlich eine eigene entgegen zu stellen suchte.

Den Territorialherrschaften der weltlichen und geistlichen Fürsten standen an der Küste und in den Flußmarschen von Ems, Weser und Elbe freie, selbstverfaßte Landesgemeinden gegenüber, die sich zunehmend sperrten, in das Herrschaftssystem fest eingegliedert zu werden. Das spektakulärste dieser Phänomene war zweifellos der Kampf um die »Freiheit« der Stedinger Bauern. Stedingens Besiedlung war in der zweiten Hälfte des 12. Jahrhunderts weitgehend abgeschlossen, die Bauern begannen sich verwaltungsmäßig und politisch in Kirchspielen zu organisieren, was schon allein wegen der Verpflichtung notwendig war, die Deiche zur Weser, zur Hunte und zur Ollen zu unterhalten. Die Königsrechte (Regalien) und die Blutgerichtsbarkeit wurden von den Gra-

Das Siedlungsgebiet der Stedinger an der Niederweser.

fen von Versfleth wahrgenommen, die Lehnsträger der Bremer Kirche waren. Der letzte Graf dieses Hauses starb 1196 oder bald danach. Und als sich der Oldenburger Graf Moritz im Jahre 1199, spätestens im Frühjahr des nächsten Jahres, an das Ordenskapitel der Zisterzienser wandte, um die Gründung einer Niederlassung der Reformmönche in Bergedorf anzuregen, muß es bereits zum Konflikt zwischen ihm und den Bauern gekommen sein. Da die Gründung von Zisterzen in der bäuerlichen Bevölkerung große Unruhen hervorrief, hat der Plan des Grafen wohl zur Verschärfung der Gegensätze zwischen den Bauern und den Grundherren geführt. Die Abtei wurde später näher an den Rand der Marsch nach Hude verlegt. Ob für die Grafen die Erwartung eine Rolle gespielt hat, daß die Zisterzienser ihre kolonisatorischen Interessen auch in die Marsch richten würden, ist schwer zu sagen. Die anderen Beispiele für zisterziensische Eingriffe in die Marschen liegen erst später.

Damals besaßen Graf Moritz I. (1167-1209) und dessen Neffen, die jungen Grafen Burchard (1193-1233) und Heinrich III. (1193-1234), das Oldenburger Erbe. Da die Neffen in ihren frühen Jahren kaum eine eigenständige Politik trieben, wird mit dem Grafen *de Aldeborc*, der ab 1199 die Ansiedlung der Zisterzienser förderte, Moritz gemeint sein, nach dem Aussterben der Grafen von Versfleth sicherlich der mächtigste hochadlige Lehnsmann des Erzstifts Bremen im Niederweserraum. Außer diesem exponierten Feind der bäuerlichen Autonomiebestrebungen gab es aber auch einen Verbündeten – Erzbischof Waldemar von Bremen. Der dänische Prinz und bisherige Bischof von Schleswig war 1206 in schismatischer Wahl zum Nachfolger Hartwigs II. bestimmt worden. Eine welfisch-dänische Minorität hatte sich für den Grafensohn Burchard von Stumpenhusen entschieden. Durch dieses Erzbischofsschisma trat die Geschichte der Stedinger Landesgemeinde in eine entscheidende Phase ein, weil die bewaffneten Bauern erstmals – und bald zu wiederholten Malen – zur Unterstützung Waldemars militärisch über ihr engeres Gebiet ausgriffen. Offenbar erkannte Waldemar dafür ihre Autonomie an. Anders als die beiden Kreuzzüge gegen die Stedinger haben die sieben eigenen Kriegszüge der Bauern in der Literatur kaum Beachtung gefunden:

Der erste Kriegszug der Stedinger fand Ende September/Anfang August 1208 statt und galt der Stadt Stade. Erzbischof Waldemar nahm sie seinem Gegner Burchard ab. Man hatte sich die allgemeine Verwirrung zunutze gemacht, die nach der Ermordung des inzwischen allgemein anerkannten Königs Philipp von Staufen (21. Juni 1208) ausgebrochen war. Die dann folgende Lücke erklärt sich ohne weiteres aus dem raschen Machtverlust Waldemars. Da auch sein Gegenspieler, der Dompropst Burchard von Stumpenhusen, nicht vom Papst bestätigt wurde, gelang es Otto IV., seine eigene Machtposition im Erzstift zu festigen. Die nun vorherrschende Friedenszeit im Reich machte jede kriegerische Intervention überflüssig.

Erst die Wahl Gerhards von Oldenburg-Wildeshausen, des damaligen Bischofs von Osnabrück, und dessen baldiger Anschluß an die antikaiserliche Politik Papst Innozenz III. führte Ende 1211 zur Wiedereinsetzung Waldemars durch Otto IV. bzw. dessen Beauftragten Herzog Bernhard von Sachsen. Sogleich trat auch wieder das alte Verhältnis zwischen Erzbischof und Bauern in Kraft, und die Stedinger rückten an einem nicht näher bekannten Termin des Jahres 1212 zu ihrem zweiten Zuge aus, nämlich gegen die drei Burgen *Munzowe*, *Sehusen* und *Hagena*. *Munzowe* und Seehausen werden zerstört, Hagen wird nur belagert und kann nicht eingenommen werden. Die Belagerung Hagens galt offenbar den Kirchenministerialen auf der Burg, die gezwungen werden sollten, die Feste an Waldemar auszuliefern. Dazu paßt, daß nur *Munzowe* und Seehausen zerstört werden. Die mächtige Burganlage (Monsilienburg) erhebt sich noch heute inmitten der Geestlandschaft der Börde Beverstedt am oberen Lauf der Lune. Der Schlag war offensichtlich gegen die Edelherren von Stotel gerichtet, denn für die Stedinger selbst stellte *Munzowe* keine Bedrohung dar, weshalb der Vorstoß den Feinden Waldemars aus dem hohen und ministerialen Adel des Erzstifts gegolten haben muß.

Der dritte Kriegszug fand im Jahre 1213 statt. Er galt dem Grafen von Hoya, der das Stedinger Heer allerdings besiegte. Der vierte Kriegszug ging 1214 in das nördliche Oststedingen gegen die dort ansässigen Edelherren von Stotel. Da sie mit diesem Zug zum zweiten Male getroffen werden sollten, erweisen sie sich als Hauptgegner der Bauern und als wichtige politische Parteigänger der antiwelfischen Partei. Man erwartet einen fünften Kriegszug im Jahre 1215. Vielleicht verbargen die Stedinger sich hinter dem Aufgebot Waldemars, das dieser dem Dänemarkfeldzug Kaiser Ottos IV. zuführte. Da die landsässige Ministerialität gegen ihn war, konnte Waldemar auch nur die Stedinger aufbieten. Der Zug endete mit einem Teilerfolg, indem die Stadt Hamburg von dänischer Herrschaft befreit werden konnte.

Die sechste kriegerische Unternehmung der Stedinger gehört in das Jahr 1216. Da die weiterhin zu Waldemar haltenden Bremer Bürger den Pfalzgrafen zur Hilfe riefen, muß eine militärische Aktion gegen die Metropole vorausgesetzt werden. Die Bauern waren also zu Erzbischof Gerhard I. übergetreten, der wohl ihre Autonomie bestätigte. Ähnliches gilt für den siebten Zug der Stedinger im Jahre 1217. Jetzt endlich gelang es der Stiftsministerialität und den Stedingern, dem Erzbischof Gerhard I. Zutritt in seine Hauptstadt zu verschaffen. Da gleichzeitig berichtet wird, Waldemar sei vertrieben worden, scheint das nicht ohne Gewalt abgegangen zu sein. Damit enden die regelmäßigen militärischen Unternehmungen der Stedinger. Sie haben der Landesgemeinde eine besondere Stellung im Verfassungsgefüge des Erzstifts zugewiesen, denn damit war faktisch ihre Militärhoheit anerkannt.

Der 1219 neugewählte Erzbischof Gerhard II. hatte als Angehöriger des Hauses Lippe allen Grund, freien bäuerlichen Landesgemeinden mit Mißtrauen zu begegnen, denn 1227 hatten die Drenther Bauern während eines Aufstandes seinen Bruder Otto, Bischof von Utrecht, erschlagen. Nachdem es ihm im Verlauf der nächsten beiden Jahre gelungen war, die beiden zerstrittenen Linien des Oldenburger Grafenhauses wieder miteinander auszusöhnen und eine, die ältere Linie, durch die Belehnung mit der Burg Wildeshausen an die Bremer Kirche zu binden, wurde um Weihnachten 1229 ein großes Aufgebot der Grafen, Edlen und Ministerialen des Erzstifts gegen die Bauern ins Feld geführt. Heerführer war sein Bruder, Hermann II. von Lippe. Da es kaum zu Kampfhandlungen kam, Hermann aber (durch einen Zweikampf, eine waghalsige Erkundung?) sogleich im Kampf fiel, zerstreute sich das Heer.

Der Erzbischof erkannte jetzt, daß es größerer Anstrengungen bedurfte. Er exkommunizierte die Bauern und setzte eine weitere Behandlung dieses Gegenstandes auf die Tagesordnung der Fastensynode, die 1230 (oder 1231) in Bremen stattfinden sollte. Hier wurden die Stedinger dann zu Ketzern erklärt. Der Hauptvorwurf lautete auf »Mißachtung der Schlüsselgewalt der Kirche«. Den Bauern wurde also vorgeworfen, nichts unternommen zu haben, um aus dem Bann gelöst zu werden. Hartnäckiges Verharren im Zustand der Exkommunikation aber bedeutete in der Tat nach kanonischem Recht Ketzerei. Während Gerhard sich aufgrund des Häresievorwurfs beim Papst erfolgreich um die Erlaubnis zur Kreuzpredigt bemühte, unternahm das Bauernaufgebot noch einen zweiten Vorstoß gegen Hoya und zerstörte Riensberg, den Sitz der Vögte von Bremen, sowie die Feste Schlutter im Delmetal, die der Erzbischof gegen die Stedinger errichtet hatte.

Beim ersten Kreuzzug 1233 wurden die Marschlandschaften östlich der Weser unterworfen, während Graf Burchard von Oldenburg gleichzeitig einen vergeblichen Angriff auf das gut befestigte Hauptland zwischen Weser, Ollen und Ochtum (Oberstedingen) startete, aber im Kampf fiel. Für den zweiten Kreuzzug, der abermals gegen Oberstedingen ging, hatte man außer vielen »Pilgern« (unter anderem den Herzog von Brabant, den Grafen von Holland und von Cleve) die Bremer Bürger mit großen Versprechen zur Teilnahme gewonnen. Auf Schiffsbrücken fiel das Heer am 27. Mai 1234 ins Land, wo sich die Bauern auf einem Feld bei Altenesch zur Schlacht stellte. In diesem Treffen unterlagen die Stedinger dem weit stärkeren Ritter- und Bürgerheer. Viele wurden getötet, andere flüchteten zu den Rüstringern. Die restliche Bevölkerung hatte ihre Autonomie verloren, da das Land unter den Grafen von Oldenburg und dem Erzbischof von Bremen verteilt wurde. Die Oldenburger errichteten die Burg Berne, die vor dem Bau von Delmenhorst teilweise auch als Residenz der Grafen diente.

Dieser Kampf von 1208 bis 1234 stellte aber nicht die einzige Form der Behauptung landesgemeindlicher Autonomie dar. Andere Bauerngemeinden, wie das Land Hadeln, unterwarfen sich der Oberhoheit eines weit entfernten Fürsten (des Herzogs von Sachsen-Lauenburg), oder schlossen, wie das Kirchspiel Lehe, Schutzverträge mit einer Stadt (nämlich Bremen).

Eine zweite Bewegung, die sich von der fürstlichen Territorialisierungspolitik abhob, war die Bildung von Städtebünden seit dem frühen 13. Jahrhundert. In Sachsen hatte die Beteiligung des Städtebürgertums am Kampf gegen König Waldemar die Autonomie der Städte erheblich gestärkt. Ähnliche Entwicklungen waren im Westen des Reiches zu verzeichnen: »Ein einflußreicher Bürger von Mainz begann seine Mitbürger aufzufordern, zur Herstellung des Friedens sich gegenseitig durch einen Eidschwur zu verpflichten. Es stimmten ihm auch sehr viele andere Städte bei. Sie nannten ihn Waltbodo. Die Sache fand bei den Fürsten keinen Beifall, auch nicht bei den Rittern, auch nicht bei den Räubern, und besonders nicht bei denjenigen, die ihre Hände beständig zum Raube bereit hatten, indem sie sagten, es wäre unanständig, daß Kaufleute über ehrbare Männer und Edle die Herrschaft hätten« (Abt Albert von Stade). Und der Chronist Hermann von Altaich ergänzte: »... und führten so überall in ihren Gebieten einen so ausgezeichneten Landfrieden herbei, wie man vordem noch nie vernommen hat«. Dieser sogenannte *Rheinische Städtebund* von 1254 suchte nach Aufnahme mehrerer großer und kleiner Territorialherren

Die Landessiegel von Rüstringen,
Saterland und Landwürden aus dem 13. Jahrhundert.

(vom Grafen von Tecklenburg bis zum Bischof von Basel) und durch Anbindung an das Königtum Wilhelms von Holland, den Landfrieden im ganzen Reich wiederherzustellen. Ihm gehörten fast alle wichtigen Städte am Rhein, am Main, im Elsaß, in Hessen und in Westfalen, selbst Bremen, Mühlhausen, Nürnberg und Regensburg an.

Der städtefreundliche König Wilhelm war es auch, der 1252 die Landfriedensbündnisse (*sacramenta et iuramenta*) zwischen Goslar, Braunschweig und Hildesheim zur Wahrung eines guten Friedens und *de statu terre* bestätigte. 1256 wird dieses Bündnis als »alt« bezeichnet und Hannover hinzugerechnet. Gleichzeitig schlossen die Städte Braunschweig und Bremen, deren Handelsverkehr immer schon sehr intensiv war, einen Schutzvertrag. Eine steuernde, wohl von Hannover, Lüneburg und Braunschweig ausgehende Einflußnahme auf das Münzwesen der welfischen Stadtherren wird schon im ersten und zweiten Jahrzehnt des 13. Jahrhunderts sichtbar. Im östlichen Sachsen, anders als in Westfalen, haben die territorialen Zusammenschlüsse von Anfang an neben den übergeordneten eine Rolle gespielt. Das wird seinen Grund in der dominanten Machtstellung der Welfen gehabt haben, weshalb sich 1246 auch schon Northeim und Münden mit anderen, nicht namentlich genannten Landstädten gegen »Gewalt und Unrecht« verbündeten. Dieses Drei-Städte-Bündnis ist der Vorläufer des »Sächsischen Städtebundes« im 14. und 15. Jahrhunderts. Ein weiteres Bündnis schlossen Hamburg und Lübeck 1241 ab. Die Weser bildete eine klare Grenze des Städtebundes gegen die Hansestädte Westfalens.

Die Bürger und ihre Bauten

Urs Boeck

Im 12., vermehrt im 13. Jahrhundert gewinnt das Bild der Stadt feste, noch heute anschauliche Konturen. Wir verstehen darunter nicht nur die prägenden Turmbauten der Pfarrkirchen: Sächsische Westriegel entstehen in Goslar, Hildesheim, Braunschweig, Göttingen und Duderstadt als Anlehnung an die älteren Turmschilde des Domes von Hildesheim und der ihm folgenden Kloster- und Stiftskirchen; Eintürme überziehen die norddeutsche Tiefebene in romanischer und später gotischer Zeit – hier seien nur Wunstorf, Bassum, Westerstede und Marienhafe als charakteristische Beispiele genannt. In Goslar und Braunschweig, wo das Spektrum am breitesten erhalten blieb, stehen die Pfarrkirchen selbst in der Nachfolge der örtlichen Stiftskirchen als Basiliken mit Querhaus und östlichen Apsiden; im Innern erst flachgedeckt, dann gewölbt in Goslar, mit durchgängiger Wölbung von Anbeginn in Braunschweig. In Bremen und Braunschweig entstehen seit dem zweiten Viertel des 13. Jahrhunderts die ersten Hallenkirchen, rasch folgen in Braunschweig die Umbauten der älteren Basiliken in der vorbildhaften neuen Raumgestalt, die für die norddeutsche Gotik zur Leitform wird. Die Vielzahl kleiner Kapellen hat in Goslar typische Vertreter.

Ein für kirchliches Leben in der Stadt neues Element sind die Niederlassungen der Bettelorden, typisch am Siedlungsrand gelegen; die Westfassade der Hildesheimer Dominikanerkirche um 1230 ist das älteste erhaltene Zeugnis. Eine Spitalanlage monumentaler Ausformung steuert Goslar mit dem Großen Heiligen Kreuz als Saalbau mit seitlich anliegender Kapelle bei, 1254 gegründet. Für das politische Zentrum des Stadtregiments besitzen wir in einem Mauerzug des Braunschweiger Altstadtrathauses den Beleg eines Saalbaues mit Doppelarkaden-Fenstern. Die gehobene bürgerliche Architektur wird durch Steinwerke unter anderem in Braunschweig, Goslar, Hameln oder Osnabrück bezeugt; in Göttingen sind Kelleranlagen des 13. Jahrhunderts festgestellt und Reste eines auf 1276 dendrochronologisch datierten Fachwerkhauses erschlossen worden, ein Bautypus, der weit über die in Hannover noch für das 12. Jahrhundert ergrabenen Grubenhäuser hinausführt. Die Bremer Chronik von Rinesberch und Schene erwähnt zum Jahre 1200 den Bau von *groten steenkammeren*, also Kemenaten. Diese Neuerung hat sich offenkundig noch in den aufblühenden Städten Sachsens durchgesetzt. Monumentale Zeugnisse der für das Bild der Stadt in den Augen der Zeit wichtigsten Elemente, nämlich den Befe-

Steinbrücke über die Werra bei Münden. (Mitte des 13. Jahrhunderts).

stigungen, finden wir nur bruchstückhaft, so etwa die Südmauer Göttingens mit Einschluß eines Rechteckturms um 1250 oder jünger, um 1300 die Nordmauer Hamelns mit zwei ins Polygon übergeleiteten hochragenden Turmbauten. Ganz am Ende der Epoche steht der Monumentalbau der mehrbogigen Brücke über die Werra in Münden (aus der Zeit um 1250, wenngleich 1329 erstmals erwähnt).

Spätmittelalter und Frühe Neuzeit

Niedersachsen um 1400

Ernst Schubert

Stadt, Land und Burg

Ein Bettler, der um 1400 auf eine Stadt zuwanderte, war durch waldarme Gebiete geschritten. Es gab damals viel weniger Wald als heute. Zu groß war die Nachfrage nach Holz als Energieträger, nach Holz als Baumaterial. Die Stadt war ein Wanderziel armer Leute, weil hier an bestimmten Festtagen reichlich Almosen gespendet wurden, in Göttingen zum Beispiel in der Fastenzeit am Sonntag Laetare. Ein armer Mann mochte vielleicht auch hoffen, von der gerade erst entwickelten urbanen Zivilisation zu profitieren, etwa ein Seelbad zu genießen, eine vor allem in norddeutschen Städten verbreitete milde Stiftung: An festgesetzten Tagen erhielten die Armen kostenlos in das saunaähnliche Bad Einlaß und beteten als Gegenleistung für das Seelenheil des Stifters.

Vielleicht hatte unser Bettler auf seiner beschwerlichen Wanderung – festes Schuhwerk besaß er nicht – Glück gehabt, daß ihn ein mitleidiger Fuhrmann um Gottes Lohn mitnahm, ein Fuhrmann, der jetzt nicht mehr wie im Hochmittelalter einen zweirädrigen Karren lenkte, auf den nur ein Faß, das Fuder, das immer noch eine Maßeinheit bildete, geladen werden konnte, sondern einen vierrädrigen Wagen, oft einen Planwagen, der viel mehr Platz bot. Geladen hatte ein solcher Fuhrmann, wenn er auf Braunschweig, auf Hannover oder auf Lüneburg zufuhr, vielfach Fässer mit Wein aus Frankfurt. Frankfurt war die große Drehscheibe des Weinhandels nach Norddeutschland, vor allem was den Elsässer Wein anging, während der Rheinwein meistens von Köln aus in den Norden transportiert wurde. Jeder Fuhrmann hatte aber auch Sorge, was er als Rückfracht würde befördern können. Deshalb waren die Wege nach Norddeutschland gesucht; denn als Rückfracht bot sich hier immer der Hering an. Die großen Heringstonnen waren mit dem Gütesiegel des Lübecker Rats (ein ganzer Zirkel für den Vollhering, ein halber Zirkel für den Halbhering, den minderwertigeren Hering) gekennzeichnet: Hering, der Massenartikel der Hanse, der bis tief nach Oberdeutschland hinein Absatz fand und zu den Grundnahrungsmitteln gezählt wurde.

Bevor der Fuhrmann sein Ziel erreichte, wurde er etwa fünf Kilometer vor der Stadt aufgehalten. Ein Schlagbaum verwehrte ihm den Weg: die Landwehr. Um eine Stadt, ob Kleinstadt oder Großstadt, war ein vorderer Verteidigungsgürtel im Entstehen; mit Knicken, also mit Gebüsch bepflanzten Erdwällen, und mit Hecken, natürliche Unwegsamkeiten ausnutzend, sollte der Zugang

Ansicht Lüneburgs auf dem Heiligentaler Altar von Hans Bornemann.

zur Stadt auf wenige kontrollierbare Straßen gelenkt werden. Um 1400 war noch nicht in jeder Stadt die Landwehr fertig, aber ihre ersten Teile waren sichtbar. Eine solche Landwehr, durch Warttürme gesichert, diente nicht nur der Abwehr von Feinden, sondern auch der Regelung des Handels. Den Fuhrmännern und Kaufleuten sollte verwehrt werden, mit ihren Gütern die Stadt zu umfahren, das Stapelrecht zu umgehen, wonach die Waren, die in eine entsprechend privilegierte Stadt gebracht wurden, hier auch zum Verkauf angeboten werden mußten.

Die Wege wurden innerhalb der Landwehr keineswegs besser, es waren Sandwege; die Nähe der Stadt drückte sich nur darin aus, daß die Fahrgeleise nun mehrspurig nebeneinander lagen. Hier hatte man bessere Gelegenheit, den entgegenkommenden Wagen auszuweichen, was ansonsten bei den meist nur ein bis zwei Meter breiten Straßen schwer war. Innerhalb der Landwehr boten mit einem Mal Bäume Schatten: Der Stadtwald – von Hannovers Eilenriede bis zum Göttinger Hainholz überlebenswichtig für Klein- und Großstädte, Zeugnis früher Forstwirtschaft, in seiner Nutzung genauen Regelungen unterworfen. Je näher man der Stadt kam, breiteten sich intensiv genutzte Ackerflächen und eingezäunte Gärten mit Sonderkulturen aus – freien Blick gewährend. Über die Stadtmauer ragten die Kirchen, alle Häuser in den Schatten stellend. Es waren nicht wie etwa an der Donau und am Rhein halbfertige große Ungetüme, an denen man noch Jahrhunderte zu bauen hatte, sondern es waren Kirchen, die, wie üblich in Niedersachsen, fertig geworden waren; zwar nicht so imposant in ihren Umrissen wie die Dome an Rhein, Main und Donau, aber doch weithin sichtbare Wahrzeichen einer jeden Stadt.

Es herrschte – so hoffen wir für Bettler und Fuhrmann – gerade Frieden und entsprechend nachlässig war die Überprüfung am Stadttor; es gab noch keine Pässe. Lediglich in Braunschweig wäre im Herbst der Bettler genauer beäugt worden; denn dort pflegte der Rat alle kräftigen und arbeitsfähigen Bettler in der Erntezeit zur Arbeit auf den Feldern vor der Stadt zu verpflichten.

Nach der Durchfahrt durch das Stadttor trennten sich die Wege des Fuhr-

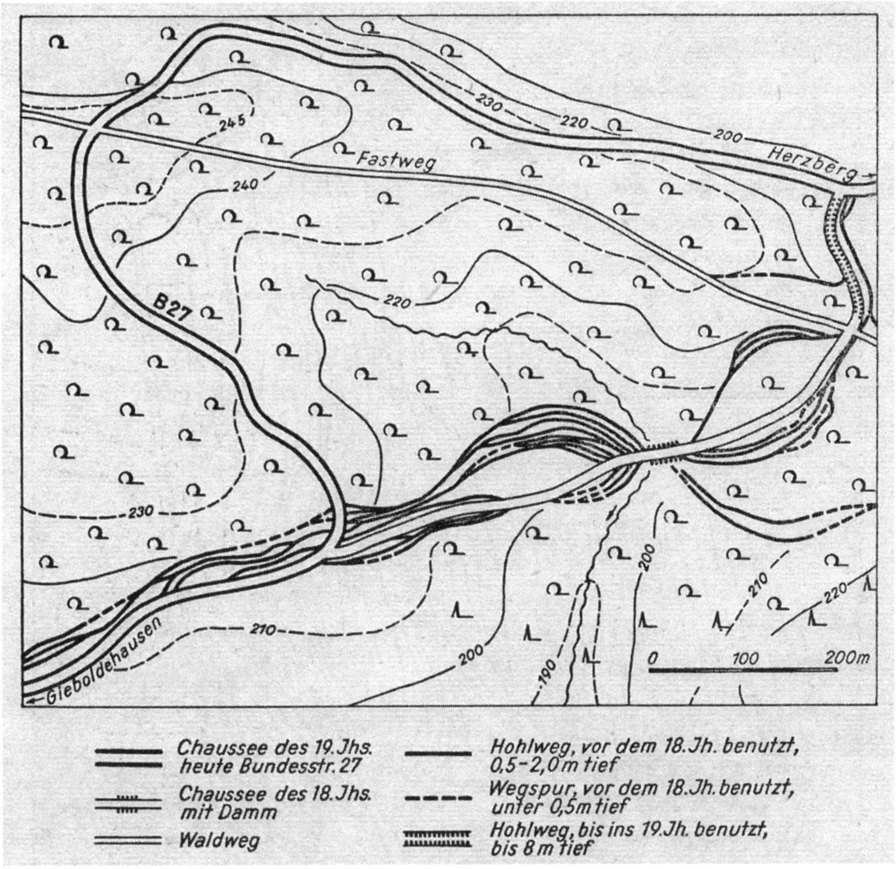

Doppeltes Spurenbündel der Heerstraße von Gieboldehausen nach Herzberg auf dem Rotenberg (nach D. Denecke).

manns und des Bettlers. Der Bettler versuchte, am Stadtrand eine Elendenherberge zu finden, wo er, wenn nicht gar ein Dach über dem Kopf, so doch noch einen Kanten Brot als Almosen erhaschen könnte. Wäre es hingegen heller Tag gewesen, so hätte sein erster Weg zum städtischen Spital, meist zum Heiligen Geist genannt, geführt, dem Mittelpunkt der städtischen Sozialfürsorge, wo um die Mittagszeit eine Suppe verteilt wurde. Ein solches Spital lag verkehrsgünstig, den armen Fremden einladend, an der Brücke, zumindest aber in der Nähe der wichtigsten städtischen Verkehrsader, oder sogar in Marktnähe. Den Fuhrmann hingegen zog es in das Zentrum der Stadt. Er war dankbar dafür, daß die Gassen nicht schnurgerade, sondern meistens winkelig angelegt waren; das war nicht Planlosigkeit, sondern hatte seinen guten Sinn. Nur wenige Städte wie Braunschweig oder Stade konnten sich im hohen Mittelalter großzügige Aufschüttungen erlauben, die ein ebenes Straßenplateau ermöglichten. Ansonsten aber zeichneten die Straßen die natürlichen Unebenheiten des Geländes nach. Eine gerade Straße nach einem abschüssigen Hügel hätte den Fuhrmann vor große Probleme gestellt, seine Pferde bei der nachdrückenden Last der Fässer zu zügeln.

Was der Fuhrmann und was der Bettler zu sehen bekamen, war etwas ganz anderes als das Bild, das die Romantiker des 19. Jahrhunderts von der Stadt gezeichnet haben. Die Straßen waren in Wahrheit ungepflastert, allenfalls vor der Kirche und auf dem Marktplatz einigermaßen befestigt; eine gepflasterte Gasse hieß in der Stadt, weil sie sich von den anderen unterschied, der Steinweg. Die wenigsten Häuser waren unterkellert. Keller waren als Zeichen des Wohlstandes meistens nur in Marktnähe zu finden, dienten als Arbeits- und Verkaufsstätten. Und die Butzenscheiben? Gewiß, es gab bereits das grüne Fensterglas etwa aus dem Solling, aber das war nur den vornehmsten Häusern vorbehalten. Die meisten mußten sich mit ölgetränkter Leinwand bescheiden, welche die Wohnungen selbst tagsüber im Halbdunkel ließ. Ob kleine Lehmkaten am Rande der Stadt, ob repräsentativ gebaute Steinhäuser: Der Bettler konnte sie nur von außen sehen, eingelassen in die Häuser wurde er nicht, selbst wenn er an den Fensterladen klopfte und sein Almosen erbat. Der Fuhrmann hingegen, der vielfach von seinem Handelsherrn auch als Nachrichtenübermittler gebraucht wurde, konnte ein Haus durch das repräsentative hohe und bogige Tor betreten, hinter dem sich gleich die Diele öffnete: ein Mehrzweckraum.

So viel Armut der Bettler auch sah, so mußte ihm die Stadt doch im Gegensatz zum Land als etwas besonderes erscheinen: Viel mehr Kirchen und damit auch viel mehr Gottesdienste gab es hier als auf dem Land, und das bedeutete für ihn, obwohl er um 1400 bereits nicht mehr in den Kirchen betteln durfte, mehr Gelegenheiten, vor den Kirchentüren ein Almosen zu erheischen. Und weiterhin – von dem erquickenden Seelbad ganz abgesehen – hatte die Stadt einen ganz besonderen Vorteil für ihn: Es gab eben nicht nur Naturalalmosen, eine Suppe, ein Brot, ein Stück vom Käse oder vom Hering, es gab, wenngleich nur in Pfennigen gereicht, auch bares Geld. Das wird er auf dem Land nie bekommen haben, weil hier der Geldumlauf zu gering war, und jeder Pfennig fast wie ein Schatz gehortet wurde. Und sodann: In der Stadt gab es zwar noch etliche freie Plätze, Reservebauland, aber die Häuser standen alle unzerstört. Welch ein Gegensatz zu den Erscheinungen auf dem Land, wo Bettler und Fuhrmann um 1400 so manchen verfallenen Hof, ja bisweilen sogar Gehöfte, die kürzlich erst von Fehden heimgesucht worden waren, sehen mußten!

Verfallene Höfe um 1400: Die Pestwellen hatten auch das Land heimgesucht, wenngleich hier nicht zu solchen Bevölkerungsverlusten führend, wie in der ungesunden Stadt, wo sich jede Infektion viel schneller ausbreitete. Im Braunschweiger Umland hatte nicht etwa die Pest von 1349, sondern die regionalen Pestausbrüche der 1380er Jahre viele Höfe wüst fallen lassen. Aber es zeigte sich bereits zwanzig Jahre später, wie kräftig der Wille zum Überleben

Erst das Luftbild läßt die spätmittelalterlichen Wege-, Flur- und Siedlungsspuren in der Gemarkung von Berka erkennen: 1 Hohlwege, 2 überpflügte Wegespuren, 3 überpflügte Landwehr, 4 überpflügte Wölbäcker, 5 wüste Dorfstelle.

war. Die Höfe mochten noch verfallen sein, aber das Land war allenthalben wieder unter dem Pflug. In den Rechnungen des Braunschweiger St. Blasius-Stiftes spiegelten sich nur etwa zwei Jahrzehnte lang die Einnahmeausfälle der Grundherrschaft nach den Pestwellen wider. Dann waren die Äcker von Unkraut und Stockausschlägen wieder befreit. Anschließend sollte es nur noch eine Generation dauern, bis die Bevölkerungsverluste ausgeglichen waren.

Die Bauern, die um 1400 das Land pflügten, wußten, welche Veränderungen die Flur seit etwa drei Generationen durchgemacht hatte: Einzelhöfe waren aufgegeben worden, die Bewohner waren angesichts der vielen Fehden in die schützende Gemeinschaft von Nachbarn gezogen, und das hieß: Die Dörfer wurden größer, die Einzelhöfe seltener. Die Flur eines Dorfes vergrößerte sich entsprechend, aber sie wurde nicht etwa nach rationalen betriebswirtschaftlichen Grundsätzen neu aufgeteilt, sondern verblieb – das Erbe ist eines der wichtigsten Gestaltungsprinzipien der mittelalterlichen Gesellschaft – in der Hand der Nachfahren der ursprünglichen Besitzer. Das brachte aber auch ein kompliziertes System von Wegen und Zufahrtsberechtigungen zu den einzelnen Äckern mit sich.

In Frieden haben wir Bettler und Fuhrmann um 1400 in einer Stadt ankommen lassen. Aber selbst in Friedenszeiten wäre es unrealistisch, ihnen bei ihrer Fahrt über Land den erschütternden Blick auf die Folgen der Fehden jener Zeit zu ersparen. Eine Fehde mochte nur wenige Wochen gedauert haben; ihre Folgen waren aber noch nach Jahren sichtbar. Fehden bedeuteten immer: Leid der Untertanen – Mord, Brand und Plünderung, Zerstörung der Höfe, Wegtreiben des Viehs usw. Wenn selbst größere Klöster wie Riddagshausen gezwungen waren, ihre Außenhöfe zu befestigen, dann ist zu erahnen, was ein Streit der Herren für die schutzlosen kleinen Leute bedeutete. Unumwunden wurde in den Fehdebriefen gedroht, das Gebiet des Gegners zu verwüsten. Und das war oft genug so gründlich geschehen, daß Dörfer und Höfe für längere Zeit wüst fielen.

Von Burgen, meist von Niederungsburgen, da die niedersächsische Landesnatur wenig Höhenburgen zuließ, nahmen die Fehden ihren Ausgang. Der populäre Ausdruck Ritterburg verkennt, daß es sich zunächst um Burgen des Hochadels handelt, die Ministeriale und Ritter lediglich als abhängige Burgleute verwalten und dafür die Burglehen zu Füßen ihres Amtssitzes nutzen durften. Wenn 1322 der Mainzer Erzbischof zwei Ritter von Hardenberg auf der gleichnamigen zu seinem Erzstift gehörenden Burg als Burgleute einsetzt, so nennt er sie ausdrücklich *officiati*, Amtleute. Die Ritter haben zunächst noch kein dauerndes Nutzungsrecht. Sie können lediglich dem Erzbischof die Zusage abringen, daß er sie vor dem Ablauf von drei Jahren nicht absetzen dürfe. Wenn dann aber 1408 die Hardenberger auf ihrer namengebenden Burg eine Ganerbschaft, eine innerfamiliäre Nutzungsteilung, errichten, so ist dies Ausdruck dafür, daß sie faktisch diese Burg, die rechtlich ein Mainzer Lehen bleibt, in ihren Besitz gebracht, »ersessen« haben.

Die Burgen, die im direkten Besitz des niederen Adels waren, die eigentlichen »Ritterburgen«, entziehen sich einer vergleichenden Typologie. Die Zeitgenossen sprechen meist von einem »festen Haus« – und das konnte einen mächtigen Wehrbau ebenso bezeichnen wie einen hölzernen Turm auf steinernem Fundament mit schlichter Wall- und Palisadenbefestigung, der, wie im Oldenburger Land, häufiger im 14./15. Jahrhundert wieder verfiel. Zumeist ist der Turm Mittelpunkt einer Gehöftanlage, die aus Langhaus, Scheunen, Siede- und Backhäusern besteht, in welfischen Landen oft als Sedelhof, Sattelhof

Eine typische »Ritterburg«.
Der Adelssitz Bornum am Elm (Kreis Helmstedt).

bezeichnet. Im Osnabrücker Lehnbuch 1350 erscheinen solche Ansitze als befestigte Wohnungen, man spricht von einer *municio habitationis*.

Von den eher bescheidenen Burgen des niederen Adels grenzt sich die Herrenburg des Hochadels, wie etwa die Burg Plesse, ab. Sie gehörte einer Edelherrenfamilie, die sich seit dem 13. Jahrhundert nach dieser Burg benannte, dem Mittelpunkt einer kleinen, untypischerweise konzentrisch ausgebauten, vor allem auf Waldbesitz gegründeten Herrschaft. Untypisch auch, daß die Herren von Plesse das große Hochadelssterben des späten Mittelalters überlebten – um 1400 erinnern nur noch wenige Grafen- und Herrengeschlechter an die große Bedeutung, die noch im 13. Jahrhundert diese Hochadelsschicht für die niedersächsische Geschichte gehabt hatte – und erst 1571 ausstarben. (Da die Burg erst 1660 als Wohnsitz aufgegeben worden war, war ihr Erhaltungszustand relativ gut, als erste konservierende Maßnahmen im 19. Jahrhundert vorgenommen wurden; aber erst in den vergangenen 15 Jahren konnte durch aufwendige denkmalpflegerische Restaurierungen nach dem Niedersächsischen Denkmalschutzgesetz der Erhalt der Burg gesichert werden. Unsere Aufnahme zeigt in der rechten Bildhälfte die nach Osten orientierte Vorburg, im Vordergrund unterhalb der Bildmitte das mittlere Burgtor, im Vordergrund

Burg Plesse. Luftaufnahme (1993) von Südwesten.

links den Wartturm, rechts davon die Ruine der Burgkapelle aus der Zeit um 1200, in der Bildmitte den ebenfalls aus der Zeit um 1200 stammenden Bergfried, links vom Bergfried den alten Herrenbau, heute zu einer Gaststätte ausgebaut.)

Eine Adelsburg ist in erster Linie Mittelpunkt eines Wirtschaftsbetriebs. Hierin liegt ihr Wert. Als 1429 dem Ritter Heyneke von Alten sein halber Anteil am Schloß Langwedel gewaltsam genommen wird, listet man eine Art Inventar dessen, was ihm gehörte, auf: 30 Malter Gerste, 4 Fuder Hafer, 1 Malter Bohnen. Das dürfte einem großbäuerlichen Haushalt entsprechen. Lediglich 200 Fuder Holz weisen auf eine größere Marktorientierung dieser adeligen Wirtschaft, wozu auch Wagen, Pflug und Eggen gehören. Der Viehbestand ist mit 18 Ochsen und je sechs Kühen und Schweinen neben vier Schafen nicht übermäßig groß. Vier Pferde besitzt der Ritter, und sein bestes Pferd ist soviel wert wie die Braupfanne, die ihm gehört, nämlich 20 lübische Mark. Wertvolles Pferd und teure Braupfanne – Eisen ist selten in der bäuerlichen Welt – deuten den Abstand eines adeligen Haushalts von der großbäuerlichen Wirtschaft an. Abstand des Höhergestellten: Bei der Kücheneinrichtung werden die eisernen

Kesselhaken und Töpfe hervorgehoben, die ebenso wie eine Pfeffermühle auf gehobene Lebensführung hinweisen. Vier Kopfkissen («hovetpol«) und vier Bettlaken sind ein erwähnenswerter Komfort. Und auch das Vorhandensein von je zwei Tisch- und Handtüchern gilt der Zeit als von den Bauern abgegrenzter Ausdruck von Kultur. Das Eßgeschirr war aus Zinn. Das wenige Silber ist Familienerbe. Wenn es in einer Fehde ritterlich zuging, wurde im eroberten Schloß das Geschirr als Frauengut nicht zur Kriegsbeute gezählt und deshalb nicht geraubt.

In eher bescheidenen, dem Bauern aber bereits als Luxus erscheinenden Dimensionen haben wir uns den ritterschaftlichen Lebensstil vorzustellen. Das hängt mit der Struktur des niedersächsischen Ritterguts zusammen. Nur die wenigsten Geschlechter in unserem Raum haben geschlossene Gutsherrschaften bilden können. Ihre Besitzungen, oft in Streulage zersplittert, werden selten, in größerem Ausmaß nur im Erzstift Bremen, durch Gerichtsherrschaft zusammengehalten. Zumeist handelt es sich nur um die sogenannte Zaun- und Pfahlgerichtsbarkeit über das auf dem Gutshof und in den zugehörigen Gebäuden wohnende Gesinde. Die in vielen deutschen Landen entwickelte niedere Gerichtsbarkeit der Ritter, die Zusammenfassung von Guts- und Gerichtsherrschaft, gehört in Niedersachsen zu den Ausnahmen, erscheint – wie im Osnabrückischen – vielfach erst im 16. Jahrhundert. Und das ist Folge eines Prozesses, dessen Scheitelpunkt sich um 1400 abzeichnet. Von einer um 1300 kaum zu überschauenden Zahl von Dienstmannengeschlechtern – über 600 müssen damals für den Bereich des heutigen Niedersachsens angenommen werden – hatten im 16. Jahrhundert nur noch etwa 150 adelige Familienverbände überlebt.

Die Herrschaftswelt um 1400 im Spiegel des Krieges – der Unterschied zwischen sächsischem und friesischem Rechtsbereich

In den Dörfern und in den Städten waren um 1400 bereits die Umrisse jener verfassungsbildenden Ordnungen zu erkennen, die, weil sie jahrhundertelang gültig blieben, im zeitlichen Längsschnitt behandelt werden sollen. Ganz anders aber die Situation auf der herrschaftlichen Ebene. Die vielen Fehden der Zeit sind Ausdruck noch völlig ungeklärter Verhältnisse. Schauen wir nur die Schicksalsschläge an, die um 1400 das welfische Haus betrafen: 1398 wurde Herzog Bernhard von zwei mächtigen Rittern gefangengenommen und um schweres Lösegeld von 7.000 Gulden geschatzt. Herzog Friedrich, Herr des Braunschweiger Landes, das er, der ursprünglich als »der Herzog mit den drei Pferden«, als armer Herrscher, verspottet wurde, tatkräftig regiert hatte, wurde auf der Rückkehr vom Frankfurter Fürstentag im Jahre 1400 von dem Grafen von Waldeck erschlagen. Eine Tat offenbar ohne politischen Hintergrund, die aber die welfischen Brüder Bernhard und Heinrich zu Rachefeldzügen veranlaßte. Im Jahre 1405 sollte dann Heinrich selbst das Fürstenschicksal der Zeit ereilen: Von den Herren von Lippe wurde er gefangengesetzt und gegen ein unverschämt hohes Lösegeld von 100.000 Gulden erst nach langen Verhandlungen freigelassen. Es blieb nach dieser unadelig hohen Lösegeldforderung dem Herzog nichts weiter übrig, als den unadeligen Weg nach Rom zu gehen, und sich vom Papst von diesem, ihm aufgezwungenen Vertrag lösen zu lassen.

Die Welfen waren nicht die einzigen Herren im Lande. Nach dem Sturz Heinrichs des Löwen gab es außer ihnen noch etwa fünfzig hochadelige Familien, deren Macht, zusammengenommen, die der Welfen übertraf. Von diesen fünfzig Familien waren aber um 1400 die meisten bereits ausgestorben, und das hatte fast in jedem Fall Streit, Fehde und Krieg um ihr Erbe zur Folge gehabt.

Vor allem aber zeigt sich um 1400, welche langfristige Folge der Sturz Heinrichs des Löwen für den deutschen Norden gehabt hatte: Aus einem Raum, der einmal das Königtum getragen hatte, der noch zu Zeiten des Löwen dem Königtum nahegestanden hatte, war ein königsfernes geworden. Der Römische König, das Oberhaupt des Reiches, kam nicht mehr in den deutschen Norden. 1252 hatte mit Wilhelm von Holland in Braunschweig und in Goslar letztmalig ein König im deutschen Norden einen Hoftag abgehalten. Und das bedeutete auch, daß das Königtum im deutschen Norden keine friedensstiftende Gewalt mehr ausüben konnte. Niemand scherte sich darum, als König Ruprecht von der Pfalz versuchte, zwischen Welfen und dem Mainzer Erzbischof 1402 Frieden zu stiften, als er während der Gefangenschaft Herzog Heinrichs sogar ein Hofurteil gegen die Herren von Lippe aussprach. Die Landfrieden, die ein König verkündete oder anregte, konnten noch Westfalen erreichen, aber für den niedersächsischen Raum blieben sie ohne Bedeutung.

Gewiß, einige Strukturen von längerer Dauer waren um 1400 auch für den Fürstenstaat erkennbar: Die Ämterbildung, die ersten noch sehr schwachen Ansätze eines ständischen Gedankens, die in ihrem langfristigen Zusammenhang behandelt werden sollen; aber ansonsten war die Gestaltung der politischen Landkarte Niedersachsens noch in dauernder Veränderung begriffen. Herrschaftsteilungen zum Beispiel im welfischen Haus, die um 1400 die Braunschweiger, Lüneburger, Göttinger und Grubenhagener Linie hatten entstehen lassen. Im Jahre 1409 sollte eine weitere Landesteilung von dem größten der damaligen welfischen Gebiete, dem Herzogtum Lüneburg, das Calenberger Land abspalten. Daß Fehden die logische Begleiterscheinung von politischen Zuständen waren, die sich noch im Fluß befanden, nimmt nicht Wunder. Fehden aber – und hier nehmen wir einen Gedanken von Otto Hintze auf – sind auch Ausdruck von Verfassung im weitesten Sinne; denn die Heeresverfassung ist eine der wichtigsten Vorformen von staatlicher Verfassung.

Um 1400 zeigen sich bei allen Fehden, daß dem Söldnerwesen die Zukunft gehört. Das Lehenswesen ist verblaßt, auch wenn bisweilen noch letzte Reste von lehensrechtlicher Treue zu spüren sind. In den Städten steht das Bürgeraufgebot noch unangefochten im Mittelpunkt der städtischen Heere; aber an-

St. Georg als Ritter des ausgehenden 14. Jahrhunderts.
Detail eines fünfarmigen Leuchters in der Stiftskirche Gandersheim.

geführt werden diese bereits von adeligen Hauptleuten, die von der Stadt in Sold genommen wurden; teilweise sind es auch Adelige, die sich als schlichte Söldner in den Dienst einer Stadt begeben. Nur noch schemenhaft, allenfalls in Fällen unmittelbarer Not, ist das Aufgebot der Bauern, die Reisfolge in den Heerzügen, zu erkennen. Für die Kriege der Fürsten und Grafen untereinander spielt es keine Rolle mehr. Söldner – das sind um 1400 arme Schlucker, sind noch nicht die stolzen Landsknechte der Reformationszeit. »Barvoter«, also Leute, die barfuß laufen, werden sie in Osnabrück genannt.

Der Begriff der »rechten Fehde«, auf den man sich immer berief – »he hebbe dat gedan in rechter veyde« –, bedeutete in seiner Verwirklichung, mochten auch förmliche Absage und Fehdebrief einen Rechtsrahmen vorgeben: Grausamkeit und Unrecht. In der Fehde wurde versucht, das gefährliche Treffen mit dem Feind oder gar eine Schlacht zu vermeiden. Ziel der Kriegführung war vielmehr, den Gegner in seinen wirtschaftlichen Grundlagen zu schädigen. Bisweilen konnten die Herren Pech haben. 1387 verheerten die Truppen Ottos des Quaden in der Fehde mit Göttingen das Umland der Stadt, verwüsteten den Stadtwald, das Hainholz, und hatten gerade Rosdorf samt Kirche und Friedhof eingeäschert, also Fehde im herkömmlichen Sinne geführt, als es hier unvorhergesehen zur Schlacht kam. Otto verlor und mußte Schadensersatz für den Stadtwald zahlen. Von einer Entschädigung der gequälten Bauern verlautet nichts.

Das Vermeiden von kriegerischen Treffen muß nicht unbedingt auf Feigheit hinweisen, so sehr es auch jeder Rittertugend hohnsprach, über wehrlose Bauern herzuziehen. Nicht die Gefahr für Leib und Leben ließ die Ritter vorsichtig werden, sondern die Gefahr für den Geldbeutel. Vor den Gefahren für Leib und Leben konnte man sich durch den Harnisch sicher fühlen, nicht aber vor den Gefahren, die entstanden, wenn man, vom Pferd gestoßen und in der Rüstung eingeklemmt, dem Gegner ausgeliefert war. Denn die kostbarste Beute wurde nicht beim Plündern der Bauern gewonnen, sondern bei Gefangennahme vornehmer Herren, von denen Lösegeld zu erpressen war. Da war es praktisch, wenn 1290 im Kriege des Heinrich Mirabilis gegen seine Brüder die Mannen Ottos des Strengen Gefangene von beiden Seiten nahmen.

Die Fehde kannte ein selbsttragendes Prinzip: die Beute, wozu auch wie selbstverständlich »husmanne habe«, die Plünderung der schutzlosen Bauern, gerechnet wurde. Zwar gehörten Hoffnung auf Gewinn und Beuteerwartung stets zum mittelalterlichen Krieg, aber sie waren zunächst Begleiterscheinung, nicht wie in der spätmittelalterlichen Fürstenfehde Gegenstand der vorbereitenden Bündnisse. Als 1320 Adolf von Schaumburg wegen einer bevorstehenden Fehde in den Dienst Herzog Ottos des Strengen tritt, wird bestimmt: Was an Lösegeldern gewonnen würde, das sollte »na mantale«, proportional nach der Zahl der gestellten Mannen, aufgeteilt werden. Und dabei wird nicht vergessen: Selbst die kleinen Leute, die man fangen würde, sollten Lösegeld, zumindest aber den Stock- und Fanggulden zahlen.

Beutehoffnung lockte zur Fehde – aber nur Schadensregelungen öffneten dann den Weg zum Frieden. Friedensschlüsse sind deshalb zugleich Sühneverträge. Und zu einer solchen »Sühne«, wie in den Quellen der Friedensvertrag zumeist genannt wird, gehört fast durchwegs ein Ausgleich über die einander zugefügten Verluste – und sei es auch nur in der Gestalt, daß auf Wiedergutmachung verzichtet wird. Weil ein Friedensschluß mit Sühneleistung und Schadensausgleich verbunden sein sollte, konnte ein latenter Kriegszustand lange dauern, wie etwa in der Horneburger Fehde, welche die dortigen Burgmannen gegen die Herzöge Bernd, Otto und Heinrich von Braunschweig sowie gegen Bischof Johann (von Assel) von Verden in den Jahren von 1426 bis 1432 führten. Die Verhandlungen um einen Friedensschluß, wiederholt durch erneute Fehdehandlungen unterbrochen, zogen sich elf Jahre bis 1443 hin.

Fehden wurden von großen Herren und kleinen Rittern geführt, von großen und kleinen Städten, von geistlichen und weltlichen Fürsten. Niemand wirkte mäßigend auf die brutalen Formen der Kriegführung mit Brand, Mord, Raub und Plünderung ein. Kirchenfürsten führten nicht anders Krieg als weltliche Herren. Bischof Johann IV. von Hildesheim eröffnete den Feldzug gegen Minden in den Osterfasten. Den Sturm auf Petershagen ordnete er am Karfreitag an.

Unscharf ist der Begriff des Raubritters. Einerseits ist es ein denunzierender Begriff, um die Fehdepraxis insgesamt zu treffen, andererseits aber kann nicht, das Fehderecht überstrapazierend, die Existenz von Raubrittern geleugnet werden. Die Hildesheimer Adeligen, die 1370 wegen der Plünderung von Warenzügen durch die Stadt Braunschweig verfestet wurden, waren sicherlich keine Adeligen, die ihre Waffen in gerechter Fehde gebrauchten. Festzuhalten ist: Es gab der Sache nach durchaus Raubritter, aber ebenso gab es Grauzonen, wo die »gerechte fehde« nicht vom Raub zu unterscheiden war; Grauzonen, weil auch die Kriegswirklichkeit ja nie zwischen dem angeblich politischen Krieg des Fürsten und dem seines Vasallen unterscheiden konnte, der diesen Krieg zum durchaus privaten Beutegewinn nutzte. Nicht weil es der Sache nach keine Raubritter gegeben hätte, sondern weil dieser Begriff verschleiert, daß jeder Krieg mit Raub und Beute zu tun hatte, sei der Terminus verworfen. Gewählt sei statt dessen ein anderer, der dazu den Vorzug hat, der Sprache spätmittelalterlicher Quellen entnommen zu sein: Der »Placker«. Er ist meist – aber nicht durchwegs – ein Straßenräuber von Adel. Ihn galt es, entschlossen zu bekämpfen, und das hieß, wenn er mit seinen Spießgesellen namhaft gemacht werden konnte, Zerstörung seiner Burg.

Krieg und Verfassung: In Ostfriesland stellt sich der Zusammenhang in ganz anderer Weise dar als in sächsischen Gebieten. Um 1400 zeigt sich unverhüllt jener Verfassungswandel, der seit zwei Generationen angebahnt worden war. Die genossenschaftliche Verfassung der Landesgemeinde, ausgedrückt in den *Redjeven* oder *consules*, den »Ratgebern«, die aus der großbäuerlichen Oberschicht gewählt wurden, gehörte der Vergangenheit an. Die Landesgemeinde verlor ihre Konturen. Dominant erscheinen um 1400 Häuptlinge, die, gestützt auf eine große Gefolgschaft, auf Reichtum und Burgenbesitz, die Macht an sich gerissen haben.

Burgen waren eine neue Erscheinung im großbäuerlichen Ostfriesland, denn große und kleine Häuptlinge lagen in dauernden Fehden miteinander. Bündnisse werden ebenso schnell geschlossen wie gebrochen. Heimtücke, Verrat und Mord sind an der Tagesordnung. Die wenigsten Angehörigen der um 1400 dominierenden Häuptlingsfamilie der tom Brok sterben im Bett. Als Sachwalter dieser Familie amtiert zum Beispiel Fokko Ukena, der gleichwohl seine selbständige Herrschaftsstellung in Leer vorbereitet. Jacob Burckhardt hat in dem durch keinerlei Rücksicht auf Traditionen, geschweige denn auf Sitte und Moral gebändigten Verhalten italienischer Condottiere und Stadttyrannen ein

Element der Renaissance ausgemacht. Von seinen Kriterien ausgehend, könnte man ebenso auch von einer Renaissance in Ostfriesland sprechen: Die gleiche Skrupellosigkeit, der gleiche Egoismus, die gleiche Hemmungslosigkeit angesichts überkommener Rechte.

Skrupellosigkeit der Häuptlinge: Als im Jahre 1400 Hamburg und Bremen Flotten aussenden, um die Seeräubernester an der Nordseeküste auszuheben, so führen sie zugleich einen Schlag gegen die Häuptlingsherrschaft. Denn die aus der Ostsee vertriebenen Vitalienbrüder hatten seit 1398 an der Nordseeküste Zuflucht gesucht, unter ihnen der damals berühmteste, Godeke Michels, und der später durch die Sage berühmteste, Klaus Störtebeker. Manche der Häuptlinge waren sogar noch mehr als die »Heger« der Seeräuber; sie waren wie selbst ein Widzel tom Brok Komplizen der Vitalienbrüder.

Bei allen Kämpfen in Ostfriesland ist der große Unterschied zu den Fehden im Binnenland zu erkennen. Während diese im Binnenland hauptsächlich gegen die wehrlosen Bauern des Gegners geführt wurden, standen in Friesland Gefolgschaft und Gefolgschaft gegeneinander. Während die Fehden im Binnenland immer wieder durch sogenannte »Sühnen« geschlichtet wurden, führten die Kriege in Friesland zu Entscheidungsschlachten. Blutig und für den Verlierer verhängnisvoll. Friedensverträge, »Sühnen«, letztlich Kompromisse, kennen die Kriege der Friesen nicht, sondern nur die Entscheidung. Das Schicksal des Hauses tom Brok war besiegelt, als 1427 Ocko II. tom Brok dem Häuptling von Leer, Fokko Ukena, unterlag.

Nicht nur wie im Binnenland den Bauern, sondern auch den Herren konnten in Friesland Fehden zum Schicksal werden. Und das gilt um 1400 noch für jene Kriege, die voller Adelshochmut von außen ins Land getragen werden. Das mußte 1427 in der Schlacht von Detern Erzbischof Nikolaus von Bremen erfahren. Die ganze vornehme Fehdeallianz, die er angeworben hatte, erlitt eine schimpfliche Niederlage. Wie schon in den Zeiten des 11. und 12. Jahrhunderts, als sächsische Heere, angeführt von beutelustigen Hochadeligen, in Friesland vernichtet wurden, zeigte sich auch jetzt noch, daß auswärtige Krieger in Friesland verloren waren: Ob Ritter – der »sareda riddere«, der Panzerreiter, kommt für den hochmittelalterlichen Friesen aus Sachsen –, ob Söldner: Er kannte nicht die Landesnatur, welche die Friesen bei ihrer Gegenwehr ausnutzten.

Strukturen von langer Dauer: Landwirtschaft und Städtewesen im Spätmittelalter und in der frühen Neuzeit

Die Landwirtschaft

Werner Rösener

Die Entwicklung der Landwirtschaft und die Lage der ländlichen Bevölkerung wurden in starkem Maße von den unterschiedlichen Bodenverhältnissen und Produktionsbedingungen des niedersächsischen Raumes beeinflußt. Hier sind vor allem drei Agrarzonen zu nennen: die Marschgebiete des Küstenraumes, die Landschaften der niedersächsischen Geest und die Lößbörden im südlichen Niedersachsen. Die fruchtbaren Marschgebiete entlang der Nordseeküste wurden im Spätmittelalter vom Dollart bis zum Jadebusen von großen Landverlusten betroffen; verbunden mit verheerenden Sturmfluten, brachten diese Ereignisse der Bevölkerung schweres Leid. In den zeitgenössischen Berichten wird ausführlich über die hohen Verluste an fruchtbaren Feldern, großen Viehherden und reichen Bauernhäusern geklagt, die in den untergegangenen Dörfern zu registrieren waren. Der Kern der alten Marsch mit seinen fruchtbaren Weide- und Ackerflächen blieb aber erhalten. Neben der Weidewirtschaft spielte der Ackerbau bereits seit längerem eine wichtige Rolle in den Marschgebieten, doch konnte die Getreideproduktion seit dem Hochmittelalter nicht mehr mit der Bevölkerungsentwicklung Schritt halten. Die Marschen der Küstengebiete wurden allmählich Zuschußgebiete für Getreide und stiegen seit dem Spätmittelalter zu bedeutenden Rinderzuchtgebieten auf. Viele Höfe der Marschzone kauften im Frühjahr Magerrinder aus den angrenzenden Geestgebieten und schickten dann im Herbst die gemästeten Rinder auf die städtischen Märkte. Der Höhepunkt dieser Arbeitsteilung in der Rindfleischproduktion wurde im frühen 17. Jahrhundert erreicht, als alljährlich im Herbst große Herden gemästeter Ochsen von den friesischen Marschen zu westdeutschen und niederländischen Märkten getrieben wurden. Von den Marschenbauern der Küstenzone gelangten außerdem Pferde, Schafe und tierische Veredelungsprodukte auf die Märkte. Die Verbesserung der Verkehrsverbindungen begünstigte dabei die weitgehende Spezialisierung der Marschbauern auf die Rindviehhaltung und den Export.

Die Landwirtschaft in den nordwestdeutschen Geestgebieten beruhte dagegen auf einer relativ vielseitigen Grundlage. Die Höfe der Geestbauern lagen in der Regel als Einzelhöfe oder in lockeren Siedlungsgruppen in den mittleren Zonen der nordwestdeutschen Tiefebene verstreut. Durch die intensive Beweidung waren viele Wälder seit dem Hochmittelalter weit zurückgedrängt worden und verfielen in den trockenen Sandgebieten immer mehr der Verheidung. Diese Heideflächen, die mit lichten Baumgruppen durchsetzt waren, konnten trotz ihrer großen Ausdehnung nur wenig Vieh ernähren und genügten allein den anspruchslosen Schafherden. Während sich somit auf den Allmendeflächen die Bodenfruchtbarkeit reduzierte, wurde sie auf den Ackerfluren der intensiv bebauten Esche verbessert. Als »ewiger Roggenbau mit Plaggendüngung« war dieses Bodennutzungssystem gerade in Niedersachsen vom Mittelalter bis zum 19. Jahrhundert auf den armen Sandböden der Geest weit verbreitet.

Auf den Lößböden des südlichen Niedersachsens stand zweifellos der Getreidebau im Mittelpunkt der landwirtschaftlichen Betriebe. Die Viehhaltung hatte hier zwar auch eine nicht unerhebliche Bedeutung, doch war sie dem Ackerbau untergeordnet. Seit dem Hochmittelalter war eine Intensivierung der Agrarwirtschaft eingetreten, da im Zusammenhang mit der Bevölkerungszunahme und der Entfaltung des Städtewesens nur eine vermehrte Getreideproduktion den hohen Nahrungsbedarf in Stadt und Land sicherstellen konnte. Die fruchtbaren Lößböden der Bördelandschaften im Umkreis der Städte Hildesheim, Braunschweig und Goslar trugen mit ihrem intensiven Getreidebau wesentlich zur Versorgung der städtischen Bevölkerung bei.

Seit dem Hochmittelalter hatte sich das System der Dreifelderwirtschaft immer stärker durchgesetzt, da es in vielen Landschaften am besten den Erfordernissen einer bodengemäßen Bewirtschaftung entsprach. Die Gewannflur der Dörfer war dabei in drei Großfelder (Schläge) eingeteilt und eine für alle Bauern verbindliche Rotation von Wintergetreide, Sommergetreide und Brache vorgeschrieben. Gegenüber den älteren Formen der Bodennutzung wie der ungeregelten Feldgraswirtschaft besaß die Dreifelderwirtschaft erkennbare Vorzüge. Diese Form des Fruchtwechsels bewirkte bei sorgfältiger Anwendung eine beträchtliche Vermehrung der Getreideerträge und verbesserte zugleich die bäuerliche Arbeitseffektivität, da die Arbeiten des Pflügens, Säens und Erntens gleichmäßiger über das ganze Jahr verteilt werden konnten. Das Feld, das die Wintersaat aufnehmen sollte, wurde am intensivsten bewirtschaftet und gedüngt, was sich günstig auf den Nährstoffhaushalt der Ackerkrume auswirkte. Die Dreifelderwirtschaft, die in den meisten niedersächsischen Landschaften bis zum 19. Jahrhundert vorherrschte, brachte viele Vorteile mit sich, wenngleich der einzelne Bauer durch den Flurzwang in seiner wirtschaftlichen Entscheidungsfreiheit stark eingeengt war. In der frühen Neuzeit wurde in einigen hochentwickelten Agrarlandschaften das Brachfeld bereits mit Futterkräutern, Gemüse und Gespinstpflanzen besät, so daß sich eine verbesserte Dreifelderwirtschaft herausbildete.

Von den krisenhaften Erscheinungen in der spätmittelalterlichen Agrarwirtschaft wurden die einseitig auf den Getreidebau ausgerichteten Betriebe am stärksten betroffen. Da sich in Gebieten mit schlechten Bodenverhältnissen oder in abseitiger Verkehrslage die Getreidewirtschaft ungünstig entwickelte, wanderten viele Bauern entweder in benachbarte Städte ab oder zogen in Dörfer, wo sich bessere Lebensbedingungen boten. Dies bewirkte in Verbindung mit dem Aussterben mancher Bauernfamilien im Zuge der Pestepidemie das Wüstwerden vieler Orte. Untersuchungen zu den Siedlungsverhältnissen des Spätmittelalters haben für die einzelnen Landschaften Niedersachsens einen unterschiedlichen Grad der Wüstwerdung ergeben. Während die Zahl der untergegangenen Orte im Gebiet westlich der Weser offenbar unbedeutend war, war das Ausmaß der Wüstungen im Weserbergland und im südlichen Niedersachsen beträchtlich.

Dem Bevölkerungsrückgang und den Schwierigkeiten in der spätmittelalterlichen Landwirtschaft folgte dann im 16. Jahrhundert eine neue Phase der Bevölkerungszunahme und des Aufschwungs der Agrarwirtschaft. Vom Ende des 15. bis zum Beginn des 17. Jahrhunderts läßt sich eine beträchtliche Bevölkerungszunahme beobachten, die zu einer größeren Nachfrage nach Nahrungsmitteln und zu einem Anstieg der Agrarpreise führte. Das Bevölkerungswachstum und die steigenden Agrarpreise gaben der Landwirtschaft wichtige Impulse, so daß es zu einer Rekultivierung verfallener Fluren und zur Erschließung von Neuland kam; Wald- und Sumpfflächen wurden urbar gemacht, und an der Nordsee gelang es, dem Meer und den Flußmündungen beträchtliche Flächen abzugewinnen und durch Deichbauten flutsicher zu machen. Im 16. Jahrhundert begann in der Deutschen Bucht ein neuer Abschnitt der Trokkenlegung und der Eindeichung: Im Jeverland, in der Harlebucht und an anderen Stellen wurden rund 40.000 Hektar Land gewonnen. Das sind mehr als zwei Drittel der für die Zeit vom 13. bis zur Mitte des 19. Jahrhunderts insgesamt in Niedersachsen nachweisbaren Neulandflächen.

Neben der Steigerung der Nahrungsmittelproduktion durch Ausdehnung der landwirtschaftlichen Nutzflächen wurde die Ernährungslücke durch eine Intensivierung der Bodennutzung ausgeglichen; dabei wurden vor allem die außerhalb des Flurzwangs stehenden Flächen intensiver genutzt. Die Verknappung des Bodens ist besonders daran ersichtlich, daß die landarmen und landlosen Schichten des Dorfes seit dem 16. Jahrhundert beträchtlich zunahmen und einen wesentlichen Teil der Dorfbevölkerung stellten. Beim Ackerbau war das Getreide nach wie vor die wichtigste Anbaufrucht; trotz des Bevölkerungsanstiegs und der hohen Agrarpreise wich man nur in geringem Maße auf andere Früchte aus. Die Einführung neuer Bewirtschaftungsmethoden und neuer Produkte scheiterte häufig am Beharrungsvermögen der ländlichen Bevölkerung.

Die ersten Jahrzehnte des 17. Jahrhunderts waren auch in Niedersachsen vom Dreißigjährigen Krieg und seinen Verwüstungen beherrscht. Während dieser Zeit wurden weite Teile des Landes von den Kampfhandlungen betroffen: Viele Felder wurden verwüstet, das Vieh weggetrieben und die Bevölkerung stark dezimiert. Am Ende des Krieges waren viele Höfe und Dörfer zerstört und die Bevölkerungszahl beträchtlich vermindert. Es dauerte einige

Bauern im Frieden – Bauern im Krieg. Das von dem Maler und Kupferstecher Conrad Buno 1642 Herzog August von Wolfenbüttel gewidmete Blatt ist eine Mahnung zum Frieden während des Dreißigjährigen Krieges.

Jahrzehnte, bis sich die Landwirtschaft von diesen Schäden und Kriegsverlusten erholt hatte.

Von der Mitte des 17. bis zum ausgehenden 18. Jahrhundert kam es dann zu einer erheblichen Zunahme der Bevölkerung, die auch für die Landwirtschaft von Bedeutung war; die landwirtschaftliche Nutzfläche wurde beträchtlich ausgedehnt und die Bodennutzung intensiviert. Der Ackerbau diente weiterhin in erster Linie der Erzeugung von Getreide, das nach wie vor die Basis der Versorgung der Bevölkerung bildete. Neue Methoden in der Bodennutzung zeigten sich vor allem seit der Mitte des 18. Jahrhunderts, als man verstärkt zu einer Bebauung der Brache mit Blattfrüchten überging. In den Küstengebieten pflanzte man neben Kohl und Rüben auch Raps auf den Brachflächen, während im südlichen Niedersachsen der Flachsanbau zur Selbstversorgung der ländlichen Bevölkerung üblich wurde. In den Gebieten, in denen ein für den

Export arbeitendes ländliches Leinengewerbe bestand, wurde darüber hinaus auch für die gewerbliche Nutzung Flachs erzeugt.

Gegenüber den fruchtbaren Marsch- und Lößbördenzonen fielen die Geestgebiete in ihrer wirtschaftlichen Leistungsfähigkeit deutlich ab; die weiten Sand- und Heidegebiete des mittleren Niedersachsen waren auch im 18. Jahrhundert weniger intensiv bewirtschaftet. Die Ackerflächen wurden hier weiterhin im System der Einfeldwirtschaft mit »ewigem Roggenbau« oder im zwanglosen Fruchtwechsel genutzt.

Wandlungen der Agrarverfassung: Vom Fronhof zum Dorf, vom Hörigen zum Gemeinen Mann

Christof Römer / Ernst Schubert

Der Ausdruck »Bauer« ist eher ein neuzeitlicher Vereinbarungsbegriff denn eine den historischen Bedingungen der Agrarlandschaft angemessene Bezeichnung. Die Vielfalt der sozialen Wirklichkeiten, die sich hinter dem scheinbar so eindeutigen Begriff verbergen, veranlaßte schon die Gelehrten des 18. Jahrhunderts, lieber vom »Landmann« zu sprechen. Sie wußten sehr wohl, wie verschieden die rechtlichen und ökonomischen Bedingungen waren, unter denen, von Hof zu Hof verschieden, ein »Landmann« stand. Zudem: Rechtsbegriffe, in denen sich die Stellung der »Bauern« spiegelt, unterlagen im Laufe der Zeit Angleichungsprozessen. Im Sachsenspiegel (also im frühen 13. Jahrhundert) bezeichnete *Landsassen* den Dorfbewohner, der von den altständischen Bindungen frei war oder sich befreit hatte. In dem berühmten Landtagsrezeß Herzog Heinrichs des Friedfertigen von Braunschweig-Wolfenbüttel gelten 1433 diejenigen Bauern mit der besten Rechtsstellung als freie Landsassen, werden als Mitwirkende an dem Landtagsbeschluß »buren« genannt.

Bäuerliches Wirtschaften war vor allem ein Wirtschaften unter Zwängen. Nicht nur von der Herrschaft gingen Zwänge aus, sondern – vielleicht noch stärker – vom Boden. Bäuerliche Arbeit bedeutete Kulturgewinnung. *Cultura* hieß ja ursprünglich Landbearbeitung. Mühsam war es, die Agrarlandschaft in der uns heute vertrauten Gestalt zu schaffen. Steinig war der Boden, mit täglichem Bücken wurden über Jahrhunderte hinweg die Äcker geschaffen. In später überwaldeten Feldern erinnern bisweilen vermooste Steinlesehaufen an die Mühen des früheren Alltags, ebenso wie man hier noch manchmal schmale Wölbäcker findet, Relikte der alten Form des Ackerbaus: Von beiden Seiten wird der etwa ein Meter breite Langstreifen aufgepflügt, der sich zur Mitte hin wölbt. Heute sind solche Äcker am besten im Winter bei einsetzendem Tauwetter zu erkennen, weil in den zwischen ihnen gelegenen Furchen das Schmelzwasser am schnellsten abläuft.

Von alltäglicher Mühe und Plage zeugen Steinlesehaufen und Wölbäcker. Ein weiteres Beispiel: Die Wege und Stege, ja die Anfänge der Straßensysteme

Wölbäcker der Wüstung Leisenberg bei Gillersheim.
Fotografie von Erhard Kühlhorn (1970).

sind von bäuerlicher Arbeit, in Hand- und Spanndiensten geschaffen worden. Äcker, die von Steinen befreit sind, befestigte Straßen, die an die Stelle von dörflichen Wegen getreten sind: Die Leistungen der Bauern, die als wichtigste Gestalter der Kulturlandschaft zu würdigen sind, die mit dieser Gestaltung verbundenen Mühen und Qualen der Landbevölkerung, sind zumeist vergessen.

Die bäuerliche Kulturarbeit veränderte schon im Mittelalter die Landschaft zutiefst. Die Folgen ließen nicht auf sich warten. Durch intensive Plaggendüngung mit humosem Waldboden und durch Rodung gewannen Stürme große Gewalt. Bis in die frühe Neuzeit hinein waren Dünen mitnichten ein Spezifikum der Nordseeküste, sondern waren in vielen Gebieten des Binnenlandes zu finden. Um 1700 breiteten sich zwischen Meppen und Lathen allein zehn große Sanddünen aus, und 29 ebenfalls große Dünen waren in der Wildeshauser Geest aufgeweht.

Nicht nur die Natur übte Zwänge aus. Von den Kämpfen zwischen den verschiedenen Standesgruppen um die kargen Ressourcen weiß um die Mitte des 13. Jahrhundert der Propst von Steterburg viel zu berichten, als er Rechenschaft über seine Wirtschaftstätigkeit ablegt. »Einige Ministeriale Steterburgs gaben an, man habe ihnen sechs Hufen in Klein Mahner entwendet und schulde ihnen drei Pfund. Das Stift fand sich bereit, wenigstens zwei Pfund zu erstatten. Ein Lite (ein Halbfreier) namens Jordan, ein Müller, klagte Steterburg wegen einer Hufe in Linden an, die wie er glaubte, ihm zustand. Der Propst zahlte ihm eine Abfindung ... Die Ministerialen, genannt von Wehre, zündeten den gefüllten Getreidespeicher auf dem Hof zu Klein Mahner und den Stall an. Der Schaden betrug 100 Mark. Burchard von der Asseburg vermittelte zwischen den Parteien.«

Von Gewalttaten, von bäuerlicher Not, aber auch von bäuerlicher Gegenwehr berichtet der Propst. Ministeriale, Dienstmannen des Klosters, üben Gewalttaten aus, ohne daß ihre Herrschaft sie zügeln kann. So gewalttätig sie den armen Leuten, die den Boden bebauen, erscheinen, so wenig ist ihre Herrschaft von Dauer. Ihre ökonomische Stellung ist letztlich doch – vielleicht Hintergrund der Gewalttaten – zu gering. Schon dreißig Jahre später weiß keine Quelle mehr von ihnen zu berichten. Sie sind untergegangen wie so viele andere ministerialische Familien.

Der Rechenschaftsbericht des Steterburger Propstes läßt erkennen: Bauernhöfe gruppieren sich um einen herrschaftlichen Haupthof. Sie sind aber nicht nur räumlich ihm zugeordnet, sondern auch rechtlich. In aller Regel hat ein solcher Haupthof innerhalb einer Siedlung Leistungen der Bauern einzufordern: die Spanndienste, diejenigen, die mit einem Wagen geleistet werden, von den größeren Höfen, und die Handdienste, die schweren körperlichen Fronden, die von den kleinen Bauern, die nicht Pferd oder zumindest Ochsen und Wagen ihr eigen nennen, zu erbringen sind. Bei allen Wandlungen der agrarischen Verhältnisse, zu denen nicht zuletzt das Aussterben so vieler ritterschaftlicher Geschlechter zählt, bleiben diese bäuerlichen Pflichten jedoch bestehen. Aber – die so schwer auf den Begriff zu bringende Wechselwirkung von Statik und Dynamik der bäuerlichen Rechtsverhältnisse widerspiegelnd – diese Rechtstradition ist eingelagert in den spätmittelalterlichen Wandlungsprozeß zur Nachbarschaft.

Die Nachbarschaftsordnung im Dorf regelte sich ungeachtet aller sonstigen sozialen und rechtlichen Umstände allein nach dem Leistungsvermögen gegenüber den grundherrschaftlichen oder landesherrlichen Ansprüchen, also nach Steuern und Diensten. Da die Dienstordnungen seitens der einzelnen Gemeinden – in Verbindung mit den dienstfordernden Ämtern (Vogteien) – festgelegt wurden, bestand natürlich eine starke Vielfalt in den Einzelregelungen, etwa welche Hufenzahl welchen Dienst nach sich zog.

Unübersehbar ist seit dem 13. Jahrhundert, daß »Freiheit« einen neuen Inhalt gewinnt. Konnte der Begriff im Hochmittelalter weitgehend mit »Privileg« gleichgesetzt werden, so wird er nun immer mehr im Sinne persönlicher Rechtsstellung aufgefaßt, wobei der moderne Inhalt des Begriffs schon, wie in dem Rechtssprichwort »Stadtluft macht frei«, aufschimmern kann. Tatsächlich gibt es starke Wechselwirkungen zwischen städtischer und ländlicher Entwicklung.

Freiheit: Die individuelle Lösung war der Wegzug in die Stadt oder in Dörfer freieren Charakters; dabei trat dann allerdings meist der Verlust des bewirtschafteten Landes ein. Bezeugt sind auch Freikäufe, die ebenfalls den Verlust des Ackerlandes nach sich ziehen konnten (Beispiele im Erzstift Bremen). Es sind aber, wie am Beispiel Barmke bei Mariental nahe Helmstedt im 12./13. Jahrhundert aufscheint, ganze Bauerschaften in einen neuen Ort umgezogen, um, hier mit Unterstützung des Herzogs von Braunschweig, als freie Landsassengemeinde zu siedeln und ältere Lasten abzustreifen. Eine solche Siedlungskonzentration, die Abwanderung von Bauerschaften in kleine Städte und Flecken, kann für Königslutter, Helmstedt, Schöppenstedt und Schöningen im Braunschweigischen beobachtet werden, ist aber auch andernorts nachweisbar. Im Leinetal entstanden Wüstungskränze um Städte wie Hannover, Pattensen, Eldagsen und Springe.

Der Abzug von Bauern war nur der signifikanteste Ausdruck der Freiheitsgewinnung. In vielen Siedlungen zeigt sich, daß das Prinzip der personalen Freiheit sich mit überkommenen Rechtsstrukturen verbindet. Dabei entwikkelten sich Landgemeinden zwar nicht im Sinne einer Markgenossenschaft, wie ihn die ältere Forschung verstand, aber doch als eine mit genossenschaftlichen Elementen durchsetzte ländliche Betriebsgemeinschaft. Denn anders als in den Streusiedelgebieten, wo die Vereinzelung der Höfe ein individuelles Wirtschaften erlaubte, erzwangen in jenen Gebieten, wo sich die Verdorfung durchgesetzt hatte, der Boden und die Fruchtfolge eine von den Bauern gesetzte Ordnung: Nachbarschaft. Die Feldbestellung im Rahmen der Dreifelderwirtschaft, die Ablieferung der Zehnten, die Beweidung der Brachen und der Allmenden, der Gemeinheiten, die Haltung von Bullen mußten gemeinschaftlich geregelt werden. Diese Art der Zusammenarbeit bedeutete aber, daß auf den persönlichen Rechtsstand keine Rücksicht mehr genommen werden konnte. Allein der Umfang des Besitzes spielte eine Rolle.

Festzuhalten ist also eine Tendenz, die mit der städtischen Entwicklung in einer gleichen Richtung verläuft: Die jeweilige Bauerschaft entwickelt sich zu einer ökonomischen und oft auch kirchlichen Gemeinschaft. Innerhalb dieser Gemeinschaft ist eine Zusammenarbeit nur unter Abschleifung der alten rechtlichen Verhältnisse möglich. Die Nachbarschaft ist nunmehr Grundorganisation des sozialen Lebens auf dem Lande geworden und löst die Ordnung ab, die auf den Rechtsständen der Unfreien, Liten und Siedelfreien beruht hatte. Diese Entwicklung zum Dorf mit seiner gemeindlichen Struktur ist nicht allein von innen entstanden, sondern war begünstigt worden durch Veränderungen in der Adelswelt. Hinter der dauernden Abfolge von Kriegen und Fehden verbirgt sich im späten Mittelalter ein tiefgreifender sozialer Wandel. Das Aussterben so vieler ministerialischer Geschlechter hat Rückwirkungen auf die bäuerlichen »Leiheverhältnisse«, die Bedingungen, unter denen Güter von der Grundherrschaft an Bauern ausgegeben, »verliehen« werden.

Dorf – das heißt Siedlung, abgegrenzt durch Knicke, durch dicke Hecken,

Wüstungen und Wüstungsfluren zwischen Sudershausen und Gillersheim. Maßstab 1 : 25.000.

durch eigenständige Sicherung; Dorf, das heißt nach außen Schutz und nach innen Nachbarschaft. Diese bäuerliche Nachbarschaft kann dem Grundherren viel selbstbewußter als in den Zeiten des hohen Mittelalters entgegentreten. Die Weistümer, in denen Bauern über die Rechte der Grundherren urteilen, finden sich in Niedersachsen in einer spezifischen Gestalt, in den Holtingen. Das alte Wort für Gericht, *ding*, verbindet sich mit den Nutzungsrechten am Holz. Im Mittelpunkt des Dorfes, am Tie, am *Thingplatz*, fand die Genossenschaft der Vollhufner Urteile über strittige Fragen. Die Holtinge lassen sich in ihrem Detailreichtum geradezu als ein spannendes Zeugnis für die Auseinandersetzungen zwischen Bauern und Herren lesen. Es geht um die Nutzungsrechte am Wald, darum, wie viele Schweine zur Eichelmast in den Wald getrieben werden dürfen, wer das Recht des Holzeinschlags besitzt, letztlich um alle im Alltag so vielfältigen Nutzungsmöglichkeiten. So unterschiedlich die Regelungen der Holtinge auch im einzelnen sind, so zeigen sie doch gemeinsam, daß eben nicht mehr die Herrschaft, selbst nicht ein Fürst, die Nutzungsrechte an dem für das Überleben so wichtigen Wald regeln darf. Die Bauern bestimmen mit, sie weisen der Herrschaft ihre Grenzen auf. Sie sind keineswegs nur Objekte herrschaftlicher Willkür.

In den Holtingen konkretisiert sich, was auch auf niedersächsischem Boden für die Gemeindebildung – wenngleich nicht in den ausgeprägten Formen Oberdeutschlands – gilt: Die Anerkennung der Landgemeinden als Partner der Landesherren oder Fürsten. Die Landesherren, vertreten durch Vögte und Amtmänner, akzeptierten zunehmend im 13./14. Jahrhundert die bäuerlichen Repräsentanten, in der Regel die Bauermeister und die Schöffen des Dorfgerichts, als Verhandlungs- und Ansprechpartner.

Und noch etwas Weiteres zeigen die Holtinge: Es gibt Konkurrenz zwischen den verschiedenen Herrschaftsträgern, welche die Bauern für sich ausnutzen können. Ihnen fällt überraschenderweise eine Schiedsrichterrolle zu, wenn sich etwa der Herzog von Braunschweig-Lüneburg mit einigen seiner Adeligen über Holzrechte streitet. Dahinter steht etwas Grundsätzliches, nämlich die Mobilisierung von Herrschaftsrechten. Auf der großen, auf der politischen Ebene hatten Pfand und Kauf im späten Mittelalter ausschlaggebende Bedeutung. Der gleiche Prozeß spielt sich auch auf der Ebene der niederadeligen Herrschaftsrechte ab. Vereinfacht: Nur ganz wenige ritterschaftliche Familien können im späten Mittelalter ihren namengebenden Herrschaftssitz behaupten. Die von Wallmoden sind eine der großen Ausnahmen dafür, daß ein Geschlecht den namengebenden Stammsitz über Jahrhunderte hinweg innehat. Wo aber Kauf und Pfandsetzung die grundherrschaftlichen Eigentumsverhältnisse immer wieder irritieren, haben die Bauern nicht nur Gelegenheit, Herrschaftsrivalitäten auszunutzen, sie haben – und das sollte sich auf die Verrechtlichung bäuerlicher Leiheverhältnisse auswirken – zugleich auch die Schiedsrichteraufgabe dergestalt, daß sie, die Nutzer des Bodens, auch Wahrer aller an diesen Boden geknüpften Rechte sind: Hintergrund eines Wandlungsvorganges gegenüber dem Hochmittelalter, der auch aus den zeitgenössischen Begriffen ablesbar ist.

Seit dem 14. Jahrhundert begegnet in den Quellen immer wieder der Ausdruck »der gemeine Mann« –, aber was sich hinter diesem Ausdruck verbirgt, ist offenbar selbst den Zeitgenossen unklar geblieben. Sie suchten einen Vereinbarungsbegriff, weil in der Welt der nichtadeligen Leute – und nur für diese ist der Begriff »gemeiner Mann« konsensfähig – offensichtlich verschiedene Ordnungssysteme nebeneinander standen. Das eine System ist ausgerichtet auf den persönlichen Stand des Einzelnen, das andere wichtige System folgt sozialen bzw. ökonomischen Kriterien, die wiederum in Verbindung mit politischen Rechten standen.

Die komplizierten Rechts- und Nutzungsverhältnisse, die sich im Zusammenhang mit den Auseinandersetzungen um den Boden, um die Herrschaft und ihre Rechte ergaben, werden hinter den dürren Eintragungen sichtbar, die seit Mitte des 14. Jahrhunderts der Hildesheimer Patrizier Rudolf Frese zur Sicherung seines Besitzes anlegt. Dieser Patrizier bemüht sich um Standesgleichheit mit den Rittern. Während diese aber, noch wenig schriftgewohnt, ihre Rechte nur in Ausnahmefällen verzeichnen, ist eine solche Besitzsicherung dem Patrizier selbstverständlich. Es entsteht ein Bild, das wir auch aus den spärlichen adeligen Urbaren (Besitzverzeichnissen) erkennen können. Streubesitz: In über 30 Dörfern und Siedlungen hat Rudolf Frese einzelne Herrschaftsrechte. Am wichtigsten sind offenbar die Zehnten. Der Getreidezehnt wurde vom Bruttobetrag der Ernte genommen. (Der Herr oder sein Vertreter zählte jede zehnte Garbe ab, und er hatte zumeist das Recht zu bestimmen, wo er überhaupt mit dem Zählen anfing, so daß die Bauern nicht die Möglichkeit hatten, jede zehnte Garbe besonders schlecht zu binden.) Diese Abgabe belastete die bäuerliche Wirtschaft viel stärker als der Name sagt, belief sich gar nicht auf den zehnten Teil, sondern konnte, da sie auf den Bruttoertrag bezogen war, bis zu einem Drittel des Reinertrages ausmachen. Immer wieder läßt sich die Beobachtung machen, daß ein Rittergeschlecht, wenn es seine Zehnten verkaufen muß, alsbald vor dem finanzellen Ruin steht.

Streubesitz, wie ihn das Lehnbuch des Rudolf Frese sorgfältig verzeichnet, war letztlich unrentabel. Im Verlaufe des Spätmittelalters unterlag die adelige Wirtschaft immer mehr einem Konzentrationsprozeß. Ohne die kleinen Rechte unbedingt aufzugeben, die in entlegenen Dörfern zu erheben waren, bemühen sich adelige und kirchliche Grundherren um den Ausbau einer Eigenwirtschaft. Der Haupthof wird Mittelpunkt dessen, was seit der frühen Neuzeit »Rittergut« heißt. Als »Edelhof«, als »Sattelhof« wird bis tief ins 16. Jahrhundert hinein eine adelige Eigenwirtschaft bezeichnet, in deren Mittelpunkt das Gutshaus, bisweilen das bescheidene Schloß, steht.

Mit dem Rittergut ist die spezifisch niedersächsische Form adeliger Wirtschaft entstanden, die zwischen süddeutscher Rentengrundherrschaft und ostelbischer Gutsherrschaft steht. Im Gegensatz zu den Adelsbesitzungen östlich der Elbe kennen die niedersächsischen Rittergüter in aller Regel keinen Gesindezwangsdienst, wonach die Kinder der Bauern für eine bestimmte Zahl von Jahren gezwungen sind, auf dem Rittergut Gesindedienste zu leisten. In Niedersachsen gibt es auch nicht mehr die verstärkten Formen der Leibeigenschaft, die bis zur Schollenpflichtigkeit, bis zur Fesselung des Bauern an den Boden führen. Ein freies Abzugsrecht läßt die mittelalterlichen Hörigkeitsbindungen immer mehr verblassen. Erkennbar ist weiterhin, daß die Bauern vielfach Erfolg haben, die Hand- und Spanndienste in gemessene Dienste umzuformen, daß sie also nicht nach Willkür des Herren, sondern nur zu ganz

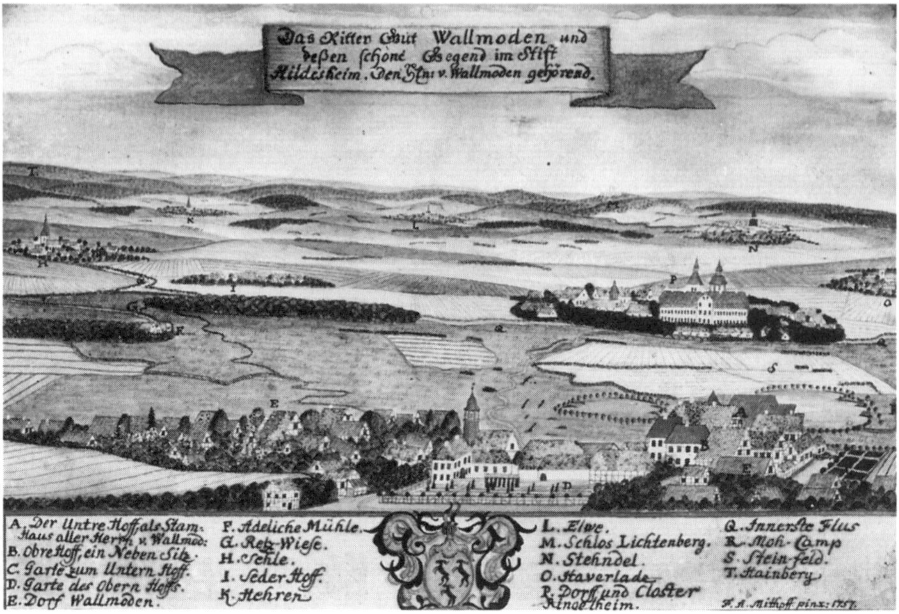

Rittergut Wallmoden und Ringelheim. Aquarell von F. A. Mithoff (1757).

bestimmten Zeiten und nur für ganz bestimmte Aufgaben zu dem Dienst für den herrschaftlichen Eigenhof gezwungen werden können.

Keine noch so akribische Zusammenstellung von Konflikten der Grundherren mit ihren Bauern kann verdecken, daß der Bauernkrieg zwar in Thüringen, Franken und Schwaben tobte, aber Niedersachsen nur am Rande, als Ausläufer der thüringischen Ereignisse erreicht hatte. Offensichtlich fehlten den niedersächsischen Gemeinden die Anlässe und Gründe, die andernorts zum Aufruhr führten, wie übermäßige Lasten, unrechtmäßige Übergriffe, bedrückende Nähe von Grundherren.

Zweifellos haben Adel, Kirche und Landesherren ihre Eigenwirtschaft, ihre Vorwerksökonomie im 16. Jahrhundert ausgedehnt. Vorausgegangen waren die Klöster, vor allem die Benediktiner- und Zisterzienserklöster. Ähnlich sind die Herzöge von Braunschweig-Wolfenbüttel verfahren, nachdem die Bezüge aus Grundrenten keine ausreichende Finanzquelle mehr bildeten. Im Weserbergland etwa haben die Herzöge die Großvorwerke Forst (vorher Burg Everstein) und Wickensen (vorher Burg Homburg) überwiegend durch Erschließung von Wüstungsfluren geschaffen, ohne Bauernlegen im größeren Stil.

Freies bäuerliches Eigentum, Besitz, der keinem Herren unterstand, gab es in Niedersachsen nur an der Nordseeküste und an den Flußmarschen von Niederweser und Niederelbe, also in Ostfriesland, in Hadeln, im Lande Wursten, in Kehdingen und im Alten Land. Im ostfriesischen Rechtsbereich beharrten

Mit münzähnlichen Marken wurde den Bauern die Ableistung von Diensten »quittiert«: Handdienste (links) und mit Pferd und Wagen geleistete Spanndienste (rechts).

die Freien darauf, »se weren vryg also de hovetlude en deel noch mer«. Hier, wo erst um 1500 eine schwach ausgeprägte Landesherrschaft unter den Circsena zustande kam, lehnte der gewöhnliche Hausmann außer Heer- und Landfolge jeden Dienst ab und zahlte allenfalls Abgaben, die sich aus den historischen Königszinsen herleiteten. Solche Eigentumsverhältnisse bilden im Binnenland die Ausnahme. Der nominelle Oberherr von Haus und Hof war der Grundherr. Die entscheidende Frage ist die nach dem Nutzungsrecht am Boden und dem Eigentumsanspruch, der daraus abgeleitet werden kann. Wir konkretisieren die Probleme am Beispiel des Meierrechts.

Das Meierrecht ist keineswegs spezifisch niedersächsisch – wir finden es beispielsweise ebenfalls auch im österreichisch-bayrischen Grenzraum – und ist auch nicht typisch für die gesamte niedersächsische Agrarlandschaft. Aber die Verbreitung dieses Rechts im Braunschweiger, im Calenberger und im Hildesheimer Land, vor allen Dingen in den fruchtbaren Bördelandschaften, weist unseren Raum als das geschlossenste Gebiet des Meierrechts aus. Und weiterhin: Im Meierrecht sind Entstehungsbedingungen des niedersächsischen Großbauerntums reflektiert; es hat vieles mit der Entwicklungsgeschichte der großen Höfe im Oldenburger Land gemein, wo das Meierrecht unbekannt ist.

Im Jahre 1422 wird zwischen dem Kloster Weende und dem Tile Meyger ein Vertrag über den Meierhof Reinshof ausgefertigt, ein Meierbrief. Er beginnt ohne alle Umschweife: »Ich, Tile Meyger bekenne mit diesem offenen Brief für mich und meine Erben ...«. Ein Meier ist ein selbständig wirtschaftender Bauer. Ihm wird von dem Kloster der Reinshof übertragen, und die Urkunde zählt im einzelnen auf, was alles zum Hofe gehört, und welche Abgaben Tile Meyger dem Kloster schuldig ist. Der Meier hingegen verspricht, den Hof in gutem Stand zu halten; das wird in konkrete Verpflichtungen gefaßt, zum Beispiel das Stroh nicht von dem Hof zu verkaufen, sondern es zum *Nutzen und Frommen* der Reinshofer Äcker zu verwenden. Sodann verspricht Tile Meyger:

»Geschehe auch einiges Unglück oder Schaden von Hagel, Heerfahrt, Mißwachs oder von der Feldmaus oder in dem Felde, da Gott vor sei, sollte der Schade der unsrige und nicht der des vorgenannten Stiftes sein.« Aber nicht nur der Meier ist für Unglücksfälle haftbar: »Geschehe aber Schade an dem vorbenannten Hofe des Klosters Weende durch Brand bei offenbarer Fehde, die unser gnädigen Junker Herzog Otto oder die Stadt zu Göttingen betrifft, den Brand des Baues sollen die Frauen zu Weende und ihr Stift haben aber nicht wir.« Für zwölf Jahre soll die Verleihung des Meierhofes gelten.

Was an dieser Quelle auch deutlich wird, ist der Turnus der Dreifelderwirtschaft. In unserem Fall wird der Meierbrief auf zwölf Jahre abgeschlossen. Und das ist typisch; selten drei, meist sechs, neun oder zwölf Jahre umfaßt die nominelle Laufzeit eines solchen Vertrages. Rücksicht auf die Dreifelderwirtschaft war geboten. Nominell ist der Vertrag zwar nur auf eine bestimmte Zeit geschlossen, aber ein guter Meier wird von dem Herrn auch nicht »abgemeiert« werden, denn ein Herr hat Interesse daran, daß sein Eigentum gut bewirtschaftet wird. Deswegen kann auch ein Meierhof vererbt werden und deswegen kann der Name Meier zum häufigsten Familiennamen werden. Man wußte schließlich im Mittelalter: »Ein schlechter Meier enterbt sich selber.«

Was wir geschildert haben, ist im Grunde das Meierrecht, wie es sich in seiner günstigen Entwicklung für den Bauern darstellte. Und auf diese Entwicklung hatten in welfischen Landen die Fürsten selbst Einfluß genommen. Bereits 1433 hatte im Braunschweiger Land Herzog Heinrich, dem die Zeitgenossen den Beinamen »der Friedfertige« gaben, mit adeligen und kirchlichen Grundherren feste Vereinbarungen zum Schutze der Bauern dahingehend getroffen, daß das »Abmeiern« nur aufgrund ganz bestimmter Formen bäuerlichen Fehlverhaltens möglich war. Eine solche Meierschutzpolitik findet sich über den Gandersheimer Landtagsabschied von 1601 bis hin zur Calenberger Meierordnung von 1772 als Spezifikum welfischer Herrschaft. Man wollte die wichtigste Klasse der Steuerzahler erhalten und sie schützen. Es ging letztlich nicht um den Bauern, sondern um seine Abgaben.

Die spätmittelalterliche »Verdorfung« einer bis dahin noch weitgehend von Einzelhöfen, von Weilern, von Streusiedlungen geprägten Siedlungslandschaft stellt sich im idealtypischen Fall um 1500 so dar: Um die Höfe der »Vollbauern« liegt ein Kranz von kleineren Höfen. Sie gehören den, wie sie zumeist genannt werden, »Köttern«, den Besitzern einer »Kate«, einer bescheidenen Behausung angesichts der ausladenden Gehöfte im Dorfkern. Im Verlauf des 16. Jahrhunderts sehen wir eine weitere Entwicklung: Auf den spröden Böden am Rande der Dorfgemarkung, auf jenen Böden, die nur hin und wieder als Allmende genutzt wurden, siedeln sich in ärmlichsten Hütten Kleinstbauern an: Brinksitzer. Dieses etwas schematisierte Bild weist auf die soziale Ungleichheit innerhalb eines Dorfes hin, auf die großen Unterschiede von den Vollbauern bis hin zu den Brinksitzern. Über die Zeiten hinweg jedoch läßt sich beobachten, daß diese Unterschiede keineswegs starr sind, keineswegs ei-

Bäuerliche Arbeiten. Ausschnitt aus dem Widmungsblatt für August den Jüngeren (vgl. Abb. S. 188).

ner »Klassengesellschaft« entsprechen. Der entscheidende Begriff ist nicht der der Klasse, sondern der des Heiratskreises. Die Vollbauern versuchen, möglichst untereinander zu heiraten, wie das auch bei den Köttern und den Brinksitzern – nur dadurch konnte die Bezeichnung »Brinkmann« zum Familiennamen werden – zu beobachten ist. Aber Heirat, Verwandschaft und, damit einbeschlossen, Erbe sind innerhalb einer kleinen, einer überschaubaren, einer zum Zusammenleben gezwungenen Dorfgemeinschaft doch keine allzu starren Prinzipien. Über Heirat, ja auch über Patenschaftsverhältnisse kann es gelingen, einen bescheidenen Aufstieg innerhalb des Dorfes zu erreichen. Auf diese Weise konnte sich die Schicht der Kötter sogar aufspalten in Kleinkötter und Großkötter.

Immer hatte es »Mitbewohner« in den Landgemeinden gegeben, Menschen, die kein Haus, geschweige denn einen Hof ihr eigen nennen konnten: eine Entsprechung zu den »Einwohnern« in den Städten. Beide Gruppen vermehrten sich im Zuge des allgemeinen Bevölkerungswachstums im 17. und 18. Jahrhunderts außerordentlich. Dies rief die Landesherrschaft auf den Plan, die diese armen Menschen besteuern wollte. So forderte eine landesherrliche Verordnung für Oldenburg 1782, daß Einlieger und Mieter bei Köttern und Brinksitzern, die bisher nicht als steuerpflichtig galten, nunmehr Schutzgeld zu zahlen hätten. Die Beamten in den Residenzstädten rieben sich die Augen. Das Dorf war keine bäuerliche Siedlungslandschaft mehr.

Schwer ist es heute, nach der Landflucht des 19. Jahrhunderts, eine Vorstellung davon zu vermitteln, welch ein kompliziertes Sozialsystem das niedersächsische Dorf der frühen Neuzeit darstellte. Für Ostfriesland ist berechnet worden, daß die Voll- und Halbbauern 30 %, die Kötter 10 %, Arbeiter und Heuerlinge 40 % und die Handwerker 10 % der Bevölkerung ausmachten. Im Schaumburgischen sind die Spann- und Handdienster (also die beiden ersten Gruppen) mit 55 % ausgewiesen, die restlichen Gruppen (vor allem Handwerker) mit 45 %. Die Menge des zur Verfügung stehenden Landes war erschöpft. Teilungen waren die unrentable, waren die verzweifelte Antwort der Menschen. Für das Fürstentum Braunschweig-Wolfenbüttel ist ermittelt worden, daß die Zahl der kleinen Ackerhöfe von 830 (1656) auf 1.370 (1750/70) angewachsen war. Die Zahl der Halbspännerhöfe stieg entsprechend von 1.200 auf 1.440 an. Ebenso wuchs die Zahl der Kothöfe bis etwa 1750 stark an, vergrößerte sich dann aber, an Nutzungsgrenzen angelangt, nicht mehr. Die agrarische Nutzungskapazität war erschöpft und die sozialen Folgen dramatisch. In Braunschweig-Wolfenbüttel stieg die Zahl der Heuerlinge im Laufe des 18. Jahrhunderts von 5.100 auf 45.000 an. Diese Bewohner der Landgemeinden standen außerhalb der agrarischen Betriebsordnung und somit auch außerhalb der Gemeindeverfassung. Für die weitere Entwicklung ist nunmehr zwischen Gruppen zu unterscheiden, die noch in eine bäuerliche Existenz drängten, und solchen, die andere Wege des Lebensunterhalts suchten.

Diejenigen ländlichen Einwohner, die keinen Zugang zur dörflichen Gemeinde fanden oder suchten und daher auch strenggenommen nicht zur unterbäuerlichen Schicht gerechnet werden sollten, fristeten etwa als Dauertagelöhner oder als »Professionisten« im Bereich von Handwerk und Gewerbe ihr Leben. Hierfür sind vor allem in Westniedersachsen Beispiele bekannt: So ist auf die Schiffer und die Fuhrleute hinzuweisen, auf die Möbeltischler, die Korkschneider und ähnliche Gruppen. Auch die Zahl der Heimweber etwa im Osnabrückischen, aber auch im übrigen westlichen Niedersachsen dehnte sich aus. Die Fabrik- und Heimarbeiter werden häufig pauschal als Heuerlinge bezeichnet, obgleich sie sich von einer agrarökonomischen Existenz zu lösen begannen.

Allen ökonomischen und sozialen Wandlungen in den niedersächsischen Dörfern zum Trotz erweisen sich – das große Thema der Ablösungsgesetzgebung seit 1831 bildend – bestimmte grundherrschaftliche Rechte als resistent gegenüber Veränderungen. Als markanteste Altlasten begegnen noch bis zur erwähnten Ablösungsgesetzgebung personale Belastungen wie Todfallabgaben oder anteilige Heimfallrechte im Todesfall sowie Heiratsabgaben, Relikte mittelalterlicher Unfreier. Für andere Altstände hielten sich in unterschiedlicher Weise bestimmte an Haus und Hof haftende (radizierte) Abgaben wie Hauszinse, Rauchhühner oder Abgaben von Hufen (Litenhufen, Latenhufen).

Die Bauern, die stets bestrebt waren, »ungemessene Dienste«, deren Forderung in der Willkür des Grundherren lag, rechtlich zu fixieren, hatten an einer vollständigen Ablösung jener Abgaben, die von ihrem Hof zu leisten waren, geringes Interesse, denn diese fixierten und meist nur geringen Abgaben dienten als Sicherung ihres Besitzes. So suchten sie bis ins frühe 19. Jahrhundert bei den Grundherren, auch bei den inzwischen teilweise protestantischen Klöstern und Stiften, immer noch um die Belehnung für bestimmte Äcker und Wiesen nach. Hier bildete sich eine Besitzsituation heraus, nach der die zu den einzelnen Höfen gehörigen Ländereien unter verschiedenen Rechtstiteln standen. Die jeweiligen Hofinhaber besaßen unter Umständen zugleich Lehen, Erbzinsgüter und Erbpachtland. Erst die Ablösungsgesetzgebung seit 1831 schuf hier Klarheit nach ökonomischen Kriterien: Ende des Mittelalters im ländlichen Niedersachsen.

Die Stadt und ihre Bürger im vorindustriellen Niedersachsen

Christof Römer / Ernst Schubert

Die Stadtmauer gilt als sinnfälligster Ausdruck urbanen Lebens. Reste der Ummauerung werden bis heute sorgsam gepflegt, nachdem sie dem frühen 19. Jahrhundert noch als Verkehrshindernis erschienen. Romantische Reminiszensen knüpfen sich an solche Mauerwerke, an Türme, von denen man nicht mehr weiß, daß sie ohne einen städtischen Ziegelhof, einen Regiebetrieb des Rates, nicht hätten gebaut werden können. Das zeigt: Die Stadtmauer ist Ausdruck einer urbanen Entwicklung. Aus den schlichten Wall- und Palisadenbefestigungen des hohen Mittelalters waren vor allem im 14. und 15. Jahrhundert steinerne Ummauerungen in Klein- und Großstädten geworden. Das war über die fortifikatorische Verbesserung hinaus Ausdruck eines Entwicklungssprunges. Eine städtische Gesellschaft war entstanden, eine Gesellschaft von steuerzahlenden Bürgern, die meistens über die Vorform der Getränkesteuer, das Ungeld, diese Stadtmauern finanzierten. Weiterhin zeigt die Stadtmauer das Entstehen einer Bürgergemeinde als Wehrgemeinde; denn die Sicherung und Bewachung dieser Mauern war Teil der Bürgerpflichten.

Die Bürgergemeinde ist nicht nur aus der Entwicklung von Bürgereid und Bürgerrecht, sondern auch aus der Topographie zu verstehen. Die Stadtmauer umschloß die verschiedenen Siedlungsbereiche, die sich im Hochmittelalter ausgebildet hatten; sie umschloß Altstadt, Neustadt und Vorstädte. Am deut-

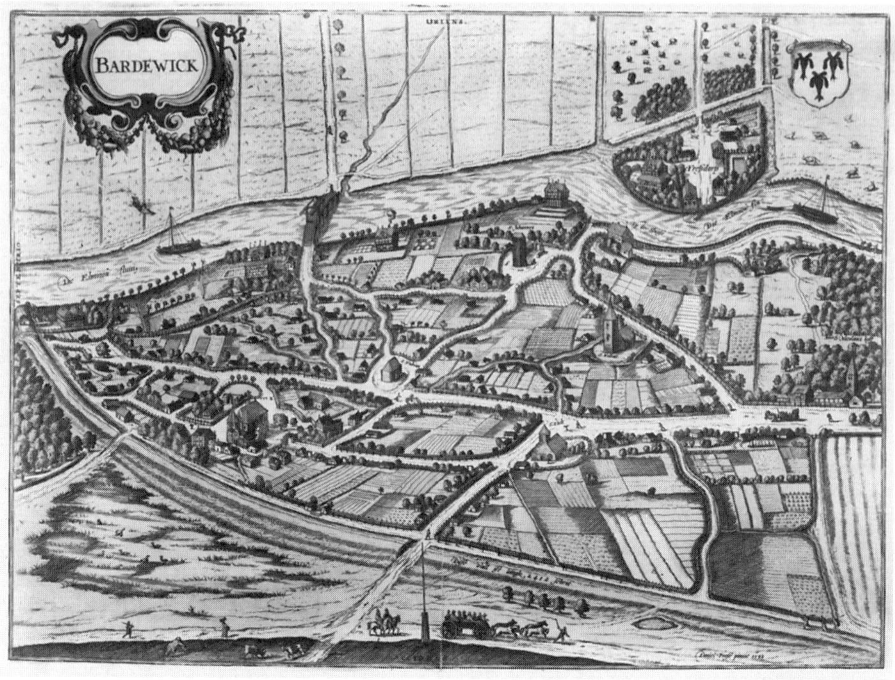

Bardowick um 1600.

lichsten ist dieser Vorgang in Braunschweig mit seinen um 1300 noch weitgehend selbständigen fünf »Weichbildern«, wie hier die urbanen Siedlungskerne genannt wurden, zu fassen. Als sie nach schwierigen Verhandlungen im 14. Jahrhundert in die gemeinsame Stadtummauerung einbezogen wurden, blieben rechtliche Sonderstellungen der fünf Weichbilder Altstadt, Neustadt, Hagen, Altewiek und Sack, weiterhin erkennenbar. Deshalb sollte um 1500 ein Städtelob auf Braunschweig rühmend von fünf Städten in einer Mauer sprechen. Wo eine Vereinigung von Altstadt und Neustadt nicht gelang – wie im Falle Hildesheim – konnte es noch Ende des 16. Jahrhunderts geschehen, daß auf den Stadtmauern der Altstadt und der Neustadt Geschütze gegeneinander gerichtet wurden.

Die Stadtmauer war Ausdruck der entstehenden Bürgergemeinde, aber nicht Ausdruck einer Abgrenzung vom Umland. Vor den Mauern lagen Intensivkulturen, lagen etwa in Osnabrück die Flachsgärten, auf welche die städtische Leinenindustrie angewiesen war, und weiterhin Gärten der Bürger. »Gartenstraßen« unter den heutigen Straßennamen erinnern noch an diese einstige Bedeutung. Vor den Mauern lagen vielfach auch die Mühlen, gefährdetes Angriffsobjekt im Fehdefall und deswegen nach Möglichkeit in die Stadt selbst, in den schützenden Mauerring verlegt. In vielem ist das Erscheinungsbild Bardowicks, wie es aus der frühen Neuzeit, auf das Mittelalter zurückweisend,

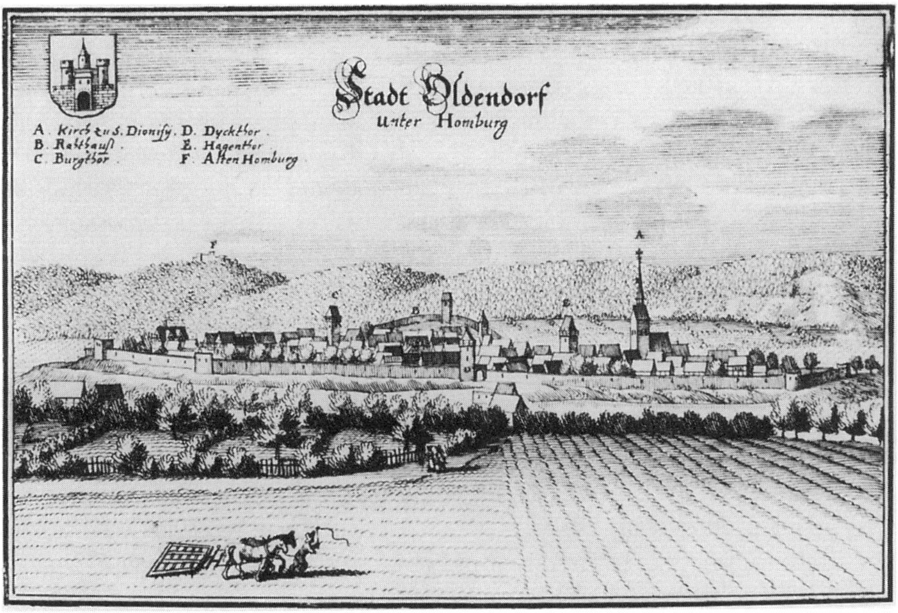

Stadtmauer einer Kleinstadt: Stadtoldendorf auf dem Kupferstich von Merian (1654) mit der aufgegebenen Homburg im Hintergrund.

überliefert ist, atypisch – typisch für die meisten Flecken und Kleinstädte ist es jedoch in der Verquickung von agrarischer und urbaner Struktur. Und auch für die größeren Städte gilt: Die Stadt wirkte in das Umland. Umgekehrt aber war die Stadt auch vom Umland abhängig, und das nicht nur wegen der notwendigen Getreideeinfuhren. Viel wichtiger war der Zuzug von Menschen in die Stadt. Denn hier lag die Sterblichkeitsrate stets höher als die Geburtenrate. Ohne den dauernden Zuzug vom Land wäre die städtische Bevölkerung ausgestorben.

Die Stadtmauer konnte und durfte das Umland gar nicht von dem urbanen Siedlungsraum abgrenzen. Sie bedeutete eine Verteidigungsmaßnahme für den Ausnahmefall. Die bewehrte Stadt wirkte abschreckend. Belagerungen sind selbst in der fehdereichen Zeit des Spätmittelalters relativ selten. Deswegen konnte die Stadtmauer auch ganz anders genutzt werden denn als Fortifikation. Hütten und Verschläge wurden, die Mauer als Rückwand einbeziehend, angebaut. Im Kriegsfall mußten umfangreiche Maßnahmen getroffen werden, um diese Behelfsgebäude wieder abzureißen. Vor den Mauern lag häufig auch ein Graben, bisweilen sogar ein abgeleiteter Fluß; das erweiterte Schutzsystem war zugleich ein Nutzungssystem. Fische wurden hier gehalten. Diese Gräben verlandeten allzu leicht. Auch sie mußten dann im Kriegsfalle wieder instandgesetzt werden.

Die Entwicklung der Städte wird von dem Prinzip »Stadtluft macht frei« begleitet. Dieser Schlüsselsatz des mittelalterlichen Stadtrechts ist offenbar norddeutschen Ursprungs. Denn – so die ansprechende Deutung Wilhelm Kohls – »Luft« ist eine Verballhornung von niederdeutsch »gelofte«, Gelöbnis. Nicht die rauchgeschwängerte Luft über den dichtbesiedelten Städten machte frei, sondern der Bürgereid. Dieses bedeutet aber auch, daß die Formierung der Stadt mit ihrer Autonomie mit dem Verblassen, ja sogar der Auslöschung der bisherigen herrschaftlich gesetzten Rechtsverhältnisse zusammenhängt. In der Fünf-Städte-Stadt Braunschweig sind schon im 13. Jahrhundert ältere Abgaben oder Dienste mehr oder weniger verschwunden. Nur in dem lange zum Burgbezirk gehörenden Weichbild Sack und im Aegidienbezirk des dortigen Benediktinerklosters können noch Wurtzinse, die alten grundherrlichen Abgaben von einem Hausgrundstück, nachgewiesen werden.

Das Beispiel Braunschweig zeigt aber auch, daß die Auslöschung der alten Rechtsstände keine Selbstverständlichkeit war, daß weiterhin dem Bürgerbegriff keine ständische Egalisierung in den einzelnen Teilstädten mit ihrem unterschiedlichen Niveau ständischer Freiheit zugrunde lag. Allgemein gültig für Niedersachsen wird aber in der Braunschweiger Stadtentwicklung das Grundmodell sichtbar: Die Bürgergemeinde emanzipiert sich aus dem allgemeinen Recht des Landes; der hochmittelalterliche Zustand, den Eike von Repgow in seinem Sachsenspiegel wiedergibt, ist überwunden, wonach das Recht in den Städten nur ein Teil des allgemeinen Landrechts ist. Scheinbarer Widerspruch, im Grunde aber das überzeitliche Problem der Rezeption, der Anverwandlung widerspiegelnd: Die Städte haben sich um 1300 dann Eikes Rechtsbuch zu eigen gemacht. Sie haben die landrechtlichen Erbrechtsregelungen ihren städtischen Statuten zugrunde gelegt.

Dem entstehenden städtischen Recht liegt eine, die großen sozialen Unterschiede negierende Fiktion zugrunde: Die städtische Freiheit ist egalitär gedacht. Dabei orientierte sich diese Egalisierung in der Regel an der Gruppe mit dem besten Status, und das waren meist die Kaufleute. Die Bürger waren frei, aber sie unterstanden rechtlich einem Fürsten als dem mächtigsten und schutzverleihenden »Altfreien«. Das Konfliktfeld ist umgrenzt durch die Frage der Steuer. Abgaben an den Fürsten konnte die städtische Gemeinschaft nur dann hinnehmen, wenn diese keine ständische Abhängigkeit des einzelnen Bürgers mehr ausdrückten. Der Fürst war allenfalls Herr der Stadt, aber nicht Herr der Bürger; er konnte nur über die kollektive Gesamtverantwortung der Bürgerschaft Steuerleistungen erreichen, er mußte die Repräsentanten der Gemeinde akzeptieren und mit ihnen zusammenarbeiten. Die Geschichte des niedersächsischen Städtewesens ist voll von Abmachungen zwischen den Stadtherren und den Gemeinderepräsentanten hinsichtlich der beiderseitigen Rechte und der Leistungen der Stadt. So begegnen denn sowohl bei den großen als auch bei den kleinen Städten im 13. Jahrhundert Leistungen, die unter dem Namen Bede (abgeleitet von »Bitte«) oder lateinisch *petitio* als Vereinbarungen über Steuerleistungen erkennbar sind. Lüneburg war zur Zahlung von 300 Mark und 100 Pfennigen verpflichtet. Bei den meisten Städten sind Summen zwischen 60 und 100 Mark zu entrichten gewesen. Bei der Festsetzung dieser Summen spielten die Größe einer Stadt und die jeweilige politische Situation eine Rolle. Entscheidend ist aber, daß diese Zahlung stets durch die Bürgergemeinde erfolgte, also ein Zugriff des Herrschers auf den einzelnen Bürger nicht möglich war.

Die Bürgergemeinde, die den Fürsten bei den Bedeverträgen selbstbewußt entgegentrat, war unabhängig von kirchlicher Gemeindebildung entstanden. Eine genaue Entsprechung zwischen den Bürgergemeinden und Pfarrgemeinden gab es in Braunschweig, Lüneburg oder Stade nicht. Nur ausnahmsweise gelang es den Städten, das Pfarrerwahlrecht durchzusetzen. So viele städtische Rechte die Fürsten im Verlauf des Spätmittelalters auch aus der Hand gaben, das Besetzungsrecht der Pfarreien behaupteten sie. In der Regel konnte die Bürgerschaft sich nur durch Meßstiftungen und die Beaufsichtigung des Kirchenvermögens durch vom Rat eingesetzte »Olderleute« Einfluß auf die Pfarrkirchen sichern.

Krieg, Fehde und gemeiner Überfall auf Kaufmannszüge, »Plackerei«, bedeuteten trotz aller Not, trotz allen Leides, das sie mit sich brachten, keineswegs die Hauptgefahr urbanen Lebens. Die Hauptgefahren des Lebens auf engstem Raum lagen in der Stadt selbst begründet.

Seuchengefahren! Dadurch, daß die gemauerten Kloaken in den Hinterhöfen der Bürgerhäuser direkt in das Grundwasser führten, war das Wasser in einer Stadt ungesund. Typhose Erkrankungen gehörten zu den häufigsten Heimsuchungen des spätmittelalterlichen Bürgers. Umweltverschmutzung. Die Stadt war ein Seuchenherd. Nicht nur die Pest, die in endemischen Zügen bis ins frühe 17. Jahrhundert hinein immer wieder die Städte heimsuchte, bildete Gefahren, sondern jede übertragbare Krankheit, jede Infektion, die bei dem engen Zusammenleben von Menschen sich sofort zu einer Seuche auswachsen konnte. Rätselhaft sind vielfach die medizinischen Bedingungen dieser Seuchen, wie etwa bei dem sogenannten englischen Schweiß, benannt nach dem Herkunftsland England, einer Seuche, die durch Landsknechte nach Norddeutschland eingeschleppt worden war, und die im Jahre 1529 fast alle niedersächsischen Städte heimsuchte. Eine heimtückische Krankheit, mit dreitägigem hohen Fieber eingeleitet und bei einem Drittel aller Erkrankungsfälle tödlich endend.

Nicht nur Krankheiten und Seuchen bedrohten das Leben eines Bürgers; größte Furcht mußte er auch vor Bränden haben. Holz war das wichtigste Baumaterial einer spätmittelalterlichen Stadt. Die Gefache waren mit einem schnell bröckelnden, von der Sonne ausgetrockneten Lehm gefüllt. Stadtbrände, Flächenbrände, die sich in rasender Schnelligkeit entwickeln können, wurden zum Schicksal von Groß- und Kleinstädten. Stadtbrände suchten das kleine Dannenberg im 15. und 16. Jahrhundert viermal heim; zwei Stadtbrände reichten 1540 und 1549 aus, um das wohlhabende Einbeck so sehr zu vernichten, daß das berühmte Einbecker Bier nach dem zweiten Stadtbrand kein Exportartikel mehr war. Nicht nur Häuser waren vernichtet, sondern auch Produktions- und Betriebsgeheimnisse. Nach einem Stadtbrand mußten die Menschen von vorne beginnen. Keine Versicherung gab es, die schützend und helfend beim Wiederaufbau beistand.

»Stadtluft macht frei«: Dem Grundsatz nach bestand Gleichheit im Rechtssinne für alle Ansässigen mit Bürgerrecht. Unter Bürgerrecht zu stehen, bedeutete aber auch Bürgerpflichten wahrzunehmen, den Schoß, also die städtische Steuer, zu zahlen, sowie Wachdienste und andere ähnliche Dienste zu leisten. Weiterhin kannte die Stadt stets Bewohner, die das Bürgerrecht zwar nicht oder noch nicht besaßen, es aber grundsätzlich erwerben konnten, die »medeborgere unde medewonere«. Der soziale Status solcher Personen und Personengruppen ist unterschiedlich gewesen, so daß hier nicht von »Unterbürgern« im Sinne einer sozialen Unterschicht gesprochen werden darf. Dabei wurden, im Sinne der Zeit Handlungsgehilfen, Handwerksgesellen, Knechte und Mägde als Angehörige des jeweiligen Bürgerhauses betrachtet. Gemäß einer Prozessionsordnung Göttingens von 1350 hatten die Knechte der Kaufleute und Schuster vor ihren jeweiligen Meistern zu gehen, sie standen also unter deren Aufsicht und gehörten zu deren erweiterten Haushalt. Zur Unterschicht gehörten also nicht die in Bürgerhaushalte integrierten Personen, sondern die Tagelöhner und Arbeiter in den nicht zunftfähigen Berufen.

Die Gleichheit des Bürgerrechts schloß Standesunterschiede nicht aus. In Braunschweig etwa kann man drei Hauptklassen unterscheiden, die Geschlechter (oft mit Beziehungen zum Landadel), den Mittelstand aus Angehörigen der ratsfähigen Gilden und schließlich die restliche Bürgerschaft. Dabei sind die Mitbürger ohne Bürgerrecht nicht mit erfaßt. Mit soziologischer oder geographischer Methodik hat man für Braunschweig, Göttingen, Stade usw. eine Schichtung ermittelt, die sich aus einer Oberschicht von 10 %, einer Mittelschicht von 30 %, einer unteren Mittelschicht von 10 % und einer armen Unterschicht von nochmal 50 % ergibt.

Trotz der Bedeutung der großen Städte darf nicht vergessen werden: Städtisches Leben hieß in der niedersächsischen Städtelandschaft vor allem Leben in Kleinstädten. Diese Kommunen sind viel zu selten in der allgemeinen Geschichtsschreibung gewürdigt worden, und deswegen stellen wir, um die innerstädtischen Herrschafts- und Lebensnormierungen zu verdeutlichen, die Beispiele von zwei kleineren Städten, von Hameln und von Rinteln, in den Mittelpunkt unserer Betrachtungen.

Wie in jeder Stadt hatte auch in Rinteln der Rat das ganze Mittelalter hindurch städtische Verordnungen erlassen, Statuten, berechnet auf Einzelfälle, deren Summe als Ergebnis zeigt: Die herrschaftliche Privilegierung, die vielfach am Anfang der Entwicklung einer Stadt im 13. Jahrhundert gestanden hatte, das herrschaftlich gesetzte Stadtrecht, reichte für die Regelung des alltäglichen Zusammenlebens nicht mehr aus. Das Zusammenleben konnte im späten Mittelalter nicht mehr die ferne fürstliche Herrschaft regeln, sondern der Rat war gefordert. Auch in den kleineren Städten wie Rinteln und Hameln ist diese kommunale Autonomie, wie man sie nennen könnte, unverkennbar. Wofür hat der Rat nicht alles zu sorgen: Pflasterung des Marktplatzes, Festlegung von Höchstpreisen des Fleisches, sauberes Brauwasser. In Hameln wurden alle diese Verordnungen in einem eigenen Stadtbuch, dem sogenannten Donat, zusammengefaßt. Während die fürstlichen Herrschaften auf niedersächsischem Boden erst seit dem 17. Jahrhundert darangingen, für ihr Territorium ein einheitliches Gesetzeswerk zu schaffen (und damit zunächst scheiterten), war dieses für eine spätmittelalterliche Kleinstadt bereits selbstverständlich.

Gesetze waren unersetzlich für den Frieden in der Stadt. Deswegen die einläßlichen Verbote der Kränkung des Mitbürgers, weil diese als Schädigung des Leumunds und der Ehre Zwietracht und Gewalttaten nach sich ziehen konnte. Stellen wir anhand solcher Verbote einmal zusammen, wie sich Menschen in jener Zeit gegenseitig beschimpften. Da war, von dem allgemein gebräuchlichen »Hurensohn« abgesehen, der »Schafsnacken«, der »Sulfwold«, der nur seine eigene Meinung gelten ließ, ebenso ein Schimpfwort wie »Freßsack« und dergleichen. Der Rat unterschied genau, welche Schimpfworte die Ehre kränkten – diese nämlich verbot er –, und welche Worte nur einen derben Spott darstellten. »Plattfuß« war kein verbotenes Schimpfwort, wohl aber »Teufelskerl«. Was heute wohlwollende Anerkennung von Risikobereitschaft enthält, war im Mittelalter – »Kerl« ist der Knecht – als gefährlicher, als verbotener Gesindedienst aufgefaßt worden.

Sowohl in Rinteln als auch in Hameln läßt sich das in fast überbordender Fülle entstandene städtische Regelwerk auf ein Grundprinzip zurückführen, das immer wieder beschworen wird: das gemeine Beste, der Gemeinnutz, lateinisch das *bonum commune*. Dem Gemeinnutz diente es, wenn der Frieden in der Stadt bewahrt wurde; dem Gemeinnutz diente es, wenn die Anordnung der Verkaufsstände am Rathaus friedenssichernd, das Konkurrenzdenken austarierend, geregelt wurde; dem Gemeinnutz diente es, wenn der Rat Unterstützung anbot, um die feuergefährdeten Strohdächer durch Ziegeldächer, zumindest aber durch festere Schindeldächer zu ersetzen. Dem Gemeinwohl diente es schließlich auch, wenn der Stadtrat verhinderte, daß die Zünfte eine marktbeherrschende Stellung erlangten, und nicht zuletzt diente es dem Gemeinwohl, wenn der Rat das Ausnutzen wirtschaftlicher Macht zu beschränken versuchte.

Sorge für das *bonum commune*, für den Gemeinnutz als Aufgabe des Rates, ließ eine spätmittelalterliche Wirtschaftsform in der Stadt entstehen, die zwischen Marktwirtschaft und Regiewirtschaft angesiedelt war. In das Marktgeschehen griff der Rat mit Höchstpreisverordnungen ein. Den Markt regelte er aber auch teilweise durch eigene Regiebetriebe, etwa durch den städtischen Weinkeller, den städtischen Kalkbruch, die städtische Ziegelei, die städtische Waage und die städtische Mühle. Dahinter stand nicht in jedem Fall Monopolisierung aus fiskalischem Interesse. Zwar konnte mit den Einnahmen aus dem städtischen Weinkeller der Göttinger Rat den Ausbau seines Rathauses zu großen Teilen finanzieren, aber andere Regiebetriebe waren dem Besten der Stadt verpflichtet. Der städtische Ziegelhof arbeitete nicht mit nennenswertem Gewinn; der Rat brauchte seine Produkte für die Stadttürme und andere kommunale Bauten; und weiterhin brauchte der Rat den städtischen Ziegelhof für die Dachziegel, die er den Bürgern vorschreiben wollte.

Bei aller Verantwortung für das Gemeindewohl: Ratsherrschaft war die Herrschaft einer eng versippten Oberschicht; und der turnusgemäße Wechsel von Ratsherren nach zwei oder drei Jahren bedeutete mitnichten eine Demokratisierung, sondern nur einen personellen Austausch innerhalb dieser Oberschicht. Ein mittelalterlicher Stadtrat aber verfügte über keinerlei militärische Macht, um seine Herrschaft zu sichern. Die Stabilität seiner Stellung lag allein in der friedensstiftenden Aufgabe, lag allein in der Überzeugungskraft, die von ihm ausging. Ein »Gewaltmonopol« konnte er gar nicht besitzen, denn für den Verteidigungsfall mußten ja alle Bürger gerüstet sein. Die Bürger besaßen Harnisch und Schwert. Der bewaffnete und auch kampfbereite Bürger mußte von der Gerechtigkeit der Obrigkeit überzeugt sein.

Im Donat, im Hamelner Stadtbuch, wurde der Bürger, der den Rat verleumdet, mit schweren Strafen bedroht. Das, was im heutigen Verständnis als Anschlag auf die Meinungsfreiheit gilt, erschien einem spätmittelalterlichen Stadtrat als Vorsorge gegen eine Verschwörung. Verschwörungen muß man sich im wörtlichen Sinne vorstellen; es waren Eidverbrüderungen, die unzufriedene Schichten in einer Stadt zusammenführten. Es ging dabei gar nicht, wie die ältere Forschung meinte, um soziale Auseinandersetzungen zwischen Patriziern und Zünften; es ging vielmehr um Unregelmäßigkeiten, die man einem Stadtrat vorwarf, und es ging um den Anspruch neuer Eliten, die im Handel groß geworden waren, auf Teilhabe am Stadtregiment.

Als der Braunschweiger Zollschreiber Hermen Bote Ende des 15. Jahrhunderts ein sogenanntes »Schichtbuch« anlegt, benannt nach dem in Braunschweig geläufigen Ausdruck *Schicht* für Aufruhr, schmückt er eine Auseinandersetzung zwischen den Räten und den Gildemeistern der Braunschweiger Altstadt, der Neustadt und des Hagen im Jahre 1292 farbig aus. Allzuwenig Nachrichten standen ihm zur Verfügung, als daß er sich mit ihnen begnügt hätte. Das erzählerische Talent ging mit ihm durch. Ist es Fiktion, was er schreibt? Wir meinen, daß Hermen Bote zwar nicht den Verlauf der Ereignisse in Braunschweig 1292 richtig wiedergibt, wohl aber die typischen Verlaufsformen, wie sie einem innerstädtischen Aufruhr eigen sind, wie sie ein welterfahrener Zollschreiber, zu dem Menschen aus allen Städten kamen, auch aus Nachbarstädten mühelos erfahren konnte.

Wie ist ein solcher Aufstand charakterisiert? Hermen Bote läßt keinen Zweifel daran, daß eine Verschwörung am Anfang steht. Und deren typische Forderung: Man will alle Zölle, alle Steuern, alle Erträge der Münze der Stadt in die eigene Hand bekommen, kurzum die Ratsherrschaft ausüben. Die Verschwörer versuchen dann, den Rat gewissermaßen in der eigenen Stadt gefangenzusetzen: Mit schwerem Eisenwerk werden die Stadttore vernagelt; verhindert werden soll ein Entfliehen jener Patrizier, die auf ihre Verwandten, auf ihren Einfluß in Nachbarstädten zählen konnten und damit in der Lage waren, eine neue städtische Herrschaft zu isolieren. Der abgesetzte Rat wiederum appelliert an die »Meinheit«, an die Masse der Stadtbevölkerung, die nicht zünftisch gebunden ist. In dieser Meinheit, so zeigt sich immer wieder, hatte der Rat seine größte Anhängerschaft; denn diese war nicht von jenem Regelwerk betroffen, mit dem der Rat in die Zunftautonomie eingriff, sondern profitierte gerade von diesen Maßnahmen, die zum Besten des gemeinen Nutzens erlassen worden waren.

Und dann schildert Hermen Bote einen Verlauf, den wir in der Realität immer wieder feststellen können: Es gibt Tote und Verwundete bei den Aufläufen in einer Stadt. Aber schon nach wenigen Stunden siegt die Einsicht, siegen Vermittler, es werden Waffenstillstände geschlossen; bisweilen für einen Tag, bisweilen auch nur für wenige Stunden vereinbart, Waffenstillstände, nicht nur wichtig, um die Gemüter abzukühlen, sondern auch, um Verhandlungsmöglichkeiten auszuloten. Von Stade bis Osterode, von Braunschweig bis Goslar haben alle bisher bekannten innerstädtischen Unruhen auf niedersächsischem Boden gemeinsam: Der spektakulären Aktion wehrbereiter Bürger folgen Verhandlungen; die Unruhen unterliegen einem übergeordneten Prinzip, das für die streitenden Parteien verbindlich ist: Die Stadt selbst, ihre Freiheit und ihre Privilegien, sind unantastbar. Kein welfischer Herzog hat aus irgendeiner der Braunschweiger *Schichten* des späten Mittelalters politischen Gewinn ziehen können.

Seit dem 17. Jahrhundert wurde aus dem Rat der Magistrat. Die terminologische Veränderung entsprach einer schleichenden Verfassungsänderung. Lebenslänglich amtierten die Magistratsmitglieder. Der Wechsel zwischen »sitzendem« und »altem Rat« wie im Mittelalter war nicht mehr vorgesehen. Wohl aber übernahm man das mittelalterliche Prinzip der Selbstergänzung mit der Folge, daß die sich stolz »Senatoren« nennenden Magistratsmitglieder alle miteinander verwandt waren. Und dieses Verwandtschaftsnetz wurde naturgemäß auf die lukrativen Stellen der Verwaltung ausgedehnt. 1730 machte es bei einer neuen Geschäftsverteilung in Lüneburg Schwierigkeiten, daß einer der Senatoren Schwager und einer der Sekretäre Stiefbruder des einen Bürgermeisters, daß ein weiterer Sekretär der Schwager und ein Syndicus Schwiegersohn des anderen Bürgermeisters war. Aber zur Warnung vor schematischen Vorstellungen sei betont, daß der sogenannte absolutistische Staat immer noch auf der gewachsenen Eigenständigkeit der Land- und Stadtgemeinden fußte. Freilich wurde jetzt immer öfter direkt in die Verwaltung der Gemeinden eingegriffen: Kurhannover unternahm vor allem unter Kurfürst Georg Ludwig (König Georg I. von Großbritannien) eine Vielzahl von Städtereformen, die aber immer von der Individualität der jeweiligen Stadt ausgingen: 1690 in Einbeck und in Göttingen – noch durch Herzog Ernst August –, dann 1699 in Hannover und in Northeim, 1702 und 1705 in Elbingerode und in Herzberg, um nur die frühen Fälle zu benennen. Durch aufgezwungene Verfassungsänderungen wurde der Verwaltungsapparat der Städte gestrafft, die Wahlkörperschaften verkleinert, der Ablauf der Magistratsarbeit einem zentralistischen Berichts- und Rechtfertigungszwang unterstellt. Widerstand gab es kaum, was Ausdruck des schleichenden Verfassungswandels seit dem Spätmittelalter ist. Aufgelöst war die Bindung von Rat, Zünften und Meinheit an den Gemeinen Nutz der Stadt.

Ähnliche Entwicklungen begegnen auch im Fürstentum Braunschweig-Wolfenbüttel. Überkommene Magistrate der kleinen Städte wurden auf Druck der Regierung personell erneuert, außerdem wurde die Funktion der Amtmänner und Schultheißen als Vertreter der Staatsaufsicht verstärkt. Vorausgegangen war diesen vielen Einzelmaßnahmen eine spektakuläre, reichsweit Aufsehen erregende Aktion: Die Stadt Braunschweig hatte, nachdem sie 1671 von ihrem Herzog erobert worden war, ihre Selbständigkeit und ihre bisherige Verfassung eingebüßt.

Mit den Veränderungen der Ratsverfassungen gingen Veränderungen in der Stadtbevölkerung einher. In den Städten, die ja viele Abwanderer aus dem Lande aufnahmen, ist ähnlich wie in Landgemeinden eine starke Vergrößerung der nichtbürgerlichen Gruppen feststellbar. Deutlicher noch als in den Dörfern ist hier erkennbar, daß es sich nicht primär um die Erweiterung einer Unterschicht, sondern vor allem um die Herausbildung neuartiger Berufs- und Sozialgruppen handelte. Für Braunschweig sind im 18. Jahrhundert 36 % Tagelöhner aller Sparten ermittelt worden. Für Göttingen betrug diese Unterschicht (gemeint sind vorzugsweise die neuen Berufsgruppen) 54 % der Einwohner.

Bezeichnend ist, daß ganze Berufsgruppen sich formierten, die nicht in die Stadtgemeinde integriert werden konnten und auch kein Interesse zeigten, sich integrieren zu lassen. Zum einen handelte es sich um die Angehörigen des Hofes, der Staatsverwaltung und der Magistrate, samt deren Angehörigen und Bediensteten. Die zweite Großgruppe bildete das Militär, mit außerordentlich starker sozialer Differenzierung. Diese Gruppe reichte von den adeligen Offizieren bis zu den ärmlich lebenden einfachen Soldaten, die häufig nicht einmal eine Ehe schließen durften. Der Ausbau der stehenden Heere um 1700 hatte Folgen für die städtische Entwicklung, da eine wachsende Zahl von Soldaten in den Garnisonstädten ansässig gemacht werden sollte. Heftige Konflikte um die Benutzung von Kirchengestühlen durch Soldatengemeinden etwa in St. Aegidien in Braunschweig oder in St. Trinitatis in Wolfenbüttel zeigen an, wie stark die Abwehrhaltung der Altbürgerschaften gegenüber diesen neuen Bewohnern war. Die dritte Gruppe, die ohne Bürgerrecht das soziale und wirtschaftliche Leben der Städte immer stärker bestimmte, bildeten unzünftige Freimeister, gewerbliche Produzenten und Handelsleute, weiterhin Fabrikanten, Techniker, Tagelöhner und Fabrikarbeiter, schließlich auch die Spezialunternehmer in

Kurorten und Universitätsstädten, wozu etwa die Wirte der um 1700 aufkommenden Kaffeehäuser zu zählen sind. Alle diese neuen Berufsgruppen mußten sich ihre Berufsausübung erkämpfen, da die bisherigen Einwohner ihre Zunftordnung nicht selten gegen sie anwendeten. Die Regierungen waren allerdings bemüht, um einen ökonomischen Aufschwung zu erreichen, die Zunftprivilegien einzuschränken oder in ihrer Geltung auszuhöhlen.

Veränderungen: Etwa in Braunschweig war nur noch knapp die Hälfte der Bevölkerung im Handel und Gewerbe tätig. Auf die Angehörigen von Hof und Verwaltung entfielen 17 %, auf Militärpersonen 28 %. Häufig reagierten die Altgemeinden mit zunehmender Abwehrhaltung. So hat sich ein traditionalistisch erstarrter Bürgerstolz der Ober- und teilweise auch der Mittelschicht erst im 18. Jahrhundert herausgebildet. Er blieb beileibe nicht folgenlos: Wie sehr Abweichler und Individualisten als Gefährdung angesehen wurden, zeigt die Unterdrückung der pietistischen Zirkel etwa zwischen 1680 und 1730 durch die Obrigkeit in Staat und Gemeinden in fast allen Regionen Niedersachsens.

Die Wirtschaftsformen im vorindustriellen Niedersachsen

Karl Heinrich Kaufhold

Es kann nicht genug betont werden, daß sich die Menschen im vorindustriellen Zeitalter ihrer Abhängigkeit von der Natur stets bewußt waren. Das galt nicht nur für die Landwirtschaft, sondern auch für den Bergbau. Der Bergmannsspruch »Vor der Hacke ist es duster« spricht das Ungewisse dieser Arbeit an: Wird sie den erhofften Fortgang der Gewinnung und Förderung bringen, oder trifft sie nur auf taubes Gestein?

Der Harz. Niedersachsen verfügte (spätestens) seit dem frühen Mittelalter mit dem Harz über eines der wichtigsten Bergbaureviere Mitteleuropas. Vor allem Silber, Blei und Kupfer gewann man aus dem berühmten Rammelsberg bei Goslar und aus den Gruben des Oberharzes; Eisen fand sich an vielen Stellen im Gebirge. Um die Mitte des 14. Jahrhunderts scheint im Harz der Bergbau eingegangen zu sein – ob freilich überall und aus welchen Gründen, wissen wir nicht. Das um 1350 auch Niedersachsen erreichende »große Sterben« durch die Pest und Wasserzuflüsse in den Gruben, denen die Technik der Wasserhaltung noch nicht gewachsen war, werden als Ursachen genannt.

Die neuzeitliche Periode des Bergbaus (die erst mit der Einstellung der Förderung in den 1980er Jahren zu Ende ging) setzte in der zweiten Hälfte des 15. Jahrhunderts ein, währte also ein halbes Jahrtausend. Am Beginn stand der Rammelsberg, in dem nach Sümpfung der Gruben der Betrieb in den 1450er Jahren wieder aufgenommen wurde. Der Oberharz wurde im wesentlichen zwischen 1520 und 1560 erschlossen. Die Landesherren erließen hier »Bergfreiheiten«, die viel »Bergvolk« ins Land zogen, vor allem aus dem sächsischen

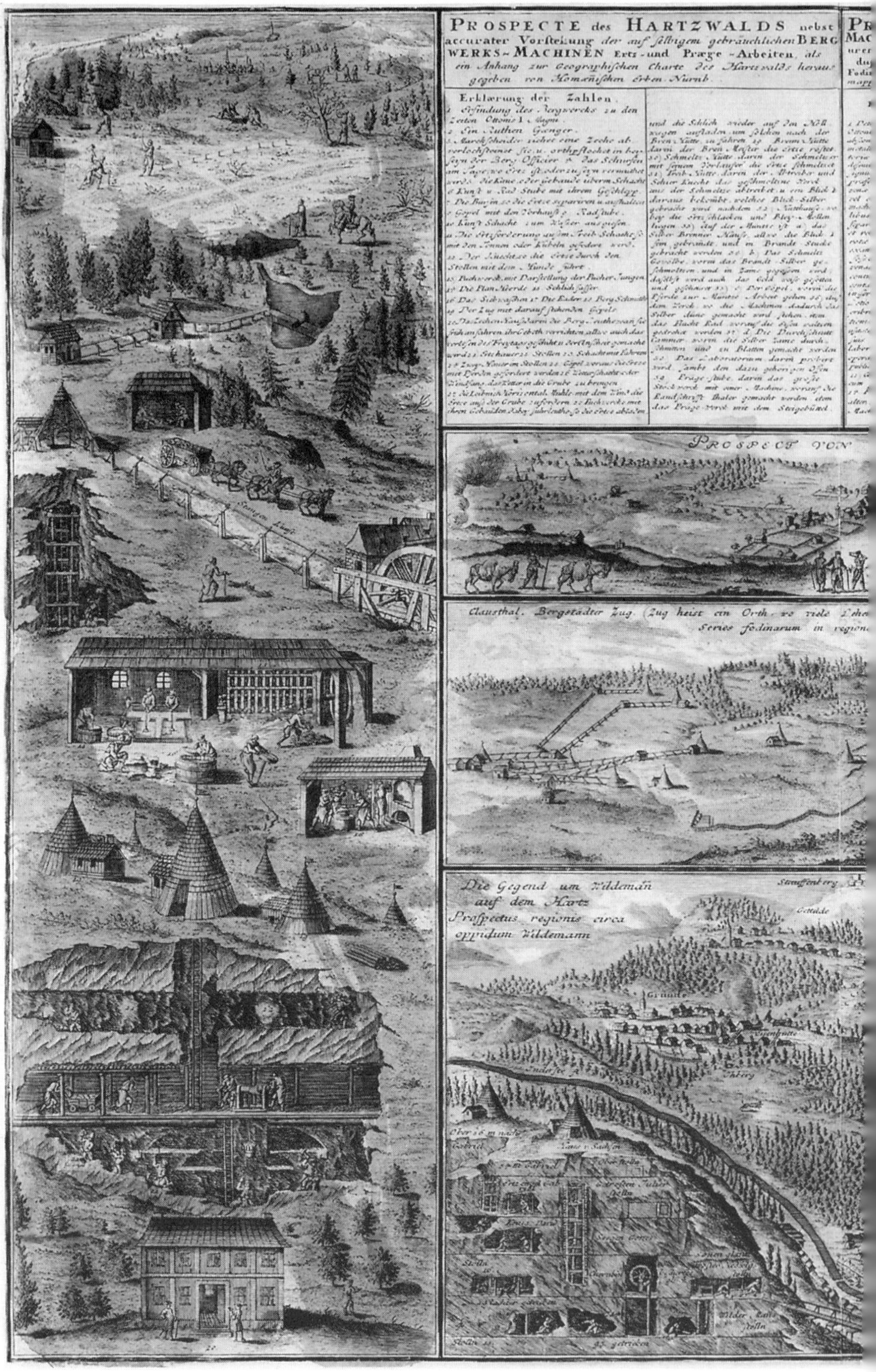
PROSPECTE des HARTZWALDS nebst
accurater Vorstellung der auf selbigem gebräuchlichen BERG WERKS-MACHINEN Ertz- und Præge-Arbeiten, als ein Anhang zur Geographischen Charte des Hartzwalds heraus gegeben von Homænnischen Erben Nurnb.
Erklærung der Zahlen
PROSPECT VON
Clausthal. Bergstädter Zug.
Series fodinarum in regione
Die Gegend um Wildemañ auf dem Hartz
Prospectus regionis circa oppidum Wildemann

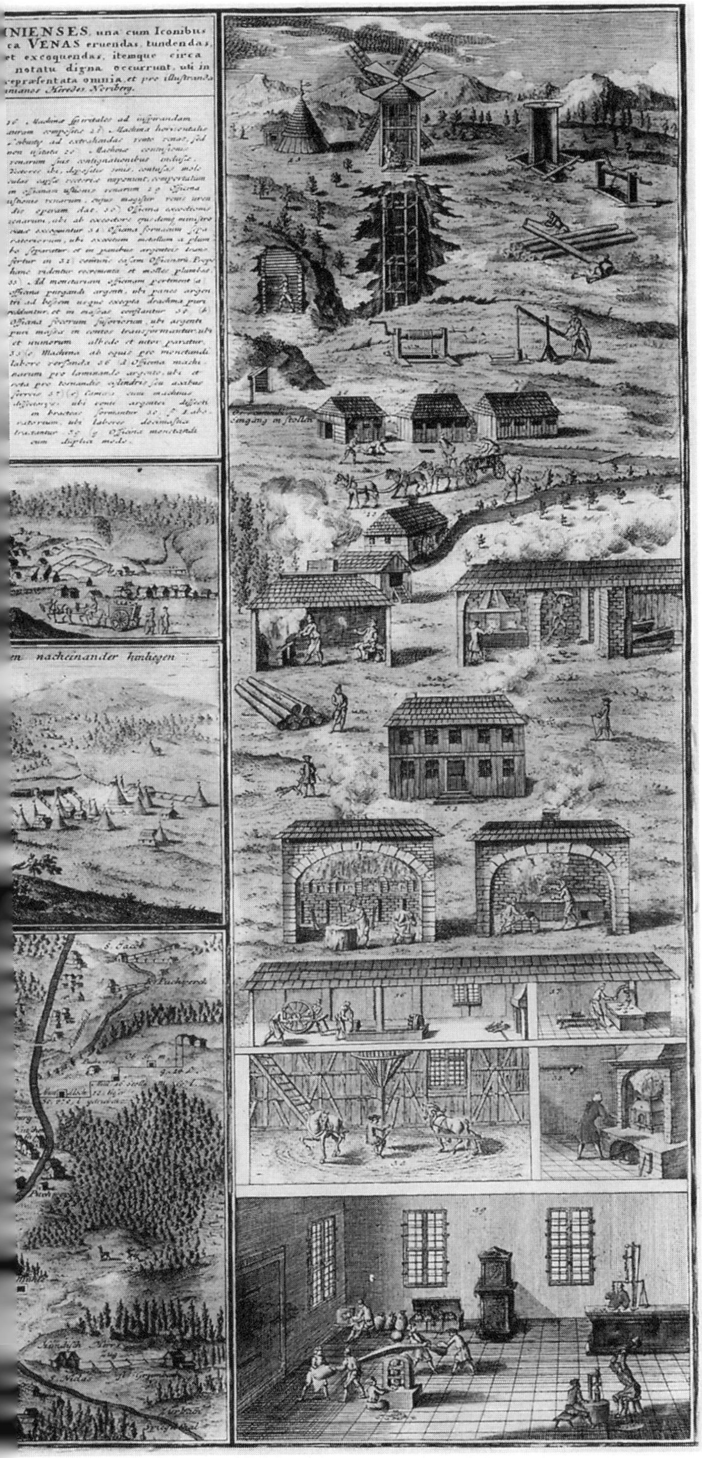

Harzbergbau. Kolorierter Kupferstich (um 1750).

Erzgebirge. Die sieben Bergstädte des Oberharzes (Altenau, Clausthal, Grund, Lautenthal, St. Andreasberg, Wildemann, Zellerfeld) entstanden in dieser Zeit und entwickelten sich rasch.

Der Einfluß der Landesherren auf Bergbau und Hüttenwesen war stark: Sie erließen die Bergordnungen, ihre Verwaltungsbehörden überwachten deren Durchführung, leiteten aufgrund des sogenannten Direktionsprinzips den Betrieb der einzelnen Gruben und Hütten; auch am Ertrag waren sie beteiligt. Seit dem 18. Jahrhundert übernahmen sie mehr und mehr die zentrale Rolle im Harzer Berg- und Hüttenwesen.

Grundsatz der Betriebsführung war die Nachhaltigkeit des Bergbaus: »Nicht (nur) für uns, sondern (auch) für unsere Nachfahren«. Dahinter stand die Sorge um einen möglichst gleichmäßigen Fluß der Einnahmen aus dem Bergwesen, doch auch um das »Bergvolk«, für das im kargen Harz außerhalb des Montanwesens kaum Erwerbsmöglichkeiten bestanden.

Die Erträge des Bergbaus hingen von den Aufschlüssen ergiebiger Erzvorkommen ab und schwankten daher stark. Die Technik, obwohl stets auf der Höhe ihrer Zeit und nicht selten führend, konnte dem nur begrenzt entgegenwirken. Immerhin gelang es unter dem Berghauptmann Heinrich Albert von dem Bussche (1664-1731), durch die neue Methode des »systematischen Stollenbaus« Anfang des 18. Jahrhunderts bei Clausthal überaus reiche Vorkommen an silberführenden Erzen aufzuschließen, die auf Jahrzehnte gute Gewinne brachten.

Hervorzuheben ist die hochentwickelte Wasserwirtschaft, deren wichtigste Zeugnisse noch heute erhalten sind und jeden Besucher des Harzes beeindrukken. Wasser bedeutete für den Berg- und Hüttenmann Energie, die er für den Betrieb seiner Anlagen dringend benötigte. Es mußte von den Orten, an denen es in Mengen vorkam, zu denen gebracht werden, an denen es als Antriebskraft benötigt wurde, und es mußte gespeichert werden, damit Zeiten der Fülle und solche der Not ausgeglichen werden konnten. So entstand das System der Gräben und Teiche im Oberharz, heute ein technisches Denkmal erster Ordnung.

Die soziale Gliederung der im Berg- und Hüttenwesen Beschäftigten war hochdifferenziert. Entsprechend dem starken landesherrlichen Einfluß spielten die Verwaltung und das in ihr beschäftigte Personal (an der Spitze stand der Berghauptmann) eine wichtige Rolle. Die Masse der Beschäftigten arbeitete freilich in den Gruben. Auch hier bestand eine deutliche soziale und (über die Löhne) materielle Abstufung. Verglichen mit den übrigen Lohnarbeitern der Zeit waren jedoch alle Bergleute privilegiert: Sie waren weitgehend gegen Arbeitslosigkeit gesichert, erhielten mannigfache Naturalleistungen (vor allem Kornlieferungen zu festgesetzten Preisen in Notzeiten), und sie waren die einzigen Arbeiter, die über ein (wenn auch nur geringes) Maß an sozialer Sicherung bei Unfällen und Erkrankungen verfügten. Das heißt freilich nicht, sie hätten in guten Verhältnissen gelebt. Die Arbeitszeit war lang, die Arbeit hart

Der Harzer Berghauptmann Georg Engelhard von Löhneysen beschreibt 1617 in seinem »Bericht vom Bergwerk« mit Illustrationen, deren Anfertigung er selbst überwacht, die Gefahren der Bergleute in den Gruben.

und gefährlich, und der Lohn sicherte im allgemeinen lediglich das Existenzminimum. So wurden Sonderrechte wie Steuerfreiheit und freier Holzbezug ebenso wichtig wie die Beschäftigung von Frauen und Kindern mit mannigfachen Nebenarbeiten.

Soziale Unruhen unter den Bergleuten waren selten. Sie entzündeten sich zum Beispiel 1697/98 an von der Bergbehörde verordneten Lohnkürzungen. Die Spannungen stiegen, als sich in den ersten Jahrzehnten des 18. Jahrhunderts die wirtschaftliche und soziale Lage der Bergleute allmählich verschlechterte, was in einem grellen Gegensatz zu den guten Gewinnen dieser Jahre stand. So kam es 1738 zu Arbeitsniederlegungen und öffentlichen Versammlungen der Bergleute, die völlige Sicherheit ihres Arbeitsplatzes und Lohnverbesserungen forderten. Unmittelbar erreichten sie nichts, da die Bergbehörde unnachgiebig blieb und Militär heranzog. Mittelbar änderte sich freilich deren Haltung, da sie in der Folge stillschweigend eine Garantie des Arbeitsplatzes und einen Mindestlohn gewährte.

Bergbau und Hüttenwesen außerhalb des Harzes: In den niedersächsischen Mittelgebirgen wurden vor allem seit dem 16. Jahrhundert Lagerstätten besonders an Stein- und Braunkohle sowie an Eisenerzen erschlossen, die indes lediglich lokale Bedeutung hatten. Versuche, im Verhüttungsprozeß die Holz- durch Steinkohlen zu ersetzen, scheiterten, da die technischen Voraussetzungen dafür noch fehlten. Wirtschaftlich bedeutend waren die Steinbrüche, besonders im Wesergebirge (Bückeberge, Solling), im Harz (Marmor bei Rübeland), im Elm (Königslutter) und bei Velpke.

Salinen: Salzgewinnung aus salzführenden Quellen spielte im Lande seit vorgeschichtlicher Zeit eine Rolle. Im Mittelalter blühte vor allem die Saline in Lüneburg, die einen großen Teil des europäischen Nordens und Ostens mit Salz versorgte und über Lübeck im Handelssystem der Hanse einen wichtigen Baustein bildete. Sie zählte zu den gewerblichen »Großbetrieben« dieser Epoche und war für die Stadt von erheblicher Bedeutung (»de Sulte, dat is Luneborch«).

Zeiten guten Absatzes (besonders zwischen 1560 und 1620) folgte eine Periode der Stagnation, in der die Saline vielerlei Konkurrenz ausgesetzt war, ihr Export durch Grenzbarrieren gehemmt wurde und ihre organisatorische Anpassung an die veränderten Absatzverhältnisse bis zur Salinenreform von 1799 auf sich warten ließ. Doch auch danach erlangte sie ihre überregionale Stellung nicht wieder.

Neben Lüneburg bestanden in Niedersachsen zahlreiche kleinere Salinen, die für die lokale Versorgung wichtig waren. Das Land war damit in der günstigen Lage, seinen Salzbedarf selbst decken zu können.

Das produzierende Gewerbe: Das Handwerk war, nach der Landwirtschaft, der wichtigste Arbeitgeber in der vorindustriellen Zeit, und es stellte auch die Masse der gewerblichen Produkte her. Wer von ihm spricht, denkt in erster Linie an das städtische Handwerk – dies teils zu Recht, denn es stand wegen seiner Differenzierung in eine Vielzahl von spezialisierten Berufen und nach der oft hohen Qualität seiner Produkte an der Spitze des gesamten Handwerks; teils aber zu Unrecht, denn das Landhandwerk blieb zumindest seit dem 16. Jahrhundert nach der Zahl der Beschäftigten in der Regel kaum hinter ihm zurück.

Die Mehrzahl der städtischen Handwerker arbeitete für den gewerblichen Bedarf ihrer Stadt und deren Umland, und zwar hauptsächlich für den Grundbedarf an Bekleidung, Wohnung und Nahrung (vor allem Schuhmacher, Woll- und Leinenweber, Schneider, Maurer, Zimmerleute, Tischler, Schmiede, Bäcker, Schlachter). Handwerke für den gehobenen Bedarf gab es fast nur in den größeren Städten, und auch Exporthandwerke waren in Niedersachsen selten. Am wichtigsten scheint hier das Wollgewerbe in einigen mittel- und südniedersächsischen Städten (etwa in Braunschweig, Hildesheim, Hannover, Göttingen) gewesen zu sein, besonders im ausgehenden Mittelalter. Im 16. Jahrhundert hatte es den Höhepunkt seiner Entwicklung bereits überschritten und behielt nur an wenigen Orten, etwa in Göttingen, seine Bedeutung. Andere wichtige Exportgewerbe waren die Metallhandwerker in Braunschweig und Hildesheim (Erzguß, Goldschmiede; in Braunschweig ferner die Beckenwerker) und die Bierbrauer in Einbeck, Goslar und Braunschweig.

Nahezu alle städtischen Handwerker waren seit dem Mittelalter in genossenschaftlich organisierten Verbänden mit Zwangsmitgliedschaft (Ämter, Gilden, Innungen) zusammengeschlossen, die jeweils einen Beruf (oder mehrere verwandte Berufe) im allgemeinen begrenzt auf einen Ort umfaßten. Ihre Regeln bestimmten Beruf und Leben der Handwerker (Meister, Gesellen, Lehrlinge) von der Wiege bis zur Bahre und banden sie damit in eine Ordnung ein, die von den Grundsätzen wirtschaftlicher und sozialer Gleichheit der Genossen untereinander und des Ausschlusses der Nichtzugehörigen bestimmt war – Grundsätze, die den Notwendigkeiten einer standesgemäßen Existenz in einer vom ökonomischen Mangel bestimmten Zeit entsprachen. In der Praxis war es allerdings mit der ökonomischen Gleichheit meist nicht weit her.

Das Landhandwerk kannte solche Regeln und Zwänge im allgemeinen nicht. Nahezu ausschließlich von der Nachfrage bestimmt, entwickelte es sich in den Berufen, die auf dem Lande dringend benötigt wurden: Vor allem Müller, Schmiede, Stellmacher, Schuhmacher und Schuhflicker, Schneider, Leineweber bildeten seit dem Mittelalter den Kern der dörflichen Handwerker. Mit wachsender Bevölkerung nahm ihre Zahl zu, und zugleich differenzierten sie sich stärker nach Berufen aus.

Seit dem späten Mittelalter sahen die Städte ihre wirtschaftlichen Interessen durch das Wachstum des Landhandwerks berührt, und eine anhaltende Auseinandersetzung zwischen beiden begann. Zunächst gelang es den Städten, ihr unmittelbares Umland von Handwerkern freizuhalten (Bannmeile). Im 16. und dann wieder im 18. Jahrhundert verschärfte sich das Problem mit der zunehmenden Zahl von Dorfhandwerkern. Nun schalteten sich die Landesherren ein und behinderten das Landhandwerk bis hin zu dessen Verbot (mit Ausnahme der Kernberufe) – zumeist ohne nachhaltigen Erfolg, da das wirtschaftliche Interesse an seinem Bestehen groß und die Kontrollmöglichkeiten schwach waren.

Eine Verbreitungskarte des Landhandwerks für die zweite Hälfte des 18. Jahrhunderts zeigte in den einzelnen Landesteilen eine unterschiedliche Dichte. Mit einer gewissen Vereinfachung läßt sich sagen: Am stärksten vertreten war es dort, wo bei hoher Bevölkerungsdichte die Landwirtschaft für eine wachsende Bevölkerung wenig aufnahmefähig war.

Über die wirtschaftliche Lage des Handwerks läßt sich nur wenig sagen, da es weithin an Quellen und an einschlägigen Untersuchungen fehlt. In den Städten scheint sie nach den Ergebnissen preishistorischer Forschungen – grob vereinfacht gesagt – im späten Mittelalter im ganzen günstig gewesen zu sein, während sie sich seit dem 16. Jahrhundert in Schüben und mit gelegentlichen Gegenbewegungen eher verschlechterte. Diese allgemeine Tendenz wirkte sich von Ort zu Ort, von Beruf zu Beruf, oft auch von Meister zu Meister unterschiedlich stark aus.

Ob das Landhandwerk diesen Entwicklungslinien folgte, wissen wir nicht. Seine Arbeitsbedingungen waren in der Regel günstiger als in der Stadt, da Betriebs- und Lebenshaltungskosten niedriger lagen. Immer ist – dies gilt auch für die Stadtmeister – zu bedenken, daß Nebenerwerb aus Landwirtschaft und Gartenbau im Gesamteinkommen meist eine erhebliche Rolle spielte und Krisenlagen abfederte.

Das Heimgewerbe, also die nebenberuflich betriebene Arbeit im Hause für den Markt, war in Stadt und Land verbreitet; seine wichtigsten Produkte waren Leinengarn und Leinwand. Hergestellt wurden sie vor allem im mittleren und südlichen Niedersachsen, im östlichen Teil des Fürstentums Lüneburg und im Fürstbistum Osnabrück. Seine Anfänge bleiben im dunkeln; spätestens seit dem 16. Jahrhundert scheint es sich allmählich ausgebreitet und in der zweiten Hälfte des 18. Jahrhunderts seinen Höhepunkt erreicht zu haben. Die Produktion ging überwiegend außer Landes, hauptsächlich nach Westdeutschland, den Niederlanden, Großbritannien und von dort nach Übersee, wo man die Leinwand besonders in den Tropen schätzte. Versponnen wurde meist selbstgebauter Flachs; das Garn teils verkauft, teils zu Leinwand verwoben. Ein Heer von Aufkäufern zog über Land und kaufte den Produzenten die Ware ab, die dann über den Großhandel versandt wurde. Am Ende des 18. Jahrhunderts schaltete sich im Kurfürstentum Hannover und im Fürstbistum Osnabrück der Staat ein, indem er Schauanstalten für Leinwand (Leggen) einrichtete, über die die gesamte Produktion gehen mußte. Sie prüften die Qualität und setzten die Preise fest.

Der Verlag, in anderen Teilen Deutschlands seit dem Mittelalter wichtig, scheint in Niedersachsen zu keiner Zeit größere Bedeutung gehabt zu haben.

Manufakturen, mit in der Regel zwischen zehn und 100 Beschäftigten im Sinne der Zeit Großbetriebe mit Arbeitsteilung, galten im 17. und 18. Jahrhundert als besonders leistungsfähige und »fortschrittliche« Betriebe. Sie erfreuten sich daher meist der Förderung durch kameralistisch orientierte Landesherren.

In Niedersachsen gab es nur wenige Manufakturen, und sie blieben im Vergleich mit denen in anderen Ländern im allgemeinen klein und ohne größere wirtschaftliche Bedeutung. In der Textilproduktion sind einige vor allem in der Wollverarbeitung in Osterode, Göttingen, Einbeck, Hameln und Braunschweig zu nennen. Die beiden wichtigsten textilen Wachstumsgewerbe des 18. Jahrhunderts, die Baumwoll- und die Seidenverarbeitung, fehlten fast völlig. Auch in den übrigen Branchen erlangten nur wenige Betriebe größere Bedeutung: Fayenceherstellung in Münden, Braunschweig und Wrisbergholzen (bei Hildesheim); Lackwaren in Braunschweig (besonders die berühmte Manufaktur von Stobwasser); Gewehre in Herzberg; die Porzellanmanufaktur in Fürstenberg sowie die Spiegelglashütte in Grünenplan. Diese beiden (und noch einige andere) waren Gründungen des braunschweigischen Herzogs Karl I. (1735-1780), der in seinem Lande Manufakturen energisch förderte, freilich ohne damit große Erfolge zu haben.

Handel und Verkehr: Niedersachsen ist ein Durchgangsland in vorzüglicher verkehrsgeogaphischer Lage: Von Nord nach Süd, von West nach Ost (und zurück) durchziehen es die großen Ströme des Handels und des Verkehrs von den Küsten der Nordsee und der Ostsee zu den Zentren des Binnenlandes, nach Köln, Frankfurt/M., Nürnberg, Leipzig ebenso wie die vom Rhein und den Niederlanden in die weiten Ebenen des östlichen Mitteleuropa. Handelsgeschichtlich ausgedrückt lag es zwischen dem Kerngebiet der Hanse und dem oberdeutschen Wirtschaftsraum, zwischen dem großen niederrheinisch-niederländisch-südenglischen Zentrum des Gewerbes sowie den Räumen mit land- und forstwirtschaftlicher Überschußproduktion östlich von Elbe und Saale. Die Verbindungslinien zwischen diesen Räumen liefen durch Niedersachsen und kreuzten und verzweigten sich hier in vielfacher Weise.

In der gesamten Zeit kennzeichnete ein Wechsel von Auf- und Abschwüngen das Handelsgeschehen. Mannigfache Ursachen wirkten darauf ein. Im ökonomischen Bereich waren es vor allem die Schwankungen der Produktion, bedingt durch unterschiedlichen Ernteausfall, Wandel in der Ergiebigkeit des Bergbaus, längerfristig auch Veränderungen in den produzierenden Gewerben; daneben spielten außerökonomische Einflüsse, wie Kriege und damit verbundene Handelssperren sowie politische Entscheidungen eine wichtige Rolle. Da es eine zusammenfassende Darstellung der niedersächsischen Handels- und Verkehrsgeschichte nicht gibt und es auch an vielen Vorarbeiten dafür fehlt, kann diesen Fragen hier nicht im einzelnen nachgegangen werden. Sie sind aber im folgenden zu beachten, damit nicht der Eindruck einer relativen Unbeweglichkeit entsteht, die es in der Realität nicht gab.

In diesem Rahmen spielten im Seehandel die niedersächsischen Häfen neben den großen Zentren Lübeck, Hamburg, Bremen, Brügge (später Amsterdam) nur eine zweitrangige Rolle; lediglich Emden, im Mittelalter auch noch Stade besaßen ein überregionales Gewicht.

In einem Küstenland wie Niedersachsen sind die Häfen auch für den Landhandel wichtig. So gingen die großen Nord-Süd-Verbindungen von ihnen aus: zu Wasser von Bremen die Weser mit ihren Nebenflüssen, von Hamburg und (über den Stecknitz-Kanal) Lübeck die Elbe; auf Straßen von Hamburg und Lübeck über Lüneburg nach Magdeburg, Braunschweig, Hildesheim und weiter durch das südliche Niedersachsen (Münden, Göttingen, Duderstadt) über Thüringen und Hessen nach Frankfurt und Oberdeutschland, von Bremen über Hannover oder Minden ebenfalls dorthin, von Lübeck über Hamburg, Bremen und Osnabrück in die Niederlande, nach Westfalen und an den Niederrhein. In West-Ost-Richtung waren die meist »Hellweg« genannten Straßen durch das südniedersächsische Bergland wichtig: vom Rhein über Westfalen auf verschiedenen Strecken nach Hildesheim-Braunschweig-Magdeburg und über Goslar-Halberstadt nach Leipzig.

Mit diesen Häfen und Straßenstationen wurden zugleich die wichtigsten

Handelsplätze des Landes genannt, neben denen eine Vielzahl kleinerer, überwiegend dem regionalen Verkehr dienender Orte stand.

An diesen Grundlinien von Handel und Verkehr änderte sich wenig. Im hohen und späten Mittelalter gehörte Niedersachsen im wesentlichen zum Wirtschaftsgebiet der Hanse, und Braunschweig war der Vorort von deren »Sächsischem Quartier«. In der frühen Neuzeit ging der Einfluß der Hanse zurück und schwand schließlich ganz, doch blieben die genannten Verkehrs- und Handelsbeziehungen im wesentlichen bestehen. Allerdings verlagerte sich das Schwergewicht des West-Ost-Handels deutlich nach Süden (Hessen, Thüringen), ohne daß Niedersachsen dadurch ausgeschaltet worden wäre. Die Handelsbeziehungen von Nord nach Süd gewannen sogar durch das zunehmende Gewicht Oberdeutschlands, und Gleiches gilt für die Beziehungen nach Mitteldeutschland, wo Leipzig seit dem 16. Jahrhundert als Handels- und Messeplatz schnell aufstieg. Im 17. und 18. Jahrhundert setzten das wachsende Gewicht Hamburgs und Bremens sowie Brandenburg-Preußens mit Magdeburg und Berlin neue Akzente, ohne jedoch die Grundlinien völlig zu verschieben.

Über die Handelsgüter wissen wir wenig; über ihre Menge und ihren Wert gar nichts. Getreide war bedeutend, sowohl in der Durchfuhr vom östlichen Mittel- nach Westeuropa als auch in der Vermarktung der Überschüsse der Lößbörden zwischen Hildesheim und Magdeburg. Die großen Seehäfen waren hier führend. Im Binnenland lief der Transport wenn irgendwie möglich über die Flüsse; Weser und Aller sowie die Elbe werden genannt. Der Viehhandel spielte in einem agrarisch orientierten Lande eine große Rolle. Ochsen wurden in der Wesermarsch und in Oldenburg gemästet und in niedersächsischen wie in rheinischen Städten als wichtige Fleischlieferanten abgesetzt. Im Pferdehandel genoß Oldenburg, besonders unter Herzog Anton Günther (1603-1667), einen guten Ruf.

Brenn- und Bauholz stellten ein wichtiges Handelsgut dar. Der Harz, die Wälder der Mittelgebirge und die Lüneburger Heide lieferten große Mengen in die waldarmen nordwestlichen Gebiete und über See. Der Transport vollzog sich hauptsächlich durch Flößerei auf der Weser und deren Nebenflüssen, die in einem heute kaum vorstellbaren Umfang flößbar waren.

Die »Bergwaren« des Harzes, vor allem Blei, Vitriol, Eisen und Eisenwaren, gingen zu einem großen Teil in den Handel; wohin und auf welchen Wegen, ist erst zum Teil bekannt. Leipzig scheint hier eine wichtige Drehscheibe gewesen zu sein. Ab 1713 übernahm die Kurfürstliche (später Königliche) Hannoversche Berghandlung den Absatz.

Mit der Entfaltung der Produktion von Leinengarn und Leinwand gewann auch der Handel mit diesen Waren an Bedeutung, der – wie schon angedeutet – größtenteils über die Grenzen ging. Er trat ab dem 16. Jahrhundert weithin an die Stelle des Handels mit Wollgeweben, der im Mittelalter wahrscheinlich den Schwerpunkt des Textilgeschäfts gebildet hatte.

Die Organisation von Verkehr und Handel unterschied sich nicht von der im übrigen Reich. Die Fernhändler (Großhändler) waren genossenschaftlich zusammengeschlossen (Kaufmannsgilden); von ihnen waren die für die lokale Versorgung tätigen Detailhändler (Kramer) zumindest in den größeren Städten streng getrennt. Wie im Handwerk bestimmten diese Verbände weithin das berufliche wie das private Leben. Unterhalb dieser »kaufmännischen Ehrbarkeit« gab es eine Vielzahl von kleinen Handeltreibenden: Höker für den täglichen Bedarf vor allem an frischen Lebensmitteln, »Winkelkramer« besonders in den Dörfern, Wanderhändler (Hausierer). Eine besondere Gruppe bildeten die jüdischen Händler, deren Spektrum von auf Luxuswaren und Kreditvermittlung spezialisierten (die meist als Faktoren an einem Fürstenhof tätig waren) über Vieh- und Getreidehändler bis zum armseligen Trödler reichte.

Messen hatten für den Warenhandel wie für den Geldverkehr seit dem hohen Mittelalter eine sehr große Bedeutung. Für Niedersachsen war hier Frankfurt von alters her der zentrale Ein- und Verkaufsplatz; ab dem 16. Jahrhundert kam das schnell aufsteigende Leipzig hinzu. Seit 1681 besaß Niedersachsen in Braunschweig einen eigenen Messeort, der sich günstig entwickelte und rasch zu den größeren deutschen Meßplätzen zählte.

Bei der Versorgung der Bevölkerung spielten die Märkte eine heute kaum mehr vorstellbare wichtige Rolle. Aufgrund der Marktfreiheit (freier Zutritt für jedermann in Kauf und Verkauf) boten sie die einzige legale Möglichkeit, bei anderen als den örtlichen Anbietern zu kaufen, und besonders für kleine Städte und Dörfer öffneten sie ein Fenster zur Welt jenseits des gewohnten engen Blickfeldes. Das galt für die meist mehrmals im Jahr gehaltenen Jahrmärkte mehr noch als für die Wochenmärkte, die mehr dem täglichen Bedarf dienten.

Die jüdische Bevölkerung

Peter Aufgebauer

Die frühesten gesicherten Nachweise über die Ansiedlung von Juden in niedersächsischen Städten stammen aus der ersten Hälfte des 13. Jahrhunderts und beziehen sich auf Gandersheim, Goslar und Helmstedt – das sind also nur drei von den etwa 25 Orten, die bis zu dieser Zeit Stadtqualität erreicht haben. Um die Mitte und in der zweiten Hälfte des 13. Jahrhunderts kommen Nachrichten aus Braunschweig, Einbeck, Göttingen, Hameln, Hannover, Lüneburg und Osnabrück hinzu. Einen dramatischen Einschnitt im Schicksal der deutschen Juden während des Spätmittelalters bildete die große Pestverfolgung der Jahre 1348-1350; sie läßt sich in Niedersachsen für Schüttorf, Braunschweig, Duderstadt, Göttingen, Hameln, Hildesheim, Lüneburg, Osnabrück und Wildeshausen nachweisen. Mit der Pestverfolgung ist einerseits eine Wende in der obrigkeitlichen Judenpolitik verbunden: Die rechtliche und soziale Stellung der Juden war fortan erheblich gemindert. Andererseits aber nimmt die Zahl

Ausschnitt vom bronzenen Taufbecken im Hildesheimer Dom aus der Zeit um 1230. In den alttestamentlichen Szenen – hier beim Zug durch das Rote Meer – sind die Juden in typisch mittelalterlicher Bekleidung mit dem spitzen Judenhut dargestellt.

der jüdischen Gemeinden in den folgenden Jahrzehnten deutlich zu. Um die Mitte des 15. Jahrhunderts können wir in etwa 40 Städten Niedersachsens – das sind 57 % der Städte – jüdische Ansiedlung nachweisen. Der Vollständigkeit halber muß hinzugefügt werden, daß uns die Juden bis auf ganz wenige Ausnahmen (beispielsweise Bovenden bei Göttingen) während des Mittelalters überhaupt nur in Städten begegnen; erst seit dem 16. Jahrhundert sind sie in nennenswerter Anzahl auch in Flecken und Dörfern anzutreffen.

Was die räumliche Verteilung der Orte mit jüdischer Ansiedlung betrifft, lassen sich bemerkenswerte regionale Unterschiede feststellen. Die meisten der 40 Orte liegen im Großraum Hannover, Hildesheim, Braunschweig sowie im Leinetal und im Vorland um den Harz herum. Verhältnismäßig spärlich sind die Nachrichten aus so bedeutenden Städten wie Osnabrück, Oldenburg und Lüneburg, ganz gering die aus Bremen und Stade; aus der Bischofsstadt Verden und den Hansestädten Buxtehude, Uelzen, Friesoythe, Meppen, Haselünne, Quakenbrück, Fürstenau, Rheine, Iburg und Melle haben wir überhaupt keine Nachrichten über die Ansiedlung von Juden. Selbst wenn man Lücken in der Quellenüberlieferung in Rechnung stellt, bleibt doch der Befund, daß sich die Judengemeinden auf das mittlere und südöstliche Niedersachsen konzentrieren. Ein Blick über die Landesgrenze Niedersachsens bestätigt diese Beobachtung: Während der von der Hanse geprägten Epoche des Mittelalters finden wir in Lübeck, Kiel und Hamburg keine Juden. Die Hanse war nicht judenfreundlich, und neben den Hansekaufleuten hatten die jüdischen Kaufleute und Händler wenig Chancen.

Zu den Einrichtungen einer mittelalterlichen Judengemeinde zählen neben der Synagoge, in der man gleichzeitig auch lernte und die deshalb in Norddeutschland in dieser Zeit allgemein als »Judenschule« (*jodenscole*) bezeichnet wird, und vielleicht neben einem Gemeindehaus noch der Friedhof und die *Mikweh*, das rituelle Reinigungsbad, das in den städtischen Quellen zumeist als »Jodenbad« oder »Jodenstove« bezeichnet ist. Häufig sind Judenfriedhöfe an abgelegenen Stellen eingerichtet worden, manchmal einige Kilometer außerhalb der Siedlung und an Plätzen, die für sonstige wirtschaftliche Nutzung nicht attraktiv waren, etwa an einem Hang oder auf einem Hügel. Einerseits wollte natürlich der Rat einer Stadt den Juden nicht gern ein Areal als Friedhof überlassen, aus dem man beispielsweise als Weide noch Gewinn ziehen konnte. Doch andererseits deckt sich dieses Motiv mit den Interessen der Juden selbst. Denn nach ritueller Vorschrift darf ein solcher Friedhof niemals eingeebnet werden, er ist ein *Bet olam*, ein Haus der Ewigkeit. Und indem die Juden ein abgelegenes, unattraktives Gelände als Friedhof in Kauf nahmen, hatten sie am ehesten eine Garantie, daß hier tatsächlich ein »Haus der Ewigkeit« bestehen konnte.

Welchen prozentualen Anteil hatten die Juden an der Gesamtbevölkerung einer niedersächsischen Stadt? Zunächst gilt, daß überall da, wo eine Synagoge bezeugt ist, über einen längeren Zeitraum hinweg mehr als zehn religionsmündige (also über zwölf Jahre alte) männliche Juden gelebt haben. Denn soviel männliche Juden müssen anwesend sein, damit ein Gottesdienst, eine Trauung, eine Beerdigung stattfinden kann. Weitergehende Aussagen über die Anzahl der jüdischen Bewohner einer Stadt sind mit methodischen Schwierigkeiten verbunden. Zwar haben wir in den Rechnungen der Städte Jahr für Jahr eine gewisse Anzahl von Einträgen, die namentlich die jüdischen Steuerzahler verzeichnen. Diese Steuer ist aber keine Kopfsteuer, sondern wie bei der übrigen

Bevölkerung eine pro Haushalt – Familie und Gesinde – erhobene Vermögenssteuer. Was wir also direkt aus den Steuerlisten entnehmen können, ist das zahlenmäßige Verhältnis der jüdischen Haushalte zur Gesamtzahl der steuerzahlenden Haushalte.

Für Braunschweig ergibt sich für das 15. Jahrhundert ein geschätzter jüdischer Bevölkerungsanteil von 1,7 %; für Duderstadt etwa 2,3 %; für Göttingen etwa 1,5 %; für Goslar etwa 0,5 %; für Hildesheim etwa 1 %. In jedem Falle liegt der jüdische Bevölkerungsanteil unter 3 %, die Juden stellen eine verschwindend kleine Minderheit dar.

Aufschlußreich sind die Namen, unter denen der jeweilige städtische Kämmerer die Juden verzeichnet hat; dabei begegnet uns nirgendwo ein hebräischer Familienname, denn natürlich konnte ein Kämmereischreiber kein hebräisch. Statt dessen setzte man zum Vornamen, der ja zumeist auch aus der Bibel geläufig war, als Nachnamen einfach den Herkunftsort. Dieses übliche Verfahren gestattet, die Mobilität der jüdischen Bevölkerung zu untersuchen. In Göttingen finden wir als Herkunftsbezeichnung elf verschiedene Ortsnamen, darunter Halle an der Saale, Regensburg, Bacharach; in Braunschweig sind es 25 verschiedene Ortsnamen, darunter Jena, Magdeburg, Luckau, Naumburg und wiederum Halle an der Saale; in Hildesheim schließlich sind es 32 verschiedene Ortsnamen, darunter Aschersleben, Erfurt, Kassel, Quedlinburg und Weimar sowie ebenfalls Magdeburg, Naumburg und Halle an der Saale. Diese vielen verschiedenen Städte, die uns hier als Herkunftsnamen begegnen, deuten auf eine große Mobilität der jüdischen Bevölkerung; dabei erfolgte in den niedersächsischen Städten der Zuzug hauptsächlich aus Mitteldeutschland.

Große Mobilität heißt auch, daß die Aufenthaltsdauer an einem Ort verhältnismäßig gering ist. Errechnet man aus der Zeitdauer, während der einzelne Juden beispielsweise in Göttingen und Hildesheim bezeugt sind, die langjährige, durchschnittliche Aufenthaltsdauer, dann kommt man interessanterweise für beide Städte zu praktisch demselben Ergebnis: Für Göttingen ergeben sich 7,5 Jahre, für Hildesheim 7,9 Jahre. Auch diese Zahl, ein durchschnittlicher Aufenthalt von nur sieben bis acht Jahren, spricht für eine große Mobilität der jüdischen Bevölkerung. Die Ursachen dafür liegen vor allem in einer allgemein restriktiven Judenpolitik des Spätmittelalters, die die Juden nötigte, sich nach einer gewissen Zeit an einem anderen Ort nach besseren Lebensbedingungen umzusehen.

Außerdem hat wohl auch die spezifische jüdische Berufsausübung diese große Mobilität erforderlich gemacht oder doch nahegelegt. Damit stellt sich die Frage, wovon die Juden lebten. Bei einer kleinen Gruppe ist die Antwort einfach: Diese Juden leben von den anderen Juden, von der jüdischen Gemeinde. Eine solche Gemeinde hat in der Regel einen Schulmeister, der auch als Sangmeister oder Judenmeister bezeichnet wird. Er leitet den Gottesdienst, hält den Unterricht ab, vollzieht bestimmte Zeremonien, wie Trauung oder Konfirmation (*Bar Mizwah*); er ist in etwa dem Rabbiner gleichzusetzen, was

Die welfischen Herzöge Albrecht der Feiste zu Braunschweig-Göttingen und Wilhelm zu Braunschweig-Lüneburg gestatten als Landesherren dem Göttinger Rat, das Bürgerrecht (eine große Ausnahme) in der Stadt Göttingen an den Juden Moyse und seine Nachkommen zu verleihen. Diese Urkunde vom 1. März 1289 bietet die früheste bekannte Erwähnung eines Juden im südlichen Niedersachsen.

ja auch nichts anderes heißt als »Meister«. Wie dessen Unterhalt bestreitet die Gemeinde auch den Unterhalt für den »Schulklopfer« (*Scoleklopper* oder auch *Jodenknecht* genannt), einen Bediensteten, der am Sabbat und an den Feiertagen durch die jüdische Siedlung geht, mit einem Holzhammer an die Fensterläden klopft und so in die *Scole*, die Synagoge, einlädt. Für Trauerfälle, Hochzeiten oder Beschneidungsfeiern galten jeweils unterschiedliche Klopfzeichen. Diese beiden, der Sang- oder Schulmeister und der Schulklopfer, finden sich praktisch überall, wo es eine Synagoge gab.

Andere »innerjüdische« Berufe werden in den erhaltenen Quellen, die ausschließlich nichtjüdische Quellen sind, seltener erwähnt. So finden wir in Braunschweig einen »Knochenhauer«; das ist der Mann, der nach rituellem Gebot, also *koscher* schlachtet, der das sogenannte Schächten ausführt. In Duderstadt finden wir einen »Snider«; das ist kein Gewandschneider, sondern der, der die männlichen Säuglinge beschneidet, der *Mohel*. In Braunschweig, Göttingen und Hildesheim begegnen uns jüdische Ärzte, in Braunschweig und Hildesheim auch Wundärzte, sogenannte *Mester*. In Hildesheim gab es zeitweise sogar einen jüdischen Augenarzt. Die als Arzt oder Augenarzt Bezeichneten hatten eine wissenschaftliche Ausbildung absolviert, meistens in Italien oder Spanien, wo es jüdische Hochschulen gab; die Wundärzte waren nur empirisch ausgebildet, zumeist durch andere Ärzte. Diese Berufe wurden freilich nur von ganz wenigen ausgeübt. Wovon also ernährte sich die große Mehrzahl? Alle wirtschaftliche Betätigung, soweit sie in einer Zunft organisiert war, blieb den Juden verwehrt, denn die mittelalterliche Zunft ist eine ausschließlich christliche, dem Schutz eines Heiligen anvertraute Gemeinschaft; Zunft bedeutet außerdem Monopol. Faktisch blieb der Mehrheit der Juden nur das übrig, was die Christen nicht durften, und das war – wegen des seit dem frühen 13. Jahrhundert geltenden kanonischen Zinsverbots – die Geldleihe gegen Zins oder Pfand. Dies ist das einzige, was in praktisch allen Aufnahmeverträgen den Juden ausdrücklich als wirtschaftliche Betätigung zugestanden wurde, aber auch hier gab es Einschränkungen. So heißt es 1450 in Hildesheim: Sie, die Juden, können ihr Geld verleihen gegen alle Pfänder und Kleinode, ausgenommen was in ein Gotteshaus gehört, als da sind Meßbücher, Kelche, Meßgewänder, Monstranzen, Weihrauchfässer und dergleichen. Dies ist, nebenbei, ein interessanter Hinweis, wie offenbar schlecht besoldete Geistliche gelegentlich ihren Lebensunterhalt aufzubessern suchten, und zwar in einer so auffälligen Weise, daß der Rat dagegen einschritt.

Beschränkungen der jüdischen Pfandleihe gingen auch nicht selten von den Zünften aus: Grundsätzlich sollten die Juden keine neuwertigen Pfänder, also etwa neue Kleider oder unbearbeitete Textilien, beleihen. Denn üblicherweise galten Pfandstücke, die nach Jahr und Tag nicht ausgelöst waren, als verfallen und durften von den Juden verkauft werden; dadurch wiederum sahen die Zünfte ihr Monopol gefährdet. Durch den Verkauf verfallener Pfänder wurde praktisch jeder Jude zum Altwarenhändler. Als Handelsgut begegnet uns dabei nahezu alle bewegliche Habe; am häufigsten sind Schmuck- und andere Wertgegenstände genannt, daneben Kleidungsstücke, gelegentlich auch Pferde. Eine Aufstellung aus Hildesheim nennt folgende bei Juden versetzte Pfänder: Gold, Silber, Perlen, Kleider, Betten, Leinwand, Bier, Korn, Holz, Wagen, Pferde, Erbsen, Bohnen, Speck, Rübensamen, Gänse, Hühner und Eier. Aus dieser Palette, die bis zu den alltäglichen Lebensmitteln reicht, wird deutlich, daß augenscheinlich alle und nicht zuletzt gerade niedere soziale Schichten mit den Juden Geschäfte machten.

So treffen wir beispielsweise auch als Darlehnsnehmer der Braunschweiger Juden um 1500 an: Braunschweiger und auswärtige Bürger, Braunschweiger Geistliche, Herzog Heinrich den Älteren von Braunschweig-Wolfenbüttel und seine Frau Katharina von Pommern, Herzogin Elisabeth von Braunschweig-Wolfenbüttel (Mutter Heinrichs des Älteren), die Grafen von Regenstein-Blankenburg und das Kloster Heiningen.

Die Beziehungen der Juden zur städtischen Obrigkeit sind in erster Linie finanzieller Art. So hatten beispielsweise die Braunschweiger Juden folgendes an Abgaben zu zahlen: 1. Ein jährliches Schutzgeld an den Rat, das in der zweiten Hälfte des 14. Jahrhunderts 24 Silbermark betrug und 1443 auf 54 Silbermark erhöht wurde und unabhängig von der Größe der Gemeinde war. 2. Halbjährlich an den Rat eine dem bürgerlichen Schoß entsprechende Vermögenssteuer. 3. Jährlich an den Rat eine Gebühr für die Synagoge. 4. Ebenfalls jährlich an den Landesherrn eine Gebühr, ebenfalls für die Synagoge. 5. Im Bedarfsfall an den Rat eine als »Hilfsgeld« deklarierte Sonderabgabe, etwa um, wie 1447, eine neue Kanone zu kaufen. 6. Von Fall zu Fall die vom Reich allen Juden auferlegten Sondersteuern, wie beispielsweise ein sogenanntes Ehrengeschenk von 100 Gulden aus Anlaß der Kaiserkrönung Sigismunds oder 1498 79 Gulden zur Finanzierung von Maximilians Italienzug. 7. Von Fall zu Fall die vom Reich bewilligten landesherrlichen Sondersteuern, wie 1457 eine durch Herzog Friedrich den Frommen von Braunschweig-Lüneburg erhobene Judensteuer von insgesamt 1.000 Gulden.

Für Städte wie Goslar, Göttingen, Hildesheim würde die Aufstellung ganz ähnlich aussehen. Sie zeigt, was aus der Sicht der christlichen Umwelt den Kern des Verhältnisses zwischen ihr und den Juden ausmacht: Die Juden sind ein begehrtes und ergiebiges Steuerobjekt. Für Hildesheim ergibt ein Vergleich der Judensteuern mit den Steuerlisten der Bürger, daß ein jüdischer Haushalt im Durchschnitt sechsmal so hoch mit Abgaben belastet ist wie ein bürgerlicher. Bis auf die einzelne Mark genau können wir hier beobachten, wie der Rat, der 1428 pfandweise vom Bischof die Hoheit über die Juden übernommen hatte, Jahr für Jahr an der Steuerschraube drehte, wie parallel dazu die Fluktuation der jüdischen Bevölkerung zunahm, wie die durchschnittliche Gemeindegröße zurückging, bis schließlich nach 30 Jahren die Hildesheimer Juden geschlossen Steuerflucht begingen und die Gemeinde sich selbst auflöste.

Was aber erhalten die Juden als Äquivalent für die enormen Zahlungen? Als Gegenleistung der Städte kommt das Bürgerrecht nicht in Frage. Denn da, wo es gewährt wurde, mußte es zusätzlich erkauft werden. Das Äquivalent liegt vielmehr in der Gewährung von Schutz durch den Rat oder den Stadtherrn. Dieser Schutz konnte durch einzelne Verträge verliehen werden, wie ein Beispiel zeigt. Im Jahre 1447 wird vor dem Göttinger Rat zwischen den Juden und den Handwerksgesellen folgendes vereinbart: Die Gesellen versprechen, in Zukunft nicht mehr, wie bisher üblich, am Heiligabend und am Rosenmontag mit »Piepern und Basunern«, mit Pfeifern und Posaunenbläsern, durch die Häuser der Juden und durch die Synagoge zu ziehen und so die Juden zu verspotten. Als Gegenleistung hatte jeder Jude jährlich 1 ½ Stübchen Wein (etwa 4,7 Liter) an die Gesellen zu zahlen. Diese Art von Brauchtum, daß die Juden bei bestimmten Anlässen oder bestimmten Kirchenfesten regelmäßig drangsaliert werden, ist im Spätmittelalter eine sehr häufige Erscheinung. Dieses Göttinger Beispiel zeigt sicherlich eine Art von Schutzmaßnahme des Rates, und man darf annehmen, daß nicht nur die Gesellen von den Juden Geld erhalten haben, sondern daß sich auch der Rat den durch ihn zustande gebrachten Vergleich teuer hat bezahlen lassen.

Die eigentliche und hauptsächliche Ausübung des Judenschutzes erfolgte durch Privilegien; das konnten Aufnahmeverträge mit einzelnen Judenfamilien sein oder Sammelbestimmungen, die für alle an einem Ort ansässigen Juden galten. Solche Sammelbestimmungen wurden, wie beispielsweise in Göttingen, häufig in die Statuten der Stadt aufgenommen, waren also Bestandteil des schriftlich fixierten und damit auch einklagbaren Stadtrechts.

Das Göttinger Judenprivileg von 1370 ist charakteristisch für diesen Typ von Rechtsquellen:

1. Die Juden sollen gleich anderen Bürgern und Mitwohnern unter dem rechtlichen Schutz des Rates stehen.

2. Sie sollen wie die anderen Bewohner der Stadt an allen allgemeinen Bürgerpflichten teilhaben. Als diese Pflichten sind an anderer Stelle genannt: Wachdienst und Grabendienst, also Befestigungsarbeiten am Stadtgraben, in Friedenszeiten; Beteiligung am militärischen Aufgebot in Kriegszeiten. Im Falle eines Angriffs auf die Stadt ist ihnen ein bestimmter Abschnitt der Stadtmauer zur Verteidigung zugewiesen.

3. Rechtsstreitigkeiten zwischen den Juden und christlichen Bürgern sollen nach Stadtrecht beigelegt werden. Als Rechtsinstanz darf allein das Gericht des herzoglichen Vogtes oder das Ratsgericht angerufen werden. Eine Berufung an andere Instanzen gegen die Entscheidung dieser Gerichte ist ausgeschlossen.

4. Gemäß der schon 100 Jahre zuvor im Schwabenspiegel niedergelegten Regelung dürfen sie gestohlenes oder geraubtes Gut annehmen, wenn dieses Geschäft am hellen Tag und bei Sonnenschein, das heißt öffentlich, stattfindet. Werden ihnen gestohlene Pferde, Kühe oder anderes Vieh zu Pfand gegeben, dann sollen sie dieses Geschäft nur in Gegenwart von christlichen oder jüdischen Zeugen abschließen.

5. Meßgewänder, Meßbücher oder Kelche sollen sie nur dann zu Pfand nehmen, wenn sie diese vom Pfarrer oder anderen, für ihre Frömmigkeit bekannten Leute erhalten.

6. Der Zinssatz ist für Geschäfte mit Göttinger Bürgern und Mitwohnern auf wöchentlich 6 Pfennige von der Mark (1,04 % wöchentlich) festgesetzt. Bei Geschäften mit Auswärtigen ist ihnen freigestellt, den Zinssatz so hoch anzusetzen, wie sie es vermögen.

7. Bei gerichtlichen Verhandlungen gelten der Judeneid und der Eid eines Bürgers gleich viel.

Ein solches typisches Privileg enthält also Vergünstigungen ebenso wie Beschränkungen; der rechtliche Status der Juden und ihre berufliche Betätigung werden gleichzeitig gesichert und reglementiert. Die mit dem Privileg gegebene rechtliche Absicherung versagte freilich da, wo der Aussteller des Privilegs an seiner Einhaltung nicht mehr interessiert war und es aufkündigte oder, bei zeitlicher Befristung, nach Ablauf nicht mehr erneuerte.

Auf solche Weise, durch Privilegienaufkündigung, durch Nichtverlängerung, mitunter durch regelrechte Vertreibung oder wie im schon zitierten Beispiel Hildesheims durch Steuerflucht infolge maßloser Finanzpolitik, finden im Verlauf des 15. Jahrhunderts die meisten Judengemeinden des Deutschen Reiches, auch die niedersächsischen, ein Ende. Seit 1457 ist die mittelalterliche Geschichte der Juden in Hildesheim beendet, seit 1460 in Göttingen, 1485 wurden die Helmstedter Juden ausgewiesen, die Braunschweiger erlitten 1510 eine Vertreibung, in Osnabrück gab es bereits seit 1426 keine Juden mehr. Eine zunehmende antijüdische Propaganda, vor allem aber die wachsende Fähigkeit der christlichen Kaufleute, einen eigenen Kreditmarkt aufzubauen, dürften die hauptsächlichen Ursachen für diese Welle von Verdrängung und Vertreibungen aus den Städten gewesen sein. Die Juden, die das sich entfaltende Städtewesen des 13. und 14. Jahrhunderts als Kreditgeber unbedingt brauchte, waren im 15. Jahrhundert weitgehend ökonomisch ersetzbar geworden. Die Verdrängung und Vertreibungen des 15. Jahrhunderts sind für manche Orte endgültig; so für Osnabrück, wo von 1426 bis 1820 keine Juden siedelten. In anderen größeren Städten wurden sie nach und nach wieder zugelassen, und sie saßen außerdem seit der Vertreibungswelle des 15. Jahrhunderts häufig in Flecken und Dörfern.

Das Jahrhundert der Reformation, vielfach schon von den Zeitgenossen als Anbruch einer neuen Zeit verstanden, hat die Verhältnisse der Juden nicht wesentlich verbessert. Zwar wurden einzelne gelehrte Juden bevorzugt behandelt, weil sie die protestantischen Prediger im Hebräischen unterweisen sollten – dies gilt etwa für den Rabbiner Samuel in Braunschweig oder den Juden Leiffmann in Hildesheim –, doch war die Einstellung der evangelischen Prediger insgesamt eher judenfeindlich. Sie hielten sich dabei an Martin Luther, der sich von einer ursprünglich sehr judenfreundlichen Haltung zum erbitterten Judenfeind gewandelt hatte und in zwei Büchern aus dem Jahre 1543 den Ratschlag gab, ihre Synagogen niederzubrennen, die Häuser der Juden zu zerstören, ihnen das Geleit aufzukündigen und die geschäftliche Betätigung zu untersagen – am besten sei es überhaupt, die Juden aus dem Land zu jagen. Entsprechend dieser Aufforderung setzte in Braunschweig der Superintendent Nikolaus Medler durch, daß die im Jahre 1546 auslaufenden Schutzverträge der Juden nicht erneuert wurden und sie also die Stadt verlassen mußten.

In Hannover hielten die protestantischen Prediger von Kreuzkirche, Marktkirche und St. Aegidien aufsehenerregende Predigten gegen die Juden, warfen ihnen Wucher, Betrug und Gotteslästerung vor und richteten auch heftige Vorwürfe an den Rat, weil er die Juden weiterhin duldete; ein zeitgenössischer Bericht aus Hannover meldet, das gemeine Volk habe nach diesen Predigten geglaubt, es tue nichts Unrechtes, wenn es mit Steinen auf die Juden werfe.

In Hildesheim wies der Rat auf Betreiben der evangelischen Prediger, voran des Superintendenten Heinrich Heßhus, im Jahre 1595 die – wie er sie nannte – »verfluchten Jüden« aus der Stadt. Erst nach einem langjährigen Rechtsstreit vor den Instanzen des Reiches erreichten die Juden, daß der Rat sie gegen ein sogenanntes Geschenk von 1.200 Gulden im Jahre 1601 wieder in die Stadt hineinließ.

Aber nicht nur die Geistlichkeit und die städtische Obrigkeit sprangen so mit den Juden um. Auch die Landesherren – ob katholisch oder evangelisch – verfuhren mit ihnen beinahe nach Belieben: Der katholische Herzog Erich II. vertrieb sie 1533 aus dem Fürstentum Calenberg, der ebenfalls katholische Herzog Heinrich der Jüngere 1557 aus dem Fürstentum Wolfenbüttel; der evangelische Herzog Julius gestattete ihnen 1578 den Aufenthalt im Fürstentum Wolfenbüttel wieder, sein Sohn und Nachfolger vertrieb sie im Jahre 1590 erneut.

Voraussetzung für einen legalen Aufenthalt auf dem Lande wie in der Stadt war ein Aufnahmevertrag, in dem die Aufenthaltsdauer, die gewerbliche Betätigung und natürlich auch die von den Juden zu entrichtende Gebühr, das »Schutzgeld«, aufgeführt wurden. So durch Zuzugserlaubnis reglementiert, entstanden in der frühen Neuzeit vermehrt auch in Flecken und Dörfern kleine jüdische Ansiedlungen – freilich bevorzugt in stadtnahen Dörfern oder in kleineren Ortschaften an überregional bedeutsamen Straßen- und damit Handelsverbindungen. Hier nämlich, in den kleinen Ortschaften, war das Zunft- und Gildewesen teils gar nicht vorhanden, teils wenig ausgeprägt, und das politisch-rechtliche Regiment des Ortsherrn, der meistens zugleich der Landesherr und entsprechend weit entfernt war, war häufig weniger spürbar als in den Städten die engmaschige Aufsicht des Rates.

Jedoch auch im ländlichen Bereich wurden die beruflichen Betätigungsmöglichkeiten der Juden seit dem 17. Jahrhundert in zunehmendem Maße auf Betreiben der städtischen Zünfte eingeengt. Im streng reglementierten Zunftwesen durften zwar nur die Zunftgenossen mit bestimmten Waren handeln, aber sie konnten eben auch nur mit diesen bestimmten Waren Handel treiben. Das Ethos des christlichen Kaufmanns verbot es zudem, Kunden anzusprechen oder die Ware anzupreisen. Und natürlich hatten so die von Haus zu Haus ziehenden und eine breite Palette von Waren anbietenden Juden manche geschäftlichen Vorteile. Immer wieder haben daher die Gilden und Zünfte den Landesherrn gedrängt, gegen die Juden als »Störer der Nahrung« vorzugehen.

Auch in anderer Hinsicht mußten die Juden mit den Gilden und Zünften, die vielfach die Zusammensetzung des städtischen Rates bestimmten, geradezu zwangsläufig in Konflikt geraten: Beispielsweise erfordert das rituelle Gebot der koscheren Speisezubereitung, daß die Juden – unter Beachtung strengster Regeln und unter Aufsicht eines Rabbiners – selber schlachteten. Bei diesem »Schächten« wird dem Schlachtvieh ohne Betäubung die Halsschlagader durch einen Schnitt mit einem ganz besonderen, langen, völlig schartenfreien und extrem scharfen Messer durchtrennt, damit das Fleisch völlig ausblutet. Dies geht auf Vorschriften aus dem Alten Testament zurück, wo es heißt: »Von keinem Leibe dürft ihr das Blut genießen; denn das Leben eines jeden Leibes besteht in seinem Blute. Wer es zu sich nimmt, der soll ausgerottet werden.« Von einem

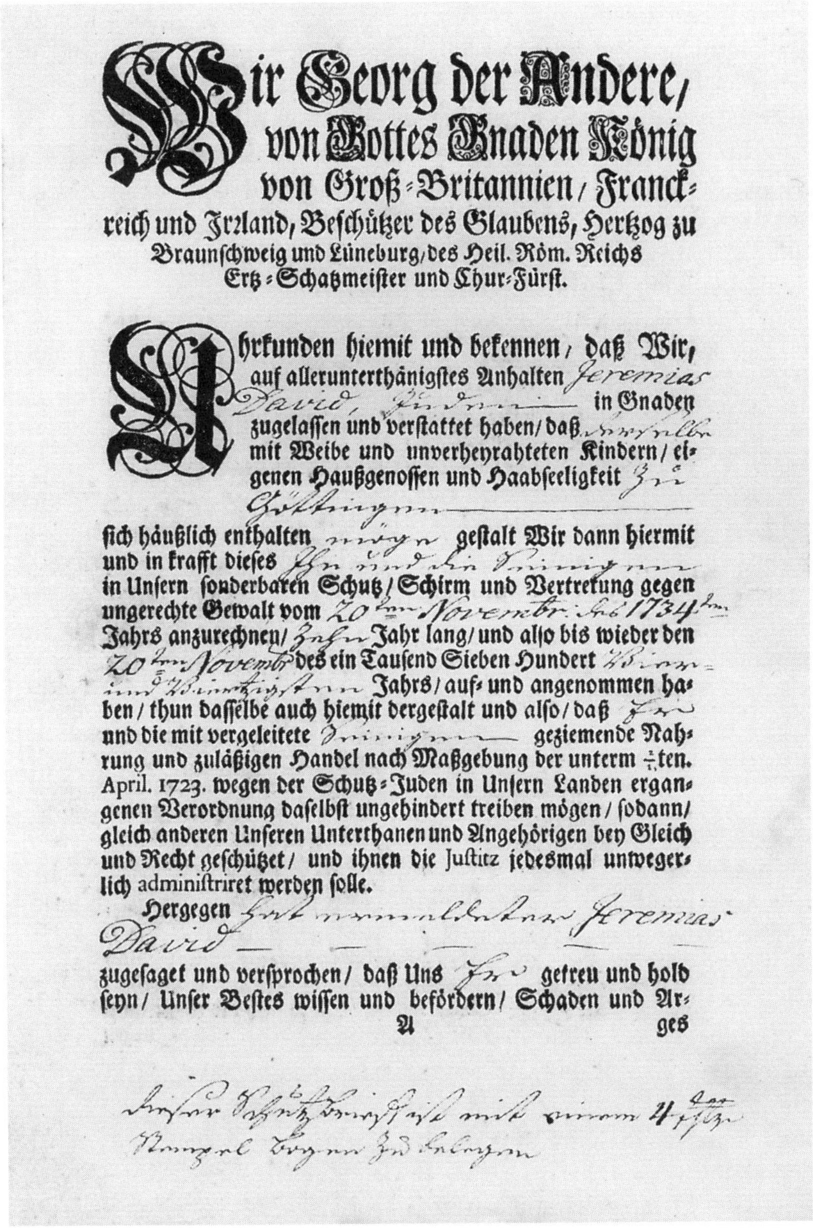

Wir Georg der Andere, von Gottes Gnaden König von Groß-Britannien, Franckreich und Irrland, Beschützer des Glaubens, Hertzog zu Braunschweig und Lüneburg, des Heil. Röm. Reichs Ertz-Schatzmeister und Chur-Fürst.

Uhrkunden hiemit und bekennen, daß Wir, auf allerunterthänigstes Anhalten Jeremias David, Juden in Gnaden zugelassen und verstattet haben, daß derselbe mit Weibe und unverheyrahteten Kindern, eigenen Haußgenossen und Haabseeligkeit zu Göttingen sich häußlich enthalten möge gestalt Wir dann hiermit und in krafft dieses Ihn und die Seinigen in Unsern sonderbaren Schutz, Schirm und Vertretung gegen ungerechte Gewalt vom 20sten Novembr. Ao. 1734sten Jahrs anzurechnen, zehen Jahr lang, und also bis wieder den 20sten Novembr des ein Tausend Sieben Hundert vier und viertzigsten Jahrs, auf- und angenommen haben, thun dasselbe auch hiemit dergestalt und also, daß Er und die mit vergeleitete Seinigen geziemende Nahrung und zuläßigen Handel nach Maßgebung der unterm 2/13ten. April. 1723. wegen der Schutz-Juden in Unsern Landen ergangenen Verordnung daselbst ungehindert treiben mögen, sodann, gleich anderen Unseren Unterthanen und Angehörigen bey Gleich und Recht geschützet, und ihnen die Justitz jedesmal unweigerlich administriret werden solle.

Hergegen hat mehrgedachter Jeremias David zugesaget und versprochen, daß Uns Er getreu und hold seyn, Unser Bestes wissen und befördern, Schaden und Arges

A ges

Gedrucktes und ausgefülltes Formular eines landesherrlichen Judenschutzbriefes. Der im damals hessischen Bovenden (nördlich von Göttingen) ansässige jüdische Kaufmann Jeremias David erhält 1734 für zehn Jahre ein Aufenthaltsrecht in der Stadt Göttingen, nachdem er sich erboten hat, hier im Umfeld der Universitätsgründung ein großes Wohnhaus für Professoren und Studenten zu bauen.

auf diese Weise geschlachteten Tier darf das Hinterviertel, das nicht als »koscher« gilt, nicht verwendet werden; und natürlich versuchten die Juden, diese Hinterteile, die ja bei einem Rind einiges ausmachen, an Nichtjuden zu verkaufen. Darin wiederum sahen natürlich die christlichen Knochenhauer eine Verletzung ihrer Zunftprivilegien und unerlaubte Konkurrenz. Die Frage, ob überhaupt und unter welchen Bedingungen die Juden in den Städten mit den für sie nicht verwertbaren Teilen Fleisch handeln durften, kann man geradezu als Kriterium dafür anlegen, wie stark die Stellung der Zünfte im Rat war. In diesem aus jüdischer Sicht zentralen Punkt war das landesherrliche Judenrecht häufig großzügiger als das städtische. Außerhalb oder gar weitab der Städte, unter dem Regiment des Landesherrn, konnten die Lebensbedingungen für die Juden wenigstens in einzelnen wichtigen Bereichen unter Umständen günstiger sein.

Aus jüdisch-theologischer und gesellschaftlicher Sicht hatte diese Lebensform, über die Region verstreut zu wohnen, freilich auch ganz erhebliche Nachteile: Nur in wenigen Fällen gelang es, auch im ländlichen Bereich eigene Gemeinden mit Synagoge, Friedhof, Statuten und entsprechenden Leitungsgremien zu bilden. Und häufig fehlte es schon am *Minjan*, der Mindestzahl von zehn religionsmündigen männlichen Juden, die zusammenkommen müssen, damit ein Gottesdienst stattfinden kann. Aus diesen Problemen heraus entstand die charakteristische Organisationsform der Landjudenschaften, aus deren regionalem Zusammenschluß sich im Laufe des 17. Jahrhunderts die Landesrabbinate entwickelten. Am frühesten abgeschlossen ist diese Entwicklung im Hochstift Hildesheim – damals ist es noch das sogenannte Kleine Stift; hier erhalten im Jahre 1607 die Juden die Erlaubnis, einen für das ganze Stift zuständigen Rabbiner zu ernennen.

Dessen vornehmste Aufgabe bestand darin, dem Rabbinatsgericht vorzusitzen – einer weitgehend autonomen jüdischen Rechtsinstanz für innerjüdische Streitigkeiten. Im Interesse der Landjudenschaften lag es natürlich nahe, einen Gelehrten von Geltung und Einfluß und möglichst auch von materiellem Vermögen zum Landesrabbiner zu bestimmen. Gelehrsamkeit und materielle Unabhängigkeit waren die besten Garanten für die Rechtssicherheit in den Entscheidungen des Rabbinatsgerichts, finanzielles Vermögen konnte zudem Einflußnahme des Rabbiners auf den Landesherrn zugunsten der Judenschaft ermöglichen. Aus diesem Zusammenhang erklären sich die häufig zu beobachtenden engen verwandtschaftlichen Beziehungen zwischen den Landesrabbinern und der kleinen Gruppe der Hoffaktoren.

Der Hoffaktor ist eine im 17. und 18. Jahrhundert zu beobachtende Institution des absolutistischen Fürstenstaats; er ist häufig der Abkömmling einer durch Geldleihe und Pfandhandel reich gewordenen Familie – wobei Pfandhandel hier zumeist heißt: Geschäfte mit Juwelen und Edelmetallen. Der Hoffaktor finanziert für einen Landesherrn zu Teilen die Hofhaltung, er ist an der Steuererhebung beteiligt, er bereitet dank seiner Verbindungen besondere politische Aktionen vor oder übernimmt auch die Finanzierung von Kriegszügen.

Zu den bedeutenderen Hoffaktoren in Niedersachsen zählt etwa Nathan Schay in Hildesheim im frühen 17. Jahrhundert; er ist Finanzier des Kölner Erzbischofs, der zugleich Bischof von Hildesheim ist. Ebenfalls Hoffaktor des Hildesheimer Bischofs ist am Ende des 18. Jahrhunderts Wolf Hertz, der ein Vermögen von 80.000 Talern besessen haben soll; zu seinen Nachfahren zählen der Physiker Heinrich Hertz, nach dem die Frequenzeinheit der elektromagnetischen Wellen bezeichnet ist, und der Physiker und Nobelpreisträger Gustav Hertz.

Bedeutendster Hoffaktor in Niedersachsen war Leffmann Behrens – mit seinem hebräischen Namen Liepman Cohen – am Hofe des ersten Hannoverschen Kurfürsten Ernst August um 1700. In großem Stil, mit Geschäften im Umfang von jeweils mehreren Millionen Talern, betätigte er sich in landesherrlichen Diensten und war nicht zuletzt auch an verschiedenen finanziellen Transaktionen im Vorfeld des Erwerbs der Hannoverschen Kurwürde beteiligt.

Zu den verschiedenen Unternehmen, die Leffmann Behrens von Hannover aus aufbaute, gehörten unter anderem eine Tuchfabrik in Lüneburg und eine Tabakmanufaktur in Celle.

Hoffaktoren wie Leffmann Behrens setzten sich häufig auch für ihre jüdischen Glaubensgenossen ein; so ist Behrens der Begründer des Hannoverschen Landrabbinats geworden und hat sich als Stifter von Synagogen hervorgetan. Verschwägert war er mit Glückel von Hameln, die durch ihre um 1700 niedergeschriebenen Memoiren in der Literaturgeschichte bekannt geworden ist, ein umfangreiches Werk, das tiefen Einblick in die Lebensumstände, Mentalität und Kultur der norddeutschen Juden in der zweiten Hälfte des 17. Jahrhunderts bietet. Die Familie des Hildesheimer Rabbiners Samuel Hameln, mit dessen jüngerem Bruder Glückel in erster Ehe verheiratet war, zählt zu den Vorfahren Heinrich Heines.

Als um 1690 in Göttingen der Lizentiat der Theologie Johann Dietrich von Gulich einen gedruckten Traktat erscheinen ließ, in dem die seit dem späten Mittelalter gegen die Juden vorgebrachten Verleumdungen, Verdächtigungen und Vorurteile wieder aufgewärmt wurden und zu befürchten stand, daß es daraufhin im Fürstentum Calenberg zu antijüdischen Ausschreitungen kommen würde, nutzte Leffmann Behrens seine privilegierte Stellung am Hofe, um direkt beim Landesherrn, dem Herzog Ernst August, zu intervenieren. Er ersuchte ihn, das Pamphlet aus dem Verkehr zu ziehen und die Auflage vernichten zu lassen – offenbar mit Erfolg, denn es hat sich bisher kein Exemplar des Traktats mehr auffinden lassen.

Die einflußreichen Rabbiner und bedeutenden Hoffaktoren stehen an der Spitze der recht differenzierten jüdischen Gesellschaft. Nahe dem Ende der sozialen Rangfolge stehen die vielen Landjuden, die auf täglicher Wanderschaft als »Handelsjuden«, als Hausierer über Land ziehen und mit gebrauchter Kleidung, mit Gürteln, Bändern, Färbemitteln handeln, oder, einträglicher noch, mit Gewürzen und Spezereien. Obrigkeitliche Hausierverbote und großer Konkurrenzdruck unter den Handelsjuden selbst – so, wenn an manchen Tagen 20 bis 30 Juden im selben Dorf ihre Waren feilbieten, erschweren freilich eine einigermaßen auskömmliche Existenz. Als 1776 im Stift Hildesheim das jüdische Vermögen taxiert wird, finden sich bei 30 von 55 jüdischen Familien Bemerkungen wie »geht betteln«, »sind blutarm« oder »haben wenig und borgen überall«.

Immer wieder sieht sich die Obrigkeit genötigt, mit gedruckten, durch Aushang bekanntgemachten Verordnungen gegen das weitverbreitete jüdische Bettlertum vorzugehen. Eine entsprechende Landesverordnung für das Fürstentum Calenberg aus dem Jahre 1714 setzt den »Landstreichern und Betteljuden« eine Frist von acht Tagen, um das Land zu verlassen. Wer danach ohne Aufenthaltsgenehmigung angetroffen wird, soll zunächst bei Wasser und Brot einsitzen und wird dann aus dem Lande gewiesen. Diejenigen aber, die »gesunden und starken Leibes seyn«, müssen Zwangsarbeiten verrichten.

Erst in der zweiten Hälfte des 19. Jahrhunderts, nach jahrzehntelangen Erörterungen von Juristen, Verwaltungsfachleuten, Philosophen und Publizisten, erlangten die hier lebenden Juden die rechtliche Gleichstellung, was aber oft noch längst keine gesellschaftliche Anerkennung bedeutete.

Staat und Krieg, Kirche und Schule: Wandlungen vom Spätmittelalter zur frühen Neuzeit

Kontinuitäten und Wandel fürstlicher Herrschaftsformen

Ernst Schubert

Als Heinrich der Löwe der mächtigste Mann in Sachsen war, war Braunschweigs Stellung einzigartig in deutschen Landen, Herz und Mitte herzoglicher Herrschaft: Residenz. Im späten Mittelalter, in der Epoche der Landesteilungen, ging diese früh erreichte Form der Hauptstadtbildung verloren. Braunschweig, in den Teilungen als gemeinsamer Besitz aller welfischen Linien definiert, entwickelte sich gleichwohl zu einer freien Stadt, wie die Bürger schon 1345 stolz den Herzögen entgegenhielten.

Städtische Freiheit. Selbst die Bischöfe, deren Bischofsstadt den natürlichen, den liturgischen und politischen Mittelpunkt der Herrschaft im hohen Mittelalter gebildet hatte, verloren ihre stadtherrlichen Rechte. Hildesheim, Osnabrück und Bremen entwickelten sich zu unabhängigen Städten, die ihrem nominellen Herrn nur noch eine bescheidene Präsenz in der Stadt gestatteten. Es war aber nicht nur die Entwicklung zur freien Stadt, die weltliche und geistliche Fürsten zwang, ihr Land im Wortsinne zu erfahren, sondern es waren die ökonomischen Bedingungen ebenso wie die Strukturen des nur rudimentär ausgebildeten Verwaltungsausbaus, die eine solche Herrschaftsform erzwangen.

Alle niedersächsischen Fürsten des späten Mittelalters, ob weltliche Herren wie die Welfen, ob geistliche Herren wie die Bischöfe von Hildesheim und Osnabrück oder der Erzbischof von Bremen, von dem Verdener Bischof ganz zu schweigen, waren vergleichsweise arm; akute Finanznöte suchten sie immer wieder heim. Der Herzog des Göttinger Landes, Otto der Quade – der ihm von den Zeitgenossen gegebene Name bedeutet in etwa »der Stänkerer« – hatte so wenig Kredit im Lande, daß ihm seine Stadt Göttingen die bescheidene Anleihe von 100 Gulden auf wenige Monate rundweg abschlug.

Ein Fürst mußte reisen, um den Bedarf seiner Hofhaltung in den Außenämtern, an den ertragreicheren Zollstädten, in seinen Nebenschlössern zu decken. Weiterhin mußte ein Fürst reisen, um seine Herrschaftseinnahmen (im mittelalterlichen Verständnis) »genießen« zu können. Denn der Amtmann, der die bäuerlichen Abgaben in Naturalien und die Geldeinnahmen in Pfennigen in Körben sammelte, konnte die Überschüsse keineswegs an eine Zentrale, in die fürstliche Residenz liefern. Man bedenke nur, daß die Geldabgaben in Pfennigen, bestenfalls in Schillingen geleistet wurden, daß es unter den Bedingungen des damaligen Geldverkehrs gar keine Möglichkeit gab, diese Kleinmünzen in größere Nominale umzuwechseln. Ein Fürst aß die Überschüsse, die in seinem fürstlichen Amt erwirtschaftet wurden, mit seinem Gefolge auf. Und drittens mußte ein Fürst reisen, weil in einer Zeit, in der Herrschaftsrechte verschiedenster Herren gar nicht genau gegeneinander abgegrenzt waren, sondern sich vielfach überlappten, stets nach dem Rechten gesehen werden mußte.

Die Reiseherrschaft führte dazu, daß ein Fürst über den Zustand seiner Rechte ziemlich genau Bescheid wußte. Immer wieder stoßen wir auf konkrete Maßnahmen, die etwa die Ausbesserung eines Schlosses zum Gegenstand haben, die eine Lieferung von 200 Ziegelsteinen von Lüneburg nach Winsen a. d. Luhe veranlassen, die einzelne, kleinere Waldrechte sichern sollen. Fürstliche Herrschaft, das bedeutete im späten Mittelalter eine direkte und konkrete Wahrnehmung von Rechten, bedeutete nicht Politik im Sinne großer Entwürfe, bedeutete letztlich nur Sorge ums Überleben. Und das entging den Zeitgenossen nicht, mochte auch ein Fürst in vornehmer Gewandung begleitet von Trompetern, vom Herold, vom kleineren Gefolge, bei dem der »Waidemann«, der Jäger, nicht fehlen durfte, durch das Land reiten.

Seit dem 13. Jahrhundert hatten die Fürsten begonnen, ihre Gebiete in Ämter, in Frühformen von Verwaltungsbezirken zu gliedern, um eine Sicherung ihrer Einnahmen und Rechte zu erreichen. Diese Entwicklung zu einem institutionellen Flächenstaat war aber erst im 16. Jahrhundert abgeschlossen – und selbst dann schimmerten immer noch die alten Strukturen, die Frei- und Gogerichte, vielerorts durch die Amtsgliederung, so daß von einer gleichmäßigen Flächenherrschaft nicht gesprochen werden kann. Zudem gab es Ämter, vor allem in den gefährdeten Grenzlagen, die, wie Polle, sehr klein geschnitten waren, und es gab besonders große, ertragreiche Ämter, Großvogteien wie Calenberg und Celle, die eine besondere Funktion für die Versorgung des Hofes hatten. Ämter waren also nicht klar gegliederte, den heutigen Landkreisen vergleichbare Einheiten; sie waren, mittelalterlicher Freude an der Variation gemäß, ganz unterschiedlich aufgebaute Gebilde.

Abrechnungen scheinen die Amtleute vielfach dem Fürsten gar nicht geleistet zu haben. Und wenn es doch Abrechnungen gab, dann waren es eher buchhalterische Ausreden als wirkliche Nachweise, daß im fürstlichen Sinne Geld eingenommen und ausgegeben worden war. Kein Fürstentum auf niedersächsischem Boden hat im Verlauf des späten Mittelalters auch nur ansatzweise eine wirkliche finanzielle Kontrolle durchgeführt. Die Ämter, die, wie erwähnt, ihre Überschüsse nicht dem Hof ablieferten, wurden nicht nur zeitweise als fürstliches Hoflager in Anspruch genommen, sondern auch immer wieder dazu gebraucht, daß ein Fürst seinen Gläubigern Anweisungen, gewissermaßen Wechsel auf die Erträge eines Amtes ausstellte. Wenn ein Fürst nicht gerade gezwungen war, ein Amt zu verpfänden, so war es für ihn von direktem Nutzen, daß er den Amtmann einsetzen konnte. Mit diesem ging er einen privaten Vertrag ein. Vielfach belohnte er aber auch einen treuen Diener mit einer Amtmannstelle, bisweilen sorgte er auch dafür, daß uneheliche Söhne Amtleute wurden. (Für beträchtliche Verwirrung in der Forschung hat jener »Heinrich Herzog« um 1400 gesorgt, der nicht mit dem damaligen Herzog Heinrich identisch war, sondern als unehelicher Sohn dieses Herzogs den Beinamen »Herzog« führte.) Kurzum, während das Lehnswesen erstarrt war, während ein Fürst von den hochmittelalterlichen Vasallitätsbindungen kaum noch etwas hatte, schuf er sich über die neu entstehende Verwaltung einen ihm verpflichteten neuen Personenverband.

Bei allen institutionellen Unterschieden war eines den meisten Ämtern gemeinsam: Mittelpunkt war eine herrschaftliche Burg, seltener eine Burgstadt, vor der eine große Eigenwirtschaft angelegt war. Der Amtmann nahm im Namen des Fürsten nicht nur die Gefälle, die Abgaben von Bürgern und Bauern, ein, sondern er betrieb auch selbst Landwirtschaft mit Knechten, Mägden und Tagelöhnern. Die Nutzung dieser Eigenwirtschaft war sein wichtigster Einnahmetitel. Zwar waren mit dem ausgehenden 16. Jahrhundert (später als in anderen deutschen Landen) in welfischen Gebieten die Zeiten vorbei, in denen ein Amt schlicht an einen zahlungskräftigen Adeligen verpfändet werden konnte, aber auch jetzt noch erhielt der Fürst keine wirkliche Abrechnung der Einnahmen eines Amtmannes. Welch beträchtliche Einnahmen waren nicht in den großen Zehntscheuern verborgen. Was die Bauern an Zehnten leisteten, wurde gesammelt und dann zu Zeiten, in denen das Korn besonders teuer war, wieder verkauft. Spekulationsgewinne. Das bildet den Hintergrund für eine vom ausgehenden 16. bis in die erste Hälfte des 19. Jahrhunderts nachweisbare Praxis, bei der Bestellung eines Amtmannes diesem die herrschaftlichen Gehöfte zu einem meist sehr geringen Preis zu verpachten.

Der Amtmann noch des 15. Jahrhunderts gehörte zum fürstlichen Personenverband. Sein Nachfahre um 1600 jedoch war zum herrschaftlichen Funktionsträger geworden. In der Pacht der herzöglichen Domäne sind in welfischen Landen noch die Kontinuitäten zu erkennen. Diese Domänen aber waren nichts anderes als die verfestigte Form der alten Eigenwirtschaft des adeligen Amtmanns im Vorwerk vor der Burg.

Landesteilungen, Geringfügigkeit der Einnahmen, Verpfändungen, Verkäufe von Herrschaftsrechten – nichts weist um 1400 darauf hin, daß drei Generationen später das Fürstentum erstarkt war, daß die Fürsten wieder als Herren ihr Land regieren konnten. Es waren nicht Gewinne aus Krieg und Fehde oder aus glücklichen Heiraten, sondern es war eine in mehreren Anläufen erreichte Stärkung der Nerven der Herrschaft, die zu dieser Entwicklung führte. Nerven der Herrschaft waren eben nicht Lehnsaufgebot, waren eben nicht bezahlte Söldner oder prächtige Hofhaltung, Nerven der Herrschaft waren die Finanzen.

Von seinen Hintersassen, – der Ausdruck »Untertan« kommt erst im 15. Jahrhundert in der Form von *Untersate* auf – hatte ein Fürst im späten Mittelalter ganz unterschiedliche Einnahmen. Die Abgaben, die ihm, konkret seinem Amtmann, zu leisten waren, waren auf den Hof, seltener auf die Person des den Hof bewirtschaftenden Bauern bezogen. Von Hof zu Hof waren diese Abgaben ganz verschieden. Sie waren selbst innerhalb des gleichen Dorfes von ungleicher Höhe. Nicht zuletzt die Hofteilungen, die jeweils mit dem Amtmann ausgehandelt werden mußten, haben zu solchen Unterschieden geführt. Diese Finanzstruktur der Herrschaft veränderte sich tiefgreifend, als im Verlauf des 15. Jahrhunderts die Fürsten den Schlüssel zur großen Macht fanden, die allgemeinen, die von allen unter ihrer Botmäßigkeit stehenden Menschen zu leistenden Landessteuern. Ein gleicher Steuerfuß, der in sehr roher und schematischer Weise nur kleine und große Höfe unterschied, traf alle fürstlichen Hintersassen; die neue Steuer definierte das steuerzahlende Subjekt, oder anders formuliert: Erst die Durchsetzung der neuen Landessteuer machte den Untertanen. Mit der Landessteuer wird die Herrschaft in neuer Form im Dorf präsent.

Die tiefen verfassungsgeschichtlichen Folgen, die von der neuen Landessteuer ausgingen, lassen es verständlich werden, daß diese nur langsam durchgesetzt werden konnte. Noch Mitte des 15. Jahrhunderts war sie derart ungewohnt, daß ihre Einbringung auf erhebliche Schwierigkeiten stieß. Als Neuerung, als Verletzung des teuren Gewohnheitsrechtes wurde sie verstanden. Noch um 1500 klagt der Bremer Erzbischof Johann Rode, daß von dem Pflugschatz, der Besteuerung der Höfe in seinem Stift, kaum die Hälfte eingebracht werden konnte.

Daß die mehrheitlich schwachen Fürsten überhaupt in der Lage waren, eine so große Neuerung durchzusetzen, lag daran, daß sie wichtige Helfer gewonnen hatten: die Landstände. Die großen Prälaten, die Ritterschaft und die Städte eines Landes waren immer auf der Hut, ihre Freiheitsrechte, ihre Privilegien gegenüber ihrer Landesherrschaft zu wahren. Entscheidend für die Entstehung einer sogenannten landständischen Verfassung war, daß diese drei Stände zueinanderfanden, sich in gemeinsamer Aktion verbündeten. Die Lüneburger Sate, welche die Lüneburger Stände 1392 den Welfen abgenötigt hatten, ist Ausdruck für Macht und Ohnmacht eines solchen ständischen Zusammenschlusses: Macht, die, auf den Gedanken des Widerstandsrechtes sich berufend, den Fürsten bedrohen kann, und Ohnmacht, den Herrschaftvertrag kontinuierlich und konsequent durchzusetzen. Was hier so abstrakt formuliert ist, wurde in der brutalen Verfassungswirklichkeit dem Dietrich von Mandelsloh zum Schicksal. Der Angehörige einer damals im Lüneburgischen reich begüterten Familie, ein entschlossener Vertreter des – auch im Zusammengehen mit dem mächtigen Lüneburg – ritterschaftlichen Repräsentationsgedankens, ein Verfechter der Sate also, und der von eben dieser Sate in seinen Herrschaftsrechten kontrollierte Herzog Heinrich waren in Seelze am 23. April 1396 zusammengekommen. Auf die Weigerung Dietrichs, des profiliertesten Ritters unter den Sateleuten, die Sate aufzukündigen, reagierte der Herzog in flammendem Zorn und erstach ihn. Ein feiger Mord – wie wir durchaus meinen –

oder ein Totschlag im Affekt? Mit der moralischen Bewertung der Bluttat von Seelze verbinden sich verfassungsgeschichtliche Fragen von großer Tragweite. Besaßen die Städte tatsächlich ein so weitgehendes Widerstandsrecht, wie sie es sich in der Sate verbriefen ließen, konnten sie den in vielen Paragraphen umschriebenen Anspruch auf die faktische Regierung des Herzogtums überhaupt machtmäßig und personell einlösen? Die Lüneburger Sate ist ein sehr frühes Dokument für einen politischen, zur Demokratie führenden Willen. Die Bewertung der Bluttat von Seelze fragt also in der Unterscheidung von Mord und Totschlag, ob die Sate nicht gar ein verfrühtes Dokument war, das der Herzog nicht verstehen, das die Stände nicht realisieren konnten.

Wie ein erratischer Block steht die Lüneburger Sate in der Geschichte der Landstände in deutschen Landen. Der von den Herzögen Bernhard und Heinrich begonnene sogenannte Satekrieg endete mit einem faden Kompromiß. Die Stadt Lüneburg behauptete ihre Eigenständigkeit, aber die Lüneburger Stände waren zu der Einsicht gezwungen, daß ihr Widerstandsrecht nur durch eine Mitverantwortung für das Land, bei der der Fürst nicht ausgegrenzt werden durfte, zu legitimieren war.

Widerstandsrecht auf der einen, Mitverantwortung für das Land auf der anderen Seite, Revers- und Aversseite der ständischen Medaille, stehen im 15. Jahrhundert noch unbesehen in ihrem Wechselverhältnis neben oder sogar gegeneinander. Es gibt noch keine Kontinuität ständischer Mitbestimmungsrechte, ständischer Mitbestimmungsformen – ein Grund für die in der politischen Geschichte scheinbare Wirrnis jener Zeit. Es war letztlich die unmittelbare Einsicht, daß die finanzielle Not eines Fürsten das Land insgesamt gefährdete, weil die Schulden eines Fürsten vielfach Fehden nach sich zogen, welche die Stände zur Verantwortung für das Land zwang, und damit zur Zustimmung zu den neuen Landessteuern. Der Fürst mußte finanziell saniert werden, um dem Land den Frieden zu bewahren. So theoretisch umstritten das Widerstandsrecht war, so unumstritten, so schlicht waren die Zwänge, welche die ständische Mitverantwortung herbeiführten. Wenn der Ausdruck »Landschaft« für die Bezeichnung dieser drei Stände aufkommt – erst im späten 18. Jahrhundert sollte »Landschaft« seinen Sinn von dem Inhalt ständischer Versammlungen zu dem uns vertrauten Begriff verändern –, so zeigt dies eine innerständische Integration, einen Zwang zur Gemeinsamkeit. Die Fürsten wußten die Chance zu nutzen. Die neuen Steuern konnten nur mit der Zustimmung der Stände ausgeschrieben werden, und sie konnten auch nur unter Mithilfe der Stände eingebracht werden. Die Stände dienten gewissermaßen als Bürokratieersatz.

Bei jeder Steuer des 15. und noch des 16. Jahrhunderts ließen sich die Stände sogenannte Schadlosbriefe geben, Privilegien, in denen der Fürst versicherte, daß nur für dieses eine Mal und nur für die vertraglich begrenzte Zeitdauer eine Steuer ausgeschrieben werden sollte, daß den Ständen daraus kein Abtrag an ihren Rechten erwachsen dürfe, daß gar nicht daran gedacht sei, in späteren

Der Schott bei Hösseringen, wie ihn 1846 Carl von Estorff sah.

Zeiten eine erneute Steuer auszuschreiben. Und dennoch – eine dann künftig überzeitliche Erfahrung – wurde eine einmal durchgesetzte Landsteuer stets erneut wiederholt, einschließlich der Schadlosbriefe, an deren feierliche Versicherungen im 16. Jahrhundert wohl niemand mehr recht glaubte. Am längsten weigerten sich noch die großen Städte, zu den neuen Landessteuern beizutragen. Erst im späten 16. Jahrhundert bequemten sie sich allmählich selbst dazu. Erst dann, als es dem Fürsten gelang, die großen Städte seiner Gebotsgewalt zu unterwerfen, zahlten diese auch Landessteuern. »Die Steuer macht den Untertan« – dieses in der zeitgenössischen Rechtslehre formulierte Prinzip hatten die großen Städte schon früh als Gefahr erkannt.

Um 1500 bereits war offenbar geworden, daß die neuen Landessteuern nicht mehr eine Ausnahme, einen Sonderfall bilden würden, sondern eine verfas-

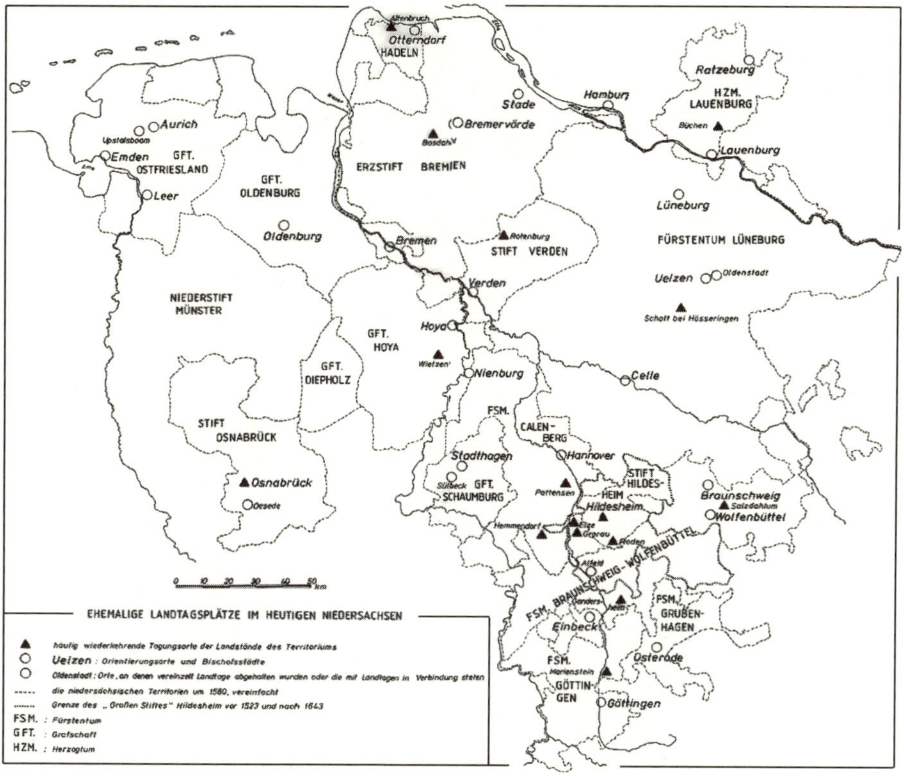

Landtagsplätze im 16. und 17. Jahrhundert.
Entwurf: Michael Scholz; Zeichnung: Din-Tan Le.

sungsschaffende Regel darstellten. Aus den Landtagen, wo fürstliche Räte mit den Ständen über die Steuermodalitäten verhandelten, waren im 16. Jahrhundert regelhafte Verhandlungen geworden. »Landtage sind Geldtage«. Das geflügelte Wort verdeutlicht die verfassungsgeschichtliche Veränderung. Sichtbar wird dieses im Lüneburgischen an dem gewohnten Landtagsplatz, der »Schott zu Hössering« benannt wird. Der Ausdruck Schott kommt von »vorschoten«, steuern. Die Tagungsstätte im Schott zu Hössering erinnerte noch daran, daß ständische Verhandlungen unter freiem Himmel stattfanden, im Osnabrückischen wurde noch im 17. Jahrhundert auf dem Landtagsplatz zu Oesede diese Gewohnheit bewahrt. Der Name Schott aber zeigt, was sich verändert hatte. Tagung unter freiem Himmel – das war im Grunde eine regellose Verhandlung, von der jeder wegreiten konnte, wenn es ihm zu gefährlich erschien, zuzustimmen. Wo es aber um Fragen des Geldes, um Verhandlungen ging, war ein Wegreiten nur ein Ausweichen, das folgenlos blieb. Der Schott bei Hösseringen weist also auf ständische Versammlung, ständische Mitverantwortung im

Übergang. Alte Freiwilligkeit an dem Tagungsplatz unter freiem Himmel, neuer Steuerzwang, Zwang zur Zustimmung in der Bezeichnung »Schott«.

Im 16. Jahrhundert, als die Landtage zu Geldtagen geworden waren, veränderte sich auch der Stil ständischer Verhandlungen. Sie fanden immer seltener unter freiem Himmel und immer häufiger in geschlossenen Räumen statt. Das war nur möglich, weil die Stände eine tiefgreifende Veränderung ihrer alten Organisation vereinbart hatten, nämlich den Ausschuß. Dieser ständische Ausschuß führte, nur wenige Köpfe umfassend, im Namen aller Stände die Verhandlungen mit den fürstlichen Räten. Im Ausschuß konkretisierte sich ständische Macht ebenso wie die Einbindung ständischer Mitverantwortung in die landesherrliche Administration.

Neben Württemberg bildeten die welfischen Herzogtümer die einzigen größeren Herrschaften, in denen das Ständewesen vom Spätmittelalter an bis zum Untergang des alten Reiches seine Kontinuität, seine Mitbestimmung behaupten konnte. Ende des 18. Jahrhunderts rühmten Göttinger Gelehrte die hannoversche Verfassung, weil im hannoverschen Ständewesen eine Vorahnung der Demokratie aufscheine. Man glaubte, in den Ständen eine Analogie zum englischen Parlament zu finden. Das war nur zum Teil richtig. Gewiß bestand damals noch ein Dualismus zwischen herrscherlicher und ständischer Verwaltung. Aber man darf nicht verkennen, daß – und diese Entwicklung war im Zwang zur Steuerbewilligung angelegt gewesen – viel stärker ein Miteinander als eine wechselseitige Kontrolle den Dualismus von ständischer und landesherrlicher Verwaltung bestimmte. Dazu kam, häufig übersehen, daß sowohl in Württemberg als auch in Hannover der Landesherr in die ständische Repräsentation unmittelbar hineinregieren konnte; denn nach der Reformation waren die Äbte der großen Klöster, die formal als Rechtsinstitute noch weiter bestanden, vom Landesherrn eingesetzt worden. Ob der Abt von St. Michael in Lüneburg, ob der Abt von Loccum im Ausschuß der Stände saß und hier ein gewichtiges Wort redete, er war letztlich doch dem Fürsten verpflichtet, der ihn eingesetzt hatte.

Nicht direkt wie in der Kurie der Geistlichen sollte sich indirekt im 18. Jahrhundert der Einfluß des Hofes auf die ständische Vertretung der Städte auswirken: Die sogenannten »hübschen« Familien, die ihren Namen von der Hofnähe bezogen (hübsch = höfisch), ein eng versippter Personenkreis, den man auch hannoversches Staatspatriziat nannte, sicherte sich die Verwaltungsstellen sowohl in der fürstlichen als auch in der ständischen Administration. Mochten auch gegensätzliche Vorstellungen immer wieder die Harmonie des Zusammenwirkens irritieren, so zwangen doch verwandtschaftliche Bande sehr schnell zum Kompromiß.

Ständische Kontinuität in Kurhannover als Vorform der Demokratie? Nur in einem sehr eingeschränkten Sinne ist diese Frage zu bejahen; in dem eingeschränkten Sinne nämlich, daß die Verwaltung in Kurhannover eben nicht von dem Fürsten allein legitimiert wurde, sondern, Zwang zur Mitbestimmung implizierend, auch von einflußreichen Personen und Personengruppen, die sich aber selbst nicht als Repräsentanten des Landes, sondern stets nur als Repräsentanten ihres Standes oder ihrer Städte verstanden.

Macht, Mitbestimmung, Einfluß der Stände war im Kurhannover des 18. Jahrhunderts noch am sichtbarsten; aber das bedeutete nicht, daß ständischer Einfluß nicht auch in anderen niedersächsischen Herrschaften von großem Belang war. Unter der Herrschaft der letzten Cirksena war die ständische Mitsprache in spektakulären bis vor das Reichshofrat getragenen Prozessen überdeutlich geworden. 1744 wurde Ostfriesland eben nicht preußisch, sondern es wurde als ein von den Ständen vertretenes Gebiet unter den Schutz der Krone Preußens gestellt. Der Fall ist typisch für alle unter landfremden Kronen stehenden Herrschaften Niedersachsens. Jever wurde eben nicht russisch und Oldenburg eben nicht dänisch. Aus den Kreisen der Stände wurden die Beamten gewählt, die das Land faktisch regierten; weder der Zar von Rußland noch der König von Dänemark dachten daran, russische oder dänische Beamte in den entfernten Gebieten, die nominell zu ihrer Krone gehörten, einzusetzten.

Die Geschichte der Stände auf niedersächsischem Boden, ihre direkt oder indirekt sichtbare Einflußnahme, die bis zum Untergang des alten Reiches 1803 währte, belegt, daß die niedersächsische Landesgeschichte mit so klobigen Ausdrücken wie »Absolutismus« oder gar »Aufgeklärter Absolutismus« nicht viel anfangen kann. So bedeutend der 1692 zum Kurfürsten erhobene Ernst August als Herrscherpersönlichkeit auch war, so konnte er doch von der Praxis seiner Regierung her kaum als Absolutist bezeichnet werden. Tatsächlich ist seine machtvoll in Erscheinung tretende Herrschaft Konsequenz einer Entwicklung, die seit dem 16. Jahrhundert aus armen Fürsten Landesherren gemacht hatte. Die ökonomische Grundlage dafür war die Durchsetzung der Steuer gewesen. Aber Wandlungen der ökonomischen Grundlagen von Herrschaft hatten auch einen Stilwandel dieser Herrschaft selbst zur Folge. Bargeld lachte – im Gegensatz zu den alten grundherrschaftlichen Abgaben in Naturalien –, wenn ein Fürst eine neue Landessteuer ausschrieb. Seine Verfügungsgewalt war, selbst wenn er teilweise mit den Ständen gewissermaßen Halbpart machen mußte, schon allein im rein praktischen Umgang mit den Einnahmen eine andere. Am deutlichsten zeigt sich der Stilwandel an der Basis, in den Ämtern. Mit den neuen Landessteuern hatten sie auch eine neue Funktion gewonnen. Die Zeit war vorbei, in der ein verdienter adeliger Haudegen als Amtmann eingesetzt werden konnte. Der Amtmann, der die Erhebung der neuen Landessteuer leitete und kontrollierte, mußte rechnen und schreiben können. Mit dem ausgehenden 16. Jahrhundert erst entstand unter dem Zwang der Steuereinbringung ein festeres Band zwischen fürstlicher Zentrale und Außenamt.

Struktur- und Stilwandel der herrschaftlichen Einnahmen und ihrer Erhebung hatte auch einen Struktur- und Stilwandel fürstlicher Herrschaft selbst zur Folge: Residenzbildung. Jetzt entfiel für den Fürsten der Zwang, sein Land zu bereisen; er konnte in seiner Hauptstadt verweilen, von hier aus seine

Der Ausschnitt aus der Holzschnittfolge, mit der das Leichenbegängnis des Herzogs Heinrich Julius von Wolfenbüttel 1613 festgehalten wird, spiegelt die seit dem 16. Jahrhundert gewachsene Bedeutung von Kanzler und Kanzlei. Während die Hofgesellschaft in Gruppen dem Sarg folgt, geht der Kanzler Werner König allein. Zeichen für seine herausgehobene Stellung ist weiterhin, daß er persönlich für »iustitia« und »pietas«, für die auf dem Samtkissen eingestickten Herrschaftspflichten seines Fürsten, einzustehen hat.

Mandate ausgehen lassen. Mandate: Der Buchdruck hatte mitnichten nur eine Verbreitung intellektuellen Wissens zur Folge, sondern auch eine Verbreitung der landesherrlichen Gebote. Gedruckte Mandate – bisweilen hatte die hannoversche Kanzlei Schwierigkeiten, das Papier für die 200 benötigten Exemplare aufzubringen – gingen von der Residenzstadt ins Land hinaus, wurden an den Türen von Kirchen und Rathäusern, wurden an den Toren auch von Kleinstädten angenagelt.

Residenzbildung bedeutete auch den Ausbau von ortsfesten Behörden. Kanzlei und Archiv, institutionell schon im späten Mittelalter vorgebildet, bekamen jetzt ihren festen Platz. Wertvolle Urkunden wurden nicht mehr in Säcke verpackt und auf Reisen mitgenommen, sondern wurden ortsfest in einem eigens gesicherten Gebäude aufbewahrt. Residenzbildung und Verschriftlichung der Herrschaftspraxis gingen also Hand in Hand. Insofern sind das Wolfenbütteler Archiv oder das von Louis Remy de la Fosse in Hannover erbaute Archiv weit mehr als Zweckbauten: Alltägliche Behördenarbeit war wichtig geworden; ihre Ergebnisse blieben bewahrenswerter als vergänglicher Kriegsruhm. Deshalb aufwendige, repräsentative Archivgebäude; sie demonstrieren die Wahrheit jenes Sprichwortes, das vorahnend im späten Mittelalter entstanden war: Die Feder besiegt das Schwert.

Wir sind zeitlich weit voraus geeilt, um den Endpunkt der Residenzbildung zu charakterisieren. Halten wir aber noch einmal den entscheidenden Schritt fest. Reich an bedeutenden Herrscherpersönlichkeiten ist im 16. Jahrhundert die niedersächsische Geschichte. Dahinter stand Grundsätzliches, die Entwicklung eines patriarchalischen Herrschaftsstiles: Im 16. Jahrhundert noch war den Fürsten der klare Blick auf die unmittelbaren Gegebenheiten ihrer Herrschaftsrechte in Wald und Flur und damit auch der klare Blick auf das Land verblieben. Zwar nicht in allen Einzelheiten, aber doch in vielen konkreten Beobachtungen wußte ein Fürst, wie es um sein Land bestellt war. Auf niedersächsischem Boden gibt die Reformation den großen Anstoß zu fürstlicher Gesetzgebung: Kirchenordnungen sind die ersten, vom Fürsten erlassenen allgemein gültigen Gesetze für seine Herrschaft. Patriarchalischer Regierungsstil heißt aber auch, daß dem Gesetz die Regelung des Untertanenverhältnisses nicht allein überlassen wird. Der Fürst greift ein, mildert, begnadigt. Und er besteht auch nicht auf einer strikten Durchsetzung seiner Ordnungen, wenn diese mit anderen Gebräuchen kollidieren. Der handschriftliche Eintrag des wolfenbüttelschen Kanzlers Werner König bezeugt noch um 1600 den Respekt vor den »Gebräuchen« der Untertanen.

Patriarchalischer Herrschaftsstil – das scheint vom Wort her auf eine geschlechtsspezifische Wahrnehmung von Rechten hinzuweisen. Dies aber ist nicht gemeint. Wir wählen deswegen zwei Frauen, Elisabeth von Calenberg (1510-1558; vgl. Farbtafel 10) und Maria von Jever (1517-1575), unzweifelhaft zwei der bedeutendsten Fürstinnen des 16. Jahrhunderts, um an ihrem Beispiel die neue Praxis fürstlichen Regiments darzustellen. Elisabeth führte in ihrem Lande seit 1542 die Reformation ein. Was verbirgt sich hinter einem solchen Satz? Zunächst einmal erheblicher persönlicher Mut, nicht umsonst rieten ihr Bruder, Kurfürst Joachim II. von Brandenburg, und ihr Nachbar, Landgraf Philipp von Hessen, beide zutiefst protestantisch geprägt, ab; denn an den Grenzen des Calenberger Landes drohte der altkirchlich gesonnene Heinrich der Jüngere von Braunschweig, und dieser hatte den Rückhalt des Kaisers. Elisabeth handelte nicht nach politischem Kalkül und sie handelte auch nicht im Bewußtsein staatsrechtlicher Problematik, sie handelte nach ihrem Gewissen. Gewissen und Glauben im 16. Jahrhundert, in einer Zeit, da die sogenannten Teufelsbücher Konjunktur hatten, Bücher, in denen der Saufteufel oder der Kleiderteufel angeklagt wurden, werden zum Beispiel in einer Krisensituation Elisabeths sichtbar, als die Witwe ihre zweite Ehe mit dem Grafen Boppo von Henneberg einging: »Aber da ich zur andern Ehe greifen sollt und es mit dem Gebet anfing und es allein bloß auf Gott stellte, warf mir der Teufel solch schwere Gedanken ein, macht mir solch Angst und Not, das ich wohl hätte verzweifeln mögen.« Gebet und Bibellektüre halfen. »Da wich der Teufel und solch Traurigkeit nahm ein Ende.«

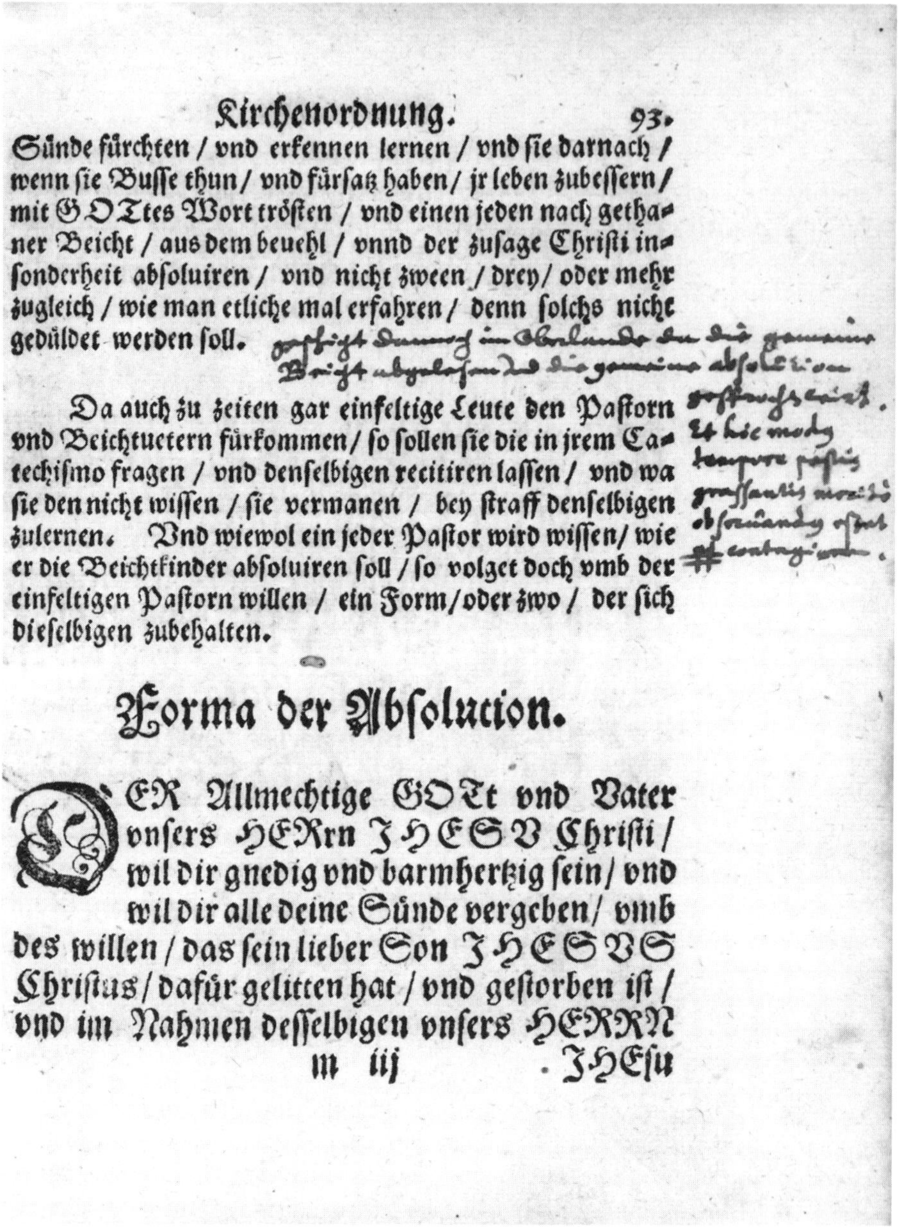

Kirchenordnung. 93.

Sünde fürchten / vnd erkennen lernen / vnd sie darnach / wenn sie Busse thun / vnd fürsatz haben / jr leben zubessern / mit GOTtes Wort trösten / vnd einen jeden nach getha-ner Beicht / aus dem beuehl / vnnd der zusage Christi in-sonderheit absoluiren / vnd nicht zween / drey / oder mehr zugleich / wie man etliche mal erfahren / denn solchs nicht gedüldet werden soll.

Da auch zu zeiten gar einfeltige Leute den Pastorn vnd Beichtuetern fürkommen / so sollen sie die in jrem Ca-techismo fragen / vnd denselbigen recitiren lassen / vnd wa sie den nicht wissen / sie vermanen / bey straff denselbigen zulernen. Vnd wiewol ein jeder Pastor wird wissen / wie er die Beichtkinder absoluiren soll / so volget doch vmb der einfeltigen Pastorn willen / ein Form / oder zwo / der sich dieselbigen zubehalten.

Forma der Absolution.

DER Allmechtige GOTt vnd Vater vnsers HERrn JHESV Christi / wil dir gnedig vnd barmhertzig sein / vnd wil dir alle deine Sünde vergeben / vmb des willen / das sein lieber Son JHESVS Christus / dafür gelitten hat / vnd gestorben ist / vnd im Nahmen desselbigen vnsers HERRN

m iij JHEsu

Eigenhändige Notiz des Kanzlers Werner König in der Kirchenordnung, wonach »im Oberlande« die Beichte abweichend von den Vorschriften abgenommen wird.

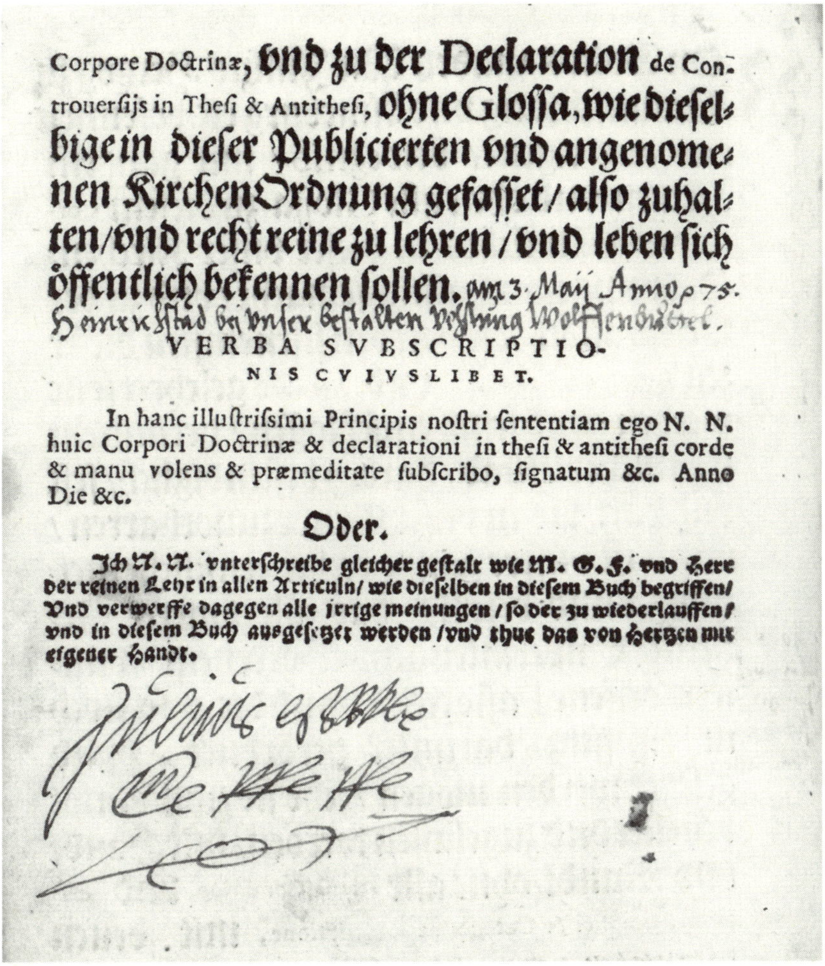

Corpore Doctrinæ, vnd zu der Declaration de Controuersijs in Thesi & Antithesi, ohne Glossa, wie dieselbige in dieser Publicierten vnd angenomenen KirchenOrdnung gefasset / also zuhalten / vnd recht reine zu lehren / vnd leben sich öffentlich bekennen sollen. am 3. Maij Anno 75. Heinrichstad bei vnser bestalten Vestung Wolffenbüttel.

VERBA SVBSCRIPTIONIS CVIVSLIBET.

In hanc illustrißimi Principis nostri sententiam ego N. N. huic Corpori Doctrinæ & declarationi in thesi & antithesi corde & manu volens & præmeditate subscribo, signatum &c. Anno Die &c.

Oder.

Ich N. N. vnterschreibe gleicher gestalt wie M. G. F. vnd Herr der reinen Lehr in allen Articuln / wie dieselben in diesem Buch begriffen / Vnd verwerffe dagegen alle jrrige meinungen / so der zu wiederlauffen / vnd in diesem Buch ausgesetzet werden / vnd thue das von hertzen mit eigener handt.

In hanc Illustrissimi Principis nostri sen-
tentiam ego Michael Praetorius huic Corpori
Doctrinae et declarationi in thesi et anti-
thesi corde et manu volens et praemedi-
tate subscribo; signatum Wulffenb. 10.
die Decemb. Ao. 1604.

Eine Kirchenordnung bindet den Fürsten und seinen »Diener« gleichermaßen, wie die eigenhändigen Unterschriften des Herzogs Julius (1575) und des berühmten Komponisten Michael Praetorius (1604) bezeugen.

Glauben – das war für Elisabeth ebenso wie für andere Fürsten des Reformationszeitalters, etwa für Julius von Braunschweig-Wolfenbüttel, nicht nur eine Frage des persönlichen Gewissens, sondern zugleich auch eine Frage der fürstlichen Verantwortung für die Untertanen. »Denn«, so sagt Elisabeth, »obwohl der Glaube ein frei Ding ist und niemand mit der Gewalt dazu gedrungen werden soll, so ist aber nichts desto weniger eine jede Obrigkeit schuldig, die Untertanen mit göttlichen Ordnungen im Zwange und in der Zucht zu halten.«

»Im Zwange und in der Zucht«: Die gleiche Wendung gebraucht Elisabeth auch, wenn sie von ihren Kindern spricht. Patriarchalischer Regierungsstil? Ein Regierungsstil, der sich vom fürstlichen Haus her versteht und deshalb auch von einer Frau wahrgenommen werden kann. Bei aller Anerkennung der freien Gewissensentscheidung steht für Elisabeth außer Zweifel, daß sie vor Gott eine Verantwortung auch für ihre Untertanen habe. Diese Auffassung ist die geistige Grundlage von den allenthalben aus fürstlichem Gebot heraus erlassenen Kirchenordnungen. Elisabeth formuliert es so: »Die Oberkeit ist Gottes Wort zu fördern schuldig«. Und so erläßt sie 1542 ihre Kirchenordnung nicht aus »Fürwitz«, »sondern allein aus rechter Liebe, so wir zum göttlichen Worte ... und zu unseren Untertanen haben.« Eine Kirchenordnung bindet auch den Fürsten. Was Elisabeths Worte anklingen lassen, verdeutlicht Herzog Julius von Braunschweig-Wolfenbüttel durch seine eigenhändige Unterschrift.

Es ging bei der Verantwortlichkeit der Obrigkeit vor Gott nicht nur um den Glauben, nicht nur um die rechte Liturgie und nicht nur um die rechte Feier des Abendmahls, es ging auch um die rechte Sitte und die rechte Ordnung. Wie im Calenbergischen sind auch anderswo in Niedersachsen die Kirchenordnungen die ersten fürstlichen Gesetze von allgemeiner Verbindlichkeit für das Land. Wie in Calenberg wird auch anderswo die Sonntagsheiligung ebenso eingeschärft wie die Respektierung der Ehe, werden Sittengebote erlassen, wird ansatzweise bereits der Alltag reglementiert. In vielen Punkten sind die Kirchenordnungen miteinander vergleichbar; die Calenberger jedoch kennt Sätze wie den folgenden, die auf die persönliche Intervention Elisabeths zurückgehen, wenn sie denjenigen Strafen androht, die »Jungfrauen zu Fall bringen und sie danach im Dreck sitzenlassen wöllen«. Diesem individuellen Eingriff stehen typische, in allen Kirchenordnungen wiederkehrende Bestimmungen gegenüber. Die Völlerei an Sonntagen und Festtagen soll verhindert werden, Bier- und Weinschenken haben während des Gottesdienstes zu schließen und vor allem die Gotteslästerung wird als kriminelles Delikt aufgefaßt – wobei man berücksichtigen muß, daß in den meisten Flüchen der Zeit eine Gotteslästerung enthalten ist.

Eine Frau als Herrscherin: Elisabeth von Calenberg unterscheidet sich nicht von anderen Fürsten. Sie muß sich tagtäglich mit kleinen und großen Angelegenheiten befassen. Sie prüft die Kerbhölzer des Küchenschreibers, und sie führt langwierige Verhandlungen über die Schulden, die ihr Mann hinterlassen hat. Ihre Hofhaltung, zumeist in (Hannoversch) Münden, unterscheidet sich nicht von anderen Hofhaltungen darin, daß sie noch wenig hierarchisiert ist. Verwandtschaftsnetze verknüpfen die Angehörigen des Hofes miteinander. Der führende Mann an ihrem Hofe ist der Astronom und Mediziner Dr. Burkhard Mithoff. Er ist der Leibarzt Elisabeths. Verheiratet ist er seit 1542 mit einer Tochter des Antonius Corvinus, des calenbergischen Reformators. Seine beiden Töchter wird er mit Hofbeamten vermählen, seinen beiden Söhnen verschafft er auskömmliche Pfründen an St. Alexander und St. Marien in Einbeck.

Wie für jeden Fürsten des 16. Jahrhunderts war auch für Elisabeth die alltägliche Herrschaftsaufgabe die Sorge für ihren Hof, den – wie üblich – größten Kostenfaktor. Das 16. Jahrhundert ist nicht umsonst die Zeit der Hofordnungen, die allesamt verkappte Sparsamkeitserlasse sind. Und das sieht man auch an dem Mündener Hof, an dem täglich 200 Personen gespeist werden mußten, wobei die Hofhierarchie sichtbar wird: Zum Beispiel haben die Angehörigen der Kanzlei, »gleich den Junkern« an einem Tisch sitzend, das gleiche Recht auf die besseren Speisen und Getränke, also zum Beispiel auf Einbecker Bier, das natürlich den niederen Hofbediensteten nicht gereicht wird. Ausreichend dürfte die Verpflegung des Hofgesindes gewesen sein. Es gibt eine Morgensuppe, Mittag wird zwischen neun und zehn Uhr gegessen, das Abendessen zwischen vier und fünf Uhr eingenommen. Ein »ziemlicher Schlaftrunk« wird mit der Mahnung gereicht, keine Gelage abzuhalten. Jedoch Großzügigkeit ist angeraten: »Unsern Hofgesind vor Küche und Keller ein Imbiß oder Trunk zwischen den Mahlzeiten nicht zu verweigern«.

Einen immensen Haferbedarf hat der Hof, denn täglich mußten 126 Pferde gefüttert werden. Seit 1536 nimmt die Zahl der zu fütternden Pferde immer mehr zu – Elisabeths Hof wurde mit dem Gewinn ihres Ansehens innerhalb der Fürstenwelt zu einem politischen Mittelpunkt, adelige Besucher kommen von weit her. Ein eigener Futterschreiber hat die Futterzettel anzulegen und wöchentlich der Fürstin über die Fütterung der Pferde Rechenschaft zu leisten. Eigenhändig zeichnet die Fürstin alle ihr vorgelegten Rechnungen ab.

Glanz des Hoflebens? Während in den größeren Städten die Schweine aus dem Stadtbild verschwinden, laufen sie in der Mündener Residenz noch frei herum. Ein Rechnungseintrag notiert zum Beispiel: Zwei Speckseiten von einem Schwein »so in der Burg gangen«. Viele Hühner, aber nur wenige Gänse schnattern in der Burg. Immer noch schimmert selbst bei einem großen Hof die alte eigenwirtschaftliche Grundlage der Burgen durch. Glanz der Residenz? In einem ist dies wörtlich zu nehmen: Enorm ist der Bedarf an Talg, der für Lichter gebraucht wird; unter anderem für die Küchenbeleuchtung, ja selbst für die Gesindekammern. Sodann hat ein solcher Hof auch Luxusbedürfnisse. Regelmäßig kauft der Hofschneider auf der Frankfurter Messe Tuche, zum Teil für die Hofgewänder der Bediensteten, das die Fürstin ihnen stellt, zum Teil auch für die Fürstin selbst. Die Goldschmiede haben gut zu tun, Elisabeth liebt Perlen und Geschmeide. Vielbeschäftigt ist der Goldschmied in Münden, der Bruder von Dr. Burkhard Mithoff.

Elisabeths Hof unterscheidet sich im Alltag in nichts von einem typischen Fürstenhof der Zeit, wohl aber darin, was die Feste angeht. Elisabeth liebt Trinkgelage nicht. Den »Saufteufel«, den Luther so beklagt, bekämpft sie nicht nur an ihrem Hof energisch, sie macht auch ihrem Schwiegersohn entsprechende Vorhaltungen. Vergebens, wie wir vermuten; denn das unmäßige Trinken gehört zur Fürstenkultur des 16. Jahrhunderts. Sodann liebt die Fürstin weder Turniere noch große Jagden. Und das hat einen finanziellen Hintergrund: So wird sie ihren Sohn ermahnen, diese kostspieligen fürstlichen Vergnügungen zu lassen, denn schließlich hatte Elisabeth selbst bei ihrem ersten Gemahl gesehen, wieviel Geld bei solchen höfischen Belustigungen verbraucht wurde.

Hinter allen Sorgen des Alltags steht die Religion nicht als Lebensnormen setzende Lehre, sondern als Bekenntnis, als sinnstiftende Kraft. Das erweist sich am eindrucksvollsten in der Weitherzigkeit der Fürstin. Ihr Bekenntnis zur neuen Lehre schloß den Respekt vor der monastischen Lebensform, den Respekt vor den Stiftungen der Vergangenheit ein: Sie wollte die Klöster als fromme Stiftungen erhalten und sich nicht an ihnen bereichern, obwohl ihre Herrschaft durch die auf dem Land lastenden Schulden gefährdet war. Ihr Gewissen erhielt die Klöster als Rechtsinstitute. Davon nahm die Entwicklung der hannoverschen Klosterkammer ihren Ausgang.

In vielem ist mit Elisabeth von Calenberg das Fräulein Maria von Jever zu vergleichen. Sie hatte sich in noch stärkerem Maße als Elisabeth gegen eine feindliche Umwelt zu behaupten. Was für Elisabeth Heinrich der Jüngere war, sind für sie die Grafen von Ostfriesland. Aus dem 15. Jahrhundert bereits stammten die Spannungen mit den 1464 in den Grafenstand erhobenen Cirksena. Das prächtige Grabmal, das Fräulein Maria ihrem Vater, Edo Wiemken, setzen ließ, ist zugleich eine Demonstration der Selbständigkeit der Herrschaft Jever.

Wie Elisabeth von Calenberg sah auch Fräulein Maria ihre Herrschaftsaufgabe darin, in gewissermaßen landesväterlichem Sinne die Untertanen zu Zucht und Ordnung zu erziehen: beispielsweise Mandate gegen Überfluß und Luxus, Einschärfung der Sonntagsheiligung. Ebenso wie Elisabeth von Calenberg öffnet sie ihr Land der neuen Lehre. Auch sie gibt dem Humanismus an ihrem Hofe eine Heimstatt. Während Elisabeths Regierungszeit nur kurz währte, hat Fräulein Maria in ihrer langen Herrschaft (1517-1575) Gelegenheit, ihr Land entscheidend weiterzuentwickeln. Die Stadt Jever verdankt ihr nicht nur ein Gymnasium, sondern auch die Entwicklung der Urbanität: Die Stadttore läßt sie erbauen. Der Landesausbau erfährt durch die Fürstin energische Förderung.

Als 1644 August der Jüngere von Wolfenbüttel in seiner Residenzstadt Einzug hielt, hob auf niedersächsischem Boden die Herrschaft des letzten Fürsten an, dem wir noch den patriarchalischen Regierungsstil des 16. Jahrhunderts zuordnen. Er machte dies selbst mit der Feststellung sichtbar: »Ein guter Fürst ist wenig oder gar nicht von einem guten Hausvater unterschieden«. Bevor er die Regierung antrat, hatte er 30 Jahre in der braunschweigischen Nebenresidenz

Hitzacker vor allem mit seinen Büchern gelebt. Seine Herrschaft ist aber nicht nur durch die Gründung der Wolfenbütteler Bibliothek bedeutsam, sondern auch durch eine Wirtschaftsförderung, die, in der Tradition eines Herzog Julius stehend, bereits einige merkantilistische Züge aufweist. Mit einer Flut von Mandaten versucht er, sein Land in hausväterlichem Sinne zu regieren. Bis 1652 duldet er noch die Mitsprache der Stände, um sie dann nicht mehr einzuberufen; das ist zwar weniger eine Vorahnung absolutistischer Regierungspraxis als die hausväterliche Überzeugung, alles selbst regeln zu können, zeigt aber dennoch, wie klein der Schritt von einem intensivierten patriarchalischen Regierungsstil zum Absolutismus war, der alle Herrschergewalt in der Person des Fürsten konzentrieren wollte.

Fehden, Söldner, Kriegsführung im späten Mittelalter

Ernst Schubert

Auf den ersten Blick scheint sich im 15. Jahrhundert nichts an der Fehdewirklichkeit der vergangenen Zeiten geändert zu haben. Friedensgebote nutzten wie üblich wenig. Dennoch zeigen sich die ersten Veränderungen, die langfristig das Fehdewesen überwinden sollten. Diese Veränderungen sind aus folgendem Grund zu notieren: Der königsferne niedersächsische Raum wurde durch den Wormser Landfrieden von 1495 nicht erreicht, die Überwindung der Fehdewirklichkeit kann hier also nicht durch die Reichsgesetzgebung gefördert worden sein. Und weiterhin: Im Gegensatz zum deutschen Süden, wo die Reichsstädte eine dezidierte Politik der Landfriedenswahrung verfolgten, haben die niedersächsischen großen Städte ihre Freiheitsräume nicht zur Unterdrückung der Fehde genutzt. Was also in unserem Raum zu beobachten ist, sind die inneren Entwicklungen im Fehdewesen, die langfristig auf dessen Überwindung hinausliefen.

Unverkennbar wurde im 15. Jahrhundert in erweiterter Auslegung des Begriffs der »rechten Fehde« das Fehdewesen formalisiert. Fast schon festliegende Taxen gab es für das Schutzgeld, mit dem Plünderungen abgelöst wurden, die sogenannte »dingnis«; feste Taxen bahnten sich an für das »pantquiten«, das Auslösen der Gefangenen. Wenn eine Stadt Fehde führte, vereinbarte sie vorher mit den Adeligen, die sie in ihren Sold nahm, die Verteilung der Beute. Diese innere Formalisierung des Fehdewesens führte natürlich nicht zu einer Entlastung der Bevölkerung, aber sie formalisierte doch, was im 14. Jahrhundert noch reine Willkür gewesen war.

Daß die Kriegswirklichkeit sich um 1500 veränderte, hat in unserem Raum wenig mit der Durchsetzung von Friedensgedanken und gar nichts mit dem Wormser Landfrieden von 1495 zu tun. Überwindung der Fehde? Konkret hieß dies nur, daß der Krieg eine andere Gestalt gewann; die Heere wurden in dramatischem Ausmaß größer und damit für kleinere Beuteziele unrentabel.

Mit dem Aufkommen der Landsknechtsheere gehörten die rechte und die unrechte Ritterfehde der Vergangenheit an – nicht aber Krieg und Kriegsnot, Verwüstung und Verheerung.

Daß im 15. Jahrhundert Fehden seltener wurden, läßt nicht auf zivilisatorische Disziplinierung schließen, sondern hat eine platte Ursache: Es war immer teurer geworden, zu Felde zu ziehen. Bereits im frühen 14. Jahrhundert war eine Fehde kostspielig. Der Verlust zweier Pferde im herzoglichen Dienst mußte 1318 mit sieben Mark abgegolten werden. 100 Mark kostete 1323 der Sold für zwei Adelige, die für ein halbes Jahr mit zehn Pferden in den Dienst Herzog Ottos III. von Lüneburg getreten waren. Wenn ein so haushälterischer Fürst wie Otto der Strenge zu Verpfändungen genötigt ist, so stehen dahinter immer Zahlungsverpflichtungen aus vorangegangenen Fehden. Und die Kosten für die Kriege stiegen weiter. Eine große Fehde bedrohte einen Fürsten weniger militärisch als finanziell. Zum Beispiel mußte 1433 Herzog Otto (der Hinkende) 19.000 Gulden bei der Stadt Lüneburg leihen – und dafür sein Schloß Winsen a.d. Luhe verpfänden –, um Fehdekosten zu decken.

Teure Fehden. Nicht nur Söldner waren zu bezahlen, sondern auch adelige Vasallen mußten mit schwerem Geld aus der Gefangenschaft des Feindes gelöst werden. Die Pferde, die ein Vasall im Dienst seines Herren verlor, mußte ihm dieser ersetzen. Darüber gaben dann die Ritter ihren Herren eine Quittung. Und das immerhin kann auf einen Unterschied von Fürsten- und Ritterfehde hinweisen. Die letztere war für den Adeligen risikoreicher, da er nicht im Dienste eines Herren ritt, der für seine Schäden haftete.

Die Formalisierung des Fehdewesens, die dieses fast zu einem Geschäft machte, reagierte darauf, daß das finanzielle Risiko im Verlaufe des 15. Jahrhunderts immer größer geworden war. Vereinfacht: Ein normaler Adeliger konnte sich eine Fehde nicht mehr leisten, ohne das Schicksal seines Hauses aufs Spiel zu setzen. Und das hatte einen auch ganz handgreiflichen Grund: Die Burgen waren keine sicheren Zufluchtsstätten mehr. Im 15. Jahrhundert war eine Epoche zu Ende gegangen, die der Kriege um Burgen, eine Epoche, die mit dem Sachsenaufstand 1073 und der Zerstörung der Harzburg begann und unserer Meinung nach auf niedersächsischem Boden auch in ihrem Ende mit dieser Burg verknüpft ist. Denn der letzte große Krieg um eine Burg war hier von 1411 bis 1413 der um die Harzburg gewesen. Sie befand sich damals im Pfandbesitz der Herren von Schwicheldt. Der Pfandherr, Herzog Otto Cocles, zog im Verein mit Goslar 1411 vor die Harzburg, die er als »Raubnest« deklarierte. Die Belagerung scheiterte. Selbst das große Bündnis, das Otto 1412 mit Herzog Bernhard von Lüneburg, dem Erzbischof von Magdeburg, dem Bischof von Halberstadt und den Städten Goslar, Braunschweig und Helmstedt sowie mit einigen Harzgrafen schloß, konnte die Schwicheldts erst nach zweimaliger Belagerung 1412 und 1413 zur Aufgabe zwingen.

Es waren nicht die damals nur äußerst schwerfällig zu handhabenden Geschütze, die den Kampf um die Harzburg zum letzten großen Burgenkrieg

Behelmter Krieger.
Detail einer Pferderüstung Herzog Heinrichs des Jüngeren (um 1530).

auf niedersächsischem Boden werden ließen; es waren vielmehr die politische Isolation und die Größe der Belagerungsheere, die einen Ritter auch auf einer festen Burg nicht mehr sicher sein ließen. Fehden, wie sie noch im 14. Jahrhundert Vasallen gegen ihre Herren geführt hatten, gehörten im folgenden Jahrhundert der Vergangenheit an. Immerhin: Die großen Kosten einer Belagerung hatten auch die Fürsten zu fürchten. Deswegen setzten im 15. Jahrhundert Bremen, Stade, Buxtehude und Lüneburg große Geldmittel ein, um einzelne Burglehen der Horneburg als Pfandbesitz zu erwerben. Auf diese Weise suchten sie den genossenschaftlichen Charakter der Burgmannschaft, die immer eine Bedrohung des Friedens auf den Straßen darstellte, aufzubrechen.

Im Grunde zeigen die völlig unterschiedlich gelagerten Fälle der Harzburg und der Horneburg, daß die fehdegewohnten Ritter nicht die schwer zu bewe-

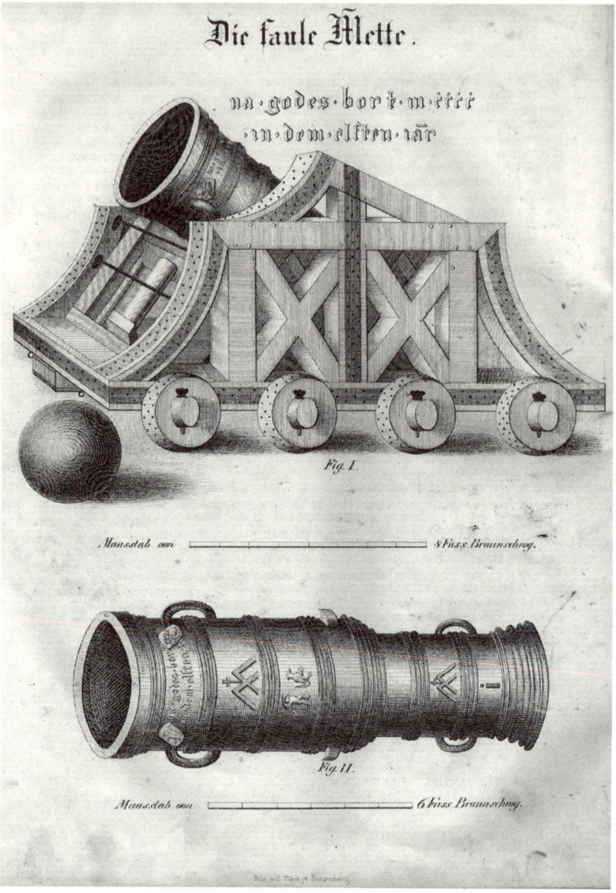

Die in Braunschweig 1411 gegossene »faule Mette«.

genden Geschütze, sondern das vergleichsweise leicht zu mobilisierende Geld zu fürchten hatten; jenes Geld, das sie in ihrem Pfandbesitz auf stille Weise ebenso bedrohte wie in direkter Weise bei der Anwerbung von Söldnern für eine Belagerung. Deshalb erscheinen die Fehden, je weiter das 15. Jahrhundert voranschreitet, immer mehr nur noch in Gestalt der Fürstenfehden. Nicht nur die Entwicklung im Rüstungswesen, die immer teureren Harnische und das allmähliche Aufkommen der Feuerwaffen waren es also, die im 16. Jahrhundert das Fehdewesen zur überlebten Form des Krieges werden ließen.

Schon die Praxis der Fehdeführung zeigt: Streit der Herren war eine Bedrohung des ganzen Landes. Es bedeutet eine Verzerrung, wenn besonders Städte als Opfer des Fehdewesens dargestellt werden. Der Handel konnte zwar empfindlich gestört werden, aber die existenzbedrohende Gefahr des um seine Ware besorgten Kaufmanns war doch keine andere als die des Bauern, der um

Haus und Hof bangen mußte. Ebenso wie die Opferrolle wurde auch die Leistung der Städte bei der Überwindung der Fehdepraxis überschätzt. Nur in einer besonderen Erscheinungsform des Fehdewesens war die Stadt stärker bedroht als das Dorf, durch die – wie wir es zur Unterscheidung definiert haben – »Plackerei«. Kaufmannszüge waren ein lohnenderes Ziel von sogenannten Raubrittern als arme Bauern. Deren Habe war zudem liegendes Gut; schnelles Beuteziel aber konnte nur der bewegliche Besitz, die »Fahrhabe«, besonders die von Kaufleuten, bieten.

Sieht man von der Plackerei ab, so haben die Städte keineswegs die Opferrolle im spätmittelalterlichen Fehdewesen gespielt, die man ihnen zugeschrieben hat. Im Gegenteil: Die Geschichte des spätmittelalterlichen Krieges zeigt, daß die Stadt nicht anders Fehde führte als der Herr. Wenn der Göttinger Rat zwischen 1323 und 1329 klagt, von der Burg Grone aus würden Raub und Mord und zahlreiche andere Untaten verübt, so ist das eine reine Parteibehauptung. Die Stadt muß sich dafür rechtfertigen, daß sie während der Fehde den geweihten Raum der Burgkapelle zu Grone zerstört hatte, sie muß 1329 als Entschädigung für Brand und Plünderung den Rittern von Grone 150 Mark zahlen. Und auch die »zugrepe«, der räuberische Zugriff ohne Fehdeansage, war den Bürgern nicht fremd. 1385 überfallen Bürger von Hannover 14 mit Korn, Salz und Bier beladene Wagen der Herren von Mandelsloh, raubten sie samt den Pferden und scheuten dabei auch vor Mord und Totschlag nicht zurück. Und damit zeigt sich am Beispiel der Stadt, daß die Überwindung von Krieg und Fehde nicht aus politischen Erwägungen, geschweige denn aus Einsicht gelang. Kein Gedanke an die friedensstiftende Kraft des Staates, dem deswegen ein Gewaltmonopol zuzuschreiben sei, wurde im deutschen Norden um 1500 wirksam. (Und wir sind uns beinahe sicher: Die für andere deutsche Lande behaupteten friedenssichernden Entwicklungen sind historiographische Konstrukte.) Der Fortschritt der Kriegstechnik, vor allem die Entwicklung zu den größeren Landsknechtsheeren, monopolisierte die Kriegführung in der Hand jener Herren, die sich Krieg überhaupt noch leisten konnten. Erst finanzielle Zwänge bereiteten das Gewaltmonopol des Staates vor.

Vom Landsknecht zum Soldaten: Krieg und Militär 1500-1800

Ralf Pröve

Hatten zum mittelalterlichen Kriegsbild vor allem das feudale Ritterheer und der Heerbann, das Aufgebot folgepflichtiger Bauern, gehört, so änderte sich dies allmählich im 14. und 15. Jahrhundert, als mit der Einführung der Feuerwaffen ein neuer Kriegertypus auftauchte, der bald die Schlachtfelder Europas dominierte: der Landsknecht, Reisige oder Söldner. Diese Männer waren nicht mehr durch einen lehnsrechtlichen Treueeid an ihren Herrn gebunden; vielmehr schlossen sie auf privatrechtlicher Basis mit dem jeweiligen Kriegsherrn einen nur auf die Dauer der kriegerischen Auseinandersetzung begrenzten Vertrag. Waren die Feindseligkeiten beendet, drohte ihnen die Arbeitslosigkeit, wenn sie nicht ein anderer Kriegsherr irgendwo in Europa als Landsknechte wieder anstellte. Im Laufe der Zeit nahmen die Söldnerhaufen enorme Ausmaße an, bildeten sich Binnenstrukturen und kulturelle Systeme heraus. Die Landsknechte waren genossenschaftlich organisiert, die Einhaltung der Lagerdisziplin, die Auswahl der Anführer oder bestimmte Entscheidungen wurden gemeinschaftlich geregelt; begleitet wurden die Haufen von dem Troß, einer bunten Menschenansammlung von Marketendern, Handwerkern, Familienangehörigen der Söldner und von Prostituierten. Die Kleidung der Männer war bewußt extravagant, ja sogar anstößig gehalten, um bestimmte Eigenschaften ihres Trägers, vor allem Wagemut, Furchtlosigkeit und Kampfkraft zu symbolisieren.

Dieses neue ›Berufsbild‹ brachte eine Reihe von Gefahren für Fürst und Gesellschaft mit sich. Um ihren weiteren Lebensunterhalt zu bestreiten, brachen »gartende«, also arbeitslose und umherziehende Knechte in Häuser ein oder überfielen Reisende und erpreßten Geld und Schmuck. Da die Männer zumeist in größeren Gruppen operierten und gut bewaffnet waren, konnten sich einzelne Dörfer oder Gehöfte kaum zur Wehr setzen, so daß oft erst größere fürstliche Aufgebote die Gefahr bannen konnten. Gartende Knechte waren so ein ständiges Ärgernis, eine latent vorhandene Bedrohung, die die Menschen und überhaupt den Wirtschaftskreislauf empfindlich stören konnte. Die Söldner bedrohten überdies die ständische Ordnung, da sie mit ihrem Verhalten, ihrer kostbaren, nicht ihrem Geburtsstand entsprechenden Kleidung und ihrer Bewaffnung sich deutlich von den Bauern, Bürgern oder Adligen unterschieden und außerhalb dieser Großgruppen standen. Durch günstige Kriegskonjunktur und glückliche Zufälle reich gewordene Söldner, die sozial ursprünglich eher der Unterschicht zuzuordnen waren, stellten überdies die gesellschaftliche Werteordnung in Frage. Den Ortsobrigkeiten waren die umherziehenden Männer ohnehin ein Dorn im Auge, da sie sich ihrem Zugriff entzogen. Für die Kriegsherrn, die Fürsten, war die Kontraktierung von Landsknechten ebenfalls nicht ohne Risiko. Man mußte nicht nur zum Teil erhebliche finanzielle Verpflichtungen eingehen, sondern auch fürchten, daß bei Zahlungsschwierigkeiten die Landsknechte in das Lager des Kriegsgegners wechselten oder plündernd durch das Land zogen und sich so auf eigene Faust ihre Bezahlung sicherten.

Doch trotz aller Risiken und Probleme bot sich zunächst keine Alternative an. Militärtaktisch, organisatorisch und waffentechnisch waren die Söldner den alten Lehnsheeren weit überlegen. Dies wurde noch einmal deutlich in der Schlacht bei Sievershausen 1553, als das Ritterheer vom Gewehrfeuer vernichtend geschlagen wurde und unter anderem Kurfürst Moritz von Sachsen sowie mehrere welfische Prinzen getötet wurden. Allein der Gebrauch der Feuerwaffen setzte eine professionelle, zeitlich und finanziell aufwendige Ausbildung

Schlacht bei Sievershausen 1553. Zeitgenössisches Flugblatt.

voraus, die von ›Teilzeitkräften‹ nicht mehr wahrgenommen werden konnte. Hinzu kamen neue Formen der Kampf- und Belagerungstechnik, die komplexe Anforderungen stellten und eine jahrelange Erfahrung erforderten. Als um 1600 eine allgemeine Unruhe einsetzte und in nahezu allen Territorien des Reiches Rüstungsanstrengungen unternommen wurden, da ein baldiger Krieg unausweichlich schien, bemühten sich die Fürsten dennoch um kostengünstige und gleichzeitig sichere Alternativen. So versuchten Herzog Ernst II. und Herzog Christian der Ältere, den Heerbann zu reformieren und mit den von den Städten und Dörfern abgesandten Milizionären regelmäßige Übungen abzuhalten, oder jedenfalls überhaupt, Truppen auch bereits im Frieden aufzustellen und an sich zu binden. Doch scheiterten diese Bemühungen, die Landesverteidigung neu zu strukturieren, am Widerstand der Städte, die ihren Verpflichtungen nicht nachkamen und an vielfältigen organisatorischen Mängeln: So verfügten die einberufenen Männer nur über unzureichende Ausrüstungen, waren im Kämpfen ungeübt und damit militärischen Anforderungen nicht gewachsen. Größter Widersacher waren aber die Stände, also die Vertreter des Adels, der Städte und des Klerus, die den Fürsten keine Gelder für militärbedingte Ausgaben bewilligen wollten; einerseits, um ihre Untertanen von dann drohenden Steuern zu verschonen, andererseits, um dem Fürsten keine zusätzlichen Machtmittel in die Hände zu spielen, die er womöglich zur Durchsetzung innenpolitischer Ziele eingesetzt hätte. Zu Beginn des Dreißigjährigen Krieges verfügte der Herzog in Celle deshalb lediglich über eine Wachkompanie, die sein Schloß sicherte und die er aus privaten Mitteln finanzieren mußte.

Niedersachsen blieb in den ersten Jahren von den Ereignissen des Dreißigjährigen Krieges, die sich zunächst auf Böhmen und die Pfalz konzentrierten, verschont. Die Versuche der Fürsten und Stände, Neutralität zu wahren, wurden jedoch durch Herzog Christian von Braunschweig, zugleich Bischof von Halberstadt, den sogenannten »tollen Halberstädter«, vereitelt. Christian hatte, um dem bedrängten »Winterkönig« Friedrich von der Pfalz zu Hilfe zu kommen und die protestantische Sache zu retten, 1621 Söldner angeworben, die allerdings den Truppen der katholischen Liga unter Tilly bei Hoechst am Main unterlagen. Als Tilly 1623 mit seiner Armee an der niedersächsischen Grenze auftauchte, mußten die Stände voller Sorge Herzog Georg von Lüneburg, dem Oberst des Niedersächsischen Kreises, Rüstungsausgaben bewilligen, um so selbst eine Armee aufzustellen. Georg überreichte dazu kriegserfahrenen Adligen ein entsprechendes Patent und gewährte einen finanziellen Vorschuß, der es den Offizieren ermöglichte, eine bestimmte Anzahl Männer zu rekrutieren. Doch vor neuen Kampfhandlungen kam es zu weiteren Neutralitätsversicherungen seitens des Niedersächsischen Kreises, so daß Tilly sich darauf beschränkte, dem flüchtenden »tollen Halberstädter« nachzustellen und ihn bei Stadtlohn, westlich von Coesfeld, vernichtend zu schlagen. Damit war Niedersachsen aus der ersten Phase des langen Krieges, dem böhmisch-pfälzischen Krieg (1618-1623), relativ ungeschoren davongekommen – sieht man von einigen südniedersächsischen Dörfern um Göttingen ab, die Tilly in Brand stecken ließ. Doch hatte der Krieg gerade erst begonnen. Da der Kaiser die Parteinahme Dänemarks und der Niederlande für die protestantische Sache fürchtete, ließ er Tilly 1624/25 mit seinen Truppen entgegen den Vereinbarungen in Niedersachsen einmarschieren. Die kaiserlichen Söldner mußten von den Bewohnern untergebracht und verpflegt werden, Greueltaten und Verwüstungen gehörten nun zur Tagesordnung. Da marschierte 1625 der dänische König Christian IV. mit über 13.000 Landsknechten ebenfalls in Niedersachsen ein. Der so bedrängte Tilly erhielt nun durch Truppen des kaiserlichen Generals Wallenstein Verstärkung, in Duderstadt im Juni 1626 trafen sich die beiden Feldherren zwecks einer Absprache des gemeinsamen Vorgehens. Nach Anfangserfolgen der Dänen erlitt Christian IV. in der Schlacht bei Lutter am Barenberge (August 1626) aber eine empfindliche Niederlage. Nach langwierigen Friedensverhandlungen und Rückzugsgefechten wurde im Juni 1629 schließlich der Lübecker Friede geschlossen, in dem die Dänen auf jede weitere Einmischung verzichteten. Dieser zweite Abschnitt des Dreißigjährigen Krieges (der niedersächsisch-dänische Krieg 1624-1629), der vor allem das Weser-Leine-Gebiet in Mitleidenschaft gezogen hatte und etwa für Northeim,

Zeitgenössischer Kupferstich, der in Zuordnung zur Schlacht bei Lutter am Barenberg die typische Aufstellung der Truppen abbildet und damit die Disziplinierung der Soldaten und die Marschbewegungen großer Menschenmassen dokumentiert.

Hannoversch Münden und Göttingen längere Belagerungen und für letztere Stadt blutige Eroberung und jahrelange Besetzung bedeutet hatte, führte den Fürsten und Ständen die Grenzen ihrer bisherigen vorsichtigen und zurückhaltend-neutralen Politik vor Augen. Als dann der schwedische König Gustav Adolf mit seinem Heer 1630 Reichsboden betrat und Partei gegen den Kaiser ergriff, nahm Herzog Georg von Lüneburg Verbindung mit ihm auf, warb 1631 in schwedischem Auftrag sechs Regimenter an und zog so das Land wieder in den Krieg hinein. In den nun folgenden Abschnitten, dem schwedischen (1630-1634) und dem schwedisch-französischen Krieg (1635-1648) nahm Niedersachsen allerdings eher die Rolle eines Nebenkriegsschauplatzes ein. Herzog Georg verwickelte die kaiserlichen Besatzer in Kampfhandlungen und konnte eine Reihe von Orten befreien und den Gegner mehrmals empfindlich schlagen, erwähnt seien hier vor allem die Schlachten bei Hessisch-Oldendorf (Juni 1633) und bei Bevern (April 1634).

Doch wie bereits in den Jahren zuvor versuchten die Welfenherzöge, eine eigenständige Politik zu betreiben und sich weder vom Kaiser noch von einzelnen Verbündeten abhängig zu machen. Georg lavierte deshalb geschickt: Er schied bald aus schwedischen Diensten aus und trat 1635 dem Prager Frieden bei, den Kursachsen mit dem Kaiser geschlossen hatte. Mit diesem Schritt versuchten die Herzöge eine Neutralitätspolitik einzuleiten, die sie mit der Aufstellung einer eigenen Truppe unterstrichen. Der zunehmende kaiserliche Druck, das Stift Hildesheim wiederherzustellen, und die günstige Ausgangslage der Schweden ließen 1639 noch ein Umschwenken auf die schwedische Seite opportun erscheinen, ehe mit dem Tode Herzog Georgs 1641 die aktive Teilnahme des Landes am Kriegsgeschehen endgültig beendet wurde. Im Oktober wurde in Goslar mit dem Kaiser ein Sonderfrieden geschlossen, der den Großen Krieg für Niedersachsen sieben bzw. sechs Jahre früher beendete und die Abdankung aller geworbenen Söldner einleitete. Freilich hatte die Bevölkerung bis zum Doppelfrieden von Osnabrück und Münster 1648 noch etliche Gefährdungen zu überstehen.

Die Folgen des Krieges waren unübersehbar. Wenn auch eher der Nordosten des Reiches, also Magdeburg, Brandenburg, Mecklenburg sowie Pommern und der Südwesten, also Pfalz, Schwaben sowie das Elsaß zu den am schwersten betroffenen Gebieten zählten, so war doch auch im niedersächsischen Raum je nach Region der Verlust an Menschenleben und der materielle Schaden beträchtlich. Da einzelne Gebiete überhaupt nicht vom Krieg erfaßt wurden, andere um so mehr, schwanken die Bevölkerungsverluste zwischen wenigen Prozent und bis zu einem Drittel. Zu beachten ist freilich, daß viele Todesfälle durch Seuchen verursacht wurden, also nur mittelbar mit dem Krieg zusammenhingen. Ebenso regional unterschiedlich war der Grad der Verwüstung. Waren in etlichen Landstrichen die bäuerliche Bevölkerung und die Menschen in den Städten relativ ungeschoren davongekommen, so waren in anderen Gegenden, etwa in Südniedersachsen, fast die Hälfte der Bürgerhäuser baufällig, Dörfer und Gehöfte niedergebrannt, Äcker verwüstet und das Vieh gestohlen. Wenn auch schon nach wenigen Jahren eine allgemeine Erholung und eine Belebung der Wirtschaft einsetzte, so mußten doch viele Städte jahrzehntelang ihre Schulden abtragen.

Die meisten Schäden und Verluste traten erst nach 1634 ein, als der Krieg »versumpfte« und ein allgemeines »Hauen und Stechen« einsetzte; vor allem die immer größer werdenden Söldnerhaufen waren bald kaum noch von ihren Anführern zu kontrollieren und zogen mordend und plündernd durch das Land. Zudem wechselten viele Söldner mehrmals die Kriegspartei und waren für Fürsten und Generäle ein ständiger Unsicherheitsfaktor. Angesichts dieser Erfahrungen bemühten sich die Herzöge nach 1648, die Truppen stärker an das Fürstenhaus oder das Land zu binden und die Männer einer wirksamen Kontrolle zu unterwerfen; zugleich sie damit dauerhaft, also auch im Frieden, als Soldaten anzustellen. Ausdrücklich hatte der Westfälische Frieden den Fürsten das Recht zugestanden, künftig eigenständige territoriale Landesarmeen aufzubauen. Doch zunächst untersagten die einflußreichen Landstände, die das Steuerbewilligungsrecht hatten, den Fürsten derartige Pläne; 1650 hatte der Landtag die Abdankung aller Soldaten verlangt und 1661 die Einrichtung einer eigenständigen fürstlichen Kriegskasse abgelehnt. Doch in einem jahrzehntelangen Prozeß konnte sich schließlich der Landesherr durchsetzen und die Stände von der Aufsicht über das Militärwesen zurückdrängen. Zwar blieben die Stände formal (Steuerbewilligung) und personell (eingesetzt in der Heeresverwaltung und bei der Steuererhebung) beteiligt, jedoch entschied der Herzog nun über Rekrutierung, Stärke, Organisation und Einsatz der Truppen.

Die Beziehung zwischen Landesherr und Soldaten wurde dadurch auf eine andere Basis gestellt. Aus der anfänglich rein privatrechtlichen, und, wie sich gezeigt hatte, unsicheren und lockeren Bindung von Söldner und Fürst wurde allmählich eine quasi halbstaatsrechtliche Verpflichtung, »Treue« und »Diensteid« der Soldaten als Untertanen standen der Fürsorgepflicht des Fürsten als Landesherrn gegenüber: Aus dem Söldner wurde der Soldat, aus dem Landsknechtshaufen das »stehengebliebene«, das stehende Heer.

Gegen Ende des 17. Jahrhunderts waren die Soldaten mit aufwendigen Uniformen und genormter Bewaffnung ausgestattet, nachdem zuvor die Männer nur regimentsweise einheitliche Kleidung getragen hatten; sinnbildlich wird dies bei der Bezeichnung der Einheiten, der Regimenter: wurden sie anfangs nach Farben unterschieden (»das blaue Regiment«), so ging man alsbald dazu über, die Regimenter nach dem Namen des kommandierenden Offiziers zu benennen, ehe Ende des 18. Jahrhunderts eine abstrakte Numerierung üblich wurde. Große Bedeutung gewannen die taktische Ausbildung und der Drill sowie überhaupt Disziplin. Dies hängt mit einem generellen Wandel der Kriegstaktik zusammen. Bereits im 16. Jahrhundert gab es erste Ansätze, die Männer in einer Linie antreten zu lassen und so die Feuerkraft zu bündeln. Dabei schoß jeweils die erste Reihe, bückte sich zum Laden, währenddessen die dahinter stehende zweite Reihe schoß usw. Diese Lineartaktik wurde von den Schweden im Dreißigjährigen Krieg auf breiter Grundlage eingeführt und rasch von anderen Staaten kopiert. Um nun eine möglichst dichte und hohe Schußfrequenz zu erhalten, mußte man die Bewegungen koordinieren und optimieren. Jede einzelne der sogenannten insgesamt etwa 200 »Actionen« wurde immer wieder eingeübt; dazu zählte bald auch der geschlossene Marsch im Gelände oder der Gleichschritt auf der Straße und die besondere Aufstellung in der Schlacht, bei der die Soldaten zu sogenannten Pelotons gruppiert wurden.

Die Truppenstärke der späteren kurhannoverschen Armee stieg seit 1665 kontinuierlich an, unterlag jedoch großen Schwankungen. So zählte sie 1667 über 6.000 und 1673 sogar etwa 15.000 Soldaten, 1679 aber nur noch 3.500 Mann. 1684 lag sie dann wieder bei 15.000 Soldaten und fiel 1697 erneut auf

7.000 ab. Die Truppen des kleineren Herzogtums Braunschweig-Wolfenbüttel umfaßten, ebenfalls stark schwankend, mehrere tausend Soldaten, allein 1688 bestand die Armee aus 4.500 Mann. Diese stark wechselnden Gesamtstärken haben ihre Ursache zum einen in der außenpolitischen Situation und dem damit verbundenen Kriegsgeschehen in der zweiten Hälfte des 17. Jahrhunderts, zum anderen in der prekären Finanzlage des Landes.

Waren schon die (viel kleineren) Söldnerhaufen vor 1618 oft kaum zu bezahlen gewesen, so stiegen nun die Unterhaltskosten für das stehende Heer (allein für Sold, Uniform, Verpflegung und Unterbringung) in astronomische Höhen. Im Jahre 1665 mußten die Stände Herzog Johann Friedrich einen monatlichen Etat von 24.000 Reichstalern bewilligen, der sukzessive erhöht wurde; ein Jahr darauf hatte das Land bereits 28.200 Reichstaler im Monat aufzubringen. Da die von den Landständen erhobene Grundsteuer, die bereits im Dreißigjährigen Krieg eingeführte Kontribution, jedoch bereits in den ersten Jahren kaum ausreichte, den Finanzbedarf des rapide wachsenden Heeres zu decken, wurden weitere Steuern erhoben. Dazu zählte das sogenannte Magazin- oder Proviantkorn, das entweder als Naturalabgabe oder auch in bar eingetrieben wurde. Darüber hinaus wurde die Bevölkerung mit der Einquartierung und Verpflegung der Soldaten belastet; die Landbevölkerung mußte zusätzlich die Fütterung der Kavalleriepferde übernehmen. Mit Sondersteuern, den sogenannten Kopfsteuern, versuchte der Herzog außerdem, in den Jahren 1675 und 1678 weitere Einnahmen zu erzielen, was aber jeweils nur zu kurzfristigen Erleichterungen führte. Mit einer Änderung des Steuerwesens versuchte Herzog Ernst August deshalb, dauerhafte Einnahmen auf hohem Niveau zu erzielen, um damit das Heer ununterbrochen unterhalten zu können. Im Jahre 1686 ersetzte eine neue Steuer, der Lizent, die unpraktikable und unzureichende Kontribution. Der Lizent wurde an den Stadttoren oder auf dem Markt anteilig auf bestimmte Waren und Güter erhoben und hatte in etwa die Funktion einer Umsatz- oder Mehrwertsteuer. Doch zunächst erfüllten sich die hochgesteckten Erwartungen in den ersten Jahren der Anlaufphase noch nicht, so daß die Einnahmen durch Erhebung eines »Rauchschatzes« und – wie bereits unter Johann Friedrich praktiziert – durch Kopfsteuererhebungen ergänzt wurden.

Da der militärbedingte Geldbedarf im ausgehenden 17. Jahrhundert trotz aller neuen Steuern nicht gedeckt werden konnte, suchten die Fürsten nach weiteren Finanzierungsmöglichkeiten. Eine davon war die Unterbringung der Truppen in Städten und Dörfern benachbarter »nichtarmierter« Territorien, die keine eigene Armee unterhielten und für die Unterhaltung der »fremden« Soldaten aufkommen mußten. Als eine Art »Lastenausgleich zwischen armierten und nichtarmierten Ständen« war dieses Verfahren vom Kaiser ausdrücklich gebilligt worden. Im Winter 1677/78 hatte Johann Friedrich Truppen in das Fürstbistum Hildesheim, in die Grafschaften Bentheim, Pyrmont, Waldeck und Lippe sowie in das Fürstentum Nassau verlegt. Zwei Jahre lang wurden hannoversche Regimenter zum »Schutz« in Ostfriesland stationiert. Eine zweite Möglichkeit, den Kriegsetat zusätzlich zu finanzieren, war die Verleihung von Truppen an kriegführende Mächte. Außer einer »Leihgebühr« übernahm der Vertragspartner alle laufenden Kosten des ihm überlassenen Truppenverbandes. Zwischen 1685 und 1689 ›vermietete‹ der Herzog etwa 5.500 Soldaten an die Republik Venedig, die die Männer in Griechenland kämpfen ließ. Zur Erlangung der Kurwürde verlieh Ernst August weitere Truppenverbände, die vom Kaiser im Türkenkrieg eingesetzt wurden. Auf diese Weise konnte Ernst August nicht nur den Unterhalt der Armee sichern, sondern erzielte noch einen diplomatischen Erfolg. Schließlich blieb die eigene Bevölkerung in dieser Zeit von Einquartierungen weitgehend verschont: Von 15.120 Soldaten, die die Armee 1692 insgesamt zählte, kämpften 5.000 Männer in Ungarn und 7.500 in Flandern, während im eigenen Land lediglich 2.620 Soldaten (17 %) stationiert waren. Wichtige Einnahmequelle waren in Krisen- oder Kriegszeiten auch die sogenannten Subsidienzahlungen, insbesondere die französischen Gelder gewannen große Bedeutung; insgesamt zahlte der französische König zwischen 1672 und 1679 etwa zwei Millionen Taler. Als Gegenleistung brauchte der Herzog lediglich eine vereinbarte Anzahl Soldaten einsatzbereit zu halten und sich neutral zu erklären. Ernst August erhielt allein von Holland und Spanien 1,1 Millionen Reichstaler, so daß er zusammen mit anderen Zahlungen zwischen 1688 und 1697 über durchschnittliche jährliche Einnahmen von 500.000 Talern verfügte.

Diese enormen außerordentlichen Zahlungen erklären denn auch die erheblichen Schwankungen in der Armeestärke. Herrschte Krieg, fanden sich auf diplomatischem Wege Geldgeber, die eine Vergrößerung des Truppenkontingentes des Vertragspartners finanzierten, so daß Soldaten als politisches Druckmittel eingesetzt oder als Auxiliartruppen gebraucht werden konnten; herrschte Friede, mußte aus Geldmangel drastisch abgerüstet werden. Diese Abhängigkeit von ausländischen Subsidienzahlungen offenbart, daß die dauerhafte Unterhaltung größerer Truppenverbände den Welfenherzögen mit Landesmitteln allein nicht möglich war. Obwohl Johann Friedrich und Ernst August neue Abgaben einführten und 1686 schließlich die Kontribution durch den Lizent ersetzten, flossen zumindest bis zur Jahrhundertwende nicht ausreichend Gelder in die Kriegskasse.

Wichtige Änderungen traten zu Beginn des 18. Jahrhunderts ein, als es einerseits 1705 zum Zusammenschluß der Landesteile Hannover und Lüneburg-Celle kam, und damit die vereinigte Gesamtarmee über 20.000 Soldaten umfaßte, und als andererseits 1714 Kurfürst Georg Ludwig englischer König wurde. Die dauerhafte Unterhaltung einer so großen Armee, die auch in Friedenszeiten nicht weniger als 15.000 Männer zählte, wurde jetzt durch allmählich reichlicher fließende Steuergelder, vor allem aber durch regelmäßige englische Subsidienzahlungen gewährleistet.

Jahr	Armee Soldaten	Kavallerie Reiter	Dragoner	Garde	Infanterie Infant.	Grenad.	Artillerie Artill.	Ing.
1714	17.380	2.345	2.490	188	12.180	–	177	–
1724	15.282	2.345	2.352	188	10.220	–	177	–
1731	19.936	2.261	2.536	188	14.700	–	234	17
1741	24.982	2.393	2.680	188	19.344	–	360	17
1744	25.564	2.728	2.680	188	19.344	180	427	17
1747	26.468	2.728	2.680	188	20.144	180	531	17
1748	26.471	2.336	2.332	188	15.925	180	397	17
1755	29.130	2.816	2.812	188	17.625	180	396	17

Stärke und Waffengattungen der kurhannoverschen Armee 1714-1755.

Hintergrund der massiven finanziellen Unterstützung waren die politischen Interessen der englischen Regierung, die den kurhannoverschen ›Kontinentalappendix‹ in ihr diplomatisches Kalkül zog. So war das Land an den großen Kriegen des 18. Jahrhunderts beteiligt, im österreichischen Erbfolgekrieg (1740-1748) kämpfte es an österreichischer Seite gegen Frankreich, im Siebenjährigen Krieg (1756-1763) an preußischer Seite gegen Österreich, Frankreich und Rußland.

Parallel zum zielgerichteten, wenn auch nicht linear erfolgenden Aufbau ständiger Truppenverbände in Kurhannover wurde die Kriegsadministration ausgebaut. Zunächst mit einer speziellen Kriegskasse, bald mit einer regulären Kriegskanzlei, die in den 1680er Jahren den Charakter einer »regelrechten Kabinettsbehörde« bekam, wurden die anfallenden Verwaltungsaufgaben bewältigt. Zu diesen Aufgaben zählten neben der korrekten Besoldung der Soldaten die Sicherstellung der Verpflegung der Männer, so daß ein System von Getreidemagazinen errichtet, der Aufbau eines Fuhrparks vorangetrieben und damit auch die Bereitstellung »von Flaschen und Fleischtöpfen« gesichert wurde. Im Zuge des Aufbaus einer Sozialversorgung wurden ehemaligen Soldaten und Invaliden Pensionen gewährt und abgedankten Offizieren »Gnadengelder« gezahlt. Weitere Aufgabenbereiche – die Kriegskanzlei wurde hier von Generalstab und Kriegskommissariat unterstützt – umfaßten die Aufsicht über den Bau- oder Ausbau von Festungswerken und anderen Militärbauten, die Beaufsichtigung, Leitung und Ausbildung der Soldaten, die geregelte Unterbringung der Männer in den – allerdings wenigen – Kasernen (»Baraquen«) oder – häufiger – in Bürgerquartieren, der Aufbau einer Militärjustiz und die Anschaffung von Uniformen und Ausrüstungsgegenständen.

Der Kriegsetat umfaßte in der ersten Hälfte des 18. Jahrhunderts jährlich weit über eine Million Taler und wurde – neben den erwähnten Subsidien – hauptsächlich aus Steuern gedeckt. Die Bewohner wurden mit diesen Abgaben hart belastet, sie mußten nicht nur den Lizent entrichten (der für den Sold der

Männer genutzt wurde), sondern trugen auch noch die Kosten für Unterbringung (den sogenannten Servis) und Verpflegung (das sogenannte Proviantkorn) der Soldaten und ihrer Familien sowie gegebenenfalls ihrer Pferde. Da jedoch die Soldaten ihren Sold im Land wieder ausgaben und zudem die Kriegskanzlei mit gezielten Aufträgen an Heereslieferanten sowie durch Gründung und massive Förderung von Tuch- und Rüstungsmanufakturen die einheimische Wirtschaft belebte, ließ sich dieser Eingriff verschmerzen. Allein für den Uniformenbedarf wurden alle zwei Jahre mehrere hunderttausend Taler benötigt. Unter Umständen konnte für einzelne Orte oder Städte sogar ein deutliches Plus verbucht werden. Mußte die Stadt Göttingen mit ihren Einwohnern 1755 etwa 20.000 Taler an Abgaben und Steuern für das Stehende Heer aufwenden, so flossen nahezu 30.000 Taler an Sold und Aufträgen in den städtischen Wirtschaftskreislauf zurück.

Der Militärdienst war im 18. Jahrhundert vor allem für jene jungen Männer eine attraktive Alternative, die arbeitslos oder unterbeschäftigt waren. Immerhin bekam man regelmäßig eine bunte Mischung aus barer Münze, freier Unterkunft und kostenloser Brotverpflegung; dazu kam die Gestellung einer durchaus kostbaren und aufwendigen »Arbeitskleidung«, die in ihrem Wert dem Halbjahreslohn eines Tagelöhners entsprach. Fügt man die freie Heilfürsorge und die Invalidenversicherung hinzu, so erhielt der Soldat umgerechnet etwa 40 bis 50 Taler im Jahr, was zwar nicht besonders viel war, aber doch das Auskommen für einen Ledigen weitgehend sicherte. Wollte also ein unterbezahlter und von seinem Herrn schlecht behandelter Ackerknecht den Beruf wechseln, konnte er einen meist im nächsten Gasthaus sitzenden Werbetrupp ansprechen. Diese Werber waren Soldaten, die von ihrem Kompaniechef eigens beauftragt worden waren, Rekruten zu suchen und anzuwerben. Unser Ackerknecht ließ sich zum Essen und Trinken einladen und erhielt schließlich das Anreiz- oder Handgeld, eine oft respektable Summe von mehreren Talern, oft mehr Geld, als der junge Mann zuvor jemals besessen hatte. Jetzt folgte der zukünftige Soldat den Werbern zum Kompaniestandort, wo er eingekleidet und ausgebildet wurde.

Da es kein Wehrpflichtsystem gab, war man zur Ergänzung der Reihen gänzlich auf Freiwillige wie den zitierten Ackerknecht angewiesen. Die Werbung von Soldaten entwickelte sich deshalb zu einem grenzüberschreitenden Gewerbe, an regelrechten Werbebörsen wurden für die Vermittlung bestimmter, wegen ihrer Körpergröße gesuchter Männer hohe Preise geboten. So gab es nicht nur Soldaten als Werber, sondern auch Agenten und verdeckt operierende Gruppen, die mit einem dichten Netz von Kontaktleuten (vor allem Wirtsleute und Fuhrunternehmer) das ganze Land umspannten. Nicht immer verlief die Anwerbung von Soldaten so komplikationslos wie bei unserem Ackerknecht. Vor allem in Kriegs- und Krisenzeiten, wenn wegen der Gefallenen oder überhaupt wegen Verstärkung der Einheiten der Bedarf an Soldaten höher als sonst war, zugleich Freiwillige aus begreiflichen Gründen seltener waren, kam es immer wieder zur Anwendung von Betrug und Gewalt, wurden junge Männer, wenn sie allein auf der Straße waren oder leichtsinnigerweise im Wirtshaus mit Soldaten tranken, gewaltsam in die Garnison geschleppt. Waren sie erst einmal in der Gewalt der Militärs, wurden sie bedroht und drangsaliert, man flößte ihnen Branntwein und Bier ein, so daß sie völlig hilflos und betrunken den Dienstvertrag schließlich unterschrieben. Die Dienstdauer war zwar in der Regel zeitlich beschränkt, konnte aber doch mehrere Jahre (meist vier bis sechs) betragen. Es lag nicht nur an den harten Dienstbedingungen, sondern vor allem an den zweifelhaften Rekrutierungsmethoden, daß viele Männer ihr Heil in der Flucht suchten und desertierten. Die Desertion war ein allseits bekanntes Phänomen, jährlich entfernten sich etwa 1 bis 2 % (in Kurhannover etwa 150 bis 200 Männer) unerlaubt von der Truppe. Die Deserteure riskierten viel, immerhin drohte ihnen die Todesstrafe, die allerdings nur selten wirklich verhängt wurde. Generalität und Kriegskanzlei setzten alle Hebel in Bewegung, um der Flüchtlinge wieder habhaft zu werden. Sie informierten steckbrieflich nicht nur die Strafverfolgungsbehörden, sondern auch Wirtsleute, Fuhrleute, Kutscher und Torwachen. Denunzianten wurde eine Belohnung gezahlt, Leuten, die dem Deserteur halfen, drohten empfindliche Strafen; war der Helfer kräftig und jung, konnte es auch passieren, daß er kurzerhand als Ersatzmann für den fahnenflüchtigen Soldaten genommen wurde.

Der Tagesablauf der Soldaten war im Frieden vor allem vom Wachdienst gekennzeichnet. Insbesondere in den Festungen und befestigten Städten des Landes, etwa in Hameln, Hannover, Ratzeburg, Münden oder Göttingen nahm der 24stündige Wach- und Kontrolldienst ein Drittel der täglichen Arbeitszeit ein. Die Soldaten sicherten die Magazine und Zeughäuser, bewachten die einzelnen Festungsbauten und kontrollierten den Personen- und Güterverkehr an den Stadttoren. In der übrigen Zeit wurden die Männer ausgebildet, die Handhabung des Gewehrs eingeübt und mindestens einmal im Jahr ein Manöver abgehalten. Doch trotz des vollen Dienstplanes blieb den Soldaten genügend Zeit, um ihre Freizeit vor allem mit Kegeln, Würfelspiel und geselligem Beisammensein im Wirtshaus zu verbringen, oder aber sich neben dem Sold etwas dazuzuverdienen. In diesem Fall arbeiteten sie in ihrem zuvor erlernten Beruf, etwa als Tuchmacher, Schuster und Tischler, oder sie verdingten sich als Tagelöhner oder Handlanger. Die einheimische Wirtschaft sah diese Konkurrenz nicht gern und protestierte gegen solche Schwarzarbeiter massiv bei Regierung und Regimentsführung – doch meist ohne Erfolg. Man wußte nur zu gut, daß die Soldaten, besonders wenn sie eine Familie zu versorgen hatten, auf eine Verbesserung ihres Einkommens angewiesen waren. Es durfte zwar nicht jeder heiraten, auch war der Bräutigam auf die Zustimmung seines Regimentschefs angewiesen, im Durchschnitt war aber immerhin ein Drittel der Männer verehelicht. Da es Kasernen in Niedersachsen nur in Ausnahmefällen gab (so etwa in Münden, Harburg, Ratzeburg, Nienburg und Hameln), wurden die Soldaten mit ihren Familien in die Häuser der Bürger und Bauern einquartiert.

Wachlokal des oldenburgischen Infanteriecorps (um 1780).
Ölgemälde eines unbekannten Künstlers.

Die Einquartierung war detailliert geregelt: Die Bürger mußten je nach Steuerveranlagung eine bestimmte Anzahl von Soldaten unterbringen, ihnen in der Regel eine unbeheizte Kammer mit einem Bett und für die Wäsche zusätzlich einen Spind zur Verfügung stellen und ihnen die Nutzung der Küche mit ihren Geräten und – besonders in der kalten Jahreszeit – den Aufenthalt in der beheizbaren Stube des Wirtes gestatten. Hinzu kam die Stellung von Konservierungsmitteln (Salz und Essig), mit denen die gekauften Lebensmittel (vor allem Fleisch) haltbar gemacht wurden, sowie einer Lichtquelle (Kerze oder Lampe). Dieses enge Zusammenleben von Quartierwirt und Soldat, diese massive Beschränkung der Privatsphähre erscheint uns heute unvorstellbar, und in der Tat waren Streitereien und gegenseitige Beschimpfungen keine Seltenheit; gelegentlich gab es Verletzte oder sogar Tote. Doch insgesamt funktionierte das Einquartierungssystem erstaunlich gut, kamen beide Parteien meist gut miteinander aus und es entwickelten sich sogar Freundschaften. Die Heirat einer Bürgertochter mit dem untergebrachten Soldaten oder die wechselseitige Übernahme von Taufpatenschaften gehörten durchaus zur Tagesordnung. Daneben existierte – neben der gewiß auch vorhandenen gegenseitigen Abneigung – eine Kameraderie von Bürgern und Soldaten, die den gemeinsamen

Steuerbetrug (etwa bei der Warenkontrolle an den Stadttoren) ebenso beinhaltete wie Verstöße gegen die Zunftordnung (etwa bei der Beschäftigung schwarzarbeitender Soldaten).

Die militärische Gesellschaft war vor allem nach der innermilitärischen Disziplinierungsphase und der »Verstaatlichung« am Ende des 17. Jahrhunderts sozial strikt hierarchisch gegliedert. Es gab drei Ranggruppen mit jeweils genau definierten Dienstgraden. Die unterste Gruppe bestand aus den einfachen Soldaten (90 % einer durchschnittlichen Kompanie), die mittlere aus Unteroffizieren (7 %) und die obere aus Offizieren (3 %). Nur wenigen einfachen Soldaten war ein Aufstieg in die Gruppe der Unteroffiziere vergönnt, was auch daran lag, daß die Beförderung mit einer Reihe von Gebühren und Folgekosten verbunden war, die nur wohlhabenderen Männern den beruflichen Aufstieg möglich machten. Erst allmählich setzte sich hier das Leistungsprinzip durch, wurde stärker nach militärischer Eignung eine Rangerhöhung vorgenommen. Eine eigene Welt bildeten die Offiziere, deren untere Ränge vornehmlich und deren obere Dienstgrade ausschließlich von Adligen besetzt waren.

Kurhannovers Militärbevölkerung umfaßte 1755 inklusive der Familienangehörigen und des Verwaltungspersonals etwa 65.000 Menschen, was annähernd 8 % der Gesamtbevölkerung entspricht; ein enorm hoher Anteil, wenn man bedenkt, daß in der heutigen Bundesrepublik nur etwa 0,5 % zum Militär zählen. Eine solche auf den ersten Blick unausweichlich scheinende »Militarisierung« der frühneuzeitlichen Gesellschaft hatte aber ihre engen Grenzen, da die Soldaten gerade auch durch die Einquartierung immer wieder mit »zivilen« Lebenswelten und Anschauungen in Berührung kamen. Erst im 19. Jahrhundert, als die Männer in abgeschiedenen Kasernen und auf eigens eingerichteten Übungsplätzen viel intensiver kontrolliert werden konnten, begann – parallel zur stufenweisen Einführung der allgemeinen Wehrpflicht und einer neuen Militärtaktik – eine speziell für die deutsche Gesellschaft unheilvolle, weil viel durchdringendere und nachhaltigere Militarisierungsphase.

Kirche und Volksfrömmigkeit im späten Mittelalter

Ernst Schubert

Das »blinde, das undeutliche Wort Kirche« hatte im späten Mittelalter für die Zeitgenossen einen klaren Namen: Es waren die Bistümer, jedermann vor Augen in der weltlichen Gestalt des Hochstifts, geleitet von einem Bischof, der zugleich Fürst war; kontrolliert von Domherren, die – fast allesamt Adelssöhne (nur wenige Patrizierkinder unter ihnen) – von ihren Vätern mit einkommensreichen Pfründen versorgt worden waren. »Kirche«, das waren für die Zeitgenossen weiterhin Mönchs- und Nonnenklöster, für den höheren Adel auch noch die Kanonissen- und Kanonikerstifte, Aufnahmestätten für nachgeborene Töchter und Söhne, die nicht etwa fromme Kinder nach deren freiwilligem

Entschluß aufnahmen, sondern in denen ein junger Mensch unterkam – anders ist es nicht zu nennen –, nachdem seine Eltern dem entsprechenden Stift, dem entsprechenden Kloster das Erbteil ihres Kindes übertragen hatten. Einkauf in Pfründen also, Pfründenwirtschaft. Die Vornehmheit eines Stiftes, eines Klosters drückte sich auch in den Einkaufssummen aus. Selbst in bürgerlichen Kreisen wurde die Geltung der Familie durch das Gepränge unterstrichen, mit dem die sogenannte »Klosterfahrt« einer Tochter, der Weg vom Elternhaus ins Kloster, gefeiert wurde. Die Stadträte suchten, genau wie bei den Luxus-, bei den Hochzeits-, bei den Kleiderordnungen diese Aufwendungen zu beschränken.

Kirche als Institution repräsentierten nicht zuletzt die Pfarrer: je nach Größe der Pfarrei mächtige, einflußreiche Männer oder aber in vielen Dörfern abhängig vom Wohlwollen der Bauern. Und dabei zeigt sich Erstaunliches: Selbst in alten Dörfern inmitten fruchtbarster Bördelandschaft kann der Pfarrer ein armer Schlucker, ein *mercenarius*, ein »Heuerpfaffe« sein, während er in kargen Landstrichen sein Auskommen hat. Kirche im Dorf: Wo ein reiches Kloster, ein angesehenes Stift die Patronatsrechte innehatte – und das waren oft die alten Dörfer in fruchtbaren Gebieten –, kam es zur sogenannten Inkorporation, der Einverleibung des Pfarreivermögens in das Klostervermögen. Das Kloster oder Stift dingte dann für mäßiges Geld einen »Heuerpfaffen« für die Seelsorge.

Daß ein solcher Besitz von Pfarreien sogar zu Tauschhandel zwischen geistlichen Institutionen führen konnte, zeigt etwa eine Urkunde von 1296, in der dem Kloster Marienrode das Patronatsrecht über die Kirche in Kirchrode überlassen wird, weil das Kloster dem Bischof von Hildesheim das Patronatsrecht über die Kirche zu Groß Freden übergeben habe und vor allem, weil das Kloster auf Bitten des Hildesheimer Bischofs die Kirche zu Betheln dem Kloster Escherde übereignet habe.

Pfarrer sind einflußreiche Respektspersonen vor allem in den größeren Städten. In der Stadt sind die Pfarrer *rectores*, Vorsteher eines mittelständischen Betriebes, in dem Vikare, Kapläne, Altaristen und Scholaren ihren Dienst versahen. Ob Pfarrer in einer großen städtischen Pfarrkirche, ob kleiner Dorfpfarrer: Ein mit sicheren Einnahmen – Ausnahme in der damaligen Welt stark schwankender Einkommen und Löhne – bepfründeter Geistlicher verdankte seine Stellung Patronage, Verwandtschaft, Klientelverhältnissen. Es war die Welt, es waren die Laien, die im späten Mittelalter in habgierigem Zugriff auf die kirchlichen Pfründen die soziale Existenz nachgeborener Kinder sicherten. Wir wählen dafür den Begriff – das vertraute »ä« durch ein »e« ersetzend – »Überweltigung«. Die Gefährdung, gar der Verfall tradierter kirchlicher Lebensformen, vom reichen Domstift bis ins kleine Kloster alle kirchlichen Institutionen heimsuchend, beruhte gar nicht auf inhaltlichen Entwicklungen, sondern auf Interessen von Laien, von einflußreichen Familien, die – ob hochadeliges Geschlecht bei der Besetzung von Domherrenpfründen, ob bürgerliche Patrizierfamilie bei dem Einkauf von Töchtern in ein angesehenes Kloster – ihren Kindern auskömmliche Pfründen verschaffen wollten. Der Reichtum der Kirche lockte die Welt, lockte die Einflußreichen und führte nicht zur Überwältigung im Sinne einer Unterwerfung, aber in der Summe von Einzelschicksalen zu einer Überweltigung der Kirche durch soziale Interessen.

1424 schrieb der Hildesheimer Rat an den Papst, daß die Hildesheimer Kirche kaum noch den Namen eines Bistums verdiene; so sehr sei sie heruntergekommen. Die Absicht des Schreibens ist durchsichtig, der Hildesheimer Rat warb für einen neugewählten Bischof, warb für die Bestätigung Bischof Magnus' von Sachsen-Lauenburg; so durchsichtig das Motiv der Mitteilung, so treffend war aber letztlich die Beschreibung – und das galt damals für alle Bistümer in Niedersachsen. In Bremen kämpfte der junge Grafensohn Nikolaus von Delmenhorst, der für seine Wahl der Bremer Kirche die väterliche Grafschaft versprochen hatte, um sein Amt; ergebnislos: Zehn Jahre nach seiner Wahl, 1434, wird er – der einzige Fall in der niedersächsischen Kirchengeschichte des Mittelalters – von seinen Domherren abgesetzt. In Osnabrück erweist sich um das Jahr 1424, daß das Bistum zu einem Zankapfel zwischen den beiden mächtigen Geschlechtern von Hoya und von Diepholz werden wird: Hintergrund einer tumultarischen Wahl im folgenden Jahr. Verden schließlich, das ärmste unter allen damaligen deutschen Bistümern, war im 15. Jahrhundert bedeutungslos geworden.

Überschuldet waren alle niedersächsischen Bistümer. Das war nicht nur ein finanzielles Problem; denn wo die Schulden schwer auf einer Kirche lasteten, waren Auflösung aller weltlichen und kirchlichen Bindungen unvermeidlich. Viel zu einfach ist es, diesen Niedergang der Kirche – was war nur aus dem Hochstift geworden, um dessen Erhalt sich Heilige wie Bernward oder Godehard bemüht hatten – mit den Stichworten »Verfall« oder »Verweltlichung« oberflächlich zu beschreiben. Die Strukturprobleme der Kirche, von der Pfarrei angefangen, beim Bischofsamt endend, waren, wie wir mit dem Stichwort Überweltigung anzudeuten versuchten, von den sozialen Voraussetzungen her vorbestimmt. Dennoch gab es Gründe, die in der Kirche selbst beschlossen lagen. Die ererbten Schulden des 15. Jahrhunderts beruhten zu einem großen Teil auf einer verhängnisvollen, einer allein fiskalisch orientierten Politik des Papsttums in seiner avignonesischen Zeit. Von allen niedersächsischen Domkapiteln erfuhr als erstes das Bremer Kapitel im Jahre 1307, daß das eben erst nach Avignon übergesiedelte Papsttum nicht mehr daran dachte, die Wahlrechte eines Domkapitels zu respektieren. An der Kurie sollte die Entscheidung über einen künftigen Oberhirten fallen. Es waren Karrieristen, die im Behördendschungel ihre Ernennung zum Bischof zu erreichen vermochten; einflußreiche, in päpstlicher Gunst sich sonnende Männer wie der Göttinger Bürgersohn Johann Hake, der Leibarzt des Papstes, der sich zum Bischof von Verden erheben ließ. Es waren teilweise hochgelehrte Bischöfe, angesehen in universitären Kreisen Europas, die als Experten nicht etwa in der Theologie, sondern im kirchlichen Recht zu Bischöfen erhoben wurden. Zum Beispiel ein Johann Hoet in Osnabrück, ein Johann Schadeland in Hildesheim oder – schon am Ausklang der avignonesichen Epoche des Papsttums – der hoch angesehene Vordenker des konziliaren Gedankens, Konrad von Soltau.

Aber was besagte angesichts der Gefahren, in denen ein Hochstift, die weltliche Gestalt des Bistums, in Rivalität mit fürstlichen und gräflichen Nachbarn schwebte, Gelehrsamkeit? Wie alle Gelehrten war der fromme Bischof Johann Hoet selbst als Lüneburger Patriziersohn in Osnabrück ein Landfremder, nicht vertraut mit den Gegebenheiten, mit den Gefährdungen eines westfälischen Bistums. Als der gerade erst vom Papst ernannte neue Bischof von Hildesheim, Johann Schadeland, der aus dem fernen Kulm an die Innerste versetzt worden war, die Domherren nach der Bibliothek des Bistums fragte, erhielt er eine ziemlich patzige Antwort: Die Domherren zeigten ihm die bischöfliche Waffenkammer mit den Worten »das sind die Bücher deiner Vorfahren«. Verweltlichung der Kirche, Verfall, wie man immer leichtfertig aus dieser Anekdote, die in der Hildesheimer Domchronik sehr gut beglaubigt ist, gefolgert hat? Nein – die Hildesheimer Domherren hatten recht: Nicht Gelehrsamkeit half gegen die welfischen Rivalen, nur die Waffen waren es, die, mochte man auch auf die Patronin des Bistums, auf Maria, vertrauen, welfischen Übergriffen zu wehren vermochten.

Die päpstlichen Besetzungen niedersächsischer Bistümer hatten zu Doppelwahlen, zu großen Wirren, zu Kriegen und damit unvermeidlich zur Zerrüttung der Finanzen geführt. Kein niedersächsisches Bistum hat sich davon jemals wieder erholen können. Im Gegensatz zu den ebenso zerrütteten rheinischen und süddeutschen Bistümern fehlte in Niedersachsen die große reformierende Bischofsgestalt, die in zäher Arbeit die Finanzen wieder in Ordnung bringen konnte. Der Einzige, der diesem Typ des Retters eines Hochstifts nahe kam, der hochgelehrte, aber mit den politischen Kräften seiner Zeit erstaunlicherweise auf bestem Fuß stehende Bremer Erzbischof Balduin von Wenden (1434-1442), regierte zu kurz, als daß ihm die energisch in Angriff genommene Sanierung des Stifts hätte gelingen können.

Die großen Reformkonzile zu Konstanz (1415-1419) und Basel (1431-1447) mochten die europäische Christenheit erregen, nicht aber die niedersächsische höhere Geistlichkeit. Trotz mancher Mahnungen kam keiner der niedersächsischen Bischöfe zu einem der genannten Konzile; hingegen fanden sich welfische Herzöge auf den Konzilien ebenso ein wie Lüneburger Ratsherren. Und das weist bereits darauf hin, daß der einzige große Reformanstoß, der von Niedersachsen für die Kirche ausging, nur durch weltliche Unterstützung gelingen konnte: die Bursfelder Reform, die in den Jahren des niedergehenden Baseler Konzils ihren Anfang nahm und die Reform der Benediktinerklöster zum Ziel hatte. Wiederherstellung monastischer Disziplin, Rückbesinnung auf die Werte mönchischer Lebensform – das waren die Grundgedanken des Johannes Dederoth, die, von Bursfelde und den bald gelungenen Reformversuchen in

Clus (bei Gandersheim) und Northeim ausgehend, innerhalb einer Generation nach ganz Deutschland ausstrahlten. Diese Reform, diese Rückbesinnung auf alte verpflichtende Normen, gelang deswegen, weil mit der Wiederherstellung mönchischer Zucht auch eine Wiederherstellung der klösterlichen Ökonomie Hand in Hand ging. Reformierte Klöster waren alsbald wieder wirtschaftlich gesicherte Klöster. Die Laien brachten Mönchen, die ihrer Regel gemäß fleißig beteten, nicht nur erneut Vertrauen entgegen, sie stifteten auch erneut weltliches Gut.

Selbst die Bursfelder Reform war letztlich die Reform der mit der Oberschicht sozial aufs engste verflochtenen Kirche. Ihre Ergebnisse betrafen nicht den – wie man im Spätmittelalter sagte – gemeinen Mann. Die Institution Kirche sagte diesem nicht viel. Und was sollten ihm auch die reich bepfründeten Domherren bedeuten, die meist nur die niederen Weihen besaßen und zur Seelsorge weder befugt noch befähigt waren, was die Pfarrer, die ihren Beziehungen zum Adel, zu weltlichen Fürsten, bisweilen selbst zu Klöstern die Einsetzung in eine Pfarrei verdankten? Die Seelsorge lag im Argen. Der große Kardinal Nikolaus von Kues wußte, wie es mit den Glaubenskenntnissen des Volkes bestellt war, wenn er 1451 auf seiner norddeutschen Legationsreise im Hildesheimer Dom große Schrifttafeln aufhängen ließ mit dem Vater Unser, dem Credo und dem Ave Maria. So erhoffte er sich eine Unterrichtung in den Grundlagen des Glaubens, wofür die vielen Kleriker in Hildesheim, fast 10 % der Gesamtbevölkerung, sich nicht zuständig fühlten.

Bei aller Distanz zur Institution Kirche war der gemeine Mann jedoch überzeugt, daß sie einen unerschöpflichen Gnadenschatz besaß. Um Teilhabe an diesem von der Kirche verwalteten Vermächtnis des Leidens Christi bemühte er sich. Sakrament und Messe waren ihm wichtiger als die seltenen Predigten. Auf Wallfahrten als frommer Übung versicherte sich der Mensch einer Bußleistung, die ihm im Jenseits zugute kommen sollte. In den größeren Städten des deutschen Nordens entstanden »Gasthäuser«, Herbergen für die durchziehenden Pilger, vor allem für die Pilger nach Aachen, die »Aachenfahrer«. Solche Fernwallfahrten gehörten zu den herausragenden Ereignissen im Leben eines Menschen, aber im Alltag waren die Wallfahrten zu nahen Zielen in der Umgebung viel wichtiger. Ob zum Heiligen Blut nach Rulle (bei Osnabrück), ob nach Nikolausberg (bei Göttingen): Auf solchen Wallfahrten vereinten sich Hoch und Niedrig.

Eine Wallfahrt war in jedem Fall eine individuelle Leistung, war individuelle Auswahl auch der Kirche, in der man Gnade zu erlangen suchte. In Stadt und Dorf unterlag der gemeine Mann dem Pfarrzwang, nur bei einer bestimmten Pfarrei durfte er die Sakramente empfangen, galt als »Untertan« des Pfarrers. Die Wallfahrtskirche jedoch suchte er sich selbst aus. Hier durfte er wählen.

Von zentraler Bedeutung zur Glaubensversicherung wurden für den gemeinen Mann im späten Mittelalter die Prozessionen. Ein häufig übersehener Grund für das Entstehen des Stadt-Land-Gegensatzes. Anders als auf dem

Frömmigkeit am Vorabend der Reformation.
Die Heilige Anna Selbdritt (um 1520). Aus dem Dominikanerkloster stammendes Kanzeldetail aus St. Aegidien in Braunschweig.

Land hatte nicht die Kirche, sondern der Rat in der Stadt für die Ordnung der Prozession zu sorgen. Das Entscheidende aber, Stadt und Land verbindend, war: Das Allerheiligste, das Sakrament und kostbare Reliquien verließen den Altarraum und wurden in die Öffentlichkeit, wurden durch die Stadt, wurden über die Fluren getragen. Es ging nicht mehr allein um die Institution Kirche, um ihre Gebäude, um ihre Rechtsverhältnisse; es ging um das, was sie als Kostbarstes bewahrte – und was aus dem eigenen Rechtsraum Kirche hinaus in die Welt getragen und dort empfangen wurde. Prozessionen waren weit mehr als Frömmigkeitsübungen.

Für viele Menschen wurden religiöse Bruderschaften zu einem wichtigen Teil ihres sozialen Lebens. Es waren Genossenschaften, zumeist, aber nicht immer, von Angehörigen eines gleichen Berufszweiges gewählt, von den Zünften jedoch unterschieden. Bruderschaften konnten, vor allem bei den Gesellen, durchaus soziale Eigeninteressen verfolgen. Wichtig waren solche Genossenschaften für den Menschen, weil sie zugleich mit religiösen Geboten verbunden waren: Für den verstorbenen Mitbruder mußten Messen gelesen werden. Meßstiftungen, ja sogar Altarstiftungen leisteten sich Bruderschaften, um ihrer religiösen Aufgabe zu genügen. Schon die vielen Bruderschaften der Gesellen zeigen, daß dieser Gedanke nicht allein auf die oberen Gesellschaftsschichten beschränkt war. Selbst die Goslarer Eseltreiber gründeten eine solche Genossenschaft. Auch hier wieder Eigenständigkeit gegenüber dem Pfarrzwang.

Wallfahrten, Prozessionen, Bruderschaften – auf den ersten Blick scheint die niedersächsische Frömmigkeitslandschaft sich nicht von anderen deutschen Landen zu unterscheiden. Eine Besonderheit jedoch liegt in der geringen Aufgeschlossenheit für die Unterströmungen, welche die spätmittelalterliche Kirche teils beunruhigten, teils ansatzweise erneuerten. Die *devotio moderna*, jene um 1400 aufkommende einflußreiche Bewegung, die sich, von der Schlichtheit der Glaubenserfahrung ausgehend, in ihren Lebensformen von der reichen Amtskirche abgrenzte und das Armutsideal zur Richtschnur wählte, diese Bewegung, obwohl von den benachbarten Niederlanden ausgehend und hier ihr Zentrum besitzend, erreichte Niedersachsen nicht. Und wenn sich 1460 ausnahmsweise im Hildesheimer Lüchtenhof »Devoten« ansiedelten, dann waren sie bei der Stadtbevölkerung nicht etwa wegen ihrer frommen Lebensweise angesehen, sondern sie wurden angefeindet, weil sie von ihrer Hände Arbeit lebten und damit (zum Beispiel für die Flickschuster) eine Konkurrenz darstellten. Und als in den letzten Dezennien des 15. Jahrhunderts die Marienminne Menschen in ganz Deutschland, ja sogar den Kaiser, in Rosenkranzbruderschaften vereinigte, da blieb Niedersachsen ebenfalls weitgehend abseits. Das Festhalten am Alten, das sich nur überaus vorsichtig den Neuerungen öffnete, kennzeichnete die niedersächsische Frömmigkeitslandschaft; aber es gab eben hier auch keine Ketzer. Waldenser oder Begarden sucht man vergeblich, und 1504 sah niemand in unserem Raum die Kreuze am Himmel, die in jenem Jahr im deutschen Süden so viele Menschen in Aufregung, in Angst, in geheime Hoffnung versetzten.

Die Reformation und ihre Folgen

Ernst Schubert

Bezeichnend für die Verwurzelung in der Tradition, für das Festhalten am Alten in einem Raum, für den vereinzelt schon Anfang des 16. Jahrhunderts der Begriff »Niedersachsen« verwendet wurde, ist die späte Durchsetzung der Reformation; und bezeichnend für die Frömmigkeitslandschaft ist auch, daß die Durchsetzung der neuen Lehre auf ungewöhnlichem Wege erfolgt. Der konfessionelle Wandel vollzieht sich nahezu lautlos. Nur an wenigen Orten ist die Verkündigung von Luthers Botschaft mit leidenschaftlichen Auseinandersetzungen verbunden. Ansonsten: Keine weites Aufsehen erregenden Disputationen in aller Öffentlichkeit, keine Märtyrer der neuen Lehre, keine Verfolgungen der Vertreter der Alten Kirche, keine Gewalt. Und als sich die neue Lehre durchgesetzt hat, zeigt sich das alte Phänomen, die Resistenz gegenüber allen aufwühlenden Unterströmungen. Keine »Schwärmer«, mit denen in Wittenberg die Reformatoren ihre liebe Not hatten, keine Wiedertäufer. Im benachbarten Münster konnten die Täufer ihr Gottesreich errichten – in niedersächsischen Städten fehlten dafür alle Voraussetzungen.

Von allen Reformatoren hat niemand besser als Johannes Bugenhagen die umstürzenden Neuerungen abholde Frömmigkeit im alten Sachsenland einzuschätzen gewußt. Seine Braunschweiger Kirchenordnung von 1528 nimmt behutsam auf Hergebrachtes Rücksicht. Wenn Bugenhagen den Stadtheiligen, den heiligen Auctor, in seiner Braunschweiger Kirchenordnung schont, dann kommt er nicht dem gemeinen Mann, sondern dem Rat entgegen; dessen Heiliger war genaugenommmen der heilige Auctor, in der Gemeinde war dieser wenig populär. Damit offenbart Bugenhagen: Im Braunschweiger Rat gab es eine mächtige, eine einflußreiche Partei, die für die Reformation aufgeschlossen war – die Ausnahme unter den großen Städten Niedersachsens.

Die Geschichte der Reformation spiegelt verfassungsgeschichtliche Strukturen wieder. Die großen Städte, die im frühen 16. Jahrhundert noch ihre Freiheit behaupten können, führen eigenständig die Reformation durch; für die kleineren Städte und das Land ist die Haltung des Fürsten entscheidend. So wird seit 1527 Ernst der Bekenner im Lüneburgischen die neue Lehre einführen, die in Calenberg seit 1542 und im Herzogtum Wolfenbüttel erst seit 1563 durchgesetzt wird; aber in den großen Städten Lüneburg und Hannover ist die Verlaufsgeschichte der Reformation nicht vom Fürsten, sondern von der innerstädtischen Meinungsbildung abhängig. Und das gilt für die freien Städte Bremen und Braunschweig ebenso wie für Hildesheim oder Osnabrück.

In Lüneburg, Göttingen und Hannover stellt sich die Auseinandersetzung um die Einführung der Reformation zugleich als Auseinandersetzung zwischen Rat und Gemeinde dar. Wählen wir das Beispiel Hannovers. Hundert Jahre später werden zum feierlichen Gedächtnis die Ereignisse des Jahres 1533 wie folgt zusammengefaßt: »Den 15. August ist eine schwere Unruhe in der Stadt Hannover entstanden, daß die Bürger auf dem Marktplatze in großer Menge zusammen kamen und an den Rat gesonnen, die reine Religion nach Gottes Wort und der vor 3 Jahren übergebenen Augsburgischen Confession ihnen zu verstatten. Da dann der Raht nicht hat wollen einwilligen, hat auch den Landesfürsten Hertzogen Erich den Elteren um Schutz, Raht und Beystand angerufen, der auch persönlich herein aufs Rahthaus kommen, den Aufruhr zu stillen und ist dasmal die Berahtschlagung eifrig vorgenommen. Die Eltesten von der Gemeinde seind in der Kirchen S. Georgii zusammen getreten und hat der Aufstand in der Stadt ein weit gefährliches Aussehen gewonnen, daß der Landesfürste ... mit Zorn und Ungnade wieder aus der Stadt gezogen ... Und ist auch der Päbstische Raht sammt ihren Schreibern vom Regiment selbst abgetreten, aus der Stadt gewichen, daraus geblieben bis ins folgende 1534. Jahr.«

Diesen Bericht darf man nicht nur als Durchbruch der Reformation lesen; hinter den geschilderten Ereignissen verbirgt sich Erfahrung, verbirgt sich die Lehre, die man aus den spätmittelalterlichen Bürgerkämpfen gezogen hatte. Entscheidend wie bei den Bürgerkämpfen der Vergangenheit war für die Durchsetzung der Reformation in Hannover die Eidverbrüderung, die *coniuratio*; und es entspricht dem Stil früher Konfliktverläufe, wenn im Jahre 1534 Verhandlungen die Auseinandersetzungen unterbrechen. Immer wieder wird nach Verständigung gesucht. Bei aller Entschlossenheit soll doch Blutvergießen vermieden werden. Auch der Abzug der alten Ratsgeschlechter ist typisch für mittelalterliche Bürgerkämpfe. Ein solcher Abzug ist keine Flucht, sondern Strafe. Mit dem alten Rat gehen auch Kenntnisse, wie eine Stadt zu regieren ist, gehen Erfahrungen, wie das Zusammenleben in einer Stadt zu sichern ist, verloren.

Erweisen die Ereignisse in Hannover die Reformation als eine Volksbewegung? Unverkennbar ist in den größeren Städten die Teilhabe des gemeinen Mannes an den Ereignissen. Arme Leute ergreifen entschlossen Partei, personifiziert in jener verkrüppelten Frau, die in Lüneburg nur als die »Kruckentregersche«, die Kupplerin, bekannt ist. Geistesgegenwärtig verschließt sie die Kirchentür von St. Johannis, als in der Kirche die Gemeinde gegen einen altkirchlichen Gottesdienst protestiert; sie erreicht, daß der Konflikt in der Kirche zum Austrag kommt, daß er sich nicht »verlaufen« kann, wie die Altkirchlichen erhoffen, als die Gemeinde protestierend die neuen Kirchenlieder Luthers singt. Weiterhin ist in den großen Städten auffallend, welche bedeutende Rolle die Gesellen spielen, weitgewanderte Leute. Denn die Reformation war in Niedersachsen ein Import. Hier gab es ja keine Druckereien, die Flugschriften und vor allem die neuen Bekenntnisschriften herstellen konnten. Ebenso wie die reformatorischen Ideen mußten auch die sie begleitenden Druck- und Flugschriften nach Niedersachsen importiert werden.

Markanter als in anderen deutschen Landen zeigt sich in den niedersächsischen Städten, welche Bedeutung Luthers Lieder für die Durchsetzung seiner Lehre hatten. Mit diesen Liedern störten in Göttingen die Wollwebergesellen 1529 die vom Rat veranlaßte Prozession, provozierten damit den Auflauf, der zur erregten Auseinandersetzung über die Berechtigung der neuen Lehre führte. Den Versuch, die Macht der Alten Kirche durch einen herkömmlichen Gottesdienst noch einmal zu demonstrieren, unterband die Braunschweiger Gemeinde, indem sie sang: »Oh Gott im Himmel, sieh darein und laß Dich des erbarmen«. Die Gemeinde hatte kein Gesangbuch, die neuen Lieder lebten in ihr; allen waren sie bekannt.

Nicht etwa Luthers große Bekenntnisschriften, sondern seine Lieder öffneten der neuen Lehre den Weg nach Niedersachsen. Das Singen lutherischer Lieder war im Grunde eine Fortsetzung dessen, was die Laien mit Wallfahrten und Prozessionen in früherer Zeit gewollt hatten: aktive Teilhabe am Gottesdienst. An den Sinn nur von Klerikern verantworteter Zeremonien wurde jetzt nicht mehr geglaubt. Als die altkirchliche Partei im Braunschweiger Rat versuchte, durch einen gelehrten Magdeburger Kleriker die Meinungsbildung in der Stadt zu beeinflussen, wurde dieser höhnisch verspottet. Sein Versuch, mit Weihwasser die Sakralität des Kirchenraumes hervorzuheben, brachte ihm den Spitznamen »Doktor Sprengel« ein.

Nach Hildesheim zogen 1534 die hannoverschen Ratsherren. Die Stadt galt als Hort der Alten Kirche. Weder nach Braunschweig, noch nach Goslar oder Lüneburg, wohin Verschwägerungs- und traditionelle Handelsbeziehungen wiesen, hätten sich damals noch die hannoverschen Ratsherren wenden können. In Hildesheim herrschte – so muß man es nennen – der Bürgermeister Hans Wildefeuer, ein später und (sieht man von Bürgermeister Buck in Stade um 1400 ab) auch der einzige niedersächsische Vertreter jenes Typs des »Stadttyrannen«, der einen Stadtrat in der Hand hatte. 1547, unmittelbar nach dem Tod des mächtigen Mannes, der bis zuletzt der Alten Kirche angehangen hatte, wurde Hildesheim protestantisch – der in Deutschland nicht seltene Fall einer Bischofsstadt, die inmitten altkirchlicher Hochstiftstrukturen der neuen Lehre anhing. Nicht anders war es in Osnabrück und in Bremen.

Unter der Hand mußte sich während der Herrschaft des Hans Wildefeuer in Hildesheim die protestantische Lehre ausgebreitet haben. Das gleiche Phänomen ist für die braunschweigisch-wolfenbüttelschen Lande unter Heinrich dem Jüngeren festzustellen. Dieser Fürst, der auch aus politischen Rücksichten auf den Kaiser der alten Lehre entschlossen anhing, der von Luther in dessen weit verbreiteter Schrift »Wider Hans-Wurst« geschmäht wurde, starb in der Illusion, seinem Lande den alten Glauben erhalten zu haben. Sein bedeutender Nachfolger jedoch, Herzog Julius, brauchte nicht erst die Reformation einzuführen; die neue Lehre hatte sich in seinem Lande bei seinem Herrschaftsantritt (1568) schon weitgehend durchgesetzt.

Aber wußten – eine Frage, die insbesondere für das Land gilt – die Menschen denn überhaupt, was protestantisch und was katholisch war? Fügte man sich nicht einfach den neuen Bedingungen? Weil in unserem Raum die Alte Kirche zu wenige und vor allen Dingen zu wenig gelehrte Verteidiger hatte, ist diese Frage schwer zu beantworten. Weiterhin: Soweit erkennbar, gab es in unserem Raum keine nennenswerte Diskussion um den Laienkelch; und dabei spielte diese Frage in anderen deutschen Landen die entscheidende Rolle. Die Frage, ob auch der Gemeinde der Kelch zu reichen sei, trennte – vielfach der einzige Unterschied – beim Abendmahl die protestantischen von den katholischen Gläubigen.

Man wird auch in unserem Raum mit der Möglichkeit zu rechnen haben, daß die klare Alternative von Alter und Neuer Kirche für die Zeitgenossen vielfach gar nicht gegeben war, daß sie sich mit Mischformen, mit alten und neuen Elementen, einen eigenen Glauben zimmerten. Genaueres läßt sich schwer feststellen. Das liegt nicht zuletzt daran, daß in den großen Städten mit ihren von den Landesfürsten unabhängigen Freiheitsrechten die Reformation zugleich eine Auseinandersetzung zwischen Rat und Gemeinde war, und daß auf dem Lande die Durchsetzung der neuen Lehre eine intensivierte Fortsetzung dessen bedeutete, was sich im späten Mittelalter als landesherrliches Kirchenregiment anbahnte. Einführung der Reformation – das war eben keine reine Bekenntnisbildung, das war immer auch mit weltlicher Herrschaft und ihren Interessen verbunden gewesen.

Fast lautlos schien auf den ersten Blick sich die Reformation in unserem Raum durchgesetzt zu haben. Keiner der niedersächsischen Bischöfe versuchte, mit Bann und Interdikt die Bewegung aufzuhalten. Wer im Sinne der Alten Kirche argumentierte, berief sich auf den Kaiser, allenfalls noch auf die Konzile, aber nicht mehr auf den Papst. Allein gelassen war, wer die Alte Kirche verteidigte. Respektheischend also: Entschlossener Widerstand wurde am sichtbarsten in vielen Frauenklöstern geleistet, während die Mönche, mit Pensionen oder Schreiberstellen versorgt, sich eilig mit den neuen Verhältnissen abfanden. Im Lüneburger Fürstentum zum Beispiel fügte sich das altadelige Benediktinerkloster St. Michael ziemlich schnell den Wünschen des Landesherrn, Ernst des Bekenners. Anders die Frauenklöster im Fürstentum. Alle Bemühungen Herzog Ernsts, mit eigens abgesandten lutherischen Predigern die Nonnen von der neuen Lehre zu überzeugen, begegneten hartem kollektivem Widerstand. In Lüne zogen bei einer protestantischen Predigt die Nonnen die ältesten Filzlatschen an, »daß es in der Kirche so grausam übel stank, daß der Prediger mit allem Volk daraus gehen mußten«. In Medingen wurde Luthers Bibelübersetzung, vom Fürsten übersandt, ins Feuer geworfen. Der Fürst persönlich mußte eingreifen, mußte Visitationen vornehmen, bei denen die Nonnen in hartnäckigem Widerstand verharrten, der selbst nach einem Jahrzehnt noch nicht gebrochen war. Auch in anderen Teilen Niedersachsens waren es die Frauenklöster, die sich der Reformation massiv widersetzten.

Schon der Vergleich von Männer- und Frauenklöstern läßt vermuten, daß die Frauen die konfessionelle Frage leidenschaftlicher als die Männer aufgefaßt haben. Darauf weist auch die Rolle des Liedes bei der Durchsetzung der Reformation hin; denn schließlich war der Psalter das Buch der Frauen. Frauen waren die Träger der religiösen Lyrik. Die Entschiedenheit von Frauen in der konfessionellen Auseinandersetzung repräsentiert auf der unteren sozialen Ebene die »Kruckentregersche« in Lüneburg, auf der Ebene des hohen Adels das Beispiel der Elisabeth von Calenberg, die alle Bedenken von Männern, ihrer fürstlichen Verwandten, und selbst die ihres Nachbarn, des hessischen Landgrafen Philipps des Großmütigen, beiseite schob.

Kurz war die Zeitspanne zwischen spontanen Glaubensäußerungen, wie dem protestierenden Singen von lutherischen Liedern, und der obrigkeitlichen Reglementierung des Kirchenwesens. Gelehrte Männer traten auf, Reformatoren, die und wie Urbanus Regius und Johannes Bugenhagen von den Städten, oder wie Johannes a Lasco, Hermann Bonnus oder Anton Corvinus von den Landesherren gerufen worden waren. Kirchenordnungen wurden obrigkeitlich entworfen, nach dem gemeinen Mann wurde nicht mehr gefragt.

Kirchenordnungen als Importe: Bedenkenlos wurden zum Beispiel über die alten Almosenstiftungen, die von Stadt zu Stadt ihr jeweils eigenes Gepräge hatten, die neuen Prinzipien des »gemeinen Kastens« gestülpt. Eine zentralisierte Armenfürsorge war das Ziel (das nie erreicht wurde). Weiterhin zeichnen sich in den Kirchenordnungen bereits die ersten Umrisse einer protestantischen Dogmatik ab. Die Lehre des jungen Luther vom allgemeinen Priestertum der Gläubigen galt nicht mehr: Es sollte nicht nur vorgeschrieben werden, was die Menschen zu glauben hatten, sondern auch, wie sie es zu glauben hatten. Eine Mitsprache der Gemeinde fand bei den Kirchenordnungen nicht mehr statt. Und die Freiheit eines Christenmenschen? Da setzten die neuen Ordnungen doch lieber auf Zucht und Disziplin, verboten die angeblich liederlichen Tänze, polemisierten gegen den angeblichen Müßiggang, denunzierten das »Wirtshauslaufen«. Nicht nur landfremd waren die Reformatoren, ihre Kirchenordnungen waren teilweise weltfremd. Die kluge Elisabeth von Calenberg mahnte, in der Kirchenordnung die Frage der Taufe bei totgeborenen Kindern doch nicht so zu regeln, daß die Mütter in Verzweiflung geraten müßten.

Die Reformatoren bauten in der Durchsetzung der von ihnen entworfenen Ordnungen auf den Rückhalt bei dem Rat oder bei der Landesherrschaft. Deshalb aber mußten sich die ostfriesischen Kirchenordnungen von dem Üblichen unterscheiden. Die schwache Landesherrschaft der Cirksena zwang zur Rücksichtnahme auf die dörfliche Gemeindebildung. Lebensnäher waren diese Ordnungen, sie berücksichtigten auch die Probleme, die für die Seelsorge darin bestanden, daß die Wege von Dorf zu Dorf nicht nur weit, sondern auch beschwerlich waren. Die anderswo peinlich genau geregelten liturgischen Formen bei der Agende wurden hier vereinfacht, nahmen auf Schlichtheit und Kargheit aller Lebensumstände Rücksicht.

Von dem ostfriesischen Sonderfall abgesehen: Unter dem Schutz von Rats- oder Landesherrschaft treten schon sehr frühzeitig Erstarrungstendenzen in der neuen Kirche auf. Bezeichnend sind dafür die seit den 1540er Jahren einsetzenden Kirchenvisitationen. Allenfalls werden noch Fragen nach der Katechese gestellt, ansonsten aber geht es lediglich um die Vermögensumstände der Pfarreien, um ihre Rechtsstruktur. In anderen deutschen Landen sind die Visitationsberichte eine aufregende, eine die konfessionellen Mischformen ebenso wie die Zustände auf den Dörfern reflektierende Quelle; in Niedersachsen sind sie schlicht langweilig. Hier ist die neue Kirche zu schnell zur Institution geworden.

Trotz aller Formalisierung belegen die niedersächsischen Visitationen: Wie im Spätmittelalter kennen selbst um die Mitte des 16. Jahrhunderts viele Menschen die Grundlagen des Glaubens gar nicht. Ein Visitator klagt über das Harzvorland: »Und sind auch viel leut, besonders unter den alten, die das liebe Vater Unser, zehen gebot und glaubensartikel schlechthin nicht wissen. Einer ist und fürkommen, der das Vater Unser nur lateinisch, welches er doch nicht verstandt, betet, und deutsch nicht kundte. Welchen ich seinem pastor zu weiterm unterricht bevholen hab. Die ursach, das sie nicht beten können und vom Catechismo so wenig wissen, ist zum teil diese, das sie nicht zur kirchen kommen sindt.« Die größte Sorge der Visitatoren besteht jedoch darin, daß so viele Menschen das Abendmahl verschmähen. Nach der Sakramentsfrömmigkeit des späten Mittelalters hat die Konfessionsspaltung offenbar große Unsicherheit hervorgebracht. Ein Beispiel: »In ganz Osterroda (Osterode) sind befunden 45 manspersonen, die unvleißig zum tisch des Herren sich gehalten, haben sich aber nur zwantzigk gebessert, und sind die verharteten leut, an welchen die prediger zu Osteroda, auch vor der visitation viel vermahnens vergeblich gethan.«

Hartherzige Osteröder. Zu berücksichtigen ist, daß die Rechtsgestalt der Pfarrei vom Spätmittelalter zur Neuzeit keinen Veränderungen unterlag und lediglich die Stellung des Pfarrers im Dorf sich mit den veränderten Zeiten wandelte. Die Pfarrei Eberholzen als Beispiel: Dem Pastor standen von alters her grundherrliche Abgaben von Höfen in der Nachbarschaft zu. Alles Land, das außerhalb der Gemarkung von Eberholzen lag, hatte er verpachtet, dasjenige in der Dorfgemarkung jedoch selbst bewirtschaftet. Er besaß eigenes Vieh und nutzte die mit der Pfarrei verbundenen Allmenderechte. Zudem standen ihm, wie im Mittelalter, die Stolgebühren zu, Gebühren gewissermaßen, die bei jeder Taufe, bei jedem Begräbnis und bei jeder Hochzeit anfielen. 1730 wurden die Einkünfte der Pfarrei mit 367 Talern angegeben. Nicht nur für die Seelsorge war ein Pfarrer unentbehrlich. Sein Rat und nicht zuletzt seine Schriftkenntnis waren immer dann gefragt, wenn die Gemeinde beispielsweise Scherereien mit dem Amt Gronau hatte, wenn Eheverträge aufgesetzt werden mußten.

Die Schulen zwischen Kirche und Welt

Ernst Schubert

Während des Spätmittelalters ist die Schule inhaltlich, aber vielfach noch nicht institutionell aus der Kirche herausgewachsen. Die Stadt hat großen Anteil an dem, was mit aller Vorsicht als Laisierung von Bildung bezeichnet werden kann. Vorsicht ist deshalb angebracht, weil es um institutionelle Probleme, nicht aber um Bildungsinhalte ging. Es handelt sich vor allem um die Frage, wer den Schulmeister zu bestallen habe. Unverkennbar ist das Bestreben der Räte, dieses Recht an sich zu bringen. Der Rat in der Hildesheimer Altstadt vermag dies erst 1465 gegenüber der Pfarrei von St. Andreas durchzusetzen, in der Neustadt hingegen kann der Pfarrer von St. Lambert sein Einsetzungsrecht behaupten. In Braunschweig mündet dieses Ringen zwischen Stadt und Kirche um die Schule in ein so tiefes Zerwürfnis, daß 1414 sogar das Konstanzer Konzil in diese Auseinandersetzungen eingeschaltet werden muß. Aus dem »Schulstreit« entwickelt sich der Braunschweiger »Pfaffenkrieg«; denn der Kampf um die Schule war ein Kampf auch um die Beschränkung der geistlichen Freiheiten in der Stadt.

Vor Vorstellungen, daß es bei dem Kampf um die Schule um eine Auseinandersetzung zwischen Kirche und städtischer Welt ging, ist zu warnen. Denn auch in einer städtischen Schule wird, selbst dann, wenn sie unter der Aufsicht des Rates steht, erstens der traditionelle Bildungskanon, wie er unter Aufsicht der Kirche im hohen Mittelalter weitgehend festgelegt worden war, beibehalten. Zweitens werden die jüngeren Schüler immer noch im Kirchengesang ausgebildet, weil sie mit ihren hellen Stimmen zur liturgischen Gestaltung des Gottesdienstes beitragen müssen.

Dem Rat ging es auch deshalb so sehr darum, das Präsentationsrecht für den Schulmeister an sich zu ziehen, weil er über dessen Dienstbestallung zugleich Einfluß auf den inneren Ausbau der Schule nehmen konnte. Wir wählen ein Beispiel. Im Jahre 1504 verpflichtete sich Hermann Lunden gegenüber dem Rat von Hannover, von dem er – wie es damals üblich war – für ein Jahr zum Schulmeister bestellt worden war, daß er die Schüler »wohl rygeren« werde und »tüchtigen holden« wolle. Er wolle auf eigene Kosten einen Baccalaureus, also einen – nach unseren Vorstellungen – erfahrenen Studenten und einen guten Kantor halten. Letzterer sollte die Kinder *in figurationes* zu singen lehren. Auch wenn die Bestallung immer wieder verlängert werden konnte, so war die Fluktuation unter dem Lehrpersonal groß. In Hannover leiteten zwischen 1470 und 1500 insgesamt 20 Rektoren die Schule. Allerdings waren sie nicht die sprichwörtlich armen Schulmeister. Schon 1339 konnte der Rektor der hannoverschen Schule beim Rat einen Rentenbrief hinterlegen, wie es nur Wohlhabenden möglich war.

Wenn sich Schulmeister in ihren Dienstbestallungen gegenüber dem Rat verpflichten mußten, die Schüler Latein sprechen zu lassen und darauf zu achten, daß diese sich »hövische holen (halten) in allen Enden«, so wird sichtbar, daß es dem Rat keineswegs darum ging, die Schule für die praktischen Fähigkeiten, die etwa ein Kaufmann haben mußte, zu instrumentalisieren. Eine Lateinschule gehörte zu der Ehre einer Stadt, hob deren Ansehen, und diente – unausgesprochen – in ihren oberen Klassen eher dem Pfarrernachwuchs, als der Bildung von Söhnen der städtischen Oberschicht. Deswegen ist eine städtische Schule auch ein ziemlich offenes soziales System, in das ohne Schwierigkeiten auch Kinder aus dem Umland kommen können, oft kleine Schüler, die sich ihren Lebensunterhalt durch Kurrendesingen oder durch Hilfsdienste verdienen müssen.

Im 15. Jahrhundert finden wir Schulen nicht nur in den großen Städten, wo sie schon im 14., ja bisweilen im 13. Jahrhundert bezeugt sein können, sondern auch in Städten wie Rinteln und Celle. Wenn in Celle der »Scholemester« zwei Untergebene, zwei »Lokatoren« hat, wenn in Rinteln um 1450 ebenfalls ein »Undermester« dem Schulmeister zur Seite steht, dann ist hier bereits eine Unterrichtsorganisation entstanden.

Das städtische Schulwesen entwickelte sich von oben nach unten. Am Anfang steht die Lateinschule. Erst im 15. Jahrhundert kommen in niedersächsischen Städten die »deutschen Schulen« auf. Es ist auffallend, daß norddeutsche Städte den Trivialunterricht nicht privaten Schulmeistern überlassen, sondern auf die Verpflichtung geeigneter Lehrer Einfluß nehmen. So versichert der Domscholaster dem Hildesheimer Rat, daß er drei Schulschreiber zulassen wolle, welche die Bürgerkinder im Lesen und Schreiben unterrichten sollten. Diese Schulschreiber sollen zu keinen Abgaben verpflichtet sein. Worum es hier geht, ist nicht die städtische Lateinschule, sondern jene Schule, wie sie um 1500 in der Neustadt Hildesheim sogar für Mädchen und Knaben besteht, in der »viele Gesellen das Rechnen und Schreiben« lernen. Hinter der Ausbildung des Trivialschulwesens steht Ende des 15. Jahrhunderts die Ausweitung der Lese- und Schreibkenntnisse. Zwar dürfte der Alphabetisierungsgrad in der Stadt selbst um 1500 nicht nennenswert über 15 % gelegen haben, aber das ist in einer weitgehend noch schriftlosen Umwelt sehr viel. Die Kenntnis des Lesens und Schreibens dringt jetzt bis in die Gesellenschicht vor. Nur muß man bedenken, daß bei weitem nicht alle Gesellen diese Fertigkeit erlernt haben. Ein Beispiel: 1534 schreibt der Handwerksgeselle Franz Gottschalck an seine Mutter in Goslar und dankt ihr, daß sie ihn und seine drei Brüder in die Schule geschickt habe, wo sie »lesen und schryven« gelernt hatten. An diesem Dank wird sichtbar, erstens, daß es immer noch außergewöhnlich für einen Gesellen war, diese Fertigkeiten vermittelt zu bekommen, und zweitens, daß das Lernen von Lesen und Schreiben, wie im ganzen Mittelalter üblich, ein Lernen von zwei verschiedenen Vorgängen gewesen war.

Stätten der Bildung, Stätten der Gelehrsamkeit in Niedersachsen zwischen Späthumanismus und Aufklärung

Ernst Schubert

Zwei Universitätsgründungen bezeichnen Anfang und Ende der von uns gewählten Epoche: Helmstedt und Göttingen. Beide Gründungen können jedoch nicht isoliert für sich betrachtet werden, sondern stellen Knotenpunkte verschiedener geistiger Entwicklungen ihrer Zeitalter dar. Helmstedt war die Gründung jenes großen Herzog Julius, des Sohnes Heinrichs des Jüngeren, den das Schicksal nur deshalb zur Regierung berief, weil seine beiden älteren Brüder, offenbar genauso altkirchlich gesonnen wie ihr Vater, 1553 in der Schlacht

Herzog Julius von Wolfenbüttel.

bei Sievershausen fielen. Diese erste Universitätsgründung auf niedersächsischem Boden war eine Gründung aus dem Geist des Späthumanismus. Späthumanismus bezeichnet eine Strömung, für die die Antike, jetzt aber mit Einschluß des Griechischen, die verbindliche Richtschnur in sprachlicher Gestalt und in denkerischer Formung selbst in konfessionellen Fragen bot. Neben Aristoteles war inzwischen gleichberechtigt Platon getreten. Das Eigentümliche im Vergleich zum frühen Humanismus (der sich in Niedersachsen allenfalls spurenhaft nachweisen läßt) war, daß die Antike nicht formal rezipiert, sondern unter den veränderten Bedingungen der Wissenschaften (einschließlich der Theologie) gewissermaßen anverwandelt wurde. Ebenso wie die Späthumanisten offen gegenüber der Volkssprache waren, waren sie auch aufgeschlossen gegenüber den neuen Fragen ihrer Zeit. Der gelehrte Herzog Julius hatte selbst während seines Studiums die neuen Kräfte dieser geistigen Bewegung kennengelernt, er kannte den einflußreichsten Philosophen seiner Zeit, Petrus Rames, und er verstand, daß dieser Humanismus weniger eine geistige Botschaft, denn eine geistige Haltung bedeutete, die wichtiger wurde von Tag zu Tag, je mehr sich die dogmatischen Streitigkeiten innerhalb der neuen Kirchen und je mehr sich die konfessionellen Streitigkeiten zwischen Altgläubigen und Protestanten verschärften. Der Auftrag Helmstedts war zunächst der, Frieden innerhalb der sich in dogmatischen Streitereien hoffnungslos verwikkelnden evangelischen Bewegung zu schaffen. Es sollte also nicht von ungefähr kommen, daß sich inmitten der Greuel des Dreißigjährigen Krieges in Helmstedt vernehmlich für ganz Europa die Stimme des Georg Calixt erhob, der sich bemühte, Verbindendes zwischen den streitenden Konfessionen zu ermitteln, dessen Bemühen zugleich eine stete Mahnung zum konfessionellen Frieden enthielt. Diese imponierende Gestalt wies letztlich auf den Gründungsauftrag der Alma Julia, der Universität Helmstedt, zurück.

Helmstedt als Kind späthumanistischer Geistigkeit: Hier erweist sich, wie fragwürdig die Terminologie mit dem Präfix »spät« ist. Denn Niedersachsen hatte dem Humanismus um 1500 keine Heimstatt geboten. Hier bot erst der sogenannte Späthumanismus eine Antwort auf die konfessionellen Auseinandersetzungen. Diese hatten ja auch während des 16. Jahrhunderts dazu geführt, daß der Zustrom zu den deutschen Universitäten aus niedersächsischen Landen immer größer wurde. Und das hatte Folgen. Das Land, das um 1500 ohne Druckerei, ohne hohe Schulen, ohne humanistische Geistigkeit ausgekommen war, war um 1600 eine Bildungslandschaft geworden, die den Anschluß an Europa gefunden hatte.

Die Gründung Helmstedts steht im Zusammenhang mit vielen neuen Schulgründungen der Zeit. Die großen Städte hatten bereits im späten Mittelalter Lateinschulen begründet, in denen die Anfangsgründe der Wissenschaft, wie sie die Zeit definiert hatte, gelehrt wurden. Aus diesen Schulen gingen die später »Ratsgymnasien« benannten Lehranstalten hervor. Die Zeit des ausgehenden 16. Jahrhunderts kennt jedoch in Niedersachsen auch eine neue, eine belebte Form der alten Lateinschule, *Gymnasium Illustre* oder auch *Gymnasium Academicum* genannt. Eine solche Schule unterschied sich von einer Universität im Grunde nur durch das fehlende Promotionsrecht, nicht aber im wissenschaftlichen Lehrkanon in den Fächern der sogenannten artistischen (der späteren philosophischen) Fakultät und der Theologie. Die Fakultäten der Medizin und der Jurisprudenz, die schon im Mittelalter als Brotstudien bezeichnet wurden, galten für ein solches Gymnasium, in dem es um Wissenschaft als Lebensform ging, als verzichtbar.

Der Bildungsaufbruch, der hinter der Gründung von Gymnasien stand, zeigt sich am deutlichsten in Ostfriesland. In Jever hatte schon das Fräulein Maria, aufgeschlossen gegenüber den geistigen Strömungen ihrer Zeit, 1573 eine Hohe Schule gegründet. In jener Zeit entstand auch das Gymnasium Ulricianum in Norden, wo von 1579-87 Ubbo Emmius als Rektor wirkte, um dann

Georg Calixt. Kupferstich von J. C. Sartorius.

an die Lateinschule in Leer zu gehen. Selbst die Grafschaft Bentheim erschien Graf Arnold II. nicht zu klein, um in Schüttorf ein *Gymnasium Academicum* zu gründen, das 1591 nach Burgsteinfurt verlegt wurde.

Gegen Ausgang des 16. Jahrhunderts gab es von Wolfenbüttel bis Norden eine Vielzahl von neuen Gymnasien im niedersächsischen Raum. Und dies bewirkte Veränderungen, die sich am sichtbarsten in der adeligen Standeskultur zeigen. Niedersachsen war noch Mitte des 16. Jahrhunderts die Heimat berühmter Söldnerführer, eines Georg von Holle (1514-1576), eines Hilmar von Münchhausen (1512-1573). Eine Generation später aber zeichnet sich ab, daß nicht mehr allein in der Tradition von Krieg und Kriegsführung sich ritterliches Leben erschöpft, sondern daß auch in der Kenntnis der Wissenschaften sich adelige Lebensform ausdrücken kann.

Wenn 1425 die Grafen Otto und Erich von Hoya an der Universität Bologna eingeschrieben sind, dann bereiten sie sich auf eine kirchliche Laufbahn vor. Ob sie hier wirklich studiert haben, ober nur der gewohnten Umgebung entkommen wollten und dabei das Kirchenrecht ausnutzten, das bei einem Universitätsstudium den Weiterbezug des Pfründeneinkommens garantierte, sei dahingestellt. Wenn jedoch zwischen 1554 und 1561 drei Angehörige der Familie von der Schulenburg in Bologna studieren, dann bewegt sie nicht mehr die kirchliche Karrierehoffnung der Grafensöhne von Hoya. Eine Adelsfamilie sieht, daß man nicht nur über den Krieg, sondern auch über das Studium sein Glück machen kann. Studium als Familientradition: Schon 1542 waren Christoph, Emanuel und Levin von der Schulenburg in Wittenberg eingeschrieben.

Wenn etwa in dem Dezennium zwischen 1549 und 1559 neun Angehörige namhafter niedersächsischer Adelsfamilien (u. a. von Mandelsloh, von Klencke, von Ilten und von Alten) die Universität Wittenberg besuchen, so scheint die Zahl zwar klein zu sein, aber sie ist immerhin groß genug, um zu verdeutlichen, daß adelige Familien die Notwendigkeit der Bildung erkennen. Um 1600 ist die Bibliothek des Ludolf von Münchhausen weitberühmt. Die Gelehrsamkeit dieses Adeligen, seine Korrespondenz mit den berühmtesten Gelehrten seiner Zeit, wird nicht etwa als Ausnahme, sondern als Ausdruck adeliger Existenz von seinen Zeitgenossen verstanden. Ludolf von Münchhausen repräsentiert den in Niedersachsen neuen Typ des geistig hochstehenden Landedelmanns; der vielseitige, aus der Pfalz stammende Georg Engelhard von Loehneisen repräsentierte hingegen den Hofmann, der seinen Einfluß nicht etwa adeliger Geburt, sondern seinen vielseitigen Interessen verdankte. Münchhausen und Loehneisen sind sich darin einig, daß Gelehrsamkeit nicht nur ein Wert an sich ist, sondern einen Nutzen für die Welt hat, daß sie in der Agrarwirtschaft ebenso nützlich ist wie im Montanwesen. Trotz aller Unterschiede sind Münchhausen und Loehneisen sich auch darin einig: Ihr Herrenhaus ist Mittelpunkt einer geistigen Welt, die für sich bestehen kann. Loehneisen, der 1589 den Adelssitz Remlingen bei Wolfenbüttel gekauft und ihn »in italienischer Manier« ausgebaut hatte, richtete hier eine eigene Druckerei mit Kupferstechern und Holzschneidern ein, wo er seine bedeutenden Werke drucken ließ, seine »Hof-, Staats- und Regierungskunde« und – er war nicht nur Berghauptmann, sondern auch der oberste Stallmeister des Herzogs Heinrich Julius – sein heute überaus selten gewordenes Werk »Della Cavalleria«.

Als 1656 im Lüneburger Michaeliskloster eine Ritterakademie gegründet wurde, der sich bald eine ähnliche Gründung in Wolfenbüttel anschloß, war offenbar geworden: Seine Standesvorrechte konnte der Adel nur behaupten, wenn er sich den neuen Wissenschaften öffnete; und diese Einsicht war nicht zuletzt dadurch gefördert worden, daß der Fürstenhof, der Ort, mit dem sich soziale Hoffnungen des Adels immer verbunden hatten, sich um 1600 literarisiert hatte. Der ungebildete Höfling begann, der Vergangenheit anzugehören, seit der Fürst selbst gebildet worden war. Residenz verband sich jetzt mit Residenzkultur.

Niedersachsen um 1700

Ernst Schubert

Die verschiedenen Erscheinungen von Armut

Nüchterne Rechnungseinträge zeigen, daß etwa im Jahre 1703 arme Leute zum Amtssitze Ahlden wanderten, Blinde und Krüppel, Menschen, deren Häuser abgebrannt waren und die nun ganz mittellos dastanden, invalide Soldaten ohne jede Versorgung oder »ein armer kehrl vom Hartze, der ganz nackent war«. Bis nahe vor die Palisaden, die das schloßartige Amtshaus bewehrten, kamen diese Menschen und harrten so lange aus, bis ihnen die Bewohnerin, die ehemalige hannoversche Kurprinzessin Sophie Dorothea, bei ihrem Ausritt Almosen zuwarf.

Solche Elendsbilder gehören zum Alltag, sie scheinen allenthalben in den dörflichen Gemeinderechnungen auf. Es gibt viele Menschen, die betteln müssen. Das ist mitnichten eine Spätfolge des Dreißigjährigen Krieges. Die agrarische Wirtschaft war immer eine Mangelwirtschaft gewesen, die nicht allen Menschen Nahrung gab und den Tagelöhner bereits nach einem Armbruch zum armen Menschen werden ließ. Almosenrechnungen zeigen um 1700 nur relativ wenig neue Gestalten unter den überzeitlichen Erscheinungen von Armut, etwa jene Abenteurer, die sich neue Mentalitäten im Zeitalter der Türkenkriege zunutze machen, wie die »orientalischen Bettelprinzen«; zeitspezifisch auch das Elend der abgedankten und der invaliden Soldaten. Um 1600 war der sogenannte »gartende Knecht«, der arbeitslose Söldner, eine Landplage: Ein kräftiger Mann, der sein Gewehr bei sich hatte und dessen Almosenforderung eine Drohung enthielt. Der invalide und abgedankte Soldat um 1700 jedoch war eine Begleiterscheinung der Entwicklung zum stehenden Heer: alt geworden in langen Jahren des Garnisonsdienstes, keine bedrohende, sondern eine Mitleid erregende Erscheinung.

Die Scharen von bettelnden armen Leuten, wie sie in den Dorfrechnungen ebenso wie in denen der Ahldener Hofhaltung auftauchen, stellen eine mobile Schicht dar, abgehoben von der seßhaften Armut der klein- und unterbäuerlichen Schichten. Aber auch die wandernden Bettler weisen auf eine Welt der fragilen sozialen Balance hin, denn aus einem seßhaften Armen mochte schnell ein wandernder werden. So konnte eine Feuersnot das ganze soziale Gefüge durcheinanderwerfen. Im Dorf Ahlden wütete am 20. April 1715 eine Feuersbrunst, die fast den ganzen Ort zerstörte; die Bewohner hatten Glück, daß die Prinzessin helfen konnte; ansonsten hätte man, wie üblich, in die Nachbargemeinden ziehen müssen, um des Sonntags vor der Kirchentür Almosen zu erflehen.

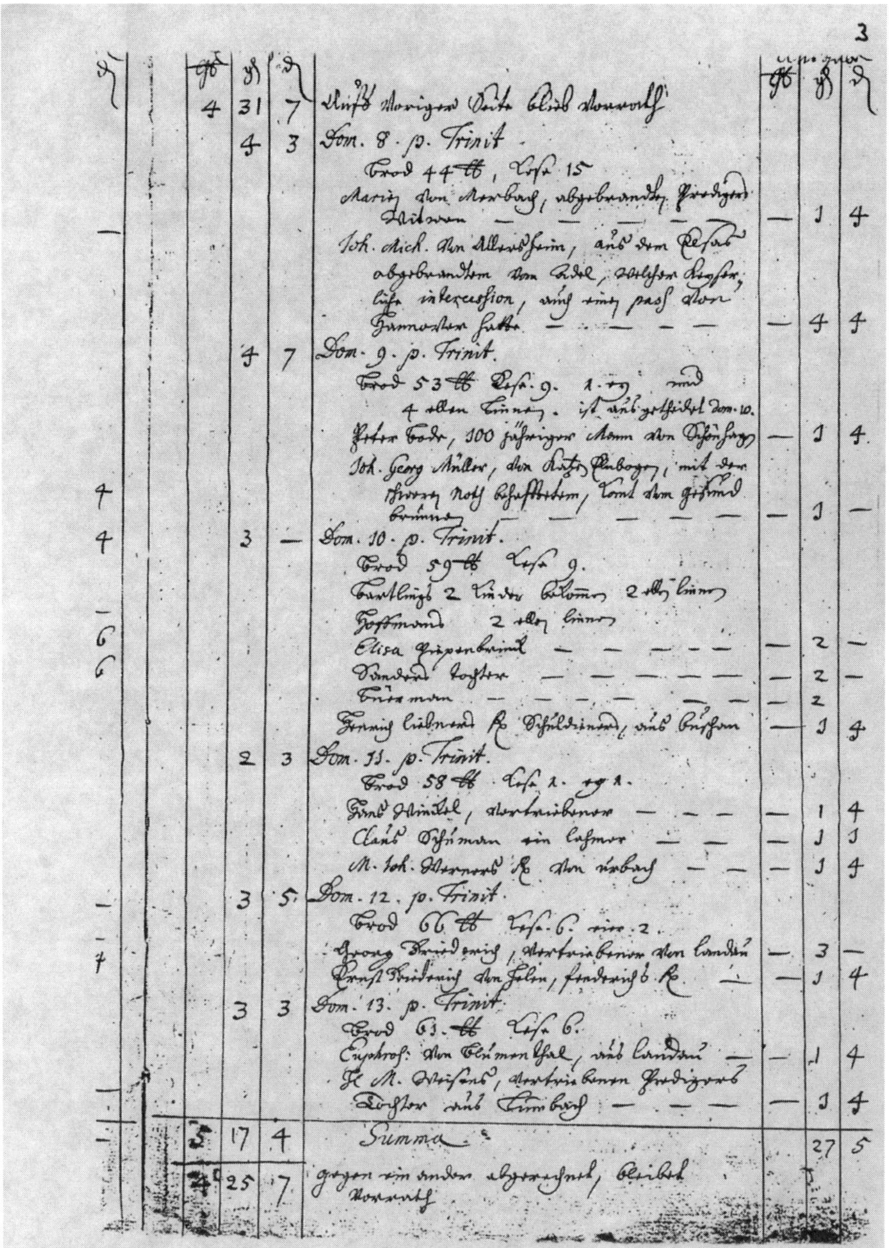

Eine typische dörfliche Almosenrechnung aus Niedernjesa. Sie verzeichnet unter anderem Gaben an Vertriebene, an Lahme, an einen »abgebrandten vom Adel« aus dem Fränkischen.

Was die Feuersnöte im Binnenland bedeuteten, bedeuteten die Sturmfluten an der Nordseeküste. Während aber eine Feuersbrunst immer nur die einzelne Siedlung heimsuchte und die Nachbarn Hilfe leisten konnten, wurden die Sturmfluten, besonders schlimm die der Jahre 1696 und 1717, für das ganze Friesland zum Schicksal.

Armut ist nicht nur individuelles Schicksal, Armut ist nicht nur Folge kollektiven Schicksals etwa bei Feuer- oder Wasserkatastrophen, Armut ist für viele Menschen unentrinnbar, ist Teil sozialer Ordnungen. Dörfliche Welt um 1700: Zwischen Groß- und Kleindörfern in ihrer ganzen Variationsbreite, zwischen reichen und armen Dörfern wählen wir eines aus, das noch am ehesten »das Normale« repräsentieren kann: Eberholzen, am Nordrand der Sieben Berge gelegen, ist ein sehr alter Ort, dessen Name, den Frauennamen Agilber enthaltend, bedeutet: Bei den Häusern am Holz, die der Agilber gehören. Die große Gemarkung von 1.200 Hektar weist auf die typische Geschichte von Dörfern in Mittelpunktlage hin, nämlich erstens auf den Landesausbau, reichte doch ein Gutteil der Gemarkung in die Sieben Berge, in das »Unland« des frühen Mittelalters, hinein, und zweitens auf den spätmittelalterlichen Prozeß der Siedlungskonzentration, lagen doch mindestens zwei Wüstungen in der Gemarkung. Die Waldnutzung war wohl die ursprüngliche Bestimmung des Ortes gewesen, denn die Bodenqualität entspricht keineswegs jener der ertragreichen Hildesheimer Bördelandschaften, sondern ist von allenfalls mittlerer Güte. Insofern ist der Ort typischer für die Mehrzahl der Dörfer als die in der Forschung immer wieder behandelten »Großdörfer« in fruchtbaren Gebieten. Trotz der großen Gemarkung hieß Leben in diesem Dorf: Leben an der Armutsgrenze.

Leben an der Armutsgrenze geht einher mit kargen Quellen, denn das Alltägliche, die Not ist selten berichtenswert. Im wesentlichen sind wir auf amtliche Steuerlisten und Frühformen von Katasteraufzeichnungen angewiesen, um über die Kontributionsbeschreibung von 1645 und die Kopfsteuerbeschreibung von 1649 die Zustände in Eberholzen nach dem Dreißigjährigen Krieg darstellen zu können. Das Leinetal war ein Hauptdurchzugsgebiet der Heere. Bei deren Größe ist es nicht verwunderlich, daß marodierende Truppenteile bei Gronau das Flußtal verließen und sich aus dem umliegenden Land ernährten. Drei Vollspännerhöfe sind in Eberholzen 1649 bewirtschaftet. Dazu kommen noch weitere sechs bewirtschaftete Halbspännerhöfe. Um sie gruppieren sich 18 Kothöfe. Weitere sieben Halbspännerhöfe und zehn Kothöfe liegen wüst. Sichtbar werden einerseits Kriegsfolgen in den wüst liegenden Höfen, andererseits aber auch Besitzkonstanz über die Kriegswirren hinweg. Die Verheerungen des Dreißigjährigen Krieges haben nicht dazu geführt, daß die Hofstrukturen und damit die Gemarkungsaufteilungen entscheidend verändert wurden.

Deutlich wird in den Steuerlisten aber auch, daß der Krieg vor allem die Brinksitzer und Häuslinge getroffen hatte. Während die Vollspännerstellen 1649 alle besetzt sind, ist im Vergleich mit der Musterungsrolle von 1585 die

Zahl der Kleinbauern um die Hälfte geschrumpft. Kriegsfolge: Es gibt jetzt, 1649, »kein fremdes Gesinde mehr im Dorf«. Die Höfe werden allein von den bäuerlichen Familien bewirtschaftet. Ein harter Überlebenskampf. Der Vollmeier Andreas Schmiedes steht mit fünf kleinen Kindern, nachdem seine Frau gestorben ist, allein. Fünf Kinder hat auch die Witwe des Halbspänners Hans Knackstert zu versorgen. Noch stellen diese Kinder eine Last dar, es wird Jahre dauern, bis sie in der Landwirtschaft mithelfen können. Am schlimmsten ist die soziale Lage in der kleinbäuerlichen Schicht. Brand Schattenberg geht an Krükken, er ist auf Almosen angewiesen. 1664, als er wenigstens ein Dach über dem Kopf hat, als Häusling »mit eigener Hütte« in der Kopfsteuerliste geführt wird, muß er mit seiner Frau weiterhin betteln gehen. Zwei alte und kranke Häuslingswitwen sind so arm, daß sie keine Steuern zahlen können. Eine von ihnen verdient sich etwas durch Heilkunst hinzu, indem »sie böse grindige Köpfe und andere Gebresten bisweilen geheilet« hat und deswegen den Spitznamen »die Doktorin« trägt.

Selbst die spröden Steuerlisten lassen Streiflichter auf die Not im Dorfe fallen: Einige Häuser sind eingestürzt, andere dem Einsturz nahe. Menschen müssen sich von verdorbenem Brot, von »Madenbrot« ernähren, bei anderen wird lapidar vermerkt, daß sie »Sand kauen« müssen. Der Armut im Dorf entsprechen die schlimmen Kriegsfolgen in der Flur; nur ein Bruchteil, vielleicht nur 10 % der Anbaufläche war am Ende des Dreißigjährigen Krieges unter dem Pflug. Wie sollte auch ohne Gesinde die große Gemarkung bewirtschaftet werden? Kaum eine Generation nach dem Dreißigjährigen Krieg jedoch war in Eberholzen die gesamte Flur wieder bewirtschaftet, die Bevölkerungsverluste fast ausgeglichen. Knechte, Mägde und Tagelöhner arbeiten wieder in Haus und Hof. Die hierarchische Dorfstruktur, wie sie vor dem großen Kriege bestanden hatte, Häuslinge, Brinksitzer, Kötter, Halb- und Vollspänner, war wieder hergestellt. Das aber bedeutet auch: Als um 1700 die Folgen des Großen Krieges überwunden waren, war keineswegs eine heile dörfliche Welt entstanden, sondern die alte Welt der sozialen Ungleichheit mit ihrer Armut der klein- und unterbäuerlichen Schichten waren wieder hergestellt.

Höfischer Lebensstil und das dahinter verborgene Elend

Arme Leute warteten im Winter frierend vor dem Amtshaus in Ahlden – welch ein Gegensatz zu den Zuständen, die im Inneren der zum Wohnsitz einer Prinzessin umgestalteten Gehöftanlage herrschten! Feinste Tapeten und Gobelins – allein im Jahre 1707 waren für fast 5.000 Taler Brabanter Goldtapeten und sieben Gobelins aus Brüssel geliefert worden. Das Mobiliar und das Silbergeschirr war vom Feinsten ebenso wie die Garderobe der Prinzessin, die alljährlich von den besten Pariser Schneidern Kleider nach neuester Mode kommen ließ. Vom Feinsten die Weine und auch das Essen. Der Suppe pflegten fünf

Gänge zu folgen – die beliebten Pasteten von Wachteln und Hühnchen darunter, aber kaum Gemüse und so gut wie gar kein Obst.

Klaffender konnten die sozialen Gegensätze zwischen den halbverhungerten zerlumpten Gestalten, die um ein Almosen flehten, und einer Prinzessin nicht zutage treten, die ihre Kleidung in Paris für hunderte von Talern zu bestellen pflegte und ein Almosen von einigen Groschen reichte. Überhaupt keine Protestformen sind überliefert, weder von den armen Bauern in Ahlden, noch von den armen Leuten, die in Hoffnung auf ein Almosen nach Ahlden wanderten. Der Reichtum der Prinzessin wurde nicht beneidet. Dragoner, die man im Amtshof sehen konnte, waren dafür da, die Prinzessin zu bewachen, wenn diese in ihrem Cabriolet in scharfem Galopp eine Ausfahrt machte, die sich nur auf den Umkreis von zwei Kilometern um das Schloß erstrecken durfte. Kein Soldat war nötig, um die Prinzessin vor den Armen zu schützen.

Das Elend im Reichtum der Prinzessin von Ahlden: Sie konnte keine Besuche von Verwandten empfangen, selbst ihr alternder Vater, dessen einziges Kind sie war, durfte sie nicht sehen. Nur ihre Mutter Eleonore kam häufig. Ihre beiden Kinder, den 1694 elfjährigen Georg August, den späteren König von England, und die damals siebenjährige Sophie Dorothea hatte sie seit jenem Jahr 1694, das ihr zum Schicksalsjahr geworden war, niemals wiedergesehen. Was nutzten Sophie Dorothea die kostbaren Kleider aus Paris, wenn sie sich in ihnen nicht in einer höfischen Gesellschaft bewundern lassen konnte? Sie war in ihrer Gefangenschaft dick, fast unförmig geworden. Häufig erkrankte sie. Ihr Zeitvertreib bestand in Handarbeiten, kostbare Altardecken stickte sie selbst, die Arbeiten unterbrechend, um eine Prise Schnupftabak zu nehmen.

Das Elend der Prinzessin war auch das Schicksal ihres Hofstaates. Die Kammerjungfrauen, Zofen und Diener unterlagen den gleichen strengen Ausgangsbeschränkungen wie ihre Herrin. Auch sie durften Ahlden nicht verlassen, auch ihre Post wurde geöffnet und zensiert. Ein typisches Problem in der adeligen Gesellschaft: Das Schicksal der Herrschaft war zugleich das der Dienstboten. Mochten auch die Kammerzofen der Sophie Dorothea über ihr Schicksal seufzen, so konnten sie sich noch glücklich schätzen, wenn sie an das Hoffräulein Eleonore von dem Knesebeck dachten.

Eleonore von dem Knesebeck war die engste Vertraute der Kurprinzessin Sophie Dorothea gewesen. Das Schicksal ihrer Herrin im Jahre 1694 wurde auch ihr zum Schicksal. Ohne Prozeß und Urteil wurde sie zunächst in Springe, dann in Scharzfeld gefangengehalten. Ihre einflußreichen Verwandten vermochten ihr nicht zu helfen, da das Recht außer Kraft gesetzt worden war. Der hannoversche Hof ließ sich nicht erweichen. Hier löste 1697 die Nachricht von der Flucht des ehemaligen Kammerfräuleins aus dem stark gesicherten Gefängnis in der Scharzfelder Burg Fassungslosigkeit aus. Eine sofort abgesandte Kommission konnte, die Ausbruchspuren verfolgend, nur ungläubig staunen, wie diese kühne Flucht, die unter anderem ein Abseilen über die steil abfallende Felsenwand in schwindelnde Tiefe voraussetzte, hatte gelingen können. Man erfuhr allerdings bald, wer dem Kammerfräulein geholfen hatte: der Dachdecker Rentsch.

Wir schildern keine abenteuerliche Befreiung, wir versuchen Mentalitäten zu ergründen. Der Dachdecker Rentsch ist repräsentativ für das Denken des gemeinen Mannes. Daß er mehrere Berufe ausüben konnte, gehörte damals zur Überlebensstrategie kleinerer Leute, auch daß er mit seiner Frau im Unfrieden lebte, war damals (entgegen heutiger romantisierender Vorstellungen) keineswegs unüblich. Hoffte dieser Mann auf Belohnung, da er ja, selbst wenn die Gefangene mittellos war, auf den Dank ihrer vornehmen Verwandtschaft rechnen konnte? Daß ist zwar möglich, aber wer sich die Lage des Schlosses Scharzfeld vergegenwärtigt, weiß, daß niemand wegen einer Belohnung allein sich in so große Lebensgefahr begeben würde. Nein: Der Dachdecker Rentsch nahm wie fast alle einfachen Leute jener Zeit die sozialen Unterschiede der ständischen Gesellschaft als von Gott gegeben hin. Die Lebensordnungen, die so große Diskrepanzen zwischen Adel und gemeinem Mann hatten entstehen lassen, wurden nicht angezweifelt. Dem in Not geratenen Adeligen schlug beim Volk nicht etwa Häme, sondern hilfsbereites Mitgefühl entgegen. Die dörflichen Almosenrechnungen lassen dies in jener Zeit durchweg erkennen, klopfen doch immer wieder in Not geratene Adelige mit klingendem Namen (sicherlich mancher Betrüger darunter) um ein Almosen an, das in aller Regel – Respekt vor den ständischen Lebensordnungen – reichlicher ausfällt als beim gewöhnlichen Bettler. Das weist auf die Haltung des Dachdeckers Rentsch zurück. Der gemeine Mann fühlte sich zum Handeln nicht aufgerufen, um gegen die soziale Ungleichheit zu protestieren, er fühlte sich zum Handeln aufgerufen, wenn die adelige Gesellschaft ihre eigenen Normen in Frage stellte, wenn sie einer adeligen Person die ihr zustehenden Rechte verweigerte. Den Dachdecker prägte die gleiche Mentalität, welche die Schotten jenem *lad that's born to be King* unverbrüchliche Treue halten ließ, obwohl sie ihn gar nicht kannten.

Von der adelig höfischen Gesellschaft gestörte Ordnung: das Schicksal der Prinzessin von Ahlden. Was vordergründig als die berühmteste Liebesbeziehung der niedersächsischen Landesgeschichte erscheint, spiegelt im individuellen Schicksal die höfischen Ordnungsvorstellungen, jene konsensgebundenen Orientierungen, ohne die keine Gesellschaft auskommen kann.

Mit Kohle hatte das unglückliche Kammerfräulein von dem Knesebeck an die Wand ihres Scharzfelder Gefängnisses geschrieben: »Die hannoversche Regierung muß eine große Ungerechtigkeit begangen haben, weil sie mir den Mund bindet. Denn wann sie vor der ganzen Welt verantworten könnte, was sie in der Churprinzess ihrer Sache gethan – warum darf ich dann nicht sprechen?« Das Kammerfräulein wußte intime Details von einem Ereignis, das an europäischen Fürstenhöfen noch um 1700 immer wieder diskutiert wurde, das sogar der Herzog Anton Ulrich von Braunschweig-Wolfenbüttel in seinem berühmten Roman »Die römische Octavia« (1707) kaum verschlüsselt vor einem brennend interessierten Publikum ausgebreitet hatte. Niemand wußte in Europa, was mit dem Grafen Philipp Christoph von Königsmarck geschehen war, der seit Anfang Juli 1694 spurlos verschwunden war. Der hannoversche Hof erklärte stets, nichts über das Verschwinden des Grafen zu wissen.

Jener Graf Königsmarck wurde 1665 in Stade geboren, ein Enkel des Hans Christoph von Königsmarck, eines der berühmtesten Heerführer des Dreißigjährigen Krieges. Der Onkel Otto Wilhelm war Feldmarschall in venezianischen Diensten, der Vater fiel 1673 als holländischer Generalleutnant. Herkunft und Verwandtschaft zeigen: Philipp Christoph gehörte einer der führenden Adelsfamilien Europas an. Internationalität prägte diese Familie. In London, am Hofe der Stuarts wuchs der junge Graf auf, er erhielt hier eine standesgemäße Erziehung. Er wurde ein glänzender Reiter, aber blieb lebenslang auch ein leidenschaftlicher und bedenkenloser Spieler. Fürstliche Höfe waren ein Teil der Lebenswelt der Königsmarck, typisch für eine adelige Familie; Philipp Christophs Schwester war jene berühmte Aurora von Königsmarck, die Mätresse Augusts des Starken von Sachsen, die Mutter jenes Moritz von Sachsen, der dann später Marschall des Königs von Frankreich wurde.

Neben dem Hof war, der Familientradition gemäß, das Feldlager die andere Seite der Königsmarckschen Lebenswelt. Seit 1683 lag Philipp Christoph vier Jahre lang zu Felde im Krieg gegen die Türken. Ein türkisches Zelt und andere orientalische Beutestücke brachte er aus diesem Krieg mit, aber auch aus den sumpfigen Niederungen Ungarns die Malaria. Im Mai 1689 wird er hannoverscher Oberst und führt zwei Gardekompanien in den Reichskrieg gegen Frankreich. Ein solcher Mann ist aber zugleich auch Hofmann. Er zehrt von seinem Kriegsruhm – bei einem großen Maskenball tritt er 1693 als Großwesir auf –, und ebenso von dem verschwenderischen Glanz seiner Haushaltung mit 14 Domestiken. Ein Höfling, der dem Hof zur Zierde gereicht. Was zählten in dieser Welt Fragen nach den tatsächlichen materiellen Verhältnissen? Die schwedische Domänenreduktion, das Bemühen des schwedischen Königs, die einst ausgegebenen Güter wieder einzuziehen, hatte die Königsmarck finanziell schwer getroffen. Das betraf unter anderem die königsmarckschen Domänen Bederkesa und Neukloster in den damals schwedischen Herzogtümern Bremen und Verden. Philipp Christoph war zudem durch seine horrenden Spieleinsätze immer wieder hoch verschuldet. Hannoversche Hoffaktoren, Juden, mußten ihm mehrfach aus der finanziellen Klemme helfen. Aber nüchternes Fragen nach den tatsächlichen Umständen zählte wenig in einer Welt, in der das prächtige Auftreten des Grafen Königsmarck, des vollendeten Höflings und des mutigen Offiziers, allenthalben Bewunderung erregte.

Ein vornehmer Fürstenhof wie der zu Hannover bestand nicht nur aus glänzenden Höflingen, viele Abenteurer waren darunter. Die soziale Vielfalt, die sich hinter dem Begriff Adelswelt verbarg, spiegelte sich in einer solchen Hofgesellschaft. Ein Hof war Refugium von Adelssöhnen, die hier Versorgung erhofften, wie jener Kammerherr Wilken von Klencke, der um 1690 mehrfach zu diplomatischen Sendungen gebraucht wurde, dessen Spur sich aber um 1700 aus den Akten verliert. Nicht nur Angehörige des alten hannoverschen Adels wie von Klencke kamen an den Hof, sondern auch, wie der Vater des Höflings Philipp Adam von Eltz, Adelige aus fernen Landen, die hier ihr Glück zu machen hofften. Philipp Adam von Eltz war es gelungen: Er wurde 1692 Hofmeister des Kurprinzen Georg, also Erzieher des späteren Königs Georg II. von England, und 1702 Geheimer Rat, Minister. Versorgt am Hofe wurden auch Adelige wie Johann Christoph von Stubenvol, der seit 1691 als Kammerjunker nachweisbar ist und mit einer unehelichen Tochter Herzog Ernst Augusts verheiratet war.

Kein Hof jener Zeit, der auf Glanz und Ansehen hielt, kam ohne Italiener aus. Zwischen 1665 und 1696 sind allein acht Angehörige der Familie Montalban am welfischen Hof nachgewiesen. Typisch dafür, daß innerhalb der Hofgesellschaft noch eigene Verwandtschafts- und Beziehungskreise bestanden, abschattierte Klientelverhältnisse ebenso wie abschattierte Formen der Protektion. Ein Angehöriger dieser Familie, Don Nicolò di Montalban, war zwar zum Priester geweiht, aber fand in Hannover als vielseitiger Höfling Verwendung. Er konnte Operntexte schreiben und verstand auch etwas von repräsentativem Bauen. So war er »Intendant«, Bauleiter des Schlosses zu Osnabrück. Der zum Priester geweihte Mann war der Hofgesellschaft bekannt wegen seiner Frauenaffairen und seiner Spielschulden. Und auch ihm halfen in Geldverlegenheiten jüdische »Bankiers« wie Leffman Behrens, dessen Dienste sogar der Kurfürst selbst in Anspruch nahm. Wie allenthalben in deutschen Landen beruhte der Glanz eines Hofes auf dem Kredit; im Schatten des Glanzes stand der jüdische Hoffaktor, reich geworden nicht durch Wucher, sondern durch Kreditschöpfung innerhalb eines europäischen Kapitalmarktes, durch einen Wagemut, zu dem sich christliche Kaufleute nicht bequemen wollten.

Reichtum und Elend spiegelt das Prisma des Hofes in den verschiedensten Facetten: Der hochverschuldete Höfling, auf den heller Glanz der Repräsentation fällt – und in seinem Schatten der jüdische Hoffaktor. Und dessen Reichtum nutzt den armen Juden. Leffman Behrens schützt mit seinem Einfluß und unterstützt mit seinem Geld die hannoversche jüdische Gemeinde.

Die vier genannten Adeligen, von Klencke, von Eltz, von Stubenvol und di Montalban, welche die soziale Vielfalt repräsentieren, die sich hinter dem Begriff »höfische Gesellschaft« verbirgt, lauerten in der Nacht des 2. Juli 1694 im Leineschloß einem leger gekleideten Manne auf. Weder in prächtigem Hofkleid noch in militärischer Uniform hatte Philipp Christoph Graf Königsmarck das Schloß betreten. Ein Schmied hatte den Grafen auf seinem Weg gesehen. Er hatte sich dabei nichts gedacht. Noch nicht einmal die legere Kleidung des Hofmannes erschien ihm bemerkenswert. Und das ist bemerkenswert: Unsere durch Porträts und museale Ausstellungsstücke geprägten Vorstellungen von höfischer Kleidung blenden den Alltag aus. Tagtäglich in zeremonielle Kleidung eingezwängt zu sein, war eine Pflicht der Lakaien. Vom Fürsten bis zum Höfling machte man es sich normalerweise bequem in Kleidern, die keinen Maler fanden, die niemandem bewahrungswürdig erschienen.

In Lebensgefahr befand sich Graf Königsmarck, als er das nachtdunkle Leineschloß betrat. Mörder, die sein Ziel kannten, lauerten ihm auf. Don Nicolò von Montalban führte den tödlichen Streich. Es war ein Mord. Was der hannoversche Hof stets gegenüber der europäischen Öffentlichkeit bestritten hatte, konnte erst der große Landeshistoriker Georg Schnath aufdecken. Montalban, der ständig überschuldete Kavalier, sollte mit einem Mal, eben 1694, über die Zinsen eines hohen, bei der hannoverschen Kammer hinterlegten Kapitals verfügen: Auf seinen Namen ist hier ein Guthaben von fast 10.000 Talern eingetragen, das ihm zwar nicht ausbezahlt wird, dessen Zinsen er aber lebenslang genießen kann – sie ermöglichen ihm ein Leben in Wohlstand –, und die er auch vererben darf. (Selbst in dieser finsteren Affaire um den Mord an Philipp Christoph von Königsmarck schimmert doch, im Hintergrund, ein Stück hannoverscher Rechtlichkeit: Die von Montalban an eine seiner Geliebten vermachten Zinsen wurden pünktlich ausgezahlt.)

Seit Jahren hatte ein Liebesverhältnis zwischen Königsmarck und der Kurprinzessin bestanden. Wenn sie sich nicht sehen konnten, falls Königsmarck im Felde stand oder die Prinzessin auf Reisen war, schrieben sie sich seit 1690 Briefe, die zum Teil erhalten sind: Briefe voller höfischer Formeln – die beiden Liebenden siezten sich –, die die Sätze einer tiefen und vielfach verzweifelten Liebe nicht verbergen können. Unvermittelt bricht im November 1693 der Briefwechsel ab – Zeichen für die Gefahren, von denen sich die Liebenden umstellt sahen. (Zu gleicher Zeit verschlechtern sich auch die Vermögensverhältnisse Philipp Christophs dramatisch.)

Das Hoffräulein von dem Knesebeck mochte noch so geschickt vorgehen, mochte die verschlüsselten Briefe in die Handschuhe oder in den Hut des Grafen Königsmarck »praktizieren«, ein solches Verhältnis blieb am Hofe nicht verborgen. Es ging dabei gar nicht so sehr um Fragen der Moral – darin war man großzügig. Georg Ludwig, der Mann Sophie Dorotheas, hatte selbst zwei uneheliche Kinder; und jeder wußte am Hofe, daß jene Laura di Montecalvo eine natürliche Tochter des Kurfürsten Ernst August war, und dieser hatte sich auch keine Mühe gegeben, seine Vaterschaft zu verbergen: Montecalvo war die italienische Übersetzung von Calenberg. Das Ungewöhnliche war, daß eine Kurprinzessin, daß eine künftige Fürstin sich das herausnahm, was eigentlich nur den Männern zustand; so hatte es auch im fernen Paris die Schwester der Kurfürstin Sophie, Lieselotte von der Pfalz, gesehen: Daß die Männer Geliebte und auch »Buben« hätten, das wäre doch normal, bei den Frauen jedoch wäre es etwas anderes. Vielleicht hätte man am hannoverschen Hofe auch das Verhältnis der Kurprinzessin toleriert, hätte auf die Gerüchte, Graf Königsmarck sei tagelang in den Gemächern Sopie Dorotheas verborgen, nicht viel gegeben, wenn die Liebenden nicht einen Plan verfolgt hätten, um ihrer Verzweiflung Ruhe zu geben: die Scheidung Sophie Dorotheas.

Hektische Tage in Hannover nach dem Mord an dem Grafen Königsmark: Sein Haus wird durchsucht, nach elf Tagen wird auch das Fräulein von dem Knesebeck verhaftet, und Sophie Dorothea wird in geschlossener Kutsche vom Hof in ihre Gefangenschaft gebracht. Als 1703 nach Jahren der Mißstimmung sich die Braunschweiger Herzöge mit den hannoverschen Vettern versöhnten, fragte Anton Ulrich scheinbar harmlos, warum man die Prinzessin denn in Ahlden festhalte. Man gab ihm zur Antwort, daß sie ihren Gatten böswillig verlassen habe. Rudolf August, der Mitregent Anton Ulrichs, konnte sich die Bemerkung nicht verkneifen, »wie das wohl sein könne, wenn man die Person auf einen Wagen setzte und sie mit Gewalt hinwegführe«; eine Äußerung, über die man am hannoverschen Hof, wie der dänische Gesandte berichtet, »wenig scharmirt« war.

Warum aber mußte der Mord an Königsmarck geschehen, warum mußte Sophie Dorothea – wenngleich mit einer fürstlichen Apanage von zunächst 8.000 und dann 14.000 Gulden – in ihre Gefangenschaft geführt werden? Es war keine Reaktion auf eine Liebe, es war eine Reaktion, die aus Furcht vor den Gefahren erfolgte, die aus dieser Liebe entstehen konnten; die Scheidungsabsichten stellten die dynastischen Hoffnungen der hannoverschen Welfenlinie in Frage.

Die Dynastien und ihr europäischer Horizont in der niedersächsischen Geschichte

Bereits im späten Mittelalter war »Fürstentum« nicht einfach als zeitgemäßes Synonym für »Staat« zu verstehen, sondern war die Herrschaft eines Fürsten, der in übergeordnete Beziehungen zu seinem Verwandtschaftskreis eingebunden war, der selbst in Generationen, in Vorfahren und Nachfolgern, zu denken hatte. Um 1700 aber erwies sich auf niedersächsischem Boden, daß die alte fürstliche Einbindung in genealogische Strukturen einen ganz anderen Horizont gewonnen hatte: Nach dem Tode des letzten Oldenburger Grafen Anton Günther 1667 war Oldenburg gewissermaßen als Familienerbschaft an das dänische Königshaus gefallen. Noch komplizierter gestalteten sich die Verhältnisse in der kleinen Herrschaft Jever. In diesem Land, das seit 1575 in Oldenburg in Personalunion verbunden war, konnte Anton Günthers Neffe Johann von Anhalt-Zerbst 1667 die Herrschaft antreten. Niemand ahnte damals, daß dieses Land durch die Zarin Katharina II. aus dem Hause Anhalt-Zerbst von 1793-1818/23 an das russische Zarenhaus gelangen würde. Die Hoffnungen des Kurfürsten von Hannover, daß ihm oder seinem Nachfolger die englische Königswürde beschieden sein könnte, gewannen bereits 1701 in dem vom Londoner Parlament verkündeten »Act of Settlement« eine feste Grundlage, und schließlich sollten die ostfriesischen Lande der Cirksena 1744 als Erbe an den Preußenkönig gelangen. In keinem der Fälle ging es um irgendwelche staatlichen Gebietserweiterungen, es ging immer nur um das jeweilige fürstliche, kurfürstliche oder königliche Haus.

Der Erwerb von Ländern nach dynastischen Kategorien war unterschieden von dem Erwerb nach Kriegsrecht. Ob Hannover, Oldenburg, Jever oder Ostfriesland – die Zugehörigkeit dieser Länder zu europäischen Kronen unterschied sich doch von jenen 1645 nach Kriegsrecht von Schweden gewonnenen Hochstiften Bremen und Verden, die 1648 säkularisiert und als Herzogtümer dem schwedischen Königshaus unterstellt wurden (ohne daß die Stadt Bremen ihre Autonomie verlor). Sie dienten vor allem der Rekrutierung, Stationierung und Finanzierung von Truppen, bildeten militärische Stützpunkte. An dieser besonderen Struktur lag es, daß nach dem Niedergang der schwedischen Machtstellung 1712 dänische Truppen das Herzogtum Bremen und kurhannoversche Kontingente das Herzogtum Verden eroberten und damit vorbereiteten, daß Hannover 1719 im Frieden von Stockholm die beiden Herzogtümer gegen Zahlung von einer Million Reichstaler erwerben konnte. Die durch Kriegsrecht erworbenen und demgemäß durch Kriegsrecht verlorenen Herzogtümer der Krone Schwedens waren im dynastischen Denken der Zeit eben nicht so unantastbar wie die durch Heirat und Erbe einer Krone zugefallenen, durch die Rechtsgestalt der Personalunion in ihrer Eigenständigkeit respektierten Länder.

Landgewinn im Kontext dynastischen Denkens: Oldenburg wurde ebensowenig dänisch, wie späterhin Jever russisch. Gewiß, die Grafschaft Oldenburg hatte zwischen 1712 und 1720 fast eine Million Reichstaler zur Bestreitung von Kriegskosten der dänischen Krone aufzubringen; aber das bewirkte keineswegs höhere Abgaben, als sie »einheimische« Landesherren in Kriegsfällen von ihren Untertanen forderten. Erst wenn man sich von modernen Vorstellungen von Staatlichkeit und territorialer Macht löst, erkennt man die Bedeutung des dynastischen Denkens nicht nur in den niedersächsischen Ländern, die mit europäischen Dynastien verbunden waren, sondern auch im Braunschweiger Herzogtum, das nach wie vor von dem angestammten Welfenhaus regiert wurde. Enge des Herzogtums und Weite des dynastischen Horizonts: Ludwig Rudolf (1671-1735), der jüngere Bruder des regierenden Braunschweiger Herzogs August Wilhelm (1714-1731), hatte die Herrschaft Blankenburg inne, die nominell 1707 zum Reichsfürstentum erhoben worden war. Die karge Apanagierung als Schicksal nachgeborener Fürstensöhne war kein Hinderungsgrund, daß die ältere Tochter, Elisabeth Christine, 1708 mit Kaiser Karl VI., und die jüngere, Charlotte Christine Sophie, 1711 mit dem Zarewitsch Alexej vermählt wurden. Der politisch unbedeutende Ludwig Rudolf, 1731 bis 1735 regierender Herzog von Braunschweig, wurde, weil er eben einem erlauchten Geschlecht angehörte, zum Großvater Maria Theresias und des Zaren Peters II. (1727-1730).

Die Bindung an das Kaiserhaus bestimmte jahrzehntelang die Braunschweiger Außenpolitik, genauer die des fürstlichen Hauses. Ferdinand Albrecht II.

von Braunschweig-Bevern (1680-1735) war an den großen Siegen des Prinzen Eugen gegen die Türken im Jahre 1716 beteiligt und erwies sich auch in der Folgezeit auf diplomatischer Bühne des *Theatrum Europaeum* als Sachwalter habsburgischer Interessen.

Das Denken in dynastischen Kategorien von Würde und Ansehen des Herrscherhauses und nicht in denen meßbarer »territorialer« Macht zeichnet sich um 1700 als überaus folgenreich für die Geschichte Niedersachsens ab. Um dieses Denken und seine Fernwirkung zu konkretisieren, sei auf eine wesentlich spätere Proklamation verwiesen: Am 26. Oktober 1814 behauptete der Prinzregent kühn, daß die Kurfürsten des alten Reichs »gesetzlich den Königen gleich geachtet wurden« und erhob Hannover zum Königreich. Dabei argumentierte er mitnichten mit der Macht seines Staates, sondern mit der Würde seines Hauses, »weil nämlich unter den Alt-Churfürstlichen Häusern ... eins der Neueren, welches im Range Unserm Hause nachstand, die Königliche Würde angenommen« hatte. Jeder Zeitgenosse wußte damals, wen der Prinzregent meinte, nämlich den König von Bayern, der 1806, übrigens ebenso wie der von Württemberg, seine neue Würde von Napoleons Gnaden erhalten hatte. Und auch die Begründung war den Zeitgenossen einsichtig; das Geschlecht der Welfen war in der Tat wesentlich älter und vornehmer als das der Wittelsbacher. Beispiel dafür, daß neben dem abstrakten Staatsgedanken der ganz konkret in Personen zu fassende Gedanke der Dynastie, des königlichen Hauses, eine entscheidende Rolle bei der Gestaltung der politischen Landkarte gespielt hatte.

Grundlage einer Entwicklung, die schließlich dazu führte, daß um die Mitte des 18. Jahrhunderts der niedersächsische Raum »fremdherrisch« regiert zu werden schien, waren Heirat, waren Erbe als entscheidende Kategorie des Selbstverständnisses eines fürstlichen Hauses. Die Heirat aber hatte nach dem Standesdenken des Hochadels die Ebenbürtigkeit zur Voraussetzung. Graf Anton Günther von Oldenburg vermochte mit kluger Politik sein Land durch die Gefährdungen des Dreißigjährigen Krieges steuern, aber für seine eigene Erbfolge konnte er nicht die Spielregeln der europäischen Herrscherhäuser außer Kraft setzen. Sein einziger, 1633 geborener Sohn Anton, einer außerehelichen Verbindung mit einer österreichischen Landadeligen entstammend, war nicht erbberechtigt. Es gelang dem Grafen lediglich, seinem Sohn 1663 die Herrschaft Kniphausen, das letzte Überbleibsel mittelalterlich autonomer ostfriesischer Häuptlingsherrschaft, zu sichern. Die Fürstenheirat war – und wurde auch von den Zeitgenossen so begriffen – ein Ereignis von eminent wichtiger Bedeutung. Das Ehedrama, das sich zwischen dem hannoverschen Kurprinzenpaar abspielte, war weit mehr als eine private Angelegenheit. Aber dramatische Verstrickungen, in denen Privates und Politisches aufs engste miteinander verbunden waren, hatten auch schon zuvor eine Rolle gespielt, hatten bei dem atemberaubenden dynastischen Aufstieg der hannoverschen Welfenlinie geradezu die Bedeutung einer zukunftsweisenden politischen Weichenstellung gehabt.

Orantenstatue vom Grabmal Graf Anton Günthers, 1660 von Johann Heinrich aus Neuß ausgeführt. Schon zu seinen Lebzeiten ließ Anton Günther sein aus Sandstein, Alabaster und Marmor gefertigtes Epitaph für sich und seine Gemahlin in der Lambertikirche aufstellen, Ausdruck seiner Herrschaftsgesinnung, die mit einem steten memento mori *den Landesvater an seine Verantwortung vor Gott erinnerte.*

Kurfürst Ernst August. Das Frontispiz zum Geschichtswerk von Gottfried Wilhelm Leibniz, das die große Geschichte des Welfenhauses dokumentieren sollte, zeigt im Vergleich mit der Orantenstatue Anton Günthers den Wandel der Herrschaftsauffassung zur absolutistischen Repräsentation.

Ernst August war der jüngere Bruder des Lüneburger Herzogs Georg Wilhelm. Mit diesem, mit dem Älteren, war zunächst Sophie von der Pfalz verlobt gewesen. Ein genialer Jugendstreich des Nachgeborenen war es, diese Sophie 1658 von seinem Bruder zu »übernehmen«. In einer eigenen Entsagungsurkunde verzichtete Georg Wilhelm auf seine Verlobte. Die vornehme Pfälzerin, die überaus geistreiche Sophie, deren erlauchten Ahnen die Welfen dann die englische Thronfolge verdanken sollten, war sich nicht zu schade, mit Ernst August als Bischof von Osnabrück (1661-1679) auf der bescheidenen Iburg zu residieren, wo ihre Kinder Georg Ludwig und Sophie Charlotte geboren wurden. Daß ein späterer König von England und eine spätere Königin von Preußen auf einem wenig repräsentativen Schloß geboren wurden, zeigt, welche Bedeutung Verwandtschaft, welche Bedeutung das Denken in dynastischen Beziehungen fernab vordergründiger Manifestationen von »Macht« hatte. Die Iburg als Hof: Ein vornehmes Stadtpalais in der ehemaligen Bischofsstadt, die stolz auf ihre Freiheit pochte, war nach den Entwicklungen der Bischofsstädte zu Freistädten, wie im Falle Osnabrück, dem Herzogspaar jahrelang verwehrt. Die Herrschaftsnachfolge Ernst Augusts stand in weiter Ferne und trat erst ein, als 1679 sein älterer Bruder Johann Friedrich ohne erbberechtigte Nachkommen verstorben war. Ob man in der damaligen Fürstenwelt von Liebesheiraten sprechen darf, sei dahingestellt; aber ohne eine tiefe Zuneigung hätte Sophie kaum eingewilligt, den nachgeborenen Welfensohn zu ehelichen. Niemand wußte damals, daß, wie 1814 der Herzog von Cambridge formulierte, durch »den weisen Ernst August die Größe unseres Hauses begründet« worden sei. »Bischöfin Sophie« – nur möglich durch die staatsrechtlichen Konstrukte des Westfälischen Friedens – damit begnügte sich Sophie; daß Ernst August einmal die hannoverschen Lande übernehmen könne, war damals noch keineswegs vorherzusehen.

Liebe als Zerstörerin dynastischer Planungen, als latente Gefahr für die alteuropäische Adelswelt, hat bei Ernst Augusts Bruder Georg Wilhelm die entscheidende Rolle gespielt, als er seine Verbindung mit Eleonore d'Olbreuse einging. Eine unstandesgemäße Ehe. Daß Eleonore aber trotz allem als Herzogin förmlich legitimiert wurde, daß das einzige Kind aus dieser Ehe, die Prinzessin Sophie Dorothea also, Erbin eines Herzogtums werden konnte, das war Thema der großen Politik. Eine Liebesbeziehung war zu einer Frage von europäischer Bedeutung geworden, als Wilhelm III. von England sich zum machtvollen Förderer der Standeserhebung Eleonores, die aus einer einfachen französischen Adelsfamilie stammte, aufwarf. Der eigentliche Drahtzieher jedoch, dem letztlich Eleonore ihre Standeserhöhung zu verdanken hatte, war Ernst August gewesen. Dieser wollte durch die Heirat der Tochter Eleonores mit seinem Sohn Georg Ludwig die hannoverschen und die lüneburgischen Lande vereinigen.

Natürlich dachte Ernst August bei seinen Plänen auch an »Macht«, an die Konzentration welfischer Herrschaft; aber das war für ihn –und darauf kommt es an – kein Selbstzweck, sondern Voraussetzung zur Ansehenssteigerung seines Hauses, für die Wiedergewinnung jener Geltung, welche die Welfen zur Zeit Heinrichs des Löwen besessen hatten. (Herrschaftsprogramm: Mit der Oper »Enrico Leone« von Agostino Steffani sollte Ernst August das repräsentative neue hannoversche Opernhaus eröffnen lassen.) Aber dazu mußte er entscheidende Vorarbeit leisten, die einen Bruch mit den dynastischen Traditionen seines Hauses darstellte, er mußte mit der Primogeniturordnung von 1682/83 das Erstgeburtsrecht in seinem Lande durchsetzen. Schon im späten Mittelalter hatten manche Fürstentümer ein solches Recht geschaffen, um künftigen Landesteilungen vorzubeugen. Im welfischen Hause jedoch war die Tradition der Vergangenheit so stark, daß Ernst Augusts Ordnung von 1682/83 den sogenannten Prinzenaufstand auslöste, den Protest der jüngeren Brüder Georg Ludwigs. Sie wollten, auf ihren seit alters den Söhnen zugebilligten Herrschaftsansprüchen bestehend, nicht anerkennen, daß mit der Ordnung des Vaters die Kurwürde, die ein Erstgeburtsrecht voraussetzte, projektiert war. (Und ohne die Kurwürde wären wohl alle Hoffnungen auf die englische Sukzession, die man sich in Hannover zunächst im geheimen machen konnte, hochfliegende Visionen eines deutschen Kleinfürsten geblieben.)

Mochten auch die nachgeborenen Söhne Ernst Augusts über die Primogeniturordnung grollen, mochte man auch in Braunschweig mißgünstig den Aufstieg der hannoverschen Linie zur Kurwürde kommentieren, der eigentliche Benachteiligte bei diesem Aufstieg war Georg Wilhelm, der Herzog von Lüneburg, der Oberste des niedersächsischen Reichskreises. Er war der ältere Bruder, ihm hätte von Rechts wegen die Führung des Hauses zugestanden. Zudem: Bei seinem Regierungsantritt war das Lüneburger Herzogtum weit bedeutender als der hannoversche Landesteil. Deswegen wurde das Herzogtum Grubenhagen 1665 von Lüneburg an die Calenberger Linie übertragen, um die beiden Fürstentümer zu »äquipollieren«, um sie einigermaßen gleichwertig zu machen. Wenn Georg Wilhelm so bereitwillig zurücktrat, wenn er ohne Eifersucht im Schatten seines Bruders verblieb, ja wenn er letztlich zustimmte, daß durch das Erbe seiner einzigen Tochter dem hannoverschen Haus als einem bedeutenden Fürstentum die Zukunft gehören würde, dann steht dahinter doch etwas, was den dynastischen Gedanken oft zutiefst irritiert hatte: die Liebe zu seiner Frau Eleonore, deretwegen er zu jeglichem Verzicht auf Würden, die ihm von Geburt zustanden, bereit war.

Von der Liebe seines Bruders hatte Ernst August profitiert; die Liebe seiner Schwiegertochter störte seine Pläne zutiefst. Innerhalb der europäischen Fürstenwelt war die Standeserhebung der Eleonore d'Olbreuse stirnrunzelnd zur Kenntnis genommen worden. Auch hochadelige Tanten haben ein langes Gedächtnis. Und jetzt noch ein drohender Eheskandal! Was unbedingt gerettet werden mußte, waren nicht Recht und Sitte, sondern das Ansehen der Dynastie. Ob allerdings Ernst August die Ermordung des Grafen Königsmarck angestiftet hat, ist nicht sicher und wohl auch unwahrscheinlich – Höflinge wußten ohne Auftrag, wie sie ihrem Herren einen Gefallen erweisen konnten –, daß er aber als Herr des Hofes von dem Geschehen wußte, ist mit Sicherheit zu unterstellen.

Das Denken in dynastischen Kategorien um 1700 brachte am hannoverschen Hof nicht nur – die dunkle Seite – die Obsession hervor, Sophie Dorotheas Liebe gefährde die *Grandeur* des welfischen Hauses, sondern es verpflichtete auch – die helle Seite – einen der größten Gelehrten der Weltgeschichte. Neben seinen vielen Tätigkeiten am hannoverschen Hof war Gottfried Wilhelm Leibniz mit Fragen der welfischen Genealogie beschäftigt. Ausgedehnte Bibliotheksreisen bis nach Italien unternahm er im Auftrag des Kurfürsten, um die Ursprünge des welfischen Hauses zu ermittln. Daß er, der Universalgelehrte, der große Philosoph und Mathematiker, im Dienste seines Herren mit der Herausgabe der »Origines Guelphicae« zum Mitbegründer der modernen quellenkritischen Geschichtswissenschaft wurde, darf nicht verkennen lassen, daß die wuchtigen Folianten, Grundlagenwerke, aus dynastischer Perspektive heraus entstanden sind. Und auch im geschäftlichen Alltag wird immer wieder sichtbar, daß Genealogie und praktische Politik unmittelbar zusammenhängen. Wenn Leibniz der Herkunft der Reichssturmfahne oder des Wappens der Grafschaft Diepholz nachgeht, so dient das ebenso dem Haus Hannover wie die von ihm entworfenen Medaillen für Hochzeitsfeierlichkeiten, etwa jener der Charlotte Felicitas von Braunschweig mit Herzog Rinaldo von Modena.

Ländliche Lebensformen um 1700

Wer von einem Blick auf Ackerfluren schließt, diese wären geschichtslos, irrt. Die heutigen Bewertungszahlen der Bodengüte können noch nicht einmal in die frühe Neuzeit zurückgeschrieben werden. Niemand weiß zum Beispiel heute noch etwas von dem Problem des »Ortsteins«. Dieser entsteht durch Erosion, wenn sich unterhalb der Pflugtiefe, nachdem die Mineralien aus der Oberfläche ausgewaschen sind, eine harte, bei der Feldbestellung undurchdringliche Schicht gebildet hatte. Erst die tiefergehenden Pflüge des 19. Jahrhunderts konnten diese Schicht aufbrechen. Nicht nur die neuen Düngemethoden des 19. Jahrhunderts veränderten den Boden.

Der Zwang, die natürlichen Ressourcen bis ins kleinste ausnutzen zu müssen, bestimmte die Architektur der Dörfer; der »Architekt« war hier bis ins 19. Jahrhundert der mit den agrarischen Zwängen vertraute Zimmermann. Ein Beispiel: Die Scheunen stehen in unserem »Modell«-Dorf Eberholzen in Ost-West-Richtung, damit man im Winter beim Dreschen den Westwind nutzen konnte. Bei geöffneten Scheunentoren wehte der Wind die leichtere Spreu aus der Scheune, das schwerere Korn fiel auf die Diele.

In einem Dorf wie Eberholzen wurde viel gewählt, zum Beispiel die drei Hirten der Gemeinde. Und weiterhin: Der Pastor schlug der Gemeinde bei der

Farbtafel 1: Eine Stiftsgründung aus spätmittelalterlicher Sicht: die Gründung des Damenstifts Fischbeck im Jahre 955. Nach einem Gottesurteil gelobt die Edeldame Helmburgis, eine Ecbertinerin, die Gründung des Stifts. Das letzte Medaillon zeigt sie mit vier Stiftsdamen in der romanischen Stiftskirche. Der Wandteppich von 1583 ist mit den Familienwappen von 12 Stiftsdamen umrahmt (unter anderem von Mandelsloh, von Münchhausen, von Ahlden).

Farbtafel 2: Wassermühlen bilden die Keimzellen des wirtschaftlichen Lebens – der mittelalterliche Bau der »Hagenmühle« an der Ilse in Hornburg.

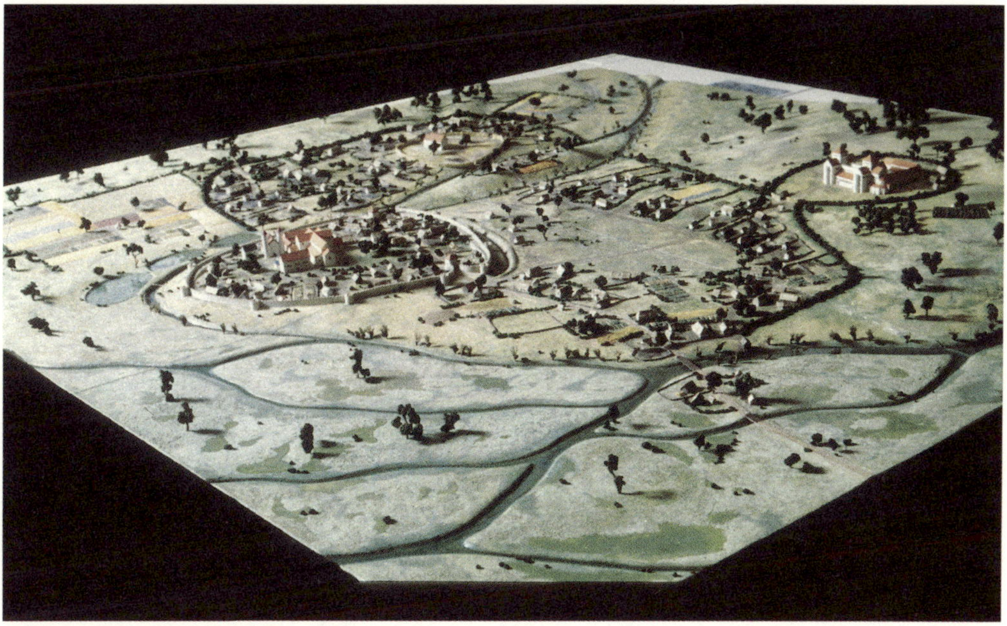

Farbtafel 3: Hildesheim als Beispiel einer aus mehreren befestigten Immunitäten zusammenwachsenden mittelalterlichen Stadt in der Zeit um 1022. Modell mit Sicht aus südwestlicher Richtung.

Farbtafel 4: Die Verdener Norderstadt (links mit Johanniskirche, Rathaus und Nikolaikirche) und das Süderende (rechts mit Dom und Andreaskirche), Farbdruck von etwa 1900 nach einer vorlorenen Tuschzeichnung von 1663.

Farbtafel 5a: Das Kuppelreliquiar aus dem Reliquienschatz des Braunschweiger Stifts St. Blasius (sogenannter Welfenschatz). Bedeutendste Preziose aus dem Schatz, die lange als Behältnis von Reliquien des Heiligen Gregor von Nazianz galt. Dem Stift wohl von Heinrich dem Löwen oder Otto IV. geschenkt – Kölner Arbeit der zweiten Hälfte des 12. Jahrhunderts.

Farbtafel 5b: Das Kopfreliquiar des Heiligen Oswald aus dem Reliquienschatz des Hildesheimer Domes. Wahrscheinlich eine Stiftung des sächsischen Herzogspaares Heinrich und Mathilde, das damit Mathildes Abstammung von acht heiligen englischen Königen hervorheben wollte – Goslarer Arbeit von etwa 1185/89 (die Krone aus dem letzten Jahrzehnt des 12. Jahrhunderts).

Farbtafel 6: Wappenkästchen Kaiser Ottos IV. mit seinem Wappen (unteres Bild, Mitte), dem des Pfalzgrafen Heinrich (unmittelbar über dem Kaiserwappen) und zwei gräflichen Turnierreitern (oberes Bild, vorne), dem von Dassel (rechts) und dem von Wohldenberg-Harzburg (links) – fatimidische Bastarbeit mit norddeutscher Wappenbemalung von etwa 1208/10.

Farbtafel 7: Pfalzgräfin Agnes, Witwe Heinrichs, des ältesten Sohnes Heinrichs des Löwen, als Reichsfürstin und Klosterstifterin. In der Rechten hält Agnes das Modell der Klosterkirche des 1221 gegründeten Zisterzienserfrauenklosters Wienhausen – Kalkstatue aus der Mitte des 13. Jahrhunderts im Kloster Wienhausen.

Farbtafel 8: Die Grafenburg Wölpe als Beispiel einer Turmhügelburg mit Kemenate (Ruine links), die im Spätmittelalter zur Gräfteburg erweitert wurde. Idealisierende Sicht eines anonymen Laienmalers von 1834.

Farbtafel 9: Ritter mit dem Zeichen des Wallfahrers ins Heilige Land: Detail vom Einbanddeckel des Plenars Ottos des Milden. 1339.

Farbtafel 10: Erich I. und Elisabeth von Calenberg. Gemälde eines unbekannten zeitgenössischen Meisters.

Farbtafel 11: Die sogenannte Peiner Hochzeitsschüssel mit zeitgenössischer Darstellung der Belagerung von Peine 1521.

Farbtafel 12: Sophie Dorothea, die »Prinzessin von Ahlden« als Flora. Gemälde nach Henri Gascar (Venedig 1686).

Farbtafel 13: Selbstporträt des Grafen Münster mit Frau und Sohn.

Farbtafel 14: Gedenkblatt zur Feier der 25jährigen Wiederkehr des Endes der Personalunion (1862).

Farbtafel 15: Fahne des Arbeitergesangvereins Hann. Münden.

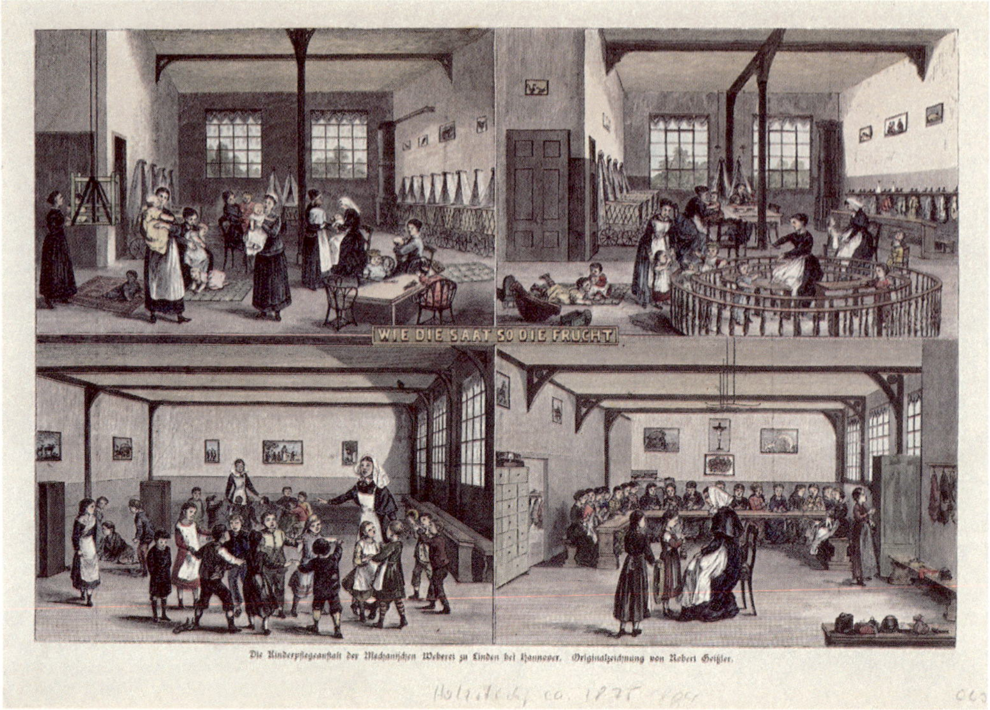

Farbtafel 16: Kinderbewahranstalt der Mechanischen Weberei zu Linden (Hannover). Kolorierter Holzstich nach einer Zeichnung von Robert Geißler. (1884).

Scharnhorst-Karte des Hochstifts Hildesheim. Die lange für verschollen gehaltene Karte ist nicht nur ein bedeutendes Zeugnis für die Landesvermessung, ist nicht nur ein biographisches Zeugnis für den berühmten Reformer der preußischen Armee, sie bietet auch eine erste Anschauung für dörfliche und agrarische Strukturen in vorindustrieller Zeit.

Neubesetzung der Schulmeisterstelle, die mit dem Amt des Küsters verbunden war, mehrere Kandidaten vor, von denen die Gemeinde einen aussuchte.

Die Schule auf dem Land: Entscheidender Unterrichtsgegenstand war die Religion; der Katechismus mußte gekannt und verstanden werden. Lesen, Rechnen und Schreiben spielten eine untergeordnete Rolle. Zwar wurde ein neuer Dorfschulmeister feierlich vom Superintendenten mit einem Gottesdienst eingeführt, aber er blieb dennoch sprichwörtlich arm. Den Sarg des in Eberholzen 1674 verstorbenen Lehrers Moritz Rennemann mußte die Armenkasse bezahlen.

Welche differenzierten Verhältnisse sich über die Generationen im Hinblick auf die sozialen Schichten ergeben konnten, läßt sich noch aus Frühformen des Katasters, wie sie im 18. Jahrhundert bereits entstanden, ablesen. Selbst bereits schematisierende, zur Vereinfachung drängende Karten, wie sie im Zuge der »Verkoppelung«, der ersten Ansätze zu einer Flurbereinigung, zögernd Ende des 18. Jahrhunderts entstanden, lassen die komplizierte Gemarkungsstruktur erahnen, lassen die Widerspiegelung der Sozialstruktur in den Besitzverhältnissen der Feldflur durchschimmern, geben eine ungefähre Vorstellung davon, daß große Höfe auch zerteilt werden konnten, daß Kötter zu Großköttern werden konnten, und sie geben weiterhin eine Vorstellung davon, in welchem Maße der Boden insbesondere zum Rand der Dorfgemarkung hin in Kleinstbesitzungen parzelliert wurde. Kleinbauerntum: Dabei ist zu bedenken, daß nicht nur geringerer Besitz diese Menschen belastete, sondern auch geringeres Recht. Der große Anger, der letztlich über den Viehbesitz innerhalb der Gemeinde entschied, war nur den Vollbauern zugänglich; von seiner Nutzung blieben die Kleinbauern ausgeschlossen. Sogar in den vereinfachenden Verkoppelungsplänen läßt sich das größte Problem der frühneuzeitlichen Agrarlandschaft in Niedersachsen erahnen: der Bevölkerungsdruck.

Wie allenthalben in deutschen Landen reichte auch in Niedersachsen der zur Verfügung stehende Boden nicht aus, um eine anwachsende Bevölkerung zu ernähren. Im Gegensatz zum dichter besiedelten Südwesten werden die Probleme der Überbevölkerung erst im Verlauf des 16. Jahrhunderts in der niedersächsischen Agrarlandschaft wirklich sichtbar. Nicht nur das Entstehen der Brinksitzer ist dafür ein wichtiges Indiz, sondern auch die ersten Nachrichten über die »Hollandgänger«. Im 17., im 18. und noch im frühen 19. Jahrhundert ist diese Hollandgängerei ein Massenphänomen. In großer Zahl wandern Menschen aus den unterbäuerlichen Schichten Niedersachsens zur Saison, also im Sommer und natürlich zur Erntezeit, in die fruchtbaren und prosperierenden Provinzen der Niederlande, um dann im Winter wieder zurückzukehren. Das Phänomen ist auch in anderen deutschen Agrarlandschaften zu beobachten, etwa im »Elsaßlaufen«, das die Herren im Südwesten, ja sogar noch in Bayern beunruhigte. Im Gegensatz zu diesen Gebieten werden aber in Niedersachsen die Grundherren die Hollandgängerei keineswegs verbieten, und auch die Fürsten schreiten nicht dagegen ein: Einsicht, daß der Boden nicht für alle Menschen Nahrung gewährt, ja man scheint sogar dankbar dafür gewesen zu sein, daß auf diese Weise unterbäuerliche Schichten sich noch eine Einkommensquelle verschaffen konnten. Unterstellen wir den Fürsten Einsicht, wo vielleicht eher hochadelige Nachlässigkeit der Grund gewesen sein könnte? Zur Beantwortung dieser in der Tat noch offenen Frage verweisen wir auf einen erstaunlichen Befund: Die niedersächsische Herrschaftswelt kennt nicht das in anderen deutschen Landen seit dem 15. Jahrhundert üblich werdende obrigkeitliche Regelwerk von Gesindeordnungen, von Höchstlohnfixierungen für Tagelöhner, Knechte und Mägde. Vereinzelte Beispiele liegen zwar für solche Ordnungen vor, aber sie stehen isoliert in der Geschichte der Gesetzgebung, verdichten sich nicht zu der in anderen deutschen Landen typischen legislatorischen Normierung von Gesinde- und Tagelöhnerarbeit.

Eine andere Folge des Bevölkerungsdrucks sehen wir im Eichsfeld. Hier im Nebenland des Mainzer Erzbischofs gab es kein Bemühen der Landesherr-

Großbauernhof: Diele und Herdraum des Haakenhofes, ehemals Cappeln, Kreis Cloppenburg.

schaft, die alten Hofgrößen zu erhalten. Fast durchgängig wurden die größeren Höfe zerschlagen; es entstand ein Kleinbauerntum, das die kleinen Parzellen in immer stärkerer Weise ausnutzten mußte. Auf diese Weise wurde der Druck auf den Boden so stark, daß Bodenerosionen durch Übernutzung mit Sonderkulturen die im frühen Mittelalter noch wegen ihrer Fruchtbarkeit so gerühmte Mark Duderstadt veränderte: Auslaugung des Bodens.

Hollandgänger und Entstehen des Kleinbauerntums im Eichsfeld zeigen nur signifikant, welch große demographische Probleme die niedersächsische Agrarlandschaft belasteten. Die entscheidenden sozialen Probleme in der frühen Neuzeit liegen deswegen auch keineswegs mehr im Verhältnis von Bauern und Grundherren, sondern im Verhältnis von Bauern und Gesinde. Daß in vielen niedersächsischen Regionen ein wirtschaftlich prosperierendes Großbauerntum sich halten konnte, darf nicht darüber hinwegtäuschen, daß die eigentlichen sozialen Probleme nur auf das Verhältnis von Herr und Knecht, von Hausfrau und Magd verlagert worden waren.

Das Großbauerntum gibt der niedersächsischen Agrarlandschaft ein charakteristisches Gepräge. Das aber darf nicht darüber hinwegtäuschen, daß die Mehrzahl der Betriebe, unterkapitalisiert nach unseren Begriffen, Betriebe waren, die um ihr Überleben zu kämpfen hatten. Bedroht von alljährlicher Gefahr der Witterungskatastrophen, bedroht etwa von Mäusefraß ebenso wie von zu starken Regengüssen, bedroht von allzu langen Wintern, bedroht auch von Hagelschlag, war bäuerliches Leben weit entfernt von jener bukolischen Idylle, die im 17. und 18. Jahrhundert so gerne die Dichter nach antiker Tradition beschworen, entfernt auch von aller Bauernromantik, die im 19. Jahrhundert das Bild des Städters von den Bauern prägte. Die Härte der Überlebensbedingungen wird in den »Leibzucht«-Verträgen sichtbar; in jenen Vereinbarungen, die der Sohn mit seinen altgewordenen Eltern schloß, um den Hof übernehmen zu können. Es bedeutet keineswegs fehlende Kinderliebe, wenn in diesen Verträgen bis ins einzelne hinein, bis hin etwa zu penibel abgewogenen Erbsenlieferungen, genauestens festgelegt wird, zu welchen Leistungen ein Sohn gegenüber Vater und Mutter verpflichtet ist. Diese detaillierten Verabredungen sind ebenso wie die bisweilen noch erhaltenen »Leibzüchterhäuser« in ihrer bescheidenen Bauweise Ausdruck dafür, daß der normale bäuerliche Betrieb keinerlei Reserven, keinerlei nennenswerte Überschüsse erwirtschaften konnte. Bäuerliches Leben hieß Leben, das dauernd bedroht war, hieß wirtschaften unter härtester körperlicher Arbeit mit einem nur sehr schmalen Ertrag.

Das soziale Zusammenleben im Dorf war unter dem Druck von Boden von Herrschaft und nicht zuletzt von sozialer Ungleichheit innerhalb der Nachbarschaft kompliziert. Ebenso schwierig waren aber auch die Bedingungen des Zusammenlebens auf den Höfen. Schildern wir abschließend einmal die Probleme, wie sie sich innerhalb eines Einzelhofes abspielten, eines Hofes, der noch an die alte hochmittelalterliche Streusiedlung erinnert. Nur in einem bildet ein solcher Einzelhof eine Ausnahme gegenüber jenen Höfen, die im Dorfverband stehen. Galt für letztere die Regel: »Kaufe Nachbars Rind, freie Nachbars Kind«, so warben die Hoferben des Brümmerhofes um Frauen aus der Ferne – etwa aus dem Bremer, aus dem Stader Gebiet. Ihre Frauen stammten von anderen Einzelhöfen, weil nur so die Gewähr gegeben war, daß der Gemahl mit den besonderen Schwierigkeiten eines Einzelhofes, abgeschottet von jeder dörflichen Nachbarschaft, fertigwerden konnte. Jedoch selbst in dieser Besonderheit zeigt sich Grundsätzliches, zeigt sich Verallgemeinbares: Die Ehe im bäuerlichen Kreise war ebenso wie in den Städten bei den kleinen Leuten in erster Linie eine Überlebensgemeinschaft, nicht nur eine Lebensgemeinschaft. Beide Partner mußten miteinander mit den Härten und den Unbilden des Wirtschaftens fertigwerden. Ehe als Überlebensgemeinschaft: Die wirtschaftlichen Rahmenbedingungen diktieren auch das private Verhalten, stellen es unter heute gar nicht mehr nachvollziehbare Zwänge.

Einführend hatten wir an die große bäuerliche Aufgabe erinnert, den Boden urbar zu machen. Wir hatten daran erinnert, daß *cultura* ursprünglich Bodenbearbeitung meinte. In der Entstehung der Kulturlandschaft, in ihrer Ausgestaltung lag aber nicht allein die bäuerliche Leistung; für ebenso bedeutsam halten wir auch die gesellschaftlichen, die sozialen Leistungen, die unter den alltäglichen Härten errungen wurden. In diesem Zusammenhang sei an biographische Aufzeichnungen erinnert, die einen Einblick in bäuerliche Menta-

»Saterländerinnen beim Bierkränzchen«. Kupferstich von J. Penzel (1799). Der Kupferstecher orientierte sich, abweichend von dem ihm gestellten Thema, an allgemein niedersächsischen Zuständen.

litäten geben, Aufzeichnungen, die ungewöhnlich genug sind in einer bäuerlichen Welt, die man auch als Welt vor der Schrift bezeichnet hat.

Als Anfang des 18. Jahrhunderts in einem Dorfe im Lüneburgischen ein einfacher Dorfschulze zur Feder greift, um niederzulegen, was ihn in seinem Lebenskreis bewegt, hat er keinerlei Vorbilder. Was er niederschreibt, ist nicht etwa wie in bürgerlichen Kreisen eine Hauschronik, eine Darstellung der Heiraten und Verschwägerungen seit Großvaters Zeiten, es ist auch keine Hauschronik mit Mahnungen an die Erben, mit Tugendregeln und medizinischen Rezepten. Die singuläre Chronik des Parum Schultze ist ein ganz erstaunliches menschliches Dokument; erstaunlich in der Vielfalt der Berichtsinteressen, unter denen eine bis heute dieser Chronik große wissenschaftliche Aufmerksamkeit gesichert hat: Längst bevor es wissenschaftliche Mode wurde, bemühte sich Schultze um die Bewahrung slawischer Kultur, die er im Wendland vom Untergang bedroht sieht. Er sammelt slawische Wörter, er listet Gebräuche auf, von denen er weiß, daß sie seine Generation nicht mehr überleben werden. Ein Bauer leistet bereits das, worauf die Gelehrsamkeit erst langsam im 19. Jahrhundert kommt. Schultze brauchte nicht den Umweg über den Volksgeist – den die Romantik zu entdecken glaubte –, um sich zur Bewahrung slawischen Kulturgutes in seiner Heimat aufgerufen zu sehen. Er sieht den allmählichen Untergang der slawischen Kultur aus gelebter und erfahrener Nachbarschaft.

In seinem Dorf war Schultze ein hochgelehrter Mann. Er kann das Alter der Welt berechnen – und darüber sollte man nicht achselzuckend hinweggehen; es ist nicht das Berechnen des Alters der Welt, es ist das eigenständige Fragen, das uns wichtig ist.

Eigenständiges Fragen: Und dennoch ist Schultze für uns auch eine Quelle für das verlorengegangene Alltägliche. Sein Berichtshorizont dürfte dem eines normalen Bauern entsprechen. Er ist keineswegs nur an sein Dorf gefesselt, er kommt bis Hamburg, er weiß, was in einer großen Hafenstadt geschehen kann. Das ist auch für andere Dörfer aus Indizien erschließbar: Um 1700 können die Bauern in einer weiteren Umgebung durchaus Lebenserfahrungen gesammelt haben. Die Mobilität auch auf dem Dorfe ist offenbar größer als es die normalen Quellen vermitteln können. Sodann zeigt Schultze: Das Dorfleben ist keineswegs so illiterat wie behauptet. Mangelnde Schriftlichkeit, das ist weitgehend nur Mangel an Gelegenheit, natürlich kein Mangel an Intelligenz. Johann Parum Schultzes Aufzeichnungen sind ja innerhalb seines Dorfes als überaus wertvoll erkannt und deswegen auch bewahrt worden. Erst Ende des 18. Jahrhunderts kam die gelehrte Welt zufällig darauf, welch ein Schatz, welch wichtige Nachrichten hier aufgezeichnet sind. Daß die größeren Bauern im Oldenburgischen im Ausgang des 18. Jahrhunderts bereits schriftgewohnt sind, daß sie ihre Betriebsergebnisse und Betriebsprobleme in sogenannten Anschreibebüchern festhalten können, nimmt uns nicht wunder. Nachdenklich sollte aber stimmen, daß ein ökonomisch wesentlich schlechter gestellter schlichter Dorfschulze im Lüneburgischen eine solche Chronik verfassen konnte. Im Dorf fehlte es nie an Intelligenz. Nur diese Intelligenz ging in die Arbeit am Boden ein. Sie ging in die Entwicklung der Nachbarschaft ein, sie diente als Hilfe im Überlebenskampf.

Wirtschaftsformen um 1700 aus biographischer Perspektive

Karl Heinrich Kaufhold

Johann Duve, Kaufmann in Hannover (1611-1679)

Entgegen einer verbreiteten Meinung, die allenthalben nur Not und Elend sieht, bot der Dreißigjährige Krieg unternehmenden Persönlichkeiten auch ungewöhnliche Verdienst- und Aufstiegsmöglichkeiten. Ein Beispiel dafür ist der hannoversche Kaufmann Johann Duve. 1611 als Sohn eines Seidenhändlers in der Altstadt Hannover geboren, begründete er 1633 ein eigenes Seidengeschäft, das sich rasch zu einer Großhandlung mit Schwerpunkten auf Tuche, Getreide, Metalle (vor allem Blei) und Pulver weitete. Dazu trugen in erster Linie ausgedehnte Heereslieferungen bei. Hannover, vom Kriege verschont und seit 1636 die Hauptstadt des Fürstentums Calenberg (des späteren Kurfürstentums Hannover), war dafür ein guter Standort, zumal Duve für den Hof der Herzöge Lieferungen besonders von Luxuswaren und Geldgeschäfte übernahm.

Ab den 1640er Jahren dehnte sich sein Geschäftskreis abermals aus. 1643 übernahm er als Oberbergfaktor den Absatz der in den herzoglichen Harzbergwerken geförderten Nichtedelmetalle (besonders Blei), stieg stärker in Geld- und Kreditgeschäfte ein und schuf für seinen Handel einen Unterbau im Produktionsbereich (Spinnerei, Weberei, Färberei; Getreide- und Sägemühlen; Land- und Forstwirtschaft), der als rentable Kapitalanlage und Zulieferer zugleich diente. Bezeichnend für zeitgenössische Auffassungen war dabei das 1642/43 von ihm in Hannover eingerichtete Armen- und Waisenhaus, das der Versorgung, doch auch der Nutzung der Arbeitskraft der Insassen durch Spinnen und Weben diente. Die Pachtung der städtischen Münze (1666-1674) endete mit berechtigten Vorwürfen, die Münzen unterwertig ausgeprägt zu haben.

Duves Aufstieg war wie bei vielen Kaufleuten und Finanzmännern dieser Zeit eng mit einem Fürstenhof verbunden, und das galt auch für seinen Abstieg und sein Ende. Ab 1660 mußte er auf herzoglichen Befehl in der Calenberger Neustadt Hannovers 54 Häuser bauen, die Kapital banden und sich nicht verzinsten. Anfang der 1670er Jahre brachten ihm Edelmetallieferungen für die herzogliche Münze Verluste, die sich durch Zahlungen wegen des Konkurses seines Sohnes 1672 in Hamburg erhöhten. Ein großes Kreditgeschäft mit dem dänischen König führte 1678 zum Ende: Dieser erhielt die bereits ausgezahlte Summe wegen Verlustes des das Geld transportierenden Schiffes nicht und verweigerte die Rückzahlung. Duve mußte als Folge seine Zahlungen einstellen und starb während der Abwicklung seines Konkurses.

Duves Leben und Wirken hob sich zwar aus der Enge der meisten seiner hannoverschen Mitbürger heraus, war aber für einen Unternehmer seines Schlages in dieser Zeit typisch: Die Politik – konkret Kriege und Interessen der Fürsten – bestimmte im Guten wie im Bösen die Möglichkeiten. Der autonome Spielraum blieb eng, doch nutzte er ihn bis an seine Grenzen aus. Gewinn stand neben Verlust, und erst am Ende eines Lebens entschied sich, was überwog.

Berghauptmann Heinrich Albert von dem Bussche (1664-1731)

Das Berg- und Hüttenwesen des Harzes hat in seiner mehrhundertjährigen Entwicklung eine Reihe bedeutender Persönlichkeiten aufzuweisen, die oft weit über den Harz hinaus wirkten. Einer der bemerkenswertesten unter ihnen war der Berghauptmann (oberster Leiter des Bergwesens) Heinrich Albert von dem Bussche, der dem Harzer Bergbau an einem entscheidenden Punkt dessen Entwicklung in die Zukunft weisende Impulse gab.

Bussche wurde 1664 als Sohn einer niedersächsischen Adelsfamilie geboren, die durch den Besitz von Bergwerksanteilen (Kux) dem Harz eng verbunden war. Nach Studien an der Universität Leipzig trat er 1689 in den Dienst des Bergamtes Clausthal, wurde dort 1692 Vizeberghauptmann und bereits 1695 Berghauptmann, ein Amt, das er bis zu seinem Tode 1731 wahrnahm. 1709 verlegte er seinen Sitz nach Hannover und wurde dort 1713 Minister sowie 1728 Kammerpräsident.

Bei Bussches Amtsantritt entsprachen die Organisationsformen und die Betriebsweise des Bergbaus nicht mehr den technischen und betriebswirtschaftlichen Erfordernissen: Eine Reform, die dem Bergbau zugleich neue Finanzmittel zuführte, war notwendig geworden. Bussche erkannte dies und schuf in mehreren Schritten die Grundlagen für eine erfolgreiche weitere Entwicklung. Die zu klein gewordenen Einzelgruben wurden betrieblich wie finanziell stärker untereinander verbunden. Vor allem aber gründete er 1703 eine Bergbaukasse, die hauptsächlich aus einer in den Bergstädten erhobenen Steuer (Akzise) auf Bier und Branntwein gespeist wurde. Sie stellte dem Bergbau Betriebsmittel zur Verfügung, unter anderem durch Erwerb von Kuxen an einzelnen Gruben.

Darauf gestützt, gelang auf Betreiben Bussches durch den Vortrieb von Stollen entlang dem vermuteten Verlauf des Burgstätter Gangerzzuges (bei Clausthal) ein großer Erfolg: 1708 wurden im Ostteil dieses Zuges reiche Erzvorkommen angefahren, und die darauf bauenden Gruben Dorothea und Caroline waren lange Zeit die reichsten des Harzes und brachten eine hohe Ausbeute, die über deren Kuxbesitz auch der Bergbaukasse zugute kam. Bussche ergänzte dies durch die Einrichtung einer Berghandlung zum Vertrieb der Bergwerkserzeugnisse (1713) und durch den Bau eines für die Versorgung der Bergleute bestimmten großen Kornmagazins in Osterode (1722).

Tüchtigkeit und das Glück des Tüchtigen hatten zusammengewirkt und dem Oberharzer Bergbau für Jahrzehnte eine gute Zukunft eröffnet. Bei alledem vergaß Bussche sich selbst nicht, denn dem Zeitgebrauch entsprechend besaß er zahlreiche Kuxe mit gutem Ertrag. Er blieb unverheiratet, und mit zunehmendem Alter sagte man ihm manche Skurrilitäten nach. Das mag bei manchen sein Bild ein wenig verdunkelt haben, doch bleiben seine großen Verdienste um den Oberharzer Bergbau in einer für diesen kritischen Zeit unbestritten.

Niedersachsen vom Ende des Alten Reichs bis zum Ersten Weltkrieg

Von der ständischen zur bürgerlichen Gesellschaft: Die Übergangsepoche von der Mitte des 18. Jahrhunderts bis zum Vormärz

Ernst Schubert

Entwicklung von der ständischen zur bürgerlichen Gesellschaft – wer ein solches Thema behandeln will, muß sich über die notwendigen terminologischen Verkürzungen Rechenschaft ablegen. So unübersehbar ist, daß die Welt um 1850 bürgerlich geworden war, so unübersehbar ist doch auch: In der ständischen Gesellschaft um 1750 hatte das Bürgertum ebenso seinen Platz wie der Adel in der Welt um 1850. Es kann sich also nur bedingt um einen sozialen Umschichtungsprozeß handeln; verschoben hat sich die Gewichtsverteilung von adeligem und bürgerlichem Einfluß auf Wirtschaft und Politik. Jedoch: Ebenso wie der Bürger um 1750 seinem Nachfahren hundert Jahre später als Gestalt einer fernen Zeit erschien, ebenso wie dem Adeligen um 1850 sein Großvater als Repräsentant einer versunkenen Zeit galt, ebenso hatten sich auch Politik und Wirtschaft verändert.

Von der ständischen zur bürgerlichen Gesellschaft: Es handelt sich um Prozesse, in deren Verlaufsschilderung auch der »Landmann« einbezogen werden muß. Das allgemeingeschichtliche Postulat ist in der niedersächsischen Landesgeschichte verschärft: Agrarhistorische Entwicklungen müssen auch deshalb berücksichtigt werden, weil es in den Marschen an der Nordseeküste gar keinen Adel gab, dessen Einfluß in Frage gestellt werden konnte.

Unterstellen wir zunächst, daß in dem Wandel von ständischer zu bürgerlicher Gesellschaft ein Modernisierungsprozeß enthalten war, so wird dieser die üblichen retardierenden Momente kennen und auf die unterschiedlichen Wirtschaftsgebiete sich auch unterschiedlich auswirken; er wird sich zudem mit wirtschaftsgeschichtlichen Entwicklungen kreuzen, die etwa im Eichsfeld ganz andere Verlaufsformen haben als im benachbarten Harz. Selbst auf das Städtewesen wirkt dieser Prozeß einer Entwicklung von der ständischen zur bürgerlichen Gesellschaft in ganz verschiedener Weise ein, sieht in einer Residenzstadt anders aus als in einer Kleinstadt.

Schon unsere einleitenden Nuancierungen lassen vermuten, daß die weitverbreitete Meinung, wonach die Französische Revolution auch in unserem Raum eine Auslöserfunktion für die Entwicklung von der ständischen zur bürgerlichen Gesellschaft gehabt habe, eine erkenntnishindernde Verkürzung darstellt. Als im Jahre 1803 französische Truppen das Kurfürstentum Hannover besetzten, als dann im Jahre 1807 mit großen Teilen des südlichen Niedersachsen das »Königreich Westphalen« unter französischer Dominanz gebildet wurde, scheint sich abzuzeichnen: Eine neue Zeit hatte begonnen. Aber Episode blieb die französische Herrschaft. Nur einige jener staatlichen Modernisierungen, die während der französischen Besetzung eingeleitet worden waren, wurden nach der Niederlage Napoleons übernommen. Gendarmerie und allgemeine Wehrpflicht blieben erhalten, hingegen konnten die großen Fortschritte der französischen Verwaltung nahezu problemlos rückgängig gemacht oder schlicht negiert werden. Zu kurz war die Zeit gewesen, die den französischen Beamten zur Durchsetzung ihrer Vorstellungen gegeben war, zu deutlich wurde spätestens seit dem Herbst 1810, daß die norddeutschen Gebiete (auch das Herzogtum Oldenburg war inzwischen von den Franzosen besetzt worden) vor allem eine Leistungsfunktion für das französische Kaiserreich – besonders für die französische Armee – hatten, als daß die neuen Ideen hätten Wurzeln schlagen können.

War es die pure »Reaktion«, wie das klobige Schlagwort in der Geschichtswissenschaft für das Königreich Hannover, aber auch für die Herzogtümer Oldenburg und Braunschweig lautet, die nach 1813 siegreich wurde? Weitgehend griff man zwar auf Erfahrungen und auf Zustände vor dem Jahre 1803 zurück, aber diese Zustände verdienten nur noch bedingt das Etikett *Ancien Régime*. Denn schon seit der Mitte des 18. Jahrhunderts etwa zeichneten sich immer deutlicher Entwicklungen ab, die zur Überwindung alter ständischer Strukturen führen sollten. Diese Entwicklungen sind ganz gewiß durch die Folgen der französischen Revolution verstärkt worden; »verstärkt« – mehr nicht. Und sodann darf nicht vergessen werden: Für einen – wie man damals sagte – »Landmann« waren um 1800 die neuen agrikulturellen Entwicklungen, die fast auf eine Revolution des dörflichen Wirtschaftens hinausliefen, waren Einführung des Kleebaus und Stallhaltung des Viehs wesentlich wichtiger als die Geschehnisse im fernen Paris.

Adelsherrschaft des *Ancien Régime*? In den großen Residenzstädten unseres Raumes sah man bereits vor 1789, daß Standespersonen allenfalls ein Dekor des fürstlichen Hofes bildeten, daß die eigentliche Macht hingegen bei den »hübschen Familien«, bei den bürgerlichen Räten lag. In Hannover und (mit Abstrichen) in Osnabrück hing dies unmittelbar mit den staatsrechtlichen Verhältnissen zusammen, aber auch in Braunschweig, wo der Landesherr nicht nur ein abstrakter Begriff, sondern eine anwesende öffentliche Figur war, war dies nicht anders zu sehen.

Wir verzichten, um den prozessualen Charakter des Wandlungsvorgangs hervorzuheben, auf die so beliebten, angeblich Epochengrenzen einkerbenden Jahreszahlen. Aus sozial- und alltagsgeschichtlicher Sicht sind Daten wie 1789, 1803, 1813/14 usw. keineswegs mit dramatischen Wandlungen verbunden. Verschiebungen verfassungs-, mentalitäts- und alltagsgeschichtlicher Strukturen, eher in Jahrzehnten als in Jahren zu fassen, sind allerdings auszumachen. Dafür ein Beispiel: Die politische Klimaverschiebung der 1830er Jahre, konkretisiert in dem neuen Inhalt, den der Begriff »Volk« gewinnt, steht im Zusammenhang mit einzelnen obrigkeitlichen Maßnahmen: Ablösungsgesetzgebung, Verkoppelungen, Gewerbe- und Industrieförderung. Auf den ersten Blick scheinen diese Maßnahmen keine Verbindung zu haben. Doch erweist die Sparkassengeschichte Niedersachsens, auf welch verborgenen Wegen die verschiedenen Entwicklungen sich kreuzen konnten. Auffallend sind zunächst die Gründungsdaten der Sparkassen; wir bieten nur eine Auswahl: 1823 in Hannover, 1833 in Emden, 1834 in Lüneburg, 1836 in Stade und in Quakenbrück. Vorgeblendet war bei diesen Gründungen immer der Gedanke der Sparsamkeit als Tugend. Daneben war noch ein anderer Gedanke wichtig: Sparkassen als vorbeugendes Mittel gegen die Armut – ein Gedanke, der in einer der ältesten Gründungen Deutschlands, der »Ersparungscasse für das Herzogthum Oldenburg« von 1786 nach hamburgischem Vorbild das treibende Motiv gewesen war. Aber diese in alte Mentalitäten zurückweisenden Gedanken wurden jetzt in neuer Form gestaltet: Garantien für die Einlage ersparter Gelder wurden geboten, die sicherer waren als die hergebrachten Verstecke. Jetzt hatten nicht mehr die Wohlhabenden allein die Möglichkeit, Kapital als Zukunftsvorsorge anzulegen, jetzt gab es nicht mehr nur die schwerfällig zu handhabenden Rentenbriefe, die in früheren Zeiten der Oberschicht Zinsen und Kapitalsicherung versprachen, jetzt hatten auch die kleinen Leute die Möglichkeit, sich einen Notgroschen zurückzulegen.

Der Sparkassengedanke ist nicht mehr an die ständische Gesellschaft gebunden, er ist tendenziell demokratisch: Jeder kann Guthaben anlegen, denn vor allem für die kleinen Leute sind diese neuen Gründungen gedacht. Dies ist nur ein Beispiel für die großen transformatorischen Wirkungen, die von den – auf den ersten Blick unscheinbaren – Sparkassengründungen ausgehen. Eine zweite Wirkung liegt in der Art des Umgangs mit dem Geld. Seit Jahrhunderten war man gewohnt, mit den verschiedensten Münzen zu rechnen. Noch bis weit ins 19. Jahrhundert mußte man auf dem Land die verschiedensten umlaufenden Münzsorten kennen, teilweise war noch Geld aus der zweiten Hälfte des 18. Jahrhunderts im Umlauf. Erst um die Mitte des 19. Jahrhunderts wurde die größere Einheitlichkeit der Münzverhältnisse sichtbar: Kaufen und verkaufen konnte man in unterschiedlichsten Münzsorten, aber Sparkasseneinlagen und Sparkassenzinsen wurden nur in der offiziellen Münze des Königreichs möglich. Vereinheitlichung des Münzwesens im alltäglichen Gebrauch – das war eine weitere Folge der Sparkassengründungen.

Ob die Gelder, welche die Bauern für die Ablösung ihrer Grundrenten benötigten, über die Sparkassen zusammengetragen wurden, läßt sich zwar vermuten, aber nicht beweisen. Sicher ist jedoch eine andere, die dritte Wirkung des Sparkassengedankens: Jeder Kassenverwalter hatte Probleme, die eingezahlten Gelder gewinnbringend anzulegen. Hier boten die im Königreich speziell für den Eisenbahnbau eingerichteten Kassen ideale Möglichkeiten einer risikolosen Einlage der gesammelten Sparkassengelder. Den Eisenbahnbau ermöglichten nicht nur die großen Kapitalobligationen der Oberschicht, sondern auch die in zahlreichen einzelnen Tranchen erfolgenden Anlagen der einzelnen Sparkassen, die wiederum sich als Summe von vielen Einzahlungen kleiner Leute darstellen.

Land und Leute

Der Zustand des Landes um 1820

Ernst Schubert

Anfang des 19. Jahrhunderts dominierte die Natur immer noch menschliches Handeln. Voller Sorgen beobachteten in dieser von der Natur abhängigen Welt die Menschen Wetter und Klima. Sie mußten Angst vor kalten Wintern haben, die in den 1820er Jahren, besonders schlimm 1823, Ratten- und Mäuseplagen, große Gefahren für die Ernten mit sich brachten. An der Nordseeküste versetzten große Sturmfluten (1825, 1845, 1854) die Menschen in Angst und Schrecken. Jedoch: Die Deiche hielten den Wassermassen stand.

Natur als Ressource: Der Vogelfang mit Leimruten stellte im 19. Jahrhundert immer noch nach alter Übung einen Nebenerwerbszweig der Bergleute im Harz dar. An die 1.000 Singvögel fing jeder Vogelsteller im Jahr. Daneben bot seit 1833 die Zucht von Kanarienvögeln Möglichkeiten des Zusatzerwerbs. Der »Harzer Roller« trat, vor allem als die Alfelder Tierhandlung Ruhe die Vermarktung in Amerika übernommen hatte, seinen Siegeszug als Exportartikel an. In welchen Größenordnungen das vorzustellen ist, zeigt das Beispiel Duderstadts, von wo seit 1860 jährlich 20.000 Vögel nach Rußland und Amerika verkauft wurden.

Die Menschen suchten ihre natürliche Umwelt nach Erwerbschancen mit einer Intensität ab, auf welche die anhebende Industrialisierung nicht verzichten konnte. Ein Beispiel: An einem kleinen Wasserlauf in der Lüneburger Heide, an der Sothrieth, wurden 1837 Lager von Kieselerde gefunden. Man erkannte ihre Bedeutung. Diese Kieselerde wurde wegen ihres Feuchtigkeitsgehalts als Wärmeschutzmasse für Dampfkessel von Bedeutung, und später lernte man auch ihren Wert bei der Herstellung von Dynamit kennen.

Das Beispiel der Kieselerdelager an der Sothrieth zeigt, daß die Technisierung der Welt kein einseitiger, sondern ein wechselseitiger Vorgang im Verhältnis zur Natur war. Diese Lager wurden in der gleichen Zeit für die gesellschaftliche Entwicklung wichtig, als Streichhölzer die alten Feuersteine und Zündschwämme als wichtige Hausiererartikel zu verdrängen begannen, als die Schreiber Stahlfedern statt der hergebrachten Gänsekiele bevorzugten.

Der Einfluß der Natur auf den Menschen und die Ausnutzung der natürlichen Ressourcen durch den Menschen bedingen zugleich die Veränderung der Natur. Noch gibt es, bis um 1835, Nerze im Wendland, noch erbringt die Austernfischerei vor Borkum reiche Erträge, aber 1818 wird der letzte Luchs im Harz und 1819 der letzte Biber in Niedersachsen erlegt.

Nicht mehr der Krieg, wohl aber die Natur bildete die größte äußere Gefahrenquelle für den Menschen, nachdem Niedersachsen nach 1813 bis zum Zweiten Weltkrieg nie mehr Kriegsschauplatz sein sollte. Die Choleraepidemie, die 1832 Hamburg heimsuchte, erreichte 1834 Bremen, das Oldenburger Land und Emden. In den Marschländern waren die Menschen von dem sogenannten Marschenfieber bedroht, ein der Malaria ähnliches Sumpffieber, das durch Insekten übertragen wurde und sich vor allem in trockenen Sommern wie denen von 1825 und 1826 verbreitete. Nach der Sturmflut 1845, die viele Salzwasserlaken im Lande zurückgelassen hatte, erkrankten im Küstenraum des Jadebusens fast 90 % der Bevölkerung an diesem Fieber. Jetzt erst kam es nicht mehr zu Todesfällen, da mit Chinin die Krankheit bekämpft werden konnte.

Über die Lebenshaltung und die Lebenseinstellung des Menschen auf dem Lande gibt ein nüchterner, aber gerade deswegen treffender Artikel im »Hannoverschen Magazin« 1829 eine Vorstellung. Es geht dem Verfasser darum – angesichts des verschärften Stadt-Land-Gegensatzes nur zu notwendig –, das »Publikum«, das »den Bauern nur vom Theater oder vom Jahrmarkte her kennt, etwas näher mit ihm bekannt zu machen.« Der Aufsatz wendet sich gegen soziale Stereotype, wie sie seit dem späten Mittelalter dem Bauern angeheftet wurden. Er wendet sich gleichermaßen gegen eine Verklärung des Landlebens wie gegen die traditionelle Bauernverachtung. Beides habe, so der Tenor des Artikels, mit der Realität überhaupt nichts zu tun. Bis zur Verwunderung beeindruckt ist der Berichterstatter von dem Gleichmut des Bauern: »Er klagt wohl mal, daß es ›miserabel‹ gehe, er geht jahrelang hinkend oder mit Pflastern umher, aber er murrt nicht.« Hitze oder Kälte könnten ihn nicht aus der Fassung bringen; »mit gleicher Stimmung spannt er an und aus, ob er Korn zum Markte bringt, oder den Brautwagen fährt, oder Kriegerfuhr leistet.« In seiner Kleidung verschmähe der Calenberger Bauer keineswegs neue Moden, er sehe die sogenannte »Tracht« nicht »wie sein Nachbar der Hesse oder Bückeburger« als eine vorgegebene Norm, in die er sich zu schicken habe. Er trage also die Mode jener zwanziger Jahre, runde Hüte, militärische Kappen, mit goldenen Tressen umrandet, hohe Hemdkragen, schwarze Halsbinden usw. Auch die Frauen würden in ihrer Kleidung die antikisierende Mode, das griechische Kostüm, nachahmen. Diese Offenheit gegenüber der Außenwelt zeigte sich auch in der Sprache. Französische Modeworte hätten hier Einlaß gefunden. Sie gewännen im Munde der Landbewohner jedoch eine eigene Färbung. »Malheur« könne zwar auch »Unglück« bezeichnen, benenne aber jede Form von Widrigkeit »und wird alsdann auch in ein Zeitwort verwandelt, zum Beispiel: es malheurte gestern auf dem Markte.«

So eigenständig wie mit den Fremdwörtern halte es der Bauer auch mit den Verordnungen der Obrigkeit. Er kommentierte Polizeivorschriften: »Nun, es wird so böse nicht gemeint seyn.« Die Bettelverbote, selbst wenn sie durch obrigkeitliche Warnungstafeln verstärkt seien, würden ihn nicht scheren: »Was soll man mit solchen reisenden Leuten machen; verhungern dürfen sie nicht.«

Wenn der Bauer statt von Bettlern von »reisenden Leuten« spreche, wenn er sie nicht wie die Räte in den Kanzleien Vagabunden nenne, dann entspreche das seiner Art des Umgangs mit den Mitmenschen, die unseren Berichterstatter in Erstaunen versetzt. Der Bauer sei keineswegs der Tölpel, als den ihn die spätmittelalterliche Ständesatire gezeichnet hatte. Im Gegensatz zu den anderen Ständen präge seine Einstellung zum Mitmenschen die »Glimpflichkeit in Beurtheilung alles Menschlichen«. Er nenne den anderen nicht »dummes Rindvieh«, sondern sage: »Er ist ein bißchen sowas zimpel [simpel]«. Er schimpfe nicht über einen »faulen Hund«, sondern benutze dafür den Ausdruck »Er ist etwas gleichgültig«. Und selbst Zuchthausstrafen umschreibe er: »Er ist mal wegen eines Fehlers in Hameln oder Stade gewesen«. An anderer Stelle erwähnt unser Berichterstatter, wie der Bauer mit den jüdischen Hausierern umgehe, die »umgescheut mit ihm verkehren«. Ohne jede Überheblichkeit begegne er diesen armen Leuten, die schachernd im Lande herumziehen müßten.

Um 1820 war noch sichtbar, welch große Veränderung in den Dörfern seit dem ausgehenden 18. Jahrhundert stattgefunden hatte, als die Heimindustrie, die sogenannte »Proto-Industrie«, sich entwickelt hatte und vielfach zur Bekämpfung der Armut von der Obrigkeit nachdrücklich gefördert worden war. Neben dem alten Textil-Zentrum, dem Osnabrücker Land, war vor allem im Hildesheimischen, im südlichen Niedersachsen und in Teilen des Lüneburger Landes die Leinenweberei, die Garnspinnerei und ansatzweise die Verarbeitung von Baumwolle ein Erwerbszweig für die unteren sozialen Schichten. Damit entstand, wie 1835 festgestellt wurde, das »bei weitem wichtigste Gewerbe für das Königreich ... fast die Hälfte aller Familien nehmen mehr oder weniger daran Antheil, denn fast überall bilden sie die Beschäftigung auf dem Lande.« Von den schweren Einbußen durch die napoleonische Kontinentalsperre hatte sich die Leinwandweberei erholt. Vertraut waren in den Dörfern immer noch die staatlichen »Legge-Anstalten«, wo die Erzeugnisse der dörflichen Textilindustrie auf ihre Qualität überprüft und vermarktet wurden. Fast 15 Millionen Ellen Leinwand im Wert von mehr als einer Million Reichstalern wurden 1834 in diesen Legge-Anstalten (die erst in den 1850er Jahren an Bedeutung verloren) vermessen, gestempelt und bis nach Holland, Amerika und Spanien exportiert. Anders als bei der Leinwandproduktion, deren Fortführung auch durch die Not auf dem Lande erzwungen war, war die Wollproduktion, die um 1800 in Osterode, Göttingen und Duderstadt wichtig gewesen war, von der Kontinentalsperre nachhaltig getroffen worden.

Seit dem ausgehenden Mittelalter hatte ein ständiger Kampf zwischen den Brauern in den Städten und den Landbrauern stattgefunden – ein Konkurrenzkampf, in den die Obrigkeit immer wieder reglementierend eingegriffen hatte. Um 1820 war aber nicht mehr erkennbar, warum dieser Konkurrenzkampf so erbittert ausgefochten wurde; denn die Bedeutung der Landbrauereien war stark zurückgegangen. Das Brauwesen war jetzt ein in der Stadt konzentriertes Gewerbe. Man stellte Qualitätsprodukte her. Die ländlichen Brauereien hingegen sorgten für den alltäglichen Bedarf, sorgten für Bier als Volksgetränk. Inzwischen aber waren andere Getränke, vor allem Kaffee und sodann auch Tee selbst auf dem Lande verbreitet worden. Diese neuen Getränke erschütterten die einstige Monopolstellung des Bieres. Man hat sich unter Kaffee keineswegs ein Qualitätserzeugnis vorzustellen; verbreitet waren die Surrogate, Zichorien- und Roggenkaffee. Folgen wir einer Beschreibung des Saterlandes aus dem Jahre 1842: »Das Kaffeetrinken ist leider hier wie überall unter den niederen Volksklassen allgemeine Sitte. Die Saterländer trinken ihn in großen Quantitäten, aber sehr schwach, denn er sieht aus wie gefärbtes Wasser.«

Das Kaffeetrinken ist in den niedersächsischen Dörfern allgemein üblich geworden. Ein neues Getränk – aber die Sitten bleiben die alten. Man trinkt Kaffee – in Ostfriesland natürlich Tee – bei den gegenseitigen Besuchen. Die Nachbarschaft ist noch intakt. 1843 meldete ein Beobachter sogar medizinische Bedenken über die in Besuchen sich ausdrückende Nachbarschaft an: »Das Krankenzimmer ist aber bei dem Landmanne sehr oft der Sammelplatz der Neugierde und des Müssiggangs; wer sich die Zeit vertreiben will, findet dort vom frühen Morgen bis zum späten Abend Unterhaltung.« Geraucht wird hier ohne Rücksicht auf den Kranken.

Immer noch sind die normalen Bauernhäuser sehr schlicht. Vorstellungen von einem »niedersächsischen Bauernhaus« sind nicht nur typologisch verfehlt, sie verwechseln auch die Höfe einer dörflichen Oberschicht in den fruchtbaren Landstrichen mit dem Gewöhnlichen. Im Osnabrückischen zum Beispiel ist immer noch das alte »Rauchhaus« verbreitet, der um einen offenen Herd zentrierte Wohnraum, wo der Rauch direkt durch das Dach abzieht und dabei die Strohbedeckung praktischerweise noch beizt. Das Haus ist im Osnabrückischen und meist auch andernorts ein Einhaus. Scheunen, Ställe und Kammern sind unter einem Dach. »Vorn unter dem Giebel ist eine große Türe« – so wird uns das Bauernhaus im Saterland geschildert –, »welche bei Tage immer offensteht, aber durch ein fünf Fuß hohes Gitter ersetzt wird, damit das Vieh nicht hinauslaufen kann.« Die Hühner laufen in einem solchen Hause frei herum »und legen ihre Eier, wohin sie wollen«.

Um 1800 wurde bereits sichtbar, was sich seit etwa 1730, als die Bevölkerungsverluste des Dreißigjährigen Krieges ausgeglichen waren, abgezeichnet hatte. Stetig wuchs die Zahl der Menschen und damit auch die Armut. Diese Entwicklung traf die strukturschwächeren Landschaften am härtesten. Jürgen Christian Findorff hatte bei seiner Moorkolonisation die Siedlerstellen nach ausreichenden Betriebsgrößen zugeschnitten. Aber im Teufelsmoor zeigte sich schon in der ersten Hälfte des 19. Jahrhunderts, welche Folgen das Anwachsen der Bevölkerung hatte: Teilungen der sowieso um ihr Überleben kämpfenden Siedlerstellen.

Schon um 1820 war bekannt, daß das größte Problem des Landes in dem rapiden Bevölkerungswachstum lag, in der Unmöglichkeit, allen Menschen ausreichend Arbeit und Nahrung zu verschaffen. Die Zahl von etwa 1,6 Millionen Einwohnern des Königreichs Hannover um 1820 vermehrte sich bis 1848 um 20 %. Das bedeutet: Die 250.000 bis 300.000 Seelen, um die beim Länderschacher 1813/14 so gefeilscht worden war, wuchsen dem neuen Königreich ohne mühsame Verhandlungen zu, ohne Kriege, einfach aufgrund der steigenden Geburtenzahlen.

Im Königreich Hannover versuchte man mit einem Instrument, das bereits im *Ancien Régime* halbherzig angewendet worden war, das Bevölkerungswachstum zu verlangsamen. Ehebeschränkungen, Gesetze, die den Vermögenslosen die Heirat verboten, sollten – auch wenn es nicht mehr so deutlich wie noch im 18. Jahrhundert ausgesprochen wurde – verhindern, daß die Zahl der Armen anstieg. Der Zusammenhang mit den alten Maßnahmen wird darin deutlich, daß 1818 im Eichsfeld die Kurfürstlich Mainzische Ehe- und Verlobungskonstitution von 1733 eingeschärft wurde. Noch die Gewerbeordnung des Königreichs 1848 sollte dezidiert im Paragraphen 134 feststellen: »Gesellen dürfen nicht zur Verheiratung zugelassen werden.«

Die Auswanderung, die in der ersten Hälfte des 19. Jahrhunderts immer mehr ansteigt, ist eine direkte Reaktion auf das Bevölkerungswachstum, ist Flucht vor den mit ihm verbundenen sozialen Folgen. Amerika wird im 19. Jahrhundert das bevorzugte Auswanderungsziel, aber auch Südafrika und – alter Tradition gemäß – Ungarn, sind weitere Länder, auf die Menschen, die in der Heimat keine ausreichende Nahrung mehr finden, ihre Hoffnung setzen. Zwischen 1839 und 1861 sind allein aus dem Gebiet des ehemaligen Fürstentums Osnabrück 42.707 Menschen nach Amerika ausgewandert. Während die Zahl der Amerika-Auswanderer immer mehr ansteigt, geht umgekehrt die Zahl der Hollandgänger, derjenigen, die durch Saisonarbeit vor der heimischen Not flohen, im 19. Jahrhundert stark zurück. Hatten im 18. Jahrhundert noch rund 30.000 Hollandgänger jährlich die Emsbrücke bei Lingen passiert, so waren es 1860 nur noch 4.000 bis 5.000. Der Grund hierfür lag nicht etwa in veränderten Erwerbschancen im Binnenland, sondern in dem wirtschaftlichen Niedergang der Niederlande, die einen solchen Bedarf an Saisonarbeitern, wie er noch im 18. Jahrhundert bestanden hatte, nicht mehr besaßen.

Der Darstellung des Bevölkerungswachstums und seiner Folgen liegt aus der rückschauenden und damit verkürzenden Perspektive eine Dramatik inne, die von den Zeitgenossen so nicht wahrgenommen wurde. Bleiben wir bei dem Fall der Auswanderung. In der Stadt konnte sie als Teil der allgemeinen Mobilität und Fluktuation noch weniger wahrgenommen werden als auf dem Land. Und auch auf dem Dorf wurde die Auswanderung eher als Einzelschicksal gesehen, nicht als Teil eines sozialen Prozesses. Nur dort, wo sich Einzelschicksale zur Massenerscheinung verdichteten, in den Auswandererhäfen Bremerhaven und Brake, wurde die Problematik sichtbar. Es ist der »Hannoverschen Zeitung« 1832 einen eigenen Artikel wert, einen Bericht aus Hameln abzudrucken, dessen Verfasser ein Schiff besucht hatte, das 130 Auswanderer vor allem aus dem Vorland des Solling transportierte: »Wer die fast täglich auf der Weser bei uns vorüberziehenden Schiffe, angefüllt mit Auswanderern nach Amerika, zu sehen Gelegenheit hat, der kann diese Erscheinung nicht wahrnehmen, ohne bewegt, ohne ergriffen, ohne erschüttert zu werden.« Der Verfasser des Artikels bemitleidet nicht nur die Menschen, sondern – und das ist typisch für die frühe Diskussion der Auswanderungsfrage – er beklagt auch die fiskalischen Verluste, die durch den Abzug dem Staate entstehen.

Am Fall der Auswanderungen sollte gezeigt werden, daß – wie so häufig – die Zeitgenossen die innere Dramatik langfristiger sozialer Prozesse zunächst nicht erkennen konnten. Und das bedeutet für unsere Darstellung: Wir benötigen eine Zustandsschilderung etwa um 1820, vor deren Hintergrund dann die seit den 1830er Jahren einsetzenden Veränderungsprozesse Konturen erhalten.

1820 erschien in Edinburgh in zwei Bänden ein Werk des Thomas Hodgskin über seine Reisen im Norden von Deutschland, das im Untertitel die Beschreibung des gegenwärtigen Zustandes der sozialen und politischen Institutionen versprach. Was dieses Werk aus der Vielzahl von Reiseberichten, die seit dem ausgehenden 18. Jahrhundert Konjunktur hatten, heraushob, war das gesellschaftliche Interesse eines Mannes, der 1825 ein einflußreiches Werk über die Verteidigung der Armut gegen die Ziele des Kapitals (»Labour Defended Against the Claims of Capital«) veröffentlichen sollte. Nur in einem ist Hodgskin sich mit allen anderen Reiseberichten einig: Immer wieder beklagt werden die üblen Straßenverhältnisse, das Einsinken der Wagen bis zur Radnabe. Gelobt werden allerdings bei Hodgskin die guten Straßenverhältnisse im Braunschweigischen; eine weitere Klage, die schon seit der Zeit des Erasmus von ausländischen Reisenden über die deutschen Zustände angeschlagen worden ist, ist die über die Herbergsverhältnisse. Hodgskin muß oft mit mehreren Personen in einem Raum übernachten, wobei die Betten nur durch Gardinen getrennt sind. Weiterhin sieht unser Reisender die typischen Sehenswürdigkeiten, die einem Fremden gezeigt werden. Dazu gehört auch, keineswegs überraschend, in Celle das Zuchthaus (allgemein galten Zuchthäuser als Sehenswürdigkeiten).

Was die Reisebeschreibung des Schotten auszeichnet, ist seine scharfe Beobachtungsgabe, die bis in sprachliche Eigentümlichkeiten hineinsieht. Aufgrund seiner Beobachtungsgabe wagt er Aussagen wie folgende: »Bei vielen Gelegenheiten fand ich, daß die Frauen in diesem Land intelligenter sind als die Männer ... sie sind die großen Organisatoren (*great managers*) sowohl auf dem Hof als auch auf dem Feld.«

Wir halten hier in dem Bemühen inne, die Wirklichkeit, die sich hinter Hodgskins Aussage verbergen könnte, zu prüfen. Eine solche Aussage paßt zum Beispiel auf die Schilderung des Saterlandes, wo nach einem zeitgenössischen Bericht »die Weiber ... alle ökonomischen Geschäfte« verrichten. Sie bauen Flachs und verarbeiten ihn; sie verrichten Männerarbeit, und greifen mit zu, wenn die Boote über das Land gezogen werden müssen. Die Boote: Der Mann segelt mit seinem kleinen Schiff, der sogenannten »Motte«, bis nach Leer und Emden, ja »manchmal sogar bis in die Nordsee hinein. Dies ist sein Geld-

Das Umland der Stadt Braunschweig um 1820 als Schauplatz bürgerlicher Freizeitgestaltung.

erwerb, alles übrige beruhet auf dem Fleiß und der Ordnung der Frau. ... Die Häuslichkeit des weiblichen Geschlechts ist« – so eine Beschreibung des Saterlandes – »die Quelle der Wohlhabenheit«. In einem anderen wirtschaftlichen Umfeld sieht die Mitarbeit der Frau anders aus. Tausende von Bauersfrauen, so werden die Markttage in Hannover 1837 geschildert, strömen in die Stadt, »schwer beladen mit einem Tragkorb voll Federvieh, Eier, Butter ... Wie oft begegnen wir einer von Sorge und Gram erschöpften Bauersfrau, die mit ihrem Korbe den sauren Weg zurückgeht, während der Mann augenscheinlich der Flasche zugesprochen hat.« Die Beispiele aus dem Saterland und dem Calenberger Land zeigen, wieweit die Spannweite dessen reicht, was Hodgskin unter *great managers* verstand. Die Äußerung unseres englischen Reisenden weist also darauf hin, daß nach wie vor die Ehe eine Überlebensgemeinschaft gewesen ist, wobei der Frau eine viel größere Verantwortung zukam, als gemeinhin heute noch bewußt ist.

In den Städten beginnt sich eine neue Lebensform herauszubilden: die Freizeit. Die Gärten vor der Stadt, die jahrhundertelang eine wichtige Funktion für die Selbstversorgung der Bürger hatten, erscheinen Thomas Hodgskin als Stätten bürgerlicher Entspannung und Erholung: Idyllische Stätten mit ihren Sommerhäuschen, mit ihrem ständigen Hin und Her unter Nachbarn, Stätten des Friedens und der Freundlichkeit, wo man gemeinsam unter Bäumen das Abendbrot einnimmt und auch mal ein gemeinsames Lied anstimmt.

Die Menschen jener Zeit können durch den schottischen Reisenden wieder lebendig werden. So schildert er die Posthalterin in Bienenbüttel. Eine geschiedene Frau, was aber ihrem Ansehen nichts schadet. Eine lieblich anzusehende, etwas mollige Person (»a fine fat dame«) um die fünfzig. Sie hält ihre Wirtschaft – und die Posthalterei ist in jener Zeit ein größerer Wirtschaftsbetrieb – in Ordnung; niemand aus ihrem Gesinde ist müßig. Zu dieser Frau kommt der Pastor aus der Nachbarschaft zu Besuch; ein stattlicher Mann mit feierlichem Auftreten. Auch der Pastor lebt von seiner Frau getrennt und kommt gerade von einem Fest aus der Nachbarschaft zurück, wo er offenbar viel Wein genossen hat, was sich in der Lautstärke seiner Stimme ausdrückt. Umständlich erzählt er der Posthalterin seinen Tagesablauf, schildert die Reise zum Fest, den Aufenthalt, seine Rückreise, schildert vom Fest vor allem die Zahl der Tische, wie ein jeder gesetzt wurde und beschreibt in aller Umständlichkeit das Essen. Bei jedem Satz nimmt er einen tiefen Zug aus der Pfeife, um sich zu sammeln. Schon allein die Schilderung des Festzeremoniells, das auch in der kleinstädtischen und dörflichen Gesellschaft größte Aufmerksamkeit erheischte, wird seine Zeit gebraucht haben. Die stattliche Posthalterin, müde von der Tagesarbeit, schläft dabei fast ein. Dennoch gibt sie ihrem Freund, denn das ist der Pastor, das Gefühl, ihr Wichtiges zu erzählen.

Hodgskin malt diese kleine Genreszene deswegen aus, weil er seinen Landsleuten eine Eigentümlichkeit erklären will, die ihm immer wieder in norddeutschen Landen aufgefallen ist: Die Deutschen schämen sich nicht, ihre zarten Gefühle auch in Gegenwart von anderen Leuten offen zu zeigen. (»A fair specimen of the manner in which the Germans indulge in the tender emotions in presence of other people«.) Was sich also zunächst wie eine Biedermeierszene ausnimmt, hat einen ganz anderen Sinn. An der Freundschaft des von seiner Frau getrennt lebenden Pastors und der geschiedenen Posthalterin nimmt niemand in dieser Welt Anstoß. Die beiden dürfen ihre Gefühle füreinander offen zeigen. Jetzt können wir auch ein Detail der Abbildung vom Auszug der Landwehr 1814 richtig einordnen. Es ist in dieser Welt keine Ungehörigkeit, wenn ein Soldat beim Abschied seiner Frau in aller Öffentlichkeit an die Brust faßt; durch dieses Detail wird vielmehr die Absicht des Bildes unterstrichen, den Übergang vom Privaten in die militärische Disziplin einzufangen. Toleranz im Alltag in einer Gegend und in einer Zeit, in der man sie gemeinhin nicht vermutet.

Ausführlich geht Hodgskin, das im Untertitel seines Werkes gegebene Versprechen einlösend, auf die sozialen Verhältnisse ein. Er kennt Thaer, er schildert und anerkennt das Bemühen der hannoverschen Regierung um die Hebung der Agrikultur, er weiß, daß die Aufteilung der Allmenden, die Gemeinheitsteilungen, bereits zu einem wichtigen Thema geworden sind, und er erfaßt die Bedeutung der Landwirtschaftsgesellschaft in Celle.

Bei Hodgskins Schilderung der niedersächsischen Verhältnisse wird sichtbar, wie existent das »Mittelalter« noch um 1820 war. So wird Helmstedt mit seinen Fachwerkhäusern geschildert, mit den meist biblischen Inschriften an den Haustoren, mit den verzierten Eichentüren und Türklinken, den vielen

Das Braunschweiger Land, hier bei Riddagshausen, wie es Hodgskin sah. Sepiazeichnung (vermutlich von W. J. Biewend).

kleinen Fenstern und weißen Gardinen. Das alles ist aber nicht verehrenswürdige Vergangenheit, das ist für Hodgskin »ein weiteres Beispiel für die eigenartigen alten Städte von Deutschland« (»the grotesque old towns of Germany«).

Über die Geschichte der einzelnen Städte ist Hodgskin erstaunlich gut informiert. Ihn interessiert der Wandel, den diese Städte seit dem Mittelalter durchgemacht haben. Er schildert Einbeck als eine kleine, dreckige, schwarze Stadt (»a little dirty black town«) und erwähnt, daß sie einstmals berühmt für ihr Bier gewesen sei. Das scheint nicht das flüchtige Urteil eines Fremden gewesen zu sein. Im Grunde behauptet der städtische Magistrat selbst nichts anderes. Als die Stadt um 1830 aus Kostengründen seine Gerichtsbarkeit an den Staat abtreten wollte, wurde, um die Notwendigkeit der Kostenersparnis vor Augen zu führen, auf den unzumutbaren Zustand der Straßen verwiesen.

Braunschweig, eine Stadt, die in Hodgskins Augen mehr als 20.000 Einwohner hat – was er offenbar um 10.000 Einwohner zu gering schätzt –, ist für ihn eine gesunkene Größe. Er erinnert an die Zeiten, als Braunschweig eine freie Stadt, gleichrangig mit Hamburg und Lübeck, gewesen war, und konfrontiert das Bild der Vergangenheit mit dem Zustand der Gegenwart: Jetzt sei die Stadt berühmt wegen ihrer Würste, der Mumme (einer Bierspezialiät) und des »chicory coffee«, also des »deutscher Kaffee« genannten Zichorienkaffees.

Allerdings hebt er rühmend die vielen »Fabriken« (genauer: Betriebe, die keiner Zunftorganisation unterstanden) hervor, lobt die Möbelherstellung und hält auch ein Lob für seinen Wirt, der eigenes Bier braut, bereit.

Das Braunschweiger Land findet ebenfalls Hodgskins Hochachtung. Hier sind die Bauern sauberer gekleidet und tatkräftiger als üblicherweise die Landbewohner. Er schildert ein fruchtbares, dicht bevölkertes Land von etwa 200.000 Einwohnern und stellt fest – und diesem Zeugnis haben wir als dem Zeugnis eines Goethe-Kenners, der die deutsche Sprache als Fremdsprache lernte, großes Gewicht zuzumessen: »Man sagt, daß in Braunschweig die deutsche Sprache besser gesprochen wird, denn anderswo mit den Ausnahmen der Städte von Hannover und Celle«. Hodgskins Schilderung läßt erkennen, daß es kein lokalpatriotisches Eigenlob war, wenn 1844 der Braunschweiger Bauer gerühmt wird, weil er sich durch »persönliche Cultur« auszeichne und seine Wirtschaft »oft musterhaft zu nennen« sei.

Hannover gefällt dem schottischen Reisenden, obwohl der erste Eindruck aus der Ferne schlimm gewesen ist: Ein sehr häßlicher Pfahl von Ziegeln ragt wie ein Schmierfleck in die Luft – der Turm der Marktkirche. Die Gotik ist nicht nach dem Geschmack dieses Reisenden, obwohl er sich selbst zur Ordnung ruft und an den jungen Goethe und seinen Aufsatz über das Straßburger Münster erinnert, als er seinen Unmut über das Rathaus unterdrückt (»one of those old Gothic, or, according to Goethe, German buildings«). Wenn auch Marktkirche und Rathaus nicht seinen Gefallen finden, so findet ihn doch die Stadt Hannover: eine wachsende Stadt mit 20.000 Einwohnern. Er unterscheidet hier eine Stadt mit anhebendem Wachstum von den stagnierenden Kleinstädten, denen er vielfach begegnet ist. Allerdings gäbe es nur ein wirklich elegantes Gebäude in Hannover, das 1752 erbaute Palais Monbrillant, in dem jetzt der Herzog von Cambridge residiere. Erfreulich sei, daß die alten Stadtmauern in Spazierwege umgewandelt und die Straßen von Hannover gut gepflastert wären. (So sah auch 1844 Heinrich Heine die Stadt: »Mein Gott! da sieht es sauber aus!/Der Kot liegt nicht auf den Gassen.«)

Der Weg von Hannover nach Celle führt Hodgskin nach seinen Worten durch eine Heimstätte für Frösche und wunderschöne Insekten. Bisweilen erscheint in der Öde der Landschaft ein Flecken von *cultivation*, die Dorfmark einer kleinen Siedlung. Er schildert die Lüneburger Heide noch als eine Agrarlandschaft, die der bäuerlichen Kultivierung große Schwierigkeiten entgegensetzt: Ochsen werden für die Landarbeit gebraucht, der Boden kann nur für wenige Jahre bebaut werden, um sich dann wieder als Brache erholen zu müssen, lediglich Hafer und Buchweizen würden in größerer Menge angebaut. Die Heidschnuckenherde eines Bauern besteht aus etwa 200 Tieren, und der Hof wird meist nur mit ein oder zwei Knechten bewirtschaftet, die hier als jüngere Brüder des Hofherrn oder als Familienangehörige arbeiten. Trotz aller Armut, so stellt Hodgskin erstaunt fest, können alle Frauen und Männer in der Lüneburger Heide lesen.

Uelzen wird geschildert als eine kleine, niedliche Stadt, umgeben von Gärten. Hier scheint behäbiges Kleinstadtleben an der Tagesordnung zu sein: Am Eingang der meisten Häuser stehen Bänke, wo am Nachmittag die Leute sitzen und rauchen und mit jedem vorbeikommenden Nachbarn tratschen. Aber Uelzen ist nicht nur eine Stadt der Idylle, Uelzen ist auch die Stadt, in der eine der größten Papiermühlen im Königreich ansässig ist. In Lüneburg schließlich konfrontiert Hodgskin die Gegenwart mit der Vergangenheit. Der Heringshandel, der die Stadt groß gemacht habe, existiere nicht mehr, die Saline sei niedergegangen, wofür er (übertreibend) der preußischen Zollpolitik die Schuld gibt. Der Grund und Boden in der Stadt ist nicht sicher. Kein Haus, das nicht seinen Einsturz fürchten läßt – gewiß das Lüneburger Problem schlechthin, von Hodgskin aber zugleich als Metapher für das wirtschaftliche Absinken dieser Stadt verstanden.

Das Herz geht dem Reisenden auf, als er das Land Hadeln bereist, das er als reiches Marschenland mit 15.000 Einwohnern schildert. Er sieht vor allem die reichen Bauern, die drei- bis viermal am Tag Fleisch essen, die in englisches Tuch gekleidet sind »and look like Gentlemen«. Er schildert ihre Lebensführung, ihre Fahrten nach Otterndorf, wo sie Kaffee trinken und Billard spielen. Was er beschreibt, kann für alle Marschenländer gelten. Lebensform und Lebensstil der Großbauern entsprechen bis hin zum Mobiliar ihrer Wohnungen dem der adelig-großbürgerlichen Oberschicht.

Hodgskin läßt sich von dem Auftreten der Großbauern nicht den Blick für die Mühen der Landarbeit trüben, die diese reichen Bauern von Knechten und Tagelöhnern verrichten lassen. Aber nicht der Gegensatz von arm und reich im Lande ist Anlaß für einen Anflug von Sarkasmus, sondern die wirtschaftlichen Verhältnisse in Otterndorf: Ein »sauberes kleines Städtchen, in dem mehr Geschäfte mit Gold und Silber handeln als Buchhändler, ein Zeichen, daß der Reichtum der Menschen sich stärker darin äußert, ihren Körper als ihre Seele zu schmücken«. Die einzige Buchhandlung in diesem zentralen Ort des Landes Hadeln wird von einer Witwe geführt, die hauptsächlich Psalmen- und Gebetbücher verkauft und dabei noch Zündhölzer und Birkenbesen im Sortiment führt. Aber – nur schwer kann der Reisende seine Begeisterung zügeln – Hadeln ist ein Land der alten bäuerlichen Freiheit; der Wohlstand beruhe, so versichert Hodgskin, eben auf dem freien Eigentum, und ihn erfaßt ein Gefühl des Jammers, daß andere freie Länder Deutschlands – er nimmt also die Hadler Freiheit nicht als Sonderform, sondern als Ursprungsform an – unter die Adelsherrschaft gekommen seien.

In Oldenburg, das 1816 6.300 Einwohner zählte, vermißt Hodgskin alle Merkmale einer Residenzstadt; in der einzigen Buchhandlung hat man außer dem Staatskalender kein Werk zur Geschichte und zum Staatswesen Oldenburgs vorrätig. Er nimmt überhaupt nicht wahr, daß die stadtplanerischen Maßnahmen Herzog Peter Friedrich Ludwigs in niedersächsischen Städten der Zeit nichts Vergleichbares haben: Marktplatzerweiterungen, Anlage des halbrunden Haarentor-Platzes, Straßenpflasterung und Eindämmung der Stadtgräben. Hodgskins negatives Urteil war wohl von der Atmosphäre in Oldenburg geprägt, wie sie Ludwig Starklof rückschauend für die Zeit um 1830 charakterisiert: »Wir hatten kein öffentliches Leben, kein Staatsleben, sondern nur einen höchst unbedeutenden, auch in kleinen Formen ausgeprägten Gesellschaftscharakter.«

In Friesland erregt die Größe der Wohnstallhäuser das Erstaunen des Reisenden. Das Innere der Höfe entzückt ihn: chinesische Vasen, Delfter Kacheln, selbst die Küche mit ihren vielen Geräten in bester Ordnung und sauber herausgeputzt. Er schildert die bäuerliche Wirtschaft, die fünfzig Kühe und zwölf Pferde im Stall habe, er rühmt die bäuerliche Freiheit des Landes. Den *public spirit* der Ostfriesen erkennt Hodgskin in der hochstehenden Agrikultur und an den Deichen und Kanälen des Landes. Er gelangt zu dem Schluß, daß Friesland nach Hadeln das wohlhabendste Land Deutschlands sei.

Zu Schiff, auf dem Kanal zwischen Aurich und Emden, erreicht er Emden in einer gemischten Gesellschaft: Ein ehrwürdiger Hausvater, beschlagen in der Bibel und in der Geschichte seines Landes, erweckt seinen Respekt, eine Schar betrunkener Frauen seinen Abscheu, der durchsetzt ist mit Erinnerungen an englische Unterschichten. Emden, dessen Einwohnerzahl er auf 12.000 schätzt, imponiert ihm durch sein altes Rathaus und durch die adrette Kleidung der Einwohner, die bei den höheren Ständen nach englischer oder französischer Mode ausgerichtet sei. Nur die älteren Frauen trügen eine altmodische Tracht, deren markantester Teil ein Hut von der Größe eines Regenschirms sei. Seit die Hannoveraner der Stadt 1818 eine neue Verfassung gegeben hätten, wäre jede Erinnerung an die einstige Freiheit und Unabhängigkeit geschwunden. Der Handel der Stadt hätte sehr von Napoleons Kontinentalsperre profitiert, sei aber nunmehr wieder stark zurückgegangen. Den von ihm immer wieder notierten holländischen Einfluß auf Ostfriesland erkennt Hodgskin auch in den zahlreichen Windmühlen, die auf den Stadtmauern und in der Nachbarschaft Emdens stehen, und – da »industrielle« Mühlen wie Öl- und Walkmühlen sich unter ihnen befinden – Zeugnis für den Gewerbefleiß darstellen.

Auch das Emsland bereiste Hodgskin. Papenburg mit seinen 3.000 Einwohnern erweckte sein Erstaunen: Er kenne keine Kleinstadt (Papenburg wurde allerdings erst 1859 zur Stadt erhoben), die einen größeren Wohlstand ausstrahle. Welch eine Ernüchterung auf dem Weg nach Meppen. Das Gebiet erscheint ihm als der desolateste Teil des Königreichs. Moraste und Sand. Lediglich in der Nähe von Bächen fänden sich einige fruchtbare Plätze. Sodann aber fesselt den Reisenden die Moorkolonisation, besonders im Bourtanger Moor.

Meppen schließlich beschreibt er als katholische Stadt, und das scheint doch an Vorurteilen unseres sonst so scharfen Beobachters gerührt zu haben. Die Nachlässigkeit der Frauen in ihrer Kleidung stört ihn. Und die Häuser, kärglich möbliert, bleiben auch im hellsten Sonnenschein dunkel. Die Einwohner seien zwar keine Müßiggänger, aber doch nachlässig und schmutzig. Die Stadt

Lingen hat noch Glück, wenn Hodgskin sie mit der wegwerfenden Bemerkung bedenkt, das einzig Bemerkenswerte an ihr sei, daß sie zwischen Meppen und Osnabrück liege; ansonsten sei sie eine saubere Stadt, die früher sogar eine Universität beherbergt habe. Wieso dieses positive Urteil über eine katholische Stadt? Die Häuser sind eher nach holländischer, denn nach deutscher Art erbaut.

Osnabrück mit seinen 9.000 Einwohnern ist für Hodgskin eine westfälische Stadt und, da er Voltaire gelesen hat, hält er das Osnabrücker Umland, weil er es zu Westfalen rechnet, zunächst für eines der rückständigsten Gebiete Deutschlands. Aber von der Stadt Osnabrück schwärmt er: Ein wichtiger Handelsplatz, eine vernünftige Regelung des Leinenhandels als des wichtigsten Ausfuhrartikels – und er sieht sauber gekleidete Bauern, die am Samstag ihre in Heimarbeit gewebten Tuche zur Prüfung und zum Verkauf zur Leinwand-Legge bringen. Er sieht, wie machtlos diese Bauern gegenüber dem städtischen Preisdiktat sind, und er ist keineswegs darüber erstaunt, daß der Wohlstand Osnabrücker Kaufleute auf dem Leinwandhandel beruht. Hodgskins späteres Thema, Kapital und Arbeit, wird hier bereits angeschlagen. Aber dieses Thema geht unter in einem Lob der Stadt und ihres hochentwickelten näheren Umlands. Immer noch, so notiert Hodgskin, ist in Osnabrück, wo es vier ansehnliche Buchhandlungen gäbe, die Verehrung Justus Mösers lebendig.

Nach all den wichtigen Informationen, die uns Hodgskin überliefert, gönnen wir ihm auch jene Begegnung, von der er – immer noch enthusiasmiert – berichtet. Da die ostfriesischen Straßen sehr häufig auf den Scheiteln der Deiche verliefen, seien die Reisenden unmittelbar den Unbilden der Witterung ausgesetzt. Mitten in einem schweren, böigen Regenschauer wird er, geduckt unter dem niedergedrückten Regenschirm, ganz unbefangen von einer jungen, schönen Ostfriesin angesprochen, die ihm lachend anbietet, den Weg gemeinsam zu gehen. Er legt den Arm um sie und segnet den Sturm. Die junge Frau ist wie alle Friesinnen bestens gekleidet und besitzt den Charme einer Französin. In ganz Deutschland habe er keine auch nur halb so liebenswerte Bäuerin gesehen.

»Notwehr«: Der Kampf um eine verbesserte Landwirtschaft

Ernst Schubert

Das Bevölkerungswachstum und die damit verbundene Not, die Übernutzung des Bodens, hatte zwei Reaktionen zur Folge: Die Flucht, die Auswanderung, und die Versuche, das Land ertragreicher zu machen, mehr Menschen Nahrung zu geben. Schon im Zuge des *fanatisme agricole* des ausgehenden 18. Jahrhunderts war die Verbesserung der Landwirtschaft von steigendem allgemeinen Interesse geworden. Man wußte zu gut, welche sozialen Probleme sich hinter der, in Dichtungen noch des 18. Jahrhunderts so gern beschworenen, ländlichen Idylle verbargen. Nicht nur für das Königreich Hannover, sondern allgemein für den nordwestdeutschen Raum war die Gründung der königlichen Landwirtschaftsgesellschaft in Celle 1764 von großer, von richtungsweisender Bedeutung. Ganz aus dem Geist des Merkantilismus heraus hatte diese Gesellschaft ursprünglich die Förderung von Landwirtschaft und Gewerbe als Aufgabe gestellt bekommen. Sie war aber, und das unterschied sie von den üblichen merkantilistischen Gründungen, erfolgreich geworden, da sie zwar vom Staat Rückendeckung erhielt, aber eben nicht eine staatliche Institution war. Die Bedeutung dieser Landwirtschaftsgesellschaft liegt in der Vermittlung von Kenntnissen, in der offenen Diskussion über Agrarmeliorationen. Gesucht wurde von ihr die Verbindung von Wissenschaft und Praxis. Nachgeholt werden sollte letztlich, was seit der Einführung des Buchdruckes versäumt worden war, als zwar Wissenschaften und Künste von dem neuen Medium profitiert hatten, als sogar die Kunst des Branntweinbrennens über Bücher verbreitet worden war, aber die Erfahrungswerte von Ackerbau und Viehzucht nicht im neuen Medium des Buches ihren Niederschlag gefunden hatten. Nun aber wirkte vor allem die Idee, über Preisaufgaben zu bestimmten Themen einerseits eine wissenschaftliche Diskussion über die Agrarnutzung zu ermöglichen, andererseits durch die Prämiierung der besten Arbeiten auch öffentlichkeitswirksame Signale zu setzen.

Mit allen drängenden Fragen beschäftigte sich die Landwirtschaftsgesellschaft, so unter anderem mit der Zersplitterung des Grundbesitzes auf dem Eichsfeld, mit Schafzucht und Stallhaltung. Vorschläge wurden der Regierung unterbreitet. Schon sehr früh kannte man in der Landwirtschaftsgesellschaft die Bedeutung von Technisierung und künstlicher Düngung. Man förderte Liebigs Ideen, man testete und empfahl Mähmaschinen, man probierte eine zu Cincinatti erfundene Dreschmaschine und befand sie für unbrauchbar.

Die Landwirtschaftsgesellschaft in Celle ist nur die bedeutendste, die langlebigste Institution, die sich mit der Verbesserung von Ackerbau und Viehzucht beschäftigte; sie ist aber mitnichten die einzige. Allenthalben wurden Reformschriften verfaßt, die Universität Göttingen, die »Göttingischen Gelehrten Anzeigen«, schalteten sich engagiert in diese Diskussion ein. Verbesserung der Landwirtschaft: Das war seit den ausgehenden achtziger Jahren des 18. Jahrhunderts ein Thema von allgemeinerem Interesse beim gebildeten Publikum. Vor dem Hintergrund der Not des Landes, vor dem Hintergrund so vieler Menschen, die am Existenzminimum leben mußten, betraf die Diskussion existenzielle Probleme. Es ging dabei vor allem um drei Fragen. Erstens war die Düngung zu verbessern, wobei man Preise für die Auffindung neuer Mergelgruben aussetzte und vor allem den Kleeanbau förderte, Kleesamen verteilte, der, auf der Brache angesät, zugleich Viehfutter bilden sollte. Diese erst relativ spät in den zwanziger Jahren des 19. Jahrhunderts üblich gewordene Düngungsmethode ist heute in Vergessenheit geraten, seit mit den Jahren nach 1846 der Kunstdünger den Kleeanbau abgelöst hat. Zweitens wurde die Stallfütterung des Hornviehs empfohlen und die Maßnahmen, zu denen auch wiederum der Kleeanbau gehörte, erörtert, mit denen man die traditionelle Abhängigkeit der Rindviehzucht von der vorhandenen Wiesenmenge auflösen wollte. Drittens schließlich war die Verbesserung, ja vielfach erst die Einführung der Obstbaumzucht, die das 19. Jahrhundert zu einem Jahrhundert des Obstbaus werden ließ, ein Anliegen der Reformer.

Um diese großen Themen rankten sich viele Empfehlungen: Sicherheitsmaßnahmen beim Heide- und Moorbrennen werden vorgeschlagen. Die Experimentierfreude ist noch nicht durch die Erfahrungen der Chemie gebremst; Ratschläge etwa zur Vertilgung der Feldmäuse: Man dürfe bloß kein Arsenik und kein Strychnin verwenden, das sei gemeingefährlich – Phosphor wird empfohlen.

All die großen und kleinen Vorschläge sind gebündelt, systematisiert, umgeformt und weitergeführt in dem Lebenswerk des Albrecht Daniel Thaer (1752-1828). Als Arzt, der einen eigenen Garten in Celle hatte, sah er über die Medizin, über die Heilkräfte in der Natur, zunächst nur von außen die Probleme der Landwirtschaft, die er sehr schnell als nicht nur geschulter, sondern leidenschaftlicher Mediziner in der Rolle des Patienten erkannte. 1791 erschien sein Werk »Unterricht über den Kleebau und die Stallfütterung«, das die bereits häufiger empfohlenen Methoden vermitteln wollte, aber originell in seiner didaktischen Ausrichtung war, die der Untertitel erkennen ließ: »In Fragen und Antworten für den Lüneburger Landmann«. Man kann dieses Werk auf zweierlei Weise lesen: als Summe, die ein gebildeter Mann, durchdrungen von der Menschenfreundlichkeit der Aufklärung, aus der Diskussion um die Verbesserung der Landwirtschaft zog, und als medizinhistorisches Zeugnis. Nur mühsam, so lernte ein Arzt sehr schnell, konnte er das Vertrauen des »Landmanns« gewinnen, der lieber auf »bewährte« Rezepte, von Nachbarn, Freunden und Verwandten empfohlen, hörte. (»Didaktik«, so wußte man im späten Aufklärungszeitalter, war nicht nur Aufgabe der Pädagogen.)

Waren Thaers »Fragen und Antworten« gedacht als Propagierung eines bereits vorhandenen Wissens, so sind seine zwischen 1809 und 1812 entwickelten »Grundsätze der rationellen Landwirtschaft«, sein Hauptwerk, mehr als eine Zusammenfassung allgemeinerer Diskussionen. Agrarverbesserung wird hier verbunden mit der grundsätzlichen Frage nach der Agrarverfassung. Thaer sah eben nicht nur die einzelnen Symptome, er suchte zur Krankheit selbst vorzudringen. Er war deswegen ein engagierter Befürworter der Bauernbefreiung. In seinem System ging es um die zentralen Fragen von Produktionskosten und Gewinn, wie sie nur in einem freien Gutsbetrieb möglich waren.

Allgemein bekannt ist, daß die industrielle Revolution das Landschaftsbild verändert hat; weniger bewußt ist, wie stark die Folgen der Agrarmeliorationen auf die Kulturlandschaft wirkten, wie sehr sie die Agrarstrukturen umgestalteten. Wählen wir nur das Beispiel der Kartoffeln aus der Lüneburger Heide. Die Nutzung des Heidelandes war im Grunde beschränkt auf ertragsarmen Ackerbau und auf die Haltung von Heidschnucken. Lediglich die

Bienenzucht war ein über die Subsistenz hinausreichender Erwerbszweig. Eine Heidschnucke lieferte nur ein Pfund Wolle pro Schur. Das reichte nicht, um über den Selbstbedarf hinaus einen größeren Handel zu treiben. Die kargen Felder wurden mit Heideplaggen gedüngt. Als man aber lernte – segensreich wirkte sich hier die Gründung der Wiesenmeisterschule in Suderburg 1854 aus –, durch Rieselwiesen ertragreiche Nutzungen zu erzielen, als auf den damit verbesserten Wiesen auch Rindvieh gehalten werden konnte, gewann man endlich ausreichend Dünger, um Kartoffeln anbauen zu können.

Viehhaltung um 1800 im Zeichen der Aufklärung

Monika Jenssen

Gegen Ende des 18. Jahrhunderts befand sich die Landwirtschaft – Ackerbau wie Viehzucht – in einer tiefgreifenden Umbruchphase am Ende einer Jahrtausende währenden Entwicklung. Die einzelnen Vieharten wurden in der Hauptsache im Freien gehalten, und das heißt vor allem gehütet. Verschiedene Faktoren veränderten nun innerhalb weniger Jahrzehnte Althergebrachtes sowohl von innen als auch von außen. Im Zeitalter der Aufklärung rückte die Wirtschaftlichkeit immer stärker in den Vordergrund. Ein Zauberwort hieß »ganzjährige Stallhaltung«. Die fütterungstechnischen Voraussetzungen hierfür schufen aus der Neuen Welt importierte Pflanzen wie die Kartoffel und die Sommerbestellung der Brache mit Hackfrüchten. Das aus Spanien stammende Merinoschaf, in der zweiten Hälfte des 18. Jahrhunderts in Niedersachsen eingekreuzt, revolutionierte die Landwirtschaft weltweit und gab durch die nunmehr mögliche Mechanisierbarkeit des Spinnprozesses einen Hauptanstoß zur Industrialisierung.

Bei der Betrachtung der landwirtschaftlichen Verhältnisse um 1800 darf man nicht vergessen, daß die Selbstversorgung mit tierischen Produkten auch in großen Städten über viele Jahrhunderte hinweg eine Selbstverständlichkeit gewesen war. Noch bis weit in das 19. Jahrhundert hinein wurden in fast jedem Haushalt Schweine gehalten, da sie von Abfällen gefüttert werden konnten und keine großen Futter- oder Weideflächen benötigten. Nicht selten kann man in den Quellen Klagen über Streitereien um die an den Straßen angelegten Misthaufen finden.

Nicht allein durch die Bereicherung des Speiseplanes mit Fleisch, Milch und Eiern hatte die Viehhaltung eine ungemein große Bedeutung für die ländliche Bevölkerung. Man zog auch auf verschiedene andere Arten vom Vieh Nutzen. So fanden Häute und Wolle ebenso Verwendung wie Knochen und Horn. Das Großvieh lieferte wertvollen Dung für die Äcker und trug damit zur Ertragssteigerung in beträchtlichem Maß bei. Aber auch zum Bestellen der Felder und im Transportwesen waren Tiere nicht wegzudenken.

Vieh gehörte nicht nur zum Bauernhof. Vielfach hielten Tagelöhner, Häuslinge, »Einwohner«, das heißt Handwerker, die oft nur zur Miete wohnten und kein eigenes Land besaßen, Schafe und Ziegen oder eine Kuh für die Bestreitung ihres Lebensunterhaltes. Dies war der Hintergrund für die zeitgenössische Beobachtung, daß das landwirtschaftliche Nutzvieh klein, mager und elend war und viel zu früh zur Zucht verwendet wurde.

Bei der dörflichen Viehhaltung lag auch noch aus anderen Gründen vieles im argen. Man verließ sich eher auf Althergebrachtes, was manchem Aberglauben Vorschub leistete. So ließ man zum Beispiel das Vieh während einer Mond- oder Sonnenfinsternis nicht weiden, weil man befürchtete, daß giftige Dämpfe sich auf dem Futter niederschlagen könnten. Solchen Dämpfen gab man auch die Schuld, wenn sich nach Verfütterung von Klee beim Vieh Verdauungsstörungen einstellten, weshalb von den einfachen Bauern die Kleefütterung lange abgelehnt wurde. Ein weiteres sehr schwerwiegendes Hindernis für eine moderne Fütterung lag darin, daß die zur Verfügung stehenden Flächen zumeist in der sogenannten Koppelhude mit anderen Dörfern oder den adeligen Herrschaften in streng reglementierter Reihenfolge gemeinschaftlich genutzt werden mußten. Diese gemeinschaftlichen Ländereien wurden kaum gepflegt oder gedüngt, da hieraus ja auch andere einen Nutzen ziehen konnten. In einem zeitgenössischen Werk über Viehzucht und Futterbau ist daher auch von der »Barbarey der leidigen Gemeinheitsweiden« die Rede, welche allen Verbesserungen im Wege stünde.

Allgemein wurde die Viehhaltung im Freien betrieben: Eine Stallhaltung kam nur bei extremen Witterungsverhältnissen in Frage. Heu war aufgrund des schlechten Zustandes der meisten Wiesen Mangelware. Die Wiesen befanden sich oft an ertragsarmen Standorten, entweder zu trocken oder zu sumpfig, und wurden in der Regel durch zu hohen Viehbesatz überweidet und nur mit dem gedüngt, was das Vieh beim Weidegang »verlor«. Selbst dieser Mist wurde teilweise aufgesammelt, weil man ihn für die Äcker benötigte. Ziel war daher, durch die Verbindung verschiedener Arten der Viehhaltung – angepaßt an regionale Erfordernisse – eine optimale Futterausnutzung in Verbindung mit einer möglichst kurzen Stallhaltungszeit im Winter zu erreichen. In Niederungsregionen mit ausgedehnten Grünlandflächen gab es schon im 18. Jahrhundert eine gut entwickelte Koppelwirtschaft: die Weideflächen wurden eingezäunt oder mit Gräben umgeben. In waldreichen Gegenden mit Mehrfelderwirtschaft durften ab Mariä Lichtmeß (2. Februar), in manchen Gegenden auch erst ab dem 1. Mai, Waldweiden genutzt werden. In der Regel an Michaelis (29. September), manchmal schon an Bartholomäi (24. August) mußte das Vieh den Wald verlassen. Vorher durften zumindest in dem bestellten Teil der Feldmark wegen des sonst möglichen Schadens an den Ackerfrüchten keine Tiere gehütet werden. Doch dann boten die abgeernteten Getreidefelder wegen der liegengebliebenen Ähren und dem zwischen den Stoppeln wachsenden Unkraut Nahrung für alle Tierarten. Ferner konnte das Unkraut der Brachäcker jeweils ein Jahr lang abgehütet werden. Es diente vor allem den riesigen Schafherden als Futter, welche mit zunehmender Bestellung der Brache mit Hackfrüchten immer weiter in die östlichen Provinzen abgedrängt wurden. Im Raum Gifhorn nannte man die Brachflächen daher auch »Schapbrak«, also Schafbrache. Auf den Allmend- oder Angerweiden, den Flächen, welche dem ganzen Dorf gemeinsam gehörten, fand besonders das Zugvieh Nahrung. Es mußte ja relativ schnell verfügbar sein und konnte daher nicht weitab der Ansiedlungen im Wald geweidet werden. Außerdem sahen Waldbesitzer weder Pferde noch Ochsen gerne im Wald, weil diese Tiere dem Wald zu großen Schaden zufügten. Für die Schweine begann die nahrungsreichste Jahreszeit in der Regel Anfang Oktober, mit Beginn der Eichelmast, welche sechs bis acht Wochen dauerte. Die zur Zucht vorgesehenen Jungschweine, »Fahsel« genannt, stellten nicht so hohe Ansprüche an das Futter. Man ließ sie auch noch zur Nachmast im Wald, welche nicht selten bis März andauerte. Zumindest die Schweinenachzucht verbrachte also, wenn es die klimatischen Verhältnisse zuließen, das ganze Jahr im Freien.

Die Eichelmast war von größter wirtschaftlicher Bedeutung für den Waldbesitzer, denn in guten Schweinemastjahren, wenn die Eichen reichlich Frucht trugen, konnten zusätzlich zu den Schweinen der berechtigten Ortschaften Tiere von außerhalb zugelassen werden. Man unterschied je nach Eichelertrag zwischen ganzer oder auch voller sowie halber, drittel und viertel Mast. Eine Sprengmast war gleichbedeutend mit einem völligen Ernteausfall, so daß überhaupt keine Schweine gemästet werden konnten. Die Masttaxation wurde von den Förstern und den Bauermeistern, also den Ortsvorstehern der berechtigten Ortschaften, gemeinsam nach mehrmaligen Waldbegehungen vorgenommen. In der Regel bestanden Geschäftsbeziehungen zwischen Waldbesitzern und auswärtigen, oft weit entfernten Gemeinden jahrzehnte-, wenn nicht jahrhundertelang. So wurden in den Wald der Herren von Adelebsen nahe Göttingen regelmäßig sogenannte Fehmschweine vom Westrand des Harzes sowie den rund hundert Kilometer entfernten Städten Gronau und Banteln eingetrieben. Um die Schweine zusammenzuhalten und sie vor Raubtieren geschützt zu wissen, gab es in den Mastrevieren sogenannte »Schweineställe«, in welche sie nachts getrieben wurden. Zumindest für das südliche Niedersachsen handelte es sich dabei nicht um massive Einrichtungen an festen Plätzen, sondern um jährlich neu errichtete, mit Flechtzäunen umgebene Pferche. Die Eichelmast fand trotz zunehmender Stallhaltung erst mit Ablösung der Verkopplungen und Hude- sowie Mastberechtigungen in der zweiten Hälfte des 19. Jahrhunderts ein Ende.

Man kann nicht von der Viehhaltung sprechen, ohne dem Personenkreis Beachtung zu schenken, welcher in erster Linie für das Wohl und Wehe der landwirtschaftlichen Nutztiere verantwortlich war. Solange das Vieh seine Nahrung überwiegend in Feld und Wald selbst suchen mußte, war es die Aufgabe der Hirten, einerseits die Tiere als wertvolles Kapital der Bauern vor Scha-

Das hannoversche Pferd als internationale Berühmtheit. Stich von Gericault (Anfang des 19. Jahrhunderts).

den zu bewahren, andererseits aber auch die Äcker vor Flurschäden durch das Vieh zu schützen. Ein Hirte wurde vom Dorf in sein Amt gewählt und mußte im allgemeinen einen Eid darüber ablegen, daß er immer wachsam sein und gut für das ihm anvertraute Vieh sorgen wolle. Als offizielles Zeichen für die mit seinem Amt verbundene Hirtengewalt bekam er nach dem Eid den Hirtenstab überreicht, welcher bei Übertretung bestimmter Gebote oder Gesetze gepfändet werden konnte. Aus überlieferten Eidesformeln geht hervor, daß die Sorge für das Vieh seine oberste Pflicht war, woraus sich alle weiteren Aufgabenbereiche ergaben. Der Hirte wurde zum Tierarzt, ja manchmal sogar zum Heilkundigen für menschliche Gebrechen. Nicht selten übten die Hirten zusätzlich das Amt des Abdeckers im Ort aus. Weit verbreitet war auch seine Tätigkeit als »Schweineschneider«: Er kastrierte die männlichen Ferkel und war für das Stutzen der Hörner zuständig.

In der zweiten Hälfte des 18. Jahrhunderts nahmen sich Adel, Klerus, aber auch Mediziner zunehmend der Landwirtschaft an. Diese wurde zum Studienfach an Universitäten. Privatleute stellten Flächen für Anbauversuche zur Verfügung. Landwirtschaftliche Belange wurden immer straffer organisiert. Beispielsweise wurde die Pferdezucht durch die Gründung von Haupt- und Landesgestüten – das Landgestüt Celle besteht schon seit 1735 – besonders gefördert. Dies gilt vor allem für die Zucht von Warmblutpferden, welche für militärische Zwecke, etwa während der napoleonischen Kriege, eine große Rolle spielten. Die Zucht von Arbeitspferden profitierte weniger von öffentlicher Förderung. Schwere Schläge wurden im Gegenteil mit edlerem Blut so vermischt, daß sie ihr ruhiges Temperament, Ausdauer und Härte – Eigenschaften eines guten Ackerpferdes – verloren.

Hinter solchen Wandlungen stand die 1764 gegründete »Königlich Großbrittanische und Kurfürstlich Braunschweig-Lüneburgische Landwirtschafts-Gesellschaft zu Celle«. Als Zeugnis für ihren von einem breiten gesellschaftlichen Konsens getragenen Reformwillen steht die von den Mitgliedern gestiftete und unterhaltene Bibliothek. Diese enthielt schon 1824 mit über tausend Bänden die wichtigsten Werke der landwirtschftlichen Fachliteratur aus dem In- und Ausland und wuchs im Laufe des 19. Jahrhundert auf 7.000 Bücher an.

Es liegt auf der Hand, daß in Zeiten reformerischen Veränderungsdrucks sich auch die Ansprüche an die landwirtschaftlichen Nutztiere veränderten. Eine auf Leistungsmerkmalen basierende Zucht fand in zunehmendem Maß erst jetzt statt und löste die bis dahin wirkende natürliche Selektion ab. Allenfalls konnte man dabei von alten Erfahrungen zehren. Man wußte aufgrund von Beobachtung und Erfahrung auch ohne Kenntnis der physiologischen Vorgänge, daß Umwelteinflüsse wie Klima und Futter allein Unterschiede zwischen einzelnen Tieren, aber nicht zwischen ganzen Rassen bewirken konnten. Ebenso hatte man erkannt, daß manche Eigenschaften der Tiere miteinander in Beziehung standen, sich also entweder ergänzten oder ausschlossen. So wußte man schon, daß Kühe mit einer guten Milchleistung keine besondere Neigung zum Fettansatz hatten. Man hatte gelernt, daß sich bei den Schafen feine, dichte und gekräuselte Wolle eher mit Härte und ausdauernder Konstitution als mit guter Mastfähigkeit vereinte.

Die Bedeutung der einzelnen Haustierarten unterlag zeitbedingtem Wandel und war außerdem abhängig von landschaftlichen und klimatischen Verhältnissen. Pferde spielten in der Landwirtschaft, im Gegensatz zur militärischen Nutzung, eine untergeordnete Rolle. Vielerorts wurden Ochsen angespannt, welche sich für manche Arbeiten, wie zum Beispiel das Pflügen, je nach Bodenbeschaffenheit, aber auch aufgrund der Temperamentsunterschiede besser eigneten als Pferde. Sie waren in der Anschaffung und Unterhaltung wesentlich günstiger, anspruchsloser bezüglich der Pflege, gaben mehr Mist und behielten ihren Wert über Jahre hinweg, da man sie zuletzt auch noch zur Fleischgewinnung schlachtete. Für schwere Feldarbeit mußten bis zu vier Pferde zusammengespannt werden. Wenn nicht genügend Pferde auf einem Hof vorhanden waren, nutzten Nachbarn ihre Zugtiere gemeinsam. Man spannte sogar Pferde und Ochsen gemeinsam an. War es schon für günstig gelegene Gegenden schwierig genug, Pferde zu unterhalten, so fehlten sie in Gebieten mit Realteilung fast völlig, da die immer weiter zersplitternden Höfe die Pferdehaltung nicht erlaubten. Andererseits zwangen Fron- und Spanndienste besonders in Kriegszeiten die Bauern häufig dazu, nicht auf Pferde zu verzichten, obwohl es ihnen vor allem am Körnerfutter fehlte. Die Bezeichnung »Gras- oder Spreupferde« verrät, daß es sich dabei um schlecht gefütterte Tiere handelte, die im Zug entsprechend wenig leisten konnten.

Rinder eigneten sich besonders für grasreiche Gebiete, entweder in baumarmen Gebirgsregionen oder in eher feuchten Niederungen wie etwa der Marsch. In weniger begünstigten Landstrichen wie waldreichen Regionen oder in der Heide konnten sie zwar aufgrund ihrer relativen Anspruchslosigkeit bestehen, waren aber klein und gaben wenig Milch. Hier hielt man auch jetzt noch die züchterisch kaum gezielt beeinflußten, nur regionalen Unterschieden ausgesetzten Landrassen. Im Hannoverschen fand man eine sehr kleine Rinderrasse, die rote oder rotgescheckte bis braun gefärbte Heide- oder Sandkuh vor. Sie wird als besonders genügsam bezüglich Futter und Pflege beschrieben und hatte einen feinen Knochenbau bei 200 bis 400 Kilo Lebendgewicht. In Abhängigkeit von der Qualität des zur Verfügung stehenden Futters gab sie 800 bis 1.400 Liter Milch pro Jahr.

In vielen deutschen Mittelgebirgsregionen, so auch im Harz, war einfarbig rotbraunes Rindvieh von kleiner Statur, sogenanntes Rotvieh, zuhause. Man lobte besonders seine Härte, Ausdauer und Zugfestigkeit. Die von ihnen gegebene Milchmenge war zwar nicht sehr groß, aber man konnte, bedingt durch die kräuterreiche Bergweide, bei diesem Vieh mit einem überdurchschnittlichen Milchfettgehalt rechnen.

Großrahmige, milchreiche Kühe der ostfriesischen Rasse gab es vor allem in der Marsch mit ihren fetten Weiden. Aus diesen Kühen wurde die heutige, jetzt allerdings vom Körperbau wesentlich leichtere, im nördlichen Deutschland üblicherweise anzutreffende schwarzbunte Milchkuh gezüchtet. Schon der alte Schlag soll bis zu 35 Liter Milch am Tag gegeben haben, allerdings meldeten schon zeitgenössische Autoren Zweifel daran an. Man hätte gerne die übliche Landrasse mit ihnen veredelt, aufgrund der hohen Ansprüche der ostfriesischen Kühe an die Futterqualität zeigten diese Versuche in der Regel jedoch nicht den gewünschten Erfolg. Der alte Spruch »Die Kuh melkt durch den Hals« wurde bestätigt. Aus demselben Grund brachte auch die an verschiedenen Orten erprobte Einkreuzung des in seiner Heimat so milchreichen braunen Alpenviehs keinen besonderen Fortschritt, solange die Qualität der Weiden noch unter dem »gemeinen«, also gemeinschaftlichen Hüten litt.

Heute ist die Rinderzucht meist nur auf Milchleistung ausgerichtet. Im Gegensatz dazu wurden früher in der Regel sogenannte Dreinutzungsrinder gezüchtet, denn neben der Milchleistung legte man auch Wert auf stabilen Körperbau für möglichst guten Fleischansatz, außerdem war ohne die Zugkraft vor allem der Ochsen an die Bewirtschaftung eines Hofes kaum zu denken. Auf kleineren Anwesen, welche nur ein bis zwei Stück Vieh ernährten, mußten auch die Kühe im Zug gehen. Falls nicht mangelhafte Pflege und Futter bei übermäßigem Arbeitseinsatz die Tiere vorzeitig verenden ließen, konnten sowohl Kühe als auch Ochsen durchaus ein Alter von 15 Jahren erreichen. Selbst dann wurde ihr Fleisch noch gegessen. Bezüglich der Ochsen betonte man häufig, etwa bei Viehzählungen, daß sie keine Masttiere seien. Dies belegt insgesamt den relativ geringen Stellenwert der Fleischnutzung.

Bis in die frühe Neuzeit hinein konnte man den Schweinen die Abstammung von ihren wildlebenden Vorfahren leicht ansehen. Ihr Kopf war länger geformt und somit gut zum Wühlen geeignet. Sie besaßen einen Borstenkamm auf dem Rücken und verfügten auch sonst über eine starke Körperbehaarung von zumeist dunkler Farbe. Die Behaarung trug sicher dazu bei, daß die Landschweine relativ unempfindlich gegenüber Witterungseinflüssen waren. Schweine waren vor allem in waldreichen Regionen über viele Jahrhunderte sehr beliebt, da sie mit »Wuhl«, also dem, was sie aus dem Boden herauswühlten, und »Eckerich«, womit nicht Bucheckern, sondern Eicheln gemeint waren, fast das ganze Jahr über im Wald Nahrung finden konnten. Mit zunehmender Aufstallung unterschied man nach Haltung und Zucht. Zeitgenössische Autoren waren sich einig, daß die Mast zumindest in angemessenem Rahmen für sämtliche Betriebsgrößen gleichermaßen notwendig sei, um alle Abfälle etwa aus Molkerei, Küche, Garten sinnvoll zu verwerten. Die Schweineaufzucht empfahl man nur jenen Bauern, welche über geignete, meist feuchte, Sommerweiden und vor allem über (im Vergleich zum Getreide) preiswerte Hackfrüchte wie Kartoffeln und Rüben verfügten.

Solange Flurzwang und Gemeinschaftsweide noch eine Bestellung der Brachflächen mit Futterpflanzen verhinderten, entwickelte sich selten eine über den eigenen Bedarf hinausgehende Schweinezucht. Individuelle Nutzung, aber auch gemeinschaftlich verantwortete Regelungen zeigten sich als Charakteristikum der dörflichen Nachbarschaft in der Schweinezucht. Üblicherweise hielten Pfarrer oder Bürgermeister den Gemeindeeber. So zum Beispiel im südniedersächsischen Barterode, wo 1809 der Bürgermeister den Eber für einen jährlichen Betrag von 80 Gulden fütterte. In Gegenden mit umfangreicher Schweinehaltung kannte man schon damals die Erscheinung des sogenannten »Schweinezyklus«. Angebot und Nachfrage ließen die Preise für Schweine in regelmäßigen Zeitabschnitten von ungefähr zwei Jahren stark schwanken. Die Schweinezüchter im 19. Jahrhundert waren mit großen Unterschieden bei den Schweinerassen konfrontiert. Deswegen war das »gemeine deutsche Schwein« längst nicht so einheitlich, wie der Name vermuten läßt. Vielmehr schwankten die einzelnen Schläge vor allem in der Färbung stark von weiß über gescheckt zu schwarz oder auch rot. Im Herzogtum Braunschweig etwa fand das schwarz-weiß gescheckte Hannoversch-Braunschweigische Landschwein weite Verbreitung. Es war später unter dem Namen »Deutsches Weideschwein« bekannt, ehe es in den fünfziger Jahren des 20. Jahrhunderts ausstarb. Der Grund hierfür zeichnete sich schon im frühen 19. Jahrhundert ab, als Landwirtschaftsexperten von den Landrassen abrieten. Man sprach ihm zwar hohe Widerstandskraft und sehr gute Marschfähigkeit zu, außerdem konnte es auch bei schlechterem Futter relativ gut gedeihen. Mit diesen Eigenschaften eignete es sich vorzüglich für eine extensive Haltung; aufgrund nicht allzugroßer Würfe und mehr noch wegen seiner flachrippigen, schwachbemuskelten Statur, gehörte es jedoch einer vergehenden Welt an. Für die Zucht unter veränderten Bedingungen eigneten sie sich nicht.

Schweinezucht im 19. Jahrhundert bedeutete auch überregionalen, ja internationalen Austausch. Hier zeigt sich am deutlichsten, wie verfehlt Vorstellungen von einer »bodenständigen« Landwirtschaft sind. Verschiedene in- und ausländische Rassen, das Moldauische oder Bosnische, sowie das Polnische oder Podolische Schwein, englische Rassen, aber auch das Bayrische und das Westfälische Schwein waren alle großrahmiger als das Landschwein in hannoversch-braunschweigischen Gegenden und eigneten sich daher wesentlich besser für eine intensive Mast. Bis auf das Westfälische mit zehn bis zwölf Ferkeln je Wurf waren sie mit zum Teil nur drei bis fünf Ferkeln pro Wurf jedoch auch nicht sehr fruchtbar und stellten vor allen Dingen sehr hohe Ansprüche an das Futter. Man entschied sich daher, obwohl die aufgezählten Rassen in Niedersachsen alle anzutreffen waren, am häufigsten zu einer Kreuzung der englischen mit der westfälischen Rasse und versuchte so, hohe Fruchtbarkeit und vorzügliche Mastleistung zu vereinen. Daneben gab es auch exotische Versuche mit afrikanischen und chinesischen Schweinen. Erstere waren mit einer Herde von Merinoschafen aus Spanien eingeführt worden. Sie eigneten sich jedoch mehr als Fleisch- denn als Speckschweine, was zu jener Zeit als Nachteil angesehen wurde. Das gleiche gilt für die chinesischen Hängebauchschweine, die aus England importiert worden waren, wo man sie wegen ihrer Fleischqualität angeblich sehr schätzte. Fettes Fleisch wurde vom Verbraucher bevorzugt und auch höher bezahlt, da es nahrreicher und besser konservierbar war.

Schafe waren für die landwirtschaftlichen Selbstversorger früher die genügsamsten und am vielseitigsten verwendbaren Tiere. Fleisch, Milch, Käse, Därme, der »nachwachsende Rohstoff« Wolle, sowie der aufgrund seiner Zusammensetzung besonders wertvolle Dung wurden genutzt. Ein weiterer Vorteil der Schafe war der sogenannte »goldene Tritt« der Tiere: Man ließ sie Saaten in den Boden eintreten, um sich so das Eineggen zu ersparen, und trieb sie im Frühjahr über Felder und Wiesen, um aufgefrorene Wurzelhohlräume – ähnlich wie beim Anwalzen – wieder zu verdichten. Bezüglich ihres Futters waren Schafe besonders anspruchslos und konnten noch auf trockenen Hutungen gehalten werden, welche keine andere Tierart mehr zufriedenstellten. Nasses und betautes Futter sowie sumpfige Weide waren dagegen, wie man schon damals erkannte, der Grund für Darmerkrankungen. Heute wissen wir, daß es sich dabei nicht nur um Verdauungsstörungen handelte, sondern viel eher um den Befall mit Würmern und Leberegeln. Daher erklärt sich die alte Schäferregel: »Tauhüten ist Tothüten!« Aufgrund der relativ hohen Verdienstmöglichkeiten durch die Schafhaltung behielt sich der weltliche und kirchliche Adel die Haltung dieser Tiere lange vor. So spielte die Schafhaltung für die Landbevölkerung bis zum Beginn des 19. Jahrhundert nur eine sehr untergeordnete Rolle.

Häufig wurde die Berechtigung zur Schafhaltung jedoch von den adligen Herrschaften an ein ganzes Dorf verpachtet. Zum Beispiel wird in einem Schreiben des Amtes Uslar von 1799 an die königlich-kurfürstliche Kammer betont, daß »die Schäfereien im hießigen Amte ursprünglich alle herrschaftlich sind, und den Gemeinden gegen jährliches Pachtgeld eingethan werden«.

Dünger und Wolle waren bei den hochbeinigen und wenig muskulösen Schafen die wichtigsten Produkte. Der Wollpreis betrug ein Vielfaches des Erlöses für Schaffleisch. Hammel wurden deshalb jahrelang gehalten, ehe sie im sogenannten »Fetthaufen« gemästet wurden. Mutterschafe bekamen selten mehr als ein Lamm pro Jahr. Beides trug zu dem geringen Nährstoffbedarf bei, der, außer zur Mast, kaum über die Erhaltung hinausging.

An Schafrassen waren im Norden und in der Heide die Graue Gehörnte oder die Weiße, Hornlose Schnucke vertreten. Ihre Mischwolle bestand aus feiner Unterwolle und grobem Deckhaar. Neben den mischwolligen gab es schlichtwollige Landschafe, so beispielsweise das »Ordinaire Rheinische Schaf«, welches schon seit dem 17. Jahrhundert auch im Herzogtum Braunschweig verbreitet war. Die Wolle dieses Schafes bestand aus gleichlangen Haaren, welche zwar noch nicht besonders fein waren, aber schon ein Tuch mittlerer Qualität ergaben. Auch das heutige südniedersächsische Leineschaf ist ein Landschaf und hatte, bis es in den letzten Jahrzehnten durch intensive Zucht verändert wurde, in Aussehen und Wollqualität noch viel Ähnlichkeit mit seinen Vorfahren. Im Norden Niedersachsens waren Marschschafe zuhause, zu welchen das Wilstermarschschaf und das Ostfriesische Milchschaf gehörten. Letzteres wird auch heute noch als eigenständige, sehr fruchtbare und milchreiche Rasse gezüchtet, während das Wilstermarschschaf inzwischen im Deutschen Weißköpfigen Fleischschaf aufgegangen ist.

Am frühesten zeigte sich der internationale Austausch in der Viehzucht beim Schaf. 1765 kamen die ersten Exemplare einer Schafrasse aus Spanien nach Sachsen, welche die Tuchproduktion aufgrund ihrer feinen Wollqualität weltweit bis in die heutige Zeit hinein beeinflußen sollten. Die Merinos, welche man in Spanien teilweise als Wanderschafe, zum Teil aber auch in sogenannten »stehenden« Herden hielt, wurden bis weit in das 19. Jahrhundert hinein zu Tausenden nach Deutschland importiert. Sie zeichneten sich aufgrund ihres dichten Vlieses durch hohes Rohwollgewicht aus, die Wolle war jedoch mit sehr viel Wollfett behaftet, so daß der endgültige Ertrag bei den hiesigen, niederschlagsreichen klimatischen Verhältnissen häufig nur ein Viertel des Schurgewichtes ausmachte. Mit Ausnahme weniger Reinzuchtherden, welche man zur Züchtung reinrassiger Vatertiere benötigte, nutzte man die Merinos vor allen Dingen zur Einkreuzung in die vorhandenen grobwolligen Landschafe, also zu deren Veredelung. Welche sozialen Folgen die Einfuhr und Einkreuzung von Merinoschafen hatte, zeigt der Hinweis auf die Heimarbeit, die bis Mitte des 19. Jahrhunderts von entscheidender Bedeutung für das Überleben von klein- und unterbäuerlichen Schichten war. Spinnen und Stricken waren in vielen Landstrichen die Grundlage dieser Protoindustrie. Im nördlichen Niedersachsen war es beispielsweise üblich, daß jeder Hofbewohner, egal ob weiblich oder männlich, jung oder alt, in jeder freien Minute strickte. Vor allem in der Heide wurde die grobe Schnuckenwolle, welche sich zur Tuchproduktion kaum eignete, zu Strümpfen verarbeitet. Im Raum Cloppenburg wurden diese als »Schifferstrümpfe« von Aufkäufern gesammelt und an der holländischen und deutschen Küste verkauft.

Hintergrund der frühen Internationalisierung der Schafzucht durch Einführung der Zucht mit Merinoschafen war die gutsherrliche Dominanz der Schafhaltung gewesen. Die Voraussetzung aber der Weiterveredelung der Schafe im 19. Jahrhundert bildete die Entwicklung zum selbständig wirtschaftenden Landwirt. Lokale Schläge und Landrassen wurden immer mehr verdrängt. Nun setzte der Siegeszug des »Deutschen Edelschafes« – wie Albrecht Thaer es nannte – auch in Niedersachsen ein. Es vereinte Feinheit der Wolle mit Härte und Marschtüchtigkeit bei geringeren Ansprüchen an das Futter. Es besaß, wie auch die Landschafe, saftigeres Fleisch und hatte einen muskulöseren Körperbau als die reinen Merinoschafe. Schurzeit war Mitte bis Ende Juni, nach Beendigung der »Schafskälte«. Vorher stand entweder in einem Teich oder in speziellen Bottichen das Waschen an, um die Wolle noch an den Tieren zu reinigen. Wenn einmal im Jahr geschoren wurde, konnte man bei Landschafen mit einem Kilo Wolle je Tier rechnen. Veredelte Schafe brachten, je nachdem, in welcher Generation der Veredelungskreuzung man sich befand, bis zu zwei Kilo Wollertrag.

Ziegen wurden vor allem in ärmeren Gegenden mit wenig ertragreichen Böden gehalten. Man nannte sie »die Kühe des armen Mannes«, weil sie auch in besser situierten Gegenden von der Unterschicht gehalten wurden. Von der Obrigkeit war die Ziegenhaltung wegen der Verbißschäden in Wald und Flur oft verboten worden. Es bedeutete eine Milderung der damit verbundenen sozialen Härten, wenn in einem hannoverschen Erlaß von 1770 eine eingeschränkte Ziegenhaltung erlaubt wurde, weil nicht alle »geringen Einwohner auf dem Lande zu ihrem Bedürfnis Kühe halten und ausfüttern können«. Außerdem sei denjenigen Personen die Ziegenhaltung zu erlauben, welche die Tiere für ihre Gesundheit benötigten; das war besonders für die Bergleute wichtig, also beispielsweise im Harz, da man der Ziegenmilch heilende Wirkung gegen Lungentuberkulose nachsagte.

Von einer gezielten Ziegenzucht konnte im 19. Jahrhundert noch kaum gesprochen werden, wenn auch die regionalen Unterschiede relativ gering waren. So ähnelten sich die braungefärbten Landschläge der Mittelgebirgslagen wie zum Beispiel im Harz. Sie faßte man später in der »Deutschen Braunen Edelziege« zusammen. Vom züchterischen Standpunkt aus lag im 19. Jahrhundert wohl noch einiges im Argen. Man kann davon ausgehen, daß häufig Inzucht betrieben wurde, indem die Halter aus der Not heraus eigene Lammböcke zur Zucht verwendeten, ehe sie im Winter geschlachtet wurden.

Die Einführung neuer Nutz- und Futterpflanzen seit dem 18. Jahrhundert, wie Kartoffeln, Futterrüben (Turnips genannt, da aus England importiert), sowie der verschiedensten Klee- und Leguminosenarten hatte große Auswirkungen auf die Viehhaltung. Erst mit der zunehmenden Verbreitung verschiedener Saft- und Hackfrüchte war an wirtschaftliche Winterstallhaltung oder gar an eine Stallhaltung im Sommer zu denken. Gerade diese Haltungsformen wurden jedoch von allen Landwirtschaftsvereinen und zeitgenössischen Autoren unermüdlich propagiert. Man war der Meinung, daß von der selben Futterfläche bei Stallfütterung drei Kühe satt würden, wo bei Weidegang nur eine genug Futter fände, weil frei herumlaufendes Vieh zuviel Futter zertreten würde. Überhaupt konnten die verschiedenen Tierarten ihre Leistungen enorm steigern, da zum ersten Mal qualitativ hochwertige, nahrreiche Futtermittel zur Verfügung standen, was auch für die bisher mit hohen Verlusten einhergehende Winterzeit galt. Außerdem stand der gesamte anfallende Mist – man rechnete mit der doppelten Menge gegenüber Weidehaltung – als Dünger zur Verfügung. Die Autoren gaben auch zu bedenken, daß aufgrund der eingeschränkten Tierkontakte im Stall Krankheiten nicht mehr so leicht übertragen würden. Angesichts der hohen Verluste durch die Rinderpest sicherlich ein schwerwiegendes Argument, denn alleine 1776 starben in den Fürstentümern Hildesheim, Hannover und Celle über 20.000 Stück Hornvieh an der aus Asien und Osteuropa eingeschleppten Seuche.

Mit der Stallhaltung waren auch Nachteile verbunden. Zum einen waren die Ställe oft klein, dunkel und stickig. Der Mangel an Bewegung, Licht und Sauerstoff, verbunden mit Ammoniakdämpfen aus der Einstreu, ließ die Tiere häufig erkranken. Der Arbeitsaufwand für im Stall gehaltenes Vieh war beträchtlich höher. Weidevieh hatte sich schließlich selbst mit Nahrung versorgt, wogegen bei Stallhaltung das Futter gemäht, herangeschafft und vorgelegt werden mußte. Fachleute empfahlen, Gras unbedingt dreimal täglich frisch zu schneiden, damit es nicht gären und Blähungen oder Koliken verursachen konnte. Häufiges Füttern und Tränken wurde eine Selbstverständlichkeit. Mit zunehmender Stallhaltung änderten sich auch die Ansprüche an den Personenkreis, welcher das Vieh betreute. Aus wenig seßhaften Hirten wurden Knechte, die wesentlich stärker in das dörfliche Geschehen eingebunden waren. Dadurch erweiterte sich einerseits ihr Aufgabenbereich über die reine Viehhaltung hinaus, da sie auf dem Hof, vor allem in der Ernte, noch andere Aufgaben übernehmen mußten. Andererseits fand aber auch – man denke etwa an den Beruf des Melkers – eine zunehmende Spezialisierung statt. Gerade im Bereich der Milchgewinnung und -verarbeitung konnte schon damals am ehesten ein Gewinn aus der Viehhaltung erwirtschaftet werden. Man holte sich dafür sogar Fachleute besonders aus Regionen, welche für ihre Milchviehhaltung und Käseherstellung berühmt waren. Darum heißen beispielsweise noch heute Melker auch »Schweizer«.

Der Bevölkerungsdruck und seine Folgen: Die Not der Kleinbauern, der Fehntjer und der Moorker

Ernst Schubert

Ob Königreich Hannover, ob Herzogtum Braunschweig oder Großherzogtum Oldenburg – die Staaten bestanden aus unterschiedlichen Landschaften mit ganz unterschiedlichen wirtschaftlichen Strukturen. Bei allen Unterschieden kennt jede der Landschaften das gleiche große Problem: das der Armut.

In allen niedersächsischen vom Großbauerntum geprägten Marschländern fehlt eine soziale Mittelschicht. Den großen Höfen stehen in respektvoller Entfernung die Katen der Heuerlinge, der Häuslinge, gegenüber, die meist nur über einen Garten verfügen. Und dieser kleine Besitz hob die Inhaber bereits aus der Masse des eigentumslosen Gesindes heraus.

Weil in den Marschgebieten die soziale Problematik unterhalb der dominierenden großbäuerlichen Hausherrschaft auf die Ebene der klein- und unterbäuerlichen Schichten verlagert war, ist nur in Umrissen der Vorgang der »Geesteinwanderung«, der Einwanderung von Tagelöhnern, Knechten und Landarbeitern aus den benachbarten Armutsgebieten zu erfassen. Im nachhinein wird jedoch das Ausmaß dieses Vorgangs unübersehbar: Die Einwanderung bedeutete zugleich eine Unterwanderung des Friesischen.

In den Marschen lag unter der Haushäbigkeit großer Höfe die Armut verborgen; in anderen Gebieten zeigte sie sich unverhüllt. Wer um 1800 durch das Eichsfeld reiste, konnte nicht mehr verstehen, daß die Region um Duderstadt einmal zu den fruchtbarsten Marken des alten Sachsens gehört hatte, daß sie von einer zyprischen Prinzessin 1340 sogar als die »Goldene Mark« bezeichnet worden war. Dem Reisenden um 1800 begegneten hier Not und Elend – Folge einer von den Bauern selbst gewünschten Politik der Mainzer Erzbischöfe bzw. ihrer Statthalter in Heiligenstadt, die eine Zerteilung der Höfe zuließen. Auf diese Weise entstand unter dem Druck des Bevölkerungswachstums in der frühen Neuzeit ein Kleinbauerntum; die kaum mehr rentablen Höfe wurden immer noch weiter geteilt.

Bereits 1766, als das Bevölkerungswachstum sich noch nicht dramatisch ausgewirkt hatte, läßt eine kurmainzische Landesaufnahme des Eichsfeldes die kleinbäuerliche Struktur ebenso erkennen wie die Bedeutung, die inzwischen das Landgewerbe für die Menschen gewonnen hatte, die nicht mehr von bäuerlicher Arbeit leben konnten. Daß die 3.174 Bauern, die von den mainzischen Beamten gezählt wurden, arm waren, zeigt die geringe Zahl von 798 Tagelöhnern und 709 Knechten: Mehr Arbeitsplätze konnten die weitgehend auf Subsistenzwirtschaft ausgerichteten landwirtschaftlichen Betriebe nicht bereitstellen. Die meisten Eichsfelder mußten bereits 1766 von der Heimindustrie leben: 1.680 Raschmacher (Weber eines nach dem ursprünglichen Herkunftsort Arras genannten Gewebes), 618 Leineweber, 3.027 Wollspinner und 832 Garnspinner. Leicht läßt sich ausmalen, welche Not die Kontinentalsperre Napoleons, die vor allem die Textilherstellung betraf, zur Folge gehabt haben mußte.

1832 betrug im Königreich der Anteil des Grundbesitzes unter 15 Morgen, also des kleinbäuerlichen Besitzes, im Durchschnitt 11,1 %, im Eichsfeld hingegen 38,6 %. Durch die Anlage von Sonderkulturen – nicht umsonst sollte das Eichsfeld mit dem 18. Jahrhundert ein wichtiges Anbaugebiet für den Tabak werden – versuchten die Bauern ihre Betriebe überlebensfähig zu halten. Die Folge aber war eine Übernutzung, eine Auslaugung des einst fruchtbaren Bodens.

25.358 Menschen hatten die Mainzer Beamten 1766 im Eichsfeld gezählt, 1804 waren es bereits über 80.000. Die genaueren Zahlen der Folgezeit erlauben die Differenzierung, daß sich die Bevölkerung in den heimgewerblich orientierten Siedlungen innerhalb einer Generation bis zu 70 % vermehren konnte, während in den Dörfern, die ihre agrarische Struktur bewahren konnten, nur ein geringer Geburtenüberschuß festzustellen ist. Im Jahre 1821 betrug in Tiftlingerode, einem reinen Bauerndorf der Geburtenüberschuß 1,8 %, während er in Werxhausen, einer ausgesprochenen Maurergemeinde, 8 % ausmachte. Hinter solchen Zahlen verbirgt sich das von der modernen Demographiegeschichte immer wieder bestätigte Ergebnis von Geburtenplanung in der bäuerlichen Welt des 18. und 19. Jahrhunderts. Hier dachte man an die Höfe und das Erbe, in den Familien, die vom Heimgewerbe lebten, hingegen an Kinder als Hilfsarbeiter.

Auffallend, daß vergleichsweise wenige Menschen aus dem übervölkerten Eichsfeld im 19. Jahrhundert den Weg der Auswanderung wählten. Ein Beispiel: Nur neun junge Männer aus Werxhausen wanderten zwischen 1842 und 1900 nach Amerika aus. Dem Bevölkerungsdruck öffneten die Eichsfelder ein anderes Ventil, das der Saisonarbeit. Bleiben wir beim Beispiel Werxhausen. Es hatte sich schon um 1820 zu einem Dorf der Maurer entwickelt – und Maurer unterlagen keinem Zunftzwang. Fast die Hälfte der männlichen Bevölkerung dieses Dorfes sollte als Saisonarbeiter in diesem Beruf ihr Auskommen finden.

Saisonarbeiter, vor allem Maurer, aus dem Eichsfeld: Anfang des 19. Jahrhunderts waren Hannover, Braunschweig und Göttingen, seit der Mitte des 19. Jahrhunderts auch das Ruhrgebiet, die wichtigsten Wanderungsziele. Werxhausen ist typisch für das Eichsfeld. Eine genauere Bevölkerungszählung dieses Gebietes hätte nur im Winter stattfinden können, wenn alle in der Saisonarbeit beschäftigten Männer wieder zu Hause waren.

Niedersachsen ist heute das Bundesland mit den größten Ödlandflächen; die Urbarmachung des Ödlandes, oder wie man im Mittelalter sagte, des »Unlandes«, gehörte seit dem Landesausbau des hohen Mittelalters zu den großen Themen der niedersächsischen Geschichte. Das 18. Jahrhundert hatte auf den Bevölkerungsanstieg in unserem Raum mit einer Variante der damals sogenannten Peuplierungspolitik geantwortet: mit der Moorkolonisation des Jürgen Christian Findorff (1720-1792) und der preußischen Kolonisationspolitik in Ostfriesland, für die seit 1767 das Motto stand: »Jährlich ein neues Dorf im Moor«. Kontinuität oder nur Analogie zum hochmittelalterlichen Landesausbau? Am Beispiel des Gewinns von Siedlungsboden auf moorigem Untergrund lassen sich die Wandlungen in der Geschichte der Ödlandkultivierung erkennen.

Die Moorkolonisation des späten Mittelalters, wie die des Klosters Osterholz im Teufelsmoor, betraf nur die Niedermoore, die verlandeten Wasserflächen, wo es zu einer Vertorfung von organischer Substanz im Wasserbereich gekommen war. Für die Erschließung der Hochmoore, die nicht mehr unter dem Einfluß des Grundwassers, sondern des Regenwassers standen, und deren Moorbildung eine Mächtigkeit von mehreren Metern erreichen konnte, fehlten den spätmittelalterlichen Kolonisten alle technischen Voraussetzungen. So waren es im 17. Jahrhundert niederländische Vorbilder, die im Emsland übernommen wurden. Der Statthalter des Bischofs von Münster, Dietrich von Velen, hatte in Papenburg seit 1638 nach holländischem Muster die älteste und größte deutsche Moorkolonie angelegt. Es ging ihm um Landgewinnung in fiskalischem Interesse. Notiert sei dazu, daß die wegen der Kolonisation geschaffene Verbindung des Moorkanals mit der Ems 1639 den Grund für Papenburgs Aufstieg zur Stadt der Werften legte. War hier noch ein landesherrliches Interesse an der Ödlandkultivierung zu erkennen, so geht es dem Hauptpastor Johann Picardt 1663 um einen gesellschaftlichen Entwurf, in dem *systema*, ein Schlüsselbegriff des Barock, Gestalt gewinnen sollte, um eine Mustersiedlung im Bourtanger Moor, die geometrisch geplante sogenannte »Alte Piccardie«.

In den frühen Moorsiedlungen im Emsland ist noch nicht das Motiv wirksam, das sich im 18. Jahrhundert mit der großen Leistung des Jürgen Christian Findorff verbindet: Die Moorkolonisation ist eine Antwort auf das Bevölkerungswachstum, nämlich für die anwachsende landlose Bevölkerung neuen Siedlungsboden zu erschließen. Planmäßig werden im Teufelsmoor die künftigen Areale vermessen. Sie heben sich in der kurhannoverschen Landesvermessung als Quader inmitten des regellosen »Unlandes« ab. Und auch das ist bei Findorffs Leistung nicht zu vergessen: Er entwarf die Kirchen in seinen Kolonien selbst: in Worpswede, wo 1759 die Zionskirche errichtet wurde, sowie in Grasberg und Gnarrenburg.

Findorff wirkte nicht nur im Teufelsmoor; er wurde überall dort, wo es galt, Ödland urbar zu machen, als Experte herangezogen, in der Wildeshausener Geest, im Hanermoor bei Harburg. Es waren die trotz aller Widrigkeiten durchaus sichtbaren Erfolge im Teufelsmoor, und es war schließlich die nackte Not, die das Findorffsche Vorbild Schule machen ließen. Moorkolonien entstanden zum Beispiel 1797 im Gifhorner Moor (Neudorf-Platendorf).

Die Moorkolonisation wurde im 19. Jahrhundert fortgesetzt. Dabei aber zeigen sich nicht nur Unterschiede etwa zwischen dem Großherzogtum Oldenburg und dem Königreich Hannover in der staatlichen Förderung der Kolonisation, sondern es zeigen sich auch Epochenwandlungen: Die Moorkolonisation war ja auch eine Antwort auf die überzeitliche Frage der Linderung von sozialer Not, auf das Armutsproblem gewesen. Sowohl in der »Alten Piccardie«, als auch an den Kirchenbauten im Teufelsmoor zeigt sich, daß diese Kolonisation im christlichen Rahmen verstanden werden muß. Vor allem bei Findorff ist nicht nur der rationale Gedanke der Ödlandgewinnung, sondern auch das Bemühen um eine Antwort auf die Armutsfrage im christlichen Sinne Antrieb gewesen. Der säkularisierte Staat des 19. Jahrhunderts aber dachte anders. Und deshalb kann die Geschichte der Moorkultivierung zugleich auch als eine Geschichte der veränderten Antworten auf das überzeitliche Armutsproblem verstanden werden.

Obwohl im Königreich Hannover große Moorflächen lagen, zeigte die Regierung nur geringes Interesse an der Fortsetzung der Peuplierungspolitik des 18. Jahrhunderts. Allenfalls Zwergkolonate unter zwei Hektar, sogenannte Arbeiterkolonate, die nur als Nebenerwerbsbetriebe taugten, wurden angelegt. Ganz anders das Großherzogtum Oldenburg, wo nach 1815 vor allem im Großen Moor am Dümmer eine starke Ausdehnung der Fehngründungen stattfand, wobei die einzelnen Kolonate 4,29 Hektar umfaßten. Nicht vergessen sei: Die Anfänge der Moorarchäologie in Deutschland sind mit der oldenburgischen Kolonisation verbunden.

Bitterste Armut bestimmte das Leben im Moor. Dort, wo heute aus Backstein errichtete Einhäuser stehen, befanden sich früher Behausungen des Elends; erschüttert ist der Reisende, der 1847 ein solches Kolonistenhaus betrat: »Den nackten Moorboden, uneben und feucht, hatte ich unter den Füßen, die braunen Torfwände, schief und schlecht aufgebaut, um mich her; über dem Kopf eine elende, aus wurmstichigen Brettern zusammengeschobene Decke. Zwischen ihren Lücken sah ich die krummen Sparren, welche das aus Heide und Stroh zusammengepatschte Dach trugen, und dies hatte Löcher genug, um von oben den blauen Himmel hereinblicken zu lassen.«

Ein Göttinger Privatdozent schildert 1825 die bittere Armut des Lebens im Moor: An Vieh haben die Siedler eine Ziege, im günstigeren Fall eine Kuh. »Das Los dieser Kuh ist ohne Zweifel besser als das ihres Eigentümers, denn sie wird sorgfältig gepflegt und gefüttert.« Und diese Armut ist nur Widerspiegelung der Armut unterbäuerlicher Schichten, wie unser Gewährsmann weiß: »Fortwährend verlassen Tagelöhner-Familien die Dörfer der Geest, um sich auf dem Moore anzubauen.«

»Europa riecht's, wenn unsere Moore rauchen« – ein um 1800 im Emsland geläufiges Wort weist auf die Arbeit der Moorbauern hin, auf das Brennen des Moores: Es wurde durch niedrige Gruben (»Grüppen«) entwässert, im Herbst wurde der Boden gehackt, damit der Winterfrost ihn zerfallen ließ. Sowie er dann trocken genug war, wurde er Mitte Mai oder Anfang Juni angezündet – nasse Sommer waren eine Katastrophe für die Moorker. Zehn Tage lang erhob sich der Moorrauch, der »Höhenrauch«, über der Landschaft – man roch es tatsächlich, wenn auch nicht in Europa, so doch weithin. In die noch warme

Fehnkanal.

Aschenschicht wurde Buchweizen gesät, ein sehr kälteempfindliches Knöterichgewächs (*Fagopyrum*). Spätestens nach sechs Ernten war der Boden erschöpft, benötigte eine fünfundzwanzig bis dreißigjährige Brache.

Der Moorrauch, der »Haarrauch«: Ein Osnabrücker klagt 1836: »Jährlich wächst die Fläche der brennenden Moore ... So tritt mit röthlichem Sonnenschein und ausdörrendem kalten Winde die Landplage des Haarrauches heran. Das Barometer steigt, das Thermometer sinkt ... die Singvögel schweigen, die Vegetation verdorrt, die Menschen ziehen sich verdrießlich in ihre Wohnungen zurück.«

Obwohl im holzarmen Norden der Torf um 1800 als Brennmaterial verkauft werden kann, verbessert sich die soziale Lage der Kolonisten kaum. Der Produzent hat nur geringen Gewinn vom Torfverkauf. Das Schiff des Fehntjers ist meist nur auf Kredit gekauft. Es nimmt als Rückfracht oft Schlick aus den Watten von Ems und Dollart mit. Schlick ist wertvoller Dünger.

So billig der Torf trotz des steigenden Bedarfs an Brennmaterial verkauft werden mußte, so schwer und arbeitsaufwendig war das Torfgraben. Der Bunker räumt die obere, lockere Moorschicht ab, die einen halben bis zu einem Meter tiefe Bunkererde. Sodann teilt der Sticker das Moor in Soden. Diese wuchtet der Spitter oder Graber hoch und wirft sie dem Karrensetzer zu, der sie auf den Karren stapelt, wonach sie der Kroder zum Setzfeld fährt, wo sie zum Trocknen gelagert werden, wobei sie dauernd umgeschichtet werden müssen. Weitgehend in Familienarbeit, bei der auch die Mitarbeit der Kinder selbstverständlich war, wurden die verschiedenen Arbeitsgänge der Torfgewinnung bewältigt.

Selbst in armen Moorgebieten gab es große soziale Unterschiede. Das Thema der sozialen Ungleichheit kennt hier unter den Zwängen des Bodens eine Variante. Es kennt nicht die soziale Hierarchie innerhalb der Siedlung, sondern den strukturellen Unterschied, der schon mit der Kolonisation vorgegeben war, den von Fehntjer und Moorker.

»Der Canal ist die Mutter der Fehntjer, die ihm Milch und Brot gibt.« Das Wort hat seine tiefe Berechtigung, denn die Wasserwege ermöglichen erst den Transport des Torfes. Der Fehntjer ist nicht nur Torfproduzent. Er ist Moorlandwirt, hält in bescheidenem Maße Vieh. Oft ist er auch Kartoffelbauer. Das Kanalsystem, das Thomas Hodgskin im Emsland bewundert hatte, ermöglicht, im geringen Maße von der Kartoffelkonjunktur zu profitieren, als Kartoffelstärke für die Kleidungspflege, aber auch als Soßenbinder immer mehr nachgefragt wurde. Ganz anders der Moorker etwa im Bourtanger Moor. Er ist noch ärmer als der Fehntjer. Die Zahlen der Steuerleistungen im Amte Aurich legen im Jahre 1858/59 die Unterschiede bloß. Pro Kopf zahlt ein Moorker 0,38 Taler, ein Fehntjer hingegen mehr als das Doppelte, 0,84 Taler.

Die verschiedenen Formen und Wirkungen der Industrialisierung: Harz, Deister und Solling

Ernst Schubert

Niedersachsen ein Agrarland? Schon allein das Allgemeinwissen stellt diese Aussage in Frage, kennt doch jedermann neben dem kartographischen Grün der Norddeutschen Tiefebene auch die abschattierten Brauntöne der Mittelgebirge, die in diese Tiefebene hineinragen. Unverkennbar, daß der Kranz von Siedlungen, der diese Gebirge im Kartenbild umgibt, wohl auf ganz anderen Lebensformen und -bedingungen beruhen muß als die tiefgrün gezeichneten Marschgebiete der Landkarten und selbst die von ihnen blaßgelb abgesetzten Geestgebiete.

Mittelgebirge: Es geht uns um die Frage, welche die lange Geschichte der Industrialisierung, die zumeist verkürzt nur dem 19. Jahrhundert zugewiesen wird, aufwirft, die Frage nach den Vorläufern dieses Prozesses. Schon für das Frühmittelalter hatte man den Harz mit Recht als ein »industrialisiertes« Gebiet bezeichnet; der Solling erfährt eine Industrialisierung im späten 17. und 18. Jahrhundert, und der Deister repräsentiert den Wandel, den die Kohle als entscheidender Energieträger des 19. Jahrhundert herbeigeführt hat.

Der Harzbergbau, so stellte 1821 Graf Münster fest, bot die einzige Erwerbsmöglichkeit für die etwa 20.000 Bewohner des Gebirges. Die königlichen Eisenhütten im Harz förderten jährlich etwa 50.000 Zentner Eisen, wie 1835 geschätzt wurde. Die staatliche »Berghandlung« erwirtschaftete, wie Graf Münster bilanzierte, in den Jahren 1821/22 einen Ertrag von 60.000 Talern – in etwa so viel, wie alle fünf staatlichen Salinen zusammen einbrachten; aber auch in etwa so viel, wie allein der Herzog von Cambridge außer seinem Feldmarschallsgehalt bezog.

Berühmt waren zwar die Blei- und Silberwerke des hannoverschen Harzes, vor allem um Clausthal-Zellerfeld und Andreasberg. Nicht Silber, sondern Blei war der wichtigste Ertrag. Um 1835 wurden durchschnittlich 60.000 Zentner Blei und 10.000 Zentner Bleiglätte von der Berghandlung verkauft. Der Ertrag dieses Verkaufs war aber damals schon sehr geschmälert, weil seit den 1820er Jahren zunächst spanisches und dann auch nordamerikanisches Blei in großen Mengen billiger auf den Markt gekommen war. Diese »Conkurrenz hat für den Harz sehr traurige Verhältnisse herbeigeführt«. Im Verlauf des 19. Jahrhunderts sollten dann die Bleipreise um 80 % fallen. Das mußte das Rückgrat der Harzer Montanindustrie brechen. Dazu kam nach der europäischen Konjunkturkrise der Jahre 1858/59 die allgemeine Gründerkrise der Eisenindustrie zwischen 1873 und 1879. Von den elf Eisenhütten im Harz, die noch um 1850 existierten, überlebten lediglich vier, und diese waren in ihrem Umfang dazu noch geschrumpft. Der Harz, der seit mehr als einem Jahrtausend ein Mittelpunkt der Montanindustrie gewesen war, veränderte seinen Charakter.

Nicht einfach mit konjunkturellen Gründen ist der Niedergang des Harzer Bergbaus zu begründen; es standen auch technische Entwicklungen dahinter. Aber auch hier gilt es zu differenzieren. Nach Michael Mende war es keineswegs die technische Überlegenheit der Ruhrkoksöfen, die die Holzkohleöfen verdrängten; diese waren »technisch auf den Gipfel ihrer Entwicklungsmöglichkeiten gebracht worden und sowohl hinsichtlich ihrer Ökonomie als auch hinsichtlich der Zuverlässigkeit in der Qualität ihres Produktes den Kokshochöfen durchaus ebenbürtig, wenn nicht sogar überlegen.« Die Überlegenheit der Kokshochöfen an der Ruhr im Konkurrenzkampf lag lediglich darin begründet, daß sie größere Quantitäten produzieren konnten. Um 1856 konnten an der Ruhr pro Hochofen etwa 20 Tonnen täglich produziert werden, während der Holzkohlehochofen maximal zehn Tonnen Ausstoß erbrachte. Diese Vorzüge hatte man auch in Hannover selbst erkannt. Zwischen 1856 und 1858 entstanden die Georgsmarienhütte bei Osnabrück und die Ilsederhütte bei Peine als Kokshochofenwerke.

»Schlotbarone«, wie sie im Ruhrgebiet als Nutznießer der preußischen Bergrechtsreformen seit 1851 das Heft in die Hand bekamen, gab es am Harz nicht. Der Staat versuchte hier in Eigenverantwortung die wirtschaftlichen Krisen zu meistern. Große Investitionen zur Sicherung der Infrastruktur des Harzer Bergbaus wurden unternommen. 1851 begann der Bau des Ernst-August-Stollens im Zellerfelder Revier. Eine technische Meisterleistung. Der Stollen wurde bis zu 500 Meter unter dem Erdboden 25 Kilometer lang bis Gittelde geführt. Er diente gleichermaßen der Entwässerung und dem Transport. Erze konnten auf diesem 1,6 Meter breiten Stollen »unter Tage« verschifft werden.

Auch in dem anderen Bereich, der für den Harzer Bergbau eine zentrale Voraussetzung bildete, in der Waldwirtschaft, zeigte sich die staatliche Verwaltung den Herausforderungen gewachsen. Es verdient, als eine bedeutende Leistung hervorgehoben zu werden, daß am Prinzip der Nachhaltigkeit auch dann noch festgehalten wurde, als das Bevölkerungswachstum im Harz auf einen Raubbau am Walde zu drängen schien, als zum Beispiel in St. Andreasberg die Bevölkerung, die um 1820 etwa 2.500 Einwohner betragen hatte, im Jahre 1867 auf nahezu 4.000 gestiegen war – und das bei abnehmenden Erträgen des Bergbaus. Ohne dieses Prinzip der Nachhaltigkeit, die nicht mehr jene riesigen Freiflächen zuließ, die im frühneuzeitlichen Raubbau am Walde entstanden waren, hätte sich der Fremdenverkehr am Harz überhaupt nicht entwickeln können.

Wenn der Solling heutzutage »ein menschenarmes Waldplateau in dichtbesiedelter Umgebung« darstellt, scheint sich nichts gegenüber dem Mittelalter geändert zu haben, als zwar am Rande dieses etwa 500 Quadratkilometer großen Mittelgebirges einige Burgen und Kleinstädte entstanden, der Solling selbst aber, dessen Name auf Sumpfgebiet hinweist, allein (mit einer bis heute lebenden Tradition) wegen seiner Jagdgründe die Herrschenden lockte. Nur deswegen wurde der Solling zwischen der Braunschweiger und der Calenberger Linie der Welfen aufgeteilt. Erst in der frühen Neuzeit entstanden hier zwei Dörfer: Neuhaus (1609 im Anschluß an ein Jagdschloß und fürstliches Gestüt) und Silberborn. Anfänge einer neuen wirtschaftlichen Nutzung des Waldes, die über das traditionelle Gewerbe der Glasmacher – Wanderglashütten mit ihrem immensen Holzverbrauch betreibend – und der Köhler hinausging. Hinter diesen bescheidenen und auf den ersten Blick bedeutungslosen Gründungen steht ein wichtiger Vorläuferprozeß der Industrialisierung. Ein Vorläuferprozeß zudem, der auch noch vor der sogenannten Protoindustrialisierung, der Entwicklung des Heimgewerbes im 18. Jahrhundert steht. Der Waldreichtum bot immer mehr Menschen Arbeit, auch wenn diese, wie jede Waldarbeit, kärglichst besoldet war. Aus dem Solling wurde in der frühen Neuzeit jenes Brennholz über die Flüsse in die Residenzstadt gebracht, das man für die Naturaldeputate der Beamten brauchte. Die Flößerei an der Weser nahm einen großen Aufschwung: Die Einbindplätze lagen in Bodenfelde, in Höxter und in Holzminden. Aber es war nicht nur das Holz, das Menschen Arbeit gab. Aus dem Solling wurden die Platten für Dachstühle und den Hausbehang gewonnen, die Sollinger Platten, die in mühseliger Arbeit gebrochen, in der 1539 erstmals erwähnten Steinschleifmühle bei Holzminden geglättet und nach Bremen und in die Niederlande exportiert wurden. Vor allem waren es die Erzfunde, die trotz geringer Mächtigkeit sofort nach ihrem Auffinden durch die Montanindustrie ausgebeutet wurden. Im Jahre 1596 berichtet Johann Letzner von zahlreichen kleinen Eisenhütten, die im nördlichen Solling entstanden waren. Die noch um

1835 bestehenden Eisenhütten, bei Dassel die von Brabecksche und die königliche bei Uslar, erinnern an jene frühe Industrie, die sich aufgrund der Funde von Eisenstein bei Neuhaus, Markoldendorf, Wildenkeil und Moringen entwickeln konnte.

Holz, Sollinger Platten und Eisenstein hatten aus dem ehemaligen Jagdrevier der welfischen Herzöge ein frühindustrielles Wirtschaftgebiet entstehen lassen. Im Zuge dieser Entwicklung wurde auch das traditionelle Wandergewerbe der Glasmacherei neu organisiert, die Glasbläserei wurde ortsfest. Seit 1728 entstanden Hellental, Silberborn, Amelith, Polier, Mühlenberg, Schorborn als Glashüttendörfer. Zu ihren besten Zeiten verarbeitete die Glashütte in Amelith im Jahr 400 Zentner Pottasche, die aus 4.000 Klaftern Holz gewonnen wurden. Seit 1749 hatte man böhmische Glasbläser zum Ausbau von Grünenplan herangezogen; man hatte die böhmische Technik des Spiegelgusses (statt des hergebrachten Spiegelblasens) durch Abwerbung von Experten »ausspioniert«. Sogar an die Verfertigung der höchst diffizilen Gläser für den medizinischen Bedarf konnte man um 1780 am Mühlenberg denken.

Hinter dieser Entwicklung der Glasindustrie im Solling steht fördernd und anregend der Staat. Das wirkte sich auch auf die Waldgeschichte dieses Mittelgebirges aus. Im braunschweigischen Teil des Solling führte der Oberforstmeister von Langen Lärche, Fichte, Tanne und Kiefer als Fremdhölzer ein (zum Teil mit norwegischen Nadelholz-Samen), aber er strebte keine Monokultur an. Bei allen Fortschritten der Industrialisierung des Solling blieb doch immer noch der Jagd- und Wildgedanke erhalten. Von Langen lehnte eine Monokultur der Nadelhölzer, die seit dem ausgehenden 18. Jahrhundert im Harz gefördert werden sollte, im Solling nicht wegen der damit verbundenen Gefahren ab, sondern weil er durch den Erhalt von Weichhölzern »auch das zahme Vieh und das Wildbret nebst den Vögeln« erhalten wissen wollte.

Der Solling ist ein Beispiel für den Stilwandel fürstlicher Herrschaft im 18. Jahrhundert. Der sogenannte Merkantilismus, reich an Ideen und arm an fiskalischen Erträgen, hat wirtschaftlich gesehen für die fürstlichen Kassen nicht das erbracht, was man sich erhofft hatte; er hat aber das wirtschaftliche Profil mancher Regionen entscheidend verändert. Als der Forstmeister von Langen 1748 seinen für die Geschichte der Stadtplanung höchst aufschlußreichen »Generalbebauungsplan für die Stadt Holzminden« vorlegte, war das eine Konsequenz aus dem gleichzeitig gegründeten Hammer- und Hüttenwerk und zugleich ein Blick in die Zukunft: Der fürstlichen Gründung folgten private Investitionen: Papiermühle, Seifensiederei, Essigfabrik, Branntweinbrennerei entstanden durch den Zuzug Auswärtiger.

Am deutlichsten wird der Einfluß des Staates auf die Wirtschaftsgeschichte des Sollings bei der Fürstenbergschen Porzellanmanufaktur, einer typischen Gründung aus dem Geist des Merkantilismus. Von Langen und Herzog Karl I. von Braunschweig sahen hierin ihre ganz persönliche Schöpfung. Das zeigt sich schon darin, daß der Standort dieser Manufaktur nicht wegen der Holznähe gewählt wurde, sondern die wirtschaftliche Umwidmung eines alten Jagdschlosses darstellte. Aber es währte zehn Jahre, bis 1747, bis das erste Porzellan verkäuflich war. Die Porzellanerde mußte zunächst aus der Passauer Gegend eingeführt werden, bis schließlich nach langwierigen Grabungen 1753 bei Lenne entsprechende Erde gefunden wurde.

Es spricht für die wirtschaftliche Erschließung des Solling, daß seit 1769 kontinuierlich über Zustände geklagt wird, die man jahrhundertelang hingenommen hatte, über die nach Regenfällen für Fuhrleute (und dann auch für Postkutschen) unpassierbaren Hohlwege zwischen Lobach und Bevern.

Dieses in seinen Strukturen fragile Wirtschaftsgebiet traf das Bevölkerungswachstum – zwischen 1770 und 1848 hatte sich die Bevölkerung fast verdoppelt – besonders hart; denn in diesem Zeitraum gerieten die in der frühen Neuzeit entwickelten »Industrien« in eine Existenzkrise. Mit der Einführung des Soda bei der Glasherstellung sank der Bedarf an Pottasche. So überlebten zum Beispiel in Boffzen von 30 Pottaschesiedereien des 18. Jahrhunderts bis zum Jahre 1833 nur noch vier. Von dem Schlag der Kontinentalsperre konnte sich das Heimgewerbe, das Leinengewerbe im Solling, nie wieder erholen. In eine schwere Krise gerieten auch die Steinherstellung und die Glasproduktion. Nur letztere konnte sich in beschränktem Umfang, indem auf Qualitätserzeugnisse gesetzt wurde, halten.

Auf den ersten Blick ist es verblüffend, daß angesichts der Strukturkrise zunächst aus dem Solling kaum Menschen nach Amerika auswanderten. Der Grund liegt jedoch darin, daß die »junge Generation ... für Auswanderungen das liebe Brot nicht hatte«. Das hieß also, daß selbst die Kosten, die ein Auswanderer für die Passage benötigte, im Solling nicht zu erwirtschaften waren. Erst die Einführung der Weserdampfschiffahrt 1842/43 und dann die Eisenbahnlinien, vor allem die Bahnlinie Holzminden-Kreiensen-Hannover-Bremen, die 1865 fertiggestellt war, öffneten den Einwohnern des Sollings auch das Tor zur großen Welt, das Tor zur Auswanderung. Zwischen 1853 und 1872 sind 6 % der Bevölkerung ausgewandert. Weiterhin entstand eine starke Binnenwanderung, eine Abwanderung. In den Kirchenbüchern wird diese Entwicklung ersichtlich: Die Zahl der unehelichen Geburten ging nach einem Höchststand in den 1840er Jahren auf ein Drittel zurück.

Zwar wurde durch die Städte rund um den Solling die Waldindustrie teilweise wiederbelebt, so durch die um 1866 liegenden Anfänge der Gipsindustrie, durch die Portland-Zementfabrik seit 1872 und durch den Kalibergbau in Volpriehausen. Aber diese neuen Industrien konnten nicht verhindern, daß, wie einleitend festgestellt wurde, der Solling heute ein menschenarmes Waldplateau ist.

Während der Solling in der frühen Neuzeit eine Industrialisierungsphase durchmachte, blieb der Deister ein Mittelgebirge, das dem Umland lediglich wegen seines Waldreichtums wichtig war. Im frühen 19. Jahrhundert jedoch, als der Solling seine wirtschaftliche Strukturkrise durchlitt, erwachte am Deister ökonomisches Leben. Die Deisterkohle konnte wirtschaftlich rentabel abgebaut werden. Zwar waren einige Steinkohlenflöze schon 1639 entdeckt worden, aber erst jetzt gab es immer mehr Kunden für dieses Naturprodukt. Seit 1826 wird Deisterkohle in der Gasanstalt von Hannover verfeuert.

Wo die Kohle rentabel wurde, war der weitschauende Unternehmer nicht fern. Auf dem Gelände des alten Augustiner-Chorfrauenklosters Barsinghausen, das zum Damenstift geworden war, war 1831 auf Anregung des »Kalk-Johanns«, Johann Egestorffs also, ein Stollen niedergebracht worden. Ohne den Deister, genauer, ohne die hier gewonnene Kohle, hätte weder die Industrialisierung Lindens, noch die spätere Hannovers stattfinden können. (Es war der Abschluß einer Epoche, als 1956 der gesamte Kohlebergbau am Deister stillgelegt werden mußte.)

Harz, Deister, Solling – in verschiedener Weise wirkt sich die Industrialisierung auf diese Gebirge aus. Am Solling zeigt sich, welche Folgen die Umstrukturierung der Wirtschaft im 19. Jahrhundert hatte, zeigt sich, daß die Industrialisierung (man denke nur an die Verbesserung der Glasfabrikation mit ihren Rückwirkungen auf die Pottaschesiederei) auch Leidtragende kannte, und das nicht nur einzelne Menschengruppen, sondern ganze Regionen betreffend. Am Solling zeigt sich weiterhin, daß die Industrialisierung zur Verstädterung der Wirtschaftsformen führte und damit zur Entvölkerung jener ländlichen Regionen mit fragiler Wirtschaftsstruktur. Hinter dem Anwachsen der Städte, hinter der Kommunalisierung von Wirtschaftsformen, steht ein Zwang, der mit dem Ausdruck »Landflucht« nur unvollkommen charakterisiert wird. Menschen müssen aus Krisenregionen abwandern. Die Zeit des dörflichen Gewerbes neigt sich dem Ende zu; nicht mehr zu erkennen ist, welche Bedeutung einstmals dieses Gewerbe, das eben nicht nur in der Stadt, sondern auch auf dem Lande beheimatet war, gehabt hatte.

Was sich in den einzelnen hannoverschen Provinzen an unterschiedlichen Standortbedingungen für eine industrielle Entwicklung erwies, zeigt sich auch im zwischenstaatlichen Vergleich. In Oldenburg konnte eine Industrialisierung lange nicht einsetzen. Gewerbeförderung gab es auch hier – was in Hannover der Gewerbeverein war, sollte in Oldenburg der 1840 ins Leben gerufene Handels- und Gewerbeverein bedeuten. Handel und Gewerbe aber waren auf die Landwirtschaft bezogen. Nur in einer Stadt des Herzogtums kann von industriellen Ansätzen gesprochen werden, in Varel, dem ehemaligen Schmuggelzentrum, das bereits 1828 auf 5.105 Einwohner angewachsen und damals die zweitgrößte Stadt des Großherzogtums war.

Die Veränderung eines Königreichs

Ernst Schubert

Wirtschaftliche Wandlungsprozesse und die wachsende Präsenz des Staates

Immer wieder begegnet man in der Literatur Aussagen, daß das Königreich Hannover ein Agrarstaat gewesen sei, der sich bewußt der industriellen Entwicklung verschlossen habe. Dieser Auffassung ist zwar in den letzten Jahren widersprochen worden, aber der ihr zugrunde liegende lange Forschungskonsens hat dazu geführt, daß in den allgemeinen wirtschaftsgeschichtlichen Darstellungen zur deutschen Geschichte Niedersachsen überhaupt nicht mehr erwähnt wird – das Gebiet erscheint wegen seiner angeblich nachgewiesenen Rückständigkeit als wenig aussagekräftig.

Als 1856 in Hannover das 25jährige Bestehen der Polytechnischen Schule, der Keimzelle der Technischen Universität, gefeiert wurde, erinnerte sich der Gründer, Karl Karmarsch (1803-1879), an die Anfänge, als »der Morgen der neuen industriellen Bewegung, die wir seitdem so großartig anwachsen sahen, kaum angebrochen war«. Notiert wurde ein Wandlungsvorgang, der den Zeitgenossen bereits als tiefgreifende Veränderung erschien; denn Karmarsch wußte aus eigenem Erleben noch, daß es um 1830 vielen Zeitgenossen als »das Unglaublichste« erschienen sei, eine Wandlung des Königreichs als eines »ausschließlichen ... Agrikulturstaates« überhaupt anzunehmen.

In dem Urteil von Karl Karmarsch schwingt jenes Pathos mit, das einer Jubiläumsveranstaltung eigen ist. Aber trotzdem ist der Inhalt seiner Äußerung, die ja allen seinen Zuhörern und Lesern überzeugend erscheinen mußte, eindeutig: Gegenüber allen, bis heute durch die Literatur geisternden Vorstellungen von einer Rückständigkeit des Königreiches, das sich der industriellen Entwicklung kaum geöffnet habe, ist hier das Gegenteil behauptet worden, eine den Zeitgenossen als »neue industrielle Bewegung« erstaunlich erscheinende Veränderung. Im gleichen Sinne wie Karmarsch äußert sich 1839 von Reden, der Generalsekretär des Gewerbevereins, als er energisch der Behauptung widerspricht, das Königreich »eigne sich nicht für fabrikmäßige Betriebe«. In den letzten fünf Jahren seien dreihundert neue »fabrikartige Etablissements« entstanden und über hundert bestehende bedeutend erweitert worden. In diesem Sinne war bereits 1835 die Bilanz der ersten Gewerbeausstellung in Hannover gezogen worden: »Sie beweist, daß die Industrie in unserem Königreich, welches doch gewöhnlich vorzugsweise als Ackerbau treibender Staat angesehen wird, sehr verbreitet ist.«

Sowohl von Reden als auch Karmarsch sprachen von Behauptungen, die um 1830 noch aufgestellt werden konnten, wonach sich das Königreich nicht zur industriellen Entwicklung eigne. Jedoch müssen diese Behauptungen aus ihrem damaligen Diskussionszusammenhang verstanden werden. Wer in den dreißiger Jahren noch Hannovers Bestimmung zum Agrarstaat beschworen hatte, mußte keineswegs im naiven, konservativen Beharren am Hergebrachten kleben, er konnte zutiefst von der Pauperismus-Debatte seiner Zeit geprägt sein. Wenn etwa 1830 Carl Bertram Stüve dezidiert gegen Fabriken, unter denen er vor allem Baumwoll- und Wollverarbeitungsfabriken begreift, Stellung nimmt – und an einflußreiche Leute wie Stüve werden von Reden und Karmarsch gedacht haben –, so geht es ihm um das entscheidende soziale Problem der Zeit, um die »gewaltig fortschreitende Verarmung der eigentumslosen Klasse«. Stüve hat das englische Beispiel vor Augen, er sieht, daß Baumwollfabriken, daß mechanisierte Textilfabrikation eine Entwertung der menschlichen Arbeitskraft mit sich bringen. Deswegen, so seine Argumentation, kann nur eine Verbesserung der Eigentumsverhältnisse an Grund und Boden »den arbeitenden Klassen zustatten« kommen. Der gebildete Mann – ihm scheint unser Reisender Thomas Hodgskin kein Unbekannter gewesen zu sein – erkennt die Gefahren einer Industrialisierung, die »bloß großen Kapitalisten, die mit möglichster Ersparung, das ist Abwürdigung von Menschenhänden, großen Gewinn suchen«, zustatten käme.

Während Stüve und Karmarsch ihre gegensätzlichen Positionen formulierten, war eher in der Stille eine folgenreiche Entscheidung gefallen. Die 1831 gegründete »Höhere Gewerbeschule in der Stadt Hannover« grenzte sich nicht nur durch das »Höhere« von den ehemaligen »Industrieschulen« ab, die um 1800 zur Förderung des Heimgewerbes aus dem Geist des Philantropismus auf dem Lande geschaffen worden waren. Sie entstand unabhängig von älteren Vorbildern, beruhte in ihrer Konzeption auf einem neuen Denken, der Eigenständigkeit des technologischen Fortschritts als Motor der Gewerbeentwicklung. Wegen dieser zukunftsweisenden Konzeption war der Gründung auch eine große Zukunft beschieden. 1847 wurde sie zur »Polytechnischen Schule« und 1879 schließlich zur »Technischen Hochschule«. Die Protektion von Ministerium und Ständeversammlung half Karmarsch, die beträchtlichen Anfangsschwierigkeiten der Gewerbeschule zu überwinden. Es war die gleiche Protektion, die auch dem 1834 gegründeten Gewerbeverein zugute kam. Ohne die ministerielle Förderung wären die großen Gewerbeausstellungen für das Königreich Hannover von 1835 und 1837, die Vorläufer des niedersächsischen Messewesens, gar nicht zustande gekommen.

Die endgültige Formulierung des Ablösungsgesetzes 1833 sowie die Gründung des die Polytechnische Schule in ihren Intentionen ergänzenden Gewerbevereins ein Jahr später stehen in einem so engen zeitlichen Zusammenhang, daß man nur noch die genealogische Vernetzung der führenden Familien berücksichtigen muß, um die Aussage zu treffen: Obwohl die Unruhen des

Jahres 1831 politisch kaum gefährlich geworden waren, hatten sie doch eine aufrüttelnde Folge. Auf zwei Wegen, dem der gewerblichen, den industriellen Bereich einschließenden Förderung und dem der Umformung der alten grundherrschaftlichen Verhältnisse, sollte eine Modernisierung des Königreichs erfolgen. Das war weit mehr als eine Verlängerung der im 18. Jahrhundert erkennbaren Tendenzen. Deren Voraussetzungen galten nicht mehr. Nicht etwa im kameralistischen Sinne, sondern als Lösung der als unabweisbar erkannten sozialen Frage sollte die Modernisierung des Landes erfolgen. Es waren nicht nur die führenden Männer in den beiden Kammern und in den Ministerien, es waren zugleich auch die führenden Familien des hannoverschen »Staatspatriziats«, die engagiert diese Entwicklung förderten. Und das hatte für die weitere Wirtschaftsgeschichte des Landes eine spezifische Folge: Die Industrialisierung ging hier unter maßgeblicher Förderung des Staates vonstatten. Die schon Ende des 19. Jahrhunderts, als die transformierende Kraft der Industrie unübersehbar geworden war, einsetzende Geschichtsklitterung des Großbürgertums, die sich diese Industrialisierung als eigene Leistung zuschrieb, ist zwar bis heute populär geblieben, ist aber, wie nicht nur die Geschichte Hannovers zeigt, nicht zu halten.

»Präsenz des Staates« im wirtschaftlichen Wandlungsprozeß: Es geht nicht allein um die Rolle des Staates bei der Gestaltung von wirtschaftlichen Rahmenbedingungen, bei der Bereitstellung von Investitionskapitalien, bei der Förderung von Industrie, von Handel und Gewerbe, es geht auch um den Veränderungsdruck, dem eine Obrigkeit, selbst wenn sie an ihren traditionellen Gestaltungsformen festhalten wollte, ausgesetzt war, wenn sie die »landesväterliche« Rolle, die traditionelle Rolle, weiterspielen wollte. Industrie und Staat – das war ein dialektisches Wechselverhältnis.

»Dem Landesvater sein treues Volk« – der Unbeholfenheit des Stils entsprach die Unbeholfenheit, mit der die Hannoveraner ein altes, aber 1861 längst verblaßtes Herrscherbild beschworen, um König Ernst August ein Denkmal zu setzen. Der Landesvater: Als 1830 Mißernten, Hagelschlag, Überschwemmungen das Land heimsuchten, mußte man im Namen des Königs reagieren: Zollfreiheiten für alle Arten von Getreide wurden verkündet, die Domänenspeicher geleert, um Korn für die Bevölkerung bereitzustellen, Arbeitslose wurden bei den Domänenkammern in Arbeitsbeschaffungsmaßnahmen, wie man heute sagt, beschäftigt. Das entsprach altem patriarchalischem Verständnis, wurde aber im 19. Jahrhundert doch als eine viel stärkere Selbstverpflichtung der Obrigkeit aufgefaßt als in früheren Jahrhunderten. Abgeleitet von der Versetzung des Fürsten in den Stand des Landesvaters war dem Staat eine Fürsorgepflicht für die Untertanen zugewachsen. Da diese Pflicht angesichts so großer Not und Armut teuer werden konnte, griff die Verwaltung zu dem preiswerten Mittel des Gesetzes. Als zum Beispiel 1802 – wir wählen ein für den frühneuzeitlichen Staat typischen Fall aus dem Ende des *Ancien Régime* – Mißernte und Hungersnot drohten, wurde das Branntweinbrennen aus Roggen und ebenso das Brennen von Kartoffelschnaps verboten. Zugleich gebot die hannoversche Regierung, als ob die Bauern das nicht von allein wüßten, die »Behütung der Kartoffelfelder bis zur Mitte des Monats Oktober«. Eine solche Haltung war alsbald überwunden. Man beschränkte sich durchaus nicht mehr auf wohlgemeinte Gesetze und symbolische Gesten, es wurde tatkräftig geholfen. Im Hungerjahr 1816, das sich im deutschen Norden bei weitem nicht so schlimm darstellte wie im deutschen Süden, versuchte ein hannoversches Mandat zu helfen. Es versprach allen, die den Bauern Kredite gewährten, daß die Verzinsung dieser Gelder Vorrang vor allen anderen Forderungen, sogar vor denen des Staates haben sollten. Die Bürger in den Städten sollten auf diese Weise veranlaßt werden, den Bauern Kredite zum Einkaufen von Saatgut einzuräumen. Als 1845 bis 1847 schlechte Ernten und dazu noch die Kartoffelkrankheit, eine seit 1841 nach Europa eingeschleppte Krautfäule, die norddeutsche Landwirtschaft heimsuchten, wurden aus der Generalkasse des Königreiches Unterstützungszahlungen an die notleidende Landbevölkerung veranlaßt. Allgemein gehörten jetzt Steuernachlässe bei Hagelschlag, Überschwemmungen und lokalen wirtschaftlichen Schicksalsschlägen zur unmittelbaren Verantwortung des Staates. Das war sowohl im Umfang als auch in bezug auf die Regelhaftigkeit, in der die Unterstützungsmaßnahmen erfolgten, quantitativ und damit auch qualitativ etwas Neues. Die Fürsorge des Landesvaters war in die Verantwortung des Staates übergegangen.

Nicht von der Gnade eines Fürsten, sondern von der Verantwortung seiner Herrschaft, die von der Bürokratie garantiert wurde, hing die Präsenz des Staates in wirtschaftlichen Notlagen ab. Hilfe nicht aus Gnade, sondern aus Verantwortung – das bedeutete aber auch angesichts der industriellen Entwicklung eine neue Definition. Es reichte nicht mehr, wie unter ausschließlich agrarstaatlichen Bedingungen, auf Mißernten zu reagieren und für die Zukunft anregende Verbesserungen zu empfehlen: Kapital mußte bereitgestellt werden, um großzügige Infrastrukturmaßnahmen wie Eisenbahn- und Telegraphenbau durchzuführen; Hilfestellung mußte geleistet werden, um die ersten unsicheren Schritte in neuen gewerblichen Gebieten abzusichern. Und so zeigt sich seit den 1850er Jahren immer deutlicher der Staat nicht mehr in der personalen Gestalt des helfenden Landesvaters, sondern in seiner transpersonalen, in seiner bürokratisierten Form als kapital- und regelspendender Partner der wirtschaftlichen Entwicklung.

Das Königreich Hannover war führend in der Definition dessen, was wir als Präsenz des Staates im und für das Wirtschaftsleben bezeichnet haben. Wenn im Königreich bereits 1851 eine staatliche Statistik eingeführt wird, die dann anregend wirkte für entsprechende statistische Büros in Braunschweig 1854 und in Oldenburg 1855 (während Preußen erst 1860 ein Statistisches Landesamt schafft), so dient dies unmittelbar als Entscheidungshilfe für gewerbliche Förderungen. Die Vorläufer der *scientia statistica*, was ursprüngliche staatmännische Wissenschaft nach dem neulateinischen Wort *statista* für Staatsmann bedeutete, waren entscheidend erweitert worden. Göttinger Professoren wie Gottfried Achenwall (1719-1772), der als Vater der Statistik gilt, und Anton Friedrich Büsching (1724-1793), der in seiner berühmten »Erdbeschreibung« die Verbindung von Statistik und Geographie herstellte, hatten die Grundlage für eine amtliche Statistik gelegt. Diese aber beschäftigte sich weitgehend nur mit der Zählung von Seelen; was hingegen 1851 geschaffen wurde, war eine entscheidende Erweiterung. Es sollte nicht nur gezählt werden, sondern die erhobenen Zahlen und Daten sollten Prozesse einfangen und verdeutlichen, sollten damit prognostisch bei Entscheidungen hilfreich sein. Sodann: Die Statistik negierte provinzialen Sondergeist; die Daten wurden für das ganze Königreich erhoben. Öffentlichkeit, das Prinzip, mit dem sich der Staat im 19. Jahrhundert nicht nur in Hannover so schwer tat, wurde für die statistischen Berichte von Anfang an angewandt. Das Statistische Büro veröffentlichte seit 1851 die erhobenen Daten. Die Statistik bedeutete genau genommen eine Entideologisierung von Ministerialbeschlüssen; sie bedeutete auch eine Transparenz von Verwaltungsmaßnahmen, soweit sie das wirtschaftliche Gebiet betrafen.

Die allmählichen Veränderungen in der Selbstdefinition des Staates sind, obwohl sie von den Zeitgenossen kaum wahrgenommen wurden, auffallend und aufschlußreich, weil Herrschaftsstile ein Beharrungsvermögen haben, weil sie sich – überzeitlich zu notieren – nur zögernd neuen Entwicklungen öffnen. Das Widmungsblatt, das 1862 zur Feier des 25jährigen Bestehens des Königreichs Hannover herausgegeben wurde (vgl. Farbtafel 14), zeigt hinter all seinem gotisierenden Zierat, seinem Rückgriff auf mittelalterlichen Formenschatz, die Euphorie des Neuen, zeigt, den Landesvater in den Mittelpunkt stellend, traditionelle Schlösser, das Welfenschloß und die Marienburg, zeigt Herrschaftsstil einerseits, der aus der Beschwörung alter Fürstenherrlichkeit lebt und zeigt gleichwohl, daß auch diese Herrschaft in der Verantwortung für die neue, für die industrielle Entwicklung steht. Rühmend und damit auch als Selbstverpflichtung werden dargestellt: industrielle Großanlagen wie die Eisenbahnbrücke über die Leda oder der Hafenausbau von Geestemünde – Pathos des industriellen Fortschritts, Pathos zugleich einer neuen Herrschaftsverantwortung.

Der Industrialisierung in Niedersachsen fehlen die dramatischen Wandlungen, wie sie so häufig in der allgemeinen Literatur notiert werden. Doch ist unser Raum hierin kein Sonderfall. Bis auf wenige Regionen, das Ruhrgebiet oder das obersächsische und oberschlesische Montanrevier, wo die frühe Industrie auf besonders günstige Standortvoraussetzungen stieß, ist dieser Verlauf des Industrialisierungsprozesses keineswegs ein Spezifikum Niedersachsens, gehört mitnichten zu der angeblich einseitigen Ausrichtung eines »Agrarstaates«, sondern ist durchaus typisch. Nicht das allmähliche Hineinwachsen in die industrielle Welt ist der Sonderfall, sondern der – in seiner Allgemeingültigkeit von den Historikern zumeist überschätzte – dramatische Wandlungsprozeß

Tradition und Moderne, Agrarlandschaft und beginnende Industrialisierung. Die Eisenbahn bei Vienenburg. Stahlstich von L. Rohbeck (1852).

agrarischer Verhältnisse zu industriellen Betriebsformen. Weder in unserem Raum noch anderswo ist zu übersehen: In der ersten Phase der industriellen Entwicklung werden die Abnehmer der neuen Maschinen aus der Landwirtschaft kommen. Niedersachsen als der typische Fall einer allmählichen Wandlung der agrarisch geprägten Welt: Das schließt nicht aus, daß während des 19. Jahrhunderts punktuell durchaus tiefgreifende siedlungsgeographische Veränderungen zu bemerken sind, Veränderungen, die nach dem Landesausbau des Hochmittelalters das 19. Jahrhundert als die zweite große Wandlungsepoche der Kulturlandschaft erkennen lassen.

Lehe als Beispiel: Das alte Kirchspiel, das in seiner politischen Organisation seit dem hohen Mittelalter fast selbständig gegenüber der Landesherrschaft gewesen war, dessen Geschworene als Repräsentanten einer kommunalen Autonomie angesehen werden konnten, wird von Bremerhaven, dem neuen industriellen Standort, aufgesogen; die alte Sonderstellung, ja die bedeutende Geschichte dieses Ortes wird im Siedlungsbild verwischt. Viele Gemeinden teilen das Schicksal von Lehe. Sie verlieren ihre einst bedeutende zentralörtliche Funktion. Andere Siedlungen steigen hingegen auf; eher bescheidene Dörfer innerhalb des agrarwirtschaftlich geprägten Siedlungsgeflechts können im 19. Jahrhundert im Zuge der neuen Verkehrsbedingungen eine im Umland dominierende Entwicklung nehmen. Lehrte zum Beispiel entwickelt sich nach der Eröffnung der Eisenbahnverbindung von Hannover nach Lehrte im Jahre 1843 schnell zu einem wichtigen Eisenbahnknotenpunkt.

So gegenläufig die Entwicklungen von Lehe und Lehrte, von Abstieg und Aufstieg, sich darstellen, so lassen sie sich doch auf ein Prinzip zurückführen: Die Verkehrsbedingungen, konkret der Eisenbahnbau und die intensivierte Schiffahrt, verändern die Siedlungsgestalt. Und das hat für manche Orte auch eine negative Bedeutung, denn mit den neuen Verkehrsbedingungen verfallen auch die Knotenpunkte alter Handels- und Verkehrsstrukturen. Coppenbrügge, im Zeitalter der Kutschen und Pferdefuhrwerke eine wichtige »Reisstation«, war seit dem späten Mittelalter den Fuhrleuten und Reisenden mit seinem Herbergs- und Gaststättenwesen wohlvertraut. Diese Bedeutung aber geht dem Flecken verloren. Wildeshausen, eine wichtige Fuhrmanns- und Poststation, verlor seine Bedeutung, als 1873 die Eisenbahnstrecke von Bremen nach Osnabrück über Diepholz geführt wurde.

Punktuelle Veränderungen der Siedlungsgestalt durch die Industrialisierung: Peine wurde von einer Festungsstadt des *Ancien Régime* zur Industriestadt, nachdem 1858 die Ilseder Hütte gegründet worden war. Neben solchen Beispielen darf aber nicht vergessen werden, daß die niedersächsische Siedlungswelt meist nur mittelbar von der Industrialisierung erfaßt wurde, und das bedeutete eine nur allmähliche Veränderung des Lebensrhythmus in diesen Siedlungen. Dennoch sind Vorstellungen von einem gemächlichen biedermeierlichen Leben verfehlt, weil nicht von den industriellen, sondern von den agrarwirtschaftlichen Bedingungen her ein Veränderungsdruck auf die Kulturlandschaft ausging.

Nirgendwo konnten die Zeitgenossen deutlicher die Wandlungen der Industrialisierung verfolgen als in der fast atemberaubend zu nennenden Entwicklung des Dorfes Linden. Zahlreiche Gärten hatten das Bild dieses Dorfes bestimmt, das noch 1837 als das »schönste Dorf des Königreiches« bezeichnet wurde. Kein geringerer als Laves hatte auf dem Lindener Berg 1825 einen Gartenpavillon errichtet – berechnet auf den ungestörten Blick nach Herrenhausen und Hannover. Die Herren von Alten waren nicht mehr die dominante Familie in Linden. Bauherr des Pavillons war Johann Egestorff. Mit dem Namen seines Sohnes, Georg Egestorff, verbindet sich die tiefgreifende Industrialisierung des Ortes, die Egestorffschen Fabrikgründungen. Diese Vorläufer der späteren Hanomag breiteten sich ohne Rücksicht auf die Geschichte des Ortes aus. Der idyllische Gartenpavillon auf dem Lindener Berg wurde 1878 abgerissen und Ende des 19. Jahrhunderts mußte der 1652 von Herzog Christian Ludwig errichtete »Lust- und Küchengarten« nebst dem Jägerhaus dem neuen Güterbahnhof weichen. Linden, der einstige fürstliche Erholungsort, das Dorf der Herren von Alten, das einstige Ausflugsziel des hannoverschen Publikums, war zum Industrieort geworden – als abstoßend von den Hannoveranern empfunden, die sich lange einer Eingemeindung der Industriesiedlung in ihre Stadt widersetzten.

Die Voraussetzung der Modernisierung des Landes: Die »Bauernbefreiung«, die Ablösungsgesetzgebung

Alle deutschen Staaten waren in der ersten Hälfte des 19. Jahrhunderts vor die Aufgabe gestellt, die aus dem Mittelalter herausgewachsenen feudalen Strukturen den Erfordernissen der neuen Zeit anzupassen. Die preußische Agrargesetzgebung, Teil der Stein-Hardenbergschen Reformen, war Vorbild und Warnung zugleich – Vorbild in dem Ziel, eine frei wirtschaftende Landbevölkerung zu schaffen, Warnung in der überstürzten Durchführung der Reformen, die zu Lasten gerade der kleineren Bauern ging, die in dem neuen legislatorischen Rahmen nicht ihren ererbten Grundbesitz halten konnten.

Auch im Großherzogtum Oldenburg wurde seit 1831 eine Ablösungsgesetzgebung gefordert, die aber Großherzog Paul Friedrich August dezidiert ablehnte. Allerdings war die »Eigenbehörigkeit«, die westfälische Gestalt der Leibeigenschaft, welche die Franzosen im Oldenburger Herzogtum abgeschafft hatten, nach 1814 nicht wieder eingeführt worden. Im Braunschweiger Herzogtum waren schon 1821 die Stände mit einer Grundrentenablösung einverstanden; aber zunächst verhinderten die schlechte Agrarkonjunktur und dann die politischen Wirren unter Karl II. die entsprechenden Gesetze, die erst 1834, hannoversche Erfahrungen übernehmend, erlassen wurden.

Prinzip der Grundrentenablösung im Hannoverschen war, daß die Bauern die auf ihren Höfen lastenden Verpflichtungen den Grundherren abkaufen konnten, wobei die Rechtsfigur folgende war: Die Abgaben und die zu leistenden Dienste wurden als vierprozentiger Zins eines Kapitals definiert. Konkret hieß das, daß durch Zahlung des 25fachen der jährlichen grundherrlichen Abgaben diese von den Bauern auf Dauer abgelöst werden konnten. Bei der Umsetzung dieses Prinzips in die Realität traten erhebliche Schwierigkeiten auf; wie sollten zum Beispiel die Erträge der Hand- und Spanndienste berechnet werden? So verwundert es nicht, daß 1833 ein Ministerialentwurf von 350 Paragraphen den beiden Kammern vorgelegt wurde, die vernünftigerweise dann einen Ausschuß bildeten, um das kaum noch zu überblickende Paragraphenwerk verständlich und handhabbar zu machen. Bis auf die sogenannten »Bannrechte« (Brau- und Schankgerechtsame), die erst ab 1852 abgelöst werden konnten, waren alle anderen grundherrschaftlichen Rechte, war die mittelalterliche Agrarverfassung zur Disposition gestellt.

Bei der Ablösungsgesetzgebung erwies sich die zweite Kammer als die treibende Kraft; aber auch in ihr hatten diejenigen die Oberhand, die starr am Eigentumsprinzip festhielten. Der Antrag, alle aus der Leibeigenschaft herrührenden Gefälle, wie Sterbfall, Besthaupt usw. entschädigungslos aufzuheben, wurde mit 44 gegen fünf Stimmen verworfen. Zwar war angesichts der geringen Verbreitung der Leibeigenschaft in Niedersachsen und dem gegenüber anderen Grundrenten geringen Umfang dieser aus der Leibeigenschaft herrührenden Gefälle die monetäre Seite des Antrags nahezu bedeutungslos, aber es ging um das Prinzip: Mochten auch diese grundherrlichen Rechte aus längst vergangenen Zeiten des Mittelalters stammen, so waren sie in den Augen der Gegner des Antrags doch als Eigentum zu definieren und dieses durfte nicht angetastet werden.

Erstaunlich problemlos, lediglich in den Durchführungsbestimmungen in Einzelfragen diskutiert, ging die Ablösungsgesetzgebung zwischen der Ministerialeingabe 1831 und den Durchführungsbestimmungen 1833 vonstatten: Fast geräuschlos, ohne große öffentliche oder publizistische Diskussionen, endeten Rechtsverhältnisse, die jahrhundertelang bestanden hatten. Dafür waren drei Gründe maßgebend. Erstens wuchs die Ablösungsgesetzgebung in eine günstige Agrarkonjunktur hinein, zweitens kamen jetzt bereits die schon seit dem ausgehenden 18. Jahrhundert propagierten Methoden der Agrarmelioration, vor allem im Bereich der Viehzucht, zum Tragen, und drittens hatten alle im Zuge des *fanatisme agricole* diskutierten und empfohlenen Maßnahmen über ihren praktischen Nutzen hinaus das allgemeine Bewußtsein dafür geschärft, mit welchen Problemen der »Landmann« zu kämpfen hatte. Die Ablösungsgesetzgebung ist also die verfassungsgeschichtliche Komponente der seit zwei Generationen im »Publikum« diskutierten Agrarmelioration.

So deutlich auch die Gründe für den konfliktarmen Vollzug der Grundrentenablösung zutage liegen, so darf doch nicht vergessen werden, daß fähige Persönlichkeiten und günstige politische Rahmenbedingungen dafür mitverantwortlich waren. Einflußreiche, bedeutsame Persönlichkeiten in diesem Prozeß: Stellvertretend für alle sei Johann Carl Bertram Stüve genannt. Der 1798 geborene Jurist, der in der Folgezeit so bedeutungsvoll für die Geschichte des Königreichs Hannover werden sollte, trat hier das erste Mal maßgeblich handelnd in Erscheinung: Ein junger Mann, aufgewachsen in der liberalen Atmosphäre der Stadt Osnabrück, der in Berlin bei Friedrich Karl von Savigny seine juristische Ausbildung erhalten und dabei den zentralen Gedanken von Tradition und Gestaltbarkeit des Rechts erfahren hatte, und ein großer Stilist. Der bis heute noch in der Agrargeschichte verwendete Begriff der »versteinerten Grundherrschaft«, der den Verrechtlichungsprozeß feudaler Abgaben im Verlauf ihrer Geschichte benennen soll, geht auf ihn zurück.

Aus der lokalen Tradition der Gedanken eines Justus Möser sah Stüve die Verfassung nicht mehr in den hergebrachten korporationsrechtlichen Strukturen, sondern postulierte in Vorbereitung demokratischer Vorstellungen die Grundlage des »Gemeinwohls« in der Gestaltung der agrarischen Verhältnisse, genauer in ihrer Umgestaltung. Anders aber als Justus Möser glaubte er für diese Umgestaltung nicht den Rückgriff auf die Vergangenheit, von der er viel verstand, nötig zu haben, sondern er sah viel ungeschminkter die Realität. Eindrücklich stellt er diese 1829 dar: »Der Landmann hat dem Staat zu zahlen: Grundsteuer, Häusersteuer, Personalsteuer, Konsumtionssteuer, ihm zu entrichten: Landfolge, Chausseedienste, Kriegsfuhren, Reuterquartiere; im zu opfern die beste Kraft seiner Jugend im Militär; er hat der Domäne oder dem

Gutsherrn zu zahlen: Meiergefälle, Dienstgelder, Weinkauf, Conzessionsgelder, Freidienste, Zehntfuhren, Rauch- und Zinshühner und Früchte.« Geschickt sind hier die verschiedenen Steuerformen mit dem alten, aber inzwischen überholten Rechtsprinzip der »Landfolge« (der Heerfolge), mit den Hand- und Spanndiensten, die in Chausseedienste und Kriegsfuhren aufgespalten werden, kombiniert; die Quartierstellung für das Militär eine nicht nur bäuerliche, sondern auch eine städtische Last, wird dazugerechnet. Die seit der westfälischen Zeit im Prinzip, aber nicht in der Realität vorhandene allgemeine Wehrpflicht ist als bäuerliche Fron definiert. Sodann werden Meiergefälle, also die nur in den Gebieten des Meierrechts gültigen Abgaben, mit denen kombiniert, die in den Gebieten der Eigenbehörigkeit gängig waren. Das allgemeine Prinzip der Zehntabgabe wird mit den lokalen Abgaben der Rauch- und Zinshühner (also Abgaben, die vom Hof geleistet wurden) unterschiedslos in einem beeindruckenden Katalog zusammengefaßt. In dieser geschickten Katalogisierung ist der Stilist ebenso wie der auf Überzeugung bedachte Politiker zu erkennen. Auch wenn Stüve verschweigt, daß die von ihm katalogisierten Belastungen nicht gleichmäßig jeden Landmann betreffen, stellt doch seine Aufstellung ein eindrückliches Zeugnis dafür dar, welche Zustände durch die Ablösungsgesetzgebung überwunden werden sollten.

Neben durchsetzungsstarken Persönlichkeiten ist für den erstaunlich konfliktarmen Verlauf der Grundrentenablösung auch das gewandelte Verhältnis von Adel wie Königtum verantwortlich gewesen. In seinem Katalog hatte Stüve vom Staat, aber nicht vom Adel gesprochen. Und das war ebenso geschickt wie richtig; denn in der Frage der Bauernablösung konnte das Staatsinteresse nicht mehr, wie seit Jahrhunderten behauptet, mit dem Adelsinteresse deckungsgleich sein. Für den modernen Staat waren viel entscheidender als die Grundrenten die »Domanialerträge«, die den Einkünften der Adelsgüter entsprachen, die Erträge des Steueraufkommens der Untertanen geworden. Die Tendenz der Calenberger Meierordnung von 1772, der es weniger um die Abgaben als um die Erhaltung eines leistungsfähigen, also steuerzahlenden Untertanenverbandes ging, wirkt sich jetzt aus. Die Publizistik der Reformer wies immer wieder darauf hin, daß der Staat seinen wichtigsten Steuerzahler, den Bauern eben, zu schützen habe. Und damit gewannen nüchterne Zahlen an Gewicht. Von den fast sechs Millionen Morgen Ackerland im Königreich befanden sich nur 320.000 in ritterschaftlicher Hand, und etwa gleichviel war herrschaftliches Domänen- bzw. Klosterkammergut. Im Braunschweiger Herzogtum sind die gleichen Relationen zu erkennen: 18 % des Ackerlandes sind in adeliger Hand, 10 % gehören zu herrschaftlichen Domänen. Eine Grundrentenablösung, die sich im Königreich auf mehr als fünf Millionen Morgen bäuerlicher Betriebsfläche und im Herzogtum auf fast dreiviertel des Ackerlandes auswirken mußte, lag in vitalem staatlichen Interesse.

Nicht in der Festlegung der rechtlichen Rahmenbedingungen, sondern in der Durchführung lagen die eigentlichen Probleme der Grundrentenablösung.

Bis 1843 hatten nur 40 % aller bäuerlichen Betriebe die Möglichkeit, die ihnen das Gesetz von 1833 bot, genutzt, bis 1865 waren es nur drei Viertel, genau 76,5 % aller Betriebe. Hinter diesen nüchternen Zahlen verbirgt sich, daß manche reiche Bauern zunächst zögerten, bis sie die ökonomischen Vorteile der Ablösung erkannten, und vor allem, daß viele Kleinbauern überhaupt nicht die erforderlichen Summen aufbringen konnten. Der weitschauende Stüve hatte das Problem bereits erkannt, aber ergebnislos war seine Forderung, eine Kreditanstalt zu gründen, mit deren Hilfe auch die kleineren Bauern die Ablösungskapitalien aufbringen konnten.

Die schleppende Durchführung der Ablösung läßt es nicht zu, die Frage, wohin denn die den Grundherren gezahlten Kapitalien flossen, genauer zu beantworten; denn es war in unserem Raum nicht so wie etwa im deutschen Südwesten, daß große Geldmittel in die Hände des Adels flossen. Gewiß lassen sich an manche Baudaten adeliger Bauwerke Vermutungen knüpfen, daß hier auf einen Schlag flüssig gewordenes Kapital angelegt wurde, aber jene findigen Agenten, die, um beim Beispiel des deutschen Südwestens zu bleiben, an den Adelssitzen ein- und ausgingen und goldene Renditen für die Anlage von Ablösekapitalien versprachen, die auf diese Weise sogar ihren Weg in zweifelhafte Unternehmungen Südostasiens fanden, lassen sich an norddeutschen Adelssitzen nicht nachweisen. So undeutlich durch die zögernde Ablösung auf der einen Seite der Weg des damit freiwerdenden Kapitals wurde, so deutlich ist jedoch, daß das Bauernlegen, also die Reinvestition von Ablösekapital in Bauernland im Gegensatz zu Preußen im nordwestdeutschen Raum ausblieb. Die aufs Ganze gesehen erhebliche Veränderung durch die Grundrentenentlastung kam, auch wenn sie das Los der kleinen Bauern kaum erleichterte, in unserem Raum weitgehend ohne die soziale Härte des Bauernlegens aus.

Veränderung der Agrarlandschaft durch die Ablösungsgesetzgebung: Erst mit dem Entstehen freien bäuerlichen Grundbesitzes war es möglich, die Zusammenlegung von Acker- und Wiesengrundstücken, die durch die Erbgänge der letzten Jahrhunderte arg zerstückelt und in Gemengelage zersplittert waren, in großem Stile nach ökonomischen Grundsätzen zu verfolgen. Dieser Vorgang, schon im Zuge des *fanatisme agricole* seit 1772 in einzelnen Dörfern durchgesetzt, konzentrierte sich, seit 1842 vom Staat gefördert, in dem Prozeß der »Verkoppelungen«. Der Begriff, der ursprünglich der schleswig-holsteinischen Agrarlandschaft entstammte, bezeichnete das Herausnehmen von Flächen aus der Feldgemeinschaft mit ihren windschützenden Koppeln. Da auch die seit alters her auf den Wiesen lastenden Weiderechte abgelöst werden konnten, wurde eine Feld und Wiese umfassende Flurbereinigung verwirklicht. Und das war schließlich gewollt: Freie bäuerliche Betriebe sollten sowohl aus grundherrschaftlichen als auch aus den gemeindlichen, den nachbarschaftlichen Verpflichtungen entlassen werden. Das jeweilige Acker- oder Wiesengrundstück hatte nicht mehr sein individuelles Recht, das ihm durch die darauf lastenden Abgaben gegeben worden war – zum Beispiel dienten »Öläcker«

Verkoppelung in Diahren (bei Lüchow) 1821. Die Karte zeigt neben der neuen Aufteilung der Feldflur auch die alte, wie sie 1806 vermessen wurde.

nicht der Erdölgewinnung, sondern hatten durch ihre Abgaben das Licht in der Kirche zu finanzieren. Der Boden wurde nicht mehr nach rechtlichen, sondern nach ökonomischen Kriterien bewertet – Voraussetzung für den sich in jener Zeit durchsetzenden Ausdruck »Landwirt«.

Die weitreichenden Folgen der Ablösungsgesetzgebung betrafen die niedersächsische Agrarlandschaft nicht gleichmäßig. Verkoppelungen waren zum Beispiel gar nicht oder nur selten in Ostfriesland, in Wursten oder in Hadeln nötig. Hier dominierten Blockfluren, das Ackerland war ebenso wie bei den Kämpen im Osnabrückischen weitgehend geschlossen einem Hof zugeordnet.

So einfach sich auf dem Papier die Konsequenzen der Ablösungsgesetzgebung, Verkoppelung und Flurbereinigung darstellen lassen, so war es doch in der Realität ein recht kompliziertes Verfahren, das nach dem Gesetz von 1842 noch weitere ergänzende Gesetze über die Regelung von Gemeinschaftspflichten an Gemeindewegen und Landstraßen, über Verfahrensfragen und nicht zuletzt über die speziellen Probleme bei der Aufhebung von Weiderechten erforderte. Accompagnato auf der bürokratischen Klaviatur: Auch die Kosten für die vielfach notwendigen Kommissionen bedurften legislatorischer Regulation. Fünfzehn Jahre, von 1842 bis 1856, zog sich die einschlägige, auf immer neue Probleme reagierende Gesetzgebung hin; kein Beispiel für gesetzgeberische Inkompetenz, sondern Ausdruck für die umwälzende Bedeutung des

Vorgangs, dessen den bäuerlichen Alltag zutiefst verändernde Folgen zunächst noch gar nicht erkennbar waren.

1849 wurde sichtbar, daß die Grundrentenentlastung mit ihrer Bevorzugung des großbäuerlichen Besitzes auch verfassungsgeschichtliche Folgen hatte. Bei den Wahlen zur ersten Kammer, zu der nur jene Grundbesitzer wahlberechtigt waren, deren Steueraufkommen über dreißig Reichstalern lag, konnten im Wahlbezirk 1, in Hannover, unter 150 Wahlberechtigten, die über den Abgeordneten zu bestimmen hatten, nur noch sechzehn Adelige gezählt werden; im Wahlbezirk Diepholz waren von 100 Wahlberechtigten lediglich noch sieben adeligen Standes. Und das hieß: Die erste Kammer konnte nicht mehr unbedingt als Hort der Adelsinteressen bezeichnet werden.

Chausseen, Eisenbahnen und Telegraphen – die Modernisierung des Landes durch den Staat

In kurfürstlicher Zeit war das Postwesen erstaunlich gut organisiert. Man merkt zum Beispiel an dem Briefwechsel von Gottfried Wilhelm Leibniz, daß die Versendung von Paketen, von Manuskripten und Büchern offenbar keine Schwierigkeiten bereitete. Die überraschend gute Organisation zeigt sich auch an einem geheimdienstlichen Detail. In den hannoverschen Poststationen saßen Experten, welche Briefe öffnen konnten, welche auch die gängigen Siegel in Vorrat hatten, um sie unauffällig wieder verschließen zu können. Die Organisation einer solchen Überwachungsmaßnahme, so unschön sie ist, weist einerseits auf einen regen Briefverkehr hin, und erhellt andererseits auch das eingespielte Regelwerk des gesamten Postwesens. Es war bereits nötig geworden, daß Aushänge das Publikum benachrichtigen mußten, wenn die Postwagen wegen heftiger Schneefälle nicht zur gewohnten Stunde eintrafen. Diese Organisation ist insofern überraschend, als die Briefbeförderung keineswegs einem staatlichen Monopol unterlag. Immer noch hatte des Reiches Erbpostmeister, der Fürst von Thurn und Taxis, seine Posthalterei in Norddeutschland. Daneben gab es aber auch ein landesherrliches Postwesen, das – wie im *Ancien Régime* üblich – verpachtet werden konnte. Wenn 1678 der Günstling Herzog Georg Wilhelms, Francesco Capellini Stecchinelli, Generalpostmeister in welfischen Landen wird, so gilt dies als privates Amt, das der Inhaber 1682 an den hannoverschen Geheimen Rat Franz Ernst von Platen verkaufen kann.

Schon allein aus Gründen der Staatsraison konnten bei der Neuordnung der norddeutschen Staatenwelt nach 1814 die ziemlich verworrenen Eigentums- und Pachtverhältnisse nicht bestehen bleiben. Eine entschädigungslose Ablösung alter Rechte zugunsten eines staatlichen Monopols kam allerdings auch nicht in Betracht, weil gerade in der Frage von Herrschaftsrechten die Eigentumsgarantie als Abkehr von den Irrungen der Franzosenzeit verstanden wurde. Mühselige Verhandlungen im Hannoverschen – im Großherzogtum Oldenburg, wo nur eine Poststation bestand, konnte es keine Schwierigkeiten geben –, die dem Ziel eines einheitlichen Postwesens entgegenstanden: die Leistung des Wilhelm August (von) Rudloff. 1817 wurde ein Postvertrag mit den Thurn und Taxis, 1825 mit Preußen geschlossen. Auf der Grundlage dieses in ein staatliches Monopol überführten Postwesens konnte am 1. Dezember 1850 in Hannover die erste Briefmarke erscheinen.

Der Weg zur Briefmarke war auch im Hannoverschen lang. Das Porto wurde ja nicht nur nach Gewicht, sondern auch nach der Entfernung berechnet. Auch deshalb mußte 1817 bis 1819 eine Vermessung des Königreichs durchgeführt werden, weil mit der Vereinheitlichung des Postwesens auch eine Vereinheitlichung der Tarife verbunden war, die 1827 in einer Wegegeldordnung gesetzlich festgelegt und durch Brückenwaagen zur Kontrolle des Gewichts technisch organisiert wurde. Die Briefmarke hat also eine kulturelle Vorgeschichte.

Auch am Beispiel der Post läßt sich zeigen, daß Hannover keineswegs daran dachte, in einzelstaatlicher Isolation zu verharren. 1851 trat das Königreich dem von Österreich und Preußen begründeten Postverein bei. Hier deutet sich an, was wir immer wieder beobachten können, daß nämlich auf administrativer Ebene im Zuge der Landesmodernisierung starke Bestrebungen im Gange waren, den scheinbaren Gegensatz von einzelstaatlichen und nationalstaatlichen Interessen zu überwinden.

Der Ausbau des Postwesens hing auch vom Ausbau des Straßensystems ab, wie die Verhältnisse im Oldenburger Großherzogtum zeigen. Hier gab es um 1820 nur ein staatliches Postamt, das sich natürlich in der Residenzstadt befand. Erst nach der Modernisierung des Verkehrsnetzes – als erste oldenburgische Chaussee enstand zwischen 1826 und 1830 die sogenannte Neue Poststraße – konnte auch ein verzweigteres System von Poststationen entstehen.

Schon im 18. Jahrhundert hatte der Ausbau des Straßensystems, der Bau gepflasterter Chausseen begonnen. Überall wurde damals das Verkehrsnetz fester geknüpft. Die als Schnittpunkt verschiedener Straßen wichtige Weserbrücke bei Nienburg, die immer wieder durch Eisgang zerstört worden war, wurde zwischen 1718 und 1723 durch eine Steinbrücke ersetzt. Ein anderes Beispiel: Über den Moorburger Damm wurde 1744 eine neue Poststraße von Bremen nach Ostfriesland erschlossen.

Mit größerer Intensität wurden die Maßnahmen des *Ancien Régime* im 19. Jahrhundert fortgesetzt. Impulse gab dabei zweifellos der moderne Straßenbau der französischen Zeit, wie die im Kaiserreich geschaffene Landstraße von Hamburg nach Kleve. Die neuen Ideen verbanden sich mit den alten Rechtsverhältnissen. Der Chausseebau wurde vielfach unter Ausnutzung der Hand- und Spanndienste der anrainenden Bauern, als Teil von deren Pflichten gegenüber dem herrschaftlichen Amt, durchgeführt.

Wie notwendig der Chausseebau war, zeigt der Zustand vieler Poststraßen. Sie waren im Lüneburgischen meist ungepflasterte Heidewege. Selbst die Straße von Gifhorn nach Lüneburg führte nur als unbefestigter Sandweg bis Harburg weiter. Die Post von Lüneburg nach Dannenberg brauchte rund acht

Traditioneller Bootsbau, traditionelles Lastschiff und moderner Raddampfer bei Leer. Lithographie (um 1850).

Stunden, die nach Amelinghausen vier. Für einen Bauern war es damals kaum möglich, in einem Tage von Amelinghausen nach Lüneburg und zurück zu fahren. Erst 1866 wurde hier die Straße ausgebaut.

Beim Ausbau von Chausseen und Landstraßen zeigt sich ein Prinzip, das wir in der Geschichte des Königreichs immer wieder wirken sehen: Verzicht auf territorialstaatlichen Egoismus. Auch Hannover trug mit der 1826 vollendeten ersten Durchgangsstraße durch das Eichsfeld seinen Teil dazu bei, daß die »große Rheinstraße« von Berlin über Kassel nach Köln ausgebaut werden konnte. Die Strecke Leinefelde – Heiligenstadt wurde unter hannoverscher Beteiligung angelegt und durch den anschließenden Chausseebau von Heiligenstadt nach Göttingen ergänzt.

Der Ausbau des Straßensystems zeigt sich auch darin, daß sich die Regierung 1840/41 mit den Kosten für die Herstellung von Wegweisern beschäftigen mußte. Sodann hatte der Chausseebau auch Folgen für die Ausbildung der Urbanität. In diesem Zusammenhang erfolgten der Abriß von Stadttoren, die innerstädtische Straßenpflasterung und seit etwa 1860 die Einführung der Straßenbeleuchtung in neuer Form. An den Chausseen, die durch die Städte geführt wurden, wurden jetzt innerhalb der Stadt feststehende Laternen an

Traditioneller Verkehr: Die Weser bei Rinteln mit ihren als Viehtränke dienenden Untiefen, ihren Uferwegen, die zum Treideln der Schiffe mit Pferdekraft genutzt wurden. Lithographie von G. Osterwald (um 1840).

Stelle jener aufgebaut, die an Rollen über laufende Seile herabgelassen und hochgezogen werden konnten. (Jetzt hätte man auch im Hannoverschen die Möglichkeit gehabt, Aristokraten aufzuhängen.) Der Brennstoff der neuen Laternen war Petroleum statt Öl.

Anregungen der französischen Zeit wirkten auch im Kanalbau weiter. Zwar waren die hochfliegenden Pläne, die im Kaiserreich die wirtschaftliche Erschließung Nordwestdeutschlands bedeutet hätten, nicht ausgeführt worden, aber sie waren unvergessen geblieben. Während einerseits die Hunte versandete, wurden im Oldenburger Großherzogtum Kanalbauten projektiert. In diesen Zusammenhang ist auch der Beginn der Regulierung der Ems 1820 zu stellen. Der Kanalbau wurde umso mehr als dringendes Erfordernis angesehen, als man inzwischen die Bedeutung der Dampfschiffahrt erkannt hatte. Es war eine große Sensation, als 1817 das erste Dampfschiff in vierzehn Tagen von Bremen nach Hannoversch Münden und zurück fuhr. Bezeichnenderweise hieß dieses Schiff »Herzog von Cambridge« (ebenso wie die erste Lokomotive Georg Egestorffs »Ernst August« heißen sollte).

Der Ausbau der Verkehrswege durch den Staat stellte langfristig gesehen die enge Auffassung von Grenzen, wie sie sich im 17. Jahrhundert als Ausdruck territorialstaatlichen Selbstbewußtseins gebildet hatte, in Frage. Wir wählen als Beispiel Brake. Jahrhundertelang war das Außentief bei Braksiel Anlegestelle für Schiffe, die hier ihre Fracht in kleinere Schiffe umluden. Als 1787 die Oldenburger Regierung mächtige Duckdalben für Schiffsliegeplätze am Westufer der Weser einrammen läßt, wird eine bescheidene Siedlung bezeugt. Brake wird 1835 zum Freihafen erhoben und erhält 1856 Stadtrecht – die oldenburgische Konkurrenzgründung zu Bremerhaven. Aber einem solchen territorialstaatlichen Wettbewerb wurde durch den industriellen Wettbewerb der Boden entzogen. Als Folge des Eisenbahnanschlusses nach Hude und Bremen und der Weserkorrektion von 1887 kündeten neue Hafenanlagen mit festen Piers, Speichern und Silos von der neuen Bedeutung Brakes im Rahmen eines überterritorialen Wirtschaftssystems.

Wo Chausseen gebaut, wo Kanalprojekte ernsthaft verfolgt wurden, lag es nahe, die neue Idee der Eisenbahn, die 1835 erstmals in deutschen Landen auf der Strecke von Nürnberg nach Fürth verkehrt hatte, zu übernehmen. Der aus den Jahren 1826/27 stammende Vorschlag, eine Eisenbahnverbindung von Hannover nach Goslar zu schaffen, war ohne weitere Folgen zu den Akten gelegt worden. Aber nach dem aufsehenerregenden Bau der Strecke Nürnberg – Fürth diskutierten bereits 1836/37 die hannoverschen Stände die Möglichkeiten des neuen Verkehrsmittels. Sie sahen allerdings bald, daß für den Eisenbahnbau Enteignungen und damit die Aufgabe des bei der Grundrentenablösung noch so nachdrücklich verteidigten Eigentumsprinzips nötig waren und zeigten sich zunächst fast beruhigt, als ihnen die Regierung mitteilte, sie beabsichtige nicht, von sich aus den Eisenbahnbau zu betreiben. Während man in Hannover zögerte, war man im braunschweigischen Herzogtum entschlossener. Tatsächlich gebührt den Braunschweigern das Verdienst, die abwartende Haltung des Nachbarn überwunden zu haben. 1837 konnte bereits ein Regierungsvertrag zwischen dem Königreich und dem Herzogtum geschlossen werden, um auf Drängen Braunschweigs die Eisenbahn durch Gebiete beider Staaten zu führen. 1838 wurde die erste Staatseisenbahn auf der Linie Braunschweig – Wolfenbüttel eröffnet. Die hohe Überschreitung der zunächst veranschlagten Baukosten wirkte erstaunlicherweise nicht lähmend; die Bahnlinie wurde weitergeführt bis Harzburg.

Die hannoversche Regierung sollte erstmals 1840 initiativ werden. In geheimer Sendung wurde ein Dr. Kirchpauer abgeordnet, um Nachrichten aus dem »Ausland« über den Eisenbahnbau einzuholen und außerdem, um die politischen Möglichkeiten einer Bahnlinie, der späteren Nordbahn, die bis Harburg geführt werden sollte, auszuloten. Schon an der Geheimnistuerei um den Auftrag Dr. Kirchpauers wird sichtbar, daß der Eisenbahnbau als Politikum betrachtet und nicht allein aus ökonomischen Zielen betrieben wurde. Politische Askepte waren bei der Planung zu berücksichtigen. Auf der 65 Kilometer langen Strecke von Hannover nach Minden mußte die Eisenbahn hannoversches, hessisches, schaumburg-lippisches und preußisches Gebiet durchqueren.

Militärischer Argwohn führte zu der absonderlichen Vorstellung, daß die Eisenbahnen in jedem Staat eine eigene Spurweite haben sollten. Sodann: Wenn eine Bahnlinie durch verschiedene Gebiete geführt wurde, stellte sich das Problem des Fahrplans. Denn es gab ja in deutschen Landen keine gemeinsame Grundzeit. Die Mitteleuropäische Zeit wurde erst 1893 eingeführt.

Politische Bedenken gab es zuhauf; gefährlicher noch waren aber Vorstellungen, wonach der Bau des neuen Verkehrsmittels »die verschiedenen Interessen der Untertanen des Königreichs gefährde«. Man dachte hier vor allem an das traditionelle Transportwesen, wobei es nicht um das Schicksal der einzelnen Fuhrleute ging, sondern darum, daß mit den Posthaltereien und »Reisstationen« in kleineren Orten ein ganzes wirtschaftliches System verbunden war. Die Bedenken sind nicht ganz grundlos gewesen, bedenkt man, welches Schicksal der alte Verkehrsknotenpunkt Coppenbrügge durch den Eisenbahnbau erleiden sollte.

Der König war als alter Husarenoffizier ein Gegner der Eisenbahn. Aber Ernst August legte ihr keine Steine in den Weg. Allerdings wollte er in seiner Residenzstadt am liebsten keine fauchenden Lokomotiven sehen. Deswegen wurden die Knotenpunkte Lehrte und Wunstorf (mit Nachwirkungen bis heute) in respektvoller Entfernung von der Hauptstadt geplant.

Allen Widrigkeiten zum Trotz begann der Eisenbahnbau im Königreich nach 1840, als die Mission Kirchpauers ein Interesse der hannoverschen Verwaltung signalisiert hatte, überaus zügig. Großräumige Planung: 1841 kam es zum ersten Vertrag mit Preußen und Braunschweig, der den Bau einer durchgehenden Linie von Magdeburg über Braunschweig und Hannover nach Minden vorsah. 1845/46 plante Hannover, den Eisenbahnbau im Osnabrückischen und in Ostfriesland voranzutreiben und eine Verbindung mit den holländischen Strecken zu erreichen.

Den weit ausgreifenden Plänen entsprach durchaus der bereits in den 1840er Jahren erreichte Streckenausbau. Am 23. Oktober 1843 war die Verbindung von Hannover nach Lehrte und am 1. Dezember des gleichen Jahres die von Lehrte nach Peine fertiggestellt. Bereits am 19. März 1844 konnte die Strecke von Peine nach Braunschweig eröffnet werden und 1847 die gemeinsam mit der Hansestadt finanzierte Linie Wunstorf – Bremen.

Hannovers Eisenbahnen sind wie die Braunschweigs von Anfang an Staatsbetriebe. Sie werden erbaut, indem eigene Kassen für sie zur Verfügung gestellt werden, die dann auch noch nach Bahnlinien in »ältere« und »neuere« Kassen getrennt werden. Die Überschüsse durften aufgrund eines speziellen Gesetzes von 1843 zu keinem »fremden« Zwecke verwendet werden. Dieses Gesetz schuf zugleich eine eigene Eisenbahnkasse, die privates Kapital für den Bau von Eisenbahnen verzinsen sollte und die Tilgung der Anleihen zu besorgen hatte. Mit dem Eisenbahnbau war also zugleich eine private, aber unter staatlicher Regie betriebene Finanzierung verbunden. Dieses Modell unterschied sich von dem Modell der Aktiengesellschaft dadurch, daß der Staat von den privaten

Anlegern nur eine Zwischenfinanzierung erreichen wollte, deren Ablösung das Gesetz von 1843 zwingend vorsah. Es sollte – einmalig im damaligen Deutschland – also ein Staatsbetrieb entstehen, dessen Finanzierung in einer Zwischenstufe durch privates Kapital erfolgen sollte. Eine durchdachte Lösung. Denn enorme Summen, die von der Landeskasse nicht getragen werden konnten, verschlang das neue Verkehrssystem. Bis zum Jahre 1858 hatte man insgesamt 12,8 Millionen Taler aufwenden müssen, worunter zum Beispiel die Anlage des hannoverschen Zentralbahnhofs mit fast einer Million Taler schwer ins Gewicht fällt. 1866, vor dem Untergang des Königreichs, waren 45 Millionen Taler an privatem Kapital bei der Eisenbahnkasse angelegt; eine sehr rentable Anlage, erwirtschaftete doch die Kasse in der letzten Zeit eine jährliche Rendite von 7 %.

Die Eisenbahn bewirkte eine Erschließung des Königreichs und dessen engere Verbindung mit seinen Nachbarn. Zwischen 1853 und 1856 wurde die sogenannte Südbahn von Hannover nach Hildesheim über Nordstemmen bis nach Göttingen und Kassel erbaut. Die Westbahn, von Löhne über Melle und Osnabrück nach Leer und Emden geführt, wurde zwischen 1854 und 1856 fertiggestellt. Nachdem schon die Nordbahn als das früheste Unternehmen vollendet war, war mit Süd- und Westbahn das Königreich in einer ersten Phase durch den Eisenbahnbau erschlossen. Jetzt ging es in einer zweiten Phase um die Erschließung der Binnenräume. Bis 1866 entstanden erstens die 1862 eröffnete sogenannte »Geestebahn« von Bremen nach Geestemünde und Bremerhaven, gemeinsam mit der Hansestadt finanziert; zweitens wurde von Lüneburg aus in Lauenburg der Übergang zum holsteinischen Eisenbahnnetz erreicht, und als letzte Strecke kam die Verbindung von Goslar nach Vienenburg im März 1866 zustande.

Auf 900 Kilometern Länge war 1866 das hannoversche Eisenbahnnetz ausgebaut. Zentrale Werkstätten waren in Hannover, Göttingen und Lingen, zentrale Kokereien in Osnabrück und Harburg errichtet worden. Über 224 Lokomotiven verfügten die Staatsbahnen. Vorrang hatte offenbar der Güterverkehr vor der Personenbeförderung, denn den nur 315 Personenwagen standen 1.576 geschlossene und 3.409 offene Güterwagen gegenüber. (Und dieser Befund warnt, die zeitgenössischen Abbildungen kritiklos als Wiedergabe der Realität zu werten. Bei Eisenbahn-Darstellungen werden nur Personenwagen abgebildet; denn vor dem Hintergrund romantischer Landschaften soll die neue Technik als Dienst am Menschen, nicht als Instrument einer die Einzelperson nicht mehr berücksichtigenden Wirtschaftsgestaltung zum Ausdruck kommen.)

Die Eisenbahn bewirkte eine neue industrielle Standortbildung. Die neue Form der großindustriellen Fabrik läßt sich vornehmlich entlang der bestehenden Bahnlinien nachweisen. Und doch kannte das neue Verkehrsnetz auch Verlierer. Benachteiligte Städte waren zum Beispiel Duderstadt, von wo 1850 eine Postchaise zweimal wöchentlich zum Bahnhof Leinefelde fuhr. Postkutschen brachten täglich die Reisenden von Duderstadt nach Northeim und zurück.

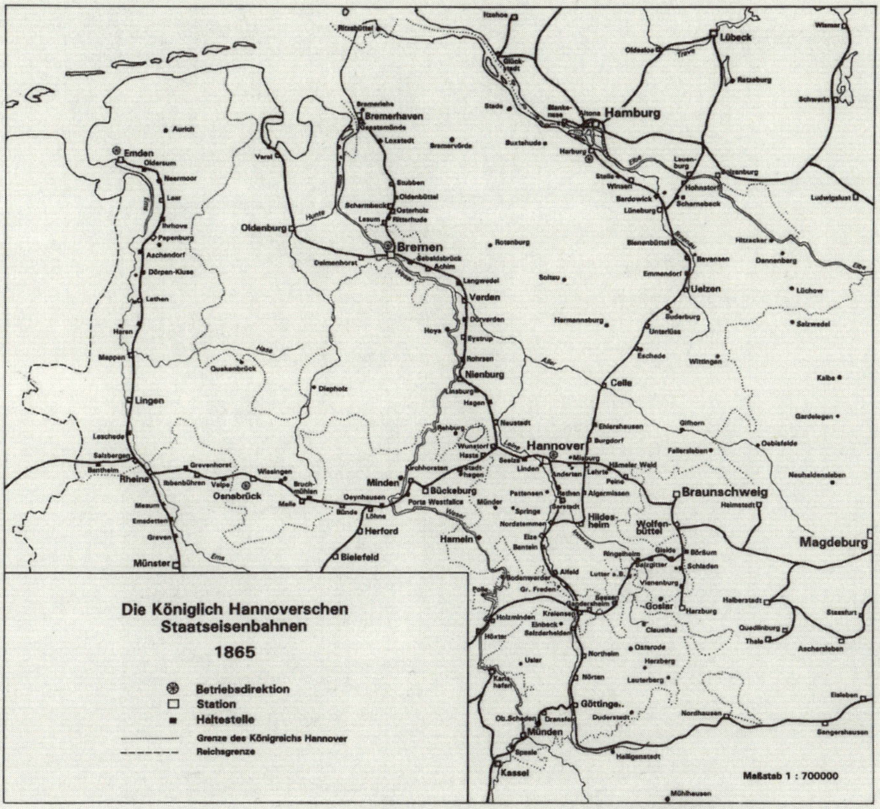

Die Königlich Hannoverschen Staatseisenbahnen (1865).

Grundsätzlich läßt sich beobachten, daß über den Eisenbahnbau eine Verschärfung des Stadt-Land-Gegensatzes eintrat. Ebenso wie durch die Straßenbeleuchtung wurden auch hier signifikante Unterschiede geschaffen. Nur die größeren Städte wurden mit Bahnhöfen an das neue Netz angeschlossen. Zwischen Harburg und Lüneburg zum Beispiel hielten die Züge nur in Winsen und Bardowick, zwischen Lüneburg und Uelzen nur in Bienenbüttel und Bad Bevensen. Bis heute ist an der Entfernung der Bahnhöfe vom Ortskern etwa in Ebstorf, Visselhövede, Hitzacker und Dannenberg das Strukturproblem des frühen Eisenbahnbaus zu erkennen.

Das Problem wurde aber erkannt. In den dritten Abschnitt des hannoverschen Eisenbahnbaus, in den sechziger Jahren, sollte auch das Land ansatzweise einbezogen werden. Der entscheidende Schritt aber zu einer wirklichen Strukturpolitik wurde erst in preußischer Zeit getan, nachdem zunächst Bismarck aus rein militärischen Erwägungen den Ausbau des norddeutschen Eisenbahn-

Die Karikatur auf das hannoversche Eisenbahnwesen (um 1860) läßt an der Kleidung der normalen Reisenden und derjenigen des unbeholfen Fragenden erkennen, daß damals die Eisenbahnfahrt noch weitgehend eine Angelegenheit der höheren Stände war.

netzes gefordert hatte. Nach 1890 wurde auch die Lüneburger Heide in das immer engmaschigere Bahnnetz einbezogen. Jetzt war nicht nur ein weiterer Absatz der Heidekartoffeln möglich, sondern auch die Beschaffung moderner Düngemittel, wie Thomasmehl, Kali und Guano, in großen Mengen. Als unkultivierbare Sandböden geltende Flächen konnten nunmehr unter den Pflug genommen werden.

Ein wenig beachtetes Moment in der Modernisierung des Landes liegt in der Geschichte der Telegraphie. Nimmt man noch die Geschichte des optischen Telegraphen in diese Entwicklung hinein, so zeigt sich die Abfolge von distanziertem Abwarten bis zu einem dann doch entschlossenen Zugriff auf neue technische Möglichkeiten zur Modernisierung des Landes. Der optische Telegraph des Claude Chappe war eine Idee, die ganz aus dem Geist der Französischen Revolution und ihrem Kommunikationsbedürfnis hervorgegangen war. Der Nationalkonvent hatte 1793 die Einführung dieses Telegraphen empfohlen, dessen System denkbar einfach war: Auf dem Dach eines Stationshauses stand ein hoher Mast mit drehbaren Querbalken, an dessen beiden Enden ein Bügel, der sogenannte Indikator, angebracht war. Durch Drehen des Balkens und der beiden Indikatoren konnten 196 verschiedene Stellungen erreicht werden.

Weder von der staatlichen Struktur noch von den militärischen Notwendigkeiten her, die in Frankreich zur Einführung von Telegraphenlinien geführt hatten, bestand in Deutschland zunächst eine Notwendigkeit zur Übernahme dieses Kommunikationsmittels. Erst in den dreißiger Jahren des 19. Jahrhunderts wurden in den Hansestädten Bremen und Hamburg optische Telegraphenlinien als private Unternehmen aufgezogen, um mit größerer »Schnelligkeit merkantilische Nachrichten« zu übermitteln. Es waren also die Bedürfnisse des Handels und ganz konkret der Börsen, die an einem effizienteren Kommunikationssystem interessiert waren. Das Königreich, durch dessen Staatsgebiet die Telegraphenlinie von Bremerhaven nach Hamburg-Altona und Cuxhaven geführt werden sollte, genehmigte diese mit der ihm eigenen Liberalität gegenüber nachbarschaftlichen Interessen, dachte aber nicht daran, das System selbst zu übernehmen. Das weist letztlich auf die Struktur des Handels in den Städten des Königreichs zurück, der immer noch weitgehend den alten Traditionen verpflichtet war und die neuen Möglichkeiten von Börse und Bank noch nicht erkannte. Ein Handel, der die herkömmlichen Geschäftsformen bevorzugte, benötigte auch keine Telegraphen, denn diese bedeuteten nicht nur Schnelligkeit der Nachrichtenübermittlung, sondern begünstigten auch aus Konkurrenzsituationen erzwungene »Fixigkeit«. Nicht daß dem hannoverschen Geschäftsleben das Konkurrenzdenken abging, sondern daß es kaufmännischer Stil war – und Stil war damals noch ein Ausdruck von »Bonität« –, in Ruhe den Geschäften nachzugehen, ließ die mechanisierte Herstellung von Börsenaufregung als Traditionsbruch erscheinen. Und in Tradition eingebettet war auch die Kreditwürdigkeit eines Kaufmanns. Kredit wurde aufgrund persönlichen Ansehens gewährt. Großhandel im Hannoverschen – darauf wollen wir hinaus – war in stärkerem Maße als in anderen deutschen Staaten der Tradition verpflichtet.

Und auch das läßt die Geschichte der Telegraphie erkennen: Ein Königreich, ganz auf Frieden mit den Nachbarn ausgerichtet, braucht nicht, wie Preußen, aus militärischen Gründen eine Telegraphenlinie, wie sie zwischen Berlin und Koblenz 1832 aufgebaut wurde und bei der eine direkte Nutzung durch kaufmännische Interessen dezidiert abgelehnt worden war.

Scheint zunächst der Rückständigkeitstopos wieder in sein Recht eingesetzt worden zu sein, so zeigt die weitere Entwicklung der Telegraphie, wie fragwürdig eine solche Deutung ist. Nachdem 1833 den Göttinger Professoren Carl Friedrich Gauss und Wilhelm Weber als Nebenprodukt ihrer Forschungen zum Erdmagnetismus die erste telegraphische Verbindung auf elektrischem Wege (auf der Strecke von St. Johannis zur Göttinger Sternwarte) gelungen war, nachdem 1837 Carl August von Steinheil in München, die Gauss-Webersche Anregung aufgreifend, die Vorstufe des Morseapparates entwickelt hatte, bei der zwei Magnetnadeln mit einem Schreibstift gekoppelt waren, war die Möglichkeit gegeben, aus den 196 Zeichen des optischen Telegraphen eine wirkliche Kommunikation über entfernte Orte hinweg zu erreichen. Und in dieser frühen Phase der technischen Telegraphie wird Hannover alsbald aktiv. Wenn das Königreich am 1. Dezember 1851 dem im Jahre zuvor gebildeten »Deutsch-Österreichischen Telegraphenverein«, der von Österreich, Preußen, Sachsen und Bayern gegründetet worden war, beitritt, so scheint dies zunächst nur ein nebensächliches Ereignis zu sein. Tatsächlich aber war inzwischen erkannt worden, daß die Telegraphie zur Entgrenzung der Kommunikation, ja zur Überwindung der Staatengrenzen geeignet war, daß sie ein wesentliches Mittel auch zur Förderung des Handels zwischen den Staaten darstellte. Der »Telegraphenverein« folgte Steinheils Insistieren auf einheitliche Verwendung des Morsetelegraphen. Wenn Hannover nach Württemberg als zweiter deutscher Staat diesem Verein beitritt, so ist das ein klares Bekenntnis zur deutschen Einheit; der Telegraph ist der Gegner des Partikularismus, wie schon damals erkannt wurde.

Die Telegraphie war neben der Eisenbahn eine weitere Möglichkeit, die provinziellen Unterschiede innerhalb des Königreiches selbst zu Gunsten eines einheitlichen Staatsgedankens zu überwinden. Aus diesem Grunde heraus förderte die Regierung nachhaltig den Ausbau der Telegraphie. Das Ergebnis war, daß die Telegraphenmasten in enger Verbindung mit dem Eisenbahnwesen entstanden. Bereits 1846 wurden entlang der Linie Hannover-Lehrte und dann entlang der Linie Hannover-Harburg, der Nordbahn, Telegraphenlinien angelegt. Der groß konzipierte Plan, alle Landeseisenbahnen mit elektrischen Telegraphen zu versehen, wurde allerdings 1848 nicht von den Ständen genehmigt. Jedoch zeigt die Entwicklungsgeschichte des Telegraphen wiederum eindeutig, daß das Königreich keineswegs jener konservative Staat war, der sich Neuerungen verschloß. Er hat vielmehr in flexibler Art auf Neuerungen reagiert, hat sie im eigenen Interesse, teilweise aber auch aus übergeordneten nationalen Interessen gefördert – und das, obwohl erkennbar nicht militärischer oder merkantiler Druck hinter dieser Förderung standen.

Der Industrialisierungsprozeß aus biographischer Perspektive: Johann und Georg Egestorff

Wir notierten bereits, daß die Veränderung der Siedlungsgestalt Lindens auf den Industrialisierungsprozeß hinweist. Hinter diesem Prozeß aber stehen Menschen, stehen damit auch aus biographischer Perspektive erkennbare Zufälligkeiten, die neben den Gesetzmäßigkeiten eines Prozesses ebenfalls beachtet werden wollen.

Johann Egestorff, 1772 geboren, war Angehöriger der kleinbäuerlichen Schicht. Sein Vater war wie die Generationen vor ihm Brinksitzer, Kleinbauer. Daß sein Sohn Johann eine Böttcherlehre durchlief, war typisch. Denn das Landhandwerk rekrutierte sich weitgehend aus nachgeborenen Söhnen der kleinen Bauern. Als Böttcher arbeitete Johann Egestorff für die Kalkbrenner in Linden. Nie hatte er Lesen und Schreiben gelernt. Als er heiratete, war er immer noch Geselle. 1802 wurde ihm sein Sohn Georg geboren. Als 1803 die Kalkbrennerei in Linden »fallierte«, Konkurs machte, übernahm sie der 32jährige Egestorff. Woher er dafür die Anfangskredite nahm, ist unbekannt, erschließbar ist aber seine Risikobereitschaft. Er muß in der Lage gewesen sein, nicht nur Erwerbschancen zu erkennen, sondern mit diesen Erkenntnissen auch Kreditgeber zu überzeugen. Da der Erfahrungsbereich kleiner Leute weit größer war als gemeinhin angenommen, wußte er, daß Kalk in Bremen teurer als in Hannover verkauft werden konnte. Er nutzte den Stapelplatz an der Ihme, um den Kalk nach Bremen zu verschiffen. Bezeichnend für seinen unternehmerischen Stil der konzentrischen Betriebserweiterung war, daß er schließlich die Kalksteinbrüche selbst pachtete. 1815 bereits stehen in seinem Dienst 20 Flößer und Schiffer.

Spätestens nach der Pachtung der Kalksteinbrüche haftete ihm der Name »Kalk-Johann« an; das war mitnichten abwertend gemeint. Eine solche Namengebung war typisch für den bäuerlichen Lebens- und Kommunikationsbereich, dem sich Egestorff zugehörig wußte. Während aber üblicherweise ein solcher Name zeitlebens haften blieb, ja sogar auf den Sohn übergehen konnte, liegt im Falle des Kalk-Johann ein Zeugnis für den staunenswerten wirtschaftlichen Aufstieg vor, auf den die Zeitgenossen mit einer neuen Benennung reagierten. (Das entspricht der Beobachtung eines Bürgers über den Calenberger Bauern, der – wir übersetzen in Wissenschaftsdeutsch – in der Lage ist, Prozesse und komplexe Zusammenhänge semiotisch zusammenzufassen, also von der »Westfalerei« oder der »Soldaterei« redet.) Aus dem »Kalk-Johann« wurde der »Kohle-Johann«. Denn Egestorff hatte 1812 die künftige Bedeutung der Steinkohle erkannt, als er am Deister das Bergwerk des Grafen von Platen-Hallermund pachtete, um mit der Steinkohle eine neue Energiequelle für die Kalkbrennerei zu gewinnen. Große Aufträge verschafften ihm nach 1815 die Initiativen des Königreichs im Straßenbau. Als er aber nach dem Tode seiner ersten Frau 1816 erneut heiratete, zeigte das Konnubium – er ehelichte die

Tochter eines Tischlermeisters –, daß er trotz aller wirtschaftlichen Erfolge in seinem gewohnten sozialen Lebenskreis verbleiben wollte.

1819 kaufte er eine Ziegelei auf. Sein wirtschaftlicher Aufstieg war nunmehr auch für die Oberschicht unübersehbar. Für den Sohn eines Brinksitzers war jetzt ein klingender Titel angemessen. 1822 wurde er zum »Hofkalklieferanten« ernannt. Natürlich stand dieser Titel am untersten Ende der höfischen Skala hinter allen Hofpastetenbäckern und Hofkonditoren; entscheidend aber war die gesellschaftliche Aufwertung. Nicht daß wir vordergründig psychologisieren wollen – aber es ist erstaunlich, daß im folgenden Jahr der Kohle-Johann das Prinzip der konzentrischen Betriebserweiterung verläßt. 1823 wird er eine Zuckersiederei erwerben, die alsbald 400.000 Pfund Rohzucker verarbeiten konnte. Der Kalk-Johann, der Kohle-Johann war in Geschäftsbereiche eingetreten, die mit seinem ursprünglichen Gewerbe nichts mehr zu tun hatten. Das war mehr als eine Kapitalanlage – das war ein Stilwandel. Und genau diesen hält das bekannte Porträt fest – ein Bauer, in der Gelassenheit seiner ererbten Lebensführung ruhend, mit klugem, erfahrungsgesättigtem Gesichtsausdruck, den alle in der Kleidung ausgedrückten Attribute sozialer Geltung eher unsicher zu machen scheinen. Er, dessen Augen den prüfenden Blick auf die Umwelt verraten, gibt sich mit seiner Kleidung – ja sogar mit dem Porträt an sich – dem Urteil der Gesellschaft preis. Der Maler scheint sich (leicht karikierende Züge glauben wir in der Darstellung zu erkennen) gewunden zu haben: Ein zahlungskräftiger Auftragsgeber war der Kalk-Johann; war er aber auch Sujet für einen Künstler, der sich in einer europäischen Tradition sah, die den Bauern nur als Bestandteil von Genreszenen kannte, nicht aber als Gegenstand eines Staatsportraits vor einem Landschaftshintergrund, der bis dahin nur einem Adeligen zustand?

Als Johann Egestorff 1834 starb, arbeiteten 400 von den damals 2.500 Einwohnern Lindens in seinen Betrieben. Die jahrhundertelange Führungsrolle der Grundherren, hier der Grafen von Alten, war ausgespielt.

Georg Egestorff, der die väterlichen Betriebe übernahm, hatte mit vierzehn Jahren eine Böttcherlehre begonnen; ein Zeichen dafür, daß der Vater keineswegs vom Standesdünkel angesteckt worden war. Er hatte als Lehrmeister für seinen Sohn einen ihm bekannten Böttchermeister ausgewählt. Porträt, Laves-Pavillon, Empfang durch den Herzog von Cambridge – das war die eine Seite; die andere aber war die Sicht der Bauern im Calenberger Lande, das prägende generationentiefe Denken. »Es kommt alles auf den Erben« – so charakterisiert unser wiederholt zitierter Berichterstatter den Bauern, wenn dieser benennen will, was hinter dem Zierat von Prozessen an Entscheidendem bestehen bleibt. Als sorgender Vater hatte Johann Egestorff aber auch die eigenen Defizite bei der Erziehung seines Sohnes berücksichtigt. Er hatte dafür gesorgt, daß sein Sohn Lesen und Schreiben lernte. So sollte dann auch 1823 die Landdrostei berichten, daß Georg, der dem Vater die Bücher führte, »ein sehr ordentlicher und in Schreiben und Rechnen ein sehr geschulter Mensch sein soll«.

Johann Egestorff. Ölgemälde von Burchard Giesewell (um 1830).

Als 1827 Georg Egestorff die Tochter eines »Ökonomen«, eines Landwirtes, heiratete, erwies sich darin gesellschaftlicher Aufstieg; einem Brinksitzersohn wäre normalerweise eine solche Partie verwehrt gewesen; es zeigt sich aber auch, daß Georg Egestorff wie sein Vater im agrarischen Lebensbereich bleiben wollte, daß er sich keineswegs als »Bürger« verstand. Wenn er sich wenige Jahre später als »Zuckerfabrikant« bezeichnet, so weist das nicht nur auf die Rentabilität der von dem Vater erworbenen Zuckersiederei hin, sondern auch darauf, daß er sich in einem gesellschaftlichen Niemandsland befand. Er war kein Bauer, er war wirtschaftlich weit über die agrarischen Lebensverhältnisse hinausgewachsen, aber er war auch kein Bürger. »Fabrikant« – das war eine sprachliche Notlösung, um seiner gesellschaftlichen Stellung einen Namen zu geben.

1831 gründete Georg Egestorff die Saline Badenstedt. Bezeichnend ist die Vorgeschichte, wie er dazu gelangt war. Die Anregung stammte aus der Lektüre eines botanischen Aufsatzes im »Hannoverschen Magazin«. Sodann stellte er eigene Beobachtungen im Gelände an. Typisch aber auch für ihn, dem der Vater Beobachtungsgabe und Achtung vor den vielfältigen Kenntnissen, die im klein- und unterbäuerlichen Milieu für das Überleben notwenig waren, vermittelt hatte, daß die Befragung des Ortsschäfers den Ausschlag gab. Ebenso wie der Vater bei aller Bescheidenheit den Titel »Hofkalklieferant« nicht verachtet hatte, wie dieser auf dem Lindener Berg einen Pavillon zu seinem Gedächtnis hatte errichten lassen, demonstrierte auch der Sohn Selbstbewußtsein: Er nannte seine Saline »Egestorffhall«.

Daß Georg Egestorff Mitglied des Gewerbevereins wurde, war für ihn selbstverständlich. Denn er war Herr über Kalk- und Ziegelbrennereien, über ein Steinkohlebergwerk, über eine Zuckersiederei und schließlich auch über die von ihm gegründete Saline. Für letztere aber brauchte er Maschinen, Pumpen und sogar Mechaniker aus England. Diese Bedürfnisse gaben den Anstoß für seine folgenreichste Gründung, die Lindener Maschinenfabrik. Es ist aber dabei zu bedenken, daß er genau wie sein Vater in konzentrischen Kreisen, von einem Bedarf zum anderen schreitend, seine Erwerbungen tätigte.

Am 6. Juni 1835 erhielt Egestorff die ministerielle Genehmigung, eine Eisengießerei, verbunden mit einer Maschinenfabrik, in Linden anzulegen. Schon am 22. September 1835 erfolgte die erste Auslieferung von Produkten: Drei gußeiserne Ambosse und zwei Mühlenzapfen an eine Kupferschmiede bzw. eine Mühle in Linden. Bescheiden die Anfänge – das Büro, das »Comptoir«, bestand aus einem kleinen Raum von kaum mehr als fünf Quadratmetern –, groß aber die Hoffnungen, die sich mit der neuen Gründung verbanden. Schon in den Mitteilungen des Gewerbevereins 1835 wurde die Konzeption sichtbar: »Die Maschinenfabrik wird alle im Gewerbe- und Fabrikfach vorkommenden Maschinen, besonders Dampfmaschinen, hydraulische Pressen usw. liefern. Obwohl unser Land mehrere ausgezeichnete mechanische Werkstätten schon besitzt, so kann es doch nur erfreulich sein, diese neue, großartig angelegte und mit der bekannten Tätigkeit des Gründers ins Leben gerufene Anstalt entstehen zu sehen.«

Auch wenn die Jahresumsätze von bescheidenen 616 Talern im Jahre 1835 auf 27.000 Taler 1841 stiegen, so zeigt doch der Kundenkreis, daß diese frühe Industrie vom Umland und ganz konkret von den Bedürfnissen der Landwirtschaft lebte. Aus Linden und Hannover kamen die Aufträge; Landwirte, Gutsbesitzer, Müller waren die Kunden. Und auch das darf nicht übersehen werden: Nicht nur Dampfmaschinen stellte die Fabrik her, sondern auch Kochtöpfe, Gartengitter und Grabkreuze. Noch konnte kaum jemand die sozial transformierende Kraft der Industrie erkennen.

Egestorff hat seine engere Umwelt mit prüfendem Blick gemustert. Er kannte die erste Dampfmaschine im Hannoverschen, die 1832 in der mechanischen

Georg Egestorff. Lithographie von George Müller.

Werkstatt von C. A. Klindworth gefertigt worden war und mit 1 PS die Wasserpumpe im Städtischen Krankenhaus von Linden betrieb. Bereits 1836 sollten in Egestorffs Fabrik Dampfmaschinen mit 6 PS und sogar 12 PS produziert werden.

Aber es war eben nicht nur der prüfende Blick auf die Umwelt, gewissermaßen die pragmatische Perspektive der bäuerlichen Lebenserfahrung, die Egestorff auszeichnete, sondern auch die mit dem Blick in die Ferne verbundene Risikobereitschaft. Denn zunächst mußten alle Maschinen, die er für seine Produktion brauchte, von der Bohrmaschine bis zur Drehbank, auf schwierigen Transportwegen aus Leeds und Derby importiert werden.

Ebenso wie die Abhängigkeit von englischer Technologie typisch ist für die Anfänge der deutschen Industrialisierung, ist auch die Lösung aus dieser Abhängigkeit typisch und in der Entwicklung der Lindener Fabriken konkre-

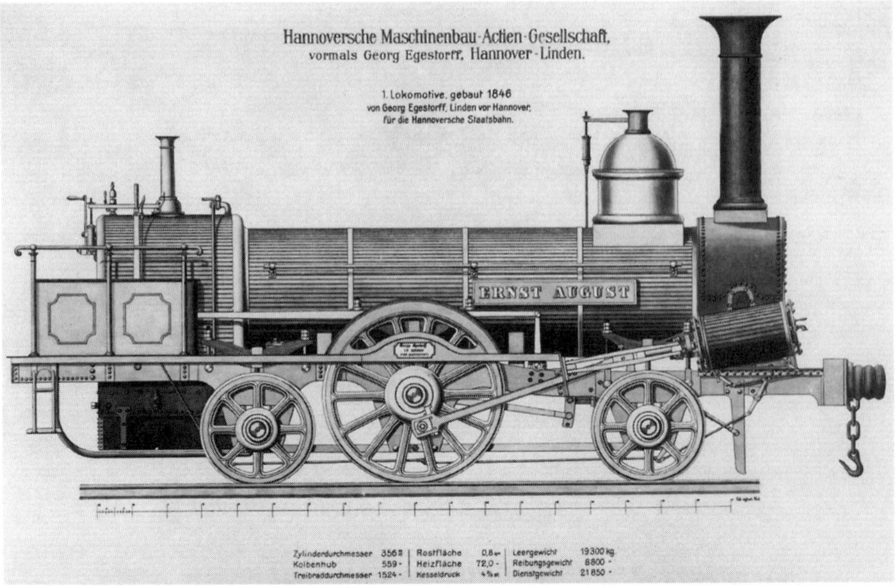

Georg Egestorffs erste Lokomotive.

tisiert. Schon in den vierziger Jahren konnte Egestorff Drehbänke und Bohrmaschinen aus eigener Produktion anbieten. Aber alle Erfolge hätten nicht die Hanomag zur Großfabrik werden lassen, wenn nicht ein entscheidender Investitionsschub gekommen wäre. Und dieser ging nicht von der Landwirtschaft, sondern vom Staat aus: die Eisenbahn.

1846 begann Egestorff mit dem Lokomotivenbau – ein Jahr vor Hartmann in Chemnitz, Henschel in Kassel, Wöhlert in Berlin, Keßler in Esslingen. Er mußte sich dabei ganz auf den Staat verlassen. Er brauchte dessen Protektion, da auch seine Konkurrenten diesen Schutz suchten. Denn schließlich merkte er selbst, als er sich für den Lokomotivenbau im Badischen bewarb, daß er gegenüber Keßler zurückgesetzt wurde. Trotz staatlicher Protektion war das Geschäft mit großen Risiken behaftet. Erhebliche Verluste mußte Egestorff anfangs hinnehmen. Zwar sanken diese Verluste von 2.300 Talern im Jahre 1840 auf die Hälfte im folgenden Jahr, aber noch 1842 wurden rote Zahlen geschrieben. Die 1839/40 erworbene chemische Fabrik, die Sodaschwefelsäure und Chlorkalk herstellte, konnte diese Verluste nicht ausgleichen. Georg Egestorff verlor seine Zuversicht. Er wurde krank, fürchtete, sich mit dem Lokomotivenbau übernommen zu haben. Zwar hatte schon sein Vater das Prinzip der konzentrischen Betriebserweiterung verlassen, war aber dabei doch im Bereich des kalkulierbaren Risikos verblieben. Der Sohn jedoch hatte sich auf Neuland vorgewagt. Er war Anfänger, angewiesen auf die neue Schicht der »Werkführer«, der »Comis«, jener überall in Deutschland gesuchten Spezialisten, für die damals noch nicht der Ausdruck »Ingenieur« in Gebrauch war. Abwerbung von Ingenieuren durch auswärtige Firmen, Streiks der Arbeiter: Egestorff mußte einsehen, daß er es mit neuen gesellschaftlichen Formationen zu tun hatte. Weiterhin wußte noch niemand, was eine Maschine wirklich wert war; weder Produzent noch Kunden besaßen Maßstäbe für die exakte Wertberechnung. Keine Dampfmaschine glich der anderen, jede war eine Sonderanfertigung, ein eigenständiges Exemplar.

Es mochte wohl auch an den großen Verlusten gelegen haben, daß Egestorffs Arbeiter 1843 streikten. Egestorff empfand »gerechten Unwillen und höchste Mißbilligung«. Er hatte sich offenbar eingebildet, in gewohnter Art patriarchalisch mit seinen Arbeitern umgehen zu können. Er behauptete, wohl auch zu Recht, »nie mit Härte« vorgegangen zu sein und stets die »Brotlosigkeit der Arbeiter zu verhüten« getrachtet zu haben. Was Löhne und Gehälter anging, stellte er fest: »Knicker bin ich nie gewesen«. Diesem patriarchalischen Verständnis entsprach letztlich auch, daß er 1855 in Linden eine Speiseanstalt für die Armen stiftete.

Als Egestorff 1868 starb, hatte er in 23 Jahren 323 Lokomotiven produziert. Aber nicht allein deswegen hatten wir allen Anlaß, auf die Lebensleistung von Vater und Sohn einzugehen: Es ging vielmehr darum, aus biographischer Perspektive einer Geschichtsklitterung entgegenzuwirken. Denn bereits Ende des 19. Jahrhunderts hatte sich das Großbürgertum die Industrialisierung Deutschlands, deren gesellschaftliche Folgen unübersehbar waren, als eigene Leistung zugeschrieben – eine Geschichtsdeutung, die teilweise noch bis heute fortwirkt. Egestorffs Beispiel aber zeigt, daß die Industrialisierung auch in agrarischen Lebensbedingungen wurzelt, in den Innovationen, zu denen klein- und unterbäuerliche Schichten gezwungen waren. Aus dem Landhandwerk konnte unter dem prüfenden Blick eines stets nach Erwerbschancen Ausschau haltenden Brinksitzersohnes ein neues gewerbliches Gebilde entstehen. Sodann stammte auch die frühe Arbeiterschaft keineswegs aus dem städtischen Handwerk, sondern es waren junge Leute aus den übervölkerten Dörfern, die in die neuen Fabriken, die nicht dem traditionellen Zunftzwang unterlagen, strömten.

Daß wir die Industrialisierung nicht nur als einen nach eigenen Gesetzmäßigkeiten sich vollziehenden Prozeß beschrieben haben, sondern glaubten, die Rolle der Einzelpersönlichkeit berücksichtigen zu müssen, zeigt sich auch in der Geschichte Nordenhams. Ebenso wie Linden verdankte auch dieser Ort eigenen, inneren Bedingungen seinen Aufstieg, insbesondere der Leistung des Wilhelm Müller (1821-1899). Er organisierte vom Nordenhamer Groden aus seit 1857 im Auftrag des Bremer Norddeutschen Lloyds regelmäßige Viehtransporte nach England. Also auch hier agrarische Ausgangslagen. Und auch das läßt Müller mit den Egestorffs vergleichbar werden: die konzentrische Erweiterung des Betriebes. Zur besseren Organisation der Viehtransporte ließ Müller 1864 den alten »Ochsenpier« grundlegend verändern und erweitern.

Jetzt war Nordenham eine Hafenstadt geworden. Der nächste Erweiterungsschritt war 1876 der »Naphta«-Pier, der nun nicht mehr dem Viehtransport, sondern dem Petroleum-Umschlag diente; Grundlage dafür, daß 1908 Nordenham das Stadtrecht erhielt.

Nicht nur als biographische Konkretisierung haben wir die beiden Egestorffs und Wilhelm Müller der Darstellung des abstrakten Begriffs »Industrialisierung« folgen lassen, sondern auch, um ein Leitmotiv unserer Darstellung erneut instrumentalisieren zu können. Wie banal wirkt der Rückständigkeitstopos, den Gelehrte geprägt haben, die niemals gezwungen waren, die Frachtkosten auf einer Nebenstrecke zu kalkulieren? Wie aufgeschlossen wirkt entgegen aller in der Forschung beliebten Reaktionsmetaphern die Förderung eines Georg Egestorff durch die staatliche Administration!

»Bürgertum«: Spiegelungen einer neuen gesellschaftlichen Formierung

Taugen eigentlich soziologische Ordnungsbegriffe wie Bürger, Bauer, Arbeiter dazu, die geschichtliche Wirklichkeit noch um 1850 sichtbar zu machen? Was ist an Georg Egestorff »bürgerlich«, was ist an dem hofbesitzenden »gentleman«, wie ihn Hodgskin im Lande Hadeln beschrieben hat, »bäuerlich«, was verbindet den Maurer aus dem Eichsfeld mit dem Arbeiter in einer Eisengießerei? So einfach diese Fragen verneinend zu beantworten sind, so schwer ist es, eine Lösung dafür zu finden, daß sich in jedem individuellen Schicksal ein allgemeines widerspiegelt, das benannt werden will. Statt soziologischer Ordnungsbegriffe haben wir bei den unteren sozialen Schichten die Rahmenbedingungen dargestellt, die neben dem überzeitlichen Problem der sozialen Ungleichheit sich vor allem aus den Zwängen des Bodens und des überlaufenen Arbeitsmarktes ergaben. Ein solches Vorhaben will jedoch nicht bei einem gesellschaftsgeschichtlichen Vorgang verfangen, der das 19. Jahrhundert auch in unserem Raum zu einer epochalen Wandlungszeit werden läßt: Das Bürgertum löst den Adel als führenden Stand ab; diese auf einem breiten Konsens der Historiker beruhende Aussage enthält zwei Schwierigkeiten. Die erste ist, daß vom sozialen Ansehen her der Adelige seine Stellung bis ins frühe 20. Jahrhundert behauptet, und die zweite Schwierigkeit ist in der einleitend formulierten Frage benannt; denn »Bürgertum« läßt sich nicht mehr wie im *Ancien Régime* von dem jeweiligen Bürgerrecht einer Stadt her ableiten, sondern beginnt, einen eigenen Stand zu bilden, der zwar in sich viele hierarchische Abstufungen bis hin zum Kleinbürgertum kennt, der aber dennoch fähig ist, sich in gemeinsamen Interessen wiederzuerkennen. Und das ist umso auffallender, als selbst die bürgerliche Führungsschicht ein von Stadt zu Stadt verschiedenes Profil besitzt. Das Honoratiorentum in der Residenzstadt entwickelt sich nach Lebensstil und Lebenseinstellung anders als in der Universitätsstadt, um mit sozialer Hierarchie und Kollegialität die beiden Gruppenmerkmale zu benennen.

Gemeinsame bürgerliche Interessen bei dennoch unangetastetem sozialen Ansehen des Adels: Wir konkretisieren, der Einfachheit halber, die miteinander verschränkten Problemkreise am Beispiel des hannoverschen Opernhauses. Der in seiner gelassenen Ruhe sich bis heute inmitten »städtebaulicher Dominanten« als architektonischer Mittelpunkt behauptende Baukörper ist nicht nur, weil er ein gewaltiges Bauvolumen gliedern konnte, ohne massig zu wirken, ein geschichtliches Denkmal; er ist es gleichermaßen – und hier spiegelt Architektur gesellschaftliche Verfassung – von seiner Funktion her. Vordergründig, in der Giebelinschrift eigens betont, ein Bau des Königs, repräsentiert dieses Opernhaus doch die Abkehr vom Hoftheater des *Ancien Régime*. In seinen Ausdehnungen zeigt es den Weg, der uns in anderem Zusammenhang noch interessieren wird, den Weg vom »Publikum« zum »Volk«; es wurde viel mehr Platz geschaffen als für die »höfischen«, die »hübschen Familien«, die dem Hof verbunden waren, benötigt wurde. Dem entstehenden Bürgertum stand das Opernhaus offen, einer sozialen Schicht, die vom Parkett bis zur Galerie sich ihrer hierarchischen, auf den ökonomischen Umständen gegründeten Unterschiede bewußt war, die aber auch in ihrem Bemühen um die Kunst sich der eigenen Identität versicherte; denn diese Kunst galt als Gemeinbesitz des Volkes, war aus dem adeligen Mäzenatentum, von dem sie seit Jahrhunderten wirtschaftlich abhängig war, herausgelöst. Repräsentant dieses Volkes war natürlich nicht der Fuhrmann oder der Arbeiter in Linden, sondern jener Bürger, der in der Vervollkommnung der Kunst das theoretische Tugend- und Leistungsprinzip, das die Aufklärung gefordert hatte, verwirklicht fand, jener Bürger, der – wir kehren zu der einleitend formulierten Aussage zurück – gleichwohl vor der Vorstellung und in der Pause zu den Logen aufblickte, in denen sich Adel und höfische Gesellschaft zeigten.

Das Beispiel des hannoverschen Opernhauses, genauer seiner Innengliederung vom Parkett bis zur Loge, legt die Erkenntnis nahe, daß der Weg zum »Bürgertum« und dann der Weg des »Bürgertums« nicht allein als Prozeß der sozialen Entelechie begriffen werden kann. Zuflucht zur Verfassungsgeschichte müssen alle Historiker nehmen, die einen Gegensatz von »bürgerlich« und »adelig« mit dramatischen Akzenten unterstellen und dabei vernachlässigen, daß ein dauerhafter historischer Wandel sich nicht in zugespitzten lauten Aktionen, sondern in leisen, zunächst nur atmosphärisch zu nennenden, alltagsgeschichtlichen Neuerungen ankündigt. Was zunächst als Modifikation, als nebensächliche Veränderung erscheint, erweist sich im Nachhinein als historische Weichenstellung. Wir scheuen uns deshalb nicht, die Formierung des Bürgertums, seine Selbstvergewisserung an alltagsgeschichtlichen Beispielen zu verdeutlichen.

Die Bäder

Die spätmittelalterliche Badekultur war mit dem konfessionellen Zeitalter und ihrer »neuen Sittlichkeit« untergegangen. Die Syphilis war mitnichten die Ursache dafür, daß die saunaähnlichen städtischen Schwitzbäder, die jede Mittel- und Großstadt und fast jede Kleinstadt besaß, das 16. Jahrhundert nicht überstanden. (Die im Spätmittelalter so häufigen »Wildbäder« hat es in Norddeutschland schon aus Gründen der Landesnatur – zu träge floß das Wasser im Flachland – nicht gegeben.)

Die Landesnatur begünstigte Niedersachsen, als um 1800 das Baden wieder Mode wurde: Die Nordseebäder kamen auf. Erstmals waren 1797 durch Friedrich Wilhelm von Halem die »Seebade-Anstalten auf Norderney« eröffnet worden; das erste oldenburgische Seebad, Wangerooge, folgte 1804, und 1816 entstand Ritzebüttel/Cuxhaven.

Nicht Badevergnügen, sondern Sorge um die Gesundheit stand hinter diesen Gründungen. Arzt, »Landphysikus« war von Halem, und er hatte die Anregung in Göttingen von dem berühmten Mediziner Christoph Wilhelm Hufeland, dem eigentlichen Gründer des Ostseebades Doberan, erhalten. Es ging den Ärzten um Wasser und Luft als Quellen der Gesundheit; den Besuchern der Bäder aber ging es noch um etwas anderes, um das Sehen und Gesehenwerden.

Die Nordseebäder waren nicht für das einfache Volk geschaffen; sie waren – exklusiv – nur für diejenigen erschwinglich, die über freie Zeit verfügten. Für ein solches Publikum wurde in Wangerooge 1818 das »Konversationshaus« und 1821/23 das »Logierhaus« erbaut. Und das galt auch für die Bäder im Binnenland, die im ersten Drittel des 19. Jahrhunderts in großer Zahl entstanden. Wissenschaftliche Fortschritte ermöglichten den Ausbau und die Umgestaltung bekannter Quellen zu einem »Kurbetrieb«. 1820 konnten in (Bad) Bentheim Logier-, Bade- und Kurhaus angelegt werden. Mit dem Versuch, die Schwefelquelle zu fassen, scheiterte man nicht mehr wie im Jahre 1711. Auch die seit langem bekannte Schwefelquelle in Schoningen (Amt Uslar) konnte 1831 erstmals für einen Badebetrieb genutzt werden. Die ersten Thermalquellen von (Bad) Oeynhausen wurden 1829 durch Bohrungen erschlossen.

Der Bedarf an Bädern war so groß, daß sich für niedergehende Salinen eine neue wirtschaftliche Nutzung ergab. Seit 1818 wurde Salzuflen zum Heilbad ausgebaut, und Lüneburg errichtete 1820 das erste Solbadehaus.

Die neuen Bäder lösten die alten »Gesundbrunnen« ab, wie sie etwa in Uchte (Kreis Nienburg) und Werzen (Amt Zeven) vor allem von Kranken des Umlandes besucht wurden. Auf diese älteren Traditionen weist die Geschichte von Bad Pyrmont zurück. Bereits 1556 erhob sich dort ein »Geläuf zum Wunderbrunnen«. In der Bevölkerung hatte sich die Heilwirkung dieser Quelle herumgesprochen. Was zunächst ein Ereignis im regionalen Umkreis war, nutzte erst Georg Friedrich von Waldeck (1620-1692). Er sah die Chance und

Zeichnungen des C. B. Meyer aus Aurich für die 1815 gedruckte »Beschreibung der ... Insel Norderney« des F. W. v. Halem.

Bad Pyrmont zur Goethezeit.

ließ 1668 ein Brunnenhaus mit einer Hauptallee anlegen. Jetzt war das Bad nicht mehr eine Zufluchtstätte kranker Menschen aus allen Ständen, jetzt wurde es zum Modebad für die feine Gesellschaft. Der Große Kurfürst, Georg I. von England, Friedrich der Große und Goethe haben sich hier aufgehalten. Hier war auch Zar Peter der Große, als er unter Pseudonym, das die feine Welt längst durchschaut hatte, Europa bereiste, mit Georg Wilhelm Leibniz zusammengetroffen. Der große, inzwischen gealterte Gelehrte hielt durchaus für möglich, was der Zar erwog, nämlich die Umschiffung Rußlands durch das Eismeer. In Bad Pyrmont fiel die wichtigste Vorentscheidung für die spätere Entsendung des Kapitäns Bering.

Die neuen Bäder im 19. Jahrhundert waren kostspielig für die Besucher; exklusiv waren sie aber nicht nur wegen der Kosten. Freizeit – das war ein neuer Luxus, den zunächst nur das Bürgertum nutzen konnte. Bereits 1820 konnte Thomas Hodgskin vermerken, daß es im Königreich kaum eine Respektsperson gebe, die nicht einmal im Jahr ein Bad wie Rehburg aufsuche. Beamte und Bürger besuchten die Bäder, die sich deswegen immer mehr zu Freizeitstätten, zu Vergnügungsstätten entwickelten. Die hier entstehenden Spielbanken sind nur Ausdruck dieser neuen Vergnügungs- und Begegnungsfunktion der Bäder. 1855 wurde – bezeichnend für den Besucherkreis – den hannoverschen Beamten verboten, die Spielbank in Bad Nenndorf aufzusuchen.

Wirtschaftsgeschichtlich gesehen waren die Bäder durchaus von Bedeutung. Neben dem medizinischen Aspekt wirkte bei ihrer Gründung immer auch die Hoffnung auf Hebung der Wohlfahrt des Landes mit. Für die Geschichte der besseren Gesellschaft und damit indirekt für die Verfassungsgeschichte spielten die Bäder als Stätten der Begegnung, des informellen Austausches im Zusammenhang mit der Freizeit, eine bedeutende Rolle. Und zudem: In freierer Luft waren auch freiere Gedanken als in den muffigen Amtsstuben möglich. Selbst wenn die Gespräche verflogen sind, die auf den Promenaden während des Sehens und Gesehenwerdens geführt wurden: Die in erstaunlich kurzer Zeit eröffnete Bereitschaft der besseren Gesellschaft, und das hieß zugleich der höheren Beamtenschaft, für eine Modernisierung des Landes kann nicht nur auf dem schriftlichen Kommunikationsweg der Aktenrelation und des wegweisenden Aufsatzes erfolgt sein; diese Bereitschaft bedurfte auch der freien Kommunikation beim »Gesundbrunnen«, einer Atmosphäre, wie sie in den Stichworten in Goethes Berichten über seinen Aufenthalt in Pyrmont eingefangen ist.

Das Vereinswesen

Als Einblick in eine Gesellschaftsgeschichte der höheren Schichten hatten wir die Entwicklung der Bäder gewählt. Mit dem Vereinswesen gewinnen wir einen weiteren, im doppelten Sinne zu verstehenden Einblick in die Formierung jener gesellschaftlichen Schichten, die der blinde Vereinbarungsbegriff »Bürgertum« nicht erkennen kann.

Bereits 1840 wurde im Königreich von einer »Zeit der Vereine« gesprochen – und das, obwohl unter dem Eindruck der politischen Reaktion die Obrigkeit die Vereinsbildung mit großem Mißtrauen verfolgte, ihr Schwierigkeiten in den Weg legte. Weiterhin ist an dieser Äußerung verblüffend, daß sie zu einem Zeitpunkt getroffen wurde, als die große Vereinsgründungswelle erst noch bevorstand. Das erklärt sich allein daraus, daß es sich bei dieser Form des menschlichen Zusammenschlusses um ein neues Phänomen handelte. Seit dem Mittelalter kannte man Gilden, Genossenschaften, Korporationen. Schon mit dem ausgehenden 18. Jahrhundert hatten dann Studenten (vielfach verbotene) landsmannschaftliche Zirkel gebildet, aber Vorstufen des Vereinswesens kann man hier ebensowenig erblicken wie in den im deutschen Norden nicht besonders weit verbreiteten Freimaurerlogen.

Das Vereinswesen zeigt, wie gering letztlich englischer Einfluß zur Zeit der Personalunion gewesen ist. Eines der wenigen Zeugnisse für einen solchen Einfluß sehen wir in der Göttingischen Bibelgesellschaft. Hingegen: Der englische Club wird zwar in Hamburg, aber nicht in Niedersachsen nachgeahmt. Der Club »Concordia«, der sich zu Napoleonischer Zeit im Lande Wursten zusammengefunden hatte, ist offenbar dem hansestädtischen Vorbild verpflichtet.

Vereinsbildung ist eine neuartige Erscheinung seit dem frühen 19. Jahrhundert; das ihr mit Vorliebe angeheftete Etikett »bürgerlich« verkennt ihre Vielfalt und ihre ganz unterschiedliche Zweckbestimmung. Diese Vielfalt erlaubt auch einen Aufschluß über Mentalitäten. Gelehrte Vereine finden sich am frühesten zusammen, Bildungsvereine, wie die 1814 gegründete »Naturforschende Gesellschaft« in Emden, in der ein seit der Barockzeit virulenter Gedanke von einem Zusammenschluß der Gelehrten in der bezeichnenden Umformung von lokaler Vereinigung und lokaler Konzentration wiederkehrt. Und diese lokale Reduktion gilt allgemein auch für die Folgezeit. Der Verein ist an einen Ort gebunden; er stellt sich als ein innerer, als ein zweckbestimmter Zirkel innerhalb eines größeren Rahmens, sei es Stadt, sei es (späterhin) Dorf dar.

Der Gedanke der gelehrten Sozietät im engeren lokalen Umkreis durchzieht das Vereinswesen des 19. Jahrhunderts nicht nur in Gestalt der Historischen Vereine. Ihnen stehen in den größeren Städten die Naturforschenden Vereine zur Seite, wie zum Beispiel der 1851 in Lüneburg (oder der 1852 in Goslar) gegründete. Er hatte das Ziel, ein naturwissenchaftliches Museum einzurichten. Ein weiteres Ziel war typisch für alle vergleichbaren Vereine: Zunächst sollten neue allgemeine Entdeckungen auch im lokalen Umkreis bekanntgemacht werden, bald aber begann man in den Vereinszeitschriften, eigene Forschungen zu publizieren, zum Beispiel »Die Beziehung der Preißelbeere zu ihrem Standort« darzustellen.

Es macht das entscheidend Neue des Vereinswesens aus, daß in ihm das alte Prinzip des beruflichen oder des ständischen Zusammenschlusses überwunden wird. So deutlich anfangs auch hervortritt, daß die bürgerliche Oberschicht, daß Angehörige der kommunalen und staatlichen Verwaltung und wohlhabende Kaufleute diese neuen Zusammenschlüsse tragen, so sollten doch die Vereine im Laufe ihrer Geschichte keineswegs auf eine soziale Schicht beschränkt bleiben. »Dekorporierung« nennt W. Conze diese neue, das gesellschaftliche Zusammenleben zutiefst verändernde Funktion der Vereine. Daß geburts- und berufsständische Prinzipien bei den auf Freiwilligkeit gegründeten neuen Zusammenschlüssen in den Hintergrund traten, machte die Zeitgenossen zunächst unsicher. Deshalb wird anfangs allenthalben ein Prinzip der Mitgliederaufnahme gewählt, das man den Freimaurern abgeschaut haben mochte, die Ballotage: In geheimer Abstimmung mußten alle Mitglieder der Aufnahme eines neuen Mitgliedes zustimmen. Sodann wurde vielfach in den Statuten, häufiger aber noch auf informellen Wegen, auf das Ansehen der Mitglieder geachtet. Typisch die Bestimmung des Emder Kunstvereins, daß ausgeschlossen werden müsse, wer bankrott gemacht habe. Hier ist »Ehrbarkeit« Voraussetzung der Mitgliedschaft, eine typische Voraussetzung, die auf das dem Außenstehenden fast unsichtbare personale Beziehungsgeflecht in den Vereinen hinweist – ein weiterer gravierender Unterschied zu den alten Gilden, Innungen und Bruderschaften, bei denen die personelle Zusammensetzung jedermann in ihren Gründen bekannt war.

Gilden, Innungen, Bruderschaften waren auch deshalb eng an die bestehende Berufswelt angebunden gewesen, weil vor dem 19. Jahrhundert noch unbekannt war, was dann eine Grundlage des Vereinswesens bilden sollte: der Freizeitgedanke. Freiwilligkeit des Vereinsbeitritts und die nun in der Tat »bürgerlich« zu nennende neue Auffassung von einer freien Verfügung über einen Teil des Tages hängen sachlich, aber auch geschichtlich zusammen. Daß auf dem Lande das Vereinswesen erst in der zweiten Hälfte des 19. Jahrhunderts langsam Eingang fand, liegt auch darin begründet, daß hier der Arbeitsrhythmus eine Übernahme des Freizeitgedankens lange Zeit ausschloß. Und sodann: »Freizeit« – wir sahen es bereits an der Ausbildung der Badekultur – kann sich ökonomisch zunächst nur die Oberschicht leisten; diese wird deshalb auch die frühe Vereinsbewegung bestimmen. Und – eine weitere Differenzierung – Freizeit ist als Limitierung der Arbeitszeit ein Privileg des Mannes, gilt nicht für die ganztägige Arbeit im Hause. Deshalb werden die Frauen in der Geschichte der Vereinsbildung lange nicht in Erscheinung treten.

Eine weitere Gemeinsamkeit, die bei aller Vielfalt im einzelnen dem Vereinswesen zugrunde liegt, ist das besondere Zeremoniell, in dem sich die Gemeinschaft der Mitglieder geborgen fühlt. Vereinfacht: Zum Verein gehört von Anfang an die Fahne. Sie ist das Symbol, das bei Stiftungsfesten und bei Aufmärschen vorangetragen wird. Die feierlich geweihte Fahne – von Ferne grüßt als Ahne die ehrwürdige Prozessionsfahne – wurde von Frauen gestickt. Nur hier zeigt sich, daß die Männer, die ausschließlich das Vereinswesen trugen, auch Gattinnen und Töchter hatten. Als 1862 die neue Fahne des Turnvereins Münden geweiht worden war, übergab sie ein Fräulein Friedeborn dem Verein mit den Worten: »Möge dieses Panier stets der symbolische Mittelpunkt sein, um welches sich gesinnungstüchtige Männer und Jünglinge mit Begeisterung scharen; möge ... euer Bestrebungsziel ebenso rein und makellos sein, wie diese Fahne in dem gegenwärtigen Augenblick ist.« Treffender läßt sich die Selbstdeutung aller Männervereine schwer formulieren.

Eine erste Gründungswelle von Vereinen, etwa um 1820 anhebend, erreicht um 1830 ihren Höhepunkt. Eine zweite Welle setzt zwischen 1848 und 1850 ein. Nicht in jedem der nun gegründeten Vereine leben die freiheitlichen und fortschrittlichen Gedanken der Revolution fort, aber im Gegensatz zur Zeit um 1830, als sich die Vereine unter den politischen Vorgaben im Schatten der Karlsbader Beschlüsse duckten, ist jetzt ein neuer Geist zu spüren. Ein allgemeineres, ein neues Verständnis von Politik spielt in diese Gründungen hinein. Auch Zusammenschlüsse, die sich betont unpolitisch geben, haben eine indirekte politische Aussage: Sie bilden Mentalitäten in einem politiknahen Raum. Und das wurde nach wie vor von den Obrigkeiten mit Mißtrauen verfolgt. Deswegen durfte zum Beispiel 1848 nach den Märzunruhen in Kiel das Norddeutsche Sängerfest nicht stattfinden.

Bei der dritten Vereinsgründungswelle, die um 1860 anhebt, ist das, was sich früher tarnen mußte, offen artikuliert: der nationale Gedanke. Er bildet nicht die geistige Grundlage dieser Vereinsgründungen, aber ohne Berufung auf ihn kommt jetzt kein Stiftungsfest mehr aus. Gerade weil die Sprachformeln der Festredner wie vorgestanzt erscheinen, wird sichtbar, daß Vereine auch eine Vergewisserung gemeinsamen politischen Bewußtseins schaffen können.

Der Begriff »Vaterland« ist auslegungsfähig. Um 1830 bedeutete er eindeutig noch: Königreich Hannover oder Großherzogtum Oldenburg. Ein 1831 in Stade gegründeter »Vaterländischer Verein«, der seinen Wirkungskreis allein auf den Landdrosteibezirk beschränkte, forderte in seinen Statuten »unverbrüchliche Anhänglichkeit an König und Vaterland und genaue Befolgung der bestehenden Gesetze und Anordnungen«. Letzteres mag eine Reverenz vor den Karlsbader Beschlüssen gewesen sein, und man darf auch nicht vergessen, daß solche meist nur kurzlebigen gemeinnützigen Vereine durchaus wertvolle Anstöße gegeben haben, zum Beispiel in Stade den zu einer Stadtsparkasse. Aber uns interessiert hier nur, daß um 1830 der Begriff »Vaterland« nicht synonym für »Deutschland« verwendet wurde. In diesem Sinne verstand sich auch die 1818 nach englischem Vorbild in Göttingen gegründete Bibelgesellschaft nicht nur als »religiöser Verein«, sondern wegen ihrer »menschenfreundlichen« Absichten auch als »religiös-patriotischer« Verein.

Spätestens nach 1848 mußte sich die territorialstaatliche Verengung des Vaterlandsbegriffs aufgelöst haben. Das ist für die Zeit um 1860 ganz eindeutig zu konstatieren. »Vaterland« – das ist der über die staatlichen Grenzen hinausgreifende gemeinschaftsschöpfende Begriff, der alle Deutschen umfaßt. Diese Vaterlandsliebe war weitgehend ohne konkrete politische Inhalte, sie bezeichnete Hoffnungen und Gefühle, nicht aber konkrete Ziele. Wählen wir nur das Programm des Sängerfestes des Weserbundes, das 1864 in Hoya stattfand. Lieder wurden hier vorgetragen wie »In seiner Heimat stillem Tal« oder auch »Schäfers Sonntagslied« von Konstantin Kreutzer und in solches Liedgut eingebettet Thomas Abbts Lied »All Deutschland«. Das 1864 formulierte Ziel dieses Wesersängerbundes war »die Hebung des vaterländischen Gesanges«, und zugleich die »Förderung der edlen Gesangessache«, durch deren Fortschritt auch die »Gemüts-Reinheit gekräftigt« werde.

So unpolitisch der Vaterlandsbegriff selbst noch nach 1848 auch war (der Historiker darf notieren, daß 1852 »der Gesamtverein der deutschen Geschichts- und Altertumsvereine«, also ein Zusammenschluß der einzelnen Historischen Vereine der Städte und Landschaften erfolgte), so bot er offenbar doch allen Anlaß für obrigkeitlichen Argwohn. Das läßt sich, ein Beispiel unter vielen, an dem Mißtrauen erkennen, mit dem der 1861 auf Betreiben des liberalen Fürsten Ernst II. von Sachsen-Coburg-Gotha gegründete deutsche Schützenbund beäugt wurde. »Üb' Aug' und Hand fürs Vaterland« war das Motto dieses Bundes. Als ihm 1862 die Göttinger beitreten wollten, mußten sie auf Druck der Landdrostei ihren Aufnahmeantrag zurückziehen. Es spricht für die Stärke der Turnbewegung, daß ein entsprechender obrigkeitlicher Druck auf sie nicht ausgegangen ist. Die Niedersachsen mußten auf ihre Teilnahme an den deutschen Turnfesten in Coburg 1860, in Berlin 1861 und in Leipzig 1863 nicht verzichten.

Die Beschwörungen der nationalen Identität des Deutschen in den Festreden weist auf die Entwicklungsgeschichte des Vereinsgedankens hin: Wir hatten den Zusammenhang von Verein und Stadt hervorgehoben, wie er am deutlichsten in den historischen Vereinen zum Ausdruck kommt, die wie etwa in Lüneburg und Goslar sich die Sammlung der städtischen »Altertümer« angelegen sein ließen und damit den Grundstock der heutigen Stadtmuseen legten. Am frühesten ist diese Aufgabenstellung in Emden formuliert worden, wo der 1820 als »Kunstverein« konstituierte Vorläufer der »Gesellschaft für bildende Kunst und Alterthümer« sich zur Aufgabe gestellt hatte, den Ausverkauf niederländischer Gemälde zu verhindern.

In der Frühzeit der Vereinsbildung stand die Ehre der Stadt noch im Mittelpunkt des Zusammenschlusses; um 1860 aber wird das größere Ganze gesehen. Das bedeutet auch, daß bei Sänger- und Turnvereinen die Bestrebungen unverkennbar werden, mit anderen Vereinen in engen Kontakt zu treten, ja daß sich der einzelne Verein nur noch als Teil einer großen Bewegung versteht. Die allmähliche Entwicklung dieses Gedankens läßt sich am Beispiel der Gesangsvereine verdeutlichen. Die Anregung zu diesen Vereinen hatte 1809 Goethes Freund Karl Friedrich Zelter gegeben, als er den ersten Gesangsverein mit dem in der Folgezeit dann überaus beliebten Namen »Liedertafel« ins Leben rief. Solche Liedertafeln wurden 1827 in Bremen und 1830 in Hannover gegründet. 1833 konnte man bereits ein norddeutsches Bundesfest mit über hundert Sängern an der Porta Westfalica feiern. Nachdem sich entsprechende Vereine auch in Hildesheim, Lüneburg und Stade gebildet hatten, wurden 1836 in unserem Raum 264 aktive Sänger gezählt. 1844 konnte in Lübeck ein großes norddeutsches Sängerfest gefeiert werden. 1862 schließlich wurde der niedersächsische Sängerbund gegründet. Von dem Fest an der Porta Westfalica bis zu dieser Gründung läßt sich eine regionale, mit den Begriffen »norddeutsch« oder – zukunftsweisend – »niedersächsisch« arbeitende Bewegung ausmachen. Wie stark aber der nationale Gedanke das Vereinswesen erfaßt hatte, wurde 1863 sichtbar, als der Deutsche Sängerbund gegründet worden war und die »Vereinigten Norddeutschen Liedertafeln« sich sofort zum Beitritt entschlossen. Im Chor schmetterte man, was in anderen Vereinen mit mächtigem Baß im Solo der Festrede vorgetragen wurde: »Gar mächtig töne deutscher Sang / Aus tausend Kehlen wieder; / Zum Himmelsdome steig' der Klang / Der frohen Jubellieder«.

In dem Maße, in dem die Vereine mit gleichgesinnten Zusammenschlüssen in anderen Städten Verbindungen suchten, wurde auch der alte Geselligkeitsgedanke ergänzt durch das Ziel der Vervollkommnung. Am frühesten strebten die Gesangsvereine danach. Schon Zelter hatte seiner Liedertafel eine »Singakademie« hinzugefügt. Die damit verdeutlichte Tendenz wurde aufgegriffen. Es mußte, wie der Wesersängerbund 1864 klarstellt, »das Bestreben des Bundes sein, sich mehr und mehr vom Dilettantismus zu entfernen«. Das bedeutete, daß der Freizeitgedanke, der zu den wesentlichsten Voraussetzungen des Vereinswesens gehörte, eine (in der Praxis wohl lockere) Liaison mit dem Arbeitsgedanken eingehen sollte; denn fleißiges Üben, gründliches Üben empfahl der Wesersängerbund seinen Mitgliedern. Nur auf diese Weise konnten große Komponisten veranlaßt werden, Kompositionen für Männerchöre zu schreiben; nur auf diese Weise konnten Männerchöre Eingang in den Konzertsaal finden.

Mit dem Übungs-, mit dem Vervollkommnungsgedanken verband sich auch der Wettbewerbsgedanke. Das ist bei den Sängerfesten und Sängerzusammenkünften ebenso zu beobachten wie – naturgemäß deutlicher – bei den Turnvereinen. Die Anregung, die der Turnvater Jahn 1811 auf der Berliner Hasenheide mit Geräten von GutsMuth gegeben hatte, wurde von der Hamburger Turnerschaft 1816 aufgegriffen, die »aus jungen Leuten der höheren Stände« bestand und als politisch so harmlos galt, daß sie die Karlsbader Beschlüsse, welche die Turnbewegung mit großem Mißtrauen betrachteten, unbeschadet überstand. Die enge soziale Eingrenzung, wie sie in Hamburg zutage getreten war, wurde überwunden, als 1828 in Wolfenbüttel und Hildesheim Schülerturnvereine ins Leben gerufen wurden, denen entsprechende Gründungen zu Beginn der 1830er Jahre in Oldenburg und Hannover zur Seite traten. Zaghaft waren die Anfänge der Turnbewegung, erst nach 1848 größeren Umfang gewinnend: Zwischen 1848 und 1850 entstanden in fast allen größeren Städten des Königreichs Hannover Turnvereine. Neue Schichten traten hinzu. Handwerkergesellen und Arbeiter, in Lüneburg sogar einige jüdische Kommis, wurden Mitglieder. Als 1848 der MTV Hannover seine Fahne weihte, wurde hervorgehoben, »daß die Turnkunst und die Freiheit Schwestern seien«. Man mochte dabei an die Vergangenheit gedacht haben, denn Ende des Jahres 1847 wurde in Hannover auf eine preußische Mahnung hin untersucht, welche Tendenzen die Turnvereine im Königreich verfolgten. Die Untersuchung ergab, daß sie politisch zumeist zuverlässig waren, aber in Celle und in Göttingen (wo der spätere preußisch-deutsche Finanzminister Johannes Miquel sich engagiert hatte, und Bürger dem Verein, der fast nur aus Studenten bestand, fernblieben) wurden die Turnvereine aufgelöst. Die Festrede aber beim hannoverschen MTV wies auch in die Zukunft. Alsbald brach nämlich in der deutschen Turnbewegung ein Richtungsstreit über die Auslegung von Freiheit aus. Die sogenannte Hanauer Richtung, die Freiheit im Sinne von Demokratie auslegte, sollte nicht nur in Hannover abgelehnt werden.

Die Geschichte des 1848 gegründeten hannoverschen Männerturnvereins zeigt auch, welche neuen Probleme mit der letzten großen Vereinsgründungswelle um 1860 einhergingen. Denn der Turn-Klub zu Hannover entstand 1858 als Sezession aus diesem MTV. Es war eine Gründung, welche die langsam sich anbahnende Vereinsaufgabe der sozialen Integration verneinte. Feine Herren, ein Klosterrevisor, ein Fabrikant, zwei Buchhändler, ein Versicherungsbeamter und weiter Angehörige der besseren Gesellschaft, die sich den Geheimen Regierungsrat Professor Dr. Rühlmann zum Vorsitzenden wählen, wollen mit den Gesellen und Arbeitern des MTV nichts mehr zu tun haben. Das vornehme Café Royal in der Georgstraße ist ihr Vereinslokal. Natürlich wird die alte Form der Ballotage bei der Aufnahme neuer Mitglieder angewandt. Bewußt wählt man den aus dem feinen England stammenden Begriff *Club*, vermeidet die Bezeichnung »Verein«. Englische *sportsmanship* oder deutsches Perfektionsprinzip? Das Turnen wird sehr ernst genommen, man bildet Riegen den Fähigkeiten der einzelnen Mitglieder entsprechend und engagiert Turnlehrer. Die »sehr erfreuliche Vermögensentwicklung«, welche die Vereinsfestschrift 1908 konstatiert, spiegelt wider, daß das Turnen auch als Freizeitbeschäftigung höherer Stände seinen Wert gewonnen hatte.

Eine für das niedersächsische Vereinswesen typische Form ist die des Schützenvereins. Bruderschaften, Genossenschaften und Gilden, die ein Vogelschießen, ein häufig sogenanntes »Papageienschießen«, organisierten, sind schon im späten Mittelalter nachweisbar. So ist es nicht verwunderlich, daß in 16 niedersächsischen Städten die Vereinsgründung bereits auf das 15. Jahrhundert zurückgeführt wird. Die angenommenen Traditionslinien sind aber vielfach gestört und unterliegen in den wenigen Fällen einer scheinbar ungebrochenen Entwicklung im 19. Jahrhundert der Umformung durch den Vereinsgedanken. So erhielt die Göttinger Schützengilde 1834 Statuten, die sie erst zu einem Verein machten; aus einer Art freiwilliger Brauchtumspflege, die sich nur in einem Schützenfrühstück ausdrückte, wurde eine feste Organisation. Als Brauchtum schildert noch 1820 Thomas Hodgskin das Schießen. Es würde als *national amusement*, im Juni oder Juli mit Aufmärschen eingeleitet, als Scheibenschießen vor dem Dorf oder vor der Stadt abgehalten. Die neu entstehenden Vereine hatten gern ihre Vorläufer in den spätmittelalterlichen Schützenfesten gesehen und sich voller Stolz ein hohes Alter angedichtet.

Der eigentliche Anstoß für das niedersächsische Schützenwesen liegt in den Unruhen von 1848. Es war keineswegs ein Phänomen der größeren Städte. Es ist das Auffallende und Wichtige an den Schützenvereinen, daß sie als erste die kleineren Städte und schließlich die Dörfer erreichen. Schauen wir uns nur einmal die Gründungsdaten der Schützengilden und -vereine in niedersächsischen Kleinstädten an. Sie liegen in folgenden Orten in den Jahren 1848 und 1849: Bassum, Brake, Cuxhaven (für das Amt Ritzebüttel), Schnakenburg, Varel, Visselhövede (hier einen Schützenbund von 1839 integrierend), Walsrode und Winsen a. d. Luhe. Damals wurden Bürgerwehren gebildet, die teils den bestehenden Schützenverein integrierten, mehrheitlich aber verharmlosend sich als »Schützenkorps« deklarierten. Als 1850 im Königreich die Bürgerwehren und die Nachtpatrouillen durch freiwillige Schützenkorps verboten wurden, erwies sich die diesen aufgehobenen Organisationen zugrundeliegende Vereinsstruktur als verbotsresistent.

Überlokale Kontakte gab es natürlich auch bei den Schützen. Bei dem Schützenfest 1865 in Bremen war der erste Preis die Scheibe »Deutschland«. Sie wurde gewonnen von dem Göttinger Friseurmeister Adrian.

Nur ansatzweise bewirkte das Vereinswesen der Schützen im 19. Jahrhundert eine soziale Integration. Im wesentlichen waren es doch die führenden Schichten, die, selbst als diese Vereinsbewegung gegen Ende des Jahrhunderts auch die Dörfer ergriff, das Schützenwesen trugen, die Honoratioren und die angesehenen Handwerker in den Städten, die größeren Bauern in den Dörfern. Sieht man von den Kriegervereinen ab, die sich vor allem im dörflichen Milieu nach 1871 haben bilden können, so verband nur eine Ausformung des Vereinswesens hohe und niedrige Stände: die Freiwillige Feuerwehr. Obwohl diese alte Bürgerpflichten übernahm, da die Hilfe bei Bränden eine selbstverständliche, schon im Mittelalter eingeforderte Bürgerpflicht gewesen war, liegen ihre Anfänge doch vergleichsweise spät. Die Nachbarschaftspflicht im Brandfalle war so geregelt, daß es eigene Wasserleitungskompanien gab, welche für das Löschwasser zu sorgen hatten, daß ihnen zur Seite eigene Handwerkerorganisationen standen, welche die Häuser abreißen mußten, um ein Übergreifen des Brandes zu verhindern. Ein besonderes Vereinswesen entwickelte sich erst unter der Voraussetzung, daß es auch ein professionelles Feuerlöschwesen in Ansätzen gab, daß zum Beispiel in Hannoversch Münden bereits 1858 eine Berufsfeuerwehr entstand, der 1862 eine Freiwillige Feuerwehr zur Seite gestellt wurde. Hinter beiden Zweigen der Brandbekämpfung, der professionellen und der freiwilligen, stand das gleiche Phänomen, das der Urbanisierung und der Umformung des mittelalterlichen Städtewesens. Die alten Nachbarschaftspflichten waren auf Stadtviertel bezogen, die es nunmehr unter dem Eindruck des Städtewachstums nicht mehr als Rechtsgestalt geben konnte.

In die Entwicklungsgeschichte der Freiwilligen Feuerwehren spielt der Turnerschaftsgedanke hinein. Mehrfach ist, wie etwa in Hameln, zu beobachten, daß eine »Turnerrettungsschar«, wie sie 1848 auch innerhalb des MTV Hannover verwirklicht worden war, am Beginn der Freiwilligen Feuerwehr stand. So wurden in Harburg, Celle, Pyrmont und Hameln zu Beginn der 1860er Jahre solche Turnerfeuerwehren gegründet.

Nachdem es vor allem in den 1860er Jahren eine Gründungswelle von Freiwilligen Feuerwehren in den Städten, vor allem in den kleineren Städten, gegeben hatte, während die größeren auf berufsmäßige Feuerwehren setzen mußten, griff diese Vereinsform im letzten Viertel des 19. Jahrhunderts auch auf das Land über. Und hier, in den Dörfern, hatten die Freiwilligen Feuerwehren neben der Brandbekämpfung noch eine ganz andere Folge: Sie gewöhnten die agrarische Welt an die Technisierung; denn Löschfahrzeuge, moderne technische Löschgeräte waren der Stolz einer jeden Wehr.

Über der Geschichte des Vereinswesens schwebt das Verdikt der Vereinsmeierei. Es gilt aber zu bedenken, daß hier die negative Seite eines im Grunde durchaus positiven Vorgangs erfaßt wird, daß nämlich diese neue Form des menschlichen Zusammenschlusses eine Vielfalt, die den menschlichen Interessen entgegenkam, ausdrückte, daß weiterhin die immer neuen Gründungswellen auch die soziale Basis des Vereinsgedankens verbreiterten und ihn damit zu einem sozialen Faktor von Gewicht werden ließen, und daß schließlich Vereinsmeierei nur eine bedauerliche, aber wohl unvermeidliche Begleiterscheinung des Bemühens dieser Vereine um Professionalisierung war. Es ist für den Historiker am einfachsten, an den Vereinspublikationen der Historischen Vereine den erkennbaren Qualitätsfortschritt im Verlaufe des 19. Jahrhunderts zu konstatieren. Das blieb aber keineswegs auf diesen Typ von Verein beschränkt, sondern lag dem Bemühen aller Vereine zugrunde. Die Turner mußten schon aus Gründen des Wettbewerbs versuchen, ihre Künste zu verbessern, und besonders bei den Sängern war dieses Bestreben, zu einem immer wirkungsvolleren Chorgesang zu gelangen, unverkennbar. Wettsingen gehörten zu den großen überregionalen Sängerfesten.

In welchen Facetten sich das Vereinswesen widerspiegeln konnte, sei am Beispiel Duderstadt sichtbar gemacht. 1835 wurde hier die »Liedertafel« gegründet, die 1843 ein großes Fest unter Beteiligung der auswärtigen Liedervereine des Umlandes von Nordhausen bis Northeim abhielt. 1844 hatten hier zwei Kapläne einen Mäßigkeitsverein gegründet, in dessen Stammrolle sich 376 Personen eintrugen und sich verpflichteten, keinen Branntwein mehr zu trinken. Dieser Verein löste sich in den 1850er Jahren wieder auf. Im Hungerjahr 1847 hatte der Magistrat dann einen »Verein zur Milderung des Notstands« initiiert, dessen 268 Mitglieder für eine Suppenanstalt sorgten, in der ein Vierteljahr lang täglich mehr als 300 Suppen verteilt wurden. Vom privaten, dem Freizeitgedanken verpflichteten Verein über den disziplinierenden und schließlich sozialpolitisch verantwortlich handelnden Verein reicht also die ganze Spannweite des Vereinswesens.

Selbst die Kirche wurde in den Prozeß der Vereinsbildung einbezogen, wie nicht nur die erwähnte Göttingische Bibelgesellschaft zeigt. (Auch in Stade wurde 1832 ein Bibel- und Missionsverein gegründet.) 1843 wurde als überregionale Stiftung der Gustav-Adolf-Verein zur Unterstützung bedrängter Protestanten auf einer Frankfurter »Generalversammlung« konstituiert. König Ernst August sah diese Gründung mit so deutlichem Wohlwollen, daß 1844 die Göttinger Gastgeber der ersten ordentlichen Hauptversammlung dieses Vereins sein konnten.

Immer wieder hatten wir Anlaß, darauf hinzuweisen, wie vielfältig die Instrumentalisierung des Vereinsgedankens sein konnte, daß bei dem Spott über das Vereinswesen, der schon im 19. Jahrhundert begegnet (Wilhelm Busch ist nur einer unter vielen Zeugen), doch verkannt wird, welche weitreichenden verändernden Wirkungen von diesen Vereinen insgesamt ausgingen. Das läßt sich vielleicht am deutlichsten bei den Arbeiterbildungsvereinen ausmachen, die nach 1848 in vielen Städten Norddeutschlands gegründet wurden. Nirgendwo sonst ist der Bildungsgedanke als Fortschrittsgedanke so deutlich artikuliert worden. 1850 stellt ein Lüneburger Bürger als eine ihm vertraute Erscheinung fest: »In fast allen Arbeitervereinen, von deren sonstigen Tendenzen wir für jetzt hier absehen, finden wir das Streben, Unterrichtsstunden ... einzurichten, Lesezimmer zu gründen, eine Bibliothek sich zu schaffen.« Nicht zu übersehen ist die integrative Aufgabe des Vereins. Wenn in Stade 1849 ein Arbeiterbildungsverein von Handwerksmeistern und Gesellen gegründet wird, so ist sein Zweck, »die verschiedenen Arbeiterklassen einander ... näherzubringen«. Denn es war damals keineswegs so, daß der Begriff »Arbeiter« Zugehörigkeit zu einer eigenen sozialen Klasse bezeichnete; Arbeiter konnte der Handlanger in einem »fabrikartigen Etablissement« ebenso sein wie der Geselle, der in einer Fabrik arbeitete. Und Arbeiter war letztlich auch jener Seifensieder, der in der amtlichen Statistik mit seinem Einmannbetrieb übertreibend als »Fabrikant« geführt wurde.

Der Integrationsaufgabe der Arbeiterbildungsvereine standen große Schwierigkeiten gegenüber, wie bereits bei ihren – erstaunlich frühen – Vorläufern in Osnabrück deutlich wird. Hier, wo bereits 1822 eine »Zeichenschule« für Gesellen und Lehrlinge gegründet worden war, eine berufsbildende Institution, welche die einseitig auf den Meisterbetrieb ausgerichtete Ausbildung ergänzen sollte, war 1840 ein »Gesellen-Lese-Verein« entstanden, eine indirekte Antwort auf den Zusammenschluß der Meister, den »Handwerkerverein« von 1838. Den verschiedenen Osnabrücker Gründungen war gemeinsam, daß sie trotz ihrer Ausrichtung auf berufspraktische Themen allenfalls nur ein Fünftel aller in Frage kommenden Personen erreichten. Das Handwerk hielt an den traditionellen Formen der Vermittlung des Berufswissens fest – angesichts der Wirtschaftsstruktur im Königreich ein starker Hemmschuh für die Entwicklung auch der Arbeiterbildungsvereine.

Schwer ist auszumachen, wie weit ein durchaus zu unterstellender politischer Druck – Verbote von Gesellenvereinen etwa im Oldenburgischen 1842 und 1847 bei den Sattler- und Drechslergesellen sprechen dafür – die Zusammenschlüsse von Arbeitern verhinderte. Bisweilen aber reden schlichte Daten eine deutliche Sprache. Der 1849 in Hannoversch Münden gegründete »Arbeiter-Verein« entstand im damaligen liberalen Klima und erlosch bereits 1850, als sich der Sieg der Reaktion abzeichnete. Das Scheitern des Reaktionskurses im Königreich zeigt sich 1862 darin, daß in Hannoversch Münden ein Arbeiterbildungsverein entstehen kann. Im Oldenburger Großherzogtum hatten sich 1848 in Jever und Varel Arbeitervereine gebildet, die bald nach 1850 wieder erloschen; in den 1860er Jahren jedoch kam es nach dem Vorbild der Residenzstadt (1853/1854) in mehreren Städten des Großherzogtums zur erneuten Gründung von Arbeiterbildungsvereinen.

Verfassung und Verfassungskämpfe im frühen 19. Jahrhundert

Ernst Schubert

Mit einem Prinzip der bisherigen Darstellung, nämlich die Verfassungsgeschichte auf das Unumgängliche zu beschränken, sei nunmehr gebrochen, es sei dieser Geschichte ein eigenes Kapitel gewidmet. Es scheint uns in einer Gegenwart, der die Demokratie in ihrer parlamentarischen Gestalt selbstverständlich geworden ist, wichtig zu sein, auf den steinigen und von Dornen überwachsenen Weg hinzuweisen, der im 19. Jahrhundert beschritten werden mußte, bis überhaupt das Ziel einer parlamentarischen Demokratie sichtbar wurde. Das Königreich Hannover stellen wir dabei – obwohl das manche Kritik auf sich ziehen wird – in den Mittelpunkt, weil es der größte Staat auf niedersächsischem Boden war; die Verfassungskämpfe haben hier, weil sie nicht durch die patriarchalische Grundstruktur eines Kleinstaats abgefedert werden konnten, jenen grundsätzlichen Charakter gewonnen, der über das landesgeschichtlich Spezifische auf das Allgemeine, auf den Gang der deutschen Geschichte weist.

Von einem steinigen Weg haben wir gesprochen. Und das bedeutet: Die Verfassungskämpfe seien auch dargestellt, um eine Einseitigkeit, ja vielleicht Voreingenommenheit aufzubrechen. Es geht keineswegs nur um Freiheit und Demokratie, die gegen eine verzopfte Adelswelt standen. »Freiheit« erschien vielen besorgten Bürgern als gefährliches Prinzip, und selbst entschlossene Kämpfer für eine Verfassung, welche die Rechte des Bürgers schützen sollte, wollten doch von einem allgemeinen Wahlrecht nichts wissen. Vollends umstritten, ja geradezu zerrissen zwischen den verschiedenen Interessen, war die wirtschaftliche Entsprechung der politischen Freiheit: die Gewerbefreiheit. Diese hier nur anzudeutenden Widersprüche und Gegensätze sind zu berücksichtigen, um bei der Würdigung von monarchischen Staatswesen wie dem Königreich Hannover und dem Großherzogtum Oldenburg unterscheiden zu können, was »Reaktion« im adelig-konservativen Sinne und was Bemühen um die notwendige Verfassungsbalance war.

Der Hintergrund verfassungsgeschichtlicher Wandlungen im frühen 19. Jahrhundert: Vom »Publikum« zum »Volk«

Verfassung: Das war von Begriff und Sache her neu in Niedersachsen. Ein Grundgesetz, eine schriftliche Verfassung, lernte man erstmals im napoleonischen Königsreich Westfalen kennen, das bei seiner Gründung 1807 große

Teile des ehemaligen Kurfürstentums Hannover umschloß. So kurzlebig diese Staatsgründung mit ihren wechselnden Grenzen auch war, so konnte doch nach dem Zusammenbruch des napoleonischen Staatensystems nicht einfach zu den gewohnheitsrechtlich eingespielten Strukturen des *Ancien Régime* zurückgekehrt werden. Die egalitären Verfassungsvorstellungen der westfälischen Zeit hatten zwar zu wenig Wirklichkeit gewonnen, um richtungsbildend zu werden, der Gedanke aber einer schriftlich fixierten Verfassung, in der ständestaatliche und korporationsrechtliche Elemente die monarchische Machtfülle begrenzen sollten, war eine Forderung, die an alle auf dem Wiener Kongreß bestätigten Staaten gestellt wurde.

Im Königreich Hannover hatte Graf Münster von vornherein auf eine Limitierung königlicher Macht gedrängt. Er hatte dadurch den Zorn Metternichs auf sich gezogen, weil er »Freiheit« im Verständnis altadeliger »Libertät«, also nicht im Sinne einer Bürgerfreiheit, in die Bedingungen einer neuen Staatlichkeit einbrachte.

Vom größten zum kleinsten Staat auf niedersächsischem Boden: Die Verfassung in Schaumburg-Lippe bedurfte keiner Neuschöpfung. Die im *Ancien Régime* eingeschliffenen Freiheiten der Gemeinden und der eingesessenen Ritter bildeten ein informelles Gefüge, das allen vorgeblendeten juristischen Formalisierungen zum Trotz die Verfassungswirklichkeit bestimmte. Das galt bis zu einem gewissen Grade auch für den zweitgrößten Staat auf niedersächsischem Boden. Nicht zuletzt deshalb konnte im Oldenburger Großherzogtum Herzog Peter Friedrich Ludwig (der zeitlebens den ihm 1815 zugesprochenen Großherzogstitel nicht führte) eine ständische Verfassung auf die lange Bank schieben.

Die Verfassung hatte Graf Münster zugleich als Integration der verschiedenen Landesteile des neuen Königreichs verstanden. Der Oldenburger Herzog hingegen machte den gleichen Gedanken zum Angelpunkt seiner kaum verschleierten Weigerung, ein Grundgesetz zu erlassen: Im Gegensatz zur territorialen Kohärenz des welfischen Nachbargebietes bestand sein Staat neben dem Oldenburger Kernland seit dem Wiener Kongreß noch aus den weit entfernten Herrschaften Birkenfeld (eine Resthinterlassenschaft des napoleonischen Saar-Departements) und dem ehemaligen Hochstift Lübeck, was sich konkret in einer großen Grundherrschaft um Eutin darstellte. Ein so heterogenes Herrschaftsgebiet vertrug – so die vorgeblendete Begründung – keine vereinheitlichende Verfassung.

Was dem Oldenburger mühelos gelang, wurde dem Braunschweiger Herzog Karl II. zum Verhängnis. Seine Weigerung, eine ständische Verfassung zu akzeptieren, führte 1830 zu seinem Sturz. Der junge und unbesonnene Herzog besaß weder das durch eine lange Regierungszeit gewachsene Ansehen in der Bevölkerung noch die Erfahrung eines Peter Friedrich Ludwig.

Die erzwungene Abdankung Karls II. beruhte auf zwei ganz verschiedenen Vorgängen. Eine lange schwelende Mißstimmung in den »besseren Kreisen«

wurde, bevor sie sich zur entschlossenen Opposition wandeln konnte, im September 1830 überholt durch einen massiven Protest unterer Schichten, in dessen Verlauf – wohl eher zufällig – das Braunschweiger Schloß in Flammen aufging. Wenn die »besseren Kreise« den Schloßbrand als Fanal zur Abdankung Karls II. instrumentalisierten und zugleich dafür Sorge trugen, daß die Empörung der unteren Schichten nicht auch noch andere Eigentumsrechte als die des Herzogs antasten konnte, so stellt sich eine Grundsatzfrage: Die Braunschweiger Vorgänge werden bisher vorwiegend als Folge der französischen Juli-Revolution interpretiert, ohne zu bedenken, daß dem Export von Revolutionen, und speziell einer französischen, im damaligen Deutschland unüberwindliche mentale Hindernisse in allen Schichten der Bevölkerung entgegenstanden. Vor allem wird das Entscheidende bei dem Deutungsmuster des revolutionären Imports übersehen: Die spezifischen Bedingungen der braunschweigischen Geschichte. Erstaunlicherweise war das Herzogtum in seinem territorialen Bestand auf dem Wiener Kongreß nicht verändert worden; noch nicht einmal ein neuer Titel, womit man ansonsten in Wien so spendabel war, wurde dem Herzogtum zugestanden. Der äußerlichen Kontinuität widersprach eine prinzipielle Veränderung: Die letzten Braunschweiger Herzöge des *Ancien Régime* agierten als vornehme Herren auf europäischer Bühne – Herzog Ferdinands Manifest als Heerführer gegen die französische Revolution sollte sich als weltgeschichtlich bedeutsame Fehleinschätzung der öffentlichen Meinung in Frankreich erweisen –, ihr Erbe aber, der junge Karl II., wollte im Lande regieren. Das war man in Braunschweig nicht gewohnt. Und: Der Stil, mit dem der junge Herzog herrschen wollte, war als kaum verbrämter Absolutismus nicht mehr zeitgemäß.

Langjährig schwelende Mißstimmung der »besseren Kreise« und spontane Aktion unterer Schichten beim Anzünden des herzoglichen Schlosses – hier, und nur hier in der deutschen Geschichte des Vormärz, ist die ereignisgeschichtliche Kreuzung zweier ganz verschiedener Formen von »öffentlicher Meinung« zu erkennen. Im Braunschweig des Herbstes 1830 verknotet sich erstmals in der deutschen Geschichte die Meinungsbildung oberer und unterer Schichten. Mit den Begriffen »Publikum« und »Volk« versuchen wir ein soziales und mentales Spannungsverhältnis zu etikettieren – ein Spannungsverhältnis, das hinter den Verfassungsfragen in allen niedersächsischen Territorien steht, ein Spannungsverhältnis, zu dessen Charakterisierung wir weiter ausholen müssen; denn Verfassungsgeschichte ist nur an seiner Oberfläche ein juristisches, im Kern aber ein sozial- und mentalitätsgeschichtliches Thema. Entwicklung vom Publikum zum Volk – das ist eine Entwicklung, die jener zum Staatsbürger vorausgeht.

Publikum: Bis in die dreißiger Jahre des 19. Jahrhunderts hinein war den Zeitgenossen der Begriffsinhalt vertraut als Umschreibung des Personenkreises gebildeter Menschen. Gegenüber ständischer Hierarchie, selbst gegenüber beruflichem Ansehen war dieser Begriff weitgehend indifferent; er konnte den

Forstadjunkt ebenso einschließen wie den Superintendenten, den angesehenen Adligen ebenso wie seinen Rentmeister. Präzise ist der Begriff allerdings in dem, was er ausschließt: Den Bauern, das niedere Volk und natürlich die Schicht, vor der dieses Publikum sich mit Schaudern abwendet, den »Pöbel«. Wenn zum Beispiel während der napoleonischen Besetzung am Leinehafen in Hannover Unruhen unter den Trägern und Hafenarbeitern ausbrechen, so wird das Publikum darin nicht etwa einen Ausdruck »nationaler« Gesinnung, nicht eine Manifestation der Treue zum angestammten Welfenhaus sehen, sondern eine Aktion des »Pöbels«.

Das Bürgertum hat sich als soziale Klasse noch gar nicht formiert. Weltliche und kirchliche Beamte dominieren in der Meinungsbildung jener »besseren Kreise«, die wir mit dem zeitgenössischen Ausdruck »Publikum« benennen. Das ist unschwer den Subskribentenverzeichnissen abzulesen, jenen Listen von Vorbestellern, deren Interesse damals die meisten Bücher erst ihr Erscheinen verdankte. »Publikum«: Der Begriff umschließt eine soziale Konstanz über die Zeitenwende vom ausgehenden *Ancien Régime* zum Vormärz. Nur vor dem Hintergrund dieser Konstanz sind die mentalen Veränderungen auch in ihrem Verhältnis zur Meinung des »gemeinen Mannes« zu erfassen. Ein Rückgriff in die Zeiten des *Ancien Régime* ist dafür vonnöten.

Als Beispiel für das Leseinteresse des gebildeten Publikums seien die »Annalen der braunschweigisch-lüneburgischen Churlande« vorgestellt, die, zwischen 1786 und 1795 erscheinend, nur im regionalen Umkreis das Leseinteresse wecken konnten. In dieser Zeitschrift werden Beförderungen bis hinunter zum Leutnant mitgeteilt; denn das interessierte jenes Publikum mit seiner Staatsnähe. Diese »Annalen« sind deswegen nicht unbedingt staatstreu. Selbst historische Nachrichten gewinnen Brisanz, weil Geschichte noch in die Gegenwart hineinreicht. Verbesserungsvorschläge für die Landwirtschaft, statistische Nachrichten über Bevölkerung und Zustände in einzelnen Ämtern können bisweilen eine verschlüsselte Zustandskritik darstellen. In der Diskussion über das Lotto werden Maßnahmen der Regierung selbst in Frage gestellt. Aber in welcher kritischen Beleuchtung auch die Zustände gesehen werden – das Volk ist Objekt dieser Publizistik, das Volk ist Gegenstand der Aufmerksamkeit von »Menschenfreunden«. An eine politische Partizipation einfacher Menschen denkt niemand.

Eine Mitbestimmung einfacher Leute lehnen selbst jene Gebildeten ab, die nicht auf dem Weg zur Öffentlichkeit, sondern im Gegenteil in geheimer Verbrüderung das Los der Menscheit bessern wollen: Die Illuminaten, eine radikale Abzweigung der Freimaurer, die, vom bayerischen Ingolstadt ausgehend, auch Anhänger in Norddeutschland fanden. Deren Zentrum war Braunschweig, wobei unsicher ist, ob Herzog Ferdinand zu ihnen gehörte. Der berühmteste unter den vergleichsweise wenigen norddeutschen Illuminaten war Adolf von Knigge. Sein schriftstellerisches Werben für eine den Ideen der Aufklärung gemäße Umgestaltung der politischen und sozialen Verhältnisse kennt eine Grenze: Die Demokratie stößt bei ihm, obwohl er die Französische Revolution stets bejaht hat, auf eisige Ablehnung.

Weder die informelle Öffentlichkeit in den Salons und an den Teetischen noch die exklusive, geheime Verbrüderung norddeutscher Illuminaten lassen in Norddeutschland einen unbefangenen Konservativismus, eine naive Verteidigung des Hergebrachten, schon in den Jahren vor der Französischen Revolution nicht mehr zu. Adolf von Knigge, der sowohl im geheimen als auch in Schlüsselromanen mit der Selbstgefälligkeit adeliger Lebensform und Herrschaft hart ins Gericht gegangen war, konnte doch bis an sein Lebensende unbehelligt eine hohe Beamtenposition einnehmen. Mochten sich auch viele durch seine Kritik getroffen fühlen, ebenso viele stützten und schützten ihn: Kraft des Publikums und seiner informellen Öffentlichkeit.

Welche politischen Orientierungen können um 1800 den »gemeinen Mann« leiten? Unbeantwortbar wäre diese Frage, hätte nicht die Angst vor der Französischen Revolution die kurfürstliche Regierung veranlaßt, die Stimmungen auf dem Lande auszuforschen – eine für den Historiker unschätzbare Quelle. Die Berichte der Amtleute, die in Hannover einlaufen, informieren uns über das Leseverhalten der bäuerlichen Bevölkerung. Die Beamten wiegeln ab: Es gebe kaum Menschen, die Zeitungen läsen, allenfalls der Pfarrer und sein Vikar. Politische Ansichten würden nicht über die Zeitungslektüre, sondern in den Krügen, den Gasthäusern, ausgetauscht. Aber, so beruhigt ein Amtmann gleich wieder, die Menschen in seinem Amt seien zu arm, als daß sie sich dem schädlichen Wirtshauslaufen hingeben könnten, es drohe also keine Gefahr. Denn, so beeilen sich fast alle Beamten den mißtrauischen Behörden zu berichten, der Bauer sei von schlichter und gutmütiger Denkungsart und zeige keine Bereitschaft, sich gegen die Obrigkeit aufwiegeln zu lassen.

Auch wenn man solchen Berichten nur zu deutlich die Absicht anmerkt, durch Beruhigung der Zentralbehörden zugleich Ruhe vor lästigen Nachfragen zu haben, so entsprechen sie doch den Tendenzen eines weitverbreiteten Periodikums, das seit 1786 der Landpfarrer Hermann Werner Dietrich Bräß aus Dettum bei Wolfenbüttel herausgab: »Zeitung für Städte, Flecken und Dörfer, in Sonderheit für die lieben Landleute alt und jung«. Nicht die gebildete Oberschicht war Adressat dieser Zeitung, sondern der gemeine Mann auf dem Land. Mit roten Lettern war dabei im Titel »für die lieben Landleute« gedruckt. Eine Anlehnung an die auf dem Lande so beliebten Kalender sollte mit dieser Farbigkeit erreicht werden. Der Landpfarrer kannte seine Bauern, kannte ihre Mentalität. So informiert er sie 1786, Nachrichten aus Wien vermeldend, daß der Kaiser »immer sehr beschäftigt sei und fleißig arbeite; er sitzt oft fünf Stunden in eins weg in seinem Kabinette, wo er lieset und schreibt.« Auch die Französische Revolution kam in der Zeitung des Pfarrers Bräß vor. Geschildert wird sie als balladeskes Melodram; die Namen werden eingedeutscht. Als führenden Jakobiner liest der Bauer: »Robbepjer«.

Als in französischer Zeit eine effizienter organisierte Geheimpolizei die

Stimmung auf dem Lande auszuforschen versucht, ist das Ergebnis nicht anders als zu Zeiten des *Ancien Régime*. Von der Obrigkeit unerwünschte Gesinnungen werden auf den Dörfern nicht artikuliert. Ist der Landmann unpolitisch? Wer die bäuerliche Mentalität kennt, hört genauer hin, denn er weiß, daß sich politische Meinung auf dem Lande nicht in den Formen und den Sprachbildern äußert, die dem Städter vertraut sind. Bei einem Unwetter haben die Landleute 1808 in den Wolken gelesen; diese bildeten deutlich erkennbar ein G und ein R: »Georgius Rex«. Solche Beobachtungen werden weitererzählt. Politische Meinungsbildung: Der Himmel ist gegen Napoleon.

Über politische Gesinnung und deren Wandlung in der »Franzosenzeit«, in einer Zeit des harten Alltags, lassen sich keine verallgemeinernden Aussagen fällen. Die Menschen waren noch ungeübt darin, politische Meinungen zu formulieren, und die große Politik, die sie in Gestalt von fremden Truppen heimsuchte, war eben doch eine Politik der Kabinette, eine schwer durchschaubare Machtpolitik. Diese Politik bot keine geistigen Orientierungen, für die sich Menschen engagieren konnten. Niemand konnte 1803 mehr glauben, daß mit den französischen Truppen nun auch Freiheit, Gleichheit und Brüderlichkeit im Lande Einzug halten würden.

Aber selbst während der napoleonischen Besetzung verharrte der gemeine Mann in dem überlieferten Hinnehmen der Obrigkeit. Mochte er die Steuerordnungen und die Lasten der Einquartierung auch nur zähneknirschend ertragen: Der Widerstand gegen die napoleonische Herrschaft blieb im deutschen Nordwesten gering. Und das hat seine sachlichen Gründe. Vor Assoziationen, die sich mit dem Begriff »Besatzung« nach den Erfahrungen des 20. Jahrhunderts verbinden, kann man nur warnen. Es war schließlich eine zivilisierte Nation, deren Armee niedersächsische Gebiete besetzt hielt. Plünderungszüge oder Vergewaltigungen mögen zwar vorgekommen sein, werden aber von den Zeitgenossen nicht überliefert, geschweige denn als Signum französischer Besetzung angesehen. Eine schwere Zeit dennoch für das Land. Kontributionen, außerordentliche Kriegssteuern, wurden ausgeschrieben, Rekrutenaushebungen vor allem auf dem platten Land mit großer Härte seit 1812 durchgeführt. Und dann darf nicht vergessen werden, daß das fremde Militär untergebracht werden mußte: Einquartierungen, deren Last Bauern und Bürger zu tragen hatten. Die finanziellen Belastungen waren gewiß sehr hoch und erschienen den Zeitgenossen, die an den früheren Erfahrungen maßen, als unerträglich. (Dabei muß aber angemerkt werden, daß die normalen Steuern nach der »Franzosenzeit« keineswegs gesenkt, sondern sukzessive erhöht wurden.) Als die Franzosen das Land verließen, war dieses keineswegs verheert und verwüstet. Die »Franzosenzeit« – das waren eben nicht mehr Barbarei und Kriegsgreuel des Dreißigjährigen Krieges und das waren noch nicht wieder Barbarei und Kriegsgreuel des 20. Jahrhunderts.

Erstaunlich wenig Erinnungswert hatte die »Franzosenzeit« späterhin in Niedersachsen. Selbst die harten Konskriptionen und Aushebungen zur »Großen Armee« lebten nicht als »Memorie« des Grauens fort. Die in Rußland Umgekommenen konnten nicht mehr reden; dafür umso mehr diejenigen, die davongekommen waren. Ihre Erzählungen begeisterten in einem Dorf am Rand des Sollings einen heranwachsenden Jungen, den Juden Georg Steinberg, so sehr, daß es sein sehnlichster Wunsch wurde, Soldat zu werden. Hinter solchen Erzählungen, die einen Heranwachsenden so fesseln konnten, steht nicht nur Verklärung aller Entbehrungen und Gefahren auf den Kriegszügen, dahinter steht die Enge des Lebens auf dem Dorf mit seinen stets wiederkehrenden alltäglichen Härten. Dieser Enge zu entfliehen, dient die Verklärung des Soldatenlebens.

Und noch etwas anderes blieb in Erinnerung. Die aus Peru stammende Pflanze *Galinsoga parviflora* war durch Unachtsamkeit 1807 aus dem Berliner Botanischen Garten herausgelangt. Schnell verbreitete sich das Unkraut auch in Norddeutschland. Die Menschen gaben dieser Plage den Namen nach den Beherrschern des Landes: Franzosenkraut. Diese Benennung und nicht spektakuläre Aktionen charakterisieren die allgemeine Stimmung.

Die nationale Emphase und das Freiheitspathos der »Befreiungskriege« sollte den norddeutschen Raum nur oberflächlich erreichen. Der sich anbahnende Zusammenbruch der französischen Herrschaft zog manchenorts Plünderungen, kurzfristige Erscheinungen von Anarchie, nach sich, aber von einer Volksbewegung konnte keine Rede sein. Angesichts des in Preußen wirksam inszenierten Freiheitsaktionismus empfanden die hannoverschen Beamten die niedersächsische Mentalität der Zurückhaltung, die einer langen Tradition im Verhalten des gemeinen Mannes entsprach, als nicht mehr zeitgemäß. Schnell fand man ein Mittel zur »Erhöhung des Gemeinsinns« und übernahm den Gedanken der allgemeinen Wehrpflicht von den Franzosen. Bereits am 27. November 1813 wurde die entscheidende Verordnung »Die Errichtung einer Landwehr betreffend« erlassen. Jeder männliche Einwohner zwischen 18 und 30 Jahren war zur Landwehr verpflichtet (die Unteroffiziere der neuen Armee hatten vielfach unter westfälischer Fahne gedient). Man dachte an eine Reservearmee, die neben dem regulären Heer kämpfen sollte.

Am 1. August 1814 wurde die Landwehr auf »Feldfuß« gesetzt – die Landwehrmänner einberufen. Alsbald trat anstelle des Garnisonsdienstes der Abmarsch in die Niederlande zum Kampf gegen den aus Elba zurückgekehrten Napoleon. Die hannoverschen Landwehrbataillone nahmen an der Schlacht bei Waterloo teil; allerdings wurden sie als Reserve behandelt, die keinen Schuß abgeben mußte. Lediglich die Bataillone »Verden« und »Lüneburg« wurden direkt in die Kämpfe verwickelt.

Erst im Januar 1816 kehrten die Landwehr-Bataillone zurück. Ehrenpforten wurden »den Siegern von Waterloo« errichtet. Sodann wurden die Truppen beurlaubt. Am 1. April 1820 schließlich wurde die Landwehr aufgelöst. Die Offiziere wurden vielfach in den Zivildienst übernommen, wurden zum Beispiel Steueraufseher in Pöhlde, Amtmann in Herzberg, Ober-Appella-

Auszug des Landwehr-Bataillons Lüchow (1815).

tionsgerichtsrat in Celle. Niemand protestierte. »Gemeinsinn« – das war ein Prinzip, das es erst noch zu entwickeln galt.

Öffentliche Meinung: Die Wolkenschrift, die Bauern im Göttinger Land lasen, Soldatenerzählungen in einem Dorf am Rande des Solling, das Ausbleiben einer Volkserhebung gegen die napoleonische Herrschaft weisen auf die Kluft zwischen dem gemeinen Mann und dem Publikum in der Erfahrung und Verarbeitung der großen Politik hin. Der Versuch, diese Kluft durch eine allgemeine Militarisierung im Verständnis von »Gemeinsinn« zu überbrücken, scheiterte. Nur den Offizieren des Landsturms, dem Publikum zuzuordnen, wurde staatliche Fürsorge zuteil; der einfache Landsturmmann mußte sich für seine Verdienstausfälle mit den Ehrenpforten als »Sieger von Waterloo« entschädigt fühlen.

Es weist sowohl auf eine im deutschen Nordwesten noch wenig entwickelte öffentliche Meinung als auch auf das Weiterleben altständischer Liberalität zurück, wenn im Königreich Hannover die »Preßgesetze« der berüchtigten Karlsbader Beschlüsse von 1819 (wie überhaupt diese Beschlüsse) nur sehr oberflächlich verwirklicht und befolgt worden sind. Es entsprach sicherlich nicht dem Ernst, mit dem in Karlsbad unter österreichischer und preußischer Führung allen deutschen Bundesstaaten eine Kontrolle der öffentlichen Meinung vorgeschrieben wurde, wenn in Hannover einfach das (formell nie aufgehobene) Zensuredikt von 1705 erneuert wurde, wenn die Universität

Göttingen davon nach wie vor nicht betroffen war (und gerade die Polizeiaufsicht über die Universitäten hatte man in Karlsbad gefordert), wenn das Amt des Zensors bis 1843 nur nebenamtlich ausgeübt wurde, und wenn schließlich die Anfrage ängstlicher Beamter nach eindeutigen Zensurrichtlinien lapidar damit beantwortet wurde, daß es solche Richtlinien gar nicht gäbe, weil man sich auf die Umsicht der Beamten zu verlassen gedenke.

Liberaler noch als in Hannover war man im Großherzogtum Oldenburg, wo seit einer dänischen Verordnung von 1770/71 keine Pressezensur mehr bestanden hatte. Man mußte sie zwar 1819, da die Karlsbader Beschlüsse ein verbindliches Bundesgesetz darstellten, wieder einführen, beschränkte sich aber auf die Bestimmung, daß »Würde oder Sicherheit anderer Bundesstaaten« in Presseerzeugnissen nicht verletzt werden dürften; man sah die Zensur also nur als eine außenpolitische, nicht aber als eine innenpolitische Notwendigkeit an. Zu Recht rühmte 1845 Joseph Mendelssohn die Oldenburger Liberalität der Presseaufsicht, an der sich »gewisse größere Staaten« – gemeint war augenscheinlich Preußen – ein Beispiel nehmen sollten.

Die Geschichte der Zensur ist zugleich auch eine Geschichte der Blamage. Davon blieb selbst die vergleichsweise milde Zensur im Hannoverschen nicht verschont, als sie auf Antrag beleidigter Göttinger Professoren 1826 Heines Reisebilder verbot. Ansonsten weisen die Listen der verbotenen Bücher eher auf die seit der Reformationszeit eingeschärfte Fürsorgepflicht des Landesvaters und in seinem Namen des Staates für das Sitten- und Seelenheil der Untertanen, denn auf politische Gängelung. So finden sich unter den 48 im ersten Quartal 1844 für Leihbibliotheken verbotenen Bücher Titel wie »Acht Probenächte«, »Pariser Sitten«, »Der Papst im Unterrock«.

So amüsant die Liste der verbotenen Bücher sich auch ausnimmt, so hat sie doch einen ernsthaften Hintergrund. Schundromane werden nur verfaßt, wenn sie – auch! – Leserschichten unterhalb des Bildungsbürgertums erreichen können; sie weisen also auf einen gestiegenen Alphabetisierungsgrad zurück. Begann damit aber nicht ein wesentliches Unterscheidungsmerkmal von Publikum und dem von ihm bevorzugt als »Pöbel« denunzierten Volk zu verblassen? Fließende Übergänge: Die Unterscheidung von Publikum und Volk war noch 1835 für Dahlmann in seiner berühmten Schrift über die Politik maßgeblich. Die Forderung nach gleicher politischer Mitbestimmung für alle sieht er als einen Anspruch des »berufslosen Pöbels« an. Politik sei eine Angelegenheit der »Stände von entschiedener Lebensrichtung«. Im Publikum selbst aber begann damals bereits eine solche Ansicht an Geltung zu verlieren.

»Volk« – allmählich wirkte die Romantik; man darf den Einfluß der nur vordergründig unpolitischen literarischen Zirkel, zu denen sich das Bürgertum einfand, nicht unterschätzen; hier wurden die zentralen Begriffe der »Volksseele« und des »Volksgeistes« rezipiert. Das führte dazu, die einfachen Menschen als Angehörige des Volkes ernster zu nehmen, als man bis dahin gewohnt war. Ein Beispiel: 1844 wurde in einem Braunschweiger Magazin festgestellt, daß »der Landmann in seinen natürlichen Anlagen gegen andere Stände nicht zurückstehe« – ein schlichter Satz, gerichtet gegen eine jahrhundertelange Tradition der Bauernverachtung.

Es lag aber auch am Volk selbst, das es allmählich ernster genommen werden mußte. Aufschlußreich ist das Zeitungswesen, das seit den 1830er Jahren nicht mehr auf wenige Städte konzentriert blieb, sondern auch das Land erfaßte. Wählen wir nur das Beispiel Oldenburgs. Hier etablierten sich in den frühen 1830er Jahren das »Jeversche Wochenblatt«, das »Wochenblatt für den Kreis Delmenhorst«, »Der Gemeinnützige« in Varel und das »Sonntagsblatt« in Vechta. Gewiß waren es unpolitische Blätter, aber sie erschienen im Gegensatz zu den Kalendern des 18. Jahrhunderts wöchentlich, sie wurden nicht ein ganzes Jahr hindurch vorgelesen und zerlesen, sie sind ein Zeugnis für den gestiegenen Alphabetisierungsgrad und verdeutlichen den Wandel seit jener Zeit, als Honoratioren auf dem Lande deshalb auffielen, weil sie sich Zeitungen hielten. Die Themen der Kalender des 18. Jahrhunderts umkreisten bis in die astronomischen Konstellationen hinein den landwirtschaftlichen Jahresrhythmus sowie die nicht zeitgebundenen Fragen der Haushalts- und Lebensführung. Die wöchentlichen Zeitungen hingegen gewöhnten, so unpolitisch sie auch waren, den Landmann an einen modernen politischen Faktor, an die Aktualität.

Welche Perspektive man auch wählt, sichtbar wird, daß in den 1830er Jahren unterhalb aller politischen Ereignisse eine gesellschaftliche Klimaveränderung von großem Ausmaße stattfand. Ob Vereinswesen, ob frühe Gewerbe- und Industrieförderung, ob Agrarreformen: Allenthalben zeigt sich, daß »Volk« einen neuen Sinn bekommt, nicht mehr in die Nähe von »einfachen Leuten« oder gar »Pöbel« gerückt wird, sondern zum eigenständigen Begriff dessen wird, was aus obrigkeitlicher Perspektive zuvor die »Staatsuntertanen« gewesen waren. Hingewiesen sei in diesem Zusammenhang auf die drei transformatorischen Impulse, die von den Sparkassengründungen ausgingen. Natürlich wollen wir nicht behaupten, daß die Veränderung des Inhalts von »Volk« unmittelbar mit der Geschichte der Sparkassen zusammenhängt; aber wir wollen behaupten, daß sich in der Gründungsgeschichte von Sparkassen jene Entwicklungen bündeln, ohne die das neue Verständnis von »Volk« nicht möglich gewesen wäre.

Kehren wir zur Geschichte der Zensur zurück: Was 1819 eher die Oberschichten tangierte, war unter dem Eindruck der um 1830 bereits sichtbar werdenden Wandlungen, die sich nicht zuletzt in einem breiteren Leseinteresse ausdrückten, zu einer Frage von allgemeinem Interesse geworden. Und deswegen kann von der Geschichte der hannoverschen Zensur her jenes heikle methodische Problem beleuchtet werden, das sich hinter dem Ausdruck »politisches Klima« verbirgt. Dieses Klima hatte sich im Empfinden des Publikums immer mehr verschlechtert. In den späten 1820er Jahren wird das untergründige Grollen darüber vernehmlicher, daß sich staatliches Handeln in einem abgeschotteten, dem Urteil des Bürgers nicht mehr zugänglichen Raum bewegte.

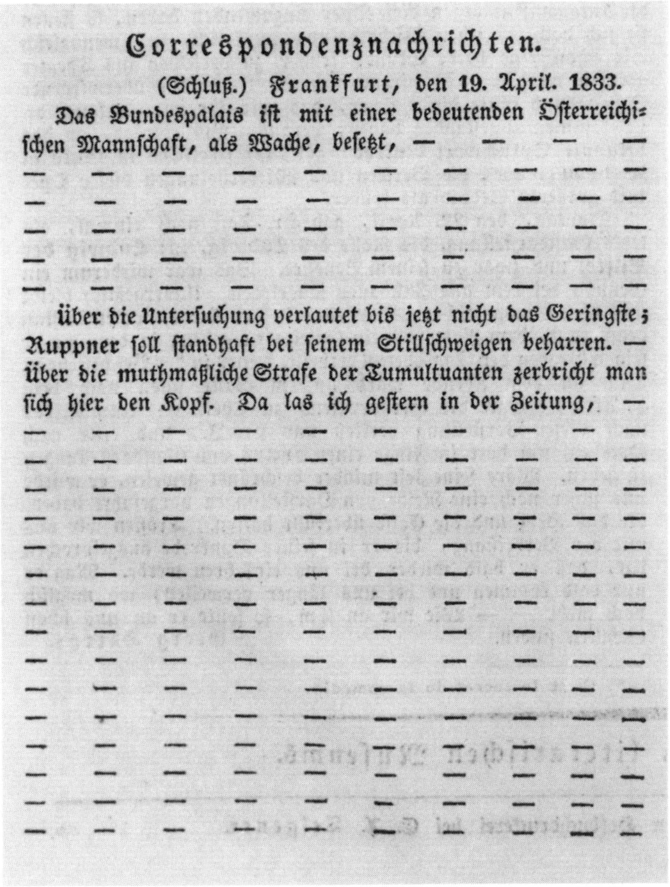

Correspondenznachrichten.

(Schluß.) Frankfurt, den 19. April 1833.

Das Bundespalais ist mit einer bedeutenden Österreichischen Mannschaft, als Wache, besetzt, — — — —
— — — — — — — — — —
— — — — — — — — — —
— — — — — — — — — —
— — — — — — — — — —
— — — — — — — — — —

Über die Untersuchung verlautet bis jetzt nicht das Geringste; Ruppner soll standhaft bei seinem Stillschweigen beharren. — Über die muthmaßliche Strafe der Tumultuanten zerbricht man sich hier den Kopf. Da las ich gestern in der Zeitung, —
— — — — — — — — — —
— — — — — — — — — —
— — — — — — — — — —
— — — — — — — — — —
— — — — — — — — — —
— — — — — — — — — —
— — — — — — — — — —
— — — — — — — — — —
— — — — — — — — — —
— — — — — — — — — —
— — — — — — — — — —
— — — — — — — — — —
— — — — — — — — — —
— — — — — — — — — —
— — — — — — — — — —

Parodie auf die hannoversche Zensur in der Zeitschrift »Die Posaune« (1833).

Dazu hatte entscheidend beigetragen, daß »Zensur« sich nicht nur in direkten Maßnahmen, sondern auch indirekt, präventiv, auswirkte. Wenn im Deutschen Bund die von Preußen dominierte Mainzer Zensurkommission auf mißliebige Presseerzeugnisse mit harten Maßnahmen reagierte, bekamen auch die Redakteure des sich entwickelnden norddeutschen Zeitungswesens Angst; sie scheuten sich aus Furcht vor Repressalien, Themen, die das Publikum gleichwohl interessierten, zu behandeln. So wurde 1827 geklagt, daß der – angeblich seit 15 Jahren auf das vierfache gestiegene – Ertrag der Domänen »und eine vollständige Auskunft über ihre Verwendung fortdauernd der Kenntniß des Publicums entzogen« werde. Das war eine der typischen Klagen in jenen späten 1820er Jahren, typisch nicht nur in ihrem Inhalt, sondern auch in ihrer eigentümlichen Verbreitung in einer sich tarnenden Öffentlichkeit. Die Klagen, die in den unter der Hand kursierenden Schriften und durch mündliche Kommunikation im Publikum herumgingen, betrafen die langsame Arbeit der Gerichte, wobei man sich durchaus noch an die westfälische Zeit, als Gerichtsverhandlungen öffentlich geführt wurden, erinnerte, betrafen die Höhe der Steuern und Handelshemmnisse vor allem in Gestalt von Zöllen. Mißmut über die Begünstigung des Adels äußerte sich nicht in allgemeinen Grundsätzen über die Gleichheit aller Menschen, sondern in der Verbreitung konkreter Fälle, etwa daß von 228 Stiftspfründen in den Damenstiften mehr als Dreiviertel für den Adel reserviert waren, usw. Vor allem aber war es eine halblaut und oft sogar laut geäußerte Ansicht, welche die Regierung in Unruhe versetzen mußte: Durch den »Preßzwang«, die Unterdrückung einer freien Publizistik, sei der König über die Beschwerden des Landes gar nicht informiert.

Verfehlt wäre es, in dem schwelenden Mißmut stets nur unterdrückte demokratische und liberale Stimmen vernehmen zu wollen; es ging auch um ganz handfeste Interessen, wie Herzog Adolf Friedrich von Cambridge 1831 beklagte: Das Handwerk wolle am liebsten zur alten Zunftverfassung mit ihrem wirtschaftlichen Schutz der Meister – der in der Forschung bisweilen sogenannten »Kartellfunktion der Zünfte« – zurück. Aber dem, so fuhr der Herzog fort, könne man doch im wirtschaftlichen Gesamtinteresse nicht willfahren, zumal jetzt, da Maschinen die menschliche Arbeit zu entwerten und damit den »Mittelstand« auszulöschen drohten. Unabhängig von dieser düsteren Prognose war die Stimmung im Lande die einer konjunkturellen Abschwungssituation; Verfassungsforderungen verbanden sich direkt oder indirekt mit ökonomischen Hoffnungen. Und diese sahen im Publikum anders aus als im Volk.

Bei allen Gegensätzen zwischen Publikum und Volk ist aber ein – zumeist übersehener – integrierender Faktor zu berücksichtigen: Von allgemeinem öffentlichem Interesse waren Nachrichten über die königliche Familie im weitesten Sinne. Das war neu. Im *Ancien Régime* hatten allenfalls Geburten, Eheschließungen und Todesfälle im fürstlichen Haus interessiert. Jetzt aber wurde die private Existenz des Königs und damit auch die seiner Verwandtschaft Gegenstand allgemeiner Aufmerksamkeit, was nicht nur mit monarchischer Gesinnung, sondern auch damit etwas zu tun hatte, daß der König als Person zum Inbegriff des Staates erklärt wurde. Ernst August reagierte darauf mit einer persönlich ausgeübten Zensur: Er kontrollierte alle Nachrichten über das königliche Haus.

Was bei Ernst August als kleinliche Kontrolle erscheint, ist im Grunde eine kluge Reaktion, die im Zusammenhang steht mit einer neuen Ausdrucksform öffentlicher Meinung: dem Jubel. Erheblichen Wandlungen war über Jahrhunderte hinweg der Stil unterlegen, in dem ein Herrscher seinem Volk begegnete. Im Mittelalter, bis in das 16. Jahrhundert hinein, begründete die Huldigungsreise das Rechtsverhältnis zwischen Fürst und Untertanen: Der Fürst versicherte, daß er die Rechte der Stadt, der Gemeinde, des ländlichen Gerichts, also derjenigen, die vor ihm standen, wahren würde, und alle Bürger, Gemeindegenossen und Gerichtsuntertanen schwuren ihm Treue. Der Wortsinn von

»Huldigung« verblaßte im Laufe der Zeit; der konkrete Rechtsinhalt des wechselseitigen Treuegelöbnisses von Fürst und Volk wich einem Untertaneneid. »Huldigung« gewann den heutigen Wortsinn, wurde zum Untertanenopfer, das einem Fürsten bei seinen Reisen dargebracht wurde, zum Beispiel – so der Stil des 18. Jahrhunderts – in Triumphbögen und in gedrechselten, möglichst lateinischen Grußadressen.

Im Kurfürstentum Hannover hatten die Untertanen wenig Gelegenheit, ihren in London residierenden »Landesvater« zu feiern. Deswegen zeichnet sich hier auch die im 19. Jahrhundert üblich werdende Stilwandlung besonders deutlich ab. Jubel – »Vivat«-Rufen, Hüte schwenken, wenn der König sich blikken läßt –, das ist eine neue Erscheinung. Die Untertanen dürfen sich begeistert zeigen, weil sie ernster genommen werden. Sie sind nicht mehr in das zeremoniöse Korsett gepreßt, das die Durchreise eines Fürsten im 18. Jahrhundert gestaltete.

Jubel, eine Welle patriotischer Begeisterung, schlug 1821 Georg IV. entgegen, als er sein hannoversches Königreich besuchte. (In London konnte er sich damals wegen seines Scheidungsprozesses kaum noch blicken lassen.) Wenn ihm die Georgia Augusta eine prachtvolle Ode widmet, welche die Vereinigung der »gens Britannica« und der »gens Guelphica« allegorisiert, so ist das noch den Huldigungscarmina des *Ancien Régime* verpflichtet. Die patriotischen Verse eines schlichter denkenden Dichters hingegen fassen besser die Volksstimmung, den Jubel, zusammen: »Heil mir, spricht jeder hochbeglückt, / Daß ich den König hab erblickt«.

Begeisterung, Jubel waren von manchen Pannen begleitet, weil trotz aller Ehrenpforten und aller von den Vereinen gebildeten Menschenspalieren vieles improvisiert werden mußte. Als Georg V. 1865 nach Achim kam, geriet der Gemeindevorsteher vor Ehrfurcht ins Stottern. Der Amtsvogt rettete die Situation durch eine improvisierte Ansprache. Als der König dann weiter nach Ahlerstedt zur Einweihung einer Kirche fuhr, gaben ihm die Bürger von Achim berittenes Geleit. Seiner Gewohnheit entsprechend, ließ der König die Kutsche *en carrière* fahren. Ein Mann verlor durch den ungewohnt schnellen Galopp seine Steigbügel und kam mehr tot als lebendig, an der Mähne des Pferdes festgeklammert, in Ahlerstedt an.

Jubel ist als Ausdruck öffentlicher Meinung durchaus ernst zu nehmen. Er beruht nicht auf obrigkeitlicher Inszenierung. Er ist echt. (Und deswegen wird man es nach 1866 im Hannoverschen als welfische Demonstration verstehen, bei den gebotenen Gelegenheiten stumm zu bleiben.) Verfehlt sind – und deswegen wiesen wir auf Fälle von »Pannen« hin – alle Gleichsetzungen mit den durch vorbereitende Regie inszenierten Jubelchören der Aufmärsche des 20. Jahrhunderts. Vivat-Rufen als personale Äußerung des einzelnen im 19. Jahrhundert statt Choreographie der Massen: Die Treue zum Fürsten ist die Grundstimmung im Großherzogtum Oldenburg, im Herzogtum Braunschweig und im Königreich Hannover.

Treue zum angestammten Herrscherhaus, in öffentlichem Jubel bekundet, und sich um 1830 verdichtender, in privaten Zirkeln verbreiteter Mißmut – dieser Gegensatz wirkt mediengestaltend. In Oldenburg mit seinen liberalen Zensurgesetzen zeigt sich, daß sich allmählich in den 1840er Jahren eine kritische Presse entwickeln konnte, die sich im Hannoverschen nicht hervorwagen durfte. Die seit den 1830er Jahren bestehenden »Oldenburger Blätter« waren noch von ausgesprochener Regierungstreue. Aber die seit 1843 bei Stalling verlegten »Neuen Blätter für Stadt und Land« öffneten sich liberalen Ideen. Der Publikumserfolg ermutigte Gerhard Stalling, im Jahre 1844 eine weitere Zeitung herauszugeben, die sich konsequenter der Verbreitung neuer Gedanken verschrieb und bereits im Titel kritische Distanz andeutete: »Der Beobachter«.

Ob offen oder verdeckt artikuliert, die Politik war ein Thema von allgemeinerem Interesse geworden. Napoleons prophetisches Wort bei seiner Begegnung mit Goethe bestätigt sich: Politik wurde den Menschen zum Schicksal. Die Konturen des politischen Bewußtseins sind noch blaß, sind allenfalls in »Strömungen«, nicht aber in »Parteien« zu fassen. Entscheidend ist: Ob sich ein Mensch als »liberal« oder »konservativ« empfindet – die Zeiten, in der Regierungsmaßnahmen als unabänderliches Schicksal begriffen wurden, sind vorbei.

Nach 1848 ist eine breite Auffächerung des Zeitungswesens zu beobachten, die aber nicht direkt auf die Revolutionsereignisse zurückzuführen ist. Es war ein Ventil geöffnet worden. Es gab nun ein Bedürfnis nach Aktualität, nach Orientierung und Information. Kurzlebig waren die meisten jetzt gegründeten Zeitungen, und das lag nicht nur an der Reaktion, die schon seit den frühen 1850er Jahren ihre Schatten warf. Auch aus wirtschaftlichen Erwägungen setzte sich der Typ des »Generalanzeigers« durch, der in seiner vordergründig unparteilichen, aber konsequent obrigkeitstreuen Haltung im Konsens mit breiten Leserschichten stand und damit engagierte Blätter an den Rand drängte. Von daher wird die Geschichte des Pressewesens nach 1848 eben nicht nur von den Fragen nach Pressefreiheit und Pressezensur bestimmt, sondern auch von dem Gegensatz zwischen öffentlicher und veröffentlichter Meinung.

Der Vordergrund: Die neue Staatlichkeit in Niedersachsen

Ein Vergleich der staatsrechtlichen Verhältnisse im niedersächsischen Raum 1815 mit denen am Ende des Alten Reiches zeigt die Vereinfachung komplexer Herrschaftsstrukturen. Das gilt im äußeren Umfang der Territorien, wo anstelle zahlreicher Kleinterritorien größere Einheiten entstanden waren, das gilt aber auch im Inneren der neuen Staaten, die jetzt auf der Souveränität und der Integrität des Staatsgebietes beruhten. Diese Neugestaltung aber war von außen erzwungen worden.

Das heutige Land Niedersachsen beruht, obwohl erst 1946 entstanden, in seinen Grenzen auf einer viel älteren geschichtlichen Entwicklung. Dabei kommt den Jahren 1814/1815 die Bedeutung einer entscheidenden Zäsur zu, als auf dem Wiener Kongreß der territoriale Umfang des Köngreichs Hannover, des Großherzogtums Oldenburg, des Herzogtums Braunschweig und des Fürstentums Schaumburg-Lippe in staatsrechtlich verbindlichem Sinne festgeschrieben wurde, als also jene Geschichtslandschaften Gestalt gewannen, die im Jahre 1946 im neuen Bundesland Niedersachsen aufgingen. Die politische Neuordnung des niedersächsischen Raums war nur einer unter vielen Beratungsgegenständen auf dem Wiener Kongreß und damit in unterschiedlicher Weise verflochten mit der großen europäischen Politik; englische, preußische und russische Interessen mußten berücksichtigt werden. Die Neuordnung war eine Konsequenz der territorialen Verschiebungen, die sich seit 1802, seit der faktischen Auflösung des Heiligen Römischen Reichs Deutscher Nation, und vor allem seit der »Franzosenzeit«, seit dem Sommer 1803, im niedersächsischen Raum ereignet hatten; letztere blieben Episoden, auch wenn sie letztlich die staatliche Neugliederung auf dem Wiener Kongreß erzwangen oder sanktionierten, was unter dem Kanonendonner der Befreiungskriege 1813 über die künftige Gestalt eines Königreichs Hannover verabredet worden war.

Am 12. August 1814 berief der Prinzregent Georg (IV.), der für seinen geisteskranken Vater, Georg III., die Regentschaft in England und damit auch in Hannover übernommen hatte, die Stände der welfischen Erblande nach Hannover ein. Die Stände – das waren wie im *Ancien Régime* die Vertreter des Adels, der höheren Geistlichkeit und der Städte. In dem Einberufungsschreiben wird der Eindruck erweckt, daß alte Verfassungszustände fortgeführt werden sollen. Das war richtig und falsch zugleich; richtig, weil die alten »Provinziallandschaften«, die Vertretungen des Calenberger, des Lüneburger Landes bis hin zu Repräsentanten des Landes Hadeln geladen wurden, falsch, weil diese Stände in der Vergangenheit niemals gemeinsam getagt hatten. Die Einberufung war als Neuerung zugleich eine weitschauende Option für die Zukunft. Ein hannoverscher Kurfürst hatte genaugenommen nur in Personalunion die einzelnen Provinzen seines Kurfürstentums regiert, der künftige König von Hannover sollte über einen als Einheit definierten Staat gebieten.

Für den Augenblick jedoch gab es gar keine andere Möglichkeit als die Einberufung der alten Stände. Der finanzielle Aspekt darf nicht übersehen werden. 1804 hatten die hannoverschen Landstände bei der Stadt Hamburg eine Anleihe von 1,5 Millionen Mark aufgenommen; ein Beispiel von mehreren. Im Grunde waren die Stände Bürge für den Staat geworden. Die Summe aller Schulden des Kurfürstentums Hannover betrug 1803 – aufgerundet – 5,9 Millionen Reichstaler. Die französische Besetzung des Landes hatte einen weiteren Schuldenberg von 4,8 Millionen Reichstalern aufgehäuft, so daß das neue Königreich eine jährliche Zinslast von 426.613 Reichstalern, 31 Mariengroschen und 2 Pfennigen zu tragen hatte – das entsprach dem Jahresbedarf von vier Kürassierregimentern. Die Schulden bildeten die einzige Kontinuität über die Herrschaftswechsel zwischen 1803 und 1813 hinweg. Der Vergangenheit durfte man sich entziehen, nicht aber ihren finanziellen Verbindlichkeiten. Denn auch für das neue Königreich Hannover galt es, seine Kreditwürdigkeit zu beweisen; wenn nicht Sitte und Anstand überzeugten, dann überzeugte das warnende Beispiel des untergegangenen napoleonischen Königreichs Westfalen, das auf den europäischen Geldmärkten keinen Kredit genossen hatte. Sitte und Anstand galten nur in Hinsicht auf den Kapitalmarkt, nicht aber in Hinsicht auf die Untertanen. Die Zwangsanleihen, die das Königreich Westfalen erhoben hatte, wurden den Bürgern nur, um 90 % abgewertet, eher symbolisch, auf dem Gnadenwege zurückgezahlt.

Neben den finanziellen gab es noch politische Zwänge, auf die alten Stände zu setzen. Das Königreich hatte, da es gegenüber dem alten Kurfürstentum stark vergrößert worden war, keine Identität. Man mußte Geschichte vorblenden und auf die Vergangenheit vor 1803 zurückgreifen, um sich von dem geschichtslosen Königreich Westfalen abzugrenzen. In Kauf zu nehmen war damit die Konservierung der bisherigen ständischen Verfassungen in den einzelnen Landesteilen mit ihren alten Zöpfen – die Osnabrücker Ritterkurie verlangte immer noch die traditionelle Ahnenprobe – und ihren hergebrachten Ungereimtheiten: In den Herzogtümern Bremen und Verden sowie im Herzogtum Lüneburg wurde auf den ständischen Versammlungen nicht nach Kurien, sondern nach Köpfen abgestimmt, was zur Folge hatte, daß der versammelte Adel mühelos die Deputierten der Städte überstimmen konnte.

Hinter der Berufung auf die Tradition verbarg sich jedoch eine behutsame Modernisierung. Graf Münster wollte eben keine restaurierende Wiederherstellung der ständischen Verfassung. Überholt erschien ihm das Prinzip der »Provinzialstände«. »Bey dieser Trennung haben eben so viele verschiedene Steuer-Systeme und Landesschulden-Administrationen Statt gefunden, als Landschaften vorhanden waren. Einzelne Provinzen desselben Landes haben als getrennte Länder behandelt werden müssen.« Deswegen bestimmte die Proklamation zum ersten allgemeinen Landtag, »daß künftig alle allgemeinen Landesangelegenheiten ... einer Versammlung von Landständen aus allen Provinzen vorgelegt und von denselben zum Schluß gebracht werden sollen«: Konzeption eines neuen Staates, indem Graf Münster zwar auf die alten Stände zurückgriff, diese aber in eine gemeinsame Versammlung – und das bedeutete für sie doch die Aufgabe der jeweiligen Eigenständigkeit – einband. Daß ein solcher Prozeß seine Zeit brauchte, war Graf Münster bewußt. Am widerspenstigsten erwiesen sich die Ostfriesen, aus hannoverscher Sicht »Preußens verzogene Kinder«. Sie sollten erst 1846 nach der Vereinbarung einer eigenen Verfassungsurkunde für die ostfriesische »Provinziallandschaft« ihren Frieden mit dem Königreich Hannover schließen. Doch zurück zur Grundlegung dieses Staates. Keine Restauration, sondern Verschmelzung von altem und neuem Staatsverständnis wurde angestrebt. Vollends bei der ersten Ständeversammlung, die am 15. Dezember 1814 eröffnet wurde, stand die Verbindung von Altem und Neuem als leitender Idee hinter allen feierlichen Reden.

Nicht nur ein kunst-, sondern auch ein verfassungsgeschichtliches Zeugnis stellt der silberne Tafelaufsatz (nach Entwurf von V. Frese) dar, den die ostfriesischen Stände dem hannoverschen Kronprinzen dedizierten. Das Huldigungsgeschenk wird mit einer Berufung auf den Upstalsboom, dem Inbegriff ostfriesischer Freiheit, verbunden.

Feierlichkeit der Eröffnungssitzung: Im Schloß versammelten sich die Mitglieder des königlichen Hauses und des Kabinetts mit den Ständen. Der Prinzregent verlas die Eröffnungsrede. Dann wurde die Sitzung durch einen gemeinsamen Gottesdienst unterbrochen, danach verlas der Prinzregent, zeremoniös unter dem Thronhimmel sitzend, die Thronansprache. Nachdem er die Versammlung verlassen hatte, wurden nun die feierlichen Eröffnungssreden von ständischen Vertretern gehalten. Von allen Seiten wurde die Freiheit beschworen, die nun dem Land wiedergeschenkt worden sei. Dies war jedoch lediglich eine rhetorische Inszenierung. Alle am ersten Tage gehaltenen Reden hatten den gleichen Verfasser: Der Vertraute des Grafen Münster, der Kabinettsrat August Wilhelm Rehberg, hatte sie formuliert. Keinem Teilnehmer der Versammlung war dies verborgen geblieben. Aber jeder wußte: Die erste Sitzung der versammelten Stände des Königreichs unterlag der politischen Dramaturgie, folgte einem Drehbuch, das den Gewohnheiten des englischen Parlaments nachgeschrieben worden war. Nicht der Inhalt der Reden war entscheidend, sondern ihre Anordnung und Feierlichkeit. Denn es ging bei dieser Inszenierung darum, einen Ersatz für die fehlende Krönung zu finden. Die Bildung eines neuen Königreichs war die eine, die Krönung des neuen Königs die andere Seite. Bedenkenlos überging Graf Münster, in dem wir den eigentlichen Regisseur sehen, die seit Jahrhunderten übliche Krönung und Inthronisation eines Herrschers. Eine feierliche Versammlung von Prinzregent und Ständen, dem englischen Prinzip des *King in Parliament, that's England* entsprechend, bildete den Ersatz.

Seit dem 18. Jahrhundert hatte eine neue Metapher die alte Vorstellung vom Staat als Körper, also die organologische Staatsauffassung, die sich im Bild vom Zusammenwirken von Haupt und Gliedern ausdrückte, abgelöst: Der Staat als Maschine. Nach rationalen Prinzipien war ein Staat, der dieser Metapher entsprechen sollte, zu gestalten. Der französische Etatismus, der Bruder der Französischen Revolution, hatte nach den Prinzipien des ineinandergreifenden Regelwerks seine Herrschaft aufgebaut und gegliedert. Für das neue Königreich konnte nicht einfach dieses Modell des Räderwerks übernommen werden, aber die führenden Männer waren auch weit von dem Gedanken entfernt, durch einen einfachen Rückgriff auf das alte organologische Staatsmodell, auf die gewachsenen ständischen und monarchischen Rechte, das Königreich zu formen. In der Balance zwischen Alt und Neu erscheint der neue Staat als Kunstwerk: Künstlich im Sinne von menschlicher Gestaltung, aber Kunstwerk auch im Sinne des Gelungenen, des Überzeugenden, das sich keinem platten Zweckrationalismus unterwirft. Die Inszenierung der ständischen Eröffnungsversammlung als Ersatz für die fehlende Krönung war nur ein Beispiel dafür.

Vom Begriff des Staates als Kunstwerk her läßt sich erst der Titel des Königreichs verstehen, eben als Kunstschöpfung, die nicht aus der Natur der Vergangenheit heraus gewachsen war. Ohne weitere legitimierende Begründung war es schlicht eine Invention, ein Kunstgriff, was am 12. Oktober 1814 Graf Münster noch vor der Eröffnung des Friedenskongresses in Wien den Gesandten der europäischen Höfe vorstellte.

Als am 19. Dezember 1813 als Vertreter des Königshauses Herzog Adolph Friedrich von Cambridge in Hannover einzog, saß neben ihm im blumenbekränzten Wagen Graf Münster – eine zeremonielle Geste der Dankbarkeit. Ernst Friedrich Herbert Graf Münster (1766-1839) war in den entscheidenden Jahren, in denen das Königreich Hannover Gestalt gewann, der entscheidende Mann im Hintergrund, der eigentliche Schöpfer des Königreichs. Er war 1805 zum hannoverschen Staats- und Kabinettsminister »bei der Person des Kö-

Einzug des Herzogs von Cambridge in Hannover 1813.
Gouache von J. H. Ramberg.

nigs« (so der offizielle Titelzusatz) ernannt worden. Der hochgebildete und kultivierte Mann, der aufgrund persönlicher Beziehungen seiner Mutter schon seit 1793 in ein engeres Vertrauensverhältnis zu Georg III. getreten war, konnte sich dieses auch bei der faktischen Regierungsübernahme durch den Prinzregenten erhalten. Aufenthalte in Italien hatten sein Kunstverständnis geschult, eine mehrjährige Sondermission in St. Petersburg (1801-1804) ihn in die diplomatische Praxis eingeführt. Ihm waren die Kunstschätze in der Royal Collection in Windsor oder in der Eremitage ebenso vertraut wie die Tücken der politischen Praxis. Zu seinen Freunden zählte er den Maler Tischbein ebenso wie den Kardinal Consalvi. Das Selbstbildnis, das ihn mit Frau und Sohn zeigt (Farbtafel 13), dient uns nicht nur als Memorie an einen großen Staatsmann, es dient uns auch als Erinnerung an eine alteuropäische Adelskultur, in der Dilettantismus noch keine abwertende Bezeichnung war, in der ein Kunstliebhaber mehr war als der rein rezeptive »Connaisseur«, in der sich der Dilettant, der Liebhaber der Kunst, noch bevor das Bürgertum Kunst in ihrem sozial integrativen Sinn erkannte, persönlich näherte.

Das Selbstportrait des Grafen Münster weist auf die neuzeitliche europäische Adelskultur zurück, auf die seit der Renaissance entwickelten, einem hochgebildeten Dilettanten wohl vertrauten Maltechniken, aber auch auf die Definition von Familie in einer fast ikonographisch zu nennenden Traditon.

Graf Münster steht persönlich noch für eine andere europäische Tradition ein, nämlich die der Antike-Rezeption. Er, der wohl das entscheidende Wort dafür sprach, daß der Architekt Laves 1813 für Hannover gewonnen wurde, war mehr als ein Freund der Antike: Die antike Lebensführung, so wie er sie aus den klassischen Autoren erschloß, war ihm Richtschnur. Dies sicherte seine Integrität. Er erwies sich Bestechungen gegenüber immun, er lehnte den ihm angebotenen Fürstentitel ab. Als er 1831 gestürzt wurde, nahm er gelassen Abschied von der Macht: Keine Trauer über den Verlust von Einfluß und Ansehen, keine Verbitterung. Die ihm vom König 1814 geschenkte Domäne, das ehemalige Zisterzienserkloster Derneburg, wurde sein *procul negociis*, der bukolische, der ländliche Ort, an den er sich nach antikem Muster von der Geschäftigkeit der Stadt zurückzog. Der Gartengestaltung widmete er, der zuvor sich um die Verfassungsgestaltung eines Königreichs bemüht hatte, nunmehr seine ganze Aufmerksamkeit.

Der Staat, den Graf Münster sowohl in seinem äußeren Umfang geschaffen als auch in seinen inneren Verhältnissen bestimmend geprägt hatte, war ein Staat, den er vom fernen London aus leiten konnte, war ein Kunstwerk zunächst im artifiziellen Sinne, im Zusammenspiel seiner Verfassungsorgane, das wie ein gut gebautes Uhrwerk in Gang gehalten werden konnte, ohne daß die Präsenz des leitenden Ministers erforderlich war. Aber zugleich war dieser Staat ein modernes, ein romantisches Kunstwerk darin, daß in ihm sich die organischen Kräfte, als korporativer Wille von Adel und Städten definiert, unabhängig von dirigistischen Eingriffen eigengesetzlich entfalten konnten – und das sollte die nur scheinbar provokante Abwesenheit des leitenden Ministers verdeutlichen. In der Konzeption des Grafen Münster, in der geradezu ästhetisch zu würdigenden Verfassungsbalance in der scheinbar Unvereinbares, das Alte und das Neue, versöhnt werden sollte, war sowohl von der »maschinellen« als auch von der »organischen« Seite dieses Kunstwerkes her eines nicht eingerechnet worden: Die Entwicklung vom Publikum zum Volk. Um im Bild vom Staat als Uhrwerk zu bleiben: Eine andere Unruh war im Entstehen.

Die Reaktion ohne Publikum, ihre begrenzten Ziele und ihr Scheitern 1831

Die Verfassungsgeschichte des Königreiches Hannover ist zugleich eine Geschichte der Umgestaltungen und Neuformulierungen von Grundgesetzen. Bei den Verfassungsentwürfen, überhaupt bei der Diskussion um das monarchische Prinzip im deutschen Vormärz, darf nicht übersehen werden: Es ging auch um eine Herauslösung des nunmehr autonom gedachten Staates aus den dynastischen Verbindungen Alteuropas. In der verfassungsgeschichtlichen Entwicklung bis 1848 ist die Frage der nationalen Einheit eher ein Randthema; entscheidender war die Überwindung jener alteuropäischen Herrschaftsorientierung, die noch auf dem Wiener Kongreß zu den Ordnungsprämissen der Staatsmänner gehörte: Die personalen Interessen der großen europäischen Dynastien. Auf niedersächsischem Boden zeigt sich vom kleinen bis zum großen Fall, von der Abtretung Jevers an Oldenburg bis hin zur Auflösung der englisch-hannoverschen Personalunion, das Neue. Ein Verteidiger des »monarchischen Prinzips« im Vormärz mußte durchaus kein Reaktionär sein; er konnte sich als Neuerer verstehen, der das Königtum nicht mehr vom vor- und überstaatlichen Gedanken der Dynastie her, sondern von der Stellung des Monarchen im Staate her definierte.

Mit der Verkürzung der dynastischen Autorität und der Neubegründung eines nur auf den Staat bezogenen Herrschertums veränderten sich auch die Beziehungen des Adels zum Herrscher. Jetzt ging es nicht mehr um die Hofnähe einzelner adeliger Familien, jetzt ging es um den Adel als Stand, um die Definition seiner Stellung im Staat. Das zeigte sich bereits wenige Jahre nach der Gründung des Königreichs in der Verfassungsumgestaltung von 1819. Politische Intrigen gingen voraus. Gegen den Willen des Grafen Münster wurde ein Zweikammersystem eingeführt. Im Gegensatz zu anderen Staaten des deutschen Bundes besaß die erste Kammer ein Zustimmungsrecht in allen Fragen und blieb nicht nur auf ein Vetorecht in Prinzipienfragen beschränkt. Das bedeutete eine Verdoppelung aller Diskussionen um neue Gesetze und ein in jeder Frage entscheidendes Mitbestimmungsrecht des Adels, der die erste Kammer beherrschte. Denn in der ersten Kammer fanden neben den Angehörigen des königlichen Hauses und einigen Prälaten die Standesherren und die Ritterschaft Aufnahme, die zweite Kammer dagegen wurde von den Städten beschickt.

Einfluß des Adels: Zu berücksichtigen ist, daß viele Träger vornehmer Namen von Glück sagen konnten, aufgrund des ungeschriebenen Offiziersprivilegs in der Armee zumindest ihren Lebensunterhalt bestreiten zu können. Die prächtige Uniform sollte möglichen Neid kompensieren, den Neid auf die zivilen Beamten eines Staates, in dem bürgerliche Amtmänner über höhere Einkünfte verfügten als adelige Generäle, und auch den Neid auf vom Erbrecht begünstigte Standesgenossen, die als Herren über große Güter geboten, die vielleicht sogar – allein im Calenbergischen gab es deren 23 – über sogenannte Patrimonialgerichte (die erst 1850 aufgehoben wurden) geboten. Eine solche Gerichtsbarkeit hatte zwar in der Realität seit dem 18. Jahrhundert an juristisch gebildete Personen übertragen werden müssen; sie war gewiß keine Judikatur mit der Reitpeitsche, aber sie war Ausdruck des Fortlebens alteuropäischer Adelsherrschaft. Das wichtigste Privileg dieser vor ihren Standesgenossen privilegierten Herren war jedoch ihre ökonomische Sicherstellung durch die norddeutsche Gestalt des Ritterguts.

Im Gegensatz zu den späteren Verfassungsänderungen hatte die des Jahres 1819 keine öffentliche Reaktion gefunden; denn in seiner Frühform verbarg sich der parlamentarische Gedanke immer noch hinter der Tradition alter ständischer Repräsentation, war eher dem 18. Jahrhundert als der Zukunft verpflichtet. Da der Tradition zufolge die einzelnen Wahlkörperschaften und nicht der Staat die Diäten der Abgeordneten zu übernehmen hatten, wählten die überschuldeten Städte vielfach hauptstädtische Beamte, denen sie keinen großen Unterhalt zu zahlen brauchten.

Für die Entwicklung des konstitutionellen Gedankens in Deutschland scheint das Königreich Hannover, wenn man den neuesten verfassungsgeschichtlichen Darstellungen Glauben schenkt, im Gegensatz zu den süddeutschen Bundesstaaten, keine Rolle zu spielen. Immer noch wirkt in der Forschung Heinrich von Treitschkes süffisantes Urteil vom »norddeutschen Stilleben« nach. Die Geschichte nach 1819 zeigt hingegen, daß die Verfassungsdiskussion, die entscheidende Frage nach der Stellung des Königs in seinem Verhältnis zum Volk, im Königreich ebenfalls, allerdings nur auf der halbdunklen Ebene der Administration, geführt wurde. Diese Ebene war nicht ausgeleuchtet, denn schon allein von der Regierungspraxis und dem Regierungsstil der Zeit her sollte alles, was die staatlichen Belange anging, den Augen des »Publikums« entzogen bleiben.

Bereits in den Anfangsjahren des Königreichs hatte Graf Münster jene Öffentlichkeit durch die Hintertür, wie sie für das Hannover im Vormärz typisch werden sollte, vorgegeben. Der Versuch, die Ständeversammlung nach französischem, durch das Königreich Westfalen vermittelten Vorbild öffentlich abzuhalten, war (wohl am Widerstand des Adels) gescheitert. Geheim sollten die Verhandlungen und Beratungen bleiben, »arcana« des Staates. Doch von London aus sorgte Graf Münster dafür, daß im Jahre 1819 der berühmte Historiker Heinrich Luden in Jena eine Darstellung der jüngsten Geschichte des Königreichs aufgrund in Auszügen mitgeteilter ständischer Akten herausgeben konnte: Die Beratungsgegenstände der nichtöffentlichen Versammlung wurden unter dem Vorwand der Wissenschaft veröffentlicht.

Auf die gegen seinen Willen durchgesetzte Verfassung von 1819 antwortete Graf Münster, indem er 1822 die Grundsätze für den neuen »Staatsdienerstand« entwarf. Die Adelsvorrechte sollten für die Laufbahn der Beamten nicht mehr gelten. Zum Beispiel durften die adeligen Forstmeister sich nicht mehr durch eigene Uniformen von den bürgerlichen abheben. Vor allem war es die Aufteilung des Landes in sechs Landdrosteien, zu denen noch als eigener Bereich die Berghauptmannschaft Clausthal trat, die als Mittelbehörden einen einheitlichen Instanzenzug garantierten. Der Etatist Münster, der den Staat vor allem von seinen Behörden her dachte, schuf mit dieser fortschrittlichen Gliederung und Organisation ein Gegengewicht gegen die adelige Dominanz, die sich in der Ständeversammlung ausdrückte. Allein deshalb stellt das schon dem frühen Königreich in der Wissenschaft gern angeheftete Etikett »reaktionär« eine groteske Verzerrung der Wirklichkeit dar. Ein Verrechtlichungsprozeß, der die Stellung des Königs auf indirekte Weise definierte, war in vollem Gange. Ob Staatsdienergesetz, ob neue Grundsteuer, zu der auch der Adel unter gewiß sehr moderaten, aber immerhin die alte Steuerfreiheit des Standes aufhebenden Bedingungen herangezogen wurde: Das *Ancien Régime* wurde überwunden und damit wurde indirekt die Stellung des Königs als der Quelle allen Rechtes auf die eines Monarchen beschränkt, der die bestehenden Rechte zu wahren hatte: Die Tiefenstruktur des Protests der Göttinger Sieben im Jahre 1837.

Der Wunsch nach einer konstitutionellen Verfassung wurde erst um 1830 offener geäußert. Im nachhinein faßte der Advokat Oppermann, der diese Zeit selbst durchlitten hatte, diese Veränderung zusammen. Verfassung war um 1830 das »Verlangen der gebildeten unabhängigen Mittelstände, der Gelehrten, der Stadt- und Patrimonialrichter, mancher Beamten, der Advocaten, der Kaufleute und Lehrer an den Gymnasien, selbst der freien Bauern in den bremischen Marschen und in Ostfriesland«. Es war das Verlangen des »Publikums«, das hinter den Unruhen des Jahres 1831 im Hannoverschen stand. Das »Volk« hingegen konnte mit der Forderung nach einer Verfassung noch nicht viel anfangen. Aber es war auch nicht mehr bereit, sich duldend dem Staat zu fügen. Unruhen hat es in den 1820er Jahren immer wieder gegeben, aber es waren Unruhen, die weitgehend im vorpolitischen Raum sich abspielten. Unruhen, deren Charakteristikum der aktionistische Protest gegen Einzelmaßnahmen war: In Bodenwerder fand eine große Demonstration statt, nachdem ein Polizist zwei Bürger verhaftet hatte; die Schiffzieher an der Weser wehrten sich gegen die Einführung von Pferden beim Treideln der Schiffe; in Uelzen wurden dem Torschreiber die Fenster eingeworfen; zwischen Schustergesellen und Soldaten gab es in Göttingen Schlägereien; in Bovenden bewarfen Studenten den Universitätspedell und die königlichen Jäger mit Steinen usw. Das Typische an diesen Protesten war, daß sie in der Mehrzahl der Fälle am Wochenende, in der Freizeit, stattfanden.

Spannungsgeladen war die allgemeine Stimmung im Winter 1830/31. Jeder wußte, daß die Ernte sehr schlecht ausgefallen war. Die kargen Vorräte gingen zu Ende. Für das Frühjahr drohte Teuerung. Die schon im Oktober bekannt gemachte Versicherung der Regierung, im Frühjahr das Korn aus den herrschaftlichen Zehntscheuern »zu ermäßigten Preisen der ärmeren Classe überlassen« zu wollen, konnte ebensowenig wie die angekündigte Senkung der Grundsteuer die Sorgen beschwichtigen.

Trotz aller atmosphärischen Spannungen gab es im Königreich und in ganz Norddeutschland keine Vorbereitung für eine Revolution, es gab noch nicht einmal Protestformen, in denen sich das Volk ausdrücken konnte, um seine Mißbilligung zu artikulieren. Als 1830 die Nachrichten von der französischen Juli-Revolution nach Norddeutschland drangen, trafen sie auf keine Bereitschaft, es den Parisern gleichzutun. Selbst die Vertreibung Karls II. von Braunschweig kann nicht als Wirkung der Pariser Revolution verstanden werden. Immerhin: Was in Braunschweig geschehen war, schürte Furcht bei den Regierenden in den Nachbarstaaten.

In dieser Situation feilte der Osteroder Rechtsanwalt Dr. phil. Georg Friedrich König an der Endfassung einer der bedeutendsten politischen Schriften des deutschen Vormärz: »Anklage des Ministeriums Münster vor der öffentlichen Meinung«. Die Mittel einer politischen Kampfschrift werden in dieser »Anklage« verwendet. Polemische Verkürzungen – ausgerechnet Münster sollte ein Freund Metternichs gewesen sein – verbinden sich mit zugespitzten Vereinfachungen: Die staatliche Regie des Harzer Bergbaus wird mit der Domänenverwaltung zusammengezogen, um eine Verwaltung zu denunzieren, die nicht im Interesse des Volkes handele. All das macht noch nicht die Bedeutung dieser auch stilistisch gekonnten, zwischen souveräner Ruhe der Beweisführung und verhaltener Leidenschaft schwebenden Schrift aus, welche die Stilmittel der gerichtlichen Anklage mit denen des öffentlichkeitswirksamen Pamphlets mischt. Bei allen polemischen Zuspitzungen und bei mancher ungerechten Unterstellung (schon allein die Erwerbsgeschichte der Kunstsammlung des Grafen Münster spricht dagegen, daß er sich in den Jahren 1814/15 an Staatsgeldern bereichert hat) ist die Schrift Königs auch ein Zeugnis von tiefer politischer Einsicht, verbunden mit gedanklicher und sprachlicher Klarheit. Das machte sie für den Augenblick so gefährlich und für die Zukunft so hilfreich. Die Reformen der Zeit nach 1831 hatte diese Schrift allesamt schon eingeklagt: Kassenvereinigung und Regelung der Domänenfrage (nach Königs Meinung hätte Graf Münster dem Lande die Domänen geraubt und dem Königtum unterstellt), Ablösungsgesetzgebung und Industrieförderung. Mit beschwörendem Pathos schließt die Schrift: »Der vielgeliebte König, Wilhelm der Vierte, und mein Vaterland mögen über diese Klage richten. ... Mein Werk für König, Volk und Vaterland ist vollbracht. Thun meine Mitbürger das Ihre!«

Die Schrift Königs ist ein Zeugnis großen persönlichen Mutes und verdient den gleichen Ehrenplatz in der deutschen Verfassungsgeschichte wie der Protest der Göttinger Sieben. Es ist der Mut eines Mannes zu bewundern, der noch nicht einmal – wie die Göttinger Sieben – auf Rückhalt im gebildeten Publikum hoffen durfte. Während König – zu zehn Jahren Zuchthaus verurteilt – im Gefängnis schmachtete, wurden die von ihm vertretenen Ideen produktiv für die künftige Verfassungsgestaltung. Die von dem lauten Leben verkannte Leistung, die aus Einsicht und Charakterfestigkeit enstanden war – das wird bei Königs Landsmann Wilhelm Raabe zum literarischen Motiv.

König, alles andere als ein weltfremder Intellektueller, kannte die Stimmungen in einer mit sozialen Problemen vollgestopften Industriestadt, in der die traditionelle Konsensbildung agrarisch geprägter Kommunen nicht mehr stattfinden konnte. An seine »Mitbürger« wendet er sich, nicht an »Publikum« oder »Volk«. Seine »Anklage« wirkte in der Stadt. Den Höhepunkt der Unruhen in Osterode bildete am 7. Januar 1831 ein öffentlicher, mit 15 Unterschriften versehener Anschlag: Es habe sich in der Stadt eine »Communalgarde« gebildet. Deren Ziel war, die Beschwerden direkt vor den Herzog von Cambridge zu bringen. Den Hintergrund bildete, daß Osterode nicht in der

Das in Hildburghausen 1834 durch J. K. Barth angefertigte Bild Dr. Königs wandte sich durch das Symbol der Märtyrerkrone und durch die als Glorifizierung von Bürgersinn verstandene Bezeichnung »Staatsgefangener« an die Opposition im Hannoverschen. Hier wurde das Bild unter der Hand verkauft.

Ständeversammlung vertreten war. Von revolutionärer Gärung aber, Aufruhr gar, war nichts zu spüren. Dennoch rückte sofort auf Weisung der Regierung Militär in die Stadt ein. König wurde mit seinem Gesinnungsfreund Freytag verhaftet und nach Hannover abgeführt.

Die Ereignisse in Osterode lösten die Unruhen in Göttingen aus. Aber dieses Etikett »Unruhe« war das der Regierung. Im Grunde handelt es sich um die Aktion einiger älterer Studenten und jüngerer Privatdozenten, eine Aktion von Akademikern Mitte der Zwanzig, eine Aktion, der Professoren und Bürger weitgehend verständnislos gegenüberstanden. Auch in Göttingen, wo Königs

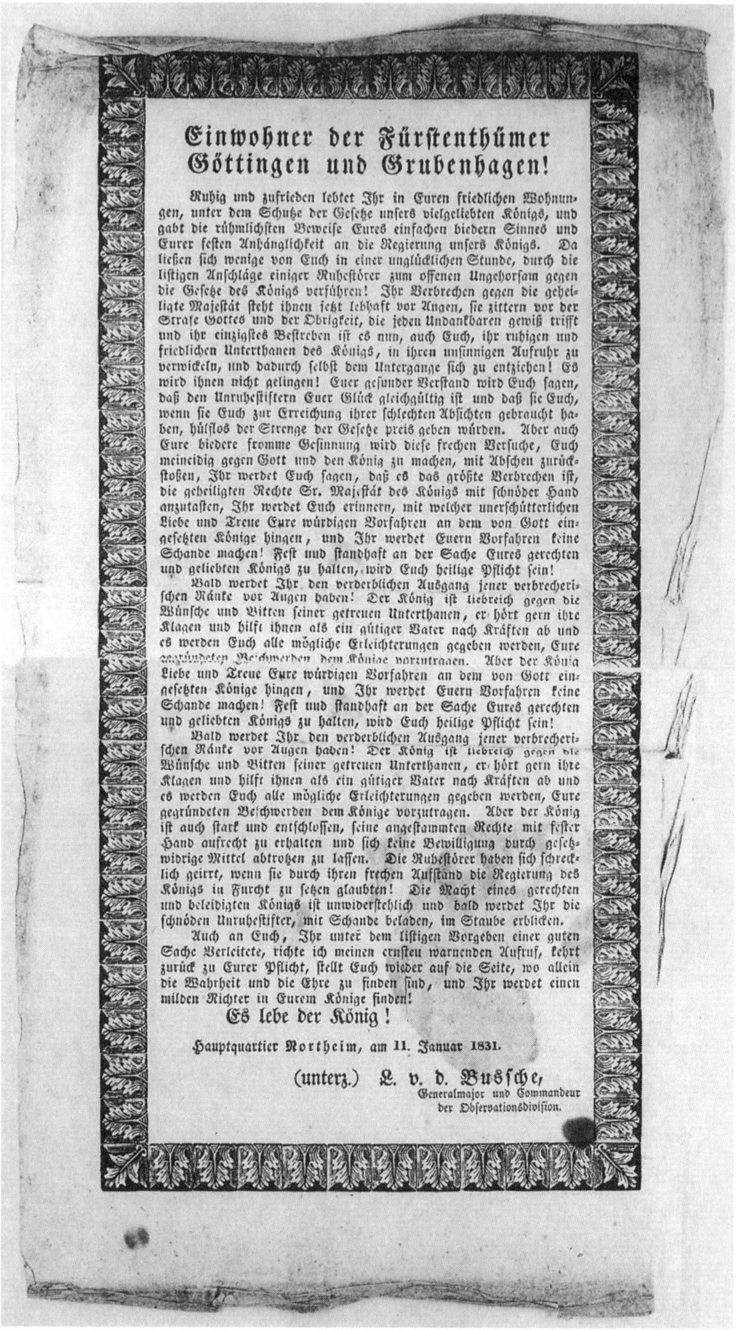

Einwohner der Fürstenthümer Göttingen und Grubenhagen!

Ruhig und zufrieden lebtet Ihr in Euren friedlichen Wohnungen, unter dem Schutze der Gesetze unsers vielgeliebten Königs, und gabt die rühmlichsten Beweise Eures einfachen biedern Sinnes und Eurer festen Anhänglichkeit an die Regierung unsers Königs. Da ließen sich wenige von Euch in einer unglücklichen Stunde, durch die listigen Anschläge einiger Ruhestörer zum offenen Ungehorsam gegen die Gesetze des Königs verführen! Ihr Verbrechen gegen die geheiligte Majestät steht ihnen jetzt lebhaft vor Augen, sie zittern vor der Strafe Gottes und der Obrigkeit, die jeden Undankbaren gewiß trifft und ihr einzigstes Bestreben ist es nun, auch Euch, ihr ruhigen und friedlichen Unterthanen des Königs, in ihren unsinnigen Aufruhr zu verwickeln, und dadurch selbst dem Untergange sich zu entziehen! Es wird ihnen nicht gelingen! Euer gesunder Verstand wird Euch sagen, daß den Unruhestiftern Euer Glück gleichgültig ist und daß sie Euch, wenn sie Euch zur Erreichung ihrer schlechten Absichten gebraucht haben, hülflos der Strenge der Gesetze preis geben würden. Aber auch Eure biedere fromme Gesinnung wird diese frechen Versuche, Euch meineidig gegen Gott und den König zu machen, mit Abschen zurückstoßen, Ihr werdet Euch sagen, daß es das größte Verbrechen ist, die geheiligten Rechte Sr. Majestät des Königs mit schnöder Hand anzutasten, Ihr werdet Euch erinnern, mit welcher unerschütterlichen Liebe und Treue Eure würdigen Vorfahren an dem von Gott eingesetzten Könige hingen, und Ihr werdet Euern Vorfahren keine Schande machen! Fest und standhaft an der Sache Eures gerechten und geliebten Königs zu halten, wird Euch heilige Pflicht sein!

Bald werdet Ihr den verderblichen Ausgang jener verbrecherischen Ränke vor Augen haben! Der König ist liebreich gegen die Wünsche und Bitten seiner getreuen Unterthanen, er hört gern ihre Klagen und hilft ihnen als ein gütiger Vater nach Kräften ab und es werden Euch alle mögliche Erleichterungen gegeben werden, Eure gegründeten Beschwerden dem Könige vorzutragen. Aber der König

Liebe und Treue Eure würdigen Vorfahren an dem von Gott eingesetzten Könige hingen, und Ihr werdet Euern Vorfahren keine Schande machen! Fest und standhaft an der Sache Eures gerechten und geliebten Königs zu halten, wird Euch heilige Pflicht sein!

Bald werdet Ihr den verderblichen Ausgang jener verbrecherischen Ränke vor Augen haben! Der König ist liebreich gegen die Wünsche und Bitten seiner getreuen Unterthanen, er hört gern ihre Klagen und hilft ihnen als ein gütiger Vater nach Kräften ab und es werden Euch alle mögliche Erleichterungen gegeben werden, Eure gegründeten Beschwerden dem Könige vorzutragen. Aber der König
ist auch stark und entschlossen, seine angestammten Rechte mit fester Hand aufrecht zu erhalten und sich keine Bewilligung durch gesetzwidrige Mittel abtrotzen zu lassen. Die Ruhestörer haben sich schrecklich geirrt, wenn sie durch ihren frechen Aufstand die Regierung des Königs in Furcht zu setzen glaubten! Die Macht eines gerechten und beleidigten Königs ist unwiderstehlich und bald werdet Ihr die schnöden Unruhestifter, mit Schande beladen, im Staube erblicken.

Auch an Euch, Ihr unter dem listigen Vorgeben einer guten Sache Verleitete, richte ich meinen ernsten warnenden Aufruf, kehrt zurück zu Eurer Pflicht, stellt Euch wieder auf die Seite, wo allein die Wahrheit und die Ehre zu finden sind, und Ihr werdet einen milden Richter in Eurem Könige finden!

Es lebe der König!

Hauptquartier Northeim, am 11. Januar 1831.

(unterz.) L. v. d. Bussche,
Generalmajor und Commandeur
der Observationsdivision.

Ruhe als Bürgerpflicht. Wer dies nicht als Bürgerfreude begreift, wird mit der Strafe durch den »gerechten und geliebten König« bedroht. Warnende Proklamation des Befehlshabers des nach Göttingen in Marsch gesetzten Heeres (1831).

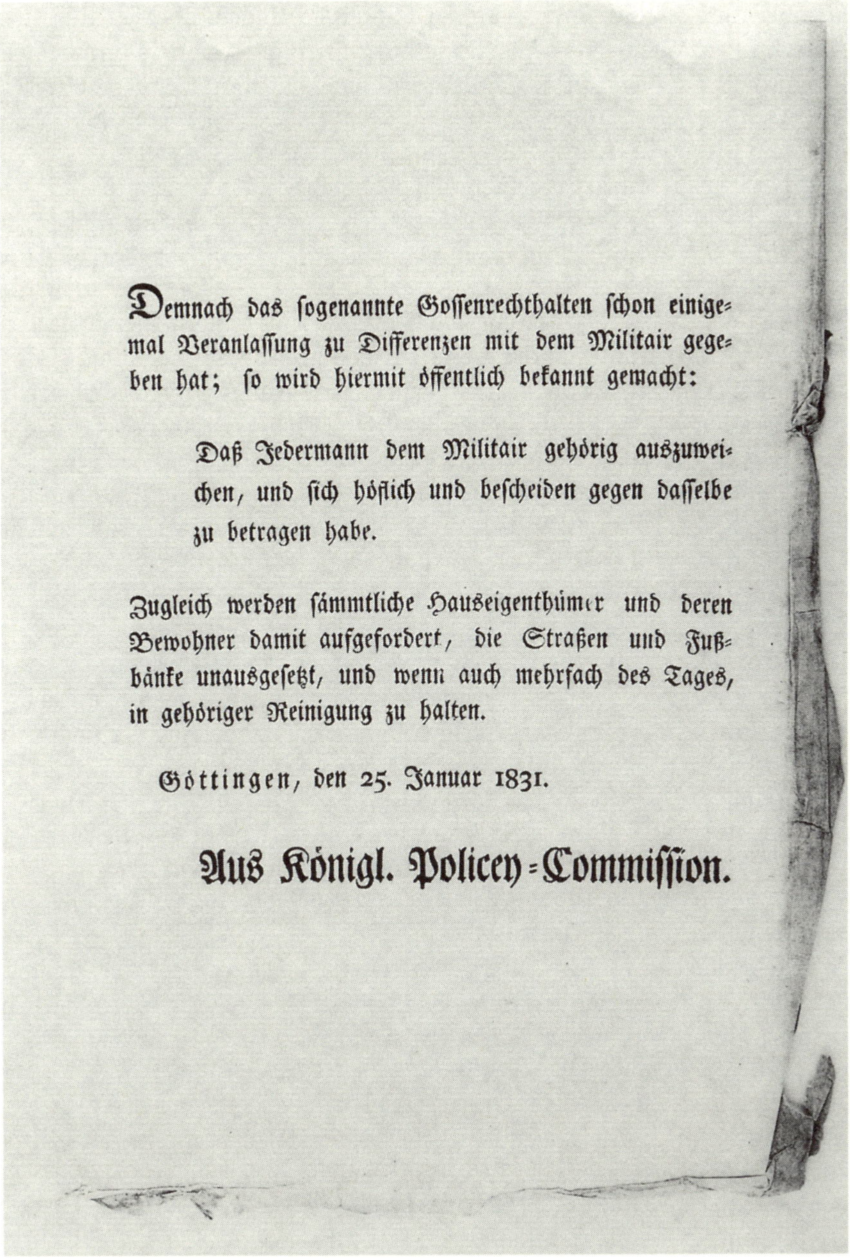

Demnach das sogenannte Gossenrechthalten schon einigemal Veranlassung zu Differenzen mit dem Militair gegeben hat; so wird hiermit öffentlich bekannt gemacht:

Daß Jedermann dem Militair gehörig auszuweichen, und sich höflich und bescheiden gegen dasselbe zu betragen habe.

Zugleich werden sämmtliche Hauseigenthümer und deren Bewohner damit aufgefordert, die Straßen und Fußbänke unausgesetzt, und wenn auch mehrfach des Tages, in gehöriger Reinigung zu halten.

Göttingen, den 25. Januar 1831.

Aus Königl. Policey-Commission.

Der Zusammenhang mit den Göttinger Unruhen erweist diese scheinbar belanglose polizeiliche Anordnung als Aussage zivilen »Ungehorsams«, als ein mentalitätsgeschichtlich bedeutsames Dokument für ein von Volk und Publikum geteiltes bürgerliches Bewußtsein, dem das »Militär« als Fremdkörper erscheint.

Schrift bekannt geworden war, darf der Hintergrund nicht übersehen werden: Das Recht, Petitionen an den Landesherren zu richten, war 1829 gröblich verletzt worden, als eine von 300 Bürgern unterzeichnete Petition unterdrückt wurde. Der Vorgang war noch nicht vergessen, als sich am 8. Januar 1831 Studenten und Bürger in Göttingen versammelten. 2.000 Bürger sollen es gewesen sein – aber wieviele Gaffer mochten sich darunter befunden haben?

Anders als in Osterode gab es in Göttingen eine protestbereite und artikulationsfähige Schicht, die Studenten nämlich, welche den Forderungen nach mehr Freiheitsrechten eine nicht nur zahlenmäßig größere Unterstützung geben konnten. Nicht eine »Communalgarde« wie in Osterode, sondern eine »Nationalgarde« wurde gebildet – eine aufschlußreiche Bezeichnung: In Osterode wollte man nur für die Stadt sprechen, in Göttingen aber sahen sich die Protestierenden als Repräsentanten aller freiheitlich Gesonnenen im ganzen Königreich; denn nur darauf bezog sich der Begriff der Nation. Die Mitglieder dieser Garde trugen eine dreifarbige Kokarde in rot, grün und lila, den calenbergischen Farben. Am Abend dieses denkwürdigen Tages ertönte auf den Göttinger Straßen die Marseillaise, aber auch »das dem Hannoveraner so werthe Volkslied, ›God save the King‹.«

Vom Umfang her unterschieden sich die Ereignisse vom 8. Januar wenig von einem Studententumult. Die Aufregung war jedoch groß. Bereits am 10. Januar wurde der Vorlesungsbetrieb suspendiert und am 12. Januar wurde die Schließung der Universität bis Ostern verfügt – eine Maßnahme, die der Landdrost Nieper im Namen des Kabinettsministeriums verkündete. Die Regierung wollte keine maßvollen Regelungen. Das Heer wurde nach Göttingen in Marsch gesetzt, und – als handele es sich um eine mittelalterliche Belagerung – der Stadt wurde eine Frist zur Unterwerfung bis zum Sonntag, den 16. Januar um 9 Uhr gesetzt. Natürlich wurden die Tore geöffnet. Die Armee konnte mit klingendem Spiel einmarschieren.

Was ließ die Regierung so hart reagieren? Es waren wohl gar nicht die als Tumulte denunzierten Protestformen, sondern deren Zusammenhang mit den unter der Hand weitergereichten »Schmähschriften«. Es häuften sich Beschwerden des Landes – es war gar nicht mehr alles so ruhig. Aus dem Lüneburger Land und selbst aus der Grafschaft Hoya erreichten das nervös gewordene Ministerium Forderungen dörflicher Gemeinden nach einer Repräsentation in der Ständeversammlung. Ehrerbietige Petitionen waren es gewiß, aber allein die Tatsache, daß sie geschrieben wurden, verunsicherte zutiefst; stimmte es am Ende nicht etwa, was immer wieder über die negativen Folgen des »Preßzwanges« behauptet wurde? Vor allem ließen sich diese Petitionen nicht mehr mit den traditionellen Denkmustern einer Scheidung von »Publikum« und »Volk« vereinbaren. Wie die meisten späteren Historiker sahen auch die damals politisch Verantwortlichen nicht, daß für die Menschen in Hoya Paris sehr fern war, daß ihre Petitionen von der Not des Landes und nicht von dem Vorbild einer Revolution in einem fremden Staat ausgelöst wurden.

So wenig Anlaß nach heutigen Vorstellungen die Ereignisse vom Frühjahr 1831 dafür auch gegeben haben mochten, so war die Furcht der Herrschenden, Vergleichbares wie in Paris könne auch in Hannover geschehen, ganz real. Furcht kann als Zuchtmeisterin ebenso Überreaktionen veranlassen wie als Lehrmeisterin zur Einsicht führen. Beides ist in den Maßnahmen der führenden Männer um den Herzog von Cambridge festzustellen. Man wollte unbedingt abschrecken. Ein Sondergericht unter Vorsitz eines Mannes, der wegen Unterschleifs öffentlicher Gelder in Verdacht geraten war, urteilte die in Osterode und Göttingen Verhafteten zu langen Kerkerstrafen ab. Keine königliche Gnade milderte diese Strafen. Auch wenn man berücksichtigt, daß es in Hannover im Vergleich zu anderen deutschen Bundesstaaten nur wenige politische Gefangene gab, so ist doch dieses, nie wirklich abgemilderte Urteil (erst Ende der 1830er Jahre wurde einigen Gefangenen gegen das Versprechen, nach Amerika auszuwandern, Haftentlassung gewährt) ein Schandfleck in der hannoverschen Geschichte.

Die Furcht, die den Herrschenden in die Knochen gefahren war, hatte aber auch positive Folgen. Die Entlassung des Grafen Münster am 12. Februar mochte man noch als eine Art Königsopfer betrachten und die Einsetzung des Herzogs von Cambridge zum Vizekönig als eine Geste (ein Zuwachs an Kompetenzen hatte diese Einsetzung nicht gebracht), welche dem Selbstwertgefühl im Lande schmeicheln sollte, aber von dem Jahr 1831 gehen über diese kurzfristigen Maßnahmen hinaus die wesentlichen Impulse zur Modernisierung des Landes aus – auf wirtschaftlichem Gebiet ebenso wie auf verfassungspolitischem.

Der Weg zum Staatsgrundgesetz

Das Jahr 1831 hatte eine Modifizierung der ständischen Konstitution gebracht, welche scheinbar unmerklich, aber langfristig wirksam das Verfassungsleben veränderte: Die Zahlung der Reisekosten und Diäten der Abgeordneten wurde von der Landeskasse übernommen. Damit waren die Städte in der Lage, den geeignetsten Deputierten abzuordnen, und nicht den, der die geringsten Spesen verursachte.

Eine weitere Modifikation erfolgte 1831 durch eine Veränderung des Wahlmodus. Aber auch hier warf die Verfassung von 1819 ihre Schatten auf die durchaus vorhandenen Verbesserungen. Die Privilegierung von Adel und von Städten und Flecken gegenüber dem Land blieb bestehen. Sehen wir davon ab, daß die Unterschichten, daß Häuslinge und Gesellen ebensowenig ein Wahlrecht hatten wie die Juden und folglich auch keine Repräsentanten entsenden konnten, so waren Städte und Flecken mit ihren 37 Deputierten dem Land gegenüber bevorzugt. Noch 1831 machte die gesamte städtische Bevölkerung des Königreichs, die durch diese 37 Deputierten vertreten war, nur 275.375 Einwohner aus. 38 Deputierte vertraten das Land, vertraten den pflichtigen und freien Grundbesitz, vertraten eine Bevölkerung von 1.337.622 Einwohnern. Und das waren die Zahlen und Zustände, wie sie nach der Verfassungsmodifikation des Jahres 1831 eingetreten waren. Unmittelbar nach 1819 waren die Relationen für die Landbevölkerung noch ungünstiger gewesen.

Es gehört zu den Folgen, die selbst die schwachen Unruhen vom Jahresanfang 1831 ausgelöst hatten, es gehört zu dem damals bei den Herrschenden erzeugten Furchteffekt, daß bereits im Frühjahr sich König und Ministerien für eine neue Verfassung aussprachen. Ein ständischer Antrag vom April dieses Jahres nutzte den Schock aus und forderte ein Grundgesetz, das dem konstitutionellen Gedanken Rechnung tragen sollte. Wie alle ständischen Aktivitäten mußte auch die Verfassungsfrage auf den langen Weg durch die Bürokratie geschickt werden. Die Beratungen zogen sich zwei Jahre hin. Am 26. September 1833 konnte schließlich das Ergebnis publiziert werden. Tatsächlich entsprach diese Verfassungsurkunde dem Willen der Zweiten Kammer, die im März 1831 beantragt hatte, daß der König »geruhen« möge, unter Mitwirkung von je sieben Mitgliedern der beiden Kammern »eine zeitgemäße Verfassungsurkunde [zu] entwerfen«. Deutlicher kann im Grunde nicht gesagt werden, daß es überhaupt keine kollektive Kompetenz in den Kammern gab, keine politische Willensbildung, die leidenschaftlich um Grundsätze rang. Gesucht wurden Experten im Zeitgemäßen. Das endgültige Staatsgrundgesetz trug deshalb die Handschrift jenes Göttinger Professors, der sich durch seine überzogenen Kommentare zu den Unruhen von 1831 (»Revolution«!) der Regierung und dem Monarchen als ein zuverlässiger Sachwalter ihrer Interessen empfohlen hatte, der aber auch den Ständen aufgrund seines wissenschaftlichen Ansehens und seiner konstitutionellen Vorstellungen genehm sein konnte: Friedrich Christoph Dahlmann.

Der 1785 in Wismar geborene Dahlmann, ein schüchterner und im geselligen Umgang unbeholfener Mann, hatte als Syndikus der schleswig-holsteinischen Stände wissenschaftliches Ansehen gewonnen und war 1829 nach Göttingen berufen worden. Lange Diskussionen gingen seiner Bestellung zum informellen Ratgeber bei den Beratungen über ein neues Staatsgrundgesetz voraus; letztlich aber erwies sich die Bestellung als Glücksgriff. Aus seinen schleswig-holsteinischen Erfahrungen heraus hatte Dahlmann entscheidend zur Formulierung konstitutioneller Elemente beigetragen, als er am 24. Mai 1831 den ersten Entwurf der künftigen Verfassung vorlegte.

Bei aller Würdigung der Leistung Dahlmanns muß einschränkend angemerkt werden: Es waren nicht Klarheit und konstitutionelle Logik seiner Gedankenführung, sondern es waren die Debatten in den Kammern, die der Publikation dieses Gesetzes den Weg ebneten. Dahlmann ist der gedankliche Schöpfer der Verfassung, Johann Carl Bertram Stüve der politische. In den Debatten, die damals in den Kammern um das Staatsgrundgesetz geführt wurden, traten jene beiden Persönlichkeiten bestimmend auf, die das Verfassungsleben der nächsten Generation zutiefst beeinflussen sollten: Georg Schele von Schelenburg, der westfälische Edelmann aus dem Osnabrückischen, der vollendete Kavalier im Verständnis der Zeit, und Stüve, der in sich gekehrte, fast schüchterne Junggeselle, kurzum der Freiherr und der Doktor. Der eine, ein großer hagerer Mann, der meisterhaft die Salonintrige beherrschte und damit immer wieder im Hintergrund einflußreich wirkte, der andere, ein Junggeselle, der mit seiner Beredsamkeit, in der er seine angeborene Schüchternheit überwand, zögernde Deputierte der Zweiten Kammer mitreißen konnte.

Es gehört zu den bizarren Erscheinungen, die Verfassungsleben und Verfassungsdiskussion des frühen 19. Jahrhunderts zu einem faszinierenden Theater zwischen Kammerspiel und Oper werden lassen, daß der Grandseigneur Schele sich in den Gemächern der Macht versteckt und der schüchterne Stüve in der halben, der informellen Öffentlichkeit der Zweiten Kammer das große Wort führt. Stüve, ein Mann von stupender historischer Bildung, verdankte sein Ansehen beim »Publikum« – populär war er nie gewesen –, verdankte sein politisches Profil der Fähigkeit, liberale Vorstellungen pragmatisch in die Lösung anstehender politischer Fragen einzubringen. Allein durch Plastizität und Überzeugungskraft seiner Argumentation konnte Stüve Einfluß gewinnen; denn fast zeitlebens stand er im Schatten der Macht.

Korrigierender Einfluß bei faktischer Einflußlosigkeit, Stärke des Arguments bei Schwäche des die Argumente unterstützenden politischen Drucks – das sind die allenthalben in deutschen Landen begegnenden Probleme. Parteibildung allenfalls in Ansätzen als personales, aber auch personal zu verantwortendes Schicksal: Die Unschärfe des Begriffs »Liberalismus« erweist sich bei Stüve, der sogar seine politischen Freunde immer wieder mit unerwarteten Einwürfen in den politischen Debatten überraschte. »Liberalismus« war kein Parteibegriff im heutigen Sinne, sondern bezeichnete vielmehr eine ungefähre Grundeinstellung in der Forderung nach einer die Grundrechte garantierenden Verfassung. Wie bei vielen damaligen Liberalen folgt auch bei Stüve aus der Verfassungsforderung kein Bekenntnis zur Demokratie. Im Gegenteil: Der Mann, der in dem kritischen Jahr 1848 dem Königreich innere Stabilität wiedergeben sollte, war kein Freund des allgemeinen Wahlrechts. Er kommentierte 1848: »Hätte man doch das Wahlrecht den Hausvätern gegeben. Aber nein, jeder Strolch, jeder Handwerksbursch, jeder Lump, der keinen Groschen Steuern zahlt, hat dasselbe Recht wie der ansässige Bürger, der Meister, der Bauer«. Die Demokratie reichte bei Stüve bis zum Hausvater, bis zum Hauswirt; sie war keine Konsequenz wie bei den sogenannten radikalen Liberalen aus dem Naturrecht.

Zurück zu den Auseinandersetzungen um das Staatsgrundgesetz. Man darf es sich nicht so vorstellen, als hätten sich die beiden Männer, in denen sich die beiden Strömungen personifizierten, die um die zukünftige Gestaltung des Königreichs kämpften, nämlich die streng monarchische und die liberale Richtung, erbitterte Rededuelle geliefert, denen die Kammern gebannt gelauscht hätten. Vielmehr ging es darum, daß sie während der Ständeversammlungen ihren Einfluß über jenes merkwürdige informelle System zu sichern versuchten, das zwischen dem Hof des Vizekönigs, der Bürokratie und den Ständen bestand – es gab ja nicht nur das Ständehaus, es gab in dem damals noch kleinen Hannover auch Cafés und Hotels, in denen man sich nach den Sessionen zu treffen pflegte. Es ging wohl auf Schele zurück, daß das unglückliche Zweikammersystem in der neuen Verfassung beibehalten wurde; in den entscheidenden Punkten zeigt sich jedoch, daß Stüve sich durchsetzen konnte, und das betraf vor allem die Domänenfrage und die Kassenvereinigung.

In den Paragraphen 95 und 96 des Dahlmannschen Entwurfs finden sich scheinbar versteckt Bestimmungen, die in die endgültige Formulierung des Staatsgrundgesetzes Einlaß fanden: »Um die Ständeversammlung in den Stand zu setzen, das Budget ... mit ausreichender Sachkenntnis zu prüfen, wird das königliche Ministerium keine erforderliche Auskunft versagen ... Zu demselben Zweck wird die bisherige Trennung der Cassen aufhören und eine Vereinigung der königlichen Casse mit der Landescasse eintreten.« Was hier lapidar formuliert wurde, stellt eine tiefgreifende Veränderung nicht nur der Finanzverwaltung, sondern auch des Verhältnisses der beiden Kammern zum Staat dar, es handelt sich um einen ganz wichtigen Zwischenschritt zur Gewinnung parlamentarischer Regierungsformen. Wie sah nämlich die Finanzverwaltung und die Finanzkontrolle im Königreich aus?

Als Erbe der ständischen Mitverwaltung im *Ancien Régime* hatten sich zwei Kassen gebildet, die »Generalsteuerkasse«, in der die direkten und indirekten Steuern zusammenflossen, und die »königliche Generalkasse«, in der die Erträge der königlichen Domänen und die Einkünfte aus den Regalien (Zölle, Post, Bergwerke, Salinen) zusammengefaßt wurden. Die königliche Kasse zahlte für die zentralen Verwaltungsaufgaben, also für die Kosten des Kabinetts, für Gesandtschaften und für die Behörden sowie für das geistliche evangelische Konsistorium. Die ständische Kasse hingegen hatte die Kosten für alle unmittelbaren Regierungsaufgaben zu übernehmen. Gemeinsam unterhielten beide Kassen die Armee – der größte Haushaltsposten mit 1,5 Millionen Reichstalern um 1830 –, die Universität Göttingen und die Gerichte. Um 1830 hatte die Generalsteuerkasse etwa 3 Millionen Reichstaler an Ausgaben zu tragen, die königliche Kasse 2,3 Millionen Reichstaler.

Was Dahlmann forderte, was das Staatsgrundgesetz schließlich übernahm, war mit der Kassenvereinigung zunächst einmal eine Modernisierung alter ständischer Relikte in der Steuerverwaltung. Zugleich wurde – mit dem Stichwort »Budget« schon in Dahlmanns Entwurf benannt – die Kontrolle der Kammern auf die königliche Kasse ausgedehnt. Das wichtigste Mittel parlamentarischer Kontrolle war damit gewonnen: das Budgetrecht, das Recht, den Haushalt zu bewilligen.

Die Vereinigung der königlichen Kasse mit der des Landes war nach Stüve »der Hauptinhalt und die rechte Grundlage des Staatsgrundgesetzes«, denn erst mit der Kassenvereinigung konnte sich über das Budgetrecht als Hebel der ersten Kammer deren allgemeines Kontroll- und sogar Gesetzgebungsrecht entfalten. Schon Paragraph 7 des Dahlmannschen Entwurfs zeigt, daß hier die Basis für ein frühparlamentarisches System gelegt worden war: »Die allgemeine Ständeversammlung hat das Recht, der Bewilligung ... der Steuern, das Recht der Mitverwaltung der Steuern, das Recht der Zustimmung bei allen allgemeinen Landesgesetzen und das Recht, selbst bei der Regierung ... Gesetze in Vorschlag zu bringen.« Ein mutiger Schritt in die Zukunft, aber wurden darüber nicht zeitgebundene Probleme übersehen? Wie brisant die in der Kassenvereinigung einbeschlossene Domänenregelung war, erschließt sich nicht über verfassungsgeschichtliche Abstraktionen, sondern über die Wirklichkeit. Die Domänen nämlich wurden von den Amtleuten nicht nur verwaltet, sie waren ein Teil ihrer Amtsbesoldung. Nach dem Staatsgrundgesetz jedoch traten die Amtleute, die für die Staatsverwaltung zentralen Personen, nicht, wenn sie eine königliche Domäne pachteten, in einen direkten Kontakt zu dem Eigentümer dieser Domänen, sondern zu einem abstrakten Staat. Für den fernen König in London mochte diese Veränderung unbedeutend sein, für einen künftigen Herrscher aber im Lande war es ein sehr sensibler Punkt, der ihm als ein Eingriff in seine monarchischen Rechte erscheinen konnte.

König Ernst August und sein Streich gegen den Staat

1837 endete mit dem Tode des englischen Königs Wilhelm IV. die Personalunion. Überall mußten im Hannoverschen die Amtsschilder ausgewechselt werden. Statt »königlich Großbritannisch-Hannoversch« hießen Ämter und Gerichte nun »königlich Hannoversch«. 1837 erhielt das Land, das seit etwa hundert Jahren aus der Fremde regiert wurde, wieder einen Herrscher, der im Lande anwesend war. Mehr als ein Wechsel von Personen, ein Wechsel des Regierungsstils stand bevor.

Am 28. Juni 1837 traf der neue König in Hannover ein. Jubelfeiern begleiteten seinen Einzug. Die Begeisterung war echt. Niemand blickte bei den Einzugsfeierlichkeiten sorgenvoll in die Zukunft, niemanden störte, daß dieser König in England, genauer in der Londoner Öffentlichkeit, als der Inbegriff eines Hochtorys, als ein stockkonservativer Prinz, überaus unbeliebt gewesen war. Niemand dachte auch daran, daß dieser König die Verfassungen des Königreichs stets abgelehnt hatte.

Wer war dieser Ernst August, der 1837 so begeistert im Hannoverschen begrüßt wurde? Er war 1771 in London als Sohn Georgs III. geboren worden. Spartanisch war die Erziehung, wenig auf geistige Anregungen setzend. Im Mittelpunkt der intellektuellen Ausbildung stand die Religion, und das galt weiterhin, als die drei jüngeren Söhne Georgs, Ernst August, August und Adolf in Göttingen studierten. Selbst hier stand die Religion, den Wünschen des Vaters entsprechend, obenan. Ernst August mochte wohl die Marotten seines Vaters kennen, als er ihm schrieb: »Wir haben soeben den ersten Teil unseres Religionskursus beendet. Der zweite handelt von den Engeln, was ich äußerst interessant finde.« Als Ernst August 1791 Göttingen verließ, äußerte er, »daß ich einer der undankbarsten Menschen sein müßte, wenn ich je vergäße, was ich Göttingen und seinen Professoren verdankte.« (Spätestens 1837 hatte er es vergessen.)

Im Jahre 1791 begann der zweite Abschnitt der Prinzenerziehung, die Soldatenausbildung. Im 9. Leichten Dragonerregiment zu Hannover begann er als Rekrut und war bereits nach einem Jahr Oberst. Wie weit konnte das Soldaten- und Offiziersdasein einen jungen Menschen fördern? Der Billardclub war für Ernst August in Gemeinschaft mit jungen Adeligen die einzige Insel in einem Meer von Langeweile. 1793 wurde ihm dann ein außerehelicher Sohn geboren, der nach englischer Sitte (»Fitz« bedeutet »fils de« und wurde zu solchen Fällen zum Namen gesetzt) George Fitzernest hieß. Dieser Sohn erhielt eine standesgemäße Erziehung in Oxford, sollte Geistlicher werden, aber verstarb, nach einem Sturz vom Pferde seit seiner Kindheit gelähmt, bereits im Jahre 1828.

Die wirkliche Ausbildung begann für den späteren König eben in jenem Jahr 1793, dem Geburtsjahr seines Sohnes. In den Revolutionskriegen gegen Frankreich war er alles andere als ein hochadeliger »Schlachtenbummler« (ein Begriff, den es damals vom Wort und der Sache her tatsächlich gab). Er kämpfte mit, wurde dabei schwer verwundet und mußte die Härten des Soldatendaseins ertragen: »Vier Wochen lang habe ich kein richtiges Bett gekannt, denn unser Lager bestand aus Stroh«. Er galt als »ein echter Husar, dabei offen, lebhaft und sehr gutmütig«. Ein anderer Offizier urteilte über ihn, nachdem er mit ihm gemeinsam in einem Kloster einquartiert gewesen war: »Er ließ sich nicht davon abbringen, die Äbtissin zu küssen und den unglücklichen Nonnen dummes Zeug vorzuschwätzen. Ich kenne sein gutes Herz ..., aber ich fürchte, für England ist er zu wild.«

Was den königlichen Prinzen nach sogenanntem Studium und Militärzeit vor anderen Prinzen auszeichnete, war seine Ehe; eine Liebesheirat mit der 1778 geborenen Friederike, der Tochter seines Onkels Herzog Karl von Mecklenburg-Strelitz. Friederike war die Schwester der Königin Luise; beide wurden unsterblich durch Schadows Marmorplastik. Auch Friederike war zunächst mit einem preußischen Prinzen verheiratet, mit dem sie drei Kinder hatte, als sie mit 18 Jahren Witwe wurde. Sie verlobte sich danach mit einem Bruder von Ernst August, aber der König verbot die Heirat. Sie war dann liiert mit Friedrich von Solms-Braunfels, mit dem sie, nachdem sie schwanger wurde, im Geheimen in Berlin getraut wurde. Aus dieser unglücklichen Ehe, unglücklich wegen der Trunksucht und der Jagdleidenschaft ihres Mannes, hatte sie weitere drei Kinder. 1813 lernte sie, während eines Kuraufenthaltes ihres Mannes, Ernst August in Strelitz kennen. Entschlossen planten die beiden

Liebenden die Scheidung Friederikes, aber Prinz Solms starb bereits im April 1814 an einem Schlaganfall. Nachdem sie das Trauerjahr abgewartet hatten, heirateten Friederike und Ernst August am 29. Mai 1815. Daß Ernst August Friederike ehelichen durfte, lag sicherlich auch daran, daß sein Vater damals bereits geistig umnachtet war und der Prinzregent sich offenbar scheute, das private Glück seines Bruders aus dynastischen Gründen zu verhindern. Mit unerschütterlicher Loyalität dankte es ihm Ernst August. Seine Eheschließung zeigt, da sie auf ganz persönlichen Wünschen, auf Liebe, beruhte, daß hinter seinem schroffen Wesen, dessen Äußerungen er als »deutsche Gradheit« verstanden wissen wollte, auch liebenswürdigere Züge verborgen gewesen sein müssen, echtes Empfinden, das ihn befähigte, über gesellschaftliche Vorurteile hinwegzublicken. Und das machte diesen Herrscher zu einer bemerkenswerten Gestalt in der Geschichte deutscher Könige im 19. Jahrhundert, einer deshalb bisher ungeschriebenen Geschichte, weil offenbar der unbefangene Umgang mit der Monarchie den Historikern Schwierigkeiten macht. Unverkennbar begannen sich die Monarchen des 19. Jahrhunderts bürgerlichen Vorstellungen insofern anzugleichen, als sie bis in die Außendarstellung ihrer Familienverhältnisse hinein ihre Nähe zu den allgemeinen Wertvorstellungen dokumentierten. (Bezeichnenderweise sollte die einzige dagegen sich auflehnende Persönlichkeit, Ludwig II. von Bayern, der bekannteste, teils verehrte, teils abgelehnte Herrscher der Monarchenwelt des 19. Jahrhunderts werden.) Zwischen den in dynastischer und damit politischer Räson stehenden Eheschließungen im *Ancien Régime* und den standesgebundenen Zwängen der Ebenbürtigen, aber zugleich auch den Zwängen einer Verbürgerlichung der Außendarstellung von königlicher Familie, erschient Ernst August, seiner politischen Fehler ungeachtet, in seinem persönlichen Leben als ein Monarch zwischen den Zeiten.

Die Tragik eines entschlossen von beiden Seiten erkämpften Eheglücks: Im Jahre 1819 wurde dem Ehepaar das einzige Kind geboren, der Sohn Georg, der künftige Thronfolger. Schon der Vater hatte an heftigen Augenschmerzen, hochgradiger Sehschwäche des linken Auges gelitten. Der Sohn erblindete in jungen Jahren nacheinander auf beiden Augen durch Krankheit und einen Unglücksfall.

Ein Ernst August war nicht die Persönlichkeit, sich lange mit den Gegebenheiten des Landes abzugeben, war nicht die Persönlichkeit, nach Kompromissen zu suchen, geschweige denn, Probleme auf die lange Bank – und sei es auch nur, um Zeit zum Überlegen zu gewinnen – zu schieben. Nahezu ohne Vorbereitung, harsch und unmißverständlich, ließ er, kaum war der Jubel über seinen Einzug in Hannover abgeebbt, am 5. Juli ein Patent veröffentlichen, »daß in vielen Punkten das Staatsgrundgesetz unserm nur auf die Förderung des Wohls unserer getreuen Unterthanen gerichteten Wünschen nicht entspreche.« Jeder verstand, was gemeint war. Sofort herrschte beim Deutschen Bund Aufregung, denn eine Konstitution – und der Bund verstand sich als Konföderation von

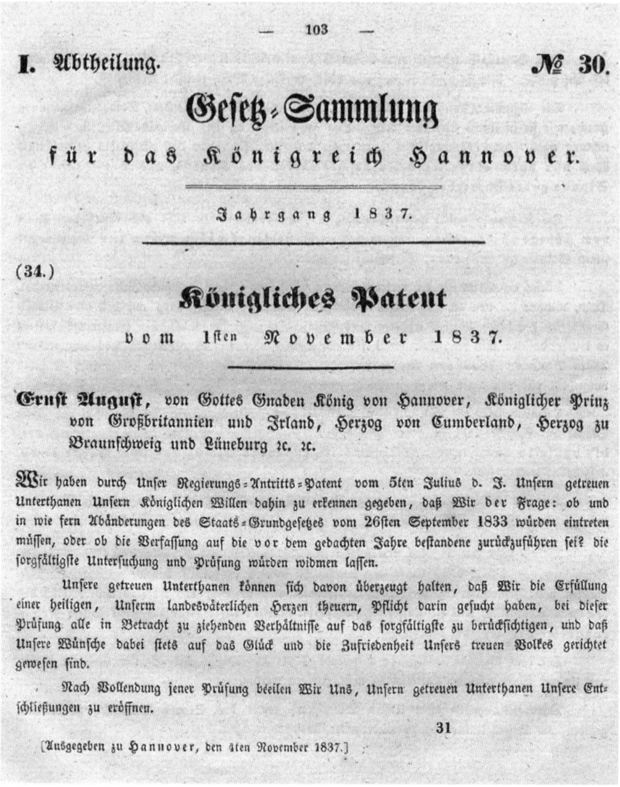

— 103 —

I. Abtheilung. № 30.

Gesetz-Sammlung für das Königreich Hannover.

Jahrgang 1837.

(34.)

Königliches Patent vom 1sten November 1837.

Ernst August, von Gottes Gnaden König von Hannover, Königlicher Prinz von Großbritannien und Irland, Herzog von Cumberland, Herzog zu Braunschweig und Lüneburg rc. rc.

Wir haben durch Unser Regierungs-Antritts-Patent vom 5ten Julius d. J. Unsern getreuen Unterthanen Unsern Königlichen Willen dahin zu erkennen gegeben, daß Wir der Frage: ob und in wie fern Abänderungen des Staats-Grundgesetzes vom 26sten September 1833 würden eintreten müssen, oder ob die Verfassung auf die vor dem gedachten Jahre bestandene zurückzuführen sei? die sorgfältigste Untersuchung und Prüfung würden widmen lassen.

Unsere getreuen Unterthanen können sich davon überzeugt halten, daß Wir die Erfüllung einer heiligen, Unserm landesväterlichen Herzen theuern, Pflicht darin gesucht haben, bei dieser Prüfung alle in Betracht zu ziehenden Verhältnisse auf das sorgfältigste zu berücksichtigen, und daß Unsere Wünsche dabei stets auf das Glück und die Zufriedenheit Unsers treuen Volkes gerichtet gewesen sind.

Nach Vollendung jener Prüfung beeilen Wir Uns, Unsern getreuen Unterthanen Unsere Entschließungen zu eröffnen.

31

[Ausgegeben zu Hannover, den 4ten November 1837.]

Anfang des November-Patents.

Staaten, die von Verfassungen, nicht aber von Königen bestimmt waren – war in Frage gestellt worden, ein Staatsgrundgesetz, dem der Deutsche Bund seine Zustimmung gegeben hatte.

Was Ernst August im Feldzug 1813 auf Geheiß seines Bruders verwehrt worden war, holte er jetzt im übertragenen Sinne nach: den entschlossenen Reiterangriff zur persönlichen Einnahme Hannovers. Alle zwischen Juli und November 1837 angeforderten Gutachten zur Rechtslage bedeuten nur, militärisch gesprochen, eine Rekognoszierung des Terrains. Der Entschluß zum Angriff stand fest. Was kümmerte bei einem solchen Husarenstreich das Recht? Wir übertreiben nicht mit dem Bild des Reiterangriffs. Weder alte noch neue ein Königtum legitimierende Akte interessierten Ernst August. Die alte legitimierende Form der Krönung wurde 1837 schlicht vergessen. Jacob Grimm hatte nicht versäumt, 1838 in seiner Schrift »Ueber meine Entlassung« auf diesen wunden Punkt hinzuweisen. Möglicherweise hatte man sich in Hannover Jacob Grimms Kritik an der Privatheit eines Königs ohne Krone zu Herzen genommen. Jedenfalls gab 1842 Finanzminister von Schulte eine Königskrone in Auftrag, wobei er jedoch eine feste Kalkulation verlangte, daß der Preis von 5.380 Talern Courant »unter keinen Umständen« überschritten werden dürfe.

Wodurch wurde ein Königtum, wenn nicht durch eine Krönung, denn legitimiert? In Hannover war die Sachlage eindeutig: Durch das Beschwören der Verfassung wäre Ernst August erst wahrer König geworden. Aber genau das schob er bei seinem Streich gegen den Staat beiseite.

Am 1. November stellte ein königliches Patent endgültig klar, daß »die verbindliche Kraft des Staatsgrundgesetzes ... von jetzt an erloschen« sei. In den Kabinetten von Wien bis Berlin war man peinlich berührt; selbst Metternich, der Fels der Reaktion, reagierte ungehalten auf das Vorgehen Ernst Augusts. Der Deutsche Bund geriet in große Verlegenheit; tatsächlich hatte er jenes Staatsgründungsgesetz gebilligt, das jetzt aufgehoben worden war. Die politische Isolation des Königreichs wird darin sichtbar, daß sich der Bundestag fast zwei Jahre, bis zum 5. September 1839, Zeit ließ, ehe er sich zu einer faktischen Anerkennung des 1837 geschaffenen Zustandes herabließ. Den Ausschlag hatte die Furcht vor einem Präzedenzfall gegeben, die eine Verurteilung Hannovers bedeutet hätte: Die Einmischung des Frankfurter Bundestages in die inneren Angelegenheiten eines Staates. Mit einer Billigung des Staatsstreichs von 1837 hatte das nichts zu tun.

Der Deutsche Bund mochte über den Anschlag des neuen Königs in Aufregung geraten; in der Residenzstadt Hannover aber blieb alles ruhig. Selbst das November-Patent verursachte keine Aufregung. Der König konnte beruhigt an eine Kur in Karlsbad denken.

Die Göttinger Sieben und die Wirkung ihres Protestes

Das November-Patent hatte die Eidesfrage, hatte die Verpflichtung des neuen Königs, die Verfassung zu beschwören, schlicht umgedreht, indem es »die Staatsdiener« von der Verfassung entband. Und genau dies war der Kernpunkt des Protestes der Göttinger Sieben. Der berühmteste von diesen, Jacob Grimm, machte es deutlich, als er seiner Schrift »Ueber meine Entlassung« als Motto die Frage des Nibelungenlieds voransetzte: »war sint die eide komen«, wohin ist es mit dem deutschen Eid gekommen, eine Gewissensfrage ebenso wie damals noch eine Glaubensfrage: Von dem Eid, den ein Mann geschworen hatte, konnte ihn auch ein König nicht entbinden.

Die Göttinger Sieben, das waren neben den Gebrüdern Jacob und Wilhelm Grimm der geistige Vater des Staatsgrundgesetzes, Dahlmann, der Jurist Albrecht, der Historiker und Germanist Gervinus, der Theologe und Orientalist Ewald und der Physiker Weber. Der Protest, den diese Männer am 18. November 1837 an das Universitätskuratorium wegen des königlichen November-Patentes richteten, wurde noch von mehreren Göttinger Professoren getragen; als sich aber herausstellte, mit welcher Härte die Regierung auf den Protest reagierte, begannen, wie Wilhelm Grimm feststellte, »die Charactere ... sich zu entblättern gleich den Bäumen des Herbstes bei einem Nachtfrost.« Der unter Ernst August allmächtig gewordene Georg Schele von Schelenburg urteilte schon am 29. November, daß die Verbreitung des Protestschreibens »in hohem Grade strafbar« sei, da es »Gährung und Ausbruch von Unruhen hervorbringen« könne. Er forderte vorbeugend ein »abschreckendes Beispiel«. Und in der Tat wurde schon am 11. Dezember das Entlassungsreskript für die sieben Göttinger Professoren verkündet. Auf die Argumentation der Göttinger, auf die Gründe ihres Protestes war Schele nur ganz nebenbei eingegangen. Er machte ihnen die Publizität ihres Protestes zum Vorwurf, ohne zu bedenken, daß es keinen öffentlichen Protest auf dem Dienstweg geben kann.

Die Göttinger Universität zählte im Jahre 1837 909 Studenten. Die Studentenzahl, eine der höchsten unter den damaligen Hohen Schulen, galt der Zeit als das entscheidene Kriterium für das Ansehen einer Alma Mater. Wenn auch die Georgia Augusta nicht mehr den großen Ruf genoß, den sie im 18. Jahrhundert in der europäischen Gelehrtenwelt besessen hatte, so galt sie doch immer noch als eine bedeutende Universität, als eine Zierde des Landes. Deswegen war sie auch in westfälischer Zeit, als nach französischem Vorbild die Hohen Schulen in Fachhochschulen umgewandelt werden sollten, von einschneidenden Reformmaßnahmen verschont geblieben, und deswegen sollte ein Protest Göttinger Professoren in ganz Deutschland Aufsehen erregen.

Augenscheinlich fehlten der Georgia Augusta im Vormärz Kraft und Willen zur Reform, zur inneren Erneuerung, wie sich schon an der beleidigten Reaktion der Professoren auf Heines Reisebilder erkennen läßt. Eher heiteren als beißenden Spott hat Heinrich Heine über die Göttinger Universität ausgeschüttet, eine der berühmtesten Stellen in den Reisebildern. Die locker gestreuten Sottisen überdauerten die Zeiten, während die Erinnerung an bedeutende akademische Lehrer der damaligen Georgia Augusta verblaßt sind. Wir verzichten hier darauf, diese Gelehrten namhaft zu machen und begnügen uns mit einem kleinen Hinweis: Die leicht abwertenden Bemerkungen Bismarcks über sein Göttinger Studium können nicht übersehen lassen, wie sehr seine – für einen Politiker ungewöhnlich gepflegte – Sprache durchsetzt ist vom Juristendeutsch, das er während seiner Göttinger Zeit gelernt hatte; juristische Methodik blitzt immer wieder auf, wenn er komplizierte Sachverhalte mit Analogien aus dem Römischen Recht zusammenfaßt. Auf fast jeder zweiten Seite von »Gedanken und Erinnerungen« (ursprünglich: Erinnerungen und Gedanken) findet sich eine solche indirekte Hommage an seine Lehrer, von denen er – geheimer Triumph wahrer Pädagogik – mehr gelernt hatte, als er selbst wußte.

Bismarcks Reminiszenzen lassen eine im Alter wieder durchgebrochene Haltung jener adeligen Studenten erkennen, die sich in einer »bürgerlichen« Universität unbehaglich fühlten, in der bei aller Schonung adeliger Privilegien bürgerliche Professoren den Ton angaben, und wissenschaftliche Fragen ohne den vertrauten Rückgriff auf das gutsherrliche Machtwort behandelten. Es war diese Unbehaglichkeit, die adelige Studenten veranlaßte, im Dezember 1837 von ihren des Landes verwiesenen Professoren die Rückzahlung der Kolleggelder zu verlangen.

Nur eine kleine Minderheit war es allerdings gewesen, die mit dem dröhnenden Tritt ihrer Stulpenstiefel ihre kleinlichen Forderungen vorbrachte. Die Mehrheit der Studenten (die unvermeidlich hohe Zahl von Angsthasen nicht eingerechnet) dachte anders. 400 Studenten, fast die Hälfte der gesamten Studentenschaft, sammelten sich auf der Weender Straße, um den Schritt der Professoren zu unterstützen. Daß Militär in Weende zusammengezogen wurde, daß in Göttingen der Oberstleutnant Wyneken sich Beleidigungen ausgesetzt sah, das waren gewohnte Verlaufsformen bei einem studentischen Protest. Neu aber, und in der aufgeregten Stimmung gar nicht bemerkt: Erstmals in der langen Geschichte studentischer Unruhen an der Georgia Augusta waren die Studenten nicht auf sich allein gestellt; bei studentischen Protesten der Vergangenheit, die teilweise durchaus berechtigt gewesen waren, hatten sich die akademischen Lehrer vornehm zurückgehalten, wenn nicht gar mit der Obrigkeit gemeinsame Sache gemacht. Nunmehr fühlten sich Studenten aufgerufen, einige der namhaftesten Professoren ihrer Universität zu unterstützen.

Die Wirkung des Protestes der Göttinger Sieben in Deutschland war groß. Die liberale Öffentlichkeit fühlte sich auf den Plan gerufen. Unterstützungskomitees für die vertriebenen Professoren entstanden überall, zum Beispiel in Wien und in Leipzig. Es waren keineswegs nur gebildete Bürger, es waren auch Handwerker und Gesellen, die verstanden hatten, daß ihre Sache letztlich von den Göttinger Sieben mit vertreten worden war, weil es abseits aller staatsrechtlichen Überlegungen um die Begrenzung von Willkür ging. Mit dem Schritt der Göttinger Sieben gewann der Professor bei allen Ständen ein Ansehen, das er vorher nicht besessen hatte.

Den König scherte der Protest in Deutschland wenig. Als er zu Beginn des Jahres 1838 nach seiner Kur eine Huldigungsreise durch das Land unternahm, überall huldvollst die Untertanen seiner Gnade versichernd, schallte ihm Jubel entgegen. Der König verkannte aber, daß ihm dieser Jubel trotz und nicht wegen der Aufhebung des Staatsgrundgesetzes entgegenbrandete. Schon bald mußte er von dem Rat seiner Residenzstadt Hannover erfahren, daß die Göttinger Professoren keineswegs weltfremde Gelehrte waren, die am Denken ihrer Zeit vorbei gehandelt hatten.

Die Wellen der Erregung in Deutschland schwappten zurück ins Königreich. Auswärtige Zeitungen wurden auch in Hannover gelesen. Der hannoversche Stadtrat richtete am 6. Juni 1839 eine »Petition« an die Bundesversammlung. Offen wurde geklagt über »Intrige und Mißtrauen und geheimes Spähen«, welche die politische Atmosphäre vergifteten und die Freiheit unterdrückten. Der Magistrat argumentierte mit dem Topos der falschen Räte; ausdrücklich wurde der König als Person ausgenommen. Lebendiges Mittelalter. Dann aber folgte der traditionellen Argumentation der neuzeitliche, der

Advokaten-Schritt, die Appellation an den Deutschen Bund. Das Königtum wurde – so wollte es die Denkschrift – vor eine ihm übergeordnete Instanz, die der Repräsentation Deutschlands, gezogen. Das war eine mutige Auslegung der Bundesverfassung, die das Verhältnis des Bundesmitglieds zur nur theoretisch supraterritorialen Einheit im Unklaren gelassen hatte. Die Petition gab, geschickt über die staatsrechtlichen Untiefen balancierend, vor – immer noch dem Topos der »falschen Räte« anhängend –, die Souveränität des schlecht beratenen Königs nicht antasten zu wollen. Um aber diese schlechte Beratung wirkungsvoll zu begründen, wurden deutliche Worte gewählt: »Die Regierungsmaßregeln, welche von dem Kabinette seiner Majestät empfohlen sind und mit starrer Konsequenz verfolgt werden, lockern alle Bande des Vertrauens und verhindern eine Einigung zwischen König und Volk, die doch der sehnlichste, der heißeste Wunsch des Landes ist.« Man wollte nicht das Königtum, ja noch nicht einmal den König angreifen, man wollte ihn nur – allerdings, wie man wohl wußte, inakzeptabel für einen Ernst August – mit Hilfe des Deutschen Bundes seiner wahren Bestimmung zuführen. Man bemühte sich um Freiheit unter dem erhofften Schutz und in Verbindung mit der allzu oft unterschätzten Bundesverfassung.

Das Ministerium Schele reagierte erneut mit Härte. Der Stadtdirektor Rumann wurde abgesetzt, aber wen konnte man an seiner Stelle berufen? Schließlich stand hinter der Petition der gesamte Magistrat. Die Regierung konnte nur mühsam ihr Gesicht wahren, indem sie Heiliger einsetzte, ein Mitglied des Magistrats, der die Petition nicht unterzeichnet hatte, weil er, wie allgemein bekannt war, in Urlaub gewesen war. In Hannover dachte man gar nicht daran, Scheles Verfügung widerspruchslos hinzunehmen. Eine städtische Abordnung wurde zum Schloß des Königs, damals noch Monbrillant, abgesandt. Das geriet zur Demonstration. Über 1.000 Menschen zogen mit. Anders als die Göttinger Sieben, die in der Stadt, die heute so stolz auf sie ist, nach ihrem Protest ungeachtet studentischer Solidarität isoliert waren, hatte der Protest des hannoverschen Stadtrats die Bevölkerung hinter sich. Am Königshofe breitete sich Entsetzen aus. Die ultima ratio, zu der man noch 1831 hatte greifen können, war ausgeschlossen: Das Militär in der Hauptstadt hatte nur Gewehre zum Exerzieren. Aber – wir bleiben dabei, daß Verfassung auch durch Mentalitäten gestaltet wird – an der Stellung des Königs wollte niemand rütteln. Die Bevölkerung nahm es hin, daß der gesamte Magistrat unter Anklage gestellt wurde. Aber auch Ernst August nahm hin, daß die Justiz keineswegs ein willfähriges Werkzeug in der Hand des Königs war. Seit Generationen gewohnt, nach Recht und Gesetz zu urteilen, sprach das Gericht den hannoverschen Rat und sogar Rumann frei. (Eine Justizmanipulation wie im Jahre 1831 war dem König verwehrt.) Zwar konnte Ernst August durchsetzen, daß die Absetzung des Stadtdirektors in Kraft blieb, aber im Geheimen gab er nach, zahlte einen erheblichen Pensionszuschuß. Es war ein zweifelhafter Sieg, den er errungen hatte.

Auch Georg Schele von Schelenburg mußte erfahren, wie schal der Sieg seiner Reaktionspolitik war. Die Auseinandersetzung, die er im Namen (und mit Deckung) seines Königs riskierte, wurde auf drei Ebenen geführt: Auf der Ebene der öffentlichen Meinung, wobei inzwischen doch, wie wir gesehen haben, die ersten Formen einer kritischen Öffentlichkeit entwickelt waren. Auf dieser Ebene konnte Schele nur mit Hilfe von Zensur und ganz massivem Druck einen Scheinerfolg herstellen; für einen Überwachungsstaat fehlte im Hannoverschen jedwede Voraussetzung. Die zweite Ebene war die der Rechtsdiskussion; die Ebene, auf der Schele wohl die empfindlichste Niederlage erlitt. Mochte man auch in Hannover die Schriften, die in ganz Deutschland die juristische Unhaltbarkeit der hannoverschen Schritte nachwiesen, verbieten, so konnte man doch nicht verhindern, daß sie in gebildeten Kreisen gelesen wurden. Unermeßlicher Schaden ist damals dem hannoverschen Königreich zugefügt worden. Es ist durch Schele vor der öffentlichen Meinung Deutschlands in eine Außenseiterrolle, in die eines reaktionären Staates gedrängt worden; hier ist die Grundierung jenes Geschichtsbildes aufgetragen worden, das in den allgemeinen Darstellungen zur deutschen Geschichte bis heute reproduziert wird: das Königreich Hannover als ein Staat, der sich den Bestrebungen seiner Zeit verschlossen habe. Die dritte Ebene schließlich, auf der Schele seinen Kampf führen mußte, war die »parlamentarische«, die Auseinandersetzungen mit den Kammern der Ständeversammlung. Auf dieser Ebene wollte Schele den entscheidenden Sieg für seinen König erfechten. Er verlangte, daß es keine Ministerverantwortlichkeit gebenüber den Ständen geben sollte. Mit dem Gedankenspiel, zu den alten Provinzialständen zurückzukehren, wollte er eine allgemeine Ständeversammlung nur alle drei Jahre zulassen – eine Kontrolle der Regierung wäre damit faktisch außer Kraft gesetzt worden. Sodann wollte er drittens, und das zeigt, wie bedeutungsvoll die entsprechende Maßnahme des Jahres 1831 gewesen war, den Abgeordneten keine Diäten mehr zahlen. Er wollte also zu den Prinzipien zurückkehren, welche die von ihm inaugurierte Verfassung von 1819 vertreten hatte.

Der von Schele angezettelte Kampf auf der dritten, der parlamentarischen Ebene endete letztlich mit einem Waffenstillstand, einem Kompromiß. Zwar wurde die Kassentrennung, der zentrale Punkt der königlichen Kritik am Staatsgrundgesetz, nicht wieder eingeführt, aber die allgemeine Ständeversammlung blieb bestehen, alle zwei Jahre sollte sie zusammentreten, und vor allem behielt sie das Recht der Steuerbewilligung, das ihr Schele hatte nehmen wollen. Die Diäten wurden zwar nicht mehr von der Landeskasse übernommen, aber es gab auch keine Rückkehr zu den Zuständen nach 1819: Aus königlicher Gnade wurden den Deputierten die Diäten zugesichert. Die Wahlen schließlich sollten alle aufgrund des Wahlgesetzes von 1832, also letztlich auf der Basis des Staatsgrundgesetzes, stattfinden. Zu Recht fragten die Zeitungen im Jahre 1840, ob sich denn für dieses Ergebnis der gesamte Grundsatzstreit, ob sich dafür der Kampf Scheles gelohnt habe.

Es verdient angemerkt zu werden, daß die Arbeit der Bürokratie während der erbitterten Auseinandersetzungen um die Verfassungsfrage weiterging. Am 8. September 1840 konnte die Kreditanstalt für die Bauernablösung errichtet werden, die vielen erst die Möglichkeit gab, die Grundrenten den Inhabern abzukaufen. Am 1. November 1840 wurde schließlich ein neues Kriminalgesetzbuch in Kraft gesetzt, das, wenn man es nicht selbstgefällig an heutigen Maßstäben mißt, sondern mit den Kriminalgesetzbüchern anderer deutscher Bundesstaaten der damaligen Zeit vergleicht, geeignet ist, die Charakterisierung Hannovers als eines Rechtsstaates zu belegen. Hier gab es nicht, wie zum Beispiel in dem angeblich so fortschrittlichen Württemberg, noch den Rückgriff auf die alten Körperstrafen, hier wurde die Prügelstrafe nicht mehr als ein Mittel des staatlichen Strafrechts angesehen.

Die Annahme, daß die Ruhe, die in Hannover nach 1840 bis zum Jahre 1848 herrschte, ein Produkt dumpfer Reaktion gewesen sei, täuscht. Unerklärlich wäre dann der weitgehend friedliche Verlauf der Märzunruhen: Die Bürger wollten 1848 keine Gewalt, und der König ließ den Ereignissen ihren Lauf. Nichts ist mehr von dem forschen Vorgehen seiner Anfangsjahre zu spüren. Am 29. Juni 1841 war Königin Friederike gestorben. Der König erholte sich von diesem Schicksalsschlag nie wieder. Mochten ihm die Hannoveraner auch ein Denkmal gesetzt haben, das ihn als frischen Reiteroffizier darstellte, geliebt haben sie ihn erst, seitdem er, nach dem Tode Friedrikes zutiefst erschüttert, in die Politik nicht mehr im Stile eines Husarenoffiziers eingriff. 1844 war zudem Georg Schele von Schelenburg verstorben, und damit fehlte der hannoverschen Reaktion der intellektuell führende Kopf. Was bis zum Jahre 1848 noch als konservative Politik erscheinen mochte, war eher dem Trägheitsgesetz, denn einem politischen Willen verpflichtet. Und wiederum haben wir Anlaß, auf die positive Rolle der hannoverschen Bürokratie aufmerksam zu machen. Seit 1845 wurden Prinzipien einer allgemeinen Städteordnung festgelegt, 1847 wurde ein Gewerbegesetz entwickelt, das mit all seinen fortschrittlichen, auf Gewerbefreiheit zielenden Elementen in den Strudel der Ereignisse des Folgejahres geriet.

Eine Revolution auf Hannoversch

Im Alter erinnert sich Wilhelm Busch des Jahres 1848. Als Schüler habe er damals Militär gespielt und zwei Märzerrungenschaften habe er seitdem bewahrt: Die Liebe zum Bier und zum Tabak. Von dem Spott abgesehen, bemühte sich Wilhelm Busch die Ereignisse des Jahres 1848 als eine biedere Provinzposse herunterzuspielen. Nichts erwähnte er mehr von den Spannungen, die schon allein seinem militärischen Einsatz zugrunde lagen. Während der Unruhen kam es vielerorts zur spontanen Bildung freiwilliger Bürgerkompanien. Es ging dabei weniger um den Schutz der Märzerrungenschaften, wie es dem Schüler Wilhelm Busch vorkam, es ging vor allem darum, inmitten aller Protestformen Sicherheit und öffentliche Ordnung zu garantieren. Die Oberschicht, Kaufleute und Beamte (in agrarischen Gebieten oft auch die im Umgang mit Gewehren erfahrenen Förster) hatten die Führungsstellen inne. Stüve kanalisierte diese Bewegung, indem er eine Bürgerwehr ins Leben rief, deren Aufgabe die Durchsetzung eines bereits am 16. April 1848 erlassenen Gesetzes war, das »zum Ersatz des bei Aufläufen verursachten Schadens an öffentlichem oder privatem Eigentum« verpflichtete. Der Unterschied zu dem kurzfristig 1814 eingerichteten Landsturm ist offensichtlich. Was damals als »Mittel zur Erhöhung des Gemeinsinns« taugen sollte, wird jetzt in Gestalt des Bürgersoldaten Instrument zur Sicherung des Eigentums inmitten aller Aufläufe.

Vor dem Hintergrund des ermattenden Grundsatzkampfes ist es nicht erstaunlich, daß selbst in Hannover, wo die Auseinandersetzungen des Jahres 1840 nicht vergessen waren, die sogenannten »März-Unruhen« sich in ihrer gesittetsten Form darstellten. Am 16. März – der Höhepunkt der Unruhen – war im Saale des Ballhofs eine Bürgerversammlung anberaumt. Fast 1.000 Menschen sollen hier versammelt gewesen sein. Der Ablauf war offensichtlich bereits vorher abgesprochen; er war eine Inszenierung. Es redete zum Beispiel der Hofrat und Leibmedicus Holscher, ein in der Stadt überaus beliebter Arzt und zugleich Meister vom Stuhl in Hannovers größter Loge. Zwei Kaufleute, zwei angesehene Fabrikanten, ein stadtbekannter Buchhändler, der Bürgervorsteher Schläger, kurzum die aufgeschlossensten und teilweise auch redebegabtesten hannoverschen Honoratioren hatten alles in der Hand. In aller äußeren Ruhe wurden gleichwohl flammende Reden gehalten. Deutlich wird dabei, daß politische Atmosphäre viel mit Sentiment zu tun hat. Zum Beispiel wurde die Zensur als Anschlag auf die Manneswürde verstanden. Das sollte sich jetzt grundsätzlich ändern. »Offen und mit dem freien Mute deutscher Männer« wurden die Forderungen aufgestellt. Freimut – das war die Losung, die Jacob Grimm in seiner Verteidigungsschrift ausgegeben hatte. Und sodann hatte man in der Residenzstadt ein waches Gespür für die politische Isolierung, in die das Königreich sich selbst begeben hatte. Das sollte jetzt anders werden, auch die Hannoveraner wollten ihre Revolution haben, um damit Anschluß an Deutschland wiederzugewinnen. »Könnten wir Hannoveraner zurückbleiben in dem begeisterten Wettkampfe unserer deutschen Brüder … nein! auch wir, die Bürger der Stadt Hannover, wollen, was das ganze deutsche Volk begehrt, wir wollen nicht die Letzten sein«.

»Nicht die Letzten« – eine entlarvende Formulierung. Arbeitsame Menschen fürchteten, daß ihre Leistungen vor der Nachwelt keinen Bestand haben könnten, weil sie sich der politischen Isolierung ihres Staates durch die Regierung ihres Königs ausgeliefert hatten. Abgesehen davon, daß der in der historischen Forschung so leichtfertig verwendete Rückständigkeitstopos einen letzten Triumph Scheles von Schelenburg darstellt, sind die Forderungen der Hannoveraner aufschlußreich, weil sie, wie in den meisten anderen Staaten des Deutschen Bundes, mit neuartiger Wucht politische Ziele artikulieren. Einheit,

Freiheit, Recht und Ehre als die edelsten Güter eines Volkes sollten auch die Hannoveraner besitzen. Diese allgemeinen Forderungen wurden – wir übertreiben: in der hannoverschen Variante des Ballhausschwurs – konkretisiert in zwölf Punkten. Diese sind aufschlußreich genug, um aufgezählt zu werden: »Es wurden dann 12 Forderungen aufgestellt: 1) sofortige Entfesselung der Presse; 2) Vereinigungs- und Versammlungsrecht; 3) Schwurgerichte, auch bei Preßvergehen; 4) Volksbewaffnung mit Wahl freier Führer; 5) Vertretung des deutschen Volkes bei dem Bundestage; 6) Oeffentlichkeit der Ständeversammlungen; 7) größere Selbstständigkeit der Gemeinden und Oeffentlichkeit bei Verhandlungen; 8) Trennung der Verwaltung von der Justiz, ein auf die Grundsätze der Oeffentlichkeit und Mündlichkeit gebautes Verfahren, Einführung von Handelsgerichten; 9) verfassungsmäßige Zurücknahme der Gewerbeordnung; 10) Beschränkung der Polizeigewalt, insbesondere Zurückgabe von deren Verwaltung an die Städte; 11) freie Uebung der verschiedenen Religionsbekenntnisse nebst gleicher politischer Berechtigung für Alle; 12) Amnestie und Rehabilitation für Alle, die wegen politischer Vergehen verurtheilt sind.«

Man kann sich lebhaft vorstellen, daß, wie die Zeitgenossen hervorhoben, manche dieser Forderungen geradezu stürmischen Beifall erhielten. Mochte man nicht unbedingt an der Einführung von Handelsgerichten interessiert sein, mochte die Zurücknahme der Gewerbeordnung von 1847 auch nur die Handwerker interessieren, so waren doch Pressefreiheit, so waren Öffentlichkeit der Gerichtsverfahren, so waren Beschränkungen der Polizeigewalt bzw. deren Kommunalisierung doch allesamt Forderungen, die dem einzelnen Recht und Sicherheit vor bürokratischer Willkür gewähren sollten. Die Forderung nach einem Volksheer mit demokratischer Wahl der Offiziere war revolutionär, stellte das wichtigste Machtinstrument des Fürsten ebenso in Frage wie die Rolle des Adels, die sich in dem (ungeschriebenen) Offiziersprivileg ausdrückte.

Hinter dem protokollierten Wort, hinter konkreten Forderungen stehen – unausgesprochen – Einstellungen und Stimmungen mit religiöser Grundierung. Die Menschenrechte, welche die Hannoveraner auch für die Juden einklagten, waren in der göttlichen Weltordnung geborgen. Dieser allgemeine Konsens bedurfte nicht der Schrift, er vergewisserte sich im Symbol, in der Fahne, was – politische Gegensätze versöhnend – die oldenburgische Fahne der Konstitution 1849 ausdrückte.

Der weitgehend friedliche Verlauf des Jahres 1848 im Hannoverschen scheint dem autobiographischen Rückblick Wilhelm Buschs der Tendenz nach recht zu geben. Jedoch hat der äußere Ereignisablauf wenig zu tun mit der leidenschaftlichen Diskussion der Zeitgenossen. Davon vermitteln die Tagebücher des Karl Christian Rudolf Lantzius-Beninga einen authentischen Eindruck. Der politisch nicht besonders hervorgetretene Mann ist ein überaus scharfer Beobachter. In seinen Aufzeichnungen wird sichtbar, welche Bedeutung der Begriff der »neuen Zeit« im Jahre 1848 hat. Die Menschen spüren, daß

Die auf Baumwolle gemalte Fahne der neuen oldenburgischen Verfassung ist ein Meisterstück politischer Ikonographie in versöhnender Absicht. Der Adler steht für jeden damaligen Betrachter zwar für das Reich, ist aber in Bewegung dargestellt, so daß er nicht als heraldisches Zeichen für einen Staat, sondern für ein noch bestimmbares »Deutschland« erscheint. Vor allem jedoch ist der Adler mit seinen konstitutionellen Devisen einem göttlichen Willen unterworfen. Dieser göttliche Wille ist im traditionellen Symbol der Dreifaltigkeit ausgedrückt, zugleich aber durch Weite suggerierenden blauen Hintergrund konfessionell offen. Diese Fahne hing, Ausdruck ihrer versöhnenden Absicht, am 11. März 1849 im Festgottesdienst zur Feier der neuen Verfassung zwischen der Landesflagge und der schwarz-rot-goldenen Trikolore der deutschen Revolution von 1848.

sich die Welt verändert. Der Landdrost von Aurich ist bestürzt über die Märzunruhen: »Es ist eine verfluchte Zeit, möchte die Zeit der Teufel holen!« Als Gefahr oder als Hoffnung wird die »neue Zeit« begriffen. Lassen wir weiterhin Lantzius-Beninga berichten: In Wittmund hat er am 15. April mit »Canzley-Direktor Steltzer ... über die Zeit gesprochen ... viele Besorgnisse wegen des Ganges der Zeit ... Sonst nichts Erhebliches. Ueberall die regste Begeisterung für die Zeit«. Ein Symbol der neuen Zeit erfährt Lantzius-Beninga ganz unmittelbar, als er nach den beschwerlichen Reisen mit dem Postwagen im Jahre 1848 auf der Reise nach Hannover das erste Mal einen Bahnhof sieht, den von Bremen: »Besichtigung des Bahnhofes, auf dem das Thun und Treiben mir ganz neu ist. Nachmittags drei Uhr mit dem Zuge nach Hannover. Imponirt von den Eisenbahngebäuden, ihren Lokomotiven, deren Wirtschaften und den Wagen, mehr wie von der Schnelligkeit des Fluges, die ich mir größer dachte.« Allerdings einen Nachteil hatten Eisenbahn und Postkutsche gemeinsam: »Mit lauter Condeputirten, größtentheils widerwärtigen und unbedeutenden, im Coupé.«

Aufschlußreich sind Lantzius-Beningas Tagebücher vor allem darin, daß sie das informelle System darstellen, aus dem dann die offiziellen Reden in den Ständekammern während des Unruhejahres 1848 hervorgehen. Sichtbar wird mit einem Mal, was sich dann auch bei der Paulskirchenversammlung in Frankfurt zeigte, daß die Abgeordneten nach anfänglichem Schwanken allmählich die Gasthöfe und Hotels bevorzugen, in denen sie unter Gesinnungsgenossen sind. Die Anfänge von Parteibildungen sind in den Gaststätten zu finden. Hier stellen die Abgeordneten fest, ob sie zueinander passen. »Mit den Condeputirten Toel und Miquel zum Römischen Kaiser. Dort ab 9 Uhr Versammlung der Condeputirten, Stimmung in der Versammlung sansculottenmäßig. Die Reden und das Local dem ganz entsprechend. Die Sitzung vertraulich und ich mit vielen Andern hinausgewiesen.« Anschließend begibt sich Lantzius-Beninga in Spohns Conditorei. Hier fanden sich Gleichgesinnte, die gegen »jacobinisches Treiben« eingestellt waren.

Weiterhin ist Lantzius-Beninga ein Zeuge dafür, daß schon in der Frühzeit der parlamentarischen Bewegung die Äußerungen drinnen anders klingen als die draußen: »Toel und Miquel, in ihrer Heimat Aurich bekannt und deshalb als Radikale gewählt, hier conservativ und gemäßigt, und die Ultras der Linken bekämpfend. Ich desgleichen.«

Die offiziellen Quellen vermitteln kaum etwas von der Leidenschaftlichkeit und der Aufregung, die außerhalb der zeremoniell disziplinierten Ständeversammlungen beim Meinungsstreit in den Gaststuben herrschten. Das Tagebuch aber fängt diese Stimmungsbilder ein. Zum Beispiel trafen sich die Deputierten am 17. April um 8 Uhr morgens wieder im »Römischen Kaiser«, »in obgedachtem unanständigem Locale; alsbald wilder Streit. Ihnen, hüstelnd und stockend, mit bekannter krächzender Hiänenstimme, blöckt von factischer, bereits Statt gehabter Beseitigung des Bestandenen, und will dennoch den

Rechtsboden conservirt wissen. Ellissen Präsident. Grumprecht aus Lüneburg Girondist, trefflicher Redner. Er fragt: Wir sind hier doch nicht zur Execution?! – Gebrüll der Majorität: Ja! Ja! Andere Nein! Nein! – Wildes Geschrey und Toben von mehreren Minuten. Vergebens läutet der Präsident. Ich laufe davon.«

Vor dem Hintergrund der allgemeinen Aufregung gewinnt die Haltung König Ernst Augusts ihre 1837 und 1840 vermißte Würde. Er ist der ruhende Pol. Oft hatte er sich über die Langeweile in Hannover beklagt – Heinrich Heine sollte in »Deutschland. Ein Wintermärchen« diese allgemein bekannte Ansicht des Königs glossieren –, nunmehr aber, als es in der Residenzstadt hoch her ging, sorgte er für Ruhe. Am 20. März hatte der König eine neue Regierung gebildet, hatte sechs neue Minister ernannt. Ein Name allein, der Stüves, verbürgte gegenüber der Öffentlichkeit, daß ein Kurswechsel vollzogen worden war.

Nur zwei Tage brauchte Stüve, um sein Regierungsprogramm vorzulegen, denn dies entsprach dem, was er mit großem Mut in der Vergangenheit immer wieder vertreten hatte: Trennung der Rechtspflege von der Verwaltung, Aufhebung privilegierter Gerichtsstände, Öffentlichkeit und Mündlichkeit der Verfahren in Zivil- und Strafsachen; und natürlich war sein Ziel: »Maßregeln zur Einigung Deutschlands und zur Erreichung einer Vertretung des Volkes« – gemeint war: des hannoverschen – »beim Bunde, im verfassungsmäßigen Wege« durchzusetzen. Die Pressefreiheit war für Stüve eine Selbstverständlichkeit. Die Öffentlichkeit der ständischen Verhandlungen hingegen, für die er sich in der Vergangenheit nie besonders eingesetzt hatte, forderte er aus Pragmatismus. Er wußte, daß die Zeit vorbei war, da die Ständeversammlungen noch im Schatten des Staatsgeheimnisses zu tagen hatten. Pragmatiker, der er war, öffnete er nach seinen Worten die Versammlungen »einfach für die Galerien«. Daß diese Öffentlichkeit auch von Frauen genutzt wurde, wollte manchem Bürger nicht gefallen; das widerspräche der natürlichen Berufung der Frauen und beschwöre zudem bei »dem Gedränge auf den Gallerien« auch Gefahren für die Sittlichkeit herauf.

Einheit Deutschlands und Öffentlichkeit waren Forderungen, die auf allgemeine Billigung stießen. Für Stüve, den Advokaten und Bürgermeister, war weiterhin die Stärkung der kommunalen Autonomie, die er als Historiker als so produktiv kennengelernt hatte, ein Herzensanliegen. Es gab keine einheitliche Städtegesetzgebung im Königreich. Von 1813 bis 1847 sind für etwa 80 Städte neue Verfassungen erarbeitet worden, ängstlich bestrebt, den individuellen Gegebenheiten jeder Stadt Rechnung zu tragen, um nur keine herrschaftlichen Kompetenzen in Frage zu stellen. Schon die verschiedenen Bezeichnungen dieser Ordnungen, von »Regulativ« bis »Verfassungsreglement« reichend, belegen den Verzicht auf überlokal verbindliche Prinzipien. Erst seit 1845 wurde begonnen, die einzelnen Stadtverfassungen allgemeinen Regeln zu unterwerfen, so daß die Übereinstimmungen der jetzt erlassenen

Stadtverfassungen (Hildesheim, Stade, Verden, Peine, Nienburg 1845 und Lüneburg 1846 sowie Celle und Uelzen 1847) sehr groß waren. Diese zaghaften Ansätze entwickelte Stüve 1848 mit dem Ziel einer allgemeinen Städteordnung, die nach umständlichen Beratungen 1851 verkündet werden konnte. Das Gesetz zielte dabei auf kommunale Selbstverwaltung, nicht aber auf eine demokratische Grundlegung der Stadtverfassung. Es band das Wahlrecht an das Bürgerrecht. Der von Stüve immer noch für unerläßlich gehaltene Bürgereid zeigt eine im Mittelalter wurzelnde Rechtskontinuität. Die »Einwohner«, diejenigen, die nicht das Bürgerrecht erworben hatten, also die meisten Gesellen und Arbeiter, waren davon ausgeschlossen. Aber immerhin: Das preußische Dreiklassenwahlrecht, das zuerst in der Rheinischen Gemeindeordnung von 1845 aufgetaucht war, hatte Stüve von Anfang an abgelehnt.

Hannovers Weg in die Reaktion

Am 26. Oktober 1850 war das Ministerium Bennigsen-Stüve entlassen worden – das »März-Ministerium«, das sich in Hannover länger als in allen anderen deutschen Bundesstaaten hatte halten können. Ein abrupter Kurswechsel war mit dieser Entlassung nicht verbunden. Eine Reaktion wie etwa in Preußen zeichnete sich noch nicht ab. Das öffentliche Interesse war zudem von den unmittelbaren politischen Fragen abgelenkt, und zwar durch Nachrichten über die Gesundheit des gealterten Königs und durch die Frage der Thronfolge.

Am 18. November 1851 starb König Ernst August. Die Thronfolge seines Sohnes vollzog sich problemlos. Künstlich in ihrem Rückgriff auf alte Rechtsvorstellungen wirkt die von Staatsrechtlern der Zeit aufgeworfene Frage, ob ein Blinder lehensfähig und damit König sein könne. Das Lehnrecht hatte zwar bei der Vererbung adeliger Güter überraschenderweise noch im 19. Jahrhundert Rechtsfolgen, aber im Staatsrecht war es inzwischen ohne jede Bedeutung. Schließlich hatte ja auch Ernst August sein Königtum einschließlich der Aufhebung des Staatsgrundgesetzes allein auf sein Erbrecht, auf agnatische Erbfolge, begründen können. Im Lande war die allgemein bekannte Blindheit des Thronfolgers nie als Einwand gegen sein Königtum betrachtet worden. Das ist einfach zu beweisen: Neben die eingeführten Gasthausnamen wie »Stadt London« oder »Restauration zum Englischen Hof« tritt als beliebter Name seit den 1840er Jahren: »Zum Kronprinzen«.

Zu Recht verbinden die Heutigen mit der Frage nach dem Königtum Georgs V. die Frage der körperlichen Behinderung, natürlich nicht in dem erwähnten staatsrechtlichen Diskurs des 19. Jahrhunderts, sondern unter der Perspektive der Menschenwürde. Bereits ein Vertrauter des Königs, der Kabinettsrat und Privatsekretär Dr. Lex, hatte eine beherzigenswerte Deutung gefunden: Der König sähe mit anderen Augen. Es schmälert den Wert dieser Aussage nicht, daß der dem König treu ergebene Lex in seiner Treue oft genug meinte, das Richtige für seinen Herrn allein sehen zu können, daß er, wie jede »graue Eminenz«, sich bei Licht besehen als schillernde Persönlichkeit erweist.

Als Georg V. sich 1865 weigerte, den Gesandten des Königs von Italien zu empfangen, weil ihm das neue italienische Königreich als Kind einer Revolution erschien, verdeutlichte er nur sein Herrschaftsverständnis, das er 1866 mit den Worten bekräftigte, »als Christ, Monarch und Welf« könne er das preußische Ultimatum, zu dessen Annahme ihn alle Einsichtigen drängten, nicht akzeptieren. Seine Stellung als Monarch sah er nicht in einer staatsrechtlichen, sondern in einer dynastischen Verantwortung: Als Welfe hatte er Monarch zu sein. Und dieses Herrschaftsverständnis führte zu einer schlimmen Zeit der Reaktion in den sieben Jahren zwischen 1855 und 1862. Verbunden mit den Namen des Innenministers von Borries und des Polizeidirektors Wermuth kam es zu einem Regiment, in dem eine dauernde Auflösung der Ständeversammlung, eine Gängelung der Presse die Rückkehr zur persönlichen Herrschaft des Königs signalisierte. Die längst überholte Verfassung von 1840 wollte der König 1855 wieder einführen, unbeeindruckt von den Petitionen vieler Städte, die mit allen Bekundungen der Ergebenheit gegen diesen Schritt protestierten. Die Kassentrennung, die die Verfassungsnovelle von 1848 wieder aufgehoben hatte, wurde indirekt 1857 wieder eingeführt: Der König darf einen großen Teil der Domanialgüter aus seinem mit 600.000 Talern bemessenen Etat ausscheiden und unkontrolliert durch die Stände verwalten. Daß jetzt die Kronkasse wieder Gewinn auf Kosten des Landeshaushalts machte, wurde im Lande unter der Hand hart kritisiert. Auf Kritik stieß auch die Revision des Staatsdienergesetzes im Jahre 1855: Kein Beamter darf die Rechtsgültigkeit königlicher Verordnungen bestreiten. So viel Unmut, so viel Kritik trotz der Gängelung der Presse der Reaktionskurs Georgs V. hervorrief, so lag doch der einzig lautstarke, der einzig massive Protest auf einem anderen Gebiet: »Als Christ, Monarch und Welf« hatte sich Georg V. verstanden. Als Christ glaubte er, seinem Volk am besten mit der Einführung eines neuen Katechismus dienen zu können, eines Katechismus, der uralt war, den Zeiten des engsten lutherischen Dogmatismus entstammend. Und hier wurde er mit einem Volksprotest überrascht, der die Unruhen des Jahres 1848 noch in den Schatten stellte, ein Volksprotest, vor dem der König zurückwich. Das allzu wenig bekannte Ereignis verdeutlicht Mentalitäten. Es ging nicht nur um »Liberalismus« und »monarchisches Prinzip«. Hier konnte man Kompromisse finden. Aber den Tausenden, die in Hannover gegen den von ihrem König verordneten Katechismus protestierten, ging es um einen Wert jenseits politischer Orientierungen, um einen Wert, ohne den gleichwohl keine Demokratie auskommen kann: um das Gewissen.

»Sehen mit anderen Augen«: Die Blindheit des Königs hat mit der verhängnisvollen Geschichte seines Königtums nichts zu tun. Verständlicherweise hat Georg V. seine Behinderung zu kaschieren versucht, hat sich bei seinen Reisen durch das Land etwa nach dem Stammbaum eines Pferdes, auf dessen edle

Rasse er die Umstehenden ansprach, erkundigt. Sein verhängnisvoll reaktionärer Kurs hing mit der in allen deutschen Bundesstaaten nicht gelösten Frage zusammen, wie sich das aus mittelalterlichen Wurzeln entstandene Königtum zu der 1848 so emphatisch beschworenen neuen Zeit verhalten sollte. Die Reaktion Ludwigs II. von Bayern ist dabei als spektakuläres Beispiel in weitgehend verzerrender allgemeiner Erinnerung geblieben. Verzerrend, weil das Schicksal des Bayernkönigs individualistisch gedeutet wurde. Aber sowohl Ludwig II. als auch Georg V. erleiden eine Erfahrung, für die in der damaligen Zeit Worte und Begriffe fehlten. Wenn sie monarchische Herrschaft als personale Verantwortung auffaßten, stellte sich ihnen die Frage ihrer Identität. Und dabei sahen sie sich in gleicher Weise auf die Einsamkeit des Monarchen zurückgeworfen. Die beiden sensiblen Monarchen flohen in die Geschichte. Bei dem Welfen aber ist der Rückzug in die Geschichte kein Abschotten vor der Gegenwart. Das wußte man im Lande: Kein Märchenkönig mit nächtlicher Schlittenfahrt war Georg V., sondern ein gegenwärtiger Monarch. Ein Beispiel: 1862 besuchte er das Land Wursten. In Dorum wurde er mit den üblichen Feierlichkeiten in der Landesstube empfangen. Das aber war nicht etwa nostalgische Erinnerung an alte Landesfreiheiten; in dieser Landesstube wird dem König eine freimütige Bittschrift überreicht, in der um die Entlassung des Grafen von Borries gebeten wird; sein reaktionärer Kurs stieß auf entschiedenen Widerspruch. Bei aller Kritik lebte der monarchische Gedanke jedoch ungebrochen. Als die Wurster Hausleute beim Ehrengeleit des königlichen Wagens mit ihren Pferden kaum Schritt halten konnten, bildete das den Anstoß für eine Verbesserung der Pferdezucht und zur Gründung des bis heute bestehenden Reiterklubs.

Der Untergang des Königreichs Hannover 1866

Wir verzichten auf eine notwendigerweise langatmige Darstellung der hannoverschen Politik nach dem Regierungsantritt Georgs V. und nutzen statt dessen folgende Möglichkeit: In den hektischen Wochen vor der Katastrophe von Langensalza sind wie in einem Brennspiegel die innen- und außenpolitischen Probleme des Königreichs eingefangen. Unter dem Druck militärischer Aktionen werden diese Probleme auf ihren Kern reduziert – Ausflüchte und langatmiges Verschweigen, die so oft die amtlichen Stellungnahmen bestimmen, gelten nichts mehr.

In den ereignisreichen Tagen des Juni 1866 sind die großen politischen Probleme des Königreichs in seiner Stellung in Deutschland, in seinem Verhältnis zu Preußen und in seiner verworrenen Innenpolitik wiederzuerkennen. Aber vor dieser Erkenntnis baut sich ein Hindernis auf: Die Schlacht bei Langensalza und die Ereignisse, die zu ihr führten, sind von einer dichten Firnisschicht überlagert, die im Nachhinein als Verkrustung zeitgebundener Fragestellungen erscheint. Und das Vergessen dieser schicksalsträchtigen Tage hat natürlich nicht dazu geführt, daß dieser Firnis sich ablöste. Das sei im folgenden zu leisten versucht. Herzlich sei der Leser um Verständnis für die Schwierigkeiten einer Lektüre gebeten, die sich ergeben aus dem Ineinanderschieben zweier Perspektiven, die der unmittelbaren Verlaufsdarstellung und die zusammenfassend analysierenden Beschreibungen dessen, was an Grundsätzlichem hinter den Ereignissen steht.

In Hannover hatte man Anfang Juni an alles, nur nicht an einen bevorstehenden Krieg gedacht. Am 13. Juni stellte Preußen das Ansinnen, dem Corps Manteuffel, das gerade in Altona eingetroffen war, den Durchmarsch nach Minden zu gestatten, wo es sich mit der 13. Division von Goeben vereinigen sollte. Man sah darin nicht eine verhüllte letzte Warnung vor militärischen Konsequenzen, sondern ein normales nachbarschaftliches Ersuchen, dem man am 14. Juni, einen Tag vor der preußischen Kriegserklärung, stattgab. Zwei Tage später marschierte eine Armee von 31.000 Mann mit 64 Geschützen auf Hannover zu. In höchster Eile mußte das hannoversche Heer mobilisiert und aus der Reichweite des Gegners gebracht werden.

Nicht nur die überstürzte Entscheidung einer Truppenkonzentration im südlichen Niedersachsen, sondern auch die erheblichen, bisweilen schon an das Kuriose grenzenden Organisationsmängel spiegeln die politische Situation wider. Während die hannoverschen Truppen ohne jede Vorbereitung aufbrachen (manche Regimenter hatten ihre Garnisonen nur mit Platzpatronen verlassen dürfen, noch nicht einmal im Generalstab hatten die Offiziere geeignete Landkarten, Anstalten für Sanitätseinrichtungen waren überhaupt nicht getroffen, der Generaladjudant von Tschirschnitz vergaß seinen Säbel), waren die preußischen Aktionen von langer Hand vorbereitet. Eine völlig vergessene Episode: Das preußische Kanonenboot Tiger lief unmittelbar nach der Kriegserklärung in den Hafen von Emden ein. Der Einmarsch der preußischen Truppen in das Königreich war binnen kurzem abgeschlossen.

Was sich in den unterschiedlichen militärischen Aktionen zeigte, war im Grunde eine Widerspiegelung der Politik, war geradezu eine Bestätigung des Grundgedankens, den Clausewitz formuliert hatte, daß der Krieg Fortsetzung der Politik mit anderen Mitteln sei. Die hannoversche Außenpolitik hatte allenfalls ein Prinzip, nämlich die Wahrung der Rechte des Königreichs, sie hatte jedoch kein Konzept. Eine Bündnispolitik für den Fall der äußeren Bedrohung der Souveränität hatte sie nicht entwickelt. Daß sowohl Intrigen als auch Ausnutzen staatsrechtlicher Unklarheiten bei der Abstimmung im Deutschen Bundestag Preußen einen Vorwand für die Kriegserklärung geliefert hatte – ein Punkt, der nach 1866 erbittert diskutiert wurde –, entlarvt die hannoversche Außenpolitik in ihrer übergroßen Selbstsicherheit. Weder verfolgte man die Trias-Idee, ein Bündnis der deutschen Mittelstaaten, noch suchte man Bündnisse zum Schutz der eigenen Souveränität. In der Vergangenheit war Österreich immer Hannover entgegengekommen – wo es nichts kostete, also in der

Frage der Nordseeflotte oder bei Absprachen über die Braunschweiger Erbfolgefrage. Gern unterstützte man die hannoversche Poltik eines festen Militärbündnisses zwischen den deutschen Mittelstaaten – aber bindende, langfristige Garantien gegen Preußen gab der österreichische Kaiser nicht.

Die Möglichkeit eines preußischen Überfalls wurde in Hannover nicht ins Auge gefaßt. Daß keine militärischen Vorbereitung für diesen Fall getroffen worden war, entsprach einer Außenpolitik, die von einem friedlichen Verhältnis unter Nachbarn ausgegangen war, in dem auftretende Konflikte durch Verhandlungen gelöst werden konnten. Bismarck hingegen – und nur er, nicht »die Preußen« – dachte anders. Die Annexion Hannovers stand für ihn fest, obwohl er sich bemühte, diese Tatsache zu verschleiern. In den Verlautbarungen und Proklamationen des Jahres 1866 hat er sein eigentliches Ziel natürlich nicht preisgegeben. Aber diese zeitgebundenen Äußerungen waren längst abgefallen, als er seine Gedanken und Erinnerungen niederschrieb. Hier formulierte er, was für ihn damals entscheidend war: »Bei der Annexion von Hanover und Kurhessen handelt es sich also um Herstellung einer unter aller Eventualitäten wirksamen Verbindung zwischen beiden Theilen der Monarchie«. Territorialpolitik also, um Preußens rheinische Besitzungen mit den Stammlanden zu verbinden. Im folgenden Satz macht Bismarck deutlich, daß diese Erwägung nicht erst nach dem Krieg von 1866 auftauchte. Er weist nämlich darauf hin, daß sowohl »die Schwierigkeiten der Zollverbindung zwischen unseren beiden Gebietsteilen und die Haltung Hannovers im letzten Kriege ... das Bedürfnis eines unbeschränkt in einer Hand befindlichen territorialen Zusammenhangs im Norden von Neuem anschaulich gemacht« hätten. »Von Neuem« – eine entlarvende Wendung. Der Krieg hatte nur bestätigt, was bereits zuvor Bismarcks Ziel gewesen war.

Bismarcks Rechnung war einfach: Sollte das deutschlandpolitische Spiel verloren gehen, hätte er doch mit dem Gewinn Hannovers seinem König einen Erfolg verschafft, hätte Preußen zur norddeutschen Ordnungsmacht im Konzert der europäischen Mächte werden lassen. Es ist nicht wahr, was sowohl unmittelbar nach der Annexion als auch späterhin immer als »deutsch-nationale« Rechtfertigung von Bismarcks Politik behauptet wurde, daß die Unabhängigkeit des Königreichs Hannover gewissermaßen auf dem Altar des Vaterlandes hätte geopfert werden müssen. Diese Deutung hatte ja schon die Proklamation Wilhelms I. vom 3. Oktober 1866 formuliert: Es gebiete »ebenso die Pflicht der Selbsterhaltung, als die Sorge für die Förderung der nationalen Interessen, Hannover mit Preußen fest und dauernd zu vereinigen«. (Warum blieben dann aber andere deutsche Mittelstaaten, warum blieb etwa das Großherzogtum Oldenburg, von Schaumburg-Lippe ganz zu schweigen, erhalten?) Weiterhin behauptet Wilhelm, »nur Deutschland hat gewonnen, was Preußen erworben«. Das sind die Worte Bismarcks. Damit konnte er verschleiern, daß zwei verschiedene Konzepte, zwei verschiedene Kriegsziele der Auseinandersetzung mit Österreich zugrunde lagen: ein weiterreichendes, das die kleindeutsche Einheit bezweckte und ein engeres, das die Machterweiterung Preußens ins Auge faßte. Das Scheitern des ersten Konzepts hätte durch einen Gewinn für Preußen im Stile der Kabinettskriege des 18. Jahrhunderts kaschiert werden können. Der politischen Stellung Bismarcks und nicht der deutschen Einheit zuliebe wurde die Annexion des Königreichs ins Auge gefaßt.

Niemand konnte in Hannover auf den zynischen Rückgriff auf die Kabinettspolitik des 18. Jahrhunderts gefaßt sein; niemand konnte ahnen, daß – wo doch die Zeitstimmung nach »Deutschland« fragte – eine preußische Annexion überhaupt im Bereich des politisch Denkbaren erschien. Spannungen zwischen Hannover und Preußen hatte es in der Vergangenheit kaum gegeben. Die Fälle unterschiedlicher Zielvorstellungen, wie sie zum Alltag der Politik gehören, begründeten keine kontinuierliche Rivalität. Allerdings hatte Georg V. große Sorgen vor einer preußischen Suprematie – eine Sorge, die sich über berechtigte Vorsicht fast schon zur Obsession steigerte: Daß man sich dem Plan einer deutschen Kanonenboot-Flottille zum Schutze der Nordsee unter preußischer Führung widersetzte, war berechtigt. Aber das mußte nicht mit dem Pathos aufgeladen werden, mit dem 1861 Georg V. diesen Plan kommentierte: »Eben von und durch unsere Nordseeküste können und müssen wir unter des Allmächtigen Beistand dem Flug des Preußischen Adlers, der gegenwärtig gieriger denn je nach frischem Raube spähet und dürstet, Stillstand gegen uns gebieten.« Aus diesem Geist heraus weigerte sich der König 1864, dem preußischen Monarchen zu gratulieren, als dessen Truppen die Düppeler Schanzen erstürmt hatten – eine unterbliebene Geste, die in der damaligen Zeit für großes Aufsehen sorgte. Aber bei allen Animositäten dachte niemand an Gewalt unter Nachbarstaaten. Politik – das erschien bei allen Unterschieden der Konzeptionen doch als Handlungsgegenstand von Ehrenmännern. Es waren jedoch nicht einmal 48 Stunden vor Ausbruch des Krieges, daß die Hannoveraner erfuhren, daß ihnen ein Krieg bevorstand.

Vor dem Hintergrund von Improvisation, Verstörung und Verwirrung muß auch die Formulierung des Kriegszieles verstanden werden, nämlich die Behauptung, die bis in die allgemeine Forschungsliteratur widerspruchslos akzeptiert wurde, daß nämlich die hannoversche Armee nach Süden aufbrechen und sich dort mit den süddeutschen Bundestruppen vereinen wollte. Das aber war nichts weiter als ein aus der Not geborener verschwommener Plan. Eine vorbereitende Koordination mit den süddeutschen Staaten hatte überhaupt nicht stattgefunden, obwohl die spannungsreiche Zeit des Frühjahrs 1866 Anlaß und Möglichkeiten genug dafür geboten hätte. Die Möglichkeiten der Telegraphie wurden nicht genutzt, um eine Kommunikation und eine Koordination der militärischen Aktionen herzustellen. Mit Verspätung traf am 21. Juni im bayerischen Hauptquartier die Nachricht ein, die hannoversche Armee würde in Richtung Eschwege aufbrechen, falls bis zum 23. die Nachricht käme, daß befreundete Truppen ihr entgegenzögen. Daraufhin marschierte am 22. die 4. Bayerische Division in Richtung Kissingen-Brückenau, um Fulda zu erreichen. Ein von den Ereignissen längst überholtes Manöver. Daß die hannoverschen Truppen nicht in Richtung Witzenhausen-Eschwege, sondern über Heiligenstadt-Mühlhausen marschierten, erfuhr man im bayerischen Hauptquartier erst am 23. Juni, obwohl die Veränderung des Marschweges eine Vereinigung beider Armeen bei Fulda ausschloß. Eine im Zeitalter des Telegraphen leicht mögliche und strategisch unverzichtbare Information des Bundesgenossen wurde unterlassen. Das sprach sich alsbald in der Armee herum. Der Generalarzt Dr. Stromeyer erkannte schnell, wie unrealistisch das offiziell verkündete Kriegsziel war. »Wir waren natürlich alle der Meinung, unser Vormarsch werde uns zu den Bayern führen, kamen aber bald dahinter, daß zwischen den beiden Armeen gar keine Verbindung bestehe.«

Auch in der Frage einer möglichen Vereinigung mit den süddeutschen Truppen spiegelt die militärische Situation die vorangegangene politische wider. Denn die Außenpolitik Hannovers war nie auf eine Verwirklichung der Trias-Idee, der gemeinsamen Verständigung aller zwischen den deutschen Großmächten Preußen und Österreich stehenden Mittelstaaten, angelegt gewesen.

Das Kriegsziel, wie es in Göttingen formuliert worden war, diente dazu, eine Art Flucht der Armee aus dem Königreich zu kaschieren. Eine wirkliche Flucht war es freilich nicht, denn der Gedanke war: Solange das Heer intakt bleibt, besteht das Königreich Hannover. Während dessen Fläche in zügigen Aktionen von preußischen Truppen besetzt wurde, blieb das Heer Symbol der fortbestehenden Souveränität. Und deswegen blieb der König als letzter Herrscher in der europäischen Geschichte bei seinen Soldaten. Wo das Heer stand, da bestand in den beiden letzten Juni-Wochen 1866 auch das Königreich Hannover. Das gilt es zu berücksichtigen, um den Weg zum Schlachtfeld von Langensalza nicht nur in seiner strategischen, sondern auch in seiner politischen Dimension zu begreifen.

Die Bewegungen der hannoverschen Armee haben in dem nach 1866 einsetzenden Schrifttum viel Kritik erfahren. Der Maßstab dieser Kritik war immer, daß wertvolle Zeit verspielt, daß allzu vorsichtig agiert wurde, daß die Entschlossenheit, ja letztlich sogar militärische Tatkraft gefehlt habe. Tatsächlich läßt sich aus dem Verlauf der immer weiter nach Osten einen großen Bogen schlagenden Marschbewegungen, die stets darauf bedacht waren, preußischen Truppen, wo immer man sie auch vermutete, auszuweichen, eine geringe Risikobereitschaft entnehmen. Nur gilt es zu bedenken, daß ein Heer, das alleine noch die Souveränität des Königreichs Hannover repräsentiert, daß ein Heer, in dessen Mitte der König weilt, vorsichtiger, langsamer agieren muß; es kann eben nicht mit hohem Risiko aufs Spiel gesetzt werden, wie manche Kriegsschriftsteller es im nachhinein nahelegen.

Im preußischen und im hannoverschen Heer verdrängten die wenigsten den Gedanken, daß es sich um einen deutschen Bruderkrieg handele, und das war er ja auch ganz real. Zum Beispiel waren der hannoversche Major von Goeben und der preußische General von Goeben Brüder. Bruderkrieg: Selbst der über-

Bei aller unausweichlichen Stilisierung ist das nach zeitgenössischen Unterlagen gestaltete Diarama der Schlacht von Langensalza im Städtischen Museum von Hameln die gelungenste »Darstellung« dieser Schlacht. Unser Ausschnitt weist auf die Schwierigkeiten der hannoverschen Armee hin, mit einem im Gelände schwer manövrierbaren Train auf ihrer als Feldzug getarnten Flucht zu operieren.

zeugteste Hannoveraner dachte zugleich deutsch. Wie die Geschichte des hannoverschen Vereinswesens (ausgedrückt in den Stickereien der Vereinsfahnen) zeigt, beruht dies auf einer Entwicklung, die sich während der Regierungszeit Georgs V. angebahnt hatte. Der König selbst hatte die Schirmherrschaft über das große Volksfest auf dem Waterlooplatz 1864 übernommen, mit dem der 50. Jahrestag der Schlacht bei Waterloo gefeiert wurde. Der im gotischen Stil errichtete »Ehrentempel« war mit der Figur einer Germania bekrönt. Der Festzug schloß mit dem Lied: »Was ist des Deutschen Vaterland.«

War ein Bruderkrieg durch einen Waffenstillstand zu vermeiden? Der Grundgedanke, auf den sich beide Seiten hätten einigen können, war tatsächlich aus nüchterner Einschätzung der militärischen Situation von Offizieren beider Seiten entwickelt worden. Man hatte sich auf einen Waffenstillstand unter Bedingungen geeinigt, die der Major von Jacobi an Moltke telegraphierte, »daß die hannoverschen Truppen, wenn ihnen der Durchmarsch nach näher zu bestimmenden Punkten im Süden gestattet wird, ein Jahr lang sich verpflichten, nicht an den Feindseligkeiten teilzunehmen«. Ein Waffenstillstand mit der

Aussicht auf einen ehrenvollen Abzug der hannoverschen Truppen hätte für Preußen die Erfüllung des Moltkeschen Kriegszieles gebracht, die für die Auseinandersetzung mit Hannover gebundene Armee auf dem Hauptkriegsschauplatz einsetzen zu können. Daß der Krieg länger als ein Jahr dauern könne, nahm niemand an. Für die hannoversche Seite war es auf jeden Fall ein Gewinn, statt eines verschwommenen Kriegsziels einen greifbaren Erfolg zu haben: Das Heer, das Symbol des Fortbestehens ihres Königreichs, blieb intakt, wenngleich von den weiteren Kampfentscheidungen ausgeschlossen.

Die Verantwortung, den projektierten Waffenstillstand, den Sieg der Vernunft, verspielt zu haben, liegt zunächst – andere Verantwortliche werden wir noch kennenlernen – beim König von Hannover. Seine Reaktion auf das preußische Angebot war keineswegs das Durchschauen einer angeblichen Täuschung; diese Reaktion hängt auf das engste mit seiner Auffassung vom Königtum zusammen. Verpflichtungen, und dazu noch gegenüber Preußen, das ihn so schmählich behandelt hatte, einzugehen, nicht etwa nur sein Wort zu geben, sondern Garantien für die Einhaltung des Waffenstillstands zu leisten, erschien dem blinden König als Beeinträchtigung seiner Würde. Aber damals wollte Georg V. die Bewahrung seiner Würde nicht durch Opfer anderer erkaufen. Er wollte weiteren Verhandlungen nicht entgegenstehen, »um allem Blutvergießen und dem Bedrucke der Einwohner möglichst vorzubeugen.«

Das Zaudern Georgs, sein Schwanken zwischen der Behauptung monarchischer Würde und dem Ergreifen einer Friedenschance, ermöglichte verhängnisvollerweise den preußischen Kommandierenden Generalen von Falckenstein und Manteuffel ihr eigenes Spiel. Wes Geistes Kind der letztgenannte war, zeigte er, als ihm ein hannoverscher Parlamentär nach Langensalza das Anerbieten der Kapitulation machte, und ihm damit die nahe Aussicht auf Kriegslorbeer nahm. Manteuffel erklärte »fast schreiend«, »daß ich dem Verlangen eines Waffenstillstandes nicht entsprechen kann und noch heute angreifen werde, – angreifen – angreifen!«

Um die Haltung der beiden Generale zu verstehen, ist zu berücksichtigen, daß Moltke im Juni 1866 noch nicht die Autorität eines ruhmbekränzten Strategen hatte, sondern daß er der Generalstäbler war, dessen Weisungen ein Kommandierender General als Einmischung in sein höchstpersönliches Feldherrentum empfand. Der preußische General von Goeben versuchte noch in letzter Minute eine Schlacht zu vermeiden, eilte zu Falckenstein und kam nach einer halbstündigen, heftigen Unterredung verzweifelt zurück; verzweifelt, weil er nun wußte, daß Falckenstein eine Schlacht wollte: »Der Mann ist verrückt«, aber – schon damals die späterhin so oft aufreibende Problematik zwischen Gewissen und militärischer Disziplin – »ich bin Soldat, ich muß gehorchen.«

Wir verzichten auf eine Verlaufsschilderung der Schlacht von Langensalza. Dies wäre eine Nacherzählung längst bekannter Ereignisse, die von den Zeitzeugen gut dokumentiert sind, die in den üblichen Schlachtenskizzen graphisch zur Genüge festgehalten wurden. Doch einige selten berücksichtigte Punkte verdienen hervorgehoben zu werden. Die hannoversche Stellung bei Merxleben war eine von der Unstrut begünstigte Defensivstellung, für eine Offensive war sie außerordentlich nachteilig, denn am Schlachttag, dem 27. Juni, hatte der Fluß einen sehr hohen Wasserstand. Bei dem gescheiterten Versuch der Brigade Bothmer, über die Unstrut zu setzen, mußten die Mannschaften im feindlichen Feuer das Wasser, das ihnen bis zur Brust reichte, durchwaten. Die Patronentaschen wurden dabei auf das Käppi gelegt und mit der linken Hand festgehalten (Gott sei Dank, daß Georg V. den Preußen-Tick seines Vaters zurückgenommen und die Pickelhauben durch die zivileren Käppis ersetzt hatte), die rechte reckte das Gewehr in die Höhe. 14 Offiziere und 119 Soldaten verlor die Brigade bei diesem Versuch.

Es war drückend heiß am 27. Juni. Mittags herrschten 30 Grad im Schatten. Der preußische General Flies erlitt einen Sonnenstich. Durch Sonnenstich invalide gewordene Soldaten lagen in den Lazaretten.

Die neuen preußischen Zündnadelgewehre spielten in dieser Schlacht eine große Rolle. Bis auf die 2.000 Mann Landwehr-Truppen hatten alle preußischen Soldaten dieses neue Gewehr, das Georg V. 1865 in Hannover einführen wollte, was er aber, um eine Konfrontation mit den Ständen zu vermeiden, hinausschob. Die Feuerkraft dieser Gewehre war bekannt. Die Soldaten des Landsturms eilten sofort hinzu, wenn ein »Regulärer« gefallen war, um ihm das Gewehr zu entreißen. Angesichts der allen bekannten Feuerkraft der Zündnadelgewehre war es eine bemerkenswerte Leistung, war es Ausdruck größter militärischer Disziplin, daß in der Mittagszeit, etwa gegen 13.15 Uhr den hannoverschen Truppen die Wendung von der Defensive zur Offensive gelang. Den Angelpunkt bildete die Operation der Brigade Bülow, die im wirksamsten Bereich feindlichen Feuers über die Unstrut gehen konnte und über eine offene Wiese hinweg auf die festen preußischen Stellungen hinter dem Salzabach stürmte.

Und auch das muß erwähnt werden: Die Offiziere marschierten allesamt vor ihren Truppen (bis auf den kurzsichtigen Oberstleutnant Graf Kielmansegg, der während der Schlacht hinter der Front zwei Schwadronen seines Regiments suchte). Überproportional viele Offiziere fielen.

Gewiß: General von Falckenstein wollte in die kriegsgeschichtlichen Lehrbücher kommen, er wollte seine Schlacht, seinen Sieg. Aber wo lag das Motiv seines Gegners?

Kannte niemand in Hannover die Lehre von Clausewitz, daß ein Krieg »nicht aus einem einzigen Schlag ohne Dauer« besteht? Und wenn man Clausewitz nicht gelesen hatte, konnte man denn nicht zählen, wenn schon nicht die Preußen, dann doch die eigenen Munitionsvorräte? Daß diese nur für eine Schlacht ausreichten, konnte man unschwer feststellen.

Gegen die Vorstellungen seiner führenden Offiziere beharrte Georg V. auf seinem formulierten Standpunkt, daß er lieber den Tod erleiden, »als ohne

Kampf kapitulieren« wolle. Er forderte, daß »vor allen Dingen zur Rettung der Waffenehre Widerstand geleistet werden müsse«. War es Georg V. nur um die Ehre gegangen? Im Gegensatz zu seinen Offizieren, die allein von der militärischen Lage ausgingen, hatte der König die politischen Konsequenzen einer Kapitulation ohne Schlacht besser beurteilt. Noch war ja auf dem böhmischen Kriegsschauplatz keine Entscheidung gefallen. Immer noch mußte man mit einem Sieg Österreichs, zumindest aber mit einem Verhandlungsfrieden rechnen. Eine allzu schnelle Kapitulation hätte Hannovers Rolle am Verhandlungstisch zu der eines Bittstellers gemacht; eine Schlacht hingegen die moralische Position gestärkt. Kämpfen wie ein Ehrenmann, um Frieden wie ein Ehrenmann zu erhalten – das waren die gewiß berechtigten Überlegungen, die gegen eine kampflose Kapitulation sprachen. Aber am Vormittag des 28. erklärten sämtliche höheren Offiziere auf ihre militärische Ehre und unter dem Eid, den sie ihrem König geleistet hätten, daß jede weitere militärische Aktion »ein gänzlich unnützes und erfolgloses Blutvergießen« sei. Die Reaktion ehrt die Offiziere. Sie wollen ein sinnloses Blutvergießen vermeiden, sie bitten um ihre Entlassung, ziehen sich vor ihrem Gewissen nicht auf die soldatische Disziplin zurück.

Nicht nur die Frage des politischen Nutzens, nicht nur das Problem der Ehre im jeweiligen Verständnis der Zeit hat die Darstellung eines Feldzuges zu erwägen, sie hat auch an das Leid zu erinnern, das jeder Krieg mit sich brachte. Die anderthalb Wochen, die der preußisch-hannoversche Krieg währte, lassen ihn weitgehend als eine Auseinandersetzung unter Ehrenmännern erscheinen. Beide Seiten bemühten sich, der Zivilbevölkerung so wenig Schaden wie nur möglich zuzufügen. Keine Exzesse, keine Plünderungen. Es war zweifellos der gesittetste Feldzug auf deutschem Boden überhaupt. Das aber tat der Entschlossenheit, mit der von beiden Seiten bei Langensalza gekämpft wurde, keinen Abbruch. Es beruht nicht auf nachträglich gefertigten Schlachtgemälden, sondern auf Augenzeugenberichten, wenn auf beiden Seiten, vom Offizier ebenso wie vom gemeinen Soldaten, die vor dem Feinde zu beweisende Tapferkeit als erste Soldatentugend angesehen und gelebt wurde. Und die Kehrseite: Schreie, Schmerzen und Tränen der Verwundeten, Elendsbilder in den Lazaretten und den notdürftig improvisierten Krankenlagern.

Erschütterung ergriff die Menschen, die bis dahin Schlachten nur vom Hörensagen kannten. (Mehr als 50 Jahre lag die letzte Schlacht auf deutschem Boden zurück.) Der Gutsinspektor eines nahe beim Schlachtfeld gelegenen Dorfes sieht auf der Suche nach seinen requirierten Pferdegespannen, wie »die gefallenen Soldaten schichtweise auf den Wagen geladen wurden, was schrecklich aussah«. Den jüdischen Soldaten Georg Steinberg, den die Erzählungen aus den Befreiungskriegen so begeistert hatten, daß er hannoverscher Soldat wurde, ergreift bei Langensalza das schiere Entsetzen. »Vom Badewäldchen kommt ein Commando vom zweiten Regiment mit einem Wagen. Es ist eine grauenhafte, schreckliche Ladung, die der Wagen trägt, Todte, die man noch

Der Aussschnitt aus dem Hamelner Diarama (vgl. Abb. 473) zeigt die Freude am militärischen Ordnungsspiel, hier der Brigade Knesebeck, sogar angesichts einer beginnenden Schlacht. Das ist mitnichten eine Verharmlosung des Krieges, sondern gewissermaßen ein Rückblick auf die Ordnung des vorausgegangenen Feldzuges, des gesittetsten, der je auf deutschem Boden stattfand. Das Grauen militärischen Tötens in der Schlacht von Langensalza ist nicht visuell, sondern nur über die Berichte der Zeitgenossen zu vergegenwärtigen.

auf dem Schlachtfeld gesammelt hat. Wie man Heu aufladet, so liegen sie da, noch hoch über den Leitern hinweg. Bis zur Unförmigkeit angeschwollen, mit ganz schwarzen Gesichtern, die schrecklichen Wunden von Fliegenschwärmen bedeckt. Einem preußischen Kanonier muß die Granate unmittelbar an seinem Körper crepiert sein, bis zum Gürtel sind die Kleidungsstücke vollständig verbrannt. Dabei eine gewitterschwüle Luft und dieser unsagbar schreckliche Geruch, – es ist nicht wahr, daß der Mensch ein Ebenbild Gottes ist.«

Es kann nur angedeutet werden, welche Bedeutung der Schlacht von Langensalza innerhalb der welfischen Mentalität zukam, wie sie sich nach 1866 auch (und gerade) politisch artikulierte. Festzuhalten ist jedoch, daß ein martialisches oder gar ein militaristisches Pathos, das den Kriegsgegner verdammt, nicht auszumachen ist. Schon in der ersten, wenige Wochen nach der Schlacht erschienenen (und offenbar privat und verschwiegen verbreiteten) Darstellung der Kriegsereignisse aus hannoverscher Sicht wird auch der Geste preußischer Offiziere gedacht, die das Faß Moselwein, das sie für eine Regimentsfestlich-

Georg V. mit seiner Familie im Exil.

keit bestellt hatten, sofort den verwundeten hannoverschen Offizieren ins Lazarett schickten. Mentalität nach Langensalza: Der preußische Politiker war verhaßt, der preußische Soldat nicht. Denn Hoch und Niedrig wissen: Es war ein »Bruderkrieg« gewesen. Deswegen kam es auch in den Lazaretten zu keinen, von einem Prediger durchaus befürchteten, Auseinandersetzungen zwischen hannoverschen und preußischen Verwundeten.

»Langensalza – das welfische Trauma«: So stellte sich von außen urteilenden Historikern das Problem dar. Wer aber die fast ein Jahrhundert in welfischen Landen wirksamen Mentalitäten untersucht, stellt bald fest: Nicht die Schlacht, sondern deren Folgen, für die vereinfachend Langensalza als Symbol stand, bildeten das sogenannte »Trauma«. Die Annexion des Königreichs durch Preußen riß eine Schranke nieder, die in welfischen Landen selbst während des Reaktionskurses Georgs V. stets respektiert worden war. Niemand fragte die Bevölkerung nach ihrem Willen, eine Bevölkerung, die bestürzt sehen mußte: Macht geht vor Recht. Selbst Menschen, die in offener oder indirekt artikulierter Opposition zu dem als unzeitgemäß empfundenen persönlichen Regiment Georgs V. standen, entpuppten sich nach der Katastrophe als Charaktere, die das ihrem König angetane Unrecht als ihr eigenes Leid empfanden. Nur: Dies war eine nicht »partikularistisch«, sondern rechtlich definierte Haltung, in der sich Demokraten und Monarchisten zusammenfanden. Gemeinsam ging es ihnen um ein auf Recht und nicht auf Macht gegründetes Deutschland. Ein Beispiel: Ein zweites Mal mußte der Göttinger Professor Ewald seine Charakterfestigkeit beweisen: Während er bis heute geehrt wird als einer der Göttinger Sieben, wird seine auf den gleichen Prinzipien beruhende Haltung 1866 – es geht um den gegenüber Preußen verweigerten Diensteid – diskret verschwiegen.

Bis in die jüngst gehaltene Festrede zum 50jährigen Jubiläum des Landes Niedersachsen hinein wirkt die Verkennung der Bewertung des Jahres 1866. Als ein – Gott sei Dank – überwundenes Kuriosum erwähnte in seiner Festrede vor dem Landtag Christian Graf von Krockow die Ansicht, die er als Flüchtling in der Nachkriegszeit im Hannoverschen angetroffen habe: Der Untergang Preußens sei die Vergeltung für Langensalza. Ein Mißverständnis des aus Tradition herausgeworfenen Grafen im Umgang mit den alten Traditionen im Hannoverschen, die damals etwa aus Sicht sächsischer Adeliger, die sich auf großväterliche Verbindungen berufen konnten, ganz anders aussah. Nur um einer Geschichtsklitterung vorzubeugen: Die vor dem Landtag vorgetragene Rede Krockows ist in der zitierten Passage ein Geschichtszeugnis insofern, als sie eine vor dem Hintergrund einer Trümmerlandschaft individuelle Lebenserfahrung wiedergibt. Sie umschließt aber ein überindividuelles Mißverständnis: Mit dem Stichwort »Langensalza« verband sich angesichts eines in Schutt und Asche liegenden Hannover immer noch der alte Protest, die alte Mahnung: Einem Staat drohe das Scheitern, der mit Unrecht begänne.

Niedersachsen um 1900

Ernst Schubert

War der Begriff »neue Zeit« im Jahre 1848 vor allem in einer politischen Absicht gebraucht worden, die sich des technischen Fortschritts vorrangig als Symbol bediente, so standen ein halbes Jahrhundert später Wirtschaft und Technik im Mittelpunkt der Fortschrittsgläubigkeit in den Städten. Den Menschen war bewußt, wie sehr sich in wenigen Jahrzehnten die Welt verändert hatte; weniger bewußt wurden ihnen – wie üblich – die damit einhergehenden leise sich vollziehenden Mentalitätswandlungen. Ein Zeichen für die sich um 1900 verändernde Welt ist, daß sich damals der Begriff »Niedersachsen« im allgemeinen Sprachgebrauch durchgesetzt hatte. Er umschloß die Provinz Hannover, das Herzogtum Braunschweig und das Großherzogtum Oldenburg. Daß politische Raumbezeichnungen von einem unpolitischen Begriff überwachsen wurden, lag nicht zuletzt an der neuen Raumerfahrung; die großen Städte waren näher aneinandergerückt. Von Hannover brauchte man im Zug nach Braunschweig etwas mehr als eine Stunde, nach Berlin vier und nach Köln weniger als sechs Stunden. Die innerdeutschen Grenzen wurden nur noch als Verwaltungsgrenzen wahrgenommen. Das bedeutete aber auch, daß die Konturen »landsmannschaftlicher« Verbundenheit langsam verblaßten, daß nicht mehr die Zugehörigkeit zu einem Herrschaftsraum, sondern die zu einem Stand – der Ausdruck »Klasse« hatte sich in bürgerlichen Kreisen noch nicht durchgesetzt – das Bewußtsein bestimmte, daß also zum Beispiel der Oldenburger sich zunächst als Bürger, als Arbeiter, als Großbauer und erst in zweiter Linie, allem Landespatriotismus zum Trotz, als Untertan des Großherzogs verstand. Die teilweise gegenläufige Entwicklung in der Provinz Hannover, in der ein »welfisches Bewußtsein« nach 1866 die verschiedenen Stände zu einen vermochte, hatte um 1900 vieles von ihrer Kraft verloren.

Aber auch in der Provinz Hannover prägten die Gegensätze zwischen den Ständen das Bewußtsein. Ein signifikantes Beispiel: Der Bürger der Residenzstadt hatte um 1900 nicht nur die repräsentativen Laves-Bauten vor Augen, sondern auch, wenn er seinen Blick nach Linden richtete, die neuen Fabriken, ein Viertel aller Großbetriebe mit über 100 Beschäftigten in der Provinz, unter anderem drei Eisengießereien mit über 350 Beschäftigten, zwei Baumwollwebereien mit 1.000 Arbeitern und eine Baumwollspinnerei mit über 600 Arbeitern. Aber die Bürger und besonders die Honoratioren Hannovers sahen um 1900 in Linden mit seinen 50.000 Einwohnern nicht den produktiven Fabrikstandort, sondern bestenfalls ein notwendiges Übel, keinesfalls aber einen Ort, der in die Residenzstadt eingemeindet werden durfte.

So deutlich die Veränderungen auf der gesellschaftlichen Ebene waren, so beharrend wirkten die Kräfte auf der politischen. In Oldenburg war ohne alle Modifikationen die von den Märzereignissen des Jahres 1848 inspirierte Verfassung von 1849 in Kraft geblieben, das Parlament mit seiner Beamtenmajorität fühlte sich der Modernisierung des Landes im wirtschaftlichen Sinne durchaus verpflichtet, aber gesellschaftliche und politische Reformen einzuleiten, war nicht seine Sache. Im ehemaligen Königreich Hannover lagen die Verhältnisse komplizierter. Hier litt man sehr darunter, daß man vom eigenständigen Königreich zur – Charme preußischer Administrationsbezeichnungen – »Provinz Hannover« herabgesunken war. Daran änderte auch nichts, daß, um den Unmut zu besänftigen, die Stadt Hannover formal zur »königlichen Haupt- und Residenzstadt« erhoben worden war.

Können im letzten Drittel des 19. Jahrhunderts die Ergebnisse der Wahlen zum Reichstag Aufschluß über Mentalitäten oder, wie man damals sagte, über Weltanschauungen bieten? Einschränkend muß zunächst festgestellt werden, daß quantifizierende Analysen allenfalls in groben Umrissen skizziert werden können, denn die Wahlkreise waren aufgrund der Bevölkerungszahlen des Jahres 1871 festgesetzt und im Kaiserreich nicht verändert worden, obwohl die städtischen Wahlkreise ihre Einwohnerzahl vervielfacht hatten. Im Reichsdurchschnitt umfaßte ein Wahlkreis 30.000 bis 40.000 Wahlberechtigte, aber der hannoversche Wahlkreis 8 (Stadt Hannover) zählte im Jahre 1912 94.000, der 1. Braunschweiger Wahlkreis (Braunschweig Stadt) 51.000 Wahlberechtigte. Hingegen umschloß der Wahlkreis Schaumburg-Lippe – der kleinste Wahlkreis im Reich: jeder Bundesstaat hatte das Recht auf mindestens einen Abgeordneten – 10.709 Wahlberechtigte.

Trotz aller Willkür beim Zuschnitt der Wahlkreise lassen sich aus den Wahlergebnissen einige allgemeine Feststellungen ableiten. Der Konservatismus war in Niedersachsen keine politische Kraft von Belang. Mit Ausnahme der Provinz Hannover banden die Nationalliberalen die Stimmen der Bürgerlichen und der (Groß-)Bauern, sie gewannen 1871 im Herzogtum Braunschweig 88 % aller Stimmen; die beiden ostfriesischen Wahlkreise waren ihnen die ganze Zeit des Kaiserreiches hindurch sicher. Ebenso unumstritten – nie wurde bis 1912 hier eine Stichwahl nötig – behauptete das Zentrum die beiden Wahlkreise Meppen und Cloppenburg-Vechta.

Im ehemaligen Königreich Hannover, genauer: in den welfischen Kernlanden, Ostfriesland nicht erreichend, hatte sich nach 1866 eine der erstaunlichsten Parteibildungen des deutschen Parlamentarismus vollzogen: die Deutsch-Hannoversche Partei. Programm war die Wiederherstellung des alten Königreichs und die Einsetzung der Welfen auf den ihnen gebührenden Thron. Monarchisten also in Opposition zur Monarchie. Diese Partei hatte die Einheit Deutschlands stets bejaht, ja in ihrem Namen sogar zum Programm erhoben. Die Anhänger dieser Partei waren keine »Partikularisten«, wie sie von ihren Gegnern bezeichnet wurden; denn selbstverständlich war in den Krieg von

1870/71 auch hannoversches Militär gezogen. Die nationale Emphase wurde auch von denen geteilt, die welfisch dachten. Das Erstaunliche an dieser Parteibildung liegt darin, daß die Deutsch-Hannoversche Partei in vielen Dörfern der welfischen Kernlande die Hoch und Niedrig integrierende, die dominierende Partei sein konnte und sogar in der sprunghaft sich entwickelnden Residenzstadt die Partei bildete, die sich im bürgerlichen Lager mit den Nationalliberalen die Waage hielt. Daß die Deutsch-Hannoversche Partei keine partikularistische Bewegung, sondern eine Art Weltanschauungspartei war, welche die Wahrung des Rechts in den Mittelpunkt stellte, zeigte sich darin, daß auch die katholischen Dörfer im Hildesheimischen welfisch wählten. Es war nicht nur durch die Person Ludwig Windthorsts bedingt, daß die Welfen und das Zentrum immer wieder Wahlbündnisse eingehen konnten, daß die Welfen keinen Kandidaten in Meppen aufstellten, das Zentrum hingegen keinen in den Wahlkreisen Göttingen, Hildesheim und Osnabrück.

Wahlabsprachen der Deutsch-Hannoverschen Partei gab es wie mit dem Zentrum ansatzweise selbst mit den Sozialdemokraten, die mehrfach in Stichwahlen gegen die Welfen standen. Allerdings stand die Deutsch-Hannoversche Partei dem Bürgertum näher als der Arbeiterschaft. Wo ein Welfe gegen einen Sozialdemokraten in die Stichwahl gehen mußte, konnte er alle bürgerlichen Stimmen auf sich vereinen.

Das in der Provinz Hannover Signifikante in der Parteienlandschaft begann sich um 1900 abzuschleifen; nur noch 13,5 % der Stimmen gewann die Deutsch-Hannoversche Partei 1912 in der Provinz Hannover, wo sie 1887 noch 35 % auf sich vereinen konnte. Die Stimmenverluste der Welfen waren im wesentlichen Stimmengewinne der Sozialdemokraten. Das ist in sofern typisch, als die Stimmengewinne der SPD durchaus im allgemeinen Trend lagen, weist aber letztlich darauf zurück, daß sich große Teile des Bürgertums in der Provinz Hannover und der Arbeitschaft nicht so fremd geworden waren wie in anderen Teilen des Landes. Das dürfte, wie wir vermuten, auch mit der Zurückhaltung gegenüber dem wilhelminischen Militarismus zusammenhängen. Zum Beispiel wurde in welfischen Kreisen die Beteiligung der Schüler an den Sedanfeiern abgelehnt, weil darin ein »Mißbrauch der Kinder zu politischen Demonstrationen« gesehen wurde. (Zwar dürften auch die Hannoveraner die Kostümierung des Militärs als Schauspiel genossen haben, aber dieses harmlose Vergnügen steigerte sich nicht zum Militarismus. Ein diensteifriger Schutzmann nahm 1880 »zwei Dirnen« fest, welche »in eine Infanterie-Offiziers-Uniform gekleidet« auf der Georgstraße, Hannovers Promenade, spazieren gingen, ohne daß die Passanten daran Anstoß nahmen.)

Die Sozialdemokraten konnten bei den Reichstagswahlen zunächst nur Stimmengewinne in den industrialisierten Regionen des Landes verbuchen. Die Auswirkung der Bismarckschen Sozialistengesetze verwehrt genauere Analysen; aber um 1900, nach der Aufhebung der Sozialistengesetzgebung, erweist sich selbst in dem angeblichen Agrarland Niedersachsen das reichsweite

Anwachsen der SPD. In zwei von drei braunschweigischen Wahlkreisen konnten die Sozialdemokraten die hier noch 1871 dominierenden Nationalliberalen verdrängen, im Großherzogtum Oldenburg vermochten sie 1912 in den industriell geprägten Regionen am Jadebusen und an der Wesermündung 44 % der Stimmen zu gewinnen. Fast ein Drittel der niedersächsischen Wähler gaben 1912 ihre Stimme der SPD.

Die Industrialisierung hatte auch Niedersachsen erfaßt. Hier waren um 1900 fast 30 % der Erwerbstätigen in der Industrie beschäftigt. Der Industriearbeiteranteil lag damit nur knapp, um noch nicht einmal 5 %, unter dem Reichsdurchschnitt. 1878 bereits zählte die Statistik der Stadt Hannover 59.439 Fabrikarbeiter in rund 9.000 Betrieben.

Die Vorstellungen, die ungeachtet der Industrialisierung in Niedersachsen dieses Land als ein Bauernland sich ausmalten, waren gleichwohl nicht ganz falsch. Abgesehen davon, daß sich die Industrie auf vergleichsweise wenige Standorte konzentrierte, war der Anteil von Mittelstädten in Niedersachsen signifikant gering im Vergleich zu anderen deutschen Landen. In der Provinz Hannover konnte man neben der Residenzstadt lediglich Osnabrück, Hildesheim, Lüneburg, Göttingen, Emden, Wilhelmshaven, Harburg und Wesermünde zu den Mittelstädten rechnen. Wenn das soziale Profil des Landes so sehr von Dörfern und Kleinstädten geprägt war, daß schon eine Stadt mit etwa 30.000 Einwohnern als die große Ausnahme in der Siedlungsgestalt erschien, so nimmt es nicht wunder, daß jedem Beobachter hinter allen industriellen Veränderungen zunächst die der agrarischen Welt typische Traditionsgebundenheit auffiel. Noch um 1900 wurde in Coppenbrügge am 4. Januar festlich ein Bußtag begangen zur Erinnerung an die schwere Feuersbrunst des Jahres 1690. Ein Vorstoß, diesen dem Zeitgeist angeblich zuwiderlaufenden Festtag aufzuheben, wies die Gemeindeversammlung energisch zurück. Das erschien dem auswärtigen Beobachter als »Volksbewußtsein«, an dem in agrarisch geprägten Gebieten nicht zu rütteln sei.

Auch die konfessionellen Verhältnisse entsprachen der gewachsenen Tradition: 86,9 % Protestanten, 12,2 % Katholiken, 0,7 % Juden, 0,1 % Freikirchler. Schon 1880 fiel den Statistikern die im Vergleich mit anderen deutschen Landen geringe Binnenwanderung in Niedersachsen auf, Hintergrund des Bonmots eines hannoverschen Theaterintendanten: Die Hannoveraner sind die Bayern des Nordens. In der Sprache des Alltags spiegelte sich die vergleichsweise geringe Binnenwanderung wider. Das Plattdeutsche war immer noch die Umgangssprache der Bauern auf dem Lande und in den Städten die der Handwerker, Dienstboten und Kleinhändler. Das Hochdeutsche war die Sprache der Verwaltung und der Oberschicht.

Die plattdeutsch sprechenden kleinen Leute waren am schwersten von den industriellen Krisen im Kaiserreich betroffen. Der im Zusammenhang mit der Geschichte der Hanomag noch zu behandelnde Zusammenbruch des Strousbergschen Imperiums (1871) war ein Vorbote jener »Gründerkrise«, die 1873 durch den Wiener Börsenkrach ausgelöst wurde und den industriellen Entwicklungsprozeß zurückwarf. Die Belegschaft der Hanomag wurde von 1873/74 bis 1880 auf ein Fünftel abgebaut. Wer in den Fabriken noch in Lohn und Brot stand, mußte erhebliche Lohnsenkungen hinnehmen. Erst nach 1880 begann sich die Situation allgemeinwirtschaftlich zu bessern, aber die Löhne stiegen, bewußt verzögert, wesentlich langsamer als die wirtschaftliche Produktivität.

Die Veränderung des Landes, die Karl Karmarsch vor allem durch die Industrie herbeigeführt sah, durchdrang alle Bereiche des sozialen Lebens. Das läßt schon ein erster Vergleich erschließen. Während um 1800 die Zahl der Hollandgänger noch sehr groß war, während in Niedersachsen ein Überangebot an Arbeitskräften bestand, das viele zum Verzweiflungsschritt der Auswanderung zwingen sollte, war hundert Jahre später die Provinz Hannover ein Einwanderungsland von Saisonarbeitern. Circa 20.000 Menschen strömten um 1900 ins Land, um sich auf den großen Höfen zu verdingen. Polinnen und Rutheninnen arbeiteten zum Beispiel im Rübenanbau in der Hildesheimer Börde. Man forderte Arbeiter aus Schlesien an. Vereinfacht: Aus einem Land, das noch im frühen 19. Jahrhundert viele Auswanderer stellte, war um 1900 ein Einwanderungsland von Saisonarbeitern in der Landwirtschaft geworden.

Niedersachsen als Bauernland: Tiefgreifende Veränderungen der Agrarlandschaft werden um 1900 sichtbar. Durch die neuen Verkehrsverbindungen, durch die Eisenbahn, aber auch zum Beispiel durch den 1882 bis 1887 ausgebauten Ems-Jade-Kanal konnten Mineraldünger und Futtermittel preiswert eingeführt werden. Die südoldenburgische Geest zum Beispiel profitierte erheblich von diesen neuen Möglichkeiten. Die Ödlandkultivierung hatte ganz neue Zukunftschancen gewonnen. Es ging nicht nur, wie bei der Kolonisation vergangener Zeiten, um neue Bauernstellen oder darum, den Inhabern von Bauernstellen eine Überlebensgrundlage zu schaffen, es ging bei dieser neuen Kolonisation um den überregionalen Markt. Die Folge: Zwischen 1882 und 1918 wurden im Großherzogtum Oldenburg die unkultivierten Flächen von 2.200 km^2 auf 1.300 km^2 verringert.

Ob Marsch, ob Geest: Die traditionellen Agrarmeliorationen werden allmählich überlagert durch eine neue Entwicklung. Die Anfänge der Technisierung der Landwirtschaft werden sichtbar. Die ersten Dampfpflüge sind noch vielbestaunte Sehenswürdigkeiten, aber sie symbolisieren die Abkehr von traditionellen Ackergeräten.

Trotz aller Modernisierung ist aber die »Nähe zur agrarischen Subsistenzwirtschaft mit ihrer breiten Produktionspalette ... überall noch spürbar«. Bei aller Ausrichtung auf rentable, exportierbare Produkte – und auch hier profitierte die Landwirtschaft von den neuen Verkehrsmöglichkeiten – entstanden doch noch keine Monokulturen. Vereinfacht: Der Bauer etwa auf der Geest im Cloppenburger Land trieb um 1900 eine intensivierte Getreidewirtschaft und Schweinezucht, aber Hühner scharrten immer noch auf seinem Hof.

Neuer Dampfpflug für Haide- und Ödland-Kulturen

von John Fowler & Co. in Magdeburg.

Es war der Herzoglich Arenberg'sche Ober-Forstinspektor Clauditz in Meppen, der zuerst in Deutschland die **Fowler'schen Dampfpflug-Apparate** zur Aufforstung von Haideflächen anwandte. Die damit erzielten Erfolge sind überraschend günstige; man kann jetzt die üppigsten Wald-Schonungen, die sich schon über Tausende von Hektaren erstrecken, bei Meppen sehen, wo früher nur öde Haide wuchs. Dies ist der kräftigen Durchbrechung der Ortsteinschichten zu danken, die nur der Dampfpflug in wirksamer Weise schaffen kann; wo sich nämlich Ortsteinschichten im Erdboden gebildet haben, da kann kein kräftiges Wachstum der Pflanzen entstehen.

Der verstorbene Oberforstmeister Burchardt in Hannover war ebenfalls ein eifriger Förderer der Haide-Dampfkultur, ebenso wie auch der jetzige Provinzial-Forstrat Quaët-Faslem in Hannover und Graf Bernstorff-Gartow u. a. Seitens der Grossherzoglich Oldenburg'schen Regierung ist ebenfalls schon vor einer Reihe von Jahren ein **Fowler'scher Haide-Dampfpflug** für Aufforstungen angekauft worden, womit unter der Oberleitung des Herrn Oberforstmeisters Otto in Oldenburg ganz grossartige Kulturen geschaffen sind.

Neuerdings nun sind die anfänglich noch ziemlich unvollkommenen Haide-Dampfpflug-Geräte ausserordentlich vervollkommnet worden. Von land- und forstwirtschaftlichen Fachmännern wird nämlich verlangt, dass der Haidepflug so konstruiert sein muss, dass er das Haidekraut beim Pflügen vollständig mit Erde bedeckt, ferner dass die Ortsteinschicht gründlich durchbrochen wird und dass, auch bei steinigem Boden, nichts an dem Haidepfluge bricht. Die neueren Haide-Dampfpflug-Geräte von **John Fowler & Co.** erfüllen nun diese Zwecke in der ausgezeichnetsten Weise, wovon sich jeder Interessent leicht überzeugen kann, denn über alle einschlägigen Fragen, betreffend Haide-Dampfkultur und Ausführung solcher gegen Lohn wird bereitwilligst Auskunft erteilt von der Firma **John Fowler & Co.** in Magdeburg, in deren Fabrik die Dampfpflug-Apparate gebaut werden.

X.

Vorbote der Technisierung der Landwirtschaft. Dampfpflüge aus einem Firmenkatalog von (etwa) 1912 mit Hinweisen auf erfolgreiche Einsätze der Pflüge im Niedersächsischen.

Es waren aber nicht nur exogene Faktoren wie Industrialisierung der Dünge- und Futtermittelproduktion und verbesserte Verkehrswege, die den Ausbau der Landwirtschaft ermöglichten und die tiefen Unterschiede zwischen Geest und Marsch ansatzweise verwischten, es waren auch endogene Faktoren dafür maßgebend. Nunmehr trug Früchte, daß sowohl im Großherzogtum Oldenburg als auch im Königreich Hannover seit dem Beginn des 19. Jahrhunderts große Anstrengungen zur Verbesserung des Volksschulwesens gemacht worden waren. In diesen Schulen wurden – übrigens seit Alters her, seit dem 17. Jahrhundert – Jungen und Mädchen gemeinsam unterrichtet. Die Verbesserung lag einmal in der Durchsetzung der Schulpflicht, zum zweiten in dem Ausbau der Schulen selbst und nicht zuletzt in der neuen Stellung des Lehrers als eines Beamten. Letzteres war entscheidend. Um 1900 war der Nachfahre jenes Lehrers, der um 1800 noch von der Gemeinde gedingt worden war, Beamter mit einem festen Gehalt geworden: eine Autoritätsperson im Dorf. Nur über ein verbessertes Schulwesen konnten die neuen Möglichkeiten, welche die Industrialisierung auch für die Landwirtschaft erschloß, genutzt werden. Dazu kam noch der Ausbau von Landwirtschaftsschulen, die auf den Arbeitsrhythmus Rücksicht nahmen und meistens im Winter den Unterricht durchführten. Im Oldenburger Land entstanden zwischen 1893 und 1914 zehn solcher Schulen, im Volksmund »Steckrübenschulen« genannt.

Verschwunden ist um 1900 fast allenthalben aus den Dörfern das Heimgewerbe – eine Folge der Industrialisierung. Seit 1840 wurden Spinnmaschinen und mechanische Webstühle ins Hannoversche eingeführt, wodurch, wie schon 1844 prophezeit wird, »der wichtigste Nahrungsquell den mehr als hunderttausend Familien abgegraben« wird, die von der »Leinwandfabrication« lebten, einer Heimindustrie, die »bis in das kleinste Zimmer des Häuslings ein Stück Brot im Winter gereicht hat«. Arbeitsplätze kleiner Leute wurden weiterhin gefährdet, als in den 1840er Jahren auch neue chemische Verfahren der Schnellbleiche eingeführt wurden.

Allen Wandlungen in der Agrarlandschaft zum Trotz blieb die Armut eine soziale Konstante auf dem Land. Immer noch verdichtete sie sich in wirtschaftlichen Problemgebieten. Rainer Maria Rilke, der sich zwischen 1900 und 1902 in Worpswede aufhielt, schildert ohne jede Verklärung die Zustände im Teufelsmoor: »Das Lächeln der Mütter geht nicht auf die Söhne über, weil die Mütter nie gelächelt haben. Alle haben nur *ein* Gesicht, das harte gespannte Gesicht der Arbeit, dessen Haut sich bei allen Anstrengungen ausgedehnt hat, so daß sie im Alter dem Gesicht zu groß geworden ist wie ein lang getragener Handschuh.«

Dramatischer noch als die Wandlungen auf dem Lande waren die in den Städten. Zwischen 1850 und 1900 wuchs die Einwohnerzahl Hannovers von 50.000 auf 236.000 an. Große Infrastrukturmaßnahmen waren nötig, Kanalisation und Wasserversorgung, um einem solchen Bevölkerungswachstum Rechnung zu tragen. Das Budget der Stadt Hannover umfaßte im Jahre 1900 fast elf Millionen Reichsmark. Der Haushalt der Stadt zeigt, welche Probleme

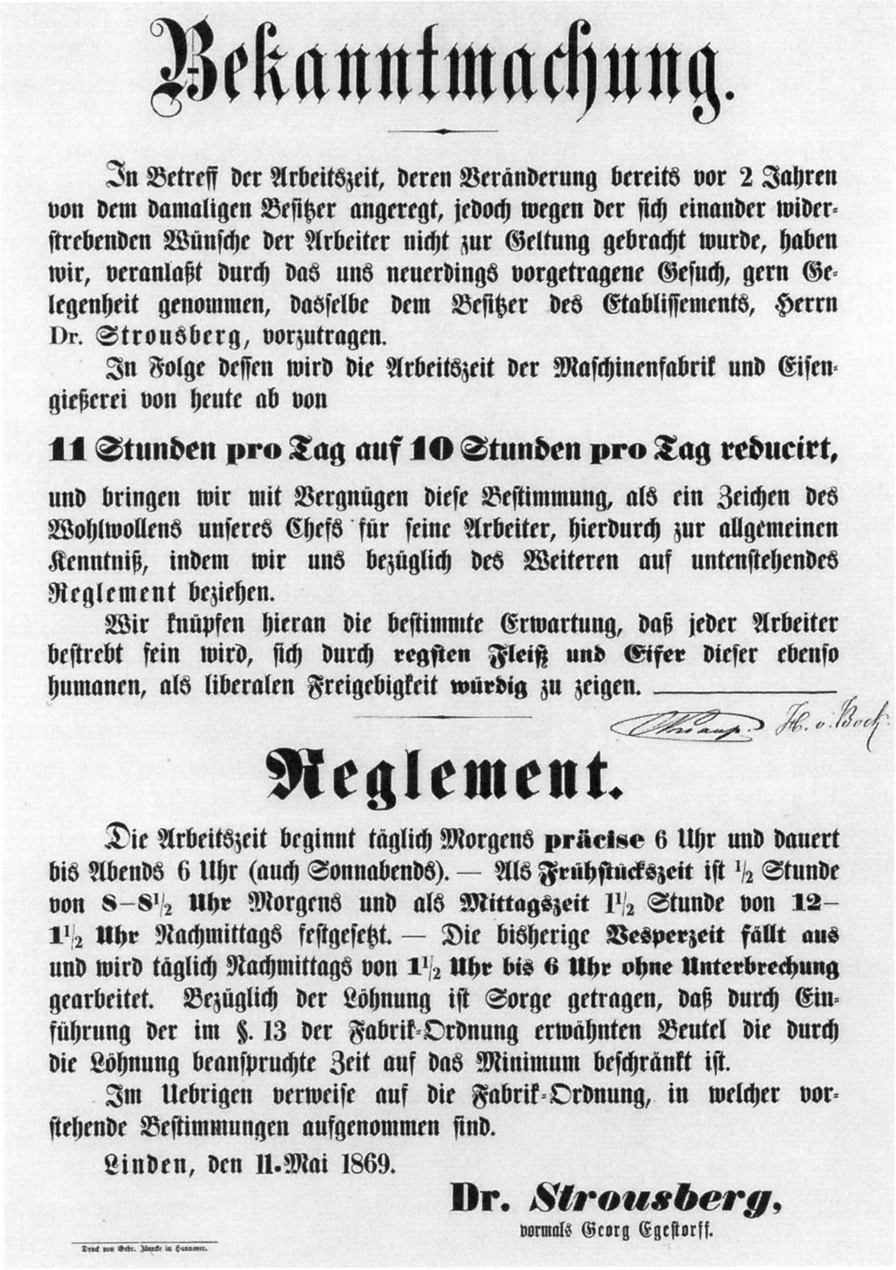

Bekanntmachung.

In Betreff der Arbeitszeit, deren Veränderung bereits vor 2 Jahren von dem damaligen Besitzer angeregt, jedoch wegen der sich einander widerstrebenden Wünsche der Arbeiter nicht zur Geltung gebracht wurde, haben wir, veranlaßt durch das uns neuerdings vorgetragene Gesuch, gern Gelegenheit genommen, dasselbe dem Besitzer des Etablissements, Herrn Dr. Strousberg, vorzutragen.

In Folge dessen wird die Arbeitszeit der Maschinenfabrik und Eisengießerei von heute ab von

11 Stunden pro Tag auf 10 Stunden pro Tag reducirt,

und bringen wir mit Vergnügen diese Bestimmung, als ein Zeichen des Wohlwollens unseres Chefs für seine Arbeiter, hierdurch zur allgemeinen Kenntniß, indem wir uns bezüglich des Weiteren auf untenstehendes Reglement beziehen.

Wir knüpfen hieran die bestimmte Erwartung, daß jeder Arbeiter bestrebt sein wird, sich durch **regsten Fleiß und Eifer** dieser ebenso humanen, als liberalen Freigebigkeit **würdig** zu zeigen.

Reglement.

Die Arbeitszeit beginnt täglich Morgens **präcise** 6 Uhr und dauert bis Abends 6 Uhr (auch Sonnabends). — Als **Frühstückszeit** ist 1/2 Stunde von **8–8 1/2 Uhr** Morgens und als **Mittagszeit 1 1/2** Stunde von **12–1 1/2 Uhr** Nachmittags festgesetzt. — Die bisherige **Vesperzeit fällt aus** und wird täglich Nachmittags von **1 1/2 Uhr bis 6 Uhr ohne Unterbrechung** gearbeitet. Bezüglich der Löhnung ist Sorge getragen, daß durch Einführung der im §. 13 der Fabrik-Ordnung erwähnten Beutel die durch die Löhnung beanspruchte Zeit auf das Minimum beschränkt ist.

Im Uebrigen verweise auf die Fabrik-Ordnung, in welcher vorstehende Bestimmungen aufgenommen sind.

Linden, den 11. Mai 1869.

Dr. Strousberg,
vormals Georg Egestorff.

Druck von Gebr. Jänecke in Hannover.

Arbeiterelend hinter unternehmerischer Gnade. Mit Begriffen staatlicher Administration (»Bekanntmachung«) und militärischer Subordination (»Reglement«) wird eine Arbeitszeitverkürzung zur Verbesserung der Betriebsorganisation im unternehmerischen Verständnis verkündet.

mit dem Anwachsen der Einwohnerzahlen verbunden waren. Die Ausgaben für das Schulwesen waren innerhalb eines Vierteljahrhunderts von 250.000 auf zwei Millionen Reichsmark, die für die Armenpflege von 100.000 auf 825.000 Mark gestiegen.

Unübersehbar sind um 1900 in vielen Städten die Folgen der Industrialisierung. Ihren Anfängen haben wir großen Platz eingeräumt, den wir für ihre Ausweitung nicht mehr benötigen. Wer jemals ein Brett durchgesägt hat, weiß, daß die Schwierigkeiten in den Anfängen, in den unberechenbaren Sprüngen des Sägeblattes liegen. So auch im Fall der Industrialisierung. Wir halten die häufig geäußerte Auffassung, mit der preußischen Zeit nach 1866 sei die Industrialisierung erst – befreit von den Zwängen eines reaktionären Königreichs – in Gang gekommen, für ein Zeichen mangelnden Selbstbewußtseins von Wirtschaftshistorikern, die gedankenlos der politischen Propaganda von der preußischen Mission im Reich folgten. Die Entwicklung der Industrie in der Provinz Hannover nach 1866 war ein auf Vorgaben der Vergangenheit beruhender selbsttragender Prozeß, zu dem die preußische Verwaltung außer der Protektion ausgemusterter adeliger Offiziere nicht viel beitrug.

Mit dem Ausdruck »selbsttragender Prozeß« der Industrialisierung sei nicht verdeckt, welcher Qualitätssprung seit der Jahrhundertmitte vollzogen worden war, der Sprung vom gewerblichen Kleinbetrieb zum Großbetrieb mit seiner eigenen Arbeiterschaft, der Entwicklungssprung also – um die zeitgenössische Terminologie aufzugreifen – von dem »fabrikartigen Etablissement« zur Fabrik, die durch große Gebäude und qualmende Schlote charakterisiert wird. Der Kleinbetrieb ist noch um 1850 der dominante Faktor in der industriellen Entwicklung Norddeutschlands. Selbst im Königreich Hannover gab es damals unter den über 7.000 Fabriken, welche die amtliche Statistik zählte, nur 29 Großbetriebe mit mehr als 100 Beschäftigten. Problematisch ist deswegen für diesen Zeitpunkt die Annahme einer »Arbeiterschaft« als eigener sozialer Klasse; diese bildet sich, standortgebunden an die industriellen Zentren Hannover, Braunschweig und Osnabrück, erst langsam nach der Jahrhundertmitte heraus – eine Minderheit in der Stadtbevölkerung.

Georg Egestorff hatte 1866 den Wechsel der Herrschaftsverhältnisse zwar nicht begrüßt, aber die Chancen bilanziert, die sich wirtschaftlich durch die gewaltsame »Gebietsreform« auftaten. Sein früher Tod (1868) bewahrte ihn vor der Wahrnehmung, daß politische Umbrüche zugleich die Chance für wirtschaftliche Abenteurer waren. Die Egestorffschen Fabriken gelangten in die Hand des sogenannten Eisenbahnkönigs Bethel Strousberg. Die moderne Wirtschaftsgeschichte hatte begonnen. Was für Georg Egestorff noch ein Problem persönlicher Auseinandersetzung mit seinen Arbeitern – »Knicker bin ich nie gewesen« – bedeutete, wurde einem reglementierenden Effizienzgedanken untergeordnet, der sogar eine überfällige Arbeitszeitverkürzung mit dem Gestus monarchischer Huld als Gnade des »Eisenbahnkönigs« Strousberg erscheinen ließ. Die moderne Wirtschaftsgeschichte hatte – so lehrt das Schicksal

Frauenarbeit in der Chemischen Waschanstalt Stichweh in Hannover / Limmer (um 1910).

Frauenarbeit in Bahlsens Keksfabrik (um 1910).

der Egestorffschen Gründungen – auch darin begonnen, daß an die Stelle der Risiken und Chancen abwägenden Geschäftsausweitung die den Bedingungen des Hazard verpflichtete Spekulation trat. Wie »Zieten aus dem Busch« tat es Strousberg den tollkühnen Handstreichen, wie sie in den Kasino-Gesprächen Berlins weiterlebten, gleich. Zivilisatorischer Fortschritt lag allein darin, daß nicht Brand und Plünderung, sondern (geliehenes) Kapital und Kauf die Instrumente der Eroberung waren, die auch die Provinz Hannover erreichten. Auf den Erwerb der Egestorffschen Fabriken und den Erwerb der Ilseder Hütte – eher beiläufige Akquisition eines am preußischen Machtbereich orientierten Industrie-Imperiums – folgte der Bankrott 1871.

Die industrielle Welt um 1900 kam ohne Frauenarbeit nicht mehr aus. 1895 waren im Herzogtum Braunschweig 22,6 % aller Erwerbstätigen Frauen, 1907 bereits 29 %. Schon 1875 hatte die Braunschweiger Staatsregierung den Bedenken über die Ausweitung der Frauenarbeit entgegengehalten, daß ohne eine Mitarbeit der Frauen viele Familien »in unmittelbare Verlegenheit« geraten würden, eine vornehme Umschreibung des Sachverhalts, daß tiefste Armut drohte, wenn die Frau nicht in der Industrie ihr Geld verdiente. Die Braunschweiger Staatsregierung argumentierte weiter, daß eine Einschränkung weiblicher Erwerbstätigkeit bei den Fabriken »eine Verteuerung des Fabrikats nach sich ziehen« würde – auch dies eine elegante Umschreibung des Sachverhalts, daß Frauen wesentlich geringer entlohnt wurden als Männer.

Überlange Arbeitszeiten waren das Schicksal der Arbeiterinnen und damit auch das ihrer Kinder. Für die in der Braunschweiger Konservenindustrie beschäftigten Frauen galt bei Arbeitsspitzen, wenn das Gemüse angeliefert wurde, eine Arbeitszeit von 5.30 Uhr bis 22.00 Uhr. 40 % aller Arbeiterinnen in Braunschweig waren um 1900 unter 24 Jahre alt. Deutlich geringer mit 20 % war der Anteil der Frauen zwischen 24 und 39 Jahren; ein Drittel der Arbeiterinnen war älter als 39 Jahre. Die Zahlen verdeutlichen, daß viele Frauen für die Fabrikarbeit so lange nicht zur Verfügung standen, wie sie heranwachsende Kinder zu versorgen hatten. Dennoch: Hinter der idyllisierenden Darstellung der Kinderpflegeanstalt einer Lindener Fabrik steht das Elend der Frauenarbeit jener Zeit (Farbtafel 16).

Die Statistik der Braunschweiger Arbeiterinnen zeigt, wie sich das, was einst Lebensaufgabe einer verheirateten Frau war, unter dem Eindruck der Industrialisierung zu einer nur für einen Lebensabschnitt gültigen Aufgabe wandelte. Aber auch in anderen Bereichen zeigt sich, wie sehr sich das traditionelle Frauenbild veränderte. Bleiben wir beim Braunschweiger Fall: Das Vereinswesen hatte um 1900 nicht mehr als männliches Monopol bewahrt werden können. Zahlreiche Frauenvereine waren entstanden, und zwar nicht nur solche der Mildtätigkeit, wie es sie auch schon um 1850 gegeben hatte, sondern Vereine, die spezifischen Interessen der Frauen verpflichtet waren, vom Kaufmännischen Verein weiblicher Angestellter bis hin zum Frauenstimmrechtsverein.

Die großen Veränderungen, die in der Gesellschaft um 1900 im Gange

Verkehrsunfall auf der Königsstraße in Hannover (um 1908).

waren, zeigten sich auch in den Zentren der zu Großstädten herangewachsenen Residenzstädte Braunschweig und Hannover. Alte Häuser wurden abgebrochen, um neuen Straßenzügen Platz zu machen. Um zum Beispiel in Hannover für die als unverzichtbar angesehene neue Karmarschstraße Platz zu schaffen, wurde das alte Ständehaus, eines der schönsten Gebäude der Stadt und das wichtigste Zeugnis der vor- und frühparlamentarischen hannoverschen Geschichte, 1884 abgerissen. (Ersatz bildete dann das im importierten Stil italienischer Palazzi der Renaissance errichtete Gebäude des Provinziallandtags.)

Wo breite Straßen gebrochen wurden, um für den Verkehr der modernen Großstadt Platz zu schaffen, war der Verkehrsunfall nicht mehr fern. Er bildete aber noch die im Bilde festgehaltene, erinnerungswürdige Sensation, die Schüler mit ihren damaligen Schülermützen, die Studenten in Couleur ebenso in den Bann zog wie die korsettgeschnürten Frauen der besseren Gesellschaft in ihren Faltenröcken.

Zwei Bilder mögen die Zeit um 1900 in ihrer Spannung zwischen Tradition und technischem Aufbruch illustrieren. Angesichts gewaltiger Düsenclipper der Gegenwart scheint eine Erinnerung an Carl Jathos Flugversuche wie eine nostalgische Verklärung zu wirken. In ihrer Zeit wurden diese Versuche aber, teils mokant belächelt, teils fasziniert bestaunt, in ihrer zukunftsweisenden Bedeutung unterschätzt. Prüfende Experten, interessierte, aber distanziert ste-

Carl Jathos Flugversuch auf der Vahrenwalder Heide bei Hannover (1903-1905).

hende Beobachter und engagierte Mechaniker zeigt unser Bild – aber trotz des in den Vordergrund ragenden Fahrrads kein allgemeines Interesse, wie es schon ein simpler Verkehrsunfall erregte. Der Grund dafür ist schnell ausgemacht, wenn wir der Fotographie des spektakulären Flugversuchs das Bild des Braunschweiger Hagenmarktes, das Bild einer alle Menschen betreffenden Alltäglichkeit gegenüberstellen. Das Verhältnis zur Technik stellt den ersten Vergleichspunkt beider Abbildungen dar. Dieses Verhältnis erscheint im ersten Fall als Herausforderung, der sich nur wenige Menschen stellen können und im zweiten Fall als nicht existent. Nicht motorisierte Lastwagen, sondern im Hintergrund aufgereihte Pferdewagen haben die Güter transportiert, die auf dem Hagenmarkt feilgeboten werden; der Markt ist wie im Mittelalter noch Treffpunkt aller Stände, von denen, die eine Schürze tragen und denen, die im Straßenkleid einkaufen. Gemessene Ruhe bildet die Fotographie des Hagenmarktes ab, die vielen Menschen gruppieren sich fast choreographisch geordnet; verstärkt wird diese Ordnung durch die Geschäftshäuser ohne jede ambitionierte Architektur, vom Marktbetrieb durch eine beruhigende Baumreihe abgegrenzt. Die Gelassenheit der Marktszene wirkt – als zweiter Vergleichspunkt – aber auch in der Fotographie von Carl Jathos Flugversuch: bei allen in der Körpersprache ausgedrückten Erwartungshaltungen ist doch keine Spur von Nervosität zu erkennen.

Der Hagenmarkt in Braunschweig (um 1900).

Trotz aller sozialen Dissonanzen in der Welt um 1900 haben wir zwei Abbildungen gewählt, welche in ihrer Gegensätzlichkeit und Vergleichbarkeit doch die Gelassenheit dokumentieren, mit der die Menschen Vergangenheit, Gegenwart und Zukunftserwartung lebten. In dieser alles andere als beschaulichen, sondern von sozialen Härten bestimmten Welt begann die Technik ihren Siegeszug. Doch – und das überschattet für den rückschauenden Historiker die beiden ausgewählten Bilder – in die Gelassenheit, die noch die Welt um 1900 bewahrte, trug nicht der enge Zusammenschluß von Technik und Industrialisierung die produktive Unruhe, sondern der Erste Weltkrieg. Die aus militärischem Zweckdenken erfolgte Technisierung des Krieges löste, weil er die Gesellschaft insgesamt in Mitleidenschaft zog, eine zumeist wegen der äußeren Aktionen verkannte tiefgreifende Mentalitätsverschiebung aus. Die Elektrizität begleitete die Technisierung, aber über Alteuropa gingen – um das Wort des englischen Premierministers, Lord Asquith, beim Ausbruch des Ersten Weltkriegs zu variieren – 1914 die Lichter aus.

Niedersachsen im 20. Jahrhundert

Das 20. Jahrhundert in Niedersachsen: Eine Einführung

Bernd Weisbrod

I

Das 20. Jahrhundert ist das Jahrhundert der Ideologien und der Kriege, das Jahrhundert von Auschwitz und Hiroshima: Die Extremsituation ist das Signum dieser Zeit. Es ist die Epoche der Zeitgeschichte, die »Epoche der Mitlebenden«, deren generationeller Erfahrungshorizont von der Zeit des Ersten Weltkriegs bis zum Ende der zweiten Nachkriegszeit in unseren Tagen reicht. In diesem »kurzen 20. Jahrhundert« hat sich unsere Vorstellung von Geschichte durch den Kriegseintritt der USA und die russische Revolution von 1917 bis zum vorläufigen Zusammenbruch des sowjetischen Weltreichs unwiderruflich universalhistorisch ausgeweitet. Im Mittelpunkt dieses Erfahrungshorizonts standen in Deutschland Traum und Alptraum der »Volksgemeinschaft«, und dann in ganz Europa die Erfahrung des totalen Kriegs und die mörderische Wirklichkeit des Rassestaats. Erst mit der Wende von 1989 scheint dieses auf schreckliche Weise »deutsche Jahrhundert«, in dem es schließlich zur Vertreibung und Teilung der Deutschen kam, zu seinem Ende zu kommen.

Das »kurze 20. Jahrhundert« ist, so könnte man sagen, durch seine Kriege das erste weltgeschichtliche Jahrhundert, während das 19. Jahrhundert das Jahrhundert der Nationalstaaten war, dem gerade in der »verspäteten Nation« Deutschland die alten Territorien zum Opfer fielen, so auch das Königreich Hannover. Doch wenig deutete damals darauf hin, daß diese Neu-Provinz Preußens, zusammen mit ihren Nachbarterritorien Braunschweig, Oldenburg und Schaumburg-Lippe, die auch in der Weimarer Zeit noch einen gewissen Schein von Staatlichkeit behaupten konnten, nach dem Zusammenbruch der nationalsozialistischen Gau-Satrapien und der Flurbereinigung der Länder unter britischer Besatzung zu einem Land zusammenfinden und den Namen Niedersachsen als historischen Auftrag und politisches Programm tragen sollte.

Dieser Raum, die historischen Landschaften mit ihren verschiedenen territorialen Herrschaftstraditionen, sind mit der Gründung des Landes Niedersachsen am 23. November 1946 nicht einfach an ihr eigentliches historisches Ziel gekommen, wie sehr auch die historische Legitimation bemüht wurde, um ein einheitliches Landesbewußtsein zu stiften. Niedersachsen ist wie die meisten der alten – und auch der neuen – Bundesländer ein »Kunstland«. Gewiß hat es sich seit der Stärkung des Regionalbewußtseins in der spätwilhelminischen Heimatbewegung, in den übergreifenden Verwaltungstraditionen der Tarif- und Arbeitsamtsbezirke sowie in der Auseinandersetzung um die Reichsreform in der Weimarer Republik in Teilen selbst erfunden. Aber es gab keinen geheimen Fahrplan zum Land Niedersachsen, der quasi in dem uneingelösten Versprechen dieser historischen Landschaften gelegen hätte. Es war der Fahrplan des gewaltsamen 20. Jahrhunderts, der die historischen Züge zusammenstellte, die sich auf den Bahnhöfen dieses Raumes trafen. Diese Züge fuhren nicht, um im Bilde zu bleiben, nach einem historischen Fahrplan des »Niedersachsenbewußtseins«, aber die Strecken, die Tunnel und Brücken, die ganze Infrastruktur des historischen Prozesses, ohne die solche Züge nicht fahren können, wurden in diesem Raum gebaut.

II

Eine Geschichte Niedersachsens im 20. Jahrhundert sollte daher schon vom Ansatz her den Anschein einer Landesgeschichte aus einem Guß vermeiden. Die Perspektive auf die Landesgeschichte, die in den folgenden Beiträgen geboten wird, folgt vielmehr den Postulaten des »politischen« Jahrhunderts einerseits und den regionalen Formen der Vergesellschaftung unterhalb der Ebene des bürokratischen Anstaltsstaates andererseits. Nur so kann im üblicherweise von den Landeshistorikern vernachlässigten 20. Jahrhundert das Desiderat der modernen Landesgeschichte eingelöst werden: Sie kann sich nicht nur mit reiner Territorial- und Verwaltungsgeschichte, oder vermeintlich autonomen Geschichtslandschaften und Wirtschaftsräumen begnügen, sie muß vielmehr im Schnittpunkt von Sozial- und Erfahrungsgeschichte auch Zugang zu der Konstruktion von regionalem Bewußtsein in der Bevölkerung eines Raums suchen.

Merkwürdigerweise hat nämlich der Homogenisierungsschub der modernen Industriegesellschaft, der überall mit einem Verlust an regionaler Identität und Autonomie einherging, neue regionale Identifikationsangebote geschaffen. Verschiedene Formen der Regionalkultur antworten damit kompensatorisch auf den beschleunigten Vertrautheitsschwund in der modernen Welt. Gegen die massenkulturelle Anonymisierung, die flächendeckende Massenmobilisierung in Parteien und Verbänden und die Rationalisierung staatlicher Verwaltungstätigkeit wird an den historischen Herkunftswelten festgehalten. Aber diese modernen Vergesellschaftungsprozesse haben gleichzeitig eine neue Form des »Landesausbaus« begründet, die die herkömmlichen Traditionsbestände des Landesbewußtseins zunehmend überformt. Die regionale Fundierung massenpolitischer Prozesse und die raumordnende Funktion moderner Infrastrukturpolitik im 20. Jahrhundert begründen somit einen weiteren eigenständigen Zugang zur Landesgeschichte in der Zeitgeschichte.

Eine zeithistorische Landesgeschichte Niedersachsens, die bisher nur in Ansätzen existiert, kann daher nicht einfach als Geschichte der preußischen Provinz Hannover, der Freistaaten Oldenburg, Braunschweig und Schaumburg-Lippe fortgeschrieben werden, zumal die Verreichlichung der Länder und der Aufbau von Gau-Imperien im Dritten Reich, insbesondere im Gau Weser-Ems, mit diesen Verwaltungsstrukturen auf vielfältige Weise brach. Sie kann auch nicht im Nachhinein als politische Erfolgsgeschichte des föderalen Prinzips konzipiert werden. Sie sollte vielmehr durchaus in den universalhistorischen und »volksgeschichtlichen« Traditionen der Kultur- und Landesgeschichte seit der Jahrhundertwende mehr sein: Die Kultur- und Wirtschaftsräume in den historischen Landschaften dieses Raums liefern nicht nur die regionalen Fallbeispiele für den Nachvollzug der großen Politik vor Ort, sie sind die historischen Erfahrungsräume, in denen sich der Aggregatzustand der Geschichte zeigt. Nicht der Raum hat seine Geschichte, sondern die Menschen haben ihre Erfahrungsräume, und diese sind im 20. Jahrhundert ganz andere als zuvor.

Wenn daher im folgenden für die Geschichte des 20. Jahrhunderts in Niedersachsen ein Darstellungsprinzip verfolgt wird, das von der politisch ohnehin erst 1946 gegebenen Einheit des Raums bewußt absieht, so geschieht dies nicht, um die Empfindlichkeiten der Oldenburger zu schonen, oder um die Erfolge der integrativen Landespolitik nach 1946 zu schmälern. Es soll vielmehr deutlich gemacht werden, daß die großen Umbrüche der Zeitgeschichte, die gewiß nicht aus der Landespolitik, in welcher historischen Formation auch immer, zu erklären sind, ihre verschiedenen Orte haben:

- Die Revolution von 1918/19 fand in den Städten, aber nicht auf dem Land statt, sie nahm ihren Ausgang an der Küste und wird daher hier am Beispiel Bremens vorgestellt.
- Die Mobilisierung des »Landvolks«, die die Machtergreifung vorbereitete, glich eher einem Aufstand der Provinz. Sie nahm im protestantisch-ländlichen Milieu Norddeutschlands eine besondere nationalistisch-soldatische Prägung an und führte in einigen Kleinstaaten zu einer Art vorgezogenen Machtergreifung, wie hier am Beispiel Braunschweigs gezeigt wird.
- Die Modernisierung der Lebenswelten, die der Weimarer Massenkultur einen städtischen Glanz verlieh, gedieh nur in den wenigen Großstädten und lud den traditionellen Stadt-Land-Gegensatz mit einem neuen Erwartungshorizont auf, der hier am Beispiel des Hannoveraner Umlands dargestellt wird.
- In der Wirkungs- und Erfahrungsgeschichte des Dritten Reiches zeigt sich, daß sich die agrarische Mehrheitsbevölkerung in einem Wechselspiel von Anpassung und Resistenz insbesondere in den agrarischen Kernlanden ein hohes Maß an milieugebundener Identität bewahren konnte.
- Die Arbeiterschaft hingegen, ihrer politischen Repräsentation beraubt und in ihrer sozialen Zusammensetzung durch die forcierte Rüstungspolitik enthomogenisiert, sah sich gerade in Salzgitter und Wolfsburg der widersprüchlichen Erfahrung ausgesetzt, für den schönen Schein einer »modernen« Arbeiterpolitik mit Lagerleben und der Terrorisierung des Arbeitslebens zahlen zu müssen.

Selbst der Krieg, über dessen demographische Auswirkungen weiter unten noch einiges zu sagen ist, war nicht der große Gleichmacher. Er traf Stadt und Land in unterschiedlichem Maße. Die Erfahrung von Zerstörung und Niederlage war überall anders in Niedersachsen, in Stade anders als in Wilhelmshaven, in Salzgitter anders als in Celle. Sie hinterließ eine andere Erbschaft bei Evakuierten und Einheimischen, bei befreiten Fremdarbeitern und heimkehrenden Soldaten. Diese Erfahrungen in die Nachkriegszeit zu integrieren, ohne den demokratischen Neuaufbau zu belasten, war gewiß nicht nur eine Frage der Landespolitik, denn die Demokratiegründung der jungen Bundesrepublik erfolgte vielleicht weniger von oben als von unten:

- Die äußere und innere Landesgründung, lang ersehntes Ziel der Niedersachsenbewegung, war unter der Führung des »roten Welfen« und untypischen Sozialdemokraten Hinrich Wilhelm Kopf alles andere als eine Selbstverständlichkeit: Sie folgte den politischen Erfordernissen der Zeit, aber auch den demokratischen Postulaten der britischen Besatzungsmacht, bis hin zum Prinzip der strikten Gewaltenteilung in der zweigleisigen Gemeindeverfassung.
- Niemand wird auch behaupten wollen, daß die Flüchtlinge, die immerhin ein Drittel der Nachkriegsbevölkerung stellten, Wahl-Niedersachsen waren, oder daß ihre Kinder als solche geboren wurden. Ihre Integration erforderte schließlich eine politische Anstrengung, die auch den regionalen Charakter des Parteiensystems in Niedersachsen veränderte.
- In dieser Spezifik des niedersächsischen Parteiensystems, das eine starke regionale Prägung des politischen Prozesses im Schatten eines landesfürstlichen Politikstils spiegelt, lag auch die Erfolgschance der ersten rechtsradikalen Welle der frühen Bundesrepublik: Als Stammland des Rechtsradikalismus hatte Niedersachsen erst nach dem Verbot der Sozialistischen Reichspartei und der verzögerten Anpassung seines Parteiensystems an das bundesrepublikanische Muster ausgedient.
- Schließlich zeigt der Ausblick in unsere Zeit, daß der langsame Abschied vom Agrarland trotz der Abschleifung des regionalen Wohlstandsgefälles, wie etwa durch den Emslandplan, und trotz der relativ erfolgreichen industriepolitischen Gegensteuerung gewisse Nachteile im Modernisierungswettlauf bedingt hat. Der moderne »Landesausbau« hat dabei gewiß eine neue demokratische Struktur begründet, aber manche Defizite sind immer noch nicht überwunden, weder strukturell, noch historisch-kulturell.

III

Die zugegebenermaßen selektive Auswahl von Schwerpunkten soll einerseits den Umbrüchen des politischen Jahrhunderts gerecht werden, aber auch die regionale, historische Prägung von Politik in Niedersachsen ernst nehmen. Die

Zentralperspektive kommt daher nicht durchgängig zu ihrem Recht. Denn der Raum ist und bleibt auch im 20. Jahrhundert eine historisch und politisch signifikante Kategorie. Die traditionellen sozialmoralischen Milieus behalten erstaunlicherweise über die politischen Systembrüche hinweg einen Teil ihrer Prägekraft, auch wenn sich ihre ausschließliche, lebensweltliche Bindung zunehmend verflüchtigt. Heimat und Heimaterwerb bleiben ein unerläßlicher Bestandteil der »symbolischen Ortsbezogenheit« auch des modernen Menschen. In der raumbezogenen Identität der Herkunftswelten etabliert sich das Fundament des kollektiven Bewußtseins immer wieder neu. Aber die historischen Legitimationsmuster und Erinnerungsbestände einer ländlichen Gemeinde im welfischen Kernland sind nicht unbedingt kompatibel mit denjenigen eines großstädtischen Arbeiterquartiers in Hannover-Linden. Raumorientierung und Milieubindung in der Residenz- und Bürgerstadt Oldenburg sind kaum vergleichbar mit denjenigen in einer bildungsbürgerlichen Universitätsstadt wie Göttingen.

Die reine Zugehörigkeit all dieser verschiedenen Räume und Milieus zu Niedersachsen hilft dem Historiker wenig, zumal wenn sich ihre Differenz noch aus einer politischen Autonomietradition speist. Die Wirtschafts- und Lebensweise sowie die damit oft bis heute verbundenen religiösen und lokalistischen Bindungen einerseits und die historische Herkunft und Tradition andererseits legitimieren sich dann oft gegenseitig. Solche regionalen Teilkulturen sind von der modernen Wahlforschung bis heute als signifikante Faktoren der politischen Topographie auszumachen, die über die politischen Zäsuren hinweg langfristig wirksam bleiben.

Die verschiedenen regionalen politischen Kulturen im Gebiet des heutigen Niedersachsen hielten sich nämlich in der Zeitgeschichte keineswegs an die politischen Landesgrenzen. Das gilt für das katholische Südoldenburg genauso wie für das katholische Emsland oder Osnabrück, die sich immer dem katholischen Westfalen verbunden fühlten, unabhängig von der jeweiligen politischen Organisation der Landschaft. Das gilt auch für die protestantischen Bauern im welfischen Kernland, die unabhängig von der Bindung an das verlorene Königshaus in der Agrarkrise Ende der zwanziger Jahre mit der Landvolkbewegung in Schleswig-Holstein gemeinsame Sache machten. Das gilt umgekehrt natürlich auch für die oft ortsfremde Industriearbeiterschaft, die beispielsweise im Osten des Landes durch die verspätete rüstungspolitische Industrialisierung des Dritten Reiches als Fremdkörper neben die schon traditionell in den Großstädten des Landes verinselte Industriearbeiterschaft trat, die ihrerseits bis 1933 ganz eigenwillige lokale politische Traditionsbestände mehr reformistischer Art (Hannover) oder radikaler Art (Braunschweig) gepflegt hatte.

Andere Beispiele ließen sich anführen, und kein wie immer geartetes niedersächsisches Landesbewußtsein könnte diese Unterschiede aufheben. Selbst die Schützenvereine, Markenzeichen eines übergreifenden niedersächsischen Regionalbewußtseins, erweisen sich bei genauerer Betrachtung keineswegs als flächendeckend oder sozial integrativ. Sie stellen vielmehr eine spezifische Milieurepräsentanz dar: Sie vertreten nämlich vorrangig ein handwerklich-bäuerliches, bodenständig-protestantisches Milieu mit kleinstädtischem Zuschnitt, das seine enge historische Bindung an die landestypischen Spielarten des Nationalprotestantismus und der zivilen Wehrideologie nicht verleugnen kann. Auch nach der Gründung des Landes Niedersachsen verschwanden solche politischen und regionalen Teilkulturen nicht, nur ihre politische Repräsentanz hat sich gewandelt. Teilweise leben sie bis heute fort, zum Beispiel im religiösen und regionalen Parteienproporz, oder sie bilden ein reaktivierbares politisches Grundmuster, wie beispielsweise in den erstaunlich konstanten Hochburgen des Rechtsradikalismus vor und nach 1945, selbst nachdem das Land mit den Flüchtlingen, aber nicht nur mit ihnen, ein neues »Volk« gefunden hat.

Hierin liegt vielleicht der eigentliche Erkenntnisgewinn der zeithistorischen Landesgeschichte. Deshalb ist in den folgenden Beiträgen auch keine Verlustgeschichte des Freistaats Oldenburg zu erzählen, dessen territoriale Zuwächse im 19. Jahrhunderts so »frei« nun auch wieder nicht waren, ebensowenig wie eine welfische Erfolgsgeschichte Hannovers, das endlich an sein prädestiniertes Ziel gekommen wäre. Eine durchgeschriebene Geschichte eines Landes, das es historisch weder immer gab, noch geben mußte, liefe daher Gefahr, den eigentlichen Problemhaushalt einer regionalen Zeitgeschichte in Niedersachsen zu verkürzen. Die begründete Auswahl von historischen Aspekten, die hier getroffen wurde, kann andererseits nicht allen Anforderungen genügen, die sich aus der Betrachtung sehr langfristig wirksamer Trends in der Raumprägung und Raumordnung ergeben. Das gilt beispielsweise für den Prozeß der Säkularisierung, der sich ja nicht nur in der stillen Topographie der alten Kirchengüter, sondern auch in der Kulturpolitik der Klosterkammer oder der Schulpolitik der Parteien bis heute niederschlägt. Das gilt auch für die wirtschaftsräumliche Prägung durch die Lage an der Küste und in der Mitte bzw. an der Grenze Deutschlands, die sich langfristig auf den Industriebesatz, die demographischen Verschiebungen, die Infrastrukturausstattung und die soziale Mobilität auswirkten. Schließlich unterliegen auch die Formen, in denen sich das historische Landesbewußtsein selbst artikuliert, langfristigen Wandlungsprozessen, so daß heute weder Schulcurricula noch dritte Programme, weder historische Vereine noch Geschichtswerkstätten in einer multimedialen Öffentlichkeit einen exklusiven oder auch nur dominanten Deutungsanspruch erheben können.

IV

Wie ist unter diesen Bedingungen überhaupt noch von einer Bindung an das Land auszugehen? Auf der politischen Ebene haben wir uns daran gewöhnt, daß die Wahlbeteiligung bei Landtagswahlen signifikant niedriger liegt als bei

Bundestagswahlen, und wir finden daran nichts Besorgniserregendes. Aber es bedeutet doch trotz allen regionalen und historischen Identitätsmanagements, daß die politische Zugehörigkeit zum Land von abgestufter Bedeutung ist. Dies ist konstitutiv für das föderale System Deutschlands und schafft ihm im Vergleich zu seinen westeuropäischen Nachbarn einen erheblichen Stabilitätsvorteil. Die föderale Struktur und die Neuerfindung der historischen Länder nach 1945 bildeten gewiß eine der wichtigsten Voraussetzungen für die erfolgreiche Demokratiegründung von unten. Sie haben auch nach dem Untergang der DDR den Vereinigungsprozeß erkennbar befördert, indem politische Loyalitäten in lebensweltlich überschaubaren Räumen mit zum Teil recht jungen historischen Traditionen mobilisiert und gebunden wurden.

Es wäre also töricht, die Bedeutung der Länder im historischen und politischen Aufbau der Bundesrepublik geringzuschätzen. Andererseits ist zu bedenken, daß die Menschen, die in dem Gebiet des heutigen Niedersachsen lebten, landespolitisch recht unbestimmte Patrioten waren, wenn sie eine Chance hatten, sich dazu zu äußern. So war es für die Deutsch-Hannoversche Partei eine herbe Enttäuschung, als die nach Art. 18 der Weimarer Reichsverfassung zulässige Volksabstimmung zur Neugliederung des Reichs, insbesondere zur Bildung eines eigenständigen Landes Hannover, am 18. Mai 1924 schon in der Vorabstimmung scheiterte: Weniger als das erforderliche Drittel der Wahlberechtigten gingen zur Wahl, und davon stimmten immerhin noch ein Sechstel gegen die Abtrennung von Preußen. Eine ähnliche Enttäuschung erlebte der Oldenburger Landbund, dessen Antrag auf Wiederherstellung des Landes Oldenburg nach Art. 29 Grundgesetz 1956 nur bei 13 % Zustimmung fand (Schaumburg-Lippe 15 %). Die Volksentscheide von 1975 erbrachten in Oldenburg bei einer Wahlbeteiligung von 38,3 % eine Zustimmung von 31 %, in Schaumburg-Lippe – politisch dennoch wenig aussichtsreich – immerhin von 39 %.

Formal waren diese letzten Volksentscheide erfolgreich, weil sie über 25 % Zustimmung erhielten, sie banden den Bundesgesetzgeber aber nicht. Bei näherer Betrachtung der Wahlergebnisse wird jedoch deutlich, wie relevant eine zeithistorische Landesgeschichte mit Blick auf die regionalen Teilkulturen ist: Die Zustimmung für die Wiederherstellung des Landes Oldenburg war nämlich dort signifikant höher, wo das katholische Milieu und die CDU, die dort bis heute mit einem eigenen Landesverband vertreten ist, für die Selbständigkeit plädierten, obwohl das Oldenburger Münsterland mit den höchsten Ergebnissen in Vechta (62,6 %) und Cloppenburg (52,8 %) selbst erst 1803 von Münster an Oldenburg gefallen war. In der Wesermarsch mochten sich nur noch 19,5 % zur Unabhängigkeit bekennen und in dem vom sozialdemokratischen Arbeitermilieu geprägten, bis 1937 zur preußischen Provinz Hannover gehörenden Wilhelmshaven ganze 7,7 %. Offensichtlich unterliegt das jeweilige historische Landesbewußtsein in solchen Fällen einem politisch-taktischen Kalkül.

Aufruf zur Vorabstimmung für eine Loslösung von Preußen. Statt der erforderlichen 33 % sprachen sich am 18. Mai 1924 nur 25,5 % für die eigentliche Abstimmung aus.

Dennoch hat die langfristige Prägung durch regionale politische Teilkulturen nicht nur im Oldenburgischen, sondern auch in den welfischen Kerngebieten einen niedersächsischen »Sonderweg« in der Nachkriegszeit bewirkt, nämlich eine »verzögerte Normalisierung« der Parteienlandschaft: Wegen der Stärke der traditionellen Milieu- und Regionalparteien gab es, anders als im Bund, keine geborenen Mehrheiten für die beiden großen Parteilager, und die CDU konnte sich – ähnlich wie die CSU in Bayern, dem anderen Agrarland mit spiegelbildlicher Konfessionsstruktur – erst nach Überwindung und Integration von widersprüchlichen regionalen Politiktraditionen im Land durchsetzen. Auf der anderen Seite des politischen Spektrums gelang Vergleichbares nur mit der »Sozialdemokratisierung« des Ruhrgebiets in den fünfziger Jahren.

Besonders im Süden der Provinz Hannover (Osnabrück, Hildesheim, Göttingen) erreichte die »Freiheitsbewegung« nur etwa 10 % Ja-Stimmen.

Die bundespolitische Rückkoppelung der Landesparteien hat bei dieser verzögerten Anpassung an das dominante Politikmuster der Bundesrepublik sicherlich eine wichtige Rolle gespielt. Einige der neuen Bundesländer zeigen jedoch wie im Zeitraffer, daß die symbolische Bedeutung von »Landesvätern« für die innere Landesgründung kaum zu überschätzen ist. Dasselbe gilt für die Gründerväter Niedersachsens in den fünfziger Jahren, Hinrich Wilhelm Kopf und Heinrich Hellwege. Auf ein politisches Bewußtsein von der Bedeutung der föderalen Struktur der Bundesrepublik darf daraus aber nicht geschlossen werden: 58% der Bundesbürger hatten 1955 keine Ahnung, wozu der Bundesrat da war, 31% hatten nur eine grobe Ahnung. Im Februar 1955 fragte Allensbach ein repäsentatives Sample von 2.000 Erwachsenen in Niedersachsen, was sie davon hielten, wenn alle deutschen Länderregierungen aufgelöst würden und es nur noch die Bundesregierung in Bonn gäbe – 54 % waren dafür, 14 % dagegen und 32 % waren unentschieden!

Dies schließt aber keineswegs aus, daß die Menschen nicht gleichwohl mit der Arbeit ihrer Landesregierung im großen und ganzen zufrieden waren. Aber es ist ein Hinweis darauf, gerade im Vergleich mit den wesentlich geringeren Zustimmungswerten für Bayern, daß die Landespolitik alleine damals noch keine hinreichende Anhänglichkeit an das »Kunstland« Niedersachsen begründet hatte. Man wird sehen, ob es sich trotz der inzwischen gefestigten Landesstruktur bei einer Neuordnungsdebatte, die durch das Scheitern der Vereinigung von Berlin und Brandenburg wohl nur aufgeschoben worden ist, anders verhalten wird.

V

Zur Bewährung der Landespolitik am Ausgang des 20. Jahrhunderts kann die Landesgeschichte einiges beitragen, wenn sie den langfristigen Wandlungsprozessen der modernen Industriegesellschaft nachspürt, die sich in der politischen Überformung traditioneller sozialmoralischer Milieus und ihrer schrittweisen Integration in einem demokratischen »Landesausbau« niederschlugen. Dann erklärt sich die Geschichte Niedersachsens nicht nur aus den großen politischen Umbrüchen dieses Jahrhunderts. Der größte Einbruch des 20. Jahrhunderts, der mit schockartiger Gewalt über die verschiedenen Landesteile Niedersachsens kam, hat jedoch mit der Landesgeschichte an sich nichts zu tun: Es war der Krieg, der nicht nur materiell, sondern auch mental in der Lebens- und Erfahrungswelt der Bevölkerung weitreichende Spuren hinterließ, nicht zuletzt durch die unvorstellbare Zahl der Opfer, die alle historischen Erfahrungswerte und gewohnten Raumbezüge sprengte.

Als der SPD-Minister Heinrich Albertz auf dem großen Soldatentreffen in Hannover im Juli 1953 daran erinnerte, daß Niedersachsen alleine etwa 640.000 Kriegsopfer zu beklagen habe, wurde seine Rede mit Ablehnung quittiert, Bekenntnisse von anderen Politikern und Soldatenverbandsvertretern zu »Kameradschaft« und »Soldatentum« wurden dagegen umjubelt. Gerade in den ländlich-protestantischen Gebieten des heutigen Niedersachsens, deren politische Mobilisierung durch den Stahlhelm schon lange vor der Machtergreifung dem Nationalsozialismus den Boden bereitet hatte, und die auch in der frühen Bundesrepublik den Schauplatz für eine erste rechtsradikale Welle abgaben, gehörten die soldatischen Verhaltensweisen zum landestypischen Tugendkanon. Hier gedieh der »homo harzburgiensis«, jener männlich-soldatische Typ des bodenständigen Kämpfers, der sich unter Berufung auf die niedersächsischen Stammeseigenschaften der nationalen Wiedergeburt durch politische Säuberung nach innen und wehrhafte Haltung nach außen verschrieben hatte.

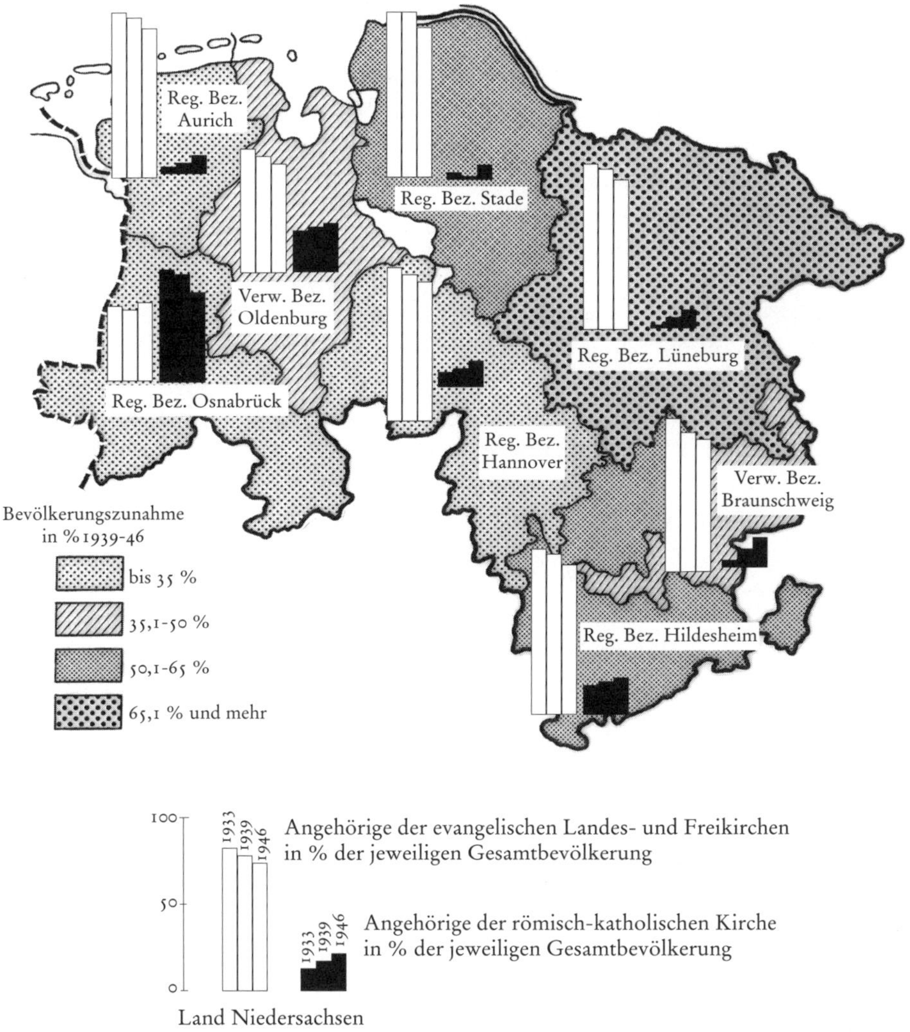

Durch die Kriegsfolgen kam es nicht nur zu einer Änderung der Bevölkerungszahlen und -gruppen, sondern auch zu örtlich teilweise starken konfessionellen Verschiebungen. So stieg besonders durch die schlesischen Flüchtlinge der Katholikenanteil.

Die Ergebnisse sind bekannt. Gewiß, die Blut-und-Boden-Spektakel der Nationalsozialisten beim Reichsbauerntag in Goslar oder dem Erntedankfest auf dem Bückeberg waren kaum mehr als symbolische Vereinnahmungen eines verhängnisvollen, völkischen Niedersachsenbewußtseins. Aber eine zeithistorische Landesgeschichte Niedersachsens kann nicht umhin, eine kurze Bilanz aufzumachen, wenigstens im Hinblick auf die Verluste und die Opfer dieser säkularen Katastrophe des 20. Jahrhunderts. Das Niedersachsen der Nachkriegszeit hat nicht nur mit dem Flüchtlingszustrom eine neue Bevölkerung hinzugewonnen, es hatte auch viele Opfer zu beklagen.

Die großen demographischen Verwerfungen des Weltkriegs sind in ihren Auswirkungen für die Landesgeschichte – mit Ausnahme der Flüchtlingspopulation – noch kaum im einzelnen erforscht. Aber die verfügbaren Zahlen sprechen eine deutliche Sprache. Alleine im kleinen Oldenburger Land kehrten bei etwa 578.000 Einwohnern (1939) 25.656 Soldaten nicht mehr zurück – etwa doppelt so viele wie im Ersten Weltkrieg – 1.873 Menschen starben im Bombenhagel, 596 fielen der Verfolgung durch die Nationalsozialisten zum Opfer, davon 274 Juden. Trotz dieser Verluste nahm aber die Bevölkerung insbesondere der ländlichen Landstriche zu, zunächst wegen der Industrieverlagerungen, dann im Zuge der Evakuierungen und schließlich als Folge des Zustroms aus den umkämpften und von den Russen besetzten Ostgebieten. Gegen Ende des Krieges lebten noch etwa 600.000 Evakuierte aus den Städten sowie vor allem aus den Großräumen Hamburg und dem Rheinland auf dem niedersächsischen Lande. In den später zu Niedersachsen gehörenden Gebieten lebten 1939 etwa 4,5 Millionen Menschen, im Oktober 1946 wurden 6,2 Millionen gezählt. Davon hatten knapp eine Million Männer in der Wehrmacht gedient, etwa 300.000 weitere Soldaten waren entweder gefallen oder verschollen. 151.000 wurden alleine in Rußland vermißt, 132.000 kehrten – oft verspätet – aus russischer Kriegsgefangenschaft nach Niedersachsen zurück. Man weiß nicht genau, wieviele Menschen dem Luftkrieg zum Opfer fielen, von den etwa 15.000 Opfern waren aber alleine 4.748 in Hannover, 1.736 in Hildesheim, 1.619 in Braunschweig und 1.314 in Osnabrück zu beklagen.

Die ausländischen Zwangsarbeiter und Kriegsgefangenen, die in den Rüstungsbetrieben und Stadtverwaltungen, auf den Höfen und auf den Baustellen arbeiteten, gingen in die Hunderttausende. Im Gau Weser-Ems waren es am Ende alleine 100.000, in den Regierungsbezirken Hannover, Lüneburg und Stade im Sommer 1944 etwa 140.000 Fremdarbeiter und 76.000 Kriegsgefangene, in Hannover alleine kamen etwa 45.000 Fremdarbeiter zum Einsatz, die für die Bevölkerung sichtbar in über 100 Lagern im Stadtgebiet untergebracht waren. Schließlich starben die Häftlinge in den Lagern, die durch die Evakuierungsmärsche aus dem Osten dauernd aufgefüllt wurden, in der letzten Kriegsphase zu Tausenden. Alleine in Bergen-Belsen kamen in den letzten drei Monaten des Krieges etwa 34.000 zu Tode und Tausende mehr in den zahllosen Außenlagern von Neuengamme, Buchenwald und Dora-Mittelbau überall im

Verzeichnis der Lager in Nordwestdeutschland (1942-45).

Lande. Zwischen 30.000 und 50.000 sowjetische Kriegsgefangene gingen schon 1941/42 im Kriegsgefangenlager Stalag XI C (311) bei Bergen-Belsen zugrunde, und mindestens noch einmal so viele sind anderswo in der niedersächsischen Erde begraben.

Eine grausige Bilanz, die kaum in spröden Zahlen zu fassen ist, und die in der niedersächsischen Landesgeschichte bisher kaum eine Rolle gespielt hat. Nicht einmal die Gesamtzahl der im Dritten Reich umgekommenen »niedersächsischen« Juden ist exakt zu bestimmen. Von den 15.185 »Glaubensjuden« (weniger als 0,4 % der Gesamtbevölkerung), die 1933 in den später zu Niedersachsen gehörenden Gebieten lebten, etwa ein Drittel davon alleine in Hannover, waren bis 1939 etwa 9.000 vertrieben worden. Der verbleibende

Rest wurde seit Sommer 1941 in sogenannte »Judenhäuser« zwangseingewiesen, die selbst in Städten, welche ein entsprechendes Mahnmal aufweisen, noch immer nicht als Ort des Gedenkens kenntlich gemacht worden sind. Von dort wurden sie in den Tod geschickt: 3.395 Juden in neun Transporten wurden alleine aus den Regierungsbezirken Hannover und Hildesheim nach Riga, Auschwitz, Trawniki/Lublin und Theresienstadt deportiert. Nur jeder zehnte überlebte.

In anderen Landesteilen, in denen weniger Juden lebten, fanden sie auch keinen besseren Schutz: Überall leisteten die kommunalen Behörden die erforderlichen Hilfsdienste für die Gestapo, und die Finanzverwaltung wickelte die Vermögensfragen »ordentlich« ab. Von den Juden im Regierungsbezirk Osnabrück konnten immerhin zwei Drittel auswandern, 102 Osnabrücker Juden wurden umgebracht. Der Gau Weser-Ems konnte schon 1941 für »judenfrei« erklärt werden: Im Regierungsbezirk Aurich, wo sich eine verhältnismäßig starke jüdische Gemeinde befand, terrorisierte man die unerwünschten Einwohner mit KZ-Haft, um sie zur Auswanderung zu zwingen, ebenso verfuhr man in Oldenburg, wo fast alle männlichen Juden nach der »Reichskristallnacht« in das KZ Sachsenhausen gebracht wurden. 1941 wurden die letzten Juden aus ihrer Heimat deportiert. In Oldenburg wurden 1944 wie auch in Braunschweig, wo mindestens 180 Juden verschleppt worden waren, auch noch die sogenannten »Halbjuden« in Arbeitslager gesteckt. 158 jüdische sogenannte »Geisteskranke« aus dem norddeutschen Raum kamen schließlich in die niedersächische Heil- und Pflegeanstalt Wunstorf, bevor sie im Zuchthaus Brandenburg ermordet wurden.

Man wird wahrscheinlich nie genau wissen, was die Niedersachsen damals zum Schutze ihrer Mitbürger unternommen haben. Gewiß hat es auch hier, in der Arbeiterbewegung mehr als in den Kirchen, politischen Widerstand und Verfolgung gegeben. Aber fast alle verbleibenden Hannoveraner Juden fanden den Tod: Nur 23 sterntragende und etwa 80 bis 100 privilegierte Juden überlebten in ihrer Heimatstadt, von den Transporten kehrten nur etwa 150 zurück. Dies waren sicherlich die schrecklichsten »Züge« unseres Jahrhunderts – und sie machten nicht an den Landesgrenzen halt.

Novemberrevolution in Bremen

Inge Marßolek

»Eine Revolution zu ›machen‹ ist großer Unfug. Ist sie da, dann gilt es, ihr die verheerende Wirkungskraft zu nehmen und sie in eine neue Ordnung, die in diesem Falle nur die Demokratie sein konnte, zu lenken.«

Diese Sätze schrieb Wilhelm Kaisen, der legendäre Bürgermeister Bremens, fast fünfzig Jahre nach der Novemberrevolution in seiner Autobiographie. Kaisen hatte die Novembertage als Soldat in Nordfrankreich erlebt – er wurde Vorsitzender des Zentralsoldatenrats des Regiments und organisierte dessen Rückzug, bzw. die Demobilmachung. In einem Brief an seine Frau Helene in Bremen schildert er diese Wochen relativ nüchtern und sachlich: Kaisen ist durchaus stolz auf die eigene Organisationsleistung, er ist froh über das Ende des Krieges und äußerst gespannt auf die Lage zu Hause, in Hamburg und Bremen. In seinen Erinnerungen, 1965/66 geschrieben, liest es sich dann anders:

»Was ich damals an Sinnlosigkeiten sah und erlebte, hatte ich nicht erwartet. Wenn es überall so wie hier zuging, dann bahnte sich nach meinem Gefühl für ganz Deutschland eine Katastrophe an, an deren Ende das Nichts oder eine große Wandlung stehen würde. Ich tröstete mich schließlich mit dem Gedanken, daß die Geschichte wirklich ihren Sinn verloren hätte, wenn das Chaos, das ich erlebte, ihr letzter Sinn sein sollte.« Was also, so ist zu fragen, hatte sein Bild von der Revolution so nachhaltig ins Negative verändert? Daheim, in Hamburg und Bremen, war Kaisen Augenzeuge der zweiten Phase der Revolution und vor allem: der Räterepublik in Bremen gewesen.

Es ist zu vermuten, daß diese Erlebnisse sein Bild von der Revolution dauerhaft prägten. Aus seiner Sicht hatte die Revolution »Schreihälse und Wirrköpfe« nach oben geschwemmt: Revolution, das war die Unordnung, die Anarchie, die so schnell wie möglich zur Ordnung zurückgeführt werden mußte – auch um den Preis des Einsatzes der Reichswehr. Das Apodiktische seines Urteils zeugt aber auch davon, wie tief die Revolution sich in das Gedächtnis der Zeitgenossen und Zeitgenossinnen eingekerbt hatte. Nicht nur für den Gefreiten Adolf Hitler war das Erleben der Revolution von 1918/19 eine traumatische Erfahrung, die sein politisches Handeln bestimmen sollte: Die Dolchstoßlegende, von Hindenburg noch vor Ausbruch der Revolution in die Welt gesetzt, fand bei vielen Deutschen Resonanz, vor allem bei denjenigen, die die militärische Niederlage nicht wahrhaben wollten. Für die Arbeiterbewegung aber ging die Revolution einher mit der Spaltung in das kommunistische, an der russischen Revolution orientierte, und in das sozialdemokratische Lager.

Deutlich wurde, daß die Differenzen zwischen Kommunisten und Sozialdemokraten grundsätzlicher Natur waren, auch, was das Verständnis von Gewalt betraf. Die blutigen Auseinandersetzungen und Kämpfe im Winter und Frühjahr 1919 hatten tiefe Gräben aufgerissen, die unüberwindlich schienen und es auch blieben.

Identifizieren vermochte sich am Ende kein politisches Lager mit der Revolution, schon gar nicht die SPD, was sich letztlich als eine schwere Hypothek für die Demokratie von Weimar erweisen sollte, oder, um es mit Reinhard Rürup zu sagen: »Die demokratische Republik gründete ihr Selbstverständnis nicht auf die Revolution, sondern allenfalls auf deren Überwindung.«

Bereits sehr früh setzte ein Prozeß ein, in dem Abläufe der Ereignisse, Aktivitäten und Programmatik der Arbeiter-und Soldatenräte nur noch verformt erinnert wurden. Dabei deutete man sie in apologetischer Absicht oder nach Gründen der politischen Opportunität um. Insbesondere aber hatte der Radikalisierungsprozeß, den die Revolution in ihrer zweiten Phase in den Wintermonaten 1919 durchlief, sich im kollektiven Gedächtnis eingekerbt, so daß die erste, ruhigere Phase, in der Erinnerung, wie bei Kaisen, überdeckt wurde. Verdrängt wurden dabei die Ursachen für diesen Radikalisierungsprozeß ebenso wie die Euphorie und Aufbruchstimmung der Novembertage, die nicht nur das radikale Lager erfaßt hatten.

Den Blick auf die Revolution in Bremen zu fokussieren, heißt, eben jene Besonderheit der revolutionären Entwicklung im Deutschen Reich darzustellen, die das spätere Bild der Revolution so nachhaltig prägen sollte. Daher sollen zuerst die Abläufe und Ereignisse selber skizziert werden. In einem zweiten Schritt werden die ökonomischen und politischen Ursachen für den Radikalisierungsprozeß dargestellt. Abschließend soll die Revolution in anderen Städten des heutigen Niedersachsens, insbesondere in Braunschweig, wo ebenfalls eine Radikalisierung erfolgte, die im April 1919 in einen Generalstreik mündete, kurz skizziert werden, um dadurch die Besonderheit der bremischen Revolutionsgeschichte noch schärfer herauszuarbeiten.

Die Revolution im Reich

Am 9. November verkündete der Arbeiter – und Soldatenrat Bremens in seiner ersten Proklamation:

»Was hat sich ereignet? Nichts Geringeres als eine Revolution. Ihr Produkt sind die Arbeiter- und Soldatenräte.

Über die Aufgabe der Räte kann kein Zweifel sein: Ausbreitung, Sicherung und Vertiefung der Revolution. Die ganze Macht in die Hände der Arbeiter- und Soldatenräte ... Die Stunde der Befreiung hat geschlagen! Jetzt nutzt sie! Ein Zurück gibt es nicht! Vorwärts also!«

Derartige Proklamationen, auch in ihrem Pathos, waren typisch für den

»Novembergeist«. Selbst der liberale Publizist Theodor Wolff schrieb im »Berliner Tageblatt« (10. November 1918): »Die größte aller Revolutionen hat wie ein plötzlich losbrechender Sturmwind das kaiserliche Regime mit allem, was oben und unten dazu gehörte, gestürzt. Man kann sie die größte aller Revolutionen nennen, weil niemals eine so fest gebaute, mit so soliden Mauern umgebene Bastille so in einem Anlauf genommen worden ist.«

Die Massenbewegung, die im November und Dezember 1918 das Deutsche Reich erschütterte, war eine spontane Aufstandsbewegung. Bei der Bildung der Arbeiterräte stand zwar die Revolution in Rußland Pate, im wesentlichen jedoch waren weder ihre Konstituierung noch ihre Aktivitäten Ausfluß eines klar umrissenen Programms. Die Mehrheit ihrer Repräsentanten wollte eine parlamentarische Republik und Frieden, Reformen im Sinne einer umfassenden Demokratisierung mit starken sozialen Komponenten. Lokale Unterschiede waren nicht zuletzt durch das Verhältnis der Gruppierungen der Arbeiterparteien zueinander, durch das Verhalten des Bürgertums, durch die Rolle von Personen und durch Zufälligkeiten bestimmt. Auf Reichsebene hatte der »Allgemeine Kongreß der Arbeiter- und Soldatenräte Deutschlands« (Reichsrätekongreß) bereits am 18. Dezember 1918 die Einberufung der Nationalversammlung beschlossen und den Wahltermin auf den 19. Januar 1919 festgelegt. Damit hatte sich die Linie der Mehrheitssozialdemokraten durchgesetzt, die auf eine baldige Errichtung einer parlamentarischen Demokratie drangen, ohne vorherige Absicherung von basisdemokratischen und sozialistischen Elementen. Am Jahresende waren die Unabhängigen aus dem Rat der Volksbeauftragten ausgeschieden, und der Januar-Aufstand Berliner Arbeiter, der von den Organen der MSPD und des bürgerlichen Spektrums aus Gründen der politischen Opportunität als »Spartakus-Aufstand« bezeichnet wurde und bis heute diesen Namen behalten hat, wurde auf Befehl des für militärische Fragen zuständigen Volksbeauftragten Gustav Noske (MSPD) durch die neugebildeten Freikorps, die ein Auffangbecken für reaktionäre Offiziere und Soldaten waren, niedergeschlagen.

Damit waren die Kräfteverhältnisse im Reich zunächst eindeutig geklärt: Tatsächlich verloren bereits Ende des Jahres 1918 vor allem in ländlichen Gebieten und in Kleinstädten die Räte an Einfluß gegenüber den alten Herrschaftseliten in Politik und Verwaltung. Dies traf aber auch für viele Räte in den größeren Städten zu, in denen die MSPD die Mehrheit innehatte. Zugleich aber fanden nunmehr kommunistische, linkssozialistische Agitatoren und nicht selten schlicht radikale Abenteurer ein lebhaftes Echo: Die Radikalisierung der Massenbewegung war vor allem auch Ausdruck von Protest und Enttäuschung über den Verlauf der Revolution. Angesichts der Machtverhältnisse waren sowohl die Experimente der Räterepublik wie die Sozialisierungsbewegung, die im Frühjahr die Ruhrregion erfaßte, zum Scheitern verurteilt, wenn auch letztere die Regierung zu formalen Zugeständnissen wie die Einführung eines wirtschaftlichen Rätesystems zwang.

Die Geschichte der Revolution in Bremen, von der Konstituierung des Arbeiter- und Soldatenrats bis zur Gründung der Räterepublik und deren Niederschlagung, hat gerade einmal drei Monate gedauert. Trotzdem – und dies ist ein Kennzeichen von Umbruchzeiten – war sie turbulent und ist nicht in wenigen Sätzen zu erzählen. Im wesentlichen sind zwei Phasen zu unterscheiden: Nach dem Ausbruch der Revolution kam es nach wenigen Tagen zu einer besonderen Variante von Doppelherrschaft in Bremen: Der Arbeiterrat setzte zwar den Senat ab und beanspruchte die Alleinherrschaft, jedoch in enger Kooperation mit Verwaltung und Senatsmitgliedern. Die zweite Phase, in der die Sonderrolle Bremens deutlich wird, ging von der Ausrufung der Räterepublik am 10. Januar, d. h. eine kurze Phase der völligen Alleinherrschaft des Arbeiterrates, bis zu deren blutigen Niederlage am 4. Februar 1919.

Die Geschichte der Revolution in Bremen

Am 4. November 1918 hatten sich die Matrosen in Kiel geweigert, dem Befehl der Admiralität zu folgen, ein letztes Mal gegen England auszulaufen. Wie ein Zündfeuer verbreitete sich die Nachricht im Heer, und die meuternden Matrosen und Soldaten, die sich ihnen spontan angeschlossen hatten, zogen durch die Städte Norddeutschlands. Am Morgen des 6. November erreichten sie Bremen. Spontan entstand ein Soldatenrat, der zunächst die Gewalt in der Stadt übernahm. Noch am Abend bildete sich unter Führung eines Mitglieds der USPD, die sich während des Krieges ebenso wie die Linken von der SPD abgespalten hatte, die Zelle eines Arbeiterrates, der sich durch Wahlen in den Betrieben am 7. November 1918 erweiterte. In ihm dominierten die Linksradikalen und Unabhängigen, die MSPD schloß sich ihnen aber an. Am 14. November beschloß der Arbeiter- und Soldatenrat die Absetzung von Senat und Bürgerschaft. Nach der Sitzung forderte Alfred Henke, einer der führenden Köpfe der Unabhängigen, den Arbeiter- und Soldatenrat auf, vom Rathaus Besitz zu ergreifen. Am nächsten Tag wurde unter den Hochrufen der Menge vom Balkon des Rathauses die Fahne gehißt, und Henke schloß seine Ansprache mit einem Hoch auf den Sozialismus und die proletarische Internationale. Aber auch in dieser Phase sicherte sich der AuSR in Verhandlungen mit den Senatoren ihre Mitarbeit und die der alten Verwaltung. Ein von Senatoren und Führern der drei sozialistischen Parteien paritätisch gebildeter Zwölfer-Ausschuß nahm die koordinierende Funktion einer Landeszentralbehörde wahr. Eingesetzte Unterausschüsse bemühten sich, konkrete Verbesserungen für die Bevölkerung zu erreichen. Allerdings bewegten sich die Beschlüsse im Rahmen der dringendsten Notwendigkeiten. Im wesentlich wurden nur solche Rechte nachträglich bestätigt, die sich die Arbeiter auf Arbeiterversammlungen, wie zum Beispiel auf der AG Weser, der größten Werft Bremens, bereits selber genommen hatten. Darüber hinaus regelte der Rat die Entlassung der

Die rote Fahne am Rathaus von Bremen (15. November 1918).
Vom Balkon herab sprach die Abordnung des Arbeiter- und Soldatenrates.

rückkehrenden Soldaten und beschloß die Einführung des Achtstundentags bei vollem Lohnausgleich und der staatlichen Arbeitslosenvermittlung, beides symbolisch hoch aufgeladene Forderungen der Arbeiterbewegung.

Inzwischen war der Differenzierungsprozeß zwischen Mehrheitssozialdemokraten und den radikaleren Partien einerseits wie zwischen Unabhängigen und Kommunisten andererseits weiter fortgeschritten. Mit der Rückkehr von Johann Knief nach Bremen am 18. November wurde dieser Prozeß forciert. Knief zählte zu den Begründern der Bremer Linksradikalen, deren Zeitung »Arbeiterpolitik« bereits im Krieg für eine Revolution nach bolschewistischem Muster agitiert hatte. Knief drang auf die Bewaffnung der industriellen Arbeiterschaft, die Entwaffnung von Bürgerlichen und MSPlern, die Entfernung aller nicht rein proletarischen Elemente aus den Revolutionsorganen, womit die Mehrheitssozialdemokraten gemeint waren und die Rückgabe der »Bremer Bürgerzeitung an die Organisation der Linksradikalen, die allein die Klasseninteressen des Proletariats vertrete« (Volksversammlung, Café Flora, 18. und 22. November 1918).

Es sollte nur einen Monat dauern, bis am 21. Dezember radikale Arbeiter mit Unterstützung des Soldatenrats, der in Bremen eine äußerst schwankende Politik betrieb, der MSPD die »Bremer Bürgerzeitung« mit Gewalt entrissen. Die bisherige Zusammenarbeit von MSPD und den linken Strömungen war zerbrochen.

Zum Jahresende verstärkte sich die Frontstellung zu den Sozialdemokraten weiter. Als das Infanterie-Regiment 75 nach Bremen zurückkehren sollte, bewaffnete der AuSR die Mitglieder der Bremer Linksradikalen und Kommunisten wie die Unabhängigen. Das Regiment hatte vor seinem Einmarsch nach Bremen Forderungen nach Wiedereinsetzung des Senats aufgestellt. Sein Kommandant war Oberst Caspari, ein in Bremen bekannter Erzkonservativer, der später eine bedeutende Rolle bei der Niederschlagung der Räterepublik und bei der Gleichschaltung Bremens – für seine »Verdienste« 1919 wurde er zum Polizeipräsidenten ernannt – spielen sollte. Als wenige Wochen später der Arbeiterrat auf Drängen der MSPD neugewählt wurde, und die MSPD fast die Hälfte der abgegebenen Stimmen auf sich vereinigen konnte, wurde sie erneut aus dem Gremium herausgedrängt: Unabhängige und Linksradikale warfen ihr Manipulation vor, da die Partei massenhaft neue Mitglieder aufgenommen habe – wählen konnte nur, wer Mitglied einer der drei Parteien war.

Die Diskussion um das Wahlrecht zum Arbeiterrat am 6. Januar hatte noch etwas anderes deutlich gemacht: Frauen waren als gleichberechtigte Genossinnen in den Köpfen der Männer nicht präsent. Nach mehrtägigen Debatten hatte man sich nämlich auf die Formulierung geeinigt: »Der Arbeiterrat ist die durch den Krieg geschaffene Vertretung derjenigen Volkskreise, welche die sozialistische Republik anstreben. Er setzt sich zusammen aus den gewählten Vertretern der gegen Lohn und Gehalt beschäftigten Arbeiter, Angestellten und Arbeiterinnen.« Damit war unklar, ob die Ehefrauen, die nicht erwerbstätig waren, stimmberechtigt waren. Dies wurde allerdings schnell berichtigt: auch die Hausfrauen durften wählen. Es gab noch mehr Beispiele dafür, wie schwer sich die Revolutionäre in Bremen mit der Gleichberechtigung der Frau taten. Bereits am 19. November hatte Alfred Henke auf einer Sitzung des Arbeiterrates ausgeführt, daß er seine Meinung über die Einführung des Frauenstimmrechts geändert habe, da das Wahlrecht für Frauen zuungunsten der Revolution ausschlagen könnte. Wenige Tage später begründete er die Notwendigkeit einer Diktatur der Arbeiter- und Soldatenräte mit der politischen Unmündigkeit der Frauen und der Jugend. Diese Äußerungen Henkes riefen einen Sturm der Entrüstung bei den Genossinnen und den bürgerlichen Frauenvereinigungen hervor. Erstere erinnerten Henke an die Wahlrechtsforderungen im Erfurter Parteiprogramm, letztere verwahrten sich dagegen, »zum Spielball männlicher Interessen« herabgewürdigt zu werden. Zudem war der Arbeiterrat mit seinen rund 215 Mitgliedern auch in Bremen ein »Männer«rat: Bekannt sind nur drei weibliche Mitglieder, alle drei auf seiten der Linksradikalen, nämlich Gesine Becker, später Bürgerschaftsabgeordnete für die KPD, Minna Otto, die auch im Vollzugsrat einen Platz einnahm, und Käte Ahrens.

Als die Sozialdemokratin Anna Stiegler (ebenfalls spätere Bürgerschaftsabgeordnete) die Aufnahme von Frauen in den Aktionsausschuß (die »Exekutive« des Rates) forderte, scheint dies ohne Konsequenzen geblieben zu sein. Männliche Privilegien blieben im radikalen Arbeiterrat unangetastet. Die weiblichen Mitglieder des Arbeiterrates wurden schlechter bezahlt als die männlichen: Die Frauen erhielten 250 Mark, die männlichen 370, ein Vorschlag zum Einheitslohn wurde abgelehnt. Eine Debatte mit ähnlicher Zielsetzung führten die Räte über die staatliche Erwerbslosenfürsorge: Hier griffen Käte Ahrens und Minna Otto energisch in die Diskussion ein und konnten verhindern, daß geschlechtsspezifische Sätze gezahlt wurden.

Auf den Einsatz von Freikorps gegen Spartakisten und Berliner Arbeiter und Arbeiterinnen Anfang Januar antworteten die Kommunisten in Bremen mit einer Massendemonstration am 10. Januar 1919. Auf dieser wurde ein Vorschlag der KPD bejubelt, den Senat wie die reaktionären Verwaltungsorgane endgültig zu beseitigen und die Voraussetzung für eine sozialistische Politik zu schaffen: Die Bremer Räterepublik wurde ausgerufen.

Von Anfang an stand die Räterepublik unter dreifachem Druck:

- Linkskommunistische oder putschistische Aktivisten versuchten durch eigenmächtige Aktionen, die Revolution weiterzutreiben, indem sie gegen den Soldatenrat vorgingen. (Putsch der Garnison vom 14. Januar und Jörn-Putsch vom 21. Januar.)
- Die Reichsregierung konnte eine Räterepublik langfristig nicht dulden.
- Das Bürgertum, allen voran die Unternehmer, nutzten ihre Macht; die Banken sperrten der Bremer Räterepublik schließlich das Geld.

Die Bremer Mehrheitssozialdemokraten wurden, so sie nicht schon früher gegen den Arbeiter- und Soldatenrat agiert hatten, spätestens nach den Wahlen Anfang Januar in das Lager derjenigen gedrängt, die auf eine militärische Beendigung des Experiments setzten. Im Verdener Hauptquartier der Division Gerstenberg, die durch das Freikorps Caspari verstärkt wurde, dem sich viele Bürgerliche aus Bremen als Freiwillige angeschlossen hatten, befanden sich auch führende Sozialdemokraten, die später Mitglieder der provisorische Regierung in Bremen wurden. Für viele Bremer Arbeiter und Arbeiterinnen, vor allem für diejenigen im linksradikalen Lager, hatte die spätere These vom »Verrat« der Revolution durch die MSPD ihren durch eigene Erfahrung gewonnenen Kern.

Am 4. Februar rückten die Truppen ein, vorherige Verhandlungsangebote des Arbeiterrats waren ebenso torpediert worden wie Vermittlungsangebote des gemäßigten Arbeiterrats aus Oldenburg. Über 70 Personen starben an diesem Tag. Eine aus fünf Mehrheitssozialdemokraten gebildete provisorischen Regierung übernahm die Macht in Bremen. Sie verhängte den Belagerungszustand und mußte sich weiterhin auf die Reichswehr und die von ihr ins Leben gerufene Regierungsschutztruppe stützen. In einem in Verden, also vor dem Einrücken der Truppen nach Bremen, gedruckten Aufruf bezeichnete sie die Räteregierung als »Gewaltherrschaft einer kleinen Minderheit«.

Bremer Besonderheiten

Die Frage nach den Besonderheiten zu stellen heißt immer auch, eine »allgemeine« Entwicklung zu beschreiben. Nicht nur, weil sich das Allgemeine im Besonderen spiegelt, sondern auch, weil gerade in Zeiten von Umbrüchen und Wirren, dort, wo eine Entwicklungsprozeß besonders radikal verläuft, gesellschaftliche und politische Strukturen deutlicher als anderswo werden.

Sicher, die Proklamation der Räterepublik ist eine Sonderentwicklung, ebenso wie ihre blutige Niederschlagung – Vergleichbares ereignete sich nur in München – doch der Radikalisierungsprozeß der Arbeiter vollzog sich auch in Städten mit mehrheitssozialdemokratischen Räten, wie im Ruhrgebiet, wo die Enttäuschung der Bergarbeiter über das Taktieren der Gewerkschaften und der SPD, die faktisch zu einer Rücknahme bzw. Nicht-Realisierung von »Errungenschaften der Revolution« führte, eine Radikalisierung auch der sozialdemokratischen und gemäßigteren Arbeiter und Arbeiterinnen zur Folge hatte. Hier jedoch folgte auf die politische Rätebewegung die wirtschaftliche. Aber auch die Sozialisierungsbewegung im Ruhrgebiet mündete in blutige Auseinandersetzungen zwischen Reichswehr und Freikorps auf der einen und bewaffneten Arbeitern auf der anderen Seite und erhielt durch die scharfe Reaktion des Staates immense politische Dimensionen. Nicht der Radikalisierungsprozeß ist also der Unterschied, sondern die zeitliche Verschiebung.

Die Ursachen für die höchst unterschiedlichen regionalen wie lokalen Ausprägungen der Rätebewegung und des Radikalisierungsprozesses im Frühjahr 1919 sind aus den jeweiligen spezifischen Besonderheiten der Vorkriegs- und Kriegssituation zu erklären. Zu betonen ist für Bremen vor allem die Selbständigkeit als Hansestadt, die eine politische wie ökonomische Sonderentwicklung ermöglichte.

Die Industrialisierung Bremens setzte erst nach 1888 ein, Voraussetzungen waren der Zollanschluß an das deutsche Reich und die Unterweserkorrektion. Zugleich führte der nunmehr rasant einsetzende Industrialisierungsprozeß mit seiner spezifischen Konzentration auf die Werften zu einer besonderen Konstellation von Bürgertum und Arbeiterschaft: Auf der einen Seite ermöglichte die enge Verbindung von Handels- und Industriekapital den alten Kaufmannsfamilien ihre Hegemonie in der Handelsstadt. So blieb bis zur Novemberrevolution in Bremen ein Acht-Klassenwahlrecht erhalten, das eine Kombination von berufsständischen Prinzipien und dem modernen allgemeinen Wahlrecht darstellte. Eigentlicher Souverän aber war der Senat, dessen Mitglieder auf Lebenszeit gewählt waren und der sich selber ergänzte, so daß die Sozialdemokratie von einer »Aristokratie der Pfeffersäcke« sprach. Zugleich aber gründete der Mythos des liberalen und auf Gemeinsinn begründeten Geistes in der Hansestadt auch auf realen Erfahrungen, die einerseits durch die Überschaubarkeit der Hansestadt befördert wurden, andererseits waren die hochqualifizierten Facharbeiter auf den Helgen nicht einfach ersetzbar, so daß eine komplizierte Gemengelage von Facharbeiterstolz, Verbundenheit mit der Werft und den Schiffen auf der Seite der Arbeiter zusammentraf mit einem eher patriarchalischen »hansestädtischen« Unternehmertum. Dezentrale Arbeitsabläufe auf der Werft ermöglichten darüberhinaus die Herausbildung eigener Kommunikationsstrukturen bis hin zu einem illegalen Vertrauensmännersystem während des Krieges.

Neben politischen und ökonomischen Sonderentwicklungen ist für die Entwicklung der Arbeiterbewegung in Bremen vor allem auf die Bedeutung von Persönlichkeiten hinzuweisen.

Obwohl oder auch weil die Sozialdemokratie erst um die Jahrhundertwende zu einer starken Kraft in der Hansestadt werden konnte, wirkten hier bedeutende Funktionäre des rechten wie des linken Flügels. Während Friedrich Ebert im Sinne der Führungsspitze der Sozialdemokratie in Bremen Politik machte, trugen Wilhelm Pieck, Karl Radek und Anton Pannekoek entscheidend dazu bei, daß Bremen bereits vor dem Krieg zu einem Zentrum des linken, radikalen Flügels wurde. In Bremen fanden sie in Alfred Henke und Johann Knief kongeniale Partner. Bereits vor dem Krieg, etwa in der Massenstreikdebatte, aber vor allem durch die Differenzierungsprozesse zwischen Kriegsgegnern und -befürwortern gelang es den Linken, das Parteiblatt, die Bremer Bürgerzeitung, zum Sprachrohr ihrer Ideen zu machen. Die Minderheit, die »Rechten«, gründeten 1916 schließlich ihr eigenes Parteiblatt, und Johann Knief begründete mit der »Arbeiterpolitik« das theoretische Organ der Linksradikalen. Man kann also sagen, daß in Bremen die Linken bereits im Krieg eine »Gegenöffentlichkeit« entwickeln konnten, und daß der spätere Differenzierungsprozeß zwischen Unabhängigen und MSPD, wie auch innerhalb der Linken zwischen Unabhängigen und Kommunisten im Reich hier vorweggenommen wurde. Allerdings nahmen die Auseinandersetzungen zwischen den Strömungen mit Beginn des Krieges an Schärfe zu, zumal auch die Exponenten der beiden linken Strömungen, Henke und vor allem Knief, unzugängliche und aufbrausende Persönlichkeiten waren. Es scheint, daß einfache Parteimitglieder, vielleicht in besonderem Maße Frauen – in Bremen waren immerhin 17,5 % der Mitgliederschaft Frauen – eher mit Resignation und Ablehnung hierauf reagierten: der »Parteienstreit« artete oft in persönliche Angriffe aus und tangierte die Alltagserfahrungen nur am Rande.

Der Krieg beförderte zugleich auf seiten des rechten Parteiflügels die Hoffnung auf gleichberechtigte Einbindung statt Ausgrenzung, und dies obgleich die bürgerlichen Parteien auf ihrer Weigerung, das Wahlrecht im Sinne der SPD zu verändern, beharrten. Männer wie Hermann Rhein und Adolf Deichmann fühlten sich als deutsche Patrioten *und* Sozialdemokraten und suchten umso mehr die Integration in die politischen Geschicke der Hansestadt, als die Angriffe von links heftiger wurden. Es nimmt nicht wunder, daß viele der Auseinandersetzungen im Winter 1918/19 emotional aufgeladen waren und in symbolischen Handlungen ihren Niederschlag fanden, wie etwa das Hissen der roten Fahne vor dem Rathaus, aber auch der Streit um die Parteizeitung. Rationale Lösungsvorschläge, wie die Zeitung zum Sprachrohr aller Richtungen zu machen, wurden nicht einmal diskutiert.

Die eigentliche Basis der Bremer Linksradikalen bildete die Werftarbeiterschaft. Die Ursache hierfür wird übereinstimmend in dem Verschmelzungsprozeß einer hochqualifizierten handwerklich strukturierten Facharbeiterschaft mit neu in den Arbeitsprozeß eingegliederten, unqualifizierten Arbeitern gesehen. Allerdings waren die Werftarbeiter in großem Maße von Konjunkturschwankungen abhängig und waren darum besonders auf die Schutzfunktion der Gewerkschaften mit ihren Unterstützungskassen angewiesen. Dies führte dazu, daß sie an den Gewerkschaften festhielten – auch wenn deren Führungsspitzen eine reformistische Politik vertraten und etwa in den Streiks von 1910 und 1913 aus der Sicht vieler Werftarbeiter eine abwieglerische Rolle gespielt hatten. Die Beharrungskraft der traditionellen Organisationen war offenbar ein Grund dafür, daß die Werftarbeiter eben nicht zu putschistischen Aktionen in der Revolution neigten. Dies waren eher Männer, die offenbar nicht lange oder gar nicht in der Arbeiterbewegung verwurzelt waren, wie der zu kurzem Ruhm gelangte ehemalige Lehrer Jörn – er war verantwortlich für einen Putschversuch von Teilen des Soldatenrats Anfang Januar in Bremen und zog anschließend nach Wilhelmshaven, um auch hier die »Revolution weiterzutreiben«. Der Radikalisierungsprozeß in der Revolution, der sich in Bremen schneller als anderswo vollzog, glich einer Spirale, an der viele drehten, und die fast alle mitriß.

Diejenigen sozialdemokratischen Funktionäre, die sich in den Augen der Mehrheit der bremischen Arbeiterschaft durch ihre Einbindung in die Kriegsdeputationen diskreditiert hatten, wurden durch die Ausgrenzungsversuche gegenüber der SPD aus dem Arbeiterrat an die Seite des Bürgertums gedrängt. Dabei fühlten sie sich durch die Politik Eberts und Noskes bestärkt – ihre »Flucht« nach Verden zur Division Gerstenberg, ihre Teilnahme an der Besetzung Bremens erschien ihnen in einer ihnen eigenen Logik moralisch völlig legitim und politisch richtig. Die Anwendung von Gewalt war in ihren Augen allein Angelegenheit des Staates, das Ziel der SPD, die sich seit ihrer Gründung als Sprachrohr der gesamten Arbeiterklasse sah, war letztlich schon vor der Revolution, mit der Beteiligung der Partei an der Regierung des Prinzen Max von Baden, erreicht worden.

Die Unabhängigen und sogar Teile der Kommunisten wurden von dem Radikalisierungsprozeß selber überrascht – als ihnen deutlich wurde, daß das

Experiment Räterepublik gescheitert war, daß der erhoffte Ausstrahlungseffekt ausblieb, und schließlich daß auch von Hamburg, wo die Unabhängigen im Rat dominierten, eine tatkräftige, das heißt bewaffnete Unterstützung zur Verteidigung ausblieb, mußten sie in den Verhandlungen zugeben, daß die radikalisierten Massen sich ihrer Kontrolle entzogen hatten.

Das bremische Bürgertum erholte sich erstaunlich rasch von dem Schrecken des Umsturzes und versuchte, in bewährter hanseatischer Manier mit Arroganz, teilweise gespeist aus Unverständnis über die politische Bedeutung des Geschehens, Gelassenheit und Tatkraft, Terrain zu sichern und zurückzugewinnen.

Erst am Abend des 6. November, angesichts der demonstrierenden Massen, stimmte der Senat der Einführung eines allgemeinen und gleichen Wahlrechts zu und erklärte seine Bereitschaft, bei Neuwahlen in den Senat auch Vertreter der Mehrheitssozialdemokraten zu berücksichtigen. Während sich auf der Verwaltungsebene Senat und Beamte durchaus den Erfordernissen der Zeit beugten und zur Kooperation bereit waren, entfaltete man außerhalb dieses Feldes sehr rasch eigene gegenrevolutionäre Aktivitäten: Bereits am 13. November konstituierte sich ein Bürgerausschuß.

In einem Aufruf erklärte er es als sein wichtigstes Ziel, »die volle Gleichberechtigung des Bürgertums bei allen staatlichen Maßnahmen zu wahren.« In diesem Bürgerausschuß, der sich als Dachorganisation aller bürgerlichen Parteien und Organisationen verstand, waren die Vertreter des Senats ebenso zu finden wie die führenden Personen des Handelskapitals. In den ersten Wochen versuchte das Bürgertum, die heimkehrenden Soldaten als Bastion gegen den Arbeiter- und Soldatenrat zu gewinnen, und diese durch Bewirtungen und Einladungen zu Festivitäten auf ihre Seite zu ziehen. Als sich spätestens mit der Rückkehr des 75. Regiments zeigte, daß dies nicht gelang, wandte man sich direkt an die Reichsregierung und an die Heeresleitung. So unternahm der angesehene Kaufmann Ludwig Roselius, ein politisch äußerst schillernder Mann, eine Demarche bei Friedrich Ebert, den er aus dessen Bremer Zeit persönlich kannte. Die Agitation des Bürgerausschusses verknüpfte schon früh den Ruf nach Ruhe und Ordnung, verbunden mit dem Hinweis auf die Abhängigkeit vom Ausland, mit nationalen und nationalistischen Tönen. So wurde im programmatischen Aufruf Anfang Dezember der Anspruch auf Weltgeltung und Kolonialbesitz bekräftigt. Andere Teile des Bremer Bürgertums flüchteten sich in nebulöse Organisationen: So entstand in Bremen der Bund »Rettet die Ehre«, in dem der Domprediger gemeinsam mit prominenten Vertretern der Kaufmannschaft in einer Art moralisch-nationalistischer Wiederaufrüstung für die verlorene Welt des Wilhelminismus stritten – und so den Boden für Nationalismus und völkische Ideologie bereiteten.

Insgesamt scheint es, als habe das Bremer Bürgertum sich nach einer kurzen Phase von Irritation sehr schnell gesammelt. Jedenfalls demonstrierte es nach außen ein ungebrochenes Selbstbewußtsein. So beschrieb Theodor Spitta, Mitglied des Senats und später »Vater« beider Bremer Verfassungen von 1919 und

1947, die erste gemeinsame Sitzung von Arbeiterrat und Senat, in der die Senatoren aus der mangelnden politischen Erfahrung der Räte Nutzen zogen: »Die tatsächliche Macht lag bei den Radikalen. Aber was wir Senatsmitglieder im Zwölferausschuß vortragen oder verschweigen wollten, war unsere Sache«. Für Teile des liberalen Bürgertums erschien schließlich ein Bündnis mit den Mehrheitssozialdemokraten als »kleineres Übel« und zur Abwehr des Bolschewismus erstmalig akzeptabel.

Aus der Perspektive derjenigen, die diesem vor Selbstbewußtsein strotzenden Bremer Bürgertum die Macht abgetrotzt hatten, aber auf dessen Verwaltungs- und Regierungskompetenz angewiesen waren, war die Lage prekär: In den ersten Verhandlungen mit dem Senat zeigte sich dessen Überlegenheit. Die Senatorenriege trat als Einheit auf und spielte ihre ganze Kompetenz von langer Erfahrung im politischen Geschäft aus. Die Vertreter des Arbeiterrats waren in sich gespalten. Die wenigen, die über ein Mindestmaß an politischer Erfahrung verfügten, die Mehrheitssozialdemokraten, waren in der Minderheit im Rat und wurden von den Linksradikalen wegen ihrer Bereitschaft zur Kooperation kritisch beäugt. Und natürlich hatte sich auch in Bremen genügend Haß und Mißtrauen gegen die »Pfeffersäcke« angestaut: Die Umwerbungsversuche des Bürgertums bei den heimkehrenden Soldaten verunsicherten den eher gemäßigten Soldatenrat über alle Maßen und trugen zu dessen Radikalisierung bei.

Als die Versuche des Bremer Bürgertums, durch eigene Kraft den AuSR in seiner Macht zu beschneiden bzw. zu stürzen, erfolglos blieben, die Lage sich im Gegenteil durch die Proklamation der Räterepublik zuspitzte, wandten sich die Bremer Bürger direkt an die Reichsregierung bzw. an die Heeresführung. So beklagte der Generaldirektor Heineken vom Norddeutschen Lloyd am Rande eines Gespräches, das Vertreter der Schiffahrt mit der Obersten Heeresleitung führten, die Zustände in Bremen. Caspari, der als Kommandant des Bremer Infanterieregiments 75 ihn begleitete, erreichte mit Hinweis auf die Bewaffnung der Bremer Arbeiter, daß »für eine außerhalb der Stadt aufzustellende Bremer Freiabteilung die Zuführung von Waffen und Munition nach Verden zugesichert wurde.«

Bremen und der Blick auf das heutige Niedersachsen

Im Bremer Umland, so zum Beispiel in den Kleinstädten Achim und Verden, blieb die Revolution, so scheint es aus heutiger Sicht, eher marginal. Zwar bildeten sich hier auch Arbeiter- Soldaten- und Bauernräte, zum Teil mit Hilfe der Bremer Sozialdemokraten, die Zustimmung fanden, oder Vertretern der Radikalen – deren Ausführungen eher abgelehnt wurden – doch traten mit Jahresende die Räte nicht mehr in Erscheinung – und sie hatten auch in der Kommunalpolitik kaum Spuren hinterlassen. Offenbar wurde in den ländlichen Gebieten die Macht der alten Führungseliten kaum angetastet, zumal der

Rat der Volksbeauftragten die Vorschläge der alten landwirtschaftlichen Organisationen aufgriff, statt ein Bündnis mit den Landarbeitern zu suchen. In Verden wurde die Division Gerstenberg und das Freikorps Caspari von der Bevölkerung gefeiert. Zahlreiche Verdener stellten sich ihm zur Verfügung, ebenso wie Bremer Bürger, die per Schlitten über zugefrorene Gewässer die Stadt erreichten. Und die inhaftierten Mitglieder der Bremer Räteregierung wurden aus Sicherheitsgründen ins Gefängnis von Verden verbracht.

Überhaupt verlief die Revolution im Raum des heutigen Niedersachsens, sieht man einmal von der Küstenregion mit den Städten Cuxhaven und Wilhelmshaven und von Braunschweig ab, eher in gemäßigten Bahnen. In Hannover konnte die MSPD ihre Dominanz während der gesamten Monate der Existenz des Rates sichern. Den Gegenpol hierzu stellte Braunschweig dar, eine der wenigen Städte, in denen die Unabhängigen die Macht innehatten – und bis zum Schluß behielten. Auch in Braunschweig war es den Linken bereits im Krieg gelungen, das Parteiblatt zu erobern und somit eine Gegenöffentlichkeit herzustellen. Ihre Führer hatten sich an die Spitze der Antikriegs- und Streikbewegung gesetzt, woraus das Prestige des Arbeiterrats in Braunschweig resultierte. Anders jedoch als in Bremen dominierten die Unabhängigen auch alle etwaigen linksradikalen oder kommunistischen Strömungen – die KPD wurde hier erst im April 1919 gegründet – und der Arbeiter-und Soldatenrat stand fest auf dem Boden einer parlamentarischen Republik. Die Verschärfung der allgemeinen Lage im Januar 1919 führte auch in Braunschweig zu einer Radikalisierung, die sich in spontanen Demonstrationen und Streiks Luft machte. Zugleich jedoch wurden in den Koalitionsvereinbarungen zwischen MSPD und USPD zur Bildung der Landesregierung die Rechte des Arbeiterrats immer mehr beschnitten, und neben den Räten und der Regierung bildete sich ein drittes Entscheidungszentrum, das der Vertrauensmänner und Betriebsvertretungen, die sich immer mehr radikalisierten. Endlich wirkte die Streikbewegung im Ruhrgebiet und die Ausrufung der Münchener Räterepublik am 6. April wie ein Signal: Am 9. April 1919 wurde in Braunschweig der Generalstreik beschlossen. Die Besetzung der Stadt durch Reichswehrtruppen am 17. April erfolgte ohne Gegenwehr, nachdem am 15. April bereits der Abbruch des Streiks beschlossen worden war. In Braunschweig zeigte sich damit deutlicher als in Bremen, daß einerseits die Rätebewegung vom November und Dezember 1918 sehr wohl mit der Errichtung einer parlamentarischen Demokratie zu vereinbaren gewesen wäre, zum anderen selbst bei einer zunächst äußerst disziplinierten Massenbewegung Enttäuschung und Empörung über den Verlauf der Revolution so groß waren, daß diese sich radikalisierte.

Typischer für den Raum aber sind Städte wie Oldenburg, Hildesheim, Celle oder Göttingen mit einer eher mittelständischen Industrie. In den handwerklich strukturierten Betrieben hatte der Reformismus – trotz gelegentlicher verbal-radikaler Äußerungen – die Erfahrungen der sozialdemokratischen

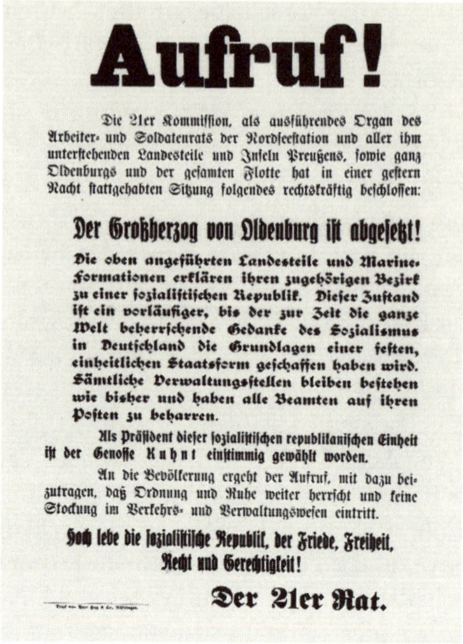

Aufruf!

Die 21er Kommission, als ausführendes Organ des Arbeiter- und Soldatenrats der Nordseestation und aller ihm unterstehenden Landesteile und Inseln Preußens, sowie ganz Oldenburgs und der gesamten Flotte hat in einer gestern Nacht stattgehabten Sitzung folgendes rechtskräftig beschlossen:

Der Großherzog von Oldenburg ist abgesetzt!

Die oben angeführten Landesteile und Marineformationen erklären ihren zugehörigen Bezirk zu einer sozialistischen Republik. Dieser Zustand ist ein vorläufiger, bis der zur Zeit die ganze Welt beherrschende Gedanke des Sozialismus in Deutschland die Grundlagen einer festen, einheitlichen Staatsform geschaffen haben wird. Sämtliche Verwaltungsstellen bleiben bestehen wie bisher und haben alle Beamten auf ihren Posten zu beharren.

Als Präsident dieser sozialistischen republikanischen Einheit ist der Genosse Kuhnt einstimmig gewählt worden.

An die Bevölkerung ergeht der Aufruf, mit dazu beizutragen, daß Ordnung und Ruhe weiter herrscht und keine Stockung im Verkehrs- und Verwaltungswesen eintritt.

Hoch lebe die sozialistische Republik, der Friede, Freiheit, Recht und Gerechtigkeit!

Der 21er Rat.

Dem Aufruf des 21er Rats der Nordseestation vom 10. November 1918 folgte die Abdankung des Großherzogs Friedrich August von Oldenburg am Tage darauf.

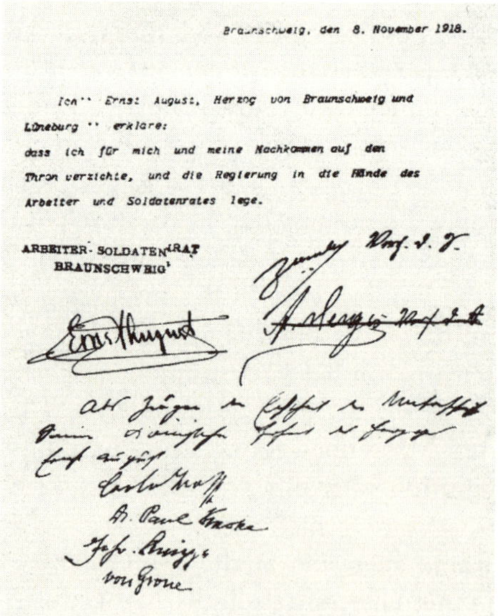

Braunschweig, den 8. November 1918.

Ich'' Ernst August, Herzog von Braunschweig und Lüneburg '' erkläre:
dass ich für mich und meine Nachkommen auf den Thron verzichte, und die Regierung in die Hände des Arbeiter und Soldatenrates lege.

ARBEITER- SOLDATENRAT
BRAUNSCHWEIG

Auch in Braunschweig mußte der Herzog abdanken.

Die Maercker-Truppen in Braunschweig (April 1919).

*Gefangene »Spartakisten«
auf dem Braunschweiger Hagenmarkt (17. April 1919).*

Mitglieder bestimmt. Dies änderte sich auch während des Krieges kaum: die Stadtväter und die militärischen Autoritäten blieben auch für die Arbeiter und Arbeiterinnen mehr oder weniger glaubwürdig. Für die Sozialdemokraten schien die Revolution eine Chance zu bieten, nunmehr in gleichberechtigter Weise gemeinsam mit den alten Eliten die Geschicke der Stadt zu bestimmen – und damit erschöpfte sich ihr Revolutionsverständnis. Diese Auffassung aber scheint von der Mehrheit der Arbeiter und Arbeiterinnen in diesen Städten akzeptiert und getragen worden zu sein.

In Bremen, wie in anderen Industriestädten, wo der Differenzierungsprozeß in der Arbeiterbewegung bereits sichtbar war, boten auch die verschiedenen Interpretationsangebote der Revolution und des Sozialismus eine Projektionsfläche von Wünschen und Hoffnungen, die mit konkreten Erfahrungen im Krieg, sowohl an der Front wie in der Rüstungsproduktion und den Alltagserfahrungen der Familien, der katastrophalen Lebensmittelversorgung, den Erfahrungen von Schikanen und Ungerechtigkeiten gefüllt wurden. Für viele ging die Rechnung vor allem des Funktionärskorps der MSPD – der Weg zum Sozialismus sei gleich der Beteiligung der Partei an der Regierung – nicht auf: dieser »Rest« aber war ein nicht klar definiertes politisches Programm, sondern eine emotional hoch aufgeladene Gemengelage von politischen Vorstellungen, die sich zum Teil an der russischen Revolution, und zwar eher an einem Mythos, weniger am Wissen über deren Verlauf, an Sehnsüchten und Hoffnungen orientierte, aber auch aus Gefühlen wie Rache – an den Unternehmern, an den Sozialdemokraten – zusammensetzte. Der Radikalisierungsprozeß der Revolution, von einer Phase, die auf eine parlamentarische, soziale Demokratie abzielte, zu einer antiparlamentarischen, gewalttätigen, war in Bremen im Zeitraffer erfolgt.

Die Revolution in der Geschichte Bremens

Nach der Niederschlagung der Räterepublik amtierte bis zum 10. April 1919 eine nur aus Mehrheitssozialdemokraten zusammengesetzte Provisorische Regierung, etabliert vom Militär und beraten vom alten Senat. Zwar gründete sich als Gegengewicht in den Großbetrieben der sogenannte 21er Ausschuß – und zwar aus Mitgliedern von SPD, USPD und KPD –, und ein von ihm organisierter Generalstreik am 6. März konnte immerhin die Freilassung der meisten gefangenen Arbeiter und Soldaten, die für die Republik gekämpft hatten, durchsetzen. Doch der Generalstreik für die Aufhebung des Belagerungszustandes, als »Stacheldrahtostern« in die Bremer Geschichte eingegangen, wurde mit einem Abwehrstreik des Bürgertums und der Regierung beantwortet. Alle städtischen Einrichtungen wurden geschlossen: nach zwei Tagen brach am 15. April der Streik zusammen.

Das Ergebnis der Wahlen zur Bremer Nationalversammlung am 9. März 1919 hatte zwar eine knappe Mehrheit für alle drei Parteien der Arbeiterbewegung gebracht (SPD 32,8 %, USPD 19,2 %, KPD 7,7 %, gegenüber der Wahl zur Nationalversammlung vom Januar hatte die SPD verloren, die Unabhängigen gewonnen), doch waren die Gräben zu tief für die Bildung einer Arbeiterregierung. Die SPD votierte für eine Koalition mit dem Bürgertum. Einen Monat später trat der Koalitionssenat von DDP, DVP und SPD zusammen. Bei den Reichstagswahlen von 1920 verlor die MSPD fast die Hälfte ihrer Wähler vom Januar 1919, die USPD konnte ihren Stimmenanteil von 7,6 % auf 18 % steigern. Dieses Ergebnis wurde durch die Bürgerschaftswahl im Sommer noch bestätigt, durch die die USPD zur stärksten Kraft der bremischen Arbeiterbewegung wurde.

1922 allerdings kehrte die Mehrheit der Bremer Unabhängigen, wie allgemein im Reich, in die SPD zurück, was in Bremen eine enorme personelle und qualitative Stärkung der Sozialdemokratie bedeutete, jedoch nicht zu einem Linksruck der Partei führte.

Die Erinnerung an die Revolution aber blieb in Bremen schmerzhaft und umstritten. Im Bürgertum begründete sie die Angst vor Bolschewismus und Kommunismus bis in die Zeit nach dem Zweiten Weltkrieg, in der die Gründung der »Kampfgemeinschaft gegen den Faschismus« Ängste vor einer Neuauflage der Räterepublik wachrief.

Für die SPD in Bremen blieb, wie für die Gesamt-SPD, das Bild zwiespältig: Ihre Hoffnungen auf Übernahme der Regierung wurden getäuscht, erst 1928 kam es wieder zu einem Koalitonssenat. Die gesellschaftlichen Machtverhältnisse hatten sich nicht so zu ihren Gunsten verschoben, wie sie erhofft und erwartet hatten. Für die Kommunisten gründete sich in den Erfahrungen der Niederschlagung der Räterepublik das Bild vom Verrat der Sozialdemokratie: Schließlich waren ihre Führer unter dem Schutz der Truppen nach Bremen zurückgekehrt.

Bis heute ist in Bremen die Revolutionsgeschichte bei einem Stadtrundgang sinnlich erfahrbar: In den Wallanlagen, direkt in der Innenstadt, ist schon von weitem das Denkmal für die gefallenen Soldaten und Freikorpsangehörigen zu sehen, ein Rondell auf einem Hügel hinter der Kunsthalle, und wenige Meter davon entfernt eine Bronzestatue, ein Jüngling zu Ehren der Kämpfer der Division Gerstenberg, seit einigen Jahren allerdings konterkariert durch ein Denkmal zur Erinnerung an die Verbrechen der Nationalsozialisten in Lidice. Und bis heute findet jedes Jahr auf dem Friedhof im Arbeiterviertel Walle ein gemeinsames Gedenken von Sozialdemokraten sowie ehemaliger und »noch«-Kommunisten zu Ehren der dort bestatteten 29 gefallenen Arbeiter statt. Bei der Beerdigung im Februar 1919 hatte der sozialdemokratische Redner Hermann Rhein, Mitglied der provisorischen Regierung Bremens, seine Rede angesichts der abweisenden und drohenden Haltung der Anwesenden nicht zu Ende geführt. 1922 war dort ein von Bernd Hoetger geschaffenes Denkmal errichtet worden, das 1933 von den Nationalsozialisten zerstört wurde.

Modernisierung in den zwanziger Jahren: Ein Streifzug durch den städtischen und ländlichen Raum Hannovers

Adelheid von Saldern

»Eine Eisenbahnstrecke scheint mir das einzig Stabile in dieser sich ständig verändernden Welt zu sein«, so meinte der Tischler Max Fürst, als er Mitte der zwanziger Jahre nach Hannover fuhr. Doch der Schein trog, denn im Jahre 1931 raste bereits ein »Propellerwagen« auf einer Probefahrt mit 205 Stundenkilometern am nahe von Hannover gelegenen Dorf Immensen vorbei. Das war allerdings ein einmaliges Ereignis und weit sensationeller als das Beobachten des Luftschiffs »Graf Zeppelin«, das 1929 ebenfalls über Immensen schwebte und dem viele Menschen zuschauten und »mit großer Begeisterung« zujubelten. Entweder die Veränderungen der Lebens- und Arbeitswelten kündigten sich bereits für die Zukunft an, wie im Fall des rasenden »Propellerwagens«, oder die Veränderungen sind schon Tatsache geworden, wie das Beispiel des Zeppelins zeigt. Zwar war der Anblick eines Zeppelins ebenfalls ein vereinzeltes Ereignis, aber zur gleichen Zeit entstand in Hannover-Vahrenwald bereits ein für damalige Verhältnisse leistungsstarker Flughafen, der die Hauptstadt der preußischen Provinz Hannover zum Mittelpunkt eines Luftkreuzes machte und somit eine strukturelle Neuerung darstellte.

Solche Phänomene symbolisierten einen Modernisierungsschub, kündigten eine neue Ära an und veränderten bereits damals die Wahrnehmungsdimensionen, vor allem die Zeit- und Raumhorizonte. Sie bestimmten aber noch nicht die alltäglichen Lebenswelten der rund 400.000 in Hannover (einschließlich Linden) wohnenden Menschen. Doch auch diese lebten nicht mehr so wie die Generationen vor ihnen. Ein wichtiger gemeinsamer Nenner für viele einschlägige Veränderungen lag in der Beschleunigung: alle Lebensbereiche waren davon betroffen. Der Grad der Beschleunigung war allerdings unterschiedlich geblieben, insofern war es keineswegs gleichgültig, ob jemand bei Conti in Hannover arbeitete oder beim Bauern in Immensen. Auch spielte es eine Rolle, ob man in der Nähe der Großstadt Hannover lebte oder in sehr entfernt liegenden Kleinstädten und Dörfern. Die Region des heutigen Niedersachsen war damals nach wie vor – trotz aller Industrialisierung – ein agrarisch bestimmtes Land geblieben. Die Zahl der in der Industrie Beschäftigten betrug im Jahre 1925, gemessen an der Erwerbsbevölkerung, ungefähr 22 %. In der Landwirtschaft hingegen arbeiteten 38,5 % der Erwerbsbevölkerung. Urbanisierte Regionen wie im industrialisierten Sachsen oder Ruhrgebiet findet man außerhalb Hannovers kaum. Die meisten Menschen wohnten eben nicht in der

Großstadt – und doch drang einiges von dort bis in die Kleinstädte und Dörfer vor: Zeitungen mit ihren Wochenendbeilagen sowie Filmvorführungen, Zeitschriften, Illustrierte und Groschenhefte, um 1930 zunehmend schon das Radio, sie alle verbanden die vielen Kleinstädte, die wiederum die regionalen Zentren für die jeweils umliegenden Dörfer darstellten, mit dem Großstädtischen, freilich nicht unbedingt allein mit Hannover, dafür aber auch mit Berlin, London oder Paris. Und umgekehrt machte sich die Stadtbevölkerung ein Bild vom Landleben, malte sich dieses nicht selten aus als eine durch Industrialisierung und Urbanisierung verlorengegangene Lebensqualität, als etwas, was es zu bewahren galt, als angeblich gute, alte Zeit. Die Verehrung des Heimatdichters Hermann Löns in der Großstadt Hannover sowie die Arbeit des hannoverschen Heimatbundes können als Beispiele für die Verzahnung des Dörflichen mit dem Städtischen gelten, wobei die Akteure häufig konservativen Lebens- und Politikauffassungen anhingen. Medien und Heimatvereine verknüpften die immer noch recht unterschiedlichen Lebenswelten von Stadt und Land, von Industrie und Landwirtschaft miteinander, ließen Bilder vom jeweils »Anderen« oder gar »Fremden« entstehen, die dann in die eigene Vorstellungswelt jedes einzelnen eingepaßt wurden und oftmals mythischen Charakter gewannen. Diese kulturellen Verknüpfungen waren selbstverständlich in keiner Weise mit jenen aus der zweiten Hälfte des 20. Jahrhunderts zu vergleichen, weder in Quantität noch in Qualität, aber sie waren enger und vielgestaltiger als im 19. Jahrhundert. Da sich die Erfahrungen der Menschen während der Weimarer Republik aus dem 19. und nicht aus dem späten 20. Jahrhundert speisten, nahmen diese auch die Neuerungen der zwanziger Jahre viel sensibler und wohl auch – aus unserer Sicht – in übertriebener Weise wahr. Modernisierung ist eben mehr als ein Veränderungsprozeß sogenannter objektiver Faktoren, Modernisierung hat immer auch eine subjektive Seite – die Dimension der zeitgenössischen Wahrnehmung und Deutung. Die Geschichtsschreibung sollte beidem gerecht zu werden versuchen.

Die Stadt

War Hannover überhaupt eine Großstadt, und wenn ja, was waren seine zeitspezifischen Merkmale? Kein Zweifel, Hannover war weder Berlin noch Hamburg, doch bot es unzählige Bilder und Symbole, die das Image einer Großstadt ausmachten: Der »Volkswille«, eine sozialdemokratische Zeitung aus Hannover, beschrieb beispielsweise in seiner Ausgabe vom 1. November 1924 einen solchen bildhaften Eindruck: »Bogenlampen glühen auf, Lichtreklamen der Firmen zucken und springen von allen Dächern und Fassaden, empfehlen sich, auf daß man sie nicht vergesse. ... Er bietet am Abend einen wundervollen Anblick, dieser Platz. Ein Anblick, der fesselt und erregt und den Menschen nicht losläßt. Das ist die Schönheit der Großstadt, wie sie unzählige Dichter besungen und Maler gemalt haben ... .« Mit dem hier so euphorisch beschriebenen Platz war der Kröpke gemeint, der Mittelpunkt der City von Hannover. Und weiter heißt es in demselben Artikel: »Hier liegen die großen Schlagadern, hier klopft der Puls der Zeit bald schneller, bald langsamer, ganz wie die große Stadt arbeitet, atmet oder sich erholt.« Die Stadt wird in diesem Beispiel als eine Art Lebewesen beschrieben, deren Schönheit und Glanz in den Mittelpunkt gerückt. Und in der Tat, die City erstrahlte vor allem des Abends von neuartigem Lichterglanz. Kirchen, besondere Gebäude, wie das neue Anzeiger-Hochhaus, die neuen Großtankstellen, Kaufhäuser oder Schaufenster, schließlich große Reklamebänder mit wechselnden Schrift- und Bildzeichen – das hatte man noch nie gesehen und brachte die Sinne der Menschen in Bewegung.

Diese City, die abends im Lichterglanze erstrahlte, konnte von allen erlebt werden, gleichgültig ob einheimisch oder durchreisend, gleichgültig, aus welcher Schicht er oder sie stammte. Selbst eine sozialdemokratische Zeitung berichtete davon in so anschaulichen Worten. Dies läßt den Schluß zu, daß sich auch deren Leserschaft, die zum großen Teil aus der Arbeiterschaft stammte, für solche Phänomene interessierte oder davon beindruckt war. Auch aus der Perspektive einer Arbeiterfamilie bot die großstädtische City neue Wahrnehmungen und neue Erfahrungsräume. Die alten Klassengrenzen schienen in der bunten Glitzerwelt verschwunden zu sein. Klassenbewußte Arbeiter und Arbeiterinnen ließen sich von solchen modernen Phänomenen allerdings nicht blenden, versuchten statt dessen, hinter die Fassaden zu schauen und kontrastierten diese konsumorientierte Glitzerwelt mit den beschwerlichen und oft recht armseligen Lebensverhältnissen der unteren Schichten. Hunger in Krisenzeiten – wie unmittelbar nach dem Krieg, in der Hochinflationsphase 1922/23 und in der großen Wirtschaftskrise um 1930 –, oftmals karger Lohn und schlechte Arbeits- und Wohnverhältnisse, das waren die tagtäglichen Erfahrungen vieler Arbeiterfamilien. Wie konnte man da vergessen, wer man war – und wer die anderen waren? Und doch, wer dieses Bewußtsein nicht hatte oder erst gar nicht haben wollte, auf den oder die strömten ganz unterschiedliche Eindrücke ein, bot die moderne Welt neue, klassenübergreifende Reize und Attraktionen.

Mit dem Lichterglanz verband sich auch die trotz aller Wirtschaftskrisen erfolgte Ankündigung einer neuen Konsumwelt. Bemerkenswerterweise stieg zum Beispiel die Anzahl bestimmter Ladentypen in Hannover an, die weniger auf eine Überbesetzung der Branche, sondern mehr auf größeren Konsumbedarf schließen läßt. So waren in Hannover im Jahre 1925 70 % mehr Kolonial- und Feinkosthändler als 1913 zu finden, 63 % mehr Zuckerwarenhändler und 17 % mehr Zigarrenhändler. Waren- und Kaufhäuser sorgten für ein reichhaltiges Warenangebot, verkörperten eigene Welten mit einer eigenen Ästhetik. Werbung und Sonderverkäufe heizten die Kaufwünsche an. Zeichnungen mit »entzückend modernen« Kleidern von C & A wurden immer wieder selbst im »Volkswillen« angepriesen. Hier trafen sich unter Umständen Menschen aus

DAS NEUE HANNOVER

DIE ENTWICKLUNG ZUR HALBMILLIONENSTADT

SONDERAUSGABE DES HANNOVERSCHEN ANZEIGERS

10 Jahre Hannoverscher Aufbau

1918–1928

Von Oberbürgermeister Dr. Menge

Denken wir heute zehn Jahre zurück, so steigt ein anderes Hannover vor uns auf. Ueber vier Jahre Krieg hatten auch dem Gesicht unserer Stadt ihren Stempel aufgedrückt. Die Straßen waren vernachlässigt, die Häuser hatten gelitten, alle Annehmlichkeiten der Zivilisation waren aufs stärkste eingeschränkt oder ganz

ZUM GELEIT!

Wer vor zehn Jahren etwa zum erstenmal den Fuß in Hannovers Mauern setzte und die Welt kannte, der setzte vielleicht unter das Bild der Stadt, wie es sich ihm zeigte, einige Fragezeichen. Gewiß, es war alles ganz schön, aber der Eindruck „stehengebliebene Vergangenheit", konnte sich doch wohl hier und da einstellen. Käme ein solcher kritischer Beobachter heute wieder, er risse die Augen gewaltig auf. Nichts steht mehr still. Der Ausdruck „Provinz" als Begriff beschaulicher Ruhe und selbstzufriedener Rückschrittlichkeit würde heute auf Hannover nicht mehr passen. „Alt-Hannover", mit seinen köstlichen kulturhistorischen Schätzen, ist eine Insel geworden. Um sie herum braust der Strom der Gegenwart und sucht sich ungestüm Bett und Weg. Es hilft nichts — viel reißt er hinweg. Nur über das Wertvollste kann man schützend die Hände halten. Im übrigen muß freie Bahn geschaffen werden. Eine halbe Million Menschen brauchen Raum, brauchen Licht und Luft und wollen sich einfügen in den Rhythmus der neuen Zeit. Das soll nicht gedanken- und hemmungslos geschehen, sondern mit Bedacht und mit tiefinnerstem Gefühl für die Eigenart, den Stammescharakter unserer Stadt. Sie soll nicht nur etwas Neues,

allein! Und ganz abgesehen davon, daß wir vor der Vergangenheit und vor der Zukunft eine hohe kulturelle Verantwortung zu tragen haben, sind wir auch nicht allein auf der Welt, und es kann uns gewiß nicht einerlei sein, welchen Klang der Name Hannover in anderer Munde hat.

Darum können wir es auch nicht hoch genug anerkennen, wenn hannoverscher Fleiß und Wagemut den Namen unserer Stadt in der Welt zu Ehren und Ansehen bringen, und wenn hannoversche Bürger die Stadt mit wertvollen Wahrzeichen ihres Gemeinsinns und ihrer Tatkraft schmücken. Auf solchen Hochleistungen echten Bürgersinnes, der sich auch in schwerer Zeit nicht niederdrücken läßt, beruht doch schließlich ein großer Teil der uns überlieferten Kultur. Das neue Hannover hat auch hierin nicht versagt.

Vergessen wir auch nicht, daß diese Aufgaben neben der idealen noch eine sehr reale Bedeutung haben. Wir wissen, daß der Fremdenverkehr eine nicht zu unterschätzende wirtschaftliche Bedeutung bekommen hat. Die Städte stehen heute im scharfen Wettbewerbe; sie geben z. T. bedeutende Summen aus, um den Fremdenstrom in ihre Mauern zu leiten. Gewiß soll man sich hier vor unsinnigen Ausgaben hüten, die niemals durch entsprechenden Nutzen wieder hereingebracht werden können; aber auf eine vernünftige Verkehrswerbung kann eine Großstadt heute weniger als früher verzichten.

Aus allen diesen Gründen bringt das neue Hannover jährlich große Opfer, um das im Jahre 1920 übernommene Opernhaus zu-

Das »neue Hannover« in der Selbstdarstellung.

allen Schichten, und wer genügend Geld hatte, konnte sich kaufen, was das Herz begehrte. Doch gerade am Geld mangelte es den meisten. Nach den langen Jahren der Entbehrung lag der Lebensstandard der breiten Bevölkerung im Jahre 1928 zwar etwas höher als vor dem Kriege, aber nur dann, wenn man einen übertariflichen Lohn erhielt und in einer Altbauwohnung mit gesetzlich festgelegter relativ niedriger Miete lebte. Auch wurde dabei die im Vergleich zu den Vorkriegsverhältnissen kürzere wöchentliche Arbeitszeit berücksichtigt.

Was das Kaufhaus – ungeachtet der wirtschaftlichen Nöte vieler Menschen – tatsächlich an Waren anbot, lieferte die Kinoleinwand in Form von schönen Bildern und Geschichten. Allein im hannoverschen Stadtgebiet gab es im Jahre 1926 13.580 Plätze in 24 Kinos mit an Wochentagen zwei und an Sonntagen drei Vorführungen, vielfach von jungen Arbeitern und »kleinen Angestellten« besucht. Die einen flüchteten in die Kinos, um ihren schwer zu bewältigenden Alltag wenigstens für einige Stunden zu vergessen oder gar um sich aufzuwärmen, andere – darunter viele junge Frauen – erfreuten sich schlicht am Kinogehen und an den Flimmerbildern und ließen sich durch die gezeigte »mediale Welt« in ihrer Phantasie über ein »besseres Leben« anregen.

Diese neue »mediale Welt« stand in der Regel in großem Kontrast zur »realen Erwerbswelt«. Die Veränderungen, die sich auf diesem Gebiet vollzogen, betrafen die Menschen allerdings in sehr unterschiedlicher Weise und Inten-

»Zwei Gutsituierte«.

sität. Einige Hinweise mögen genügen. Nach dem Ersten Weltkrieg und in der großen Wirtschaftskrise wurden viele Frauen, vor allem verheiratete, von ihren Arbeitsplätzen verdrängt – sei es wegen der Bevorzugung der aus dem Krieg heimkehrenden Männer, die ihre »angestammten« Arbeitsplätze wieder einnehmen sollten, sei es wegen eines angeblich ungerechten »Doppelverdienertums«. In den Zwischenjahren gab es für die weibliche Berufstätigkeit aber auch neue Chancen. »Frauenhände« waren nämlich billiger als jene von Männern; Frauen erhielten im Durchschnitt 60 bis 70 % der Männerlöhne. Der Dienstleistungsbereich weitete sich überdies aus. Die Welt der jungen Sekretärinnen und »kleinen Ladenmädchen« (Siegfried Kracauer) kennzeichnete den Trend der Zeit. Darüber hinaus boten sich neuartige Arbeitsmöglichkeiten infolge der Zunahme mechanisierter Tätigkeiten und beginnender Rationalisierung in Produktion und Arbeitsorganisation. Bewegungs- und Zeitstudien schlüsselten die einzelnen Arbeitsprozesse auf und dienten der genau durchnormierten Neuorganisation der Tätigkeiten, in der Produktion womöglich schon als Fließarbeit oder gar – wie bei Hanomag – als Fließbandarbeit. Mensch und Maschine sollten zu einer Einheit verschmolzen und dadurch das Tempo der Arbeit beschleunigt werden; zusätzlich erbrachte Leistungen wurden durch Akkordberechnung abgegolten. Solche »amerikanischen Verhältnisse« waren zwar weit davon entfernt, die Wirklichkeit in allen Betrieben und Büros zu bestimmen, sie repräsentierten jedoch die Schwelle zum neuen »for-

Dem Beispiel Henry Fords folgend gehörte Hanomag zu den ersten deutschen Unternehmen, die Mitte der zwanziger Jahre schon Arbeit am Fließband einführten.

distischen« Massenzeitalter und wurden von den Betroffenen auch meist so wahrgenommen. In der Kaliindustrie, der Gummiindustrie (Conti) und in der eisen- und metallverarbeitenden Industrie (zum Beispiel Hanomag, Stahlkonzern Ilseder Hütte) fanden damals nicht nur Konzentrations- und Kartellierungsvorgänge, sondern eben auch beträchtliche Rationalisierungen statt. Das bedeutete zudem die Freisetzung von Arbeitskräften, selbst in den sogenannten guten Jahren der Republik. Als dann um 1930 die große Wirtschaftskrise einsetzte, war schließlich in Hannover ungefähr ein Drittel der Erwerbsbevölkerung ohne Arbeit.

Die wirtschaftlichen Probleme und Krisen blieben nicht ohne Auswirkungen auf die Kommunen, denen gerade in der Weimarer Republik im Zuge der Erweiterung des Sozialstaates eine Fülle neuer Aufgaben zugewiesen wurden. Insbesondere ist der Ausbau der Fürsorge und Jugendpflege sowie der Gesundheits- und Wohnungspolitik zu nennen. Viele Bestrebungen blieben allerdings größtenteils auf dem Papier und wurden aus Geldmangel auf spätere Zeiten verschoben. So richtete Hannover beispielsweise kein eigenes Gesundheitsamt ein, obwohl dies damals eigentlich zu den Aufgaben der Stadt gehört hätte. Im Trend der Zeit lag hingegen ihr Engagement im Hinblick auf »hygienische Aufklärungs- und Volksbelehrungsarbeit«. Merkblätter, Denkschriften,

Schlangestehen vor dem Arbeitsamt in Hannover.

Gesundheitsbilderbogen, die in großen Mengen verteilt wurden, warben für eine planmäßige Lebensführung und für rationale Selbstkontrolle: Gesundes Leben wurde immer mehr als eine Verpflichtung angesehen. Die beiden von der Stadt unterhaltenen Jugendheime »Bella Vista« und »Am Lindener Berge« symbolisierten die Ansätze einer modernen städtischen Jugendpflege, indem die Heime den Jugendlichen bestimmte Formen von Freizeitbetätigungen ermöglichten.

In den zwanziger Jahren begann auch der soziale Wohnungsbau. Der Sozialstaat nahm sich der großen Wohnungsnot nach dem Kriege an und subventionierte Wohnanlagen, die dem Ideal des gesunden und hygienischen Neuen Wohnen zum Durchbruch verhalfen. Insgesamt wurden in Hannover, einer Stadt mit rund 108.000 Wohnungen (1925), im Zeitraum von 1925 bis 1932 rund 19.000 neue Wohnungen mit öffentlichen Mitteln gebaut. Die zeitgemäßen Wohnprinzipien, genügend Licht, Luft und Sonne, wurden nunmehr überall erfüllt. Die dichte Bebauung von Hinterhöfen, wie in den früheren Mietskasernen üblich, war nicht mehr gestattet. Selten wurden rein funktionalistische Siedlungen erstellt; häufiger kamen architektonische Mischformen zum Zuge. Viele zwei- bis vier-geschossige Neubauten jener Zeit zeigten traditionalistische oder expressionistische Architekturelemente auf – häufig mit regionaltypisch-handwerklicher Klinkerverwendung. »Das systematische Vorwärtsschreiten der Bebauung in geschlossenen Blöcken und Baukörpern, die einheitlichen Straßenbilder, die neuzeitliche, ruhige Behandlung des Äußeren usw. finden

Anklang und Anerkennung ...«, so äußerte sich recht zufrieden der Magistratsoberbaurat Meffert in dem von Stadtbaurat Elkart 1929 herausgegebenen Buch »Neues Bauen in Hannover«. Die Wohnungsgrundrisse wurden ebenso modernisiert. Eine zweckmäßige Anordnung der Räume zueinander sollte den verfügbaren Raum maximal ausnutzen helfen, den hygienischen und den wohnkulturellen Ansprüchen genüge tun und schließlich die Arbeit der Hausfrau erleichtern. Auch für das »Reich der Hausfrau« standen Professionalisierung, Rationalisierung, Hygiene, Elektrifizierung und Mechanisierung auf dem Programm, und all die Neuerungen wurden in anschaulichen Bildern und Texten sowie durch Ausstellungen öffentlich wirksam verbreitet, auch wenn das Geld zum Kauf des Angepriesenen in der Regel fehlte.

Wegen der immer noch zu hohen »Kostenmieten« profitierten Arbeiterfamilien relativ wenig vom sozialen Wohnungsbau, allenfalls Facharbeiterfamilien. Die meisten Arbeiterfamilien wohnten hingegen weiterhin in den licht- und lieblos gebauten Mietshäusern der Kaiserzeit oder gar in halbverfallenen Bauten in bestimmten Teilen der Altstadt. Die Elektrizität, die zunehmend Abnehmer fand, machte in der Regel vor solchen Wohnungstüren Halt, beleuchtete häufig nur die Hausflure und Treppenaufgänge.

Das Neue forderte auch von den Menschen seinen Tribut. »Erwachsene lernen gehen« – so lautete die Überschrift in der Hannoverschen »Weltschau« von 1932, die auf den Großstadtverkehr und die Funktionsaufteilung der Straße verwies: »Der Grundsatz die Fahrbahn dem Fahrzeug, der Fußsteig dem Fußgänger, muß unbedingt zur Geltung kommen,« hieß es fordernd im »Volkswille« vom 18. August 1928. Mittels neuer Verkehrsschilder, verkehrsregulierender Polizisten und massiver Aufklärungsarbeit in der Presse versuchten die Behörden zu einem geordneten Verkehr zu erziehen – genauer: die Menschen zu einem rationalisierten Sozialverhalten nicht nur am Arbeitsplatz und in der Wohnung, sondern auch auf der Straße zu bewegen und den angeblich festgestellten »Verrohungstendenzen« entgegenzuwirken.

Ein besonderes Problem für die öffentliche Ruhe stellten die Lastkraftwagen dar. Die immer schwerer werdenden Wagen waren mit Vollgummireifen ausgestattet, weil sich für diese Gewichte Luftreifen noch nicht eigneten. Sie verursachten damit großen Lärm und ließen sogar Häuser beben. Die Stadt schaffte sich im Jahre 1927 extra einen Seismographen an, um die Erschütterungen auf der Straße wissenschaftlich exakt messen zu können. War die Erschütterung zu groß, mußte die Straße asphaltiert werden. Asphalt und Großstadt wurden zu Synonymen und für manche Zeitkritiker entstand daraus der Alptraum des großstädtischen »Asphaltdschungels«, der angeblich Sitte und Moral zutiefst schädige. In dieses Zerrbild der Großstadt schien auch die Tatsache zu passen, daß die Kirchen zusehends an Bindungskraft verloren. Gab es in Hannover und Linden im Jahre 1910 erst rund 1.486 Personen (0,4 % der Wohnbevölkerung), die weder einer christlichen, noch der jüdischen Religion angehörten, so waren es 1925 bereits 16.527 Personen (3,9 %).

Doch noch einmal zurück zur Motorisierung: In Hannover kam im Jahre 1928 auf jeden 49. Einwohner ein Kraftfahrzeug. Für die meisten blieb der Kauf eines Autos allerdings ein Traum. Doch eines änderte sich schon damals: Der Kauf eines solchen modernen Verkehrsmittels wurde zu einem Wunschbild, das – so war die Hoffnung – eines fernen Tages in Erfüllung gehen könnte. Die wegen der Notjahre häufig noch verdeckten, gleichwohl spürbaren Ansprüche des »kleinen Mannes« an die Gesellschaft wuchsen. Der billigste in Hannover hergestellte Hanomag war für rund 2.000 Mark zu haben, das war in etwa – rein rechnerisch – der Lohn von zehn Monaten eines gelernten Arbeiters in der Produktionsmittelindustrie. Hingegen kostete eine 250 cm^3- Zündapp mit 6 ½ PS-Motor im Jahre 1928 860 Mark. Kein Wunder, daß viele zuerst von einem Motorrad träumten. Das Eilenriede-Motorradrennen, bei dem sich nicht nur Sportkanonen trafen, sondern sich auch die Vertreter der Spitzen der Industriebranche ein Stelldichein gaben und vor 50.000 bis 100.000 meist männlichen Besuchern die jüngsten technischen Entwicklungen präsentierten, symbolisierte die neue Zeit: Zuschauersport und Kommerz, Technikbegeisterung und Geschwindigkeitsrausch. Die Einweihung des Eilenrieder Sportstadions im Jahre 1922 signalisierte ebenfalls das allgemeine Interesse der Bevölkerung am Zuschauersport, der sich – im Zuge einer anwachsenden Kommerzialisierung – immer stärker professionalisierte und anfing, Schau- und Spitzenleistungen darzubieten.

Doch daneben gab es noch die Welt des aktiven Breitensports, getrennt in Arbeitersport- und -turnvereine einerseits und die entsprechenden bürgerlichen Organisationen andererseits. Erstere erlebten in den zwanziger Jahren ihre historische Blüte, konnten ganze Arbeiterfamilien integrieren und schufen eine mit der sozialistischen Idee noch vage verbundene Welt für sich, wurden zu wesentlichen Bestandteilen eines sozialmoralischen Milieus. Diese meist sozialdemokratisch eingebundenen Arbeitermilieus akzeptierten Teilbereiche der sich modernisierenden Lebenswelt – so zum Beispiel das Neue Wohnen, den »wertvollen« Film, außerdem Rundfunk, Sport und Photographie – anderes wurde abgelehnt, vor allem »Schund und Schmutz« in den Medien sowie die »neue Vergnügungssucht«. Kein Wunder, daß die Arbeiterkulturvereine – trotz ihrer im Vergleich zur Zeit vor 1914 großen Erfolge – zunehmend Probleme hatten, Jugendliche und Frauen anzusprechen und sie in ihre Kulturbewegung einzubinden. An Grenzen der Rekrutierbarkeit von Jugendlichen stießen auch die zahlreichen verschiedenen Jugendvereine – ungeachtet ihrer historischen Hochblüte, die viele Jugendorganisationen gerade in den zwanziger Jahren auszeichnete. Allein in Hannover gab es mindestens 24 solcher Organisationen, darunter die Sozialistische Arbeiterjugend, die Kommunistische Jugend, die Christliche Pfadfinderschaft, der Wandervogel, der völkische Bund der Wikinger, der jungjüdische Wanderbund.

Doch noch einmal zurück zum Sport: Dieser zeichnete sich nicht nur dadurch aus, daß er viel mehr Menschen als vor 1914 anzuziehen verstand, son-

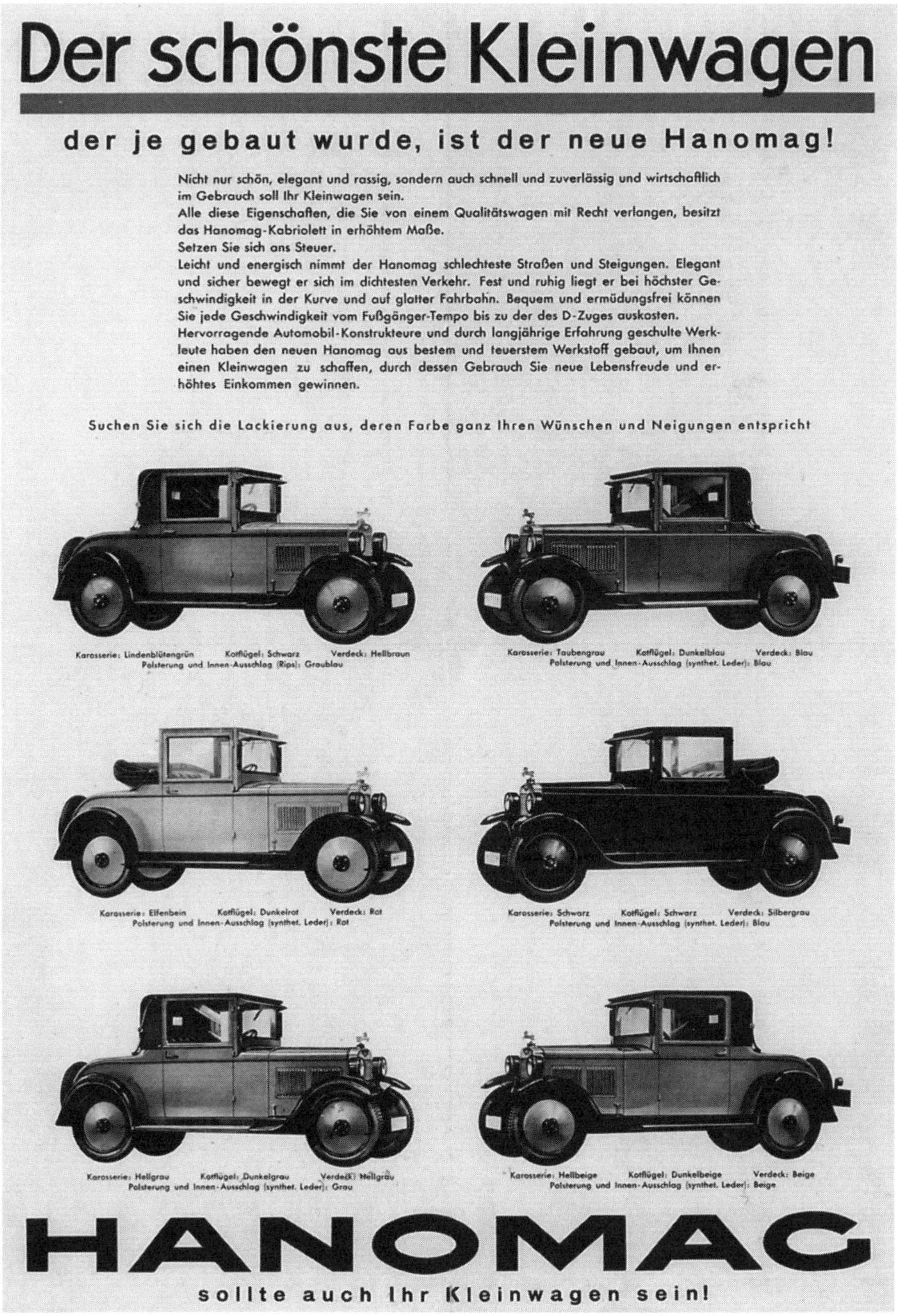

Der Hanomag, im Volksmund »Kommißbrot« genannt:
Mit 10 PS und 500 cm³ Deutschlands kleinstes und mit 2.000-2.300 RM
Deutschlands billigstes Auto.

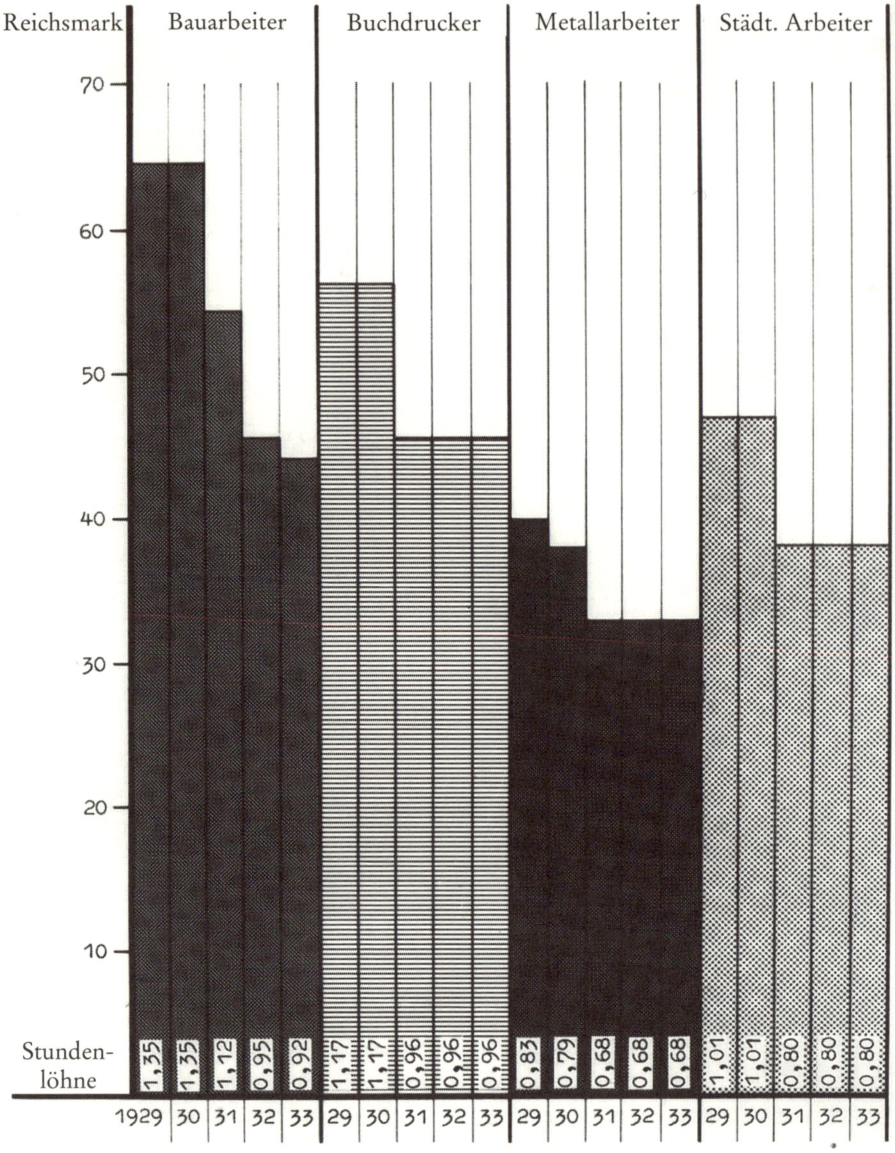

Der Lohnabbau in der Wirtschaftskrise. Hier die Brutto-Wochenlöhne in ausgewählten Gewerbezweigen der Stadt Hannover (im Dezember 1929-33). Zwar sind auch die Preise gesunken, aber längst nicht so stark wie die Löhne.

dern auch dadurch, daß er sich selbst stark ausdifferenzierte. Für jedes Talent ein Angebot: Fußball, Handball, Rugby, Radfahren, Schwimmen, Rudern und Leichtathletik, sportliches Segeln, Tennisspielen, Reiten und anderes mehr. Hinzu kam die neue Körperkultur – und damit wuchs das Interesse am Baden und Sonnen. Soweit die hannoverschen Freibäder schon aus der Vorkriegszeit stammten, wurden sie, wie das Fössebad in Hannover-Linden, modernisiert und gleichzeitig den neuen sportlichen Bedürfnissen angepaßt.

Sport war allerdings in erster Linie auf Männer und Jungen ausgerichtet. Ob Frauen Sport treiben sollten, war damals höchst umstritten, fürchtete man doch ganz allgemein um Anstand und Sitte oder speziell um das Wohlergehen zukünftiger Gebär-Mütter. Gleichwohl drangen Frauen überall vor, setzten sich über alle Vorbehalte hinweg, befreiten sich von einengender Kleidung und erfuhren im Sport ihren Körper auf völlig neue Weise: Frauenabteilungen wurden in einzelnen Sportarten gebildet, die den Frauen neue Erfahrungsräume eröffneten. Wer allerdings dem Rat der Gynäkologen und der herrschenden Meinung folgte, betrieb lediglich Gymnastik. Hierbei sollte der weibliche Körper vor allem in Anmut schwingen. Die Hannoversche Musterturnschule Loges galt als vorbildlich, bot sie doch unter dem Turnlehrer Loges expressionistisch orientierte Gymnastik an, bei der der weibliche Körper zu freien Ausdrucksformen fand. Keulenschwingen gehörte stets dazu. Eine Entsprechung hatte diese Form von Gymnastik im sogenannten neuen deutschen Tanz, der mit Mary Wigman ebenfalls in Hannover zu Hause war. Der Erfolg dieser künstlerischen Form lag vor allem in der angeblichen Symbiose von Modernität und Deutschtum, was immer darunter verstanden werden mochte. Jedenfalls sprachen viele darauf an, denn hier schien sich eine Alternative gegenüber dem Internationalen, dem »Amerikanismus« und dem angeblich »Übermodernen« anzubieten. Ein gemäßigter (und womöglich »deutscher Weg«) in die Moderne – das war das Stichwort, das die bürgerliche Öffentlichkeit in Hannover in ihrer Mehrheit für richtig hielt – unter dem Motto: nur nichts übertreiben.

Wie aber paßt diese Auffassung zu dem bekannten Bild über Hannover als einer Stadt der modernen Künste? Erlebte Hannover doch bekanntlich nach 1918/19 eine ungestüm erscheinende Kunstrevolution. Diese war eng mit der Person Kurt Schwitters verbunden. Sein Name steht für die Collage und das Materialbild, aber auch für den Collagetext und das Lautgedicht. In seinem Werk ist die Aufhebung von Kunst und Alltag angelegt. Seine Arbeiten signalisierten, daß es die Welt des Kinos, der Waren und der Reklame tatsächlich gab und sich die Kunst darauf einzustellen habe. Schwitters stand damals nicht alleine. »Die Dada-Wellen umbrausten Hannover«, so charakterisierte rückblickend die Malerin Kate T. Steinitz das Zeitkolorit in ihrem Buch über Kurt Schwitters, das 1963 erschien. Die kulturelle Aufbruchstimmung schlug sich auch bei Schriftstellern und Verlegern sowie in entsprechenden Aktivitäten von Galleristen (Gallerie Gaverns) und Museen (Kestner-Gesellschaft) nieder. Die

Malerin Kate T. Steinitz führte bis zum Ende der zwanziger Jahre ein offenes, linksliberales Haus für moderne Künstler und all jene, die an der modernen Kunst interessiert waren. Die Künstlervereinigung »die abstrakten hannover« trug ebenfalls dazu bei, eine weit über die Grenzen Hannovers bekannt gewordene Kunstszene zu schaffen, selbst nachdem die den Geist des Aufbruchs symbolisierenden neuen Kulturzeitschriften der Anfangszeit längst eingegangen waren. Hier ein gemäßigter (deutscher) Weg in die Moderne – dort ein Avantgardisten-Milieu: Eine Stadt hat eben mehrere Gesichter, mehrere Teilöffentlichkeiten und Sozialmilieus, die, solange sie sich nicht in die Quere kommen, nebeneinander existieren. Zu den hannoverschen Teilöffentlichkeiten gehörte auch die vom Deutschkonservatismus geprägte Kultur, die in Hindenburg, dem Ehrenbürger Hannovers, ihr lebendiges Zentrum hatte. Außerdem fand man konservativ-welfisch geprägte Kreise in der Stadt ihres ehemaligen Königshauses. Die »alteingesessenen kleinen Bürger« hielten sich vor allem in den »verschwiegenen Bierstuben der Alt- und Neustadt« auf, wohin sich »kein fremder Fuß verirrt«, so war in der Festschrift zur Tagung des Deutschen Städtetages 1924 zu lesen. Gemeint war insbesonders das hannoverisch-welfische Stammtisch-Milieu, das eben auch zur Stadtöffentlichkeit gehörte. Außerdem formten Katholiken, Juden und Polen – letztere vor allem in Misburg – ihre eigenen kulturellen Praxisformen und Milieus aus, erst recht die sozialdemokratisch orientierten Arbeiterkulturvereine. Studenten, Militärpersonen, Beamte und Hausfrauen – die Liste von Gruppen, die eine jeweils eigene Organisationskultur entwickelten, ließe sich beliebig verlängern.

Frauen erlebten den relativen Modernisierungsschub anders als Männer, Arbeiter anders als Bürger, Jugendliche anders als die ältere Generation. Sie alle gingen unterschiedlich damit um und interpretierten ihn verschieden. Hoffnungen und Reformeifer, aber auch Ängste und Befürchtungen waren oftmals die Folge. Die »Neue Sachlichkeit«, die in Kunst und Architektur vor allem nach 1925 – nicht zuletzt in Hannover – das »zeitadäquate« Lebensgefühl auszudrücken beabsichtigte, konnte als Ausdruck der Eingewöhnung der Menschen in die sich modernisierenden »Gegebenheiten« interpretiert werden. Doch daß der Schein oftmals trog, brachte die Zeit der großen Wirtschaftskrise an den Tag. Modernisierung und Demokratie, Massengesellschaft und Massenkultur: Mußte dies alles zusammengedacht und zusammen akzeptiert werden, oder ließen sich Schnitte machen, die jeweils als »richtig« und »gut« erachteten Segmente herausschneiden, die »anderen« eliminieren, das Gewünschte vom Ungewünschten trennen und Neues mit Altem vermischen?

In Hannover kündigten sich die politisch-kulturellen Umbrüche schon früher an, wie der »Fall Lessing« zeigt. Dieser ist ein Beispiel für die Hetzkampagne konservativ-antisemitischer Kreise gegen den jüdischen Aufklärer, Zeitkritiker und Humanisten Theodor Lessing. Der Hochschullehrer wurde zum Feind erklärt, nachdem er versucht hatte, die Geschichte des Massenmörders Haarmann in eine kritische Analyse des damaligen Hannover einzupassen und darüber hinaus auch Hindenburg mit Kritik überzog. Machtpolitisch gesehen war Lessing in der Stadt der weitaus schwächere: Er, der sich für die zeitgemäße Entwicklung der Erwachsenenbildung, das heißt konkret für die neugegründete Hannoversche Volkshochschule aktiv eingesetzt und dort auch unterrichtet hatte, wurde schließlich aus der Technischen Hochschule und aus der Stadt vertrieben. Als Ausgegrenzter emigrierte er nach Prag, wo er 1933 von Nationalsozialisten ermordet wurde.

Die nationalistisch-konservativ eingestellte Rechte mit ihrer zunehmend politisierten Intoleranz und Aggressivität gab immer vernehmbarer zu erkennen, daß sie gewillt sei, bestimmte Formen der Modernisierung im Kontext von Republik und Demokratie radikal zu bekämpfen. Als Sündenböcke galten der angeblich »zersetzende jüdische Einfluß«, die »Bolschewisierung« und »Amerikanisierung« deutscher Kunst und Kultur, deutscher Werte und Traditionen. Das Urban-Großstädtische wurde vermehrt attackiert, wohingegen das Kleinstädtische und erst recht das Ländlich-Dörfliche zu Vorbildern hochstilisiert wurden und als solche zusehends an Suggestivkraft gewannen.

Das Dorf

Wer am Wochenende aus der Stadt fuhr, sah sich erstaunt um. Anstatt Einsamkeit fand er oder sie die sogenannten »Weekend-Menschen« vor, häufig an besonders schönen landschaftlichen Stellen. »Das Städtevolk drängt stürmisch zurück zur Natur. Geradezu explosiv sprengt es jetzt seine steinernen Fesseln in der sogenannten Wochenendbewegung nach amerikanisch-englischem Muster,« so war am 24. Juli 1927 im »Volkswillen« zu lesen. Schon hoben Naturschützer warnend ihre Stimme, sprachen von den Problemen einer Bewegung, die immer mehr Menschen erfasse und die Natur verschandele: Im selben Artikel hieß es: »So sehr dieses Sichzurückfinden zur Natur nun auch einerseits zu begrüßen ist, so große Gefahren birgt es für eben diese Natur, die man sucht. [...] Muß das nicht zu einer Unmenge von Zusammenstößen mit dem Landmann und Förster führen? Und was sagt der wahre Naturfreund dazu, wenn jedes, aber auch jedes einigermaßen hübsche Fleckchen in der Natur verziert wird mit Butterbrotpapieren?!«

Wer weiterfuhr und nach vertrauten Landstrichen Ausschau hielt, wurde häufig mit dem Straßenbau konfrontiert. Das größere Verkehrsaufkommen erforderte bessere Straßen. Im Jahre 1920 bestanden 90 % des deutschen Fernstraßennetzes noch aus wassergebundenen Schotterdecken mit vielen Schlaglöchern und großer Staubentwicklung. Bis Mitte der dreißiger Jahre dauerte es, bis die Straßenqualität der damaligen Motorisierung angepaßt worden war, wobei viele Bäume abgeschlagen wurden. Doch das Auge entdeckte noch mehr Ungewohntes. Die Elektrizität, so unscheinbar sie an sich ist, hier hinterließ sie ihre auffälligen Spuren. Mit dem Bau der großen Nord-Süd-Überlandverbindung von Hannover nach Borken durchzogen 500 Hochspannungsleitungsmaste in einem Abstand von 300 bis 350 Metern das Land: »Hochauf stehen stählerne Maste, zieht sich golden funkelnder Draht durch die Landschaft!« Diese Charakterisierung im »Volkswille« vom 8.9.1929 läßt auf die Technikbegeisterung der zwanziger Jahre schließen, die gerade, was die Elektrizität anbelangte, bei weitem den warnenden Ruf der damaligen Landschafts- und Naturschützer überdröhnte. Viele deuteten den Strom als Künder eines neuen Wohlstandes im Kontext einer zukünftigen Massenkonsumgesellschaft.

Wer in Richtung Peine fuhr, überquerte den Mittelland-Kanal, die große verkehrstechnische Neuerung der Region in jener Zeit. Schon im Jahre 1916 landete der erste Schleppzug vom Rhein kommend in Hannover. Nach Kriegsende wurde der Kanal gen Osten durch niedersächsisches Gebiet weitergebaut: 1929 erreichte er Peine, 1933 Braunschweig, später die Elbe.

Wer in den Nordwesten des Landes reiste, erblickte unter Umständen die dort vorgenommene Moorkolonisation. Allein in der Provinz Hannover wurden zwischen 1913 und 1927 155.000 Hektar kultiviert und im Durchschnitt pro Jahr 226 Neusiedlerstellen, besonders im Emsland, geschaffen.

Wer sich noch weiter in den Norden begab, stieß inmitten einer ländlich geprägten Region auf etwas völlig anderes, nicht minder Überraschendes, nämlich auf die Künstlerkolonie Worpswede, die bereits seit den 1880er Jahren bestand, deren Bekanntheitsgrad jedoch in den zwanziger Jahren zunahm. Hier lebten und wirkten unter anderem Paula Modersohn-Becker, Heinrich Vogeler, Bernhard Hoetger. So unterschiedlich sie waren, so durchbrachen sie doch das Klischee, daß Kunst nur in der Großstadt ein Zuhause haben könne. Unterschiedliche künstlerische Richtungen und Bestrebungen trafen hier aufeinander: Heimatbewegung und Kunsttradition, »gemäßigt« Modernes und »sehr« Modernes. Von großer Symbolkraft war deshalb das gemeinsame Zusammenleben einer Gruppe von Künstlerinnen und Künstlern mit Kunsthandwerkern an ein und demselben Ort. Arbeit und Leben, Kunst und Alltag sollten ein Ganzes bilden, eingebettet in ein altes Bauerndorf mit einprägsamer Naturumgebung, wodurch sich der Aufmerksamkeitswert in der Öffentlichkeit erhöhte. Heinrich Vogeler, der politisch radikalste unter den Worpsweder Künstlern, verwandelte seinen »Barkenhof« sogar zu einer allerdings nur kurzlebigen sozialistischen Kommune und Arbeitsschule.

Doch soweit geht die Reise nicht. Die Fahrt endet vielmehr in Immensen bei Lehrte. Immensen verfügte im Jahre 1932 über 1.933 Hektar Feldmark; die 1.220 Einwohner waren in 246 Haushaltungen zusammengefaßt und in 197 Wohnhäusern untergebracht.

Immensen, das über eine aufschlußreiche Chronik verfügt, auf der die folgenden Ausführungen beruhen, war bereits damals durch moderne Verkehrsmittel erschlossen. Ein Bus von Lehrte über Immensen nach Schwüblingsen fuhr mehrmals täglich; die 1928 neu eingerichtete Linie Burgdorf-Immensen-Uetze wurde zweimal wöchentlich befahren. Doch damit nicht genug. Auch die Individualmotorisierung machte vor dem Dorf nicht Halt. Aus Unfallberichten wissen wir, daß Immenser Landwirte zu den Motorradfahrern gehörten. Es kam sogar schon zu Beschwerden über die Motorradraserei junger Leute. Im Jahre 1924 wurde zudem eine Reparaturwerkstatt nicht nur für Fahrräder, sondern auch für Motorräder eröffnet.

Auch andere Neuerungen drangen in das hannoversche Umland vor: So fanden in Immensen in den Jahren 1929 und 1931 Werbesportkämpfe im Boxen statt, wobei das Publikum allerdings nur in »mäßiger Anzahl« erschien; so führte eine Lehrter Firma im Jahre 1930 in der Immensener Gastwirtschaft den Schnellkochtopf »Fruco« vor. Bei anderer Gelegenheit wurden moderne Löschapparate für jedermann im Dorfe angepriesen. Und der Hausfrauenverein stellte in Vorträgen 1931 die »neuzeitliche Ernährungslehre« vor.

Wer solche Neuheiten ignorierte und sich stattdessen romantisch-halbträumend über die Weiden in Richtung Billerbach zubewegte, wußte vielleicht nichts von dem erbitterten Kampf des Immenser Gemeindeausschusses gegen den Plan der Kali-Chemie-Aktiengesellschaft, der darauf abzielte, salzhaltige Abwässer ausgerechnet in ihren Billerbach einzuleiten. Dadurch würde das Trinkwasser für das Vieh ungenießbar, so wurde gewarnt. Die zunehmende Industrialisierung hinterließ damals offensichtlich schon deutlich ihre Spuren selbst auf dem »platten Land«. Die Immenser trugen im übrigen sogar ihrerseits zu den Umweltproblemen bei: Die Kalidüngung in der niedersächsischen Landwirtschaft steigerte sich nämlich in den zwanziger Jahren überall, so wohl auch in Immensen. In der niedersächsischen Landwirtschaft wurden zudem in der Regel die Bearbeitungsmethoden intensiviert, vor allem die Brache besömmert. Die Zuckerrübe drang weiter vor. Zunehmend kamen Schlepper, Dreschmaschinen und Verbrennungsmotoren zum Einsatz, in den hochintensiven Ackerbetrieben Südhannovers und Braunschweigs früher als in Oldenburg und Lüneburg.

Was den Billerbach angeht, so konnte sich der Gemeindeausschuß offensichtlich Gehör verschaffen. Viel stand für das Dorf dabei auf dem Spiel. Wäre nämlich der Billerbach dauerhaft verseucht worden, hätte dies die Immensener Bauern in große wirtschaftliche Schwierigkeiten gebracht. Denn neben der Schweinehaltung setzten die Bauern, die mit der neuen Zeit gehen wollten, gerade auf die Rindviehhaltung, die von der Stierhaltungsgenossenschaft vorangetrieben wurde. Stolz wurde von den erhöhten Milcherträgen berichtet. In den Marschgebieten waren sie von 2.300 Kilo je Kuh 1913 auf 2.763 im Jahre 1927 gestiegen. Die erfolgreichste Immenser Kuh, »Selma«, errang im Jahre 1929 den zweiten Platz im ganzen Bezirk.

Auch veränderte sich die Sozialstruktur der niedersächsischen Dörfer. Die Anzahl des Gesindes ging zurück, der Typ des Familienbetriebs ohne fremde Arbeitskräfte, jedoch mit ausländischen Wanderarbeitern, breitete sich aus. Die Zahl der nichtlandwirtschaftlichen Berufe nahm generell auf dem Lande zu: kleinste Landhandwerks- und Dienstleistungsbetriebe suchten ihre wirtschaftliche Chance. Eine Untersuchung von Karin Hoyer, diesmal nicht über Immensen, sondern über Altwarmbüchen, ergab, daß Metzgereien und Gärtnereien die hauswirtschaftliche Eigenproduktion von Nahrungsmitteln verdrängten und daß sich deren Herstellung zunehmend »professionalisierte« und spezialisierte. Zudem wurden vermehrt industriell hergestellte Waren im Dorf vertrieben, und zwar nicht nur landwirtschaftliche Maschinen und Geräte, sondern eben auch Konsumprodukte. Die Altwarmbüchener Einwohner stammten übrigens fast alle aus den Familien des Dorfes. Ein nennenswerter Zuzug von Städtern in die Dörfer des Umlandes war also noch nicht festzustellen. So blieb die alte Topographie der Dörfer weitgehend erhalten und ließ das Dorf als Quelle der Beharrungskräfte erscheinen. Selbst Pendler, die sich in Hannover ihr Geld verdienten, gab es in Altwarmbüchen erst in den dreißiger Jahren. Die strukturellen Veränderungen hielten sich also in deutlich erkennbaren Grenzen und sind in keiner Weise mit jenem Modernisierungsschub zu vergleichen, der dann die späten fünfziger und vor allem die sechziger und siebziger Jahre kennzeichnen sollte.

Dank der Aufzeichnungen des Immensener Dorfpastors ist einiges über die Lebensweise der Dorfbevölkerung überliefert. Der Pastor sah, wie viele Menschen seiner Zeit, vor allem das, was sich veränderte, und weniger das, was gleich blieb: das Beharrungsvermögen des »platten Landes«, vor allem bei der älteren Generation. Der Pastor hatte hingegen mehr die Jugend im Blick, die er scharf kritisierte: »Die Gemeinde an sich ist nicht vergnügungssüchtig. Aber nach den langen Entbehrungen der Kriegsjahre hatte nach Ende des Krieges die jungen Leute geradezu ein Vergnügungstaumel ergriffen. Fast an jedem Abend wurde unter Begleitung einer Ziehharmonika getanzt.« Auch nach den Inflationsjahren blieben die Sitten im Vergleich zur Zeit vor 1914 angeblich gelockerter, veränderten sich die Maßstäbe von Moral und verkümmerte die Ehrfurcht vor dem Hergebrachten und den Autoritäten. Daher versuchte man auf dem Land die Polizeistunde auf eine frühere Uhrzeit als in der Stadt zu legen und überhaupt die Tanzveranstaltungen einzuschränken.

Die Landarbeiterinnen und ländlichen Fabrikarbeiterinnen konnten zwar wegen der äußerst niedrigen Löhne wenig Geld ausgeben, dennoch kleideten sie sich modisch. Wie eine Untersuchung aus dem Burgdorfer Raum zeigt, waren kniekurze Röcke, Riemchenschuhe und flotter Haarschnitt gang und gäbe. Die erwachsene Jugend, so klagte der Immenser Pastor, würde Zigaretten, Schokolade und Seidenflorstrümpfe kaufen. Selbst Knechte hätten eine Zigarette im Mund, wenn sie hinter dem Pfluge hergingen. Die jungen Mädchen kämen zur Konfirmation mit Lackschuhen, Florstrümpfen und Handschuhen.

Das Modische war auch ein Symbol dafür, daß sich im Geschlechterverhältnis Veränderungen anbahnten. Es herrsche, so erneut der Pastor, eine gewisse »Ungeniertheit, mit der die verschiedenen Geschlechter zusammenleben.«

Der Pastor klagte zudem über die Kindererziehung. Diese liege im argen, die Kinder würden nicht mehr gehorchen lernen. Der Pastor sann nach geeigneten

Mitteln zur Abhilfe, auf die »gute, alte Zeit« zurückblickend: »Es wird mit unserer Jugend nicht eher wieder besser, als bis sich die Väter wieder trauen, den Stock zu gebrauchen.« Sein Eintreten für Stockhiebe war in einer Zeit, in der in den Städten die sogenannte Reformpädagogik Einzug hielt und sich durchaus manches veränderte, ein gewagtes, ja unzeitgemäßes Wort, setzte doch die Reformpädagogik gerade auf die Pädagogisierung der Erziehung und damit auf das Verständnis der Erwachsenenen für Jugend und Jugendlichkeit. Auch die Dienstboten täten, was sie wollten, und kämen und gingen, wann es ihnen paßte, so meinte der Pastor. Vor allem die zugereisten Dienstboten, namentlich die Dienstmädchen, seien sittlich gefährdet und gäben ein schlechtes Beispiel ab. Im Sommer würden sich die jungen Leute halbe Nächte auf den Straßen johlend und kreischend herumtreiben. Der Pastor schob dieses Verhalten auf den Einfluß des Landarbeiterverbandes. Daran war nur soviel richtig, daß die Gewerkschaften, nachdem sie in der Revolution von 1918/19 ihre gesellschaftliche Anerkennung durchgefochten hatten, in der Tat bis auf das platte Land erfolgreich vordringen konnten. Mit der angeblich neuen »Vergnügungssucht« der jungen Menschen hatten sie allerdings genauso wenig im Sinn wie der Pastor. Statt dessen bauten die Gewerkschaften auf das beginnende Selbstbewußtsein der lange Zeit gegängelten Landarbeiterschaft, das der Pastor als Unbotmäßigkeit und Ungehörigkeit interpretierte. Dazu paßte auch dessen Bild von der sittengefährdeten Immensener Jugend.

Die vielen Vereine in und um Immensen – so der Radfahrverein, der Männerturn- und -gesangsverein, der Kegelclub, der Deutschhannoversche Frauenverein, der Kriegerverein, der Reit- und Fahrverein, der Ziegenzuchtverein sowie der landwirtschaftliche Hausfrauenverein – sie machten zusammen einen großen Teil der dörflichen Lebenswelt aus. Dazu gehörten Festveranstaltungen. Der Pastor hatte allerdings auch hieran etwas auszusetzen: »... bei den Festen der einzelnen Vereine tritt noch leicht das Übermaß in Erscheinung, zumal infolge der überaus hohen Löhne die jungen Leute Geld genug besitzen.« Wie gelangte der Pfarrer zu der Auffassung von überaus hohen Löhnen der jungen Leute? Auf den Vergleichspunkt kommt es offensichtlich an. Die Löhne der Knechte waren tatsächlich im Vergleich zur Vorkriegszeit beträchtlich gestiegen, die Lohnhöhe an sich, vor allem die der Frauen, blieb allerdings weiterhin äußerst niedrig. Im hannoverschen Raum waren die auf dem Lande gezahlten Stundenlöhne nur etwa halb so hoch wie die Stundenlöhne in der Großstadt. Eine Fabrikarbeiterin auf dem Land erhielt 1929/30 einen Stundenlohn von 27 Pfennigen, in der Stadt 57,5 Pfennige pro Stunde. Ein Knecht im Raume Hannover kam um 1926 auf einen tatsächlichen Barlohn von 528 Reichmark im Jahr, eine Magd erhielt hingegen nur zwischen 240 und 360 Reichsmark.

Für junge Frauen war das Dorfleben auch sonst nicht einfach zu meistern. Zum Beispiel taten sie sich äußerst schwer, eine Lehrstelle zu finden. Die diesbezüglichen Probleme wurden schließlich vom Immensener Gemeindeausschuß aufgegriffen: Im Jahre 1930, inmitten der großen Wirtschaftskrise beschloß er, eine ländliche Mädchenfortbildungsschule einzurichten, in der schwerpunktmäßig das Nähen erlernt werden konnte. Die traditionell weibliche Fertigkeit des Nähens sollten die 25 Mädchen allerdings fortan – zumindest teilweise – schon auf einer elektrischen Nähmaschine ausüben, die neben zwei handbetriebenen Modellen gekauft wurde.

Traditionelles und Modernes verzwirnten sich für junge Frauen auch im Freizeitbereich. Im Jahre 1930 wurde nämlich der Antrag zur Gründung einer Damenabteilung im Männerturnverein vom Vereinsvorstand endlich genehmigt. Zwar hörte man manche »abfällige Äußerung über die Frauengruppe«, aber das hinderte diese nicht daran, sich öffentlich in einem Schauturnen zu präsentieren. Gezeigt wurden Freiübungen, Geräteturnen, Keulenschwingen, aber auch ländliche Volkstänze, also Darbietungen, die noch am ehesten vom konservativen Teil der Dorfbevölkerung toleriert wurden.

Die traditionell eingestellten Kreise des Dorfes repräsentierten ihrerseits ein anderes Immensen, ein Immensen, in dem schon 1920 der Heimatgedanke stark an Boden gewonnen hatte. Dabei war die niedersächsische Heimatliebe, die hauptsächlich vom Deutsch-Hannoverschen Verein in organisierter und inszenierter Form kultiviert wurde, eng mit der Zuneigung zum Deutschtum verbunden. Auf Heimatfesten und Heimatabenden sang man Volkslieder und deutsche Lieder, organisierte Umzüge durchs geschmückte Dorf, weihte Fahnen, führte plattdeutsche Theaterstücke auf, erinnerte an altes Brauchtum und bot altdeutsche Volkstanzlehrgänge und Musikabende des Männergesangvereins sowie des Immenser Posaunenchors an. Reiter- und Schützenfeste waren im Dorfleben ebenfalls fest verankert. Hinzu kamen noch die allseits beliebten Operetten-Gastspielabende im Wirtshaussaal.

Gegen Ende der Weimarer Republik nahmen die Deutschen Abende und die Lönsabende zu; Volkskultur wurde als Gegenwelt zur Moderne verstärkt gepflegt und in einen deutsch-nationalistischen oder gar rassistischen Zusammenhang gestellt. Die politische Rechte, vor allem der »Stahlhelm«, der »Jungdeutsche Orden« und der »Großdeutsche Orden Heinrich der Löwe« traten mehr denn je im Ort in Erscheinung. Über 43,7 % der Immenser stimmten bei der Reichstagswahl im Juli 1932 schließlich für die NSDAP. Dies ging vor allem zu Lasten der Deutsch-Hannoverschen Partei, die bis dahin – neben den Sozialdemokraten – im Dorf das politische Sagen hatte.

* * *

Die aus den Akten des Pfarrarchivs stammenden Situationsberichte zeigen zusammenfassend, daß die Modernisierung nicht eine Angelegenheit allein der Großstädte war, sondern bis ins Dorf vordrang. Allerdings waren sicherlich die Neuerungstendenzen in den Dörfern verschieden stark ausgeprägt: je weiter die Stadt entfernt war, desto weniger drang die neue Zeit vor. Immensen ist insofern sicherlich kein typisches Dorf, denn es lag relativ dicht bei Hannover; im Oldenburgischen und Schaumburgischen mag es gewiß anders ausgesehen haben. Auch ist der Begriff der Modernisierung als ein historischer zu fassen. Verglichen mit den bundesrepublikanischen Veränderungen fand in den zwanziger Jahren kaum eine Modernisierung statt, die den Namen wirklich verdiente. Verglichen jedoch mit dem damaligen Erfahrungshintergrund des 19. Jahrhunderts waren die Veränderungen bemerkenswert. Da sie eine neue Zeit anzukündigen schienen, wurden sie auch so intensiv und für uns heute oft in übertrieben erscheinender Form wahrgenommen, nährten sich daraus sowohl die damals noch realitätsfernen Hoffnungen auf ein zukünftiges »besseres Leben« als auch die kulturpessimistischen Befürchtungen über den Untergang von Moral und Sitte, für die die Aufzeichnungen des Pastors aus Immensen ein gutes Beispiel sind.

Verglichen mit dem Dorfleben durchdrang die Modernisierung die Stadt in viel breiteren und tiefergreifenden Dimensionen. Doch auch in der Stadt kam es zu einem Neben- und Ineinander von Altem und Neuem, von Lichterglanz und Dunkelheit, von Konsumhoffnung und Verelendung, von »schönen Bildern« und realer Not, von kultureller Neuerung und Althergebrachtem. Für die meisten Menschen waren die zwanziger Jahre alles andere als »golden«. Und mit der großen Wirtschaftskrise um 1930 verdichteten sich die Krisenerfahrungen auf allen Gebieten. Das Klischee vom Ländlich-Dörflichen als heiler, traditionsgebundener Welt deutscher Volksgemeinschaft im Gegensatz zum Bild vom großstädtisch-modernen Asphaltdschungel wurde zunehmend in nationalistische und rassistische Kontexte eingebunden – mit schlimmen Folgen für die politische Kultur. »Wir wünschen von Herzen,« so meinte bezeichnenderweise der Immensener Pastor anläßlich einer Goldenen Konfirmationsfeier im April 1932, »daß es gelingt, den Schutzwall, der bisher in Sitte und frommem Brauch das niedersächsische Dorf umgab, zu halten. Es bröckelt an so vielen Stellen. Wenn solche Feiern dazu beitragen, die Dörfer zu erziehen, eigene Werte zu erkennen und sich von städtischer Art zu befreien, so werden sie ein Segen sein für Kind und Kindeskind.« Stadt und Dorf – sie dienen als polar angelegte Chiffren in der kulturellen Auseinandersetzung mit der sich modernisierenden Welt des frühen 20. Jahrhunderts.

»Machtergreifung« im Freistaat Braunschweig

Klaus Erich Pollmann / Hans-Ulrich Ludewig

Zu ihrer ersten gemeinsamen Heerschau versammelte sich am 11. Oktober 1931 die »nationale Opposition« in Bad Harzburg. National-konservative Gegner der Weimarer Republik und Nationalsozialisten bliesen zum Sturm auf die Präsidialregierung Brüning.

Am 17./18. Oktober 1931, eine Woche nach der Formierung der Harzburger Front, ließ Hitler 100.000 SA-Leute in Braunschweig aufmarschieren. Sie kamen aus dem ganzen Reich und beeindruckten mit Fackel-und Fanfarenumzügen, Fahnenweihen und Feldküchen die Braunschweiger Bevölkerung. Den Höhepunkt bildete ein stundenlanger Vorbeimarsch der uniformierten SA-Verbände an Hitler. Am Rande der offiziellen Aufmärsche, in den Morgen-und Abendstunden, stürmten überfallartig SA-Trupps in die Arbeiterviertel, verwüsteten Wohnungen, überfielen Menschen. Es gab Tote und Verletzte.

Die zuständigen Behörden hatten kaum Sicherheitsvorkehrungen gegen diese Ausschreitungen getroffen. Schließlich war der verantwortliche Braunschweiger Innenminister ein Nationalsozialist, Dietrich Klagges. Er hatte den SA-Aufmarsch genehmigt, was zu diesem Zeitpunkt sonst im Reich kaum möglich gewesen wäre.

Wenige Tage nach dem Aufmarsch debattierte der Braunschweiger Landtag auf Initiative der SPD über die Ausschreitungen und die Politik der Regierung. Die Redebeiträge der Nationalsozialisten, ihre demagogisch-brutalen Zwischenrufe lesen sich wie eine verbale Vorwegnahme der Gewaltexzesse des Jahres 1933. Diese Debatte mußte jedem wachen Zeitgenossen die Illusion von einer politischen Zähmung der NSDAP nehmen.

Die Oktoberereignisse 1931 zeigen wie in einem Brennspiegel die Vielgesichtigkeit der NS-Bewegung: Die straff geführte, paramilitärische Massenorganisation, die den politischen Gegner einschüchtern, das wohlgesonnene Bürgertum als Ordnungsmacht beeindrucken sollte; die gewalttätige Straßenkampftruppe; die politische Partei, die über Wahlen, Parlamentsarbeit und Bündnisse Einfluß zu gewinnen suchte; schließlich die Regierungspartei, die mit dem Innenministerium Zugriff auf die Polizei gewann. Je nach Bedarf trat die eine oder die andere taktische Komponente stärker in den Vordergrund. Diese eigentümliche Verknüpfung von direkter Aktion, Massenmobilisierung, Bündnispolitik und Regierungstätigkeit soll für das Land Braunschweig näher dargestellt werden.

Mitglieder- und Wählerprofil der NSDAP

Die NSDAP war in ihren ersten Jahren eine Partei von kleinen Gewerbetreibenden, Angestellten, kleinen Beamten und Bauern. Nach den Septemberwahlen 1930 traten verstärkt Angehörige des oberen Mittelstandes in die Partei ein, und immer häufiger auch Arbeiter. Die NSDAP entwickelte sich zur Volkspartei.

In der Braunschweiger NSDAP lag der Anteil der Angestellten und Angehörigen des alten Mittelstandes deutlich über, der Arbeiteranteil unter dem Reichsdurchschnitt. Eine Auswertung der Lebensläufe Braunschweiger Funktionäre, die 1933 eine herausgehobene Position in der Partei, der SA oder der SS bekleideten, ergibt folgendes Bild: Von 100 Personen gaben 36 als Beruf Arbeiter an, 22 Angestellte, 16 Beamte, 10 Kaufleute, sieben Landwirte, sechs Handwerksmeister, zwei freie Berufe. Die bloße Berufsbezeichnung besagt noch nicht allzuviel: Von den 36 Arbeitern lassen sich höchstens fünf als Industriearbeiter bezeichnen, fast die Hälfte bestand aus Gelegenheits- oder Landarbeitern. Viele Arbeiter waren arbeitslos, was auch auch für die Angestellten gilt. In der Berufsstruktur der nationalsozialistischen Landtagskandidaten ergab sich bei den Wahlen des Jahres 1930 eine auffällige Veränderung: Der Anteil der Arbeiter, Gastwirte und Bauern sank ebenso deutlich, wie sich die Zahl der Angestellten, Beamten, Kaufleute und Freiberufler erhöhte. Ähnlich wie in anderen Regionen wollte die NSDAP auch in Braunschweig nach den für sie enttäuschenden Reichstagswahlen 1928 neue Wählerschichten gewinnen. Bei den Landtagswahlen 1930 war etwa ein Drittel der Kandidaten jünger als 30 Jahre, nur 10 % älter als 50 Jahre. Von den gewählten Abgeordneten der NSDAP war die Hälfte jünger als 30 Jahre. Eine vergleichbare Altersstruktur findet sich weder bei der SPD noch bei den bürgerlichen Parteien, allenfalls bei der KPD. Auch in Braunschweig war die NSDAP eine Männerpartei, und sie war eine junge Partei.

Die NSDAP im Land Braunschweig war in ihren Anfangsjahren eine städtische Bewegung. Noch zu Beginn des Jahres 1930 kamen über 50 % der Mitglieder aus Braunschweig und Wolfenbüttel. Von diesen Zentren aus schob die Partei systematisch ihre Stützpunkte vor; zunächst in die Landstädte, dann in die Landgemeinden. Das war anders im nordwestlichen Niedersachsen, wo sich die Partei ihre Stützpunkte zuerst auf dem flachen Land schuf. Nur wenige Personen trugen in der Anfangsphase die Agitation. In den Landgemeinden hatte der Übertritt einzelner, angesehener Persönlichkeit zur NSDAP eine enorme Sogwirkung. Legendär wurden die Propagandafahrten des Majors Dincklage, des »Rucksackmajors«, im südlichen Niedersachsen. Ähnlich intensiv waren die Aktionen von Carl Röver in Oldenburg, Bernhard Rust in Hannover, Otto Telschow in den Regierungsbezirken Lüneburg und Stade. Von der Gauleitung über die Kreisleitungen zu den Ortsgruppen zog sich über das Land ein dichtes Organisationsnetz. Es wurde nach und nach, fast unbemerkt von der Öffent-

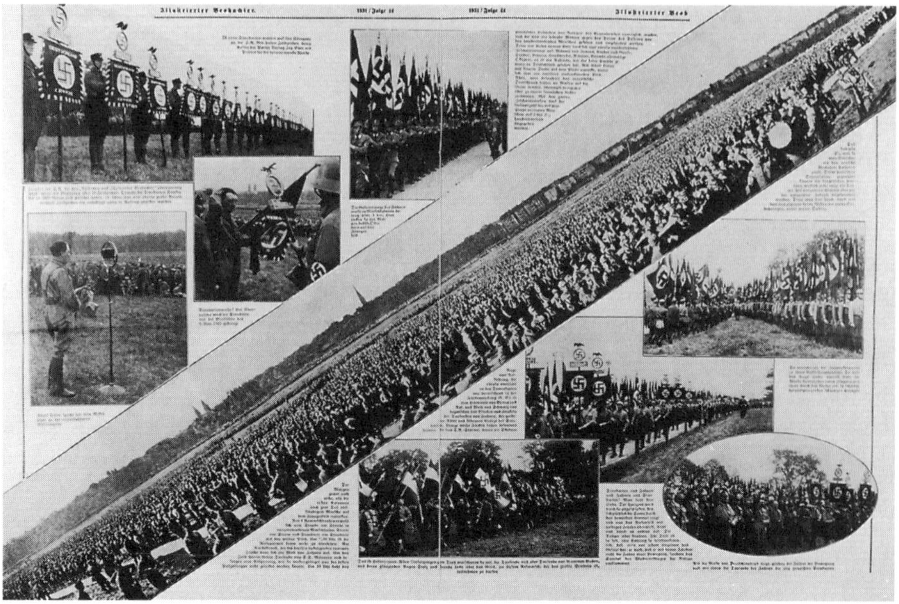

Selbstdarstellung der Braunschweiger Aufmärsche im nationalsozialistischen »Illustrierten Beobachter«. In der Mitte: Die Massenversammlung auf dem Franzschen Feld.

lichkeit, in den Jahren 1924-1929 geschaffen, der Phase relativer politischer und ökonomischer Stabilität. Die effiziente Organisationsstruktur und die permanenten Aktivitäten der Parteibasis vermittelten der Bevölkerung den Eindruck einer außerordentlichen Dynamik. Sie wurde zu einer ernsten Herausforderung für die bürgerlich-wirtschaftlichen Interessenverbände. Gerade in diesen Organisationen rebellierten die Jüngeren mit Blick auf die NSDAP gegen die traditionelle, unbewegliche Honoratiorenpolitik ihrer Funktionäre. Es kam zu spektakulären Übertritten: Anfang 1931 trat der zweite Vorsitzende des Braunschweiger Landbundes in die NSDAP ein. Bei den Wahlen zur hannoverschen Landwirtschaftskammer im Winter 1931/32 gewann die NSDAP 26 von 36 Sitzen. Im Sommer 1932 wechselten zwei Spitzenfunktionäre des Braunschweiger Handwerkerbundes zur NSDAP. Kurz zuvor war die Machteroberung der Nationalsozialisten im Nordwestdeutschen Handwerkerbund erfolgt.

Als Wahlpartei traten die Nationalsozialisten erstmals 1924 bei den Reichstagswahlen in Erscheinung. Das Ergebnis für das Land Braunschweig lag bei den Mai-Wahlen mit 10,5 % deutlich über dem Reichsdurchschnitt (6,5 %). Die besten Ergebnisse erzielte die NSDAP in der Stadt Wolfenbüttel mit 18,3 % und in den Landgemeinden des Kreises Wolfenbüttel mit 16,2 %; in der Stadt Braunschweig erreichte sie 13,2 %. Die Krise des Jahres 1923 hatte einen deutlichen Rechtsruck ausgelöst, der freilich nur kurze Zeit anhielt. Mit der raschen wirtschaftlichen und politischen Stabilisierung verringerten sich schon bei der Reichstagswahl im Dezember 1924 und der gleichzeitig stattfindenden Landtagswahl die Stimmen für die NSDAP ganz erheblich.

Auf diesem recht niedrigen Stand verharrten die Nationalsozialisten auch bei den Landtagswahlen Ende November 1927 (3,7 %). Einen bemerkenswert hohen Stimmanteil erreichten bei diesen Wahlen die wirtschaftlichen Interessenparteien (12,5 %). Bei den Reichstagswahlen im Mai 1928 konnte die NSDAP ihre Stimmen im Land Braunschweig nahezu verdoppeln (6,9 % gegenüber 4,5 % im heutigen Niedersachsen und 2,6 % im Reich). Die besten Ergebnisse erzielte die NSDAP auf Länderebene in Oldenburg (9,4 %). Ihr Wahlerfolg im nordwestlichen Niedersachsen hing mit der sich zuspitzenden Krise in der Landwirtschaft zusammen, zweifellos aber auch mit der erfolgreichen Agitation des ehemaligen Pfarrers Ludwig Münchmeyer in dieser Region.

Ein deutliches Signal für die heraufziehende Krise bot im Dezember 1929 der Volksentscheid gegen den Youngplan, den die antidemokratischen Kräfte zum Sturm auf die Republik nutzten. Während der Anteil der Ja-Stimmen im Freistaat Braunschweig bei 18,8 % lag (Reichsdurchschnitt 13,8), erreichten die Ja-Stimmen in vielen Landgemeinden der Kreise Helmstedt und Wolfenbüttel zwischen 40 und 50 %. Ähnlich hohe Ergebnisse gab es im Reichswahlkreis Osthannover (Lüneburg-Stade), in Ostfriesland und Oldenburg. Die Unzufriedenheit auf dem flachen Land nahm alarmierende Ausmaße an.

Die Wahlen im September 1930 brachten der NSDAP einen sensationellen Erfolg. Bei den Landtagswahlen in Braunschweig am 12. September 1930 erhielt die NSDAP einen Stimmanteil von 22,2 % (1927: 3,7 %); bei den Wahlen zum Reichstag am gleichen Tag sogar 26,7 % (Reichsdurchschnitt 18,3 %). Erneut erwiesen sich die Stadt und der Kreis Wolfenbüttel mit nahezu einem Drittel der Stimmen besonders anfällig für den Nationalsozialismus. Es gab hier zahlreiche Landgemeinden, in denen die NSDAP zwischen 40 und 50 % der Stimmen erreichte. In diesen Gemeinden mußten die bürgerlichen Parteien dramatische Verluste hinnehmen, während sich die Arbeiterparteien sogar leicht verbessern konnten.

Die ländlichen Hochburgen der NSDAP (Stimmanteil von mehr als 40 %) finden sich vor allem in den Kreisen Wolfenbüttel und Braunschweig, keine einzige in den Kreisen Blankenburg, Holzminden und Gandersheim. Gerade diese drei Kreise sind gekennzeichnet durch den hohen Industrialisierungsgrad des ländlichen Raums mit vielen Industriearbeiterdörfern; in diesen Dörfern blieb die NSDAP deutlich unter dem Landesdurchschnitt. Demgegenüber lag der Stimmanteil der NSDAP in den Bauerndörfern – über 50 % landwirtschaftlicher Bevölkerung, aber ohne landwirtschaftlichen Großbetrieb – weit über dem Durchschnitt. Die Landarbeiterdörfer (Dörfer mit einem oder mehreren landwirtschaftlichen Großbetrieben) ergeben kein einheitliches Bild; in einigen dieser Orte erreichte die NSDAP bis zu 50 %, in anderen blieb sie deutlich unter dem jeweiligen Landkreisergebnis.

In der Landeshauptstadt Braunschweig gewann die NSDAP am 12. September 24,7 % der Stimmen, die sich sehr ungleich auf die Stadtbezirke verteilten. Ihre besten Ergebnisse (zwischen 36 und 39 %) erreichte die NSDAP in den von Angehörigen der gehobenen Mittelschicht und der Oberschicht bewohnten Stimmbezirken. Die gegenüber der NSDAP besonders resistenten Stimmbezirke (zwischen 10 und 13 %) hatten eindeutig proletarischen Charakter. Der Grad an Zustimmung für die NSDAP lag hier sogar deutlich unter den Anteilen, die in neueren Untersuchungen für die Arbeiterschaft ermittelt werden.

Bei den Juliwahlen 1932 gewann die NSDAP im Land Braunschweig 47,6 % (Reichsdurchschnitt 37,3 %, heutiges Niedersachsen 44,5 %). Die Hochburgen für die NSDAP blieben bei diesen Wahlen 1932 in der Stadt Braunschweig unverändert: bei einem Stimmanteil von 43,1 % für die Stadt insgesamt lagen ihre Ergebnisse dort zwischen 62 und 65 %. Auch ihre schwächsten Stimmbezirke blieben die gleichen, nur waren die Zahlen nun höher, zwischen 19 und 24 %.

Überdurchschnittliche Stimmengewinne erzielte die NSDAP bei den Juliwahlen 1932 in den meisten Landarbeiterdörfern. Spätestens jetzt kam der Sozialprotest ländlicher Unterschichten der NSDAP zugute.

Wie überall im Reich mußte die NSDAP bei den Novemberwahlen 1932 auch im Land Braunschweig Verluste hinnehmen (– 4,9 %, in der Stadt Braunschweig – 2,9 %).

Ein Blick auf die Wahlergebnisse der übrigen Landesteile des heutigen Niedersachsen zeigt, daß die NSDAP bei den Reichstagswahlen 1928 und 1930 ihre besten Ergebnisse im Land Oldenburg erzielte, bei den Juliwahlen 1932 in Braunschweig; bei den Märzwahlen 1933 setzte sich die Provinz Hannover an die Spitze. Auf der Ebene der Stadt-und Landkreise liegen die Braunschweiger NSDAP-Ergebnisse im »Mittelfeld«.

Stimmanteile von Stadt- und Landkreisen
für die NSDAP (Reichstagswahlen, 31.7.1932, in %):

höchste Stimmanteile		niedrigste Stimmanteile	
Ammerland	77,8	Aschendorf	8,3
Wittmund	68,8	Vechta	8,7
Diepholz	68,7	Meppen	11,2
Gifhorn	68,1	Lingen	11,6
Aurich	64,5	Cloppenburg	18,9
Oldenburg-Land	64,2	Duderstadt	19,9
Dannenberg	64,2	Osnabrück-Land	21,0
Friesland	62,6		
Bremervörde	61,8		
Rotenburg	61,5		
Soltau	61,1		
Nienburg	60,7		

Es läßt sich durch Niedersachsen vom Nordwesten in einem breiten Band nach Osten und dann nach Süden eine Art Sichel legen, die alle Kreise abdeckt, die zu über 50 % NSDAP wählten. Deutlich unter dem Reichsdurchschnitt blieb die NSDAP im südlichen Teil von Oldenburg, den katholischen Gebieten der Regierunsbezirke Osnabrück und Hildesheim und des Eichsfeldes.

Herkunft der NSDAP-Wähler

Im Land Braunschweig kam die Mehrzahl der NSDAP-Wähler von den bürgerlichen, liberal-konservativen Parteien und den Interessengruppen. Dieser »Block« schrumpfte von 37 % bei den Reichstagswahlen 1928 auf 9,5 % bei den Juliwahlen 1932. Besonders drastisch fielen die Verluste der (rechts)liberalen DVP aus: von 16,3 % über 8,7 % auf 1,3 %. Die (links)liberale DDP fiel von 3,4 % auf 0,6 %, die DNVP von 9,4 % über 4,8 % auf 4,4 %. Bei den Novemberwahlen 1932 verzeichneten DVP (2,1 %) und DNVP (6,4 %) allerdings deutliche Zugewinne, freilich auf niederem Niveau. Die regionalen- bzw. die Wirtschaftsparteien verloren bis 1932 nahezu ihre gesamten Wähler (Von 12,5 % auf 1,0 % bei den Juliwahlen).

Der Stimmanteil der Arbeiterparteien ging von 1928 bis zum Sommer 1932 von 56,4 % auf 42,4 % zurück. Darin drückt sich zweifellos auch ein Verlust an Wählern an die NSDAP aus. Wichtiger aber ist, daß die NSDAP viele bisherige Nichtwähler und die Jungwähler aktivierte.

Was machte die unterschiedlichen Bevölkerungsschichten anfällig für die Nationalsozialisten?

Der Einbruch der NSDAP in die agrarisch geprägten Landgemeinden des Freistaats ist die Antwort auf die allgemeine Krise der Landwirtschaft. Die Reduzierung des Zollschutzes für wichtige Agrarprodukte und damit einhergehende ansteigende Importe führten zu einem drastischen Preisverfall landwirtschaftlicher Produkte; von dieser Entwicklung betroffen war vor allem das nordwestliche Niedersachen. Hinzu kam die hohe Verschuldung der Betriebe. Veraltete Betriebsstrukturen ließen die Krise als besonders bedrohlich erscheinen. Zu viele Kleinbetriebe wirtschafteten unrentabel. Seit 1928 breitete sich mit der Landvolkbewegung eine Protestwelle aus, die rasch von Schleswig-Holstein auf das nördliche Niedersachsen übergriff. Im Freistaat Braunschweig spielte der gewaltsame Protest der Landvolkbewegung als Einfallstor für die nationalsozialistische Landnahme keine Rolle; umso wichtiger war hier die Unterwanderungstaktik der NSDAP gegenüber dem traditionelleren Landbund.

Für die Braunschweigischen Agrarier, die bis 1918 das politische Leben im Herzogtum entscheidend geprägt hatten, brachte die Novemberrevolution einen deutlichen Machtverlust. Politisch in der Republik ins Abseits gedrängt und seit der Agrarkrise am Ende der zwanziger Jahre auch wirtschaftlich be-

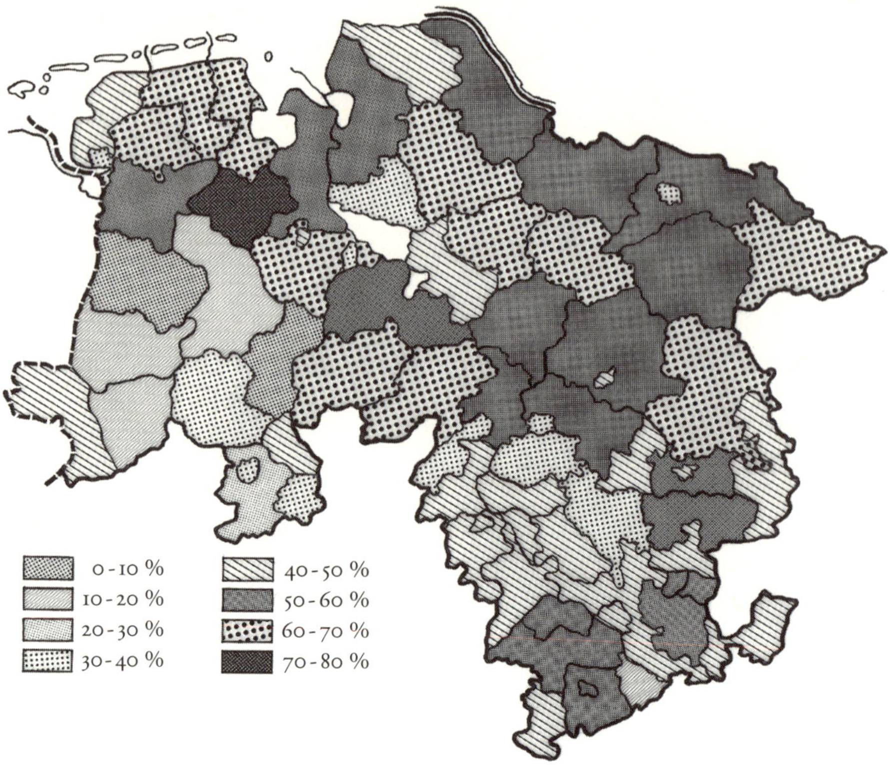

Die Stimmenanteile der NSDAP bei den Reichstagswahlen im Juli 1932.

droht, wurden sie zunehmend anfälliger für die Parolen der Nationalsozialisten. In der Endphase der Republik wandten sich auch die ländlichen Unterschichten der NSDAP zu. Hatten viele Landarbeiter in den ersten Nachkriegsjahren im Freistaat Braunschweig die linke Protestpartei, die USPD, gewählt, so landeten sie am Ende der Republik bei der NSDAP.

Durch Inflation und Wirtschaftskrise erlitt das Bürgertum erhebliche materielle Einbußen. Das galt für das Handwerk, das unter der hohen steuerlichen Belastung stöhnte und die Sozialpolitik sowie die berufliche Bildungspolitik der Weimarer Republik ablehnte, zumal das Landhandwerk von der Agrarkrise unmittelbar betroffen war. Das galt für den Einzelhandel, der in der Wirtschaftskrise – nach einer kurzen Aufschwungphase in den Jahren 1924 bis 1928 – einen spürbaren Umsatzeinbruch erlebte. Verantwortlich dafür machte er die Warenhäuser und die Konsumvereine und fand für diesen Kampf die Unterstützung der NSDAP. Für Beamte und Angestellte saß der Schock der Inflation tief. Die nach nur wenigen Jahren folgende Wirtschaftskrise bedrohte die Angestellten mit dem Verlust des Arbeitsplatzes, die Beamten mit Lohnkürzungen. Aber die Krise traf den Mittelstand nicht schlimmer als andere Schichten.

Allerdings war das Bewußtsein, in einer Krise zu leben, war die Furcht vor sozialem Abstieg und Statusverlust, war die Angst, traditionelle bürgerliche Wertvorstellungen nicht mehr in gewohnter Weise realisieren zu können, im Bürgertum besonders ausgeprägt. Die traumatischen Erfahrungen der Revolutionszeit, in der sich das Bürgertum durch die Arbeiterschaft und ihre Organisationen bedroht glaubte, brachen in der Wirtschaftskrise wieder auf.

Gerade das Bürgertum hatte nach der jahrelangen Propagierung des Siegfriedens die Niederlage von 1918 nicht akzeptiert, hatte sich mehrheitlich um die Anerkennung der Nachkriegsrealität gedrückt. Gleichzeitig stellte es aber hohe Erwartungen an den Weimarer Staat. Als die Demokratie sie nicht erfüllen konnte, wandten sich viele Menschen von »Weimar« ab, suchten Zuflucht zunächst bei den traditionell antidemokratischen Parteien, liefen dann zu den Interessen-oder Regionalparteien über. Als auch sie den Unzufriedenen, Enttäuschten nichts mehr zu bieten hatten, bestellten die Nationalsozialisten das längst vorbereitete Feld.

In Braunschweig, vor allem in der Landeshauptstadt, blieben die von den Arbeiterparteien und den Gewerkschaften geprägten Arbeitermilieus recht immun gegenüber den Nationalsozialisten. NSDAP-Wähler wird man vor allem bei den nicht-organisierten, in kleineren Handwerksbetrieben und im öffentlichen Dienst Beschäftigten, bei vielen ungelernten Arbeitern, bei den Opfern der Rationalisierungsmaßnahmen und schließlich bei den national orientierten Arbeitern vermuten können. Die Landarbeiter wählten spätestens bei den Juliwahlen 1932 massenhaft die NSDAP.

Das Programm-Konglomerat der NSDAP aus Antiliberalismus, Antimarxismus und Antisemitismus schien vielfältige Angebote für die von der Wirtschaftskrise Betroffenen zu enthalten. In der »Volksgemeinschaft« glaubten sie vor den Unbillen und den Verwerfungen der Moderne Zuflucht zu finden. Der Nationalsozialismus schien etwas Neues, Zukunftträchtiges, Dynamisches zu versprechen. Die Massen waren darüberhinaus fasziniert von dem imponierenden Erscheinungsbild der paramilitärischen Formationen und begeisterten sich an der Führerfigur Hitler.

Gibt es Braunschweiger Besonderheiten?

Vorformen rechter Mobilisierung finden wir im Herzogtum bereits während der letzten Jahrzehnte des Kaiserreichs. Erinnert sei an die antisemitisch gefärbten Mittelstandsparteien, die kurzfristig beträchtliche Wahlerfolge erzielten. Braunschweig war ein Zentrum der mittelständischen Sammlungsbewegung, der »Reichsschutzgemeinschaft für Handel und Gewerbe«, die sich vor 1914 sowohl gegen die Konsumvereine der Arbeiterbewegung und der Beamtenschaft als auch gegen die wettbewerbsstarken Warenhäuser richtete.

Der Krieg brachte gerade im Herzogtum Braunschweig für das mittelständische Bürgertum tiefgreifende Veränderungen. Es wurde sich seiner prekären Stellung zwischen der Arbeiterschaft und den »Reichen« zunehmend bewußt. Als die überfällige Wahlrechtsänderung im Herzogtum auch noch die Arbeiterschaft und die Industriellen bevorzugen wollte, drohte der Mittelstand auch politisch ins Hintertreffen zu geraten. Hier wurzelten antisozialistische, aber auch antikapitalistische Ressentiments, die den Mittelstand in der Weimarer Republik so krisenanfällig machten.

Mit der Revolution 1918 fielen die traditionellen Hemmschwellen für den Bürgerprotest. Die aufgestaute Unzufriedenheit richtete sich nun mit voller Wucht gegen die von den verhaßten Arbeiterparteien gebildete Regierung und bald gegen das ganze demokratische System.

Der Revolutionsverlauf in Braunschweig tat ein übriges. Früher als in Berlin und den meisten Bundesstaaten fegte eine revolutionäre Massenbewegung das alte System hinweg. In der Revolutionszeit besaß der linke Flügel der Arbeiterbewegung, USPD und Spartakusbund, den dominierenden Einfluß – das gab es sonst nirgends im Reich. Die Revolutionsregierung ging zügig an die Umgestaltung des politisch-gesellschaftlichen Lebens im links-sozialistischen Sinn. Gegen diese Entwicklung formierte sich das Braunschweiger Bürgertum – früher als anderswo – zu einer Abwehrbewegung, getragen vom »Rat der selbständigen Erwerbszweige«, einer schlagkräftigen Interessenvertretung des Mittelstandes. Auf politischer Ebene schlossen sich bereits Anfang Dezember 1918 sämtliche bürgerliche Parteien – mit Ausnahme der Linksliberalen – zu einer bürgerlichen Sammlungsbewegung zusammen. Den Höhepunkt der frühen Politisierung des Bürgertums bildete der bürgerliche Gegenstreik zum Generalstreik der Arbeiterschaft im Frühjahr 1919.

Diese Blockbildung prägte die gesamten zwanziger Jahre. Sie wurde zweifellos durch die Alleinregierung der SPD gefördert, die länger dauerte als irgendwo im Reich. Der Wähleraustausch erfolgte weitgehend innerhalb des jeweiligen Blocks; die Fronten verliefen zwischen zwei gleichgroßen, zur Kooperation nicht bereiten Lagern. Vermittelnde politische Gruppen wie das Zentrum fehlten oder verloren wie die DDP zunehmend an Einfluß. Die Polarisierung dehnte sich auf die wichtigsten Politik-und Kulturbereiche aus: die Schulen, die Universität und die evangelische Kirche wurden zum Schauplatz der Auseinandersetzungen (Religionsunterricht, Anstellung dissidentischer Lehrer). Die beiden Kulturen und Sozialmilieus der Arbeiterschaft und des Bürgertums kamen einander in Braunschweig nicht näher.

Innerhalb des Bürgertums setzten sich die seit dem Weltkrieg beobachtete Politisierung und das Eigenständigkeitsstreben des Mittelstandes fort. Als nämlich die traditionellen bürgerlichen Parteien – Liberale und Konservative – seinen Erwartungen nicht mehr entsprachen, orientierte er sich an den neuen wirtschaftlichen Interessenparteien: der Wirtschaftlichen Einheitsliste und der Partei der Haus-und Grundbesitzer.

In der Wirtschaftskrise zeigte sich, daß auch diese Gruppen keine Lösungskonzepte besaßen. Hier konnte der Nationalsozialismus ansetzen. Dessen antisozialistische und antikapitalistische Parolen sprachen die wirtschaftlichen Sorgen des Mittelstandes an; die nationalen Schlagworte wurden begierig aufgenommenen und lenkten von der allgemeinen Misere ab.

Daß auch das gehobene Bürgertum für den Nationalsozialismus anfällig wurde, hängt mit der auch in dieser Schicht weit verbreiteten demokratie- und republikfeindlichen Gesinnung zusammen. Hinzu kam das Feindbild »Sozialdemokratie«, das während der zurückliegenden Jahrzehnte in diesem Klima der Polarisierung entstanden war. Es speiste sich aus den Erfahrungen der Revolution 1918/19 und aus der Gegnerschaft zu den Entscheidungen der sozialdemokratischen Landesregierungen; das sich verschärfte durch eher nebensächliche, emotional gleichwohl aufwühlende Ereignisse wie die Abschaffung des Bußtages, die Einführung eines neuen Geschichtsbuches an Schulen mit Lesestücken über Volksaufstände und Revolutionen, schließlich durch Straßenumbenennungen. Ein Feindbild, das seit 1930 auch von der bürgerlichen Presse gepflegt wurde.

Dieses polarisierte Verhältnis Arbeiterschaft-Bürgertum liefert auch die Erklärung für die folgenreichste Entscheidung der bürgerlichen Parteien in Braunschweig: ihr Bündnis mit der NSDAP im Herbst 1930.

Die bürgerlich-braune Koalitionsregierung 1930 – 1933

Braunschweig hat den zweifelhaften Ruhm erworben, das erste Land mit kontinuierlicher Regierungsbildung unter Beteiligung der NSDAP, von Oktober 1930 bis zur Gleichschaltung der Länder im April 1933, gewesen zu sein. Zwar ging Thüringen dem Freistaat mit der Bildung eines bürgerlich-nationalsozialistischen Kabinetts voraus, doch scheiterte diese Regierung schon im Frühjahr 1931, weil die thüringische DVP die Rechtsbrüche und rigorose Personalpolitik des Innenministers Frick nicht mehr hinzunehmen bereit war. In Braunschweig aber hielten die zur Bürgerlichen Einheitsliste (BEL) zusammengeschlossenen Parteien und Verbände (DNVP, DVP, Wirtschaftsverband, Haus- und Grundbesitzerverband, Zentrum unter anderem) über verschiedene Krisen hinweg an der Regierungspartnerschaft mit den Nationalsozialisten fest.

Die Weichen zu dem bürgerlich-nationalsozialistischen Bündnis waren 1930 bereits im Wahlkampf (die Wahlen zum Landtag fanden gleichzeitig mit den Reichstagswahlen am 14. September 1930 statt) deutlich gestellt. Hätte es dazu eine Alternative gegeben? Denkbar wäre eine Koalition von SPD und DVP gewesen, und es gab in beiden Parteien zaghafte Überlegungen in diese Richtung. Sozialpsychologisch und interessenpolitisch waren nach der Zuspitzung der Konfrontation im Lande seit der sozialdemokratischen Alleinregierung 1927 – 1930 und dem Bruch der Großen Koalition auf Reichsebene im März

1930 die Widerstände gegen ein solches Zusammengehen unüberwindbar. Später, nach den Erfahrungen mit den Nationalsozialisten in der Regierung, wäre eine solche Koalition, nach dem Vorbild Thüringens, eher möglich gewesen. Doch es fehlte der DVP die Energie zu einem Wechsel, wobei es offen bleiben muß, ob sich die SPD zu einem solchen Bündnis bereit gefunden hätte. Später, im Frühjahr 1932, suchte die DVP die Alternative zu der Koalition mit den Nationalsozialisten durch die Schaffung einer Hindenburg-Front, gebildet aus der DNVP, dem Stahlhelm und der DVP, doch scheiterte diese Absicht an den Deutschnationalen.

So erklärt sich das Bündnis der BEL mit den Nationalsozialisten primär aus der totalen Kampfansage an die »Roten«, weniger aus einer besonderen Nähe zu den Nationalsozialisten. Diese haben die proletarisch-sozialistischen Züge, die der frühen Partei in Norddeutschland anhafteten, nur zögernd abgelegt. Die Parolen und Kampfaktionen der NS-Bewegung richteten sich nach wie vor primär gegen die marxistischen Organisationen. Das Programm der neuen Regierung kam über das Ziel, die Maßnahmen der SPD-Regierung rückgängig zu machen, kaum hinaus. Das betraf vor allem die Schulpolitik. Hier wurden 46 sozialdemokratische oder der SPD nahestehende Lehrer in den Ruhestand geschickt; 26 dissidentische Lehrer, die noch nicht planmäßig angestellt waren, wurden entlassen. Zwei Kreisdirektoren wurden durch konservative Beamte ersetzt. Deutschnationale Richter rückten in Positionen, die vorher (wenigstens zum Teil) von demokratischen bzw. sozialdemokratisch eingestellten Juristen besetzt waren. Überwiegend erfolgte die Personalpolitik bis 1931 nach bürgerlich-nationalen Vorstellungen.

Die Zahl der Minister wurde von drei auf zwei reduziert. Die beiden Minister Küchenthal (DNVP, für Finanzen und Justiz) und Franzen (NSDAP, für Inneres und Volksbildung) waren Fachleute ohne größere Führungsqualitäten; ein einheitlicher Regierungskurs über die Ressortgrenzen hinweg war nur andeutungsweise erkennbar. Die Regierungsbeteiligung war aus nationalsozialistischer Sicht eine durchaus zweischneidige Angelegenheit, da die Länderregierungen unmittelbar am Vollzug der von der Partei massiv bekämpften Notverordnungspolitik des Präsidialkabinetts Brüning beteiligt waren.

Die nachlassende Bereitschaft der Nationalsozialisten, weitere Kürzungen der Sozialleistungen im Rahmen der Brüningschen Notverordnungen mitzutragen, führte Ende Juli 1931 zu einer Regierungskrise. Minister Franzen, der damals zudem wegen einer Falschaussage unter Anklage stand, erklärte seinen Rücktritt – ein Schritt, der offenbar mit der Parteiführung nicht abgesprochen war. Für einen Moment schwankten die Parteien der Bürgerlichen Einheitsliste zwischen der Hoffnung auf eine Tolerierungspolitik der Nationalsozialisten in Braunschweig – eine Verordnung zur Reduzierung der Regierung auf nur einen Minister war schon vorbereitet – und dem Bangen vor einem Scheitern des antimarxistischen Bündnisses. (Roloff) Nach einigen Wochen scheinbaren Schwankens entschied sich die Reichs-Parteiführung der NSDAP dafür, die

Stellung in Braunschweig unbedingt zu halten und den ausgeschiedenen Minister durch einen anderen Nationalsozialisten zu ersetzen. Hermann Göring eilte nach Braunschweig, um den Parteianhängern zu erklären, »warum Adolf Hitler die Vorpostenstellung in Braunschweig nicht aufgab«.

Mit dem Nachfolger Franzens, Dietrich Klagges, einem im preußischen Benneckenstein aus dem Schuldienst entlassenen Mittelschullehrer, als Minister für Inneres und Volksbildung begann ein neues Kapitel nationalsozialistischer Regierungspolitik. Hatte sich die Amtsführung von Franzen kaum von der seines bürgerlichen Kollegen unterschieden, so änderte sich dies drastisch. Klagges schleuste Parteifunktionäre auf strategisch wichtige Posten, beschleunigte die Nazifizierung der Polizei, vor allem der Polizeischule Holzminden, und schuf Freiräume für die NS-Kampfverbände. Als Rektor und Senat der Technischen Hochschule Braunschweig den Provokationen des Nationalsozialistischen Deutschen Studentenbundes (NSDSTB) entgegentraten, legte er sich mit der Hochschule an und griff in deren Autonomie ein. Der von dem sozialdemokratischen Kultusminister Ernst Sievers berufene Pädagogikprofessor August Riekel wurde zwangsweise in den Ruhestand geschickt, die in der Amtszeit Sievers ernannten Lehrbeauftragten dieses Faches entlassen. Der Rektor der TH Otto Schmitz wurde suspendiert und einem Disziplinarverfahren unterworfen, der als Prorektor amtierende Carl Mühlenpfordt bedrängt und später entlassen.

Klagges Ehrgeiz, ähnlich spektakuläre Berufungen im nationalsozialistischen Sinne vorzunehmen, wie es Frick mit dem Rasseforscher Günther in Jena gelungen war, blieb weitgehend unbefriedigt, wenn man von dem Germanenforscher Hoffmeister absieht, der zum Honorarprofessor berufen wurde. Ebenso gescheitert ist seine mit der Parteispitze abgesprochene Absicht, den »Führer« zum außerordentlichen Professor für »organische Politik und Gesellschaftslehre« zu ernennen. Klagges wollte diese Stellenbesetzung als einseitig ministeriellen Akt vornehmen, da mit einer Zustimmung der von ihm provozierten Professoren von vornherein nicht zu rechnen war. Doch scheiterte diese abenteuerliche Idee, die dem staatenlosen Hitler zu der für die geplante Kandidatur für die Reichspräsidentenwahl erforderlichen Staatsbürgerschaft verhelfen sollte, zunächst an dem deutschnationalen Küchenthal, in den folgenden Wochen an der Fraktion der BEL und hier wiederum besonders an den Abgeordneten der DVP. Zwar zerschlug sich die Ernennung Hitlers zum Professor, nicht aber seine Einbürgerung. Hitler wurde mit Zustimmung der BEL zum Regierungsrat ernannt und erhielt den Auftrag, an der Braunschweigischen Gesandtschaft in Berlin zur Förderung der Wirtschaft für den Freistaat tätig zu werden. Die Braunschweiger Nationalsozialisten feierten diesen in seiner Wirkung häufig überschätzten Akt am 25. Februar 1932 mit großen öffentlichen Kundgebungen: »Wenn unsere Beteiligung an der Regierung keinen anderen Erfolg zu verzeichnen gehabt hätte als diesen, dann wäre hierdurch allein schon die Notwendigkeit der Beteiligung erwiesen.«

Nicht nur die ländliche Bevölkerung, sondern auch die Universitäten arrangierten sich sehr frühzeitig mit der NSDAP: Vor der Aula der Göttinger Rektor nebst Professoren bei der »Verleihung des Studentenrechtes« (3. Mai 1933).

Anfangs betrachteten die bürgerlichen Parteien die Nationalsozialisten als Juniorpartner, wenn die Wahl des nationalsozialistischen Abgeordneten Zörner zum Landtagspräsidenten entgegen der parlamentarischen Regel, dieses Amt der stärksten Partei zu überlassen, dazu auch nicht recht passen wollte. Seit dem Amtsantritt von Klagges konnte sich niemand mehr in dieser Illusion wiegen. Im Laufe des Jahres 1932 begannen die Nationalsozialisten immer offener von der »nationalsozialistischen Herrschaft in Braunschweig« zu sprechen, »die jetzt den Endkampf gegen den Marxismus führe«. Das vom Landtag beschlossene Straffreiheitsgesetz begünstigte ganz eindeutig die nationalsozialistischen Straftäter; Hitler wurde bei seinem Wahlkampfeinsatz im Juli 1932 von der Braunschweigischen Polizei eskortiert.

Mitte 1932 hatten sich innerhalb der Koalition die zahlenmäßigen Gewichte durch den Übertritt der beiden Mittelstandsvertreter Alfred Schmidt und Hermann Vahldiek zur NSDAP verschoben; diese war nun mit elf Stimmen stärkste Regierungsfraktion (bei neun verbleibenden Mandaten der BEL). Vorher schon waren prominente Vorstandsmitglieder des Landbundes zu den Nationalsozialisten übergewechselt, was den Erfolg der nationalsozialistischen Strategie der Unterwanderung der landwirtschaftlichen Organisationen zeigt.

»Arbeiter der Stirn und der Faust«.
Die Göttinger Fachschaft Justiz beim Marsch am 1. Mai 1933.

Die geschwächte, ihres interessenpolitischen Rückhaltes beraubte DNVP war immer weniger zu einer einheitlichen und strikten Haltung gegenüber den Nationalsozialisten imstande, auch als die Deutschnationalen auf Reichsebene deutlich auf Distanz zur NSDAP gingen. Ähnlich verhielt es sich mit der DVP, die zudem unter erheblichem Mitgliederschwund zu leiden hatte. Die Nationalsozialisten setzten überdies die Parteien der BEL durch den 1932 zweimal gestellten Antrag, den Landtag aufzulösen, unter Druck und brachten auf diese Weise zum Ausdruck, was sie von ihrem Koalitionspartner hielten.

Nach der Aufhebung des SA-Verbotes durch das Präsidialkabinett Papen im Juni 1932 traten im öffentlichen Erscheinungsbild demonstrativ auftrumpfende NS-Verbände Seite an Seite mit nationalsozialistischen Staatsvertretern in Regierung, Verwaltung und Polizei auf. Der bürgerliche Protest gegen die von Klagges begangenen oder zugelassenen Rechtsbrüche blieb lau und ohne Nachdruck. Der Präsident der Staatsbank, Stübben, wurde aus dem Amt gedrängt, der sozialdemokratische Oppositionsführer und frühere Ministerpräsident des Landes (1927-1930), Dr. Heinrich Jasper, mit einem Gerichts- und parlamentarischen Untersuchungsverfahren unter Druck gesetzt. Seit Sommer 1932 bereitete Klagges den Einsatz der SA als Hilfspolizei vor, den er allerdings erst im Februar / März 1933 realisieren konnte.

Am 17./18. Oktober 1931 ließ Hitler rund 100.000 unifomierte SA-Leute in Braunschweig aufmarschieren.

Ein weiterer Beleg für die Erosion bürgerlicher Normen von Liberalität und Rechtsstaatlichkeit ist die Einstellung der Presse. Obwohl die NSDAP erst 1932 über eine eigene (auflagenschwache) Tageszeitung verfügte, sympathisierte der größte Teil der bürgerlichen Presse mit der NSDAP und verschloß die Augen vor nationalsozialistischen Rechtsbrüchen, namentlich dann, wenn sie gegenüber Sozialdemokraten oder Kommunisten begangen wurden. Die bürgerliche »Braunschweigische Landeszeitung« aber war im Oktober 1932 schon so pro-nationalsozialistisch, daß sie die Deutschnationalen für die wachsenden Spannungen innerhalb der Koalition verantwortlich machte. Klagges war zwar gezwungen, den Reichsgesetzen im Lande Geltung zu verschaffen. Doch die vom Reichsinnenminister ausgesprochenen Zeitungsverbote wurden hier häufig verkürzt oder ganz aufgehoben.

Der Protest des Braunschweiger Richtervereins gegen die Dominanz parteipolitischer Einflüsse bei der Stellenbesetzung innerhalb der Justiz war die Reaktion auf die Personalpolitik Küchenthals, die volksparteiliche und deutschnationale Juristen in die leitenden Stellungen brachte.

Wenn schon die Nationalsozialisten selber eine ambivalente Einstellung zu ihrer eigenen Rolle als Regierungspartei hatten, so ist die Bilanz ihrer Regierungstätigkeit alles andere als eindrucksvoll. Die Polizei wurde hier früher als sonst in den meisten Ländern unterwandert. Das hat zum Beispiel die abstoßenden Gewaltexzesse im Frühjahr und Frühsommer 1933, die Erstürmung des Volksfreundhauses und die Ermordung mehrerer Sozialdemokraten am 11. März 1933, die Absetzung und öffentliche Demütigung des sozialdemokratischen Oberbürgermeisters von Braunschweig, Ernst Böhme, die mörderischen »Überholaktionen« überall im Land, schließlich die Ermordung von elf Männern, Sozialdemokraten, Kommunisten, Gewerkschaftlern, am 4. Juli 1933 in Rieseberg ermöglicht. Diese selbst unter der Naziherrschaft exorbitante Brutalität brachte dem Freistaat Braunschweig in Berlin den Spottnamen »Neu Mexiko« ein. Auch dürfte die Attraktivität der Partei auf das Bürgertum durch ihre Selbstdarstellung als Braunschweigische Regierungspartei nicht vergrößert worden sein, eher im Gegenteil. Dafür spricht auch die rückläufige Tendenz in den Wahlerfolgen. Das hat aber – auch in Braunschweig – die Nazifizierung des Bürgertums auf breiter Front nach der »Machtergreifung« am 30. Januar 1933 in keiner Weise aufgehalten.

Einen festen Rückhalt hatte der Bürgerblock an der evangelisch-lutherischen Landeskirche. Unter dem aus dem Baltikum stammenden nationalistischen Bischof Bernewitz verfolgte sie einen stramm antisozialistischen nationalen Weg. Die wenigen religiösen Sozialisten und Demokraten unter den Pfarrern fielen demgegenüber kaum ins Gewicht. In offene Sympathie für die NS-Bewegung schlug diese Einstellung vor dem 30. Januar 1933 aber nur bei wenigen, meist jungen Geistlichen um. Naziführer wie die Pastoren Voß und Hahn im Gau Ost-Hannover gab es hier nicht. Innerhalb der Regierungskoalition standen die Bürgerlichen der Kirche doch näher, und das Auftreten der Nationalsozialisten im Lande löste bis zum 30. Januar 1933 in kirchlichen Kreisen keine Begeisterung aus. Danach aber hielt die Kirchenleitung, zunächst noch der siebzigjährige Bernewitz, seit Ende 1933 der »jüngste Bischof aller Zeiten«, Beye, der sein Amt im Stil eines SA-Truppführers wahrnahm, die Pfarrer dazu an, sich der »nationalen Erhebung« anzuschließen und in die SA einzutreten.

Der »Stahlhelmputsch«

So abwegig die Unterstellung einer Putschabsicht gegen die Nationalsozialisten auch war, so drückt dieser Vorgang die Enttäuschung und Wut der bürgerlichen Kampfverbände darüber aus, daß die Kampffront Schwarz-Weiß-

Rot den Nationalsozialisten das Feld widerstandslos überließ. Der Stahlhelm hatte auf die Politik der bürgerlich-nationalsozialistischen Regierung seit 1930 hier keinen nennenswerten Einfluß gehabt, geschweige denn einen eigenständigen politischen Faktor im bürgerlichen Lager gebildet, wenn seine Bedeutung für die Herausbildung überparteilich-nationalistischer Milieus auch nicht unterschätzt werden sollte. Seit Oktober 1932 aber gewannen innerhalb dieser Wehrorganisation Tendenzen an Boden, den Nationalsozialisten entschieden entgegenzutreten.

Die »Stahlhelmkrise« von Oktober 1932 war ein Vorspiel zu den Vorgängen von Ende März 1933. Eine Kundgebung, bei der der Stahlhelm die deutschnationale Parteiführung zu einem energischen Auftreten gegenüber den Nationalsozialisten aufforderte, endete in blutigen Zusammenstößen mit den Kampfverbänden der KPD und der NS-Bewegung. Es war für starke Persönlichkeiten innerhalb des Stahlhelms immer schwerer zu ertragen, als *quantité négligeable* an den Rand gedrängt zu werden. Um mit den NS-Kampfverbänden Schritt zu halten, schreckten die örtlichen Stahlhelmführer selbst vor einer gezielten Rekrutierung von Reichsbanner-Leuten, ja sogar ehemaliger Kommunisten, nicht zurück. Das war sicher auch eine Folge der in Braunschweig besonders stark ausgeprägten bürgerkriegsähnlichen Verhältnisse, wobei das Gewaltpotential der NS-Kampfverbände extrem hoch, das der kommunistischen Organisationen vergleichsweise schwach war. Die Bereitschaft der Reichsbanner-Einheiten, dem Stahlhelm beizutreten, war so groß, daß die Anmeldungszahlen am 27. März 1933 weit über das vorgesehene Maß hinausgingen. Sie erklärt sich aus dem Schutzbedürfnis der Reichsbanner-Männer, der Hoffnung, dadurch den Arbeitsplatz zu behalten bzw. wieder eingestellt zu werden, schließlich aus der Absicht, den Gruppenzusammenhalt zu wahren und einen Teil ihrer Wertvorstellungen und Traditionselemente in den Stahlhelm hinüberzuretten. Andere wollten nach dem Verbot des Reichsbanners wieder einer nationalen, staatserhaltenden Organisation angehören – als kleineres Übel gegenüber der NSDAP –, um gemeinsam mit dem Stahlhelm gegen die NSDAP vorzugehen. Sie hatten die etwas naive Hoffnung, in geschlossenen Hundertschaften in den Bund der Frontsoldaten überführt zu werden.

So spiegelt der Vorgang des sogenannten Stahlhelmputsches, der mit einem halben Schuldeingeständnis Seldtes und dem schließlichen Aufgehen des Stahlhelms in der SA Ende April seinen Abschluß fand, auch nur die Illusionen und verspäteten Reaktionen der bürgerlichen Bündnispartner auf die skrupellose und entschlossene Eroberung der ungeteilten Macht im Staat durch die NS-Bewegung. Der jungkonservative Versuch einiger Stahlhelm-Männer, die Nationalsozialisten mit ihren eigenen Waffen zu schlagen, war von vornherein zum Scheitern verurteilt.

Formen des Machtergreifungsprozesses außerhalb des Landes Braunschweig

In Oldenburg, wo – einmalig im Reich – 1923 bis 1932 ein Beamtenministerium regierte, erzielte die NSDAP auf dem durch die Protestbewegung des Landvolks (seit Herbst 1927) vorbereiteten Boden 1930 ihren Durchbruch: mit 27,6 % übertraf sie bei der Reichstagswahl den Reichsdurchschnitt erheblich. Im gleichen Jahr scheiterte ein weiteres Mal die rechnerisch immer noch mögliche Bildung einer Weimarer Koalition. 1931 schnellte die NSDAP bei den Landtagswahlen auf 37,1 % empor, doch langte dies auch zusammen mit den Rechtsbürgerlichen nicht zu einer Regierungsmehrheit. Nach der Auflösung des Landtags in der Folge einer von Kommunisten und Nazis getragenen Volksabstimmung war die NSDAP aber nicht mehr zu stoppen. Bei einem Stimmenanteil von 46,9 % errang sie die absolute Mehrheit an Mandaten und übernahm die Alleinregierung. Das hat es vor 1933 in keinem anderen Land gegeben. Sie hat allerdings die Hoffnungen der Protestwähler als Regierungspartei nicht erfüllen können. Bei der Reichstagswahl vom November 1932 lagen ihre Verluste erheblich über dem Reichsdurchschnitt. Selbst im März 1933, im Besitz des Staatsapparats und trotz des Wahlterrors gegenüber Kommunisten und Sozialdemokraten, konnte sie das Ergebnis vom Juli 1932 nicht erreichen. Ganz anders war der Verlauf in Schaumburg-Lippe. Hier hielt sich eine sozialdemokratische Landesregierung bis März 1933 im Amt.

In der Provinz Hannover machte der »Papen-Putsch«, die Ersetzung des preußischen Ministerpräsidenten Otto Braun und des Innenministers Carl Severing durch Reichskommissare, dem sozialdemokratischen Einfluß auf den Polizeieinsatz und die innere Verwaltung ein Ende. Zwar verzichtete die Präsidialregierung unter von Papen demonstrativ auf die Entlassung des Hannoverschen Oberpräsidenten Gustav Noske, doch spiegelt dieses »Entgegenkommen« nur die Entfremdung Noskes von der SPD. Dagegen gehörten der Regierungspräsident in Lüneburg und der Polizeidirektor von Wilhelmshaven zu den ersten 105 beurlaubten oder zur Disposition gestellten Spitzenbeamten. Das bis Juli 1932 mühsam gehaltene »Bollwerk Preußen« war damit schon weitgehend aus dem Weg geräumt.

Nationalsozialismus auf dem Lande

Beatrix Herlemann

Die überwiegend agrarisch strukturierten Gebiete Niedersachsens mit den fetten Böden der ostfriesischen Marschen und den eher mageren, von Heide und lichten Kiefernwäldern durchzogenen Geestregionen gehörten mit der Rindviehzucht im Nordosten, der Schweinezucht in den mittleren Landstrichen und dem Weizen- und Zuckerrübenbau auf den hochwertigen Lößböden der Regionen um Hildesheim und Braunschweig zu den produktivsten der deutschen Landwirtschaft. Nach dem Ersten Weltkrieg wuchs hier der Rindviehbestand prozentual am stärksten und auch in den Kernlanden der deutschen Schweinezucht stieg nach den kriegsbedingten Rückgängen der Schweinebestand wieder rasch an. Von dieser Entwicklung profitierten vor allem die mittleren Bauernbetriebe auf Kosten der Zwerg- und Großbetriebe. Die für die niedersächsischen Gebiete typische Veredelungswirtschaft mit hoher Viehdichte begünstigte den Vollerwerbsbetrieb mit Familiencharakter. Lag der Reichsdurchschnitt der in der Landwirtschaft Beschäftigten Mitte der zwanziger Jahre bei 30,5 %, so betrug er für Niedersachsen 38,5 %, für das Land Oldenburg sogar 48,2 %.

Die Ausgangssituation gegen Ende der Weimarer Republik

Dank des Schutzzoll-Protektionismus im wilhelminischen Kaiserreich mußten sich die deutschen Landwirte über einen langen Zeitraum keine besondere Sorge um ihren Marktanteil machen. Als nach dem verlorenen Krieg die Niederlande, Dänemark und später auch Polen mit Niedrigpreisprodukten auf den deutschen Fleischmarkt drängten und die Getreideproduzenten USA, Kanada und Australien die Überschüsse ihrer modernisierten Landwirtschaft hier absetzten, bemühten sich die deutschen Bauern auf Anraten ihrer Verbände, diese Nachteile durch Produktionssteigerungen aufzufangen. Die notwendige Rationalisierung wie Technisierung erforderte die Aufnahme immer neuer Kredite, und so folgte auf eine weitgehende Entschuldung durch die Inflation bald wieder eine rasant anwachsende Neuverschuldung mit erhöhten Zinslasten und zudem steigenden Steuersätzen bei gleichzeitig angehobenen Löhnen und Sozialleistungen. Die bereits 1927 sichtbar werdende Agrarkrise wurde noch dadurch verstärkt, daß die Massenkaufkraft bei steigenden Preisen für Industriegüter und enger werdenden Gewinnmargen für landwirtschaftliche Produkte zurückblieb.

Mehrere schlechte Ernten und ein Preissturz zunächst für Schweinefleisch trieben eine wachsende Zahl von Bauern in den Ruin. Der aufgestaute Unmut über die mißliche Lage richtete sich trotz deutlicher steuerlicher Besserstellung im Vergleich zu anderen Berufsgruppen gegen die Reichsregierung, mehr noch gegen das ganze »Weimarer System«. Orientiert an den wirtschaftlichen und sozialen Verhältnissen des Kaiserreiches, antirepublikanisch und antiliberal, formierte sich ein konservatives Protestpotential in der sogenannten Landvolkbewegung, die um die Jahreswende 1927/28 den gesamten Norden Deutschlands in Aufruhr versetzte. In Schleswig-Holstein mobilisierten oppositionelle Bauernführer Ende Januar 1928 rund 140.000 Menschen zu Massendemonstrationen in sämtlichen Kreisstädten. Die Notkundgebungen zur gleichen Zeit in Ostfriesland und dem Emsland, in den Kreisen Bersenbrück wie in der Keimzelle der bäuerlichen Rebellion, dem südoldenburgischen Münsterland, in Stade und in Wesermünde gipfelten in der am 26. Januar 1928 auf dem Pferdemarkt in Oldenburg abgehaltenen Protestversammlung von 30.000 Teilnehmern.

Begnügten sich die bäuerlichen Landvolkführer zunächst noch mit Eingaben an Länder- und Reichsregierungen, so eskalierten unter dem Druck zunehmender Zwangsversteigerungen und Pfändungen die Selbsthilfeaktionen. Gepfändetes Vieh wurde zurückgeholt – ein solcher Vorgang inspirierte den niederdeutschen Schriftsteller August Hinrichs zu einem bühnenwirksamen Volksstück, das die Vorlage für den verharmlosenden Ufa-Film »Krach um Jolanthe« lieferte – Gerichte verhängten wegen solcher Vereitelungsdelikte zumeist empfindliche Geldstrafen, worauf Sprengstoffanschläge auf Finanzämter und Regierungsgebäude in Oldenburg und Lüneburg erfolgten. Weit empfindlicher wirkten sich jedoch die seit 1929 zunehmend in den Landvolkversammlungen propagierten Steuerstreiks und Zahlungsboykotte bei Kreditraten und -zinsen aus, die nicht nur finanziell hart bedrängte und vor dem Ruin stehende Landwirte in großer Zahl befolgten.

Als radikale Protestbewegung in der Verneinung verharrend, ohne eigene konstruktive Konzepte, bescherte die Landvolkbewegung der bis dahin in der Wählerwerbung weitgehend auf die städtischen Unterschichten und den dortigen Mittelstand konzentrierten NSDAP bereits bei der Reichstagswahl 1928 einige Überraschungserfolge. Im Vergleich zum Reichsdurchschnitt (2,6 % der Stimmen) erzielte die NSDAP in nordwestdeutschen Wahlkreisen Spitzenergebnisse: im traditionell völkisch wählenden ostfriesischen Kreis Wittmund 33,6 %, im oldenburgischen Kreis Ammerland 28,7 %, in Friesland und in Oldenburg-Land 15 %. Hatte sich in diese ländlichen Gegenden bis dahin höchst selten ein nationalsozialistischer Agitator verirrt und waren bäuerliche Mitglieder wie Führungskräfte in der NSDAP bis zu diesem Zeitpunkt noch kaum vertreten, so erkannten die Parteistrategen nun hier ihre Chance und stellten sich umgehend auf die neue Zielgruppe ein.

Wesentlichen Anteil am Siegeszug der NSDAP gerade in den niedersächsischen Landen hatte der 1930 zum agrarpolitischen Berater der Reichsparteileitung berufene Richard Walther Darré mit seinem halbkonspirativ arbeitenden »agrarpolitischen Apparat«. Bei der Eroberung der bäuerlichen Verbände fand er eine starke Stütze an dem Junglandwirt Werner Willikens, früher Mitglied der NSDAP im Landkreis Wolfenbüttel, dem Standort der ersten NSDAP-Gründung in Norddeutschland überhaupt. Seit Mai 1928 bereits einer der zwölf NSDAP-Abgeordneten im Reichstag, zog er im Dezember 1931 in das Präsidium des Reichslandbundes, des größten wirtschaftspolitischen Interessenverbandes der deutschen Landwirtschaft ein. Ermöglicht wurde dies durch einen beispiellosen Erfolg bei den Wahlen zur hannoverschen Landwirtschaftskammer: von 36 in den Bezirken Hannover, Hildesheim und Lüneburg zur Wahl stehenden Sitzen entfielen auf die Nationalsozialisten 26. In Oldenburg, wo sich Landbund und Nordoldenburger Pächterverband mit den Nationalsozialisten verbündet hatten, errang die gemeinsame Liste 24 der 36 Sitze. Von den neuen Vertretern gehörten 23 der NSDAP an. Der Landbund Oldenburg-Bremen schätzte 1931 etwa 80 % der Bauern Nordoldenburgs als NS-Anhänger ein. Auf politischer Ebene führte dies nach den Landtagswahlen vom 29. Mai 1932 in Oldenburg zu der ersten rein nationalsozialistischen Landesregierung im Reich. Auch im Lande Braunschweig errang die NSDAP nach einer Phase der Regierungsbeteiligung im Sommer 1932 die Vorherrschaft. Das Protestpotential der protestantischen Landbevölkerung in den niedersächsischen Gebieten hatte schließlich einen hohen Anteil am nationalsozialistischen Wahlerfolg vom März 1933. In nicht wenigen Dörfern wurden sämtliche Stimmen für Hitler abgegeben. Allein die katholische Diaspora in den Bistümern Hildesheim, Osnabrück und Münster zeigte sich noch weitgehend resistent gegenüber dem braunen Bazillus.

Gleichschaltung im Zeichen der Kontinuität

Die zu Beginn der nationalsozialistischen Herrschaft per Gesetz verfügte Vereinheitlichung des politischen, wirtschaftlichen und kulturellen Lebens schloß eine Auflösung der bestehenden Parteien, Verbände und Vereine bei gleichzeitiger Neuordnung unter NS-Vorzeichen ein. Dieser Vorgang führte jedoch keineswegs zu einer Ablösung der traditionellen bäuerlichen Machteliten. Vielmehr wurden sie durch ihre Affinität zu völkisch-nationalen Positionen zu akzeptablen Mitgestaltern des Dritten Reiches, die auch der Auflösung der bäuerlichen Selbstverwaltung keinerlei nennenswerten Widerstand entgegensetzten.

Auf der Gemeindeebene begünstigte die zumeist konservativ-nationale Gesinnung großer Teile der amtierenden Gemeindevorsteher ihre Wiederwahl im März 1933. So wurden etwa im Kreis Melle 42 von 56 Vorstehern im Amt bestätigt. Und auch von den 14 Nichtbestätigten war ein Teil aus Altersgründen und nicht wegen politischer Meinungsverschiedenheiten ausgeschieden. Keine Gnade fanden allerdings politische Gegner wie die Sozialdemokraten, die in den Gemeinden in industrieller Randlage mit einem hohen Anteil von Pendlern und Nebenerwerbslandwirten oder in Bergbaugebieten wie im Harz, in Schaumburg-Lippe und in Südniedersachsen zwar wiedergewählt, jedoch nicht mehr im Amt bestätigt wurden. Ganz ohne den hier verschiedentlich angewandten Terror verlief die konfliktreiche Auseinandersetzung mit einzelnen unliebsamen Vertretern des Zentrums und der Deutsch-Hannoverschen Partei wie etwa im Kreise Wittlage. Die hier gegen den erklärten und durch Unterschriftenlisten bekräftigten Willen der Dorfbewohner vereinzelt kommissarisch eingesetzten Gemeindevorsteher – »alte Kämpfer« ohne Verwaltungskenntnisse – sollten denn auch nie akzeptiert werden und für die Dorfbewohner einen ständigen Stein des Anstosses bilden. Insgesamt bestätigen die Ergebnisse der Gemeindewahlen in den niedersächsischen Gebieten die bereits im Rahmen der Forschungen zu Bayern in der NS-Zeit gewonnenen Erkenntnisse, daß nämlich der Einbruch der NSDAP in die Gemeindeverwaltungen im Frühjahr 1933 weit geringer war als gemeinhin angenommen.

Von wenigen Vorfällen abgesehen, gestaltete sich auch die Überführung der landwirtschaftlichen Berufsverbände und Genossenschaften in den Reichsnährstand, der ohne Ausnahme sämtliche Erzeuger, Verarbeiter und Vertreiber landwirtschaftlicher Produkte zwangsweise erfaßte und mittels eines hierarchisch gestuften Führerprinzips fest einband, weitgehend problemlos. Die niedersächsischen Gebiete gliederten sich zunächst in drei Landesbauernschaften (LB): 1. Hannover mit Landesbauernführer Hartwig von Rheden-Rheden (geb. 1885), 2. Braunschweig mit Landesbauernführer Gustav Giesecke (geb. 1887), 3. Oldenburg-Bremen mit Landesbauernführer Karl Poppe (geb. 1896). Als die beiden Erstgenannten 1937 unter Hartwig von Rheden-Rheden zur LB Niedersachsen vereint wurden, erfuhr die LB Oldenburg-Bremen, um die Regierungsbezirke Aurich und Osnabrück erweitert, eine Umgestaltung zur LB Weser-Ems, geführt von dem bisherigen Stellvertreter von Rheden-Rhedens, Jaques Groeneveld (geb. 1896). Diese Repräsentanten einer bäuerlichen NS-Elite entstammten alteingesessenen Familien, hatten zum Teil eine höhere Schulbildung genossen, am Ersten Weltkrieg teilgenommen und sich danach zunächst in völkischen Verbänden engagiert. Sie hatten sich in Darrés agrarpolitischem Apparat hervorgetan, indem sie ihre Funktionen in den Landbünden und sonstigen landwirtschaftlichen Organisationen für deren nationalsozialistische Vereinnahmung nutzten, waren in der SA aktiv oder fungierten in der NSDAP als Ortsgruppen- oder Kreisleiter. Sie übten Mandate im Gemeinderat, Kreis- und Provinziallandtag aus und traten damit zum Teil in die Fußstapfen ihrer Väter. Der aktivistische Jaques Groeneveld, der im Frühjahr 1933 in rabiater SA-Manier den Vorsitz des ostfriesischen Landbundes und landwirtschaftlichen Hauptvereins an sich gerissen hatte, betätigte sich überdies im Bezirkskirchenrat und wurde nach 1933 sogar stellvertretender Vorsitzender des Landeskirchentages und Mitglied der Generalsynode der Deutsch-Reformierten Kirche.

Beruflich und gesellschaftlich in ihrer Region fest verwurzelt waren ebenso die Kreisbauernführer, unter denen sich nicht ein Orts- oder Fachfremder befand. Nicht selten rühmten sie sich der Abstammung von Familien, die bis zu vierhundert Jahre am selben Ort, ja auf demselben Hof gelebt hatten. Auch sie hatten zum größten Teil eine Fachausbildung genossen, am Ersten Weltkrieg teilgenommen und danach auf ererbten Höfen gewirtschaftet, die – auch hierin repräsentativ – zu einem guten Teil mehr oder weniger stark verschuldet waren. Bei Amtsantritt waren sie im Durchschnitt 42 Jahre alt. In der Regel hatte sie, späteren Angaben zufolge, die schlechte wirtschaftliche Lage der deutschen Landwirtschaft zum Eintritt in die NSDAP bewegt, die Schutzmaßnahmen und allgemeine Hilfe für den Bauernstand versprochen hatte. 1933 rekrutierten sich die neuen Bauernführer zum überwiegenden Teil aus dem agrarpolitischen Apparat der NSDAP. Wo in Ermangelung aktivistischer Nationalsozialisten auf Landbundführer aus den Reihen der DNVP, beziehungsweise in den Stammgebieten der Welfen der DHP, zurückgegriffen wurde, versuchten später Kreisleiter mit unterschiedlichem Erfolg, sich ihrer zu entledigen. Doch ob eingeschworene Nationalsozialisten oder traditionsverhaftete Konservative, sie gingen vorbehaltlos ans Werk, die von ihrem Reichsbauernführer vorgegebenen agrarpolitischen Maßnahmen in die Tat umzusetzen.

Graduelle Akzeptanz der NS-Agrarpolitik

Die erste Bewährungsprobe forderte das tief in bäuerliche Rechte eingreifende, am 1. Oktober 1933 in Kraft tretende Reichserbhofgesetz. Wurde die hier gewährte Besitzstandsgarantie einhellig begrüßt, stieß doch die drastische Einschränkung der Eigentums- und Verfügungsrechte auf weitgehende Ablehnung. Das Verbot der Veräußerung sowie die strikt vorgeschriebene, die weibliche Linie ausschließende Erbfolge verletzten tradierte Rechte und Gewohnheiten ebenso wie die Verfügung der Unbelastbarkeit, die den Erbhofbauern von hypothekarischen Krediten gänzlich abschnitten.

Über die Durchführung wachte eine eigens mit diesem Gesetz geschaffene Gerichtsbarkeit. Die bei den Amtsgerichten angesiedelten Anerbengerichte unterstanden den bei den Oberlandesgerichten gebildeten Erbhofgerichten, die nur in Preußen einem in Celle etablierten Landeserbhofgericht unterstellt waren; die oberste Instanz bildete das Reichserbhofgericht in Berlin. Nach knapp einjähriger Wirkungszeit lagen die ersten Erfahrungsberichte vor, die ein ziemlich ungeschminktes Bild von der Resonanz der Betroffenen vermittelten. So kam der Präsident der höchsten preußischen Gerichtsinstanz in Celle zu dem Urteil, einige Gesetzesteile stünden »in einem sehr starken Widerspruch zu alteingewurzelten Empfindungen der bäuerlichen Bevölkerung, ohne daß sich sagen ließe, diese Empfindungen seien abwegig oder sie dürften deshalb nicht berücksichtigt werden, weil höhere Gesichtspunkte den Ausschlag geben müßten«. Weniger diplomatisch hatten sich die ihm zuarbeitenden Landgerichtspräsidenten ausgedrückt. Aus Hannover verlautete: »Die Einstellung der Bauern zu dem Gesetz im ganzen ist nach fast allen der mir vorliegenden Berichte in weitem Umfang ablehnend ... Der Bauer stößt sich an den Beschränkungen seiner Freiheit als solcher ... Gerade der tüchtigste und beste Teil fühlt sich einfach zu stark bevormundet.« Ähnlich äußerten sich seine Amtskollegen in Lüneburg und Stade, die die umlaufenden Einwände referierten: »Der Bauer kann weder Land kaufen noch zukaufen, er kann seine Tochter nicht ausstatten, seinen zweiten Söhnen keine Ackerstelle schaffen. Der überlebende Ehegatte erhält kein Altenteil; kein Bauer kann in Ruhe aufs Altenteil gehen, da die Altenteile herabgesetzt werden, ja in Zukunft überhaupt fortfallen sollen; der Bauer bekommt kein Geld mehr geliehen, auch wenn er es zum Nutzen des Hofes, zum Beispiel für Bauzwecke gebraucht.«

Um dem Gesetz größere Akzeptanz zu verschaffen, waren die Erbhofrichter gehalten, es möglichst großzügig zu handhaben, »den Geist dieses Rechtes und die Bedürfnisse des Lebens in Einklang zu bringen, das Gesetz nicht aus abstrakten begrifflichen Erörterungen, sondern aus der Praxis zu verstehen und für diese anzuwenden.« Solche Weisungen ermutigten einzelne Richter sogar zum Verstoß gegen den Buchstaben des Gesetzes, wenn sie beispielsweise die unmißverständliche Festlegung, Bauerntöchtern das Hoferbe bei Vorhandensein eines noch so entfernten männlichen Verwandten zu versagen, kurzerhand ignorierten. Ausschlaggebendes Entscheidungskriterium bei Einsprüchen und Streitfällen wurde die Wirtschaftlichkeit. Bot beispielsweise die Tochter die Gewähr für eine ertragreiche Hofführung, während die vorhandenen Söhne sich nur durch hohe Schulden und »liederlichen Lebenswandel« auszeichneten, konnte der Hof durchaus, wie auf Wunsch eines Erblassers in Aurich geschehen, der Tochter zugesprochen werden.

Insgesamt hatte das Erbhofgesetz auf einen geringeren Teil der Landwirtschaftsbetriebe Anwendung gefunden als erwartet. Doch gerade die nordwestdeutschen Gebiete Hannover, Oldenburg und Bremen wiesen mit 35,7 bzw. 29,4 % einen verhältnismäßig hohen Anteil von Erbhöfen aus. Ihr Flächenanteil lag mit 61 bis 70 % auch deutlich über dem Reichsdurchschnitt von 37 % (Erbhofanteil 22 %).

Die bäuerliche Bevölkerung, die an individuelle Produktionsweise und Entscheidungsfreiheit gewöhnt war, störte sich an den Beschränkungen ihres freien Willens durch das Reichserbhofgesetz. Aus den gleichen Gründen reagierte sie auch ambivalent auf die zielstrebig von den nationalsozialistischen Agrarstrategen in Angriff genommene Marktordnung. Wurden Abnahmegarantien und Festpreise uneingeschränkt begrüßt, so hatten doch die rigoros verfügten Ablieferungen ein eindeutig negatives Echo. Das ideologisch begründete Ziel, den Bauern vom Markt zu trennen, mußte mit zum Teil starken finanziellen Einbußen bezahlt werden. In der Kreisbauernschaft Hameln-Pyrmont rechneten landwirtschaftliche Betriebe mit einem jährlichen Verlust bis zu 2.000

Reichsmark, weil es ihnen untersagt war, Frischmilch unmittelbar an die Verbraucher zu liefern. Bei einem von den Erzeugern als zu gering empfundenen Literpreis – die Molkereien zahlten zehn, in manchen Gegenden auch nur acht statt des zunächst in Aussicht gestellten Abnahmepreises von 14 Pfennig pro Liter – nimmt der Rückgang der Ablieferungen nicht wunder. So registrierte eine große Molkerei im Kreis Soltau Ende 1935 täglich rund 4.000 bis 5.000 Liter Milch weniger. Aus Oldenburg wurde sogar für einige Tage ein Milchablieferungsstreik gemeldet. Das Wochenblatt der Landesbauernschaft Braunschweig, wo die Zwangsmitgliedschaft und Zwangsablieferungen an Molkereien erst später eingeführt wurden, stellte fest: »Wohl keine der zahlreichen Anordnungen und Verfügungen, die zur Erreichung irgend eines Zwecks erlassen worden sind, ist teilweise so stark angefeindet worden wie diese« (13. Februar 1937).

Auf die bäuerlichen Produzenten machte die Parole von Reichsbauernführer Darré, nationalsozialistische Bauernpolitik sei keine Preispolitik, wenig Eindruck. Den Drohungen des niedersächsischen Milchwirtschaftsverbandes begegneten sie mit dem Hinweis auf Arbeitskräfte- und Futtermittelmangel. Die strenge Devisenbewirtschaftung hatte die Einfuhr von Kraftfutter spürbar reduziert und ein Ausweichen auf Getreideverfütterung wurde ebenfalls durch weitgehende Ablieferungsverfügungen zunichte gemacht. Die Folge war ein Rückgang der Viehbestände: der Kreis Grafschaft Hoya, reichsweit führend in der Schweinemast, verzeichnete innerhalb eines Jahres ein Minus von 53.603 Stück Vieh. Die Verknappung des Fleischangebotes führte zur vielbeklagten »Fettlücke« im Jahre 1935 und in Reaktion darauf zur Einführung der Schlachtkontingentierung.

Vielfach versuchten die Erzeuger die sie benachteiligenden Auflagen und Verbote zu umgehen, wie zahlreiche Beschlagnahmungen bei Kontrollen auf Landstraßen und Märkten sowie Anklagen vor Amtsgerichten bezeugen. Empfindliche Ordnungsstrafen, polizeiliche Verplombungen der bäuerlichen Milchzentrifugen und eine Ende 1934 eingeführte Stallkontrolle bewirkten Mitte der dreißiger Jahre im Verein mit einem weitverbreiteten Gefühl der Benachteiligung in der Preispolitik eine deutliche Abkühlung der anfänglichen Begeisterung für den Nationalsozialismus auf dem Lande.

Bäuerlicher Pragmatismus und »Blut- und Boden«-Mythos

Richard Walther Darré publizierte bereits 1928 seine Vorstellungen vom Stellenwert der bäuerlichen Bevölkerung in der deutschen Gesellschaft in seinem Buch »Das Bauerntum als Lebensquell der nordischen Rasse«. Dieser rückwärtsgewandte Traum einer konservativen Revolution gegen die moderne Welt, von ihm noch einmal in dem Buch »Neuadel aus Blut und Boden« bekräftigt, sah im Bauernstand den eigentlichen Erneuerer des deutschen Volkes.

Das gravierende Problem der Landflucht stand im starken Gegensatz zum »Blut und Boden«-Mythos vom seßhaften und erdverbundenen Bauerntum.

Seßhaft, bodenständig und erdverbunden verkörpere er die magischen Werte von Blut und Boden: »Arisches Blut ist Bauernblut: es blüht auf der Scholle und versiegt auf dem Asphalt.« Brauchtum, Sitte und Gesittung der bäuerlichen Rasse gelte es wiederzubeleben und zu pflegen, dem Kraftquell, Nährer und Mehrer der germanischen Rasse wieder zu dem ihm gebührenden Ansehen zu verhelfen. Die niedersächsischen Gebiete, als »Kernlande deutschen Bauerntums« eingestuft, rückten dabei in den Mittelpunkt der Aktionen. Der Bükkeberg bei Hameln wurde zur zentralen Feierstätte des alljährlich mit großem Propagandaaufwand veranstalteten Reichserntedankfestes auserkoren. Gleich beim ersten Mal im September 1933 verkündete hier Reichsbauernführer und inzwischen auch Landwirtschaftsminister Darré seine Absicht, die Verwaltung des Reichsnährstandes »aus der Steinwüste der Großstadt Berlin in die Stammlande Heinrichs des Löwen« zu verlegen. Im Januar 1934 zog er mit seinen engeren Mitarbeitern in Goslar ein, wo fortan im November die Reichsbauerntage abgehalten wurden. Die Stadt, 1936 zur »Reichsbauernstadt« erhoben, beherbergte neben zentralen Einrichtungen des Reichsnährstandes das Bauernkontor der Nordischen Gesellschaft, eine Rasseforschungs- und Lehrstätte, das internationale Büro für Bauerntum und Landwirtschaft sowie einige der neugegründeten Reichsschulen des Reichsnährstandes (Bauernhochschule, Beamtenschule und Beamtenakademie, Reichsführerschule). Auch die Etablierung des obersten preußischen Erbhofgerichts in Celle verdankte die Stadt der Vorliebe des Reichsbauernführers für die niedersächsischen Regionen.

Ereignisse der niedersächsischen Geschichte boten den »Blut und Boden«-Mystikern Anlaß zu Massenspektakeln an geschichtsträchtigen Orten: Sonnenwendfeiern auf dem »Blutfeld« von Verden an der Aller und Weihefestspiele am Bookholzberg bei Hude zu Ehren der Stedinger wurden mit großem Aufwand unter andächtiger Teilnahme und Begeisterung zelebriert, Heinrich der Löwe und Sachsenherzog Widukind als »Verteidiger alter germanischer Bauernerde gegen fremden Geist und fremde Willkür« gepriesen. Auch die Einweihung von Thingstätten – als germanische Variante des altgriechischen Theaters propagiert und als feierliche Versammlungsorte zur Festigung der »Volksgemeinschaft« genutzt – fanden auf dem Eichsfeld, in Nordheim und auf dem Landtagsplatz bei Hösseringen in der Lüneburger Heide unter großer Anteilnahme der bäuerlichen Bevölkerung statt. Vor allem die jüngere Generation der Bauernsöhne, deren Väter in den wirtschaftlich schwierigen Jahren der Weimarer Republik die Hofübergabe immer wieder hinausgezögert hatten, sah mit der neuen Zeit endlich ihre Chance gekommen. Ganz anders sah es allerdings unter den besitzlosen Landarbeitern, Pächtern, Heuerlingen und Kleinbauern aus. Der bereits über Jahrzehnte anhaltende Trend der Landflucht sollte gerade nach 1933 eine dramatische Zuspitzung erfahren, als die Rüstungsindustrie mit weit höheren Löhnen und kürzeren Arbeitszeiten lockte. Gegen die Abwanderungen konnten die verschiedenen Maßnahmen zur Hebung des Ansehens der Landarbeiter nichts ausrichten. Gegen die Abwanderung halfen weder die Hebung des Landarbeiteransehens, etwa durch die Erklärung zum Lehrberuf, noch tariflich vereinbarte Lohnanhebungen und Förderungen des Landarbeiterwohnungsbaus. Auch die restriktiven Gesetze der Jahre 1934/35 »zur Regelung des Arbeitseinsatzes« vermochten viele nicht länger zu halten, bezogen sie doch bis 1939 oft nur die Hälfte des Lohnes eines ungelernten Industriearbeiters. Dagegen klagten in den letzten Vorkriegsjahren die Bauern über die ständig steigenden Löhne der Landarbeiter. Machte der Jahreslohn eines Gehilfen früher den Verkaufserlös einer guten Kuh aus, so müsse der Bauer jetzt den Wert von drei Kühen »löhnen«. Die Einbringung von Rekordernten in den Jahren 1937 und 1938 besaß unter diesen Umständen deutlich die Züge einer Notstandsaktion und gelang nur unter Mobilisierung aller erdenklichen Hilfskräfte wie Reichsarbeitsdienst und Militärkommandos, »uk«-gestellte Bauernsöhne, Landdienst der HJ, Strafgefangene und ausländische Wanderarbeiter, denen man schon vor 1933 die Möglichkeiten zur Saisonarbeit sukzessive abgeschnitten hatte.

Mit großem propagandistischen Aufwand wurden die niedersächsischen Gebiete als »Kernlande des deutschen Bauertums« zelebriert. Hier das alljährlich veranstaltete Reichserntedankfest auf dem Bückeberg bei Hameln.

Auf dem 6. Reichsbauerntag im November 1938 gab Darré einen Verlust von rund 400.000 arbeitsbuchpflichtigen Arbeitskräften seit 1933 in der Landwirtschaft an. Das war ein Fünftel der insgesamt 2,1 Millionen Beschäftigten. Da hierbei jedoch die auf dem Lande stets mitarbeitenden Familienangehörigen gar nicht einbezogen waren und bei der zahlenmäßigen Zunahme der Gesamtbevölkerung die Anzahl der landwirtschaftlichen Arbeitskräfte eigentlich hätte anwachsen müssen, summierte sich der tatsächliche Verlust auf 700 bis 800.000. Reichsobmann Gustav Behrens konnte in seinem Heimatkreis Marienburg bei Hildesheim beobachten, daß infolge der Halbierung des Melkpersonals die ganze zusätzliche Arbeitslast nun Alltag wie Sonntag ohne Pause und ohne Er-

Zur »Blut und Boden«-Mystik gehörten auch Massenspektakel an geschichtsträchtigen Orten: hier Weihefestspiel am Bookholzberg bei Hude (Oldenburg).

holung auf den Schultern der deutschen Landfrau liege. Auch Landesbauernführer von Rheden-Rheden griff dieses spezielle Problem in einem Leitartikel des Wochenblattes der Landesbauernschaft Niedersachsen in seltener Deutlichkeit auf: »Die Bäuerin trägt schon immer doppelte, heute oft drei- und vierfache Arbeitslast als Mutter, als Hausfrau, als Betreuerin auf dem Hof, im Garten und im Stall ... Die Seuche der Landflucht nimmt nun dieser immer fleißig tätigen Bäuerin und Hegerin auf dem Hof die letzten mithelfenden Kräfte. Allein steht sie vor der Arbeit, oft verzweifelnd, oft in einem 16stündigen Arbeitstag sich aufreibend.« Der Volksmund formulierte drastisch, in kleinen und mittleren Höfen sei die Frau das »dritte Pferd« auf dem Hof. Die Folge war entgegen dem angestrebten Ziel einer Geburtensteigerung und damit Vermehrung des im rasseideologischen Sinn so überaus wertvollen bäuerlichen Blutes ein fühlbarer Rückgang der Geburtenrate auf dem Lande.

Überlastungen der Bauersfrauen, fehlender Nachwuchs, Landfremde bei der Ernteeinbringung, Landarbeiterschwund – auch wenn Niedersachsen in einem Regionalvergleich hierbei mit nur 9,9 % noch im unteren Drittel lag – bei diesem Befund konstatierte Kreisbauernführer Baxmann, Hannover, man könne es angesichts des Volkes, das man jetzt auf den Höfen dulden müsse, den Eltern kaum noch zumuten, ihre Kinder in eine Landarbeiterlehre zu vermitteln. Im Zuge einer solchen Entwicklung nehme es auch nicht mehr Wunder, wenn nun selbst die Bauern bereit seien, ihre Höfe aufzugeben und ihre Jungen und Mädel in städtische Berufe zu schicken. Anerben verzichteten zunehmend auf die Übernahme selbst schuldenfreier Höfe. Jungbauern fänden keine Frauen mehr. Heranwachsende Bauerntöchter schreckten angesichts des schweren Loses ihrer Mütter davor zurück, in Bauernhöfe einzuheiraten. Die permanente Überarbeitung der Frauen und schon der heranwachsenden Jugendlichen habe bereits zu schweren Gesundheitsschäden und einer wachsenden Fehlgeburtenrate geführt. Die Höfe drohten zu vergreisen. – Gegen solche Mißstände halfen weder die Verleihungen von Ehrenblättern und Ehrentafeln für alteingesessene Bauerngeschlechter noch der ideologische Schwulst von der Bodenverbundenheit, Betriebsgemeinschaft und Gefolgschaftstreue, auch Großkundgebungen gegen die Landflucht wie im Dezember 1939 in Scheeßel mit markigen Worten wie »Landflucht ist Fahnenflucht« blieben folgenlos.

Die nationalsozialistische Agrarpolitik scheiterte mit dem selbst gestellten Ziel, die Landflucht zu überwinden, an den wirtschaftlichen Prioritäten. Auf einem anderen, ebenso stark ideologisch motivierten Felde waren aber schließlich Erfolge zu verbuchen. Allerdings ging die Verdrängung der Juden aus dem Landhandel nicht ohne Widerstände vonstatten. Denn ganz entgegen der NS-Hetze hatten gerade die Viehwirtschaft treibenden Bauern im deutschen Nordwesten – der Viehhandel lag in Ostfriesland fast gänzlich in jüdischer Hand – von je her überwiegend gute Erfahrungen mit ihren jüdischen Geschäftspartnern gemacht. Dem erst im Juli 1932 in Braunschweig gegründeten »Verband nationaler Viehändler« konnten sie dagegen wenig abgewinnen. Dessen Mitglieder waren allzu leistungsschwach und kapitalarm und ließen lange auf das Geld warten, wähend die jüdischen Abnehmer stets bei Kauf bar auf die Hand zahlten. Außerdem suchten die neuen »Viehverteiler« – die Bezeichnung »Viehhändler« klang in nationalsozialistischen Ohren allzu jüdisch – nur die besten Tiere aus, während die jüdischen Händler stets alle Tiere abnahmen, da sie dank ihrer eingespielten Geschäftsbeziehungen im ganzen Deutschen Reich jede Qualität und jede Quantität abzusetzen vermochten. Bei diesen Vorteilen reagierten selbst einzelne Gemeindevorsteher und Ortsbauernführer unwillig auf Vorhaltungen, fragten statt dessen nach dem Gesetz, das den Handel mit Juden verbiete. Da ein solches Gesetz vorerst nicht existierte, wollten sie es auch weiter, wie gehabt, halten.

Seit Sommer 1935, in Vorbereitung wie in Folge der auf dem Nürnberger Parteitag verkündeten antisemitischen Gesetze, zogen Partei- und Amtsstellen die Schraube an. Die »Ostfriesische Tageszeitung«, das NSDAP-Kreisblatt, dessen Kürzel OTZ im Flüsterjargon mit »O traurige Zeit« kolportiert wurde, verkündete am 20. Juli 1935 in einer 16seitigen Sonderbeilage, übertitelt »Die Juden sind unser Unglück«, Ostfriesland sei verjudeter als nur irgend eine andere Gegend Deutschlands und listete sämtliche jüdischen Geschäfte in Ostfriesland auf, die es fortan strikt zu meiden gelte. Im ganzen Lande setzten verschärfte Attacken auf uneinsichtige Bauern ein, die in manchen Orten schon auf Listen sogenannter »Judenknechte« erfaßt wurden und damit sämtlicher Vergünstigungen des Reichsnährstandes verlustig gingen. Ihnen wurde Abmeierung, also Entzug des Hofes wegen fehlender »Ehrbarkeit« angedroht. Rigoros ging man jetzt gegen die jüdischen Händler vor. Seit Anfang 1938 entzogen die Viehwirtschaftsverbände von Hannover und Weser-Ems ihnen systematisch die Gewerbekonzessionen. Sie erhielten unter anderem völlig überzogene Steuerforderungen oder wurden wegen angeblicher Verstöße gegen die Preisvorschriften verhaftet. Nach fünfjähriger Existenzabschnürung waren viele jüdische Familien ausgewandert oder in größere Städte verzogen. Bezeichnend für die Situation der noch Verbliebenen war eine Landratsmeldung vom November 1938 aus Lüneburg. In einem Ort des Kreises lebten noch zwei jüdische Familien, die früher Viehhandel betrieben hatten, als wohlhabend galten und auch Eigenbesitz hatten, nunmehr jedoch völlig verarmt und auf Wohlfahrtsunterstützung angewiesen waren.

Der letzte Schlag erfolgte mit dem Novemberpogrom 1938. Danach wurde jüdisches Eigentum an Grund und Boden, Wohn- und Wirtschaftsgebäuden sowie das noch im Besitz einzelner Händler befindliche Vieh zur Beute des Reichsnährstandes, der NSV und der Partei. Am ersten Werktag des Jahres 1939 verkündete die Hauptvereinigung der deutschen Viehwirtschaft triumphierend »Der Viehandel ist frei von Juden«. Bald konnten auch die parteiamtlichen Stellen für ihre Regionen die Meldung »judenfrei« weitergeben. Nicht nur die Viehhändler, sämtliche jüdischen Einwohner, die de Beer und Cohen, Frank, Gerson und Goldstein, de Haas, Herz und Levy, Polak, Strauß, de Vries, Weinberg und Wolff waren aus dem ländlichen Leben vertrieben. Eine gewachsene, nicht immer spannungsfreie, jedoch vielerorts einvernehmliche Gemeinschaft war zerstört worden.

Die Probleme der Kriegsjahre

Das NS-Regime hatte über manche Eigenwilligkeiten des Bauernstandes hinweggesehen, da es die Abhängigkeit von dem angestrebten Autarkie-Ideal selbst geschaffen hatte und fürchtete, im Kriegsfall eine Hungerwinter-Neuauflage zu erleben. Zu Beginn wurden fortgesetzte Steuerboykotte und eine schlechte Zahlungsmoral bei der Umschuldung vornehmlich verbal attackiert, man vermied auch eine Eskalation der Konflikte im kirchlichen Bereich. Der vom Reichsnährstand 1935 aufgelegte Bauernkalender mit den zu altgermanischen Weihetagen umfunktionierten christlichen Festen wurde nach einem bäuerlichen Entrüstungssturm nicht wieder aufgelegt, und die offenen Tumulte, die der 1936 ergangene Erlaß, Christuskreuze und Lutherbilder aus Amtsräumen und Schulstuben zu entfernen, im oldenburgischen Münsterland entfachte, blieben weitgehend ohne nachhaltige Folgen. Doch in den Kriegsjahren sollte auch die bäuerliche Bevölkerung die Grenzen des genossenen Wohlwollens erfahren. Vor allem Verstöße gegen die zahlreichen Auflagen im Umgang mit den ausländischen Arbeitskräften und ihre listenreichen Versuche, die Restriktionen der Kriegsernährungswirtschaft zu unterlaufen, brachten sie in größerer Zahl vor die Sondergerichte und auch in Haft.

Dem bereits in den letzten Friedensjahren dramatisch angewachsenen Arbeitskräftemangel wie den überdurchschnittlich hohen Einberufungen zur Wehrmacht verdankte die Landwirtschaft den bevorzugten Einsatz von Kriegsgefangenen und deportierten ausländischen Arbeitern. Im Sommer 1940 hoffte der Präsident des Landesarbeitsamtes, mit der Zuweisung von 111.586 den niedersächsischen Landgebieten zugeführten Kräften – Polen, Belgier und Franzosen – den Bedarf befriedigt zu haben. Nachdem im Winter die Rüstungswirtschaft immer mehr Kräfte abgezogen hatte, mußten im folgenden Jahr trotz stärkster rassepolitischer Bedenken auch russische Kriegsgefangene auf dem Lande eingesetzt werden. Allerdings minderte ihr erbarmungswürdiger Zustand – rund zwei Millionen waren bereits in den ersten Wochen und Monaten ihrer Gefangenschaft noch auf sowjetischem Gebiet elend an Unterernährung und Seuchen zugrunde gegangen – den Nutzen, wie unter anderem ein Bericht der Kreisbauernschaft Goslar Ende 1941 verdeutlichte: »Die Leistungen der zur Rübenernte eingesetzten sowjetischen Kriegsgefangenen waren – wohl infolge ihres schlechten Ernährungszustandes – äußerst gering«. Der deutschen Landwirtschaft war es nur dank der ausländischen Arbeitskräfte möglich, die vielbeschworene »Sicherung der Volksernährung« während des Krieges zu gewährleisten. Der pragmatische Umgang der jetzt zumeist die Höfe führenden Frauen und Altbauern mit den in rassischer Abstufung verfemten Nothelfern hatte ganz sicher seinen Teil dazu beigetragen. Schließlich stand die Gesamtheit aller, laut NS-Sprachgebrauch »den Ausländern auferlegten Lebensführungsregeln« auch in krassem Gegensatz zu dem seit alters her auf dem Lande üblichen Umgang mit Arbeitskräften. Wie der Kreisbauernführer von Nienburg nach 1945 einmal angab, konnte auf dem Lande entgegen der Vorschrift kein Abstand gehalten werden. Die Bauern waren der Meinung, wer schwer arbeite, müsse auch ordentlich behandelt werden. Also keine strikte Trennung bei den Mahlzeiten, keine dauernde Überwachung in Feld und Stall, was ohnehin nicht möglich war, statt dessen auch einmal ein freundliches Wort und ein Kleidungsstück von gefallenen Angehörigen. Das wiederum zog zahlreiche Denunziationen, öffentliche Brandmarkungen und Haftstrafen nach sich.

Am härtesten geahndet wurde die »Gefährdung der Rassereinheit«, also der intime Umgang vor allem mit den durch ein »P« (Polen) oder »Ost« (Ostarbeiter) Stigmatisierten. Ungesicherte Schätzungen nach bruchstückhaften Prozeßüberlieferungen lassen auf weit über 1.000 solcher vor Gericht verhandelter Fälle schließen, die den Frauen meist eine Zuchthausstrafe von ein bis zwei Jahren einbrachten und die beteiligten Männer nur allzu oft das Leben kosteten. In vielen Dörfern können sich die Alteingesessenen noch an das öffentliche

Erhängen eines Polen, Ukrainers oder Russen meist aus diesem Grunde, aber auch wegen geringer Widersetzlichkeiten gegen Arbeitgeber, erinnern. Offensichtlich stellte sich mit der Zeit vielfach gerade das so stark verpönte Vertrauensverhältnis zu den als Gespannführern, Treckerfahrern, Melkmädchen eingearbeiteten Polen, Serben, Franzosen, Russen und anderen ein. Die Bauern kämpften hartnäckig um deren Verbleib auf dem Hof mit Bittbriefen, Eingaben und Drohungen. Mancher Altbauer stellte bei Abzug der einzigen Hilfskraft vom Hof die Ablieferung ein, wohl wissend, damit die Obrigkeit an ihrer empfindlichsten Stelle zu treffen. Manchmal ging die Vertraulichkeit sogar bis zur Einbeziehung in das straffällige Schwarzschlachten. Dieses erbittert bekämpfte Massendelikt stand an der Spitze aller Verstöße gegen die Rationierungsauflagen der Kriegsernährungswirtschaft, die verminderter Ablieferung und unberechtigtem Eigenverbrauch mit rigiden Überwachungen, Kontrollen und regelmäßigen Hofbegehungen entgegenzuwirken versuchte. Verstöße wurden mit Gefängnishaft und Geldstrafen bis zu 10.000 Reichsmark sowie mit der Brandmarkung als »Volksschädling« geahndet. Eine Mobilmachung gegen Schwarzschlachter führte im Winter 1942/43 zu Massenverhaftungen von weit über 100 Dorfbewohnern um Stadthagen im Schaumburgischen. Massenprozesse mit 20 und mehr Angeklagten in dieser Sache gehörten bald zum Alltag der Sondergerichte. Die Strafen lagen zwischen sechs und achtzehn Monaten, die jedoch selten ganz verbüßt wurden. Für Freistellungen zum Frühjahr wie zur Erntezeit sorgten zahlreiche Gesuche von Orts- und Kreisbauernführern, Bürgermeistern, Landräten und Parteistellen, waren doch abgesehen von den ausländischen Arbeitskräften die Verurteilten häufig allein auf den Höfen und daher unabkömmlich. Selten verfehlte der Hinweis auf die Sicherung der Volksernährung, verbunden mit dem Vorschlag, die Strafe nach dem siegreichen Ende des Krieges zu verbüßen, seine Wirkung.

Unter den Verurteilten fanden sich sogar Funktionsträger wie Ortsbauernführer – der NS-Propaganda zufolge als Sachwalter der Ernährungswirtschaft die Vorbilder für ihre Dorfgenossen – Gemeindevorsteher und -ratsmitglieder, langjährige Pg's und auch viele Erbhofbauern und -bäuerinnen, die Stützpfeiler der »Blut-und-Boden«-Ideologie. Bei ihnen allen hörte die nationalsozialistische Gesinnung eben da auf, wo das individuelle Wohl spürbar beeinträchtigt wurde.

Hatte die bäuerliche Bevölkerung mit ihrem Pragmatismus in den Friedensjahren, ihren Leistungen wie ihrer Gefügigkeit in den Grenzen der eigenen Vorteilswahrung zur Stabilisierung des nationalsozialistischen Regimes beigetragen, so half in den Kriegsjahren gerade ihre viel beklagte Sturheit, ihr materiell geprägter Sinn mit Blick für die realen Erfordernisse jenseits des Rassenwahns, die Ernährung der deutschen Bevölkerung über einen weit längeren Zeitraum als im Ersten Weltkrieg zu sichern. Sie bewahrte das nationalsozialistische Regime vor hungerbedingten inneren Unruhen und stärkte damit den Durchhaltewillen an der Heimatfront.

Der Reichsnährstand blieb als einzige NS-Organisation über das Ende des Dritten Reiches hinaus bestehen und führte bis 1947, in Niedersachsen nun unter britischer Militärkontrolle, die der angespannten Ernährungslage geschuldete Zwangsbewirtschaftung fort. Und die bäuerlichen Produzenten versuchten, wie schon in den Vorkriegs- und Kriegsjahren, die Rationierungen und Ablieferungsverfügungen zu umgehen. Mit der Normalisierung und einer allmählichen Öffnung der Märkte schwanden die einst nur mit Unwillen erduldeten Einschränkungen der eigenen Handlungsfreiheit. Die von der nationalsozialistischen Agrarpolitik gebotenen Festpreise und Abnahmegarantien hielten sich hingegen hartnäckig in einer verklärenden Erinnerung.

Arbeiterschaft zwischen Wirtschaftkrise, »Volksgemeinschaft« und Krieg

Herbert Obenaus

Die Weltwirtschaftskrise der Jahre um 1930 traf, wenn auch in unterschiedlichem Maße, alle sozialen Schichten der deutschen Gesellschaft. Sie weitete sich zur Staatskrise aus, die alle Zeitgenossen prägte und ihre Erinnerung bestimmte. Am stärksten betroffen war zweifellos die Arbeiterschaft, die Zahl der Arbeitslosen stieg unter Berücksichtigung der aus den offiziellen Statistiken herausgerechneten »unsichtbaren Arbeitslosen« im ersten Viertel des Jahres 1933 auf nahezu acht Millionen an. Die Arbeiterschaft und ihre politischen Organisationen waren also wirtschaftlich und politisch geschwächt, als sich die nationalsozialistischen und antidemokratischen Kräfte im Oktober 1931 in Bad Harzburg verbündeten und zum großen Angriff auf die Republik ansetzten. Die sozialdemokratisch orientierte Arbeiterschaft hatte sich eng an die Weimarer Republik angeschlossen, ja, sie war entschlossen, diese Republik als ihre Schöpfung zu verteidigen. Die Ende 1931 als Abwehr gegen die Harzburger Front der rechtsbürgerlichen und nationalsozialistischen Organisationen geschaffene »Eiserne Front« hatte in der Arbeiterschaft mobilisierend gewirkt und auch Hoffnungen geweckt. Trotzdem mußte sie mit ansehen, daß wichtige Positionen wie die Regierung in Preußen, die während der zwanziger Jahre von der Sozialdemokratie und dem Zentrum verteidigt worden waren, am 20. Juli 1932 gegenüber dem von der Regierung Papen eingesetzten Reichskommissar geräumt wurden. Teile der SPD haben bereits nach diesem Coup, den man auch den »Preußenschlag« nannte, gegen den vorsichtigen und abwartenden Kurs der Parteiführung protestiert.

Die linksorientierte Arbeiterschaft mußte in den Jahren der Wirtschafts- und Staatskrise auch zur Kenntnis nehmen, daß sie sich selbst durch die Spaltung in Kommunisten und Sozialdemokraten geschwächt und der Chancen bei der Abwehr des Nationalsozialismus beraubt hatte. Beide Seiten folgten zudem in der Krise unterschiedlichen politischen Zielsetzungen. Die Kommunisten sahen in den Sozialdemokraten »Sozialfaschisten«, bezeichneten sie als die »soziale Hauptstütze der Bourgeoisie«, die schließlich auch die Regierung Hitler an die Macht bringen werde. Sie betonten demgegenüber nach wie vor die Fortsetzung ihrer »revolutionären Einheitsfronttaktik von unten,« die die Parteiführung der Sozialdemokraten schwächen sollte. Als dann die Regierung Hitler am 30. Januar 1933 etabliert war, forderte die KPD: »Heraus auf die Straße! Legt die Betriebe Still! Antwortet sofort ... mit dem Generalstreik!«

Die Sozialdemokratie hatte zur Sicherung des parlamentarischen Systems die Regierung Brüning gestützt und dabei an politischem Profil verloren. Das hatte ständig schwächer werdende Wahlergebnisse zur Folge. Als dann Hitler am Ruder war, gab die Partei die Parole aus, man müsse wachsam sein und sofort eingreifen, wenn die Regierung »von der Demokratie abweicht«. Die Aufgabenstellung lautete also: »Bereit sein ist alles!« Die Parteiführung mußte aber zur Kenntnis nehmen, daß die Mitglieder unsicher wurden. Sowohl im Parteivorstand wie auch unter den Mitgliedern fand noch einmal eine Diskussion über die Möglichkeit der Einheitsfront statt, die unter der Bedingung für möglich gehalten wurde, daß die Kommunisten zu einer Nichtangriffsvereinbarung bereit seien. Den Generalstreik befürwortete niemand im Parteivorstand, denn alle befürchteten den zu erwartenden Übergang zum Bürgerkrieg. Auf lokaler Ebene wiederholten sich die gleichen Diskussionen, in Braunschweig etwa nach der Erschießung eines Kommunisten und einer Sozialdemokratin durch die Polizei bei Demonstrationen anläßlich einer nationalsozialistischen Gautagung am 11. und 12. Februar 1933, in Hannover nach der Erschießung zweier Mitglieder des Reichsbanners am 19. Februar 1933 durch SA-Männer. In der Arbeiterschaft wurden Protestaktionen gefordert; auch Arbeitsniederlegungen fanden in den Betrieben statt. Nun forderte die hannoversche sozialdemokratische Zeitung »Volkswille« einen Waffenstillstand zwischen beiden Arbeiterparteien und eine »wirkliche Einheitsfront«. Es kam auch zu Verhandlungen, die aber ohne Ergebnis blieben, da die KPD vom »prinzipiellen Kampf gegen die SPD-Führer« nicht abrücken wollte.

Die Machtübertragung an die Regierung Hitler wirkte sich in der Provinz Hannover zunächst durch Eingriffe in die Arbeiterpresse und in die Versammlungstätigkeit der Arbeiterparteien aus, zum Beispiel durch ein befristetes Verbot der in Hannover erscheinenden kommunistischen »Neuen Arbeiter-Zeitung«, die zum Generalstreik aufgefordert hatte. Bald darauf erschien ein weiteres Verbot, dessen Verlängerung schließlich die Zeitung zum völligen Schweigen brachte. Die hannoversche SPD-Zeitung »Volkswille« erschien am 28. Februar 1933 zum letzten Mal. Das Signal zur offenen Verfolgung der Kommunisten gab dann der Brand des Reichstags am 27. Februar 1933 und die unmittelbar darauf erlassene Notverordnung »zum Schutz von Volk und Staat«. Die Verhaftungen begannen am Morgen des 28. um 4 Uhr, betroffen waren allein in Hannover bis zum 1. März 140 Parteimitglieder. Mitte März waren bereits 211 Personen festgenommen, zehn Tage später 332. Aus den Überlegungen, wie man eine derartige Zahl von sogenannten Schutzhäftlingen unterbringen könne, entstanden allenthalben im Deutschen Reich spezielle Lager – die »Konzentrationslager«. Ein solches wurde für die Provinz Hannover im Provinzialwerkhaus von Moringen bei Göttingen, einer geschlossenen Arbeitserziehungsanstalt, die dem Provinzialverband unterstand, eingerichtet und am 11. April 1933 mit den ersten Häftlingen belegt. Am 1. September 1933 erreichte das KZ Moringen mit 394 Häftlingen seinen höchsten Stand. Alle männlichen Häftlinge wurden bis November in die Konzentrationslager Esterwegen und Oranienburg verlegt und Moringen danach zum ersten zentralen Frauenkonzentrationslager für das Deutsche Reich bestimmt. Im März 1938 wurde es aufgelöst und die letzten inhaftierten Frauen nach Lichtenburg, Kreis Torgau, verlegt, das danach als das zentrale Frauen-KZ des Deutschen Reiches galt, bis es diese Rolle im Mai 1939 an das KZ Ravensbrück abgab.

Was Moringen für die Provinz Hannover war, das waren für ganz Preußen die Konzentrationslager im Kreis Emsland. Als erstes wurde im Juni 1933 das Lager Börgermoor, ab Juli 1933 das Lager Esterwegen und ab September 1933 das Lager Neusustrum eingerichtet. Sie unterstanden dem preußischen Innenministerium und hatten vor allem die Funktion, Schutzhäftlinge aus der Arbeiterbewegung festzusetzen. 1933/34 spielten sie mit etwa 4.000 Häftlingen neben Dachau die wichtigste Rolle unter den deutschen Konzentrationslagern. Die Häftlinge wurden zur Moorkultivierung eingesetzt, sie wurden »Moorsoldaten«, wie sie sich selbst in dem im Sommer 1933 entstandenen Lied nannten. Dieses wohl wichtigste Lied aus den Jahren der faschistischen Unterdrückung der deutschen Arbeiterbewegung wurde zusammen mit einem Bericht über das Lager Börgermoor durch das Buch des Schauspielers Wolfgang Langhoff »Die Moorsoldaten« 1935 in der Schweiz veröffentlicht. Neben den Konzentrationslagern gab es im Emsland dann noch mehrere Justizvollzugslager, die ebenfalls eine Funktion bei der politischen Unterdrückung hatten, da viele ihrer Häftlinge durch die Justiz wegen einer Tätigkeit gegen das Hitlerregime verurteilt worden waren. Unter den Emslandlagern nahm Esterwegen bald eine Sonderstellung ein. Während in Börgermoor und Neusustrum die SS-Wachmannschaften gegen solche aus der SA ersetzt wurden, blieb das Konzentrationslager Esterwegen bis 1936 der SS und damit dem Inspekteur der Konzentrationslager unterstellt. Eine Lagerordnung nach Dachauer Muster wurde erlassen und eine besonders geschulte Wachmannschaft aufgestellt. Die Lager Börgermoor und Neusustrum wurden im Frühjahr 1934 geschlossen, während das Lager Esterwegen, weil es im Kriegsfall zu nahe an der Westgrenze lag, im September 1936 geräumt und mit 1.000 Häftlingen nach Sachsenhausen zum Aufbau des dortigen Konzentrationslagers verlegt wurde.

Im weiteren Verlauf des Jahres 1933 gehörten zu den Häftlingen von Moringen auch Sozialdemokraten, die von den ersten Verfolgungsmaßnahmen ja noch nicht so stark getroffen worden waren. Ihre Partei war nach Presse- und Demonstrationsverboten seit den Reichstagswahlen vom März 1933 von der politischen Öffentlichkeit ausgeschlossen. Am 9. März besetzte die SS das »Rote Schloß«, die organisatorische Zentrale der SPD in Braunschweig, das sowohl Verlag und Druckerei des »Volksfreunds« als auch die Büros der Partei und ihrer Vorfeldorganisationen sowie die der Gewerkschaften beherbergte. Am 1. April wurde auch in Hannover der Partei- und Gewerkschaftskomplex an der Nikolai- und Odeonstraße besetzt, der die gleiche Funktion wie das »Rote Schloß« hatte. In Hannover und Braunschweig waren also die Gewerk-

Kundgebung des Reichsbanners auf dem Braunschweiger Schloßplatz (Oktober 1928). Außerhalb der Industriestädte hatte die SPD-Organisation der SA wenig entgegenzusetzen.

schaftszentralen noch vor dem allgemein im Deutschen Reich üblichen Termin, dem 2. Mai, besetzt worden.

Terror und Verfolgung gegenüber den Gegnern des Nationalsozialismus erreichten im Freistaat Braunschweig eine besondere Intensität, was zweifellos auf die hier bereits seit September 1931 im Amt befindlichen nationalsozialistischen Staatsminister Dietrich Klagges und seine Helfer, die SS-Führer Rechtsanwalt Friedrich Alpers und den Ingenieurstudenten Friedrich Jeckeln zurückzuführen ist. Jeckeln übernahm im Herbst die Leitung der politischen Polizei in Braunschweig. Mit terroristischen Methoden wurden alle sozialdemokratischen Abgeordneten des Braunschweiger Landtags zum Mandatsverzicht gezwungen. Auch die Versuche der Sozialdemokraten, den terroristischen Schlägen auszuweichen und den Anschluß an politische Kräfte zu finden, denen man noch eine gewisse politische Eigenständigkeit gegenüber den Nationalsozialisten zutraute, wurden unterbunden. Ein solches Ausweichmanöver des Braunschweiger Reichsbanners, das mit dem Stahlhelm zusammengehen wollte, ist von der SA und der SS verhindert worden. Von besonderer Grausamkeit zeugte schließlich die Reaktion der nationalsozialistischen Führung auf einen Todesfall innerhalb der SS, der auf den Zusammenstoß von zwei nichtuniformierten Greiftrupps dieser Organisation im Eichtal zurückzuführen war. Nachdem Jeckeln erklärt hatte, daß »ein Kommunist« der Täter gewesen sei, wurden Massenverhaftungen vorgenommen und zehn Kommunisten, dazu ein Student, ausgewählt. Sie wurden in das Gewerkschaftsheim »Pappelhof« der Gemeinde Rieseberg gebracht und dort am 4. Juli als »Vergeltungsmaßnahme« ermordet.

Aktionen wie der Versuch einer Aufnahme großer Gruppen des Reichsbanners in den Stahlhelm offenbaren die Hilflosigkeit der Sozialdemokratie in den Anfängen der NS-Herrschaft. Als die Partei nach den Reichstagswahlen vom März 1933 aus der Öffentlichkeit verschwand und politisch bedeutungslos wurde, war die Enttäuschung und Depression unter den Mitgliedern und Anhängern groß. Sie fühlten sich von der Parteiführung im Stich gelassen und hatten große Schwierigkeiten, sich politisch zu orientieren. Beispielhaft erscheint die Biographie von Karl Raloff, des Chefredakteurs des sozialdemokratischen »Volkswillen« in Hannover, der auch durch seine anderen Ämter, er war Reichstagsabgeordneter und Führer des Reichsbanners in Hannover, gut informiert war. Er hatte sich zunächst an den Kurs des Überwinterns unter nationalsozialistischer Herrschaft gehalten, um den die Berliner Parteileitung bis zum Verbot vom 22. Juni 1933 bemüht war, und nahm an der Beratung der Fraktion am 17. Mai teil, als sich diese auf die Sitzung des Reichstags vorbereitete, in der Hitler sein außenpolitisches Programm vorstellte und durch eine Abstimmung unterstützen ließ. Die bereits ins Ausland emigrierten Mitglieder des Parteivorstands, die sich bald als »Sopade« bezeichneten, hatten vergeblich vor der Beteiligung an der Sitzung gewarnt. Raloff nahm auch an einer Fraktionssitzung am 10. Juni teil, in der es um die Auseinandersetzung mit dem emigrierten Parteivorstand ging und der Beschluß gefaßt wurde, daß der »Sitz des Parteivorstands Deutschland« ist. Er wandte sich in der Diskussion gegen Kurt Schumacher, der sich gegen die pauschale Verurteilung einer Politik aus der Emigration ausgesprochen hatte. Raloff kritisierte die Politik des emigrierten Parteivorstands und meinte, man müsse »sie ablehnen«. Erst nach dem Betätigungsverbot für die SPD vom 22. Juni orientierte sich auch Raloff um. Er mußte nun erkennen, daß seiner politischen Tätigkeit in Deutschland ein Ende gesetzt war; am 20. August 1933 emigrierte er nach Dänemark. Bald gehörte er zu den politisch aktivsten deutschen Emigranten, der auch Risiken nicht scheute. Die Erinnerungen an seine politische Position in der Zeit von der Machtergreifung bis zur Flucht nach Dänemark allerdings hatte er, wie er später schrieb, aus dem Gedächtnis »vollständig verdrängt«.

Der Widerstand der beiden großen Arbeiterparteien gegen die Etablierung der nationalsozialistischen Herrschaft war zunächst sehr stark von den Ausgangsbedingungen bestimmt, wie sie in der letzten Phase der Weimarer Republik bestanden hatten. Die Bereitschaft der KPD zum Widerstand gegen den Nationalsozialismus wurzelte im Kampf gegen das kapitalistische System der Weimarer Republik. »Widerstand« wurde bereits vor der Machtergreifung gegen das ganze Spektrum der politischen Kräfte, von der NSDAP bis zur Sozialdemokratie geleistet, gegen diese unter dem Schlagwort vom »Sozialfaschismus« sogar als dem »Hauptfeind«. Auch auf eine Illegalisierung ihrer politischen Arbeit war die Partei eingestellt. Die Radikalität dieser Politik war bei den Reichstagswahlen innerhalb der von der ökonomischen Krise besonders betroffenen Schichten durchaus erfolgreich, kam die KPD doch am 6. November 1932 sogar auf 17 %. Selbst bei den Wahlen am 5. März 1933 vermochte sie noch eine Sockelwählerschaft von 12 % zu halten. Die Verhaftungswelle nach dem Reichstagsbrand traf die Führung der Partei aber bereits empfindlich, der Bezirksvorsitzende für Niedersachen, Walter Krämer, und viele andere Angehörige der Bezirksleitung fielen ihr zum Opfer. Es ist nun ein Charakteristikum des kommunistischen Widerstands, daß die Partei sofort daran gegangen ist, eine neue Bezirksleitung aufzubauen, die ihrerseits alles an den Wiederaufbau der lokalen Gruppen setzte. Über diese Aktivitäten, die mit großen Anstrengungen für die Propaganda gegen die Nationalsozialisten und die Betriebsarbeit verbunden waren, gelang es dann der Gestapo, auch die zweite und dritte Führungsgarnitur der Partei zu verhaften, bis dann nach der Verhaftung des letzten, des fünften Bezirksleiters nach der Machtergreifung, Karl Adolphs, durch die Nationalsozialisten im Februar 1935 der organisierte Widerstand der KPD aufhörte.

Erstaunlich waren der Umfang und die Zahl der auf jeweils eigenen Abzugsgeräten produzierten Periodika und Flugblätter. Wie der Generalstaatsanwalt des Oberlandesgerichts Hamm, der damals für Hoch- und Landesverratssachen im Gebiet des heutigen Landes Niedersachsen zuständig war, in einem Rückblick auf das Jahr 1934 feststellte, hatten sich mehrere Unterorganisationen der Partei mit Schriften an ihre Mitglieder und oft auch an die Öffentlichkeit gewandt: Die Bezirksleitung mit der »Neuen Arbeiterzeitung«, der Kommunistische Jugendverband mit der »Jungen Garde«, die »Revolutionäre Gewerkschaftorganisation« mit den »RGO-Mitteilungen«, schließlich die Volkshilfe mit Bestattungsfürsorge, die das Organ »Waffe des Marxismus« herausgab. Weitere Schriften waren für den engsten Mitgliederkreis bestimmt, so »Lenins Weg« und die sogenannten Info-Briefe.

Stark geschwächt war nach den Verhaftungswellen des Jahres 1933 auch die KPD im Lande Braunschweig, die Mordaktion von Rieseberg wirkte zudem abschreckend. Dennoch bildeten sich kleine Gruppen von Parteimitgliedern, die neue Organisationsstrukturen aufzubauen und über die Verbrechen der Nationalsozialisten aufzuklären versuchten. So verbreitete eine Gruppe das im August 1933 auf Initiative des kommunistischen Verlegers Willi Münzenberg herausgekommene »Braunbuch«, das die Schuld der Nationalsozialisten am Brand des Reichstags beweisen sollte. Eine andere Gruppe verbreitete eine Postkarte vom Grab der Rieseberger Opfer, auf dem eine Kranzschleife mit dem Text »Unsterbliche Opfer – Eure Genossen« sowie die Namen der Ermordeten zu lesen waren. Ein bereits sehr engmaschiges Netz von kommunistischen Gruppen vermochten Gestapo und SS im September 1933 im braunschweigischen Harzkreis aufzudecken, der organisatorisch zum KPD-Bezirk Magdeburg gehörte. In den Sondergerichtsverfahren wurden 64 Personen aus folgenden Orten angeklagt: Halberstadt, Wernigerode, Neinstedt, Elbingerode, Blankenburg, Braunlage, Neuwerk, Hohegeiß und Hüttenrode.

Die Anfänge des Widerstands waren in der SPD durch die Situation der Halblegalität bestimmt, in der sich die Partei seit den Märzwahlen 1933 befand. Das Reichsbanner wurde nach den Wahlen in verschiedenen außerpreußischen Ländern verboten, zuerst am 6. März in Thüringen. Dennoch hoffte der in Berlin verbliebene Parteivorstand noch auf Möglichkeiten für eine weitere Existenz unter dem Hitlerregime. In der gleichen Zeit kam es in den Industriestädten zu den ersten Versuchen, den Widerstand zu organisieren. Am Anfang sind die besonders hoch motivierten und mobilisierten Gruppen des Abwehrkampfes aus der Zeit vor dem 30. Januar zu erkennen: Jungbannermitglieder, die ihre Kontakte aufrecht erhielten, warteten aufmerksam und attentistisch auf Spannungen zwischen SA und Stahlhelm, eine ähnliche Konstellation wie in Braunschweig erschien hier möglich. Ein eigenständiges sozialdemokratisches Widerstandskonzept entwickelte dagegen eine Gruppe um den Redakteur des »Volkswillen« Werner Blumenberg, der vor allem von den beiden Arbeitern Franz Nause und Willy Wendt unterstützt wurde. Blumenberg kam aus einer bürgerlichen Familie, sein Vater war Pfarrer an der Ägidienkirche von Hannover. Blumenberg gab im Juni 1933 eine programmatische Erklärung mit dem Titel »Was soll werden?« heraus, die unter Funktionären der Partei verteilt wurde. Die Politik der SPD in den vorausgegangenen Wochen und Monaten wurde aufs schärfste kritisiert. Obwohl sich die Arbeiterschaft gegen die Nationalsozialisten habe zur Wehr setzen wollen, sei sie nur zu Bereitschaft und Disziplin aufgerufen worden. Doch, so hieß es, »wir standen in Disziplin bereit, aber man rief uns nicht. Die Führung sämtlicher Arbeiterorganisationen ... hatte in einer Weise versagt, die in der proletarischen Bewegung ohne Beispiel ist.«

»Was soll werden?« war ein Aufruf zum Widerstand, der die Organisation der SPD, in der starke Kräfte auf ein Überwintern in der Zeit der NS-Herrschaft hofften, unter Druck setzte. Blumenbergs Ziel war die Selbstauflösung der Partei und ihr Übergang in die Illegalität. Denn so lange die Partei im Zustand der Halblegalität verharrte, war der Aufbau einer Widerstandsorganisation nicht möglich. Die Spannungen, die die Schrift Blumenbergs innerhalb der hannoverschen SPD ausgelöst hatte, verloren sich allerdings, als am 22. Juni 1933 ein Betätigungsverbot gegen die Partei erging. Nun begann die Gruppe, unter dem Namen »Sozialistische Front« eine Organisation aufzubauen, die streng konspirativ in Fünfergruppen gegliedert war und etwa monatlich ein Mitteilungsorgan herausgab, die »Sozialistischen Blätter.« Die Fünfergruppen sollten sicherstellen, daß bei einer Verhaftung immer die Aussicht bestand, daß nur die Fünfergruppe selbst, nicht aber die Nachbargruppen aufflogen.

Bei der Ausgabe der Blätter nutzten die Verteiler die Kommunikationsstrukturen, wie sie in der sozialdemokratischen Arbeiterschaft bestanden. Sie stützten sich auf die Organisationen der Sozialdemokratie und ihres sozialen Umfeldes, auf die Jugendgruppen, den Arbeitersportverein, die Naturfreunde, den Volkschor, die Freidenker. Die Kommunikation war also durch die Partei und die von ihr gepflegte Arbeiterkultur im Rahmen der sozialdemokratischen Solidargemeinschaft bestimmt. Darin lagen Vorteile für den Widerstand, aber auch seine Begrenzung. Der Widerstand, wie er in der Produktion und Verteilung der »Sozialistischen Blätter« zum Ausdruck kam, stabilisierte die Solidargemeinschaft in ihrer Einstellung gegen den Nationalsozialismus, erleichterte ihr die Selbstbehauptung und Fortexistenz, schuf aber auch eine Lagermentalität und ein beschränktes soziales Einzugsfeld. Es war ein Widerstand, der kaum über die Solidargemeinschaft hinausreichte, der kaum Expansionsmöglichkeiten hatte und der weder an andere soziale Gruppen noch an die jüngere Generation herankommen konnte.

Das politische Konzept der Sozialistischen Front verstärkt diesen Eindruck noch. Es ging nämlich davon aus, daß die Jahre »der Unterdrückung« durch die nationalsozialistische Herrschaft eine »neue Bewegung« der Arbeiterklasse hervorrufen werde, die weder mit der SPD, der KPD oder einer der sozialistischen Splittergruppen identisch sei. Blumenberg rechnete damit, daß trotz der von ihm als sehr stabil eingeschätzten Herrschaft der Nationalsozialisten die Klassengegensätze innerhalb der bürgerlichen Gesellschaft wieder zum Ausbruch kommen würden. Ähnlich wie andere marxistische Theoretiker seiner Zeit hielt Blumenberg den Nationalsozialismus für »das letzte Bollwerk des Kapitalismus«, mit dessen Hilfe dieser sich noch eine gewisse Zeit behaupten könne. Das Ende des Nationalsozialismus werde dann auch das Ende des Kapitalismus sein und den Weg für den Sozialismus und die »proletarische Revolution« freimachen, deren Ziel die »Herrschaft der Arbeiterklasse« sei. Die Sozialistische Front verstand sich als ein Teil dieser neuen Bewegung der Arbeiterklasse und entwickelte auch ein entsprechendes Sendungsbewußtsein. Lange Zeit verweigerte sie den Kontakt zum emigrierten Parteivorstand der SPD. Auf einer konspirativen Konferenz von Vertretern verschiedener sozialdemokratischer Widerstandsgruppen 1935 in Mannheim, der sogenannten »Westfrontkonferenz«, lehnte Blumenberg die Verteilung der in Prag herausgegebenen Schriften ab; allein eine »finanzielle und sachliche Unterstützung« sei erwünscht. Dieses Streben nach Selbständigkeit von der emigrierten Sozialdemokratie, das zugleich den Wunsch nach Trennung von der durch die Niederlage belasteten alten Parteiführung und die Hoffnung auf eine grundsätzliche Erneuerung der Arbeiterbewegung und ihrer Leitung durch eine einheitliche Partei beinhaltete, hielt die Sozialistische Front bis zu ihrem Ende durch, das die Gestapo nach langen Ermittlungsarbeiten im August des Jahres 1936 durch eine große Verhaftungsaktion erreichte. Die Zahl der Angeklagten dieser hannoverschen Widerstandsorganisation in den Verfahren des Jahres

1937 vor dem Volksgerichtshof und dem Oberlandesgericht Hamm betrug 229. Die Urteile des Volksgerichtshofs lauteten auf Zuchthausstrafen bis zu zehn Jahren, die Urteile des Oberlandesgerichts auf Zuchthaus- und Gefängnisstrafen bis zu sechs Jahren. In einigen Fällen folgte auf die Justizhaft noch die im Konzentrationslager.

Der Gedanke eines Neuaufbaus der Arbeiterbewegung aus dem Kampf der Arbeiterklasse gegen den Nationalsozialismus konnte in der sozialdemokratischen Solidargemeinschaft auf Zustimmung hoffen. Wie stabil und wie stark diese aber war, stellt eine offene Frage dar. Neuere Untersuchungen der Wahlen in der Wirtschafts- und Staatskrise, die die Regierung Hitler hervorbrachte, haben ergeben, daß die Wählerschaft der SPD gegenüber den Versprechungen und Ankündigungen der Nationalsozialisten keineswegs überall so völlig immun gewesen ist, wie man das bisher angenommen hatte. Deutlich ist, daß die noch in der Phase der Machtergreifung in der SPD gehegte Hoffnung trog, man werde wie zur Zeit des Sozialistengesetzes im Rahmen des proletarischen Milieus den Klassenzusammenhalt bewahren können und aus der Zeit der faschistischen Herrschaft gestärkt hervorgehen. Nicht nur das Ansehen der Arbeiterbewegung, auch das Selbstbewußtsein der Arbeiterschaft wurde in der Zeit des Nationalsozialismus stark getroffen – hier lag auch eine Ursache dafür, daß der Widerstand in den Anfängen der nationalsozialistischen Herrschaft in der nachwachsenden Arbeitergeneration keine Fortsetzung fand.

Das Nachlassen, ja, wie man mit Blick auf das Ende der Sozialistischen Front in Hannover und auf andere sozialdemokratische und kommunistische Gruppen sagen kann, das Ende der organisierten Formen des Widerstands in der Arbeiterschaft in der Mitte der dreißiger Jahre fiel mit der Veränderung des wirtschaftlichen Klimas im Deutschen Reich zusammen. Im Zuge der Aufrüstungsmaßnahmen ging die Arbeitslosigkeit zurück, im Herbst 1937 wurden im Bezirk des Landesarbeitsamts Niedersachsen keine Arbeitslosen mehr geführt. Zugleich wurden die Arbeitszeiten stark flexibilisiert und ausgeweitet sowie betriebliche Sozialleistungen als Leistungsanreiz verstärkt. In den Jahren bis zum Kriegsbeginn erhöhten sich aufgrund der konjunkturellen Entwicklung und der Verknappung der Arbeitskräfte sogar erstmals die Reallöhne. Die Arbeiterschaft wurde mit verschiedenen sozialpolitischen Maßnahmen des Regimes umworben. Besonders spektakulär und wirkungsvoll war die Einführung eines Mindesturlaubs von durchschnittlich sechs Tagen und der Aufbau der Tourismusorganisation »Kraft durch Freude«. Die 1933 gegründete Deutsche Arbeitsfront, die bewußt auf eine Überwindung der Klassengegensätze hin angelegt war, wirkte dabei mit, daß sich »der Schwerpunkt des Lebens« der Arbeiterschaft »von der Straße in den Betrieb, vom Milieu in die Familie« verlagerte. All dies führte dazu, daß sich die Arbeiterschaft den innen- und außenpolitischen Erfolgen der Nationalsozialisten, aber auch der wachsenden Anziehungskraft des Hitlermythos immer weniger entziehen konnte.

Im Sinne der werbenden Wirkung auf die Arbeiterschaft war es auch wichtig, daß im niedersächsischen Raum zwei große Projekte der Industrieansiedlung und des Städtebaus begonnen wurden: zum einen das Volkswagenwerk in Wolfsburg, zum anderen die Reichswerke Hermann Göring in Salzgitter. Im Fall des Volkswagenwerks ging die Entscheidung auf Hitler persönlich zurück, der schon in »Mein Kampf« die Perspektive einer Motorisierung breiter Volksschichten genannt hatte. Nun, nach der Etablierung seiner Herrschaft, sollte der Volkswagen zum Symbol der niedergelegten Klassenschranken werden und zugleich die Fähigkeit der Nationalsozialisten unter Beweis stellen, die Errungenschaften der Technik nicht nur »für die Satten und Reichen«, sondern für alle Schichten der Bevölkerung zur Verfügung zu stellen. Eine Vorgabe Hitlers war, daß der Volkswagen zum Preis von 998 Reichsmark verkauft werden sollte, ein Ziel, das nie erreicht werden konnte. Vielmehr gingen realistische Kalkulationen von einem Gestehungspreis von 2.000 Reichsmark aus. Auch die Entscheidung, den Wagen in einem eigens dafür gebauten Werk zu produzieren, wurde von Hitler gegen den Willen der Autoindustrie getroffen. Er beauftragte schließlich im Frühjahr 1937 den Reichsorganisationsleiter der NSDAP und Reichsleiter der Deutschen Arbeitsfront, Robert Ley, die Produktion des Volkswagens zu organisieren. Die Deutsche Arbeitsfront, die wegen der Zwangsbeiträge zu den finanzstärksten Organisationen des Dritten Reiches gehörte, gründete dann durch ihre Vermögensträger die Gesellschaft zur Vorbereitung des deutschen Volkswagens. Deren Geschäftsführung übernahmen Bodo Lafferentz, der Leiter des KdF-Amtes »Reisen, Wandern, Urlaub«, Jakob Werlin, der bei Daimler Benz Direktor gewesen war und Hitler in Automobilfragen beriet, und Ferdinand Porsche, den Konstrukteur des Volkswagens. Damit wurde durch eine der Organisationen der NSDAP ein großes Industrieprojekt begonnen, dessen Produkt, der Volkswagen, großen Anklang fand. Im »Leistungsbericht« der »nationalsozialistischen Gemeinschaft Kraft durch Freude« von 1940 ist bereits von 300.000 Käufern die Rede, die aber lediglich ihre Spargroschen zur Finanzierung des Projekts einzahlten, ohne je in den Besitz des begehrten Wagens zu gelangen. Es ging aber auch darum, »eine vorbildliche deutsche Arbeiterstadt entstehen« zu lassen – so die Worte Hitlers bei der Grundsteinlegung am 26. Mai 1938. Die Neugründung trug zunächst den Namen »Stadt des KdF-Wagens«, 1946 übernahm sie den Namen der in der Nähe gelegenen Wolfsburg.

Stark war auch Hitlers Einfluß auf die Gründung der Reichswerke in Salzgitter, hier vor allem durch den Vierjahresplan, den er auf dem Reichsparteitag vom September 1936 verkündet hatte. Im Vordergrund stand viel stärker als in Wolfsburg die Vorbereitung des Krieges, die sich in Autarkiebestrebungen und planwirtschaftlichen Ansätzen niederschlug. Die Ausbeutung der wenig ergiebigen Eisenerze des Salzgittergebiets sollte das Deutsche Reich von Importen unabhängig machen. Die Durchführung lag bei der Vierjahresplan-Organisation und dort beim Amt für deutsche Roh- und Werkstoffe, die Finanzierung

Hitler bei der Grundsteinlegung des Volkswagenwerkes am 26. Mai 1938. Vor 70.000 sprach er: »Ich vollziehe die Grundsteinlegung im Namen des deutschen Volkes. Das Werk soll entstehen aus der Kraft des ganzen deutschen Volkes, und es soll dienen der Freude des deutschen Volkes.« Im Dezember 1942 arbeiteten hier 70 % Ausländer – für die Rüstung.

übernahm das Reichsfinanzministerium. Die Organisation des Projekts, das wie in Wolfsburg von der etablierten Industrie abgelehnt wurde, übernahm Paul Pleiger, der allein den Vorstand der am 15. Juli 1937 gegründeten Reichswerke AG für Erzbergbau und Eisenhütten »Hermann Göring« bildete. Am 15. Dezember 1937 fand der erste Spatenstich für den Aufbau des Hüttenwerks statt, bereits 1940 begann durch Anblasen des Hochofens die Verarbeitung des ersten Salzgittererzes.

Der 5.000ste Volkswagen: Ein »Kübel«.

Für die Autoproduktion in Wolfsburg sprach aus militärischen Gründen das Gebiet zwischen Weser und Elbe, für die Konkretisierung im Raum Wolfsburg die Anbindung an Autobahn, Eisenbahn und Mittellandkanal. Trotzdem gab es gegen das Volkswagenwerk starke Einwände. Man fürchtete unter anderem die Nähe zu den Reichswerken in Salzgitter und die daraus resultierenden negativen Folgen für die Beschaffung von Arbeitskräften, Material und Baukapazität. Ley hat sich aber über solche und andere Einwände in einer Sitzung der Reichsstelle für Raumordnung Anfang 1938 rigoros hinweggesetzt. Im Fall der Reichswerke spielte das Argument eine Rolle, daß ihr Aufbau im Raum Salzgitter das weitere Anwachsen der industriellen Ballungen im Westen und im Osten Deutschlands vermeiden helfen und »den sozialen Absichten des Dritten Reiches« Rechnung tragen werde. Dem Drängen des braunschweigischen Ministerpräsidenten Klagges, das Stahlwerk auf dem Gebiet des Landes Braunschweig anzusiedeln, wurde stattgegeben, doch mußte er sich insofern den Überlegungen der Planer fügen, als das Werk weit entfernt von der Stadt Braunschweig angelegt wurde, um nicht die Arbeiter und den Nachwuchs der dortigen »besser bezahlenden hochwertigen Industrie« abzuwerben. Die Stadt wurde schließlich aus Gemeinden und Teilgemeinden der Landkreise Wolfenbüttel und Goslar gebildet; am 1. April 1942 bekam sie den Namen »Watenstedt-Salzgitter«.

Wichtig war, daß die beiden großen Industrieprojekte in Wolfsburg und Salzgitter in ländlichen Gebieten gegründet wurden, wo Arbeitskräfte im wesentlichen neu angesiedelt werden mußten. Zudem waren im Deutschen Reich die Vollbeschäftigung erreicht und große militärische Baumaßnahmen wie der Westwall begonnen worden. Das hatte zur Folge, daß schon der Aufbau der Produktionsstätten, aber auch der Bau von Wohnungen für die Arbeiter und ihre Familien nur langsam vorankamen. Als im Dezember 1941 die Entscheidung fiel, daß Neugestaltungen und Neubauten in den Städten nicht mehr kriegswichtig seien, waren in Wolfsburg erst 2.358 Wohnungen fertiggestellt, »knapp 10 % des nach Plan« gesetzten Ziels. Überhaupt war das Volkswagenwerk nicht gleich in die Rüstungsplanungen nach dem Beginn des Zweiten Weltkriegs zu integrieren, da die Serienfertigung noch nicht begonnen hatte. Wolfsburg drohte zur »Investititionsruine« zu werden. Erst allmählich schälten sich zwei militärische Produktionszweige heraus, die dem Werk eine Schlüsselstellung bei der Auftragsvergabe sicherten: 1. der Kübelwagen, auch kurz »Kübel« genannt, der so etwas wie die deutsche Version des Jeep darstellte, zunächst besonders von der Waffen-SS für die Motorisierung ihrer Truppen gefordert und seit 1940 mit wachsenden Stückzahlen hergestellt wurde. 2. wurden im Volkswagenwerk seit 1944 fast die Hälfte aller Flugbomben V1 hergestellt, jener mit viel Propaganda eingesetzten »Vergeltungswaffe« für die Luftangriffe der Alliierten auf deutsche Städte. Mit einer wachsenden Zahl von Zwangsarbeitern wurden außerdem weniger kriegswichtige Geräte sowie Flugzeugteile hergestellt, um so eine sinnvolle Nutzung des Werks zu gewährleisten. Ähnlich schwierig entwickelte sich im Krieg der Aufbau der Hermann-Göring-Werke in Salzgitter, wobei hier noch hinzukam, daß die Eroberung der Lothringer Erzgruben im Jahre 1940 den weiteren Ausbau nicht mehr so wichtig erscheinen ließ.

Wilhelm Meinberg, einer der »Macher« aus der Leitung der Hermann-Göring-Werke, hat auf die beiden zentralen Fragen der Gründungsphase hingewiesen; sie lauteten, »woher bekommen wir die erforderlichen Arbeiter und wie bringen wir diese Massen ... unter.« Zugleich betonte er, »daß die Wirtschaftlichkeit« des Betriebs davon abhänge, »einen gesunden, fleißigen Arbeiterstamm heranzuziehen, der sich auch innerlich seinem Werk verbunden fühlt.« Die Architektur und Stadtplanung sollten dabei ein wichtige Rolle spielen. Einerseits orientierte man sich am Vorbild der Gartenstadt, was schon darin zum Ausdruck kam, daß 35 % der Stadtfläche als Bauland und 50 % als Grünfläche ausgewiesen waren, zugleich waren je Hektar 150 bis 200 Einwohner vorgesehen, was »deutlich unter dem Wert anderer Städte dieser Größenordnung« lag. Die zwei- und dreigeschossigen Wohnblocks sollten in ihrer Gestaltung durch Sattel- und Walmdächer, Torbögen und Arkaden sowie handwerkliche Schmuckelemente Heimat- und Bodenverbundenheit dokumentieren. Das Stadtzentrum auf dem Klieversberg war als »Stadtkrone« konzipiert und sollte von den »Bauten der Gemeinschaft« bestimmt sein: Gebäude für Verwaltung und NSDAP, Versammlungs- und Ausstellungshalle, Theater, Kino, Bücherei, Stadion und Sportanlagen. Man hoffte, daß diese Bauwerke die aus allen Teilen des Reiches stammende Bevölkerung der Stadt »zu einer Gemeinschaft formen und damit an die Stadt und an das Werk binden« würden. Geplant waren vor allem Wohnungen mit drei bis vier Zimmern und einer Wohnfläche von durchschnittlich 55 Quadratmetern. Unausgesprochen war der Wohnungsbau vom bürgerlichen Familienbild mit festgelegter Frauen- und Männerrolle und einem erwünschten Kindersegen geprägt. Für alle Wohnungen waren Fernheizung sowie Badezimmer mit Wanne oder Dusche vorgesehen, ein Komfort, der sich stark von der Realität der damaligen Arbeiterwohnungen abhob. Nachdem das Ziel der Volksgemeinschaft laut verkündet worden war, sollten nun die sozialen Unterschiede, die sich ja gerade in den Wohnverhältnissen ausdrückten, demonstrativ überwunden werden. Darüber hinaus hatten mittelständische Gewerbebetriebe für eine weitere soziale Durchmischung zu sorgen. Geplant war, die ganze Stadt in sechs Ortsgruppen der NSDAP aufzugliedern, weiter sollten NSV-Kindergärten, Hitlerjugendheime und für die nähere Zukunft eine Adolf-Hitler-Schule gebaut werden. Jede Ortsgruppe hatte ein Haus als kulturellen, gesellschaftlichen und organisatorischen Mittelpunkt, mit dem die Partei das gesellige Leben weitgehend überwachen konnte. Ähnliche Strukturen waren für Watenstedt-Salzgitter zumindest geplant, hier nur mit zusätzlichen Akzentsetzungen, da Göring seine Stadtgründung in Konkurrenz mit Braunschweig und Hannover sah und entsprechende Größenordnungen bei den Repräsentationsgebäuden und bei der Ausstattung der Stadt verlangte. So sollte auf dem zentralen Platz eine gewaltige »Volkshalle« stehen.

Die Polizei klagte trotz starker Präsenz der Parteiorganisationen über einen mangelhaften »Sicherheitsstand« unter den Arbeitern, wobei sie die Ursache besonders darin sah, daß es in Wolfsburg »keine bodenständige Arbeiterschaft« gab. Kriminalität komme bei den italienischen Arbeitern selten vor, während die deutschen Arbeiter, »die nur noch den letzten arbeitsvermittlungsfähigen Satz darstellen«, die Polizei stark in Anspruch nähmen. Für die deutschen Arbeiter hatte die Zufälligkeit der Verpflichtung auf die Arbeitsstellen in Wolfsburg und Salzgitter zur Folge, daß ein Milieuzusammenhang kaum noch entstehen konnte. So erschienen im Salzgittergebiet zum Herbst 1938 österreichische, aber auch oberschlesische Arbeiter, die am Stichkanal eingesetzt wurden, der den Mittellandkanal mit den Hermann-Göring-Werken verbinden sollte. Eine andere Gruppe von Österreichern war beim Bau einer Bahnstrecke aus dem Salzgittergebiet nach Hildesheim beschäftigt. Schnell entwickelten sich Konkurrenzsituationen, weil die Österreicher – so der Bericht, den ein sozialdemokratischer Arbeiter an die Sopade schickte,- »mit allem zufrieden waren und furchtbar viele Arbeitsstunden täglich machten, so daß sie uns ständig als Vorbild hingestellt wurden.« Bei den oberschlesischen Arbeitern nahm er sogar eine ausgesprochene »Nazi-Stimmung« war.

Die Vorgänge innerhalb der Arbeiterschaft blieben aber nicht nur auf die großen Projekte in Wolfsburg und Salzgitter beschränkt. Sie lassen sich vielmehr überall dort nachweisen, wo im Zuge der nationalsozialistischen Planung neue Produktionsstandorte aufgebaut wurden. Deutlich wurde das etwa den Arbeitern der Hanomag in der Abteilung mit dem harmlosen Namen »Anhänger- und Gerätebau«, in der es um die Produktion von Geschützen ging. Das Personal dieser Abteilung wurde im Zuge der Aufrüstungsmaßnahmen besonders stark erweitert. Die Neuen kamen unter anderem aus Oberschlesien und wurden wie im Salzgittergebiet von den Einheimischen als Fremde sehr kritisch betrachtet. Auch von ihnen berichteten einheimische Arbeiter später, sie seien »fast ausnahmslos SA-Männer und PGs gewesen«, auch »dzień dobry«, also auf polnisch »guten Tag«, hätten sie gelegentlich gesagt. Die Aufrüstungspolitik, auch die Verpflichtung von Arbeitern zu den Bauarbeiten für den Westwall, zwangen die Arbeiterschaft zu wachsender Mobilität, die traditionellen Milieuzusammenhänge, die durch Straßen und Stadtteile gegeben waren, lösten sich zunehmend auf. Hinzu kamen die Veränderungen, die durch die starke Nachfrage nach Arbeitskräften hervorgerufen wurden, wie sie von den Großprojekten in Wolfsburg und Salzgitter ausging. Zwar setzte die Deutsche Arbeitsfront in Wolfsburg einen hohen Anteil von Arbeitern ein, der ungelernt oder angelernt war. Sie bemühte sich aber gleichzeitig, Arbeitskräfte dadurch anzuziehen, daß sie anfangs die Stundenlöhne allgemein mit rund 20 bis 40 Pfennigen über dem Reichsdurchschnitt plante. Aber schon im März 1939 waren die im Dezember 1938 geplanten Löhne insofern überholt, als sie den Reichsdurchschnitt kaum noch erreichten.

Dem Mangel an Arbeitskräften war dann auch mit erhöhten Stundenlöhnen allein nicht beizukommen. Hinzu kamen im Rahmen des Vierjahresplans Maßnahmen zur zwangsweisen Verpflichtung von Arbeitskräften, vor allem die »Verordnung zur Sicherstellung des Arbeitskräftebedarfs für Aufgaben von besonderer staatspolitischer Bedeutung«, die zunächst am 22. Juni 1938 und dann verschärft am 13. Februar 1939 erlassen wurde. 1939 lautete der Paragraph 1: »Für Aufgaben, die der Beauftragte für den Vierjahresplan als besonders bedeutsam und unaufschiebbar bezeichnet, kann das Arbeitsamt Bewohner des Reichsgebietes zur Dienstleistung verpflichten. Hierzu kann privaten und öffentlichen Betrieben und Verwaltungen vom Arbeitsamt die Abgabe von Arbeitskräften auferlegt werden.« Außerdem wurde der Wechsel des Arbeitsplatzes beschränkt, während die Dienstverpflichtung, die zunächst noch auf ein halbes Jahr terminiert war, nach Bedarf verlängert werden konnte. Im Zusammenhang mit dem Bau des Westwalls wurde für Fälle von Bummelei und Arbeitsuntreue nun auch ein neuer nationalsozialistischer Lagertyp entwickelt: das erste Arbeitserziehungslager wurde im Herbst 1939 im Bereich des SS-Sonderlagers Hintzert bei Trier eingerichtet. Im niedersächsischen Raum richtete die Gestapo bei jeder Leitstelle ein Arbeitserziehungslager ein, für Hannover eins in Liebenau bei Nienburg, wo die Inhaftierten beim Aufbau der

Munitionsfabrik eingesetzt wurden, für Braunschweig eins in Hallendorf bei Salzgitter, das in enger Zusammenarbeit mit den Reichswerken entstand. Hallendorf hatte auch einen Lagerteil für weibliche Häftlinge, während ein Arbeitserziehungslager für Frauen von der Gestapoleitstelle Hannover in einer Etage der hannoverschen Pelikan-Werke eingerichtet wurde.

Die Arbeitserziehungslager waren eine Einrichtung, die ihre volle Bedeutung erst während des Krieges und besonders im Zusammenhang mit der rasch ansteigenden Zahl von ausländischen Arbeitern im Deutschen Reich erreichten. Zur Entlastung des deutschen Arbeitsmarktes ist in der NS-Zeit schon früh an die Anwerbung von ausländischen Arbeitskräften gedacht worden. Doch betrafen diese Überlegungen zunächst weniger den industriellen Sektor als den landwirtschaftlichen, weil mit dem steigenden Bedarf der Industrie eine Abwanderung der Arbeitskräfte aus der Landwirtschaft einherging. Im Frühjahr 1938 wurde der Fehlbedarf dort bereits mit einer Viertelmillion angegeben, dem man mit polnischen Saisonarbeitern zu begegnen hoffte. In der Industrie hielt sich die Anwerbung vor 1939 noch in engen Grenzen, wenn man von den Großbaustellen beim Volkswagenwerk und den Hermann-Göring-Werken absieht. Der Aufbau des Volkswagenwerkes wurde schon 1938 durch etwa 3.000 italienische Arbeiter gewährleistet. Im Juni 1939 waren auf den Arbeitsplätzen im Umfeld der Hermann-Göring-Werke bereits 10.000 Ausländer beschäftigt. Als dann der Krieg begann, meinte man die weitere Verknappung von Arbeitskräften aufgrund der Einziehung zum Wehrdienst mit Lohnkürzungen, Arbeitszeitverlängerung und der Streichung des Urlaubsanspruchs kompensieren zu können, doch wurden diese nach den militärischen Erfolgen von 1939 und 1940 wieder rückgängig gemacht. Die Gesamtzahl der erwerbstätigen Frauen nahm sogar nach Kriegsbeginn zunächst ab, da die Ehefrauen der Soldaten durch die Unterhaltszahlungen keine Notwendigkeit sahen, berufstätig zu sein.

Innerhalb der Rüstungsinspektion Hannover ist der Industrieeinsatz von Frauen wegen des großen Bedarfs an Arbeitskräften, der durch die Projekte in Wolfsburg und Salzgitter entstand, seit dem Ausbruch des Krieges intensiv diskutiert worden. In einem ihrer Texte heißt es, daß Frauen bis Mitte 1940 überwiegend zu leichten Arbeiten herangezogen worden seien, danach aber mehr und mehr »an die Stelle des Mannes« gesetzt wurden. Darauf hätten die Frauen sich bemüht, diese Arbeitsplätze wieder zu verlassen. Um dies zu unterbinden, schlug die Rüstungsinspektion Hannover mehrfach vor, die gesetzlichen Regelungen für den Arbeitseinsatz von Frauen dahingehend zu ändern, daß diejenigen unter ihnen, die nach Kriegstrauungen Familienunterstützung bezogen und deshalb nicht mehr berufstätig waren, wieder zur Arbeit in der Rüstungsindustrie herangezogen werden konnten. Daraus wurde aber nichts. Im Januar 1943 versuchte man, einen stärkeren Zugriff auf die nicht erwerbstätigen Männer und Frauen dadurch zu erreichen, daß eine allgemeine Meldepflicht eingeführt wurde. Sie wurde Anfang 1944 auf die laufende Erfassung aller

Arbeitsfähigen ausgeweitet. Jetzt waren auch alle Frauen meldepflichtig, die ein Kind unter zwei Jahren hatten und mit einem weiblichen nichtberufstätigen Familienmitglied zusammenwohnten, welches Kinder betreuen konnte. Der Versuch, die allgemeine Arbeitspflicht durchzusetzen und vor allem die Frauenarbeit in der Rüstungsindustrie zu steigern, brachte jedoch nur geringe Erfolge, teils wegen des grundsätzlichen Vorbehalts in der NS-Führung, etwa von Hitler persönlich, gegen die Erwerbstätigkeit von verheirateten Frauen, teils mit Rücksicht auf die Stimmung in der Bevölkerung. Eine allgemeine Dienstpflicht für Frauen, wie sie in Großbritannien im Dezember 1941 eingeführt wurde, kam in Deutschland nicht zustande.

Die deutsche Führung entschied sich bei Kriegsbeginn nicht für einen erweiterten Arbeitseinsatz der deutschen Frauen, sondern für einen verstärkten Einsatz von ausländischen Arbeitern. Im Sommer 1941 arbeiteten bereits drei Millionen Ausländer, vor allem Polen und Franzosen, in Deutschland; die Zahl stieg im Herbst 1944 auf 7,7 Millionen an, unter denen sich allerdings viele Kriegsgefangene befanden. In vielen Betrieben gehörte es im letzten Drittel des Krieges zur Normalität, daß deutsche Arbeiter fast nur noch als Vorarbeiter und Meister beschäftigt wurden, während die Belegschaften zu 80 bis 90 % aus Ausländern bestanden. Die deutschen Arbeiter übernahmen auf diese Weise Belehrungs-, Aufsichts- und Anweisungsfunktionen gegenüber den Ausländern in ihrem Betrieb, ihre Rolle und ihr Status wurde aufgewertet, das nationalsozialistische Regime bezog sie damit schrittweise immer stärker in sein System der Herrschaft in Deutschland und Europa ein. Überhaupt ist zu beobachten, daß es der NS-Führung gelang, die wirtschaftliche Situation der deutschen Bevölkerung – anders als im Ersten Weltkrieg – im allgemeinen zufriedenstellend zu gestalten, die Konsumchancen innerhalb der Gesellschaft anzugleichen und die Klassengegensätze zu entschärfen. Das Regime konnte damit eine gewisse Grundlage für eine Loyalität der Arbeiterschaft zumindest während der ersten Phase des Krieges schaffen. Erst gegen Ende des Krieges sind dann wieder oppositionelle Regungen unter den Arbeitern zu erkennen.

Die Bemühungen der Reichswerke zur Anwerbung von ausländischen Arbeitskräften nahmen nach Kriegsbeginn und den erfolgreich verlaufenen ersten Feldzügen der deutschen Wehrmacht einen immer rücksichtsloseren Charakter an. Sie begannen nun selbstständig Arbeitskräfte anzuwerben, zum Beispiel in Polen und den Niederlanden. Nach dem Beginn des Rußlandfeldzuges bekam das Landesarbeitsamt Niedersachsen bestimmte Distrikte des besetzten Territoriums zugesprochen, in denen Arbeitskräfte »angeworben« werden durften. Ein weiterer Anstieg des Ausländeranteils unter den Beschäftigten ist nach der Ernennung des Thüringer Gauleiters Fritz Sauckel zum Generalbevollmächtigten für den Arbeitseinsatz zu beobachten. Ende Juni 1942 hieß es, daß der Anteil der Deutschen bei den Reichswerken nur noch bei 20 % liege. Im Volkswagenwerk lag der Anteil der Deutschen im Dezember 1942 bei 31 %. Nun wurde auch Frankreich durch den deutschen Militärbefehlshaber in

Polnische Zwangsarbeiter im Lager 12 der Reichswerke in Salzgitter.

Rekrutierungsgebiete eingeteilt, wobei das Landesarbeitsamt Niedersachsen Lyon und Nantes zugewiesen bekam, um von dort Arbeitskräfte für die Reichswerke zu beziehen. Besonders schlechte Lebensbedingungen herrschten unter den sogenannten Ostarbeitern, die aus den besetzten Gebieten der Sowjetunion stammten und verpflichtet waren, auf ihrer Kleidung einen Stoffstreifen mit den Buchstaben »Ost« zu tragen. Die Ostarbeiter waren es vor allen anderen ausländischen Arbeitern, die in das Lager 24/Reppner (Kreis Wolfenbüttel) eingewiesen wurden, das den Charakter eines Sterbelagers hatte. Ein Ort des Elends waren schließlich die »Ausländerkinder-Pflegestätten«, in denen seit Anfang 1943 schwangere Ostarbeiterinnen und Polinnen zu entbinden und nach kurzer Zeit die Neugeborenen zurückzulassen hatten. Sie wurden auch durch die Betriebsleitungen des Volkswagenwerks und der Reichswerke »Hermann Göring« eingerichtet. Die Sterblichkeit der Kinder lag in den Heimen infolge von Unterernährung, schlechter ärztlicher Versorgung und Verwahrlosung teilweise bei 90 % oder darüber.

Das Bild der Wohnsiedlungen für Industriearbeiter veränderte sich nun in ganz Deutschland. Überall entstanden Barackenlager, daneben aber auch Notunterkünfte in Turnhallen oder den Festsälen von Landgasthöfen. Ausländische Arbeiter und Kriegsgefangene, später auch KZ-Häftlinge, wurden in ihnen untergebracht. Besonders galt das natürlich für die großen Projekte der

Industrieansiedlung in Wolfsburg und Salzgitter. Anfang 1942 lebten 40,3 % der Bevölkerung des Salzgittergebiets in Lagern und 59,7 % in Wohnungen. Innerhalb von zwei Jahren stieg die Bevölkerung um 36,2 %, von der 11,4 % in Wohnungen und 73 % in Lagern lebten. Danach waren zu Beginn des Jahres 1944 51,2 % der Bevölkerung in Lagern und 48,8 % in Wohnungen untergebracht. Ein neuer Beruf entstand, der des Lagerführers, der besonders ausgebildet wurde, das Vertrauen der NSDAP besitzen mußte und auch als Vertreter des Unternehmens galt. Die Lagerführer des Volkswagenwerks waren Funktionsträger der Deutschen Arbeitsfront. Zur Verständigung mit den ausländischen Arbeitern wurden Lagerverbindungsmänner eingesetzt. Der Lagerführer gewährleistete die Kontrolle der Arbeiter, aber auch die Gestaltung der Freizeit, für die in Salzgitter jeder Arbeiter monatlich und gegen einen entsprechenden Abzug in der Lohntüte einen »Feierabend-Ausweis« der NS-Organisation »Kraft durch Freude« fand. Besonders Filme, auch italienische, niederländische, tschechische, vereinzelt auch russische und französische, wurden vorgeführt. Außerdem gab es Musik-, Theater- und Sportveranstaltungen.

Außer den Kontrollmöglichkeiten im Lager und im Betrieb gab es in Watenstedt seit Anfang 1939 auch eine Außenstelle der Gestapo. Systematische Widerstandsaktivitäten lassen sich unter den deutschen und ausländischen Arbeitern nur selten beobachten, doch bestand eine latente Bereitschaft zum Protest gegen die miserablen Lebensbedingungen. Die Werksleitung versuchte sowohl im Volkswagenwerk als auch in den Reichswerken, die Arbeitsleistung durch physischen Zwang zu verbessern. In Wolfsburg war es vor allem der auf eine SS-Formation zurückgehende deutsche Werkschutz, der die ausländischen Arbeiter mit Prügelaktionen und anderen Maßnahmen zu besseren Arbeitsleistungen anzuhalten versuchte. Allerdings hat die Werksleitung in einigen Fällen, in denen die physischen Folgen der Strafaktionen des Werkschutzes zur Arbeitsunfähigkeit führten, interveniert. Sie versuchte auch, gegen Brutalitäten fanatisierter Meister und Arbeiter einzuschreiten. Die Reichswerke gingen im Jahre 1940 daran, für polnische Arbeiter, »die sehr bummelig wurden bzw. sich einfach krank melden«, ein Sonderlager einzurichten. Es war das Lager 21 in Hallendorf, in dem sich im August dieses Jahres bereits 400 Häftlinge, überwiegend Niederländer und Polen, befanden. Bald darauf wurde auch ein Mietvertrag zwischen den Reichswerken und der Braunschweiger Gestapo abgeschlossen, zunächst nur für das Männerlager, seit Juli 1942 auch für ein Frauenlager, die beide jeweils für 800 Personen geplant waren. Bewacht wurde das Lager durch den Werkschutz der Reichswerke. Die Häftlinge hatten bei verkürzter Nachtruhe überlange Arbeitszeiten und wurden zu besonders schweren Arbeiten herangezogen, sie wurden ständig angetrieben und waren Schikanen und Mißhandlungen ausgesetzt. Nachweislich hat es im Lager 21 / Hallendorf 932 Todesfälle gegeben.

Neben dem als »Arbeitserziehung« getarnten Terror gab es bei den Reichswerken wie auch beim Volkswagenwerk den Terror der Konzentrationslager.

Im September 1942 suchte Paul Pleiger das Wirtschaftsverwaltungshauptamt in Oranienburg bei Berlin auf und erreichte dort die Zusage für die Einrichtung eines Außenlagers des KZ Neuengamme, dessen fast 2.600 Häftlinge unter der Hochstraße des Walzwerks in Salzgitter-Drütte untergebracht werden sollten. Gebraucht wurden sie für die Produktion von 8,8 cm Sprenggranaten. Die Arbeitsbedingungen waren hart, die Ernährung völlig unzureichend, Mißhandlungen alltäglich. In zehn Fällen wurden Häftlinge wegen angeblicher Sabotage im Lager erhängt, 670 Häftlinge kamen nachweislich um. 1944 wurden noch zwei andere Außenlager errichtet: das in Watenstedt/Leinde mit einem Frauen- und einem Männerlager, das für Frauen in Salzgitter und schließlich für kurze Zeit das beim Erztagebau Haverlahwiese. Beim Volkswagenwerk wurden drei KZ-Außenlager eingerichtet, das erste durch die persönliche Aktivität von Porsche bereits Anfang 1942 für den Bau einer Leichtmetallgießerei. 1944, das erste Außenlager war inzwischen wieder geschlossen worden, kamen noch zwei weitere KZ-Außenlager in Wolfsburg hinzu, darunter eins für 650 ungarische Jüdinnen, die bei der Munitionsproduktion eingesetzt wurden.

Die Großprojekte in Salzgitter und Wolfsburg waren der Stolz des NS-Regimes, wollte es durch sie doch seine Modernität und Leistungsfähigkeit demonstrieren. Tatsächlich haben beide Standorte dann in der Rüstung nicht die überragende Rolle gespielt, und auch vom Städtebau war bis zum Ende des Regimes kaum etwas vorzuzeigen. Dominant blieben hingegen riesige Barakkenlager. Zurück blieben auch die Gräber und Massengräber der umgekommenen und umgebrachten ausländischen Arbeiter und Arbeiterinnen, der Kriegsgefangenen und KZ-Häftlinge. Letztlich zeigten Salzgitter und Wolfsburg, daß die scheinbare Modernität und Leistungsfähigkeit des Nationalsozialismus ohne den rücksichtslosen Einsatz von Gewalt undenkbar waren, ja, sich nur durch Gewalt entfalten konnten. Der Arbeiterschaft konnte die desorganisierte Industrie- und Stadtlandschaft von Salzgitter und Wolfsburg keine positiven Eindrücke vermitteln, Hitler hat den Volkswagen nicht zum Rollen gebracht. Seine große Wirkung hat das Auto des kleinen Mannes erst in den fünfziger Jahren entfaltet, als es zum Symbol des Wirtschaftswunders wurde und gerade auch die Arbeiterschaft mit Optimismus und der Hoffnung auf sozialen Aufstieg erfüllte, eines Aufstiegs allerdings, der nicht mehr im Rahmen der Arbeiterkultur und der sozialdemokratischen Solidargemeinschaft gesehen wurde.

Landes- und Demokratiegründung nach 1945

Dieter Brosius

Im Lauf des April 1945 hatten die von Westen her angreifenden alliierten Armeen – Amerikaner, Briten und Kanadier, diese unterstützt durch eine polnische Panzerdivision – den Raum zwischen Ems und Elbe nahezu vollständig besetzt. Die schwachen deutschen Verteidigungskräfte hatten den Vormarsch nicht aufhalten können; wo sie es versuchten, erlitten sie schwere Verluste. Am 15. April wurde auch das Konzentrationslager Bergen-Belsen befreit; den Siegern bot es einen grauenvollen Beweis für die Menschenverachtung des untergehenden Regimes. Tausende der Häftlinge starben noch in den Wochen danach an Entkräftung. Am 4. Mai nahm der alliierte Oberkommandierende, Feldmarschall Montgomery, auf dem »Victory Hill« bei Lüneburg die Teilkapitulation der Wehrmacht für die britische Front entgegen. Damit war der Krieg in Niedersachsen beendet; der »Festung Harz« blieb es erspart, als letztes Bollwerk des Großdeutschen Reichs in einen aussichtslosen Verteidigungskampf verstrickt zu werden.

Die Briten, deren Besatzungszone der niedersächsische Raum durch das Londoner Protokoll vom 12. September 1944 zugeteilt worden war, fanden das Land in einer desolaten materiellen und geistigen Situation vor. Im Bombenkrieg waren die meisten der größeren Städte stark zerstört worden – Hannover und Braunschweig zu 52, Hildesheim zu 43, Osnabrück zu 55, Emden zu 74 und Wilhelmshaven zu 62 %. Hunderttausende hatten in Notunterkünften auf dem Lande Zuflucht suchen müssen. Viele Wirtschaftsbetriebe lagen in Trümmern oder hatten aus Mangel an Rohstoffen die Produktion einstellen müssen. Der Verkehr war weitgehend lahmgelegt, da Brücken gesprengt und Schienenstränge unterbrochen waren und für die wenigen nicht beschlagnahmten Kraftfahrzeuge kaum noch Treibstoff zur Verfügung stand. An den meisten Verbrauchsgütern herrschte ein empfindlicher Mangel, der sich schon in den letzten Kriegsjahren angekündigt hatte. Lediglich die Versorgung mit Lebensmitteln hielt sich im Agrarland Niedersachsen anfangs noch auf einem leidlichen Stand.

Bedrückend war aber auch die moralische Verfassung der Bevölkerung. Nur wenige empfanden das Ende des NS-Staats als Befreiung, als Chance für einen neuen Anfang. Den meisten schien der Zusammenbruch des Hitler-Regimes den Boden unter den Füßen weggezogen zu haben. Weithin herrschten Ratlosigkeit, Resignation und Apathie. Die von der Besatzungsmacht verhängten Ausgangssperren und Versammlungsverbote schränkten die Möglichkeiten zur

Unter Aufsicht britischer Soldaten mußten die in Bergen-Belsen verbliebenen SS-Leute die Leichen ihrer Opfer bergen.

Kommunikation ein; Schulen, Kinos, Theater und Konzertsäle waren zerstört oder geschlossen, die Zeitungen waren eingestellt worden, der Rundfunk sendete nicht mehr. Das öffentliche Leben war fast völlig zum Stillstand gekommen. Die staatlichen und kommunalen Verwaltungen waren nur bedingt arbeitsfähig, denn selbstverständlich wurden die leitenden Beamten, die durchweg eifrige Nationalsozialisten gewesen waren, zumindest vorübergehend aus dem Dienst entfernt. Die an ihre Stelle gesetzten unbelasteten Männer und Frauen, oft Verfolgte der NS-Herrschaft, brachten zwar viel guten Willen, nicht immer aber auch die nötigen Kenntnisse mit.

Wollten die Briten ein allgemeines Chaos verhindern, so blieb ihnen nur übrig, die gesetzgebende und vollziehende Gewalt, gestützt auf ihre Besatzungshoheit, zunächst selbst zu übernehmen. Sie bauten dazu innerhalb ihrer

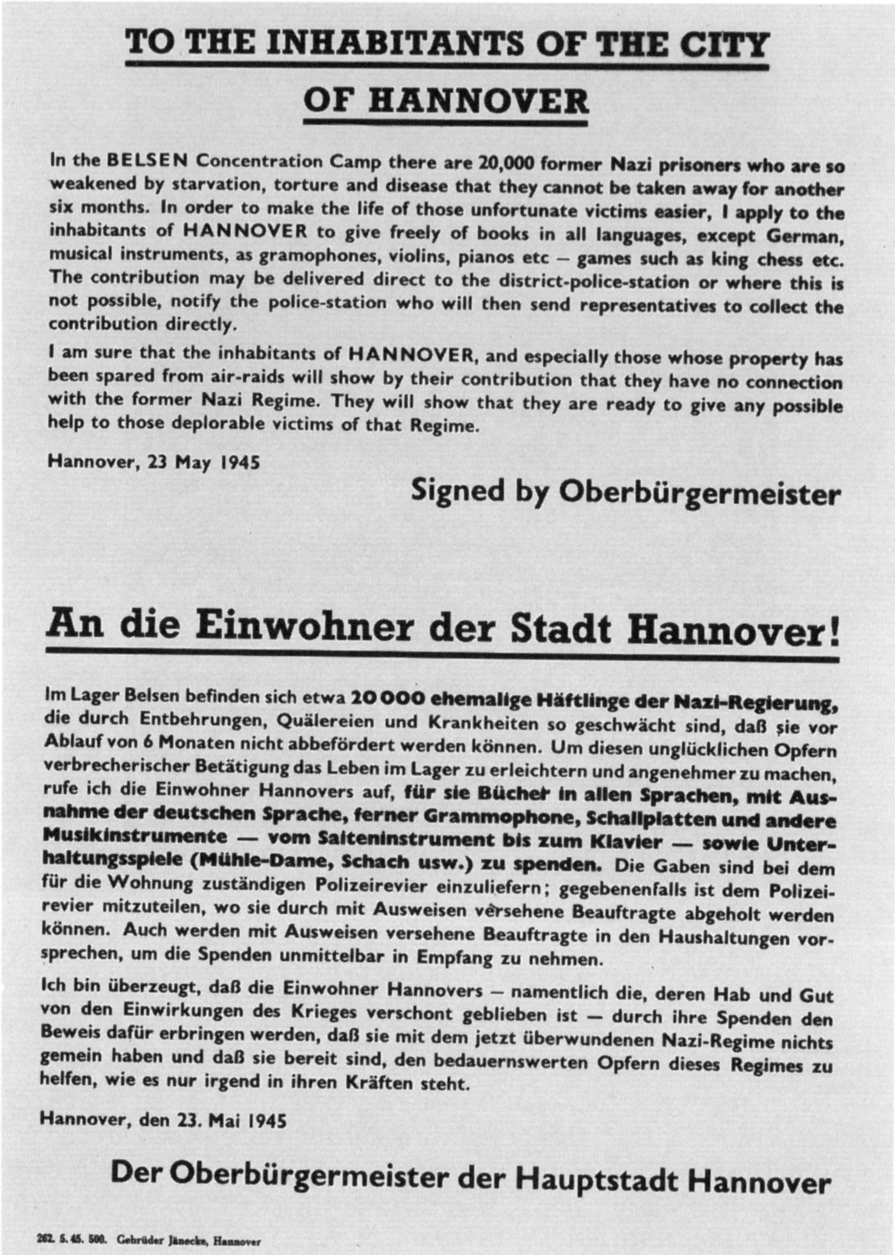

TO THE INHABITANTS OF THE CITY OF HANNOVER

In the BELSEN Concentration Camp there are 20,000 former Nazi prisoners who are so weakened by starvation, torture and disease that they cannot be taken away for another six months. In order to make the life of those unfortunate victims easier, I apply to the inhabitants of HANNOVER to give freely of books in all languages, except German, musical instruments, as gramophones, violins, pianos etc – games such as king chess etc. The contribution may be delivered direct to the district-police-station or where this is not possible, notify the police-station who will then send representatives to collect the contribution directly.

I am sure that the inhabitants of HANNOVER, and especially those whose property has been spared from air-raids will show by their contribution that they have no connection with the former Nazi Regime. They will show that they are ready to give any possible help to those deplorable victims of that Regime.

Hannover, 23 May 1945

Signed by Oberbürgermeister

An die Einwohner der Stadt Hannover!

Im Lager Belsen befinden sich etwa **20 000 ehemalige Häftlinge der Nazi-Regierung,** die durch Entbehrungen, Quälereien und Krankheiten so geschwächt sind, daß sie vor Ablauf von 6 Monaten nicht abbefördert werden können. Um diesen unglücklichen Opfern verbrecherischer Betätigung das Leben im Lager zu erleichtern und angenehmer zu machen, rufe ich die Einwohner Hannovers auf, **für sie Bücher in allen Sprachen, mit Ausnahme der deutschen Sprache, ferner Grammophone, Schallplatten und andere Musikinstrumente — vom Saiteninstrument bis zum Klavier — sowie Unterhaltungsspiele (Mühle-Dame, Schach usw.) zu spenden.** Die Gaben sind bei dem für die Wohnung zuständigen Polizeirevier einzuliefern; gegebenenfalls ist dem Polizeirevier mitzuteilen, wo sie durch mit Ausweisen versehene Beauftragte abgeholt werden können. Auch werden mit Ausweisen versehene Beauftragte in den Haushaltungen vorsprechen, um die Spenden unmittelbar in Empfang zu nehmen.

Ich bin überzeugt, daß die Einwohner Hannovers – namentlich die, deren Hab und Gut von den Einwirkungen des Krieges verschont geblieben ist — durch ihre Spenden den Beweis dafür erbringen werden, daß sie mit dem jetzt überwundenen Nazi-Regime nichts gemein haben und daß sie bereit sind, den bedauernswerten Opfern dieses Regimes zu helfen, wie es nur irgend in ihren Kräften steht.

Hannover, den 23. Mai 1945

Der Oberbürgermeister der Hauptstadt Hannover

262. 5. 45. 500. Gebrüder Jänecke, Hannover

Noch bis 1950 fristeten zum Teil um die 13.000 jüdische Überlebende des Holocaust ihr Dasein nahe dem ehemaligen Lager Bergen-Belsen. Bis zur Gründung des Staates Israel entwickelte sich aus dem DP-Lager seit Mai 1946 eine rein jüdische Stadt mit eigenen Schulen, Zeitungen, Theatern, Handel und Gewerbe, aber zum Beispiel auch eigener Polizei und Gerichtsbarkeit.

Zone eine streng hierarchisch gegliederte Verwaltung auf. Unter der Britischen Kontrollkommission für Deutschland standen regionale Militärregierungen. Der in Hannover waren die Provinz Hannover und die Länder Oldenburg und Braunschweig zugeordnet. Schaumburg-Lippe gehörte anfangs zur Region Westfalen und wurde erst im Mai 1946 Hannover zugeschlagen; Bremen und Bremerhaven hatten die Amerikaner, weil sie die Häfen für ihren Nachschub benötigten, für sich beansprucht. In den sechs Regierungsbezirken der Provinz sowie in Braunschweig und Oldenburg wurden Bezirksmilitärregierungen eingerichtet, darunter entsprechende Kommandostellen in den Landkreisen und Städten.

Mit dieser straff organisierten, von Offizieren getragenen Administration gelang es den Briten, den Kollaps der Wirtschaft in ihrem Besatzungsgebiet zu vermeiden und wenigstens die notdürftige Versorgung der durch den Zustrom von Flüchtlingen und Vertriebenen rasch wachsenden Bevölkerung zu sichern. Den Rahmen dafür bildeten die alliierten Gesetze und Verordnungen, die durch Befehle und Anweisungen der örtlichen Befehlshaber ergänzt wurden. Nach dem Grundsatz der Auftragsverwaltung (*indirect rule*) waren die deutschen Behörden, vom Bürgermeister und Gemeindedirektor bis hinauf zu den Landesregierungen und zum Oberpräsidenten, zu lediglich ausführenden Organen degradiert und hatten anfangs keinerlei eigenen Entscheidungsspielraum. Erst zögernd und allmählich, dann aber mit wachsendem Vertrauen immer rascher, übertrugen die Briten den deutschen Partnern einzelne Verantwortungsbereiche, behielten sich die Entscheidung in allen wichtigen Fragen aber noch lange Zeit vor. Die Besatzungsoffiziere folgten zunächst meist der Parole der *non-fraternization* und behandelten die deutschen Gesprächspartner kühl und distanziert. Doch der Zwang zur Effektivität machte dem frostigen Klima bald ein Ende und führte zu echter Kooperation.

Ziele der Besatzungspolitik waren neben der Sicherung des Überlebens der Bevölkerung die Ausmerzung nationalsozialistischen und militaristischen Gedankenguts und die Umerziehung der Deutschen zu überzeugten Demokraten. Im großen und ganzen gelang diese *reeducation* rascher, als man hätte erwarten können, wenn sich auch hinter Lippenbekenntnissen zur Demokratie oft noch Relikte der zwölf Jahre lang eingehämmerten Ideologie verbergen mochten. Als ein wenig taugliches Mittel zur Läuterung erwies sich allerdings die Entnazifizierung. Zuerst von den Briten selbst, dann von deutschen Spruchkammern durchgeführt, sollte sie verhindern, daß Männer und Frauen, die sich dem NS-Staat in leitenden Funktionen zur Verfügung gestellt hatten, allzu rasch wieder in verantwortliche berufliche Positionen gelangten. Das zu leisten war sie allenfalls kurzfristig imstande. Zum einen wurden die Verfahren vielfach zur Farce, weil die Betroffenen sich »Persilscheine« besorgten, Gefälligkeitszeugnisse, die ihnen einwandfreies Verhalten oder gar eine heimliche Gegnerschaft zum Regime attestierten. Zum anderen sah man über eine vorhandene Belastung bald hinweg, wenn Fachleute gebraucht wurden, für die kein gleichwertiger Ersatz zu finden war. 1950 wurde die Entnazifizierung denn auch sang- und klanglos beendet.

Wichtiger war das Bestreben, demokratische Strukturen und Verhaltensweisen von unten her, bereits in der Schule einzuüben und sie zu einem selbstverständlichen Erziehungsgrundsatz zu erheben. Das erforderte eine Schulreform, die zunächst schwer zu verwirklichen war. Viele Schulen waren zerstört, die Zahl der Lehrer hatte sich durch die Kriegsverluste vermindert, die der Schüler stieg dagegen stark an, so daß übergroße Klassen gebildet werden mußten. Es fehlte an geeigneten Schulbüchern, und wegen des Mangels an Heizmaterial mußte an kalten Tagen der Unterricht häufig ausfallen. Der im Herbst 1945 wieder aufgenommene Schulbetrieb kam deshalb an vielen Orten nur schleppend in Gang. Es dauerte viele Jahre, bis neue Inhalte und neue Unterrichtsformen sich überall durchgesetzt hatten. Daß die Reform gelang, ist wesentlich dem ersten niedersächsischen Kultusminister Adolf Grimme zu danken, der sich mit einem Stab engagierter Reformpädagogen aus der Zeit der Weimarer Republik umgab.

Noch 1945 konnten auch die Hochschulen, die durch die Vertreibung jüdischer Professoren nach 1933 schweren Schaden gelitten hatten, ihre Tore wieder öffnen, als erste deutsche Universität die in Göttingen bereits am 17. September. Zwei Neugründungen kamen hinzu: 1947 in Hannover eine Hochschule für Gartenbau und Landeskultur, die 1952 in die Technische Hochschule eingegliedert wurde, und 1949 in Wilhelmshaven die Hochschule für Arbeit, Politik und Wirtschaft (seit 1952: für Sozialwissenschaften), die 1962 in der Universität Göttingen aufging.

Presse und Rundfunk, vom NS-Staat als reine Propagandainstrumente mißbraucht, bedurften einer völligen Neuorganisation. Dem Informationsbedürfnis der Bevölkerung dienten zunächst nur die Mitteilungsblätter der Militärregierung, darunter seit Juni 1945 der »Neue Hannoversche Kurier«, ehe dann Lizenzen für die Herausgabe deutscher Zeitungen vergeben wurden. Sie waren überwiegend an die sich neu formierenden politischen Parteien angelehnt; es gab also bürgerliche, SPD-, KPD- und FDP-nahe Zeitungen. Als erstes Blatt in Niedersachsen erschien am 7. Januar 1946 die »Braunschweiger Zeitung«, zu deren Chefredakteur der Sozialdemokrat Fritz Sänger bestellt wurde. Erst mit der Inkraftsetzung des Grundgesetzes endete das Lizenzsystem. Danach lebten überall die traditionellen Heimatzeitungen wieder auf, während manches Lizenzblatt sein Erscheinen einstellen mußte. Zwei der erfolgreichsten bundesdeutschen Zeitschriften, die Illustrierte »Stern« und das Nachrichtenmagazin »Der Spiegel«, wurden übrigens in Hannover gegründet, aber schon bald nach Hamburg verlegt. – Anstelle des Reichssenders Hamburg, dessen Programm am 3. Mai 1945 erlosch, errichteten die Briten für ihre Zone den Nordwestdeutschen Rundfunk (NWDR), der für den niedersächsischen Bereich ein eigenes Funkhaus einrichtete. Am 1. März 1948 nahm der Sender Hannover den Sendebetrieb auf.

Hannover nach über 100 Bombenangriffen, von denen besonders das Zentrum mit den angrenzenden Gebieten der Nord-, Süd- und Oststadt betroffen waren. Das Bild zeigt Menschen auf »Hamstertour« in der Breitenstraße (April 1945).

Schon im Sommer 1945 hatten die Theater, teilweise in provisorischen Spielstätten, wieder öffnen dürfen. Sie profitierten von dem lange unterdrückten Bedürfnis des Publikums nach anspruchsvoller Unterhaltung und befriedigten vornehmlich den Nachholbedarf an Stücken ausländischer oder jüdischer Autoren, die im Dritten Reich nicht gespielt werden durften. Die Theaterlandschaft blühte auf. Mehrere Wanderbühnen versorgten auch die ländlichen Regionen. Konzerte, Vorträge, Diskussionsabende hatten Konjunktur und stillten den enormen Hunger nach Kultur, dem erst die von der Währungsreform 1948 ausgelöste Geldverknappung ein Ende setzte.

Das Kino dagegen konnte auch in den fünfziger Jahren, vor dem Siegeszug des Fernsehens, seine Säle füllen. Niedersachsen schien nach 1945 ein Filmland werden zu können. Hamburger Produzenten hatten ihre Studios nach Bendestorf im Landkreis Harburg verlegt, und in Göttingen drehte die »Filmaufbau GmbH« seit 1948 einige erfolgreiche und künstlerisch beachtliche Streifen. Doch beide Drehorte wurden nach einigen Jahren wieder aufgegeben.

Den Aufbau demokratischer Strukturen in der Verwaltung wollten die Briten an der Basis, auf der Ebene der Städte, Gemeinden und Kreise, beginnen lassen. Leitziel war dabei die kommunale Selbstverwaltung. Erste, noch ungeregelte Ansätze dazu hatten sich unmittelbar nach dem Zusammenbruch entwickelt. An manchen Orten waren spontan und über die Parteigrenzen hinweg Wiederaufbauausschüsse oder Antifaschistische Ausschüsse gebildet worden, die sich durchaus Verdienste bei der Sicherung der Versorgung und der Aufrechterhaltung von Ruhe und Ordnung erwarben. Wegen zunehmender linker Tendenzen wurden sie der Militärregierung jedoch bald suspekt und wurden im Sommer 1945 durchweg aufgelöst. Statt dessen wurden den Verwaltungen dann im Herbst 1945 ernannte Ratsgremien an die Seite gestellt – ein erster Schritt auf dem Wege zu einer Kommunalreform mit den Zielen der Dezentralisierung und der Entpolitisierung der Beamtenschaft. Der Zusammensetzung dieser Räte lagen die Ergebnisse der letzten freien Wahlen vor 1933 zugrunde, unter Berücksichtigung lokaler Besonderheiten. Zum 1. April 1946 trat eine revidierte Fassung der Deutschen Gemeindeordnung in Kraft, die das »Führerprinzip« des Nationalsozialismus durch eine Zweiteilung der Spitzenpositionen nach britischem Vorbild überwinden wollte: Den hauptamtlichen Verwaltungsleitern (Gemeinde-, Stadt-, Oberstadtdirektoren) wurden die ehrenamtlichen Repräsentanten der politischen Vertretungskörperschaften (Bürgermeister, Oberbürgermeister) an die Seite gestellt. 1947 übertrug die Landkreisordnung diese Zweigleisigkeit auch auf die Kreisebene (Oberkreisdirektoren, Landräte). Erst die Gemeinderatswahlen am 15. September und die Kreistagswahlen am 13. Oktober 1946 brachten den kommunalen Parlamenten dann die demokratische Legitimation.

Für die Errichtung einer freiheitlich-demokratischen Gesellschaftsordnung war die baldige Wiederzulassung politischer Parteien eine wichtige Voraussetzung. Politisches Leben hatte sich trotz eines generellen Betätigungsverbots mit stillschweigender Duldung der Briten schon rasch wieder geregt. Bereits im Mai 1945 gründete Kurt Schumacher in Hannover das »Büro Dr. Schumacher«, das sich zur Zentrale der SPD in den drei Westzonen entwickelte und erst nach der Gründung der Bundesrepublik nach Bonn verlegt wurde. Zum 6. Oktober 1945 berief Schumacher eine Konferenz führender Sozialdemokraten nach Wennigsen am Deister ein; die Partei sieht dieses Datum als den Tag ihrer Wiedergeburt nach dem Krieg an. Auch die Deutsch-Hannoveraner als Träger altwelfischer Traditionen, die Kommunisten und in den überwiegend katholischen Landesteilen das Zentrum stellten noch im Sommer 1945 alte Verbindungen wieder her. Offizielle Parteigründungen, zunächst beschränkt auf die Kreisebene, erlaubte die Militärregierung aber erst am 15. September. Seit Januar 1946 durften dann auch wieder politische Versammlungen abgehalten werden, sofern sie angemeldet und genehmigt waren. Zu den genannten Altparteien – die einstige DHP nannte sich nun Niedersächsische Landespartei (NLP) – kamen als neue Formationen auf der bürgerlichen Seite die CDU und die FDP hinzu.

Auch andere gesellschaftliche Interessenvertretungen entstanden neu. Schon im Mai 1945 beschloß eine Versammlung hannoverscher Betriebsräte die Bildung einer Einheitsgewerkschaft, die dann im Februar 1946 als »Allgemeine Gewerkschaft Niedersachsen« ins Leben gerufen wurde und Albin Karl zum

Vorsitzenden wählte. Auf Weisung der Briten mußte sie jedoch im Mai 1947 in getrennte Industriegewerkschaften umgeformt werden. Die Industrie- und Handelskammern, die Handwerks- und die Landwirtschaftskammern, alle von eminenter Bedeutung für die Versorgung der Bevölkerung, knüpften mit Billigung der Briten an ihre Vorkriegsorganisation an und konnten ihre Arbeit fast ohne Unterbrechung weiterführen. Der sogenannte Reichsnährstand, dem in der NS-Zeit die landwirtschaftliche Selbstverwaltung zugewiesen worden war, wurde »abgewickelt«, seine Aufgaben den Kammern und der staatlichen Verwaltung übertragen.

Den staatlichen Rahmen für diese Entwicklungen bildeten die Provinz Hannover und die alsbald rekonstituierten Länder Oldenburg, Braunschweig und Schaumburg-Lippe. Lediglich kleinere Randgebiete waren bei der Festlegung der Zonengrenze abgetrennt worden: von Braunschweig der östliche Teil des Kreises Blankenburg und die Exklave Calvörde im Magdeburgischen, von Hannover das rechtselbische alte Amt Neuhaus. Die Briten setzten in Braunschweig den Sozialdemokraten Hubert Schlebusch, in Oldenburg den Liberalen Theodor Tantzen als Ministerpräsidenten ein und bestellten in Hannover den Deutsch-Hannoveraner Eberhard Hagemann zum stellvertretenden Oberpräsidenten. Im September 1945 wurde er durch Hinrich Wilhelm Kopf ersetzt, der im Mai bereits zum hannoverschen Regierungspräsidenten ernannt worden war. In Schaumburg-Lippe leitete der Staatsrat Heinrich Bövers die Landesverwaltung.

Um eine Vertretung der Bevölkerung auch in dieser Übergangsphase zu gewährleisten und um möglichst rasch die parlamentarischen Spielregeln wieder einzuüben, wurden Anfang 1946 in Braunschweig und Oldenburg Landtage, in Schaumburg-Lippe ein Landesrat eingesetzt; die Mitglieder wurden von der Militärregierung nach dem Proporz der Parteien ernannt, wobei auch andere gesellschaftliche Gruppierungen Berücksichtigung fanden. Die Gremien hatten lediglich beratende Funktion; die zu behandelnden Themen wurden von den Briten vorgegeben oder bedurften ihrer Zustimmung. Der hannoversche Provinziallandtag wurde dagegen nicht wiederbelebt; die Zuständigkeiten der Provinzialen Selbstverwaltung gingen auf den Oberpräsidenten über. Um auch hier ein demokratisches Element einzuführen, wurde die Bildung von Bezirkslandtagen beschlossen. Sie konstituierten sich im Frühjahr 1946 in allen sechs Bezirken der Provinz, wurden jedoch schon im Herbst, bei der Errichtung des Landes Niedersachsen, wieder aufgelöst.

Diese Landesgründung hatte der Sozialdemokrat Kopf, dem rasch die Rolle des wichtigsten deutschen Partners der Briten zufiel, von Anfang an als Ziel ins Auge gefaßt. Schon als Regierungspräsident und verstärkt dann als Oberpräsident wirkte er auf den Zusammenschluß der Provinz Hannover mit Oldenburg, Braunschweig und Schaumburg-Lippe zu einer Verwaltungseinheit hin und wurde dabei von Wirtschaftsverbänden, Gewerkschaften, Kirchen und anderen gesellschaftlichen Kräften unterstützt. Jedoch waren vor allem in den

Tabellarische Übersicht über die Gutachten zur Länderreform

1. Gebietseinteilung

Schumacher:	Lehr:	Kopf:	Kleine Länder und Zusatz-Gutachten der Hansestädte.	Zusatzgutachten Kubel:
Länder mit 4-7 Mill. Einwohnern beste Grösse. Durch Bildung Nordrhein/Westfalen ist Zwang entstanden	Nordrhein/Westfalen + (Lippe-Detmold und Südteil des Reg. Bez. Osnabrück)	Nordrhein/Westfalen	Nordrhein/Westf. (zu gross)	Nordrhein/ Westf. (Unterteilung in mehrere Länder notwendig)
neben	Hannover	Niedersachsen	Hannover - (Reg.Bez.Aurich, Osnabrück und Hildesheim ohne Krs.Gifhorn)	Niederdeutschland
Nordrhein/Westfalen	+(Braunschweig, Oldenburg und Schaumburg-Lippe)	(ob Lippe-Detmold, Minden, Ravensb. und Tecklenburg hinzu, ergibt Abstimmung nach 2 Jahren)	+ (Minden und Lübbecke, einschl. Schaumburg-Lippe)	(Hannover, Schleswig-Holstein, Braunschweig und Weser-Ems)
ein zweites Land zu bilden (Ostfalen)	Schleswig-Holstein	umfasst Hannover, Braunschweig, Oldenburg, Lippe-Detmold und Schaumburg-Lippe x)	Weser-Ems	
	Hamburg + (Cuxhaven)	Schleswig-Holstein Hamburg Bremen	- (Oldenburg, Aurich, Osnabrück, Wesermünde (Stadt u.Land), Osterholz-Scharnbeck, Syke, Diepholz, Tedinghausen)	
	Bremen	x)	Braunschweig + (Reg.Bez.Hildesheim u.Krs.Gifhorn)	

Daß die Entstehung Niedersachsens in einem sehr starkem Maße auf Hinrich Wilhelm Kopf zurückgeht, belegen diese am 17. September 1946 vorgelegten Entwürfe zur Einteilung der britischen Zone; lediglich Kopfs Vorschlag zielt auf die Schaffung eines Landes Niedersachsen ab.

»Niedersachsen as it must be.« Diese Karte legte Kopf seinem Gutachten bei.

PART II

MILITARY GOVERNMENT ORDINANCES APPLICABLE TO THE WHOLE OF THE BRITISH ZONE

ORDINANCE No. 55

Creation of Land Niedersachsen

WHEREAS IT IS EXPEDIENT to re-organise the Länder within the British Zone of Occupation, IT IS HEREBY ORDERED as follows:—

ARTICLE I

As from the effective date of this Ordinance the Länder specified in the Schedule to this Ordinance shall cease to exist as separate Länder and shall become parts of a new Land which shall be known as Lower Saxony (Niedersachsen).

ARTICLE II

The capital of Lower Saxony (Niedersachsen) shall be Hanover.

ARTICLE III

Subject to the provisions of any legislation which may be enacted pursuant to this Ordinance, the executive authority in Lower Saxony shall be exercised by a Cabinet, the Head of which shall be known as Ministerpräsident.

ARTICLE IV

The Ministerpräsident and the other members of the Cabinet shall, for the time being, be nominated by the Military Governor.

ARTICLE V

A Land Legislature shall be established in Lower Saxony. As an interim measure, the Military Governor will determine its composition and nominate its members.

ARTICLE VI

Legislation to provide for such constitutional, titular, administrative, financial or other changes as may be necessary or desirable in order to implement this Ordinance shall be enacted by Military Government or by the Land Legislature with the consent of Military Government.

ARTICLE VII

Subject to the provisions of this Ordinance and of any legislation which may be enacted pursuant thereto, the loss by the Länder specified in the Schedule thereto of their status as separate Länder shall not affect:—

(a) the powers, functions, duties, rights, obligations, or liabilities of any governmental, administrative or other official body or of any official or employee therein, or

(b) the validity of any law, ordinance, decree, regulation or other provision in force therein.

ARTICLE VIII

This Ordinance shall become effective on 1st November, 1946.

BY ORDER OF MILITARY GOVERNMENT.

THE SCHEDULE

BRUNSWICK
HANOVER
OLDENBURG
SCHAUMBURG-LIPPE

TEIL II

VERORDNUNGEN DER MILITÄRREGIERUNG, DIE IM GANZEN BRITISCHEN KONTROLLGEBIET GELTUNG HABEN

VERORDNUNG Nr. 55

Bildung des Landes Niedersachsen

Zwecks Umgestaltung der Länder innerhalb der britischen Besatzungszone wird hiermit folgendes verordnet:

ARTIKEL I

Mit Inkrafttreten dieser Verordnung verlieren die in der Anlage zu dieser Verordnung bezeichneten Länder ihre Selbständigkeit als Länder und werden Teile eines neuen Landes, welches die Bezeichnung „Niedersachsen" führt.

ARTIKEL II

Die Hauptstadt Niedersachsens ist Hannover.

ARTIKEL III

Vorbehaltlich der Vorschriften gesetzlicher Bestimmungen, die auf Grund dieser Verordnung erlassen werden, wird die vollziehende Gewalt in Niedersachsen von einem Ministerium ausgeübt, dessen Vorsitzender die Bezeichnung „Ministerpräsident" führt.

ARTIKEL IV

Der Ministerpräsident und die übrigen Mitglieder des Ministeriums werden vorläufig vom Militärgouverneur ernannt.

ARTIKEL V

Im Lande Niedersachsen wird eine gesetzgebende Körperschaft errichtet. Einstweilig bestimmt der Militärgouverneur die Zusammensetzung dieser Körperschaft und ernennt deren Mitglieder.

ARTIKEL VI

Die gesetzlichen Bestimmungen über Änderung auf dem Gebiet der Verfassung, der Amtsbezeichnungen, der Verwaltung und der Finanzen, sowie auf sonstigen Gebieten, die zur Ausführung dieser Verordnung erforderlich oder angebracht sind, werden von der Militärregierung oder mit deren Zustimmung von der gesetzgebenden Körperschaft des Landes erlassen.

ARTIKEL VII

Vorbehaltlich der Bestimmungen dieser Verordnung und anderer gesetzlicher Vorschriften, die auf Grund dieser Verordnung erlassen werden sollten, werden durch den Verlust der Selbständigkeit der Länder, die in der Anlage zu dieser Verordnung aufgeführt sind, nicht berührt:

a) die Befugnisse, Aufgaben, Pflichten, Rechte, Verbindlichkeiten sowie die Haftung von Regierungs-, Verwaltungs- und sonstigen öffentlichen Behörden und von Beamten und Angestellten der Länder,

b) die Rechtsgültigkeit von Gesetzen, Verordnungen, Erlassen, Bestimmungen und sonstigen Vorschriften, die in den Ländern in Kraft sind.

ARTIKEL VIII

Diese Verordnung tritt am 1. November 1946 in Kraft.

IM AUFTRAGE DER MILITÄRREGIERUNG.

Anlage

Braunschweig
Hannover
Oldenburg
Schaumburg-Lippe

341

Mit der Verordnung Nr. 55 wurde Niedersachsen am 1. November 1946 gegründet.

beiden größeren Ländern erhebliche Widerstände gegen eine Aufgabe der Eigenständigkeit zu überwinden. Die Koordination der Verwaltung in der »Hanover region«, die die Briten am 17. September 1945 für ihre eigenen administrativen Zwecke eingerichtet hatten, machte jedoch eine Zusammenarbeit erforderlich, der sich auch Tantzen und Schlebusch nicht verschlossen. Mit Kopf vereinbarten sie die Errichtung einer »Länderregierung für Reichsaufgaben in Niedersachsen«, die sich der vielfältigen grenzüberschreitenden, bisher in der Zuständigkeit von Reichsbehörden liegenden Probleme annehmen sollte. Doch die Briten versagten die Zustimmung und ordneten statt dessen die Bildung eines »Gebietsrats Niedersachsen« an, dem auch Bremen beitrat. Der Gebietsrat leistete für die Angleichung der Verwaltungsapparate im Hinblick auf einen künftigen Zusammenschluß durchaus gute Arbeit, konnte aber die Ressentiments in Oldenburg, Braunschweig und auch Bremen gegen einen vermeintlichen hannoverschen Zentralismus nicht überwinden. Bremen schied übrigens, nachdem es definitiv der amerikanischen Zone zugeteilt worden war, aus dem Rat wieder aus.

Am 4. Juli 1946 forderte die Militärregierung den in Hamburg tagenden Zonenbeirat für die britische Zone auf, Vorschläge für eine staatliche Neugliederung des Besatzungsgebiets zu erarbeiten. Das löste im niedersächsischen Raum eine rege Aktivität aus. Die beiden größeren Länder witterten eine letzte Chance für den Erhalt der Selbständigkeit. Alfred Kubel, der im Mai auf Schlebusch gefolgt war, plädierte für ein um Teile Südhannovers und des Bezirks Lüneburg erweitertes Braunschweig; Tantzen reklamierte – wie schon der NS-Gauleiter Röver – die Bezirke Aurich und Osnabrück für Oldenburg. Zusammen mit dem entsprechend verkleinerten Hannover wären dann drei etwa gleich große Staatsgebilde in Niedersachsen entstanden. Dieses Konzept stieß aber auch in der Region selbst nicht auf ungeteilten Beifall. Das Südoldenburger Münsterland, die Kreise Vechta und Cloppenburg, fürchtete um seine Position in einem derart vergrößerten Weser-Ems-Staat und sprach sich für den Anschluß an Westfalen aus. Auch in Ostfriesland wurden alte Vorurteile sowohl gegen Hannover wie gegen Oldenburg neu belebt; ihre Wortführer, die ebenfalls für Westfalen votierten, blieben aber in der Minderheit. Um allzu kleine Einheiten auszuschließen, hatten die Briten die Zahl der zu bildenden Länder von vornherein auf fünf beschränkt. Das kam dem Niedersachsen-Plan Hinrich Wilhelm Kopfs zugute, den er in ausführlichen Denkschriften schon seit dem April 1946 begründet hatte. Federführend war dabei der Geograph Kurt Brüning, der bereits in der Endphase der Weimarer Republik im Auftrag des Provinziallandtags die Einbeziehung ostwestfälischer Gebiete und Lippe-Detmolds in ein künftiges Reichsland Niedersachsen verlangt und dies mit wirtschaftlichen, verkehrsgeographischen und kulturellen Argumenten untermauert hatte. Auf diese Vorstellungen griff Kopf jetzt zurück und forderte den Teutoburger Wald als »natürliche« Grenze Niedersachsens, erhob also Anspruch auf Lippe und die Regionen um Minden und Bielefeld. Natürlich gab es in Westfalen Widerspruch dagegen; den verbalen Schlagabtausch zwischen Hannover und Münster entschieden die Briten faktisch dadurch, daß sie, ehe der Zonenbeirat einen Beschluß faßte, am 23. August 1946 das Land Nordrhein-Westfalen unter Einschluß aller westfälischen Gebiete schufen. Zum selben Datum, genau 80 Jahre nach der Annexion des welfischen Königreichs durch Preußen, wurde auch die Provinz Hannover in den Rang eines Landes erhoben. Ein Landtag wurde ernannt; Kopf wurde zum Ministerpräsidenten bestellt und konnte ein Kabinett bilden, in dem alle im Land vorhandenen Parteien vertreten waren.

Sein Neugliederungsplan, der neben Nordrhein-Westfalen noch die vier Länder Schleswig-Holstein, Hamburg, Bremen und Niedersachsen vorsah, fand bei der Abstimmung im Sonderausschuß des Zonenbeirats als einziger eine Mehrheit und wurde auch von der Militärregierung gebilligt. Mit der am 23. November 1946 verkündeten Verordnung Nr. 55 wurde rückwirkend zum 1. November das Land Niedersachsen gebildet; zu seiner Hauptstadt wurde Hannover erklärt. Neben die sechs hannoverschen Regierungsbezirke traten nun die Verwaltungsbezirke Oldenburg und Braunschweig, ausgestattet mit gewissen Sonderrechten. Schaumburg-Lippe wurde ein Landkreis im Bezirk Hannover. Bremen einschließlich Bremerhaven erhielt zum 1. Januar 1947 von den Amerikanern ebenfalls den Länderstatus verliehen. Der Sozialdemokrat Wilhelm Kaisen war hier über viele Jahre als Bürgermeister die prägende Persönlichkeit. Dem Land Lippe war die Entscheidung für Niedersachsen oder Nordrhein-Westfalen offengehalten worden. Starke Kreise tendierten nach Hannover, doch unter dem Einfluß des Ministerpräsidenten Heinrich Drake entschied sich der Landtag in Detmold im Januar 1947 für Düsseldorf.

Natürlich erlosch nun die Tätigkeit der bisherigen Länderparlamente. Statt ihrer wurde ein Niedersächsischer Landtag ernannt, der sich am 9. Dezember 1946 konstituierte. Sein Domizil wurde die hannoversche Stadthalle. Erst 1962 konnte er das repräsentative, um einen Plenarsaal erweiterte Leineschloß beziehen. Erwartungsgemäß wurde Kopf auch Ministerpräsident des neuen Landes. Er berief ein Kabinett aus Vertretern aller Parteien und Regionen; auch Kubel und der bald darauf gestorbene Tantzen fanden darin ihren Platz.

Der ernannte Landtag wurde am 20. April 1947 durch ein gewähltes Parlament ersetzt, das nun mit voller demokratischer Legitimation an die Arbeit gehen konnte. Kopf bildete wiederum ein Allparteienkabinett, aus dem allerdings die KPD nach einem durch sie selbst verursachten Eklat um vorgebliche Kriegsverbrechen Kopfs bald wieder ausschied.

Die von Kopf geführte SPD blieb bis über seinen Tod im Dezember 1961 hinaus die bestimmende politische Kraft in Niedersachsen. Nur zwischen 1955 und 1959 regierte zunächst eine bürgerliche, dann eine Große Koalition unter Heinrich Hellwege, dem Führer der Deutschen Partei (diesen Namen hatte sich die NLP 1947 gegeben, als sie den letztlich mißglückten Schritt von einer Regional- zur bundesweit agierenden Partei wagte). Durch sein joviales, ganz

Hinrich Wilhelm Kopfs Ansprache anläßlich der Wiederherstellung des Landes Hannover am 23. August 1946.

Das im Juni 1947 gebildete Allparteienkabinett. Von rechts nach links: Ministerpräsident und Minister des Innern: Hinrich Wilhelm Kopf (SPD); Minister der Justiz: Dr. Werner Hofmeister (CDU); Minister der Finanzen: Dr. Georg Strickrodt (CDU); Minister für Ernährung, Landwirtschaft und Forsten: August Block (NLP); Minister für Wirtschaft und Verkehr: Alfred Kubel (SPD); Minister ohne Geschäftsbereich: Johann Albers (FDP); Pressechef: Dr. Walter Zechlin; Minister ohne Geschäftsbereich: Richard Borowski (SPD); Minister ohne Geschäftsbereich: Karl Abel (KPD); Kultusminister: Adolf Grimme (SPD); Minister ohne Geschäftsbereich: Georg Kassenbrock (Zentrum); Minister für Aufbau, Arbeit und Gesundheit und links vorne Dr. Hans-Christoph Seebohm (NLP).

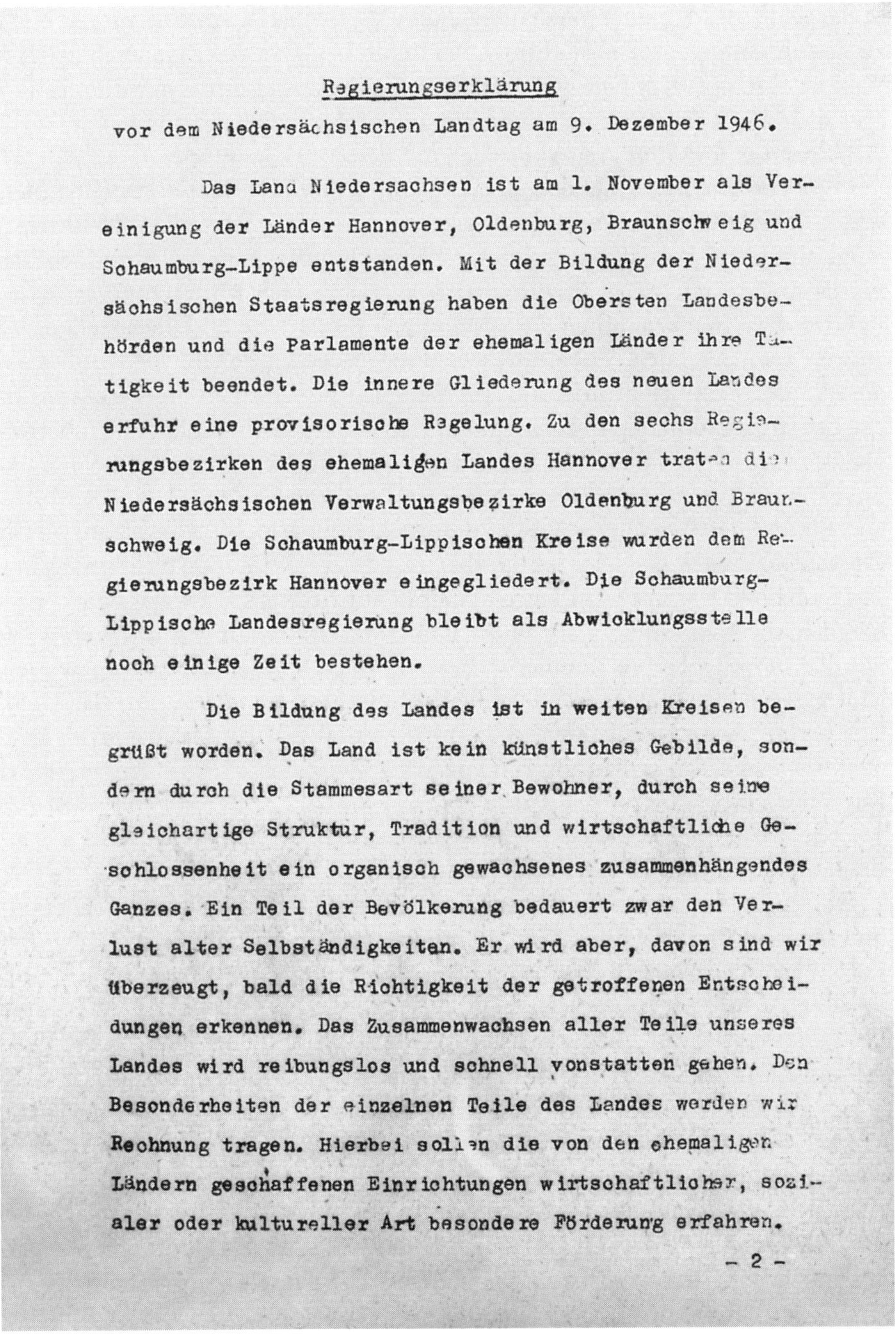

Regierungserklärung

vor dem Niedersächsischen Landtag am 9. Dezember 1946.

Das Land Niedersachsen ist am 1. November als Vereinigung der Länder Hannover, Oldenburg, Braunschweig und Schaumburg-Lippe entstanden. Mit der Bildung der Niedersächsischen Staatsregierung haben die Obersten Landesbehörden und die Parlamente der ehemaligen Länder ihre Tätigkeit beendet. Die innere Gliederung des neuen Landes erfuhr eine provisorische Regelung. Zu den sechs Regierungsbezirken des ehemaligen Landes Hannover traten die Niedersächsischen Verwaltungsbezirke Oldenburg und Braunschweig. Die Schaumburg-Lippischen Kreise wurden dem Regierungsbezirk Hannover eingegliedert. Die Schaumburg-Lippische Landesregierung bleibt als Abwicklungsstelle noch einige Zeit bestehen.

Die Bildung des Landes ist in weiten Kreisen begrüßt worden. Das Land ist kein künstliches Gebilde, sondern durch die Stammesart seiner Bewohner, durch seine gleichartige Struktur, Tradition und wirtschaftliche Geschlossenheit ein organisch gewachsenes zusammenhängendes Ganzes. Ein Teil der Bevölkerung bedauert zwar den Verlust alter Selbständigkeiten. Er wird aber, davon sind wir überzeugt, bald die Richtigkeit der getroffenen Entscheidungen erkennen. Das Zusammenwachsen aller Teile unseres Landes wird reibungslos und schnell vonstatten gehen. Den Besonderheiten der einzelnen Teile des Landes werden wir Rechnung tragen. Hierbei sollen die von den ehemaligen Ländern geschaffenen Einrichtungen wirtschaftlicher, sozialer oder kultureller Art besondere Förderung erfahren.

- 2 -

Auszug aus der vor dem ernannten Landtag gehaltenen Regierungserklärung Hinrich Wilhelm Kopfs. Er betont, daß Niedersachsen kein künstliches Gebilde sei und bald schon zusammenwachsen werde.

in der Rolle des Landesvaters aufgehendes Wesen, das auch eine innere Nähe zu den althannoverschen Traditionen einschloß – daher der Beiname »der rote Welfe« –, erlangte Kopf große Popularität. Dennoch gewann er nie die absolute Mehrheit der Wählerstimmen und blieb auf wechselnde Koalitionen mit CDU, DP, Zentrum und FDP, seit 1951 auch mit dem BHE, angewiesen.

Die Probleme, vor die sich Landtag und Landesregierung gestellt sahen, schienen erdrückend zu sein. Das erste Jahrfünft des jungen Landes war geprägt durch eine bis dahin kaum vorstellbare Häufung materieller und sozialer Notlagen, für deren Bewältigung keine ausreichenden Mittel zur Verfügung standen. Fast immer mußten die zuständigen Behörden und Dienststellen sich auf eine frustrierende »Verwaltung des Mangels« beschränken, wie Kopf es vor dem Landtag einmal ausdrückte. Am dringlichsten erschien die Verbesserung der Lebenssituation des vom Krieg und seinen Folgen am schlimmsten betroffenen Teils der Bevölkerung, der Ausgebombten, Vertriebenen und Flüchtlinge. Durch ihren Zustrom war Niedersachsen von 4,5 (1939) auf 6,9 Millionen Einwohner (1951) gewachsen, die Bevölkerungsdichte von 98 auf 143 je Quadratkilometer. Zugleich waren aber 12,5 % aller Wohnungen zerstört, und an Neubauten war noch auf Jahre hinaus kaum zu denken. Es war daher nicht möglich, die Neubürger in angemessenen Unterkünften unterzubringen. Viele wurden in freigeräumte Zimmer in bereits belegten Wohnungen eingewiesen, häufig gegen den Widerstand der Inhaber, oder mußten vorerst mit Barackenlagern oder Sammelquartieren in Turnhallen und Gasthaussälen vorlieb nehmen. Im August 1947 hausten rund 300.000 Menschen in Wohnlagern, in der Regel die sozial schwächsten Familien. 1950 bestand noch ein Fehlbedarf von 730.000 Wohnungen. Erst danach trugen sozialer Wohnungsbau und private Bautätigkeit allmählich zu einer Besserung der Situation bei.

Die zunächst noch erträgliche Ernährungslage verschlechterte sich rapide und erreichte ihren Tiefpunkt im »Hungerwinter« 1947/48. Die tägliche Kalorienzahl für den Normalverbraucher fiel bis auf 1023 – weniger als zwei Fünftel der als erforderlich angesehenen Menge. Als das bizonale Wirtschaftsamt in Frankfurt dem Land Niedersachsen wegen Nichterfüllung des Ablieferungssolls an Kartoffeln im Frühjahr 1948 die ohnehin schon karge Brotration noch weiter kürzte, kam es zum »Hungermarsch« hannoverscher Metallarbeiter mit Ministerpräsident Kopf an der Spitze zum britischen Hauptquartier. Zwar wurde die Zurücknahme der ungerechtfertigten Strafmaßnahme erreicht, aber eine Normalisierung der Versorgungslage bei Lebensmitteln ebenso wie bei Textilien, Schuhen, Hausrat und anderen Verbrauchsgütern leitete erst die Aufhebung der Bewirtschaftung im Sommer 1948 ein. Niedersachsen war bei Kriegsende und in den Jahren danach noch überwiegend ein Agrarland. Lediglich um Hannover, Braunschweig und Osnabrück und an der Peripherie der Nachbarstädte Hamburg und Bremen hatten sich industrielle Zentren gebildet, die allerdings stark vom Bombenkrieg in Mitleidenschaft gezogen worden waren. Die von der Besatzungsmacht angeordneten Demontagen von Betrieben,

Der 1.000ste Volkswagen verläßt das Werk. Schon Ende 1946 waren die ersten 10.000 Käfer produziert. Durch den schnellen Start nahm VW die Rolle des einstigen Marktführers Opel ein.

Die Sprengung der Reichswerke (März 1950). Bei diesem nationalsozialistischen Prestigeobjekt führten die Briten gegen die Massenproteste der Belegschaft ihr Demontagevorhaben noch nach Gründung der Bundesrepublik durch.

die in die Rüstungswirtschaft eingespannt gewesen waren, verringerten die Wirtschaftskraft des Landes noch weiter und führten vor allem in Salzgitter und Wilhelmshaven zu hoher Arbeitslosigkeit. Nach heftigen Protesten aus der Bevölkerung wurden sie erst 1950 eingestellt.

Die Regeneration der Wirtschaft kam nur langsam voran. Das rasche Aufblühen des Volkswagenwerks in Wolfsburg und der große Erfolg der 1947 gegründeten Hannover-Messe blieben noch auf lange Zeit Glanzlichter vor einem sonst eher trüben Horizont. Der Wandel der über 550 km langen Grenze mit der sowjetischen Besatzungszone zum Eisernen Vorhang schnitt die östlichen Landesteile von ihrem Hinterland ab und belastete das Land noch zusätzlich. Die geringe Finanzkraft ließ wirksame materielle Förderungsmaßnahmen kaum zu, zumal die Besatzungskosten bis 1949 fast die Hälfte des Steueraufkommens verschlangen. Zwar sorgte der Wiederaufbau in fast allen Regionen Niedersachsens zunächst für Vollbeschäftigung, aber der von der Währungsreform des Jahres 1948 verursachte Geldmangel ließ die Arbeitslosenquote dann sprunghaft auf 22 % ansteigen. Erst in den Jahren des darauf folgenden »Wirtschaftswunders« konnte sie wieder abgebaut werden.

Der Landtag bemühte sich ebenso wie die Landesregierung nach Kräften, durch gesetzgeberische Initiativen ein Abgleiten ins Chaos zu verhindern. Der Spielraum dafür blieb jedoch eng begrenzt, zumal die Briten sich noch auf Jahre hinaus die Zustimmung zu allen beschlossenen Gesetzen vorbehielten. Für grundlegende gesellschaftspolitische Weichenstellungen fand sich im Landtag keine Mehrheit; eine Bodenreform scheiterte ebenso wie der Versuch, die Industrie- und Handelskammern paritätisch mit Arbeitgebern und Arbeitnehmern zu besetzen.

Dem Auftrag der Besatzungsmacht, möglichst rasch eine Verfassung zu verabschieden, kam der Landtag nur zögernd nach. Zunächst beschloß er im Januar 1947 das »Gesetz zur vorläufigen Ordnung der Niedersächsischen Landesgewalt«, das sich als Notverfassung für eine Übergangszeit verstand. Im Sommer 1947 erarbeitete Hinrich Wilhelm Kopf zusammen mit politischen Freunden auf der Insel Neuwerk einen ausführlichen Verfassungsentwurf; auch FDP, DP und KPD legten eigene Entwürfe vor. Der Landtag stellte deren Behandlungen jedoch zurück, als sich die Gründung des westdeutschen Bundesstaats abzeichnete und die Beratung des Grundgesetzes im Parlamentarischen Rat aufgenommen wurde. Erst 1949 wurde an die Vorarbeiten wieder angeknüpft, und am 3. April 1951 konnte schließlich die Vorläufige Niedersächsische Verfassung verabschiedet werden. Sie verzichtete bewußt auf die Formulierung von Grundrechten und ist als ein bloßes »Organisationsstatut« bezeichnet worden, das im wesentlichen die Kompetenzen und Funktionen der Staatsorgane regelte. Mehr als vier Jahrzehnte hindurch erfüllte sie ihren Zweck, ehe am 13. Mai 1993, nach der Wiedervereinigung Deutschlands und dem Wegfall der letzten alliierten Vorbehaltsrechte, eine neue Landesverfassung an ihre Stelle trat.

Flüchtlinge in Niedersachsen

Doris von der Brelie-Lewien/Helga Grebing

Hintergründe und Wurzeln von Flucht und Vertreibung in der NS-Politik

Niedersachsen war als Grenzland mit stark ländlicher Struktur, relativ geringen Kriegsschäden und einer recht guten Grundausstattung an Lebensmitteln und Wohnraum ein klassisches Flüchtlingsland. Ein Drittel der niedersächsischen Bevölkerung bestand aus Flüchtlingen, Ausgewiesenen, Evakuierten. Diese Zahl blieb trotz verschiedener Umsiedlungsprogramme und Abwanderungsbewegungen auch in den fünfziger Jahren annähernd konstant.

Die Vorgeschichte des Flüchtlingsstroms beginnt mit der seit 1939 in Ostmitteleuropa praktizierten »Bereinigung von Bevölkerungsproblemen« im Zuge der nationalsozialistischen Zwangsumsiedlungs- und Verfolgungspolitik, der Millionen von Menschen zum Opfer fielen. Zur Vorgeschichte gehören aber auch die umfangreichen und kaum minder brutalen Bevölkerungsaustreibungen und Verschleppungen durch das kommunistische Terrorregime Stalins. Mit der Flucht und Vertreibung der deutschen Bevölkerung aus Ostmitteleuropa fand diese gewaltsame Praxis zur Lösung von »Bevölkerungskonflikten« ihre Fortsetzung. Die der herannahenden Front vorausgehenden Fluchtbewegungen, die Verfolgung deutscher und deutschstämmiger Bevölkerung unter polnischer und sowjetischer Herrschaft und die Austreibungen aus der Tschechoslowakei noch vor den Potsdamer Verhandlungen der Alliierten über die Form des »Bevölkerungstransfers« mündeten in die Ausweisung der gesamten deutschen Bevölkerung aus Ostmitteleuropa. Die dem offiziellen Ausweisungsbeschluß der Alliierten vorangegangenen und sie begleitenden Ereignisse im Umfeld von Flucht und Verfolgung trugen den Charakter gewaltsamer Vertreibung. Diese vollzog sich in zwei Phasen. Die erste, etwa von März/Juni bis Oktober/Dezember 1945 währende, war die der »wilden«, das heißt noch ohne interalliierte Beschlüsse vollzogenen Austreibungspraxis. Das Vorgehen, östlich der Oder-Neiße in gleicher Weise wie in der Tschechoslowakei, wurde begleitet von Totschlag, Vergewaltigungen, Raub und Mißhandlungen. Die ethnische Entmischung, die das Ziel der nationalsozialistischen Politik gewesen war, wurde so in dieser ersten Phase der Massenaustreibungen mit umgekehrten Vorzeichen fortgeführt. Die ersten »planmäßigen Überführungen« begannen 1946. Bis zum Oktober des Jahres kamen allein im Rahmen der »Operation Schwalbe« über 800.000 Menschen nach Niedersachsen.

Flüchtlinge in Niedersachsen: Zahlen und Kategorien

Die Bevölkerung der ehemaligen deutschen Ostgebiete des Deutschen Reichs hatte vor Kriegsende rund 9,6 Millionen betragen. Diese »Reichsdeutschen« lebten in Schlesien (4,6 Millionen), Ostpreußen (2,5 Millionen), Ostpommern (1,9 Millionen) und Ost-Brandenburg (0,6 Milliarden). »Volksdeutsche« waren alteingesessene Deutsche außerhalb der Grenzen des Deutschen Reichs von 1937, also den Grenzen, die vor Hitlers aggressiver Expansion bestanden. Ihre Zahl kann nur geschätzt werden: 3,5 Millionen in der Tschechoslowakei, etwa ein Viertel der Gesamtbevölkerung; rund 1,3 Millionen in Polen (382.000 davon waren zweisprachig), die zu je einem Drittel in den ehemaligen preußischen, in der Folge des Versailler Vertrages an Polen gefallenen Provinzen Posen und Westpreußen (Posen und Pommerellen), in Ost-Oberschlesien und den Städten Mittelpolens wohnten. Von den fast 8 Millionen Flüchtlingen und Vertriebenen, die bis 1950 insgesamt auf dem Gebiet der Bundesrepublik aufgenommen wurden, blieben die meisten zunächst in den grenznahen Landkreisen Schleswig-Holsteins, Niedersachsens, Hessens und Bayerns. In Niedersachsen kam es zwischen 1939, dem letzten Jahr, aus dem zuverlässige Bevölkerungserhebungen aus der Zeit des Dritten Reichs vorliegen, und 1947 zu einem Bevölkerungsanstieg um fast 50 %. Allerdings müssen in Anbetracht dieses Zahlenvergleichs zwei Feststellungen getroffen werden, die in der historischen Rückschau meist übersehen werden:

Es handelte sich nicht um ein sprunghaftes, sondern über die Kriegsjahre hinweg stetiges, mit Einsetzen des Flüchtlingsstroms dann dramatisches Anwachsen der Bevölkerung. Zum anderen waren es zwischen 1939 und 1947 nicht nur Flüchtlinge, die den gewaltigen Bevölkerungsanstieg auslösten. Im Herbst 1947 klagte eine Frau beim Städtischen Wohnungsamt Walsrode, daß sie seit sieben Jahren fremde Menschen unterbringe. Die anfangs selbstverständliche Hilfeleistung habe unerträgliche Ausmaße angenommen:

- 1940 habe sie ein Zimmer mit Küchenbenutzung an zwei weibliche Angestellte einer Rüstungsfabrik gegeben,
- 1943 ein weiteres Zimmer an die total ausgebombte Mutter einer dieser Damen,
- 1944 sei ein weiteres Zimmer mit Küchenbenutzung an eine Flüchtlingsfamilie gegangen,
- 1945 ein weiteres Zimmer, ebenfalls mit Küchenbenutzung an ein weiteres Flüchtlings-Pastorenehepaar, die 1946 ein Kind bekamen.

Die verstärkten Rüstungsanstrengungen und die Einberufungen zur Wehrmacht hatten zu einem Arbeitskräftebedarf geführt, der durch die vermehrte Dienstverpflichtung deutscher Arbeitskräfte nicht mehr zu decken war: seit 1941 kam es daher zu einer erheblichen Ausweitung des Arbeitseinsatzes von Kriegsgefangenen, Zivil- und Zwangsarbeitern. In den drei Gauen Ost-

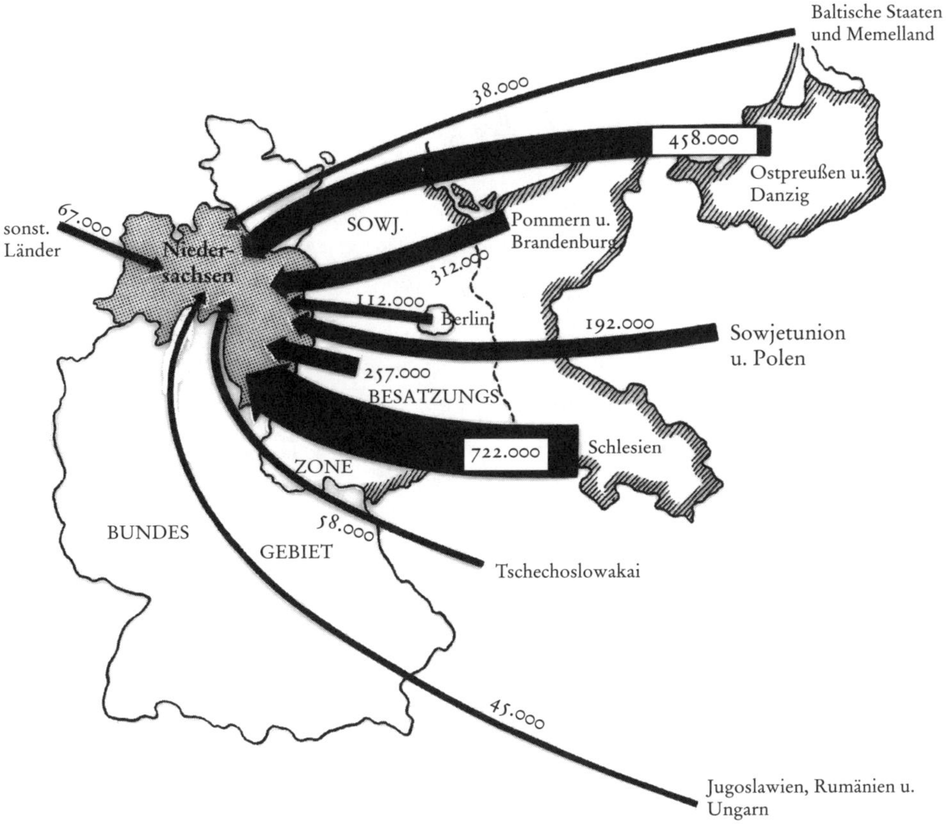

Die Herkunft der Flüchtlinge in Niedersachsen (Volkszählung 1950). Nur Schleswig-Holstein und Bayern hatten prozentual mehr Flüchtlinge unterzubringen.

hannover, Weser-Ems und Südhannover-Braunschweig waren im Mai 1941 von knapp 1,8 Millionen Arbeitern und Angestellten ein Drittel Fremdarbeiter und Kriegsgefangene (rund 585.000). In rüstungswichtigen Betrieben stieg ihr Anteil häufig bis zur Hälfte und darüber an.

Noch vor dem Einsetzen des Flüchtlingsstroms flohen die Menschen aus den vom Bombenkrieg bedrohten Städten auf das Land. Im Gau Osthannover fanden bis zum November 1944 156.487 und im Gau Weser-Ems 67.269 vor dem Kriegsgeschehen flüchtende oder evakuierte Menschen Zuflucht, in Südhannover-Braunschweig 378.337 (Stand 15.12.1944). Das waren 602.093 Menschen – zusammen mit den Fremdarbeitern etwa 1,2 Millionen Menschen, die bei Kriegsende zusätzlich zur eingesessenen Bevölkerung von 4,6 Millionen (1939) zu versorgen, unterzubringen und zu ernähren waren.

Die Fremdarbeiter kehrten zumeist bis Herbst 1945 in ihre Ursprungsländer zurück. Das gleiche galt für viele Evakuierte, sofern nicht wie etwa in Hamburg

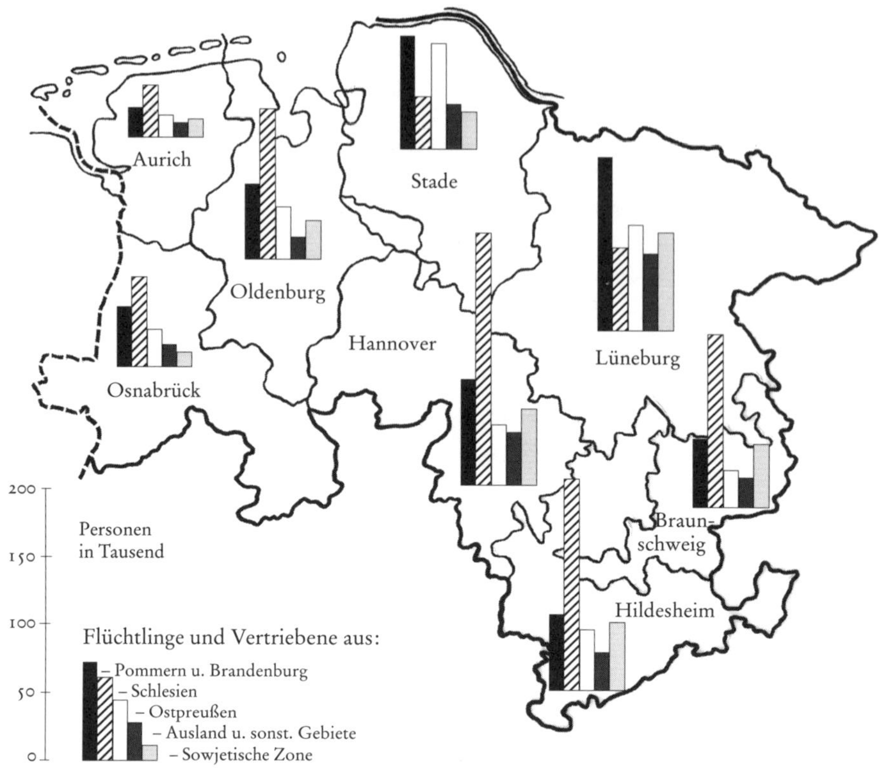

Die Karte dokumentiert, daß der Ostteil Niedersachsens die Hauptlast zu tragen hatte, da viele Flüchtlinge in der Hoffnung auf Rückkehr zunächst im Gebiet der grenznahen Durchgangslager blieben und den strukturschwachen Nordwesten mieden (Stand: 1. März 1949).

wegen der hohen Wohnraumzerstörung langjährige Zuzugssperren bestanden. Gegenüber der Zählung von 1939 war die eingesessene Wohnbevölkerung Niedersachsens nach Kriegsende nur geringfügig gesunken. Inzwischen hatte jedoch der Flüchtlingsstrom eingesetzt. Am 1. November 1945 wurden in den Regierungsbezirken und Ländern rund 1,298 Millionen Flüchtlinge und Evakuierte gezählt: im Regierungsbezirk Lüneburg 338.589, in Stade 223.075, in Hildesheim 201.282, in Hannover 166.221, in Braunschweig 129.167, in Oldenburg 115.530 und in Osnabrück 84.700. Nach Abklingen der großen Flüchtlingswellen betrug die Gesamtzahl der Einwohner Niedersachsens am 1. April 1947 6,575 Millionen. Rund ein Drittel davon, 2,179 Millionen, waren am 1. März 1947 als Flüchtlinge und Evakuierte registriert worden. Die meisten kamen aus Schlesien (681.000), Ostbrandenburg und Ostpommern (430.000) und Ostpreußen (249.000). Von den 659.000 Umquartierten und Zugewanderten stammten 356.000 aus der britischen Zone, 260.000 aus der sowjetischen Zone.

Sie waren nicht, wie noch Fremdarbeiter und Evakuierte vor Kriegsende, mit den Mitteln der nationalsozialistischen Arbeits-, Wohnraum- und Ernährungsverwaltung planmäßig ins Land geholt, verteilt und untergebracht worden, sondern zu Hunderttausenden »ungeregelt«, zeitgenössisch hieß es »wild«, über die grüne Grenze gekommen. Sie blieben, wo es gerade möglich war – oft unterernährt und völlig erschöpft und die meisten nur mit dem Notdürftigsten ausgestattet. Es fehlte an Hausrat und Betten, an Schuhen und Heizmaterial, an Fahrrädern, Mänteln, Stoffen und allem, was gegen Hunger und Kälte schützte. Viele gaben das Letzte, was sie hatten mitnehmen und retten können, noch weg, um eine warme Decke oder ein paar Kohlen einzutauschen.

Sofern man, die eigentlichen Sachverhalte verhüllend, überhaupt von Zuwanderung statt von Verschleppung, Flucht und Vertreibung sprechen kann, waren die Unterschiede zwischen den Gruppen von Zuwanderern in Niedersachsen vor und nach Kriegsende so gravierend, daß jeder weitere Vergleich an der Vielfalt der Lebensgeschichten und dem Grad der erlittenen Verfolgung und Benachteiligung seine Grenze findet: Nationalität (deutsch, deutschstämmig, Reichs-, Volksdeutscher oder Ausländer), kriegsbedingte Zuwanderungsumstände (verschleppt, freiwillig geflüchtet oder gewaltsam vertrieben), Zuwanderungszeitpunkte (vor Kriegsbeginn, im Verlauf des Krieges, nach Kriegsende) wurden in der Flüchtlingsverwaltung ermittelt. Dabei ging es ungeachtet der vielfältigen, sich gegen schematische Zuordnungen sperrenden Lebensschicksale um die Erfassung von Biographien. In der bürokratischen Verwaltung des Mangels mußten Menschenkategorien gebildet werden, denn die Feststellung des Flüchtlingsstatus und damit Erteilung von Vergünstigungen für Flüchtlinge waren an die Erfüllung von bestimmten Kriterien gebunden.

Eine deutschstämmige Polin, deren Versuch, im Sommer 1939 mit knapp 16 Jahren das Land zu verlassen, mit der Arbeitsverpflichtung in einer Rüstungsfabrik in Bomlitz (Kreis Fallingbostel) geendet hatte, konnte und wollte vielleicht auch nicht nach 1945 in ihre Heimat zurück. Flüchtling war sie per Definition jedoch nicht und erhielt deshalb auch keine staatliche Unterstützung:

> »Als Tochter des Landwirts J. K. ... bin ich am 24.6.1923 in Petrikau, Kreis Petrikau, geboren ... Besuchte von meinem 7. – 13. Lebensjahr die polnische Volksschule. Für die deutsche Minderheit gab es keine. Nach meiner Schulentlassung war ich im Haushalt tätig bis 1939. Da mir nun die Lebensweise hier immer unerträglicher wurde, bin ich Anfang Juli 1939 mit guten Bekannten über die grüne Grenze geflüchtet, wurden dort aber aufgefangen und ins Sammellager Otmachau (Schlesien) gebracht. Nach 3 Tagen Lageraufenthalt wurde ich von Angehörigen der Firma Wolff u. Co./Walsrode nach Bomlitz zur Arbeit verpflichtet. Mein Arbeitsbeginn war der 10.7.1939. Da ich nun völlig auf mich allein angewiesen war, schickte ich alles zu meiner Mutter nach Polen, was ich gespart habe ...«

Merkblatt für Flüchtlinge.

1. Alle ab 7. 10. neu in die Provinz zuziehenden Flüchtlinge müssen ein Auffanglager und ein Durchgangslager durchlaufen.
2. Kein Flüchtling wird künftig Verpflegungskarten erhalten, wenn er nicht durch ein Durchgangslager gegangen ist.
3. Jeder Flüchtling erhält in einem Auffanglager (Sammelort) oder Durchgangslager eine Registrierungskarte, die er sorgfältig zu verwahren hat.
4. Durchgangslager befinden sich in:
   Lüneburg
   Uelzen
   Wittingen
   Gifhorn
   Braunschweig
   Goslar
   Osterode
   Friedland bei Göttingen
   und später Ebstorf bei Uelzen.

Wenden!

5. Jeder Flüchtling ist verpflichtet, den in der Registrierungskarte von der Britischen Militärregierung eingetragenen Bestimmungsort mit dem vom Durchgangslager bestimmten Transport zu erreichen. Die Registrierungskarte muß am Zielbahnhof und am Unterkunftsort, der auf dem Zielbahnhof in die Karte eingetragen wird, gestempelt werden.
6. Bei der Lebensmittelkarten-Ausgabestelle ist die Registrierungskarte abzugeben. Die dort ausgegebenen Lebensmittelkarten haben nur Gültigkeit in dem betreffenden Kreis. Ein Weiterziehen von Ort zu Ort ist auf Anordnung der Militärregierung bis auf weiteres verboten.

Hannover, den 5. Oktober 1945.

Der Oberpräsident
der Provinz Hannover.

Für ankommende Flüchtlinge!

Sie befinden sich jetzt in der britisch besetzten Zone Deutschlands.
Helfen Sie den Behörden durch Befolgen der Anordnungen, damit Ihnen geholfen werden kann.
Sie werden zuerst registriert, ärztlich untersucht und desinfiziert.
Sie werden dann verpflegt und durch Sonderzüge oder Autobusse in den Kreis gebracht, welcher Sie aufnimmt.
Nach Ankunft in Ihrer neuen Heimat müssen Sie sich melden beim
Wohnungsamt
Polizeibehörde
Arbeits- und Ernährungsamt.
Ohne Befolgung dieser Anordnungen können Sie keine Lebensmittelkarten erhalten. Gehen Sie deshalb sorgfältig mit Ihrer Registrierungskarte um. Versuchen Sie nicht, den Zug oder Autobus zu verlassen, bevor Sie das Endziel, welches Ihnen bestimmt ist, erreicht haben.
In der Britischen Zone besteht ein Verbot des Wohnungswechsels ohne Genehmigung der Behörden. Verletzung dieses Gesetzes wird empfindlich bestraft. Wenn Sie wünschen, Ihren Wohnsitz zu wechseln, tragen Sie Ihren Wunsch den zuständigen Behörden vor, die dann Ihren Fall berücksichtigen werden.
Denken Sie immer daran, daß viele Andere in der gleichen schlechten Lage sind wie Sie selbst. Irgendwelche Schwierigkeiten von Ihrer Seite gegen die erlassenen Bestimmungen der Behörden können die Pläne umwerfen, die für Sie alle gemacht wurden und allen Teilen Schwierigkeiten bringen.

Die Lagerleitung.

Die Merkblätter zeigen, mit welchen Regulierungen und Kontrollmechanismen (teilweise vergeblich) versucht wurde, dem Flüchtlingsansturm zu begegnen.

Im Januar 1945 flüchtete ihre Familie und schlug sich nach Niedersachsen zur Tochter durch. Die inzwischen 21jährige versorgte seitdem noch Mutter und Geschwister, die »offiziell« Flüchtlinge waren: sie hatten am 1. September 1939 und danach ihren Wohnsitz in den sogenannten Vertreibungsgebieten.

Die jedem geläufige Unterscheidung der »Flüchtlingsverwaltung« zwischen »echten« und »unechten« Flüchtlingen – die einen waren vertrieben, die anderen »nur« geflohen – entlarvte schnell die Erwartung und oft auch Befürchtung als Illusion, daß mit dem gemeinsam erlittenen Verlust von Hab und Gut eine homogene, politisch schlagkräftige Klasse der Flüchtlinge entstanden sei. Weder gab es gemeinsame »echte« oder »unechte« Flüchtlingsschicksale noch übergreifend gemeinsame Interessen – mit Ausnahme des Ziels, zu überleben und die Probleme des Alltags zu bewältigen.

Ankunft im Durchgangslager Friedland (Herbst 1945).

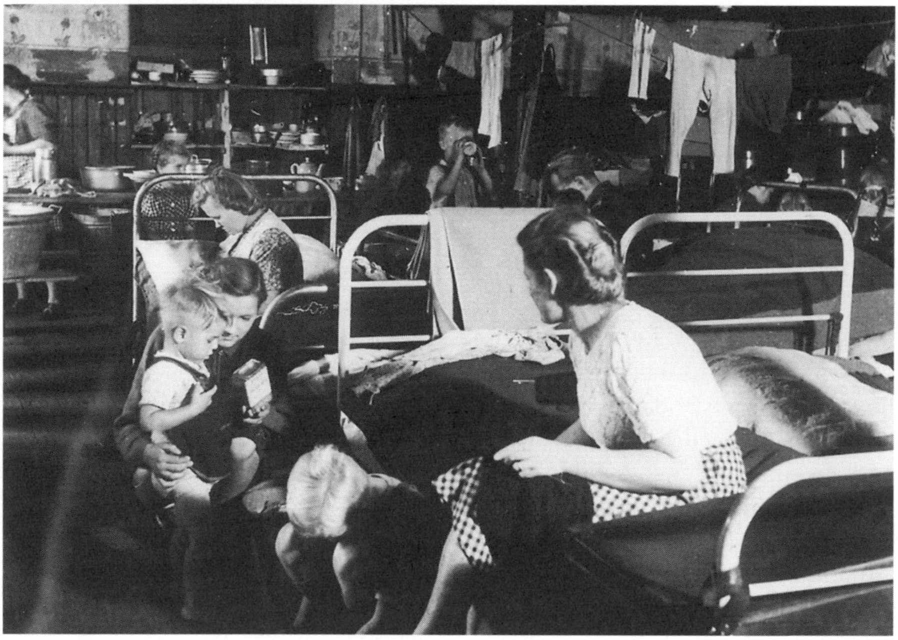

Die Enge des Lagers.

Tatsächlich war die Flüchtlingsbevölkerung ebenso heterogen wie die einheimische Bevölkerung und sowohl politisch, sozial, als auch konfessionell zersplittert. Flüchtlinge unterschieden sich untereinander beispielsweise durch die Art des Fluchtgeschehens, der Vertreibungsumstände, der erlittenen menschlichen Verluste, durch Schichtzugehörigkeit, Besitz, Bildung und Beruf, Herkunft, Traditionen, Aufnahmeerlebnisse und Zukunftserwartungen, Alter, Geschlecht oder Religion. All diese Faktoren wirkten sich psychisch und materiell in erheblichem Maße darauf aus, wie jemand auf seine neue Umgebung reagierte, sich auf sie einließ oder Kontakte mit ihr tunlichst mied.

Nur aus der Sicht der einheimischen Bevölkerung konnten Flüchtlinge den Eindruck einer homogenen Gruppe erwecken – sie alle waren nämlich Fremde im Ort. Der Flüchtlingsaufnahme waren Erfahrungen mit ortsfremder Arbeits- und Wohnbevölkerung vorausgegangen, die – so die Erwartung der Einheimischen – kriegsbedingt und nur vorübergehend in Kauf zu nehmen waren. Flüchtlinge jedoch, so sagten zumindest einige Bürgermeister und Landräte klipp und klar, waren nicht provisorisch, sondern auf Dauer unterzubringen und auch nicht als benachteiligtes Arbeitsvolk, sondern als gleichberechtigte Mitmenschen. Das war für viele neu und nur schwer hinzunehmen.

Heinrich Albertz (SPD), der 1948 zum Minister für Flüchtlingsangelegenheiten berufene Celler Pastor, nahm auf der Tagung der Kreisflüchtlingsamtsleiter im Regierungsbezirk Hannover vom 24. Juli 1948 kein Blatt vor den Mund: »Es muß so gehandelt werden, als wenn kein Einziger mehr in die Heimat zurückkäme.« In der Sitzung des Niedersächsischen Landtags vom 4. August 1948 bekämpfte er die von Flüchtlingen (und mit anderen Motiven auch von Einheimischen) gehegte »Rückkehrillusion«, weil sie von der eigentlichen Aufgabe ablenke, eine neue soziale Ordnung, einen wirklichen Lastenausgleich zu schaffen: »Die Forderung auf Rückgabe der deutschen Ostgebiete kosten mich oder irgendeinen verantwortlichen Politiker im deutschen Raum im Augenblick gar nichts. Es kostet mich aber etwas, in Hannover, in Lüneburg, in Stade, in Braunschweig oder sonstwo dafür einzutreten, daß endlich alle Deutschen in unserem Land vor dem Gesetz gleich sind.«

Mit den Flüchtlingen verband sich für die bäuerliche Lebenswelt das Vordringen städtischer Lebensweise und eine zunehmende Infragestellung der herkömmlichen Einheit von Wirtschaften und Zusammenleben in den bäuerlichen Familienbetrieben. Die Folgen des Kriegsendes wurden als massive Bedrohung des dörflichen Lebens wahrgenommen: der Abzug der Fremdarbeiter und die ihn begleitenden Plünderungen und Überfälle, die Aufnahme der Flüchtlinge, an deren Ende oft eine Verdoppelung der Ortsbevölkerung stand, der Verteilungskampf um Wohnraum, Lebensmittel und Arbeitsplätze in einer Situation ideologischer und materieller Verunsicherung lösten massive Überfremdungsängste aus.

Vorläufiges Fazit: Schwieriger Anpassungsprozeß und nachhaltige Widerstände

Die Aufnahme und Eingliederung dieser Bevölkerungsgruppen in einer Größenordnung, die heute kaum mehr vorstellbar scheint, veränderte nachhaltig das Erscheinungsbild der niedersächsischen Dörfer und Kleinstädte. Viele »einheimische« Familien, besonders in Stadtnähe, waren durch die Erfahrungen des Krieges – Evakuierungen, Arbeitsplatzwechsel, Dienstverpflichtungen, erneute Bombardierungen, zerrissene Familienbande – wie die Flüchtlinge selbst in einer Situation der psychischen und materiellen Entwurzelung, was die Verständigung zwischen Einheimischen und Flüchtlingen in solchen Regionen möglicherweise erleichterte. In den vorherrschenden ländlichen Gegenden dagegen – zwei Drittel der Flüchtlinge waren in Gemeinden bis zu 5.000 Einwohnern untergebracht – tat sich die einheimische Bevölkerung, die von solchen kriegsbedingten Entwurzelungserfahrungen weitgehend verschont geblieben war, mit der Anpassung und Toleranz gegenüber den »Fremden« sehr viel schwerer: Die Flüchtlinge kamen in großer Zahl in die Dörfer und stellten nicht so leicht abweisbare Ansprüche, wenn sie den Einheimischen entgegenhielten, daß sie nicht gewillt waren, die Kriegsfolgen allein zu tragen. Als Arbeitskräfte in der Landwirtschaft waren sie nur bedingt geeignet, und doch blieben sie als Kostgänger oft über Jahre hinweg auf den Höfen. Mentalität und Besitzstände, Erfahrungen und Erlebnisse der aufeinanderprallenden sozialen Gruppen lagen oft weit auseinander, und die traditionelle Geschlossenheit der Dorfgesellschaft war zu ausgeprägt, als daß hier schnell ein Auskommen zwischen Alt- und Neubürgern hätte gefunden werden können.

Die Diskrepanz verstärkte sich noch in der gegenseitigen Wahrnehmung: Auf die Frage, ob die Einheimischen genug Opfer brächten, um den Flüchtlinge zu helfen, glaubten bei einer Meinungsumfrage im Auftrage der britischen Militärregierung im November 1947 39 % der befragten Einheimischen, aber nur 14 % der Flüchtlinge, daß alles getan werde, was möglich sei. Es fanden sich Begründungen wie: Die Menschen hätten während des Krieges bereits genug geopfert; in Zeiten der Knappheit sei Eigentum doppelt wertvoll; es sei Sache der Militärregierung, sich der Flüchtlingsprobleme anzunehmen; viele Ankömmlinge seien geflohene Nazis und Militaristen. Am häufigsten wurde von den Flüchtlingen jedoch bemängelt, der einheimischen Bevölkerung fehle guter Wille und Verständnis. Für sie seien Flüchtlinge nur eine Plage.

Was die Verständigungmöglichkeiten der Betroffenen betraf, war die Bewältigung des Flüchtlingsproblems in jenen Gemeinden einfacher, die schon seit den späten dreißiger Jahren im Zuge der allgemeinen wirtschaftlichen Mobilmachung Arbeitskräftezuzug und Bevölkerungsfluktuation gewohnt waren. Diese Dörfer und Kleinstädte hatten bei Ankunft der Flüchtlinge oft ihren geschlossen ländlichen Charakter längst verloren, ohne daß dies ähnlich starke Abwehrreaktionen hervorgerufen hätte. Im Dritten Reich hatten sie mit der

Öffnung des Dorfes einen spürbaren wirtschaftlichen Aufstieg samt der damit zusammenhängenden Prosperität erlebt. Davon konnte bei der Aufnahme der Flüchtlinge bei Kriegsende keine Rede sein.

In der langfristigen Perspektive waren die wirtschaftlichen Ausgangsbedingungen für die Eingliederung der Flüchtlinge nach 1945 jedoch keineswegs ungünstig. Hunderttausende von Fremdarbeitern kehrten bei Kriegsende in ihre Heimatländer zurück. Durch den Zustrom der Flüchtlinge und die Rückkehr der Kriegsgefangenen entstand ein Arbeitskräftereservoir, das langfristig für den wirtschaftlichen Wiederaufbau genutzt werden konnte. Der häufig in der Nachkriegszeit beklagte Arbeitskräftemangel bei gleichzeitiger Arbeitslosigkeit ließ insofern eine Verteilungs- und Versorgungskrise erkennen, in der das vorhandene Beschäftigtenpotential nur ungenügend ausgeschöpft werden konnte.

Durch den Einsatz ausländischer Arbeitskräfte in den Kriegsjahren gerade bei niedrigqualifizierten Tätigkeiten hatten deutsche Arbeitskräfte eine gewisse soziale Aufwertung erfahren. Sie profitierten ohne eigenes Zutun davon, daß eine nach Qualifikation, Art des Arbeitseinsatzes und Entlohnung neue Unterschicht von deportierten ausländischen Arbeitskräften in den Arbeitsprozeß zwangseingegliedert worden war. Dieser Unterschichtungsprozeß – unterbrochen durch die Rückführung der ausländischen Arbeitskräfte und die Demontage der Rüstungsgroßindustrie – setzte sich nach 1945 auf andere Weise fort: Die Flüchtlinge ersetzten die abziehenden »Fremdarbeiter« an ihren Arbeitsplätzen, vor allem in der Landwirtschaft, aber auch in der Industrie (Beispiel Volkswagenwerk). Nur wenige wurden erneut wieder selbständig als Landwirte oder Gewerbetreibende, die meisten Flüchtlinge erfuhren vielmehr gemessen an Status und Einkommen vor der Flucht einen sozialen Abstieg. Deutlich später und langsamer als die eingesessene deutsche Bevölkerung nahmen sie in den fünfziger Jahren dann am allgemeinen wirtschaftlichen Aufschwung teil.

Mit Blick auf die deutsche Flüchtlingsbevölkerung muß das häufig anzutreffende Urteil korrigiert werden, die Aufnahme der Flüchtlinge hätte vor allem eine ungeheure wirtschaftliche Belastung für die Westzonen gebracht. Die von der Flüchtlingsbevölkerung und ihrer Versorgung ausgehenden Belastungen waren zwar erheblich; staatliche Hilfsmaßnahmen setzten jedoch nur in geringem Maß ein. Selbsthilfe und Hilfeleistungen der Bevölkerung standen dagegen an vorderster Stelle der wirksamen Maßnahmen. Bedeutsame Antriebe für die wirtschaftliche Entwicklung des Bundeslandes gingen von den Flüchtlingen aus, insofern als hier ein Arbeitskräftepotential zur Verfügung stand, das sich noch dazu durch hohe Leistungs- und Aufstiegsorientierung auszeichnete. Es ist bekannt, daß Flüchtlinge früh »moderne« Berufe etwa im Dienstleistungssektor ergriffen – in Ermangelung von Alternativen und in der Hoffnung auf einen erneuten beruflichen Aufstieg.

Schließlich war es von anhaltend positiver Wirkung für den gewerblichen

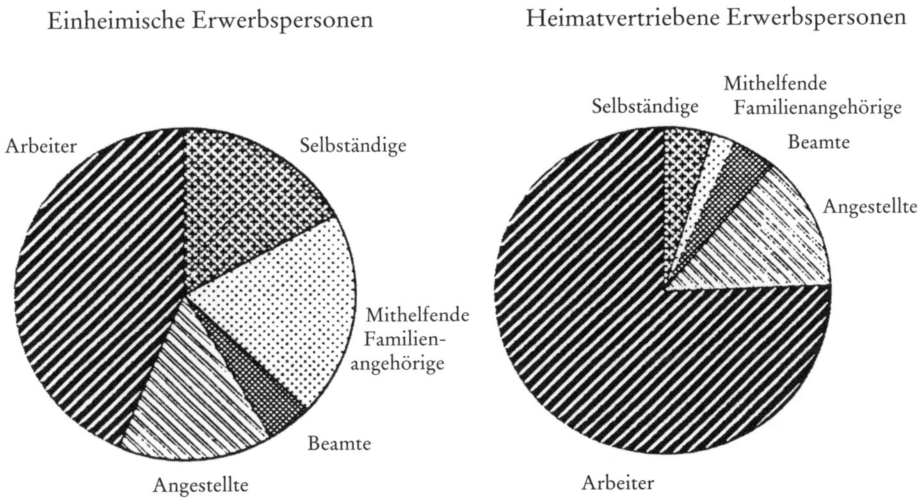

Die vollständige Integration der Flüchtlinge war nach Gründung der Bundesrepublik noch keineswegs erreicht, wie hier die Übersicht über die berufliche Stellung von 1950 zeigt.

Mittelstand der Flüchtlingsaufnahmeländer, daß Flüchtlinge einen langjährigen ausgeprägten Konsumbedarf hatten und zunächst wenig auf »die hohe Kante« legten. Eine 44jährige Bauernwitwe aus Posen beschrieb Anfang der fünfziger Jahre nüchtern die Gründe für ein darauf gegründetes Wohlwollen gegenüber Flüchtlingen: »In den ersten Jahren waren die Bauern sehr hart; wir haben auch unseren Stolz; der Mittelstand verhielt sich auch ablehnend; jetzt aber, wo wir Kunden in ihren Läden sind, weniger; wir wurden als »Polacken« betrachtet.«

Erfolgsbilanz »Integration«?

Aus heutiger Sicht muß das gängige Urteil in Frage gestellt werden, daß die Eingliederung der Flüchtlingsbevölkerung bis auf anfängliche Schwierigkeiten im Zusammenleben überwiegend reibungsfrei verlaufen sei. Im Gegenteil: der gegenseitige Anpassungsprozeß verlief gerade in ländlichen Regionen äußerst schwierig und oft konnten die Barrieren nur sehr langfristig – nämlich bis weit in die sechziger Jahre hinein – abgebaut werden. Der Gegensatz zwischen Einheimischen und Flüchtlingen wurzelte in einer Grundkonstellation: Besitzende und Besitzlose stießen auf dem Land besonders heftig aufeinander. Für die Einheimischen als auch für ehemalige Flüchtlingsbauern hatten der eigene

Grund und Boden, der eigene Besitz eine ähnlich große Bedeutung für das Selbstwertgefühl und den sozialen Status. Die Abgabe auch nur des geringsten Stück Bodens auf der einen und der Erwerb auch nur der kleinsten Parzelle zur Selbstbewirtschaftung auf der anderen Seite hatten weniger einen materiellen als einen ideellen Stellenwert. Die Chance, einen Hof oder ein Stück Land zu bekommen, war jedoch minimal.

Die materiellen und emotionalen Verständigungshindernisse waren erheblich. Manchmal wurde zwischen Einheimischen und Flüchtlingen zwar eine gewisse »geistige Nähe« empfunden, die sich auf sprachliche, kulturelle und religiöse Verwandtschaft beziehen konnte und auch gewisse Grundmentalitäten miteinschloß. Mit evangelischen Pommern fühlte man sich eher verwandt als mit katholischen Schlesiern. Bei der Belebung traditioneller Dorfsitten und -gebräuche war der Anbruch der »neuen Zeit« jedoch für beide Personengruppen unübersehbar. Überfremdungsängste, die Sorge von »Ortsfremden« bestimmt zu werden (ein Vorwurf, der auch noch nach vielen Jahren erhoben werden konnte), traten vor allem dort gehäuft auf, wo Flüchtlinge beispielsweise auf Dorffesten versuchten, sich in das Dorfbild zu integrieren. Es gab Richtlinien, nach denen sich die Gemeindevertretungen anteilig aus Einheimischen und Flüchtlingen zusammenzusetzen hatten. Ortsfremde übernahmen somit Ämter, die nach altem Brauch immer von Einheimischen eingenommen worden waren. Dieser Einfluß auf die dörflichen Geschicke wurde mißtrauisch beobachtet.

In den westlichen Teilen Niedersachsens fiel der Bevölkerungszuwachs sehr viel geringer aus als östlich der Weser und Leine. Wie anderenorts wurde die Lage der Flüchtlinge auf dem Lande weitgehend von der Naturalwirtschaft bestimmt. Sie bemühten sich daher – oft vergeblich – um Erwerb eigenen Landes, notfalls auch durch Urbarmachung von Ödland, aber die eingesessene Bevölkerung war auch hier fast nie zur Landhergabe bereit. Ernsthafte Schwierigkeiten konnten auch aus den unterschiedlichen kulturellen Traditionen und Mentalitäten von Einheimischen und Flüchtlingen entstehen:

In einer der seltenen empirischen Arbeiten über das Zusammenleben zwischen Flüchtlingen und einheimischer niedersächsischer Bevölkerung berichtet Stella Seeberg, die langjährige Leiterin der Hermannsburger Missionstagungen, wie in der Grafschaft Bentheim, in der Lutheraner, Reformierte und Unierte zusammenlebten, ein Flüchtlingsbauer zu Weihnachten einen Tannenbaum mit auf den Hof brachte. Der empörte einheimische Bauer zerbrach den Baum mit den Worten, er könne keine heidnischen Sitten auf seinem Hof dulden. Ähnlich erging es einer Flüchtlingsfrau. Als die Großmutter der bäuerlichen Wirtsfamilie starb, hatte sie von weither einen Kranz besorgt, den der einheimische Landwirt wütend auf den Misthaufen warf. Die schwer gekränkte Frau erfuhr erst sehr viel später, daß Kränze in der Region nicht üblich waren.

Flüchtlinge und Einheimische waren in der Regel nicht gut aufeinander zu sprechen. Erstere bekamen schlechtere Anstellungen und geringeres Entgelt.

So verwundert es nicht, wenn eine Bauersfrau auf die Bitte eines Flüchtlings nach Lohnerhöhung erwiderte, dafür könne sie einheimische Arbeiterschaft bekommen. Die landwirtschaftliche Arbeit war nicht nur für städtische Flüchtlinge wenig attraktiv, weil sie hart war und wenig einbrachte. Auch ehemalige Flüchtlingsbauern taten sich sehr schwer damit, von der freien selbständigen Arbeit nun in ein abhängiges Arbeitsverhältnis zu wechseln, das sich im privaten Zusammenleben auf dem Hof noch fortsetzte. Es war für sie der Inbegriff sozialen Abstiegs, auf fremdem Boden für Geld zu wirtschaften. In der Grafschaft Bentheim hatten viele Flüchtlinge Arbeitsverträge mit den Bauern zunächst mit der Begründung abgelehnt, sie wollten frei, das heißt aus freien Stücken arbeiten. Da sie dringend auf Gelderwerb angewiesen waren, zogen sie Industriearbeit einer Landarbeitertätigkeit immer noch bei weitem vor. In den ersten Nachkriegsjahren war das aber nur wenigen möglich.

Der Beitrag der Flüchtlinge zur »Modernisierung« von Wirtschaft und Gesellschaft

Viele Flüchtlinge, die in den ersten Nachkriegsjahren in den ländlichen Regionen nach Unterkunfts- und Beschäftigungsmöglichkeiten suchten, gingen gezwungenermaßen zunächst einmal in die Landwirtschaft, die als Folge davon auf Jahre hinaus hoffnungslos überbesetzt blieb. Die Zahl der im Wirtschaftszweig »Landwirtschaft, Tierzucht, Gärtnerei« beschäftigten Arbeiter und Angestellten war in der britischen Zone zwischen 1938 und 1941 bereits um 22 %, zwischen 1938 und 1946 jedoch um 133 % gestiegen. In absoluten Zahlen waren es im Juni 1938 392.775, im August 1941 477.281 und im September 1946 916.514 Beschäftigte. Diese Menschen arbeiteten überwiegend in einer Landwirtschaft, die unter Zurückstellung weiterer Mechanisierung und Technisierung fast unerschöpflich viele Arbeitskräfte aufnehmen konnte. Die Aufnahmekapazität bestand jedoch nur vorübergehend, zu sehr klafften der Arbeitsbedarf in der Landwirtschaft und die tatsächlichen Qualifikationen und Arbeitsleistungen der Flüchtlinge auseinander. Die Währungsreform setzte schließlich den großen Teil der überzähligen Arbeitskräfte wieder frei, weil nun echter Lohn gezahlt werden mußte.

Bei Kriegsende wurden die Flüchtlinge jedoch neben der Zurücknahme von Industrialisierungsansätzen der dreißiger und vierziger Jahre, die fast ausschließlich ins Umfeld der Aufrüstungspolitik gehörten, zum Bremsfaktor einer weitergehenden Mechanisierung der Agrarregionen. Als ständig zur Verfügung stehendes Arbeitskräftereservoir zögerten sie die längst fällige Maschinisierung der landwirtschaftlichen Arbeit zunächst hinaus. Maschinen, vor allem Traktoren, wurden auch nach 1945 nach wie vor nur in bescheidenem Umfang eingesetzt. Erst in den fünfziger Jahren nahm die Zahl der Traktoren und der sie nutzenden Betriebe in der Landwirtschaft signifikant zu. Wurden

1948 in Niedersachsen nur 14.199 Traktoren gezählt, so waren es 1955 bereits 62.616 und 1961 124.899. Zu diesem Zeitpunkt war schon etwa ein Drittel der Flüchtlinge vom Lande in attraktivere Arbeits- und Wohnorte abgewandert. Im Rückblick eines alten Landarbeiters heißt es dazu: »Sobald sich die Flüchtlinge außerhalb eine neue Existenz aufbauen konnten, kündigten sie. Auch von den alten Arbeitern starben ein paar. Der Inspektor hat dann keine neuen Leute mehr eingestellt. Die wurden ja nicht mehr gebraucht – dafür wurden Maschinen angeschafft.«

Vor allem im Umkreis der Regierungsbezirke Hannover, Lüneburg und des Verwaltungsbezirks Braunschweig hatte die Rüstungskonjunktur seit Ende der dreißiger Jahre zu einer ersten Veränderung der Bevölkerungs- und Siedlungsstrukturen geführt. Der Industrialisierungsschub und Arbeitskräftezuzug hat hier mittelbar modernisierende Folgen gehabt, die allerdings weniger auf der technisch-industriellen als auf der soziokulturellen Ebene zu suchen sind. Seinen Fortgang, seine Verschärfung und Beschleunigung fand dieser Prozeß mit der Aufnahme der Flüchtlinge.

Als »Modernisierung« kann man in strukturähnlichen ländlichen Regionen verschiedene Prozesse ausmachen: die dörflichen und kleinstädtischen Sozialbeziehungen wandelten sich, die traditionell starken örtlichen Bindungen wurden lockerer, und die klassische Zusammensetzung der dörflichen Eliten geriet ins Wanken. Zu diesem Wandlungsprozeß gehören auch langfristig soziokulturelle Öffnungstendenzen in Vereinen, Verbänden, auf Dorffesten, aber auch im Heiratsverhalten. Die Aufnahme und Eingliederung der Flüchtlinge führte so zu einer wachsenden Durchlässigkeit der bis dahin von der »Außenwelt« gänzlich abgeschotteten Bastionen des dörflichen Gemeindelebens. Hinzu kam eine stärkere Orientierung auf städtische Zentren und dortige Arbeitsplätze, kommunale Verwaltung und Freizeitangebote. Dörfliche Dialekte traten gegenüber der »universellen« Hochsprache weiter in den Hintergrund.

Schließlich veränderte sich auch das äußere Erscheinungsbild der ländlichen Gemeinden. Die Siedlungs- und Wohnstruktur folgte der Neuaufteilung und Andersbelegung vorhandenen Wohnraums, der Errichtung oder Umnutzung von Lagerunterkünften und der Anlage von Flüchtlingssiedlungen. Zugleich wurde das Dorf- und Kleinstadtleben offener und gegenüber äußeren Einflüssen empfänglicher, dörfliche Lebensformen wurden zurückgedrängt. Nachwachsende Generationen übernahmen nicht mehr fraglos die traditionellen Leitvorstellungen und Orientierungen ihrer Elterngenerationen.

Seinen Anfang hatte diese Erosion ländlicher Arbeits- und Lebensstrukturen schon im Dritten Reich genommen: durch den Einzug der Männer zur Wehrmacht, die Hereinnahme von Fremdarbeitern und durch die damit einhergehende veränderte Rolle der Frauen, die zum Beispiel auf dem Hof, im Bereich der Kirche eine kurze Epoche lang die Ortsgeschicke bestimmten. Man konnte sich jedoch in dem Glauben wiegen, daß es sich nur um vorübergehende Einbußen der dörflichen Lebensqualität handelte. Auch waren die einzelnen

Gemeinden von diesem Auflösungsprozeß, der vor Ankunft der Flüchtlinge eingesetzt hatte, regional und lokal in ganz unterschiedlichem Ausmaß betroffen – je nach Erwerbs- und Herkunftsstruktur der Einwohner, je nachdem, ob es sich eher um ein traditionelles Bauern- oder aber Arbeiterdorf handelte, je nachdem wie viele ausländische Arbeiter, Evakuierte und Umquartierte man bereits hatte versorgen müssen. In industriell-agrarisch durchmischten Regionen wie etwa im hannoversch-braunschweigischen, überdies grenznahen Raum beschleunigte der Flüchtlingszustrom den Veränderungsprozeß, andere bis dahin weitgehend unberührte Regionen zog er erstmals in den strukturellen Wandlungsprozeß mit hinein. Gerade diese Gemeinden setzten den Wandlungstendenzen oft enorme Widerstände entgegen und vermochten es, rigide Ausgrenzungen gegenüber Flüchtlingen noch in der zweiten Generation, also bis in die sechziger Jahre hinein, zu praktizieren. Langfristig hatte ihr Widerstand gegen die »modernisierenden« Wirkungen der Bevölkerungsbewegungen jedoch keine Chance.

Abwanderungen und biographische Brüche

Die ungleiche Verteilung von Arbeitskräften und Produktionsanlagen, von Arbeitsangebot und Arbeitsnachfrage wurde erst durch umfangreiche Abwanderungsprozesse seit Anfang der fünfziger Jahre vom ländlichen Raum in stadt- und industrienahe Gebiete allmählich ausgeglichen. Nach einer Aufstellung des Niedersächsischen Flüchtlingsministeriums aus dem Jahre 1954 waren in den vorherigen drei Jahren von zehn Flüchtlingen rund sieben innerhalb Niedersachsens oder über die Landesgrenzen gewandert, von zehn Vertriebenen rund fünf, von zehn der übrigen Bevölkerung dagegen nur rund zwei. Zwischen 1950 und 1961 betrug der Bevölkerungsrückgang in den kleineren Gemeinden zwischen 20 % und 50 %.

Diese Weiterwanderung der Flüchtlinge in wirtschaftlich attraktivere Regionen bedeutete für viele einen weiteren Bruch in ihrer Biographie. Ehemals Selbständige oder Gewerbetreibende hatten im Westen zumeist berufsfremd in der Landwirtschaft als abhängig Beschäftigte unterkommen müssen, nun trat ungewohnte Industriearbeit hinzu. Monika Uliczka berichtet über VW-Arbeiter in der Nachkriegszeit: Eine Bauerntochter aus Pommern, die 1943 einen Handwerksmeister geheiratet hatte, der sogleich eingezogen worden war, mußte im Februar 1945 binnen einer Stunde mit ihrem Säugling fliehen. Sie flüchtete zusammen mit den Arbeitern und ihrer Mutter vom väterlichen Hof. Über Umwege und mehrfache Weiterwanderung landete die Familie schließlich in der Nähe von Wolfsburg, wo der 1954 aus russischer Gefangenschaft zurückgekehrte Ehemann Arbeit im VW-Werk aufnahm. Nach seinem Tod wurde auch die Witwe VW-Arbeiterin: »Mein Gott, ich sage immer, man hat früher gehört vom Kohlenpott und von Industrie und von Fabriken, aber gekannt hat man das ja bei uns überhaupt nicht. Bei uns war alles nur eine Ebene, nur Landwirtschaft. Wir hatten keinen Wald und kein Wasser und überhaupt nichts. Da habe ich immer gesagt, mein Gott, daß ich noch einmal in eine Fabrik arbeiten gehe ... Also: ich konnte mich nicht reinfinden.«

Der Schlosser Kurt Schneider aus Schlesien nahm nach dem Krieg zunächst eine Hilfstätigkeit bei der Reichsbahn in Wittenberg an, ging nach einer schweren Lungenentzündung »stempeln« und reiste schließlich illegal in den Westen. Weil er sich weigerte, zur Registrierung ins Flüchtlingsaufnahmelager zurückzugehen, gab es weder Lebensmittelmarken für die Familie noch auf Jahre hinweg eine erträgliche Unterbringung. Auch für ihn waren die Suche nach Arbeit und angemessenem Wohnraum die Hauptgründe, 1954 weiterzuwandern und im VW-Werk, allerdings nicht im gelernten Metallberuf, zu arbeiten. Seine Frau über ihn: »Wissen Sie, die Berufe, das war gar nicht gefragt. Denn es waren Bäcker, Fleischer und Konditoren und sonstige, die waren alle im Werk, denn es wurde ja kein Beruf verlangt, nur die Maschinen mußten bedient werden ... also daß er Schlosser war, das hat ihm auch nicht viel genützt, denn es waren ja genug andere schon vor ihm da.«

Viele Flüchtlinge verbanden mit dieser zweiten Wanderung positiv das Ende der von Not und Mangel geprägten Nachkriegsjahre. Die Weiter- und Abwanderung versprach einen neuen Arbeitsplatz, oft nach jahrelanger Arbeitslosigkeit, die Verbesserung der Ernährung und vor allem der Wohnverhältnisse, das Heraustreten aus der ländlichen Enge und dörflich-bäuerlichen Abhängigkeit und die Möglichkeit beruflichen Aufstiegs und neuer familiärer Seßhaftwerdung bis hin zum Eigenheimerwerb. Ein materieller oder ideeller Ersatz für die als Kriegsfolge erlittenen vielfältigen Verluste war kaum denkbar, aber menschliche Arbeits- und Wohnverhältnisse eröffneten die Möglichkeit, die erlittenen Verluste zu kompensieren. Vielen Flüchtlingen gelang das seit Ende der fünfziger und in den sechziger Jahren im Zuge des allgemeinen »Wirtschaftswunders«, zu dem sie erheblich beitrugen. Das spiegelt sich im Erwerb von Statussymbolen, aber auch in weitergegebenen Lebensgeschichten: Eine Generation später, in den siebziger Jahren, waren Flucht und Vertreibung als Lebenseinschnitt im Verlauf der Seßhaftwerdung und Eingliederung so weit in den Hintergrund getreten, daß viele Schulkinder nicht mehr zu sagen wußten, ob ihre Eltern Flüchtlinge waren oder nicht.

Die »verzögerte Normalisierung«: Zur Entwicklung des niedersächsischen Parteiensystems in der Nachkriegszeit

Günter J. Trittel

Die Bundestagswahlen von 1949 sind als die letzten »Weimarer Wahlen« bezeichnet worden. Im Hinblick auf die weitere Ausformung des deutschen Parteiensystems ist aber die Beobachtung wichtiger, daß sich bereits damals ein erst 1953 manifest werdender Kontinuitätsbruch ankündigte. In der Rückschau wird nämlich deutlich, daß die in ihrem Kern erhalten gebliebenen sozialistischen und katholischen Milieus jeweils durch Teile des ehemaligen »nationalen Lagers« erweitert und somit zum Ausgangspunkt für eine volksparteiliche Entwicklung wurden.

Die mit der Entstehung von Volksparteien verbundene spektakulärste Innovation in der deutschen Parteiengeschichte, nämlich die Zusammenfassung der traditionell divergierenden Strömungen des Bürgertums zur Sammlungspartei CDU, vollzog sich jedoch in den meisten Ländern in bemerkenswerter Zeitverschiebung gegenüber dem Bundestrend, am langsamsten in Niedersachsen und Bremen. Der Versuch einer Erklärung dieser »verzögerten Normalisierung« hat von zwei miteinander zu verknüpfenden Ansatzpunkten auszugehen. Zum einen stand der Bemühung um eine politische Neuordnung im niedersächsischen Raum ein hohes Maß an regionalem, sich 1945 wieder artikulierendem Sonderbewußtsein entgegen, zum zweiten ist, dem Ansatz der historischen Wahlforschung folgend, auf die den Nationalsozialismus überlebenden »politisch-sozialen Milieus« zu verweisen, jene soziale Einheiten, die in der klassischen Definition von Rainer M. Lepsius »durch eine Koinzidenz mehrerer Strukturdimensionen wie Religion, regionale Tradition, wirtschaftliche Lage, kulturelle Orientierung, schichtspezifische Zusammensetzung der intermediären Gruppen gebildet werden«.

In der Tat läßt der Blick auf die ersten niedersächsischen Landtagswahlergebnisse die Fortexistenz geschlossener Milieukerne vermuten, die, wenn auch mit abnehmender Kraft, die Struktur des regionalen Parteiensystems bis Anfang der sechziger Jahre bestimmt haben. In leicht vergröbernder Vereinfachung erkennt man ein katholisches Milieu mit Schwerpunkten in Südoldenburg, im Emsland und im Eichsfeld, während die Hauptausprägungen des sozialistischen Milieus in den Städten der Nordseeküste, in Nordoldenburg, Osnabrück, Hannover, Hildesheim, Braunschweig und in den südöstlichen Industriegebieten zu finden sind; auch die Konturen eines protestantisch-agrarischen, durch welfische Traditionen geprägten Milieus lassen sich im Nordosten (mit den Schwerpunkten in den Regierungsbezirken Lüneburg und Stade) unschwer identifizieren. Weniger deutlich ausgeformt, aber durchaus wahrnehmbar sind schließlich die Umrisse eines liberalen Milieus mit Zentren im protestantisch-mittelständischen Nordoldenburg wie in der Stadt Göttingen.

Sieht man auf das Ganze, so überrascht vor allem, daß der Wechsel der parteipolitischen Repräsentanz der welfischen Traditionsgebiete und des liberalen Milieus, von dem seit 1928 vor allem die NSDAP profitierte, noch keineswegs deren Zerfall bedeutete. Trotz aller sozialstrukturellen Verwerfungen deutet vieles darauf hin, daß nach 1945 nicht nur diese Milieus, wenngleich in unterschiedlicher Konsistenz, weiterexistierten, sondern daß auch die Bindung an jeweils eine Partei überlebte: Zentrum bzw. CDU, NLP/DP und FDP waren in Niedersachsen zuallererst milieugebundene Regionalparteien, die sich auffallend vom programmatischen Profil der jeweiligen Bundespartei abhoben. (Auf gewisse Weise gilt das auch für die SPD, die die »Verinselung« der Arbeiterbewegung in einem klassischen Agrarland widerspiegelte.) Der durch den Industrialisierungsschub der fünfziger Jahre bewirkte soziale Wandel führte zwar zur tendenziellen Angleichung der materiellen Lebensumstände für den überwiegenden Teil der Bevölkerung, doch ging von den nach 1945 revitalisierten Milieus auch weiterhin eine beachtliche Integrationskraft aus. Es scheint, daß der so initiierte mentale, die politischen Orientierungen beeinflussende Wandlungsprozeß in diesen politischen Traditionsgebieten langsamer verlief, daß die Fixierung fest umrissener, sozial homogener Wählergruppen auf überwiegend durch lokale und regionale Interessen geprägte Politikangebote und die Bindung an deren Repräsentanten länger anhielt als in den Industrieregionen West- und Süddeutschlands. So überlebte im niedersächsischen Raum eine spezifische Ausprägung des Parteiensystems, das durch eine vorübergehende Renaissance des Neonazismus und die politische Zersplitterung des Bürgertums gekennzeichnet war. Erst im Zuge der außenpolitischen Festlegungen wie Bedrohungen und der beschleunigten gesellschaftlichen Modernisierung überlagerten die nationalen Politikangebote und die überregional verlaufenden Konfliktlinien die regionalen Spezifika. Anfang der sechziger Jahre hatte dieser Erosionsprozeß die mit ständischen, konfessionellen und historisch-politischen Besonderheiten ausgestatteten Milieukerne aufgelöst und folglich auch die Aufteilung der drei »bürgerlichen«, stark konservativen Milieus auf drei bzw. vier Regionalparteien endgültig überwunden.

Politische Hypotheken und sozioökonomische Entwicklung

Will man die Auffälligkeiten der niedersächsischen Politiklandschaft erklären, wird man aber nicht nur nach der konfessionellen und sozioökonomischen Spezifik der Milieus suchen, sondern auch auf die politischen Traditionen und ihre Prägung durch den Nationalsozialismus achten und die Krisensymptome der Nachkriegsgesellschaft miteinbeziehen müssen.

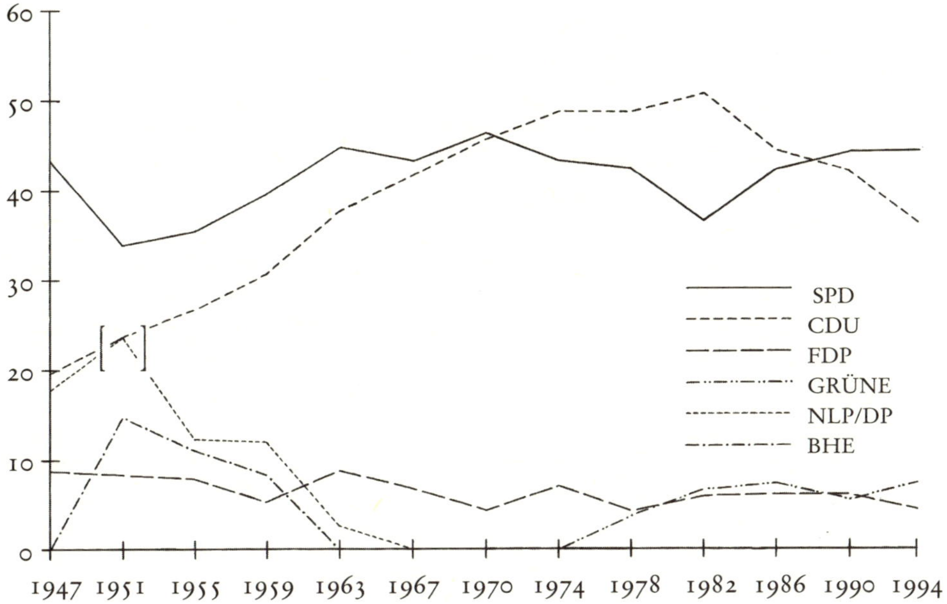

Die Landtagsergebnisse von 1947 bis 1994. Erkennbar wird die späte Ausbildung des »Drei-Parteiensystems«, das durch das frühe Aufkommen der GRÜNEN wieder durchbrochen wurde.

Niedersachsen ist, mit den Worten von Helga Grebing, zu Recht als »Stammland des deutschen Nachkriegsrechtsradikalismus« bezeichnet worden. Spektakuläre Wahlerfolge der Deutschen Reichspartei (DRP) und insbesondere der Sozialistischen Reichspartei (SRP) in den frühen fünziger Jahren weisen zurück auf die (immer gemessen an der Entwicklung im Reich) frühzeitigen und hohen NSDAP-Erfolge in weiten Teilen des späteren Landesgebietes. Aus der Tatsache, daß die nationalsozialistische Blut-und-Boden-Ideologie im Agrarland Niedersachsen vor allem in den mittelbäuerlich geprägten ländlichen Eliten eine besondere Resonanz gefunden hatte, ist auf eine langanhaltende Wirkung über das Jahr 1945 hinaus zu schließen.

Der mühselige Wiederbeginn des politischen Lebens stand vor allem aber im Zeichen einer alles andere überschattenden sozialen Krise, von der in Niedersachsen noch mehr Menschen existentiell betroffen waren als anderswo. Die Kriegsfolgelasten waren bedrückender, zugleich aber waren die Voraussetzungen für ihre Abmilderung schlechter, da Niedersachsen bei Kriegsende ein »Agrarland« (rund ein Drittel der Erwerbspersonen war 1946 war noch in der Landwirtschaft tätig) war und erst einen relativ niedrigen Industrialisierungsgrad aufwies. Dazu kam, daß die Zonengrenze große Teile des Landes aus ihren gewachsenen Wirtschaftsbeziehungen herausriß und in ein politisch-soziales »Abseits« sinken ließ. Zumindest bis 1951 war somit Politik nur am

Rande des finanziellen Ruins zu betreiben. Denn: Niedersachsen war das Land mit dem zweithöchsten Flüchtlingszustrom, das heißt, rund ein Drittel der Bevölkerung, die um 50 % zugenommen hatte, befand sich überwiegend mittellos und unbehaust in einem fremden kulturellen und sozialen Umfeld. Nicht weniger bedrohlich war die Unterversorgung der städtischen Bevölkerung mit Nahrungsmitteln: »Kartoffelkrieg«, Hungerdemonstrationen und -streiks waren Manifestationen des bis 1950 andauernden Massenhungers, der die Volksgesundheit bedrohte und eine wesentliche Ursache für die Stagnation der Industrieproduktion auf einem drastisch reduzierten Niveau darstellte. Demzufolge schien Arbeitslosigkeit das Dauerschicksal für jeden fünften Erwerbsfähigen bleiben zu müssen.

Angesichts der schlechten strukturellen Ausgangslage stellte die soziale Nachkriegskatastrophe Politik und Verwaltung vor kaum lösbare Probleme. Noch düsterer aber wurden die Aussichten, die Wirtschaft auf Friedensproduktion umstellen und der Not der Flüchtlinge (wie der Einheimischen) wenigstens durch eine gerechtere »Verteilung des Mangels« begegnen zu können, wenn man sich vergegenwärtigt, welch erdrückende Zusatzlasten dem Lande, dessen Haushalt 1949 schon zu einem Drittel für soziale Aufgaben verbraucht wurde, aus der alliierten Präsenz erwuchsen: die Besatzungskosten, die 1946 ein Drittel, 1949 aber, bedingt durch die Mitfinanzierung der »Luftbrücke«, bereits mehr als die Hälfte des Steueraufkommens auffraßen, trieben das Land im Sommer 1951 praktisch in den Bankrott und engten die Möglichkeiten der Krisenbekämpfung auf ein Minimum ein.

Die Politik der Landesregierungen war somit zunächst vor allem durch die andauernde Ohnmacht gegenüber der übermächtigen Krise wie durch das Scheitern gesellschaftlicher Strukturreformen gekennzeichnet. Seit 1951, als sich der in Niedersachsen allerdings zögerlicher einsetzende wirtschaftliche Aufschwung bemerkbar machte, bemühte sich die Politik verstärkt nicht nur um ein effektiveres staatliches Krisenmanagement, sondern auch gezielt um Verbesserungen der Wirtschaftsstruktur. Die staatliche Interventionspolitik forcierte nun auch in den überwiegend agrarisch geprägten Landesteilen den sozialen Wandel: Die Bedeutung der Landwirtschaft nahm gegenüber dem industriellen Sektor weiter ab, die schon durch die Flüchtlingsverteilung vorgegebene Land-Stadt-Mobilität beschleunigte sich, in den verbliebenen »industriellen Kerngebieten« zeigten sich erste Erfolge der Umstellung auf die Friedenswirtschaft. Trotz dieses Wandels und trotz einer gewissen Teilhabe am bundesdeutschen »Wirtschaftswunder« der frühen fünfziger Jahre blieb Niedersachsen ein »Armenhaus«: Die Landwirtschaft war trotz staatlichen Schutzes extrem krisenanfällig, die Industriedichte reichte nach wie vor nicht aus, um die strukturelle Arbeitslosigkeit beseitigen zu können, das fortbestehende Wohnraumdefizit erschwerte vor allem die Integration der Kriegsopfer, das Pro-Kopf-Steuer-Aufkommen der Bevölkerung lag weiter unter dem Bundesdurchschnitt.

Erst als sich seit Mitte der fünfziger Jahre nach zähem politischen Ringen und als Folge der bundesweiten Hochkonjunktur die finanzielle Ausstattung auch der strukturschwachen Länder verbesserte, gab es für die Landespolitik größere Spielräume, deren Ausgestaltung freilich durch die voranschreitende Ausweitung der Bundeskompetenzen beschnitten blieb. Immerhin gelang es seit 1953, den Haushalt dauerhaft zu konsolidieren, und die Reform der niedersächsischen Finanzverfassung ermöglichte den Erfolg staatlicher Planungsimpulse (Flurbereinigung, Zonenrandprogramm, Küstenplan). Dies wiederum dynamisierte den sozialen Wandlungsprozeß und trug dazu bei, die Strukturdefizite allmählich abzubauen; zugleich aber bewirkte die staatliche Rahmengesetzgebung eine Modernisierung der gesellschaftlichen Infrastruktur, die es erlaubte, den politischen Herausforderungen mit zukunftweisenden Konzepten zu begegnen.

Wenn auch Ende der fünfziger Jahre für viele Menschen in Niedersachsen die Lebensbedingungen in mancher Hinsicht noch immer schlechter waren als anderswo, so hatten Wirtschaft und Gesellschaft des Landes doch seit Ende des Krieges einen historisch einzigartigen Wandlungsprozeß durchlaufen. Vor allem war die Bedeutung des Agrarsektors stark zurückgegangen. Die Erwerbsquote in der sich modernisierenden, aber weiterhin stark mittelbäuerlich geprägten Landwirtschaft war 1963 auf 18,9 % (Bund 11,9 %) abgesunken; zugleich hatte sich der Anteil der in Gemeinden unter 5.000 Einwohnern lebenden Menschen von 53,5 % (1950) auf 47 % (1962) verringert.

Vom milieubestimmten Vielparteien- zum bipolaren Volksparteiensystem

1947: Reetablierung der Milieus

Die Erfolge der Niedersächsischen Landespartei (NLP) im welfischen Kernland sowie des Zentrums und der FDP in ihren traditionellen Hochburgen in Süd- bzw. Nordoldenburg zeigen, daß sich die regionale Prägung der Parteienlandschaft durch die politisch-sozialen Milieus nach 1947 zunächst wieder etablierte. Aber auch die Wiedergründung der SPD läßt eine im Vergleich mit der Entwicklung im »bürgerlichen« Lager zwar geringere regionale Spezifik erkennen. Es zeigt sich aber, daß trotz aller programmatischen Bemühungen, die Identität der Partei neu zu bestimmen und ihren Einfluß auf die Mittelschichten auszuweiten, nach Kriegsende eine Restauration des »sozialistischen Milieus« in den Städten einsetzte: Die SPD blieb deutlich auf die »Klasse der Industriearbeiterschaft« beschränkt. Schumachers Konzept einer sozialistischen Volkspartei scheiterte zunächst auch in Niedersachsen: Nachdem die SPD 1947 begünstigt durch die britischen Restriktionen mit 43,4 % der Wählerstimmen noch ein Rekordergebnis verbucht hatte, fiel sie 1951 mit 33,4 % wieder auf ihr weitgehend milieugebundenes Wählerpotential zurück.

Wahlplakate der ersten Wahlen 1946/47.

FDP
FREIE DEMOKRATISCHE PARTEI
Für Privateigentum u. Wirtschaftsfreiheit
Gegen Staatssozialismus u. Gleichmacherei
Für inneren Frieden u. Religionsfreiheit
Gegen Konfessionsstreit u. Kirchenpolitik
Gegen jeden Separatismus
FÜR EIN EINIGES
DEUTSCHES REICH

Die
Frau wählt
Zentrum

Im »katholischen Milieu« war die Entwicklung am überschaubarsten. In den katholischen Landesteilen, in Südoldenburg, im katholischen Emsland und im Eichsfeld, wo die kriegsbedingte Massenmobilisierung den Katholikenanteil von 75-85 % nur unwesentlich verringerte, blieb das Wahlverhalten außerordentlich stabil. Allerdings konnte das Zentrum, das sich hier bis 1933 gegenüber dem nationalsozialistischen Zugriff fast unbeeindruckt hatte behaupten können, nicht mehr die alleinige Repräsentanz des vor allem kleinbäuerlich geprägten Milieus beanspruchen. Am längsten gelang ihm dies gegenüber der Konkurrenz der CDU in den Kreisen Vechta, Lingen, Cloppenburg und Osnabrück-Land, wo die Partei 1947 29-40 % (landesweit 4,1 %) und auch 1951 noch knapp 30 % der Wählerstimmen auf sich vereinigen kann, während im Eichsfeld und in anderen katholischen Kreisen des Regierungsbezirks Osnabrück die Union bereits 1947 das Zentrum in vollem Ausmaß beerben konnte.

War es also zunächst noch keineswegs sicher, daß die CDU in Niedersachsen das Zentrum als Vertretung der katholischen Wählerschaft verdrängen könnte, so war Anfang der fünfziger Jahre erst recht nicht entschieden, ob die Union auch die »liberalen bzw. protestantisch-konservativen Milieus« in einer bürgerlichen Sammelpartei »rechts von der SPD« würde integrieren können. Denn in Niedersachsen wurde dem Unionsgedanken zunächst das Konzept einer Einigung großer Teile des Bürgertums unter genuin konservativen Vorzeichen entgegengestellt. So blieben beträchtliche Teile des bürgerlichen und bäuerlichen Mittelstandes infolge der sozialen, ökonomischen und mentalen Auswirkungen der Kriegsniederlage und der Entnazifizierung für neonazistische Programmangebote aufnahmebereit oder zeigten sich zumindest wenig disponiert, sich einer neuen Partei anzuschließen, deren christlich-soziale Vorstellungen ihren virulenten antisozialistischen Einstellungen sowie ihren Besitz- und Statusverlustängsten kaum gerecht werden konnten. Zudem suchte der NLP / DP-treue agrarisch-protestantische Mittelstand des Nordostens und Ostens des Landes nach einem konkurrierenden Konzept, das durch eine entschieden antimarxistische und eigentumsorientierte Politik ihren existentiellen Rückhalt garantieren sollte.

Schon in der ersten Wahl zeigte sich, daß die Erfolgschancen des Unionskonzepts nicht besonders günstig waren. Das vor allem in protestantischen Gebieten fortbestehende Mißtrauen gegenüber dem politischen Katholizismus verstärkte die Bereitschaft einer Mehrheit der bürgerlichen Wähler, sich weiterhin an den miteinander konkurrierenden, an regionale Traditionen und bürgerliche Milieus angebundenen Parteien wie NLP (17,9 %) und FDP (8,8 %) zu orientieren. Das liberale wie das »welfische« Milieu hatten trotz ihrer vorübergehenden politischen Heimat in der NSDAP offensichtlich die Weltwirtschaftskrise wie den Zusammenbruch des Nationalsozialismus im Kern überdauert. Und auch die sozialen Umbrüche nach 1945 hatten nichts daran geändert, daß diese milieuspezifischen Regionalparteien ihre Wähler in fast identischen Gebieten wie ihre Vorläuferparteien (DDP / DVP bzw. DHP) wiederfanden.

Die parteipolitische Orientierung des »liberalen Milieus« weist bemerkenswerte Besonderheiten auf, die grob gesagt auf die traditionelle Differenzierung in Links- und Rechtsliberalismus zurückgehen. Drei Schwerpunktgebiete lassen sich für die unmittelbare Nachkriegszeit ausmachen: Die stärker in rechtsliberaler Tradition stehenden Gebiete Nordoldenburgs, die vor 1933 eher zum Linksliberalismus tendierenden ostfriesischen Kreise und Städte sowie Südniedersachsen. Während die FDP 1947 landesweit nicht mehr als knapp 9 % der Wählerstimmen gewann, konnten hier einige Wahlkreise sogar direkt erobert werden, sämtliche Hochburgen wiesen einen liberalen Stimmenanteil von rund 30 % auf. Das liberale Milieu war soziostrukturell vor allem durch das kleinindustrielle bzw. handwerkliche städtische Besitzbürgertum geprägt, das agrarische überwiegend durch Viehwirtschaft betreibenden Klein- und Mittelbesitz. Beide besaßen allerdings im Gegensatz zum katholischen Milieu keine eigene Verbandskultur und wiesen auf der Basis der traditionellen Honoratiorenpolitik eine geringere Geschlossenheit auf.

Die *welfischen,* weitgehend im konservativ-agrarischen Milieu angesiedelten *Traditionsgebiete,* insbesondere in Lüneburg, Stade und Celle, hatten gleichfalls seit 1928 verstärkt Zuflucht bei der NSDAP gefunden und sich nach 1945 in größeren Teilen wieder in einer Traditionspartei, nur in kleineren Anteilen in der CDU, organisiert. Teile des konservativen Bürgertums, die sich durch den Flüchtlingszustrom in ihrer agrarisch-handwerklichen Mittelstandsexistenz bedroht fühlten und aufgrund ihrer besonderen politischen Traditionsbindung integrationsunwillig blieben, sammelten sich dagegen zusammen mit soldatischen Verbänden im rechtsextremen Lager. Der NLP / DP ging es zwar auch um die konsequente Abwehr der für sozialistisch gehaltenen Positionen der SPD, sie wollte aber vor allem ihre Vorbehalte gegenüber dem »linken Flügel« der CDU geltend machen, deren zentralistische Tendenz und Abhängigkeit von städtisch-mittelständischen Interessen ihr suspekt erschienen.

1951: Rückkehr zu »Weimarer Verhältnissen«?

Erst die Landtagswahl von 1951 spiegelte die realen politischen Kräfteverhältnisse der Nachkriegsjahre wider. Da der Lizenzierungszwang und die Wahlrechtsbeschränkungen fortgefallen waren, konnte das Abschneiden radikaler Parteien als Indikator für die politische Brisanz der sozialen Krise wie für den Akzeptanzgrad der parlamentarischen Demokratie gewertet werden. Das Ergebnis gewährte Aufschluß über den Konsistenzgrad der Milieukerne: Die SPD wurde vor allem durch das Auftreten einer Flüchtlingspartei (BHE 14,9 %) mit einem Stimmenrückgang von rund 10 % auf ihren traditionellen Wählerstamm zurückgeworfen, das »bürgerliche Lager« zeigte das vertraute Bild der Aufsplitterung. Der dramatische Stimmenrückgang von 37,8 % auf 23,8 % für CDU und DP bewies, daß der bürgerliche Sammlungsversuch in der Niederdeutschen Union (NU) gescheitert war und legte die Vermutung nahe, daß ein großer Teil des bürgerlichen Wählerpotentials ihrer Regionalpartei nachtrauerte. Die im In- und Ausland Bestürzung auslösende, lärmende Rückkehr einer neonazistischen Partei (SRP 11 %) signalisierte, daß es weiterhin möglich war, unter den in Niedersachsen herrschenden Krisenbedingungen ein beträchtliches, von den bürgerlichen Parteien nicht zu bindendes antidemokratisches Potential auszuschöpfen. Auf regionaler Ebene profitierte die SRP offensichtlich davon, daß sie, durch die soziale und politische Krise begünstigt, in der direkten Nachfolge der NSDAP liberale, welfische und konservative Milieubestandteile aufzusammeln vermochte: Spektakuläre Einbrüche (25-33 % der Wählerstimmen) gelangen ihr insbesondere in den welfischen Traditionsgebieten, in etwas geringerem Ausmaß in den liberalen Milieubereichen und dort wiederum in jenen Kreisen, in denen die NSDAP schon früh erfolgreich gewesen war. Der Anspruch der SRP, sich von den »Monopolparteien« abzugrenzen, die für die Nachkriegsmisere verantwortlich gemacht werden konnten, und einen »wahren«, den nach 1933 »verratenen« Nationalsozialismus wiederzubeleben, um so die soziale Krise wie die »nationale Not« zu überwinden, erhielt ein überraschend großes Maß an Zustimmung. Diese innerhalb weniger Monate aufgestiegene antidemokratische Regionalpartei wurde auf der mittleren und höheren Funktionärsebene fast ausschließlich von ehemaligen, im lokalen Umfeld verankerten »alten Kämpfern« geführt, denen es gelang, sowohl Teile des bäuerlich-mittelständischen Honoratiorentums von den bürgerlichen Parteien fernzuhalten als auch größere Anteile eines soziostrukturell höchst inhomogenen Protestpotentials an sich zu ziehen. Gemeinsam war ihnen nur die Ablehnung der in politischer und sozialer Hinsicht als deklassierend empfundenen Nachkriegszeit. Am besten gelang dies in Wahlkreisen mit überwiegend klein- und mittelbäuerlichem Besitz auf schlechten Böden, dessen Interessen von der Agrar- und Mittelstandspolitik der Bonner Bürgerblock-Koalition vernachlässigt worden waren und deren tradierte Sozialstruktur durch einen überdurchschnittlich hohen Flüchtlingszustrom gefährdet schien; Schwerpunkte gab es auch dort, wo überwiegend (klein-) industriell-gewerblich geprägte Mittelstädte durch die alliierten Eingriffe in ihrer wirtschaftlichen Substanz bedroht wurden (beispielsweise Salzgitter).

Der organisierte Rechtsextremismus blieb trotz der für ihn günstigen Existenzbedingungen in Niedersachsen eine vorübergehende Erscheinung. Das Gros seiner Wähler orientierte sich sogar schneller, als 1951 zu erwarten war, wieder an den bürgerlichen Parteien. Wie das Schicksal der DRP zeigt, schrumpfte das Potential für eine eigenständige rechtsextreme Partei auf einen politisch irrelevanten Rest von 3 und 4 % zusammen. Dies ist zum einen auf die Kraft des insbesondere von der SPD verfochtenen Konzepts einer »streitbaren Demokratie« zurückzuführen, das im Braunschweiger »Remer-Prozeß« vom März 1952, in dem der maßgeblich an der Niederschlagung des Attentats vom 20. Juli 1944 beteiligte Angeklagte wegen Beleidigung von Widerstands-

Die rechtsradikale DRP (Landtagswahl 1955) baute wiederum auf das »Niedersachsenbewußtsein«.

kämpfern zu einer Gefängnisstrafe verurteilt wurde, und im Verbot der SRP durch das Bundesverfassungsgericht seinen exemplarischen Ausdruck fand. Noch wichtiger war aber, daß als Folge der allmählich auch in Niedersachsen spürbaren wirtschaftlichen Stabilisierung eine »bürgerliche« Sammelpartei wieder attraktiv wurde. Allerdings verzögerte sich dieser Adaptionsprozeß dadurch, daß ein bald kleiner werdender Kern ehemaliger SRP-Aktivisten sich samt Anhang zunächst jenen Gruppierungen innerhalb der FDP zugesellte, die sich im bundesrepublikanischen Parteienspektrum als »dritte Kraft« rechts vom in Bonn regierenden »Bürgerblock« etablieren wollten. Schließlich scheiterte die DRP, die vor dem Auftreten der SRP lokale Erfolge zwischen 23 und 31 % erzielt hatte und nun deren Erbschaft beanspruchte, weil sie sich gegenüber den rechtskonservativen Flügeln der bürgerlichen Parteien nicht deutlich genug abzugrenzen vermochte. Es gelang ihr nur vorübergehend, eine sozial deutlich anders als die SRP-Klientel zu charakterisierende, in städtischen Krisengebieten bis in die Arbeiterschaft hineinreichende Protestgruppe zu aktivieren.

Es war aber vor allem die bis 1955 auch in Niedersachsen sichtbar voranschreitende soziale Befriedung, die allen rechtsextremen Gruppierungen die Existenzgrundlage entzog. Für die Milieuentwicklung bedeutete dies, daß, wie die kurzlebigen Erfolge rechtsextremer Parteien in diesem Zeitraum zeigen, die bereits in der Weimarer Republik sozial und politisch inhomogenen, personalintegrierten liberalen und konservativen Milieus trotz ihrer Reetablierung weiter an Konsistenz einbüßten. Teilweise ließen sie sich zwar zu Beginn der fünfziger Jahre erneut von dieser Protestpartei ansprechen, wurden aber dann für eine als wirtschaftlicher Erfolgsgarant ausgewiesene bürgerliche »Sammelpartei« in dem Maße ansprechbar, in dem die soziale Anbindung an das brüchig gewordene Milieugeflecht an Bedeutung für die Wahlentscheidung verlor.

Die Erosion der Milieus und das Ende der »niedersächsischen Sonderentwicklung« (1955-1961)

Auch die Entwicklung nach dem SRP-Verbot (1952) bestätigt diesen Befund einer »verzögerten Konsolidierung des Parteiensystems«. Dabei interessiert weniger die SPD, die Repräsentantin ihres sich langsam auflösenden Milieus blieb, die zugleich aber, wie der Anstieg der Wählerstimmen von 33,7 auf 39,5 % (1959) zeigt, auch Teile der Flüchtlinge an sich zu ziehen verstand und sich für die städtischen Mittelschichten zu öffnen begann. Die SPD profitierte als stärkste politische Kraft zwar auch von der Fraktionierung der »bürgerlichen« Sozialmilieus, hatte vor 1963 jedoch nie eine Chance, eine eigene Mehrheit zu gewinnen und blieb somit auf wechselnde Koalitionspartner angewiesen. Die in den fünfziger Jahren von den Sozialdemokraten mitbestimmte Politik mochte von manchen Parteimitgliedern primär als die Aufgabe sozialdemokratischer Grundpositionen erfahren werden und damit als »Anpassung« an das bundesrepublikanische Muster der »liberal-konservativen Kräfte und Herrschaftsverhältnisse«; diese Status-quo-Politik reflektierte aber auch den programmatischen Wandel der Partei auf dem Weg zur Godesberger Volkspartei.

Im »bürgerlichen Lager« stiegen die Wahlergebnisse der CDU bis 1959 auch in Niedersachsen (wenngleich immer etwa 10 % unter dem Bundesniveau) kontinuierlich an, sie mußte aber stets der DP-Konkurrenz 11 bis 12 % der Stimmen überlassen. Daß die FDP, zunächst konstant bei 8 %, 1959 in die Nähe der 5 %-Grenze abrutschte, war Ausdruck eines grundlegenden und personellen Wandlungsprozesses innerhalb dieser Partei. Nachdem die Integrationskraft von Antisozialismus und Antiklerikalismus in der ersten Hälfte der fünfziger Jahre schnell abgenommen, der Bedeutungsverlust des »alten Mittelstandes« in den ländlichen Gebieten die traditionellen sozialen Trägergruppen des Liberalismus geschwächt und den Zerfall seines spezifischen Milieus beschleunigt hatte, wurden zunächst jene Kräfte in der niedersächsischen FDP gestärkt, die unter der Flagge eines militanten Nationalismus nach einer rückwärtsgewandten politischen Orientierung suchten. So kam zu der »Stegner-Krise« 1953 und dem von der Öffentlichkeit 1955 erzwungenen Rücktritt des nach 1945 durch sein Engagement in rechtsextremen Parteien hervorgetretenen Kultusministers Schlüter, welche die schweren inneren Zerreißproben der in Fraktionen zerfallenen Partei vor Augen führen. Während die »Altliberalen« nämlich zunehmend ihre soziale Basis verloren, gewann seit 1952 immer stärker jener Flügel die Oberhand, der sich in starkem Maße auf ehemalige NS-Funktionäre der jüngeren Generation stützte. Dessen Strategie zielte darauf ab, die FDP nach dem Verbot der SRP zum Auffangbecken für frühere, jetzt für die parlamentarische Demokratie zu gewinnende Nationalsozialisten werden zu lassen, um damit den Kristallisationskern für eine »Nationale Opposition« zu schaffen, die das bisherige Potential der liberalen Partei nach rechts ausweiten sollte. Der Abschluß der Westintegration und die wachsenden wirtschaftlichen Erfolge der zweiten Bonner Bürgerblock-Koalition ließen jedoch die Attraktivität dieses Konzepts rasch verblassen: Das Wahldesaster von 1959 offenbarte schließlich den Anachronismus einer eigenständigen »Nationalen Opposition«. Große Teile des liberalen Milieus wurden seit Mitte der fünfziger Jahre von der CDU beerbt oder auf letzte, erst Mitte der sechziger Jahre geschleifte Bastionen in Nordwest- und Südniedersachsen zurückgedrängt. Die gegenüber der Union weiterhin resistenten, sich allmählich programmatisch neu orientierenden liberalen Restgruppen stützten sich fortan zunehmend wie im Bund auch auf Teile des »neuen« Mittelstandes.

Damit war *ein*, in Niedersachsen stark ausgeprägtes, aber primär doch von überregionalen Entwicklungen bestimmtes, dem CDU-Sammlungskonzept entgegengerichtetes Politikangebot obsolet geworden. Das *zweite*, in den welfischen Traditionsgebieten verankerte Konkurrenzangebot verlor deutlich langsamer an Zustimmung. Während die Bemühung der DP, vornehmlich in der Agrarpolitik ein mittelständisch-konservatives Korrektiv zur CDU zu bilden, auf Bundesebene nur relativ geringe Erfolgschancen hatte, gründete darin auf regionaler Ebene doch nach wie vor der politische Dualismus im »bürgerlichen Lager«. So kehrte sich das Kräfteverhältnis zwischen CDU und DP in den welfischen Hochburgen 1955 noch einmal um, interessanterweise vornehmlich dort, wo 1951 die stärksten SRP-Einbrüche zu verzeichnen gewesen waren, und selbst 1959 vermochte die DP in ihren agrarischen Kerngebieten ihren Bestand zu wahren. Erst zu Beginn der sechziger Jahre waren die Bindekräfte der regionalen Traditionen so weit geschwächt, war angesichts der vorangeschrittenen Integration mittelständischer Interessen in der CDU-Bundespartei der Wille zur eigenständigen Organisation partikularer ökonomischer Interessen so sehr erlahmt, daß die CDU das Erbe der DP anzutreten vermochte.

Schließlich ist die CDU spätestens 1955, und das ist der *dritte* in ihrer Entwicklung zur Volkspartei zu verfolgende Strang, auch in den katholischen Kerngebieten Niedersachsens zur mehrheitlichen Vertretung der konfessionell gebundenen Wähler geworden. Aber selbst dieser Verdrängungsprozeß verlief in Niedersachsen regional unterschiedlich schnell und vor allem erheblich langsamer als im übrigen Bundesgebiet.

Die seit 1947 charakteristische parteipolitische Differenzierung im nicht-sozialdemokratischen Lager war also erst Anfang der sechziger Jahre weitgehend überwunden. Damit verschwand auch die Möglichkeit, durch die Verbindung von regionalen nicht-christlichen Konservativismen mit latent vorhandenen reaktionären Tendenzen eine zweite konservative Konstellation zu schaffen, die eine Mehrheit der CDU hätte verhindern können. Am Ende dieses Konzentrationsprozesses stand in Niedersachsen eine CDU, die aus den Überbleibseln zerfallener regionaler Milieus ehemalige katholische Zentrumswähler, welfisch-konservative DP-Anhänger und Liberale für sich zu mobilisieren und zunehmend auch als Mitglieder zu integrieren verstand.

Das Konzept der »Volkspartei« hatte sich als erfolgreich erwiesen, wie auch ihre starke Resonanz bei den Flüchtlingen in Niedersachsen belegt. Mit seiner Orientierung auf Marktdynamik und technische Innovation war es flexibler und »moderner« als andere konkurrierende Politikangebote auf der rechten Seite des Parteienspektrums. In Niedersachsen gelang die Überwindung der ausgeprägten regionalen Diversifizierungen aber erst nach einem längeren Nationalisierungsprozeß der für die Parteianbindung relevanten Politikangebote und als Folge des wirtschaftlichen und sozialpolitischen Verteilungserfolges der Bonner Bürgerblock-Koalition. Die Union der fünfziger Jahre stellte sich daher gerade in Niedersachsen als eine multiple »Milieu-Partei« dar, in der die eingesammelten Milieubestände noch eine Zeitlang eine gewisse sozio-kulturelle und landsmannschaftlich-regionale Eigenständigkeit bewahren konnten.

In Niedersachsen dauerte der Prozeß der Herausbildung eines von Volksparteien geprägten Parteiensystems länger als in der Bundespolitik. Diese »verzögerte Normalisierung« zeigt, wie stark die politische Situation der unmittelbaren Nachkriegsjahre von den historisch entfalteten Regionalismen bestimmt war und wie sehr die Landespolitik von unterschiedlichen, ja zum Teil gegensätzlichen Traditionen und Mentalitäten geprägt wurde. Die Renaissance der Milieus und die »Kontinuität des Wählerverhaltens« wurden verstärkt durch das Fehlen der überregionalen staatlichen Einheit sowie durch das Ausbleiben bzw. Scheitern gesellschaftlicher Strukturreformen, die die soziale Basis der tradierten regionalen Politikformationen hätten verändern können.

Der sich in vielfältigen sozialen und politischen Differenzierungen äußernde Regionalismus, die in diesem Land besonders drückende »braune Erblast« und die Intensität der sozialen Krise waren die wesentlichen Faktoren, die die »Normalisierung« verzögerten. Das Zusammenwirken dieser Faktoren bewirkte, daß nach 1945 in Niedersachsen, wo die liberal-demokratischen Traditionen schwächer ausgeprägt und vom Nationalsozialismus tiefer verschüttet worden waren als in anderen deutschen Regionen, der »Demokratisierungsprozeß« erschwert wurde; es bewirkte ferner, daß das Parteiensystem bis in die sechziger Jahre hinein in milieuverhaftete Regionalparteien zersplittert blieb und erst deutlich später als im bundesrepublikanischen Rahmen durch Volks-

1947

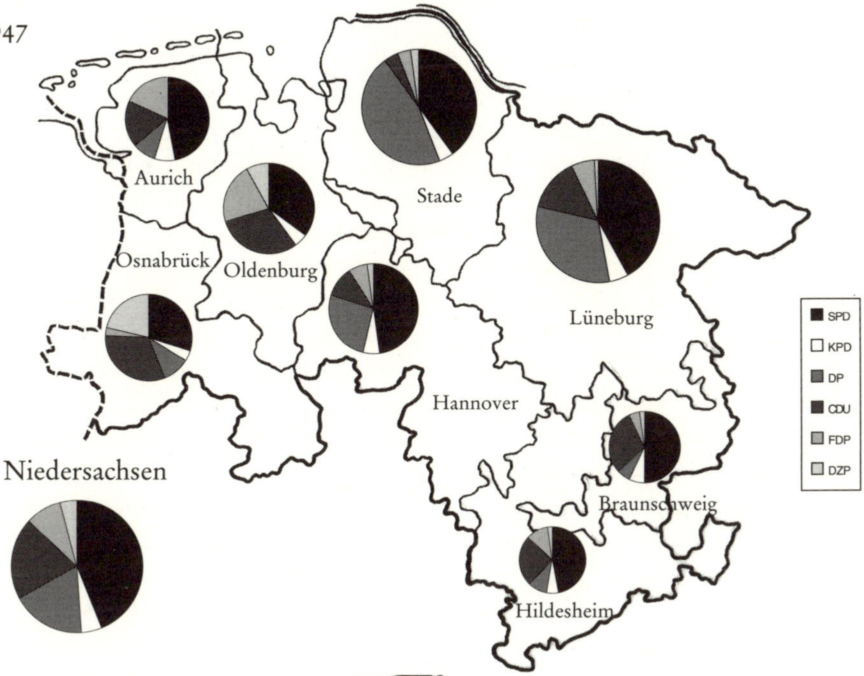

1955

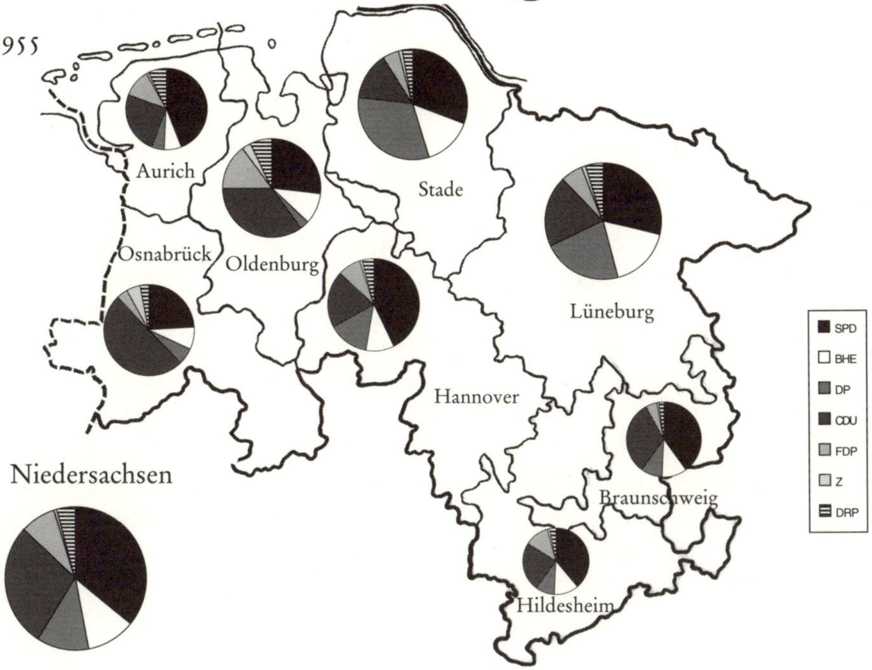

Die beiden Graphiken zeigen die lange anhaltende Kraft der »politisch-sozialen Milieus«. Besonders die Hochburgen der »Welfenpartei« DP (Stade, Lüneburg) lassen sich noch 1955 gut erkennen.

parteien dominiert wurde. An der hierfür typischen Entwicklung der niedersächsischen CDU läßt sich der politische Formierungsprozeß der bürgerlichen Mittelschichten beobachten: Ihr Weg führte von einer »Milieu-« zur »Milieuspartei«, ehe schließlich der Anschluß an den bundesrepublikanischen Stand der Volksparteibildung erreicht wurde. Die Mehrheitsfähigkeit der Partei auch in diesem Land war gewonnen, als infolge der wirtschaftlichen wie außenpolitischen Erfolge rechtsextreme Argumente sich zunehmend verbraucht hatten und durch die politische Integration und weitgehende gesellschaftliche Rehabilitierung der NS-Belasteten ein wesentliches Spannungspotential abgebaut worden war, dessen Existenz die Absorption »rechter« Gruppierungen behindert hatte. Der Sieg des bürgerlichen »Erfolgsmodells CDU« stand auch in Niedersachsen erst endgültig fest, als die Dynamik des sozialen Wandels die Bindekraft der regionalen konservativen Milieus so weit gelockert hatte, daß die Union ihr Erbe antreten konnte.

Einebnung der Milieus, Abbau sozialer Spannungen und Differenzierungen durch ein explosives ökonomisches Wachstum und zugleich durch die suggestive Kraft einer »konservativen Integrationsideologie« waren also die Voraussetzungen und Garanten für den Durchbruch der CDU zur Volkspartei. Der damit verknüpfte grundlegende Wandel des niedersächsischen Parteiensystems mag zugleich auf eine seit Anfang der sechziger Jahre in Umrissen erkennbare »neue politische Regionalkultur« verweisen, die unter anderem durch eine stark verringerte Distanz zwischen nationalem Zentrum und regionaler Peripherie gekennzeichnet ist. Auch die soziale Rekrutierung der politischen Eliten hatte sich inzwischen verändert: Die Ausweitung der Mittelschichten und namentlich der Bedeutungsverlust des alten Mittelstandes führten zusammen mit der wachsenden Professionalisierung der Politik zur Verdrängung des Honoratiorentums durch aufgestiegene unselbständige Erwerbstätige in den bürgerlichen Parteien. Schließlich beschleunigte die Nationalisierung der Politikinhalte in den fünfziger Jahren den allmählichen Abbau soziokultureller Besonderheiten und führte zu einer Relativierung jener partikularen »mittelständischen« Interessen, die nun durch ein differenziertes überregionales Verbändesystem aufgegriffen und in die Volksparteien eingebracht wurden.

Die »verzögerte Normalisierung« des Parteiensystems und der politischen Kultur in Niedersachsen läßt sich aber nicht nur als Angleichung an die prägende liberal-konservative politische Mehrheitskultur der »Ära Adenauer« erklären. Dieser Prozeß ist auch als die, wenn auch verspätete Angleichung der gesellschaftlichen Strukturen des Landes an den nach 1945 entworfenen Neubau einer demokratisch verfaßten politischen Ordnung zu verstehen.

Landestradition und moderne Lebenswelt: Niedersachsen seit den sechziger Jahren – eine Skizze

Axel Schildt

Ausgangspunkt: Randlage und Rückstand gegenüber dem Bund

Der endgültige Ausbau der west-östlichen Demarkationslinie zum unüberwindlichen Sperrsystem der DDR verstärkte Anfang der sechziger Jahre die spezifisch niedersächsische Identitätsbildung. Für einen regierungsoffiziösen großformatigen Fotoband, der Industrie, Landwirtschaft und Verkehrswesen zwischen Wilhelmshaven und Göttingen vorteilhaft ins Bild rückte, wurde programmatisch der Titel »Grenzland der Mitte« gewählt. Damit sollte das nur scheinbare Paradoxum ausgedrückt werden, seit Jahrhunderten ein Land der Mitte Deutschlands gewesen und gleichzeitig als Folge des Krieges zeitweilig an den Rand gerückt worden zu sein. Die Formel vom »Grenzland der Mitte« sprach die Probleme an, die sich Niedersachsen auf seinem Weg der umfassenden Modernisierung seiner Infrastruktur, des beschleunigten Wandels von der Agrar- zur Industrieregion stellten, und sie appellierte an die Verantwortung des Bundes. Angesprochen wurden damit auch die Anstrengungen als Hauptaufnahmeland für Flüchtlinge und Vertriebene aus dem Osten, von denen bis 1962 in den niedersächsischen Lagern 4,7 Millionen registriert worden waren; etwa ein Drittel der Einwohnerschaft Niedersachsens bildeten Anfang der sechziger Jahre Neubürger von jenseits der östlichen Landesgrenze. Speziell die besondere Förderung des Zonenrandgebietes, jenes Viertels der Fläche Niedersachsens entlang der 550 km langen Grenze zur DDR, wurde damit begründet, daß gerade dort die Leistungsfähigkeit der Bundesrepublik demonstriert werden müsse. In einer Rede auf dem Niedersachsentag 1961 verglich der Syndikus der Industrie- und Handelskammer Hannover sowie Vorsitzende des Heimatbundes Hans-Joachim Fricke die östliche Grenze, »wo der Bolschewismus hinter den Schlägbäumen steht«, mit der bedrohten Nordsee-Küstenlinie. Wie dort der Deichbau gegen das »unheimliche Spiel« des Wassers notwendig sei, gelte es zum Osten hin »Deichbauten geistiger Art« zu errichten und das Zonenrandgebiet materiell zu fördern. Zur Steigerung der Attraktivität dieser Region veröffentlichte ein »Zonenrand-Besucherdienst Niedersachsen« im Auftrag der Landesregierung sogar eigens eine Fremdenverkehrsbroschüre, in der touristische Routen mit Übernachtungsmöglichkeiten für die Besichtigung der Grenze vorgeschlagen wurden.

Die Grenzproblematik war nur einer der Faktoren dafür gewesen, daß der Anteil Niedersachsens am Bruttoinlandsprodukt der Bundesrepublik während der fünfziger Jahre leicht zurückgegangen war (von 11,5 auf 10,3 %), anders ausgedrückt: daß das enorme wirtschaftliche Wachstum der Wiederaufbau-Jahre hier etwas langsamer vorangeschritten war. Die westdeutsche Gesellschaft erklomm in jenen Jahren insgesamt eine neue Stufe des Wohlstands: Es herrschte nahezu »Vollbeschäftigung«, die Löhne hatten sich im ersten Jahrzehnt der Bundesrepublik fast verdoppelt und die Alterseinkommen waren durch die dynamische Rentenreform (1957) sogar noch stärker gestiegen. Immer größere Teile der Bevölkerung konnten sich – durch eisernes Sparen – langlebige Konsumgüter anschaffen, die geradezu Insignien der ungewohnten Prosperität waren: Kühlschränke und andere elektrische Haushaltsgeräte, Fernsehapparate und Automobile. Niedersachsen war kein »Armenhaus« in der reichen Bundesrepublik, hatte selbstverständlich Anteil am gesteigerten Konsum, aber eben einen etwas geringeren.

Ursache dafür war – neben der »Zonenrandlage« – die gegenüber dem Bundesgebiet ausgeprägtere agrarische Struktur; der Anteil der Landwirtschaft an der volkswirtschaftlichen Wertschöpfung war allgemein zurückgegangen, lag mit 10,4 % (1961) in Niedersachsen aber immer noch doppelt so hoch wie im Bundesdurchschnitt. Gegenüber rund 14 % aller Erwerbspersonen, die in der Bundesrepublik in der Landwirtschaft arbeiteten, waren es in Niedersachsen rund 20 % (1960).

Der Modernisierungskonsens der sechziger Jahre

Die große Aufgabe bestand darin – hier herrschte ein politisch übergreifender Konsens im Lande –, umfassende wirtschaftliche Strukturveränderungen zu fördern, um zu den durchschnittlichen westdeutschen Standards aufzuschließen. Auch wenn dieses Ziel in den folgenden Jahrzehnten bis zum Ende der achtziger Jahre nicht erreicht wurde, war das Motiv der beständigen Aufholjagd sicherlich ein mobilisierendes und identitätsstiftendes Moment für die Modernisierung Niedersachsens, die über die Wirtschaft hinaus alle Bereiche der Gesellschaft umfaßte.

In der Politik zeigte sich dies zunächst in der Transformation des Parteiensystems – hin zu einer Konzentration auf drei Parteien. Dieser Prozeß, der auf Bundesebene bereits Mitte der fünfziger Jahre weitgehend abgeschlossen war, verlief in Niedersachsen langsamer. Im »bürgerlichen Lager« gelang es der zunächst als »landfremd« und »katholisch« geltenden CDU erst um 1960, die Integration der im konservativ-welfischen Milieu verankerten Deutschen Partei erfolgreich zu vollziehen. Bei der Landtagswahl 1959 hatte die CDU 30,8 % (1949 noch 17,6 %), die DP 12,4 % der Stimmen erhalten. Weitere 8,3 % entfielen auf den BHE. Nach der Auflösung der Bundestagsfraktion der DP im Juli 1960 und als der Übertritt des überwiegenden Teils der Funktionäre auch in Niedersachsen in die CDU erfolgte, erreichte die Kanzlerpartei bei der Bun-

»Grenzland Niedersachsen«:
Die lange Grenze zur DDR schwächte die Infrastruktur des Landes.

destagswahl 1961 im Land 39 %, bei den Landtagswahlen 1963 dann 37,7 % und 1967 41,7 % der Stimmen. In etlichen Gemeinden konnte die CDU nach 1960 erstmals überhaupt eigene Kandidaten aufstellen. Damit einhergehend änderte die Partei ihr regionales Gesicht und gab dem ausgeprägt konservativ-protestantischen Teil der niedersächsischen Bevölkerung, besonders des Bürgertums, eine Heimstatt. Als symbolisches Beispiel mag die Betrauung des Spitzenfunktionärs der DP, des Notars Dr. Kurt Blanke, mit dem Posten des Oberbürgermeisters von Celle gelten. Die in den sechziger Jahren vollzogene Integration des konservativ-protestantischen Regionalmilieus ließ die CDU einerseits erfolgreich zur Vertreterin des bürgerlichen Lagers in den Städten und auf dem Lande werden, auf der anderen Seite hatte damit der besondere niedersächsische Konservatismus endgültig Anschluß an die bundesweit hegemoniale christdemokratische Organisation und Gedankenwelt gefunden. Interessanterweise vollzog sich eine vergleichbare Erosion bei der Gefolgschaft der anderen bürgerlichen, vor allem links der Weser tief verwurzelten Milieupartei, der in Niedersachsen zur »nationalen Rechten« zunächst weit offenen FDP, in den sechziger Jahren längst nicht in gleichem Maße.

Auch die Sozialdemokratie befand sich in einem programmatischen und organisatorischen Umstellungsprozeß. Der Tod von Wilhelm Hinrich Kopf 1961, des legendären und volkstümlichen »roten Welfen«, der als auf Ausgleich bedachter Landesfürst im ersten Nachkriegsjahrzehnt und dann nach vierjähriger Unterbrechung wieder seit 1959 als Ministerpräsident die Kontinuität sozialdemokratischer Führungsrolle in der Landespolitik hergestellt hatte, wurde von den Zeitgenossen als symbolische Zäsur begriffen. Die SPD profilierte sich dann in den sechziger Jahren – auf der Woge des für sie günstigen Bundestrends, als die Partei der Modernisierung des Landes. Organisatorisch wurde 1961 die Verbindung mit den Parteigliederungen der Stadtstaaten Bremen und Hamburg gelöst und der Bezirk Nord-Niedersachsen geschaffen, der seither neben dem mitgliederstärksten und führenden Bezirk Hannover und den Bezirken Braunschweig und Weser-Ems die Landes-SPD bildet. Einen Einschnitt erhielt die Entwicklung der Partei Anfang der siebziger Jahre, als der nach harten Auseinandersetzungen vollzogene Übergang vom langjährigen Vorsitzenden Egon Franke zu Peter von Oertzen die Aufnahme betont linker Positionen signalisierte, während gleichzeitig das Bild der SPD immer stärker von jüngeren urbanen Schichten, Lehrern und anderen Angehörigen des Öffentlichen Dienstes, geprägt wurde.

Der übergreifende Modernisierungs-Konsens – sieht man von der vorübergehend erstarkten und von 1967 bis 1970 mit 7 % im Landtag vertretenen rechtsextremistischen NPD ab – zeigte sich unter anderem darin, daß die sechziger Jahre hinsichtlich der Koalitionskombinationen geradezu als pragmatisches Jahrzehnt gelten können. 1959 bis 1963 regierte die SPD in einer Koalition mit FDP und GB/BHE, 1963 bis 1965 nur mit der FDP, 1965 bis 1970 mit der CDU. Die Anlässe dieser Koalitionswechsel – 1963 gelangte der BHE nicht wieder in den Landtag, 1965 widersetzte sich die FDP dem Konkordat mit dem Vatikan und der damit verbundenen Schulgesetznovelle – betrafen nicht den konzeptionellen Kernbestand der Landespolitik.

Vorherrschend war zunächst das Bewußtsein der politischen Aufgabe, die Rahmenbedingungen für die forcierte Wirtschaftsentwicklung nachhaltig zu verbessern. Eine der staatlicherseits ergriffenen Maßnahmen war die Verwaltungsreform, deren Umsetzung Mitte der sechziger Jahre begann und die Ende der siebziger Jahre abgeschlossen wurde. Ihr erklärtes Ziel war es, bessere infrastrukturelle Planungsvoraussetzungen und für Stadt und Land gleichwertigere Lebensverhältnisse durch bessere Dienstleistungen auch für bisher lokal benachteiligte Bürger zu schaffen. Das hauptsächliche Ergebnis (Stand 1978) war die Umwandlung der zuvor 60 in 37 Landkreise, der ungefähr 4.000 Gemeinden in 415 kommunale Verwaltungseinheiten (etwa zwei Drittel Samtgemeinden mit in der Regel fünf bis sechs Mitgliedsgemeinden), die Verringerung der Zahl kreisfreier Städte von 15 auf 9 und die Neuordnung des Großraums Hannover durch Eingemeindungen und die Bildung eines darum liegenden Landkreises, koordiniert durch einen Großraumverband. Die mit der Verwaltungsreform verbundene Effektivierung der Verwaltung, zum Beispiel die Übertragung der Regionalplanung auf die vergrößerten Landkreise, wurde von der Wirtschaft insgesamt begrüßt, während es vor allem in einwohnerschwächeren ländlichen Regionen einigen Unwillen wegen des Wegfalls von dörflichen Amtsstellen und dadurch verursachten weiteren Wegen gab.

Die innere Gebietsneugliederung fand ihre Ergänzung in der Aktivierung gemeinsamer Landesplanung mit den nördlich angrenzenden Hansestädten seit Beginn der sechziger Jahre. Mit Hamburg wurde 1961 der Cuxhaven-Vertrag abgeschlossen (ein Gebietsaustausch zum Ausbau des niedersächsischen Fischerei- und des hamburgischen Seehafens); die gemeinsame Landesplanung schloß aber Mitte der sechziger Jahre selbst die Schulraumverhältnisse im niedersächsischen Gebiet um Hamburg ein. Mit Bremen wurde seit 1963 eine gemeinsame Landesplanungsarbeit mit dem übergeordneten Ziel vereinbart, den Verdichtungs- und Schwerpunktraum Bremen/Unterweser zu einem »Raum hoher Lebensqualität« zu entwickeln.

Eine ganze Reihe von Maßnahmen zur Verbesserung der Infrastruktur und der Wirtschaftsansiedlung fallen in die sechziger Jahre. Die gezielte Ansiedlung neuer Industrien vor allem im Küstenraum und im Zonenrandgebiet, die Elektrifizierung wichtiger Bahnstrecken seit 1963, die Schaffung eines Nahschnellverkehrssystems für Hannover, der Abschluß der Mittelweserkanalisierung 1968 und der im gleichen Jahr liegende Baubeginn des Elbeseitenkanals sind als Beispiele zu nennen. Zu erwähnen sind allerdings auch Projekte, die in den folgenden Jahrzehnten zu tiefen politischen Brüchen der Gesellschaft führten, die wenig sensible und in einigen Fällen radikale Zurichtung der großen Städte für den individuellen Autoverkehr im Namen des Fortschritts, vor allem aber der allseits gefeierte Einstieg in die Kernkraft-Energie. Der erste niedersächsische

Reaktor wurde in Lingen als kleines »Demonstrationskraftwerk« nach dreijähriger Bauzeit 1968 in Betrieb genommen, das erste Großkernkraftwerk Stade, unweit der Millionenstadt Hamburg gelegen, 1967 in Auftrag gegeben.

Das Reformklima der sechziger Jahre erstreckte sich auf zahlreiche Felder der Gesellschaft, nicht zuletzt der Bildungspolitik. Mit der Einführung des obligatorischen neunten Volksschuljahres 1962 war die Errichtung von Hunderten sogenannter Mittelpunktschulen verbunden. Das herkömmliche dreigliedrige System mit der frühen Festlegung der Schulkarriere sollte innerhalb der Schulentwicklungsplanung zu einem flexibleren Komplex umgeformt werden, um Begabungsreserven besser auszuschöpfen. In der Regierungserklärung der niedersächsischen Großen Koalition 1967 nahm die Bildungspolitik den zweiten Rang ein. Allerdings wurde gerade sie zum Abgrenzungsthema der beiden großen Parteien. Der von der CDU gestellte Kultusminister Richard Langeheine agierte aus einer defensiven Position, die zwar dem Zeitgeist einige Avancen machte, indem vage vom Bild einer »künftigen integrierten Gesellschaft« gesprochen wurde, während das Interesse der Tradierung des herkömmlichen Schulsystems galt. Die Sozialdemokratie hingegen konnte das Bildungswesen in der Ende der sechziger Jahre aufbrechenden Konfrontation glaubwürdig zu einem zentralen Punkt ihres Reformkonzepts machen. In ihrem Programm zur Landtagswahl 1970 formulierte Peter von Oertzen als Ziel ein »Bildungswesen, das die Chancengleichheit verwirklicht und die Demokratisierung unserer Gesellschaft vorantreibt.«

Auch die in der Zeit der Großen Koalition unter Georg Diederichs begonnene Hochschulreform geriet zunächst in die schweren Wetter der beginnenden Konfrontation zwischen konservativem und sozialliberalem Lager. Noch in der Zeit der Großen Koalition (1969) wurden die Pädagogischen Hochschulen des Landes zunächst zu Abteilungen einer neugeschaffenen Pädagogischen Hochschule Niedersachsen umgewidmet, um dann in die neugeplanten Gesamthochschulen in Hannover, Braunschweig, Hildesheim-Clausthal, Göttingen, Osnabrück, Oldenburg und Lüneburg integriert zu werden. Dieser zweite Schritt der Hochschulreform wurde erst in den siebziger Jahren verwirklicht; weitergehende Vorstellungen einer demokratischen Reorganisation der Hochschulorganisation stießen aber an die Grenzen des Bundesverfassungsgerichts, das mit bundesweiter Signalwirkung 1973 das niedersächsische »Vorschaltgesetz« verwarf, weil nicht in allen Gremien die ausschlaggebende Vorherrschaft der Professoren gesichert war.

Reformeuphorie an der Schwelle der siebziger Jahre

Die Landtagswahl 1970 – das aktive Wahlalter war von 21 auf 18 Jahre gesenkt worden – brachte der SPD, die mit 46,3 % knapp vor der CDU lag, erstmals die absolute Mehrheit der Sitze; FDP und NPD waren an der 5-%-Hürde gescheitert.

Schaufenster der Firma Karstadt an der Georgstraße in Hannover (um 1960).

Dem allgemeinen Zeitgeist entsprechend wurde nun, nachdem die Herstellung einer prosperierenden Wohlstandsgesellschaft gesichert schien, die Zukunft in den visionären Blick genommen. Der umfassende wirtschaftliche und soziale Ausbau sollte, mit sozialwissenschaftlicher Kompetenz geplant, zu neuen Stufen der Moderne führen.

In einem Sammelband mit dem Titel »Niedersachsen auf dem Weg in das Jahr 2000« stellte der neugewählte Ministerpräsident Alfred Kubel die Perspektiven seines Regierungsprogramms in Form eines »sachlich, zeitlich und finanziell abgestimmtens Gesamtplans« vor, im Kern übrigens die Fortschreibung des bereits 1969 veröffentlichten »Entwicklungsplans des Landes Niedersachsen für die Jahre 1970 bis 1979«. Worte wie »Planung«, »Planungsvorhaben« und »Gesamtplanung«, »Planungsprozeß«, »Planungsaktivitäten«, »Planungsbeauftragter« durchziehen inflationär den gesamten Text.

Ausgangspunkt war wiederum die relative Rückständigkeit Niedersachsens gegenüber dem Bund. Aufgrund des dort rascheren Wirtschaftswachstums öffne sich die Schere – 1969 lag das durchschnittliche Pro-Kopf-Einkommen 11,3 % niedriger als im Bundesdurchschnitt – immer weiter. Wie zehn Jahre zuvor gab es in Niedersachsen mit 14 % auch einen höheren Anteil landwirtschaftlicher Erwerbstätigkeit als im gesamten Bundesgebiet (10 %). Modernisierung der Landwirtschaft und zusätzliche Industrieansiedlung wurden von Kubel angesichts dessen weiterhin als Schlüssel zur erfolgreichen Entwicklung des Landes angesehen. Große Erwartungen wurden von den Mitverfassern des Bandes nicht zuletzt in die Kernenergie gesetzt – für 1980 wurde optimistisch eine Deckung von bis zu einem Drittel, für 2000 eine Deckung von bis zu drei Vierteln des Stromerzeugung durch neue Atomkraftwerke prognostiziert.

Die mit dem Konjunkturaufschwung nach 1967 einsetzende rege Investitionstätigkeit ließ die Hoffnung als realistisch erscheinen, über die Verdichtungsräume um Hamburg, Bremen und Hannover/Braunschweig hinaus den Industriebesatz auch der weitgehend agrarisch strukturierten Regionen entscheidend zu erhöhen. Großer Wert wurde deshalb auch auf die Förderung der individuellen Mobilität gelegt. 1970 waren mehr als 60 % aller Arbeitnehmer im Lande Berufspendler über die Kreisgrenzen hinweg. Der bundesweit sich abzeichnende Trend zu einer Lebensweise, die um Automobil, Eigenheim oder Mietwohnung und Fernsehen zentriert war, zeichnete sich auch in Niedersachsen ab. Erwähnt wurde von Kubel erstmals explizit, daß zukunftsgerichtete Wachstumsindustrien und der expandierende Dienstleistungssektor nach attraktiven Lebensbedingungen für ihre Beschäftigten in der Freizeit fragten. Obwohl die vor allem infolge der Arbeitswegmobilität expandierende individuelle Automobilisierung nicht problematisiert wurde, erhielten die Verbesserung des Umweltschutzes und des Bildungswesens (vermehrte Einstellungen von Lehrern, Neugründung von Universitäten: Oldenburg, Osnabrück) und Belange von Gesundheit, Freizeit und Sport eine erhöhte Bedeutung.

Die »Ära Albrecht«

Die hoffnungsfrohen Reformperspektiven Anfang der siebziger Jahre erhielten mit der beginnenden Strukturkrise 1973/74 auch in Niedersachsen einen entscheidenden Dämpfer. Ernüchterung machte sich breit, als die Arbeitslosigkeit wieder von 1,7 % (1972) auf 3,2 % (1974) und 5,4 % (1976) anstieg. Bei der parteipolitisch polarisierten Bundestagswahl 1972 hatte die SPD noch ein nie zuvor oder danach erzieltes Ergebnis von 48,1 % gegenüber 42,7 % Stimmen der CDU erhalten, aber die Landtagswahl 1974 kehrte das Stimmenverhältnis um, machte die CDU erstmals mit 48,8 % gegenüber 43,1 % der SPD zur stärksten Partei in Niedersachsen. Diese konnte zwar mit der wieder in den Landtag einziehenden FDP zusammen eine Koalition mit einer Stimme Mehrheit vor der CDU eingehen, aber durch im Dunkel gebliebene Überläufer aus dem Regierungslager erhielt der christdemokratische Kandidat Ernst Albrecht (Jahrgang 1930) bei der durch den Rücktritt von Alfred Kubel notwendig gewordenen Neuwahl des Ministerpräsidenten die Mehrheit. Der kurz danach erfolgende Eintritt der FDP in die neue Regierung führte die Liberalen in eine innerparteiliche Zerreißprobe, was in dieser Hinsicht die bundespolitische Wende des Jahres 1982/83 vorwegnahm. Albrecht betonte in seiner Antrittsrede als Ministerpräsident zunächst, durchaus im Rahmen des Modernisierungskonsenses, die Notwendigkeit einer Konzentration auf die Wirtschaftspolitik. Die neue Landesregierung trete »ein schweres Erbe an«, denn statt der von den zuvor Verantwortlichen versprochenen neuen Arbeitsplätze sei ein Anstieg der Arbeitslosigkeit zu registrieren, besonders in Ostfriesland, Papenburg und Friesoythe. Dies dürfe nicht so bleiben; allerdings seien den Bemühungen der Landesregierung Grenzen gesetzt, wenn es nicht zu einer nachhaltigen Besserung der gesamtwirtschaftlichen Bedingungen in der Bundesrepublik komme.

Die auf allen Seiten im politischen Tagesgeschäft übliche Erklärung struktureller und konjunktureller Prozesse mit subjektiven Versäumnissen der Parteikonkurrenz traf zunächst mit einer kurzen, bundesweit spürbaren Konjunkturbelebung zusammen, die als Erfolg der neuen Regierung erscheinen mochte. Bei der Landtagswahl 1978 erzielten CDU und SPD nahezu den gleichen Stimmenanteil wie vier Jahre zuvor. Da die FDP diesmal nicht in den Landtag gelangte und auch die erstmals angetretenen Grünen mit knapp 4 % der Stimmen den Einzug ins Parlament verfehlten, konnte die CDU nun erstmals eine Alleinregierung bilden. Dies war der eigentliche Anbruch der »Ära Albrecht«. Zur Bundestagswahl 1980 schickte sich der niedersächsische Ministerpräsident sogar an, als Kanzlerkandidat der Unionsparteien anzutreten, scheiterte dann allerdings an den Ansprüchen der CSU, die Franz Josef Strauß auf diesem Posten durchsetzte. Seinen politischen Gipfelpunkt erreichte Albrecht mit dem triumphalen Wahlsieg von 1982, als mit 50,7 % erstmals die Mehrheit der Wähler für die CDU votierte, während die Sozialdemokraten mehr als 5 % verloren und nur noch 36,5 % der Stimmen erhielten; gleichzeitig kam mit den Grünen erstmals eine neue oppositionelle Kraft in das Landesparlament, die zunächst für die Sozialdemokraten eine irritierende und ungern gesehene Konkurrenz bedeutete. Der spektakuläre Erfolg der CDU fiel in einen Zeitraum, als die wirtschaftliche Situation sich längst wieder negativ darstellte. Die Arbeitslosenquote erreichte in Niedersachsen 1982 9,5 % und 1983 11,3 %, und nach wie vor lag sie damit beträchtlich über dem Bundesdurchschnitt. Endgültig wurde das Ausbleiben der erhofften wirtschaftlichen Erfolge Mitte der achtziger Jahre deutlich. Dies betraf unter anderem die – vor allem auf große Konzerne zielende – Industrieansiedlung an der Küste, die erhebliche Landesmittel verschlang, aber kaum Arbeitsplätze geschaffen hatte, die »Mobil Oil-Pleite« in Wilhelmshaven und das Projekt des Dollarthafens Emden, das aus ökologischen Gründen energische Widerstände hervorrief. Das bekannteste gescheiterte Großprojekt in Niedersachsen war noch auf Bitten der sozialliberalen Bundesregierung 1976 begonnen worden: die überdimensionale Kombination von atomarer Wiederaufbereitungsanlage und Endlagerstätte für radioaktive Abfälle in den Salzstöcken von Gorleben. Die Erbitterung bei großen Teilen der ansässigen Bevölkerung gegen dieses Projekt, bis hin zu einer Demonstration von 100.000 Menschen in Hannover, nahm ein solches Ausmaß an, daß Albrecht schließlich in einem Brief an den Bundeskanzler Ende 1987 die Gesamtkonzeption als politisch nicht mehr durchsetzungsfähig bezeichnete und – für den Standort Gorleben – auf die Wiederaufbereitungsanlage verzichtete. Allerdings scheiterte auch der Versuch, sie dann im bayerischen Wackersdorf gegen den Widerstand der dortigen Bevölkerung durchzusetzen.

Die Tatsache, daß die Grundlage für die niedersächsische Wirtschaftspolitik schon von den Vorgänger-Regierungen gelegt worden war und die Mitte der achtziger Jahre deutlich werdenden weltweiten Krisengefahren beispielsweise im Automobilbau kaum der Landesregierung angelastet werden konnten, relativiert allerdings insgesamt die Bedeutung eigenständiger wirtschaftspolitischer Akzente auf der Ebene eines Bundeslandes.

Der zeitweilige Erfolg der CDU unter Ministerpräsident Albrecht bedarf anderer als primär ökonomischer Erklärungen. Spezifisch für die niedersächsische Regierungspartei war die Stilisierung Albrechts zum souverän über den Dingen stehenden modernen Manager der Landespolitik, dem zugleich die kulturellen Traditionen und die Geschichte Niedersachsens – und darüber hinaus der vertriebenen Schlesier, deren landsmannschaftliche Treffen in Hannover unter seiner Schirmherrschaft standen – eine Herzensangelegenheit zu sein schienen. Diese Kombination von wirtschaftspolitischem Modernisierungsversprechen und demonstrativem geschichtlich-kulturellem Traditionalismus bedurfte in besonderem Maße der medialen Vermittlung. Es war folgerichtig, daß sich die niedersächsische Regierung umgehend der schleswig-holsteinischen Kündigung des NDR-Staatsvertrags anschloß, zumal die Forderung nach einer stärkeren Regionalisierung der öffentlich-rechtlichen elektronischen Medien stets mit Angriffen auf den aus Hamburg gelenkten »Rotfunk« NDR untermauert wurde. Fristversäumnisse führten zwar 1980 zur Niederlage vor dem Bundesverwaltungsgericht, aber in den Verhandlungen der Länder erreichte Albrecht sein Ziel: Der neue Medienstaatsvertrag schuf über eine verstärkte Einflußnahme Niedersachsens auf den NDR auch die Möglichkeit für den Betrieb privater Rundfunksender.

Die professionelle Öffentlichkeitsarbeit zielte nicht nur generell auf die Begleitung der Regierungsgeschäfte durch freundlich gesonnene Journalisten, sondern speziell auf die Erzeugung einer besonderen Aura um den Ministerpräsidenten, der mit seinem Buch »Der Staat – Idee und Wirklichkeit« (1976) als wertkonservativer Vordenker hervortrat. Ein weiteres politisches Stilmittel zur Schaffung einer mit der Person des Ministerpräsidenten verbundenen niedersächsischen Identität bildete die demonstrative Verbundenheit mit dem welfischen Herrscherhaus. Allerdings führte ein besonders spektakulärer Coup der Geschichtspflege nicht zu einträchtigem Stolz, sondern zur Polarisierung der Öffentlichkeit. Die Ersteigerung eines Evangeliars Heinrich des Löwen für 32,4 Millionen DM Ende 1983, im Auftrag der Landesregierung durch den Bankier Hermann Josef Abs getätigt, ließ die Wellen der Kritik hochschlagen, vor allem wegen des exorbitant hohen Kaufpreises; die Opposition nahm zudem fälschlicherweise an, dieses Geld werde dem Haus Hannover zufließen. Die Desillusionierung hinsichtlich der wirtschaftspolitischen Entwicklung, einige Ungeschicklichkeiten in der Präsentation, zunehmende Kritik der Medien, unter anderem auch der privaten Stationen, auf die man gewisse Hoffnungen gesetzt hatte (das von niedersächsischen Zeitungsverlegern kontrollierte »Radio ffn« hatte 1986 seinen Sendebetrieb aufgenommen), das politische Zwischentief für die Bundesregierung und der mit Gerhard Schröder erfolgte Antritt eines ernstzunehmenden sozialdemokratischen Gegenkandidaten waren Faktoren dafür, daß die Landtagswahl 1986 für die CDU mit schweren Verlusten endete. CDU und FDP konnten mit einem Vorsprung von nur einem Sitz gegenüber SPD und Grünen zwar eine Koalition bilden und den Ministerpräsidenten bestätigen, aber die »Ära Albrecht« war mit dieser Wahl vorüber.

Faktoren für den Umschwung

Bei der Landtagswahl 1990 wechselten dann die Mehrheiten, Gerhard Schröder (SPD) wurde Ministerpräsident einer »rot-grünen« Koalition, die das Land während der gesamten Legislaturperiode führte – dies war angesichts der Querelen zwischen Sozialdemokratie und Grünen in anderen Bundesländern und Kommunen keine Selbstverständlichkeit.

Man wird mögliche langfristig wirkende Faktoren für den erneuten politischen Umschwung mit aller Vorsicht in der jeweils geschickteren Einstellung auf die fortschreitende Erosion festgefügter niedersächsischer Milieus ausmachen können. Beide großen Parteien sind vom Schwinden einstmals sicherer Bastionen betroffen; die CDU in der abnehmenden landwirtschaftlich erwerbstätigen Bevölkerung, die SPD in der gleichfalls abnehmenden Industriearbeiterschaft. Die seit den sechziger Jahren zu beobachtende Abnahme der Bedeutung kirchlicher Autorität für politische Entscheidungen – auch im katholischen Teil der Bevölkerung – wiederum hat ihr Pendant im Aufweichen traditionsbewußter proletarisch-sozialdemokratischer Milieus. Die Grünen, von vielen zunächst als politische Eintagsfliege angesehen, profitierten von diesen Trends. Als Partei vornehmlich jüngerer, mobiler, urbaner und gebildeter Schichten konnten sie in den achtziger Jahren erfolgreich neue Themen besetzen, neben dem Umweltschutz vor allem die Friedenspolitik und die Gleichberechtigung der Frauen.

Die beiden Oppositionsparteien hatten sich in jenen Jahren in eine gegenseitige Blockade begeben, die SPD mit ihrem Monopolanspruch auf Vertretung der Opposition und auf einen Sieg über Albrecht aus eigener Kraft, Teile der Grünen mit fundamentalistischer Kritik an den »Altparteien« inklusive der Sozialdemokraten. Das Zusammengehen von »Rot« und »Grün« 1990 wurde vier Jahre später bestätigt: Trotz oder wegen der Gewinne der Grünen reichte es 1994 seit 1970 erstmals wieder zur absoluten Mehrheit der Sitze für die Sozialdemokraten. Damit erwies sich die Popularität – symbolisiert im dynamischen Macher-Image des Ministerpräsidenten – eines Projekts zur Modernisierung Niedersachsens, das programmatisch ökologische Sichtweisen einschloß; die Auseinandersetzungen des Landes mit der Atompolitik des Bundes hinsichtlich Gorleben demonstrierte dies in der Öffentlichkeit. Unter den Bedingungen der Finanzkrise des Landes, die sich mit den wirtschaftlichen Strukturproblemen und den Folgen der deutschen Einigung seit 1990 immer deutlicher abzeichnet, droht der Reformwille allerdings dem Regiment des Rotstiftes zu weichen, etwa beim rigorosen Sparkurs im Bildungswesen. Die Balance zwischen Ökonomie und Ökologie wurde zur immer schmaleren Gratwanderung mit entsprechenden Friktionen innerhalb der rotgrünen Koalition. Auch die aktuelle sozialdemokratische Alleinregierung vermag die politische Labilität der Stimmungen im Lande nicht zu überdecken. Niedersachsen ist heute weniger denn je das Stammland eines politischen Lagers. Das Gewicht der medial vermittelten politischen Glaubwürdigkeit von Personen und der Popularisierung von Konzepten zur Modernisierung der Region unter den Rahmenbedingungen der Krise wiegt immer schwerer. Es ist kein Zufall, daß unter diesen Umständen die ehrgeizige Planung der »Expo 2000« in Hannover zu einem symbolischen Streit um die gesamte Zukunft Niedersachsens zu werden droht, die jedoch noch lange, stärker als den Akteuren vielleicht bewußt ist, von den historischen Erfahrungen des 20. Jahrhunderts geprägt sein wird.

Niedersachsens Ministerpräsidenten (v. o. l.): Hinrich Wilhelm Kopf (1946-55 und 1959-61), Heinrich Hellwege (1955-59), Georg Diederichs (1961-1970), Alfred Kubel (1970-76), Ernst Albrecht (1976-90), Gerhard Schröder (seit 1990).

Statt eines Nachworts: Geschichte und Gegenwart

Ernst Schubert

Geschichtliches Denken gehört zu den Grunderfahrungen des Menschen. Jeder, der ein Fotoalbum durchblättert, beginnt ebenso historisch zu denken wie jemand, der sich beim Hören einer alten Melodie an eine zurückliegende Begebenheit erinnert. Jeder Erwachsene besitzt und gebraucht auch eines der wichtigsten Arbeitsmittel des Historikers, das Archiv – und sei es nur in Gestalt eines Aktenordners, der die Versicherungsverträge bewahrt. Von daher ist es kein weiter Schritt zu jenem scheinbar in sich widersprüchlichen Begriff Gegenwartsgeschichte. Obwohl diese besonders stark von der subjektiven Wahrnehmung abhängig ist, stellt sie doch stets eine gedankliche Herausforderung dar: Geschichte ist eben nicht nur eine entfernte, sondern auch eine sehr nahe Vergangenheit; sie kann aus alten Traditionen ebenso in die Gegenwart hineinreichen wie aus gerade erst zurückliegenden Ereignissen.

Die Geschichte eines Menschen scheint sich auf den ersten Blick von der eines Landes erheblich zu unterscheiden, und das nicht nur im Hinblick auf subjektive Erfahrungen und objektive Gegebenheiten; aber die Erfahrungsbedingungen sind vergleichbar, und weiterhin gibt es große Überschneidungsbereiche zwischen individueller und allgemeiner Geschichte. Letztere gestaltet jene drei Rahmenbedingungen, mit denen unter anderem sich das Leben des Individuums auseinanderzusetzen hat: soziale Verhältnisse, Politik und Umwelt. Lange hat man nur die Politik als Faktor der Gegenwartsgeschichte berücksichtigt; es gehört erst zu den jüngeren Erfahrungen, daß auch die Umwelt in ihrer vom Menschen gestalteten und von der Natur geschaffenen Form mit ihrem geschichtlichen Wandel auf die Gegenwart einwirkt. Wandlungen der Umwelt sind objektiver erfahrbar als die Wandlungen der sozialen Verhältnisse, in denen ein Mensch steht, wobei »sozial« im ursprünglichen, auf die Gemeinschaft der Menschen bezogenen Sinne verstanden wird. Diese Wandlungen vollziehen sich längerfristig. Sie bleiben, weil sie sich allmählich vollziehen, den Zeitgenossen zunächst weitgehend verborgen und werden erst im Nachhinein sichtbar.

Geschichte umfaßt also wesentlich mehr als den von der Politik gestalteten Bereich; dieser sei nicht vernachlässigt. Die Leistungen einer amtierenden Landesregierung sollen nicht dem historischen Urteil unterzogen werden, weil dieses Urteil zunächst dem Wähler zusteht.

Das Verhältnis des Menschen zur Politik hat sich im 20. Jahrhundert grundlegend gegenüber den früheren Zeiten geändert. Das betrifft nicht nur die Entwicklung zur Demokratie. Aus alltagsgeschichtlicher Perspektive zeigt sich: In die Lebensordnungen des Alltags, die in früheren Zeiten durch Tradition, Nachbarschaft und soziale Gemeinschaft persönlich erfahren wurden, greift der anonyme Staat immer stärker ein, die vergleichsweise wenigen obrigkeitlich gesetzten Regeln früherer Zeiten durch ein ganzes System von Verordnungen ablösend. Auf diesen säkularen Wandel wird vielfach mit einer allgemeinen Klage über die Bürokratie geantwortet. Hierbei wird selten berücksichtigt, daß bürokratische Arbeit politische Aufträge vollstreckt, und daß mit der Veränderung der Welt der Regelungsbedarf angewachsen ist. Ein Beispiel: Der Schornsteinfeger ist nicht mehr nur Kaminreiniger und Glücksbringer, sondern er trägt auch im staatlichen Auftrag eine große Verantwortung für den Emissionsschutz, für die Sparsamkeit im Energieverbrauch.

Auch die Gegenwartsgeschichte ist abhängig von den historischen Verlaufsformen zwischen langfristiger Entwicklung und kurzfristigem Ereignis. Betrachten wir dieses Problem an der Geschichte des Waldes, da Niedersachsen mit einer bewaldeten Fläche von 20 % zu den waldreichsten Bundesländern gehört.

Der Wald bewahrt Geschichte; er archiviert gewissermaßen die Eingriffe des Menschen in die Natur. Wenn heutzutage die Kiefer der häufigste Baum niedersächsischer Wälder ist, so geht das auf die Aufforstungsprinzipien des 19. Jahrhunderts zurück, die aus Rentabilitätsgründen die schnell wachsenden Nadelbäume auf kahlgeschlagenen Flächen bevorzugten. Erst seit einer Generation hat sich die Abkehr von der forstlichen Monokultur durchgesetzt; von dem Bestreben, bei Aufforstungen zu einem Mischwald zu gelangen und dabei die natürlichen und spezifischen Standortbedingungen der einzelnen Baumarten zu berücksichtigen, werden erst künftige Generationen profitieren.

Die Gegenwartsgeschichte des Waldes ist beherrscht von der Gefahr des Waldsterbens. Hierauf reagierten die Bundesrepublik und das Land im Rahmen ihrer jeweiligen Verantwortlichkeit, durch Bundesgesetz einerseits und durch Nutzung der im Lande vorhandenen Forschungskapazitäten andererseits. So wurde 1984 an der Universität Göttingen ein Forschungszentrum »Waldökosysteme – Waldsterben« eingerichtet, in dem die seit 1966 begonnenen Ökosystemforschungen zusammengefaßt wurden. Dieses Forschungszentrum verfügt weltweit über die am weitesten zurückreichenden Datenreihen zur Geschichte der Waldschäden. Diese zeigen, daß durch die Begrenzung der Schadstoffemissionen nur die unmittelbaren, nicht die langfristigen Gefahren gebannt sind. Neben langfristigen Entwicklungen kennt die Waldgeschichte auch das kurzfristig hereinbrechende Ereignis. Der Orkan vom 13. November 1972 hatte ein Zehntel der Waldfläche des Landes, 100.000 Hektar, vernichtet.

In der Gegenwartsgeschichte des Waldes spiegelt sich auch eine weitreichende Mentalitätswandlung. Der Schutz der Umwelt bedeutete nicht nur Schutz des menschlichen Lebens vor Gefahren, die ihm etwa aus der Luft und dem Wasser drohten, sondern bedeutete auch ein Umdenken im Vergleich zu

Zeiten, als der Mensch, um seine unmittelbare Existenz zu sichern, sein Umland nur auf Wert und Unwert prüfen konnte. Ein kleines Beispiel bietet die Novellierung des Flurbereinigungsgesetzes 1976, das die Möglichkeit eröffnete, allein zum Zweck von Naturschutz und Landschaftspflege Flurbereinigungsmaßnahmen vorzunehmen. Es wurden also Maßnahmen, die bisher allein einem agrarbetriebswirtschaftlichen Zweck gedient hatten, neu definiert. Dies weist auf einen grundsätzlichen Vorgang: Die Landschaft ist eben nicht nur als »schöne Landschaft«, also von der menschlichen Ästhetik her erhaltenswert. Vom kleinen zum großen Beispiel: Seit 1981 wurde ein Programm zum Erhalt der Hochmoore eingeleitet, das auch die Folgen extensiver früherer Bewirtschaftung zu lindern versprach. Dieses Programm entsprach der Landesnatur, ist doch Niedersachsen das Bundesland mit den größten Ödlandflächen.

Mit dem wachsenden Umweltbewußtsein in der Bevölkerung wurden auch auf bürokratischer Ebene entsprechende Maßnahmen konzipiert. Seit 1970 wurden alle umweltrelevanten Maßnahmen durch einen interministeriellen Ausschuß koordiniert. Seit 1968 hatte man zunächst in den Ballungsgebieten mit Emissionsmessungen begonnen, wobei diese erste Stufe des Umweltschutzes noch ganz der traditionellen Aufgabe des Staates, den Bürger vor Gefahren zu schützen, verpflichtet ist. Die Weiterentwicklung, welche die Umwelt aus eigenem Recht für schützenswert erklärte, drückte sich dann in den Regierungserklärungen vom Januar 1977 und Juni 1978 aus. 1979 wurde schließlich das dem Ministerpräsidenten direkt unterstellte Amt des Landesbeauftragten für den Umweltschutz eingerichtet. Eine Zwischenlösung. Nach der Landtagswahl 1986 wurde ein eigenes Umweltministerium gebildet.

Umdenken in der Umweltpolitik: War es zum Beispiel noch in den siebziger Jahren Anliegen von Regierungsbroschüren gewesen, auf die Leistungen im Straßenbau hinzuweisen, so sollte es sich 1988 die Regierung Albrecht als Verdienst anrechnen, daß sie seit 1979 auf die Belastung der Umwelt durch den Straßenbau reagiert habe: »Dadurch konnte auf den Neubau von rund 500 km Autobahn ganz verzichtet werden; rund 140 km wurden auf nur noch zweispurige Straßen reduziert.«

Schon Mitte der achtziger Jahre waren die ersten Erfolge im Bereich des Umweltschutzes zu vermelden. Die seit 1977 flächendeckend durchgeführten Messungen des »Lufthygienischen Überwachungsinstituts Niedersachsen« mit seinen 32 stationären und vier mobilen Meßstationen ergaben einen Rückgang der Luftverschmutzung.

Vom Wald, von der Umwelt her haben wir versucht, langfristige und kurzfristige Prozesse und Mentalitätsverschiebungen als Gegenstand einer Gegenwartsgeschichte zu umreißen; unter diesen prozessualen Bedingungen sei auch die Struktur des Landes betrachtet. Von der Fläche her gesehen steht Niedersachsen mit seinen mehr als 47.000 km² an zweiter Stelle nach Bayern in der neuen Bundesrepublik Deutschland. Von der Bevölkerungszahl aber nimmt es mit seinen etwa 7,8 Millionen Einwohnern lediglich den vierten Rang unter den Bundesländern ein. Aus diesen beiden Zahlen ergibt sich eine äußerst fragile Siedlungsstruktur. Ein Ballungsgebiet nördlich der Mittelgebirgsschwelle ist in den Großstadtregionen Hannover-Hildesheim und Braunschweig-Wolfsburg-Salzgitter zu erkennen. Hier liegen fünf der insgesamt acht Städte des Landes mit mehr als 100.000 Einwohnern. Bereits in dem südlich sich anschließenden Leine-Weser-Bergland ist die Besiedlungsdichte schon deutlich geringer. Abgesehen vom Wirtschaftsraum der Großstadt Osnabrück im westlichen Niedersachsen ist das gesamte mittlere und nördliche Niedersachsen dünn besiedelt und zu großen Teilen noch stark landwirtschaftlich geprägt. Aus wirtschaftsgeographischer Sicht ist innerhalb des Landes ein breiter Streifen, der sich vom Emsland über den Mittelweserraum und vom Elbe-Weser-Dreieck über die Heide bis ins Wendland erstreckt, als der am geringsten besiedelte, nur von wenigen kleineren Städten gegliederte und weitgehend industriearme Raum charakterisiert worden. Die differenzierte Siedlungsgestalt wird sichtbar in den Preisen für baureifes Land. Dieses lag im Jahre 1990 mit durchschnittlich DM 93,– pro m^2 erheblich (um 31 %) unter dem Bundesdurchschnitt, was der eingangs erwähnten Diskrepanz zwischen Flächengröße und Bevölkerungszahl entspricht; und der Landesstruktur entspricht auch das starke Gefälle der Grundstückspreise von den städtischen Zentren zu den ländlichen Regionen, also – immer noch für das Stichjahr 1990 – von DM 303,– in Hannover bis zu DM 17,– im Kreis Lüchow-Dannenberg.

Auf knappem Raum ist es nicht möglich, den Problemen, die ein so unterschiedlich strukturiertes Bundesland aufwirft, auch nur ansatzweise gerecht zu werden. Wir gehen deshalb von einem Siedlungstyp aus, der sich in allen Regionen findet, dem Dorf. Es ist der sensibelste Teil einer Siedlungslandschaft. In den Städten, zumal in den Großstädten, können Binnenwanderungen, können Mobilität und nicht zuletzt die Ballung von verschiedenen Industrie- und Gewerbezweigen eintretende Krisen teils auch verdecken. Im Dorf mit seiner nachbarschaftlich gebundenen Ordnung aber treten die Folgen wirtschaftlicher Strukturwandlungen offen zutage.

Der Veränderungsdruck auf die Landwirtschaft, in der immer größere Erträge mit immer weniger Menschen erwirtschaftet wurden, hatte Rückwirkungen auf die Dörfer. Um 61 % hat sich zwischen 1949 und 1990 die Zahl der landwirtschaftlichen Betriebe verringert. Ein Konzentrationsprozeß, denn in etwa dem gleichen Zeitraum stieg der Anteil der Betriebe mit über 50 Hektar von 15 auf 50 %. Landflucht drohte vielfach. Maßnahmen zur Dorferneuerung wurden ergriffen, welche die Planungshoheit der Gemeinden unangetastet sehen wollten, aber Anregungen und finanzielle Mittel gaben, die Dorfkerne, die durch Aufgabe landwirtschaftlicher Betriebe zu veröden drohten, zu revitalisieren. 1982 und 1983 wurden in einem »Modellvorhaben Dorferneuerung« zunächst an zwölf Dörfern die Prinzipien erprobt, die dann zu einer gezielten Strukturpolitik ausgeweitet wurden. Mit der Infrastruktur wurden auch die

Wohnverhältnisse verbessert, das Dorf ist inzwischen auch für den Städter wohnlich geworden.

Mit dem Dorfentwicklungsprogramm war auch das in Zeiten der Planungseuphorie gestaltete, dem Landtag im Sommer 1973 vorgelegte »Landesentwicklungsprogramm Niedersachsen 1985«, das einseitig auf die Förderung zentraler Orte setzte, korrigiert worden. In diesem Zusammenhang sei aus der Sicht des Dorfes ein Blick auf die Gebietsreform geworfen, die in Niedersachsen wie in jedem Bundesland heftig umstritten war. Hier stellten sich zudem auf Grund der besonderen Raumstruktur Probleme, die nicht immer mit den geläufigen Mitteln der nach geographischen Kriterien vorgehenden Landesplanung zu bewältigen waren. Eingeebnet wurden alle historisch gewachsenen Eigenarten des ländlichen Raumes. Das hat Wunden geschlagen, die bisher nur vernarbt sind.

Seit 1965 waren Pläne zur Gebietsreform entwickelt worden, die 1977 mit dem achten Gesetz zur Verwaltungs- und Gebietsreform zum Abschluß gebracht wurden. In einem ersten Schritt, der Gemeindereform, wurden bis 1974 4.072 Gemeinden zu 425 »kommunalen Einheiten« zusammengefaßt, wobei die terminologische Unklarheit durchaus auf die Sache selbst zurückweist. Nach Abschluß der Gemeindereform wurde seit 1974 die Kreisreform in Angriff genommen, bei der die 48 Kreise auf 38 reduziert wurden.

Bei der Würdigung der Gebietsreform ist zu bedenken, daß sie eine Dezentralisierung von Kompetenzen bewirkt hat. So waren bei der Gemeindereform 33 Gesetze nötig, mit denen 630 staatliche Kompetenzen kommunalisiert wurden. Die niedersächsischen Landkreise, denen zum Beispiel die Verantwortung für die Gesundheits- und Veterinärämter übertragen wurde, haben weit mehr Aufgaben übertragen bekommen, als ihnen in vielen anderen Bundesländern zugestanden worden waren –, was sich als Gewinn von »Bürgernähe« darstellt. Allerdings setzte die Gebietsreform allzu stark auf die zentralen Orte, ohne dem Umstand Rechnung zu tragen, daß die niedersächsischen Dorflandschaften vielfach nur das System der gleichberechtigten Dörfer im Nachbarschaftsverhältnis kannten. Das System der zentralen Orte führt heutzutage für alle Personen, die über kein eigenes Auto verfügen, zu erheblichen Problemen. Als Verwaltungssitze zudem noch ausgestattet mit neuen Schulen, mit Dienstleistungsstellen, mit Ärzten, gewannen diese Mittelpunktsorte auf Kosten ihrer Nachbargemeinden ein Übergewicht. Wenn wir eingangs das Dorf als sensibelsten Teil der Siedlungslandschaft bezeichnet haben, so zeigt sich dies am deutlichsten in den Verkehrsverhältnissen. Der öffentliche Personennahverkehr steckt allenthalben in Nöten, die Rationalisierung ist an die Grenze des betriebswirtschaftlich Möglichen geraten. Die Städte jedoch können dieses Problem viel leichter auffangen als die Dörfer; hier ist es unübersehbar, daß der öffentliche Personennahverkehr nur unvollkommen jene Probleme lösen kann, die durch das System der zentralen Orte zwar nicht entstanden, aber verschärft worden sind. Vereinfacht: In der Stadt ist mit einer gewissen Aussicht auf Erfolg dafür zu werben, vom Auto auf die öffentlichen Verkehrsmittel umzusteigen; eine solche Werbung wäre auf dem Land irreal: Zu weitmaschig ist das Liniennetz des öffentlichen Nahverkehrs geknüpft; zu weit liegen die Zeittakte auseinander.

Wer das Dorf als sensibelsten Bestandteil der Siedlungslandschaft versteht, wird in der Gegenwart eine bestürzende Beobachtung machen: Das alte Dorfgasthaus ist vielerorts bedroht, bisweilen gar verschwunden. Eine Gefahr für Vereinsleben und Nachbarschaft.

Der Strukturwandel der Landwirtschaft hat bewirkt, daß sich gegenüber früheren Zeiten die Versorgungslage auf dem Dorf völlig umgekehrt hat. Galt traditionellerweise, daß im Dorf die Versorgung mit Nahrungsmitteln gesichert war, während in den Städten die Nachfragesituation oft angespannt war – viele Ältere werden sich noch an die Hamsterfahrten der Nachkriegszeit erinnern –, so ist nunmehr die Versorgung selbst mit Agrarprodukten in den Dörfern zu einem Problem geworden. Der Dorfladen ist inzwischen geschlossen. Angesichts der erzwungenen Motorisierung auf dem Lande konnte er keine Standortvorteile mehr gegenüber der Konkurrenz der Supermärkte ins Feld führen.

Vom Dorf aus, konkret von den Fleischer- und Bäckergeschäften her gesehen, stellt sich die Gegenwartsgeschichte des Handwerks als eines der zentralen Probleme dar, der sich die Strukturpolitik anzunehmen hat und der sie sich auch in einem Programm zur Förderung der mittleren und kleineren Unternehmen durchaus stellt. 1987 waren 18 % allerArbeitsstätten in Niedersachsen im Handwerk angesiedelt: 16,3 % aller Arbeitnehmer waren hier beschäftigt. Das Handwerk stellte damals fast 40 % aller Ausbildungsplätze in Niedersachsen. In jener Zeit hatte sich zwar in Niedersachsen die Zahl der selbständigen Handwerksbetriebe um fast 2.500 Unternehmen verringert, die Zahl der im Handwerk Beschäftigten blieb jedoch annähernd konstant. Der 1992 in seiner rechtlichen Gestalt festgelegte Binnenmarkt der Europäischen Gemeinschaft ist in seinen Auswirkungen auf das Handwerk noch nicht abzuschätzen, denn Binnenmarkt bedarf neben der äußeren Gestalt auch der inneren Integration. Es gehört zu den wohl unvermeidlichen Widersprüchen, daß das Ziel der Liberalisierung, das Ziel des Binnenmarktes, eine Bürokratisierung voraussetzt, Verordnungen und Richtlinien, die eine innere Integration und damit die Vergleichbarkeit der Angebote sichern können. Dadurch können die Dörfer noch weiter ins Hintertreffen geraten. Überlebenschancen bestehen wohl nur für jene, die ein eigenes Filialnetz aufgebaut haben, nicht aber für die klassische Bäckerei und Fleischerei im Dorf. Auch jene Handwerker, welche die sogenannten »Low-Tech-Produkte« herstellen, sind einem verstärkten Konkurrenzdruck durch ausländische Anbieter ausgesetzt – auch hier ein Gefahrenpotential für all jene Dörfer, die durch das System der zentralen Orte an die Peripherie gedrängt worden sind.

Aus längerfristiger Entwicklungsperspektive zeichnen sich die Gefahren für die Dörfer ab; die jüngste Wirtschaftsgeschichte zeigt aber auch die Chancen auf. Gerade die Hochtechnologie findet man heute ebensogut in einem kleinen Harztal wie in Hannover. Die neuen Dienstleistungsbetriebe sind in ihrer Standortwahl nicht mehr, sofern sie Zugang zur Kommunikationstechnologie haben, von den Ballungsräumen abhängig. Lebensqualität und Umwelt eröffnen dem ländlichen Raum neue Zukunftschancen.

Strukturpolitik ist ein seit den späten sechziger Jahren immer wieder, teilweise plakativ herausgestelltes Programmwort von Landesregierungen geworden. Eine Bilanz müssen wir uns hier versagen, hingewiesen sei jedoch auf eine Innovation, die im allgemeinen nicht zur Strukturpolitik gerechnet wird, weil man darunter (den Wortsinn verengend) zumeist wirtschaftliche Standortpolitik versteht. Nachdem 1976 eine erste Sozialstation in Nordhorn errichtet worden war, wurden seit 1977 Mittel für den landesweiten Ausbau dieser Einrichtungen, die insbesondere die häusliche Pflege von kranken, gebrechlichen und alten Menschen sowie die Hilfe für kinderreiche Familien gewährleisten sollten, bereitgestellt. 1989 waren von 300 geplanten Einrichtungen bereits 275 geschaffen worden. Finanzielle Engpässe und Kostendämpfungsgesetze im Gesundheitswesen haben inzwischen den Wirkungskreis dieser Sozialstationen eingeengt. Es sei aber in diesem Zusammenhang darauf aufmerksam gemacht, daß in diesen Einrichtungen auch ein Stück staatlicher Selbstdefinition enthalten ist. Der Staat nähert sich über sie dem Humanen, sieht die Nächstenliebe auch als eine staatliche Aufgabe an, was bürokratische und finanzielle Engherzigkeit ausschließt.

Der Schutz der Nordseeküste und die Entwicklung des Küstenraums legt dem Land Niedersachsen eine besondere Verantwortung auf. Das gilt vor allem für den Deichbau, in dem eine jahrhundertelange Tradition sichtbar wird; die Sturmfluten, wie die vom 3./4. Januar 1976, welche die höchsten Sturmflutwasserstände an der Elbe brachte und vor allem im südlichen Kehdingen schwere Deichbrüche bewirkte, stellen nach wie vor eine Gefahrenquelle dar, auch wenn sie sich nicht mehr für ganze Regionen als so existenzbedrohend erweisen wie in früheren Jahrhunderten. Zwischen 1970 und 1973 zum Beispiel mußten 337 Millionen DM für den Küstenschutz aufgewendet werden. Als neues Element war der Umweltschutz in den traditionellen Küstenschutz zu integrieren. Ab 1986 wurde der 240.000 Hektar umfassende Nationalpark Wattenmeer entwickelt.

Küste bedeutet durch die Nordseehäfen aber auch verkehrsgeographischen Gewinn. Die umschlagstärksten niedersächsischen Seehäfen Wilhelmshaven, Brake, Nordenham, Stade/Bützfleth, Emden und Cuxhaven erreichen zwar bei weitem nicht die Größenordnungen der Häfen von Bremen und Hamburg, aber sie stellen entscheidende Faktoren für die wirtschaftliche Entwicklung des Küstenraums dar. Cuxhaven ist das Zentrum der deutschen Fischwirtschaft. Erhebliche Summen investierte das Land in die Modernisierung der Nordseehäfen, allein zwischen 1976 und 1984 mehr als eine halbe Milliarde DM, wobei allerdings überdimensionierte Planungen etwa vor dem Rüstersieler Groden bei Wilhelmshaven (dessen Ausbau 1974 für Schiffe bis zu 250.000 Tonnen konzipiert war) oder beim Dollarthafen in Emden – eines der umstrittensten Projekte in der neuzeitlichen Wirtschaftsgeschichte des Landes – zurückgestutzt werden mußten.

Der Küstenschutz ist eine Aufgabe, für die Land und Bund gemeinsam die finanzielle Verantwortung tragen. Von daher ist grundsätzlich nach dem Verhältnis zwischen Land und Bund zu fragen, nach dem Grundsatzproblem des föderalen Staates, das, aus dem Kaiserreich ererbt, während der Weimarer Republik ergebnislos in sogenannten Reichsreformplänen behandelt worden ist. Dieses Verhältnis ist in der Gegenwart durch das Grundgesetz nur in seinen Rahmenbedingungen festgelegt; immer wieder ergeben sich Reibungsflächen, die durch politischen Pragmatismus zu glätten sind. Pragmatische Lösungen. Hierzu gehören Mischfinanzierungen von Bundes- und Landeszuschüssen bzw. Subventionen von der Emslandförderung über das Küstenprogramm bis hin zur Landwirtschaftsförderung. Der Hauptteil aller im Lande verausgabten Subventionen, 56,8 % im Jahre 1987, fließen in die Land-, Forst- und Fischereiwirtschaft. Neben Subventionen des Bundes und des Landes treten noch Mittel der Europäischen Gemeinschaft, insbesondere die Marktordnungszahlungen des »Europäischen Ausrichtungs- und Garantiefonds für die Landwirtschaft«. Wenn 1987 85,8 % der landwirtschaftlichen Subventionen in Niedersachsen von Bund und Europäischer Gemeinschaft getragen werden, so mag man darin einen schleichenden Verfassungswandel, insbesondere die Gefahr der Verlagerung von Landesverantwortung erkennen. Die Praxis der Subventionen zeigt aber, daß die Landesmittel bzw. -darlehen direkt an landwirtschaftliche Betriebe gezahlt werden und zumeist im Zusammenhang mit Investitionsprojekten stehen, daß sie also flexibler und im Einzelfall hilfreicher und effizienter eingesetzt werden können als die starren Regelungen unterworfenen Fremdmittel.

Vom Prinzip her scheint das Subventionssystem einleuchtend: eine übernationale Setzung von Rahmenbedingungen mit dem Ziel eines übernationalen Binnenmarktes, Unterstützung der Landwirtschaft als Bundesaufgabe, gezielte Subventionen aus der Kenntnis der unmittelbaren Zustände als Landesverantwortung. Aber der Gefahr, daß das Land an Eigenständigkeit und Verantwortung im Rahmen der Subventionspolitik verliert und damit der Gefahr, daß Regelungen getroffen werden, die den besonderen Strukturbedingungen der niedersächsischen Landwirtschaft nicht entsprechen, muß nach wie vor in der politischen Alltagsarbeit begegnet werden.

Die im heikelsten politischen Bereich, dem der Finanzen, ausbalancierte Kompetenzverteilung zwischen Bund und Ländern war nur möglich aufgrund einer 1968/69 gefundenen Grundsatzentscheidung, die wohl als die größte Leistung der Regierung Kubel anzusehen ist: Diese erreichte eine erhebliche Erhöhung des »horizontalen Finanzausgleiches« zwischen reichen und armen Ländern. Diese Lösung hat praktisch verfassungsähnlichen Charakter, was wieder bewußt wurde, als das Bundesverfassungsgericht die Einkünfte des Landes aus dem Förderzins für Erdöl und Erdgas fast vollständig aufhob, weil diese im Rahmen des Finanzausgleichs zu verrechnen seien.

Das Thema Bund und Land muß selbstverständlich auch die Rolle des Landes im Bundesrat berücksichtigen. Das Land hat hier wichtige Gesetzesvorlagen angestoßen, Maßnahmen gegen die sogenannten Frühstückskartelle ebenso wie zur Subventionsregelung. Am bedeutsamsten erscheint aber, daß die Regierung Albrecht durch ihr Votum im Bundesrat erst die Ratifizierung der »Polen-Verträge« 1976 ermöglichte – eine Haltung, die innerhalb der CDU heftig umstritten war, aber sowohl im Land als auch in der Bundesrepublik auf Respekt und Zustimmung stieß. In seinen Erinnerungen vermerkt der damalige Außenminister Hans-Dietrich Genscher: »Das Verdienst, die Zustimmung im Bundesrat endgültig sichergestellt zu haben, kommt vor allem zwei Männern zu: dem damaligen Ministerpräsidenten des Saarlandes, Franz-Josef Röder, und dem niedersächsischen Ministerpräsidenten Ernst Albrecht.«

Auch in der Geschichte des Parlaments zeigen sich die gleichen Erscheinungen, die sich bei der Geschichte des Landes aus der Gegenwartsperspektive ergeben haben, allmähliche, von den Zeitgenossen zunächst nicht wahrgenommene Entwicklungen, der historische Langzeitprozeß, und der plötzliche Einbruch der Ereignisgeschichte. Langfristige Entwicklungen sind zunächst über die Personen, über die Herkunft und den sozialen Hintergrund der Abgeordneten und sodann über den Wandel bzw. die Ausweitung der parlamentarischen Arbeit festzustellen. Wie allgemein in der Bundesrepublik so war in der Nachkriegszeit das geistige und soziale Profil des niedersächsischen Landtags von Abgeordneten geprägt, die zu einem Großteil dem Typus des Honoratiorenpolitikers entsprachen oder in der Arbeiterbewegung ihre Erfahrungen gesammelt hatten. Dieses Profil begann sich in den sechziger Jahren allmählich zu verändern, aber erst in den siebziger Jahren war vollends sichtbar, was Helmut Rieger, einer der besten Kenner der neuzeitlichen Landespolitik, so formuliert hat: »Anfang der sechziger Jahre, als die Generation der ersten Nachkriegspolitiker abzutreten begann, änderten sich auch im Landtag Klima und Qualität. Es begann der Übergang zu Abgeordneten, die nur zu häufig in dem Mandat ihren eigentlichen Beruf sahen und es daher so verteidigten, als ginge es um die Bewahrung des Arbeitsplatzes.« Was hier als »Beginn« diagnostiziert wurde, war um 1970 bereits weitgehend vollzogen. Ein Generationenwandel und damit auch unvermeidlich ein Stilwandel. Nur ist zu bedenken, daß dieser Wandel sich auf allen gesellschaftlichen Ebenen abspielte. Der in den Ruhestand tretende Chef hatte einen meist noch in den Dreißigern stehenden Nachfolger: Zwei Weltkriege hatten die normale Alterspyramide zutiefst verändert; statt der normalen Generationenfolge stand die Gefahr eines Generationenbruchs bevor.

Die Professionalisierung des Abgeordnetenberufs – eine bundesweite Erscheinung – ist nicht zuletzt durch die Ausweitung der Parlamentsarbeit erzwungen worden. Eine Umfrage unter niedersächsischen Landtagsabgeordneten hat 1995 ergeben, daß der Kern der parlamentarischen Tätigkeit in den Arbeitskreisen und in den Ausschüssen des Parlaments liegt. Das Ausmaß der hier anfallenden Arbeit antwortet auf den gewachsenen Umfang, den die Gesetzgebung angenommen hat. Schon allein, um die Kontrollaufgaben des Parlaments gegenüber der Verwaltung effizient wahrnehmen zu können, müssen die Abgeordneten sich einen hohen Kenntnisstand aneignen. Dazu kommt noch, Wahlkreisarbeit und Behandlung von Eingaben eingerechnet, eine durchschnittliche wöchentliche Arbeitszeit von 77,2 Stunden, die sich aus der Selbsteinschätzung der Abgeordneten (wobei die Spannweite von 49,7 bis 103,0 Stunden reichte) ergibt.

Anstelle eines Rückblicks auf die gewiß nicht ereignisarme niedersächsische Parlamentsgeschichte sei auf die Auswirkungen der Wiedervereinigung auf Niedersachsen hingewiesen. Die Folgen für das Land sind noch genau nicht abzuschätzen. Die vorteilhafte geographische Nähe zu den neuen Bundesländern kann auf Grund der Verkehrsstruktur mit ihrer gewachsenen Betonung der Nord-Süd-Verbindungen zu Lasten der West-Ost-Verbindungen noch gar nicht voll genutzt werden. Auch in kurzfristiger Perspektive ist das Bild widersprüchlich. Die Wiedervereinigung brachte in den ersten beiden Jahren wirtschaftliche Impulse nach Niedersachsen, die sich aber seit 1992 erheblich abschwächten. Gegen Gewinne sind die Verluste aufzurechnen, die durch die Auflösung von Bundeswehrstandorten eingetreten sind. Von Fachleuten wird geschätzt, daß durch die einigungsbedingte Verlagerung der Standorte dem Land etwa 1 Milliarde DM an Kaufkraft verloren geht. Diese Zahl fällt besonders ins Gewicht, weil die niedersächsischen Standorte der Bundeswehr vorwiegend in strukturschwachen Gebieten angesiedelt waren. Sodann mußte das Land 1990 zugunsten der neuen Bundesländer auf jene Strukturhilfen des Bundes in Höhe von über einer Milliarde Mark jährlich verzichten, welche nach harten Auseinandersetzungen mit dem Bund 1988 die Regierung Albrecht erreicht hatte. Unabhängig von solchen kurzfristigen historischen Erfahrungen dürfte, langfristig gesehen, die deutsche Einheit sich positiv auf die weitere Geschichte des Landes Niedersachsen auswirken.

Anhang

Zeittafel

739	Der Frankenkönig Pippin unternimmt einen Kriegszug gegen die Sachsen.
743	Die Sachsen unternahmen einen Vorstoß gegen die Thüringer.
748	Karlmann und Pippin fallen in Sachsen ein und dringen bis zur Oker vor.
nach 754	Der Northumbrier Willehad beginnt, in Friesland zu missionieren.
772	Beginn der Unterwerfung Sachsens durch die Franken.
782	Sogenanntes »Verdener Blutbad«.
785	Taufe Widukinds.
ca. 785	Gründung des Bistums Osnabrück.
787	Bischofsweihe Willehads.
ca. 800	Gründung des Bistums Minden.
804/05	Gründung des Bistums Münster, zu dessen Diözese ein Teil Frieslands kommt.
806	Ein Gesetz Karls des Großen nennt als Grenzhandelsorte u.a. Bardowick und »Schezla«.
815	Kaiserdiplom für das Bistum Hildesheim. Kloster Corvey gegründet.
827	Halberstadt wird Bischofssitz.
831	Der Corveyer Mönch Ansgar wird nach Hamburg berufen.
840/50	Der »Heliand« verfaßt.
841/43	»Stellinga«-Aufstand.
845	Die erzbischöfliche Metropole wird von Hamburg nach Bremen übertragen.
849	Der Bischofssitz in Verden wird erstmals erwähnt.
850	Mutmaßliches Gründungsjahr des Damenstifts Bassum, das von der Liudolfingerin Liutgart gestiftet wird.
851	Die Gebeine des Märtyrers Alexander werden durch den Grafen Waltbert, einen Enkel Widukinds, von Rom nach Wildeshausen überführt (»Translatio sancti Alexandri«).
852	Stift Gandersheim von den Liudolfingern gegründet.
872	Weihe des sogenannten Altfried-Domes zu Hildesheim.
912	22./23. November: Otto, der Sohn Herzog Heinrichs und späterer Kaiser, wird geboren – Ende desselben Monats stirbt Otto der Erlauchte, der Großvater des Neugeborenen.
919-936	König Heinrich I., der Begründer der liudolfingischen (ottonischen) Kaiserdynastie.
933	Sieg über die Ungarn bei Riade.
936	2. Juli: Tod König Heinrichs I. – Hermann Billung wird Markgraf an der Niederelbe.
936-973	Kaiser Otto I.
953	Der sächsische Graf Hermann Billung wird von Kaiser Otto I. als Herzog eingesetzt.
955	Schlacht an der Recknitz gegen die Slawen und Ungarn auf dem Lechfeld.
956	Otto I. überträgt dem neugegründeten Kloster St. Michael zu Lüneburg den dortigen Salzzoll – die intensivere Nutzung der Saline wird in Angriff genommen.

962	Kaiserkrönung Ottos I.
ca. 965	Die Gandersheimer Stiftsdame Roswitha (Hrotswitha) verfaßt die »Taten Ottos I.«, eine Geschichtsdichtung auf die Ottonen nebst anderen Schriften und geistlichen Dramen.
ca. 968	Erster schriftlicher Hinweis auf Harzer Silberbergbau.
973	Tod Ottos I. und Tod Hermann Billungs.
nach 973	Roswitha von Gandersheim gestorben.
973-983	Kaiser Otto II.
983-1002	Kaiser Otto III.
991	Tod der Kaiserin Theophanu, bis dahin Regentin.
1002	Tod Ottos III., des letzten Kaisers aus der Hauptlinie der Liudolfinger.
1002-1024	Heinrich II., der letzte Herrscher aus dem liudolfingischen Kaiserhaus.
nach 1002	Die Kaiserpfalz in Goslar wird ausgebaut.
1011	Guntbald-Evangeliar. Dom Hildesheim.
1010	Grundsteinlegung St. Michael, Hildesheim.
1015	Bronzetüren Dom Hildesheim.
1024	Tod Heinrichs II. in Grona.
1033	Endweihe der Klosterkirche St. Michael zu Hildesheim.
1039-1056	Kaiser Heinrich III.
1046	Klosterkirche Kemnade geweiht.
1050	Weihe der Stiftskirche in der Goslarer Pfalz.
1055/65	Radleuchter des Bischofs Hezilo zu Hildesheim.
1056-1106	Kaiser Heinrich IV.
1062	Entführung des Kindes Heinrich IV. – die Erzbischöfe Anno von Köln und Adalbert von Bremen übernehmen die Regentschaft.
ca. 1065	Bau der Harzburgen.
1067/88	Bischof Benno II. von Osnabrück, unter Heinrich III. und IV. als Architekt und Burgenbauer wirkend.
1073	Die Sachsen erheben sich unter der Führung ihres Adels gegen Heinrich IV.
1075	Friedensschluß zwischen Heinrich IV. und den Sachsen.
1101	Schlacht bei Norden – Heinrich der Fette von Northeim, Markgraf von Friesland, fällt im Kampf gegen friesische Bauern, ebenso viele andere sächsische Ritter.
1106	Magnus Billung stirbt, seine Erbtochter Wulfhild heiratet den Welfen Heinrich den Schwarzen, Herzog von Bayern.
ca. 1106	Ansiedlung von Holländern im Marschstrich »Hollerland« bei Bremen.
1110/11	Herzog Lothar belehnt Adolf von Schaumburg mit den Grafschaften Holstein und Stormarn.
1115	Schlacht am Welfesholz.
1117	Tod der Markgräfin Gertrud, der Erbin des brunonischen Hauses – ihr Schwiegersohn, Herzog Lothar, gelangt in den Besitz von Braunschweig und des Besitzes der Brunonen.
1125	Königswahl Lothars von Süpplingenburg, Herzog von Sachsen.
1126	Tod Heinrichs des Schwarzen, Herzog von Sachsen und Bayern.
1129	Kloster Walkenried wird als erste Zisterze Niedersachsens gegründet.
vor 1129	In Idensen wird eine Eigenkirche Bischof Sigwards von Minden errichtet.
1130	Geburt Heinrichs des Löwen.
1133	Kaiserkrönung Lothars III. Baubeginn von St. Godehard in Hildesheim.

1134	Lothar III. belehnt Albrecht den Bären mit der Nordmark.
1135	Boleslaw von Polen wird von Lothar III. mit Pommern und Rügen belehnt. Grundsteinlegung der Abteikirche Königslutter durch Lothar III.
1136/37	Zweiter Italienfeldzug Lothars III.
1137	Tod Kaiser Lothars III.
1138	Konrad III. ächtet Heinrich den Stolzen.
1139	Heinrich dem Stolzen werden die Herzogtümer Bayern und Sachsen aberkannt. Bayern erhält der Babenberger Leopold IV., Sachsen der Askanier Albrecht der Bär. Tod Heinrichs des Stolzen.
1140	Schlacht bei Valley: Welf VI. besiegt die Babenberger.
1142	Belehnung Heinrichs des Löwen mit dem Herzogtum Sachsen.
1143	Tod der Kaisertochter Gertrud, Witwe Heinrichs des Stolzen. Heinrich der Löwe belehnt Adolf II. von Schaumburg mit Holstein, Heinrich von Bodewide mit der Grafschaft Ratzeburg.
1147	Heinrich der Löwe fordert von Konrad III. das Herzogtum Bayern. Wendenkreuzzug.
1151	Konrad III. zieht gegen Heinrich den Löwen in Sachsen zu Felde.
1152	Königswahl: Friedrich von Staufen setzt seine Wahl gegen die Kandidatur Heinrichs des Löwen durch – Heinrich der Löwe erbt Winzenburg. Heinrich der Löwe Vogt von Kloster Helmarshausen (Abt Konrad II. gibt Heriman Auftrag zum Evangeliar, zwischen 1178 und 1189).
1154	Friedrich I. überträgt Heinrich dem Löwen das Investiturrecht in den nordalbingischen Bistümern – dieser gründet das Bistum Ratzeburg.
1154/55	Teilnahme Heinrichs des Löwen am Romzug Barbarossas.
1156	Heinrich der Löwe erhält das Herzogtum Bayern.
1157/58	Gründung der »Löwenstadt« bei Lübeck durch Heinrich den Löwen.
1158	Heinrich der Löwe gründet München.
1159	Heinrich der Löwe gründet Lübeck neu. Sakramentar des Ratmann (Hildesheim).
1159/60	Heinrich der Löwe nimmt am Italienfeldzug Barbarossas teil.
1160	Heinrich der Löwe gründet das Bistum Schwerin und verleiht dem Hauptort Stadtrechte. Vertreibung Bischof Ulrichs von Halberstadt.
1161	Zweiter Italienzug Barbarossas: Heinrich der Löwe nimmt teil. Artlenburg-Vertrag.
1163	Heinrich der Löwe besiegt die slawischen Fürsten von Mecklenburg.
1166	Bau des Löwensteins auf dem Braunschweiger Burgplatz. Sächsische Fürstenverschwörung gegen Heinrich den Löwen – dieser setzt den Edelherrn Gunzelin von Hagen zum Grafen von Schwerin ein.
1166/68	Erzbischof Hartwich von Bremen richtet ein Skriptorium ein.
1167	Tod Welfs VII. auf dem Italienfeldzug Barbarossas.
1168	Heinrich der Löwe heiratet in Minden Mathilde von England.
ca. 1170	Mutmaßliche Entstehungszeit des Rolandsliedes des Pfaffen Konrad, vielleicht im Auftrag Heinrichs des Löwen und der Mathilde.
1172	Heinrich der Löwe unternimmt eine Pilgerfahrt nach Jerusalem, auf der Rückreise besucht er Konstantinopel.
1173	Beginn des Neubaus der Stiftskirche St. Blasius als Kirche der Braunschweiger Pfalz Heinrichs des Löwen.
1176	Tag von Chiavenna: Heinrich der Löwe lehnt es ab, Barbarossas Hilferuf zu folgen.

1180 Der Kaiser verhängt die Oberacht über Heinrich den Löwen. Die Reichslehen werden Heinrich genommen und neu ausgeteilt.

1181 Heinrich der Löwe unterwirft sich in Erfurt Friedrich Barbarossa.

1182/85 Heinrich der Löwe geht mit seiner Familie in das Exil an den englischen Königshof. 1182 unternimmt er eine Pilgerreise nach Santiago de Compostela.

1186 Kaiser Friedrich I. privilegiert die Bremer Bürger.

1188 Der Marienaltar der Stiftskirche St. Blasius zu Braunschweig wird geweiht.

1189 Bremer und Lübecker Bürger gründen vor dem belagerten Akkon eine Spitalbrüderschaft, den späteren »Deutschen Orden«.
Heinrich der Löwe geht abermals ins Exil. Herzogin Mathilde stirbt. Heinrich der Löwe kehrt zurück und zerstört die oppositionelle Stadt Bardowick.

1190 Heinrich der Löwe schließt in Fulda Frieden mit Heinrich VI.

1194 Ausgleich der Welfen mit Heinrich VI., dieser belehnt den jungen Heinrich, der Agnes von Staufen geheiratet hatte, mit der Pfalzgrafschaft.

1195 Tod Heinrichs des Löwen.

1198 Wahl Ottos von Braunschweig, Graf von Poitou, zum römisch-deutschen König.

1199 Nach dem 6. April: Der welfische Ministeriale Eilhart von Oberge verfaßt einen »Tristant«-Roman mit Bezug auf den Tod des Königs Richard Löwenherz.

1204 Die Stedinger Bauern an der Niederweser erheben sich.

1207-1217 Regelmäßige Kriegszüge der Stedinger Bauern in ihr Umland.

1209 Kaiserkrönung Ottos IV., des Welfen, in Rom.

1214/15 Gervasius von Tilbury schreibt den »Liber de mirabilibus mundi«, die Textgrundlage der »Ebstorfer Weltkarte«.

ca. 1215 Priester Eberhard verfaßt die mittelniederdeutsche »Gandersheimer Reimchronik«.

1214 Otto IV. unterliegt den Franzosen in der Schlacht bei Bouvines.

1218 Tod Ottos IV. auf der Harzburg.

1219 Die Marcellusflut reißt große Teile des Rüstringer Landes ins Meer (Jadebusen).

1220/30 Aufzeichnung des Sachsenrechtes im »Sachsenspiegel« Eikes von Repkow.

1226 Schlußweihe der Stiftskirche St. Blasius (Dom) zu Braunschweig.

1227 Tod des Pfalzgrafen Heinrich – das sogenannte »Ius Ottonianum«, das deutschsprachige Stadtrecht für Braunschweig wird durch den Welfen Otto verliehen.

1230 Auf der Fastensynode werden die Stedinger exkommuniziert.

ca. 1230/50 »Sächsische Weltchronik« verfaßt.

1233 Der Erzbischof gewinnt die Bremer Bürger für den Kampf gegen die Stedinger.

1234 Zweiter Kreuzzug gegen die Stedinger – Schlacht bei Altenesch.

1235 Otto von Braunschweig trägt Kaiser Friedrich II. sein gesamtes Erbgut auf und erhält es zusammen mit den Anteilen Friedrichs als reichslehnbares Herzogtum zurück.

1241/45 Missale des Dompropstes Semeca aus dem Skriptorium des Goslarer Evangeliars.

1252 Tod Ottos des Kindes.
Die Gräfinnen Sophie und Jutta von Ravensberg-Vechta verkaufen ihre Herrschaftsrechte an Münster.
Letzte königliche Hoftage auf niedersächsischem Boden in Braunschweig und Goslar.

1252-1279 Albrecht I. (* 1239) von Braunschweig-Lüneburg. Wie sein Vater treibt er eine erfolgreiche Erwerbspolitik, gewinnt die Städte Hameln, Einbeck, Höxter, Uslar sowie den Solling für das welfische Haus.

1255-1258 Wurster Krieg: Der Erzbischof von Bremen scheitert, wie späterhin auch seine Nachfolger, bei dem Versuch, das Land Wursten zu unterwerfen.

1255-1258 Die Asseburger Fehde, in der Gunzelin von Wolfenbüttel, der ehemalige Truchseß Kaiser Friedrichs II., besiegt wird, zeigt ebenso wie die Hinrichtung des staufertreuen Grafen von Everstein durch Herzog Albrecht I. (1256), daß der Sturz der Staufer auch Folgen für die niedersächsische Herrschaftswelt hat.

1258-1272 Als Folge der Asseburger Fehde Erwerbung der Grafschaft Peine durch das Hochstift Hildesheim.

1267 Eine bis 1269 sich hinziehende Teilung der welfischen Lande zwischen Albrecht I. und seinem Bruder Johann († 1277), der das Lüneburger Fürstentum erhält. Dieser Landesteilung folgen bis 1495 noch acht weitere im welfischen Haus.

1270 Aussterben der Grafen von Oldenburg-Wildeshausen. Wildeshausen fällt an das Erzstift Bremen.

1271-1276 Ein Aufruhr, die sogenannte »Bischofsfehde«, im Emsigerland, im Reiderland und im Brokmerland verhindert eine Herrschaftsbildung des Bischofs von Münster in diesen Gebieten.

1277-1330 Otto (der Strenge) Herzog von Lüneburg. Der erfolgreichste Territorialpolitiker der spätmittelalterlichen welfischen Fürsten erweitert vor allem durch Aufkauf niedergehender Grafengeschlechter seine Herrschaft. Die östliche Grenze des heutigen Landes Niedersachsen geht im wesentlichen auf ihn zurück.

1291 Die Söhne Albrechts I. teilen nach Jahren gemeinsamen Regiments das väterliche Erbe. Neben der Braunschweiger Linie entstehen die von Göttingen (bis 1463) und Grubenhagen (bis 1595).

1307 Mit der Einsetzung Johann Grands († 1327) zum Erzbischof von Bremen durch Papst Clemens V. wird erstmals in der niedersächsischen Geschichte ein Bistum durch päpstliche Provision besetzt, ein Vorgang, der dann 1331 in Hildesheim und in Verden sowie 1348 in Osnabrück durchgesetzt wird und sich späterhin mehrfach wiederholt. Erst nach dem Konstanzer Konzil (1414 bis 1418) gehört die direkte Besetzung niedersächsischer Bistümer durch das Papsttum der Vergangenheit an.

1323-1327 Versuche, die einzelnen Landesgemeinden in einen gesamtfriesischen Verband zum Erhalt des Landfriedens zu integrieren. Der »Upstalsboom« bei Aurich steht als Tagungsstätte im Mittelpunkt dieser Versuche, die letztlich scheitern, obwohl noch 1338 ein »Sigillum totius Frisiae«, ein Siegel des gesamten Frieslands, gebraucht wurde.

1326 Aussterben der Grafen von Altbruchhausen, einer Seitenlinie der Grafen von Wildeshausen, deren Erbe an die Grafen von Hoya fällt.

1331 Der Streit zwischen zwei Bischöfen um das Bistum Hildesheim ermöglicht der Stadt Hildesheim, ihre Freiheitsrechte auszubauen.

1345 Teilung der Grafschaft Hoya in die Nieder- und Obergrafschaft.
Braunschweig bezeichnet sich selbst erstmals als freie Stadt (»en vry stad«).

1349 Die europäischen Pestwellen erreichen Niedersachsen, sind hier zwischen April und Mai erstmals in Hildesheim, Magdeburg und Braunschweig nachzuweisen. Wenn auch nicht mehr in diesem Umfang, so suchen auch späterhin lokal bzw. regional begrenzte Pestzüge niedersächsische Städte und Dörfer heim.

1359 Die Landesgemeinden Östringens und des Wangerlandes überwerfen sich mit ihren »Redjeven«, den »Ratgeber« genannten Führern, und wählen Edo Wiemken den Älteren zum Häuptling, der dann als neuen Machtrückhalt eine Burg in Jever erbaut – ein Beispiel für das Entstehen der Häuptlingsherrschaft in Ostfriesland.

1361 Erstmals erscheint das Pferd auf Siegeln welfischer Fürsten – eine Demonstration ihrer auf Sachsen bezogenen Herzogswürde, um Bestrebungen der askanischen Herzöge von Sachsen entgegenzutreten.

1367 Schlacht bei Dinklar; Sieg des Hochstifts Hildesheim über die Welfen.

1370 Karl IV. verleiht den askanischen Herzögen von Sachsen-Wittenberg, die Erbansprüche des welfischen Herzogs Magnus II. (Torquatus) übergehend, das Fürstentum Lüneburg. Beginn des Lüneburger Erbfolgekrieges.

1371 Die Bürger der mit den askanischen Herzögen verbündeten Städte Lüneburg und Hannover brechen die welfischen Burgen vor ihren Stadtmauern, die Veste auf dem Kalkberg bzw. Lauenrode – die Grundlage für die Entwicklung großer Freiheitsrechte. Die Welfen verlieren mit Lüneburg, das erst 1520 wieder einem Herzog huldigen wird, ihre Hauptstadt und beginnen infolgedessen im 15. Jahrhundert mit dem Ausbau Celles zur Residenz.
In der Ursula-Nacht (vom 20. zum 21. Oktober) scheitert der Versuch Magnus' II., durch einen nächtlichen Überfall Lüneburg wiederzugewinnen.

1373 Magnus II. fällt im Treffen bei Leveste am Deister. Der askanische Herzog Albrecht gewinnt in der Folgezeit das Übergewicht im Land.

1374-1380 Die große Braunschweiger »Schicht«: Der Aufruhr aufsteigender sozialer Gruppen gegen das patrizische Ratsregiment führt zur Vertreibung des Rats. Ausdruck patrizischer Solidarität ist es, wenn die Stadt durch die Hanse aller hansischen Handelsprivilegien für verlustig erklärt wird (»Verhansung«). Der innere Frieden der Stadt wird 1380 in einem Kompromiß gefunden, der den alten Geschlechtern die Rückkehr erlaubt.

1376-1402 Bischof Dietrich (von Horne) von Osnabrück gelingt es, sein Hochstift weitgehend zu sanieren und die Grafen von Tecklenburg aus den Stiftsburgen zu verdrängen.

1384 Der bis dahin größte sächsische Städtebund bildet sich zur Wahrung des Landfriedens in Niedersachsen – Ausdruck kommunalen Selbstbewußtseins; die verbündeten Städte unterstehen ganz verschiedenen Herrschaften, nehmen aber darauf in ihrem Bündnis keine Rücksicht.

1385 Beim Treffen bei Ricklingen fällt Herzog Albrecht. Aber erst 1388 gelingt es den Welfen, das Lüneburger Land unangefochten wieder in Besitz zu nehmen.

1387 Die Bürger Göttingens stürmen das herzogliche Schloß in der Stadt und siegen über ihren Herzog Otto (den Quaden); Beginn einer bis tief in das 16. Jahrhundert behaupteten Unabhängigkeit der Stadt von der herzoglichen Gewalt.

1388 In der Schlacht bei Winsen an der Aller, die den Lüneburger Erbfolgekrieg beendet, werden die Truppen der Stadt Lüneburg, der entschiedensten Gegnerin einer welfischen Herrschaftsübernahme, geschlagen.
Als Hamburg über die Handelshemmnisse in Greetsiel mit dem Häuptling Ocko (I.) tom Brok in Verhandlungen tritt, ist dies ein Zeugnis für den Aufstieg der Häuptlingsherrschaft in Ostfriesland und für den Verfall der Landesgemeinden, die zuvor Handelsverträge mit Bremen und Hamburg geschlossen hatten.

1392 Die Lüneburger »Sate«.

1396 Der Satekrieg endet mit einem Sieg der Herzöge Bernhard und Heinrich über Lüneburg. Auch wenn Lüneburg noch weiterhin an der Sate festhält, bedeutete dies doch das faktische Ende dieses Herrschaftsvertrages.
Die Vitalienbrüder, Genossenschaften von Seeräubern, nisten sich, aus der Ostsee vertrieben, unter dem Schutz ostfriesischer Häuptlinge in deren Nordseehäfen ein.

1400 Hamburg und Lübeck entsenden Schiffe in die Emsmündung, um der Seeräuberplage Herr zu werden.
Hisko Abdena legt sich den Titel eines Häuptlings von Emden zu und macht, auch indem er die Wirtschaft der damals noch kleinen Stadt zu heben sucht, seine Gegenwehr gegen die Expansion des Hauses tom Brok deutlich.
Herzog Friedrich von Braunschweig wird auf der Rückreise vom Frankfurter Fürstentag in der Nähe von Fritzlar durch Graf Heinrich von Waldeck ermordet – das tragische Ende eines erstmals seit 1256 begegnenden Versuches

eines welfischen Fürsten, sich in die Verhandlungen um eine Königswahl einzuschalten.

1401 Der päpstliche Plan, den Bischofssitz Verden nach Lüneburg zu verlegen, scheitert am Widerstand Lüneburgs.

1405-1409 Lipper Fehde zwischen den Herzögen Bernhard und Heinrich von Lüneburg und den Herren von der Lippe um das Erbe der Grafen von Everstein, das letztlich von den Welfen gewonnen wird.

1409 Die Herrschaft Homburg fällt an das Lüneburger Haus.

1413-1420 »Pfaffenkrieg« in Braunschweig. Bis vor das Konstanzer Konzil wird der Streit des Rates mit der Braunschweiger Geistlichkeit um die Besetzung der städtischen Schule und der Ulricipfarre getragen.

1413 Keno tom Brok vertreibt Hisko Abdena aus Emden, Höhepunkt der Macht des Hauses tom Brok, die sich 1417 auch darin ausdrückt, daß sich Ocko II. tom Brok erstmals »Häuptling von Ostfriesland« nennen kann.

1421 Schlacht bei Grohnde. Die Niederlage der Hildesheimer Bischöfe gegen die Welfen bewirkt mit der Zerrüttung der bischöflichen Finanzen auch die politische Ohnmacht des Hochstifts.

Wahl des Grafen Nikolaus von Delmenhorst zum Erzbischof von Bremen, die der junge Grafensohn durch das Versprechen erreicht hatte, seine Herrschaft der Bremer Kirche zu übergeben. Das führte nach dem vom Domkapitel erzwungenen Regierungsverzicht des Erzbischofs Nikolaus 1434 zu einem jahrzehntelangen Streit zwischen dem Hause Oldenburg und dem Erzstift, das letztendlich 1496 auf seine Ansprüche verzichten muß.

1426 Wiederaufleben des sächsischen Städtebundes, der bis 1435 bestehen und erst 1462 wieder erneuert werden sollte.

Die Schlacht bei Detern endet mit der vernichtenden Niederlage eines von Erzbischof Nikolaus von Bremen geführten sächsischen Ritterheeres gegen ein ostfriesisches, von Focko Ukena, dem Häuptling von Leer, geführtes Heer. Die Schlacht beendet den letzten der sächsischen Kriegszüge nach Ostfriesland, wie sie seit 1063 immer wieder zum Scheitern verurteilt sind; zugleich markiert die Schlacht den Aufstieg Focko Ukenas zum gefährlichsten Rivalen des Hauses tom Brok.

1427 Untergang des Hauses tom Brok. In der Schlacht auf den »Wilden Äckern« zwischen Upgant und Fehnhusen siegt Focko Ukena über Ocko II., nimmt ihn gefangen und schleift die Burg der tom Brok zu Aurich.

1430 Kurzfristig konstituiert sich ein später sogenannter »Freiheitsbund« wiedererstandener ostfriesischer Landesgemeinden, nachdem Focko Ukena durch einen gescheiterten Angriff auf Bremen (1430) an Autorität verloren hatte.

1432-1473 Herzog Heinrich der Friedfertige von Braunschweig, von dem die Zeitgenossen rühmten, daß in seinem Lande Pilger und Kaufleute sicher reisen konnten. Er war aber auch um den Frieden innerhalb des welfischen Hauses bemüht.

1432 In der neunten welfischen Landesteilung wird ein eigenes Herzogtum, das Calenberger Fürstentum, gebildet, das seit 1437 locker, und seit 1495 fest mit dem Göttinger Land verbunden werden sollte – die Keimzelle des späteren Kurfürstentums Hannover.

1433 Niederlage Sibets von Rüstringen, des Schwiegersohns Focko Ukenas, bei Lütetsburg gegen die Cirksena und die mit ihnen verbündete Stadt Hamburg – Zeugnis für den Aufstieg des Hauses Cirksena, das die Landesgemeinden für sich gewinnen kann.

Reform des Klosters Bursfelde durch Johannes Denderoth. Anstoß zur Bursfelder Reform, der wichtigsten Klosterreformbewegung des 15. Jahrhunderts, die bis 1460 mit Ausnahme von St. Aegidien in Braunschweig und St. Michael in Lüneburg alle niedersächsischen Benediktinerklöster erfassen sollte.

1435 Gegen eine Pensionszahlung tritt Herzog Otto Cocles (der Einäugige) von Göttingen sein Fürstentum an die Stände des Landes ab, die auf Dauer nicht in der Lage sind, die Unabhängigkeit des Fürstentums gegen die Ansprüche Wilhelms des Älteren von Calenberg zu behaupten.

1436 Tod Focko Ukenas.

1437 Sächsische Benediktinerklöster bemühen sich auf einer Versammlung in Stade um eine Reform ihrer Klöster.

1439 Hamburg, das 1433 nach der Schlacht bei Lütetsburg Emden eingenommen und danach eine aktive Herrschaftspolitik im Emsraum zur Sicherung des Handels betrieben hatte, überträgt Emden und Leer an die Cirksena, die hier im Auftrag der Stadt deren Rechte und Interessen wahren sollten. Dem seit 1447 erkennbaren Druck Ulrich Cirksenas mußte Hamburg 1453 weitgehend nachgeben und dem Häuptling freie Hand in Leer und Emden, das sich allerdings bereits eine städtische Autonomie gesichert hatte, lassen.

1441 Die Bürger von Osnabrück nehmen Graf Johann V. von Hoya gefangen und verwahren ihn sechs Jahre lang in einem hölzernen Verschlag, dem sogenannten Grafenkasten.

1448 Graf Christian VII. von Oldenburg († 1481) erhält als Erbe seines kinderlosen Onkels nicht nur Schleswig-Holstein, sondern wird auch zum König von Dänemark erwählt.

1449-1462 Lüneburger »Prälatenkrieg«. In den Auseinandersetzungen des Rates mit den »Sülzprälaten«, jenen Geistlichen, die Anteile an Salinen hatten und zu höheren Abgaben verpflichtet werden sollten, kommen vor dem Hintergrund einer großen Schuldenlast auch innerstädtische Konflikte zum Ausbruch.

1450 Regierungsantritt des Grafen Gerd, des Bruders König Christians von Dänemark, in Oldenburg. Nach einer durch politische und militärische Abenteuer geprägten fehdereichen Herrschaft wird er 1482 gezwungen, zugunsten seiner Söhne abzudanken.

1464 Kaiser Friedrich III. erhebt die Herrschaft Ulrich Cirksenas in Ostfriesland zur Grafschaft des Reiches.

1466 Tod Graf Ulrichs I. Cirksena, der seine Herrschaft nach dem von Hamburg in Emden und Leer eingeführten Vorbild in Ämtern organisiert.

1481 »Bierzise«-Fehde im Hochstift Hildesheim: Die Stadt Hildesheim widersteht erfolgreich dem bischöflichen Versuch, eine neue Steuer auf Getränke durchzusetzen.

1488-1491 Die »Schicht« des Ludeken Holland in Braunschweig scheitert, als nach der Vertreibung des Alten Rats das neue Regiment zu Gewaltmaßnahmen greifen muß und den Rückhalt in der Bürgergemeinde verliert.

1495 Auf dem Wormser Reichstag gelingt es den Sachwaltern des Grafen Edzard I., durch Urkundenfälschung das ganze Ostfriesland einschließlich noch bestehender eigenständiger Häuptlingsherrschaften als Reichslehen des Hauses Cirksena zu definieren. Die im gleichen Jahr beginnenden Versuche Edzards, das Jeverland seiner Botmäßigkeit zu unterwerfen, scheitern.

1499 Bei Weddewarden siegen die Wurster Bauern über ein marodierendes Söldnerheer, die sogenannte Schwarze Garde.

1504 Erich I. von Calenberg rettet König Maximilian im Landshuter Erbfolgekrieg das Leben.

1512 Reichskreisorganisation unter Kaiser Maximilian: In Korrektur der Kreisorganisation von 1500 wird aus dem Sächsischen Kreis ein Niedersächsischer ausgesondert, der (auf heutigem niedersächsischem Boden) die welfischen Herzogtümer, die Hochstifte Bremen und Hildesheim und die Reichsstadt Goslar umschließt. Auf dem Boden des heutigen Niedersachsen gehören die Hochstifte Osnabrück und Verden sowie das emsländische Niederstift Münster und die

Grafschaften Ostfriesland, Oldenburg, Delmenhorst, Schaumburg, Bentheim, Hoya und Diepholz zum Niederrheinisch-Westfälischen Kreis. Die Grafschaft Lingen kam nach 1543 an den Burgundischen Kreis. Das Eichsfeld ist als Nebenland des Mainzer Kurfürsten Teil des Kurrheinischen Kreises. Die wesentliche Aufgabe der Reichskreise besteht in der Friedenswahrung und der Organisation von Leistungen für das Reich, vor allem für die Reichsarmee.
Die Edelherren von Diepholz tragen ihre Herrschaft Kaiser Maximilian als Reichslehen auf – ein Indiz für die wachsende Anerkennung des Reiches als Ordnungsmacht im jahrhundertelang königsfernen deutschen Nordwesten.

1514 Sächsische Fehde: Ein Heer welfischer Herzöge, angeführt von Heinrich dem Älteren von Wolfenbüttel, Erich I. von Calenberg, Heinrich dem Mittleren von Lüneburg und Philipp I. von Grubenhagen, fällt in Ostfriesland ein. Trotz der tödlichen Verwundung Heinrichs des Älteren vor Leerort 1514 dauert der Krieg bis 1517 fort. Das territoriale Expansionsstreben Edzards I. von Ostfriesland scheitert in Groningen und an der Unterweser, nur in Jever behält er vorläufig als Vormund Einfluß. Graf Johann von Oldenburg sichert sich den Besitz der Friesischen Wehde und gewinnt, teilweise als Lehen seiner welfischen Miteroberer, Butjadingen und das Stadland. Die territorialen Einheiten im nordwestlichen Niedersachsen haben damit ihre für die frühe Neuzeit bleibende Gestalt erhalten.

1514-1568 Herzog Heinrich der Jüngere von Wolfenbüttel, der bedeutendste altgläubig bleibende Fürst in Norddeutschland, scheitert in seiner Konfessionspolitik ebenso wie in seiner Herrschaftspolitik. Dennoch: Erstmals kündigt sich bei ihm jene bewegliche Intellektualität an, die für fast zwei Jahrhunderte mehrere Fürsten des Braunschweiger Hauses vor ihren Standesgenossen auszeichnen wird.

1519 Beginn der Hildesheimer Stiftsfehde: Die seit längerem schwelenden Spannungen zwischen Bischof Johann IV. und seinem Stiftsadel, dessen hochstiftische Pfandschlösser der Bischof auslösen wollte, führen zu einem Krieg, in dem Erich I. von Calenberg und Heinrich der Jüngere von Wolfenbüttel sich mit dem Stiftsadel verbünden, während Heinrich der Mittlere von Lüneburg den Bischof unterstützt; die »letzte große Fehde des Mittelalters« (G. Schnath).

1522 Heinrich der Mittlere von Lüneburg resigniert auf Druck seiner Landstände angesichts der gegen ihn 1521 verhängten Reichsacht sein Fürstentum zugunsten seiner Söhne Otto und Ernst. Ernst – später »der Bekenner« tituliert – führt, seit 1527 allein regierend, gestützt auf seinen Onkel, Kurfürst Friedrich den Weisen, Luthers Landesherrn, in seinem Land die Reformation ein und baut als erster aller welfischen Fürsten, etwa mit der Hofgerichtsordnung 1535 und der Kanzleiordnung 1548, eine zentralisierte Verwaltung auf.

1523 Der »Quedlinburger Rezeß« beendet die Hildesheimer Stiftsfehde. Den Herzögen von Calenberg und Wolfenbüttel wird der Hauptteil des Hildesheimer Stiftsgebietes, das sogenannte »Große Stift« zugesprochen, dem Bischof verbleiben von 22 Ämtern nur Steuerwald, Marienburg und Peine, das sogenannte »Kleine Stift«. Bedeutsam ist dieser Rezeß, weil er zweierlei belegt: Erstens: Die Politik dominiert über den Krieg; denn der Hildesheimer Bischof hatte die einzige Schlacht in dem Krieg, die Schlacht von Soltau (1519) gewonnen, aber das politische Spiel gegen die mit dem Kaiserhaus verbundenen Welfen verloren. Zweitens: Die Königsferne des deutschen Nordwestens, wie sie sich nach dem Sturz Heinrichs des Löwen 1180 ausgebildet hatte, ist überwunden. Als Nachwirken der Königsferne ist jedoch zu verbuchen, daß das Haus Habsburg seine in den traditionell königsnahen Gebieten zu beobachtende Linie verläßt, die Hochstifte in ihrem territorialen Bestand zu schützen.

1525 Der bis dahin kinderlose 55jährige Witwer Erich I. von Calenberg heiratet die 15jährige Elisabeth von Brandenburg. Mit der Geburt des späteren Erichs II. verfliegen die Erbhoffnungen Heinrichs des Jüngeren von Wolfenbüttel.

Der »Buxtehuder Rezeß«, den die Landstände des Erzstifts Bremen Erzbischof Christoph (von Braunschweig-Lüneburg) abnötigen, stellt als Preis für die Genehmigung einer Landessteuer einen verkappten Herrschaftsvertrag dar, der bei allen wichtigen Entscheidungen des Erzbischofs die Zustimmung der Landstände verlangt.

1527 Unter dem Druck der Stände wird im Hause Cirksena eine Primogeniturordnung vereinbart, die der Gefahr von Landesteilungen durch die Erbfolge des ältesten Sohnes vorbeugen sollte. Erst 1591 gelang es aber, den Gedanken der Einheit des Landes gegen die Herrschaftsansprüche rivalisierender Erben zu verwirklichen.

1530 Die Herren von Diepholz beginnen den Grafentitel zu führen.

1531 Fräulein Maria von Jever, beraten von dem Drosten Boing von Oldersum († 1540), trägt ihre Herrschaft dem (habsburgischen) Herzogtum Burgund als Lehen auf und sichert damit die Unabhängigkeit ihres Landes gegenüber den Grafen von Oldenburg und Ostfriesland. Staatsrechtlich gehörte Jever seitdem bis zur Auflösung des Heiligen Römischen Reiches Deutscher Nation (1803) nicht zum Reich, was knifflige Rechtsfragen bei seinem Übergang an Oldenburg 1818/1823 zur Folge hatte.

Graf Anton I. von Oldenburg trägt erstmals in der Geschichte seines Hauses seine Grafschaft dem Reich zu Lehen auf.

1532 Auf Geheiß Karls V. tritt erstmals ein niedersächsischer Kreistag zusammen.

1538 Elisabeth von Calenberg tritt trotz des Widerspruchs ihres Gatten offen für die lutherische Lehre ein, übernimmt 1540, nach dem Tode ihres Gemahls, die Vormundschaftsregierung für ihren Sohn Erich II. und führt in ihrem Herzogtum die Reformation ein.

Die Oldenburgische Fehde ist alten und neuen Formen im Wandel der mittelalterlichen Fehde zum Fürstenkrieg verpflichtet. Traditionell ist das Verheeren des gegnerischen Gebietes – hier der Grafen von Oldenburg gegen Bischof Franz (von Waldeck) von Münster und Minden – unter Vermeidung einer offenen Feldschlacht und ohne politisches Ergebnis. Neu in der niedersächsischen Geschichte ist der massive Einsatz von Landsknechten und damit die Professionalisierung des Kriegswesens.

1542 Truppen des protestantischen Schmalkaldener Bundes nehmen das Braunschweiger Land ein, das 1544 formell zwar kaiserlicher Verwaltung unterstellt wird, aber gegen den ohnmächtigen Einspruch des vertriebenen Heinrichs des Jüngeren faktisch unter sächsisch-hessischer Kontrolle bleibt, wodurch die Reformation im Lande sich ausbreiten konnte.

1546 Erich II. von Calenberg bekennt sich auf dem Reichstag zu Regensburg zur katholischen Kirche, emanzipiert sich damit von seiner Mutter, entfremdet sich aber zugleich auch von seinem inzwischen protestantisch gewordenen Land.

1547 23. Mai: Schlacht vor der Drakenburg an der Weser. Niedersachsen war ein Nebenschauplatz des Schmalkaldischen Krieges zwischen protestantischen und katholischen Reichsständen. Der Sieg der Protestanten bei Drakenburg sicherte die Freiheit der von kaiserlichen Truppen belagerten Stadt Bremen, vermochte allerdings den Sieg des Kaisers in Deutschland nicht zu verhindern, belegt aber – Vorahnung des Dreißigjährigen Krieges –, daß kaiserliche Truppen erste militärische Erfolge im Nordwesten des Reichs nicht auf Dauer behaupten konnten.

Die Landstände des Erzstifts Bremen erklären Erzbischof Christoph für abgesetzt. Sie müssen zwar diese Maßnahme auf kaiserlichen Druck 1549 zurücknehmen, doch bleibt der Erzbischof bis zu seinem Tode (1558) vom ständischen Willen abhängig.

Kaiserliche Truppen besetzen das Hochstift Osnabrück und beenden die Versuche Bischofs Franz von Waldeck, durch Einführung der Reformation sein Hochstift zum erblichen Fürstentum zu erheben.

Nach der Niederlage des Schmalkaldischen Bundes kann Heinrich der Jüngere in sein Herzogtum zurückkehren; seine Rekatholisierungsbemühungen zeitigen nur oberflächliche Erfolge, sein Versuch, Braunschweig zu erobern (1550), scheitert ebenso wie sein Bemühen, das Calenberger Land zu gewinnen.

1552 Riechenberger Vertrag: Goslar muß den größten Teil seiner Forsten an Heinrich den Jüngeren von Wolfenbüttel abtreten.

1553 Schlacht bei Sievershausen: Die blutigste Schlacht des Reformationszeitalters ist eher zufällig durch die Aktionen des fränkischen Markgrafen Albrecht Alkibades (von Bayreuth) auf niedersächsischem Boden ausgetragen worden, hat aber gleichwohl für die niedersächsische Geschichte große Folgen. Zunächst: Genealogische Substanzschwächung des Adels. 250 Angehörige des niedersächsischen Adels fallen, eine in allen Kriegen der Vergangenheit auch nicht annähernd erreichte Zahl. Sodann: Die beiden ältesten Söhne Heinrichs des Jüngeren werden in der Schlacht getötet. Der wegen körperlicher Behinderung und dezidiert vertretener protestantischer Gesinnung als Außenseiter in der Herzogsfamilie angesehene Julius, der im Zuge welfischer Kirchenpolitik Bischof werden sollte (und erst 1554 auf das Bistum Minden verzichtete), trat 1568 das Erbe seines Vaters an, vor dem er noch 1558 nach Küstrin fliehen mußte.

1554-1606 Graf Arnold von Bentheim. Die durch ihn erreichte höchste Machtsteigerung des Grafenhauses (vor allem in Westfalen) geht nach seinem Tode durch Erbteilungen unter seinen vier Söhnen wieder verloren.

1568-1589 Herzog Julius von Braunschweig-Wolfenbüttel, einer der klügsten und als »Landesvater« (eine damals aufkommende Bezeichnung) erfolgreichsten Fürsten des damaligen Deutschland. Obwohl überzeugter Lutheraner, läßt er seine für die kirchliche Laufbahn vorgesehenen Söhne nach altkirchlichem Ritus weihen und bereitet damit – Höhepunkt welfischer Bistumspolitik – ihrer problemlosen Übernahme des Bischofsamtes in Halberstadt, Minden, Verden und Osnabrück den Weg. Eigene Wege geht er auch in der Wirtschaftspolitik, die, zwischen primitiver Fiskalpolitik und den späteren Ideen des Merkantilismus stehend, als landesväterliche Aufgabe die Förderung von Handel und Wirtschaft versteht, wobei er vorwiegend auf Verbesserung der Rahmenbedingungen bedacht ist und dadurch ungewöhnlich erfolgreich wird. Als einer der wenigen Fürsten des 16. Jahrhunderts hinterläßt er 1589 seinem Sohn Heinrich Julius ein schuldenfreies Erbe.

1571 Aussterben der Herren von Plesse, deren Herrschaft an Hessen fällt.

1573 Graf Johann VII. von Oldenburg holt mit einer Gerichtsreform und einer Kanzleiordnung mit hundertjähriger Verspätung die administrative Neuordnung seiner Herrschaft nach und bereitet mit einer zentral im Interesse der Landesherrschaft geordneten Wirtschaftsführung, die auch den Deichbau gräflicher Aufsicht unterstellt, dem erfolgreichen Regiment seines Sohnes Anton Günther den Boden.

1574 Beginn der Gegenreformation im kurmainzischen Eichsfeld, nachdem Gebietsansprüche der Grubenhagener Herzöge 1572 gescheitert waren.

1576 Gründung der Universität Helmstedt.

1577 Der Höhepunkt ständischer Verantwortung in einem niedersächsischen Territorium: Die Stände in der Grafschaft Schaumburg übertragen einem gewählten neunköpfigen Gremium die Regierung, das, ohne der gräflichen Familie Rechenschaft zu leisten, die Verwaltung des Landes wahrnimmt und die Schuldentilgung der Grafschaft einleitet. 1582 wählen die Stände Graf Adolf XIV. zum neuen Landesherrn.

1582 Mit dem Aussterben der Grafen von Hoya fällt der Hauptteil der Grafschaft an die Calenberger und Wolfenbütteler Linie der Welfen. Die Niedergrafschaft um Nienburg gelangt an die Celler Herzöge.

1582-1611 Das Zusammenwirken von landständischer Verantwortung und unabhängig von den Fürsten handelnder Zentralverwaltung sichert dem Herzogtum Lüneburg die innere Stabilität trotz heillos verworrener Verhältnisse im herzoglichen Haus, nachdem 1582 Herzog Wilhelm in geistige Umnachtung gefallen war und nach seinem Tode 1592 sieben Söhne gleichberechtigte Herrschaftsansprüche hatten. 1610/1611 erzwingen die Stände eine gemeinsame Hofhaltung der Brüder in Celle und damit den Verzicht auf eine Landesteilung. Nur einer der Brüder, den das Los bestimmen sollte, darf heiraten, so daß auch in Zukunft die Einheit des Landes gewährleistet bleibt.

1584 Tod Erichs II. von Calenberg. Der kinderlose Herzog hatte sein Land schon aufgrund konfessioneller Spannungen selten aufgesucht und allein im Bau des überdimensionierten Mündener Schlosses Herrschaftspräsenz angekündigt, aber nicht verwirklicht. Während er auf europäischen Kriegsschauplätzen im spanischen, aber auch im dänischen Sold vergeblich Ruhm und Geld suchte, hatten Räte das Land verwaltet, das, mit einer halben Million Gulden verschuldet, dem Herzogshaus Wolfenbüttel zufällt.

1585 Die Grafschaft Diepholz fällt nach dem Aussterben des Grafengeschlechts an das Herzogtum Lüneburg.

1589-1613 Heinrich Julius von Wolfenbüttel. Er ist in der Literaturgeschichte als Verfasser von Dramen berühmt, die in ihrer holzschnittartigen Struktur und ihrem Bemühen um menschliche Typisierung die entscheidende Schnittstelle zwischen traditionellem, aus dem Spätmittelalter herausgewachsenem Volksschauspiel und professioneller, zunächst noch an den Hof gebundener Schauspielkultur markieren, also auf deutsch geschrieben, aber an antiken Vorbildern orientiert sind. In seiner Wirtschaftspolitik war Heinrich Julius von Wolfenbüttel dem Vorbild seines Vaters, in seiner Anlehnung an das Haus Habsburg dem seines Großvaters verpflichtet.

1593 Aussterben der Grafen von Ilfeld-Honstein, wodurch die Grafschaft Lauterberg-Scharzfeld an das Herzogtum Grubenhagen fällt.

1595 »Emder Revolution«: Die unter calvinistischem Einfluß (gegen den lutherischen Grafen) formulierte Autonomie der Stadt strahlt in der Folgezeit auch auf das Selbstverständnis der ostfriesischen Stände in ihrem Verhältnis zur Landesherrschaft aus. Die Emder Revolution hebt sich in ihrer engen Verknüpfung von konfessionellen und politischen Forderungen von den spätmittelalterlichen Stadtunruhen ab und bleibt im Gegensatz zu diesen langfristig wirksam, legt die Rolle der Stadt in ihrem Einfluß auf die Landesherrschaft in einer Art fest, »wie sie im Alten Reich einzigartig bleiben sollte« (B. Kappelhoff).

1596 Mit dem Tode Philipps II., des letzten Herzogs von (Braunschweig)-Grubenhagen, fällt dessen um Osterode, Herzberg und Einbeck konzentriertes Fürstentum an Herzog Julius von Wolfenbüttel, der durch handstreichartige militärische Besetzung des (hochverschuldeten) Herzogtums seine Ansprüche gegenüber den anderen welfischen Linien durchsetzt. Aufgrund eines Urteils des Reichshofrats von 1609 mußte 1617 das Grubenhagener Fürstentum an die Lüneburger Linie der Welfen abgetreten werden.

1601 Mit dem Gandersheimer Landtagsabschied gelingt – einzigartig im damaligen Deutschland – im Zusammenwirken von Fürst, Verwaltung und Landständen eine grundlegende Modernisierung des Rechtslebens in den Herzogtümern Wolfenbüttel und Calenberg-Göttingen. Vom Erbrecht über das Forst- und Bergrecht bis zum Meierrecht, das die Meier vor dem adeligen Herrn schützt, werden vielfach bis ins 19. Jahrhundert gültige Regeln festgelegt, in deren Anwendung sich die rechtsstaatliche Tradition der welfischen Lande herausbildet.

1601-1604 Der Aufstand des Henning Brabant gegen das Braunschweiger Ratsregiment scheitert.

1603-1667 Graf Anton Günther von Oldenburg (* 1583). Ihm gelingt es, durch geschickte Politik (auch das Mittel der Bestechung nicht scheuend) sein Land aus dem Dreißigjährigen Krieg herauszuhalten und den einträglichen Weserzoll zu Elsfleth im Westfälischen Frieden gegen den heftigen Widerstand Bremens zu behaupten.

1611 »Osterhusischer Akkord«: Die ostfriesischen Stände und die Stadt Emden begrenzen (wobei Emden die 1595 in der »Emder Revolution« erkämpfte Selbstbehauptung einbringt) die Macht der ostfriesischen Grafen. Versuche, dieses verkappte Grundgesetz Ostfrieslands nach Maßgabe absolutistischer Fürstenmacht zu brechen (1660-1662, 1677, 1680), blieben bis 1720 nur Episoden.

1615 Graf Ernst von Schaumburg gibt mit der von ihm erlassenen »Polizeyordnung« ein legislatorisches Vorbild, wie die Macht der Stände, die sich zu sehr auf Grundsatzfragen wie die Steuerbewilligung konzentriert, durch Regelungen des Alltags des Gemeinen Mannes unterlaufen werden kann.

1618-1648 Dreißigjähriger Krieg: Niedersachsen wird vor allem zwischen 1623 und 1635 von den Kriegsereignissen heimgesucht. Die Gegenden entlang von Weser und Leine, bevorzugte Durchmarschgebiete der Heere, und Ostfriesland sind besonders betroffen.

1621 Gründung der Universität Rinteln durch Graf Ernst von Schaumburg.

1622 Ernst von Schaumburg, der seit 1601 die Grafschaft Schaumburg allein regiert und die Wirtschaft seines Landes nachhaltig gefördert hatte, stirbt kinderlos. Vom Herbst dieses Jahres bis zum Januar 1624 Einquartierung der 5.000 bis 8.000 Söldner des Grafen Ernst von Mansfeld in Ostfriesland mit verheerenden Folgen für die Bevölkerung. Da die für den Abzug der Armee geforderten 300.000 Reichstaler in Ostfriesland nicht aufgebracht werden können und von den holländischen Generalstaaten vorgestreckt werden, gerät Ostfriesland in ein bis in die 1670er Jahre währendes Satellitenverhältnis zu Holland.

1623 6. August: Schlacht bei Stadtlohn. Tilly, der Feldherr der katholischen Liga, besiegt Christian von Halberstadt. Norddeutschland steht den Truppen der katholischen Liga offen.

1625 König Christian IV. von Dänemark, im März zum Obersten des Niedersächsischen Reichskreises gewählt, marschiert im Juni in Niedersachsen ein, versucht, die Truppen der Liga zurückzudrängen.

1626 27. August: Schlacht bei Lutter am Barenberge. Christian IV. wird von Tilly vernichtend geschlagen.

1629 Höhepunkt der kaiserlichen Machtstellung in Norddeutschland. Das Restitutionsedikt dieses Jahres trifft besonders den norddeutschen Raum, weil hier säkularisierte Klöster und Stifte wieder katholisch besetzt werden sollen. Das betrifft allein im Gebiet des Wolfenbütteler Herzogs 37 Klöster und Stifte. Versuche des kaiserlichen Hofes, Tilly mit dem Fürstentum Calenberg und General Pappenheim mit dem Fürstentum Wolfenbüttel zu belehnen, scheitern am Widerstand des bayrischen Herzogs Maximilian, des politischen Hauptes der Liga. Die 1523 im Quedlinburger Rezeß von den Welfen gewonnenen Gebiete des Hochstifts Hildesheim müssen zurückgegeben werden.

1630 Herzog Georg von Calenberg verläßt Wallensteins Armee und begibt sich in die Dienste des schwedischen Königs Gustav Adolf.

1631 In der Folge des Sieges Gustav Adolfs über Tilly in der Schlacht von Breitenfeld scheitern die Rekatholisierungsbemühungen in Norddeutschland.

1633 Sieg Herzog Georgs von Calenberg bei Hessisch Oldendorf über eine kaiserliche Armee.

1634 Regierungsantritt Herzog Augusts, des Gründers der Bibliothek von Wolfenbüttel.

1635 Zwischen Sachsen und dem Kaiser wird der Prager Frieden vereinbart, dem sich auch alle Reichsstände des Niedersächsischen Reichskreises, teilweise unter Aufkündigung ihrer Allianzverhältnisse mit Schweden, anschließen.

1636 Herzog Georg von Calenberg verlegt seine Residenz nach Hannover.

1640 21. April: Übereinkunft von Peine: Beendigung der seit 1623 andauernden Streitigkeiten der welfischen Linien. Indirekte Bestätigung der politischen Führung der welfischen Hausinteressen durch Herzog Georg und der Anlehnung an Schweden bei gleichzeitiger Wahrung der Neutralität.
Mit Otto V. von Schaumburg erlischt die männliche Linie der Grafen von Schaumburg, Anlaß für langjährige, erst 1647 beendete Erbstreitigkeiten.

1641 12. April: Tod Herzog Georgs, des bedeutendsten welfischen Fürsten während des Dreißigjährigen Krieges.

1642 Friede von Goslar: Die welfischen Herzöge bestätigen den 1629 ausgesprochenen Verzicht auf Hildesheimer Hochstiftsbesitz, nähern sich dem Kaiser, wahren aber ihre Neutralität.

1643-1645 Der schwedische Generalleutnant Hans Christopher von Königsmarck erobert die unter dänischer Besatzung stehenden Hochstifte Bremen und Verden.

1647 Teilung der Grafschaft Schaumburg. Bildung der neuen Grafschaft Schaumburg-Lippe um Bückeburg und Stadthagen. Die Restgrafschaft fällt an Hessen.

1648 24. Oktober: Westfälischer Friede: Die welfischen Herzöge verlieren ihren direkten und indirekten Einfluß auf norddeutsche Bistümer und gewinnen allein den sogenannten Alternat in Osnabrück, wo einem katholischen Bischof immer ein Welfe folgen sollte. Das Erzstift Bremen (ohne die Freie Stadt Bremen) und das Hochstift Verden werden zu Herzogtümern umgestaltet und der schwedischen Krone zugesprochen. Im westlichen Teil des heutigen Niedersachsen bringt der Westfälische Frieden hingegen nur geringfügige territoriale Veränderungen.
Nach langwierigen Verhandlungen teilen die welfischen Herzöge Christian Ludwig und Georg Wilhelm ihr väterliches Erbe in die Fürstentümer (Hannover-)Calenberg-Göttingen und (Lüneburg-)Celle (mit Grubenhagen, Diepholz und großen Teilen der Grafschaft Hoya). 1665 wird in einem weiteren Hausvertrag Grubenhagen dem Hannoverschen Fürstentum zugeschlagen.

1650 »Capitulatio perpetua« im Hochstift Osnabrück. Aus den spätmittelalterlichen Wahlkapitulationen, den von den Domherren einem Bischof auferlegten Regierungsgrundsätzen, entwickelt sich eine Art Grundgesetz, in dem auch der Alternat von 1648 festgeschrieben wird.

1654 bzw. 1662: Verleihung der Reichsfürstenwürde an die Cirksena.

1671 22. Juni: Eroberung Braunschweigs nach kurzer Belagerung durch Truppen aller regierenden welfischen Fürsten unter Führung Anton Ulrichs von Braunschweig-Wolfenbüttel.

1678 Verleihung des Upstalsboomwappens an die ostfriesischen Stände durch Kaiser Leopold I. Symbolischer Ausdruck für den kaiserlichen Schutz der ostfriesischen Ständeverfassung.

1682 Emden wird Sitz der »Afrikanischen Handelscompagnie«, einer Gründung des brandenburgischen Kurfürsten. Der letztlich wegen zu schwachen Machtrückhalts scheiternde Versuch, sich in die Kolonialpolitik der europäischen Staaten einzuschalten, ist Ausdruck eines wachsenden Interesses des Hauses Brandenburg, an der Nordseeküste Fuß zu fassen und die Enge des binnenländischen Kurfürstentums zu sprengen, ein beharrlich verfolgtes Interesse, das 1744 zum Gewinn Ostfrieslands führt.
Die Tagung des Niedersächsischen Reichskreises in Lüneburg markiert als letzter Kreistag die substantielle Aushöhlung der maximilianischen Kreisorganisation, die aber immer noch als Vorprägung des Raumbegriffs »Niedersachsen« von Bedeutung bleibt.

1692	Kaiser Leopold I. erhebt das Herzogtum Calenberg(-Hannover) zum Kurfürstentum, dessen offizielle Bezeichnung bis 1814 »Churfürstentum Braunschweig-Lüneburg« lautet. Die Vorbehalte im Reich gegen diese »Neunte Kur« wurden erst 1708 mit der Aufnahme »Hannovers« in das Kurfürstenkollegium überwunden.
1694	Die brandenburgische Linie der Hohenzollern gewinnt die Anwartschaft auf die Grafschaft Ostfriesland.
1697	Erwerb des Herzogtums Lauenburg durch die welfischen Häuser in Celle und Hannover, die für 1,1 Millionen Gulden dem Kurfürsten August dem Starken dessen bessere Erbansprüche abkauften. Das zu Lauenburg gehörende Land Hadeln verbleibt bis 1731 unter kaiserlicher Sequestration.
1701	Der frühe Tod des Herzogs von Gloucester, des letzten überlebenden Sohns der englischen Königin Anna, eröffnet den Welfen die Aussicht auf die englische Königswürde. Die Erbansprüche von Sophie, der Gemahlin Ernst Augusts, wurden vom englischen Parlament durch den »Act of Regency« und den »Act of Naturalization« (1706) bestätigt.
1702	Erweiterung der preußischen Präsenz in Nordwestdeutschland durch das Erbe Wilhelms III. von Oranien. Lingen (und 1707 auch Tecklenburg) gelangt an die Krone Preußen.
1705	Nach dem Tode Herzog Georg Wilhelms wird sein Lüneburger Fürstentum mit dem Kurfürstentum Hannover vereinigt.
1712	Dänische Truppen nehmen das Herzogtum Bremen, kurhannoversche das Herzogtum Verden ein.
1714	8. Juli: Kurfürstin Sophie, durch deren Erbansprüche die Welfen auf den englischen Thron gelangen sollten, stirbt und erlebt die nur wenige Wochen später erfolgte Krönung ihres Sohnes zum König von England nicht mehr.
1714	Tod Anton Ulrichs von Braunschweig-Wolfenbüttel, eines der faszinierendsten Fürsten des deutschen Barock, der mit seinen politischen Plänen, denen seine 1710 erfolgte Konversion zum Katholizismus dienen sollte, scheiterte, aber als Romanautor einen gesicherten Platz in der deutschen Literaturgeschichte errang. 12. August: Tod der Königin Anna – Beginn der Personalunion: Kurfürst Georg Ludwig († 1727) tritt als George I. die Herrschaftsnachfolge in England an, besucht seine hannoverschen Stammlande 1719/20, 1723 und 1725, verringert den hannoverschen Hofstaat, um die Finanzsituation des Landes zu entspannen.
1719	Friede von Stockholm: Hannover erhält gegen die Abstandszahlung von einer Million Reichstalern die Herzogtümer Bremen und Verden.
1720	Beginn der Versuche Fürst Georg Albrechts von Ostfriesland, die Stände zu entmachten. Der Sieg von 1727 – nur Emden verharrt im Widerstand – konnte wegen der Intervention der Generalstaaten nicht im Sinne des Absolutismus genutzt werden. Die Stände behaupten das Erhebungs- und Verwaltungsrecht der Steuern.
1727-1760	George II., König von England und Kurfürst von Hannover. Er unterdrückt das Testament seines Vaters, das die Auflösung der Personalunion verlangte. Als letzter englischer König aus dem Haus Hannover besucht er auch seine Stammlande, wobei Truppenrevuen (1729, 1732, 1735, 1750 und 1755) für diese Besuche, die zwischen Inspektion und zeremonieller Herrschaftspräsenz stehen, charakteristisch sind.
1728	Regierungsantritt Graf Albrecht Wolfgangs in Schaumburg-Lippe. Hessische Versuche, das Fürstentum in Besitz zu nehmen, scheitern. Albrecht Wolfgang bereinigt die – nicht zuletzt durch die umstrittene morganatische Ehe seines Vaters Friedrich Christian (Regierungszeit 1681-1728) herbeigeführten – verworrenen Zustände am Hof und in der Verwaltung.
1735	Ferdinand Albrecht, Herzog von Braunschweig. Mit ihm, der nur vier Monate

regiert, übernimmt die Beverner Linie des Braunschweiger Hauses das Herzogtum.

1735-1780 Karl I. von Braunschweig. Er erneuert seinen Hof zu einem kultivierten Ensemble, das die spätere Zarin Katharina II., die sich zwischen 1737 und 1744 mehrfach an diesem Hof aufgehalten hat, sehr beeindruckte. 1753 wird durch den Umzug des Hofes von Wolfenbüttel nach Braunschweig dieses die einzige Residenzstadt von Rang im Niedersachsen des 18. Jahrhunderts. Zugleich bemüht sich der Herzog um die Verbesserung der Landesökonomie im Verständnis des Merkantilismus.

1737 Gründung der Universität Göttingen auf Betreiben des Ministers Gerlach Adolph von Münchhausen.

1744 25./26. Mai: Tod Karl Edzards, des letzten Cirksena. Ostfriesland fällt an die Krone Preußen.

1745 Gründung des Collegium Carolinum in Braunschweig: Die erste Grundlegung einer Technischen Hochschule in Deutschland.

1749 In Ostfriesland erhält der König die Oberaufsicht über Steuererhebung und -verwaltung. 1751 und 1755 besucht König Friedrich II. Ostfriesland, was weniger »Inspektionsreise« als Andeutung von Herrschaftspräsenz in einem Nebenland darstellen sollte.

1752 Graf Friedrich Karl Philipp von Bentheim verpfändet seine Herrschaft an Kurhannover.

1756-1763 Siebenjähriger Krieg.

1757 Schlacht von Hastenbeck (bei Hameln) zwischen englisch-hannoverschen und französischen Heeren. Niedersachsen wird Nebenschauplatz des Siebenjährigen Krieges bis zur Schlacht von Minden 1759, in der Herzog Ferdinand von Braunschweig über die Franzosen siegt und damit den Frieden in diesem Raum sichert.

1761-1767 Graf Wilhelm von Schaumburg-Lippe errichtet die Festung Wilhelmstein im Steinhuder Meer als Musteranlage der Kriegswissenschaft.

1763 Friedrich Wilhelm von Westphalen wird zum neuen Fürstbischof von Hildesheim gewählt, nachdem Hannover zwei Jahre die Neuwahl blockiert hatte.

1764 Dreijährige Sedisvakanz im Hochstift Osnabrück: Hannover verhindert eine Neuwahl, die gemäß dem Alternat auf einen welfischen Prinzen hätte fallen müssen, da Georg III. bis dahin nur einen Sohn hatte, der für die englische Thronfolge vorgesehen war. Bischof von Osnabrück wurde der 1763 geborene Königssohn Friedrich (von York).

1773 Tauschvertrag von Zarskoje Selo im Haus Oldenburg: Der Gottorfer Anteil von Holstein unter dem Großfürsten Paul von Rußland mit der Hauptstadt Kiel fällt an den König von Dänemark. Die Ansprüche der jüngeren Gottorfer Linie werden mit den seit 1667 dänischen Grafschaften Oldenburg und Delmenhorst befriedigt. Diese werden 1774/1777 zum Herzogtum erhoben und bilden unter Fürstbischof Friedrich August von Lübeck wieder ein selbständiges Territorium.

1775 Karl I. von Braunschweig verpflichtet sich gegen eine hohe Abstandszahlung, 4.300 Soldaten an England für den Amerikanischen Unabhängigkeitskrieg abzustellen. »Verkauf von Landeskindern«. Ein Großteil der Braunschweiger Truppen geriet 1776 bei Saratoga in Gefangenschaft. 2.714 Soldaten kehrten 1782 nach Braunschweig zurück, etwa 1.500 Mann waren als Deserteure in Nordamerika verblieben, ungefähr 900 gefallen oder an Kriegsfolgen gestorben. Um einen »Verkauf von Landeskindern« handelte es sich im Grunde auch, als 1782-1789 zwei hannoversche Infanterieregimenter, 2.800 Mann, im Solde der ostindischen Compagnie in Indien kämpften. Nur ein Drittel der Soldaten kehrte nach Hannover zurück.

Gründung der Bergakademie in Clausthal.

1778	Gründung der Tierärztlichen Hochschule in Hannover.
1782-1799	»Oldenburger Vogteikarte«: Topographische Aufnahme des gesamten Herzogtums.
1784	Im August hält sich Herzog Karl August von Sachsen-Weimar in Begleitung Goethes zu politischen Sondierungen über einen deutschen Fürstenbund in Braunschweig auf.
1787	Nach dem Tode ihres Mannes übernimmt Juliane von Schaumburg-Lippe († 1799) faktisch das Regiment des Landes im Namen ihres Sohnes Georg Wilhelm, der erst 1807 die Regierung antritt. Breiter Widerstand in der Hildesheimer Bevölkerung gegen die Einführung eines neuen, von Gedanken der Aufklärung geprägten lutherischen Gesangbuches, das 1796 wieder zurückgezogen wurde.
1788	Teilung eines Großteils des bis dahin gemeinsam verwalteten »Kommunionharzes« zwischen Kurhannover und dem Herzogtum Braunschweig. Bäuerliche Unruhen, getragen von der dörflichen Oberschicht, im hannoverschen Amt Neuhaus und in Schaumburg-Lippe.
1790	Unruhen, vor allem von Handwerksgesellen ausgehend, in Hannover und Braunschweig.
1792	November bis März 1793: Massive, bis vor die Reichsgerichte getragene bäuerliche Proteste im Hochstift Hildesheim gegen die Steuerlast.
1793	Nach dem Tod des letzten Fürsten von Anhalt-Zerbst fällt Jever an dessen Schwester, die Zarin Katharina II., die seiner Witwe Friederike die Verwaltung des Landes überläßt.
1796-1797	Tagung des Niedersächsischen Reichskreises in Hildesheim: Veranlaßt durch die Kriegsgefahr – französische Truppen bedrohen Nordwestdeutschland – wird die Neutralität in der Auseinandersetzung zwischen Frankreich und England festgelegt.
1801	Preußen besetzt, um einem Einmarsch französischer Truppen zuvorzukommen, Hannover.
1803	Der Reichsdeputionshauptschluß verschiebt mit der Aufhebung der Reichsbistümer auch die Grenzen in Niedersachsen; so erhält Hannover das Hochstift Osnabrück, Oldenburg Teile des Hochstifts Münster, das sogenannte Oldenburger Münsterland. Hildesheim fällt an Preußen. Das Kurfürstentum Hannover wird von französischen Truppen besetzt.
1807	Gründung des Königreichs Westfalen. Erhebung der Grafschaft Schaumburg-Lippe zum Fürstentum. Fürst Georg Wilhelm regiert von 1807 bis 1860.
1810	Das nördliche Niedersachsen einschließlich des Herzogtums Oldenburg und des Fürstentums Ostfriesland wird Teil des französischen Kaiserreichs, um Napoleons Kontinentalsperre durchzusetzen.
1815	Auf dem Wiener Kongreß wird die Landkarte Nordwestdeutschlands neu gestaltet. Das 1814 zum Königreich erhobene Hannover erhält das ehemalige Hochstift Hildesheim, das Emsland und Ostfriesland. Dem zum Großherzogtum erhobenen Oldenburg werden das ehemalige Hochstift Lübeck und die neu gebildete Herrschaft Birkenfeld zugesprochen.
1829-1853	Paul Friedrich August, Großherzog von Oldenburg.
1830	Braunschweiger Aufruhr; Schloßbrand und erzwungene Flucht Herzog Karls II., dessen Bruder Wilhelm den Thron einnimmt.
1837	Mit dem Tode König Wilhelms IV. von Großbritannien endet die Personalunion. Regierungsantritt König Ernst Augusts von Hannover.
1851	Georg V. wird König von Hannover.
1853-1900	Großherzog Nikolaus Friedrich Peter von Oldenburg.

1860-1893	Fürst Adolf Georg von Schaumburg-Lippe.
1866	Schlacht bei Langensalza und Annexion des Königreichs Hannover durch Preußen.
1878	König Georg V. von Hannover stirbt in Paris.
1879	Die Polytechnische Schule in Hannover wird zur Technischen Hochschule.
1884	Tod Herzog Wilhelms von Braunschweig. Um eine Preußen unwillkommene Nachfolge der hannoverschen Welfenlinie zu verhindern, wird – einmalig im Kaiserreich – das Herzogtum durch Regentschaft (1884-1906 Prinz Albrecht von Preußen; 1907-1913 Herzog Johann Albrecht von Mecklenburg) verwaltet.
1893-1911	Fürst Georg von Schaumburg-Lippe.
1900-1918	Großherzog Friedrich August von Oldenburg.
1913	Heirat Ernst Augusts von Hannover mit Viktoria Luise, der einzigen Tochter Kaiser Wilhelms II. Durch Verzicht des welfischen Prätendenten zugunsten seines Sohnes erhält Braunschweig wieder einen welfischen Herzog.
1914-1918	Erster Weltkrieg.
1918	8. November: Abdankung des Herzogs Ernst August von Braunschweig. Der Arbeiter- und Soldatenrat übernimmt die Regierung. 11. November: Abdankung des Großherzogs Friedrich August von Oldenburg; der Rätepräsident wird Kabinettsvorsitzender.
1919	23. Februar: Wahl zur verfassunggebenden Landesversammlung in Oldenburg, die am 17. Juni eine Verfassung verabschiedet und am 23. Juni eine Regierung unter Theodor Tantzen (DDP) bildet, die bis 1923 währt. 17. April: Besetzung Braunschweigs durch Reichswehrtruppen.
1920	1. Juni: Der ehemalige Reichswehrminister Gustav Noske wird Oberpräsident von Hannover.
1921	22. Dezember: Der braunschweigische Landtag beschließt eine republikanische Verfassung.
1923	17. April: Die Regierungsneuwahl in Oldenburg bringt eine Pattsituation. Bis 1932 folgen »unpolitische Beamtenregierungen« ohne feste parlamentarische Mehrheiten; bis 1930 unter Ministerpräsident Eugen von Finckh und 1930 bis 1932 unter Friedrich Cassebohm.
1924	19. Mai: Vorabstimmung über die Loslösung von Preußen in der Provinz Hannover.
1930	14. September: In Braunschweig wird unter Werner Küchenthal (DNVP) eine Regierung unter Beteiligung der NSDAP gebildet. Mit Anton Franzen stellt diese den Minister für Inneres und Volksbildung.
1931	15. September: Dietrich Klagges übernimmt den Ministerposten von Franzen. 11. Oktober: Formierung der »Harzburger Front«. 17./18. Oktober: Adolf Hitler läßt 100.000 SA-Leute in Braunschweig aufmarschieren.
1932	25. Februar: Einbürgerung Hitlers durch Ernennung zum Braunschweiger Regierungsrat. 29. Mai: Landtagswahl in Oldenburg: Unter Ministerpräsident Carl Röver wird die erste rein nationalsozialistische Regierung im Reich gebildet.
1933	25. März: Hannovers Oberpräsident Gustav Noske, der nach dem »Preußenschlag« im Juli 1932 im Amt bleiben konnte, wird durch den späteren SA-Stabschef Viktor Lutze ersetzt. März: Sogenannter »Stahlhelmputsch« in Braunschweig. 27. April: Verwaltungsreform in Oldenburg zum Reichsgau Weser-Ems.
1934	Januar: Reichsernährungsminister Richard Darré legt die Verwaltung des Reichsnährstandes nach Goslar, das so »Reichsnährstadt« wird.

30. Januar: Das Gesetz über den »Neuaufbau des Reiches« beendet die Eigenständigkeit der Länder. Oldenburg, Braunschweig und Schaumburg-Lippe sind somit nur noch Verwaltungsbezirke unter Gauleitern als Statthalter.

1937 26. Januar: Das »Groß-Hamburg-Gesetz« weist Wilhelmshaven an Oldenburg, Cuxhaven an die Provinz Hannover und Harburg an Hamburg. Die oldenburgischen Landesteile Lübeck und Birkenfeld fallen an das Land Preußen.

15. Dezember: Baubeginn der »Hermann-Göring-Werke«in Salzgitter, die 1940 fertiggestellt werden.

1938 26. Mai: Grundsteinlegung des Volkswagenwerkes.

9. November: Der sogenannten »Reichskristallnacht« folgt eine Massenverhaftung der Juden; so werden diese etwa von Oldenburg ins KZ Sachsenhausen deportiert und aus Hannover ins KZ Buchenwald.

1939-1945 Zweiter Weltkrieg.

1943 8./9. Oktober: Der schwerste Bombenangriff auf Hannover zerstört fast die gesamte Innenstadt (1.245 Tote).

1945 22. März: Schwerster Bombenangriff auf Hildesheim.

April/Mai: Braunschweig (24. Mai), Oldenburg (17. Mai) und Schaumburg-Lippe (24. Mai) erhalten wieder ihren Länderstatus.

15. September: Zulassung von Parteien (Verordnung Nr. 12 der Militärregierung).

18. September: Hinrich Wilhelm Kopf wird Oberpräsident von Hannover, das zunächst wieder einen Provinzstatus erhält.

15. November: Konstituierung des »Gebietsrates Hannover-Oldenburg-Braunschweig« (seit Ende Januar 1946 »Gebietsrat Niedersachsen«).

1946 1. April: Kopf-Denkschrift »Zur Abgrenzung und Verwaltung eines künftigen Landes Niedersachsen«.

23. August: Umwandlung der preußischen Provinzen in Länder. Hannover wird damit nach genau 80 Jahren kurzzeitig wieder selbständig.

15. September: Die ersten freien Wahlen seit der Weimarer Republik (Gemeinderatswahlen).

23. Oktober: Die Militärregierung gibt im Zonenbeirat bekannt, daß sie sich für den von Kopf eingebrachten Vorschlag über die Gründung des Landes Niedersachsen entschieden hat.

1. November: Gründung des Landes Niedersachsen durch rückwirkendes Inkrafttreten der am 23. November verkündeten Verordnung Nr. 55.

9. Dezember: Konstituierende Sitzung des ersten (ernannten) Niedersächsischen Landtages in Hannover.

1947 20. April: Erste niedersächsische Landtagswahl.

11. Juni: Amtsantritt der ersten gewählten niedersächsischen Regierung, dem Allparteienkabinett unter Hinrich Wilhelm Kopf (SPD), der bis 1955 und von 1959-1961 Ministerpräsident bleibt.

1951 13. April: Annahme der »Vorläufigen Niedersächsischen Verfassung«, die am 1. Mai in in Kraft tritt.

1955 26. Mai: Heinrich Hellwege (DP) löst Hinrich Wilhelm Kopf bis 1959 als Ministerpräsidenten ab.

1961 Nach dem Tode von H. W. Kopf wird Georg Diederichs Ministerpräsident (bis 29. Dezember 1970).

1970 Alfred Kubel (SPD) wird Ministerpräsident (bis 1976).

1976 Ernst Albrecht wird erster CDU-Ministerpräsident in Niedersachsen (bis 1990).

1990 Gerhard Schröder (SPD) wird Ministerpräsident.

1993 13. Mai: Eine neue Landesverfassung löst die bisher geltende »vorläufige Verfassung« ab.

Stammtafeln

bearbeitet von Wiard Hinrichs

Literatur

Michel Huberty, Alain Giraud, F. et B. Magdelaine: L'Allemagne dynastique. Les quinze Familles qui ont fait l'Empire. Le Perreux-sur-Marne 1976 ff.
[betr. die im 19. Jh. regierenden Häuser, für die Zeit seit 1600]

I. Die Welfen

Europäische Stammtafeln. Stammtafeln zur Geschichte der europäischen Staaten. N.F. hg. von Detlev Schwennicke. Bd. I, Marburg 1980, Taf. 57-67.

L'Allemagne dynastique 3, 1981, 21-210.

Gudrun Pischke: Die Landesteilungen der Welfen im Mittelalter. Hildesheim 1987.

II. Die Grafen, Herzöge und Großherzöge von Oldenburg

Europäische Stammtafeln. Stammtafeln zur Geschichte der europäischen Staaten. N.F. hg. von Detlev Schwennicke. Bd. I, Marburg 1980, Taf. 83-94.

L'Allemagne dynastique 7, 1994, 19-378.

Albrecht Eckhardt: Stammtafeln der Grafen, Herzöge und Großherzöge von Oldenburg. In: Geschichte des Landes Oldenburg. Ein Handbuch. Hrsg. Albrecht Eckhardt in Zusammenarbeit mit Heinrich Schmidt. Oldenburg 1987, S. 975-979.

III. Die Grafen und Fürsten von Ostfriesland 1464-1744

Frank Baron Freytag von Loringhoven: Europäische Stammtafeln. Bd. III, Marburg 1956, Taf. 67.

Wolfgang Leesch: Die Grafen von Rietberg aus den Häusern Arnsberg und Ostfriesland. In: Westfälische Zeitschrift 113, 1963, 283-376.

zur Genealogie der Grafen von Schaumburg vgl.

Helge Bei der Wieden: Schaumburgische Genealogie. Stammtafeln der Grafen von Holstein und Schaumburg – auch Herzöge von Schleswig – bis zu ihrem Aussterben 1640. Bückeburg 1966. (Schaumburgische Studien, H. 14)

zur Genealogie der Grafen und Fürsten von Schaumburg-Lippe vgl.

L'Allemagne dynastique 2, 1979, 163-383.

Helge Bei der Wieden: Schaumburg-Lippische Genealogie. Stammtafeln der Grafen – später Fürsten zu Schaumburg-Lippe bis zum Thronverzicht 1918. Bückeburg 1969. (Schaumburgische Studien, H. 25)

Abkürzungen:

f. (»folgt«) Regierungsantritt
† † † Aussterben einer Linie

I. Die Welfen als Herzöge von Braunschweig-Lüneburg 1235-1918

Otto I.
Herzog von Braunschweig und Lüneburg 1235
* 1204, † 1252
∞ 1228 Mathilde von Brandenburg, † 1261

Albrecht I.
f. 1252, in Braunschweig 1267
* 1236, † 1279
∞ I 1254 Elisabeth von Brabant
∞ II 1263 Alessine de Montferrat

Johann
f. in Lüneburg 1267
† 1277
∞ 1265 Liutgard von Holstein
Begründer des alten Hauses Lüneburg s. I/2

Otto
Bischof von Hildesheim 1260
† 1279

Konrad
Bischof von Verden 1269
† 1300

Heinrich I. (der Wunderliche)
f. 1279, in Grubenhagen 1289
* 1267, † 1322
∞ 1282 Agnes von Meissen
Begründer des Hauses Grubenhagen s. I/3

Albrecht II. (der Feiste)
in Göttingen 1289, in Braunschweig 1292
* (1268), † 1318
∞ 1284 Richza von Werle
Begründer des alten Hauses Braunschweig s. I/1

Wilhelm
in Wolfenbüttel 1289
* (1270), † 1292
∞ 1290 Elisabeth von Hessen

Die drei Söhne Albrechts I. regierten zunächst gemeinsam, bevor sie zwischen 1288 und 1291 ihre Herrschaft teilten.

I/1 Das alte Haus Braunschweig

Albrecht II. (der Feiste)
in Göttingen 1289, in Braunschweig 1292
* (1268), † 1318
∞ 1284 Richza von Werle

Otto (der Milde) f. 1318 * (1290), † 1344 ∞ I 1311 Jutta von Hessen ∞ II 1319 Agnes von Brandenburg	Albrecht Bischof von Halberstadt 1325-1357 † 1359	Heinrich Bischof von Hildesheim 1331 * (1296), † 1363	Magnus I. (der Fromme) f. in Braunschweig 1345 * (1304), † 1369 ∞ (1327) Sophie von Brandenburg	Ernst f. in Göttingen 1345 * (1305), † 1367 ∞ 1339 Elisabeth von Hessen

Kinder von Magnus I.:

Magnus II. (Torquatus) Mitregent 1345 f. in Braunschweig u. Lüneburg 1369 * (1328), † 1373 ∞ Katharina von Anhalt	Albrecht Erzbischof von Bremen 1360 † 1395	Ludwig, Mitregent 1355 f. in Lüneburg 1355 † 1367 ∞ 1355 Mathilde zu BS-Lüneburg, T. v. Hg. Wilhelm, in Lüneburg

Sohn von Ernst:

Otto (der Quade)
f. in Göttingen 1367
* (1340), † 1394
∞ I 1357/8 Miroslawa von Schleswig
∞ II 1379 Margaretha von Jülich-Geldern

Kinder von Magnus II.:

Friedrich (I.) in Gifhorn (1381) † 1400 ∞ 1386 Anna von Sachsen	Otto Bischof von Verden 1388, Erzbischof von Bremen 1395 † 1406	Bernhard I. in Lüneburg 1388 u. ab 1429 in Braunschweig 1409-1429 † 1434 ∞ 1388 Margarethe von Schweden	Heinrich II. (der Milde) f. in Lüneburg 1409 † 1416 ∞ I 1388 Sophie von Pommern ∞ II 1409 Margarethe von Hessen s. I/5 mittleres Haus Braunschweig

Sohn von Otto (der Quade):

Otto (Cocles)
f. in Göttingen 1394-1435
† 1463
∞ 1406 Agnes von Hessen
† † †

Kinder von Bernhard I.:

Otto I. (von der Heide) f. 1434 in Lüneburg † 1445 ∞ 1425 Elisabeth von Everstein	Friedrich (I.) (der Fromme) f. 1445-1457 u. 1471-1478 ∞ 1429 Magdalena von Brandenburg Begründer des mittleren Hauses Lüneburg s. I/4

I/2 Das alte Haus Lüneburg

Johann I.
f. in Lüneburg 1267
† 1277
∞ 1265 Liutgard von Holstein

Otto II.
f. in Lüneburg 1277
† 1330
∞ 1287 Mathilde von Bayern

Johann Domherr in Hildesheim und Bremen Administrator des Erzstifts Bremen 1316-1323 † 1324	Otto III. f. in Lüneburg 1330 * 1296, † 1352 ∞ 1310 Mathilde von Mecklenburg	Wilhelm Mitregent 1330, f. in Lüneburg 1352 † 1369 ∞ I 1325/28 Hedwig von Ravensberg ∞ III 1346 Sophie von Anhalt ∞ IV 1363 Agnes von Sachsen-Lauenburg †††	Ludwig Bischof von Minden 1324 † 1346

I/3 Die Herzöge von Braunschweig-Grubenhagen

Heinrich I. (der Wunderliche)
f. 1279, in Grubenhagen 1289

Heinrich II. (von Griechenland)
f. 1322, * (1289), † 1351
∞ I 1318 Jutta von Brandenburg
∞ II 1330 Heilwig von Lusignan

Ernst
f. in Osterode und Einbeck 1322
† 1361
∞ 1335/36 Adelheid von Everstein

Wilhelm
f. in Herzberg 1322
* 1298, † 1360

Otto
Fürst von Tarent (1376)
* 1320, † 1399
∞ I 1353 Jolantha de Vilargut
∞ II 1376 Johanna Königin von Neapel
† † †

Melchior
Bischof von Osnabrück 1366
Bischof von Schwerin 1376
* (1341), † 1381

Albrecht II., † 1383
f. in Salzderhelden 1361-1383
∞ 1371 Agnes zu Braunschweig
T. v. Magnus II. (Torquatus)

Friedrich
† 1421
f. 1361 in Osterode und Herzberg
∞ 1386 Adelheid von Anhalt

Erich (I.)
f. in Salzderhelden (1383)
* (1380), † 1427
∞ 1405 Elisabeth zu Braunschweig

Otto
f. (1421)
* (1396), † 1452
∞ 1414 Schonetta von Nassau
† † †

Heinrich III.
f. in Grubenhagen 1429 bzw. 1437
* (1416), † 1464
∞ (1457) Margarethe von Schlesien-Sagan

Ernst
Mitregent in Grubenhagen 1441-1466
† 1466
Domherr in Halberstadt 1464

Albrecht III.
f. in Herzberg u. Osterode 1452
* 1419, † 1485
∞ 1471 Elisabeth von Waldeck

Heinrich IV.
f. in Grubenhagen 1464
* (1460), † 1526
∞ 1494 Elisabeth von Sachsen-Lauenburg
† † †

Philipp I., der Ältere
f. 1485 bzw. 1494
* (1476), † 1551
∞ 1517 Catharina von Mansfeld

Erich (II.)
Mitregent seit 1500
* (1478), † 1532
Bischof von Osnabrück u. Paderborn 1508
Bischof von Münster 1532

Ernst
f. 1551, * 1518, † 1567
∞ 1548 Margarethe von Pommern

Wolfgang
f. 1567, * 1531, † 1595
∞ 1570 Dorothea von Sachsen-Lauenburg

Philipp II.
f. 1595, * 1533, † 1596
∞ 1560 Klara von Braunschweig-Lüneburg,
T. v. Hg. Heinrich II., in Wolfenbüttel
† † †

I/4 Das mittlere Haus Lüneburg

Friedrich (I.) (der Fromme)
f. 1445-1457 u. 1471-1478
† 1478
∞ 1429 Magdalene von Brandenburg

Bernhard II. f. 1457, † 1464 1452-58 Admin. des Bistums Hildesheim ∞ 1463 Mathilde von Holstein	Otto II. f. 1464 * 1439, † 1471 ∞ 1467 Anna von Nassau

Heinrich (der Mittlere)
f. 1471 bzw. 1486 bis 1522
* 1468, † 1532
∞ 1487 Margarethe von Sachsen

Otto I. in Lüneburg 1521-1527, f. in Harburg 1527 * 1495, † 1549 ∞ 1524 Metta von Campe Begründer der Nebenlinie Harburg, erloschen 1642	Ernst (der Bekenner) f. 1527 bzw. 1539 * 1497, † 1546 ∞ 1528 Sophie von Mecklenburg-Schwerin	Franz in Gifhorn (1539) * 1508, † 1549 ∞ 1547 Klara von Sachsen-Lauenburg

Kinder von Ernst (der Bekenner):

Franz Otto f. 1546 bzw. 1559 in Lüneburg * 1530, † 1559 ∞ 1559 Elisabeth von Brandenburg	Heinrich f. in Dannenberg 1569 * 1533, † 1598 ∞ 1569 Ursula von Sachsen-Lauenburg	Wilhelm (der Jüngere) f. 1559 * 1535, † 1592 ∞ 1561 Dorothea von Dänemark Begründer des neuen Hauses Lüneburg s. I/7

Kinder von Heinrich:

Julius Ernst f. 1598 * 1571, † 1636 ∞ I 1614 Maria von Ostfriesland ∞ II 1617 Sibylle zu BS-Lüneburg T. v. Hg. Wilhelm, in Lüneburg	August der Jüngere f. in Wolfenbüttel 1634, in Dannenberg 1636 * 1579, † 1666 ∞ II 1623 Dorothea von Anhalt-Zerbost ∞ III 1635 Elis. Sophie von Mecklenburg-Güstrow Begründer des neuen Hauses Braunschweig s. I/6

I/5 Das mittlere Haus Braunschweig

Heinrich II. (der Milde)
in Lüneburg 1409
† 1416
∞ I 1388 Sophie von Pommern
∞ II 1409 Margarethe von Hessen

Wilhelm I. f. in Lüneburg 1416-29, in Braunschweig 1429 in Calenberg 1432, in Göttingen1463 * 1392, † 1482 ∞ I 1423 Cäcilie von Brandenburg ∞ II 1466 Mathilde von Holstein	Heinrich (der Friedfertige) f. in Wolfenbüttel 1432 * 1411, † 1473 ∞ 1435 Helene von Cleve
Wilhelm II. (der Jüngere) f. in Wolfenbüttel 1482-1495 † 1503 ∞ Elisabeth von Stolberg	Friedrich II. (Turbulentus) f. in Calenberg 1482 † 1495 ∞ I 1463 Anna zu BS-Grubenhagen ∞ II 1483 Margarethe von Rietberg
Heinrich I., der Ältere f. in Wolfenbüttel 1495 * 1463, † 1514 ∞ 1487 Katharina von Pommern-Wolgast	Erich I. f. in Calenberg 1495 * 1470, 1540 ∞ I 1497 Katharina von Sachsen ∞ II 1525 Elisabeth von Brandenburg

Christoph
* 1487, † 1558
Bischof von Verden 1502,
Erzbischof von Bremen 1511

Heinrich II., der Jüngere
f. 1514
* 1489, † 1568
∞ I 1515 Marie
von Württemberg
∞ II 1556 Sophie von Polen

Franz
* 1492, † 1529
Bischof von Minden 1508

Georg
* 1494, † 1566
Bischof von Minden 1554,
Erzbischof von Bremen,
Bischof von Verden 1558

Erich II.
f. 1540, kath. 1548
* 1528, † 1584
∞ I 1545 Sidonie von Sachsen
∞ II 1576 Dorothea
von Lothringen
† † †

Julius
f. 1568, in Calenberg-Göttingen 1584
Bischof von Minden 1553-1554
* 1528, † 1589
∞ 1560 Hedwig von Brandenburg

Heinrich Julius
f. 1589, in Grubenhagen 1596
* 1564, † 1613
Bischof von Halberstadt 1566-1613,
Bischof von Minden 1582-1585
∞ I 1580 Dorothea von Sachsen
∞ II 1590 Elisabeth von Dänemark

Philipp Sigismund
Bischof von Verden 1586
Bischof von Osnabrück 1591
* 1568, † 1623

Friedrich Ulrich
f. 1613, in Grubenhagen bis 1617
* 1591, † 1634
∞ 1614 Anna Sophie von Brandenburg
† † †

Christian
Bischof Halberstadt 1616-1626
* 1599, † 1626

Rudolf
Bischof Halberstadt 1615
* 1602, † 1616

Heinrich Karl
Bischof Halberstadt 1613
* 1609, † 1615

I/6 Das neue Haus Braunschweig

August der Jüngere
f. in Wolfenbüttel 1634, in Dannenberg 1636
* 1579, † 1666
∞ I 1607 Klara von Pommern
∞ II 1623 Dorothea von Anhalt-Zerbst
∞ III 1635 Elisabeth Sophie von Mecklenburg-Güstrow

Rudolf August
f. 1666
* 1627, † 1704
∞ 1650 Christine Elisabeth von Barby

Anton Ulrich
f. 1704
* 1633, † 1714
∞ 1656 Elis. Juliane v. Holstein-Sonderburg

Ferdinand Albrecht (I.)
in Bevern
* 1636, † 1687
∞ 1667 Christine von Hessen-Eschwege

August Wilhelm
f. 1714
* 1662, † 1731
∞ I 1681 Christine Sophie zu BS-Wolfenbüttel
∞ II 1695 Sophie Amalie zu Holstein-Gottorf

Ludwig Rudolf
f. in Blankenburg 1714,
f. in Wolfenbüttel 1731
* 1671, † 1735
∞ 1690 Christine Luise zu Oettingen

Ferdinand Albrecht II.
f. in Wolfenbüttel und Blankenburg 1735
* 1680, † 1735
∞ 1712 Antoinette Amalie von BS-Wolfenbüttel
T. v. Hg. Ludwig Rudolf zu Wolfenbüttel

Karl I.
f. 1735
* 1713, † 1780
∞ 1733 Philippine Charlotte von Preussen

Anton Ulrich
* 1714, † 1775
∞ 1735 Elisabeth von Mecklenburg-Schwerin,
als Anna Leopoldowna Großfürstin von Rußland
Regentin 1740

Karl Wilhelm Ferdinand
f. 1780
* 1735, † 1806
∞ 1764 Augusta von Großbritannien,
T. v. Friedrich Ludwig Prinz von Wales

Friedrich August
s. 1792 Bes. des preuß.-schles. Hzm. Oels
* 1740, † 1805
∞ 1778 Friederike von Württemberg-Oels

Iwan VI.
f. 1740 als Zar von Rußland,
gefangen ab 1741
* 1740, † 1764

Karl (Georg August)
Erbprinz
* 1766, † 1806
∞ 1790 Friederike von Oranien-Nassau

Friedrich Wilhelm
f. in Oels 1805, in Braunschweig 1806
* 1771, † 1815
∞ 1802 Marie von Baden

Karl II.
f. 1815, volljährig 1823,
vertrieben 1830, abgesetzt 1831
* 1804, † 1873

Wilhelm
f. als Standesherr in Oels 1824,
f. in Braunschweig 1831
* 1806, † 1884
† † †

I/7 Das neue Haus Lüneburg

Wilhelm
f. 1559
* 1535, † 1592
∞ 1561 Dorothea von Dänemark

Ernst f. 1592 * 1564, † 1611	Christian f. 1611, in Grubenhagen 1617 Bischof Minden 1599-1629 * 1566, † 1633	August f. 1633, in Calenberg 1635 Bischof Ratzeburg 1610 * 1568, † 1636	Friedrich f. in Lüneburg 1636, in Harburg 1643 * 1574, † 1648	Georg f. 1636 in Calenberg * 1582, † 1641 ∞ 1617 Eleonore von Hessen

Christian Ludwig in Calenberg 1641-48, in Lüneburg 1648 * 1622, † 1665 ∞ 1653 Dorothea zu Holstein	Georg Wilhelm in Calenberg-Grubenhagen 1648-65, in Lüneburg 1665, in Lauenburg 1689 * 1624, † 1705 ∞ 1665 Eleonore Desmier d'Olbreuse	Johann Friedrich in Calenberg-Grubenhagen 1665 * 1625, † 1679, kath. 1651 ∞ 1668 Benedikta von Pfalz-Simmern	Ernst August Bischof von Osnabrück 1661 f. in Calenberg-Grubenhagen 1679 Kurfürst 1692 * 1629, † 1698 ∞ 1658 Sophie von der Pfalz

Georg I. (Ludwig) f. 1698, König von Großbritannien 1714 * 1660, † 1727 ∞ 1682 Sophie Dorothea von BS-Lüneburg T. v. Hg. Georg Wilhelm zu Celle	Ernst August der Jüngere Bischof von Osnabrück 1716 * 1674, † 1728

Georg II.
f. 1727
* 1682, + 1760
∞ 1705 Caroline zu Brandenburg-Ansbach

Friedrich Ludwig
Prinz von Wales
* 1707, + 1751
∞ 1736 Augusta von Sachsen-Gotha

Georg III.
f. 1760, s. 1814 König von Hannover
* 1738, + 1820
∞ 1761 Charlotte zu Mecklenburg-Strelitz

Georg IV.
Prinzregent 1811, König 1820
* 1762, + 1830
∞ 1795 Karoline zu BS-Lüneburg
T. v. Hg Karl II. in Wolfenbüttel

Friedrich August
Herzog von York
Bischof von Osnabrück 1764-1802
* 1763, + 1827
∞ 1791 Friederike von Preussen

Wilhelm IV.
Herzog von Clarence
König 1830
* 1765, + 1827
∞ 1818 Adelheid
von Sachsen-Meiningen

Ernst August
Herzog von Cumberland
f. als König von Hannover 1837
* 1771, + 1851
∞ 1815 Friederike zu Mecklenburg

Georg V.
König von Hannover 1851, entthront 1866
* 1819, + 1878
∞ 1843 Marie von Sachsen-Altenburg

Ernst August
Hg von Cumberland, Prätendent in Hannover 1878, in Braunschweig 1884, verzichtet 1913
* 1845, + 1923
∞ 1878 Thyra von Dänemark

Ernst August
Hg von Braunschweig 1913, abgesetzt 1918
* 1887, + 1953
∞ 1913 Viktoria Luise von Preussen

II. Die Fürstbischöfe von Lübeck, Herzöge und Großherzöge von Oldenburg aus dem Haus Holstein-Gottorf

Adolf
Herzog von Holstein-Gottorf
Bischof von Schleswig
S. v. König Friedrich I. von Dänemark
* 1526, † 1586
∞ 1564 Christine von Hessen

Friedrich II. f. 1586 * 1568, † 1587	Philipp f. 1587 * 1570, † 1590	Johann Adolf f. 1590 Bischof von Lübeck 1586-1607 * 1575, † 1616 ∞ 1586 Augusta von Dänemark	Johann Friedrich Erzbischof von Bremen 1596 Bischof von Lübeck 1607-1634 * 1579, † 1634

Friedrich III. f. 1616 * 1597, † 1659 ∞ 1630 Marie Elisabeth von Sachsen	Johann Bischof von Lübeck 1634-1655 * 1606, † 1655 ∞1640 Julia Felizitas von Württemberg

Christian Albrecht f. 1659 Bischof von Lübeck 1655-1666 * 1641, † 1694 ∞ 1667 Friederike Amalie von Dänemark	August Friedrich Bischof von Lübeck 1666-1705 * 1646, † 1705 ∞ 1676 Christine von Sachsen-Weißenfels

Friedrich IV. Herzog von Holstein-Gottorf 1695 * 1671, † 1702 ∞ 1698 Hedwig von Schweden Nachfahren in Rußland	Christian August Statthalter in Holstein 1702 Bischof von Lübeck 1705-1726 * 1673, † 1726 ∞ 1704 Albertine Friederike von Baden-Durlach

Karl August
Bischof von Lübeck
1726-1727
* 1706, † 1727

Adolf Friedrich
Bischof von Lübeck 1727-1750
König von Schweden 1751
* 1710, † 1771
∞ 1744 Luise Ulrike von Preußen

(Friedrich) August
Bischof von Lübeck 1750-1785
1773 Graf, 1777 Herzog von Oldenburg
* 1711, † 1785
∞ 1752 Friederike von Hessen-Kassel

Peter Friedrich Wilhelm
f. 1785, nicht regierungsfähig
* 1757, † 1823

Georg (Ludwig)
russ. Feldmarschall,
Statthalter in Holstein 1762-1763
* 1719, † 1763
∞ 1750 Sophie von Holstein-Sonderburg

Peter (Friedrich Ludwig)
Administrator in Oldenburg 1785, f. 1823
Bischof von Lübeck 1785-1803, Fürst 1803
* 1755, † 1829
∞ 1781 Friederike von Württemberg

(Paul Friedrich) August
f. 1829
* 1783, † 1853
∞ I 1817 Adelheid von Anhalt-Bernburg
∞ II 1825 Ida von Anhalt-Bernburg
∞ III 1831 Cäcilie von Schweden

(Nikolaus Friedrich) Peter
f. 1853
* 1827, † 1900
∞ 1852 Elisabeth von Sachsen-Altenburg

Friedrich (August)
f. 1900, Thronverzicht 1918
* 1852, † 1931
∞ I 1878 Elisabeth von Preussen
∞ II 1896 Elisabeth von Mecklenburg-Schwerin

III. Die Grafen und Fürsten von Ostfriesland aus dem Hause Cirksena 1464-1744

Ulrich I.
Graf in Ostfriesland 1464
erwähnt ab 1430, † 1466
∞ I vor 1440 Foelke von Esens
∞ II 1455 Theda Ukena

Enno I.
Mitregent 1481
* 1460, † 1491

Edzard I. (der Große)
f. 1491
* 1462, † 1528
∞ 1498 Elisabeth von Rietberg

Enno II.
f. 1528
* 1505, † 1540
∞ 1530 Anna von Oldenburg,
Regentin bis 1561

Johann
Graf von Falkenburg
* 1506, † 1572
∞ 1539 Dorothea von Österreich,
unehel. T. v. Kaiser Maximilian

Edzard II.
f. 1540, reg. seit 1561
* 1532, † 1599
∞ 1559 Katharina von Schweden

Johann
Mitregent 1561-1591
* 1538, † 1591

Maximilian
Graf von Falkenburg
* 1532, † 1600
∞ 1564 Barbe de Lalaing von Hoogstraeten
† † †

Enno III.
f. 1599
* 1563, † 1625
∞ I 1581 Walburgis von Rietberg,
Erbin des Harlingerlandes
∞ II 1598 Anna von Holstein-Gottorf

Johann (III.)
Graf von Rietberg, reg. 1618-1625
* 1566, † 1625
∞ 1601 Sabine Catharina von Ostfriesland,
T. v. Enno III., Erbin der Grafschaft Rietberg,
Linie erloschen 1690

Rudolf Christian
f. 1625
* 1602, † 1628

Ulrich II.
f. 1628
* 1605, † 1648
∞ 1631 Juliane von Hessen-Darmstadt

Enno Ludwig
f. 1651, Reichsfürst 1654
* 1632, † 1660
∞ 1656 Justina von Barby und Mühlingen

Georg Christian
f. 1660, erbl. Reichsfürst 1662
* 1634, † 1665
∞ 1662 Christine Charlotte
von Württemberg,
Regentin 1665-1690

Edzard Ferdinand
Vormund 1665-1668
* 1636, † 1668
∞ 1665 Dorothea von Kriechingen

Christian Eberhard
f. 1665
* 1665, † 1708
∞ 1685 Eberhardine Sophie von Oettingen

Georg Albrecht
f. 1708
* 1690, † 1734
∞ I 1709 Christine Luise von Nassau-Idstein
∞ II 1723 Sophie Caroline von Brandenburg-Kulmbach

Karl Edzard
f. 1734
* 1716, † 1744
∞ 1734 Wilhelmine von Brandenburg-Bayreuth
† † †

Bischofslisten von Bremen, Hildesheim, Minden, Osnabrück und Verden (bis 1803)

bearbeitet von Wiard Hinrichs

I. Erzbistum Bremen-Hamburg

Beginn	Ende	Name	Bemerkungen
787	789	Willehad	
805	838	Willerich	
838	845	Leuderich	
831	865	Ansgar	
865	888	Rimbert	
888	909	Adalgar	
909	916/17	Hoger	
916/17	918	Reginwart	
918	936	Unni	
937	988	Adaldag	
988/89	1013	Liawizo (I.) (Libentius)	
1013	1029	Unwan	
1029	1032	Liawizo (II.) (Libentius)	
1032	1035	Hermann	
1035	1043	Bezelin	
1043	1072	Adalbert	
1072	1101	Liemar	
1101	1104	Humbert	
1104	1123	Friedrich (I.)	
1123	1148	Adalbero	
1148	1168	Hartwig (I.) von Stade	
1168	1169	Sigfried	Elekt, abgesetzt, † 1184
1168	1169	Otbert	Elekt, abgesetzt?
1169	1178	Balduin (I.)	
1178	1179	Bertold	Elekt, abgesetzt, Bischof Metz 1180, † 1212
1179/80	1184	Sigfried (s. o.)	
1185	1190	Hartwig (II.) von Uthlede	abgesetzt 1190, † 1207
1192	1193	Waldemar von Dänemark	Elekt, gefangen 1193, Bischof Schleswig 1178/82-1208, † 1236
1194	1207	Hartwig (II.) (s. o.)	
1207	1210	Burchard von Stumpenhausen	resigniert
1207	1217	Waldemar von Dänemark (s. o.)	Elekt, vertrieben
1210	1219	Gerhard (I.) von Oldenburg-Wildeshausen	
1219	1258	Gerhard (II.) von der Lippe	

1259	1273	Hildebold von Wunstorf	
1273	1306	Giselbert von Bronckhorst	
1306	1307	Heinrich (I.) von Golthorn	Elekt
1307	1310	Florens von Brunkhorst	Elekt
1307	1307	Bernhard von Wölpe	Elekt Magdeburg 1280-1282, † 1310
1307	1327	Johann (I.) Grand	
1327	1344	Burchard Grelle	
1344	1348	Otto (I.) von Oldenburg	
1348	1360	Gottfried von Arnsberg	resigniert
1360	1395	Albrecht von Braunschweig-Lüneburg	
1395	1406	Otto (II.) von Braunschweig-Lüneburg	
1406	1421	Johann (II.) Slamstorf	
1421	1434	Nikolaus von Oldenburg-Delmenhorst	resigniert, † 1447
1435	1441	Balduin (II.) von Wenden	
1442	1463	Gerhard (III.) von Hoya	
1463	1496	Heinrich (II.) von Schwarzburg	Administrator
1497	1511	Johann (III.) Rode	
1511	1558	Christoph von Braunschweig-Wolfenbüttel	Koadjutor 1500
1558	1566	Georg von Braunschweig-Wolfenbüttel	
1567	1585	Heinrich (III.) von Sachsen-Lauenburg	Administrator
1585	1596	Johann Adolph von Holstein-Gottorf	resigniert, † 1616
1596	1634	Johann Friedrich von Holstein-Gottorf	Koadjutor Lübeck 1594
1634	1648	Friedrich (II.) von Dänemark	Koadjutor 1621, † 1670
1635	1645	Leopold Wilhelm von Österreich	Administrator

II. Bistum Hildesheim

Beginn	Ende	Name	Bemerkungen
815	834?	Gunthar	
834?	835?	Reinbert	
845	851	Ebo	
851	874	Altfrid	
874	874	Liudolf	nicht bestätigt
874	880	Markward	
880	908	Wigbert	
908/09	919	Waltbert	
919	928	Sehard	
928	954	Thiethard	
954	984	Othwin	
984/85	989	Osdag	

990	992	Gerdag	
993	1022	Bernward	
1022	1038	Godehard	
1038	1044	Thietmar	
1044	1054	Azelin	
1054	1079	Hezilo	
1079	1114	Udo von Reinhausen	
1115	1119	Bruning	Elekt, resigniert, † 1120
1119	1130	Berthold (I.)	
1130	1153	Bernhard (I.)	resigniert, † 1153
1153	1161	Bruno	
1161	1170	Hermann von Wassel	
1170/71	1190	Adelog	
1190	1194	Berno	
1195	1199	Konrad (I.) von Querfurt	Bischof Würzburg 1198-1199, abgesetzt, † 1202
1199	1216	Hartbert von Dahlum	
1216	1221	Siegfried von Lichtenberg	resigniert, † 1227
1221	1246	Konrad (II.) von Erbach	resigniert, † 1249
1246	1257	Heinrich (I.) von Rusteberg	
1257	1260	Johann (I.) von Brakel	
1260	1279	Otto (I.) von Braunschweig-Lüneburg	
1279	1310	Siegfried (II.) von Querfurt	
1310	1318	Heinrich (II.) von Wohldenberg	
1319	1331	Otto (II.) von Wohldenberg	
1331	1363	Heinrich (III.) von Braunschweig-Lüneburg	
1363	1365	Johann (II.) Schadland	versetzt nach Worms
1365	1398	Gerhard vom Berge	
1394	1424	Johann (III.) von Hoya	Koadjutor 1395, Bischof Paderborn 1395-1398
1424	1452	Magnus von Sachsen-Lauenburg	
1452	1452	Bernhard von Rohr	ernannter Administrator
1452	1458	Bernhard (II.) von Braunschweig-Lüneburg	resigniert, † 1464
1458	1471	Ernst von Schaumburg	
1471	1481	Henning von Haus	
1481	1502	Barthold (II.) von Landesberg	
1502	1503	Erich von Sachsen-Lauenburg	resigniert, Bischof Münster 1508, † 1522
1504	1527	Johann (IV.) von Sachsen-Lauenburg	resigniert, † 1547
1528	1531	Balthasar Merklin	Elekt, Administrator 1530, Bischof Konstanz 1530-1531
1531	1537	Otto (III.) von Schaumburg	Elekt, resigniert, † 1576
1537	1551	Valentin von Tetleben	
1554	1556	Friedrich von Holstein-Gottorf	Koadjutor 1549 Bischof Schleswig 1551
1559	1573	Burchard von Oberg	

1573	1612	Ernst von Bayern	Administrator
1612	1650	Ferdinand von Bayern	Koadjutor 1611
1650	1688	Max Heinrich von Bayern	Koadjutor 1633
1688	1702	Jobst Edmund von Brabeck	
1714	1723	Joseph Clemens von Bayern	
1724	1761	Clemens August von Bayern	
1763	1789	Friedrich Wilhelm von Westphalen	
1789	1825	Franz Egon von Fürstenberg	

III. Bistum Minden

Beginn	Ende	Name	Bemerkungen
789/94	830	Erkambert	
830/36	853	Hardward	
853	880	Dietrich (I.)	
880	886	Wulfher	
886/87	902	Drogo	
902	905	Adalbert	
905	914	Bernhard	
914	927	Liuthar	
927/32	950	Ebergis	
950/52	958	Herward	
958/60	969	Landward	
969/73	996	Milo	
996/97	1002	Ramward	
1002/03	1022	Dietrich (II.)	
1022	1022	Alberich	Elekt
1022/24	1036	Sigbert	
1037	1055	Bruno	
1055/56	1080	Egilbert	
1080	1089	Reinhard	
1080	1095	Volmar	
1095/96	1097	Ulrich	
1097/98	1105	Widelo	abgesetzt
1105	1112	Gottschalk	
1112	1119	Widelo (s. o.)	wiedereingesetzt
1120	1140	Sigward	
1140	1153	Heinrich (I.)	abgesetzt, † 1156
1153	1170	Werner von Bückeburg	
1170/71	1185	Anno	
1185	1206	Thietmar	
1206	1209	Heinrich (II.)	
1209	1236	Konrad (I.) von Diepholz	
1236	1242	Wilhelm (I.)	
1242	1253	Johann von Diepholz	
1253	1261	Wedekind (I.) von Hoya	
1261	1266	Cuno von Diepholz	
1266	1275	Otto (I.) von Stendal	
1275	1293	Volkwin von Schwalenburg	
1293	1295	Konrad (II.) von Wardenberg	

1295	1304	Ludolf von Rostorf	
1304	1324	Gottfried von Waldeck	
1324	1346	Ludwig von Braunschweig-Lüneburg	
1347	1353	Gerhard (I.) von Schaumburg	
1353	1361	Dietrich (III.) von Portitz, gen. Kagelwit	Erzbischof Magdeburg 1361, † 1367
1361	1366	Gerhard (II.) von Schaumburg	
1366	1368	Otto (II.) von Wettin	
1369	1383	Wedekind (II.) vom Berge	
1384	1398	Otto (III.) vom Berge	
1398	1398	Marquard von Randeck	Bischof Konstanz 1398, † 1406
1398	1402	Wilhelm (II.) von Büschen	
1402	1406	Otto (IV.) von Rietberg	
1406	1436	Wulbrand von Hallermund	
1437	1473	Albrecht von Hoya	Koadjutor 1416
1473	1508	Heinrich (III.) von Schaumburg	
1508	1529	Franz (I.) von Braunschweig-Lüneburg	
1530	1553	Franz (II.) von Waldeck	
1553	1554	Julius von Braunschweig-Wolfenbüttel	Elekt, resigniert, † 1589
1554	1566	Georg von Braunschweig-Wolfenbüttel	Administrator
1567	1582	Hermann von Schaumburg	Elekt, resigniert, † 1592
1582	1585	Heinrich Julius von Braunschweig-Wolfenbüttel	Elekt, resigniert, † 1613
1587	1593	Anton von Schaumburg	
1599	1629	Christian von Braunschweig-Lüneburg	Koadjutor 1597, Administrator 1599, † 1633
1632	1648	Franz Wilhelm von Wartenberg	providiert 1630, vertrieben 1634, † 1661

IV. Bistum Osnabrück

Beginn	Ende	Name	Bemerkungen
vor 803	805	Wiho	
vor 817	vor 829	Meingoz	
vor 829	834	Gefwin	abgesetzt, † 850
845	859	Gozbert	
vor 860	885	Egibert	
885	918	Egilmar	
918/21	948/49	Dodo (I.)	
vor 950	967	Drogo	
967/68	978	Liudolf	
nach 978	996	Dodo (II.)	
996	998	Gunthar	
998/1002	1003	Wuothilolf	
1003	1023	Thietmar	

1023	1027	Meginher	
1027	1036	Gozmar	
1037/40	1052	Alfric	
1052/57	1068	Benno (I.)	
1068	1088	Benno (II.)	
1088	1093	Marcward	abgesetzt, † 1107
1093	1101	Wido	
1101	1110	Johann (I.)	
1110/11	1118/19	Gottschalk von Diepholz	
1119	1137	Thiethard	
1119	1122/24	Konrad	kaiserl. Gegenbischof, abgesetzt
1137	1141	Udo von Steinfurt	
1141	1143	Wezelin	Elekt, abgesetzt
1141	1173	Philipp von Katzenelnbogen	
1173	1190	Arnold von Altena	
1192	1216	Gerhard von Oldenburg-Wildeshausen	Erzbischof Bremen 1210, † 1219
1216	1224	Adolf von Tecklenburg	
1224	1226	Engelbert (I.) von Altena	abgesetzt, † 1250
1226	1227	Otto von Holte	
1227	1238	Konrad (I.) von Velber	
1239	1250	Engelbert (I.) von Altena (s. o.)	
1250	1258	Bruno von Isenburg-Altena	
1259	1264	Baldewin von Ruessel	
1265	1268	Widekind von Waldeck-Schwalenberg	
1269	1297	Konrad (II.) von Rietberg	
1297	1308	Ludwig von Ravensberg	
1309	1320/21	Engelbert (II.) von Weyhe	
1321	1348	Gottfried von Arnsberg	Erzbischof Bremen 1348
1349	1366	Johann (II.) Hoet	
1369	1376	Melchior von Braunschweig-Grubenhagen	Bischof Kammin 1376, † 1381
1376	1402	Dietrich von Horne	
1402	1404	Heinrich (I.) von Holstein-Schaumburg	
1410	1424	Otto von Hoya	Administrator
1424	1437	Johann (III.) von Diepholz	
1437	1442	Erich (I.) von Hoya	Administrator, abgesetzt
1442	1450	Heinrich (II.) von Moers	Administrator
1450	1454	Albrecht von Hoya	Administrator
1454	1455	Rudolf von Diepholz	Administrator
1455	1482	Konrad (III.) von Diepholz	
1482	1508	Konrad (IV.) von Rietberg	Bischof Münster 1497
1508	1532	Erich (II.) von Braunschweig-Grubenhagen	
1532	1553	Franz von Waldeck	
1553	1574	Johann (IV.) von Hoya	
1574	1585	Heinrich (III.) von Sachsen-Lauenburg	Bischof Paderborn 1577

1585	1585	Wilhelm von Schenking, zu Ostbevern	Elekt
1587	1591	Bernhard von Waldeck	
1591	1623	Philipp Sigismund von Braunschweig-Wolf.	Elekt
1623	1625	Eitel Friedrich von Hohenzollern-Sigmaringen	
1627	1661	Franz Wilhelm von Wartenberg	vertrieben 1633-1648, Bischof Regensburg 1649
1661	1698	Ernst August (I.) von Braunschweig-Lüneburg	
1698	1715	Karl Josef von Lothringen	
1716	1728	Ernst August (II.) von Braunschweig-Lüneburg	
1728	1761	Clemens August von Bayern	
1764	1802	Friedrich von York, Prinz von Großbritannien	† 1827

V. Bistum Verden

Beginn	Ende	Name	Bemerkungen
		Spatto	
		Tanco	
um 808	829	Harud	
831	838	Helmgaud	
847	849	Waldger	
um 865	874	Erlulf	
874	908	Wikbert	
908	915	Bernhar (I.)	
916	933	Adalward	
933	962	Amalung	
962	976	Brun (I.)	
976	994	Erpo	
994	1014	Bernhar (II.)	
1014	1031	Wigger	
1031	1034	Thietmar (I.)	
1034	1049	Brun (II.) (von Walbeck)	
1049	1059	Siegbert (Sizzo)	
1060	1076/84	Richbert	
vor 1085	1097	Hartwig	
vor 1103	1116/17	Mazo	
1116	1148	Thietmar (II.)	zuerst Gegenbischof
1149	1167	Hermann	
vor 1167	1180	Hugo	
1180	1188	Tammo	
1188/89	1205	Rudolf (I.)	
1205	1231	Yso von Wölpe	
1231	1251	Lueder von Borch	
1251	1269	Gerhard (I.) von Hoya	

1269	1300	Konrad (I.) von Braunschweig-Lüneburg	
1300	1312	Friedrich (I.) von Honstedt	
1312	1332	Nikolaus von Ketelhodt	
1332	1341	Johann (I.) Westerhold (Hacke)	
1342	1364	Daniel (von Wichterich)	
1363	1365	Gerhard (II.) vom Berge	Bischof Hildesheim 1365, † 1398
1365	1367	Rudolf (II.) Rule	
1367	1381	Heinrich (I.) von Langlingen	
1381	1388	Johann (II.) von Zesterfleth	
1389	1395	Otto von Braunschweig-Lüneburg	Erzbischof Bremen 1395, †1406
1395	1401	Dietrich von Nieheim	Elekt, resigniert, † 1418
1399	1399	Konrad (II.) von Soltau	
1400	1402	Konrad (III.) von Vechta	versetzt, † 1408
1402	1407	Konrad (II.) von Soltau (s. o.)	
1407	1409/17	Ulrich von Albeck	nicht anerkannt, versetzt
1407	1426	Heinrich (II.) von Hoya	resigniert, † 1441
1426	1470	Johann (III.) von Asel	resigniert, † 1472
1470	1502	Barthold von Landesberg	Bischof Hildesheim 1481
1502	1558	Christoph von Braunschweig-Wolfenbüttel	
1558	1566	Georg von Braunschweig-Wolfenbüttel	
1566	1586	Eberhard von Holle	Koadjutor 1564, Administrator 1566
1586	1623	Philipp Sigismund von Braunschweig-Wolfenbüttel	Administrator, Bischof Osnabrück 1591
1623	1648	Friedrich (II.) von Dänemark	Koadjutor 1622, Administrator 1623, † 1670
1630	1631	Franz Wilhelm von Wartenburg	vertrieben

Literatur

Die Bischöfe des Heiligen Römischen Reiches 1448 bis 1648. Ein biographisches Lexikon. Hg. E. Gatz unter Mitwirk. von C. Brodkorb. Berlin 1996. — Die Bischöfe des Heiligen Römischen Reiches 1648 bis 1803. Ein biographisches Lexikon. Hg. E. Gatz unter Mitwirk. von St. M. Janker. Berlin 1990. — Die Territorien des Reichs im Zeitalter der Reformation und Konfessionaliserung. Land und Konfession 1500-1650. Hg. A. Schindling, W. Ziegler. Bd. 3: Der Nordwesten. Münster 1991. — H.-J. Schulze: Die Bischöfe und Erzbischöfe von Bremen bzw. Hamburg-Bremen. In: Geschichte des Landes zwischen Elbe und Weser. Hg. H.-E. Dannenberg, H.-J. Schulze. Stade 1995. Bd. 2, 524-528. — H. Goetting: Das Bistum Hildesheim. Die Hildsheimer Bischöfe von 815 bis 1221 (1227). Berlin, New York 1984. (Germania Sacra N. F. 20, 3). — H. J. Brandt, K. Hengst: Victrix Mindensis ecclesia. Die Mindener Bischöfe und Prälaten des Hohen Domes. Paderborn 1990.

Landtagswahlen in der Weimarer Republik

Landtagswahlen in Oldenburg

Wahljahr	SPD	Z	DDP	DVP	DNVP
1919	33,4	22,0	31,1	11,4	2,1
1920	21,4	20,2	14,6	19,6	1,3
1923	23,8	20,7	14,6	22,6	6,9
1925	22,5	24,4	13,7	——34,6——	
1928	28,9	17,1	10,7	——17,7——	
1931	20,9	17,6	3,3	4,1	4,8
1932	18,8	15,5	2,2	0,8	5,8

Wahljahr	NSDAP	KPD	USPD	CNBL	Sonstige
1919	–	–	–	–	–
1920	–	1,3	11,0	–	3,2
1923	–	6,2	1,3	–	–
1925	–	2,1	–	–	2,7
1928	7,5	3,7	–	6,2	8,3
1931	37,2	7,2	0,1	2,1	2,7
1932	48,4	5,7	–	2,2	0,5

CNBL: Christlich-nationale Bauern- und Landvolkpartei.

Landtagswahlen in Braunschweig

Wahljahr	SPD	USPD	DDP	LWV	DVP	DNVP	NSDAP
1918	27,7	24,3	21,8	26,2	–	–	–
1920	14,8	37,3	9,5	37,3	–	–	–
1922	19,8	27,6	10,7	37,9	–	–	–
1924	37,4	0,6	5,3	–	17,2	18,5	3,4
1927	46,2	–	4,6	–	14,3	9,4	3,7
1930	41,0	–	3,0	–	–	–	22,2

Wahljahr	KPD	WEL	BEL	HuG	Z	Sonstige
1918	–	–	–	–	–	–
1920	1,1	–	–	–	–	–
1922	4,0	–	–	–	–	–
1924	4,5	8,3	–	–	1,6	3,2
1927	4,7	8,1	–	4,4	1,7	2,9
1930	6,8	–	26,0	–	–	1,0

LWV: Landeswahlverband; WEL: Wirtschaftliche Einheitsliste;
BEL: Bürgerliche Einheitsliste; HuG: Haus- und Grundbesitzerpartei.

Landtagswahlen in Schaumburg-Lippe

Wahljahr	SPD	DDP	DVP	DNVP	LB	NSDAP
1919	54,1	15,8	5,9	11,0	–	–
1922	43,9	4,9	14,6	10,2	7,9	–
1925	45,4	7,2		34,4		–
1928	49,2	7,9	8,6	16,6	–	–
1931	44,6	5,1	5,5	10,1	1,3	27,0

Wahljahr	HB	KPD	USPD	P	Sonst.
1919	–	–	–	9,1	4,0
1922	7,3	–	6,6	2,2	2,3
1925	8,4	2,1	–	–	2,5
1928	7,2	3,7	–	–	6,8
1931	–	6,4	–	–	–

LB: Landbund; HB: Handwerkerbund; P: Parteilose.

Provinziallandtag Hannover

Wahljahr	SPD	Z	DDP	DVP	DNVP	NSDAP	DHP	CSV
1921	34,6	6,4	4,5	15,0	7,0	–	16,6	–
1925	32,9	9,7	3,9	1,3	2,2	–	–	–
1929	34,7	8,9	3,1	8,3	6,7	6,8	10,9	1,7
1933	23,1	8,1	0,7	1,0	9,6	48,8	4,1	

Wahljahr	KPD	USPD	LEW	VHPL	MBl	HuG	Sonstige
1921	3,2	3,3	8,0	–	–	–	1,5
1925	4,2	–	–	27,2	–	7,3	11,3
1929	3,7	–	–	–	9,0	–	6,1
1933	4,8	–	–	–	–	–	–

DHP: Deutsch-Hannoversche Partei; CSV: Christlich-Soziale Volksdienst; LEW: Liste Elbe-Weser; VHPL: Vereinigte Hannoversche Provinziallandtagsliste; MBl: Mittelstandsblock.

Quelle: Jürgen Falter, Wahlen und Abstimmungen in der Weimarer Republik, München 1986.

Ergebnisse der Landtagswahlen in Niedersachsen (in %)

Wahljahr	SPD	CDU	NLP/DP	FDP	GRÜNE	BHE/GDP	NPD
1947	43,4	19,9	17,9	8,8	–	–	–
1951	33,7	—— 23,7 ——		8,3	–	14,9	–
1955	35,2	26,6	12,4	7,9	–	11,0	–
1959	39,5	30,8	12,4	5,2	–	8,3	–
1963	44,9	37,7	2,7	8,8	–	–	–
1967	43,1	41,7	–	6,9	–	–	7,0
1970	46,3	45,7	–	4,4	–	–	3,2
1974	43,1	48,8	–	7,0	–	–	0,6
1978	42,2	48,7	–	4,2	3,9	–	0,4
1982	36,5	50,7	–	5,9	6,5	–	–
1986	42,1	44,3	–	6,0	7,1	–	–
1990	44,2	42,0	–	6,0	5,5	–	0,2
1994	44,3	36,4	–	4,4	7,4	–	0,2

Wahljahr	SRP	DRP	Republikaner	KPD/DKP (ab 1970)	Zentrum	Sonstige	Wahlbet.
1947	–	0,3	–	5,7	4,1	–	65,1
1951	11,0	2,2	–	1,8	3,3	0,8	75,8
1955	–	3,8	–	1,3	1,1	0,7	77,5
1959	–	3,6	–	–	0,0	0,2	78,0
1963	–	1,5	–	–	–	4,4	76,9
1967	–	–	–	–	–	1,3	75,8
1970	–	–	–	0,4	–	0,0	76,7
1974	–	–	–	0,4	–	1,0	84,4
1978	–	–	–	0,3	–	0,3	78,5
1982	–	–	–	0,3	–	0,3	77,9
1986	–	–	–	0,1	–	0,4	77,4
1990	–	–	1,5	–	–	0,6	74,9
1994	–	–	3,7	–	–	3,6	73,8

Die Kabinette der niedersächsischen Regierungen

Amt	1. Wahlperiode: (Neubildung am 11.6.1947)	(Umbildung am 9.6.1948)	(Umbildung am 18.9.1950)
Regierungsparteien	SPD/CDU/NLP/FDP/KPD/DZP	SPD/CDU/DZP	SPD/DZP
Ministerpräsident	Hinrich Wilhelm Kopf (SPD)	Hinrich Wilhelm Kopf (SPD)	Hinrich Wilhelm Kopf (SPD)
Minister des Innern	Hinrich Wilhelm Kopf (SPD)	Richard Borowski (SPD)	Richard Borowski (SPD)
Minister der Finanzen	Dr. Georg Strickrodt (CDU)	Dr. Georg Strickrodt (CDU) Hinrich Wilhelm Kopf (SPD), seit 23.8.1950	Hinrich Wilhelm Kopf (SPD)
Minister für Arbeit, Aufbau und Gesundheit	Dr. Hans Christoph Seebohm (NLP/DP)	Alfred Kubel (SPD)	
Kultusminister	Adolf Grimme (SPD)	Adolf Grimme (SPD) Hinrich Wilhelm Kopf (SPD), vom 15.11.-9.12.1948 Richard Voigt (SPD), seit 10.12.1948	Richard Voigt (SPD)
Minister für Wirtschaft und Verkehr	Alfred Kubel (SPD)	Dr. Otto Fricke Alfred Kubel (SPD), seit 23.8.1950	Alfred Kubel (SPD)
Minister für Ernährung, Landwirtschaft und Forsten	August Block (NLP/DP)	Dr. Dr. Günther Gerecke (CDU) Hinrich Wilhelm Kopf (SPD), seit 22.6.1950	Hinrich Wilhelm Kopf (SPD)
Minister der Justiz	Dr. Werner Hofmeister (CDU)	Dr. Werner Hofmeister (CDU)	Dr. Otto Krapp (DZP)
Minister für die Entnazifizierung	Dr. Werner Hofmeister (CDU)	Dr. Werner Hofmeister (CDU), bis Aufhebung 22.5.1950	
Minister für Flüchtlingsangelegenheiten/für Vertriebene, Sozial- und Gesundheitsangelegenheiten (ab 18.9.1950)		Heinrich Albertz (SPD)	Heinrich Albertz (SPD)
Minister für Sonderaufgaben		Georg Kassenbrock (DZP), Dr. Otto Krapp (DZP), seit 7.6.1950	Dr. Otto Krapp (Z)
Minister ohne Geschäftsbereich	Richard Borowski (SPD) Johann Albers (FDP) Georg Kassenbrock (DZP) Karl Abel (KPD), am 5.2.1948 zurückgetreten		

Amt	2. Wahlperiode (Neubildung am 13.6.1951)	3. Wahlperiode (Neubildung am 26.5.1955)	3. Wahlperiode (Umbildung am 19.11.1957)
Regierungsparteien	SPD/BHE/DZP	DP/CDU/FDP/BHE	DP/CDU/FDP/BHE
Ministerpräsident	Hinrich Wilhelm Kopf (SPD)	Heinrich Hellwege (DP)	Heinrich Hellwege (DP)
Minister des Innern	Richard Borowski (SPD)	August Wegmann (CDU)	Hinrich Wilhelm Kopf (SPD)
Minister der Finanzen	Alfred Kubel (SPD)	Dr. Helmut Andreas Koch (CDU)	August Wegmann (CDU)
Sozialminister	Heinrich Albertz (SPD)	Dr. Heinz Rudolph (CDU)	Dr. Georg Diederichs (SPD)
Kultusminister	Richard Voigt (SPD)	Leonhard Schlüter (FDP) Heinrich Hellwege (DP), seit 11.6.1955 Richard Tantzen (FDP), seit 14.9.1955 Richard Langeheine (DP), seit 30.6.1956	Richard Langeheine (DP)
Minister für Wirtschaft und Verkehr	Hermann Ahrens (BHE)	Hermann Ahrens (BHE)	Alfred Kubel (SPD)
Minister für Ernährung, Landwirtschaft und Forsten	Friedrich von Kessel (BHE)	Friedrich von Kessel (BHE)	Kurt Rißling (CDU)
Minister der Justiz	Dr. Otto Krapp (Z) Hinrich Wilhelm Kopf (SPD), seit 1.12.1953	Richard Langeheine (DP) Dr. Arvid von Nottbeck (FDP), seit 3.10.1956	Dr. Werner Hofmeister (CDU), seit 4.12.1957
Minister für Vertriebene, Flüchtlinge und Kriegssachgeschädigte	Erich Schellhaus (GB/BHE)	Erich Schellhaus (BHE)	Albert Höft (SPD)
Aufbauminister		Dr. Konrad Mälzig (FDP)	

Amt	4. Wahlperiode (Neubildung am 12.5.1959)	5. Wahlperiode (Neubildung am 12.6.1963)
Regierungsparteien	SPD/FDP/GB-BHE	SPD/FDP, SPD und CDU ab 19.5.1965
Ministerpräsident	Hinrich Wilhelm Kopf (SPD) Dr. Georg Diederichs (SPD), seit 29.12.1961	Dr. Georg Diederichs (SPD)
Minister des Innern	Otto Bennemann (SPD)	Otto Bennemann (SPD)
Minister der Finanzen	Hermann Ahrens (GB/BHE)	Johann Eilers (FDP) Alfred Kubel (SPD), seit 19.5.1965
Sozialminister	Dr. Georg Diederichs (SPD) Kurt Partzsch (SPD), seit 29.12.1961	Kurt Partzsch (SPD), seit 29.12.1961
Kultusminister	Richard Voigt (SPD)	Dr. Hans Mühlenfeld (FDP) Richard Langeheine (CDU), seit 19.5.1965
Minister für Wirtschaft und Verkehr	Carlo Graaff (FDP)	Carlo Graaff (FDP) Karl Möller (CDU), seit 19.5.1965
Minister für Ernährung, Landwirtschaft und Forsten	Alfred Kubel (SPD)	Alfred Kubel (SPD) Wilfried Hasselmann (CDU), seit 19.5.1965
Minister der Justiz	Dr. Arnim von Nottbeck (FDP)	Dr. Arnim von Nottbeck (FDP) Gustav Bosselmann (CDU), seit 19.5.1965
Minister für Vertriebene, Flüchtlinge und Kriegssachgeschädigte	Erich Schellhaus (GB/BHE)	Albert Höft (SPD) Dr. Curt Miehe (SPD), seit 12.6.1964 Maria Meyer-Sevenich (SPD), seit 13.10.1965

Amt	6. Wahlperiode (Neubildung am 5.7.1967)	7. Wahlperiode (Neubildung am 8.7.1970)	8. Wahlperiode (Neubildung am 10.7.1974)
Regierungsparteien	SPD/CDU	SPD	SPD/FDP
Ministerpräsident	Dr. Georg Diederichs (SPD)	Alfred Kubel (SPD)	Alfred Kubel (SPD)
Minister des Innern	Richard Lehners (SPD)	Richard Lehners (SPD)	Rötger Groß (FDP)
Minister der Finanzen	Alfred Kubel (SPD)	Prof. Dr. Siegfried Heinke (SPD)	Helmut Kasimier (SPD)
Sozialminister	Kurt Partzsch (SPD)	Kurt Partzsch (SPD)	Helmut Greulich (SPD)
Kultusminister	Richard Langeheine (CDU)	Prof. Dr. Peter von Oertzen (SPD)	Dr. Ernst Gottfried Mahrenholz (SPD)
Minister für Wirtschaft und Verkehr	Karl Möller (CDU)	Helmut Greulich (SPD)	Erich Küpker (FDP)
Minister für Ernährung, Landwirtschaft und Forsten	Wilfried Hasselmann (CDU)	Klaus-Peter Bruns (SPD)	Klaus-Peter Bruns (SPD)
Minister der Justiz	Gustav Bosselmann (CDU)	Hans Schäfer (SPD)	Hans Schäfer (SPD)
Minister für Bundesangelegenheiten	Herbert Hellmann (SPD)	Herbert Hellmann (SPD)	Herbert Hellmann (SPD)
Minister für Wissenschaft und Kunst			Prof. Dr. Joist Grolle (SPD)

Amt	8. Wahlperiode (Umbildung am 15.1/6.2.1976 und 19.1.1977)	9. Wahlperiode (Neubildung am 14.7.1978)
Regierungsparteien	CDU, ab 19.1.1977 CDU/FPD	CDU
Ministerpräsident	Dr. Ernst Albrecht (CDU)	Dr. Ernst Albrecht (CDU)
Minister des Innern	Wilfried Hasselmann (CDU) Gustav Bosselmann (CDU), seit 12.5.1976 Rötger Groß (FDP), seit 19.1.1977	Dr. Egbert Möcklinghoff (CDU)
Minister der Finanzen	Walther Leisler Kiep (CDU)	Walther Leisler Kiep (CDU) Dr. Burkhard Ritz (CDU,) seit 3.12.1980
Sozialminister	Hermann Schnipkoweit (CDU)	Hermann Schnipkoweit (CDU)
Kultusminister	Dr. Werner Remmers (CDU)	Dr. Werner Remmers (CDU)
Minister für Wirtschaft und Verkehr	Walther Leisler Kiep (CDU) Erich Küpker (FDP), seit 19.1.1977	Birgit Breuel (CDU)
Minister für Ernährung, Landwirtschaft und Forsten	Gerhard Glup (CDU)	Gerhard Glup (CDU)
Minister der Justiz	Dr. Ernst Albrecht Dr. Hans Puvogel (CDU), seit 12.5.1976 Dr. Ernst Albrecht (CDU), seit 4.4.1978	Prof. Dr. Hans-Dieter Schwind (CDU)
Minister für Bundesangelegenheiten	Wilfried Hasselmann (CDU) Prof. Dr. Erduard Pestel (CDU), seit 16.2.1977	Wilfried Hasselmann (CDU)
Minister für Wissenschaft und Kunst	Dr. Werner Remmers (CDU), seit 16.2.1977 Prof. Dr. Eduard Pestel	Prof. Dr. Erduard Pestel (CDU) Dr. Johann-Tönjes Cassens (CDU), seit 20.5.1981

Amt	10. Wahlperiode (Neubildung am 22.6.1982)	11. Wahlperiode (Neubildung am 9.7.1986)	12. Wahlperiode (Neubildung am 21.6.1990)	13. Wahlperiode (Neubildung am 21.6.1994)
Regierungsparteien	CDU	CDU/FDP	SPD/GRÜNEN	SPD
Ministerpräsident	Dr. Ernst Albrecht (CDU)	Dr. Ernst Albrecht (CDU)	Gerhard Schröder (SPD)	Gerhard Schröder (SPD)
Minister des Innern	Dr. Egbert Möcklinghoff (CDU)	Wilfried Hasselmann (CDU) Josef Stock (CDU), seit 9.11.1988	Gerhard Glogowski (SPD)	Gerhard Glogowski (SPD)
Minister der Finanzen	Dr. Burkhard Ritz (CDU)	Birgit Breuel (CDU)	Hinrich Swieter (SPD)	Hinrich Swieter (SPD)
Sozialminister	Hermann Schnipkoweit (CDU)	Hermann Schnipkoweit (CDU)	Walter Hiller (SPD)	Walter Hiller (SPD)
Kultusminister	Georg-Berndt Oschatz (CDU)	Georg-Bernd Oschatz (CDU) Prof. Dr. Wolfgang Knies (CDU), seit 6.5.1987 Horst Horrmann (CDU), seit 9.11.1988	Prof. Rolf Wernstedt (SPD)	Prof. Rolf Wernstedt (SPD)
Minister für Wirtschaft und Verkehr	Birgit Breuel (CDU)	Walter Hirche (FDP)	Dr. Peter Fischer (SPD)	Dr. Peter Fischer (SPD)
Minister für Ernährung, Landwirtschaft und Forsten	Gerhard Glup (CDU)	Dr. Burkhard Ritz (CDU)	Karl-Heinz Funke (SPD)	Karl-Heinz Funke (SPD)
Minister der Justiz	Walter Remmers (CDU)	Walter Remmers (CDU)	Heidi Alm-Merk (SPD)	Heidi Alm-Merk (SPD)
Minister für Bundesangelegenheiten	Wilfried Hasselmann (CDU)	Heinrich Jürgens (FDP)	Jürgen Trittin (GRÜNE)	
Minister für Wissenschaft und Kunst	Dr. Johann-Tönjes Cassens (CDU)	Dr. Johann-Tönjes Cassens (CDU)	Helga Schuchardt (parteilos)	Helga Schuchardt (parteilos)
Umweltminister		Dr. Werner Remmers (CDU)	Monika Griefahn (erst parteilos, dann SPD)	Monika Griefahn (SPD)
Frauenministerium			Waltraud Schoppe (GRÜNE)	Christina Bührmann (SPD)

Ausgewählte Literatur

zu »Früh- und Hochmittelalter«

Allmers, Hermann: Marschenbuch. Land- und Volksbilder aus den Marschen der Weser und Elbe, Gotha 1858; Neudr. hg. von Bernd Ulrich Hucker, Osnabrück 1979.

Althoff, Gerd: Adels- und Königsfamilien im Spiegel ihrer Memorialüberlieferung. Studien zum Totengedenken der Billunger und Ottonen (Münstersche Mittelalter-Schriften 47), München 1984.

Bernward von Hildesheim und das Zeitalter der Ottonen [Ausstellungskat.], 2 Bde., Hildesheim u. Mainz 1993.

Bertram, Adolf: Geschichte des Bistums Hildesheim, 3 Bde., Hildesheim u. Leipzig 1899-1925.

Dannenberg, Hans-Eckhard/Schulze, Hans-Joachim (Hgg.): Geschichte des Landes zwischen Elbe und Weser, 3 Bde., Stade 1995-1996.

Drögereit, Richard: Sachsen, Angelsachsen, Niedersachsen. Ausgewählte Aufsätze, 3 Bde., Hamburg u. Otterndorf 1978.

Eckhardt, Albrecht/Schmidt, Heinrich (Hgg.): Geschichte des Landes Oldenburg, 3. Aufl., Oldenburg 1988.

Goetting, Hans: Das Bistum Hildesheim. 3: Die Hildesheimer Bischöfe von 815 bis 1221 [1227] (Germania Sacra N. F. 20), Berlin u. New York 1984.

Hanse – Städte – Bünde. Die sächsischen Städte zwischen Elbe und Weser um 1500 [Ausstellungskat.], 2 Bde. Magdeburg 1996.

Geschichte Niedersachsens, hg. von H. Patze, Bd. 1, 2 und 3,2 (Veröff. Histor. Komm. f. Niedersachsen und Bremen 36), Hildesheim u. Hannover 1977-1997.

Gosebruch, Martin (Hg.): Helmarshausen und das Evangeliar Heinrichs des Löwen. Bericht über ein wissenschaftliches Symposion in Braunschweig 1985, Göttingen 1992.

Hanisch, Wilhelm: Südoldenburg. Beiträge zur Verfassungsgeschichte deutscher Territorien, Vechta 1962.

Hauck, Karl: Goldbrakteaten aus Sievern (Münstersche Mittelalter-Schriften 1), München 1970.

Heine, Hans-Wilhelm: Frühe Burgen und Pfalzen in Niedersachsen. Von den Anfängen bis zum frühen Mittelalter (Wegweiser z. Vor- u. Frühgeschichte Niedersachsens 17), Hildesheim 1991.

Heinrich der Löwe und seine Zeit. Herrschaft und Repräsentation der Welfen 1125-1235 [Ausstellungskat.], 3 Bde., München 1995.

Hellmann, Manfred (Hg.): Studien über die Anfänge der Mission in Livland (Vorträge u. Forschungen hg. vom Konstanzer Arbeitskreis f. mittelalterliche Geschichte, Sonderband 37), Sigmaringen 1989.

Hildebrand, Ruth: Herzog Lothar von Sachsen, Hildesheim 1986.

von Hofmann, Albert: Das deutsche Land und die deutsche Geschichte, Stuttgart 1923; erweiterte Aufl., 3 Bde., Stuttgart 1930.

Hofmeister, Adolf E.: Besiedlung und Verfassung der Elbmarschen im Mittelalter (Veröff. d. Inst. f. Hist. Landesforschung Göttingen 14), 2 Teile, Göttingen 1979-1981.

Hucker, Bernd Ulrich: Kaiser Otto IV. (MGH-Schriften 34), Hannover 1990.

Ders.: Die Grafen von Hoya – ihre Geschichte in Lebensbildern (Schriften d. Instituts f. Geschichte u. Histor. Landesforschung Vechta 2), Bielefeld 1993.
Jesse, Wilhelm: Münz- und Geldgeschichte Niedersachsens (Braunschweiger Werkstücke 15), Braunschweig 1952.
Jordan, Karl: Heinrich der Löwe. Eine Biographie, 2. Aufl., München 1980.
Ders.: Die Bistumsgründungen Heinrichs des Löwen (MGH-Schriften 3), Leipzig 1939; Neudr. Stuttgart 1952.
Kohl, Wilhelm (Hg.): Westfälische Geschichte, Bd. 1, Düsseldorf 1983.
Kunst und Kultur im Weserraum 800 – 1600 [Ausstellungskat.], 2 Bde., Münster 1966.
Maack, Walter: Grafschaft Schaumburg. Die Geschichte eines kleinen Weserlandes, 2. Aufl., Rinteln 1964.
Mohrmann, Wolf-Dieter (Hg.): Heinrich der Löwe (Veröff. d. Niedersächs. Archivverwaltung 39), Göttingen 1980.
Nicolai, Bernd: »Libido aedificandi«. Walkenried und die monumentale Kirchenbaukunst der Zisterzienser um 1200 (Quellen u. Forsch. z. Braunschweigischen Geschichte 28), Braunschweig 1990.
Ringwall und Burg in der Archäologie West-Niedersachsens [Ausstellungskat.], Cloppenburg 1971.
Rötting, Hartmut: Stadtarchäologie in Braunschweig (Forschungen z. Denkmalpflege Niedersachsens 3), Hameln 1985.
Rosendahl, Erich: Geschichte Niedersachsens im Spiegel der Reichsgeschichte, Hannover 1927.
Rüdebusch, Dieter: Der Anteil Niedersachsens an den Kreuzzügen und Heidenfahrten (Quellen u. Darstellungen z. Geschichte Niedersachsens 80), Hildesheim 1972.
Ostfriesland im Schutze des Deiches, 8 Bde., Pewsum u. Leer 1969-1980.
Patze, Hans (Hg.): Geschichte Niedersachsens, 3 Bde., Hildesheim 1977-1997.
Rüthning, Gustav: Oldenburgische Geschichte, 2 Bde., Oldenburg 1911; Volksausgabe in einem Bande, Oldenburg 1937.
»Der sassen speyghel«. Sachsenspiegel – Recht – Alltag. Beiträge und Katalog zur Ausstellung (Archäologische Mitt. aus Nordwestdeutschland, Beih. 10), Oldenburg 1995.
Schnath, Georg: Das Sachsenroß. 2. Aufl., Hannover 1961.
Schubert, Ernst: Geschichte Niedersachsens, in: Niedersachsen. Politische Landeskunde, 3. Aufl., Hannover 1993, S. 13-24.
Stadt im Wandel [Ausstellungskat.], 4 Bde., Stuttgart-Bad Cannstatt 1985.
Stein, Walter: Handels- und Verkehrsgeschichte der deutschen Kaiserzeit (Abhandlungen z. Verkehrs- u. Seegeschichte 10), Leipzig 1922; Neudr. Darmstadt 1967.
Studien und Vorarbeiten zum Historischen Atlas von Niedersachsen (Veröff. d. Histor. Komm. f. Hannover, Braunschweig usw. [später für Niedersachsen und Bremen] II), Göttingen 1914 ff.
Stüve, Carl: Geschichte des Hochstifts Osnabrück bis zum Jahre 1508, 2 Bde., Jena u. Osnabrück 1853/1872; Neudr. 1970.
Trüper, Hans Georg: Von der Ministerialität zum Niederadel. Zur Sozialgeschichte der Adelsgesellschaft im Erzstift Bremen im hohen und späten Mittelalter, Diss. phil. Vechta 1997 [masch.].
Vogt, Herbert W.: Das Herzogtum Lothars von Süpplingenburg 1106-1125 (Quellen u. Darstellungen z. Geschichte Niedersachsens 57), Hildesheim 1959.
Wege in die Romanik. Das Reisehandbuch, 2 Bde., Hannover 1993.
Wenskus, Reinhard: Sächsischer Stammesadel und fränkischer Reichsadel (Abhandlungen d. Akademie d. Wissenschaften in Göttingen, Phil.-Hist. Kl. 3, Folge Nr. 93), Göttingen 1976.
de Winter, Patrick M.: The Sacral Treasure of the Guelphs, Cleveland 1985.

zu »Spätmittelalter und Frühe Neuzeit«

Aufgebauer, Peter: Zur Geschichte der Juden in Niedersachsen, in: Elmar Mittler/B. Schaller (Hgg.), Jüdischer Glaube – Jüdisches Leben. Juden und Judentum in Stadt und Universität Göttingen, Göttingen 1996.

Barmeyer, Heide: Hof und Hofgesellschaft in Niedersachsen im 18. und 19. Jahrhundert, in: Niedersächsisches Jahrbuch für Landesgeschichte 61 (1989), 87-106.

Bei der Wieden, Brage: Außenwelt und Anschauung Ludolf von Münchhausens (1570-1640), Hannover 1993.

Bölsker-Schlicht, Franz: Die Hollandgängerei im Osnabrücker Land und im Emsland, Sögel 1987.

Eyssen, Jürgen/Storch, Dietmar: Niedersächsisches Lesebuch, 2. Aufl. Hildesheim, 1984.

Fiedler, Beate-Christine: Die Verwaltung der Herzogtümer Bremen und Verden in der Schwedenzeit 1652-1712. Organisation und Wesen der Verwaltung, Stade 1987.

Graf, Martina: Buch- und Lesekultur in der Residenzstadt Braunschweig zur Zeit der Spätaufklärung unter Herzog Karl Wilhelm Ferdinand (1770-1806), Frankfurt 1994.

Hassels, Michael: Von der Dynastie zur bürgerlichen Idealfamilie. Studien zum fürstlichen Familienbild des Hauses Hannover in England, Frankfurt/M., Berlin, Bern 1996.

Hauptmeyer, Carl-Hans: Souveränität, Partizipation und absolutistischer Kleinstaat – Die Grafschaft Schaumburg (-Lippe) als Beispiel, Hildesheim 1980.

Hesmer, Herbert/Schroeder, Fred-Günter: Waldzusammensetzung und Waldbehandlung im Niedersächsischen Tiefland westlich der Weser und in der Münsterschen Bucht bis zum Ende des 18. Jahrhunderts, Bonn 1963.

Kappelhoff, Bernd: Absolutistisches Regiment oder Ständeherrschaft? Landesherr und Landstände in Ostfriesland im ersten Drittel des 18. Jahrhunderts, Hildesheim 1982.

Kaufhold, Karl-Heinrich (Hg.): Bergbau und Hüttenwesen im und am Harz, Hannover 1992.

Landstände und Landtage. Der Weg zur demokratischen Volksvertretung in Niedersachsen [Ausstellungskat.], Hannover 1996.

Lange, Ulrich: Landtag und Ausschuß. Zum Problem der Handlungsfähigkeit landständischer Versammlungen im Zeitalter der Entstehung des frühmodernen Staates. Die welfischen Territorien als Beispiel (1500-1629), Hildesheim 1986.

Meier, Ernst von: Hannoversche Verfassungs- und Verwaltungsgeschichte. 1680-1866, 2 Bde., Leipzig 1898/99; (Neudr. Hildesheim u. New York 1973).

Merker, Otto: Die Ritterschaft des Erzstifts Bremen im Spätmittelalter. Herrschaft und politische Stellung als Landstand (1300-1550), Stade 1962.

Oberschelp, Reinhard (Hg.): Niedersächsische Texte 1756-1820, Hildesheim 1983.

Oberschelp, Reinhard: Politische Geschichte Niedersachsens 1714-1803, Hildesheim 1983.

Olesch, Reinhold: Fontes lingvae Dravaeno-polabicae minores et chronica Venedica J. P. Schvltzii, Köln u. Graz 1967.

Petersen, Walter: Verzeichnis der Einblattdrucke und Handschriften aus dem Rechtsleben des Herzogtums Braunschweig-Lüneburg, 2 Teile (Teil I: 1418-1714, Teil II: 1714-1807), Wiesbaden 1984.

Petri, Wolfgang: Fräulein Maria von Jever, Aurich 1994.

Pischke, Gudrun: Die Landesteilungen der Welfen im Mittelalter, Hildesheim 1987.

von Reden, Armgard: Landständische Verfassung und fürstliches Regiment in Sachsen-Lauenburg (1543-1689), Göttingen 1974.

Reinbold, Michael: Die Lüneburger Sate. Ein Beitrag zur Verfassungsgeschichte Niedersachsens im späten Mittelalter, Hildesheim 1987.
Renger, Reinhard: Landesherr und Landstände im Hochstift Osnabrück in der Mitte des 18. Jahrhunderts. Untersuchungen zur Institutionengeschichte des Ständestaates im 17. und 18. Jahrhundert, Göttingen 1968.
Riggert, Ida-Christine: Die Lüneburger Frauenklöster, Hannover 1996.
Schedlitz, Bernd: Leffmann Behrens. Untersuchungen zum Hofjudentum im Zeitalter des Absolutismus, Hildesheim 1984.
Schindling, Anton/Ziegler, Walter (Hgg.): Die Territorien des Reichs im Zeitalter der Reformation und Konfessionalisierung. Land und Konfession 1500-1650. Bd. 3: Der Nordwesten, Münster 1991.
Schmidt, Heinrich: Politische Geschichte Ostfrieslands, Leer 1975.
Schneider, Gerhard (Hg.): Das Kurfürstentum Hannover und die Französische Revolution. Quellen aus den Jahren 1791-1795, Hildesheim 1989.
Schorn-Schütte, Luise: Evangelische Geistlichkeit in der Frühneuzeit. Deren Anteil an der Entfaltung frühmoderner Staatlichkeit und Gesellschaft. Dargestellt am Beispiel des Fürstentums Braunschweig-Wolfenbüttel, der Landschaft Hessen-Kassel und der Stadt Braunschweig, Gütersloh 1996.
Stanelle, Udo: Die Hildesheimer Stiftsfehde in Berichten und Chroniken des 16. Jahrhunderts, Hildesheim 1982.
Täubrich, Rainer: Herzog Heinrich der Jüngere von Braunschweig Wolfenbüttel (1489-1568). Leben und Politik bis zum Primogeniturvertrag von 1535, Braunschweig 1991.
Thimme, Friedrich: Die inneren Zustände des Kurfürstenthums Hannover unter der Französisch-Westfälischen Herrschaft, 2 Bde., Hannover u. Leipzig 1893/95.
Vierhaus, Rudolf: Die Landstände in Nordwestdeutschland im späten 18. Jahrhundert, in: Ständische Vertretungen in Europa im 17. und 18. Jahrhundert, hg. von Dietrich Gerhard, Göttingen 1969, 72-93.

zu »Niedersachsen vom Ende des Altens Reichs bis zum Ersten Weltkrieg«

Achilles, Walter: Waren die Stein-Hardenbergschen Reformen Vorbild der hannoversch-braunschweigischen Ablösungsgesetze? In: Niedersächsisches Jahrbuch für Landesgeschichte 46/47 (1974/75), 161-194.
Aschoff, Hans-Georg: Die welfische Bewegung und die Deutsch-hannoversche Partei zwischen 1866 und 1914, in: Niedersächsisches Jahrbuch für Landesgeschichte 53 (1981), 41-64.
Barmeyer, Heide: Hannovers Eingliederung in den preußischen Staat, Annexion und administrative Integration, Hildesheim 1983.
Behr, Hans-Joachim: Georg von Schele 1771-1844. Staatsmann oder Doktrinär, Osnabrück 1973.
Behr, Hans-Joachim: Politisches Ständetum und landschaftliche Selbstverwaltung. Geschichte der Osnabrücker Landschaft im 19. Jahrhundert, Osnabrück 1970.
Bening, Daniel Heinrich Ludwig: Die Sparkassen und Sterbekassen im Königreich Hannover, Hannover 1840.
Berding, Helmut: Napoleonische Herrschafts- und Gesellschaftspolitik im Königreich Westphalen 1807-1813, Göttingen 1973.
Böhmer, Georg Wilhelm: Der Aufstand im Königreich Hannover im Januar 1831, Leipzig 1831.

Brosius, Dieter: Georg V. von Hannover – der König des »monarchischen Prinzips«, in: Niedersächsisches Jahrbuch für Landesgeschichte 51 (1979), 253-291.
Brosius, Dieter: Rudolf von Bennigsen als Oberpräsident der Provinz Hannover. 1888-1897, Hildesheim 1964.
Conze, Werner: Die liberalen Agrarreformen Hannovers im 19. Jahrhundert, Hannover 1947.
Düwel, Andreas: Sozialrevolutionärer Protest und konservative Gesinnung. Die Landbevölkerung des Königreichs Hannover und des Herzogtums Braunschweig in der Revolution von 1848/49, Frankfurt/M. u. Berlin 1996.
Eckhardt, Albrecht: Von der bürgerlichen Revolution zur nationalsozialistischen Machtübernahme. Der oldenburgische Landtag und seine Abgeordneten 1848-1933, Oldenburg 1996.
Franz, Günther: Die politischen Wahlen in Niedersachsen 1867 bis 1949, 3. Aufl. Bremen-Horn 1957.
Hamann, Manfred: Politische Kräfte und Spannungen in der Provinz Hannover um 1880, in: Niedersächsisches Jahrbuch für Landesgeschichte 53 (1981), 1-39.
Hodgskin, Thomas: Travels in the North of Germany, describing the present state of the social and political Institutions, the Agriculture, Manufactures, Commerce, Education, Arts and Manners in that country, particularly in the Kingdom of Hannover 2 Bde., Edinburgh 1820; Neudr. New York 1969.
Husung, Hans-Gerhard: Protest und Repression im Vormärz. Norddeutschland zwischen Restauration und Revolution, Göttingen 1983.
Jarck, Horst-Rüdiger / Scheel, Günter: Braunschweigisches biographisches Lexikon. 19. und 20. Jahrhundert, Hannover 1996.
Kolb, Karlheinz/Teiwes, Jürgen: Beiträge zur politischen, Sozial- und Rechtsgeschichte der hannoverschen Ständeversammlung von 1814-1833 und 1837-1849, Hannover 1977.
Kuss, Horst / Mütter, Bernd (Hgg.): Geschichte Niedersachsens neu entdeckt. Braunschweig 1996.
Lefèvre, Albert: Der Beitrag der hannoverschen Industrie zum technischen Fortschritt, Hannoversche Geschichtsblätter N.F. 24 (1970), 163-298.
Nolte, Josef (Hg.): Ernst Friedrich Herbert Graf zu Münster. Staatsmann und Kunstfreund, 1760-1839, Hildesheim 1991.
Oberschelp, Reinhard (Hg.): Niedersächsische Texte 1820-1866, Hildesheim 1985.
Oberschelp, Reinhard: Politische Geschichte Niedersachsens 1803-1866, Hildesheim 1988.
Oppermann, (Heinrich) Albert: Zur Geschichte des Königreichs Hannover von 1832-1860, Bd. 1 (1832-1848), Leipzig 1860; Bd. 2 (1848-1860), Leipzig 1862.
Pöls, Werner/Pollmann, Klaus Erich (Hgg.): Moderne Braunschweigische Geschichte, Hildesheim 1982.
Sabelleck, Rainer (Hg.): Hannovers Übergang vom Königreich zur preußischen Provinz 1866, Hannover 1995.
Schlumbohm, Jürgen (Hg.): Familie und Familienlosigkeit. Fallstudien aus Niedersachsen und Bremen vom 15. bis 20. Jahrhundert, Hannover 1993.
Seidel, Rita: Verkehrsmittel Telegraph. Zur Geschichte der Telegraphie im 19. Jahrhundert bis 1866 unter besonderer Berücksichtigung des Raumes Hannover-Bremen, Diss. phil. Hannover 1980.
Strube, Nicolaus: Ästhetische Lebenskultur nach klassischen Mustern. Der hannoversche Staatsminister Ernst Friedrich Herbert Graf zu Münster im Lichte seiner Kunstinteressen, Hannover 1992.

zu »Niedersachsen im 20. Jahrhundert«

Allen, William Sheridan: »Das haben wir nicht gewollt.« Die nationalsozialistische Machtergreifung in einer Kleinstadt 1930-1935, Gütersloh 1966.
Besier, Gerhard: »Selbstreinigung« unter britischer Besatzungsherrschaft. Die evangelisch-lutherische Landeskirche und ihr Landesbischof Marahrens 1945-47, Göttingen 1986.
Beyer, Helmut/Müller, Klaus: Der Niedersächsische Landtag in den fünfziger Jahren. Voraussetzungen, Ablauf, Ergebnisse und Folgen der Landtagswahl 1955, Düsseldorf 1988.
Benz, Wolfgang (Hg.): Salzgitter. Geschichte und Gegenwart einer deutschen Stadt 1942-1992, München 1992.
Boll, Friedhelm: Massenbewegungen in Niedersachsen 1906-1920. Eine sozialgeschichtliche Untersuchung zu den unterschiedlichen Entwicklungstypen in Braunschweig und Hannover, Bonn 1981.
Brelie-Lewien, Doris von der: »Dann kamen die Flüchtlinge.« Der Wandel des Landkreises Fallingbostel vom Rüstungszentrum im Dritten Reich zur Flüchtlingshochburg nach dem Zweiten Weltkrieg, Hildesheim 1990.
Eckard, Albrecht: Geschichte des Landes Oldenburg. Ein Handbuch, Oldenburg 1987.
Franke, Konrad: Die niedersächsische SPD-Führung im Wandel der Partei nach 1945, Hildesheim 1980.
Franz, Günther: Die politischen Wahlen in Niedersachsen 1967 bis 1949, 3. Aufl., Bremen-Horn 1957.
Fratzscher, Arnold: Die CDU in Niedersachsen. Demokratie der ersten Stunde, Hannover 1971.
Fritzsche, Peter: Rehearsals for Fascism. Populism and Political Mobilization in Weimar Germany, Oxford 1990.
Grebing, Helga: Niedersachsen vor 40 Jahren. Gesellschaftliche Traditionen und politische Neuordnung, in : Niedersächsisches Jahrbuch für Landesgeschichte 60 (1988), 213-227.
Grebing, Helga: Flüchtlinge und Parteien in Niedersachsen. Eine Untersuchung der politischen Willens- und Meinungsbildungsprozesse während der ersten Nachkriegszeit 1945-1952/53, Hannover 1990.
Günther, Wolfgang: Die Revolution von 1918/19 in Oldenburg, Oldenburg 1979.
Günther, Wolfgang (Hg.): Parteien und Wahlen in Oldenburg. Beiträge zur Landesgeschichte im 19. und 20. Jahrhundert, Oldenburg 1983.
Herlemann, Beatrix: »Der Bauer klebt am Hergebrachten.« Bäuerliche Verhaltensweisen unterm Nationalsozialismus auf dem Gebiet des heutigen Niedersachsen, Hannover 1993.
Hohenstein, Angelika: Bauernverbände und Landwirtschaftskammern in Niedersachsen 1945-54, Hildesheim 1990.
Korte, Heinrich (Hg.): Verfassung und Verwaltung des Landes Niedersachsen, Göttingen 1962.
Marten, Heinz Georg: Die unterwanderte FDP. Politischer Liberalismus in Niedersachsen. Aufbau und Entwicklung der Freien Deutschen Partei 1945 bis 1955, Göttingen 1978.
Meyn, Hermann: Die Deutsche Partei. Entwicklung und Problematik einer deutschkonservativen Rechtspartei nach 1945, Düsseldorf 1965.
Mlynek, Klaus/Röhrbein, Waldemar: Geschichte der Stadt Hannover, Hannover 1992.

Mlynek, Klaus: Gestapo Hannover meldet ... Polizei- und Regierungsberichte für das mittlere und südliche Niedersachsen zwischen 1933 und 1937, Hildesheim 1986.
Mommsen, Hans: Das Volkswagenwerk und seine Arbeite im Dritten Reich, Düsseldorf 1996.
Münkel, Daniela: Nationalsozialistische Agrarpolitik und Bauernalltag, Frankfurt/M. 1996.
Naßmacher, Karl-Heinz: Parteien im Abstieg. Wiederbegründung und Niedergang der Bauern- und Bürgerparteien, Opladen 1989.
Nathusius, Ingo: Am rechten Rand der Union. Der Weg der Deutschen Partei bis 1953, Diss. phil. Mainz 1992.
Noakes, Jeremy: The Nazi Party in Lower Saxony, London 1971.
Obenaus, Herbert: Neubeginn nach dem Holocaust. Juden in Niedersachsen nach 1945, Hannover 1996.
Pollmann, Birgit: Reformansätze in Niedersachsen. 1945-1949, Hannover 1977.
Pollmann, Klaus-Erich (Hg.) : Der schwierige Weg in die Nachkriegszeit. Die evangelisch-lutherische Landeskirche in Braunschweig 1945-1950, Göttingen 1995.
Reeken, Dietmar von: Ostfriesland zwischen Weimar und Bonn. Eine Fallstudie zum Problem der historischen Kontinuität am Beispiel der Städte Aurich und Emden, Hannover 1991.
Renzsch, Wolfgang: Alfred Kubel. 30 Jahre Politik für Niedersachsen. Eine politische Biographie, Bonn 1985.
Roloff, Ernst August: Braunschweig und der Staat von Weimar, Braunschweig 1964.
Saldern, Adelheid von: Stadt und Moderne. Hannover in der Weimarer Republik, Hamburg 1989.
Schmidt, Claudius: Heinrich Hellwege. Ein politisches Lebensbild, Stade 1991.
Schneider, Ulrich: Niedersachsen 1945. Kriegsende, Wiederaufbau, Landesgründung, Hannover 1985.
Schaap, Klaus: Die Endphase der Weimarer Republik im Freistaat Oldenburg 1928-1933, Düsseldorf 1978.
Schulze, Rainer: Unternehmerische Selbstverwaltung und Politik. Die Rolle der Industrie- und Handelskammern in Niedersachsen und Bremen als Vertretungen der Unternehmerinteressen nach dem Ende des Zweiten Weltkrieges, Hildesheim 1988.
Sommer, Karl-Ludwig: Bekenntnisgemeinschaft und bekennende Gemeinden in Oldenburg in den Jahren der nationalsozialistischen Herschaft. Evangelische Kirchlichkeit und nationalsozialistischer Alltag in einer ländlichen Region, Hannover 1993.
Struve, Walter: Aufstieg und Herrschaft des Nationalsozialismus in einer industriellen Kleinstadt. Osterode am Harz 1918-1945, Essen 1992.
Treue, Wilhelm: Zehn Jahre Niedersachsen, Hildesheim 1956.
Trittel, Günter J.: Die Bodenreform in der britischen Zone 1945-1949, Stuttgart 1975.
Vogelsang, Thilo: HinrichWilhelm Kopf und Niedersachsen, Hannover 1963.
Weisbrod, Bernd (Hg.): Grenzland. Beiträge zur Geschichte der deutsch-deutschen Grenze, Hannover 1993.
Weisbrod, Bernd (Hg.): Rechtsradikalismus in der politischen Kultur der Nachkriegszeit. Die verzögerte Normalisierung in Niedersachsen, Hannover 1995.

Bildquellennachweise

Verwiesen wird auf die Seitenzahlen bzw. die Nummern der Farbtafeln (mit »Taf.«). Mehrfachnennungen kommen vor.

zu »Früh- und Hochmittelalter«

I. Archive, Bibliotheken, Museen und andere Institutionen

Berlin, Staatliche Museen Preußischer Kulturbesitz (Kunstgewerbemuseum) Taf. 5a u. 6 — Berlin, Staatsbibliothek Preußischer Kulturbesitz (Ms. theol. lat. fol. 323 Bl. 17r): 26 — Braunschweig, Herzog Anton Ulrich Museum: 103 (MA 64/65) u. 140 — Braunschweig, Landesmuseum: 42 — Braunschweig, Städtisches Museum (Münzkabinett 2196/308): 129 — Bremen, Staats- und Universitätsbibliothek (Ms. a. 33): 157 — Bremen, Der Landesarchäologe der Freien Hansestadt: 23 u. 31 — Bremerhaven, Deutsches Schiffahrtsmuseum: 30 — Fischbeck, Stift: Taf. 1 — Goslar, Städt. Museum: 139 — Hannover, Niedersächsisches Münzkabinett der Deutschen Bank (Inv.-Nr. 01-024-004): 105 — Hannover, Niedersächsisches Landesamt für Denkmalpflege: 116 — Hildesheim, Diözesanmuseum: Taf. 5b, 43 (Domschatz Nr. DS 18) — Hildesheim, Kirchliche Denkmalpflege: Taf. 3, 66 — Hornburg, Stadtverwaltung: 111 — Loccum, Kloster: 153 — Lüneburg, Deutsches Salzmuseum: 37 — Lüneburg, Museum für das Fürstentum Lüneburg: 69 — Münster, Westfälisches Landesmuseum für Kunst und Kulturgeschichte (Münzkabinett Nr. 6025/40; 6412/33; 8823/5; 7402/4): 21, 29, 52 u. 53 — New York, Metropolitan Museum of Art (Inv. 41.100. 157): 49 — Oldenburg: Niedersächsisches Staatsarchiv (Siegelbuch von Leverkus): 165 — Oldenburg, Staatliches Museum für Naturkunde und Vorgeschichte: 77 u. 149 — Utrecht (Niederlande), Gemeentelijke Archief: 19 — Verden, Stadtarchiv: Taf. 4 — Walsrode, Ev. Kloster: 86 — Wienhausen, Kloster: Taf. 7 — Wolfenbüttel, Niedersächsisches Staatsarchiv Wolfenbüttel (6 Urk. 11; 25 Urk. 2 und 7 Urk. 15, Fotos: H.-P. Keiser; K 13343, Foto: Hoppe) 57, 95, 136 u. 117.

II. Privatpersonen

Hofmeister, A. E. (Bremen): 161 — Hornburg, Verlag Carl Küster & Sohn: Taf. 2 — Hucker, B. U. (Vechta): 33 (Zeichnung W. Fangmann), 115, 125, 140 (Foto H.-P. Keiser) u. 168 — Preine, Th. (Vechta): 51 u. 81 — Rötting, H. (Wolfenbüttel): 63, 67, 100/101 u. 120 (Modellbau B. Steinmeyer/S. Siegel, Hannover), 121 — Trillmich, W.: 71 — Ziegler, H. (Nienburg, nach Priv.-Besitz): Taf. 8.

III. Druckwerke

A. von Behr und U. Hölscher, Stadt Goslar (Die Kunstdenkmale der Provinz Hannover II, 1/2), Hannover 1901: 73 — Kurt Brüning, Der Landkreis Schaumburg-Lippe (Die Landkreise in Niedersachsens 12), Bremen-Horn 1955: 82 — Handbuch der Historischen Stätten II. Niedersachsen und Bremen, 5. verb. Aufl., Stuttgart 1986: 18 — Johann Heinrich Jung, Lipsanographia ..., Hannover 1783, Tab. V: 45 — Johann Ludolph Lyssmann, Historische Nachricht von dem Ursprunge, Anwachs und Schicksalen ... des ... Closters Meding, Halle 1772, Taf. 3/4: 147 — Mit dem Spaten in die Vergangenheit. 5000 Jahre Siedlung und Wirtschaft im Elbe-Weser-Dreieck, Wilhelmshaven 1982: 25 — Gerd Spies (Hg.), Der Braunschweiger Löwe (Braunschweiger Werkstücke 62), Braunschweig 1985: 107 — Ludwig Stacke, Deutsche Geschichte, Bd. 1, Bielefeld u. Leipzig 1896: 48, 59 u. 87 — Sigfrid H. Steinberg und Christine Steinberg-von Pape, Die Bildnisse geistlicher und weltlicher Fürsten und Herren Bd. 1, Leipzig u. Berlin 1931: 119 — Robert von Toll, Siegel und Münzen (Est- und Livländische Brieflade, 4. Theil), Reval 1887, Taf. 12 Figur 1: 131 — Ernst Witt, Die Heidhofer Kapelle (Rotenburger Schriften H. 19), Rotenburg/Wümme 1970: 41.

zu »Spätmittelalter und Frühe Neuzeit« und »Niedersachsen vom Ende des Alten Reichs bis zum Ersten Weltkrieg«

I. Archive, Bibliotheken, Museen und andere Institutionen

Berlin, Staatliche Museen, Kunstgewerbemuseum – Preußischer Kulturbesitz: 313 — Berlin, Staatsbibliothek – Preußischer Kulturbesitz, Kartenabteilung (Sign.: Kart. N 26 593/20): 321 — Braunschweig,

Herzog Anton Ulrich-Museum (Aufnahme: B. P. Keiser): 315 — Bovenden, Plesse-Archiv: 178 — Braunschweig, Landesmuseum: 188, 199, 203, 244, 253, 283, 285, 343, 345, 493 — Cloppenburg, Niedersächsisches Freilichtmuseum: 323, 325, 485 — Gandersheim, Stiftskirche (Aufnahme: Jutta Brüdern, Braunschweig): 181 — Göttingen, Kirchenkreisarchiv: 289 — Göttingen, Stadtarchiv: 225, 231 — Göttingen, Universitätsarchiv: 444, 445, 454 — Hameln, Städtisches Museum (Aufnahme: Rudi Günther): 473, 477 — Hann. Münden, Städtisches Museum (Aufnahme: Christine Scholz, Hann. Münden): 315 — Hannover, Historisches Museum: 196, 197, 202, 212, 213, 215, 257, 259, 316, 317, 320, 355, 379, 388, 389, 393, 394, 399, 401, 402, 426, 429, 435, 437, 478, 487, 489, 491, 492 — Oldenburg, Landesmuseum (Aufnahmen: H. R. Wacker): 267, 300, 463 — Osnabrück, Kulturgeschichtliches Museum: 316 — Osterode am Harz, Stadtarchiv: 443 — Stockholm, Nationalmuseum SKM: 314 — Suderburg-Hösseringen, Landwirtschaftsmuseum Lüneburger Heide am Landtagsplatz zu Hösseringen e.V. – Museumsdorf Hösseringen: 241.

II. Privatpersonen

Dr. Peter Aufgebauer, Göttingen: 222 — Georg Ferdinand Jhering, Hannover: 367 — Stephan Kemperdick, Berlin: 172 — Jürgen Freiherr von König, Vienenburg: 246, 247 — Erhard Kühlhorn (†), Göttingen: 190 — Oswald Graf zu Münster, Karlsruhe: 317 — Dr. Christof Römer, Braunschweig: 177, 273 — Studiensammlung Wolff, Göttingen: 318.

III. Druckwerke

Alterthümer der Stadt und des Landes Braunschweig, Braunschweig 1841-1852: 254 — Dietrich Denekke, Methodische Untersuchungen zur historisch-geographischen Wegeforschung im Raum zwischen Solling und Harz (Göttinger geographische Abhandlungen 54), Göttingen 1969: 173, 175 — G. O. Carl von Estorff, Heidnische Alterthümer der Gegend von Uelzen im ehemaligen Bardengaue (Königreich Hannover), Hannover 1846: 240 — F. W. von Halem, Beschreibung der zum Fürstenthum Ostfriesland gehörigen Insel Norderney und ihrer Seebade-Anstalten, Bremen 1815: 407 — Helmut Jäger, Zur Methodik der genetischen Kulturlandschaftsforschung. Zugleich ein Bericht über eine Exkursion zur Wüstung Leisenberg, in: Berichte zur deutschen Landeskunde 30 (1963), S. 158-196: 193 — Heiko Leerhoff, Niedersachsen in alten Karten. Eine Auswahl von Karten des 16. bis 18. Jahrhunderts aus den niedersächsischen Staatsarchiven, Neumünster 1985 (Karte Nr. 14: Das Rhumetal zwischen Katlenburg und Elvershausen, östlich von Northeim; um 1649): Schutzumschlag — Gottfried Wilhelm Leibniz, Johann Georg Eccard, Johann Daniel Gruber, Christian Ludwig Scheid (Bearbb.), Origines Guelficae, Bd. 1, Hannover 1750: 301 — Alfred Martin, Deutsches Badewesen in vergangenen Tagen, Jena 1906: 408 — Michael Scholz, »Vom Schott bey Hösering«. Die Lüneburger Landstände und ihr Landtagsplatz (Landwirtschaftsmuseum Lüneburger Heide, Materialien zum Museumsbesuch 18), Uelzen 1993: 241 — Siegfried Wrase, Die Anfänge der Verkoppelungen im Gebiet des ehemaligen Königreichs Hannover (Veröffentlichungen des Instituts für Historische Landesforschung der Universität Göttingen 5), Hildesheim 1973: 385.

zu »Niedersachsen im 20. Jahrhundert«

I. Archive

Braunschweig, Stadtarchiv: 524 (unten), 525 (beide), 550, 562, 585 — Bremen, Focke-Museum: 515 — Göttingen, Historisches Museum: 560, 561, 624, 625 (oben) — Göttingen, Stadtarchiv: 645 — Goslar, Stadtarchiv: 573, 575, 576 — Hannover, Stadtarchiv: 640 (oben), 641 (beide) — Hannover, Landtagsarchiv: 663 (o.r., m.r., u.l., u.r.) — Hannover, Niedersächsisches Hauptstaatsarchiv: 610 (beide), 611, 614 (oben), 615 — Hannover, Historisches Museum: 504, 505, 531, 532, 533, 534, 537, 538, 604, 607, 614 (unten), 617 (oben), 640 (unten), 657 — Hannover, DRK Landesverband: 625 (unten) — Niedersächsisches Landesinstitut für Medienpädagogik (Landesbildarchiv): 592, 653 (beide), 663 (o.l., m.l.) — Salzgitter, Stadtarchiv: 599, 617 (unten) — Stiftung Automuseum VW: 593 — Wilhelmshaven, Stadtarchiv: 524 (oben).

II. Druckwerke

Bergen-Belsen. Begleitheft zur Ausstellung, hrsg. v. d. Niedersächsischen Landeszentrale für polit. Bildung, Hannover 1990: 603 — Not und Hilfe: Das Problem der Vertriebenen und Flüchtlinge in Niedersachsen (Niedersachsen und das Flüchtlingsproblem, H. 4), Hannover 1954: 507, 621, 622, 629.

Orts-, Personen- und Sachregister

Abkürzungen:

Bf.	=	Bischof
Btm.	=	Bistum
Ebf.	=	Erzbischof
Gf.	=	Graf
Hzg.	=	Herzog
Kf.	=	Kurfürst
OCist	=	Zisterzienser(innen)
OPraem	=	Praemonstratenser
OSA	=	Augustiner(innen)
OSB	=	Benediktiner(innen)

Die Deutsche Bibliothek – CIP-Einheitsaufnahme

Niedersächsische Geschichte / hrsg. von Bernd Ulrich Hucker … –
Göttingen: Wallstein-Verl., 1997

ISBN 3-89244-223-1

Vom Verlag gesetzt aus der Stempel Garamond
Umschlag: Basta Werbeagentur, Tuna Çiner
Druck: Hubert & Co, Göttingen

ISBN 3-89244-223-1